www.nwb.de

Der Steuer- und Investitionsstandort Schweiz

Von
Heiko Kubaile
Roland Suter

3., aktualisierte und erweiterte Auflage

nwb

ISBN 978-3-482-**54823**-9
3., aktualisierte und erweiterte Auflage 2015

www.nwb.de

Satz: Griebsch & Rochol Druck GmbH & Co. KG, Hamm
Druck: Beltz Bad Langensalza GmbH, Bad Langensalza

Kubaile/Suter · Der Steuer- und Investitionsstandort Schweiz

Online-Version inklusive!

Stellen Sie dieses Buch jetzt in Ihre „digitale Bibliothek" in der NWB Datenbank und nutzen Sie Ihre Vorteile:

- Ob am Arbeitsplatz, zu Hause oder unterwegs: Die Online-Version dieses Buches können Sie jederzeit und überall da nutzen, wo Sie Zugang zu einem mit dem Internet verbundenen PC haben.
- Die praktischen Recherchefunktionen der NWB Datenbank erleichtern Ihnen die gezielte Suche nach bestimmten Inhalten und Fragestellungen.
- Die Anlage Ihrer persönlichen „digitalen Bibliothek" und deren Nutzung in der NWB Datenbank online ist kostenlos. Sie müssen dazu nicht Abonnent der Datenbank sein.

Ihr Freischaltcode:

BPEFFRFCDEPHGCFJKYZTLS

Kubaile/S., Der Steuer- u.Investitionsstandort Schweiz

So einfach geht's:

1. Rufen Sie im Internet die Seite **www.nwb.de/go/online-buch** auf.
2. Geben Sie Ihren Freischaltcode in Großbuchstaben ein und folgen Sie dem Anmeldedialog.
3. Fertig!

Alternativ können Sie auch den Barcode direkt mit der **NWB Mobile** App einscannen und so Ihr Produkt freischalten! Die NWB Mobile App gibt es für iOS, Android und Windows Phone!

Die NWB Datenbank – alle digitalen Inhalte aus unserem Verlagsprogramm in einem System.

VORWORT ZUR 3. AUFLAGE

Seit dem Erscheinen der 2. Auflage im Mai 2009 haben sich die politischen und wirtschaftlichen Rahmenbedingungen auf globaler wie auch lokaler Ebene teilweise massiv verändert. Der damit einhergehende Anpassungs- und Gestaltungsdruck auf Ebene der nationalen Volkswirtschaften, Unternehmen und Privatpersonen haben in der Schweiz und im Verhältnis zu Deutschland zu diversen Änderungen in der Gesetzgebung, Rechtsprechung und Praxis geführt.

Dies allein war schon Anlass genug, um eine Neubearbeitung in Betracht zu ziehen. Ein weiterer Grund für die Neuauflage war das Bedürfnis, dem Leser das Thema „Der Steuer- und Investitionsstandort Schweiz" optisch verbessert zu veranschaulichen, die Zahl der Praxishinweise und Beispielfälle zu erhöhen sowie bisher nicht oder nur am Rande behandelte Teilthemen zu komplettieren bzw. weniger relevant gewordene Passagen zu entfernen. Nicht zuletzt die vielen Fragen von Lesern, wann die dritte Auflage erscheint, war unser Ansporn, diese trotz großer beruflicher Belastung zeitnah voranzutreiben.

Die Aufgabe, das Praktiker-Handbuch hinsichtlich der Ansprüche auf Themengewichtung, Themenumfang und Thementiefe sowie Übersichtlichkeit sorgfältig zu gestalten, erwies sich erneut als eine Herausforderung. Dabei haben wir auch zahlreiche Hinweise von kritischen LeserInnen sowie Anregungen von SeminarteilnehmerInnen einfließen lassen.

Neu eingefügt wurden im ersten Teil (A) aktuelle Hinweise zur in der Schweiz in Diskussion stehenden Unternehmenssteuerreform III und – im Hinblick auf die Evaluation und Auswahl eines geeigneten Steuer- und Investitionsstandortes wichtig – eine Art Gesamtleitfaden zum besseren Verständnis der maßgeblichen Erfolgsfaktoren einer standortorientierten Steuerpolitik im Generellen, aber auch spezifisch für die Schweiz. Dem Leser wird anhand dieses Leitfadens und mittels illustrativer Schaubilder dargelegt, inwiefern die Maßnahmen der steuerlichen Standortpolitik in Wechselbeziehung zur Gesamtheit aller Wirkungszusammenhänge steht. Neu aufgenommen wurde in der aktuellen Auflage auch ein Abschnitt zum Thema Zölle und Abgaben, welcher dem Praktiker aufzeigt, wie er auch in diesem Bereich rechtssicher handeln kann.

Ferner wurde aufgrund der zahlreichen deutschen Rechtsprechung der zweite Teil (B) komplett überarbeitet und aktualisiert.

Mit der vollständigen Überarbeitung des vierten (D) und fünften (E) Teils wurde der fortlaufenden Entwicklung zu den deutschen Missbrauchsvorschriften und der internationalen Entwicklung gegen Gewinnverkürzungen und Gewinnverlagerungen multinational tätiger Unternehmen (Base Erosion and Profit Shifting, BEPS) Rechnung getragen.

Schließlich wurde der bisherige sechste Teil (F) inhaltlich gestrafft, indem Teile davon in den zweiten Teil (B) integriert, weitere Passagen entfernt resp. mit den inhaltlich erweiterten Spezialthemen aus dem bisherigen, siebten Teil (G) in einen neuen, sechsten Teil (F) verschmolzen wurden.

Es wurde die bis zum 1. 12. 2014 erschienene Literatur, Gesetzgebung, Rechtsprechung und Praxis eingearbeitet. Trotz grundlegender Aktualisierung und Ergänzung wurde die wesentliche Konzeption des Praktiker-Handbuches unverändert beibehalten.

Die 3. Auflage wäre nicht zustande gekommen ohne die Mithilfe einer Reihe von geschätzten KollegenInnen. Wir bedanken uns, in alphabetischer Reihenfolge, herzlich bei Ariane Amacker, Peter Dormann, Oliver Hulliger, Andrea Kaiser und Urs Wolf für deren Unterstützung.

Ein spezieller Dank gebührt Ursula Huber, die im Hintergrund die beiden Autoren stets motivierte und sich um die wichtigen Formalien, Anhänge und Verweise kümmerte.

Leider hat sich Dr. Walter Jakob dazu entschieden, nicht mehr an der 3. Auflage mitzuwirken, sondern sich in seinem aktuellen Lebensabschnitt vermehrt anderen Themen zu widmen. Es ist uns ein persönliches Anliegen, uns an dieser Stelle nochmals herzlich bei unserem geschätzten, ehemaligen Mitverfasser für die Zusammenarbeit bei den ersten beiden Auflagen zu bedanken.

Abschließend bedanken wir uns auch beim NWB Verlag, welcher die Publikation des Praktiker-Handbuches erneut möglich gemacht hat.

Zürich, im Januar 2015 Heiko Kubaile und Roland Suter

VORWORT ZUR 2. AUFLAGE

Nachdem die erste Auflage des Praktiker-Handbuches einen derart guten Anklang gefunden hat, dass es innerhalb kurzer Zeit vergriffen war, und sich die Rechtsgrundlagen und -praxis in den behandelten Themenbereichen weiterentwickelt haben, erschien es an der Zeit, dem Anspruch an Aktualität gerecht zu werden und die vorliegende zweite Auflage in Angriff zu nehmen.

An der Bedeutung der Standortfrage im internationalen (Steuer-)Wettbewerb hat sich seit der Publikation der ersten Auflage nichts geändert, im Gegenteil.

Der Verdrängungskampf um Steuersubstrat hat und wird sich vor dem Hintergrund der Finanzkrise und der allgemeinen Unsicherheit drastisch verschärfen, global wie lokal. Als jüngstes Beispiel lassen sich hierzu die massiven Druckversuche und Maßnahmen verschiedener ausländischer Regierungen sowie Steuer- und Finanzbehörden hinsichtlich sog. Steueroasen und anderer Finanzzentren nennen. Deren Ziel ist es, durch unilaterale Maßnahmen die Akzeptanz der Standards der OECD zum Informationsaustausch in Steuersachen (insbesondere zum Zugang von Steuerbehörden zu Bankinformationen auch bei Steuerhinterziehung) bei diesen Steueroasenländern und anderen Finanzzentren durchzusetzen. Eine solche unilaterale Maßnahme stellt im Verhältnis Deutschland-Schweiz der am 22. 4. 2009 von der deutschen Bundesregierung verabschiedete Regierungsentwurf des Gesetzes zur Bekämpfung der Steuerhinterziehung (Steuerhinterziehungsbekämpfungsgesetz) dar. Parallel dazu wurde das Schweizer Bankgeheimnis im Zusammenhang mit dem von den USA im Sommer 2008 angestrengten Amtshilfeverfahren in Steuersachen in Sachen UBS einer Bewährungsprobe unterzogen. Dieses Amtshilfeverfahren wurde am 18. 2. 2009 durch Verfügung der Schweizer Finanzmarktaufsicht an die UBS, die Kundendaten per sofort der amerikanischen Steuerbehörde auszuliefern, faktisch über Nacht vorzeitig beendet. Schließlich hat – nach Hongkong, Singapur, Andorra und Liechtenstein – am 13. 3. 2009 auch die Schweiz im Hinblick auf die Konferenz vom 2. 4. 2009 in London der 20 führenden Industrie- und Schwellenstaaten (G-20-Gipfel) respektive zwecks Vermeidung deren Erfassung auf der schwarzen Liste der OECD als nichtkooperatives Land ihre Bereitschaft signalisiert, den OECD-Standard bei der Amtshilfe in Steuersachen gemäß Art. 26 des OECD-Musterabkommens zu übernehmen. Allein die Tatsache, dass solchen Umständen bei Standortfragen künftig noch vermehrt Beachtung zu schenken ist, hat uns deshalb dazu bewogen, den Themen Bankgeheimnis und Amtshilfe/Informationsaustausch im vorliegenden Praktiker-Handbuch den ihnen gebührenden Platz zu gewähren und sie ausführlich zu beleuchten.

An der Konzeption der Vorauflage wurde grundsätzlich festgehalten. So befasst sich nach dem einleitenden Paragraphen zur Schweiz im internationalen Steuerwettbewerb der erste Teil des Buches erneut mit den Grundlagen des schweizerischen Steuerrechts. Speziell hervorzuheben gilt es hierbei die neu berücksichtigte Schweizer Unternehmenssteuerreform II, die per 1. 1. 2009 respektive 1. 1. 2011 wirksam wurde/wird, sowie die Teilreformen des schweizerischen Gesellschaftsrechts, mehrheitlich gültig per 1. 1. 2008. Im Sinne einer besseren Übersicht haben wir den letzteren Themenblock allerdings im neuen siebten Teil integriert. Im zweiten Teil befasst sich das Praktiker-Handbuch mit den relevanten Artikeln des Doppelbesteuerungsabkommens Deutschland-Schweiz und den wichtigsten Abweichungen zum OECD-MA. Der dritte und vierte Teil zu den Gestaltungsmöglichkeiten für deutsche Investitionen in die Schweiz und deren konkrete deutsche Steuerfolgen berücksichtigen die Änderungen/Erweiterungen basierend auf der deutschen Unternehmenssteuerreform 2008 und den Jahressteuergesetzen 2007/2008/2009 sowie dem Entwurf des Steuerhinterziehungsbekämpfungsgesetzes. Anhand von Modellfällen wird die effektive Steuerbelastung auf sämtlichen Stufen hoch bis zum deutschen Investor berechnet und die möglichen Steuerrisiken und Gestaltungshindernisse dargestellt. Die im fünften Teil behandelten Aspekte der deutschen Wegzugsbesteuerung natürlicher Personen sowie die Ausführungen zum Erbschaftssteuer-Doppelbesteuerungsabkommen Deutschland-Schweiz wurden umfassend überarbeitet und erweitert. Thematisch neu gegliedert wurde der sechste Teil, welcher nun unter dem Spezialthema Kapitalanlagen in der Schweiz Details zum Schweizer Bankgeheimnis, zur EU-Zinsbesteuerung, zum Bargeldtransfer über die Grenze und neu zur deutschen Abgeltungsteuer enthält. Die restlichen Sonderthemen wie Rechtsformen im schweizerischen Zivilrecht, Arbeits- und Aufenthaltsbewilligung, Sozialversicherung, Erwerb von Grundeigentum und Einbürgerungsverfahren sind im neuen siebten und letzten Teil integriert. Anzumerken gilt hier, dass der Sozialversicherungsblock diverse zusätzliche Praxisfälle und -präzisierungen enthält. Ferner gibt es am Ende des Buches einen umfangreichen Anhang, u. a. mit wichtigen Formularen für die Beratungspraxis.

Um der ständig fortschreitenden Entwicklung auf Gesetzes- und Verordnungsstufe, der Rechtsprechung und der Praxis gerecht zu werden und gleichzeitig den Charakter eines Handbuches zu erhalten, wird bezüglich detaillierterer Ausführungen zu angrenzenden Themen auf die jeweilig vorhandene Literatur verwiesen.

Das Praktiker-Handbuch berücksichtigt die bis zum 30. 4. 2009 erschienene Literatur, Gesetzgebung, Rechtsprechung und Praxis.

Unser besonderer Dank gilt dem Verlag Neue Wirtschafts-Briefe (NWB) sowie der Ernst & Young AG, die dieses Projekt mit Begeisterung unterstützt und damit erneut maßgeblich zur Entstehung der zweiten Auflage beigetragen haben.

Danken möchten wir auch all jenen Ernst & Young Kollegen/innen, die uns bei der Realisierung der zweiten Auflage tatkräftig unterstützt haben (in alphabetischer Reihenfolge): Daniel Aerni, Ariane Amacker, Corinne Bernegger, Dr. Christian Buck, Petrit Ismajli, Andrea Kaiser, Dr. Roger Rohner, Philipp Roth, Silvan Senn und insbesondere Ursula Huber.

Zürich, im Mai 2009

Die Verfasser: Heiko Kubaile, Roland Suter, Dr. Walter Jakob

VORWORT ZUR 1. AUFLAGE

Immer mehr deutsche Unternehmen investieren in der Schweiz. Auch Privatpersonen kehren zunehmend Deutschland den Rücken. Ziel des vorliegenden Handbuches ist, dem Praktiker einen Überblick über die für grenzüberschreitende Projekte relevanten Themen zu verschaffen. Hierzu wird für die tägliche Beratung ein umfassendes Arbeitsinstrument zur Verfügung gestellt. Die zahlreichen Gestaltungsmöglichkeiten grenzüberschreitender Fragestellungen werden praxisnah und anwendungsorientiert dargestellt.

Nach einem einleitenden Paragraphen zur Schweiz im internationalen Steuerwettbewerb beinhaltet der erste Teil des Buches eine Darstellung der Grundlagen des schweizerischen Steuerrechts. Anschließend wird dabei ausführlich auf die für Unternehmen interessanten Steuererleichterungen und Steuerregimes sowie auf die für natürliche Personen zugeschnittene Aufwandbesteuerung eingegangen. Im Weiteren werden die Grundsätze und Besonderheiten bei der Quellensteuer sowie bei der Erbschafts- und Schenkungssteuer beleuchtet und letzteres Thema durch einen Abriss über das maßgebliche Ehegüter- und Erbrecht ergänzt. Das Praktiker-Handbuch befasst sich dann im zweiten Teil ausführlich mit den relevanten Artikeln des Doppelbesteuerungsabkommens Deutschland-Schweiz. Im dritten und vierten Teil werden die für den Praktiker wichtigen Schnittstellen zu den konkreten deutschen Steuerfolgen und die Gestaltungsmöglichkeiten für Investitionen in die Schweiz aufgezeigt. Anhand von Modellfällen wird die effektive Steuerbelastung auf sämtlichen Stufen hoch bis zum deutschen Investor berechnet und die möglichen Steuerrisiken und Gestaltungshindernisse dargestellt. Im fünften Teil werden steuerliche Aspekte der deutschen Wegzugsbesteuerung natürlicher Personen skizziert. Im sechsten und letzten Teil werden Sonderthemen wie Arbeits- und Aufenthaltsbewilligung, Sozialversicherung, Erwerb von Schweizer Grundeigentum, EU-Zinsbesteuerung, Schweizer Bankgeheimnis, Einbürgerungsverfahren und Bargeldtransfer über die Grenze behandelt.

Zahlreiche der in diesem Handbuch behandelten Rechtsgebiete sind im Fluss, d. h. sind Gegenstand laufender oder zukünftiger Gesetzes- oder Praxisänderungen. Dies erfordert eine umfassende und genaue Analyse, insbesondere bei grenzüberschreitenden Sachverhalten. Wir bitten Sie, dies bei der täglichen Arbeit mit der vorliegenden Publikation entsprechend zu beachten.

Unser besonderer Dank gilt all jenen Ernst & Young Kollegen/innen, die sich um unser Buchprojekt verdient gemacht haben (in alphabetischer Reihenfolge): Ariane Amacker, Andrea Bantle, Fabian Duss, Andrea Kaiser, Michel Klingler, Roy Levy, Silvan Senn, Roger von Burg, Dr. Philipp Ziegler. Ohne deren Beitrag wäre ein entsprechend umfangreiches Praktiker-Handbuch nicht zeitgerecht realisierbar gewesen. Ferner danken wir den Herren Alexander Gross, Eberhard Kalbfleisch, Daniel Käshammer und Hagen Reiser für die fachlichen Diskussionen zum deutschen Steuer- und Erbrecht.

Im Weiteren danken wir dem Verlag Neue Wirtschafts-Briefe (NWB), Herne/Deutschland, dessen Geschäftsführer Dr. Ludger Kleyboldt sowie den Herren Thorsten Kunde (Redakteur) und Stephan Gerski (Lektor), die beide eine große Geduld gezeigt haben.

Das Manuskript ist Ende August 2006 abgeschlossen worden und berücksichtigt die bis dahin erschienene Literatur, Rechtsprechung und Praxis.

Die Verfasser und der Verlag hoffen, mit diesem Handbuch ein für die Praxis dienliches Hilfsmittel geschaffen zu haben. Die Verfasser sind für Anregungen und Kritik aus dem Benutzerkreis dankbar und werden Hinweise und Ergänzungsvorschläge gerne berücksichtigen. Zuschriften per E-Mail erbitten wir an: heiko.kubaile@ch.ey.com,
roland.suter@ch.ey.com, walter.jakob@ch.ey.com.

Zürich, im September 2006

Die Verfasser: Heiko Kubaile, Roland Suter, Dr. Walter Jakob

INHALTSVERZEICHNIS

Vorwort zur 3. Auflage V
Vorwort zur 2. Auflage VII
Vorwort zur 1. Auflage IX
Inhaltsverzeichnis XI
Abkürzungsverzeichnis XXXI
Kantonsabkürzungen XXXIX
Rechtsquellen XLI

A. Der Steuer- und Investitionsstandort Schweiz 1

I. Standortwettbewerb 1
I.1. Standortattraktivität und Steuerpolitik 1
I.2. Institutionelle Einbettung des Steuersystems und Standortattraktivität 2
I.3. Standortattraktivität – Relative Stärken und Schwächen der Schweiz 2
I.4. Standortorientierte Steuerpolitik 6
I.4.1. Analyserahmen 7
I.4.2. Standortattraktives Steuersystem 8
I.4.2.1. Steuersysteme im Wettbewerb 9
I.4.2.2. Kennzahlen für die steuerliche Standortattraktivität 9
I.4.2.2.1. Fiskalquote 9
I.4.2.2.2. Steuerbelastung von Unternehmen und Investoren 11
I.4.2.2.2.1. Statutarische (gesetzliche) und effektive (Gewinn-) Steuersätze 11
I.4.2.2.2.2. Effektive durchschnittliche Steuersätze resp. Steuerbelastungen 12
I.4.2.2.2.3. Aggregierte Steuerbelastung auf Unternehmensebene und Stufe Anteilseigner 12
I.4.2.2.3. Steuerbelastung von Arbeitskräften 13
I.4.2.2.4. Einfluss und Wirkung der Steuerbelastung auf die Einkommensverteilung 13
I.4.3. Einfluss und Wirkung der Steuerpolitik 15
I.4.3.1. Standort- und Investitionswahl der Unternehmen sowie Auswirkungen der Unternehmenssteuerlast 15
I.4.3.2. Arbeitsort- und Wohnsitzwahl der privaten Haushalte sowie Auswirkungen der Einkommenssteuerlast 18
I.4.4. Standortinstrumente der schweizerischen Steuerpolitik 18
I.4.4.1. Instrument Gewinnsteuer 20
I.4.4.2. Instrument Einkommenssteuer 22
I.4.4.3. Kombinierte Betrachtung der Instrumente Gewinn- und Einkommenssteuer 24
I.4.4.4. Instrument Mehrwertsteuer (Waren- und Dienstleistungssteuer) 26
I.4.5. Einfluss und Wirkung der Finanzpolitik 27
I.4.6. Stoßrichtung möglicher Reformen 29

I.4.6.1. Steuerhöhe und Steuerarten bzw. -struktur 29
I.4.6.2. Grundlegende Reformansätze 30
I.4.6.2.1. Einkommenssteuerorientierter Reformansatz 31
I.4.6.2.2. Reformansatz duale Einkommensbesteuerung 32
I.4.6.2.3. Konsumorientierter Reformansatz 33
I.4.6.3. Implementierte und geplante Reformen bzw. Strategien 33
I.4.6.3.1. Unternehmenssteuerreform II 33
I.4.6.3.2. Unternehmenssteuerreform III 34
I.4.6.3.3. MWST-Reform 34
I.4.6.3.4. Energiestrategie 2050 35
I.4.6.4. Folgerungen für die Schweiz 36

II. Grundlagen zur Steuerordnung und zum Steuersystem der Schweiz 38
II.1. Historische Einbettung 38
II.2. Finanzordnung des Bundes (und der Kantone) 38
II.2.1. Haushaltführung (Schuldenbremse) 39
II.2.2. Grundsätze der Besteuerung 40
II.2.3. Angemessener Finanz- und Lastenausgleich zwischen Bund und Kantonen sowie zwischen den Kantonen 41
II.3. Elemente des Steuerrechtsverhältnisses 44
II.3.1. Steuererhebungskompetenz (Steuerhoheit) 44
II.3.2. Steuersubjekt 45
II.3.3. Steuerobjekt 47
II.3.4. Steuerbemessungsgrundlage 47
II.3.5. Steuermaß 48
II.4. Steuerpflicht in der Schweiz 50
II.4.1. Unbeschränkte Steuerpflicht 51
II.4.1.1. Unbeschränkte Steuerpflicht natürlicher Personen 51
II.4.1.2. Unbeschränkte Steuerpflicht juristischer Personen 53
II.4.2. Beschränkte Steuerpflicht 55
II.4.2.1. Geschäftsbetriebe 56
II.4.2.2. Betriebsstätten 58
II.4.2.3. Grundstücke 60
II.5. Steuerarten 61
II.5.1. Direkte Steuern des Bundes, der Kantone und der Gemeinden 62
II.5.1.1. Einkommens- und Gewinnsteuer 62
II.5.1.1.1. Einkommenssteuer natürlicher Personen 62
II.5.1.1.2. Gewinnsteuer juristischer Personen 68
II.5.1.2. Vermögens- und Kapitalsteuern 71
II.5.1.2.1. Vermögenssteuer natürlicher Personen 72
II.5.1.2.2. Kapitalsteuer juristischer Personen 74
II.5.1.3. Exkurs zur Kirchensteuer 76
II.5.2. Indirekte Steuern des Bundes 77
II.5.2.1. Verrechnungssteuer 78
II.5.2.2. Stempelabgaben 83
II.5.2.2.1. Emissionsabgabe 83

II.5.2.2.2.	Umsatzabgabe	85
II.5.2.3.	Mehrwertsteuer	88
II.5.2.3.1.	Grundsätze	88
II.5.2.3.2.	Inlandsteuer	92
II.5.2.3.3.	Bezugsteuer	96
II.5.2.3.4.	Einfuhrsteuer	97
II.5.2.3.5.	Besonderheiten	98
II.5.2.4.	Zoll- und Einfuhrabgaben	98
II.5.2.4.1.	Die Eidg. Zollverwaltung	98
II.5.2.4.2.	Zoll- und andere Einfuhrabgaben	100
II.5.2.4.3.	Die Zollverfahren	101
II.5.2.4.3.1.	Überführung in den zollrechtlich freien Verkehr (Einfuhrverfahren)	102
II.5.2.4.3.2.	Ausfuhrverfahren	102
II.5.2.4.3.3.	Transitverfahren	103
II.5.2.4.3.4.	Zollverfahren der vorübergehenden Verwendung	103
II.5.2.4.3.5.	Zolllagerverfahren	104
II.5.2.4.4.	Spezialthemen	104
II.5.2.4.4.1.	Übersiedlungsgut	104
II.5.2.4.4.3.	Einfuhr von Personenwagen	105
II.5.3.	Grundstückgewinn-, Handänderungs- und Liegenschaftensteuer	107
II.5.3.1.	Vorbemerkungen	107
II.5.3.2.	Zivilrechtliche bzw. wirtschaftliche Handänderung	107
II.5.3.3.	Grundstückgewinnsteuer	107
II.5.3.4.	Handänderungssteuer	111
II.5.3.5.	Liegenschaftensteuer (Grund- oder Grundstücksteuer)	111
II.5.3.6.	Zweitwohnungssteuer	112
II.5.3.7.	Interkantonale Doppelbesteuerung von Liegenschaftsgewinnen (Schlechterstellungsverbot)	112
II.6.	Veranlagungsverfahren bei den direkten Steuern	114
II.6.1.	Vorbemerkungen und Grundsätze der zeitlichen Bemessung	114
II.6.2.	Verfahrensarten	115
II.7.	Bezugsverfahren bei den direkten Steuern	117
III.	Besteuerung von Unternehmen	119
III.1.	Besteuerung von Personenunternehmen	119
III.1.1.	Steuersubjekt bei Personenunternehmen	120
III.1.2.	Begriff der selbständigen Erwerbstätigkeit	120
III.1.2.1.	Merkmale der selbständigen Erwerbstätigkeit	121
III.1.2.2.	Abgrenzung der selbständigen Erwerbstätigkeit von anderen Tätigkeiten	122
III.1.2.2.1.	Abgrenzung von der unselbständigen Erwerbstätigkeit	122
III.1.2.2.2.	Abgrenzung von der Liebhaberei	122
III.1.2.2.3.	Abgrenzung von der privaten Vermögensverwaltung	123
III.1.2.3.	Beginn und Ende der selbständigen Erwerbstätigkeit	125
III.1.2.3.1.	Beginn	125
III.1.2.3.2.	Ende	126
III.1.3.	Geschäftsvermögen	128

III.1.3.1. Begriff des Geschäftsvermögens 128
III.1.3.2. Spezialfall: Gewillkürtes Geschäftsvermögen 128
III.1.3.3. Abgrenzung von Geschäfts- und Privatvermögen 129
III.1.3.3.1. Zuordnung bei Einzelunternehmen 129
III.1.3.3.2. Zuordnung bei Kollektiv- und Kommanditgesellschaften 130
III.1.3.3.3. Zuordnung bei einfachen und stillen Gesellschaften 131
III.1.3.3.4. Zuordnung von gemischt genutzten Vermögensobjekten 131
III.1.4. Einkommen aus selbständiger Erwerbstätigkeit 132
III.1.4.1. Ermittlung des steuerbaren Einkommens aus selbständiger Erwerbstätigkeit 134
III.1.4.1.1. Kapitalgewinne 134
III.1.4.1.1.1. Echte Realisation 134
III.1.4.1.1.2. Buchmäßige Realisation 134
III.1.4.1.1.3. Steuersystematische Realisation 135
III.1.4.1.2. Aufwendungen für die selbständige Erwerbstätigkeit 136
III.1.4.1.2.1. Nicht abzugsfähige Aufwendungen 136
III.1.4.1.2.2. Geschäftsmäßig begründeter Aufwand 137
III.1.4.1.3. Abschreibungen und Wertberichtigungen 138
III.1.4.1.3.1. Ordentliche Abschreibungen 139
III.1.4.1.3.2. Außerordentliche Abschreibungen 140
III.1.4.1.3.3. Abschreibungen auf aufgewerteten Aktiven 140
III.1.4.1.3.4. Wertberichtigungen 140
III.1.4.1.4. Rückstellungen 141
III.1.4.1.5. Reserven für Forschungs- und Entwicklungskosten 143
III.1.4.1.6. Ersatzbeschaffungen 143
III.1.4.2. Verlustverrechnung bei Selbständigerwerbenden 144
III.2. Besteuerung von juristischen Personen 145
III.2.1. Allgemeines 145
III.2.1.1. Steuerliche Gewinnermittlung 145
III.2.1.1.1. Geschäftsmäßig begründeter/unbegründeter Aufwand 147
III.2.1.1.1.1. Verdeckte Gewinnausschüttung 149
III.2.1.1.1.2. Abschreibungen 149
III.2.1.1.1.3. Ersatzbeschaffungen 150
III.2.1.1.1.4. Rückstellungen 150
III.2.1.1.1.5. Steuern 152
III.2.1.1.2. Nicht gutgeschriebene reguläre/außerordentliche Erträge 152
III.2.1.1.2.1. Gewinnvorwegnahme 152
III.2.1.1.2.2. Kapitalgewinne 153
III.2.1.1.2.3. Aufwertungsgewinne 153
III.2.1.1.2.4. Liquidationsgewinne 153
III.2.1.1.3. Zinsen auf verdecktem Eigenkapital 154
III.2.1.2. Verlustverrechnung 155
III.2.1.3. Zeitliche Bemessung 157
III.2.1.3.1. Zeitliche Bemessung der Gewinnsteuer 157
III.2.1.3.2. Zeitliche Bemessung bei der Kapitalsteuer 158

III.2.2.	Kapitalgesellschaften	159
III.2.2.1.	Besonderheiten	159
III.2.2.1.1.	Wirtschaftliche Doppelbelastung	159
III.2.2.1.1.1.	Allgemein	159
III.2.2.1.1.2.	Reduktion der wirtschaftlichen Doppelbelastung	160
III.2.2.1.1.3.	Die wirtschaftliche Doppelbelastung bei der Kommandit-AG	162
III.2.2.1.2.	Liquidationsüberschuss	163
III.2.2.1.3.	Ausnahmetatbestände zum steuerfreien Kapitalgewinn	164
III.2.2.1.3.1.	Indirekte Teilliquidation	165
III.2.2.1.3.2.	Transponierung	168
III.2.2.1.3.3.	Mantelhandel	169
III.2.2.2.	Berechnungsbeispiel zur Besteuerung einer Kapitalgesellschaft	170
III.2.3.	Genossenschaften	171
III.2.4.	Vereine und Stiftungen	171
III.2.4.1.	Besonderheiten	172
III.2.4.1.1.	Investment-Club	172
III.2.4.1.2.	Anlagestiftung	173
III.3.	Steuerruling, interkantonaler Steuerwettbewerb, Vermeidung steuerlicher Mehrfachbelastungen (Beteiligungsabzug), Steuererleichterungen, Steuerregimes und Steuermodelle für Unternehmen	173
III.3.1.	Planungssicherheit durch Steuerruling (Steuervorabbescheid)	173
III.3.2.	Tiefere Steuersätze als Ergebnis des interkantonalen Steuerwettbewerbs	174
III.3.3.	Vermeidung steuerlicher Mehrfachbelastungen (Beteiligungsabzug)	175
III.3.4.	Steuererleichterungen (Tax holidays)	177
III.3.4.1.	Kantons- und Gemeindesteuern	178
III.3.4.2.	Direkte Bundessteuer	179
III.3.5.	Steuerregimes und Steuermodelle	181
III.3.5.1.	Allgemeines	181
III.3.5.2.	Holdinggesellschaft	183
III.3.5.3.	Verwaltungsgesellschaft (Domizilgesellschaft)	190
III.3.5.4.	Gemischte Gesellschaft	193
III.3.5.5.	Prinzipal-Gesellschaft	198
III.3.5.6.	Schweizer Finanzbetriebsstätte (Swiss Finance Branch)	205
III.3.5.7.	Schweizer IP-Regimes	209
III.4.	Kapitaleinlageprinzip	211
III.4.1.	Allgemeines	211
III.4.2.	Nennwertprinzip (Regelung bis 31. 12. 2010)	212
III.4.3.	Kapitaleinlageprinzip (Regelung ab 1. 1. 2011)	212
III.4.4	Deklaration, Meldung und Veränderungen von KER	214
III.5.	Neuere Entwicklungen im Schweizer Unternehmenssteuerrecht	215
III.5.1.	Steuerstreit mit der EU und OECD	215
III.5.1.1.	Internationale Anerkennung, Standortattraktivität, Fiskalziel – eine Quadratur des Kreises?	215
III.5.1.2.	Kritikpunkte der EU und OECD im Einzelnen	217
III.5.1.3.	Vorläufiges Fazit	218

III.5.2 Unternehmenssteuerreform III 218
III.5.2.1. Allgemeines 218
III.5.2.2. Zwischenbericht vom 7. 5. 2013 219
III.5.2.3. (Schluss-)Bericht vom 11. 12. 2013 222
III.5.2.4. Ergebnisbericht vom 10. 4. 2014 224
III.5.2.5. Vernehmlassungsvorlage über das Unternehmenssteuerreformgesetz III und erläuternder Bericht v. 19. 9. 2014 224
III.5.3. Schlussfolgerung und Ausblick 233
III.6. Unternehmensumstrukturierungen und ihre Steuerfolgen 234
III.6.1. Art. 19 DBG: Umstrukturierungen von Personenunternehmungen 235
III.6.2. Art. 61 DBG: Umstrukturierungen von juristischen Personen 236
III.6.3. Kreisschreiben Nr. 5 der ESTV vom 1. 6. 2004 237
III.6.4. Sitzverlegung bzw. Verlagerung der tatsächlichen Verwaltung ins Ausland 238
III.7.5. Sitzverlegung bzw. Verlagerung der tatsächlichen Verwaltung in die Schweiz 240

IV. Besteuerung von natürlichen Personen 241
IV.1. Ordentliche Einkommens- und Vermögensbesteuerung 241
IV.1.1. Steuersubjekteigenschaft 241
IV.1.2. Familien-, Ehegatten- und Partnerschaftsbesteuerung und der Grundsatz der wirtschaftlichen Leistungsfähigkeit 241
IV.1.3. Einkommenssteuer 244
IV.1.3.1. Einkommensbegriff und Zuflusszeitpunkt des Einkommens 244
IV.1.3.2. Arten von Einkünften 246
IV.1.3.3. Steuerbare Einkünfte 247
IV.1.3.3.1. Erwerbseinkommen 247
IV.1.3.3.1.1. Begriff der selbständigen Erwerbstätigkeit 247
IV.1.3.3.1.2. Abgrenzung zwischen selbständiger und unselbständiger Erwerbstätigkeit 248
IV.1.3.3.1.3. Einkommen aus unselbständiger Erwerbstätigkeit 248
IV.1.3.3.1.3.1. Erwerbseinkommen 249
IV.1.3.3.1.3.2. Einkünfte aus echten und unechten Mitarbeiterbeteiligungen 249
IV.1.3.3.1.3.3. Abgangsentschädigungen resp. Kapitalabfindungen des Arbeitgebers 252
IV.1.3.3.2. Einkünfte aus Vermögen 254
IV.1.3.3.2.1. Erträge aus beweglichem Vermögen 254
IV.1.3.3.2.2. Erträge aus unbeweglichem Vermögen 255
IV.1.3.3.2.3. Abgrenzung von Kapitalgewinn und Vermögensertrag 256
IV.1.3.3.3. Einkünfte aus Vorsorge 256
IV.1.3.3.4. Übrige Einkünfte 257
IV.1.3.3.4.1. Allgemeines 257
IV.1.3.3.4.2. Erwerbsersatzeinkünfte 257
IV.1.3.3.4.3. Entschädigungen für die Beeinträchtigung der körperlichen Integrität 257
IV.1.3.3.4.4. Entschädigungen für Unterlassungen 258
IV.1.3.3.4.5. Lotteriegewinne 259
IV.1.3.3.4.6. Unterhaltsbeiträge 259
IV.1.3.4. Steuerfreie Einkünfte 260
IV.1.3.4.1. Allgemeines 260

IV.1.3.4.2. Vermögensanfall infolge Erbschaft, Vermächtnis, Schenkung oder güterrechtlicher Auseinandersetzung 260
IV.1.3.4.3. Kapitalgewinne aus der Veräußerung von Privatvermögen 260
IV.1.3.4.4. Übrige steuerfreie Einkünfte 261
IV.1.3.5. Abzugsfähige Aufwendungen – Ermittlung des Reineinkommens 262
IV.1.3.5.1. Gewinnungskosten 263
IV.1.3.5.1.1. Gewinnungskosten bei selbständiger Erwerbstätigkeit 263
IV.1.3.5.1.2. Gewinnungskosten bei unselbständiger Erwerbstätigkeit 263
IV.1.3.5.1.2.1. Fahrtkosten zwischen Wohn- und Arbeitsstätte 264
IV.1.3.5.1.2.2. Mehrkosten für auswärtige Verpflegung und bei Schichtarbeit 265
IV.1.3.5.1.2.3. Übrige Berufskosten 265
IV.1.3.5.1.2.4. Unmittelbar mit der Berufsausübung zusammenhängende Weiterbildungs- und Umschulungskosten (teilweise mit Einschluss der Wiedereinstiegskosten) 263
IV.1.3.5.1.2.5. Besondere Berufskosten von vorübergehend in der Schweiz tätigen leitenden Angestellten und Spezialisten (sog. Expatriates) 268
IV.1.3.5.2. Allgemeine Abzüge 270
IV.1.3.5.2.1. Allgemeiner Schuldzinsenabzug 271
IV.1.3.5.2.2. Dauernde Lasten und Leibrenten 271
IV.1.3.5.2.3. Unterhaltsbeiträge 272
IV.1.3.5.2.4. Einlagen, Prämien und Beiträge an die AHV/IV und an Einrichtungen der beruflichen Vorsorge 272
IV.1.3.5.2.5. Einlagen, Prämien und Beiträge zum Erwerb von vertraglichen Ansprüchen aus anerkannten Formen der gebundenen Selbstvorsorge 273
IV.1.3.5.2.6. Prämien und Beiträge für die EO, die ALV und die obligatorische Unfallversicherung 274
IV.1.3.5.2.7. Versicherungsprämien und Zinsen von Sparkapitalien 274
IV.1.3.5.2.8. Krankheits- und Unfallkosten sowie behinderungsbedingte Kosten 274
IV.1.3.5.2.9. Zuwendungen an Institutionen mit öffentlicher oder gemeinnütziger Zwecksetzung 275
IV.1.3.5.2.10. Abzug bei Erwerbstätigkeit beider Ehegatten 275
IV.1.3.5.2.11. Mitgliederbeiträge und Zuwendungen an politische Parteien 275
IV.1.3.5.2.12. Kinderdrittbetreuungskosten 276
IV.1.3.5.2.13. Einsatzkosten aus der Teilnahme an Lotterien oder lotterieähnlichen Veranstaltungen 276
IV.1.3.5.2.14. Liegenschaftsunterhaltskosten, Energiespar- und Umweltschutzmaßnahmen sowie Kosten der Denkmalpflege 276
IV.1.3.5.2.15. Schematische Übersicht über die allgemeinen Abzüge 277
IV.1.3.5.3. Sozialabzüge 280
IV.2. Besteuerung nach dem Aufwand 281
IV.2.1. Grundsätzliches zur Aufwandbesteuerung 281
IV.2.2. Beginn und Ende des Rechts auf Besteuerung nach dem Aufwand 282
IV.2.2.1. Subjektive Voraussetzungen 282
IV.2.2.2. Objektive Voraussetzungen 286
IV.2.3. Modifizierte Besteuerung nach dem Aufwand 291

IV.2.4. Sozialversicherungsrechtliche Beitragspflicht der aufwandbesteuerten Person 294
IV.2.5. Erbschaftsteuer bei Versterben der aufwandbesteuerten Person 294
IV.2.6. Bisherige und aktuelle Rechtsentwicklung 295
IV.2.6.1. Direkte Steuern (DBG, StHG) 296
IV.2.6.2. Eidgenössische Volksinitiative (Verfassungsebene) 297
IV.2.7. Wann lohnt sich die Besteuerung nach dem Aufwand? 299
IV.3. Besteuerung an der Quelle 301
IV.3.1. Funktionsweise 301
IV.3.2. Kategorien von der Quellensteuerpflicht unterliegenden Personen 303
IV.3.2.1. Kategorien 303
IV.3.2.2. In der Schweiz wohnhafte Ausländer 303
IV.3.2.3. Im Ausland wohnhafte Schweizer oder Ausländer 303
IV.3.2.3.1. Kurz- und Wochenaufenthalter 303
IV.3.2.3.2. Grenzgänger 304
IV.3.2.3.3. Deutsche Grenzgänger im Sinne des Steuerrechts 304
IV.3.2.4. Kriterien für das Vorliegen eines schweizerischen Arbeitgebers resp. dessen Quellensteuerpflicht 305
IV.3.3. Mit der Quellensteuer zu erfassende Einkünfte 306
IV.3.3.1. Grundsätze 306
IV.3.3.2. Spezialfälle 307
IV.3.3.2.1. Nachträgliche Lohnzahlungen basierend auf Arbeitsvertrag 307
IV.3.3.2.2. Bonuszahlungen 307
IV.3.3.2.3. Lohnfortzahlungen (Besoldungsnachgenuss gemäß Art. 338 OR) 308
IV.3.3.2.4. Exportierte geldwerte Vorteile aus Mitarbeiterbeteiligungen 308
IV.3.4. Quellensteuertarife und -berechnung 309
IV.3.4.1. Grundsätze 309
IV.3.3.2. Anwendung im Einzelnen 309
IV.3.5. Pflichten des Arbeitgebers 310
IV.3.6. Vorbehalt der Besteuerung im ordentlichen Verfahren 311
IV.4. Besteuerung von Erbschaften und Schenkungen 314
IV.4.1. Güter- und erbrechtliche Aspekte 314
IV.4.1.1. Vorbemerkungen 314
IV.4.1.2. Anwendbarkeit des maßgeblichen internationalen Güter- und Erbrechts 315
IV.4.1.2.1. Grundzüge des deutschen internationalen Güter- und Erbrechts 315
IV.4.1.2.2. Grundzüge des schweizerischen internationalen Güter- und Erbrechts 315
IV.4.1.2.3. Konflikt über das anwendbare Recht im Verhältnis Deutschland – Schweiz 316
IV.4.1.2.4. Zuständigkeit der Gerichte und Behörden im vorliegenden Fall 317
IV.4.1.2.5. Anwendbares Recht im vorliegenden Fall 318
IV.4.1.2.5.1. Güterrecht 318
IV.4.1.2.5.2. Erbrecht 318
IV.4.1.3. Gestaltungsalternativen nach schweizerischem Recht 319
IV.4.1.3.1. Güterrecht 319
IV.4.1.3.1.1. Güterstände nach schweizerischem Recht, Formfragen 319

IV.4.1.3.1.1.1. Der Güterstand der Errungenschaftsbeteiligung 320
IV.4.1.3.1.1.2. Güterrechtliche Auseinandersetzung (im Falle der Errungenschaftsbeteiligung) 320
IV.4.1.3.2. Erbrecht 320
IV.4.1.3.2.1. Gesetzliche Regelung 320
IV.4.1.3.2.2. Verfügungen von Todes wegen 322
IV.4.1.3.2.3. Deutsches gesetzliches Erbrecht bzw. Gestaltungsmöglichkeiten nach deutschem Recht 322
IV.4.1.4. Revision des Schweizer Erbrechts – Ausblick 323
IV.4.2. Erbschafts- und Schenkungssteuern 324
IV.4.2.1. Allgemeines 324
IV.4.2.2. Rechtsnatur der Erbschafts- und Schenkungssteuern 324
IV.4.2.3. Steuerhoheit 325
IV.4.2.3.1. Grundsätzliches 325
IV.4.2.3.2. Zuteilung der Steuerhoheit und Steuerausscheidung zwischen den Kantonen 326
IV.4.2.3.3. Zuteilung der Steuerhoheit und Steuerausscheidung im internationalen Verhältnis 327
IV.4.2.4. Umfang der kantonalen Steuerpflicht 329
IV.4.2.5. Steuersubjekt 330
IV.4.2.5.1. Grundsätzliches 330
IV.4.2.5.2. Befreiungen von der subjektiven Steuerpflicht 331
IV.4.2.6. Steuerobjekt 332
IV.4.2.6.1. Steuerobjekt bei der Erbschaftssteuer 332
IV.4.2.6.2. Steuerobjekt bei der Schenkungssteuer 334
IV.4.2.7. Steuerbemessungsgrundlage 334
IV.4.2.8. Steuerberechnung 337
IV.4.2.9. Steuerveranlagung 339
IV.4.2.10. Eidgenössische Volksinitiative (Verfassungsebene) 340
IV.4.2.10.1. Grundsätzliches 340
IV.4.2.10.2. Gegenstand der Eidgenössischen Volksinitiative 342

B. Doppelbesteuerungsabkommen in der Steuerplanung: Das DBA Deutschland – Schweiz 345

I. Überblick 345

II. Wichtige DBA-Teilrevisionen und notwendiger Revisionsbedarf 345
II.1. DBA-Teilrevision 2002 345
II.2. DBA-Teilrevision 2010 346
II.3 Notwendiger DBA-Revisionsbedarf 347

III. Konsultationsvereinbarungsverordnung 349

IV. Art. 4 DBA D-CH: Ansässigkeit von (natürlichen und juristischen) Personen 352
IV.1. Art. 4 Abs. 1 DBA D-CH 352

IV.2. Art. 4 Abs. 2 DBA D-CH: Doppelwohnsitz von natürlichen Personen 353
IV.3. Art. 4 Abs. 3 DBA D-CH: Überdachende Besteuerung bei doppelter unbeschränkter Steuerpflicht natürlicher Personen 354
IV.3.1. Allgemeiner Überblick 354
IV.3.2. Vermeidung der Mehrfachbesteuerung 356
IV.3.2.1. Freistellungsmethode 356
IV.3.2.2. Anrechnung der Schweizer Steuern auf Schweizer Einkünfte 357
IV.3.2.3. Beschränkte Anrechnung der Schweizer Steuern auf die übrigen Einkünfte und Vermögenswerte 357
IV.3.2.4. Berechnungsbeispiel zur konkreten Vorgehensweise 357
IV.4. Art. 4 Abs. 4 DBA D-CH: Wegzug natürlicher Personen von Deutschland in die Schweiz 358
IV.5. Art. 4 Abs. 5 DBA D-CH: Wohnsitzwechsel und zeitliche Aufteilung des Besteuerungsanspruchs 361
IV.6. Art. 4 Abs. 6 DBA D-CH: Nicht-Ansässigkeitsfiktion bei Schweizer Besteuerung nach dem Aufwand 361
IV.7. Art. 4 Abs. 7 DBA D-CH: Bestimmung der Ansässigkeit von bevormundeten Personen 361
IV.8. Art. 4 Abs. 8 DBA D-CH: Doppelansässigkeit von Gesellschaften 361
IV.9. Art. 4 Abs. 9 DBA D-CH: Überdachende, deutsche Besteuerung in Fällen doppelter Ansässigkeit von Gesellschaften 362
IV.10. Art. 4 Abs. 10 DBA D-CH: Quellenbesteuerung bei doppelt ansässigen Gesellschaften 362
IV.11. Art. 4 Abs. 11 DBA D-CH: Einkommens- und Vermögenszurechnung unter Abkommensanwendung 363

V. Art. 5 DBA D-CH: Betriebsstätte 363
V.1. Feste Geschäftseinrichtung 363
V.2. Vertreterbetriebsstätte 364
V.3. Gewinnermittlung und Rechtsfolgen aus einer Betriebsstätte 366

VI. Art. 6 DBA D-CH: Einkünfte aus unbeweglichem Vermögen 368

VII. Art. 7 DBA D-CH: Einkünfte aus Unternehmensgewinnen 368
VII.1. Grundsätze und Gewinnermittlung 368
VII.2. (Gewerblich geprägte) Personengesellschaften und die Besonderheiten aus Art. 7 Abs. 7 DBA D-CH 368

VIII. Art. 10/Art. 28 DBA D-CH: Quellensteuern auf Dividendenausschüttungen – Nullregelung und Sockelsteuersätze 372
VIII.1. DBA-Revisionen der letzten Jahre 372
VIII.2. Grundsätze 373
VIII.3. Anwendungsbereich der Nullregelung 374
VIII.4. Der Sonderfall Personengesellschaften 375
VIII.5. Exkurs: Artikel 15 Zinsbesteuerungsabkommen 375
VIII.5.1. Dividenden 376
VIII.5.1. Zinsen und Lizenzgebühren 377

VIII.6. Erstattungsverfahren und Entlastung an der Quelle 378
VIII.6.1. Erstattungsverfahren 378
VIII.6.2. Entlastung an der Quelle 378
VIII.6.2.1. Entlastung an der Schweizer Quelle 378
VIII.6.2.2. Entlastung an der deutschen Quelle 379
VIII.6.3. Antragstellung bei Personengesellschaften 380
VIII.7. Typische Praxis-Beispiele 380

IX. Art. 11 DBA D-CH: Zinsen 384

X. Art. 12 DBA D-CH: Lizenzgebühren 385

XI. Art. 13 DBA D-CH: Veräußerungsgewinne 385

XII. Art. 15/Art. 15a DBA D-CH: Entsendungen (Expatriates), internationales Flugpersonal, leitende Angestellte und Grenzgänger 386
XII.1. Grundsatz: Arbeitsort- bzw. Tätigkeitsortprinzip 386
XII.2. Ausnahmen bzw. Sonderfälle 387
XII.2.1. Monteurklausel respektive 183-Tage-Regel (Art. 15 Abs. 2 DBA D-CH) 387
XII.2.2. Internationales Flugpersonal (Art. 15 Abs. 3 DBA D-CH) 388
XII.2.3. Leitende Angestellte (Art. 15 Abs. 4 DBA D-CH) 389
XII.2.4. Grenzgängerregelung (Art. 15a DBA D-CH) 391
XII.3. Die deutschen Voraussetzungen an eine Freistellung ausländischer Arbeitseinkünfte 395
XII.4. Exkurs: Steueroptimierung durch Payroll-Split – getrennte Arbeitsverträge im In- und Ausland 396
XII.5. Arbeitgeberrisiken infolge internationaler Mitarbeiterentsendung 396

XIII. Art. 16 Verwaltungs- und Aufsichtsräte 397
XIII.1. Ausgangslage und grundsätzliche DBA-Regelung 397
XIII.2. Geschäftsleitender Verwaltungsrat: Fallunterscheidung und Steuerfolgen 397
XIII.2.1 Schweizer Obligationenrecht (OR) 397
XIII.2.2. Steuerfolgen 398
XIII.2.2.1. Verwaltungsrat mit ausschließlich überwachenden Tätigkeiten 398
XIII.2.2.2. Delegierter des Verwaltungsrates 398

XIV. Art. 18 DBA D-CH: Ruhegehälter 398

XV. Art. 23 DBA D-CH: Missbrauchsklausel 401
XV.1. Grundsätze 401
XV.2. Schweizer Missbrauchsvorschriften 402
XV.3. Deutsche Missbrauchsvorschriften 403

XVI. Art. 24 DBA D-CH: Methodenartikel: Freistellung- oder Anrechnungsmethode 403
XVI.1. Inhalt und Tragweite von Art. 24 Abs. 1 Nr. 1 DBA D-CH 404
XVI.1.1. Anwendungsbereich der Freistellungsmethode in Deutschland 404
XVI.1.2. Auslegung von Art. 24 Abs. 1 Nr. 1a Satz 1 DBA D-CH 405
XVI.1.2.1. Gewinne im Sinne des Artikels 7 aus eigener Tätigkeit einer Betriebsstätte 405
XVI.1.2.2. Soweit die Gewinne nachweislich durch aktive Tätigkeit erzielt werden 405

XVI.1.2.3. Teilnahme am allgemeinen Wirtschaftsverkehr 406
XVI.2. Rechtsprechung des Bundesfinanzhofes zur Aktivitätsklausel 407
XVI.2.1. Einleitung 407
XVI.2.2. Lizenzurteil des BFH vom 29. 11. 2000 407
XVI.2.2.1. Sachverhalt 407
XVI.2.2.2. Erwägungen des BFH 408
XVI.2.2.3. Würdigung 408
XVI.2.3. Dividendenurteil 408
XVI.2.3.1. Sachverhalt 408
XVI.2.3.2. Entscheid der Vorinstanz 409
XVI.2.3.3. Erwägungen des BFH im nicht veröffentlichten Gerichtsbescheid vom 30. 1. 2002 410
XVI.2.3.4. Erwägungen des BFH im veröffentlichten Urteil vom 7. 8. 2002 411
XVI.2.3.5. Würdigung 411
XVI.2.4. Ergebnis 411

XVII. Art. 25 DBA D-CH: Diskriminierungsklausel 412

XVIII. Art. 26 DBA D-CH: Verständigungs- und Konsultationsvereinbarungen sowie Schiedsverfahren 413
XVIII.1. Verständigungs- und Konsultationsvereinbarungen 413
XVIII.2. Schiedsverfahren 414

XIX. Art. 27 DBA D-CH: Amtshilfeklausel/Informationsaustausch 415
XIX.1. Allgemeines 415
XIX.2. 2004 – 2010: Amtshilfeklausel bei Betrugsdelikten 416
XIX.3. EU Betrugsbekämpfungsabkommen 417
XIX.4. Seit 1. 1. 2011: Große Amtshilfeklausel gemäß DBA-Teilrevision 2010 419
XIX.5. Neuer OECD-Standard (Gruppenanfragen) und Schweizer Steueramtshilfegesetz 420
XIX.6. Automatischer Informationsaustausch in Steuersachen (AIA) 421
XIX.7. Aktuelle Entwicklungen innerhalb der EU 424
XIX.8. Grafische Darstellung der zeitlichen Regelungsinhalte von Art. 27 DBA D-CH 425

XX. Art. 28 DBA D-CH: Quellensteuern und Erstattung 426

C. Crossborder-Strukturen D-CH: Ausgewählte Alternativstrukturen für deutsche Outbound-Investitionen in der Schweiz 427

I. Allgemeines 427
I.1. Aktuelle Ausgangslage in Deutschland 427
I.2. Elemente effizienter Steuerplanung 427

II. Grenzüberschreitende Gestaltungsalternativen für Investitionen in der Schweiz 430
II.1. Alternative 1: Klassischer Direktvertrieb 432
II.1.1. Besteuerung in der Schweiz 433
II.1.2. DBA D-CH und Besteuerung in Deutschland 433

II.1.3. Gesamtsteuerquote 433
II.2. Alternative 2: Betriebsstättenmodell – Personengesellschaft/Einzelunternehmung mit Schweizer Betriebsstätte bzw. Personengesellschaft 434
II.2.1. Besteuerung in der Schweiz 435
II.2.2. DBA D-CH und Besteuerung in Deutschland 437
II.2.3. Gesamtsteuerquote 439
II.3. Alternative 3: Deutsche Einzelunternehmung/Personengesellschaft mit einer Beteiligung an einer Schweizer Kapitalgesellschaft 442
II.3.1. Besteuerung in der Schweiz 442
II.3.2. DBA D-CH und Besteuerung in Deutschland 443
II.3.3. Gesamtsteuerquote 445
II.4. Alternative 4: Zwischenschaltung einer deutschen Kapitalgesellschaft als Stammhaus einer Schweizer Betriebsstätte 446
II.4.1. Besteuerung in der Schweiz 446
II.4.2. DBA D-CH und Besteuerung in Deutschland 447
II.4.3. Gesamtsteuerquote 448
II.5. Alternative 5: „Kapitalgesellschaftskonzern" – deutsche Kapitalgesellschaft mit Schweizer Tochterkapitalgesellschaft 449
II.5.1. Besteuerung in der Schweiz 450
II.5.2. DBA D-CH und Besteuerung in Deutschland 451
II.5.3. Gesamtsteuerquote 454
II.6. Zwischenfazit zu den Alternativen 1 bis 5 455
II.7. Alternative 6: Organschaftsmodell – Schweizer Betriebsstätte mit deutscher Organschaftsstruktur 457
II.7.1. Besteuerung in der Schweiz 458
II.7.2. DBA D-CH und Besteuerung in Deutschland 458
II.7.3. Gesamtsteuerquote 460
II.8. Alternative 7: AG/GmbH & atypisch Still – Atypisch stille Beteiligung an einer deutschen Kapitalgesellschaft mit Schweizer Betriebsstätte 462
II.8.1. Besteuerung in der Schweiz 462
II.8.2. DBA D-CH und Besteuerung in Deutschland 463
II.8.3. Gesamtsteuerquote 469
II.9. Alternative 8: Atypisch stille Beteiligung an einer Schweizer Kapitalgesellschaft 470
II.9.1. Besteuerung in der Schweiz 471
II.9.2. DBA D-CH und Besteuerung in Deutschland 473
II.9.3. Gesamtsteuerquote 477

D. Grenzen der internationalen Steuerplanung 479

I. Allgemeine Einführung 479

II. Die BEPS-Initiative der OECD – Aktuelle Entwicklungen 481

III. „Implementierungsphase“: Anknüpfungspunkte bei der Übertragung von Funktionen und Geschäftschancen 485
III.1. Definitionen einer Funktionsverlagerung 485
III.2. Verrechnungspreis bei Funktionsverlagerung 486
III.3. Lösungsansätze 486
III.4. Weitere Normen der Entstrickung von Betriebsvermögen 487
III.4.1. Allgemeines 487
III.4.2. Ausgewählte Neuerung bei der Entstrickung 488
III.4.2.1 Finale Entnahmetheorie 488
III.4.2.2. Finale Betriebsaufgabetheorie 489

IV. „Laufende Besteuerung“: Anknüpfungspunkte für eine Besteuerung der laufenden Erträge 490
IV.1. Rechtstypenvergleich 490
IV.2. Unbeschränkte deutsche Steuerpflicht juristischer Personen: Ort der tatsächlichen Geschäftsleitung oder Sitz 491
IV.3. Treuhandschaft und Scheingeschäfte 493
IV.4. Missbrauch von rechtlichen Gestaltungsmitteln (§ 42 AO) 494
IV.4.1. Allgemeines 494
IV.4.2. Grundsätze und Rechtsentwicklung 494
IV.4.3. Anwendungsfälle in der Beratungspraxis 496
IV.5. Anti-Treaty Shopping (§ 50d Abs. 3 EStG) 498
IV.6. Außensteuergesetz 501
IV.6.1. Hinzurechnungsbesteuerung nach §§ 7 bis 14 AStG 502
IV.6.1.1. Mehrheitsbeteiligung 502
IV.6.1.2. Niedrigbesteuerung 503
IV.6.1.3. Passive Tätigkeit 504
IV.6.1.3.1. Produktion (§ 8 Abs. 1 Nr. 2 AStG) 505
IV.6.1.3.2. Handelstätigkeit (§ 8 Abs. 1 Nr. 4 AStG) 506
IV.6.1.3.3. Dienstleistungen (§ 8 Abs. 1 Nr. 5 AStG) 507
IV.6.1.3.4. Überlassung von Rechten etc. (§ 8 Abs. 1 Nr. 6a AStG) 508
IV.6.1.3.5. Überlassung von Immobilien und Grundstücken (§ 8 Abs. 1 Nr. 6b AStG) 508
IV.6.1.3.6. Finanzierungsfunktion (§ 8 Abs. 1 Nr. 7 AStG) 508
IV.6.1.3.7. Gewinnausschüttungen (§ 8 Abs. 1 Nr. 8 AStG) 509
IV.6.1.3.8. Veräußerungsgewinne (§ 8 Abs. 1 Nr. 9 AStG) 509
IV.6.1.4. Einkünfte mit Kapitalanlagecharakter (§ 7 Abs. 6 i. V. m Abs. 6a AStG) 510
IV.6.1.5. Nachgelagerte Zwischengesellschaft (§ 14 AStG) 510
IV.6.1.6. Freigrenze bei gemischten Einkünften 511
IV.6.1.7. Rechtsfolgen 511
IV.6.2. Familienstiftung nach § 15 AStG 512
IV.6.2.1. Grundsätze 512
IV.6.2.2. Verselbständigte Vermögensmasse versus (verdeckte) Treuhand 512
IV.6.2.3. Familienstiftung 514
IV.6.3. Switch-over Klausel (§ 20 Abs. 2 AStG) 515
IV.7. Beschränkte deutsche Steuerpflicht: (Vertreter)Betriebsstätte 516

V. Fremdvergleich sowie Mitwirkungs- und Informationspflichten 518
V.1. Verrechnungspreise: Fremdvergleichsgrundsatz und Dokumentationspflichten 518
V.2. Erweiterte Mitwirkungspflichten bei Auslandsbeziehungen 521
V.3. Anzeigepflicht für Beteiligungen an ausländischen Gesellschaften und Unternehmenseinheiten 523
V.4. Benennung von Gläubigern und Zahlungsempfängern 524

E. Der Wegzug einer natürlichen Person in die Schweiz 527

I. Deutsche Besteuerungsnormen bei natürlichen Personen 528
I.1. Unbeschränkte Einkommensteuerpflicht 528
I.1.1. Wohnsitz 528
I.1.2. Gewöhnlicher Aufenthalt 531
I.1.3. Dokumentation Aufgabe Wohnsitz und gewöhnlichen Aufenthalt 533
I.2. (Erweitert) beschränkte Einkommensteuerpflicht 534
I.2.1. Erweitert beschränkte Steuerpflicht 534
I.2.2. Beschränkte Steuerpflicht 537

II. Deutsche Entstrickungsnormen bei natürlichen Personen 541
II.1. Allgemeine Einführung 541
II.2. Deutsche Wegzugsbesteuerung nach § 6 AStG und EuGH-Rechtsprechung 542
II.3. Aufgabe des Gewerbebetriebs 547
II.4. Grundbesitz in Deutschland 548

III. Erbschaftsteuer: Nationale, deutsche Regelungen und die (Sonder-)Regelungen im ErbSt-DBA D-CH 549
III.1. Nationale Regelungen in Deutschland 549
III.1.1. Unbeschränkte, erweitert unbeschränkte und fiktive unbeschränkte Erbschaftsteuerpflicht in Deutschland 549
III.1.2. Erweitert beschränkte Erbschaftsteuerpflicht in Deutschland 551
III.1.3. Beschränkte Erbschaftsteuerpflicht in Deutschland 552
III.1.4. Grafische Darstellung der möglichen, deutschen Besteuerungsnormen 553
III.2. Doppelbesteuerungsabkommen auf dem Gebiet der Nachlass- und Erbschaftsteuern in der Schweiz und in Deutschland 554
III.2.1. Grundsätzliches 554
III.2.2. Aufbau des ErbSt-DBA D-CH 554
III.2.3. Sachliche Anwendungsbereich 555
III.2.4. Ansässigkeit nach ErbSt-DBA D-CH 556
III.2.4.1. Unbeschränkte Steuerpflicht 556
III.2.4.2. Doppelansässigkeit – Tie-breaker-rule 556
III.2.4.3. Überdachendes, deutsches Besteuerungsrecht 557
III.2.4.4. Konkurrierendes, deutsches Besteuerungsrecht 558
III.2.4.5. Aufwandbesteuerung 558
III.2.5. Zuweisungsnormen nach ErbSt-DBA D-CH 559
III.2.6. Deutsches Besteuerungsrecht bei in Deutschland ansässigen Erben 559

III.2.7. Abzug von Schulden nach Art. 9 ErbSt-DBA D-CH 560
III.2.8. Methodenartikel 10 ErbSt-DBA D-CH 560
III.2.9. Weitere Hinweise 561
III.2.10. Fallbeispiele zum ErbSt-DBA D-CH 561
III.2.11. Zusammenfassung 562

F. Spezialthemen 563

I. Unternehmensformen im schweizerischen Zivilrecht 563
I.1. Allgemeines 563
I.2. Personenunternehmen 564
I.2.1. Einzelunternehmung (Art. 945 ff. OR) 565
I.2.2. Kollektivgesellschaft (Art. 552 ff. OR) 565
I.2.3. Kommanditgesellschaft (Art. 594 ff. OR) 565
I.2.4. Einfache und stille Gesellschaft (Art. 530 ff. OR) 565
I.3. Kapitalgesellschaften 566
I.3.1. Aktiengesellschaft (Art. 620 ff. OR) 566
I.3.2. Gesellschaft mit beschränkter Haftung (Art. 772 ff. OR) 569
I.3.3. Vergleich der AG mit der GmbH 570
I.3.4. Kommanditaktiengesellschaft (Art. 764 ff. OR) 574
I.3.5. Kollektive Kapitalanlagen (Art. 1 ff. KAG) 574
I.4. Übrige juristische Personen 575
I.4.1. Genossenschaft (Art. 828 ff. OR) 575
I.4.2. Verein (Art. 60 ff. ZGB) 575
I.4.3. Stiftung (Art. 80 ff. ZGB) 575
I.5. Zweigniederlassung 576
I.6. Revisionspflicht 576
I.6.1. Aktiengesellschaft 577
I.6.1.1. Ordentliche Revision 577
I.6.1.2. Eingeschränkte Revision (Review) 577
I.6.1.3. Verzicht auf Revision 578
I.6.1.4. Vorkehrungen 578
I.6.2. Gesellschaft mit beschränkter Haftung 578
I.6.2.1. Vorkehrungen 578
I.7. Migration 578

II. Arbeits- und Aufenthaltsbewilligung in der Schweiz: Personenfreizügigkeit (Bürger der EFTA und der 25 EU Mitgliedstaaten sowie Bulgarien, Rumänien und Kroatien) und weitere Regelungen im Ausländerrecht 580
II.1. Arbeits- und Aufenthaltsbewilligung in der Schweiz 580
II.1.1. Grundsatz: Bewilligungspflicht 580
II.1.2. 8-Tage-Regel als Ausnahme 582
II.2. Arbeits- und Aufenthaltsbewilligung für Drittstaatenangehörige 583
II.2.1. Allgemeines 583
II.2.2. Voraussetzungen 583

II.2.2.1.	Verfügbarkeit von Kontingenten	583
II.2.2.2.	Vorrang von auf dem Schweizer und EU/EFTA Arbeitsmarkt zugelassenen Arbeitskräften	585
II.2.2.3.	Einhaltung der orts- und branchenüblichen Lohn- und Arbeitsbedingungen	585
II.2.3.	Bewilligungsarten	586
II.2.3.1.	Kurzaufenthaltsbewilligung L	586
II.2.3.2.	Aufenthaltsbewilligung B	586
II.2.3.3.	Niederlassungsbewilligung C	587
II.2.3.4.	Grenzgängerbewilligung G	587
II.2.4.	Berufliche und geografische Mobilität	588
II.2.5.	Visumspflicht	588
II.2.6.	Familiennachzug	589
II.2.7.	Einreise in die Schweiz	590
II.2.8.	Bewilligungsverfahren	590
II.3.	Arbeits- und Aufenthaltsbewilligung für EU/EFTA Bürger	591
II.3.1.	Allgemeines	591
II.3.2.	Voraussetzungen (Bilaterale Verträge I)	592
II.3.3.	Bewilligungsarten	593
II.3.3.1.	Kurzaufenthaltsbewilligung L und Aufenthaltsbewilligung B	593
II.3.3.2.	Niederlassungsbewilligung C	594
II.3.3.3.	Grenzgängerbewilligung G	594
II.3.3.4.	Meldeverfahren	595
II.3.3.5.	Flankierende Maßnahmen	597
II.3.3.6.	Familiennachzug EU/EFTA	600
II.4.	Ausdehnung des Freizügigkeitsabkommens	601
II.4.1.	Allgemeines	601
II.4.2.	Übergangsregime	602
II.5.	Verlängerung von Arbeitsbewilligungen	604
II.5.1.	Allgemeines	604
II.5.2.	EU/EFTA Bürger	604
II.5.3.	Drittstaatenangehörige	605
II.5.4.	Verfallsanzeige	606
II.6.	Konsequenzen der Nichteinholung von Arbeitsbewilligungen	606
II.6.1.	Administrativverfahren	606
II.6.2.	Strafverfahren	607
II.6.2.1.	Arbeitnehmer/Arbeitgeber/Dritte	607
II.6.2.2.	Arbeitgeber	607
II.7.	Auswirkungen des Schengener Assoziierungsabkommens	608
II.7.1.	Auswirkungen für die Einreise in die Schweiz	608
II.7.2.	Auswirkungen für die Einreise in einen Schengen-Staat aus der Schweiz	608
II.7.3.	Weitere Auswirkungen	609
II.8.	Masseneinwanderungsinitiative	609
III.	Sozialversicherung: Nationale Schweizer Regelungen und Personenfreizügigkeitsabkommen (EG/EFTA Bürger)	613
III.1.	Drei-Säulen Modell in der Schweiz – Überblick	613

III.2. Ausgewählte schweizerische Sozialversicherungszweige 614
III.2.1. Maßgeblichkeit des Arbeitgebers 614
III.2.2. AHV/IV 614
III.2.2.1. Versicherungspflicht 615
III.2.2.2. Beitragspflicht und Beitragshöhe 617
III.2.3. BVG (gesetzlich, überobligatorisch) 619
III.2.3.1. Versicherungspflicht 619
III.2.3.2. Beitragspflicht 620
III.3. Sozialschutzsysteme in der EU 622
III.4. Koordination der Sozialversicherungszweige in der Schweiz 622
III.5. Koordination der Sozialversicherung in „Europa“ 623
III.5.1. Hintergrund 623
III.5.2. Bilaterale I 623
III.5.3. Ausdehnung der Bilateralen I (EU 15+10) 623
III.5.4. Weitere Ausdehnung der Bilateralen I (EU 25+2+1) 624
III.5.5. Koordination der sozialen Sicherheit 625
III.5.5.1. Acquis communautaire 625
III.5.5.2. Die Verordnungen (EG) Nr. 883/2004 und Nr. 987/2009 im Besonderen 628
III.5.5.2.1. Persönlicher Geltungsbereich 628
III.5.5.2.2. Örtlicher Geltungsbereich 628
III.5.5.2.3. Sachlicher Geltungsbereich 628
III.5.5.2.4. Koordinationsgrundsätze 629
III.5.5.2.4.1. Versicherungsrechtliche Unterstellung im Allgemeinen 629
III.5.5.2.4.1.1. Beispielfall Art. 12 Abs. 1 der VO (EG) Nr. 883/2004 630
III.5.5.2.4.1.2. Beispielfall Art. 13 Abs. 1 Bst. a der VO (EG) Nr. 883/2004 632
III.5.5.2.4.1.3. Beispielfall Art. 13 Abs. 2 der VO (EG) Nr. 883/2004 634
III.5.5.2.4.1.4. Beispielfall Art. 13 Abs. 3 der VO (EG) Nr. 883/2004 636
III.5.5.2.4.1.5. Beispielfall Art. 11 Abs. 4 der VO (EG) Nr. 883/2004 638
III.5.5.2.4.1.6. Beispielfall Art. 13 Abs. 3 der VO (EG) Nr. 883/2004 639
III.5.5.2.4.2. Versicherungsrechtliche Unterstellung bei der Krankenversicherung 640
III.5.5.2.4.3. Versicherungsrechtliche Unterstellung im Bereich der Familienleistungen 641
III.5.5.2.4.4. Regelungen bezüglich der Leistungen 642
III.5.5.2.4.4.1. Alters-, Hinterlassenen- und Invalidenversicherung (AHV/IV) 642
III.5.5.2.4.4.2. Kantonale Ergänzungsleistungen zur AHV/IV 642
III.5.5.2.4.4.3. Krankenversicherung 643
III.5.5.2.4.4.4. Familienleistungen 643
III.5.5.2.4.4.5. Berufliche Vorsorge (zweite Säule) 644
III.5.5.2.4.4.6. Unfallversicherung 644
III.5.5.4. Die Richtlinie (EG) Nr. 98/49 644
III.5.5.4.1. Geltungsbereich 644
III.5.5.4.2. Ziel 645

IV. Erwerb von Schweizer Grundstücken durch Personen im Ausland 646
IV.1. Personen im Ausland im Sinne des BewG 646
IV.1.1. Natürliche Personen 646

IV.1.2. Juristische Personen und vermögensfähige Gesellschaften ohne juristische Persönlichkeit 647
IV.1.2.1. Sitzerfordernis/Beherrschende Stellung 647
IV.1.3. Treuhandgeschäfte und Trusts 648
IV.2. Ausnahmen von der Bewilligungspflicht 648
IV.2.1. Ausnahmen für natürliche Personen 648
IV.2.1.1. Hauptwohnung 649
IV.2.1.2. Zweitwohnungen 649
IV.2.1.3. Gesetzliche Erben / Verwandte des Veräusserers 650
IV.2.2. Ausnahmen für natürliche und juristische Personen 650
IV.2.2.1. Betriebsstätten-Grundstück 650
IV.2.2.2. Anteile an börsenkotierten Immobiliengesellschaften 651
IV.2.2.3. Anteile an einem Immobilienanlagefonds 651
IV.3. Bewilligungsgründe und Bewilligungsverfahren 651
IV.3.1. Bewilligungsgründe nach BewG 651
IV.3.2. Kantonale Bewilligungsgründe 652
IV.3.2.1. Ferienwohnung 652
IV.3.2.2. Zweitwohnung 654
IV.3.3. Bewilligungsverfahren 654
IV.3.4. Sanktionen 655
IV.4. Beibehaltung der Lex Koller und Ausblick auf Änderungen im Immobilienhandel 656
IV.4.1. Beibehaltung der Lex Koller 656
IV.4.2. Revision der Lex Koller 656
IV.4.3. Unterstellung des Immobilienhandels unter das Geldwäschereigesetz 656
IV.5. Kurzübersicht / Praxisbeispiele 657

V. Einbürgerung in die Schweiz 661
V.1. Ordentliche Einbürgerung 661
V.1.1. Voraussetzungen und Verfahrensstufen 661
V.1.1.1. Eidgenössisches Einbürgerungsbewilligungsverfahren 661
V.1.1.2. Kommunales Einbürgerungsbewilligungsverfahren 663
V.1.1.3. Kantonales Einbürgerungsbewilligungsverfahren 664
V.1.3. Zu den Verfahren im Einzelnen 665
V.2. Erleichterte Einbürgerung 667
V.2.1. Voraussetzungen 667
V.2.2. Verfahren 667
V.3. Verlust 668

VI. EU-Zinsbesteuerung 669
VI.1. Einführung und Überblick 669
VI.2. Die Zahlstelle 671
VI.3. Die betroffene Person 671
VI.4. Der Zins 672
VI.4.1. Direkte Zinsen und ihre Bemessungsgrundlage 673
VI.4.2. Indirekte Zinsen und ihre Berechnungsgrundlage 673

VI.4.3. Keine Zinsen und Ausnahmen gemäß Abkommen 674
VI.4.4. Behandlung von Derivaten und strukturierten Produkten 674
VI.5. Abwicklung und Verantwortlichkeiten 674
VI.5.1. Der Rückbehalt 674
VI.5.2. Die Meldung 675
VI.6. Bisherige Praxiserfahrung und weitere Entwicklung 675

VII. Bargeld bei Grenzkontrollen 678

VIII. Eingeschränktes Bankkundengeheimnis in Deutschland 680

Anhänge 683

Anhang 1 Verrechnungssteuer auf Dividenden 683

Anhang 2 Emissionsabgabe, Umsatzabgabe 703

Anhang 3 709
Mehrwertsteuer 709
Zoll- und Einfuhrabgaben 709

Anhang 4 Arbeits- und Aufenthaltsbewilligung in der Schweiz: Personenfreizügigkeit (Bürger der EFTA und der 25 EU Mitgliedstaaten sowie Bulgarien, Rumänien und Kroatien) und weitere Regelungen im Ausländerrecht 719

Anhang 5 Sozialversicherung: Nationale Schweizer Regelungen und Personenfreizügigkeitsabkommen (EG/EFTA Bürger) 727

Anhang 6 Einbürgerung in die Schweiz 739

Anhang 7 Sonstiges 743

Literaturverzeichnis 765
Materialienverzeichnis 787
Stichwortverzeichnis 803
Kurzbeschreibung der Autoren 817

ABKÜRZUNGSVERZEICHNIS[1]

a.a.O.	am anderen Ort
a.F.	alte Fassung
a.M.	anderer Meinung
a.o.	außerordentlich
Abl.	Amtsblatt der Europäischen Union
Abs.	Absatz
Abschn.	Abschnitt
AG	Aktiengesellschaft
AHV	Alters- und Hinterlassenenversicherung
AIA	Automatischer Informationsaustausch in Steuersachen
ALV	Arbeitslosenversicherung
ANOBAG	Arbeitnehmende ohne beitragspflichtigen Arbeitgeber
Anm.	Anmerkung
AnwGr	Grundsätze zur Anwendung des Außensteuergesetzes
AOA	Authorized OECD Approach
ARE	Bundesamt für Raumentwicklung
Art.	Artikel
AS	Amtliche Sammlung der (schweizerischen) Bundesgesetze und Verordnungen. Eidgenössische Gesetzessammlung (Amtliche Sammlung des Bundesrechts; Bern)
ASA	Archiv für Schweizerisches Abgaberecht (Bern)
ASTRA	Bundesamt für Straßen
ATLAS	Automatisiertes Tarif- und Lokales Zollabwicklungssystem
Az.	Aktenzeichen
B	Belgien
BAG	Bundesamt für Gesundheit
BAK	Bundesamt für Kommunikation
BayLfSt	Bayerisches Landesamt für Steuern
BB	Betriebsberater
BBl	Bundesblatt (Bern)
BCDS	Barème pour le calcul des droits de succession
Bd.	Band
BEPS	Base Erosion and Profit Shifting
BfF	Bundesamt für Finanzen (neu: BZSt vgl. nachfolgend)
BFH	Bundesfinanzhof
BFH/NV	Sammlung amtlich nicht veröffentlichter Entscheidungen des Bundesfinanzhofs
BFM	Bundesamt für Migration
BfS	Bundesamt für Statistik
BGB	Bürgerliches Gesetzbuch

1 Siehe ebenfalls dazu separate Rubriken „Kantonsabkürzungen" und „Rechtsquellen".

BGBl	Bundesgesetzblatt
BGE	Amtliche Sammlung der Entscheidungen des (schweizerischen) Bundesgerichtes (Bern)
BGer	Bundesgerichtsentscheid
BIF	Bahninfrastrukturfonds
BIP	Bruttoinlandprodukt
BJ	Bundesamt für Justiz
BMF	Bundesministerium der Finanzen
BS	Betriebsstätte
bspw.	beispielsweise
Bst.	Buchstabe
BStBl	Bundessteuerblatt
BSV	Bundesamt für Sozialversicherungen
BV	Berufliche Vorsorge
BVerfG	Bundesverfassungsgericht
bzgl.	bezüglich
BZSt	Bundeszentralamt für Steuern, Bonn
bzw.	beziehungsweise
ca.	circa
CCA	Competent Authority Agreement
CEO	Chief Executive Officer
CFC	Controlled Foreign Company
CFO	Chief Financial Officer
CH	Schweiz
CH-D Wirtschaft	Mitgliederzeitschrift der Handelskammer Deutschland-Schweiz, Zürich
CHF	Schweizer Franken
CM	Contract Manufacturer
Co.	Compagnie/Kompanie
COO	Chief Operations Officer
CRS	Common Reporting Standard
D	Deutschland
d. h.	das heißt
DB	Der Betrieb, Wochenschrift für Betriebswirtschaft, Steuerrecht, Wirtschaftsrecht, Arbeitsrecht (München)
DBA	Doppelbesteuerungsabkommen
DBA D-CH	Doppelbesteuerungsabkommen zwischen Deutschland und der Schweiz
dBSt	direkte Bundessteuer
D-CH	Deutschland-Schweiz
dergl.	dergleiche(n)
dgl.	dergleichen
Diss.	Dissertation
DStR	Deutsches Steuerrecht, Wochenschrift für Steuerrecht, Wirtschaftsrecht und Betriebswirtschaft (München)
DStRE	Deutsches Steuerrecht Entscheidungsdienst (Die Steuer-Rechtsprechung von EuGH, BVerfG, BFH [mit NV-Urteilen] und FG; München)

E	Spanien
EATR	Effective Average Tax Rate
Ecofin	Rat für Wirtschaft und Finanzen
EDV	Elektronische Datenverarbeitung
EFD	Eidgenössisches Finanzdepartement
EFG	Entscheidungen des Finanzgerichtes
EFTA	Europäische Freihandelsassoziation (European Free Trade Association)
EFV	Eidgenössische Finanzverwaltung
EG	Europäische Gemeinschaft
Eidg.	Eidgenössisch
EJPD	Eidgenössisches Justiz- und Polizeidepartement
EKM	Eidgenössische Kommission für Migrationsfragen
EL	Ergänzungsleistungen zur Alters-, Hinterlassenen- und Invalidenversicherung
ELM	Elektronisches Lohnmeldeverfahren
EMTR	Effective Marginal Tax Rate
EO	Erwerbsersatzordnung
ER	Erfolgsrechnung
ESt	Einkommensteuer
EStR	Einkommensteuerrichtlinien
ESTV	Eidgenössische Steuerverwaltung, Bern
ESVG	Europäisches System der Volkswirtschaftlichen Gesamtrechnung
etc.	et cetera
ER	Erfolgsrechnung
ETR	Effective Tax Rate
EU	Europäische Union
EU-Co	EU Corporation
EuGH	Europäischer Gerichtshof
EUR	Euro
EURES	Das europäische Portal zur beruflichen Mobilität (EURopean Employment Services)
EuZW	Europäische Zeitschrift für Wirtschaftsrecht (München)
evang.-ref.	evangelisch-reformiert
EVD	Eidgenössisches Volkswirtschaftsdepartement
evtl.	eventuell
EWG	Europäische Wirtschaftsgemeinschaft
EWR	Europäischer Wirtschaftsraum
EZV	Eidgenössische Zollverwaltung
exkl.	exklusiv
FABI	Finanzierung und Ausbau der Eisenbahninfrastruktur
F&E	Forschung und Entwicklung
FuW	Finanz und Wirtschaft
f./ff.	folgende/fortfolgende
FG	Finanzgericht
FHA	Freihandelsabkommen

FK	Fremdkapital
Fn.	Fußnote
ForCo	Foreign Corporation
FStR	IFF Forum für Steuerrecht (St. Gallen)
FZA	Freizügigkeitsabkommen
GATS	General Agreement on Trade in Services
GB	Großbritannien
GbR	Gesellschaft des bürgerlichen Rechts
gem.	gemäß
gesetzl.	gesetzlich
Gew.	Gewinn
GewSt	Gewerbesteuer
GG	Grundgesetz
ggf.	gegebenenfalls
GmbH	Gesellschaft mit beschränkter Haftung
GmbHR	GmbHRundschau (Gesellschafts- und Steuerrecht der GmbH und GmbH & Co; Köln)
GoB	Grundsätze ordentlicher Buchführung
grds.	grundsätzlich
GuV	Gewinn und Verlustrechnung
GV	Generalversammlung
h. M.	herrschende Meinung
HdB	Handbuch
hrsg.v.	herausgegeben von
I	Italien
i.	in/im
i. d. R.	in der Regel
i. H.v.	in Höhe von
i. R. d.	im Rahmen des
i. S. d.	im Sinne des
i. S.v.	im Sinne von
i.V. m.	in Verbindung mit
I. H.v.	in Höhe von
INF	Die Information über Steuer und Wirtschaft (Freiburg)
inkl.	inklusive
insb.	insbesondere
int.	international
IP	Intellectual Property
IPR	Internationales Privatrecht
IStR	Internationales Steuerrecht, Zeitschrift für europäische und internationale Steuer- und Wirtschaftsberatung (München)
IT	Information Technology/Informationstechnologie
ital.	italienisch

IV	Invalidenversicherung
IWB	Internationale Wirtschafts-Briefe (Herne)
IZA	Informationszentrale für steuerliche Auslandsbeziehungen
JAR	Jahrbuch des Schweizerischen Arbeitsrechts (Bern)
KAC	Kapitalanlagecharakter
KAC-Einkünfte	Einkünfte mit Kapitalanlagecharakter
KapESt	Kapitalertragsteuer
KapGes	Kapitalgesellschaft
KdK	Konferenz der Kantonsregierungen
KER	Reserven aus Kapitaleinlagen
KGaA	Kommanditgesellschaft auf Aktien
KMU	kleine und mittlere Unternehmen
KS	Kreisschreiben
Kt.	Kanton
KV	Krankenversicherung
lit.	litera
LLC	Limited Liability Company
LRD	Limited Risk Distributors
LOB-Klauseln	Limitations on Benefits Clause
Ltd.	Limited
m. a. W.	mit anderen Worten
m. w. H.	mit weiteren Hinweisen
m. w. N.	mit weiteren Nachweisen
max.	maximal
MA	Musterabkommen
MBA	Master of Business Administration
Mio.	Million(en)
Mrd.	Milliarde(n)
MV	Militärversicherung
N	Norwegen
n. F.	neue Fassung
nat.	natürliche
nat. Pers.	natürliche Person
nBV	neue Bundesverfassung
NBUV	Nichtberufsunfallversicherung
NFA	Neugestaltung des Finanzausgleichs und der Aufgabenteilung zwischen Bund und Kantonen
NL	Holland
NOV	nachträglich ordentliche Veranlagung
Nr.	Nummer
NR	Nationalrat

NRP	Neue Regionalpolitik
NWB	Neue Wirtschafts-Briefe (Herne)
NZE	Nichtzollrechtliche Erlasse
NZZ	Neue Zürcher Zeitung
o.	ohne
o. g.	oben genannt
OECD	Organization for Economic Cooperation and Development
OECD-MA	Musterabkommen der OECD
OFD	Oberfinanzdirektion
OGer ZH	Obergericht Zürich
OHG	Offene Handelsgesellschaft
OLG	Oberlandesgericht
OME	Operating Model Effectiveness
PersGes	Personengesellschaft
PIStB	Praxis Internationale Steuerberatung (München)
PL	Polen
PS	Phantom Stocks
PV	Privatvermögen/Progressionsvorbehalt
QSt	Quellensteuer
rd.	rund
RAV	Regionale Arbeitsvermittlungsstelle
RB	Rechtsbuch
rechtl.	rechtlich
resp.	respektive
RFH	Reichsfinanzhof
rkr.	rechtskräftig
Rn.	Randnummer
Rs.	Rechtssache
RSAS	Revue suisse des assurances sociales et de la prévoyance professionnelle
RStBl	Reichssteuerblatt
RSA	Restricted Stock Awards
RSU	Restricted Stock Units
Rz.	Randziffer
s.	siehe
S.	Seite
S. L.	Sociedad de Responsabilidad Limitada
SAR	Stock Appreciation Rights
SE	Europäische Gesellschaft (Societas Europaea)
SECO	Staatssekretariat für Wirtschaft (State Secretariat for Economic Affairs)
SICAF	Investmentgesellschaft mit festem Kapital (Société d'Investissement à Capital Fixe)

SICAV	Investmentgesellschaft mit variablem Kapital (Société d'Investissement à Capital Variable)
SIF	Specialised Investment Funds/Staatssekretariat für internationale Finanzfragen
SJZ	Schweizerische Juristen-Zeitung (Zürich)
sog.	so genannt(en)
SP	Steuerperiode
SPK-N	Staatspolitische Kommission des Nationalrates
SR	Ständerat
SR	Systematische Rechtssammlung des Bundes (Bern)
SSK	Schweizerische Steuerkonferenz
StB	Steuerbuch
StbJB	Steuerberaterhandbuch
StBp	Steuerliche Betriebsprüfung
StE	Der Steuerentscheid, Sammlung aktueller steuerrechtlicher Entscheidungen (Basel)
StG	Steuergesetz
StR	Steuer Revue (Muri/Bern)
SUVA	Schweizerische Unfallversicherungsanstalt
SZS	Schweizerische Zeitschrift für Sozialversicherung und berufliche Vorsorge, Publikationsorgan der Konferenz der kantonalen BVG-Aufsichtsbehörden (Bern)
SZW	Schweizerische Zeitschrift für Wirtschafts- und Finanzmarktrecht (Zürich)
T-GmbH	Tochter-GmbH
TM	Toll Manufacturer
Tz.	Textziffer
u. a.	unter anderem/und andere
u. ä.	und ähnliches
u. E.	unseres Erachtens
u. U.	unter Umständen
UStR	Unternehmenssteuerreform
usw.	und so weiter
UV	Unfallversicherung
UVEK	Eidgenössische Departement für Umwelt, Verkehr, Energie und Kommunikation
v.	von/vom
v. a.	vor allem
vGA	verdeckte Gewinnausschüttung
VGE	Verwaltungsgerichtsentscheid
vgl.	vergleiche
VO	Verordnung
VOC	Volatile Organic Compounds
vs.	versus
WAK-S	Kommission für Wirtschaft und Abgaben des Ständerats
WBF	Eidgenössisches Departement für Wirtschaft, Bildung und Forschung

WIFO	Österreichisches Institut für Wirtschaftsforschung
WTO	World Trade Organization
z. B.	zum Beispiel
z. T.	zum Teil
ZAK	Zeitschrift für die Ausgleichskassen der AHV und ihre Zweigstellen, die IV-Kommissionen und IV-Regionalstellen, die Durchführungsstellen der Ergänzungsleistungen zur AHV und IV, der Erwerbsersatzordnung für Dienstleistende in Armee und Zivilschutz sowie der Familienzulagen
ZAZ	Zentralisierte Abrechnungsverfahren der Zollverwaltung
ZBGR	Zeitschrift für Beurkundungs- und Grundbuchrecht (Wädenswil)
Zefix	Zentraler Firmen- und Identifikationsindex
ZEW	Zentrum für Europäische Wirtschaftsforschung
Ziff.	Ziffer
zit.	zitiert
ZR	Zürcher Rechtsprechung
ZStB	Zürcher Steuerbuch
zzgl.	zuzüglich

KANTONSABKÜRZUNGEN

AG	Aargau
AI	Appenzell Innerrhoden
AR	Appenzell Ausserrhoden
BE	Bern
BL	Basel-Landschaft
BS	Basel-Stadt
FR	Freiburg
GE	Genf
GL	Glarus
GR	Graubünden
JU	Jura
LU	Luzern
NE	Neuenburg
NW	Nidwalden
OW	Obwalden
SG	St. Gallen
SH	Schaffhausen
SO	Solothurn
SZ	Schwyz
TG	Thurgau
TI	Tessin
UR	Uri
VD	Waadt
VS	Wallis
ZG	Zug
ZH	Zürich

RECHTSQUELLEN

AEAO	Anwendungserlass zur Abgabenordnung vom 31. Januar 2014 (BStBl. I S. 290; BMF IV A 4 – S 0062/14/10002)
AEUV	Vertrag über die Arbeitsweise der Europäischen Union. Fassung aufgrund des am 1. 12. 2009 in Kraft getretenen Vertrages von Lissabon. (Konsolidierte Fassung bekanntgemacht im ABl. EG Nr. C 115 vom 9. 5. 2008, S. 47)
AFG	Bundesgesetz vom 18. März 1994 über die Anlagefonds (Anlagefondsgesetz; SR 951.31)
AHVG	Bundesgesetz über die Alters- und Hinterlassenenversicherung vom 20. Dezember 1946 (SR 831.10)
AHVV	Verordnung über die Alters- und Hinterlassenenversicherung vom 31. Oktober 1947 (SR 831.101)
AmtshilfeRLUmsG	Gesetz zur Umsetzung der Amtshilferichtlinie sowie zur Änderung steuerlicher Vorschriften (Amtshilferichtlinie-Umsetzungsgesetz; G. v. 26. 06. 2013)
ANAG	Bundesgesetz über Aufenthalt und Niederlassung der Ausländer vom 26. März 1931 (SR 142.20)
AnwGr	Grundsätze zur Anwendung des Außensteuergesetzes
AO	Abgabenordnung (Ausfertigungsdatum: 16. März 1976)
AStG	Gesetz über die Besteuerung bei Auslandsbeziehungen (Außensteuergesetz; Ausfertigungsdatum: 08. September 1972)
ATSG	Bundesgesetz über den Allgemeinen Teil des Sozialversicherungsrechts vom 6. Oktober 2000 (SR 830.1)
AuG	Bundesgesetz vom 16. Dezember 2005 über die Ausländerinnen und Ausländer (SR 142.20)
AVEG	Bundesgesetz vom 28. September 1956 über die Allgemeinverbindlicherklärung von Gesamtarbeitsverträgen (SR 221.215.311)
AVIG	Bundesgesetz vom 25. Juni 1982 über die obligatorische Arbeitslosenversicherung und die Insolvenzentschädigung (Arbeitslosenversicherungsgesetz; SR 837.0)
BankG	Bundesgesetz über die Banken und Sparkassen (Bankengesetz) vom 8. November 1934 (SR 952.0)
BBG	Bundesgesetz über die Berufsbildung (Berufsbildungsgesetz) vom 13. Dezember 2002 (SR 412.10)
BdBSt	Bundesratsbeschluss vom 9. Dezember 1940 über die Erhebung einer direkten Bundessteuer
BeitrRLUmsG	Gesetz zur Umsetzung der Beitreibungsrichtlinie sowie zur Änderung steuerlicher Vorschriften (Beitreibungsrichtlinie-Umsetzungsgesetz; G. vom 07. Dezember 2011 BGBl. I S. 2592)
BewG	Bewertungsgesetz (Ausfertigungsdatum: 16. Oktober 1934)
BewG	Bundesgesetz vom 16. Dezember 1983 über den Erwerb von Grundstücken durch Personen im Ausland (SR 211.412.41)
BewV	Verordnung über den Erwerb von Grundstücken durch Personen im Ausland vom 1. Oktober 1984 (SR 211.412.411)
BGSA	Bundesgesetz über Massnahmen zur Bekämpfung der Schwarzarbeit (Bundesgesetz gegen die Schwarzarbeit) vom 17. Juni 2005 (SR 822.41)
BNRP	Bundesgesetz über Regionalpolitik vom 6. Oktober 2006 (SR 901.0)

BPR	Bundesgesetz über die politischen Rechte vom 17. Dezember 1976 (SR 161.1)
BR VO	Verordnung über die Gewährung von Steuererleichterungen im Rahmen der Regionalpolitik vom 28. November 2007 (SR 901.022)
BSVerwGrS	Grundsätze der Verwaltung für die Prüfung der Aufteilung der Einkünfte bei Betriebsstätten international tätiger Unternehmen (Betriebsstätten-Verwaltungsgrundsätze; Bundesministerium der Finanzen, 24. Dezember 1999, BStBl. 1999 I 1076)
BüG	Bundesgesetz vom 29. September 1952 über Erwerb und Verlust des Schweizer Bürgerrechts (Bürgerrechtsgesetz, SR 141.0)
BV	Bundesverfassung der Schweizerischen Eidgenossenschaft vom 18. April 1999 (SR 101)
BVG	Bundesgesetz vom 25. Juni 1982 über die berufliche Alters- und Hinterlassenen- und Invalidenvorsorge (SR 831.40)
BVV 2	Verordnung über die berufliche Alters-, Hinterlassenen- und Invalidenvorsorge vom 18. April 1984 (SR 831.441.1)
BVV 3	Verordnung über die steuerliche Abzugsberechtigung für Beiträge an anerkannte Vorsorgeformen vom 13. November 1985 (SR 831.461.3)
DBA Schweiz-Belgien	Abkommen vom 28. August 1978 zwischen der Schweizerischen Eidgenossenschaft und dem Königreich Belgien zur Vermeidung der Doppelbesteuerung auf dem Gebiet der Steuern vom Einkommen und vom Vermögen (SR 0.672.917.21)
DBA Schweiz-Deutschland	Abkommen vom 11. August 1971 zwischen der Schweizerischen Eidgenossenschaft und der Bundesrepublik Deutschland zur Vermeidung der Doppelbesteuerung auf dem Gebiete der Steuern vom Einkommen und vom Vermögen (mit Briefwechsel) (SR 0.672.913.62)
DBA Schweiz-Italien	Abkommen vom 9. März 1976 zwischen der Schweizerischen Eidgenossenschaft und der Italienischen Republik zur Vermeidung der Doppelbesteuerung und zur Regelung einiger anderer Fragen auf dem Gebiete der Steuern vom Einkommen und vom Vermögen (mit Zusatzprotokoll; SR 0.672.945.41)
DBA Schweiz-Kanada	Abkommen vom 5. Mai 1997 zwischen der Schweiz und Kanada zur Vermeidung der Doppelbesteuerung auf dem Gebiet der Steuern vom Einkommen und vom Vermögen (SR 0.672.923.21)
DBA Schweiz-Norwegen	Abkommen vom 7. September 1987 zwischen der Schweizerischen Eidgenossenschaft und dem Königreich Norwegen zur Vermeidung der Doppelbesteuerung auf dem Gebiete der Steuern vom Einkommen und vom Vermögen (mit Protokoll; SR 0.672.959.81)
DBA Schweiz-Österreich	Abkommen vom 30. Januar 1974 zwischen der Schweizerischen Eidgenossenschaft und der Republik Österreich zur Vermeidung der Doppelbesteuerung auf dem Gebiete der Steuern vom Einkommen und vom Vermögen (mit Verhandlungsprotokoll) (SR 0.672.916.31)
DBA Schweiz-Portugal	Abkommen vom 26. September 1974 zwischen der Schweiz und Portugal zur Vermeidung der Doppelbesteuerung auf dem Gebiete der Steuern vom Einkommen und vom Vermögen (mit Zusatzprotokoll; SR 0.672.965.41)
DBA Schweiz-USA	Abkommen vom 2. Oktober 1996 zwischen der Schweizerischen Eidgenossenschaft und den Vereinigten Staaten von Amerika zur Vermeidung der Doppelbesteuerung auf dem Gebiet der Steuern vom Einkommen (SR 0.672.933.61)
DBG	Bundesgesetz vom 14. Dezember 1990 über die direkte Bundessteuer (SR 642.11)
EGAO	Einführungsgesetz zur Abgabenordnung vom 14. Dezember 1976 (BGBl. I S. 3341; 1977 I S. 667)
EGBGB	Einführungsgesetz zum Bürgerlichen Gesetzbuch (Ausfertigungsdatum: 18. August 1896)

EntsG	Entsendegesetz vom 18. Oktober 1999 (SR 823.20)
EntsV	Verordnung vom 21. Mai 2003 über die in die Schweiz entsandten Arbeitnehmerinnen und Arbeitnehmer (SR 823.201)
EOG	Bundesgesetz über den Erwerbsersatz für Dienstleistende und bei Mutterschaft vom 25. September 1952 (Erwerbsersatzgesetz; SR 834.1)
ErbSt-DBA D-CH	Abkommen zwischen der Schweizerischen Eidgenossenschaft und der Bundesrepublik Deutschland zur Vermeidung der Doppelbesteuerung auf dem Gebiete der Nachlass- und Erbschaftssteuern, abgeschlossen am 30. November 1978, in Kraft getreten am 28. September 1980 (SR 0.672.913.61)
ErbStG	Erbschaftsteuer- und Schenkungsteuergesetz (Ausfertigungsdatum: 17. April 1974)
ErbStRG	Gesetz zur Reform des Erbschaftsteuer- und Bewertungsrechts (Erbschaftsteuerreformgesetz; G. vom 24. Dezember 2008 BGBl. I S. 3018)
ESchG	Erbschafts- und Schenkungssteuergesetz vom 28. September 1986 (SR 632.1)
EStG	Einkommensteuergesetz (Ausfertigungsdatum: 16. Oktober 1934)
EUErbVO	Verordnung (EU) Nr. 650/2012 des europäischen Parlaments und des Rates vom 4. Juli 2012 über die Zuständigkeit, das anzuwendende Recht, die Anerkennung und Vollstreckung von Entscheidungen und die Annahme und Vollstreckung öffentlicher Urkunden in Erbsachen sowie zur Einführung eines Europäischen Nachlasszeugnisses
ExpaV	Verordnung vom 3. Oktober 2000 über den Abzug besonderer Berufskosten bei der direkten Bundessteuer von vorübergehend in der Schweiz tätigen leitenden Angestellten, Spezialisten und Spezialistinnen (Expatriates-Verordnung, SR 642.118.3)
FamZG	Bundesgesetz über die Familienzulagen vom 24. März 2006 (Familienzulagengesetz; SR 836.2)
FamZV	Verordnung über die Familienzulagen vom 31. Oktober 2007 (Familienzulagenverordnung; SR 836.21)
FamZWL	Wegleitung zum Bundesgesetz über die Familienzulagen FamZG (SR 318.810)
FHA	Abkommen zwischen der Schweizerischen Eidgenossenschaft und der Europäischen Wirtschaftsgemeinschaft (Freihandelsabkommen). Abgeschlossen in Brüssel am 22. Juli 1972 (SR 0.632.401)
FLG	Bundesgesetz über die Familienzulagen in der Landwirtschaft vom 20. Juni 1952 (SR 836.1)
FVerlV	Verordnung zur Anwendung des Fremdvergleichsgrundsatzes nach § 1 Abs. 1 des Außensteuergesetzes in Fällen grenzüberschreitender Funktionsverlagerungen (Funktionsverlagerungsverordnung; Ausfertigungsdatum: 12. August 2008)
FZA	Abkommen vom 21. Juni 1999 zwischen der Schweizerischen Eidgenossenschaft einerseits und der Europäischen Gemeinschaft und ihren Mitgliedstaaten andererseits über die Freizügigkeit (Freizügigkeitsabkommen; SR 0.142.112.681)
FZG	Bundesgesetz über die Freizügigkeit in der beruflichen Alters-, Hinterlassenen- und Invalidenvorsorge vom 17. Dezember 1993 (Freizügigkeitsgesetz; SR 831.42)
GAufZV	Verordnung zu Art, Inhalt und Umfang von Aufzeichnungen im Sinne des § 90 Abs. 3 AO vom 13. November 2003 (Gewinnabgrenzungsaufzeichnungsverordnung/Gewinnaufzeichnungsverordnung)
GBV	Grundbuchverordnung vom 23. September 2011 (SR 211.432.1)
GebV-BüG	Verordnung über die Gebühren zum Bürgerrechtsgesetz vom 23. November 2005 (SR 141.21)
GewStG	Gewerbesteuergesetz (Ausfertigungsdatum: 01. Dezember 1936)

GewStR	Gewerbesteuerrichtlinien
GwG	Bundesgesetz über die Bekämpfung der Geldwäscherei und der Terrorismusfinanzierung im Finanzsektor vom 10. Oktober 1997 (Geldwäschereigesetz; SR 955.0)
HGB	Handelsgesetzbuch (Ausfertigungsdatum: 10. Mai 1897)
HRegV	Handelsregisterverordnung vom 17. Oktober 2007 (SR 221.411)
IPRG	Bundesgesetz über das Internationale Privatrecht vom 18. Dezember 1987 (SR 291)
JStG	Jahressteuergesetz
KAG	Bundesgesetz vom 23. Juni 2006 über die kollektiven Kapitalanlagen (Kollektivanlagengesetz; SR 951.31)
KKV	Verordnung vom 22. November 2006 über die kollektiven Kapitalanlagen (Kollektivanlagenverordnung; SR 951.311)
KonsVerCHEV	Verordnung zur Umsetzung von Konsultationsvereinbarungen zwischen der Bundesrepublik Deutschland und der Schweizerischen Eidgenossenschaft (Deutsch-Schweizerische Konsultationsvereinbarungsverordnung; BGBl. I S. 2187 Nr. 66)
KStG	Körperschaftsteuergesetz (Ausfertigungsdatum: 31. August 1976)
KStR	Körperschaftsteuerrichtlinien
KVG	Bundesgesetz über die Krankenversicherung vom 18. März 1994 (SR 832.10)
KVV	Verordnung über die Krankenversicherung vom 27. Juni 1995 (SR 832.102)
KWG	Gesetz über das Kreditwesen (Kreditwesengesetz; Ausfertigungsdatum: 10. Juli 1961)
LDE	Loi du 4 mai 1934 sur les droits d'enregistrement (SR 635.2.1)
LDS	Loi sur les droits de succession du 26 novembre 1960
LISD	Loi du 14 septembre 2007 sur l'impôt sur les successions et les donations (SR 635.2.1)
LISP	Loi sur l'imposition à la source des personnes physiques et morales du 23 septembre 1994
LMSD	Loi concernant le droit de mutation sur les transferts immobiliers et l'impôt sur les successions et donations du 27 février 1963 (SR 648.11)
MBV	Verordnung über die Bescheinigungspflichten bei Mitarbeiterbeteiligungen vom 27. Juni 2012 (Mitarbeiterbeteiligungsverordnung; SR 642.115.325.1)
MWSTG	Bundesgesetz über die Mehrwertsteuer vom 12. Juni 2009 (SR 641.20)
MWSTV	Mehrwertsteuerverordnung vom 27. November 2009 (SR 641.201)
OR	Bundesgesetz betreffend die Ergänzung des Schweizerischen Zivilgesetzbuches (Fünfter Teil: Obligationenrecht) vom 30. März 1911 (SR 220)
ParlG	Bundesgesetz über die Bundesversammlung vom 13. Dezember 2002 (Parlamentsgesetz; SR 171.10)
QStV	Verordnung des EFD über die Quellensteuer bei der direkten Bundessteuer vom 19. Oktober 1993 (Quellensteuerverordnung; SR 642.118.2)
REIT-Gesetz	Gesetz über deutsche Immobilien-Aktiengesellschaften mit börsennotierten Anteilen (Ausfertigungsdatum: 28. Mai 2007)
RPG	Bundesgesetz über die Raumplanung (Raumplanungsgesetz) vom 22. Juni 1979 (SR 700)
SBG	Bundesgesetz über Glücksspiele und Spielbanken (Spielbankengesetz) vom 18. Dezember 1998 (SR 935.52)
SEStEG	Gesetz über steuerliche Begleitmaßnahmen zur Einführung der Europäischen Gesellschaft und zur Änderung weiterer steuerrechtlicher Vorschriften. G. vom 07. Dezember 2006 BGBl. I S. 2782 – 2806 (Nr. 57)

StAG	Staatsangehörigkeitsgesetz (Ausfertigungsdatum: 22. Juli 1913)
StAhiG	Bundesgesetz über die internationale Amtshilfe in Steuersachen vom 28. September 2012 (Steueramtshilfegesetz; SR 672.5)
StHG	Bundesgesetz über die Harmonisierung der direkten Steuern der Kantone und Gemeinden vom 14. Dezember 1990 (SR 642.14)
StVergAbG	Steuervergünstigungsabbaugesetz (Ausfertigungsdatum: 16. Mai 2003)
UntStFG	Gesetz zur Fortentwicklung des Unternehmenssteuerrechts (Unternehmenssteuerfortentwicklungsgesetz)
UStG	Umsatzsteuergesetz (Ausfertigungsdatum: 26. November 1979)
UStRG	Bundesgesetz über die Verbesserung der steuerlichen Rahmenbedingungen für unternehmerische Tätigkeiten und Investitionen (Unternehmenssteuerreformgesetz II) vom 23. März 2007
UVG	Bundesgesetz über die Unfallversicherung (UVG) vom 20. März 1981 (SR 832.20)
VegüV	Verordnung gegen übermässige Vergütungen bei börsenkotierten Aktiengesellschaften (VegüV) vom 20. November 2013 (SR 221.331)
VEP	Verordnung über die schrittweise Einführung des freien Personenverkehrs zwischen der Schweizerischen Eidgenossenschaft und der Europäischen Union und deren Mitgliedstaaten sowie unter den Mitgliedstaaten der Europäischen Freihandelsassoziation (Verordnung über die Einführung des freien Personenverkehrs) vom 22. Mai 2002 (SR 142.203)
VISV	Verordnung über das zentrale Visa-Informationssystem und das nationale Visumsystem vom 18. Dezember 2013 (Visa-Informationssystem-Verordnung; SR 142.512)
VpStA	Verordnung über die pauschale Steueranrechnung vom 22. August 1967 (672.201)
VStG	Bundesgesetz über die Verrechnungssteuer vom 13. Oktober 1965 (Verrechnungssteuergesetz; SR 642.21)
VStG	Vermögensteuergesetz (Ausfertigungsdatum: 17. April 1974)
VStV	Verordnung über die Verrechnungssteuer vom 19. Dezember 1966 (Verrechnungssteuerverordnung; SR 642.211)
VStrR	Bundesgesetz über das Verwaltungsstrafrecht vom 22. März 1974 (SR 313.0)
VZAE	Verordnung über Zulassung, Aufenthalt und Erwerbstätigkeit vom 24. Oktober 2007 (SR 142.201)
WBF VO	Verordnung über die Festlegung der Anwendungsgebiete für Steuererleichterungen vom 28. November 2007 (SR 901.022.1)
WML	Wegleitung über den massgebenden Lohn (WML) in der AHV, IV und EO (SR 318.102.02)
WVP	Wegleitung über die Versicherungspflicht in der AHV, IV (WVP) (SR 318.102.01)
ZBStA	Abkommen zwischen der Schweizerischen Eidgenossenschaft und der Europäischen Gemeinschaft über Regelungen, die den in der Richtlinie 2003/48/EG des Rates im Bereich der Besteuerung von Zinserträgen festgelegten Regelungen gleichwertig sind. Abgeschlossen am 26. Oktober 2004 (SR 0.641.926.81)
ZBstG	Bundesgesetz zum Zinsbesteuerungsabkommen mit der Europäischen Gemeinschaft vom 17. Dezember 2004 (Zinsbesteuerungsgesetz; SR 641.91)
ZG	Zollgesetz vom 18. März 2005 (SR 631.0)
ZGB	Schweizerisches Zivilgesetzbuch vom 10. Dezember 1907 (SR 210)
ZTG	Zolltarifgesetz vom 9. Oktober 1986 (SR 632.10)
ZollVG	Zollverwaltungsgesetz (Ausfertigungsdatum: 21. Dezember 1992)

A. Der Steuer- und Investitionsstandort Schweiz

I. Standortwettbewerb

Werden Unternehmer und privatwirtschaftlich orientierte Unternehmen nach den maßgeblichen Grundlagen in Bezug auf einen bevorstehenden Standortentscheid befragt, weisen sie in aller Regel auf die Wichtigkeit von beschaffungs-, produktions- und absatzbezogenen Faktoren hin. Diese Elemente, die für die Auswahl des jeweils besten Investitionsstandortes ausschlaggebend sind, variieren dabei je nach Branche und Strategie des Unternehmers bzw. des Unternehmens. Oftmals hängt der Entscheid auch sehr stark von der subjektiven und selektiven Wahrnehmung sowie dem individuellen Verhalten und den persönlichen Präferenzen der entscheidenden Person(en) ab. Ähnlich verhält es sich bei (vermögenden) Privatpersonen, die sich für oder gegen einen Standort, ebenfalls unter Abwägung der zahlreichen harten und weichen Faktoren, entscheiden.

Trotz weit verbreiteter und verständlicher Ansicht, dass Steuern und Abgaben, die Steuerquote selbst sowie Steuererleichterungen und Zuschüsse nicht als einzig maßgebliche (harte) Schlüsselfaktoren bei der Standortwahl einzustufen sind, wird dem Faktor Steuerbelastung in der Praxis eben doch erhebliches Gewicht beigemessen.

I.1. Standortattraktivität und Steuerpolitik[1]

Die weiter gestiegene Mobilität der Produktionsfaktoren Kapital, Arbeit und Wissen führt dazu, dass sich die Konkurrenz unter den offenen Volkswirtschaften noch stärker als je zuvor akzentuiert. Eine Volkswirtschaft ist nur dann in der Lage, nachhaltigen Wohlstand zu schaffen, wenn sie im internationalen Standortwettbewerb einerseits Kapital und andererseits Know-how in Form hoch qualifizierter Arbeitskräfte anzuziehen vermag. Die nationale Wirtschaftspolitik eines Landes ist vielfach nicht mehr isoliert steuerbar, sondern wird zusätzlich durch grenzüberschreitende Wirtschafts- und Finanzereignisse sowie global tätige Konzerne beeinflusst. Entsprechend rücken Fragen der internationalen Standortattraktivität in den Vordergrund und beherrschen mehr denn je die politische Agenda.

Doch was bedeutet Standortattraktivität eigentlich? Darunter wird im Folgenden der Grad verstanden, in dem eine Gebietskörperschaft – in Konkurrenz zu anderen Gebietskörperschaften – in der Lage ist, mobile Produktionsfaktoren anzuziehen und der Abwanderung solcher Faktoren entgegenzuwirken. Eine Region gilt dann als standortattraktiv, wenn die makroökonomischen, gesellschaftlichen, politischen und natürlichen Rahmenbedingungen derart vorteilhaft sind, dass sie ein Mehr an mobilen Produktionsfaktoren ermöglichen. Die Standortattraktivität einer Region wird somit immer durch diejenige einer anderen Region bestimmt und ist entsprechend relativ zu betrachten. Das Potential der jeweiligen Standortpolitik ist aufgrund der vielen externen, nicht beeinflussbaren Umstände per se eingeschränkt. Hinsichtlich der Gestaltung wirt-

1 Vgl. Morger, Steuerpolitik und Mobilität, Bericht v. 8. 6. 2012; Schaltegger/Leitner, Steuerliche Standortattraktivität der Schweiz, in: „Die Volkswirtschaft“, Heft 5, 2006; EFD, Internationale Standortattraktivität der Schweiz aus steuerlicher Sicht, Bericht v. 1. 2. 2006; Lammersen/Schwager, Die steuerliche Attraktivität der Schweiz als Unternehmensstandort im internationalen und interregionalen Vergleich, in: IStR 13, Heft 21, 2004, S. 741 ff.

schaftlicher Rahmenbedingungen soll sich der jeweilige Standort im Rahmen der globalen Arbeitsteilung optimal behaupten können. Die komparativen Vorteile eines Landes beeinflussen dabei in großem Masse die jeweilig geeignete Strategie.

I.2. Institutionelle Einbettung des Steuersystems und Standortattraktivität[2]

Die Attraktivität einer Steuerordnung ist maßgeblich vom institutionellen Rahmen, welcher das Steuersystem trägt, abhängig. Lassen sich die Bürger eines Landes davon überzeugen, dass eine Verschuldungspolitik nicht nachhaltig ist, führt eine bürgernahe und demokratisch abgestützte Steuerpolitik zu angemessenen Steuereinnahmen und folglich zu einer von der Mehrheit als ausreichend erachteten Versorgung mit öffentlichen Gütern und Dienstleistungen (sog. Service public). Eine hohe Identifikation mit der geltenden Steuerpolitik leistet zudem einen wichtigen Beitrag zur Steuermoral (Steuerzahlungsbereitschaft). Letztere wird durch eine Vielzahl von Faktoren beeinflusst. Eine Hauptrolle dabei spielen die Glaubwürdigkeit des Staates und der Steuerbehörden (optimale Balance zwischen Abschreckung und respektvollem Verhalten gegenüber den Steuerpflichtigen), ferner die direkte politische (dezentrale) Partizipation der Bürger durch Teilnahme an Sachabstimmungen sowie die Qualität der Ausgabenpolitik (ausgewogenes Preis-/Leistungsverhältnis von empfangenen öffentlichen Leistungen und bezahlten Steuern).

Empirische Studien zeigen auf, dass die Verschuldung eines Staates bei stark ausgebauten direkten Volksrechten und bei dezentraler Finanzautonomie signifikant tiefer ist. Die Mitsprachemöglichkeit des Volks bei Finanzfragen unterstützt eine nachhaltige Finanzpolitik mit dem Ergebnis, dass nicht nur die Steuerbelastung vergleichsweise moderat ist, sondern auch das Budgetdefizit niedriger ausfällt. Eine demokratisch abgestützte Steuerpolitik bewirkt zudem Vorteile auf dem Finanzmarkt im Sinne von tieferen Zinssätzen bei der Kreditvergabe.

I.3. Standortattraktivität – Relative Stärken und Schwächen der Schweiz

Nebst dem Steuerklima hängt die Attraktivität eines Standorts von einer Vielzahl weiterer Einflussfaktoren ab, die überwiegend direkt oder indirekt durch die öffentliche Hand angeboten oder zumindest beeinflusst werden.[3] Gemäß Schätzungen der OECD sind unzulängliche Grenzabfertigungen und veraltete Zollsysteme für Kosten im Umfang von zwei bis 15 Prozent des Werts des gesamten Welthandels verantwortlich. So erstaunt es nicht, dass bei Standortentscheiden für ausländische Direktinvestitionen bspw. eine effiziente und transparente Zollverwaltung eine zentrale Bedeutung zugewiesen erhält.[4]

Die Schweiz verfügt weder über einen großen Binnenmarkt noch kann sie von natürlichen Vorteilen wie Rohstoffreichtum oder Meeranschluss profitieren. Trotz dieser natürlichen Nachteile rangiert sie dennoch meist ganz oben auf Skalen, die das handelsfreundliche Umfeld und das Investitionsklima messen. Unter diesen Voraussetzungen ist die Schweiz als kleine und offene

2 Vgl. Baur, Erfolgsfaktoren für die Kooperation der Steuerpflichtigen, ESTV Arbeitspapier v. März 2012; EFD, Internationale Standortattraktivität der Schweiz aus steuerlicher Sicht, Bericht v. 1. 2. 2006.

3 Vgl. Morger, Steuerpolitik und Mobilität, Bericht v. 8. 6. 2012.

4 Vgl. Bauer, NZZ, v. 4. 8. 2012, S. 43. Die Schweiz wird zusammen mit Dänemark und Singapur an erster Stelle für effizientes Zollverwaltungswesen genannt.

Volkswirtschaft unter anderem auf ein günstiges Steuerklima, mithin auf eine attraktive Steuerpolitik, angewiesen, um die natürlichen Wettbewerbsnachteile kompensieren zu können.[5]

Eine im August 2011 im Auftrag von Ernst & Young[6] durch ein unabhängiges Marktforschungsinstitut durchgeführte Befragung von Entscheidungsträgern internationaler Unternehmen ergab folgende relativen Stärken des Standorts Schweiz:[7]

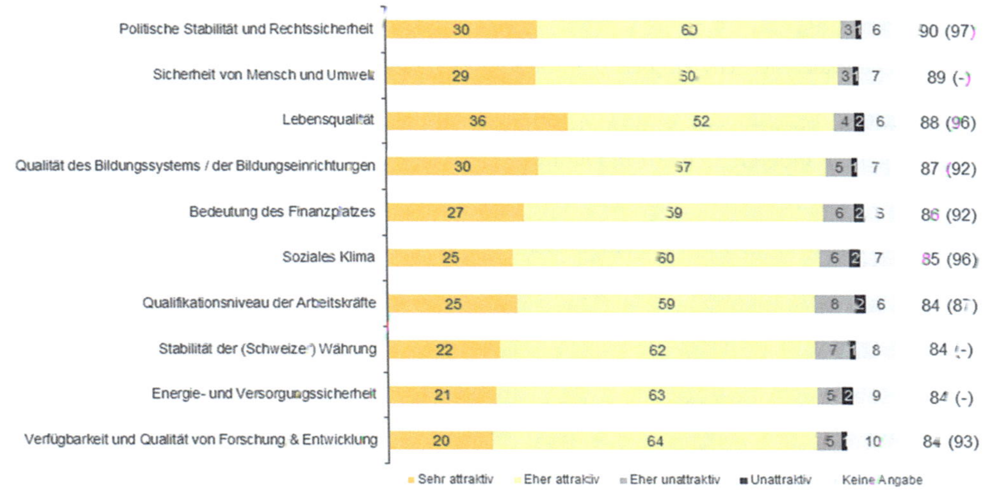

Quelle: EY (Angaben in Prozent; Werte aus 2009 in Klammern)

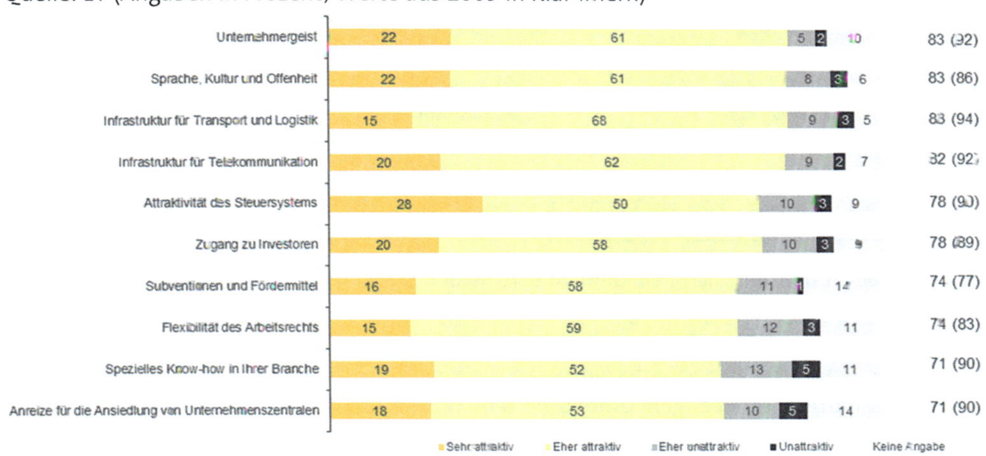

Quelle: EY (Angaben in Prozent; Werte aus 2009 in Klammern)

5 Vgl. Schaltegger/Leitziner, Steuerliche Standortattraktivität der Schweiz, in: „Die Volkswirtschaft", Heft 5, 2006; vgl. auch A.4.

6 Der globale Markenname hat per 1. 7. 2013 von Ernst & Young auf EY gewechselt.

7 Vgl. Ernst & Young Studie, Standort Schweiz 2011, Internationale Unternehmen bewerten die Schweiz.

Im April 2013 und Februar/März 2014 wurden durch dasselbe unabhängige Marktforschungsinstitut erneut sowohl Führungskräfte international tätiger Unternehmen (auf Vorstands- bzw. Geschäftsführungsebene) zur ‚gefühlten' Attraktivität Europas und seiner Wettbewerber für ausländische Investoren, als auch Entscheidungsträger ausländischer Unternehmen mit Geschäftsaktivitäten in der Schweiz zur Attraktivität der Schweiz aus Sicht ausländischer Investoren befragt. Insgesamt haben sich im Ergebnis nur geringfügige Abweichungen zu den hervorragenden Umfragewerten aus dem Jahr 2011 herauskristallisiert.[8]

Die Tatsache, dass die Schweiz bisher – dank starkem Wirtschaftswachstum – besser als die meisten anderen Länder durch die im Sommer 2007 ausgelöste und seither herrschende Immobilien-, Banken-, Finanz- und Wirtschaftskrise kam, geordnete politische Verhältnisse und eine im Vergleich zu anderen Ländern moderate Staatsverschuldung, eine niedrige Inflation sowie nahezu Vollbeschäftigung (niedrige Arbeitslosenquote) aufzuweisen hat, findet allseits Beachtung:[9]

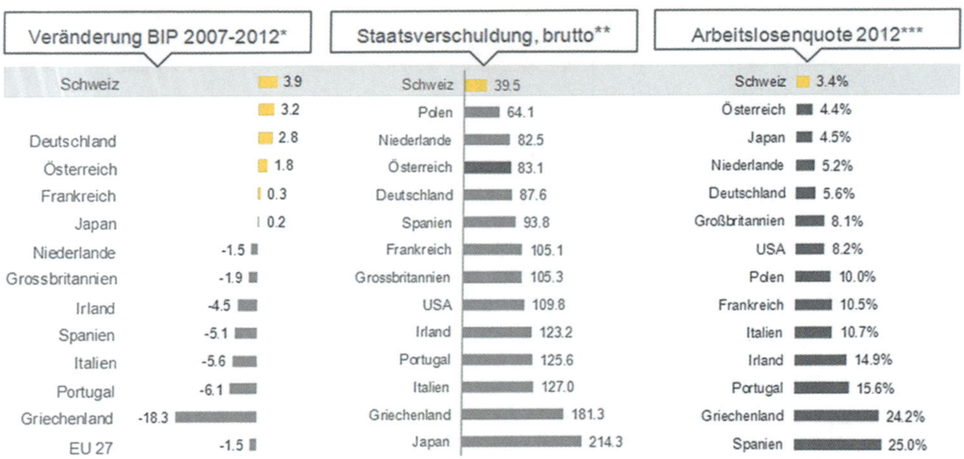

* zu konstanten Preisen ** im Verhältnis zum Bruttoinlandsprodukt *** Werte für 2012 sind Prognosewerte
Quellen: Ernst & Young Eurozone Forecast Dez. 2012, Internationaler Währungsfonds, World Economic Outlook Okt. 2012

Diese relative Stärke hat sich seit dem Ausbruch der Krise in einer starken Aufwertung des Schweizer Frankens niedergeschlagen. Mit dem Eingreifen der Schweizerischen Nationalbank im Herbst 2011, durch Einführung einer festen Wechselkursuntergrenze von CHF 1.20 je Euro, hatte sie der Schweizer Exportwirtschaft wieder die dringend benötigte Planungssicherheit in einem wirtschaftlich schwierigen Umfeld verschafft und der Schweiz ihre Flexibilität in der

8 Vgl. Ernst & Young Studie, Swiss Attractiveness Survey 2013; EY Studie, Swiss Attractiveness Survey 2014.

9 Vgl. Ernst & Young Studie, Swiss Attractiveness Survey 2013. Werden Vergleiche von Arbeitslosenquoten diverser Länder angestellt, ist es im Hinblick auf deren Interpretation ratsam, die zugrundeliegenden statistischen Methoden zu analysieren. Die bspw. von Eurostat monatlich veröffentlichte Arbeitslosenquote misst die Zahl der Arbeitslosen in Prozent der Erwerbspersonen. Zu den Erwerbspersonen wiederum zählen alle Erwerbstätigen sowie die Arbeitslosen (vgl. Höltschi, NZZ v. 13.7.2013, S. 27). Weiter liegen solchen Ländervergleichen manchmal nur Trendkomponenten statt saisonbereinigte Daten zugrunde (vgl. Höltschi, NZZ v. 2.7.2013, S. 23). Die tatsächlichen Werte 2012 und 2013 zur Schweiz weichen nur geringfügig von den Prognosewerten ab.

Geld- und Währungspolitik erhalten. Dennoch und auch trotz der mittlerweile erfolgten Veränderungen in den Finanzmärkten und auf den Finanzplätzen, gilt der Standort Schweiz nach wie vor als sicherer Zufluchtsort, den Investoren in unruhigen Zeiten gerne nutzen. Unverändert loben ausländische Investoren die Schweiz für ihre politische Stabilität und Rechtssicherheit, die Sicherheit von Mensch und Umwelt sowie die Lebensqualität.

Als Standortnachteile werden die relativ hohen Lohn- und Lohnnebenkosten sowie die knappe Verfügbarkeit und hohen Kosten von Land identifiziert. Allerdings wird die Schweiz hinsichtlich der Verfügbarkeit von Land heute besser bewertet als noch vor zwei Jahren:[10]

Anteil „sehr" und „eher attraktiv"	2009	2011
Dienstleistung	-	78
Handel	-	75
Industrie, Automobil, Energie	-	67
Hightech/Telekommunikation	-	63
Konsumgüter	-	53
Chemie/Pharma	-	42

Anteil „sehr" und „eher attraktiv"	2009	2011
Dienstleistung	66	75
Handel	47	74
Industrie, Automobil, Energie	51	58
Hightech/Telekommunikation	66	47
Konsumgüter	43	38
Chemie/Pharma	60	30

Quelle: EY (Angaben in Prozent; Werte aus 2009 in Klammern)

Trotz der nach wie vor guten Rahmenbedingungen der Schweiz und der ausgezeichneten Fundamentaldaten wie Wirtschaftswachstum, Arbeitslosigkeit und Staatsverschuldung, liebäugeln Unternehmen zuweilen mit einer Verlagerung von Aktivitäten aus der Schweiz ins Ausland.[11]

Die ‚Attraktivitätseinbußen' der Schweiz sind jedoch nicht in einer Verschlechterung der politischen, steuerlichen oder infrastrukturellen Rahmenbedingungen begründet, sondern resultieren vorwiegend aus der wachsenden Konkurrenz der aufstrebenden Schwellenländer wie Brasilien, China, Indien und Russland. Diese dynamischen Volkswirtschaften warten mit den für Investoren besonders interessanten Treibern auf: Große, teilweise noch unerschlossene Märkte, die hohe Wachstumsraten versprechen sowie signifikante Kostenvorteile.

Weitere Gründe für die ‚gesunkene' Attraktivität des Standorts Schweiz sind der derzeit (nach wie vor) starke Franken sowie die in jüngster Zeit zahlenmäßig stark angestiegenen Volksbegehren (-initiativen) mit dem Ziel, bestehende Regelungen in Bundes- und Kantonsverfassungen sowie -gesetzen abzuschaffen bzw. abzuändern oder neue Regelungen einzuführen. Damit einher gehende Unsicherheiten haben zumindest das Potential, den einen oder anderen in- bzw. ausländischen Investor von seinem Investitionsvorhaben in der Schweiz bereits im Vorfeld zur ei-

10 Vgl. Ernst & Young Studie, Standort Schweiz 2011, Internationale Unternehmen bewerten die Schweiz. Bezüglich dieser Werte haben sich in den Jahren 2012 und 2013 nur marginale Veränderungen ergeben.

11 Vgl. Rütti, NZZ v. 29. 10. 2014, S. 1 und S. 21.

gentlichen Standortevaluation abzubringen resp. mit einem allfälligen Investitionsentscheid zugunsten der Schweiz zumindest zuzuwarten.[12]

Insofern sind Investitionsentscheide von namhaften multinationalen Konzernen – wie jüngst derjenige der Firma Roche, welche die Summe von drei Milliarden Franken in den Bau eines neuen Forschungs- und Entwicklungszentrums sowie in die Erneuerung der Infrastruktur am Standort Basel investieren wird[13] – für viele andere Investoren in Zeiten wie heute richtungsweisend.

Die Standortaussichten der Schweiz sind aus Sicht der Investoren trotz all der stetigen Veränderungen langfristig ausgezeichnet. Ein Großteil der ausländischen Unternehmen und Führungskräfte sieht die Schweiz im Jahr 2020 als ein globales Zentrum für qualitativ hochwertige Mehrwertdienste und als weltweites Vorbild für eine erfolgreiche, unternehmerisch denkende Gesellschaft. Gerade in unsicheren Zeiten wie heute ist ein richtiger Maßnahmenmix entscheidend. Für den langfristigen Erfolg des Standorts Schweiz sind neben gezielten Investitionsanreizen – insbesondere die steuerliche Förderung von Forschung und Entwicklung – vor allem eine erfolgreiche Bewältigung der Herausforderungen im Bereich „Fachkräftemangel beheben" und nachhaltige Lösungen im Rahmen der Unternehmenssteuerreform III wichtig.

In der Gesamtschau zeigt sich, dass die Stärken des Standorts Schweiz in den Bereichen Finanzen und innovativer, zukunftsweisender Produkte gesehen werden. Die besonders lohnintensiven Segmente hingegen, bei denen vor allem die Arbeitskosten und weniger die Qualifikation der Beschäftigten ins Gewicht fallen, werden am Standort Schweiz tendenziell eine geringere Rolle spielen.

Sicher ist, dass die Zukunft des Standorts Schweiz nicht in der Massenproduktion und im Niedrigpreissegment liegt. Aber mit in der Schweiz tätigen, hochqualifizierten und motivierten Arbeitskräften können neue hochwertige Mehrwertdienstleistungen und Technologien entwickelt und so die Qualitätsführerschaft und Innovationskraft der heimischen Unternehmen weiterhin erhalten werden. Politik, Verbände und Unternehmen müssen sich dabei noch stärker als in der Vergangenheit für eine Steigerung des (Aus-)Bildungsniveaus einsetzen sowie sich um eine optimale Vernetzung von Ausbildung, Forschung und Wirtschaft kümmern. Nur so kann die Innovationskraft, die wichtigste Säule eines Premium-Standorts, für die Zukunft sichergestellt bleiben.[14]

I.4. Standortorientierte Steuerpolitik

Das Ausmaß des Einflusses der Steuerpolitik auf die Standortwahl von Unternehmen und die Wohnsitzwahl von Haushalten lässt sich anhand von empirischen Studien nur qualitativ beschreiben, nicht jedoch zahlenmäßig belegen.

Im Hinblick auf die Evaluierung eines für die Schweiz nachhaltigen standortpolitischen Maßnahmenmix reicht es nicht aus, bloß einzelne Wirkungszusammenhänge der Standortfaktoren zu analysieren. Im Gegenteil: Die Vor- und Nachteile einer steuerlichen Standortpolitik müssen in einem Gesamtkontext aller Wirkungszusammenhänge untersucht werden. Nur so kann es ge-

12 Vgl. Rütti, NZZ v. 29.10.2014, S. 28.

13 Vgl. Medienmitteilung der Roche v. 22.10.2014.

14 Vgl. auch Ernst & Young Studie, Standort Schweiz 2011, Internationale Unternehmen bewerten die Schweiz; Ernst & Young Studie, Swiss Attractiveness Survey 2013; EY Studie, Swiss Attractiveness Survey 2014.

lingen, neben dem primären Zweck der Einnahmenbeschaffung (Fiskalziel) die weiteren, teilweise in einem Zielkonflikt stehenden Ziele einer Steuerpolitik insgesamt in Einklang zu bringen und ein modernes Steuersystem[15] hervorzubringen.[16]

I.4.1. Analyserahmen

Der nachfolgende schematische Analyserahmen zur Standortattraktivität und regionalen Entwicklung zeigt die Zusammenhänge in einfach nachvollziehbarer Weise auf:[17]

- Die Makrofaktoren einer Region definieren deren relative Standortattraktivität;
- Letztere ist gleichzeitig für die Standort- und Investitionswahl der Unternehmen sowie die Arbeitsort- und Wohnsitzwahl der privaten Haushalte maßgebend;
- Diese wiederum sind die Entwicklungstreiber einer Region, führen doch Unternehmensansiedlungen zu steigender Arbeitsnachfrage und damit steigenden Löhnen, der Zuzug von Arbeitskräften zu steigendem Arbeitsangebot (und damit zu tendenziell sinkenden Löhnen) und steigendem Konsum sowie zu einer Veränderung der Nachfrage nach Boden- und Wohnraum und deren Preisniveau;
- Die Veränderung dieser wirtschaftlichen Makrofaktoren einer Region bewirkt, dass Unternehmen und private Haushalte die Standortattraktivität neu beurteilen und sich allenfalls für oder gegen den gewählten Standort bzw. Wohnsitz entscheiden;
- Die stetige Veränderung der Standortattraktivität einer Region beeinflusst nun zugleich diejenige aller anderen Regionen. Es liegen folglich ständig makroökonomische Ungleichgewichte vor, die zu wiederholten Zu- und Wegzügen von Unternehmen und privaten Haushalten führen.

15 Ein modernes Steuersystem soll möglichst effizient sein, d. h. wachstumshemmende Einflüsse minimieren und damit die Wohlfahrt der Gesellschaft insgesamt maximieren. Gleichzeitig gilt es, die Wertvorstellungen von Gesellschaft und Politik über Steuergerechtigkeit und Umverteilungswünsche angemessen zu berücksichtigen.

16 Vgl. Morger, Steuerpolitik und Mobilität, Bericht v. 8. 6. 2012.

17 Vgl. Morger, Steuerpolitik und Mobilität, Bericht v. 8. 6. 2012.

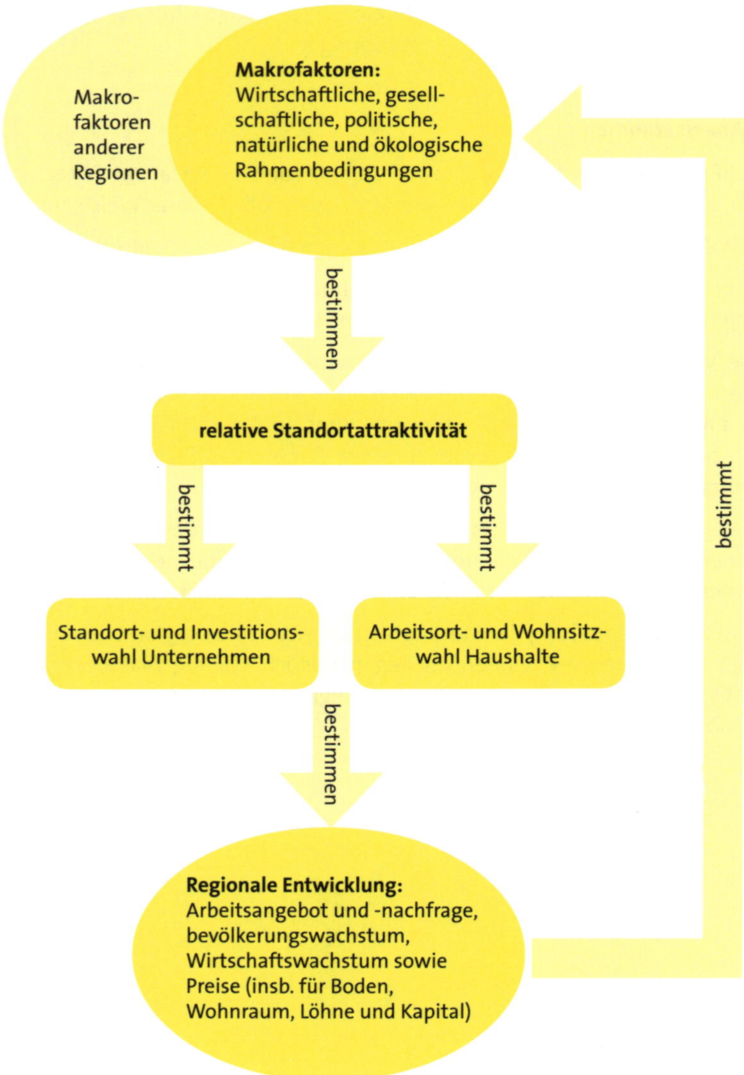

Quelle: Morger, Steuerpolitik und Mobilität

I.4.2. Standortattraktives Steuersystem

Ein standortattraktives Steuersystem setzt insbesondere voraus, dass mobiles Kapital und steuersensitive (d. h. wohlhabende und hochqualifizierte) private Haushalte niedriger besteuert werden als unbewegliche Steuerbasen. Erst durch ein solches günstiges Steuerklima lässt sich über die damit ausgelösten Arbeitsangebots-, Konsum- und Investitionsimpulse die Wirtschaftsleistung steigern.[18]

I.4.2.1. Steuersysteme im Wettbewerb

Ein über die Jahre gewachsenes Steuersystem hat die Tendenz, an Komplexität zuzulegen. Die damit einhergehende administrative Zusatzbelastung der Steuerpflichtigen ist in den letzten Jahren sowohl in der Schweiz wie auch im Ausland nochmals angestiegen. Mit Blick auf die in vielen Ländern komplex gewordenen Steuersysteme kann daher nicht erstaunen, dass Steuerreformen, die einseitig auf Tarifsenkungen bei der Körperschaftssteuer fokussiert sind, nicht immer die erhofften (Einsparungs-) Wirkungen zeigen, geschweige denn Erleichterungen für die Steuerzahler mit sich bringen. Ein effizientes Steuersystem bedingt eben nebst maßvollen Tarifen vor allem Transparenz und Einfachheit des Regelwerks.

Selbst wenn attraktive steuerliche Rahmenbedingungen angestrebt werden, bleibt in der Schweiz ein ausgeglichener Bundeshaushalt[19] das wichtigste Ziel. Steuersenkungen müssen folglich durch Minderausgaben oder Mehreinnahmen in einem anderen Bereich finanziert werden.

I.4.2.2. Kennzahlen für die steuerliche Standortattraktivität

I.4.2.2.1. Fiskalquote

Zur Messung des Ausmaßes der Steuerbelastung in einer Volkswirtschaft wird oft die Fiskalquote herangezogen. Die Fiskalquote entspricht dabei der Summe der Steuerquote und Beitragsquote der öffentlichen Versicherungen,[20] d. h. sie setzt die Fiskaleinnahmen des jeweiligen Staates inklusive der staatlichen obligatorischen Sozialversicherungsbeiträge ins Verhältnis zum jeweiligen Bruttoinlandprodukt (BIP).

Gemäß OECD-Statistik, den Angaben der Eidg. Finanzverwaltung (EFV) und dem Bundesamt für Sozialversicherungen (BSV) sowie des Dachverbandes der Schweizer Unternehmen economiesuisse, ergeben sich folgende Fiskalquoten (2011) für die an der Erhebung beteiligten Länder:[21]

18 Vgl. Morger, Steuerpolitik und Mobilität, Bericht v. 8. 6. 2012.

19 Die meisten Kantone streben ebenfalls ausgeglichene Haushaltzahlen an.

20 Die Steuerquote der Schweiz wird definiert als Steuereinnahmen von Bund, Kantonen und Gemeinden (ohne die Beiträge an die öffentlichen obligatorischen Sozialversicherungen) in Prozent des Bruttoinlandprodukts (BIP). Die Beitragsquote der öffentlichen Versicherungen der Schweiz beinhaltet die obligatorischen Sozialversicherungsbeträge an AHV, IV, EO, ALV, die Familienzulagen in der Landwirtschaft sowie die Mutterschaftsversicherung Genf (vgl. Medienmitteilung des Eidg. Finanzdepartements (EFD) v. 29. 11. 2011).

21 Vgl. Medienmitteilung v. 12. 7. 2013 der economiesuisse. Weitere Angaben zur schweizerischen und zu internationalen Fiskalquoten lassen sich auf der Website der im Eidg. Finanzdepartement (EFD) angesiedelten Eidg. Finanzverwaltung (EFV) finden (www.efv.admin.ch). Nach dem Publikationskalender der EFV werden neue Daten zur Finanzstatistik jeweils im Frühjahr und Herbst veröffentlicht. Gemäß Medienmitteilung der EFV v. 27. 2. 2014 beträgt die finale Schweizer Fiskalquote für 2011 28.6 %, diejenige für 2012 geschätzte 28.4 %.

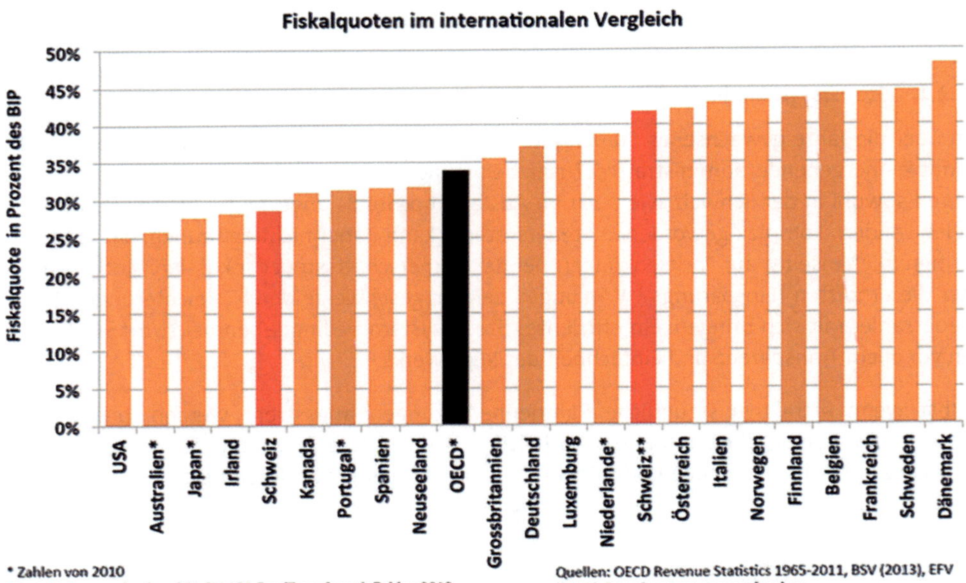

* Zahlen von 2010

** = Inkl. Zwangsabgaben (KV, BV, UV, Familienzulagen), Zahlen 2010

Quellen: OECD Revenue Statistics 1965-2011, BSV (2013), EFV (2013), Berechnungen economiesuisse

PRAXISHINWEIS

Die Daten, die der OECD als Grundlage für die Berechnung der Fiskalquoten dienen, beziehen sich nur auf die obligatorischen Abgaben, die von den öffentlichen Verwaltungen erhoben werden.[22] Die Angaben für die Berechnung der Fiskalquote der Schweiz stammen aus Erhebungen der öffentlichen Finanzen und der Sozialversicherungen, welche jährlich durch die Eidg. Finanzverwaltung (EFV) erstellt wird. Die Berechnungsmethode richtet sich seit 2003 nach den Sektorisierungsrichtlinien des Europäischen Systems der Volkswirtschaftlichen Gesamtrechnung (ESVG 95). In der Fiskalquote der Schweiz nicht enthalten – weil nicht zum Staatssektor gehörend – sind deshalb Prämien für die Krankenversicherung, die Unfallversicherung (SUVA), die berufliche Vorsorge sowie die nicht landwirtschaftlichen Familienzulagen. Geringfügige Abweichungen zu den von der OECD über die Schweizer Fiskalquote publizierten Zahlen ergeben sich im Übrigen jeweils deshalb, weil die Eidg. Finanzverwaltung in ihre Berechnungen aktuellere (nachkorrigierte) BIP-Werte einfließen lässt.[23] In der Fiskalquote Deutschlands nicht enthalten sind demgegenüber eine Reihe von finanziellen Zuwendungen an Haushalte und Unternehmen (bspw. das Kindergeld sowie die Eigenheim- und Investitionszulagen), die (teilweise) mit der Steuerschuld verrechnet werden und damit die Steuerquote reduzieren. Nicht berücksichtigt sind zudem die Pflichtbeiträge der freien Berufe an private Träger, die Sozialbeiträge für Beamte und die aus Steuermitteln bezahlten Sozialbeiträge für Hartz-IV.

Basierend auf diesem internationalen Vergleich weisen Deutschland und 13 weitere bisherige EU Mitgliedstaaten mit einer Fiskalquote (2011) von zwischen 31.6 % (Spanien) und 48.1 % (Dänemark) des jeweiligen BIP generell[24] eine weitaus höhere Fiskalquote auf als die übrigen ge-

22 Vgl. OECD (2013), OECD Revenue Statistics 1965 – 2012.

23 Per Ende Juni 2012 wurde das nominale Bruttoinlandprodukt der Schweiz durch das Bundesamt für Statistik (BFS) angepasst, mit der Folge, dass die Fiskalquote – verglichen mit dem Stand vom Februar 2012 – inskünftig durchschnittlich um 1 bis 2 Prozentpunkte tiefer liegen wird. Vor der Revision der BIP-Reihen lag die Fiskalquote der Schweiz in den letzten Jahren jeweils bei knapp 30 %.

24 Mit Ausnahme von Irland (2010: 27.6 %; für 2011 liegen keine Zahlen vor).

nannten OECD-Staaten und die Schweiz. Letztgenannte OECD-Staaten erreichen Werte zwischen 25.1 % (USA) und 43.2 % (Norwegen). Die Daten der OECD sind jedoch mit Vorsicht zu genießen. Die Vergleichbarkeit ist insbesondere deshalb beeinträchtigt, weil die OECD-Fiskalquote die obligatorischen Sozialversicherungsbeiträge an privatrechtliche Institutionen nicht miteinbezieht. Dies erklärt das im OECD-Vergleich niedrige Steuerbelastungsniveau in der Schweiz. Werden diese Zwangsabgaben ebenfalls berücksichtigt, schneidet die Schweiz nicht mehr eindeutig besser ab als Deutschland.

Angesichts dieser Erhebungsschwierigkeiten wird es deutlich, weshalb die Daten der OECD allenfalls für eine Trendbeobachtung, jedoch nicht für einen Quervergleich, geschweige denn für die Beurteilung der steuerlichen Investitions- und Standortbedingungen eines Landes ausreichen. So ist es deshalb nicht weiter erstaunlich, dass in der Praxis alternative Kennzahlengrößen wie die Steuerbelastung von Unternehmen, Investoren und hochqualifizierten Arbeitskräften zur Beurteilung der steuerlichen Standortattraktivität maßgeblich sind.

PRAXISHINWEIS

Es gilt zu beachten, dass das Bundesamt für Statistik (BFS) das BIP Ende September 2014 aufgrund der Einführung des neuen Europäischen Systems Volkswirtschaftlicher Gesamtrechnungen auf nationaler und regionaler Ebene (ESVG 2010) nach oben angepasst hat. Durch die Revision ergeben sich bei der Fiskalquote nun Werte, die bis zu 1.6 Prozentpunkte unter den im Februar 2014 publizierten Zahlen liegen.[25]

I.4.2.2.2. Steuerbelastung von Unternehmen und Investoren

Es gilt, zunächst zwischen den nachfolgenden Kennzahlengrößen zu unterscheiden und deren Bedeutung zu erfassen.

I.4.2.2.2.1. Statutarische (gesetzliche) und effektive (Gewinn-) Steuersätze

Statutarische (d. h. gesetzliche) Gewinnsteuersätze spielen (lediglich) im Rahmen der Gewinnallokation auf die jeweiligen in- und ausländischen Konzerntochtergesellschaften und der Gewinnübertragung zwischen denselben und der Konzernmuttergesellschaft eine Rolle.[26]

Die statutarischen Gewinnsteuersätze weichen jedoch in aller Regel erheblich von der tatsächlichen Gewinnsteuerbelastung ab. Ein maßgeblicher Grund hierfür sind die diversen steuerlichen Regelungen sowie Abschreibungs- und Bewertungsvorschriften, welche einen Einfluss auf die Bemessungsgrundlage haben und deshalb über die Gestaltung der Steuertarife hinaus die Steuerzahlung bestimmen. So besteht in der Schweiz bspw. die Möglichkeit die geschuldeten Gewinnsteuern (und Kapitalsteuern, sofern sie denn anfallen) als geschäftsmäßig begründeten Aufwand handels- wie auch steuerrechtlich geltend zu machen.[27] Des Weiteren existieren beträchtliche Unterschiede bei den statutarischen Gewinnsteuersätzen auf lokaler (kommunaler)[28]

25 Vgl. Medienmitteilung der EFV v. 30. 9. 2014. Nach erfolgter Revision beträgt die finale Schweizer Fiskalquote für 2011 27.0 %, diejenige für 2012 26.9 %. Für 2013 soll die Quote unverändert und in den Folgejahren stabil bleiben.

26 Vgl. nachfolgend Abschnitt A.I.4.3.1.

27 In Deutschland kann die Gewerbesteuer in Abzug gebracht werden.

28 Gemeinden. In Deutschland gibt es ebenfalls interregionale Unterschiede, wo die Höhe der Gewerbesteuer und der Grundsteuer zwischen den Gemeinden schwankt. Vgl. nachfolgend Abschnitt A.II.5.3.5. zum Thema Liegenschaftensteuer bzw. Grundsteuer.

und regionaler (kantonaler)[29] Ebene; entsprechend relativ verhält sich eine Durchschnittsbetrachtung. Im Weiteren ist auch das Zusammenwirken verschiedenster Steuerarten zu berücksichtigen. Aus diesen Gründen werden in der Praxis für aussagekräftigere internationale Vergleiche effektive (Gewinn-)Steuersätze ermittelt und dargestellt.[30]

I.4.2.2.2.2. Effektive durchschnittliche[31] und effektive marginale[32] Steuersätze resp. Steuerbelastungen

Zur Messung der aggregierten[33] Steuerbelastung von Unternehmen haben sich investitionstheoretische Grundsätze und Konzepte durchgesetzt. Konkret wird die Steuerbelastung für ein die jeweiligen länderspezifischen Gegebenheiten repräsentatives Modellunternehmen ermittelt. Der effektive durchschnittliche Steuersatz misst dabei die Steuerbelastung für hoch rentierende und unteilbare Investitionen und ist folglich entscheidend für Standortentscheide multinational tätiger Unternehmen. Der effektive marginale Steuersatz hat hingegen – bei gegebener Standortwahl – einen Einfluss auf die Investitionshöhe selbst. Er misst die Steuerbelastung, wie sie bei einer zusätzlichen Investition, deren Rendite gerade noch die Kapitalkosten deckt, anfällt. Es wird mit anderen Worten ein Kapitalwert von Null erwirtschaftet (sog. Grenzinvestition). Je tiefer nun die effektive Grenzsteuerbelastung auf Unternehmensstufe ist, desto größer ist die Chance, dass potentielle Investitionsprojekte am entsprechenden Standort rentabel sind.[34]

I.4.2.2.2.3. Aggregierte Steuerbelastung auf Unternehmensebene und Stufe Anteilseigner

Die bisher diskutierten Belastungskonzepte widerspiegeln bloß die Situation auf Unternehmensebene. Obwohl die Steuerbelastung des Anteilseigners für die Standortattraktivität nicht von herausragender Bedeutung ist, soll sie im Sinne einer Gesamtbetrachtung dennoch miteinbezogen werden. Die dabei maßgebliche effektive Grenzsteuerbelastung des Anteilseigners hängt in hohem Maße von der individuellen Besteuerungssituation desselben ab. Die Steuerbelastung des Anteilseigners wird zudem von der gewählten Finanzierungsart (Fremd- bzw. Eigenfinanzierung), der jeweiligen Ausschüttungs- bzw. Thesaurierungspolitik des Unternehmens und der Möglichkeit der Beanspruchung eines Steuerentlastungsmechanismus auf Stufe des Anteilseigners (bspw. Teilbesteuerungsverfahren in der Schweiz[35] und Teileinkünfteverfahren bzw. Abgeltungssteuerkonzept in Deutschland) beeinflusst.[36]

29 Kantone.

30 Vgl. EFD, Bericht v. 1. 2. 2006. Vgl. auch Schaltegger/Jeitziner, Steuerliche Standortattraktivität der Schweiz, in: „Die Volkswirtschaft“, Heft 5, 2006.

31 Auch Effective Average Tax Rate (EATR) genannt.

32 Auch Grenzsteuersatz oder Grenzsteuerbelastung resp. Effective Marginal Tax Rate (EMTR) genannt.

33 Unternehmen werden mit diversen Steuerarten belastet, so bspw. Gewinn-, Kapital- und Liegenschaftensteuern etc.

34 Vgl. nachfolgend Abschnitt A.I.4.3.1.; EFD, Bericht v. 1. 2. 2006; Schaltegger/Jeitziner, Steuerliche Standortattraktivität der Schweiz, in: „Die Volkswirtschaft“, Heft 5, 2006.

35 Vgl. A.III.2.2.1.1.1.

36 Vgl. EFD, Bericht v. 1. 2. 2006; Schaltegger/Jeitziner.

I.4.2.2.3. Steuerbelastung von Arbeitskräften

Im Hinblick auf die Rekrutierung hoch qualifizierter und mobiler Arbeitskräfte sind die Unternehmen gezwungen, mit dem Salär die Steuern auf Arbeitseinkünften und die Sozialversicherungsbeiträge zu kompensieren. Aus der Perspektive der Arbeitskraft geht der Standortvergleich somit von einem bestimmten verfügbaren Einkommen aus, das ihr nach Steuern zur Verfügung stehen muss. Analog zum Konzept für Unternehmen ist im Falle hochqualifizierter Arbeitskräfte erneut die effektive Durchschnittssteuerbelastung maßgebend. Im Einzelfall können sich dabei – je nach gewählter Kompensationsvariante wie Barvergütung, Mitarbeiterbeteiligungsprogramm, Einlage in Vorsorgeeinrichtung, sonstige Vergünstigungen – unterschiedliche Steuerbelastungsindizes ergeben.[37]

I.4.2.2.4. Einfluss und Wirkung der Steuerbelastung auf die Einkommensverteilung

Gemäß economiesuisse[38] sind die Einkommensunterschiede in der Schweiz, verglichen zu den OECD Ländern, unabhängig vom verwendeten statistischen Maß unterdurchschnittlich. Eine Analyse der Gründe für die Zunahme der Einkommensungleichheit in den Industrieländern durch die OECD[39] hat ergeben, dass nebst dem unterschiedlichen Bildungsniveau[40] und der Regulierung des Arbeitsmarktes[41] die Veränderungen im Steuersystem[42] der jeweiligen Länder dafür verantwortlich sind.

In der Schweiz hat sich die Einkommenskonzentration nur im geringen Umfang erhöht. Einer der Gründe dafür ist das Faktum, dass sich die Einkommensspitzensteuersätze über die letzten Jahrzehnte nur unwesentlich verändert haben. Im Weiteren führten die in der Schweiz bis heute vollzogenen Steuerreformen vorwiegend zu einer Entlastung von mittleren und unteren Einkommensklassen.[43] Mit der geplanten Beseitigung der Schlechterstellung von Ehepaaren gegenüber Konkubinatspaaren (sog. Heiratsstrafe) wird die Entwicklung der Entlastung natürlicher Personen in der Schweiz weiter anhalten.[44]

---

37 Vgl. Schaltegger/Jeitziner.

38 Vgl. economiesuisse, Bericht v. 2.4.2012.

39 Vgl. OECD Publishing Paris, Divided We Stand.

40 Ein Haupttreiber für die steigenden Einkommensunterschiede ist die Zunahme an hochqualifizierten Arbeitskräften bei gleichzeitig reduzierter Nachfrage nach unqualifiziertem Personal. Die Schweiz hat dank ihrem dualen Bildungssystem, ihren international anerkannten Spitzenuniversitäten und der hohen Bereitschaft der Erwerbstätigen hinsichtlich ihrer eigenen stetigen Weiterbildung vergleichsweise geringe Bildungsniveauunterschiede zu verzeichnen.

41 Je nach Arbeitsmarktreform können die Auswirkungen auf die Einkommensunterschiede durchaus auch konträrer Natur sein. Geringere Steuerunterschiede und reduzierte Arbeitslosenleistungen haben einen positiven Effekt auf die Beschäftigung, erhöhen aber tendenziell die Einkommensunterschiede. E contrario führen Mindestlöhne und ein umfassender Kündigungsschutz zu geringeren Einkommensunterschieden. Insgesamt können die Einkommensunterschiede aber durch den vergleichsweise negativen Effekt auf die Beschäftigung dennoch zunehmen.

42 Die Einkommensspitzensteuersätze sind in maßgeblichen Industrieländern von damals 60 % bis 70 % (Stand 80er-Jahre) auf rd. 40 % (Stand heute) gesunken. Als Folge davon und in Kombination mit einem globalisierten Markt für Führungskräfte und Spezialisten haben die hohen Einkommen überproportional zugelegt.

43 An dieser Stelle auf Bundesebene zu erwähnen sind die Reform zur Ehepaarbesteuerung (2008), die Familiensteuerreform (2011) und der periodische Ausgleich der kalten Progression (letztmals im 2011),

44 Hinsichtlich weiterer Steuerreformen vgl. hierzu A.I.4.6.3.

Die nachfolgende Abbildung[45] verdeutlicht, dass die Einnahmen aus Einkommenssteuern (natürliche Personen) und Gewinnsteuern (juristische Personen) in der Schweiz mit 47 % Anteil mit Abstand die wichtigste Finanzierungsquelle der Staatstätigkeit darstellt, gefolgt von Sozialversicherungsbeiträgen (24 %) sowie Mehrwertsteuer- (22 %) und Vermögenssteuereinnahmen (7 %). Bei den Einkommens-, Vermögens- und Gewinnsteuern kommt eine Minderheit der steuerpflichtigen Personen für den Hauptteil der Steuereinnahmen auf. Sozialversicherungsbeiträge und Konsumsteuern (Mehrwertsteuer) hingegen belasten niedrige und mittlere Einkommensklassen relativ gesehen stärker.

Schweizer Steuersystem schont tiefe und mittlere Einkommen
Anteil der Finanzierungsquellen an den Fiskaleinnahmen in Prozent (2009)

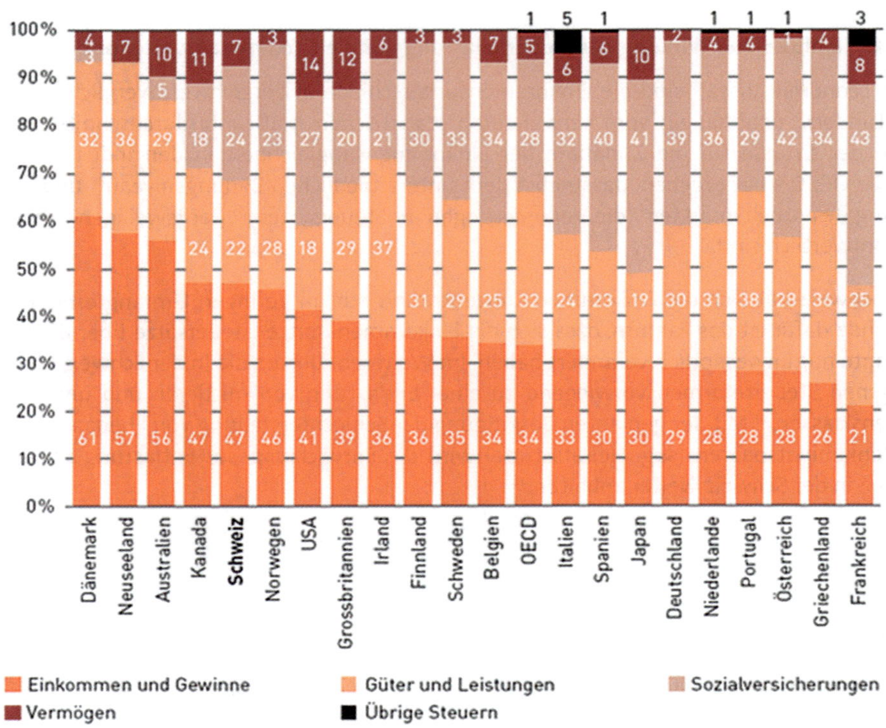

Quelle: OECD (2011), OECD Revenue Statistics 1965–2010;[46] Berechnungen economiesuisse

45 Vgl. economiesuisse, Bericht v. 2. 4. 2012. Es bleibt anzumerken, dass die von economiesuisse auf der Basis der OECD Statistik berechneten Prozentzahlen von den in A.I.4.4. erwähnten, in Bezug auf die Mehrwertsteuer und Vermögensteuer geringeren Prozentangaben abweicht. In den Kennzahlen von economiesuisse sind in der Position Mehrwertsteuer weitere indirekte Steuerbelastungen wie bspw. Hunde- und Motorfahrzeugsteuern berücksichtigt, bei der Position Vermögenssteuer zusätzliche Steuerbelastungen wie Kapitalsteuern der Unternehmen, kantonale Erbschaftssteuern, Grundstückgewinnsteuern und die Umsatzabgabe auf Wertschriftentransaktionen. Die Abweichungen bezogen auf die beiden Steuerarten betragen 3 %- bzw. 3.5 %-Punkte. Die Grundaussage ist dennoch korrekt und gilt für die Schweiz auch basierend auf neueren Werten (2010 – 2012).

46 Die im Bericht der OECD (2013), OECD Revenue Statistics 1965 – 2012 publizierten Zahlen weichen geringfügig von denjenigen des Berichts der OECD (2012), OECD Revenue Statistics 1965 – 2011 ab.

I.4.3. Einfluss und Wirkung der Steuerpolitik[47]

Zunächst gilt es zu zeigen, wie Unternehmen und private Haushalte ihre Standort- und Investitionswahl bzw. Arbeitsort- und Wohnsitzwahl treffen. Anschließend lassen sich einerseits die Auswirkungen der Unternehmenssteuerlast auf Löhne und Beschäftigung sowie die regionale Entwicklung ableiten, andererseits die Auswirkungen der Einkommensteuerlast auf die Migration der privaten Haushalte und die hieraus resultierenden (indirekten) Effekte auf Löhne, Boden- und Immobilienpreise sowie den sozialen Zusammenhalt bzw. die Trennung von Bevölkerungsgruppen zeigen.

I.4.3.1. Standort- und Investitionswahl der Unternehmen sowie Auswirkungen der Unternehmenssteuerlast

Standortentscheide multinationaler Unternehmen werden in der Regel unter Einhaltung eines mehrstufigen Prozesses gefällt:

- Zunächst gilt es festzulegen, ob der klassische Direktvertrieb ohne jeglichen Anknüpfungspunkt im Ausland (Export) betrieben oder alternativ ein (Produktions-)Betrieb vor Ort (im Ausland) errichtet werden soll. Dieser Entscheid hängt nebst anderen Faktoren davon ab, welche Option den höheren Gewinn nach Steuern erwarten lässt;
- Fällt der Entscheid zugunsten eines (Produktions-)Betriebs im Ausland aus, beginnt die geeignete Standortsuche. Aus steuerlicher Sicht ist dabei die durchschnittliche effektive Steuerbelastung des Unternehmensstandortes maßgeblich;
- Ist der Unternehmensstandort bestimmt, stellt sich die Frage der Investitionshöhe. Der Investor lässt sich dabei – ausgehend von einem definierten Investitionsniveau – von der Überlegung leiten, um wie viel sich die Nachsteuerrendite bei einer Ausweitung des Investitionsvolumens um eine Geldeinheit verändern wird. Aus steuerlicher Sicht ist dabei der effektive Grenzsteuersatz ausschlaggebend;
- Schließlich folgt die Entscheidung des multinationalen Unternehmens hinsichtlich der internationalen Gewinnallokation. Aus steuerlicher Sicht sind dabei einerseits die statutarischen Steuersätze maßgeblich, andererseits werden Auswirkungen von steuerplanerischen Gestaltungsmöglichkeiten mitberücksichtigt.

47 Vgl. zum Nachfolgenden Morger, Steuerpolitik und Mobilität, Bericht v. 8.6.2012

Die einzelnen Prozessschritte lassen sich grafisch wie folgt darstellen:

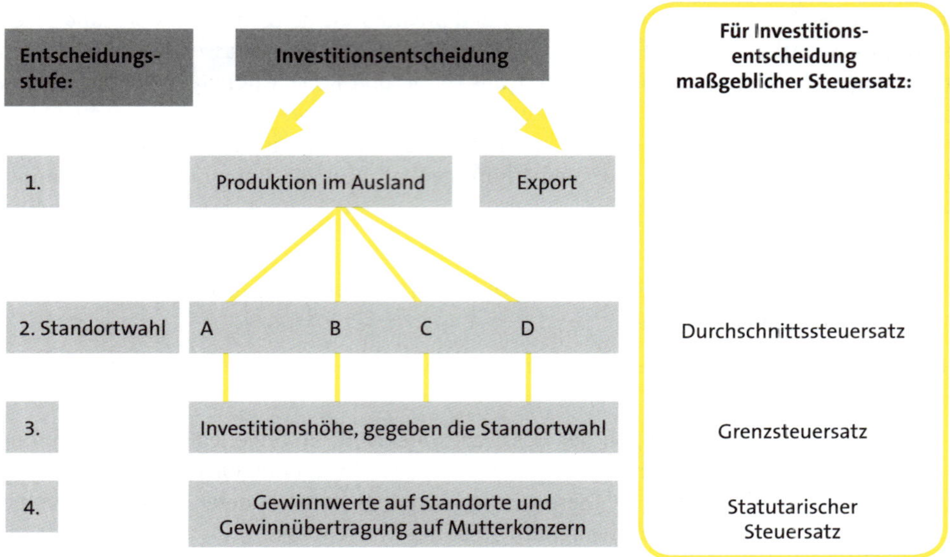

Quelle: In Anlehnung an Morger, Steuerpolitik und Mobilität

Die Unternehmenssteuerlast ist mit anderen Worten standortrelevant, beeinflusst sie doch sowohl die Wahl des Unternehmensstandortes als auch das Ausmaß der Auslanddirektinvestition. Der Kapitalzufluss bzw. die damit getätigten Realinvestitionen bewirken gleichzeitig eine höhere Produktivität, mithin steigt die Nachfrage nach Arbeitskräften und das Lohnniveau. Niedrigere Unternehmenssteuern werden zumindest teilweise über höhere Arbeitsentgelte (bzw. eine tiefere Arbeitslosenquote) den Arbeitnehmern zugute kommen. E contrario werden hohe Unternehmenssteuerlasten zu einem signifikanten Teil über tiefere Arbeitsentgelte (bzw. eine höhere Arbeitslosenquote) auf die Arbeitnehmer überwälzt.

Die nachfolgende schematische Darstellung verdeutlicht die beschriebenen Zusammenhänge:

Regionale Steuerlast auf Unternehmensinvestition ist...		
relativ hoch		relativ gering
	↓	
Steuersituation führt zu...		
Sitzverlagerung & Rückgang neuer Investitionen		Zuzug neuer Unternehmen & steigender Investitionen
	↓	
Produktivität und Wertschöpfung		
sinken		steigen
	↓	
Nachfrage nach Arbeitskräften...		
nimmt ab		nimmt zu
	↓	
und die Bruttolöhne...		
sinken		steigen
	↓	
Teil der Unternehmenssteuerlast trägt folglich über tiefere/höhere Bruttolöhne...		
Arbeitnehmer		

Quelle: In Anlehnung an Morger, Steuerpolitik und Mobilität

Neuere empirische Studien belegen jedoch, dass

- die effektive durchschnittliche Einkommenssteuerbelastung[48] einen deutlich stärkeren Einfluss auf das Wachstum der Produktivität hat als die durchschnittliche effektive Unternehmenssteuerlast; und
- im Vergleich zu anderen Standortfaktoren die Einkommenssteuerbelastungsunterschiede den größten Anteil an den unterschiedlichen Produktivitätsraten erklären können.

Diese (erstaunlichen) Ergebnisse lassen sich durch folgende möglichen Erklärungen plausibilisieren:

- Unternehmen können – anders als Arbeitnehmer – dank steuerrechtlichen Gestaltungsmöglichkeiten zumindest bis zu einem bestimmten Grad Unternehmenssteuerlasten vermeiden;
- Hochqualifizierte Arbeitnehmer sind in der Lage, einen Teil ihrer Einkommenssteuerlast über höhere Brutto- bzw. Nettolohnforderungen auf ihre Arbeitgeber (Unternehmen) zu überwäl-

48 Vgl. nachfolgend Abschnitt A.I.4.3.2.

zen. Als Folge davon wird für die Unternehmen bei der Standortwahl das Thema Einkommenssteuerlast relevant;

- Das Arbeitsangebot wird von der Höhe der Einkommenssteuerlast beeinflusst. Entsprechend variiert das Lohnniveau und die Produktivitätsentwicklung.

I.4.3.2. Arbeitsort- und Wohnsitzwahl der privaten Haushalte sowie Auswirkungen der Einkommenssteuerlast

Je größer die Distanz zwischen Arbeits- und Wohnort, desto stärker steigen sowohl die monetären und nichtmonetären Pendelkosten (Reisekosten, Zeiteinsatz) als auch die Bereitschaft, bei einem anstehenden Stellenwechsel gleichzeitig den Wohnort zu wechseln. Die Lohnvorstellungen der Arbeitskräfte orientieren sich in aller Regel am Brutto- bzw. Nettolohn nach Steuern. Entsprechend sind Unternehmen in Hochsteuerregionen gezwungen, ihren Arbeitskräften höhere Brutto- bzw. Nettolöhne anzubieten. Regionale Einkommenssteuerbelastungsunterschiede können dadurch zumindest teilweise auf die Unternehmen abgewälzt werden.

Wohnsitzentscheide hängen gemäß neueren empirischen Erkenntnissen[49] – nebst anderen Faktoren – auch von der steuerlichen Attraktivität der Wohngemeinde ab. Maßgeblich ist dabei das öffentliche Dienstleistungsangebot, welches den Präferenzen der privaten Haushalte am besten entspricht. Steuerbelastungsunterschiede in den einzelnen Gemeinden sind der Spiegel der unterschiedlichen Präferenzen der Einwohner nach öffentlichen Gütern. Hochqualifizierte, vermögende und junge Personen reagieren generell am sensitivsten auf die Einkommenssteuerlast. Analysen für die Schweiz zufolge soll der Einfluss der Steuern auf die intranationale Migrationsentscheidung jedoch eher gering sein.

Zu beachten ist schließlich die Tatsache, dass die durch einen Umzug in eine Niedrigsteuerregion (-gemeinde) erzielte Einkommenssteuereinsparung zumindest teilweise durch höhere Immobilien- und Mietpreise kompensiert wird.

I.4.4. Standortinstrumente der schweizerischen Steuerpolitik

Die Attraktivität eines Landes bzw. einer Region für Unternehmen oder hochmobile Haushalte kann sich selbst bei Fehlen einer aktiven steuerlichen Standortpolitik erhöhen oder vermindern. Wenn bspw. die Einkommenssteuerbelastung für sämtliche Haushalte einer Region gesenkt wird, steigert dies die Standortattraktivität per se, d. h. unabhängig von der zugrundeliegenden Absicht der Steuerreform. Sollen nun steuerliche Maßnahmen im Hinblick auf eine Steigerung

49 Die empirische internationale und schweizerische Literatur beschränkt sich in der Regel auf die Herausstellung der Wirkungszusammenhänge von Steuerlast und induzierter Migration in einem intranationalen Kontext. Es herrscht Konsens darüber, dass Steuerbelastungsunterschiede intranationale Migrationsströme auszulösen vermögen. Im internationalen Migrationsbereich sind dagegen nur wenige Studien zu finden. Der Wirkungszusammenhang zwischen Steuerlast und internationaler Migration lässt sich somit quantitativ nicht hinreichend beziffern.

der Standortattraktivität aktiv und zielgerichtet beschlossen werden, gilt es zunächst die Standortrelevanz der jeweiligen Steuerarten zu eruieren.[50]

In der Schweiz kommen typischerweise der Gewinnsteuer,[51] der Einkommenssteuer[52] und der Mehrwertsteuer[53] eine hohe Standortrelevanz[54] zu. Diese Standortinstrumente werden im Folgenden unter Zugrundelegung von Kennzahlen weiter beleuchtet.[55]

Umweltbezogene Abgaben[56] – darunter fallen Steuern und/oder Gebühren resp. Mischformen auf Bundes- und kantonaler Ebene – erfahren vor dem Hintergrund der Klimadebatte mittlerweile mehr, aber dennoch nur zögerlich, Beachtung. Entsprechend werden umweltbezogene Abgaben im Folgenden nicht vertieft behandelt.

Aus gesamtvolkswirtschaftlicher Sicht von bloß untergeordneter Bedeutung sind weitere Instrumente wie die Aufwandbesteuerung (vgl. A.IV.2.) oder die Expatriates-Verordnung (vgl. A.IV.1.3.5.1.2.5.):

- Die volkswirtschaftliche Bedeutung der Aufwandbesteuerung für die öffentlichen Haushalte ist regional sehr unterschiedlich. Aufgrund der Vorgabe, dass die aufwandbesteuerten Personen in der Schweiz nicht erwerbstätig sein dürfen, haben sie keinen direkten Einfluss auf

50 Vgl. Morger, Steuerpolitik und Mobilität, Bericht v. 8. 6. 2012.

51 Vgl. http://www.oecd-ilibrary.org/taxation/data/oecd-tax-statistics_tax-data-en (besucht am 30. 10. 2014). Für 2012 (in Klammern Werte für 2011, sofern abweichend zu 2012) betragen die Gewinnsteuereinnahmen (Bund, Kantone und Gemeinden) 2.9 % des BIP bzw. 10.2 % (10.3 %) der Steuereinnahmen der Schweiz. Die Unternehmensaktivitäten können mit weiteren Steuern, wie bspw. der (kantonalen) Kapitalsteuer (vgl. A.1.5.1.2.2.) und der Emissionsabgabe auf Eigenkapital (vgl. A.II.5.2.2.1.), belastet werden. Diese werden zuweilen insgesamt als Unternehmenssteuern bezeichnet.

52 Vgl. http://www.oecd-ilibrary.org/taxation/data/oecd-tax-statistics_tax-data-en (besucht am 30. 10. 2014). Für 2012 (in Klammern Werte für 2011, sofern abweichend zu 2012) betragen die Einkommenssteuereinnahmen (Bund, Kantone, Gemeinden) 8.9 % des BIP bzw. 31.4 % (32.3 %) der Steuereinnahmen der Schweiz.

53 Vgl. http://www.oecd-ilibrary.org/taxation/data/oecd-tax-statistics_tax-data-en (besucht am 30. 10. 2014). Für 2012 (in Klammern Werte für 2011, sofern abweichend zu 2012) betragen die Netto-MWST-Forderungen (aus Inland-, Bezug- und Einfuhrsteuer) 3.5 % (3.7 %) des BIP bzw. 12.4 % (12.8 %) der Steuereinnahmen der Schweiz. Vollständigkeitshalber sei festgehalten, dass sich die Verbrauchssteuern (Alkohol- und Tabaksteuer, Mineralölsteuer, CO_2-Steuer) und weitere Abgaben (Einfuhrzoll, Monopolgebühr, Salzregal, Schwerverkehrsabgabe, VOC-Abgabe) für 2012 auf 1.8 % (1.9 %) des BIP bzw. 6.5 % (6.7 %) der Steuereinnahmen der Schweiz belaufen.

54 Vollständigkeitshalber sei festgehalten, dass die Vermögenssteuer (Kantone, Gemeinden) bzw. die Steuereinnahmen auf Nettovermögen für 2012 (in Klammern Werte für 2011, sofern abweichend zu 2012) 1 % des BIP bzw. 3.4 % (3.3 %) der Steuereinnahmen der Schweiz betragen. Die Werte für die Erbschafts- und Schenkungssteuern (Kantone, teilweise Gemeinden) sind noch unbedeutender und betragen für 2012 (in Klammern Werte für 2011, sofern abweichend zu 2012) 0.1 % des BIP bzw. 0.5 % der Steuereinnahmen der Schweiz (vgl. http://www.oecd-ilibrary.org/taxation/data/oecd-tax-statistics_tax-data-en; besucht am 30. 10. 2014).

55 BAKBASEL publiziert alle zwei Jahre den vollständigen BAK Taxation Index zur Steuerbelastung von Unternehmen und hoch qualifizierten Arbeitskräften in über 80 Standorten in mehrheitlich hochindustrialisierten Ländern. Dieser internationale Vergleich wurde letztmals 2013 vorgenommen und am 23. 1. 2014 publiziert. Die nächste umfassende Aktualisierung erfolgt 2015 mit Publikation anfangs Januar 2016. Im 2013 haben 15 Kantone (ohne AG, AI, FR, GE, JU, NE, SO, TI, VD, VS) partizipiert. In den Zwischenjahren erfolgt jeweils eine Teilaktualisierung der Daten für die untersuchten Schweizer Kantone; so letztmals im 2014 mit Publikation am 29. 7. 2014 geschehen (vgl. zum Ganzen www.bakbasel.ch, insbesondere die Medienmitteilungen des BAKBASEL v. 23. 1. 2014 und 29. 7. 2014, die Executive Summary BAK Taxation Index 2013 (International) und 2014 (Schweiz).

56 Vgl. SSK, Steuerinformationen, Umweltbezogene Abgaben, S. 1 f. Darunter fallen auf Bundesebene die Mineralöl- und Automobilsteuer, die kostendeckende Einspeisevergütung, die Schwerverkehrs-, Nationalstrassen-, CO_2-, VOC- und Altlasten-Abgaben sowie die vorgezogenen Entsorgungsgebühren auf Glas und Batterien. Auf kantonaler Ebene zählen dazu die Motorfahrzeugsteuer sowie diverse Emissions-, Energie-, Wasserrechts- und weitere umweltbezogene Abgaben. Für 2012 betragen die Einnahmen aus umweltbezogenen Steuern gemäß dem Bundesamt für Statistik (BFS) 1.8 % des BIP bzw. 6.3 % der gesamten Steueraufkommens (inkl. Sozialversicherungsbeiträge) der Schweiz (vgl. SSK, Steuerinformationen, Umweltbezogene Abgaben, S. 2).

die Produktivität, tragen jedoch indirekt zur Wertschöpfung in der Schweiz bei (überdurchschnittlicher Konsum, Kauf von Luxusimmobilien etc.).[57] So wurden per Ende 2012 5'634 Haushalte aufwandbesteuert und haben insgesamt CHF 695 Mio. an den Schweizer Fiskus (davon entfielen rd. 46.8 % auf die Kantone, rd. 27.6 % auf den Bund und rd. 25.6 % auf die Gemeinden) abgeliefert. Rd. 76 % der aufwandbesteuerten Personen sind dabei in den Kantonen GE, TI, VD und VS angesiedelt.[58] Der wirtschaftliche Effekt ist – wenn auch nicht unbedingt aus gesamtvolkswirtschaftlicher Sicht – zumindest für die vier genannten Kantone von erheblicher Natur. Die kantonal unterschiedliche Nutzung dieses Instruments ist nicht zuletzt ein Zeichen eines funktionierenden Föderalismus, den es im Grundsatz zu wahren gilt;

- Sonderbestimmungen zur Erhöhung der Standortattraktivität für mobile und hochqualifizierte Arbeitskräfte wurden in diversen OECD-Mitgliedstaaten geschaffen und mit Wirkung per 1. 1. 2001 auch in der Schweiz.[59] Allerdings werden in der Schweiz nur zusätzliche Gewinnungskosten, die typischerweise bei einer zeitlich beschränkten internationalen Entsendung (effektiv) entstehen können, zum steuerlichen Abzug zugelassen. Migrationsentscheidungen von Expatriates werden zudem hauptsächlich von unternehmensspezifischen strategischen Entscheidungen beeinflusst. Insofern ist die Standortwirkung dieser Bestimmungen im Vergleich zu anderen OECD-Staaten eher von untergeordneter Bedeutung.

I.4.4.1. Instrument Gewinnsteuer

Wie in Abschnitt A.I.4.3.1. erwähnt, investieren multinationale Unternehmen insbesondere dort, wo die effektive Durchschnittssteuerbelastung der Unternehmen am Niedrigsten ausfällt.

Die nachfolgende Übersicht[60] stellt die effektive durchschnittliche Steuerbelastung 2013 (in %) für exemplarische Industrieunternehmen[61] dar:[62]

57 Vgl. Morger, Steuerpolitik und Mobilität, Bericht v. 8. 6. 2012.

58 Vgl. Medienmitteilung der Konferenz der kantonalen Finanzdirektorinnen und Finanzdirektoren v. 17. 5. 2013 zu den Ergebnissen einer Umfrage zur Besteuerung nach dem Aufwand in den Kantonen per 31. 12. 2012.

59 Vgl. OECD Tax Policy Studies No. 21; Morger, Steuerpolitik und Mobilität, Bericht v. 8. 6. 2012; Expatriates-Verordnung ExpaV v. 3. 10. 2000.

60 Vgl. Medienmitteilungen des BAKBASEL v. 23. 1. 2014 und Executive Summary BAK Taxation Index 2013 (International); Morger, Steuerpolitik und Mobilität, Bericht v. 8. 6. 2012.

61 Je nach Unternehmenstyp, Kapitalstruktur, Rentabilität, Verlustvortragssituation etc. variieren die Steuerbelastungen innerhalb der betrachteten Regionen stark. Entsprechend müssen für einen internationalen Vergleich vereinfachende Annahmen getroffen werden. Vorliegend wird eine Kapitalgesellschaft des verarbeitenden Gewerbes unterstellt, die eine Investition in eine vorgegebene Kombination aus verschiedenartigen Wirtschaftsgütern tätigt. Dieses exemplarische Industrieunternehmen hat eine Finanzierungs- und Investitionsstruktur, welches eine Vorsteuerrendite von 20 % aufweist und keiner steuerlichen Privilegierung unterliegt.

62 Die im Juli 2014 durch BAKBASEL publizierte Teilaktualisierung der Daten für dieselben 15 untersuchten Kantone zeigt nur minime Veränderungen der durchschnittlichen effektiven Steuerbelastungen in diesen Kantonen auf. Vgl. hierzu Medienmitteilung des BAKBASEL v. 29. 7. 2014 und Executive Summary BAK Taxation Index 2014 (Schweiz).

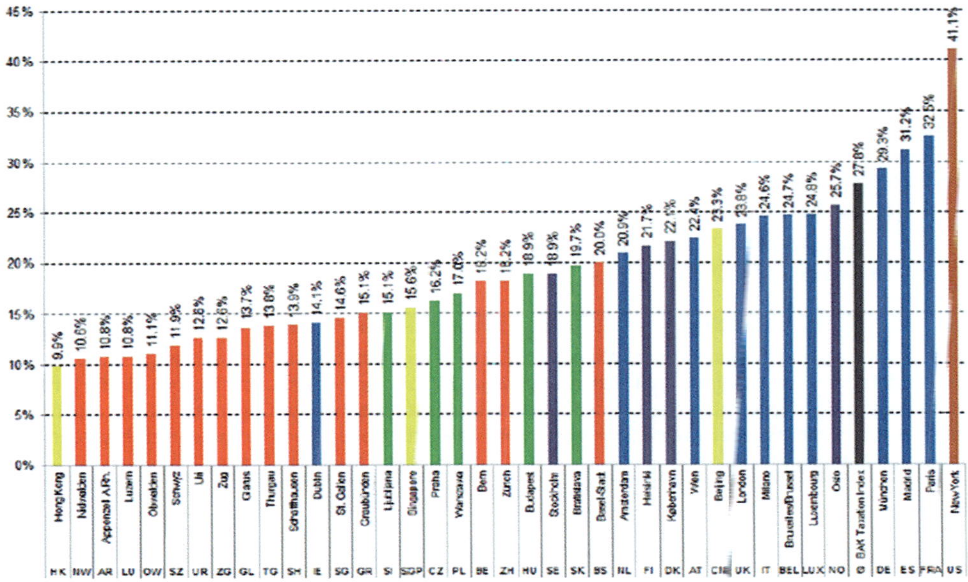

Anm.: Die Steuerbelastung bezieht sich auf den kantonalen bzw. ökonomischen Hauptort eines Standortes. Der BAK Taxation Index Durchschnitt (∅) entspricht dem BIP-gewichteten Durchschnitt aller im Index enthaltenen Regionen.

Quelle: ZEW/BAKBASEL, Taxation Index 2013 (International)

Die 15 im 2013 untersuchten Schweizer Kantone (rot eingefärbt) sind auch im sechsten Jahr nach Ausbruch der Finanz- und Wirtschaftskrise hervorragend positioniert. Sie weisen im internationalen Kontext eine vergleichsweise geringe effektive Durchschnittssteuerbelastung aus. In den untersuchten Kantonen betragen die effektiven Durchschnittssteuersätze zwischen 10.6 % (NW) und 20.0 % (BS). Diese relativ moderaten EATRs sind sowohl durch einen niedrigen kombinierten tariflichen Gewinnsteuersatz als auch eine schmale Steuerbemessungsgrundlage begründet.

Die mitteleuropäischen Länder inkl. Irland und Großbritannien (blau markiert) belasten ihre Unternehmen mit einer Ausnahme (Irland) relativ hoch. Die EATRs liegen zwischen 20.9 % und 32.5 % (Irland: 14.1 %[63]), wobei die kleineren Länder wie Belgien, Italien, Luxemburg, die Niederlande und Österreich die Unternehmen am unteren Ende dieser Bandbreite belasten und die restlichen – darunter auch Deutschland – zwischen 29.3 % und 32.5 %.

Weiter gilt es festzuhalten, dass die in der vorstehenden Übersicht dargestellte effektive Durchschnittssteuerbelastung für den Kantonshauptort resp. die (ökonomische) Hauptstadt als stellvertretend für die Region ausgewertet wurde. Da die Gewinnsteuer doch in einigen Ländern lo-

63 Der Grund dafür, dass Irland nicht die niedrigste EATR aller betrachteten Regionen weltweit hat, liegt ausschließlich darin, dass dessen Steuerbasis aufgrund relativ unvorteilhafter Abschreibungsregeln breiter ist als in Ländern wie Hong Kong oder der Schweiz.

kal variiert, so bspw. in der Schweiz (Kantone) und in Deutschland (Bundesländer, mit unterschiedlichen Hebesätzen bei der Gewerbesteuer), unterscheidet sich die effektive Durchschnittssteuerbelastung auch innerhalb der Regionen.[64]

Es gilt zu beachten, dass die Spannen, mit denen einzelne Gemeinden[65] eines jeden Kantons Unternehmen effektiv besteuern, im Einzelfall sehr unterschiedlich sein können.

Werden nicht nur der Hauptort sondern auch die übrigen maßgeblichen Gemeinden berücksichtigt, zeigt sich, dass sich die am niedrigsten besteuerten Standorte der Schweiz nicht etwa in den zwei im allgemeinen Vergleich führenden Kantonen AR und NW befinden, sondern in einigen Gemeinden der Kantone LU und SZ.

PRAXISHINWEIS

Die nun seit über einem Jahrzehnt anhaltenden Steuersenkungen haben sich definitiv abgeflacht. Die Kantone kämpfen derzeit zwar mit finanziellen Ungleichgewichten im Staatshaushalt, doch ein Gegentrend, hin zu deutlichen Steuererhöhungen in der Schweiz, ist nicht absehbar. Im Gegenteil, die Unternehmenssteuerreform III könnte eine erneute Senkungsdynamik bei den Steuersätzen für ordentlich besteuerte Unternehmen auslösen.[66]

I.4.4.2. Instrument Einkommenssteuer

Wie in den Abschnitten A.I.4.3.1. und A.I.4.3.2. erwähnt, entfaltet die Einkommenssteuer[67] (und die Vermögenssteuer) nebst Standort- auch Effizienzwirkungen.

64 Vgl. zum Ganzen Medienmitteilungen des BAKBASEL v. 28. 12. 2011 und 23. 1. 2014 sowie Executive Summary BAK Taxation Index 2011 (International) und 2013 (International). Für weitergehende Hinweise, insbesondere zu den übrigen Regionen, wird auf www.bakbasel.ch verwiesen.

65 Im BAK Taxation Index werden Gemeinden mit mindestens 2'000 Einwohnern berücksichtigt.

66 Vgl. Medienmitteilung des BAKBASEL v. 29. 7. 2014. Vgl. A.III.5.2.

67 Es gilt zu erwähnen, dass Teile der in der Schweiz ansässigen ausländischen Personen quellenbesteuert und erst ab einem Bruttoeinkommen von mehr als CHF 120'000 (GE: CHF 500'000) in der nachträglichen Veranlagung (vgl. A.IV.3.6.), unter Anrechnung der zuvor erhobenen Quellensteuer, ordentlich besteuert werden. Die Quellensteuer als systematisches Element der schweizerischen Standortpolitik wird an dieser Stelle nicht weiter beleuchtet, da die nachträgliche Veranlagung gemäß Schätzungen der Schweizerischen Steuerkonferenz (vgl. hierzu Analyse v. 3. 11. 2010 zu den Bundesgerichtsentscheiden v. 26. 1. 2010 und 4. 10. 2010 und zum Verwaltungsgerichtsentscheid (NE) v. 2. 6. 2010) nur bei einer relativ geringen Anzahl von Personen zur Anwendung gelangt und die Quellensteuer unabhängig vom Wohnort innerhalb eines Kantons (maßgeblich für die Gemeinden ist ein kantonsweiter Durchschnittssteuerfuß) erhoben wird, mit der Folge, dass sich der Steuerwettbewerb für quellenbesteuerte Personen auf die interkantonale Ebene beschränkt.

Die nachfolgende Übersicht[68] stellt die effektive durchschnittliche Steuerbelastung 2013 (in %) für Personen mit einem verfügbaren Einkommen von EUR 100'000 (Einpersonenhaushalt; zu Preisen des Jahres 2010 und Wechselkurs von 1.32 CHF/EUR)[69] dar:[70]

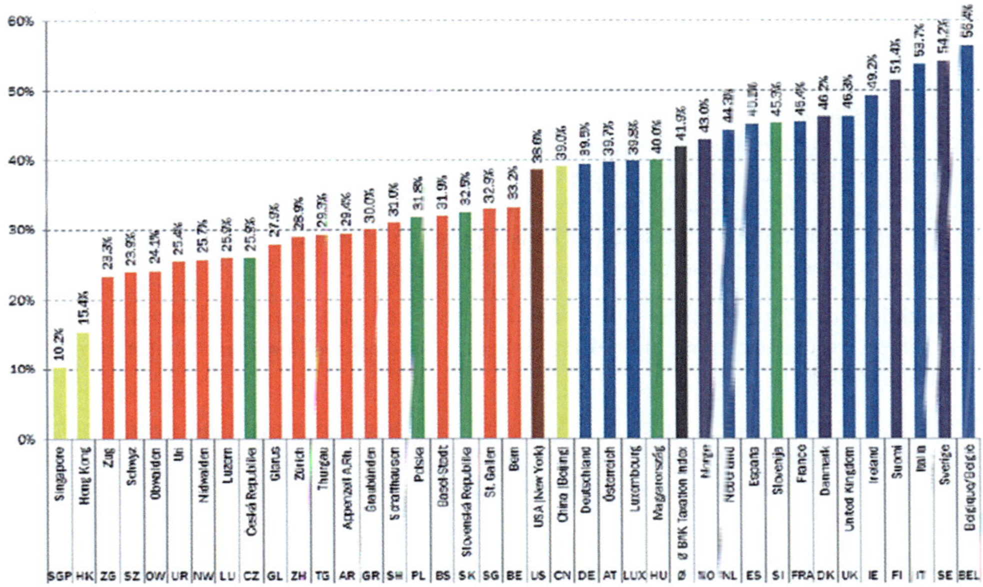

Anm.: Die Steuerbelastung bezieht sich auf den kantonalen bzw. ökonomischen Hauptort eines Standortes. Die Einkommenshöhen sind auf das Preisniveau 2010 indexiert. Die Berechnungen basieren auf dem durchschnittlichen Wechselkurs der nationalen Währung zum Euro der Jahre 2009-2012. Der BAK Taxation Index Durchschnitt (∅) entspricht dem BIP-gewichteten Durchschnitt aller im Index enthaltenen Regionen.

Quelle: ZEW/BAKBASEL, Taxation Index 2013 (International)

Der BAK Taxation Index 2013 (International) für hoch qualifizierte Arbeitskräfte zeigt Effektivsteuersätze zwischen 10.2 % (Singapur) und 56.4 % (Belgien). Ein Arbeitgeber hat also Beschäfti-

68 Vgl. Medienmitteilungen des BAK Basel v. 23. 1. 2014 und Executive Summary BAK Taxation Index 2013 (International); Morger, Steuerpolitik und Mobilität, Bericht v. 8. 6. 2012.

69 Der Berechnungsansatz von BAKBASEL geht davon aus, dass Arbeitgeber mit anderen Arbeitgebern um hoch qualifiziertes Personal konkurrieren. Entsprechend müssen sie die von den Arbeitnehmern geschuldeten Steuern und Abgaben kompensieren. Als Folge davon sind interregionale und internationale Vergleiche auf der Basis eines identischen verfügbaren Einkommens nach Steuern und Abgaben darzustellen. Ausgehend vom verfügbaren Einkommen werden – durch Hinzuaddition der von Arbeitnehmer und -geber geschuldeten Steuern und Abgaben – die Beschäftigungskosten für den Arbeitgeber ermittelt. Die effektive Durchschnittssteuerbelastung ergibt sich dann aus der Division der Differenz zwischen den Beschäftigungskosten und dem verfügbaren Einkommen (dem sog. Steuerkeil) durch die Beschäftigungskosten. Diese gibt darüber Auskunft, wieviel mehr der Arbeitgeber in der jeweiligen Region zusätzlich zum fixen verfügbaren Einkommen des Arbeitsnehmers für die Vergütung aufzuwenden hat. Hat ein Arbeitnehmer bspw. ein nach durchschnittlicher Steuerlast von 25 % verfügbares Einkommen von EUR 100'000, heißt dies, dass der Steuerkeil (EUR 33'333) ein Viertel der Gesamtvergütung bzw. der Beschäftigungskosten von EUR 133'333 beträgt.

70 Die im Juli 2014 durch BAKBASEL publizierte Teilaktualisierung der Daten für dieselben 15 untersuchten Kantone zeigt nur minime Veränderungen der effektiven Steuerbelastungen in diesen Kantonen auf. Vgl. hierzu Medienmitteilung des BAKBASEL v. 29. 7. 2014 und Executive Summary BAK Taxation Index 2014 (Schweiz).

gungskosten von EUR 111'359 in Singapur und EUR 229'358 in Belgien, wenn er einen hoch qualifizierten Arbeitnehmer mit einem verfügbaren Einkommen von EUR 100'000 nach Steuern und Abgaben beschäftigen möchte.

Die Effektivsteuersätze aller Kantone (rot eingefärbt) bewegen sich für 2013 zwischen 23.3 % (ZG) und 33.2 % (BE). Die steuerlich günstigsten Kantone liegen damit direkt hinter Singapur und Hong Kong, allerdings mit einem beträchtlichen prozentualen Abstand.

Für den interkantonalen Quervergleich ist in den meisten Kantonen der Spitzensteuersatz ein guter Indikator für die relative Position. Dies ist durch die relativ starke Progression bei der direkten Bundessteuer und intrakantonale Unterschiede bei den Progressionszonen der einzelnen Steuertabellen in den Kantonen bedingt. Im Falle des Kantons ZH (Stadt Zürich) bspw. würde der Spitzensteuersatz von 40 % in einer Rankingposition 25 (gleichauf mit Magyarország/Ungarn) und nicht wie hier in der tatsächlichen Position elf enden.

Die Effektivsteuersätze in Mitteleuropa inkl. Irland und Großbritannien (blau markiert) liegen zwischen 39.5 % (Deutschland) und 56.4 % (Belgien). Deutschland liegt damit unter dem Durchschnitt von 41.9 %.[71]

Wie bei der Gewinnsteuer variieren die effektiven Steuerbelastungen auch bei der Einkommenssteuer zwischen den Kantonen und den Gemeinden. Entsprechend besteht eine gewisse Spannbreite zwischen dem niedrigsten und höchsten Effektivsteuersatz innerhalb des jeweiligen Kantons.[72]

Werden nicht nur der Hauptort sondern auch die übrigen maßgeblichen Gemeinden berücksichtigt, zeigt sich, dass sich der im Standardfall am niedrigsten besteuerte Standort der Schweiz nicht etwa im den Index anführenden Kanton ZG befindet, sondern im Kanton SZ (Wollerau mit 18.6 %). Die Zuger Gemeinde mit der tiefsten Steuerbelastung (Walchwil mit 22.5 %) folgt mit einer deutlich höheren Steuerbelastung auf Rang zwei.[73]

PRAXISHINWEIS

Die effektive Steuerbelastung für hochqualifizierte Arbeitnehmer ist nach Jahren des Trends zu tieferen Steuern im 2014 mehrheitlich stabil geblieben. Zuweilen sind in einigen Kantonen sogar erste Anzeichen einer Erhöhung sichtbar.[74]

I.4.4.3. Kombinierte Betrachtung der Instrumente Gewinn- und Einkommenssteuer

Aufgrund konzeptioneller Unterschiede können die beiden Instrumente nicht direkt miteinander verglichen werden. Die Rangfolge der Standorte sowie die relativen Belastungsunterschiede erlauben aber dennoch aussagekräftige Schlussfolgerungen. Generell belasten Kantone mit relativ hohen effektiven Steuersätzen für einen der analysierten Faktoren auch den anderen Faktor

71 Vgl. zum Ganzen Medienmitteilungen des BAKBASEL v. 28. 12. 2011 und 23. 1. 2014 sowie Executive Summary BAK Taxation Index 2011 (International) und 2013 (International). Für weitergehende Hinweise, insbesondere zu den übrigen Regionen, wird auf www.bakbasel.ch verwiesen.

72 Im BAK Taxation Index werden Gemeinden mit mindestens 2'000 Einwohnern berücksichtigt. Einzig im Kanton GL existieren keine Variationen über die maßgeblichen Gemeinden. Der Steuerfuß für das Steuerjahr 2014 beträgt in allen Glarner Gemeinden einheitlich 63 %.

73 Gültig für das Steuerjahr 2014.

74 Vgl. Medienmitteilung des BAKBASEL v. 29. 7. 2014.

stärker. Die Korrelation der beiden Indikatoren wird im nachfolgenden Schaubild anhand der effektiven Steuerbelastung 2013 gezeigt:[75]

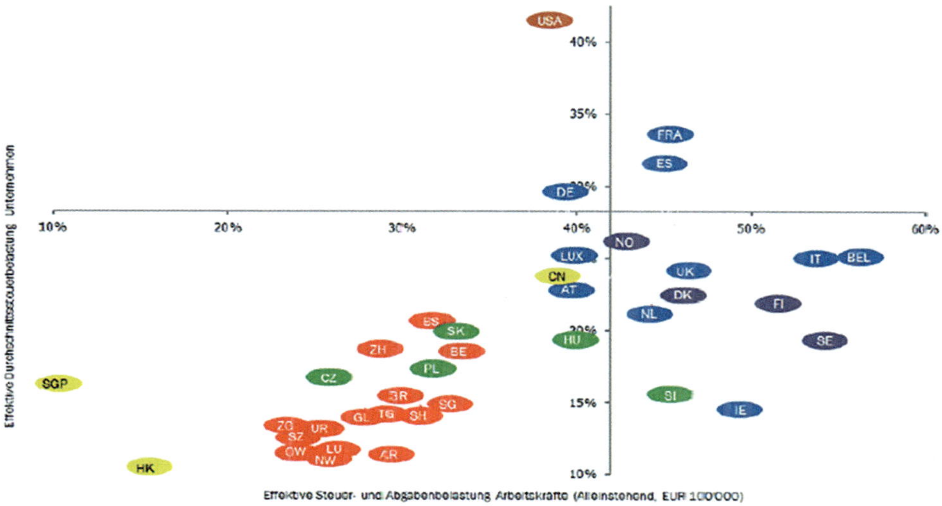

Anm.: Die Grafik zeigt die Effektivbelastung für Unternehmen und Hochqualifizierte in %. Der Schnittpunkt der Achsen liegt auf dem jeweiligen BAK Taxation Index Durchschnitt (∅). Die Steuerbelastung bezieht sich auf den Hauptort der Schweizer Kantone bzw. auf den ökonomischen Hauptort eines Landes. Rot: Schweizer Kantone; gelb, blau, violett, grün: Internationale Standorte.

Quelle: ZEW/BAKBASEL, Taxation Index 2013 (International)

Das Schaubild visualisiert die Spitzenpositionen der untersuchten Schweizer Kantone gegenüber den relevanten internationalen Konkurrenzstandorten.

Hongkong und eine Spitzengruppe von Schweizer Kantonen (NW, OW, LU, SZ, UR, ZG) führen die Rangliste an, gefolgt von AR, GL und TG, die ebenfalls in beiden Steuerarten international und interkantonal sehr attraktive Effektivsteuersätze zu bieten vermögen. Die Kantone SH, SG und GR besteuern Unternehmen ebenfalls unterdurchschnittlich; hingegen belasten sie hoch qualifizierte Arbeitskräfte im interkantonalen Vergleich leicht überdurchschnittlich. Singapur und Irland weisen ebenfalls ähnlich niedrige, effektive Durchschnittssteuersätze wie die Kantone SH, SG und GR auf. Gleichzeitig ist Singapur mit Abstand am attraktivsten für hochqualifizierte Arbeitskräfte, Irland dagegen fällt stark ab.

Interessanterweise sind nicht nur die kleineren Kantone herausragend positioniert. Selbst die Kantone ZH und BE mit ihren metropolitanen Zentren und auch die leicht höher besteuernden Stadtkantone wie bspw. BS können sich im internationalen Steuerwettbewerb behaupten.

75 Die Achsen schneiden einander auf den Werten der BAK Taxation Index Durchschnitte (∅) d. h. bei 27.3 % (Unternehmen) und bei 41.9 % (Hochqualifizierte). Vgl. Medienmitteilung des BAKBASEL v. 23. 1. 2014 und Executive Summary BAK Taxation Index 2013 (International).

Insgesamt lässt sich feststellen, dass die betrachteten Schweizer Kantone über international wettbewerbsfähige Steuersätze verfügen und ihre Position in den letzten Jahren ständig verbessern konnten. Die Gründe für diese außerordentliche Positionierung sind vielfältig. Maßgeblich dazu beitragen tun insbesondere der interkantonale Steuerwettbewerb und die auch Finanzfragen umfassende direkte Demokratie, die beide eine disziplinierende Funktion auf die Finanzpolitik[76] ausüben.

Ein Ende des allgemeinen Steuersenkungstrends scheint nun erreicht zu sein. Die finanziellen Spielräume vieler Kantone für noch weitergehende Steuersenkungen sind im 2014 abermals geschrumpft; der Steuerwettbewerb stößt damit an seine Grenzen. BAKBASEL ging bereits im Juli 2013 davon aus, dass der derzeitige Stillstand bei den Unternehmenssteuern noch zwei bis drei Jahre anhalten wird.[77]

I.4.4.4. Instrument Mehrwertsteuer (Waren- und Dienstleistungssteuer)

In den letzten Jahren lässt sich ein klarer Trend hin zu einer Erhöhung des indirekten Steueranteils weltweit beobachten. Eine Reihe von europäischen Staaten haben seit anfangs 2012 ihre Normalsätze nach oben angepasst. Einige europäische Länder haben auch damit begonnen, die reduzierten Sätze zu erhöhen.[78] Das nachfolgende Diagramm zeigt die Normalsätze in den 28 EU Mitgliedstaaten sowie der Schweiz auf:[79]

76 Vgl. A.I.4.5.

77 Vgl. Medienmitteilung des BAKBASEL v. 29. 7. 2014; Gratwohl, NZZ v. 30. 7. 2014, S. 21; Medienmitteilung des BAKBASEL v. 25. 7. 2013; Gratwohl, NZZ v. 26. 7. 2013, S. 23.

78 Vgl. Höltschi, NZZ v. 30. 4. 2013, S. 27; Eurostat, Pressemitteilung v. 29. 4. 2013; Eurostat, Taxation trends in the European Union, 2013, S. 28 ff.

79 Vgl. http://ec.europa.eu/taxation_customs/resources/documents/taxation/vat/how_vat_works/rates/vat_rates_de.pdf (besucht am 31. 10. 2014); Eurostat, Pressemitteilung v. 25. 6. 2014; Eurostat, Taxation trends in the European Union, 2014, S, 26 f. (Stand 1. 7. 2014).

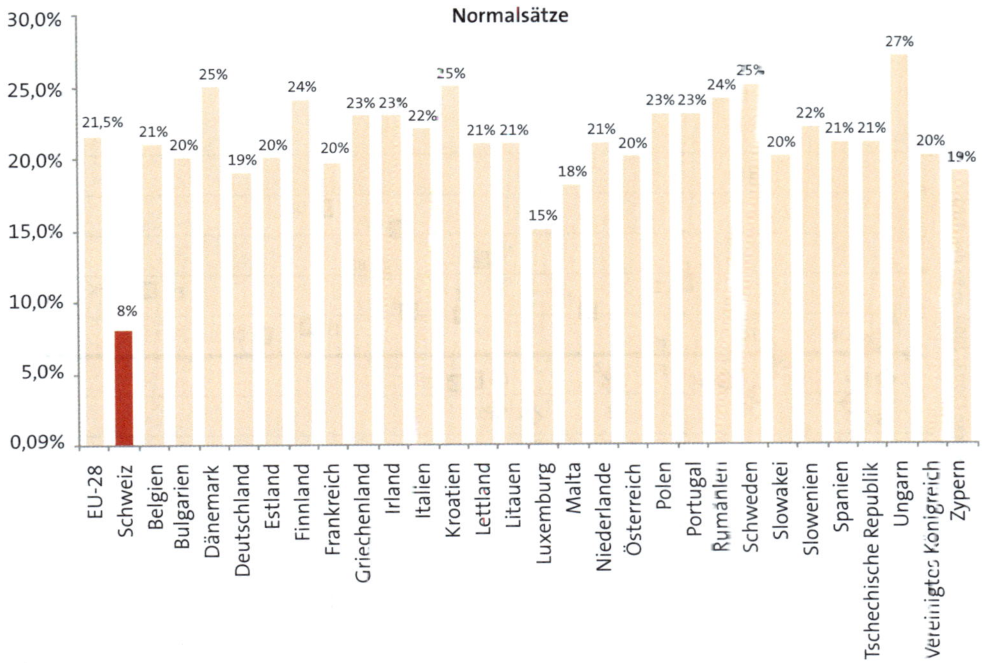

Quelle: In Anlehnung an Eurostat, Taxation trends in the European Union

Gleichzeitig geht der internationale Trend dahin, MWST- bzw. Waren- und Dienstleistungssteuersysteme in Ländern, in denen solche bis heute inexistent sind, neu einzuführen, bei bereits bestehenden Steuerregimes die Bemessungsgrundlage mittels Einschränkung bis hin zur Abschaffung der von der Steuer befreiten sowie ausgenommenen Leistungen zu erweitern oder generell bestehende Systeme umzubauen.[80]

I.4.5. Einfluss und Wirkung der Finanzpolitik

Wie eingangs dargelegt orientieren sich Unternehmen bei ihren Standortentscheidungen neben zahlreichen anderen Faktoren auch an der zu erwartenden Steuerbelastung. Dies bedeutet nichts anderes, als dass Erwartungen über die zukünftige Belastung gebildet werden müssen. Diese Erwartungsbildung wird durch die tatsächlich vorhandene Belastung sowie die Nachhaltigkeit der Finanzpolitik beeinflusst. Jede nicht nachhaltige Finanzpolitik ist früher oder später mit Anpassungsdruck, sprich mit Steuererhöhungen, konfrontiert. Unternehmen, die sich mit Standort- und Investitionsabsichten längerfristig zu binden beabsichtigen, sollten deshalb unbedingt die Nachhaltigkeit der jeweiligen Finanzpolitik eines Landes mitberücksichtigen.

80 Ein Beispiel hierzu sind die Bestrebungen der Europäischen Kommission, das europäische MWST-System umzugestalten. Vgl. hierzu Mitteilung der Europäischen Kommission v. 6. 12. 2011 (KOM (2011) 851); A.I.4.6.2.3.

Die im 2011 durch BAKBASEL zum ersten Mal veröffentlichte Analyse bildet Teil des BAK Taxation Index, erstreckte sich auf 14 Kantone und 17 europäische Länder und vergleicht die effektive durchschnittliche Steuerbelastung (2011) für exemplarische Industrieunternehmen mit der Nachhaltigkeit der Finanzpolitik:[81]

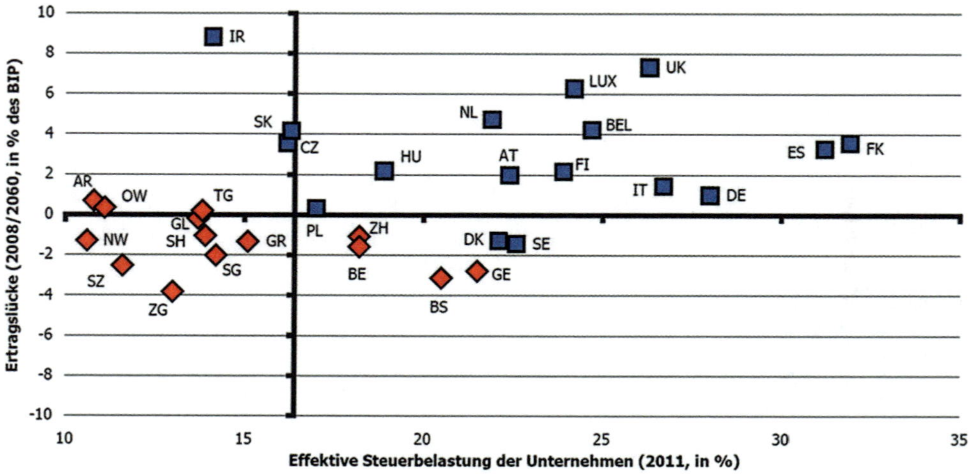

Anm.: Vertikale Achse: Einnahmenlücke in Prozent des BIP; Schweizer Kantone einschließlich ihrer Gemeinden und dem ihnen zugeordneten Bundesanteil. Ohne Norwegen, das wegen der außerordentlichen Öleinnahmen als Ausreißer zu betrachten ist. Horizontale Achse: Effektive Durchschnittssteuerbelastung der Unternehmen in %. Rot: AR: Appenzell Ausserrhoden, BE: Bern, BS: Basel-Stadt, GE: Genève, GL: Glarus, GR: Graubünden, NW: Nidwalden, OW: Obwalden, SG: St. Gallen, SH: Schaffhausen, SZ: Schwyz, TG: Thurgau, ZG: Zug, ZH: Zürich. Blau: AT: Österreich, BEL: Belgien, CZ: Tschechische Republik, DE: Deutschland, DK: Dänemark, ES: Spanien, FI: Finnland, FR: Frankreich, HU: Ungarn, IR: Irland, IT: Italien, LUX: Luxemburg, NL: Niederlande, PL: Polen, UK: Großbritannien, SE: Schweden, SK: Slowakei.

Quelle: ZEW/BAKBASEL, Taxation Index 2011 (International)

Unter Beibehaltung der bisherigen Finanzpolitik resultierten damals für nahezu alle 14 untersuchten Kantone Einnahmenüberschüsse.

81 Vgl. Executive Summary BAK Taxation Index 2011 (International). Die Nachhaltigkeitsanalyse basiert auf einer erweiterten Variante des OECD-Konzepts der Fiscal Sustainability. Zwecks Gewährleistung der Vergleichbarkeit der Indikatoren über verschiedene Gebietskörperschaften wird für die konsolidierte Staatsverschuldung ein Zielwert von 60 % des BIP unterstellt. Zusätzlich sind jeweils sämtliche Staatsebenen (für die Schweiz: Bund, Kantone, Gemeinden) zu berücksichtigen. Vorliegend wird von Ergebnissen der öffentlichen Haushalte des Jahres 2008 ausgegangen; Effekte der Finanz- und Wirtschaftskrise sind darin nicht bzw. nur bedingt abgebildet. Konkret werden eine kurzfristige (2008 bis 2013), eine mittelfristige (2008 bis 2023) und eine langfristige (2008 bis 2060) Zeitperiode betrachtet, wobei der Schwerpunkt auf der langfristigen Nachhaltigkeit bis 2060 liegt. Langfristig müssen die Industriestaaten neben den expliziten auch implizite Schulden wie bspw. die Kosten einer zahlenmäßig sinkenden und alternden Bevölkerung tragen resp. abbauen. Als Tragfähigkeitsindikator wird die Einnahmenlücke in % des BIP benützt. Ein positiver Wert bedeutet, die Erträge sind zu gering um eine Schuldenquote von 60 % des BIP im Endjahr zu erreichen, sprich die Schuldenquote würde bei Weiterführung der gegenwärtigen Finanzpolitik den Zielwert von 60 % übersteigen. Umgekehrt gibt eine negative Einnahmenlücke an, um wieviel % des BIP die Erträge gesenkt werden könnten, ohne diesen Zielwert von 60 % zu übersteigen.

Aus internationaler Sicht sind nur einige skandinavische Länder ebenfalls gut positioniert. Alle übrigen Länder weisen Einnahmenlücken auf, wobei diese in Deutschland und Polen mit nicht mehr als einem Prozent des BIP vergleichsweise klein ist.

Selbst wenn das in Anlehnung an die Maastricht-Kriterien der EU gewählte Verschuldungsziel von 60 % des BIP als ungeeignet eingestuft wird, zeigt die Analyse doch sehr deutlich, dass sich die Schweiz angesichts des eigenen im internationalen Quervergleich soliden Staatshaushalts und ihrer nachhaltigen Finanzpolitik in einer hervorragenden Ausgangslage befindet, ihre vorteilhafte Position im internationalen Steuerwettbewerb in Zukunft weiter zu verteidigen.[82]

I.4.6. Stoßrichtung möglicher Reformen

I.4.6.1. Steuerhöhe und Steuerarten bzw. -struktur

In der Finanzwissenschaft wurden verschiedene Theorien zur Evaluierung von Steuern und insbesondere zur Rechtfertigung der Kernfrage „Was für Steuern sollen in welcher Höhe erhoben werden?" begründet bzw. entwickelt. In aller Regel ist der mündige Bürger bereit, für die Zurverfügungsstellung einer adäquaten staatlichen Gegenleistung und nach Maßgabe der individuellen wirtschaftlichen Leistungsfähigkeit seinen Steueranteil zu leisten.[83]

Eine zu hohe steuerliche Belastung ist der Innovationskraft einer Volkswirtschaft generell abträglich. Um dies zu vermeiden wird die staatliche Besteuerungsmacht zumindest in einer Reihe von Ländern durch verfassungsmäßige Beschränkungen eingegrenzt. In der Schweiz sind gleich mehrere solche Einschränkungen vorgesehen: Zum einen in Art. 126 BV (sog. Schuldenbremse), dann in den Art. 127 – 134 BV (Besteuerungsgrundsätze, Abgrenzung der Steuerhoheit zwischen Bund und Kantonen sowie Festschreibung von Höchstsätzen für die jeweiligen Steuerarten, formelle Steuerharmonisierung) und schließlich in Art. 135 BV (Finanz- und Lastenausgleich). Des Weiteren müssen Änderungsanträge die Hürde der direkten Volksrechte überwinden. Schließlich schützt der Steuerwettbewerb zwischen den Kantonen und Gemeinden, nicht zuletzt dank der stets vorhandenen Abwanderungsmöglichkeit, die in der Schweiz ansässigen Steuerpflichtigen vor einem übermäßigen steuerlichen Zugriff des Staates.[84]

Eine Beschränkung der Erschließung von übermäßigen staatlichen Einnahmequellen begründet für sich allein noch keine rationale Steuerpolitik, verzerren doch die verschiedenen Steuerarten das Verhalten der Steuerpflichtigen in unterschiedlichem Ausmaß. Die Steuerpolitik sollte deshalb die Wahl derjenigen Steuerstruktur unterstützen, welche die Finanzierung der Staatsaufgaben und die Verfolgung allfälliger nicht fiskalischer Ziele mit minimalen Kosten für die Steuerpflichtigen und die Volkswirtschaft ermöglicht.[85]

---

82 BAKBASEL wird voraussichtlich anfangs 2015 einen aktualisierten Bericht zur Nachhaltigkeit der öffentlichen Finanzen für ausgewählte Schweizer Kantone im internationalen Vergleich und zu den Voraussetzungen für einen dauerhaften Erhalt der steuerlichen Standortattraktivität veröffentlichen.

83 Vgl. Schaltegger/Daepp/Jeitziner, Grundlegende Steuerreformen für die Schweiz: Ein Vergleich, in: „Die Volkswirtschaft", Heft 5, 2005.

84 Vgl. Baur/Daepp/Jeitziner.

85 Vgl. Schaltegger/Daepp/Jeitziner.

I.4.6.2. Grundlegende Reformansätze

Im politischen Tagesgeschäft werden abstrakte Effizienzüberlegungen oftmals durch konkrete (Um-)Verteilungswünsche verdrängt. Das ständige Aufzeigen und Diskutieren von grundlegenden Steuerreformvorschlägen bringt daher Transparenz hinsichtlich der Eigenschaften und der Effizienz- und Verteilungswirkungen alternativer Steuermodelle ins Spiel. Einerseits dienen solche Steuermodelle den Stimmbürgern als Referenzgröße, an denen sich konkret durch die Politiker beschlossene Maßnahmen messen lassen (müssen). Andererseits wird damit den politischen Diskussionsteilnehmern ermöglicht, die zu beschließenden steuerpolitischen Reformschritte im Vorfeld dazu konzeptionell leichter einordnen zu können.[86]

Die nachfolgende Abbildung zeigt die primären Steuerbasen und möglichen Stoßrichtungen von Steuerreformen in der Schweiz auf:

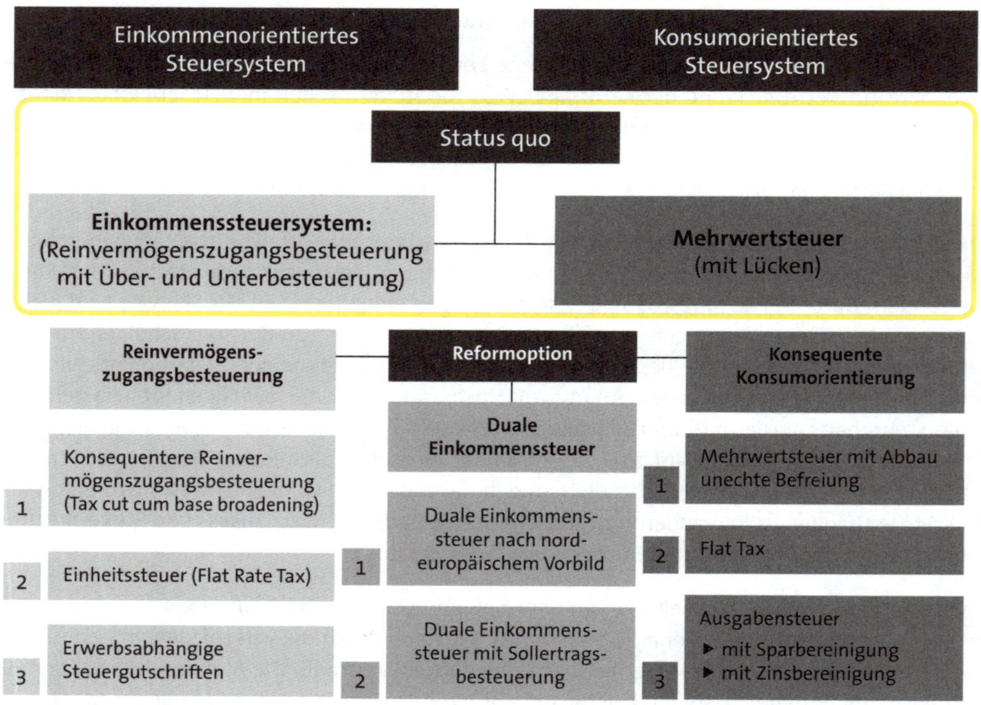

Quelle: Schaltegger/Daepp/Jeitziner, Grundlegende Steuerreformen für die Schweiz: Ein Überblick

Effiziente Steuersysteme benutzen als Steuerbasis entweder das Einkommen oder den Konsum. Bei einkommensorientierten Steuersystemen folgt die Steuerschuld in zeitlicher Hinsicht der Einkommensentstehung, bei konsumorientierten Steuersystemen der Einkommensverwendung. Die drei dargestellten Reformoptionen unterscheiden sich insbesondere in Bezug auf die steuer-

86 Vgl. hierzu und auch zum Nachfolgenden Daepp/Schaltegger, Moderne Steuersysteme, Arbeitspapier v. 10.9.2004 und Schaltegger/Daepp/Jeitziner sowie Keuschnigg, Ein zukunfts- und wachstumsorientiertes Steuersystem für die Schweiz, Studie v.12.4.2006.

liche Behandlung von Kapitaleinkommen. Bei konsequenter Anwendung der Reinvermögenszugangstheorie werden alle Einkunftsarten gleich besteuert. Wird eine duale Einkommenssteuer in Erwägung gezogen, wird das einheitliche Einkommensbesteuerungskonzept aufgegeben. Bei konsumorientierter Ausgestaltung werden Kapitaleinkünfte freigestellt.[87]

Als sekundäre, d. h. zusätzlich ergänzende Steuerbasen[88] dienen negative externe Effekte.[89] Darunter lässt sich bspw. die Thematik der Ökosteuern im Zusammenhang mit der Nutzung von Umweltgütern oder die derzeit in den EU Mitgliedstaaten diskutierte Finanztransaktionssteuer[90] zwecks Abfederung negativer Effekte auf das Finanzsystem infolge spekulativer Handelsaktivitäten subsumieren. Lässt sich für negative externe Effekte eine geeignete Bemessungsgrundlage finden und den Steuersatz so festsetzen, dass die negative Externalität ganz oder teilweise internalisiert und zugleich nicht überbesteuert wird, sind Besteuerungskonzepte negativer externer Effekte denjenigen des Einkommens oder des Konsums überlegen.[91] Das resultierende Steueraufkommen ist allerdings nicht hoch genug, um die gesamten Staatsausgaben zu finanzieren; entsprechend erhält diese Besteuerungsoption eine bloß ergänzende Rolle. Ob sich diese sekundäre Steuerbasen in mittel- bis langfristiger Sicht als mögliche Stoßrichtungen von Steuerreformen durchsetzen bleibt abzuwarten.

I.4.6.2.1. Einkommenssteuerorientierter Reformansatz

Gemäß Reinvermögenszugangstheorie werden alle Einkunftsarten unabhängig ihrer Quelle steuerlich mit demselben Satz erfasst. Diese Theorie basiert auf dem Konzept der horizontalen

87 Vgl. weitere Details in A.I.4.6.2.1. bis A.I.4.6.2.3.

88 Diese sekundären Steuerbasen sind in der genannten Abbildung nicht dargestellt.

89 Gehen Handlungen eines Wirtschaftssubjektes in die Nutzen- oder Produktionsfunktionen anderer Wirtschaftssubjekte ein, ohne dass dafür ein Marktpreis bezahlt wird, spricht man von externen Effekten. Liegt eine negative Externalität vor, so kann die Inanspruchnahme des öffentlichen Gutes als Produktionsinput mittels einer Lenkungssteuer kostenpflichtig gemacht werden.

90 Zwecks Schaffung eines gemeinsamen Finanztransaktionssteuersystem hatten sich elf EU Mitgliedstaaten – darunter Belgien, Deutschland, Estland, Griechenland, Spanien, Frankreich, Italien, Österreich, Portugal, Slowenien und die Slowakei – im September 2011 zu einer verstärkten Zusammenarbeit bereit erklärt. Das EU Parlament erteilte am 12. 12. 2012 seine Zustimmung, und der EU Rat nahm am 22. 1. 2013 eine Entscheidung zur Genehmigung der von den elf Mitgliedstaaten beantragten verstärkten Zusammenarbeit an. Der in der Folge von der EU Kommission ausgearbeitete Richtlinienvorschlag ging am 14. 2. 2013 an alle EU Mitgliedstaaten zur Vernehmlassung. Abstimmungsberechtigt sind jedoch nur die Mitgliedstaaten, die an der verstärkten Zusammenarbeit teilnehmen, und der Vorschlag muss einstimmig angenommen werden. Die von Großbritannien am 18. 4. 2013 angestrengte Klage hinsichtlich fehlender Rechtmäßigkeit der Ratsentscheidung vom 22. 1. 2013 wurde vom EuGH mit Urteil v. 30. 4. 2014 abgewiesen. In Slowenien ist eine Teilnahme infolge Regierungskrise offen. Die Finanztransaktionssteuer soll zumindest in den zehn bis anhin verbliebenen EU Mitgliedstaaten mit Wirkung per 1. 1. 2016 eingeführt werden. Vgl. Pressemitteilungen der Europäischen Kommission v. 28. 9. 2011 und 23. 10. 2012; Pressemitteilung des Europäischen Rates v. 22. 1. 2013; Urteil des EuGH v. 30. 4. 2014 in der Rechtssache C-209/13 Vereinigtes Königreich v. Rat; Höltschi, NZZ v. 2. 5. 2014, S. 25; Rist, NZZ v. 7. 5. 2014 S. 25; http://ec.europa.eu/taxation_customs/taxation/other_taxes/financial_sector/index_de.htm, besucht am 31. 10. 2014).

91 Die Wohlfahrt wird selbst dann erhöht, wenn der Nutzen aus der internalisierten Externalität die Zusatzlast der Lenkungsabgabe übersteigt.

Steuergerechtigkeit, sprich alle Einkunftsquellen tragen gleichermaßen zur Leistungsfähigkeit einer steuerpflichtigen Person bei und sollen folglich gleich besteuert werden. In Reinform umgesetzt lässt sich dieser Ansatz in keinem Land finden. Im Einzelnen könnte ein solcher Reformansatz Folgendes bedeuten:

- Verbreiterung der Bemessungsgrundlage durch Streichung von Abzügen bei gleichzeitiger Steuersatzsenkung (sog. Tax cut cum base broadening);[92]
- Umfassende Definition des Einkommensbegriffs und Einführung eines einheitlichen Steuersatzes (sog. Einheitssteuer oder Flat Rate Tax);[93]
- Integrierung einer Transferzahlung in Form erwerbsabhängiger Steuergutschriften.[94]

I.4.6.2.2. Reformansatz duale Einkommensbesteuerung

Bei diesem nordeuropäischen Reformansatz werden die gesamten Einkünfte eines Steuerpflichtigen in Kapital- und Arbeitseinkommen aufgespalten. Das Kapitaleinkommen umfasst dabei Unternehmensgewinne, Erträge aus Eigen- und Fremdvermietung, Dividenden- und Zinseinkünfte sowie Kapitalgewinne. Das Kapitaleinkommen wird proportional und mit einem tieferen Satz besteuert während die Arbeitseinkünfte progressiven und gleichzeitig höheren Einkommenssteuersätzen unterliegen.

Im Hinblick auf den in der Schweiz zu erwartenden Widerstand hinsichtlich des Einbezugs von Kapitalgewinnen[95] könnte alternativ eine duale Einkommenssteuer mit Sollertragsbesteuerung des Kapitaleinkommens in Betracht gezogen werden.[96]

Schließlich gilt es die Möglichkeit des Abgeltungs-Steuermodells zu erwähnen. Deren Absicht besteht darin, wenigstens einen Teil des (sonst) am Fiskus vorbeigeschleusten Kapitaleinkommens steuerlich zu erfassen. Solche Modelle sind das Ergebnis fiskalischer Not – sind darin doch

92 Konkret auf das Schweizer Steuersystem bezogen würde dies bspw. die Einführung der Kapitalgewinnbesteuerung, eine Einschränkung des steuerlich privilegierten Vorsorgesparens, eine (vollständigere) Erfassung der Lohnnebenleistungen des Arbeitgebers und eine Beseitigung der Doppelbelastung ausgeschütteter Gewinne beinhalten. Es bleibt hier anzumerken, dass dank der Unternehmenssteuerreform II der vor einigen Jahren einsetzende Trend weg von der Vollanrechnung hin zur Teilbesteuerung von qualifizierten Dividendenausschüttungen für die Zwecke der direkten Bundessteuer (per 1. 1. 2011) umgesetzt werden konnte. Den Kantonen blieb es dabei grundsätzlich freigestellt, wenn nicht bereits vorhanden, sinngemäße gesetzliche Erleichterungen für Staats- und Gemeindesteuerzwecke vorzusehen. Vgl. hierzu A.III.2.2.1.1.1.

93 Eine solche proportionale Steuer auf alle in einer Volkswirtschaft von natürlichen Personen erwirtschafteten Einkünfte sieht keine Ausnahmetatbestände und steuerlichen Vorzugsbehandlungen mehr vor. Verteilungspolitischen Anliegen kann dabei mit einem Steuerfreibetrag Rechnung getragen werden, so dass der Durchschnittssteuersatz bei steigendem Einkommen ebenfalls ansteigt. Eine solche indirekte Progressionswirkung ist umso stärker, je höher die Steuerfreibeträge angesetzt werden. Mit der Aufgabe eines direkt progressiven Tarifs hin zu einem Einheitssteuersatz sind diverse Vor- und Nachteile verbunden. Auf jeden Fall müsste der heutige in der Schweiz praktizierte Steuerföderalismus aufgegeben werden.

94 Bei nicht erwerbsabhängigen, negativen Einkommenssteuermodellen zahlen Haushalte mit geringen Einkünften eine negative Steuer, d. h. sie erhalten Transferzahlungen. Bei steigenden Einkünften nehmen diese Transferzahlungen ab und münden ab einer zu definierenden Einkunftshöhe in positive Steuern zugunsten des Staates. Alternativ dazu kann auch das Konzept der Steuerkredite, bei welchen die Transferleistungen an die Bedingung einer Erwerbstätigkeit geknüpft sind, eingesetzt werden. Konkret würden bei letzterem Konzept die heute in der Schweiz üblichen Lohnersatzzahlungen durch einen Lohnzuschuss mittels erwerbsabhängiger Steuergutschriften ersetzt.

95 Vgl. A.III.5.2. In der Schweiz gilt der Grundsatz der Steuerfreiheit von Kapitalgewinnen aus der Veräußerung von im Privatvermögen gehaltenen beweglichen Vermögensgegenständen (vgl. A.II.5.1.1.1. und A.IV.1.3.2.).

96 Das niederländische Drei-Boxen-Modell entspricht einer solchen dualen Einkommenssteuer mit Sollertragskomponente. Die Sollertragssteuer entspricht faktisch einer persönlichen Vermögenssteuer. Entsprechend würde hier eine Anknüpfungsmöglichkeit an die kantonale Vermögenssteuer in der Schweiz bestehen.

problematische Anreizwirkungen sowie Abgrenzungsprobleme zu den steuerlich begünstigten Kapitaleinkünften mit abgebildet – und bewirken zusätzliche Verzerrungen des Steuersystems.

Der Umbau des Schweizer Steuersystems in Richtung einer dualen Einkommenssteuer wird vom Bundesrat zum jetzigen Zeitpunkt als nicht empfehlenswert beurteilt.[97]

I.4.6.2.3. Konsumorientierter Reformansatz

Modelle der Konsumbesteuerung können bei den Haushalten oder auf Unternehmensebene ansetzen.[98]

Die Mehrwertsteuer, wie sie auch in der Schweiz seit dem 1.1.2005 existiert, kann als eine Steuer auf den Konsumtransaktionen der Haushalte interpretiert werden, faktisch setzt sie jedoch ebenfalls auf der Stufe der Unternehmen an. Die Mehrwertsteuer weicht in der Praxis infolge unechter Befreiungen[99] vom Ideal der Konsumsteuer ab.

Die verschiedenen Modelle der Konsumbesteuerung auf Haushalts- und Unternehmensebene lassen sich nahezu beliebig miteinander kombinieren. Selbst wenn die Schweiz von einer radikalen Umgestaltung des derzeitigen MWST-Systems[100] absieht, wäre zumindest zu überlegen, ob die unechten Steuerbefreiungen (Steuerausnahmen gemäß Art. 21 MWSTG) nicht besser beseitigt und die aktuelle Steuersatzstruktur mit Normalsatz, reduziertem Satz und Sondersatz durch einen Einheitssatz ersetzt werden sollten.

I.4.6.3. Implementierte und geplante Reformen bzw. Strategien

Auf die grundsätzlich möglichen Reformansätze sowie bereits umgesetzte resp. noch geplante Steuerreformen wurde bereits in Abschnitt A.I.4.6. hingewiesen. Weitere wichtige Reformen bzw. Strategien werden nachfolgend behandelt.

I.4.6.3.1. Unternehmenssteuerreform II

Die Unternehmenssteuerreform II, die das erklärte Ziel hatte, Wachstumsimpulse zu erzeugen und Investitionshemmnisse sowie Hindernisse für die Entwicklung von kleinen und mittleren Unternehmen zu beseitigen, wurde vor einigen Jahren bereits umgesetzt.[101]

97 Vgl. Medienmitteilung des Bundesrates v. 19. 9. 2014; Duale Einkommenssteuer, Bericht des Bundesrates in Erfüllung des Postulats 06.3042 Sadis v. 13. 3. 2006.

98 Zur Konsumbesteuerung auf Haushaltebene gehören die Ausgabensteuer (mit Spar- oder Zinsbereinigung) und die Lohnsteuer auf Leistungsentgelten. Auf Unternehmensebene fallen darunter die verschiedenen Varianten der Cash-flow-Steuer sowie die zinsbereinigte Gewinnsteuer. Vgl. hierzu und zum Nachfolgenden Daepp/Schaltegger, Moderne Steuersysteme, Arbeitspapier v. 10. 9. 2004 und Ecoplan, Zukunfts- und wachstumorientiertes Steuersystem (ZUWACHS), Analyse der Effizienz-, Verteilungs- und Wachstumswirkungen einer Steuerreform in der Schweiz mit dem berechenbaren allgemeinen Gleichgewichtsmodell SWISSOLG, Bericht v. 6. 12. 2006 sowie Bodmer, Die volkswirtschaftlichen Auswirkungen der MWST und einiger Reformszenarien, Bericht vom 27. 4. 2007.

99 Bei unechter Befreiung wird auf den erzielten Umsätzen zwar keine MWST erhoben. Gleichzeitig berechtigen jene Vorumsätze, die mit den steuerbefreiten Umsätzen in wirtschaftlichem Zusammenhang stehen, jedoch auch nicht zu einem Vorsteuerabzug. Investitionsgüter und Vorleistungen bleiben damit mit einem gewissen Anteil an MWST belastet (Schattensteuer bzw. sog. Taxe occulte).

100 Vgl. A.I.4.6.3. und A.II.5.2.3.

101 Die Unternehmenssteuerreform II ist in zwei Etappen – per 1. 1. 2009 und 1. 1. 2011 – in Kraft getreten.

I.4.6.3.2. Unternehmenssteuerreform III

Im Hinblick auf die Ausarbeitung der Unternehmenssteuerreform III[102] hatte die Konferenz der kantonalen Finanzdirektorinnen und Finanzdirektoren (FDK) am 21. 9. 2012 der Einsetzung einer Projektorganisation zugestimmt.[103] Schon am 25. 5. 2012 hatten die FDK und dann am 1. 6. 2012 die Konferenz der Kantonsregierungen (KdK) einem Verhandlungsmandat mit der EU betreffend „schädliche" steuerliche Spezialregimes zugestimmt.[104] Der formelle Schritt der Zustimmung zur Einsetzungsverfügung des Eidg. Finanzdepartements (EFD) stellte faktisch den politischen Startschuss für die Lösungssuche im Steuerstreit mit der EU dar.[105] Die Unternehmenssteuerreform III soll die Wettbewerbsfähigkeit des Steuer- und Investitionsstandortes Schweiz weiter stärken. Die Projektorganisation wurde beauftragt, Vorschläge für allfällige Maßnahmen betreffend das Unternehmenssteuersystem, den Ressourcenausgleich (zwischen Bund und Kantonen sowie unter den Kantonen) und die Gegenfinanzierung möglicher Mehrbelastungen des Bundes zu entwickeln und zu bewerten.[106]

Von da ging es zügig vorwärts. Am 17. 5. 2013 wurde der Zwischenbericht vom 7. 5. 2013 und am 19. 12. 2013 der (Schluss-)Bericht vom 11. 12. 2013 des Steuerungsorgans zuhanden des Eidg. Finanzdepartements (EFD) veröffentlicht.[107]

Nach einer erneuten Konsultation der Kantone wurde am 30. 4. 2014 der Ergebnisbericht vom 10. 4. 2014 und kurz darauf – am 19. 9. 2014 – die Vernehmlassungsvorlage über das Unternehmenssteuerreformgesetz III samt erläuterndem Bericht v. 19. 9. 2014 publiziert.[108] Die Vernehmlassungsfrist dauert nun bis zum 31. 1. 2015.

I.4.6.3.3. MWST-Reform

In Sachen Mehrwertsteuer hatte der Nationalrat am 21. 12. 2011 den zweiten Teil der MWST-Reform[109] an den Bundesrat zurückgewiesen. Dieser musste nun anstelle eines Einheitssatzes mit Steuerausnahmen ein Zwei-Satz-Modell (Standardsatz und reduzierter Satz für Nahrungsmittel sowie Hotellerie und Gastronomie) ausarbeiten. Gleichzeitig sollte die neue Vorlage nicht 21 von 29 Steuerausnahmen abschaffen, sondern bloß deren drei, und die Abänderung weiterer Regelungen im Mehrwertsteuergesetz ermöglichen. Der Bundesrat hatte dann im Januar 2013 die Zusatzbotschaft zur Vereinfachung der MWST (Zwei-Satz-Modell) zur weiteren Beratung im Parlament verabschiedet.[110] Die Kommission für Wirtschaft und Abgaben des Nationalrats (WAK-N) beschloss jedoch Nichteintreten auf diese Vorlage und beauftragte stattdessen den Bundesrat am 23. 4. 2013 mit einer Motion, dem Parlament Vorschläge zu einer Teilrevision des Mehrwertsteuergesetzes zu unterbreiten. Der Nationalrat folgte am 18. 6. 2013 der WAK-N und

102 Für weitere Details zum geplanten Inhalt der Unternehmenssteuerreform III vgl. A.III.5.2.

103 Vgl. Mitteilung des EFD v. 21. 9. 2012.

104 Vgl. Medienmitteilung der Konferenz der Kantonsregierungen (KdK) v. 1. 6. 2012.

105 Vgl. Häfliger, NZZ v. 1. 9. 2012, S. 13.

106 Vgl. Mitteilung des EFD v. 21. 9. 2012 bzw. Verfügung über die Projektorganisation „Unternehmenssteuerreform III"; A.III.5.2.1.

107 Vgl. hierzu ausführlich A.III.5.2.2. und A.III.5.2.3.

108 Vgl. hierzu ausführlich A.III.5.2.4. und A.III.5.2.5.

109 Vgl. Mitteilungen des EFD v. 26. 6. 2008 (inkl. Botschaft des Bundesrates zur Vereinfachung der Mehrwertsteuer, BBl 2008, S. 6885 ff.) sowie v. 24. 6. 2010 (inkl. Bericht des Bundesrates und Zusatzbotschaft zur Botschaft zur Vereinfachung der Mehrwertsteuer, BBl 2010, S. 5397 ff.).

110 Vgl. Medienmitteilung des Bundesrates v. 30. 1. 2013.

trat ebenfalls nicht auf die Vorlage ein. Damit war das Zwei-Satz-Model definitiv vom Tisch. Der Bundesrat eröffnete schließlich am 6. 6. 2014 die Vernehmlassung zur Teilrevision des Mehrwertsteuergesetzes. Die Vernehmlassungsfrist dauerte bis und mit 26. 9. 2014.[111] Eine Publikation der Vernehmlassungsergebnisse ist noch nicht erfolgt.

I.4.6.3.4. Energiestrategie 2050

Im Rahmen der Energiestrategie 2050 hatte der Bundesrat am 25. 5. 2011 den schrittweisen Ausstieg aus der Kernenergie beschlossen, dies am 1. 12. 2011 weiter konkretisiert und am 18. 4. 2012 ein erstes Maßnahmenpaket für den schrittweisen Umbau der schweizerischen Energieversorgung definiert.

Das Maßnahmenpaket wurde am 28. 9. 2012 in die Vernehmlassung, die bis zum 31. 1. 2013 dauerte, geschickt.[112] Dem Eidg. Finanzdepartement (EFD) wurde vom Bundesrat gleichentags der Auftrag erteilt bis 2014 eine entsprechende fiskalquotenneutrale Vernehmlassungsvorlage für eine ökologische Steuerreform (ÖSR) auszuarbeiten, die in einer zweiten Etappe der Energiestrategie ab 1. 1. 2021 greifen und das bestehende Fördersystem durch ein Lenkungssystem ablösen soll.[113]

Der Bundesrat nahm am 4. 9. 2013 Kenntnis vom (Grundlagen-)Bericht und beauftragte das EFD mit einer weiteren Konsultationsrunde.[114] Gleichzeitig verabschiedete er die Botschaft zum ersten Maßnahmenpaket der Energiestrategie 2050 und überwies dieses dem Parlament als indirekten Gegenvorschlag zur Atomausstiegsinitiative zur Beratung.[115]

Der im Rahmen der zweiten Etappe vorgesehene, schrittweise Übergang von den derzeit existierenden Fördermaßnahmen hin zu primär Energie- und Klimaabgaben soll im Sinne eines konzeptionellen Richtungsentscheids in der schweizerischen Bundesverfassung verankert werden. Der Bundesrat gab hierzu am 21. 5. 2014 die Ausarbeitung einer entsprechenden Vernehmlassungsvorlage in Auftrag. Der neue Verfassungsartikel soll bis Anfang 2015 erarbeitet und in der Folge die Details des Lenkungssystems in der Energie- und Klimagesetzgebung geregelt werden.

Weiter wurde das Eidg. Departement für Umwelt, Verkehr, Energie und Kommunikation UVEK vom Bundesrat mit der Ausarbeitung einer Vernehmlassungsvorlage in Bezug auf die Ausgestaltung der Klimapolitik nach 2020 beauftragt. Letztere soll bis Mitte 2016 vorliegen.

111 Vgl. Medienmitteilung des Bundesrates v. 6. 6. 2014; Vernehmlassungsvorlage zur Teilrevision des MWSTG v. 6. 6. 2014; A.II.5.2.3.2.

112 Die Energiestrategie insgesamt fand dabei mehrheitlich Zustimmung durch die Vernehmlassungsteilnehmenden. Vgl. hierzu Medienmitteilung des Bundesamts für Energie v. 31. 1. 2013; Bericht des Eidg. Departements für Umwelt, Verkehr, Energie und Kommunikation UVEK v. September 2013 über die Ergebnisse der Vernehmlassung zum ersten Massnahmenpaket der Energiestrategie 2050; SKK, Steuerinformationen, Umweltbezogene Abgaben, S. 22 ff. Der (Grundlagen-)Bericht, der unter anderem mit den zuständigen Ämtern im UVEK erarbeitet wurde, beantwortet auch Fragestellungen hinsichtlich der Ausgestaltung der Übergangsphase ab 2021 und der Einführung eines Lenkungssystems (siehe nachfolgend).

113 Vgl. hierzu Medienmitteilungen des Bundesrates v. 25. 5. 2011,1. 12. 2011, 18. 4. 2012 und 28. 9. 2012 (inkl ECOPLAN Bericht v. 12. 9. 2012 zu den volkswirtschaftlichen Auswirkungen einer ökologischen Steuerreform).

114 Vgl. Medienmitteilung des Bundesrates v. 4. 9. 2013; Ergebnisbericht Konsultation zu Varianten eines Klima- und Energielenkungssystems v. April 2014.

115 Vgl. Medienmitteilung des Bundesrates v. 4. 9. 2013; Botschaft zum ersten Maßnahmenpaket der Energiestrategie 2050 (Revision des Energierechts) und zur Volksinitiative „Für den geordneten Ausstieg aus der Atomenergie (Atomausstiegsinitiative)" v. 4. 9. 2013 (vgl. BBl 2013, S. 7561).

Die beiden Vorlagen zum Klima- und Energielenkungssystem sowie zur Klimapolitik werden eng miteinander koordiniert.[116]

Vor dem Hintergrund dieser Vorhaben haben sowohl der Bundesrat als auch das Parlament die von der Grünliberalen Partei Schweiz im November 2010 lancierte und am 8. 3. 2015 zur Abstimmung gelangende Eidg. Volksinitiative „Energie- statt Mehrwertsteuer“ v. 17. 12. 2012 zur Ablehnung empfohlen.[117]

I.4.6.4. Folgerungen für die Schweiz

In den zahlreichen Ranglisten diverser Institute, Verbände und Vereinigungen rangiert die Schweiz weiterhin unter den insgesamt steuergünstigsten Ländern. Der Steuerstandort Schweiz ist somit attraktiv. Dies gilt ganz besonders für mobile Unternehmen wie Holdinggesellschaften und Konzern-Hilfsgesellschaften, da aufgrund der für solche Unternehmen maßgeschneiderten Steuerregimes und Steuererleichterungen[118] in der Praxis äußerst niedrige effektive Steuerbelastungen erreicht werden können, aber speziell auch für natürliche Personen, die im Einzelfall in den Genuss der Aufwandbesteuerung (Pauschalbesteuerung)[119] gelangen können.

Hinzu kommt, dass die Schweiz mit der umgesetzten Unternehmenssteuerreform II, bei der es schwergewichtig um die Milderung der wirtschaftlichen Doppelbelastung ausgeschütteter Gewinne sowie die vollständige steuerliche Entlastung im Falle der Rückführung von Reserven aus Kapitaleinlagen sowohl bei der ausschüttenden juristischen Person als auch dem empfangenden Anteilsinhaber (Kapitaleinlageprinzip)[120] ging, für potenzielle Zuzüger aus dem Ausland noch interessanter geworden ist.

Das gelegentlich in Stellungnahmen und Pressemitteilungen dargestellte Zurückfallen der Schweiz im Vergleich zu gewissen anderen Ländern darf nicht überinterpretiert werden, denn für die effektive fiskalische Belastung von insbesondere juristischen Personen reicht die Gegenüberstellung von Steuersätzen bei Weitem nicht aus.

Wesentlich wichtiger als die Steuertarife sind für die Qualität eines Steuerstandortes erstens die von Land zu Land recht unterschiedlichen Vorschriften für die Ermittlung des steuerbaren Gewinns bzw. Einkommens sowie das Vorhandensein eines gut ausgebauten Doppelbesteuerungsabkommensnetzes, zweitens der Spielraum der Steuerbehörden (Finanzämter) bei der Anwendung der Steuererlasse und drittens weiche Faktoren wie Kompetenz, Berechenbarkeit und wirtschaftliches Verständnis der Steuerbehörden (Finanzämter). Bei all diesen Faktoren braucht die Schweiz den internationalen Vergleich nicht zu scheuen. Im Vergleich zu Deutschland (und

116 Vgl. Medienmitteilungen des Bundesrates v. 21. 5. 2014 („Bundesrat gibt Vernehmlassungsvorlage für den Übergang zu einem Lenkungssystem im Klima- und Energiebereich in Auftrag“; „Bundesrat legt Eckpunkte für Klimapolitik nach 2020 fest“).

117 Der Bundesrat teilt zwar grundsätzlich das Anliegen der Initiative, zur Erreichung von klima- und energiepolitischen Zielen Energieabgaben einzusetzen. Gleichzeitig lehnt er die Initiative wegen der vorgesehenen Abschaffung der Mehrwertsteuer sowie der alleinigen Ausrichtung der Energieabgabe an den Mehrwertsteuereinnahmen, statt an den Energie- und Klimazielen, ab. Berechnungen würden zeigen, dass die Ziele der Energiestrategie 2050 mit deutlich tieferen Sätzen einer Energieabgabe zu erreichen seien, als dies mit der Initiative angestrebt werde. Vgl. Medienmitteilung des Bundesrates v. 25. 9. 2013; BBl 2014, S. 7217 ff.

118 Vgl. A.III.3.

119 Vgl. A.IV.2.

120 Vgl. A.III.4.

vielen anderen Ländern) ist die Schweiz hier nach den Aussagen vieler Investoren sowie aufgrund eigener Praxiserfahrungen eindeutig im Vorteil.

Dennoch ist Wachsamkeit angebracht. Offene Volkswirtschaften wie diejenige der Schweiz sind heutzutage stärker den je internationalen Verwerfungen und Druckversuchen aller Art ausgesetzt. Entsprechend ist es für diese und insbesondere für die Schweiz von großer Bedeutung, eine langfristig orientierte Wirtschaftspolitik zu verfolgen, welche die Widerstandsfähigkeit des eigenen Wirtschafts- und Investitionsstandortes gegenüber Krisen jeglicher Art erhöht.[121] Von vorrangiger Bedeutung sind dabei nachfolgende Elemente:

- Niedrige Verschuldung des öffentlichen und privaten Sektors. Der finanzpolitische Spielraum von Staaten mit gesundem öffentlichem Haushalt ist im Krisenfall weitaus größer, um über staatliche Leistungen die gesamtwirtschaftliche Nachfrage aufrechtzuerhalten. Schuldenbremsen[122] oder bspw. eine intakte Arbeitslosenversicherung zwecks Wahrung der Kaufkraft von Arbeitslosen spielen dabei ein wichtige Rolle;
- Kohärente Regulierung der Finanzplätze/-märkte und der einzelnen Finanzinstitute. Genügend hohe Eigenkapitalpolster geben den Banken die Sicherheit, elastischer auf Kreditausfälle von Mandanten und in der Folge notwendige Bewertungskorrekturen in den eigenen Büchern zu reagieren. Mit dem in der Schweiz per 1. 1. 2013 in Kraft getretenen Too big to fail-Maßnahmenpaket wurde eine (erste) wichtige Weiche gestellt;
- Flexible Güter- und Arbeitsmärkte. Voraussetzung hierfür sind wenig bis gar keine staatlichen Eingriffe bzw. Schutzmaßnahmen und ein liberales Arbeitsrecht;
- Vertrauen in politische/wirtschaftliche Institutionen und Schutz der verfassungsmäßig garantierten Rechte.

Die Schweiz ist folglich gut beraten, wenn sie die eigene Widerstandsfähigkeit durch weitsichtiges Handeln kontinuierlich erhöht, mit geeigneten Reformen bestehende Baustellen wie bspw. das schweizerische Steuersystem oder die Umsetzung der Masseneinwanderungsiniative (möglichst) autonom modernisiert bzw. bewerkstelligt, ihre Wettbewerbsfähigkeit damit weiter steigert und ihre Angreifbarkeit insgesamt reduziert.

Sie bleibt dabei stets mit dem in der Finanz- und Steuerpolitik unvermeidlichen Zielkonflikt zwischen Effizienz und Verteilung konfrontiert. Substantielle Wachstumsgewinne mittels Steuerreformen bedingen radikale Ansätze und gehen einher mit größeren Risiken und Unsicherheiten, wie bspw. der generellen Akzeptanz bei den Stimmbürgern (Steuerpflichtigen), sowie erheblichen Einführungs- und Übergangsproblemen. Eine Übernahme des EU Kodex zur Unternehmensbesteuerung ist sicherlich keine Option, würde doch damit die bisherige Steuersouveränität vollständig aufgegeben.

121 In diesem Zusammenhang wird auch von der sog. Resilienz von Volkswirtschaften gesprochen. Vgl. hierzu Scheidegger, NZZ v. 5. 9. 2014, S. 29.

122 Vgl. A.II.2.

II. Grundlagen zur Steuerordnung und zum Steuersystem der Schweiz

II.1. Historische Einbettung

Nach dem Zusammenbruch der zentral regierten helvetischen Republik (1798 bis 1803)[123] und der Rückkehr zum Staatenbund mit gleichzeitiger Wiedererlangung der Steuerautonomie der Kantone entwickelten sich die schweizerische(n) Steuerordnung[124] und -systeme[125] derselben ziemlich selbständig. Es wurden überwiegend Verkehrssteuern wie Grenz-, Brücken- und andere Zölle erhoben, teilweise Vermögenssteuern. Als es 1848 zur Gründung des schweizerischen Bundesstaates kam, wurde die Steuerordnung grundlegend geändert: Die Zollfreiheit wurde dem Bund übertragen und die Kantone waren gezwungen, neue Steuerquellen in Form von direkten Steuern zu erschließen. In der Folge entstand die heutige föderalistische Steuerordnung, die das Spiegelbild des föderalistischen, dreiteiligen Staatsaufbaus der Schweiz, bestehend aus dem Bund (Zentralstaat), den 26 Kantonen (Gliedstaaten) und 2'352 politischen Gemeinden (Kommunen),[126] ist. Als Folge des ersten Weltkrieges und dessen finanziellen Nachwirkungen mussten der Bund und die Kantone ihre Gesetzgebung und ihre Steuersystem grundlegend reformieren. Der Bund war gezwungen, Stempelabgaben und – in Abkehr vom bisherigen politischen Grundsatz der blossen Erhebung von indirekten Steuern – auch direkte Steuern für sich zu beanspruchen.[127]

II.2. Finanzordnung des Bundes (und der Kantone)

In der Finanzordnung sind die tragenden Pfeiler hinsichtlich der Bundesfinanzen festgehalten:

1. Haushaltführung (Schuldenbremse);[128]
2. Grundsätze der Besteuerung;[129]

123 Die Erste Helvetische Verfassung war über weite Teile der französischen Direktorialverfassung von 1795 nachempfunden. Die Eidgenossenschaft wurde wie andere französische Tochterrepubliken zu einem zentralistisch verwalteten und regierten Einheitsstaat zusammengefasst. Als Grundlage der neuen Staatsordnung galten die Prinzipien der Volkssouveränität, der Gewaltentrennung und der allgemeinen Rechtsgleichheit. Von der Staatsform her war die Helvetische Republik als repräsentative Demokratie konzipiert. Das Staatsgebiet war zwar noch in Kantone eingeteilt, diese besaßen jedoch keinerlei Souveränitätsrechte mehr, sondern waren Wahl-, Verwaltungs- und Gerichtskreise.

124 Als Steuerordnung lässt sich die durch das Verfassungsrecht aufgeteilte Steuererhebungskompetenz (Steuerhoheit) unter den Gemeinwesen bezeichnen.

125 Als Steuersystem wird die Kombination von Steuerarten definiert.

126 Stand per 1.1.2014 (vgl. www.bfs.admin.ch). Zuweilen wird die politische Gemeinde auch als Einwohner-, Orts- oder Munizipalgemeinde bzw. als Bezirk bezeichnet.

127 Vgl. zum Ganzen SSK, Steuerinformationen, Die wesentlichen Züge der schweizerischen Steuerordnung, S. 1 ff.

128 Vgl. Art. 126 BV. Weitere Details hierzu vgl. A.II.2.1.

129 Vgl. Art. 127 Abs. 1 BV, wonach die Ausgestaltung der Steuern in den maßgeblichen Bundes- und kantonalen Gesetzen in den Grundzügen selbst zu regeln ist, sowie Art. 127 Abs. 2 BV, wonach – soweit es die Art der Steuer zulässt – insbesondere die Grundsätze der Allgemeinheit und der Gleichmäßigkeit der Besteuerung sowie der Grundsatz der Besteuerung nach der wirtschaftlichen Leistungsfähigkeit zu beachten sind. Weiter hält die Bundesverfassung in Art. 128 – Art. 134 fest, welche direkten und indirekten Steuern der Bund zu erheben befugt ist sowie auf welche Gebiete sich die Harmonisierung der direkten Steuern erstreckt bzw. welche Bereiche davon ausgenommen sind. Die Befugnis zur Erhebung der direkten Bundessteuer und der Mehrwertsteuer ist dabei gemäß Art. 196 Ziff. 13 und 14 BV bis Ende 2020 befristet. Infolge der Befristung ist der Bund gezwungen, die Einnahmenseite seines Haushaltes in regelmäßigen Abständen grundsätzlich zu hinterfragen sowie Volk und Stände über die Grundlagen der Bundesfinanzordnung abstimmen zu lassen. Weitere Details hierzu vgl. A.II.2.2.

3. Angemessener Finanz- und Lastenausgleich zwischen Bund und Kantonen sowie zwischen den Kantonen (Nationaler Finanzausgleich, NFA).[130]

II.2.1. Haushaltführung (Schuldenbremse)

Als erster Kanton überhaupt verfügt der Kanton SG seit dem Jahr 1929 über eine Defizit- und Schuldenbremse. Das Instrument sieht vor, dass der Aufwandüberschuss im Voranschlag der laufenden Rechnung den geschätzten Ertrag von 3 % der einfachen Steuer nicht übersteigen darf. Ein allfälliger Überschuss im tatsächlichen Rechnungsabschluss muss zwingend dem Voranschlag des übernächsten Jahres belastet werden, soweit er nicht durch Eigenkapital gedeckt werden kann. Der Kanton SG kennt zudem das Ausgabenreferendum, d. h. kantonale (Mehr-)Ausgaben können abgewendet oder reduziert, aber nicht erhöht werden. Konkret unterliegen nicht wiederkehrende Ausgaben in Höhe von mehr als CHF 15 Mio. einer obligatorischen Abstimmung, wiederkehrende Ausgaben bei Beträgen über CHF 1.5 Mio. Liegen die genannten Beträge dagegen über CHF 3 Mio. bzw. CHF 0.3 Mio., besteht bloß eine fakultative Referendumspflicht. Diesfalls werden im Kanton SG 4'000 Unterschriften benötigt.

In den meisten übrigen Kantonen – mit Ausnahme des Kantons AI – wurden die Schuldenbremsen in den letzten beiden Jahrzehnten in der einen oder anderen Form eingefügt. Die nachfolgende Abbildung gibt darüber Aufschluss:[131]

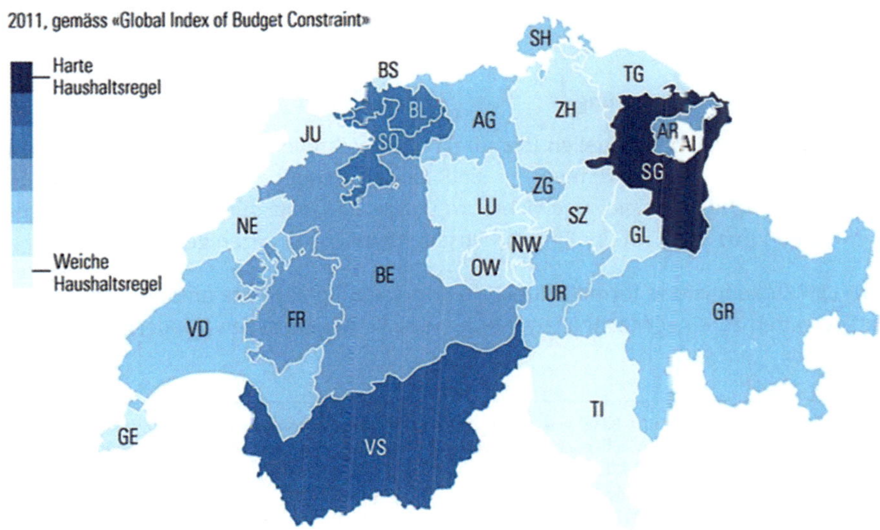

Quelle: In Anlehnung an Yerly (2013) / Die Volkswirtschaft – Index zur Strenge der kantonalen Budgetregeln, 2011

130 Vgl. Art. 135 BV. Weitere Details hierzu vgl. A.II.2.3.

131 Vgl. Jankovsky/Krummenacher, NZZ v. 21. 3. 2014, S. 15; Amrein, NZZ online v. 8. 4. 2014; Yerly, Die Volkswirtschaft, S. 39.

Auf Bundesebene wurde in der Volksabstimmung vom 2.12.2001 der Bundesbeschluss zur Einführung einer Schuldenbremse mit überwältigendem Mehr bejaht und auf Anfang 2003 eingeführt. Die Schuldenbremse macht die Bundesausgaben unter Berücksichtigung des Konjunkturzyklus von der prognostizierten Entwicklung der Einnahmen abhängig. In der Folge haben diverse weitere Kantone, allerdings nicht alle, ähnliche Fiskalregeln in Kraft gesetzt.

Die Schweizer Schuldenbremse ist insofern eine elegante Lösung, als sie – als Ausgabenregel konzipiert – die Frage eines nachhaltigen resp. erstrebenswerten Schuldenniveaus umgeht.[132]

Dank der Schuldenbremse erzielt der Bund seit 2003 strukturelle Überschüsse. Dies war letztmals auch für die Finanzjahre 2011 und 2012 der Fall, während die meisten Kantone, u.a. bedingt durch Mehraufwendungen im Gesundheitsbereich, eine Verschlechterung der Finanzlage in den beiden Jahren zu akzeptieren hatten und entsprechend leicht defizitär waren. Für 2013 und 2014 werden nun für den Bund leicht negative Einnahmen-/Ausgabensaldi (Defizit) prognostiziert, die im 2015 wieder positiv (Überschuss) werden. Die Sozialversicherungen bleiben dagegen auch über die nächsten, prognostizierten Jahre (2013 – 2015) konstant im Plus (Überschuss) und dies trotz fehlender Schuldenbremse. Die Ergebniszahlen der Kantone für 2013 – 2015 hingegen dürften aufgrund von weiteren Rekapitalisierungkosten zugunsten öffentlich-rechtlicher Pensionskassen insgesamt weiterhin leicht negativ bleiben. Es wird erwartet, dass die Schuldenquote der Schweiz (Bund, Kantone, Gemeinden, Sozialversicherungen) bis im Jahr 2018 aufgrund der sich gegenseitig neutralisierenden Zahlentrends innerhalb der vier öffentlichen Haushalte – entgegen dem weltweiten Trend – auf unter 30 % des BIP sinken wird.[133]

II.2.2. Grundsätze der Besteuerung

Für die wichtigsten Einnahmenquellen (die direkte Bundessteuer für natürliche und juristische Personen[134] sowie die Mehrwertsteuer)[135] sind in der Bundesverfassung Höchstsätze festgelegt.[136] Der Versuchung, Ungleichgewichte im Bundeshaushalt durch Steuererhöhungen abzubauen, sind dadurch auch auf der Einnahmenseite deutliche Grenzen gesetzt.

Die in Art. 129 BV kodifizierte formelle Steuerharmonisierung[137] führte anfangs 1993 auf Ebene der Staatsgewalten zu einer Machtverschiebung vom Schweizerischen Bundesgericht (Judikati-

132 Vgl. zum Ganzen Bericht des BAK Basel v. 6.1.2012 zum Sparpaket II des Kantons St. Gallen, Dauerhafte Stabilisierung des Staatshaushaltes, Analyse der Schuldenbremse; Botschaft des Bundesrates v. 5.7.2000 zur Schuldenbremse (BBl 2000, S. 4653); Lanz, NZZ v. 15.11.2012, S. 33.

133 Vgl. Medienmitteilungen der Eidg. Finanzverwaltung (EFV) v. 27.2.2014 und 30.9.2014; Rohstoff der EFV v.30.9.2014, Entwicklung der Staatsfinanzen: Resultate 2012 und Prognosen 2013 – 2018.

134 Gemäß Art. 128 Abs. 4 BV wird die direkte Bundessteuer auf Einkommen und Gewinn durch die Kantone für den Bund und unter dessen Aufsicht veranlagt und eingezogen. Jeder Kanton liefert dem Bund seit dem 1.1.2008 83 % des von ihm bezogenen Steuerbetrages, der Bußen sowie der Zinsen ab. Der Kantonsanteil beträgt folglich 17 % (in Zukunft u.U. 20.5 %; vgl. hierzu A.III.5.2.). Das hierzu maßgebliche Bundesgesetz v. 14.12.1990 über die direkte Bundessteuer (DBG) ist per 1.1.1995 in Kraft getreten.

135 Das hierzu maßgebliche Bundesgesetz v. 12.6.2009 über die Mehrwertsteuer (MWSTG) ist per 1.1.2010 in Kraft getreten.

136 Vgl. Art. 128 und Art. 130 BV.

137 Das hierzu maßgebliche Bundesgesetz v. 14.12.1990 über die Harmonisierung der direkten Steuern der Kantone und Gemeinden (StHG) ist per 1.1.1993 in Kraft getreten und findet seit 1.1.2001 direkt Anwendung, falls ihm kantonales Recht widersprechen sollte.

ve) zum Gesetzgeber (Bundesversammlung, Legislative).[138] Dieser Zustand wird denn auch bis auf Weiteres erhalten bleiben, hat doch das Parlament jüngst eine Ausdehnung der Verfassungsgerichtsbarkeit[139] abgelehnt.[140] Im Rahmen der formellen Steuerharmonisierung wurde somit ein wichtiger Teil der Steuerpolitik von kantonalem Recht in grundsätzlich nicht justiziables Bundesrecht (Steuerharmonisierungsgesetz, StHG) überführt.[141]

Die in der Bundesverfassung in Art. 127 Abs. 1 definierten Vorgaben hinsichtlich Ausgestaltung der Steuern, namentlich der Kreis der Steuerpflichtigen, der Gegenstand der Steuer und deren Bemessung, werden in A.II.3. unter dem Titel „Elemente des Steuerrechtsverhältnisses" weiter behandelt.

II.2.3. Angemessener Finanz- und Lastenausgleich zwischen Bund und Kantonen sowie zwischen den Kantonen

Im Rahmen der Neugestaltung des Finanzausgleichs und der Aufgabenteilung zwischen Bund und Kantonen (Nationaler Finanzausgleich, NFA) trat per 1. 1. 2008 ein total revidierter Finanz- und Lastenausgleich in Kraft. Ein zentrales Ziel war es dabei, die Ungleichheiten zwischen den Kantonen abzubauen und für ähnlich lange Spieße im interkantonalen Wettbewerb zu sorgen.

Neu besteht der Finanzausgleich ausschließlich aus zweckfreien Mitteln, wobei zwischen Ressourcen- und Lastenausgleich[142] unterschieden wird.

Um finanzielle Einbußen von ressourcenschwachen Kantonen bei der Umstellung zum neuen System abzumildern, wurde als zusätzliches Element der sog. Härteausgleich eingeführt. Der

138 Das Schweizerische Bundesgericht hält sich bei der Prüfung der Frage der Verfassungswidrigkeit von Steuergesetzen sehr zurück und überlässt dem Gesetzgeber (Legislative) grundsätzlich einen weiten Spielraum (vgl. Reich, Steuerrecht, S. 102 ff.).

139 Verfassungsgerichtsbarkeit bedeutet eine gerichtliche Kontrolle staatlicher Hoheitsakte (Erlasse, Einzelakte) auf ihre Verfassungskonformität. Diese Kontrolle wird in der Schweiz grundsätzlich durch sämtliche Gerichte und rechtsanwendenden Behörden (Exekutive) ausgeübt. Bei verfassungswidrigen Erlassen ist jedoch das Anwendungsgebot von Art. 190 BV zu berücksichtigen. Dieses gilt sowohl für Bundesgesetze und Völkerrecht als auch Verordnungsrecht oder kantonale Gesetze, wenn deren Verfassungswidrigkeit klar in einem Bundesgesetz oder in einer völkerrechtlichen Bestimmung erwähnt ist. Dem schweizerischen Bundesgericht und den anderen rechtsanwendenden Behörden wird dabei die Überprüfung der Verfassungsmäßigkeit der genannten Rechtsquellen zwar nicht generell untersagt, verpflichtet sie jedoch auch bei festgestellter Verfassungswidrigkeit zur Rechtsanwendung. Abstrakte Normenkontrollverfahren (d. h. die Überprüfung der Verfassungskonformität eines Rechtssatzes unabhängig von dessen Anwendung im Einzelfall) existieren jedoch nur in einzelnen Kantonen und sind für Erlasse des Bundes nicht möglich. Problemlos gestalten sich hingegen Korrekturen von verfassungswidrigen Einzelakten im Veranlagungs- und Rechtsmittelverfahren im Rahmen der konkreten bzw. akzessorischen Normenkontrolle. Wird diesfalls eine verfassungswidrige Vorschrift festgestellt, wird die Norm nicht wie bei der abstrakten Normenkontrolle aufgehoben, sondern bloß im Einzelfall nicht angewendet (vgl. zum Ganzen Reich, Steuerrecht, S. 102 ff.).

140 Ausgehend von zwei parlamentarischen Initiativen wurde im Parlament in der Sommersession 2012 über die Streichung des Verfassungsartikels resp. die Ausdehnung der Verfassungsgerichtsbarkeit diskutiert (vgl. Bericht der Kommission für Rechtsfragen des Nationalrates v. 12. 8. 2011; www.parlament.ch, Geschäft 05.445, 07.476 – Amtliches Bulletin – Ständerat – 5. 6. 2012; Jürgensen, NZZ v. 6. 6. 2012, S. 11) und in der Wintersession 2012 definitiv darüber entschieden, dass Art. 190 BV beibehalten wird (vgl. www.parlament.ch, Geschäft 05.445, 07.476 – Amtliches Bulletin – Nationalrat – 3. 12. 2012; Schoch, NZZ v. 4. 12. 2012, S. 9).

141 Vgl. Baur/Daepp/Jeitziner, Die formelle Steuerharmonisierung im Lichte ökonomischer Theorien, in: „Die Volkswirtschaft", Heft 3, 2010.

142 Die Kantone verfügen infolge unterschiedlicher Wirtschafts- und Bevölkerungsstrukturen nicht im gleichen Ausmaß über finanzielle Ressourcen. Außerdem führen die geografische Lage oder Zentrumslasten zu ungleichen Voraussetzungen in der Aufgabenerfüllung. Um diese Ungleichheiten zu reduzieren, wurden in den Kantonen und auf Bundesebene Finanzausgleichssysteme entwickelt. Auf der Stufe des Bundes wird mit dem horizontalen (Kanton-Kanton) und dem vertikalen (Bund-Kanton) Ressourcenausgleich die unterschiedliche finanzielle Leistungsfähigkeit der Kantone ausgeglichen. Der Lastenausgleich soll geografisch-topografische und soziodemografische Sonderlasten abgelten.

Härteausgleich ist auf maximal 28 Jahre befristet und wird ab 2016 um fünf Prozent jährlich reduziert, sofern nicht vorher ein anspruchsberechtigter Kanton ressourcenstark wird. Der Härteausgleich wird zu zwei Dritteln vom Bund und zu einem Drittel von den Kantonen finanziert.

Die Grundstruktur des NFA mit ihren sechs Pfeilern Aufgabenentflechtung, Ressourcen- und Lastenausgleich, Verbesserung der vertikalen und horizontalen Zusammenarbeit sowie Härteausgleich wird kaum in Frage gestellt. Kritik besteht jedoch wegen des Ausmaßes der interkantonalen Umverteilung.[143]

Die nachfolgende Grafik zeigt das Grundkonzept und die Ausgleichszahlungen für 2015:[144]

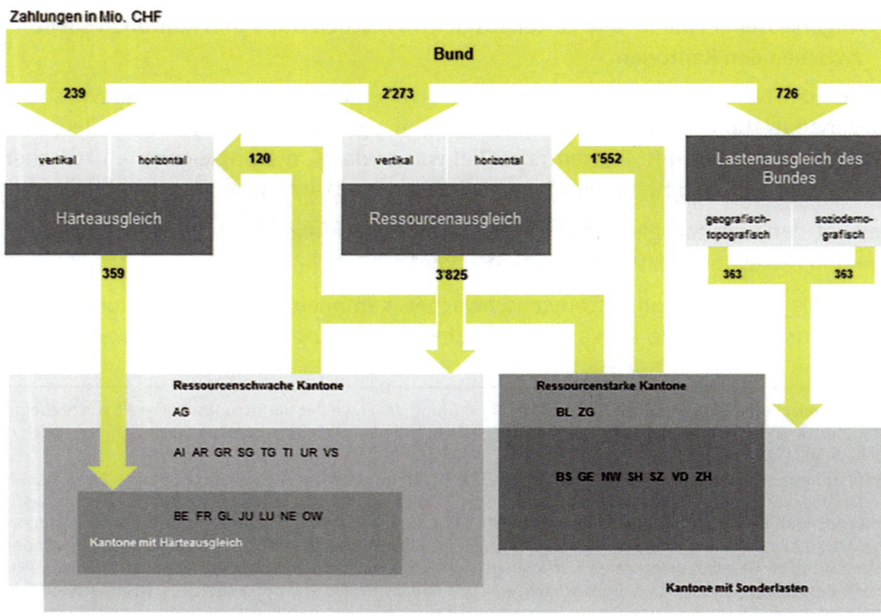

Quelle: Eidg. Finanzdepartement (EFD), Finanzausgleichszahlungen 2015 (provisorisch)

Die Ausgleichszahlungen des Bundes und der ressourcenstarken Kantone nehmen für das Jahr 2015 deutlich zu. Der Beitrag des Bundes (sog. vertikaler Ressourcenausgleich) beträgt CHF 2'273 Mia., derjenige der ressourcenstarken Kantone (sog. horizontaler Ressourcenausgleich) CHF 1'552 Mia. Der Kanton ZH ist seit vielen Jahren mit Abstand der größte Nettozahler im interkantonalen Vergleich, gefolgt von den Kantonen ZG und GE.[145]

143 Vgl. zum Ganzen SSK, Steuerinformationen, Die wesentlichen Züge der schweizerischen Steuerordnung, S. 1 ff.; Wettstein, NZZ v. 13. 11. 2012, S. 21; Frey, NZZ v. 17. 1. 2013, S. 32; Fischer, NZZ v. 18. 1. 2013, S. 27; Medienmitteilung der Eidg. Finanzverwaltung (EFV) v. 8. 7. 2014; Bericht der EFV v. Juni 2014 zum Finanzausgleich 2015.

144 Vgl. Medienmitteilung der Eidg. Finanzverwaltung (EFV) v. 8. 7. 2014; Bericht der EFV v. Juni 2014 zum Finanzausgleich 2015.

145 Stellt man auf die Zahlungen pro Kopf ab, ist ebenfalls der Kanton ZH Spitzenreiter, gefolgt von den Kantonen ZG und GE. Der am meisten profitierende Nettoempfänger (in Mio. CHF pro Kanton gemessen) ist mit Abstand der Kanton BE. Der Kanton UR erhält die betraglich größten Zahlungen pro Kopf.

Der Bundesrat gibt jeweils, jährlich wiederkehrend, vor dem Sommerferienbeginn die Zahlen des NFA für das jeweils folgende Jahr bekannt. Nach erfolgter Anhörung der Kantone passt der Bundesrat die Verordnung über den Finanz- und Lastenausgleich (FiLaV) den neuen Werten entsprechend an und setzt sie auf den 1.1. des Folgejahres (vorliegend 1. 1. 2015) in Kraft.

Maßgeblich für den Ressourcenausgleich 2015 sind die Steuerjahre 2009, 2010 und 2011, welche die wirtschaftliche Situation der Kantone in dieser dreijährigen Periode widerspiegeln (sog. Ressourcenpotenzial). Das Ressourcenpotenzial setzt sich aus den nachfolgenden Elementen zusammen:[146]

- Maßgebende Einkommen der natürlichen Personen 2015 (rd. 67 %);
- Maßgebende quellenbesteuerte Einkommen 2015 (rd. 5 %);
- Maßgebende Vermögen 2015 (rd. 5 %)[147];
- Maßgebende Gewinne der juristischen Personen 2015 (rd. 23 %);
- Maßgebende Steuerrepartitionen[148] (vernachlässigbar).

Dem Umstand, dass die juristischen Personen mit besonderem Steuerstatus gemäß Art. 28 Abs. 2,[149] Abs. 3[150] und Abs. 4[151] StHG ihre Gewinne mehrheitlich aus ausländischen Quellen erzielen, wird bei der Bemessung des Ressourcenpotenzials durch eine Gewichtung dieser Gewinne mit sog. Beta-Faktoren Rechnung getragen:[152]

	2012 - 2015			
	Status	**Basisfaktor**	**Zuschlagsfaktor**	Total
Holdinggesellschaften	2	0.0 %	2.7 %	2.7 %
Domizilgesellschaften	3	6.2 %	2.6 %	8.8 %
Gemischte Gesellschaften	4	10.0 %	2.5 %	12.5 %

Quelle: Eidg. Finanzverwaltung (EFV), Bericht Finanzausgleich 2015, S. 13

PRAXISHINWEIS

Einkommen und Gewinne aus weiteren von den Kantonen gewährten, steuerlichen Vorzugsbehandlungen, wie bspw. die Aufwandbesteuerung[153] für natürliche Personen sowie kantonale/kommunale Steuererleichterungen[154] und die Lizenzboxlösung im Kanton NW[155] für juristische Personen, fließen dagegen ungekürzt in das Ressourcenpotenzial ein.

146 Vgl. zum Ganzen Medienmitteilung der Eidg. Finanzverwaltung (EFV) v. 8. 7. 2014; Bericht der EFV v. Juni 2014 zum Finanzausgleich 2015.

147 Das Reinvermögen jedes Kantons wird mit dem Faktor Alpha gewichtet. Dieser hat den Zweck, nicht das gesamte Reinvermögen der natürlichen Personen, sondern nur dessen durchschnittliche Wertsteigerung in das Ressourcenpotenzial zu übernehmen. Er beträgt für alle Steuerjahre des Referenzjahres 2015 0.8 %.

148 Bei den Steuerrepartitionen handelt es sich um verbuchte Gutschriften zu Gunsten bzw. verbuchte Belastungen zu Lasten anderer Kantone.

149 Holdinggesellschaft. Vgl. A.III.3.5.2.

150 Verwaltungsgesellschaft (Domizilgesellschaft). Vgl. A.III.3.5.3.

151 Gemischte Gesellschaft. Vgl. A.III.3.5.4.

152 Der in Ergänzung zum Basisfaktor gewährte Zuschlagsfaktor soll berücksichtigen, dass die Kantone über ihren 17 Prozent-Anteil an der direkten Bundessteuer diese Gewinne zusätzlich steuerlich ausschöpfen können.

153 Vgl. A.IV.2.

154 Vgl. A.III.3.4.

155 Vgl. A.III.3.5.7.

Gestützt auf die Empfehlungen des zweiten Wirksamkeitsberichts des Finanzausgleichs zwischen Bund und Kantonen betreffend die Vierjahresperiode 2012 – 2015 und die Vernehmlassungsergebnisse aus der Befragung der Kantone und interessierten Parteien hat der Bundesrat am 3. 9. 2014 die Botschaft über die Ausstattung der Finanzausgleichsgefäße für die dritte Vierjahresperiode 2016 – 2019 zuhanden des Parlaments verabschiedet.[156]

II.3. Elemente des Steuerrechtsverhältnisses

Das Steuerrechtsverhältnis regelt die Voraussetzungen und den Umfang der Steuerpflicht in der Schweiz. Es besteht aus einem materiellen Teil, dem Steuerschuldverhältnis,[157] und einem formellen Teil, dem Veranlagungsverhältnis.[158]

Das Steuersubjekt (vgl. A.II.3.2.) bezeichnet, welche Person gegenüber welchem Gemeinwesen (Träger der Steuererhebungskompetenz (Steuerhoheit), vgl. A.II.3.1.) steuerpflichtig ist (subjektive Steuerpflicht). Das Steuerobjekt (vgl. A.II.3.3.) bezeichnet einen Tatbestand, der die Pflicht zur Steuerleistung auslöst (objektive Steuerpflicht). Liegen die subjektive und objektive Steuerpflicht vor, so bestimmt sich anhand der Rechtsordnung, auf welcher Grundlage die Steuer erhoben wird (Steuerbemessungsgrundlage, vgl. A.II.3.4.) und wie die Steuer aus dieser Grundlage abgeleitet wird (Steuermaß, vgl. A.II.3.5.).[159]

II.3.1. Steuererhebungskompetenz (Steuerhoheit)

Zwecks Vermeidung allfälliger Kompetenzstreitigkeiten oder Mehrfachbesteuerungen ist die Steuererhebungskompetenz der Gemeinwesen in der Bundesverfassung[160] geregelt. Weiter verhindert das Steuerharmonisierungsgesetz (StHG) steuerliche Mehrfachbelastungen innerhalb der Schweiz und gibt gewisse Vorgaben über den Rahmen der ordentlichen und teilweise auch der privilegierten Besteuerung einzelner Gesellschaften.

Ein elementarer Grundsatz des schweizerischen Steuersystems ist die Souveränität der Kantone. Soweit die Souveränität nicht durch die Bundesverfassung beschränkt ist, üben diese alle Rechte aus, die nicht dem Bund übertragen sind (Art. 3 BV). Damit sind die Kantone in der Wahl der zu erhebenden Steuern grundsätzlich frei. Nur wenn die Bundesverfassung die Erhebung bestimmter Steuern verbietet oder ausdrücklich dem Bund vorbehält, ist die Freiheit der Kantone eingeschränkt.[161] Den Kantonen bleibt also genügend Freiraum für die Austragung eines Konkurrenzkampfes. Dieser innerstaatliche Steuerwettbewerb führt letztlich dazu, dass die Schweiz mit ih-

156 Vgl. Medienmitteilung des Bundesrates v. 3. 9. 2014; Vorabdruck der Botschaft zur Festlegung des Ressourcen- und Lastenausgleichs zwischen Bund und Kantonen für die Beitragsperiode 2016 – 2019; Wirksamkeitsbericht der EFV v. August 2014.

157 Dieses existiert zwischen dem Gemeinwesen als Gläubiger und der natürlichen oder juristischen Person oder Personengesamtheit als Schuldner der steuerrechtlichen Leistung (Steuersubjekt bzw. Steuerpflichtiger).

158 Dieses beinhaltet die verfahrensrechtlichen Rechte und Pflichten, die der Feststellung des Steuertatbestandes, d. h. der Veranlagung, dienen. Je nach Mitwirkungsgrad des Steuerpflichtigen wird zwischen Selbstveranlagung, amtlicher Veranlagung und gemischter Veranlagung unterschieden.

159 Vgl. hierzu und auch zum Folgenden Reich, Steuerrecht, S. 107 ff.; Höhn/Waldburger, Steuerrecht, Bd. I, S. 28.

160 Die Bundesverfassung stellt die Verfassung des Bundesstaates dar. Daneben existieren in den verschiedenen Kantonen auch eigene Verfassungen (Kantonsverfassungen).

161 Vgl. Schweizerische Steuerkonferenz, Das schweizerische Steuersystem, S. 11.

rer im internationalen Vergleich geringen effektiven Steuerbelastung ein äußerst interessanter Steuerstandort ist.[162]

Neben diesem System der Kompetenzausscheidung zwischen Bund und Kantonen gibt es auch die Möglichkeit, dass Bund und Kantone über parallele Kompetenzen verfügen. Die Kompetenz, Steuern zu erheben, steht in der Schweiz dem Bund und den Kantonen zu. Die Gemeinden ihrerseits verfügen über eine (aus der Kantonsverfassung) abgeleitete Besteuerungskompetenz. Die drei Ebenen des schweizerischen Staatsaufbaus verfügen also – anders als in Deutschland – je über eine eigene Steuererhebungskompetenz (Steuerhoheit) und erheben gestützt darauf Steuern und Abgaben.

Unter Steuererhebungskompetenz (Steuerhoheit) wird die öffentlich-rechtliche Berechtigung eines Gemeinwesens, Steuern zu erheben, verstanden. Die Schweiz kennt kein Mantelgesetz wie die deutsche Abgabenordnung (AO). Steuerrechtliche Grundbegriffe, das Steuerschuldrecht, das Steuerverfahren sowie das Steuerstrafrecht sind deshalb jeweils in den einzelnen Steuergesetzen auf Bundes-, Kantons- und Gemeindeebene[163] geregelt. Eine gewisse Vereinheitlichung im Bereich der kantonalen und kommunalen direkten Steuern wird durch das Steuerharmonisierungsgesetz (StHG) erreicht.

Jeder Kanton hat sein eigenes Steuergesetz und belastet die verschiedenen Steuerobjekte entsprechend unterschiedlich. Die Gemeinden können kommunale Steuern erheben oder im Rahmen der kantonalen Grundtarife Zuschläge beschließen.[164] Auch der Bund belastet das Einkommen sowie andere Steuerobjekte.[165]

Eine weitere Eigenart des schweizerischen Steuersystems besteht darin, dass der Bürger selber entscheidet, welche Steuern erhoben werden dürfen. Dies, weil ihm der Staat nur solche Pflichten auferlegen kann, die in Verfassung und Gesetz verankert sind, und weil Verfassungsänderungen im Bund und in allen Kantonen der Volksabstimmung unterbreitet werden müssen (obligatorisches Referendum). In einem Großteil der Kantone gilt dies auch für die Gesetze. In den übrigen Kantonen unterliegen Gesetzesänderungen dem fakultativen Referendum. Darüber hinaus hat auch bei der Festlegung der Steuersätze und -füße[166] in den meisten Fällen das Volk das letzte Wort.[167]

II.3.2. Steuersubjekt

Bei der Definition des Steuersubjektes gibt es grundsätzlich keine schweizerischen Besonderheiten. Steuersubjekt ist, wer gegenüber dem Steuerhoheitsträger zur Steuerleistung verpflichtet ist. Das Steuersubjekt gibt somit eine Antwort auf die Frage, wer die Steuern bezahlen muss. Die subjektive Steuerpflicht setzt voraus, dass die Person mit einem bestimmten Hoheitsträger

162 Vgl. A.I.4.4.

163 Aus Gründen der Übersichtlichkeit wird im Folgenden mehrheitlich nur auf das Bundesgesetz über die direkte Bundessteuer (DBG) verwiesen.

164 Vgl. A.II.3.5.

165 Vgl. Mäusli-Allenspach/Oertli, Das schweizerische Steuerrecht, S. 54 f.

166 Mehr dazu in A.II.3.5.

167 Vgl. Schweizerische Steuerkonferenz, Das schweizerische Steuersystem, S. 17.

in steuerrechtlich relevanter Beziehung steht, d. h. seiner Gebietshoheit untersteht.[168] Dabei ist zwischen

- persönlicher Zugehörigkeit (Wohnsitz oder qualifizierter Aufenthalt, Heimatort/Bürgerrecht in Spezialfällen, statutarischer Sitz oder Ort der tatsächlichen Verwaltung) und
- wirtschaftlicher Zugehörigkeit (durch Rechte an im Gebiet gelegenen Sachen wie bspw. Geschäftsbetriebe, Betriebsstätten, Grundstücke oder Vermittlung von Grundstücken; durch Teilnahme an Verkehrsvorgängen, die sich in diesem Gebiet abspielen; durch eine Erwerbstätigkeit, die dort ausgeübt wird)

zu unterscheiden. Die persönliche Zugehörigkeit zu einem bestimmten Gemeinwesen führt grundsätzlich zu einer unbeschränkten Steuerpflicht für das gesamte weltweite Einkommen und Vermögen (natürliche Personen) resp. den weltweit erzielten Gewinn und im kantonalen Recht das gesamte Kapital (juristische Personen). Allerdings bleibt die wirtschaftliche Zugehörigkeit bestimmter Vermögenswerte (Geschäftsbetriebe, Betriebsstätten und Grundstücke außerhalb des Hoheitsgebiets) zu einem anderen Gemeinwesen (im internationalen Verhältnis meist als Quellenstaat bezeichnet) vorbehalten. Eine wirtschaftliche Zugehörigkeit führt somit zu einer lediglich beschränkten Steuerpflicht in der Schweiz.[169] Nach schweizerischem Steuerrecht werden auch Zweigniederlassungen ausländischer Handelsgesellschaften und anderer ausländischer Personengesamtheiten ohne juristische Persönlichkeit[170] als Betriebsstätten betrachtet und entrichten ihre Einkommens- und Vermögenssteuern nach den Bestimmungen über die juristischen Personen.[171] Sie werden gemäß Art. 49 Abs. 3 DBG denjenigen juristischen Personen gleichgestellt, denen sie rechtlich oder tatsächlich am Ähnlichsten sind.

168 Vgl. Höhn/Waldburger, Steuerrecht, Bd. I, S. 30.

169 Vgl. Reich, Steuerrecht, S. 120, S. 235 ff. und S. 448 ff. Auf die Unterschiede zwischen der beschränkten und der unbeschränkten Steuerpflicht wird in A.II.4. vertieft eingegangen.

170 Vgl. Art. 11 DBG. Eine Personengesamtheit ohne juristische Persönlichkeit gilt nach aktueller Lehrmeinung grundsätzlich als ausländisch, wenn und soweit ihre Gesellschafter in der Schweiz nicht unbeschränkt steuerpflichtig sind. Folglich kann die gleiche Personengemeinschaft je nach Ort der unbeschränkten Steuerpflicht ihrer Gesellschafter ein ausländisches oder ein Schweizer Unternehmen sein. Konkret wird bspw. das Einkommen von Erbengemeinschaften den einzelnen Erben, dasjenige von einfachen Gesellschaften, Kommandit- und Kollektivgesellschaften den einzelnen Teilhabern sowie dasjenige von kollektiven Kapitalanlagen (ohne direkten Grundbesitz) den Anlegern anteilig zugerechnet (transparente Besteuerung gemäß Art. 10 DBG). Für die übrigen Gesellschafter gilt jedoch Art. 11 DBG. Entsprechend tritt neben die in der Schweiz nicht unbeschränkt steuerpflichtigen Gesellschafter ein weiteres Steuersubjekt hinzu, dem der maßgebliche Gewinn zuzuordnen ist (vgl. hierzu Reich, Steuerrecht, S. 23 f.). Der ausländische Einzelunternehmer, der in der Schweiz eine Betriebsstätte seines ausländischen Unternehmens resp. ein rein schweizerisches Einzelunternehmen betreibt, und ausländische Personen, die ein rein schweizerisches Unternehmen in Form einer Schweizer Personengesellschaft führen, fallen jedoch nicht unter Art. 11 DBG (vgl. hierzu Greminger/Bärtschi, Zweifel/Athanas, DBG-Kommentar, Art. 11, Rz. 2).

171 Dies gilt bspw. für die „offenen Handelsgesellschaften" des deutschen Rechts sowie die Publikumskommanditgesellschaften, die der Kapitalanlage und der Erreichung steuerlicher Abschreibungsmöglichkeiten dienen und regelmässig als GmbH & Co. KG konzipiert werden (vgl. Richner/Frei/Kaufmann/Meuter, Handkommentar zum DBG, Art. 11, Rz. 10 f.).

Die subjektive Steuerpflicht setzt voraus, dass das Steuersubjekt rechtsfähig im Sinne der schweizerischen Gesetzgebung ist. Hiernach kann grundsätzlich nur natürlichen und juristischen Personen Steuersubjekteigenschaft[172] zukommen. In bestimmten Fällen erklären die Steuergesetze allerdings auch personenähnliche Gebilde zu Steuersubjekten, so zum Beispiel die Kollektiv- und Kommanditgesellschaften bei der Mehrwertsteuer, obwohl sie über keine (eigentliche) Rechtspersönlichkeit verfügen. Trotz fehlender Rechtspersönlichkeit sind diese Personengesellschaften gemäß schweizerischem Gesellschaftsrecht beschränkt rechtsfähig. Sie können im Rechtsverkehr als Vertragspartei auftreten und sind prozess- und betreibungsfähig.[173]

II.3.3. Steuerobjekt

Die Steuerleistungspflicht knüpft an bestimmte Tatbestände (Zustände, Vorgänge, Wertzuflüsse) an, welche Gegenstand einer Besteuerung bilden. Diese Tatbestände begründen die objektive Steuerpflicht.[174]

Das Steuerobjekt ist das zentrale Element des Steuerrechtsverhältnisses. Es charakterisiert die Steuer und bestimmt die Steuerart. Das Steuerobjekt ist also gewissermaßen die Antwort auf die Frage, wofür man Steuern bezahlen muss. Jedes Steuergesetz hat diejenigen Tatbestände zu umschreiben, die eine Steuerpflicht auslösen. In der Schweiz richtet sich die Bestimmung des Steuerobjekts grundsätzlich nach formellen Gesichtspunkten. Anhand des Steuerobjekts kann die Einteilung der Steuern in ihre Unterarten dargestellt werden.[175]

II.3.4. Steuerbemessungsgrundlage

Um eine Steuer in Geldbeträgen festzusetzen, bedarf es einer Bemessungsgrundlage bzw. Messgröße. Dabei handelt es sich meist um in Währungseinheiten ausgedrückte Werte, die sich entweder direkt aus dem Steuerobjekt ergeben (z. B. Einkommen, Vermögen, Gewinn, Kapital) oder mit diesem im Zusammenhang stehen (z. B. Entgelt, Umsatz). Diese Messgröße wird als Steuerbemessungsgrundlage oder Steuerfaktoren bezeichnet. Je höher dabei die Bemessungsgrundlage ist, desto höher fällt auch die geschuldete Steuer aus.[176]

---

172 Hierunter fallen alle nach Zivilrecht rechtsfähigen natürlichen Personen wie Ehegatten und eingetragene Partner sowie unmündige Kinder (obwohl deren Einkommen und nach kantonalem Recht auch deren Vermögen – mit Ausnahme der Erwerbseinkünfte – dem Inhaber der elterlichen Sorge zugerechnet werden). Personengesamtheiten (Kollektiv-, Kommandit- und einfache Gesellschaften) sowie Erbengemeinschaften sind dagegen grundsätzlich keine selbständigen Rechtssubjekte. Ausgenommen hiervon sind einerseits Fälle von ungewisser Erbfolge (mit der Konsequenz, dass Erbengemeinschaften in gewissen Kantonen, nicht aber auf Bundesebene, als Ganzes nach den Regeln für natürliche Personen besteuert werden), andererseits die in der Fußnote zuvor genannten ausländischen Personengesamtheiten. Weiter sind darunter alle nach ZGB und IPRG privatrechtlich gültig errichteten juristischen Personen, die in der Fußnote zuvor genannten ausländischen Personengesamtheiten, die Investmentgesellschaften mit festem Kapital (SICAF; Art. 110 KAG; vgl. Art. 49 Abs. 2 DBG) sowie die kollektiven Kapitalanlagen mit direktem Grundbesitz (Art. 58 KAG; vgl. Art. 49 Abs. 2 DBG) zu subsumieren. Vgl. hierzu Reich, Steuerrecht, S. 232 ff. und S. 442 ff.

173 Vgl. Meier-Hayoz/Forstmoser, Schweizerisches Gesellschaftsrecht, S. 85.

174 Vgl. Höhn/Waldburger, Steuerrecht, Bd. I, S. 30.

175 Auf die Einteilung der verschiedenen Steuern in ihre Unterarten wird in A.II.5. genauer eingegangen.

176 Vgl. Höhn/Waldburger, Steuerrecht, Bd. I, S. 32; Reich, Steuerrecht, S. 121; SSK, Steuerinformationen, Steuersatz und Steuerfuß, S. 1. Bei den sog. festen Steuern wie bspw. der Personal- bzw. Haushaltsteuer, der Hundesteuer oder den Beherbungsabgaben, ist keine Steuerbemessung erforderlich.

II.3.5. Steuermaß

Schließlich ist es notwendig, die geschuldete Steuer festzulegen. Bei gewissen Steuerarten wird die Steuer jedes Mal, wenn das Steuerobjekt verwirklicht ist, als fester einheitlicher Betrag erhoben.[177] So z. B. bei der kommunalen Personalsteuer jeweils am 31.12. eines Jahres, wenn der Steuerpflichtige an diesem Stichtag in der Gemeinde Wohnsitz hat. Hinsichtlich der andern Steuerarten ist hingegen eine Bewertung des Steuerobjekts notwendig und zu bestimmen, wie viel von dieser Steuerbemessungsgrundlage als Steuer geschuldet ist. Das Verhältnis zwischen Steuerbemessungsgrundlage und Steuerbetrag wird dabei durch das sog. wertabhängige Steuermaß (Steuersatz,[178] Steuertarif,[179] Steuerfuß[180]) festgelegt. In der Schweiz gibt das Steuermaß somit die Höhe der Steuerbelastung an und ist gewissermaßen der auf die Bemessungsgrundlage bezogene effektive Maßstab für die Steuerbelastung.

Bei der direkten Bundessteuer ist nur der Höchstsatz (11,5 %) in der Bundesverfassung verankert (Art. 128 Abs. 1 Bst. a BV). Dieser ließe sich nur durch eine Verfassungsrevision ändern und unterläge als solche dem obligatorischen Referendum. Der Tarif selbst kann hingegen durch Änderung des DBG geändert werden; diesfalls bestünde nur ein fakultatives Referendum. Auf kantonaler und kommunaler Ebene erfordert eine Änderung der Tarifstruktur (inkl. Grundtarif) eine Teilrevision des Steuergesetzes. Eine solche unterliegt in den meisten Kantonen und Gemeinden

177 In diesen Fällen dient eine Steuerbemessungsgrundlage als Basis, welche für jedes Steuerobjekt die Gleiche ist (sog. Einheitssteuermaß). Eine eigentliche Bewertung des Steuerobjekts ist nicht erforderlich.

178 Die im betreffenden Steuergesetz festgelegten Steuersätze können fest sein (proportionaler Steuersatz) oder mit der Steuerbemessungsgrundlage variieren (progressiver bzw. überproportionaler Steuersatz) und sind für die Berechnung der Steuerlast direkt anwendbar. Die degressive Abstufung von Steuersätzen (Steuertarif) für die Einkommens- und Vermögenssteuer des Kantons OW wurde im Urteil des Bundesgerichts v. 1. 6. 2007 (2P.43/2006) für verfassungswidrig erklärt, da sie gegen das Gebot der Besteuerung nach der wirtschaftlichen Leistungsfähigkeit (Art. 127 Abs. 2 BV) wie auch gegen den allgemeinen Gleichheitssatz (Art. 8 Abs. 1 BV) verstieß. Entsprechend wurden die kantonalen gesetzlichen Regelungen aufgehoben. Mittlerweile kennt kein Kanton mehr eine degressive Abstufung des Steuertarifes.

179 Für Steuerarten, deren Steuersatz sich mit der Höhe der Steuerbemessungsgrundlage ändert, sind die verschiedenen Steuersätze in einem Steuertarif erfasst. Der Steuertarif enthält in der Regel gleichzeitig auch die effektiv geschuldete oder aber die sog. einfache Steuer für die nach Stufen eingeteilte Bemessungsgrundlage. Der Steuertarif ist für viele einmalige und auch diverse periodische Steuern in dieser Form direkt anwendbar, d. h. die für einen bestimmten Steuerfaktor geschuldete Steuer kann ihm unmittelbar entnommen werden. Beispiele solcher Steuern, deren Tarife direkt den geschuldeten Steuerbetrag enthalten, sind die direkte Bundessteuer sowie alle weiteren vom Bund erhobenen Steuern, auf kantonaler Ebene die Motorfahrzeugsteuer, die Liegenschaftensteuer, die Handänderungssteuer (entspricht der deutschen Grunderwerbsteuer), in der Regel die Erbschafts- und Schenkungssteuern sowie die Einkommens- und Vermögens- bzw. Gewinn- und Kapitalsteuer der Kantone TI und VS.

180 In den meisten Kantonen und für die Mehrheit der direkten Steuern besteht das Steuermaß aus zwei Teilen: Dem gesetzlich festgelegten Steuersatz und einem periodisch festzusetzenden Vielfachen der Steuer, dem (Kantons- und Gemeinde-)Steuerfuß. Dieser wird periodisch – in der Regel jährlich – durch den Gesetzgeber neu festgelegt, um dadurch eine periodische Anpassung der Fiskaleinnahmen an die finanziellen Bedürfnisse der Gemeinwesen zu ermöglichen. In der wirtschaftlichen Wirkung ist der Steuerfuß mit dem deutschen Gewerbesteuerhebesatz vergleichbar. Die kantonalen Steuergesetze enthalten also bloß den Grundtarif der Steuer. Die sich daraus ergebende Steuer nennt sich einfache Steuer. Die effektiv geschuldete Kantons- (bzw. Staats-) und Gemeindesteuer resultiert erst durch Multiplikation dieses Satzes oder dieser einfachen Steuer mit dem Steuerfuß (vgl. SSK, Steuerinformationen, Die geltenden Steuern von Bund, Kantonen und Gemeinden, S. 29; SSK, Steuerinformationen, Die Einkommenssteuer natürlicher Personen, S. 108 f.). Die Kantone TI und VS kennen keine Steuerfüße. Es ist jedoch nicht ausgeschlossen, dass diese beiden Kantone für Gemeindesteuern jährliche Vielfache vorsehen. Von wenigen Ausnahmen abgesehen, gilt dieses System auch für die kantonalen und kommunalen Gewinn- und Kapitalsteuern der juristischen Personen (vgl. SSK, Das schweizerische Steuersystem, S. 59)

grundsätzlich oder ab einer bestimmten im Gesetz festgelegten Höhe ebenfalls dem obligatorischen oder fakultativen Referendum. Die kantonalen Steuerfüße werden – abgesehen von einigen Ausnahmen – unter Vorbehalt des fakultativen Referendums vom jeweiligen kantonalen Parlament beschlossen. Die kommunalen Steuerfüße werden entweder durch die kommunale Legislative (in der Regel das Gemeindeparlament) oder durch die Gemeindeversammlung festgelegt; es gilt grundsätzlich das fakultative Referendum. In einzelnen Kantonen wird alljährlich mit dem Budgetvoranschlag über den Steuerfuß abgestimmt; dieser Vorgang unterliegt dem obligatorischen Referendum.[181]

Nachfolgendes Beispiel verdeutlicht die schweizerische Systematik:

BEISPIEL: Ausgangslage: Alleinstehende Person, kinder- und konfessionslos, Stadt Zürich

Einkommen: CHF 100'000; Vermögen: CHF 0; Steuertarif 2014

Gesetzlicher Steuersatz gemäß (progressivem) Tarif für die direkte Bundessteuer: 2.874 %

Gesetzlicher Steuersatz gemäß (progressivem) kantonalem Tarif: 6.296 %

Für die Steuerperiode abwendbarer Kantonssteuerfuß = 100 %

Für die Steuerperiode anwendbarer Gemeindesteuerfuß = 119 %

Schritt 1: Berechnung der direkten Bundessteuer:

Direkte Bundessteuer = 2.874 % von CHF 100'000 = CHF 2'874

Schritt 2: Berechnung der einfachen Steuer für Kantons- (bzw. Staats-) und Gemeindesteuerzwecke:

Einfache Steuer = 6.296 % von CHF 100'000 = CHF 6'296

Schritt 3: Berechnung der Steuerbelastung:

	Einfache Steuer (CHF)	Steuerfuß	Steuerbetrag (CHF)	Effektives Steuermaß
Direkte Bundessteuer	2'874	-	2'874	2.874 %
Kantonssteuer	6'296	100 %	6'296	6.296 %
Gemeindesteuer	6'296	119 %	7'492	7.492 %
Total			16'662	16.662 %

Nebst dem in der Bundesverfassung verankerten Höchstsatz für die direkte Bundessteuer kennen einige Kantone[182] in ihren Steuergesetzen eine Grenze für die maximale Steuerbelastung. In diesen Kantonen darf die Belastung des Einkommens und/oder des Vermögens bzw. die Gesamtsteuerbelastung durch die Einkommens- und Vermögenssteuer (Kantons- und Gemeindesteuer, manchmal inkl. Kirchensteuer) einen bestimmten Wert nicht überschreiten (sog. Einkommens- und/oder Vermögenssteuerbremse).[183]

181 Vgl. Reich, Steuerrecht, S. 122 f.; SSK, Steuerinformationen, Steuersatz und Steuerfuß, S. 1 ff.; SSK, Steuerinformationen, Die Einkommenssteuer natürlicher Personen, S. 112; Mäusli-Allenspach/Oertli, Das schweizerische Steuerrecht, S. 66; Höhn/Waldburger, Steuerrecht, Bd. I, S. 253 f.

182 So bspw. die Kantone AG, BE, BS, LU, VD und VS.

183 Vgl. SSK, Steuerinformationen, Die Einkommenssteuer natürlicher Personen, S. 113 f.

II.4. Steuerpflicht in der Schweiz

Grundsätzlich sind alle natürlichen und juristischen Personen rechtsfähig und damit steuerpflichtig. Kollektiv- und Kommanditgesellschaften sind nur beschränkt rechtsfähig und begründen deshalb keine selbstständige Steuerpflicht bzw. werden analog zur deutschen Systematik als steuerlich transparent betrachtet.[184]

Wenn neben der Rechtsfähigkeit eine persönliche Zugehörigkeit vorliegt, wird eine unbeschränkte Steuerpflicht (vgl. A.II.4.1.) begründet. Die Rechtsfähigkeit in Verbindung mit einer wirtschaftlichen Zugehörigkeit führt lediglich zu einer beschränkten Steuerpflicht (vgl. A.II.4.2.).

Besteht in einem Gemeinwesen eine unbeschränkte Steuerpflicht, hat der Steuerpflichtige dort sein primäres bzw. allgemeines Steuerdomizil. Dieses wird häufig auch als Hauptsteuerdomizil bezeichnet und fällt u.U. mit dem Wohnsitz resp. dem Aufenthalt oder dem statutarischen Sitz resp. dem Ort der tatsächlichen Verwaltung zusammen. Besteht in einem Gemeinwesen lediglich eine beschränkte Steuerpflicht, hat der Steuerpflichtige dort ein Nebensteuerdomizil.[185] Nachfolgende Übersicht verdeutlicht den Unterschied zwischen der unbeschränkten und der beschränkten Steuerpflicht:

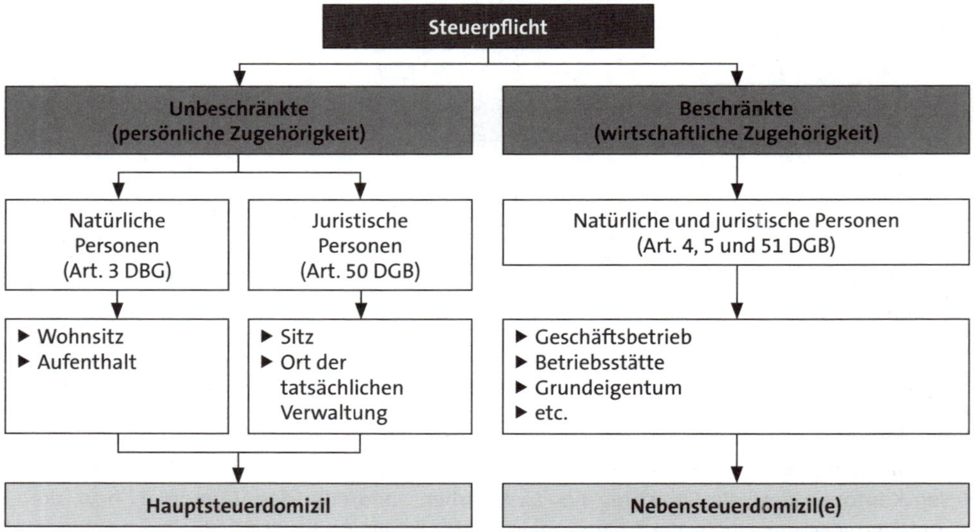

Die unbeschränkte und die beschränkte Steuerpflicht unterscheiden sich insbesondere hinsichtlich ihres Umfangs, wie nachfolgende Grafik zeigt. Bei der unbeschränkten Steuerpflicht greift das Universal- bzw. Welteinkommensprinzip, bei der beschränkten Steuerpflicht das Quellenprinzip.

184 Vgl. A.II.3.2.

185 Vgl. Höhn/Mäusli, Interkantonales Steuerrecht, S. 73 f. Diese Begriffe sind insbesondere im interkantonalen Verhältnis von Bedeutung. Hierbei wird auf eine Unterscheidung zwischen primären und sekundären Nebensteuerdomizilen verzichtet, da diese ausschließlich in der interkantonalen, nicht aber in der internationalen Besteuerung von Bedeutung sind.

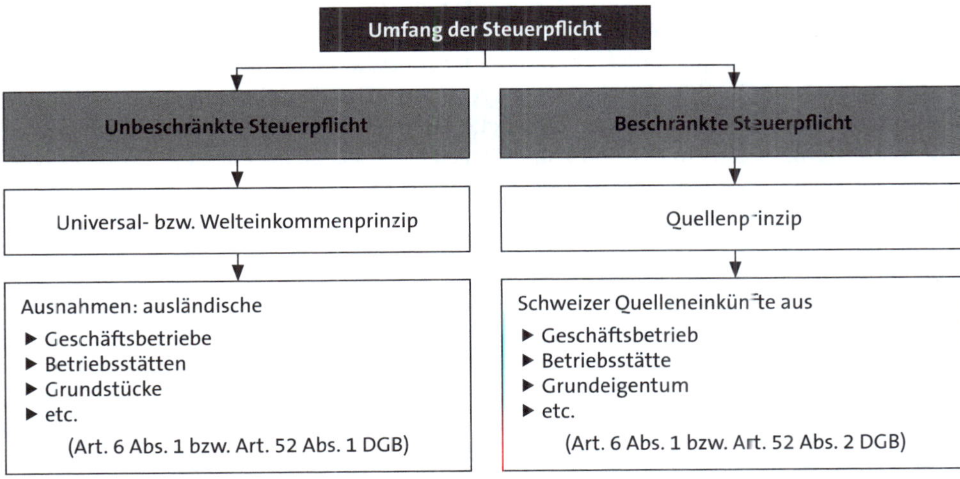

II.4.1. Unbeschränkte Steuerpflicht

II.4.1.1. Unbeschränkte Steuerpflicht natürlicher Personen

Natürliche Personen sind in Folge persönlicher Zugehörigkeit unbeschränkt steuerpflichtig, wenn sie ihren steuerrechtlichen Wohnsitz oder Aufenthalt in der Schweiz haben (Art. 3 Abs. 1 DBG, Art. 3 Abs. 1 StHG). Die unbeschränkte Steuerpflicht wird in der Schweiz auch als allgemeine Steuerpflicht bezeichnet und umfasst (nach dem Welteinkommensprinzip) grundsätzlich alle Zuflüsse (Arbeitseinkommen, Vermögenserträge etc.) und Vermögensbestandteile aus inländischen und ausländischen Quellen, erstreckt sich aber anders als bspw. in Deutschland – unter Vorbehalt der Progressionswirkung – nicht auf Geschäftsbetriebe, Betriebsstätten und Grundstücke im Ausland (Art. 6 Abs. 1 i. V. m. Art 7 Abs. 1 DBG). Diese Einkommen aus qualifizierenden (ausländischen) Quellen unterliegen also bereits gemäß unilateraler Vorschrift nicht der schweizerischen Steuerpflicht (Freistellung).[186]

In der Schweiz beginnt die Steuerpflicht grundsätzlich mit der Geburt oder mit dem Zuzug (Art. 8 Abs. 2 DBG). Aufgrund der Bestimmungen über die Familienbesteuerung (Art. 9 Abs. 2 DBG) ist die Steuerpflicht vor dem Erwerb der Volljährigkeit i. S. v. Art. 14 ZGB allerdings eine unselbständige. D. h. das unter elterlicher Sorge stehende Kind ist zwar selbst Steuersubjekt, aber der Inhaber der elterlichen Sorge übt sämtliche Rechte und Pflichten aus dem Steuerrechtsverhältnis bis zum Erwerb der Volljährigkeit des Kindes aus.[187] Die Steuerpflicht endet mit dem Tod oder dem Wegzug aus der Schweiz (Art. 8 Abs. 2 DBG).

Einen steuerrechtlichen Wohnsitz hat eine natürliche Person dann, wenn sie sich in der Schweiz mit der Absicht des dauernden Verbleibens aufhält oder wenn ihr das Bundesrecht in der Schweiz einen besonderen gesetzlichen Wohnsitz zuweist (Art. 3 Abs. 2 DBG). Der Begriff des

186 Vgl. Athanas/Giglio, Zweifel/Athanas, DBG-Kommentar, Art. 6, Rz. 5 ff.

187 Zu den Grundsätzen der Familien-, Ehegatter- und Partnerschaftsbesteuerung vgl. A.IV.1.2.; Bauer-Balmelli/Omlin, Zweifel/Athanas, DBG-Kommentar, Art. 8, Rz. 6 f.

steuerrechtlichen Wohnsitzes ist ein eigenständiger Begriff und damit nicht deckungsgleich mit dessen zivilrechtlichen Definition.[188] Das Vorliegen eines steuerrechtlichen Wohnsitzes in der Schweiz beruht auf dem qualitativen Kriterium der „Absicht dauernden Verbleibens". Der steuerrechtliche Wohnsitz ist demnach derjenige Ort, an dem sich der Mittelpunkt der persönlichen Lebensinteressen des Steuerpflichtigen befindet.[189] Formelle Elemente wie die Hinterlegung der Ausweisschriften[190] an einem Ort sind grundsätzlich nicht ausschlaggebend.[191] Vielmehr wird – wie in Deutschland – auf die konkreten Umstände wie z. B. die Miete einer Wohnung oder die Mitwirkung in Vereinen abgestellt.

Steuerrechtlicher Aufenthalt in der Schweiz liegt vor, wenn eine natürliche Person in der Schweiz ungeachtet vorübergehender Unterbrechungen während mindestens 30 Tagen verweilt und eine Erwerbstätigkeit[192] ausübt oder während mindestens 90 Tagen verweilt und keine Erwerbstätigkeit ausübt (Art. 3 Abs. 3 DBG).[193] Ist eine der beiden Voraussetzungen erfüllt, spricht man von einem qualifizierten Aufenthalt in der Schweiz. Hierbei wird auf das objektive Kriterium der Mindestaufenthaltsdauer in der Schweiz abgestellt.[194]

PRAXISHINWEIS

Ein qualifizierter Aufenthalt ist dann anzunehmen, wenn der 30- bzw. 90-tägige Aufenthalt auf diese Mindestdauer angelegt ist und zusammenhängend erfolgt bzw. höchstens durch kurze Abwesenheiten (bspw. während eines Wochenendes oder für wenige Tage) unterbrochen wird. Eine Anhäufung von mehreren Aufenthalten, die jeweils kürzer als 30 resp. 90 Tage dauern, erfüllt deshalb die Voraussetzungen für einen steuerrechtlichen Aufenthalt i. S. v. Art. 3 Abs. 3 DBG nicht. In Übereinstimmung mit der Praxis zur 183-Tage-Regel (Monteurklausel)[195] des DBA-Rechts werden für die Berechnung der Dauer des Aufenthaltes nur die Tage des effektiven physischen Aufenthaltes in der Schweiz gezählt.

Im Gegensatz zur Wohnsitznahme ist der Beginn der Steuerpflicht infolge steuerrechtlichen Aufenthaltes erst im Nachhinein feststellbar. Die Steuerpflicht beginnt allerdings nicht erst mit dem Ablauf des maßgeblichen Zeitraumes, sondern rückwirkend mit dem ersten Tag des qualifizierten Aufenthaltes[196] und endet mit dem Abbruch desselben. Letzteres erfolgt entweder durch faktische Ausreise oder durch einen Unterbruch des Aufenthaltes, welcher geeignet ist, den Zusammenhang des Aufenthaltes aufzuheben.[197]

188 Eine Übersicht zu den steuerrechtlichen und zivilrechtlichen Abweichungen eines Wohnsitzes befindet sich in Bauer-Balmelli/Omlin, Zweifel/Athanas, DBG-Kommentar, Art. 3, Rz. 5.

189 Dies entspricht nicht der deutschen Regelung, wonach für die unbeschränkte Steuerpflicht ein Wohnsitz unabhängig vom Lebensmittelpunkt genügt (vgl. Heinicke, Schmidt, EStG-Kommentar, § 1, Rz. 20).

190 Der Heimatschein (Wohnsitzmeldung) wird in der Schweiz am jeweiligen Wohnsitz bei der Gemeindeverwaltung hinterlegt. Hierunter versteht man die Anmeldung bei der Einwohnerkontrolle (Einwohnermeldeamt). Die Hinterlegung wird von der Gemeinde durch einen Schriftenempfangsschein bestätigt.

191 Vgl. Bauer-Balmelli/Omlin, Zweifel/Athanas, DBG-Kommentar, Art. 3, Rz. 4.

192 Dabei ist es unerheblich, ob einer selbständigen oder einer unselbständigen Erwerbstätigkeit nachgegangen wird (Bauer-Balmelli/Omlin, Zweifel/Athanas, DBG-Kommentar, Art. 3, Rz. 9).

193 Insofern genügt in der Schweiz bereits ein weitaus kürzerer Zeitraum als in Deutschland, der nach dortiger Rechtsprechung grds. sechs Monate beträgt, vgl. BFH I R 215/85, BStBl II 1989, S. 956 (vgl. Heinicke, Schmidt, EStG-Kommentar, § 1, Rz. 20).

194 Vgl. Bauer-Balmelli/Robinson, Zweifel/Athanas, DBG-Kommentar, Art. 3, Rz. 7 f. Keinen steuerrechtlichen Wohnsitz oder Aufenthalt begründet eine Person, die ihren Wohnsitz im Ausland hat, und die sich in der Schweiz lediglich zum Besuch einer Lehranstalt (z. B. ein Schüler oder Student) oder zur Pflege in einer Heilstätte aufhält (Art. 3 Abs. 4 DBG).

195 Vgl. ausführlich B.XII.2.1.

196 Vgl. Bauer-Balmelli/Omlin, Zweifel/Athanas, DBG-Kommentar, Art. 8, Rz. 9.

197 Vgl. Bauer-Balmelli/Omlin, Zweifel/Athanas, DBG-Kommentar, Art. 8, Rz. 24.

Im internationalen Verhältnis bleiben die in den DBA enthaltenen Regelungen vorbehalten. Aufgrund der verschiedenen intern rechtlichen Anknüpfungspunkte für die unbeschränkte Steuerpflicht können sich Doppelansässigkeiten ergeben. In diesen Fällen ist der Ansässigkeitskonflikt nach Maßgabe der einschlägigen Kollisionsnormen des jeweiligen DBA zu regeln.[198]

II.4.1.2. Unbeschränkte Steuerpflicht juristischer Personen

Juristische Personen[199] sind in der Schweiz unbeschränkt steuerpflichtig, wenn sich dort ihr Sitz oder der Ort ihrer tatsächlichen Verwaltung befindet (Art. 50 DBG, Art. 20 Abs. 1 StHG). Das hat zur Folge, dass die in der Schweiz erzielten Gewinne sowie das in der Schweiz gelegene Kapital[200] zum Steuersatz des gesamten (weltweiten) Gewinnes bzw. Kapitals zu versteuern sind. Unter Vorbehalt der Progressionswirkung sind dagegen die im Ausland gelegenen Geschäftsbetriebe, Betriebsstätten und Grundstücke von der Besteuerung in der Schweiz ausgenommen (Art. 52 Abs. 1 DBG).

Die Steuerpflicht beginnt mit der Gründung der juristischen Person bzw. mit der Verlegung ihres Sitzes oder ihrer tatsächlichen Verwaltung in die Schweiz (Art. 54 Abs. 1 DBG)[201] und endet mit dem Abschluss der Liquidation bzw. mit der Verlegung des Sitzes oder der tatsächlichen Verwaltung ins Ausland (Art. 54 Abs. 2 DBG). Eine bloß vorübergehende Verlegung des Sitzes ins Ausland beendigt die Steuerpflicht hingegen nicht (Art. 54 Abs. 4 DBG). Ob eine nur vorübergehende Sitzverlegung vorliegt, ist in der Praxis im Einzelfall zu entscheiden.

Unter Sitz wird der zivilrechtliche bzw. statutarische Sitz einer juristischen Person verstanden. Zivilrechtlich sind juristische Personen frei, ihren Sitz zu wählen. Kapitalgesellschaften, Genossenschaften und Stiftungen sind verpflichtet, ihren Sitz statutarisch festzulegen und sich am Ort des gewählten Sitzes im Handelsregister einzutragen. Somit lässt sich bei diesen juristischen Personen der zivilrechtliche Sitz aus dem Handelsregisterauszug ermitteln. Enthalten die Statuten keine Angaben über den Sitz, befindet sich dieser nach schweizerischem Recht am Ort der Verwaltung (Art. 56 ZGB). Kollektive Kapitalanlagen mit direktem Grundbesitz haben ihren Sitz am Ort der Fondsleitung.[202]

198 Vgl. Bauer-Balmelli/Omlin, Zweifel/Athanas, DBG-Kommentar, Art. 3, Rz. 15. Für eine Analyse im Verhältnis Deutschland/Schweiz vgl. B.IV.

199 Das StHG zählt die juristischen Personen explizit auf (Art. 20 Abs. 1 StHG). Genannt werden Kapitalgesellschaften (Aktiengesellschaften, Kommanditaktiengesellschaften, Gesellschaften mit beschränkter Haftung), Genossenschaften, Vereine, Stiftungen und die übrigen juristischen Personen (wie z. B. öffentlich-rechtliche Körperschaften und Anstalten). Darüber hinaus werden auch die kollektiven Kapitalanlagen mit direktem Grundbesitz nach Art. 58 KAG den übrigen juristischen Personen gleichgestellt. Investmentgesellschaften mit festem Kapital nach Art. 110 KAG (sog. SICAF) hingegen werden wir Kapitalgesellschaften besteuert (Art. 20 Abs. 1 StHG; vgl. auch KS ESTV Nr. 25 v. 5. 3. 2009).

200 Im Gegensatz zu Deutschland kennt die Schweiz (zurzeit noch) eine Kapitalsteuer auf Kantons- und Gemeindeebene (vgl. A.II.5.1.2.2.).

201 Dabei ist grundsätzlich derjenige Tag maßgebend, an dem die juristische Person ihre Rechtspersönlichkeit in der Schweiz erlangt. Bei Kapitalgesellschaften und Genossenschaften ist dies regelmäßig der Tag, an dem die Gesellschaft im Handelsregister eingetragen wird (der Handelsregistereintrag ist hier konstitutiv). Vereine erlangen ihre Rechtspersönlichkeit durch Errichtung der Statuten (Art. 52 i. V. m. Art. 60 ZGB). Bei Stiftungen ist der Tag der öffentlichen Beurkundung der Stiftungsurkunde maßgebend (Bauer-Balmelli/Omlin, Zweifel/Athanas, DBG-Kommentar, Art. 54, Rz. 5).

202 Vgl. Richner/Frei/Kaufmann/Meuter, Handkommentar zum DBG, Art. 50, Rz. 4; Athanas/Giglio, Zweifel/Athanas, DBG-Kommentar, Art. 50, Rz. 3 ff.

Es ist hervorzuheben, dass, entgegen dem Wortlaut von Art. 50 und Art. 54 DBG, nach ständiger Praxis des Bundesgerichts bei einem Auseinanderfallen von Sitz und Ort der tatsächlichen Verwaltung (Geschäftsleitung) letzterer als Anknüpfungspunkt für eine unbeschränkte Steuerpflicht maßgebend ist. Dies gilt sowohl für inländische als auch für ausländische juristische Personen. Unter dem Ort der tatsächlichen Verwaltung wird derjenige Ort verstanden, an dem „die Fäden der Geschäftsführung zusammenlaufen, die wesentlichen Unternehmensentscheide fallen".[203]

Gemäß bundesgerichtlicher Rechtsprechung ist für das Hauptsteuerdomizil „der wirkliche, tatsächliche Mittelpunkt [der Aktivitäten] der juristischen Person"[204] maßgebend. Das ist derjenige Ort, an dem „die [tatsächliche] Geschäftsführung [ausgeübt] wird"[205] bzw. wo „diejenigen Handlungen, welche in ihrer Gesamtheit der Erreichung des statutarischen Zweckes dienen, [...] vorgenommen werden".[206] Somit kommt grundsätzlich der Führung der laufenden (operativen) Geschäfte für die Bestimmung des Ortes der tatsächlichen Verwaltung maßgebliche Bedeutung zu. Der Umfang dieser Tätigkeit hängt von der Art der Gesellschaft, d. h. vom Gesellschaftszweck ab, und kann vereinzelt nach außen hin auch als relativ gering erscheinen.[207] Die Geschäftsführung ist zum einen von der blossen administrativen Verwaltung und zum anderen von Tätigkeiten der obersten Gesellschaftsorgane abzugrenzen. Die administrative Verwaltung beinhaltet bspw. reine Schreib- und Buchhaltungsarbeiten oder die Vermögensverwaltung mit sehr beschränkter Dispositionsbefugnis. Eine Abgrenzung von Tätigkeiten der obersten Gesellschaftsorgane ist nur vorzunehmen, wenn ihre Funktion auf die Kontrolle der Geschäftsleitung und auf gewisse Grundsatzentscheide beschränkt ist.[208]

Im internationalen Steuerrecht existiert keine einheitliche Definition des Begriffs der tatsächlichen Geschäftsführung. Insbesondere die Doppelbesteuerungsabkommen definieren den Begriff nicht. Allerdings herrscht unter den Staaten, die mit der Schweiz ein DBA abgeschlossen haben, weitgehend Einigkeit darüber, dass der Ort der tatsächlichen Verwaltung dort anzusiedeln ist, wo die laufenden Geschäfte tatsächlich geführt werden. Sind Kontrolle und strategische Führungsverantwortung oder Oberleitung und operationelle Geschäftsführung personell und örtlich getrennt, ist jeweils letztere für die Bestimmung des Ortes der tatsächlichen Geschäftsführung heranzuziehen.[209] Dies gilt auch nach der ständigen Rechtsprechung des Bundesfinanzhofs (BFH).[210]

PRAXISHINWEIS

Durch Art. 4 Abs. 9 DBA D-CH (überdachende Besteuerung) hilft diese Strukturierung (also bspw. Sitz in Deutschland und Ort der tatsächlichen Geschäftsführung in der Schweiz; sog. Dual Residence) jedoch nicht im Verhältnis Deutschland/Schweiz.[211]

203 Vgl. Botschaft Steuerharmonisierung, S. 108.
204 Vgl. BGE 54 I 301 E. 2 S. 308.
205 Vgl. BGE 50 I 100 E. 2 S. 102.
206 Vgl. BGE 50 I 100 E. 2 S. 103.
207 Vgl. Mäusli, Die Ansässigkeit von Gesellschaften im internationalen Steuerrecht, S. 59.
208 Vgl. dazu und zum Folgenden: Athanas/Giglio, Zweifel/Athanas, DBG-Kommentar, Art. 50, Rz. 12 ff. m. w. N. und Heilinger/Maute, StR 2008, S. 742 ff.
209 Vgl. Mäusli, Die Ansässigkeit von Gesellschaften im internationalen Steuerrecht, S. 201.
210 Vgl. hierzu ausführlich D.IV.2.
211 Vgl. B.IV.9.

II.4.2. Beschränkte Steuerpflicht

Im Gegensatz zur unbeschränkten Steuerpflicht ist eine beschränkte Steuerpflicht auf diejenigen Teile des Einkommens und Vermögens bzw. des Gewinns und Kapitals beschränkt, für die in der Schweiz eine Steuerpflicht besteht (Art. 6 Abs. 2 bzw. Art. 52 Abs. 2 und 4 DBG). Dies sind Einkünfte bzw. Gewinne, welche aus qualifizierenden inländischen Quellen (vgl. Art. 4 und Art. 5 bzw. Art. 51 DBG) stammen bzw. diesen Quellen zuzurechnen sind.[212] Allerdings wird in der Schweiz – in Abkehr zu den internationalen Gepflogenheiten – für die Bestimmung des Steuersatzes auch bei Vorliegen einer beschränkten Steuerpflicht grundsätzlich auf das gesamte, weltweit erzielte Einkommen bzw. auf den gesamten weltweiten Gewinn abgestellt (Art. 7 Abs. 1 DBG).[213] Da bei der Gewinnsteuer die meisten Kantone zum Proportionalsatz gewechselt haben, zeitigt der Progressionsvorbehalt insofern keine steuerverschärfende Wirkung. Ausnahmsweise wird der Steuersatz nur aufgrund der Einkommens- bzw. Gewinnteile ermittelt, welche die steuerbare Bemessungsgrundlage in der Schweiz bilden (Art. 7 Abs. 2 DBG). Dies ist bspw. dann der Fall, wenn das steuerbare Einkommen in der Schweiz – bedingt durch den Anfall von Verlusten im Ausland – größer ist, als das gesamte weltweit steuerbare Einkommen.[214]

Eine qualifiziert beschränkte Steuerpflicht besteht aufgrund des Vorliegens

- eines Geschäftsbetriebes,
- einer Betriebsstätte oder
- von Grundstücken[215]

in der Schweiz.

Die beschränkte Steuerpflicht beginnt mit der Begründung einer steuerrechtlich relevanten Beziehung in der Schweiz, d. h. mit dem Erwerb steuerbarer Werte oder dem Bezug bestimmter Leistungen (Art. 8 Abs. 1 bzw. Art. 54 Abs. 1 DBG). Sie endet mit dem Wegfall oder mit der Beendigung des Bezugs derselben (Art. 8 Abs. 2 bzw. Art. 54 Abs. 2 DBG). Der Zeitpunkt der Beendigung der beschränkten Steuerpflicht bestimmt sich grundsätzlich nach den für die Begründung der entsprechenden Steuerpflicht relevanten Kriterien.[216]

Aufgrund der verschiedenen Steuerhoheiten kommt es regelmäßig vor, dass ein Steuerpflichtiger schon innerhalb der Schweiz mehrere Steuerdomizile hat. Aus der Anknüpfung an die persönliche Zugehörigkeit ergibt sich, dass ein Steuerpflichtiger in der Schweiz jedoch nur über ein Hauptsteuerdomizil verfügen kann. Gleichzeitig kann er aber mehrere Nebensteuerdomizile im In- und Ausland haben. Nachfolgendes Beispiel verdeutlicht dies.

BEISPIEL: Der Steuerpflichtige X hat seinen Wohnsitz in der Stadt Zürich. Er ist Gesellschafter der X & Co., einer Kollektivgesellschaft mit Sitz in Basel-Stadt (Kanton BS). Weiter besitzt X in Davos (Kanton GR) eine Ferienwohnung.

---

212 Vgl. Athanas/Giglio, Zweifel/Athanas, DBG-Kommentar, Art. 52, Rz. 7.

213 Dieses Prinzip wird als Progressionsvorbehalt bezeichnet (Athanas/Giglio, Zweifel/Athanas, DBG-Kommentar, Art. 7, Rz. 5).

214 Vgl. Athanas/Giglio, Zweifel/Athanas, DBG-Kommentar, Art. 7, Rz. 9.

215 Zu den einzelnen Begriffen vgl. A.II.4.2.1. – A.II.4.2.3.

216 Vgl. Bauer-Balmelli/Omlin, Zweifel/Athanas, DBG-Kommentar, Art. 54, Rz. 27.

X hat in der Schweiz folgende Steuerdomizile:

Hauptsteuerdomizil Kanton ZH

Nebensteuerdomizil Kanton BS

Nebensteuerdomizil Kanton GR

Die Zurechnung von Einkommen und Vermögen bzw. von Gewinn und Kapital auf das Haupt- und die Nebensteuerdomizile des Steuerpflichtigen erfolgt vor dem Hintergrund des Verbots der interkantonalen Doppelbesteuerung (Art. 127 Abs. 3 BV) und nach den Grundsätzen der interkantonalen Steuerausscheidung.[217]

Die Steuergesetze nennen verschiedene Anknüpfungspunkte, welche eine beschränkte Steuerpflicht auslösen.[218]

Im internationalen Verhältnis kann die Schweiz ihre internen Bestimmungen zur beschränkten Steuerpflicht aufgrund wirtschaftlicher Zugehörigkeit (Art. 4 und Art. 5 bzw. Art. 51 DBG) nur dann uneingeschränkt zur Anwendung bringen, wenn zwischen der Schweiz und dem anderen Staat kein DBA vorliegt. Ansonsten gehen die abkommensrechtlichen Bestimmungen denjenigen des DBG bzw. der kantonalen Steuergesetze vor bzw. schränken diese ein. Bei sämtlichen von der Schweiz abgeschlossenen DBA wird in diesen Fällen dem Quellenstaat ein Besteuerungsrecht zugewiesen. Der Ansässigkeitsstaat wird seinerseits verpflichtet, Doppelbesteuerungen durch Befreiung oder Anrechnung zu vermeiden.[219] Im Verhältnis Deutschland/Schweiz kennt das DBA einige wichtige Besonderheiten, die es zu beachten gilt.[220]

II.4.2.1. Geschäftsbetriebe

Natürliche Personen ohne steuerrechtlichen Wohnsitz oder Aufenthalt bzw. juristische Personen ohne statutarischen Sitz oder Ort der tatsächlichen Verwaltung in der Schweiz sind aufgrund wirtschaftlicher Zugehörigkeit beschränkt steuerpflichtig, wenn sie Teilhaber von Geschäftsbetrieben in der Schweiz sind (Art. 4 Abs. 1 Bst. a bzw. Art. 51 Abs. 1 Bst. a DBG).[221]

Als Geschäftsbetriebe in der Schweiz gelten schweizerische Unternehmen, d. h. nach schweizerischem Recht errichtete Einzelunternehmungen und Personengesellschaften mit Sitz in der Schweiz. Nach dem allgemeinen Sprachverständnis wird unter einem Geschäftsbetrieb eine unternehmerische Tätigkeit, d. h. „eine aktive, nach außen hin sichtbare Teilnahme am Wirtschaftsleben durch Einsatz von Arbeit und/oder Kapital“[222] verstanden.

---

217 Für einen umfassenden Überblick über die Praxis zur interkantonalen Steuerausscheidung vgl. Höhn/Mäusli, Interkantonales Steuerrecht, S. 247 ff. Ausführliche Einzelheiten zur internationalen Steuerausscheidung finden sich in Athanas et. al., Handbuch des internationalen Steuerrechts der Schweiz, S. 252 ff. Für die interkantonale Steuerausscheidung im Zusammenhang mit Grundstücken vgl. A.II.5.3.7.

218 Vgl. A.II.4.2.

219 Vgl. Bauer-Balmelli/Omlin, Zweifel/Athanas, DBG-Kommentar, Art. 4, Rz. 12. Die Zuweisung des Besteuerungsrechts an den Quellenstaat ergibt sich in der Schweiz allerdings bereits aufgrund des unilateralen Rechts.

220 Vgl. ausführlich B.IV.

221 Obwohl der Begriff „Teilhaber“ ein Beteiligungsverhältnis anzeigt, sind hier Beteiligungen an (anderen) juristischen Personen ausgeschlossen, da solche nach den Grundsätzen des schweizerischen Steuerrechts keine beschränkte Steuerpflicht begründen. Hier sind somit ausschließlich Beteiligungen an inländischen Personengesellschaften gemeint (vgl. Athanas/Giglio, Zweifel/Athanas, DBG-Kommentar, Art. 51, Rz. 6).

222 Vgl. Athanas/Giglio, Zweifel/Athanas, DBG-Kommentar, Art. 51, Rz. 8.

Inhaber von Einzelunternehmungen (welche in der Schweiz zwingend natürliche Personen sind) sowie Teilhaber an kaufmännischen Kollektiv-[223] und Kommanditgesellschaften (bei ersteren kommen ebenfalls nur natürliche Personen als Teilhaber in Frage, vgl. Art. 552 Abs. 1 OR; bei letzteren müssen die unbeschränkt haftenden Gesellschafter zwingend natürliche Personen sein, vgl. Art. 594 Abs. 2 OR) unterliegen der beschränkten Steuerpflicht in der Schweiz, wenn sich der zivilrechtliche Sitz des Unternehmens in der Schweiz befindet.[224] Der Sitz als Anknüpfungspunkt für eine beschränkte Steuerpflicht bei kaufmännischen Kollektiv- und Kommanditgesellschaften ergibt sich indirekt aus dem Handelsrecht (Art. 934 Abs. 1 OR): Diese Gesellschaften müssen sich am Ort des tatsächlichen Mittelpunkts des Geschäftsbetriebes ins Handelsregister eintragen lassen, weshalb hier (theoretisch) mit dem Sitz immer auch ein Geschäftsbetrieb verbunden ist.[225]

Bei Beteiligungen an einfachen[226] und stillen Gesellschaften sowie an nicht kaufmännischen Kollektiv- und Kommanditgesellschaften gilt mangels formellen Gesellschaftssitzes das Betriebsstättenprinzip, wonach die Steuerpflicht aufgrund wirtschaftlicher Zugehörigkeit dort gegeben ist, wo die Gesellschaft über ständige Anlagen und Einrichten verfügt (Geschäftsort). Fehlen solche ständigen Anlagen und Einrichtungen, befindet sich der steuerliche Anknüpfungspunkt am Ort des steuerrechtlichen Wohnsitzes bzw. Aufenthaltes der Gesellschafter.[227]

BEISPIEL: Der Steuerpflichtige Y mit Wohnsitz im Kanton ZH ist selbständigerwerbender Sprachlehrer. Er erteilt Sprachunterricht in Räumlichkeiten in Zug, welche er auf eigene Rechnung gemietet hat. Y ist für das entsprechende Einkommen aus seiner Tätigkeit als Sprachlehrer im Kanton ZG steuerpflichtig.

Der Steuerpflichtige Z mit Wohnsitz im Kanton BE ist ebenfalls selbständigerwerbender Sprachlehrer. Im Unterschied zu Y erteilt er den Sprachunterricht jeweils in den Wohnungen der Schüler, welche in unterschiedlichen Kantonen wohnen. Da sich hier aufgrund des Fehlens ständiger Anlagen und Einrichtungen kein Geschäftsort identifizieren lässt, ist Z für das Einkommen aus seiner Tätigkeit als Sprachlehrer an seinem steuerrechtlichen Wohnsitz im Kanton BE steuerpflichtig.

Das Ergebnis, wonach eine Teilhabe an einer schweizerischen Personengesellschaft dann die beschränkte Steuerpflicht in der Schweiz auslöst, wenn sich deren wirtschaftliche Tätigkeit in der Schweiz manifestiert, deckt sich auch mit den Regelungen in der Mehrheit der von der Schweiz abgeschlossenen DBA.[228] Diese nehmen eine beschränkte Steuerpflicht außerhalb des Ansässigkeitsstaates des Gesellschafters nur dann an, wenn sich dort eine Betriebsstätte[229] für die Geschäftstätigkeit der Unternehmung befindet.[230]

223 Die Kollektivgesellschaft ist eine Personengesellschaft, an der sich – ähnlich wie bei der deutschen OHG – lediglich natürliche Personen beteiligen können (vgl. F.I.2.2.).

224 Zu den zivilrechtlichen Einzelheiten der verschiedenen Rechtsformen vgl. F.I.1.

225 Vgl. Bauer-Balmelli/Omlin, Zweifel/Athanas, DBG-Kommentar, Art. 4, Rz. 4 auch zum Folgenden.

226 Die einfache Gesellschaft ist vergleichbar mit der deutschen GbR (vgl. F.I.2.4.).

227 Beteiligungen an einfachen oder stillen Gesellschaften mit ständigen Anlagen und Einrichtungen in der Schweiz stellen aus systematischer Sicht nur dann einen „Geschäftsbetrieb" dar, wenn es sich beim Gesellschafter um eine natürliche Person ohne eigenen Geschäftsbetrieb handelt. Führt der Gesellschafter hingegen einen eigenen Geschäftsbetrieb und gehört die Beteiligung zum Geschäftsvermögen dieses Unternehmens, so stellt der Geschäftsort eine Betriebsstätte dar (Bauer-Balmelli/Omlin, Zweifel/Athanas, DBG-Kommentar, Art. 4, Rz. 5).

228 So auch in Art. 7 Abs. 7 i. V. m. Art. 5 DBA D-CH.

229 Vgl. A.II.4.2.2.

230 Vgl. Athanas/Giglio, Zweifel/Athanas, DBG-Kommentar, Art. 51, Rz. 9 ff.

II.4.2.2. Betriebsstätten

Natürliche Personen ohne steuerrechtlichen Wohnsitz oder Aufenthalt bzw. juristische Personen ohne statutarischen Sitz oder Ort der tatsächlichen Verwaltung in der Schweiz sind aufgrund wirtschaftlicher Zugehörigkeit beschränkt steuerpflichtig, wenn sie in der Schweiz Betriebsstätten unterhalten (Art. 4 Abs. 1 Bst. b bzw. Art. 51 Abs. 1 Bst. b DBG).

Damit steuerlich eine Betriebsstätte vorliegt, muss eine feste Geschäftseinrichtung bestehen, in der die Geschäftstätigkeit eines Unternehmens ganz oder teilweise ausgeübt wird.[231] Als Betriebsstätten gelten insbesondere Zweigniederlassungen, Fabrikationsstätten, Werkstätten, Verkaufsstellen, ständige Vertretungen, Bergwerke und andere Stätten der Ausbeutung von Bodenschätzen sowie Bau- und Montagestellen von mindestens zwölf Monaten Dauer (Art. 4 Abs. 2 bzw. Art. 51 Abs. 2 DBG).[232] Die voranstehende Aufzählung von Beispielen in der Legaldefinition der Betriebsstätte ist nicht abschließend.

Aufgrund des föderalistischen Staatsaufbaus der Schweiz ist die Betriebsstättenproblematik nicht nur im internationalen Verhältnis, sondern auch innerhalb der Schweiz (interkantonales Verhältnis) zu berücksichtigen.[233] Der Betriebsstättenbegriff wird im interkantonalen Verhältnis nicht vollkommen gleich umschrieben wie im internationalen Verhältnis, die wesentlichen Begriffsmerkmale stimmen aber dennoch überein. Nach verbreiteter Auffassung ist eine Betriebsstätte in der Schweiz dann vorhanden, wenn sich hier ständige Anlagen oder Einrichtungen (Warenlager, Büros, Werkstätten, Verkaufsläden, Automaten etc.) befinden, die zum Vollzug eines Teils des Betriebes dienen. Folgende Elemente sind begriffswesentlich:[234]

a) Ständige körperliche Anlagen und Einrichtungen,

b) Geschäftstätigkeit und

c) Zugehörigkeit zu einem Hauptbetrieb.

Zu a) Unter ständigen körperlichen Anlagen und Einrichtungen sind feste Geschäftseinrichtungen zu verstehen, in denen ständig oder doch wenigstens während einer gewissen Zeit die Tätigkeit eines Unternehmens ausgeübt wird. Dabei ist es unerheblich, ob es sich bei diesen Anlagen und Einrichtungen um eigene oder um gemietete bzw. geleaste Objekte handelt. Als „fest" gilt eine Geschäftseinrichtung dann, wenn sie auf Dauer angelegt ist und dem Unternehmen länger als nur für eine vorübergehende Zeitdauer zur Verfügung steht.[235] Bei Bau- und Montagestellen ist eine gewisse Mindestdauer (mehr als 12 Monate) Voraussetzung für die Annahme einer Betriebsstätte.[236]

---

231 Bei natürlichen Personen gelten außerdem auch feste Geschäftseinrichtungen, in denen ein freier Beruf ganz oder teilweise ausgeübt wird, als Betriebsstätten (Art. 4 Abs. 2 DBG).

232 Es gilt zu berücksichtigen, dass nach verbreiteter Auffassung ständige Vertretungen ohne feste Geschäftseinrichtungen, geführt durch abhängige Vertreter mit Abschlussvollmacht, aufgrund der unilateralen Gesetzesnormen der Schweiz keine Betriebsstätten begründen. Dies ergibt sich daraus, dass eine entsprechende Bestimmung im DBG trotz der ansonsten engen Anlehnung an die Definition des OECD-MA fehlt, weshalb davon ausgegangen werden kann, dass der schweizerische Gesetzgeber diese Erweiterung des Betriebsstättenbegriffs bewusst weggelassen hat. Der intern rechtliche Betriebsstättenbegriff der Schweiz ist diesbezüglich also enger gefasst als derjenige des OECD-MA (Keller/Schuch/Seibold/Wacker, ST 1999, S. 119).

233 So kann bspw. ein Unternehmen mit (steuerrechtlichem) Sitz im Kanton GE eine Betriebsstätte im Kanton VD unterhalten und aus diesem Grund im Kanton VD beschränkt steuerpflichtig sein.

234 Vgl. Richner/Frei/Kaufmann/Meuter, Handkommentar zum DBG, Art. 4, Rz. 19 f. auch zum Vorangegangenen.

235 Vgl. Athanas/Giglio, Zweifel/Athanas, DBG-Kommentar, Art. 51, Rz. 31 f. m. w. V.

236 Vgl. Agner/Jung/Steinmann, Kommentar zum DBG, Art. 4, Rz. 4.

Zu b) Die Betriebsstättenumschreibung im DBG stellt keine Anforderungen an die qualitative und quantitative Erheblichkeit der in der festen Einrichtung ausgeübten Geschäftstätigkeit.[237] Grundsätzlich lassen sich unter „Geschäftstätigkeit" alle mit der Erfüllung des statutarischen Zweckes im Zusammenhang stehenden Aktivitäten ungeachtet ihrer Bedeutung innerhalb der Gesamtunternehmung subsumieren.[238]

Zu c) Die Zugehörigkeit zu einem Hauptbetrieb äußert sich in der Zurechenbarkeit der in der festen Geschäftseinrichtung ausgeübten Tätigkeit zu einem Unternehmen. Die Bezeichnung der schweizerischen Betriebsstätte und ob diese als Filiale, Agentur etc. auftritt, ist steuerlich nicht von Bedeutung. Auch die Eintragung der Firma oder eines Teilhabers im Handelsregister in der Schweiz ist nicht Voraussetzung für die beschränkte Steuerpflicht aufgrund einer Betriebsstätte.[239]

Als Ersatztatbestand dient zudem der Begriff der Vertreterbetriebsstätte. Bei ständigen Vertretern ist zwischen abhängigen und unabhängigen Vertretern zu unterscheiden. Letztere (z. B. Kommissionäre und Makler) begründen nach schweizerischem Steuerrecht auch dann keine Betriebsstätte des Auftraggebers, wenn sie diesem ihre Infrastruktur zur Verfügung stellen.[240]

Ob eine Abhängigkeit einer Person von dem durch sie vertretenen Unternehmen gegeben ist, bestimmt sich nach der Gesamtheit ihrer Verpflichtungen gegenüber dem Auftraggeber. Als Grundsatz gilt, dass ein Vertreter dann vom vertretenen Unternehmen abhängig ist, wenn ein rechtliches und wirtschaftliches Abhängigkeitsverhältnis vorliegt und der Vertreter im Namen des vertretenen Unternehmens handelt. In Übereinstimmung mit dem OECD Musterabkommen wird auch im schweizerischen Steuerrecht eine Abhängigkeit insbesondere dann angenommen, wenn ein Vertreter eine Abschlussvollmacht des vertretenen Unternehmens besitzt (Art. 5 Abs. 4 OECD-MA).

Als unabhängig ist ein Vertreter dann einzustufen, wenn er sowohl rechtlich als auch wirtschaftlich unabhängig ist, woraus im Umkehrschluss abgeleitet wird, dass auch rechtlich selbständige Gesellschaften abhängige Vertreter eines anderen Unternehmens sein können. Dies insbesondere dann, wenn ein dem Arbeitsverhältnis gleichkommendes Abhängigkeitsverhältnis zwischen Auftraggeber und Vertreter vorliegt.[241]

Die Steuerpflicht erstreckt sich grundsätzlich auf die der Betriebsstätte zurechenbaren Gewinne sowie auf das der Betriebsstätte zurechenbare Kapital. Die Ausscheidung (d. h. die Allokation der Gewinne und des Kapitals auf das Haupt- und Nebensteuerdomizil) von Gewinn und Kapital erfolgt in der Schweiz in der Regel gestützt auf die Buchhaltung der Betriebsstätte (objektmäßige Ausscheidung bzw. direkte Methode).

PRAXISHINWEIS

Falls eine solche eigenständige Betriebsstätten-Buchhaltung nicht geführt wird, können die in der Schweiz gelegenen Werte auch mittels Hilfsfaktoren, wie z. B. Anzahl Mitarbeiter oder kapitalisierte Gehälter (für

237 Nicht so: Richner/Frei/Kaufmann/Meuter, Handkommentar zum DBG, Art. 4, Rz. 20.
238 Vgl. Athanas/Giglio, Zweifel/Athanas, DBG-Kommentar, Art. 51, Rz. 36.
239 Vgl. Richner/Frei/Kaufmann/Meuter, Handkommentar zum DBG, Art. 4, Rz. 24.
240 Vgl. Athanas/Giglio, Zweifel/Athanas, DBG-Kommentar, Art. 51, Rz. 39.
241 Vgl. Athanas/Giglio, Zweifel/Athanas, DBG-Kommentar, Art. 51, Rz. 42 f. m. w. N.

die Aufteilung des Gewinnes) bzw. produktive Aktiven oder kapitalisierte Mieten (für die Aufteilung des Kapitals), ermittelt werden (indirekte Methode).[242] Die Aufteilung der Steuerfaktoren mittels solcher Aufteilungsschlüssel ist im DBA D-CH ausdrücklich vorgesehen (Art. 7 Abs. 4 DBA D-CH).

Im internationalen Verhältnis ist abzuklären, ob auch abkommensrechtlich eine Betriebsstätte vorliegt. Die Legaldefinition der Betriebsstätte im DBG ist zwar der entsprechenden Definition des OECD-Musterabkommens nachgebildet (Art. 5 Abs. 1 OECD-MA), weicht aber verschiedentlich von ihr ab.[243] So muss gemäß Art. 5 Abs. 1 OECD-MA z. B. in der festen Geschäftseinrichtung nur eine „Tätigkeit" und nicht wie in Art. 4 Abs. 2 DBG eine „Geschäftstätigkeit" ausgeübt werden.

Der intern rechtliche Betriebsstättenbegriff der Schweiz fasst also verschiedentlich enger als derjenige im OECD Musterabkommen und somit auch enger als in den meisten von der Schweiz abgeschlossenen DBA.[244] Insofern liegt eine grundlegende Abweichung von der deutschen Steuersystematik vor. Da ein DBA nur steuerbegrenzend, nie aber steuererweiternd wirken kann, führt diese unterschiedliche Betriebsstättendefinition dazu, dass die Schweiz in bestimmten Fällen zwar DBA-rechtlich ein Besteuerungsrecht hat, dieses aber aufgrund der fehlenden intern rechtlichen Besteuerungsgrundlagen nicht wahrnehmen kann.[245]

PRAXISHINWEIS

Für deutsche Investoren gilt es zu berücksichtigen, dass ein ausschließliches Warenlager – anders als in Deutschland – regelmäßig bereits nach schweizerischem Steuerrecht keine Zweigniederlassung begründet. Zusätzlich liegt auch keine abkommensrechtliche Betriebsstätte vor (Art. 5 Abs. 3 Bst. a – c DBA D-CH).

II.4.2.3. Grundstücke

Natürliche Personen ohne steuerrechtlichen Wohnsitz oder Aufenthalt bzw. juristische Personen ohne statutarischen Sitz oder Ort der tatsächlichen Verwaltung in der Schweiz sind aufgrund wirtschaftlicher Zugehörigkeit beschränkt steuerpflichtig, wenn sie an Grundstücken in der Schweiz Eigentum, dingliche oder diesen wirtschaftlich gleichkommende persönliche Nutzungsrechte haben (Art. 4 Abs. 1 Bst. c DGB bzw. Art. 51 Abs. 1 Bst. c DBG).

Der steuerrechtliche Grundstücksbegriff stützt sich auf denjenigen des Zivilrechts. Gemäß Art. 655 Abs. 2 ZGB sind darunter Liegenschaften, ins Grundbuch aufgenommene selbständige und dauernde Rechte, Bergwerke sowie Miteigentumsanteile an Grundstücken zu verstehen.

Die Anknüpfung am Eigentum an Grundstücken und an deren Nutzung ist in der Praxis des internationalen Steuerrechts weit verbreitet und auch weitgehend unproblematisch. Die Nutzung umfasst die Nutznießung (Art. 745 ZGB), das Wohnrecht (Art. 776 ZGB), das Baurecht (Art. 779 ZGB) sowie andere dingliche Rechte (Art. 780 f. ZGB). Diese Rechte fallen unter den Grundstückbegriff, wenn sie als selbständige und dauernde Rechte im Grundbuch eingetragen sind.[246]

242 Vgl. Höhn/Mäusli, Interkantonales Steuerrecht, S. 405.

243 Vgl. auch A.II.4.2.2.

244 Dies gilt auch für das DBA D-CH (vgl. ausführlich B.IV.).

245 Vgl. Athanas/Giglio, Zweifel/Athanas, DBG-Kommentar, Art. 51, Rz. 48.

246 Vgl. Bauer-Balmelli/Omlin, Zweifel/Athanas, DBG-Kommentar, Art. 4, Rz. 8.

II.5. Steuerarten

Die in der Schweiz erhobenen Steuern werden in Steuern vom Einkommen und Vermögen[247] bzw. Gewinn und Kapital[248] (direkte Steuern) sowie in Verbrauchssteuern[249] und Besitzes- oder Aufwandsteuern (indirekte Steuern) unterteilt. Innerhalb der beiden Steuerkategorien erheben sowohl der Bund, die Kantone und die Gemeinden einzelne Steuern. Vom gesamten Steueraufkommen des Bundes, der Kantone und der Gemeinden, entfallen rd. 70 % auf direkte und rd. 30 % auf indirekte Steuern.[250]

Folgende Abbildung vermittelt einen Überblick über die Steuerarten und Hoheitsträger des schweizerischen Steuersystems:

	Direkte Steuern			**Verkehrssteuern**		**Besitz-, Aufwand- und übrige Steuern**
	Allgemeine Steuern		Spezial-Steuern	Rechts-verkehrs-steuern	Wirtschafts-verkehrs-steuern	
	Natürliche Personen	Juristische Personen				
Bund	Einkommens-steuer	Gewinnsteuer	Quellensteuer Verrechnungs-steuer Spielbanken-abgabe	Stempel-abgaben (Emissionsab-gabe, Umsatz-abgabe, Abgabe auf Versicherungs-prämien)	Mehrwert-steuer Zölle und Zuschläge Mineralöl-, Tabak-, Auto-mobilsteuer usw.	National-straßen-abgabe Schwerver-kehrsabgabe
Kantone und Gemeinden	Einkommens-steuer Vermögens-steuer	Gewinnsteuer Kapitalsteuer	Quellensteuer Grundstück-gewinnsteuer Liegenschaf-tensteuer Minimal-steuer auf Grundbesitz	Erbschafts- und Schenkungs-steuer Handände-rungssteuer Kantonale Stempelsteuer		Motorfahr-zeugsteuer Hundesteuer Veranstal-tungssteuer usw.

Quelle: In Anlehnung an Höhn/Waldburger, Steuerrecht Band 1, S. 40.

Im Folgenden werden die wichtigsten Steuerarten des schweizerischen Steuersystems, nämlich

- die Einkommens- und Gewinnsteuer,
- die Vermögens- und Kapitalsteuer,
- ausgewählte indirekte Steuern (des Bundes) sowie
- spezifische (kantonale und kommunale) Grundsteuern

kurz erläutert.

247 Natürliche Personen.
248 Juristische Personen.
249 Auch Verkehrssteuern genannt.
250 Vgl. Schweizerische Steuerkonferenz, Das schweizerische Steuersystem, S. 11 und S. 12.

II.5.1. Direkte Steuern des Bundes, der Kantone und der Gemeinden

II.5.1.1. Einkommens- und Gewinnsteuer

Das Einkommen der natürlichen Personen und der Gewinn der juristischen Personen stellen in der Schweiz das wichtigste Objekt der Besteuerung dar.

Die natürlichen Personen entrichten jährlich auf ihrem gesamten Einkommen die allgemeine Einkommenssteuer an Bund, Kantone und Gemeinden. Neben dieser Einkommenssteuer, die grundsätzlich im ordentlichen Veranlagungsverfahren erhoben wird, existiert in der Schweiz auch die Besteuerung an der Quelle (Lohnsteuer) sowie die Besteuerung nach dem Aufwand (auch Pauschalbesteuerung genannt), welche auf eine Ersatzbemessungsgrundlage abstellt.[251]

Die juristischen Personen ihrerseits schulden dem Bund, den Kantonen und den Gemeinden jährlich die allgemeine Gewinnsteuer auf ihrem gesamten Reingewinn,[252] ggf. auf einer reduzierten Bemessungsgrundlage.[253]

II.5.1.1.1. Einkommenssteuer natürlicher Personen

Bundesebene:
Basierend auf dem DBG erhebt der Bund von den natürlichen Personen eine Einkommenssteuer, die direkte Bundessteuer.

Für das Einkommen der natürlichen Personen sind die Tarife der direkten Bundessteuer – ähnlich wie in Deutschland – progressiv ausgestaltet. Für Ehegatten, welche in rechtlich und tatsächlich ungetrennter Ehe leben, sowie für verwitwete, gerichtlich oder tatsächlich getrennt lebende, geschiedene und ledige steuerpflichtige Personen, die mit Kindern oder unterstützungsbedürftigen Personen im gleichen Haushalt zusammenleben und deren Unterhalt zur Hauptsache bestreiten (sog. Einelternfamilien), kommen günstigere Tarife zur Anwendung als für die übrigen Steuerpflichtigen.[254] Die für spezifische Einkommenshöhen anwendbaren Tarifstufen sind für beide Kategorien gesetzlich festgelegt.

---

251 Vgl. dazu A.IV.2.

252 Vgl. Höhn/Waldburger, Steuerrecht, Bd. 1, S. 44 ff.

253 Vgl. A.III.3.3.

254 Zu den Grundsätzen der Familien-, Ehegatten- und Partnerbesteuerung vgl. A.IV.1.2.

Bei Verheirateten und Einelternfamilien findet für steuerbare Einkommen größer als CHF 895'900[255] ein Steuersatz von 11.5 % Anwendung, bei Alleinstehenden greift dieser schon bei solchen größer als CHF 755'200[256].[257]

Der Progressionsverlauf lässt sich am Beispiel für Alleinstehende wie folgt darstellen:[258]

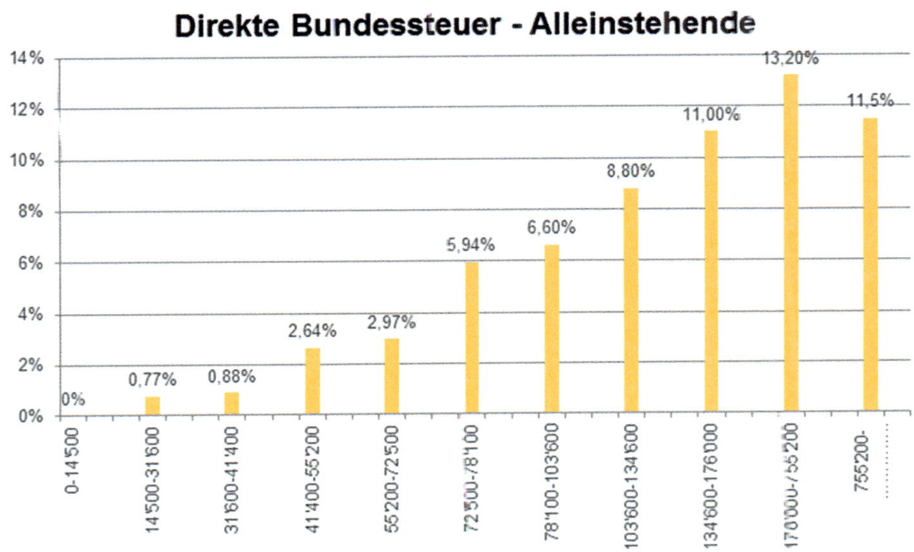

Quelle: In Anlehnung an Art. 36 Abs. 1 DBG i.V. m. Art. 214 Abs. 1 DBG

Bei der direkten Bundessteuer wird heute nach wie vor ein Teil der verheirateten Zweiverdiener- und Rentnerpaare steuerlich schlechter behandelt als gleichsituierte Konkubinatspaare (sog. Heiratsstrafe). Soweit diese Mehrbelastung 10 % oder mehr beträgt, widerspricht dies jedoch dem Verfassungsgebot der Rechtsgleichheit. Diese steuerliche Schlechterstellung soll insofern beseitigt werden, als dass Ehepaare in Zukunft nicht stärker besteuert werden als Konkubinats-

255 Dieser Tarif gilt für Ehegatten, die in rechtlich und tatsächlich ungetrennter Ehe leben, sowie für verwitwete, gerichtlich oder tatsächlich getrennt lebende, geschiedene und ledige Steuerpflichtige, die mit Kindern oder unterstützungsbedürftigen Personen im gleichen Haushalt zusammenleben und deren Unterhalt zur Hauptsache bestreiten (sog. Einelternfamilien; Art. 26 Abs. 2 und 2bis DBG i.V. m. Art. 214 Abs. 2 und 2bis DBG). Der nächst tiefere steuerbare Einkommensbereich (> CHF 145'000 und < CHF 895'900) wird mit dem Höchstsatz von 13 % besteuert. Bei geringer wie CHF 145'000 liegenden steuerbaren Einkommensbereichen kommen abgestufte, tiefere Sätze zur Anwendung.

256 Dieser Tarif gilt für die übrigen Steuerpflichtigen (Art. 36 Abs. 1 DBG i.V. m. Art. 214 Abs. 1 DBG). Der nächst tiefere steuerbare Einkommensbereich (> CHF 176'000 und < CHF 755'200) wird mit dem Höchstsatz von 13.2 % besteuert. Bei geringer wie CHF 176'000 liegenden steuerbaren Einkommensbereichen kommen abgestufte, tiefere Sätze zur Anwendung.

257 Die Tarife sind direkt für die Steuerberechnung anwendbar, d. h. bei der direkten Bundessteuer gibt es keine Steuerfüße (vgl. A.II.3.5.).

258 Vgl. Form. 58c – 2012/Post der ESTV.

paare und Einverdienerehepaare nur soweit stärker als Zweiverdienerehepaare belastet werden, als es der wirtschaftlichen Leistungsfähigkeit entspricht.[259]

Kantons- und Gemeindeebene:
Die Kantone und Gemeinden erheben eine Einkommenssteuer, deren Tarife in fast allen Kantonen progressiv ausgestaltet sind.[260] Es ergeben sich teilweise erhebliche Steuerbelastungsunterschiede: Die kantonalen/kommunalen Steuerbelastungen ordentlich veranlagter natürlicher Personen variieren je nach Kanton und Gemeinde, Zivilstand sowie Höhe des steuerbaren Einkommens. Im Falle einer alleinstehenden Person ohne Kinder und unterstützungspflichtige Personen beträgt die kantonale/kommunale Belastung zwischen 0 % und 34.7 %.[261]

Schärfe und Wirkung der Progressivität sind dabei von Kanton zu Kanton verschieden.[262] Auch der Familiensituation[263] wird in den einzelnen Kantonen Rechnung getragen, indem anstelle

259 Am 29. 8. 2012 wurde das Eidg. Finanzdepartement (EFD) vom Bundesrat beauftragt, eine Vernehmlassung zu einer ausgewogenen und im Einklang mit der Verfassung stehenden Paar- und Familienbesteuerung bei der direkten Bundessteuer durchzuführen. Diese soll sich möglichst neutral gegenüber den verschiedenen Partnerschafts- und Familienmodellen verhalten und zu ausgewogenen Belastungsrelationen führen. Die Vernehmlassungsteilnehmenden waren sich darüber einig, dass die steuerliche Benachteilung von Ehepaaren gegenüber Konkubinatspaaren endlich aufzuheben sei. Beim zur Diskussion stehenden Modell "Mehrfachtarif mit alternativer Steuerberechnung" berechnen die Steuerbehörden in einem ersten Schritt weiterhin die Steuerbelastung bei gemeinsamer Veranlagung gemäß geltendem Verheiratetentarif. In einem zweiten Schritt errechnet sie neu eine alternative Steuerbelastung, indem die Erwerbs- und Pensionseinkommen individuell den Ehegatten zugewiesen, die übrigen Erträge hälftig auf die Ehegatten aufgeteilt und der Tarif für Alleinstehende angewendet wird. Maßgebend ist schließlich die tiefere der beiden errechneten Belastungen. Das vorgeschlagene Modell wurde jedoch überwiegend – weil verkomplizierend statt vereinfachend, mit zu hohen Steuerausfällen und Personalaufstockung verbunden und in einzelnen Verhältnissen zu neuen Verzerrungen führend – als nicht geeignet empfunden. Eine Mehrheit der Vernehmlassungsteilnehmenden forderte stattdessen die Einführung des Splittingsystems auf Bundesebene oder zumindest ein ausgewogenes Doppeltarifsystem. Eine Minderheit derselben sah einzig in einer zivilstandsunabhängigen Individualbesteuerung die Lösung für die permanenten Ausgleichs- und Korrekturversuche bei den Belastungsrelationen zwischen den verschiedenen Haushaltstypen mit gleicher wirtschaftlicher Leistungsfähigkeit (vgl. Medienmitteilung des Bundesrates v. 12. 10. 2011; Egli, NZZ v. 11. 1. 2013, S. 21; Bericht des EFD, Stabsstelle Gesetzgebung v. 18. 4. 2013 zum Ergebnis des Vernehmlassungsverfahrens). Der Bundesrat entschied daraufhin am 29. 5. 2013, das bundesgesetzliche Vorhaben zu sistieren und stattdessen die Annahme der am 5. 11. 2012 von der CVP lancierten Volksinitiative „Für Ehe und Familie – gegen die Heiratsstrafe" zu empfehlen. Diese möchte den Grundsatz der gemeinsamen Besteuerung von Ehepaaren in der Bundesverfassung verankern. Entsprechend wäre eine Individualbesteuerung ohne neuerliche Verfassungsänderung nicht mehr möglich. Der Wortlaut der Initiative würde jedoch verschiedene Modelle der gemeinsamen Besteuerung ermöglichen (vgl. Medienmitteilung des Bundesrates v. 23. 10. 2013 inkl. Botschaft zur Volksinitiative; 13.085). Am 4. 6. 2014 empfahl der Nationalrat die Volksinitiative „Für Ehe und Familie – gegen die Heiratsstrafe" Volk und Ständen zur Ablehnung und nahm zeitgleich das Postulat „Volkswirtschaftliche und fiskalpolitische Folgen von konkreten Modellen der Individualbesteuerung" (14.3005) an. Dieses beauftragt den Bundesrat, konkrete Modelle der Individualbesteuerung und deren Folgen zu erarbeiten sowie darüber dem Parlament als Ergänzung zur Botschaft zur Abschaffung der Heiratsstrafe Bericht zu erstatten. Die Berichterstattung ist noch nicht erfolgt.

260 Eine Ausnahme stellt der Kanton OW dar, welcher zunächst einen degressiven Einkommenssteuertarif durch die Annahme der entsprechenden Vorlage durch die Stimmbürger des Kantons im Dezember 2005 eingeführt hat. Die entsprechende Gesetzesbestimmung wurde jedoch mit Erfolg vor dem Bundesgericht angefochten und von diesem mit Urteil v. 1. 6. 2007 aufgehoben (vgl. A.II.3.5.). Der Kanton OW hat in der Folge den Einkommenssteuertarif proportional (linear) ausgestaltet. Auch der Kanton UR kennt einen proportional (linear) ausgestalteten Einkommenssteuertarif (Flat Rate Tax). Ein solche Flat Rate Tax, allerdings mit zwei Tarifstufen, findet zudem im Kanton BS Anwendung (vgl. SSK, Steuerinformationen, Die geltenden Steuern von Bund, Kantonen und Gemeinden, S. 30 f.).

261 Stand der Berechnungen ist der Dezember 2013 (Steuerjahr 2013). Nicht darin enthalten sind die direkte Bundessteuer sowie Kirchen-, Vermögens-, Kopf-, Personal-, Feuerwehrsteuer und dergl. (vgl. Hinny, Steuerrecht 2014, S. 1984 f.). Eine gesicherte Zahlenbasis für sämtliche Kantone resp. Gemeinden für das Steuerjahr 2014 ist noch nicht verfügbar resp. müsste speziell erstellt werden.

262 Vgl. SSK, Steuerinformationen, Die geltenden Steuern von Bund, Kantonen und Gemeinden, S. 30; Schweizerische Steuerkonferenz, Das schweizerische Steuersystem, S. 59.

263 Vgl. SSK, Steuerinformationen, Die geltenden Steuern von Bund, Kantonen und Gemeinden, S. 30 f. Zur Familienbesteuerung vgl. auch A.IV.1.2.

oder zusätzlich zum Verheiratetenabzug spezielle Erleichterungen für Ehepaare und ihnen gleichgestellte Steuerpflichtige zur Anwendung gelangen. Während einige Kantone analog dem System bei der direkten Bundessteuer einen Doppeltarif[264] anwenden, sehen andere einen besonderen Verheiratetenabzug bzw. Freibetrag[265] oder ein sonstiges System[266] vor. Wiederum andere kennen ein mit dem deutschen Steuerrecht vergleichbares Voll- oder Teil-Splittingverfahren.[267] Für alle Besteuerungsebenen (Bund, Kanton und Gemeinde) entspricht das steuerbare Einkommen gemäß bundesgerichtlicher Rechtsprechung der „Summe der wirtschaftlichen Güter, die einem Steuersubjekt in einem bestimmten Zeitraum [...] zufließen und zur Befriedigung seiner persönlichen Bedürfnisse, für die Zwecke seiner laufenden Wirtschaft zur Verfügung stehen, ohne dass das Vermögen geschmälert werden muss“.[268]

PRAXISHINWEIS

Die Kantone veranlagen die Einkommenssteuern nach dem Postnumerando-System mit einjähriger Gegenwartsbemessung. Maßgeblich ist dabei das effektiv erzielte Einkommen. Die Bemessungsperiode ist entsprechend identisch mit der Steuerperiode (Steuerjahr).

Von den steuerbaren Bruttoeinkünften können die Gewinnungskosten abgezogen werden (Art. 26 Abs. 1, Art. 27 Abs. 1 und Art. 32 Abs. 2 DBG). Darunter sind sämtliche Kosten zu verstehen, die zur Erzielung der Einkünfte aufgewendet wurden (organische Abzüge). Daneben können auch allgemeine Abzüge (Abzug für Versicherungsprämien, für Prämien und Beiträge an die AHV/IV/EO/ALV, für Beiträge an die berufliche und individuelle Vorsorge, für private Schuldzinsen bis zu einem bestimmten Betrag, für den zweitverdienenden Ehegatten usw.) geltend gemacht werden. Darüber hinaus sehen viele Steuergesetze auch Abzüge für besondere Verhältnisse (Sozialabzüge bzw. Steuerfreibeträge wie z. B. Kinderabzug, persönlicher Abzug oder Abzug für unterstützungsbedürftige Personen) vor. Die Berücksichtigung dieser Abzüge führt vom Reineinkommen zum steuerbaren Einkommen.[269]

Nachfolgende Aufstellung verdeutlicht diese Systematik:[270]

	Bruttoeinkünfte
./.	Gewinnungskosten
./.	Allgemeine Abzüge
	Reineinkommen
./.	Sozialabzüge
	Steuerbares Einkommen

264 So bspw. die Kantone AR, BE, BS, JU, LU, TI, ZG und ZH. Für Ehegatten und Einelternfamilien gelangt ein anderer Tarif zur Anwendung als für die übrigen Steuerpflichtigen.

265 So bspw. die Kantone OW (Abzug in % auf dem Reineinkommen) und VS (Steuerrabatt).

266 So der Kanton UR, der keine zusätzliche steuerliche Entlastung für Ehepaare vorsieht.

267 So bspw. die Kantone AG, AI, BL, FR, GE, SG, und TG mit Vollsplitting, die Kantone GL, GR, NE, NW, SH, SO, und SZ mit Teilsplitting. Für die Bestimmung des Steuersatzes wird bei Letzteren das Gesamteinkommen der Familie durch einen bestimmten Divisor – je nach Kanton zwischen 1.6 und 2.0 – geteilt. Eine Sonderform der Besteuerung mit Splitting kennt der Kanton VD (sog. Familienquotientensystem): Zwecks Bestimmung des Steuersatzes wird das Gesamteinkommen durch einen von der Anzahl Familienmitglieder abhängigen variablen Divisor geteilt.

268 Vgl. BGE 73 I 135 E. 1, S. 140.

269 Vgl. Schweizerische Steuerkonferenz, Das schweizerische Steuersystem, S. 34; Mäusli-Allenspach/Oertli, Das schweizerische Steuerrecht, S. 81 f.

270 Vgl. Art. 25 DBG bzw. Art. 9 Abs. 1 StHG.

Innerhalb der gleichen Bemessungsperiode können Verluste aus einzelnen Einkommensquellen (z. B. Verluste aus selbständiger Erwerbstätigkeit oder Liegenschaftsbetrieb) uneingeschränkt mit Überschüssen aus anderen Quellen (z. B. Einkommen aus unselbständiger Erwerbstätigkeit oder Vermögensertrag) verrechnet werden (innerperiodische Verlustverrechnung).[271] Dies entspricht dem deutschen System des vertikalen Verlustausgleichs.[272]

Das Prinzip der Gesamtreineinkommensbesteuerung schließt Ausnahmen von der Besteuerung sowie die gesonderte Besteuerung einzelner Einkünfte nicht aus. Zu den Ausnahmen zählt insbesondere die Steuerfreiheit von Gewinnen aus der Veräußerung von Privatvermögen (Art. 16 Abs. 3 DBG), unabhängig davon, ob es sich um bewegliches oder unbewegliches Privatvermögen handelt.[273] Kapitalgewinne auf unbeweglichem Privatvermögen werden jedoch mit der kantonalen Grundstückgewinnsteuer erfasst (Art. 12 Abs. 1 StHG).[274]

In den Steuergesetzen des Bundes und der Kantone findet sich keine Legaldefinition des steuerbaren Einkommens.[275] Stattdessen werden zunächst alle wiederkehrenden und einmaligen Einkünfte als steuerpflichtig erklärt (Art. 16 Abs. 1 DBG) und anschließend einzelne Einkommensarten beispielhaft aufgezählt (Art. 16 Abs. 2, Art. 17 bis Art. 23 DBG).[276] Bei der direkten Bundessteuer sind die neben den Kapitalgewinnen aus der Veräußerung von Privatvermögen steuerfreien Einkünfte abschließend aufgezählt (Art. 24 DBG).

Dem Grundsatz nach können die steuerbaren Einkünfte in vier Kategorien eingeteilt werden:[277]

1. Einkommen aus unselbständiger und selbständiger Erwerbstätigkeit;
2. Vermögensertrag aus beweglichem und unbeweglichem Vermögen;
3. Einkünfte aus Vorsorge (Renten und Kapitalleistungen);
4. Übrige Einkünfte.

Die übrigen Einkünfte werden in Art. 23 DBG exemplarisch aufgezählt:

- Ersatzeinkommen (z. B. Leistungen aus Arbeitslosenversicherung oder Taggelder aus Unfallversicherungen);
- Einmalige oder wiederkehrende Zahlungen bei Tod sowie für bleibende körperliche oder gesundheitliche Nachteile;
- Entschädigungen für die Aufgabe oder Nichtausübung einer Tätigkeit sowie für die Nichtausübung eines Rechtes;

271 Vgl. Mäusli-Allenspach/Oertli, Das schweizerische Steuerrecht, S. 73.

272 Vgl. Tipke/Lang, Steuerrecht, § 9, Rz. 61.

273 Vgl. Richner/Frei/Kaufmann/Meuter, Handkommentar zum DBG, Art. 16, Rz. 159. Die Abgrenzung der steuerfreien Kapitalgewinne von den steuerbaren Vermögenserträgen bereitet in der Praxis allerdings zuweilen erhebliche Schwierigkeiten.

274 Diese geht als Spezialeinkommenssteuer der allgemeinen Einkommenssteuer vor (vgl. A.II.5.3.3.).

275 Ganz im Gegensatz zum deutschen System mit dem Einkünftekatalog nach § 2 Abs. 1 EStG.

276 Das schweizerische System knüpft daher bedeutend enger an die Reinvermögenszugangstheorie an.

277 Vgl. Höhn/Waldburger, Steuerrecht, Bd. I, S. 297. Für Einzelheiten zu den einzelnen Einkommensarten vgl. A.IV.1.3.2.

- Einkünfte aus Lotterien und lotterieähnlichen Veranstaltungen;[278]
- Unterhaltsbeiträge, die ein Steuerpflichtiger bei Scheidung, gerichtlicher oder tatsächlicher Trennung für sich erhält, sowie Unterhaltsbeiträge, die ein Elternteil für die unter seiner elterlichen Sorge stehenden Kinder erhält.

Gehören zu den Einkünften Kapitalabfindungen für wiederkehrende Leistungen (bspw. Abgangsentschädigungen), so wird die Einkommenssteuer unter Berücksichtigung der übrigen Einkünfte und der zulässigen Abzüge zu dem Steuersatz berechnet, der sich ergäbe, wenn anstelle der einmaligen Leistung eine entsprechende jährliche Leistung ausgerichtet würde.[279] Damit soll grundsätzlich eine der wirtschaftlichen Leistungsfähigkeit nicht entsprechende Steuerbelastung auf einer einmaligen Kapitalauszahlung vermieden werden.

Eine noch günstigere Besteuerung erfahren die Kapitalleistungen aus der Alters-, Hinterlassenen- und Invalidenversicherung, aus Einrichtungen der beruflichen Vorsorge und aus anerkannten Formen der gebundenen Selbstvorsorge sowie Zahlungen bei Tod und für bleibende körperliche oder gesundheitliche Nachteile, die getrennt vom übrigen Einkommen zu einem Fünftel der ordentlichen Tarife mit einer vollen Jahressteuer erfasst werden.[280]

Steuerlich privilegiert behandelt werden seit dem 1. 1. 2011 schließlich auch Liquidationsgewinne von Selbständigerwerbenden in Fällen, bei denen eine definitive Geschäftsaufgabe erfolgt ist. Gibt eine steuerpflichtige Person ihre selbständige Erwerbstätigkeit nach dem vollendeten 55. Altersjahr oder wegen Unfähigkeit zur Weiterführung infolge Invalidität definitiv auf, so ist die Summe der in den letzten zwei Geschäftsjahren realisierten stillen Reserven getrennt vom übrigen Einkommen zu besteuern. Der Steuerpflichtige kann dabei die mit den realisierten stillen Reserven zusammenhängenden Gewinnungskosten, allfällige Verluste aus der selbständigen Erwerbstätigkeit sowie Einkaufsbeiträge zugunsten von Einrichtungen der beruflichen Vorsorge in Abzug bringen. Für die getrennte Besteuerung vom übrigen Einkommen wird die Summe der realisierten stillen Reserven (Nettoumfang) weiter aufgeteilt. Vorab wird derjenige Betrag separiert, der noch in die berufliche Vorsorge hätte eingekauft werden können. Dieser (nachzuweisende) fiktive Einkaufsbetrag wird zu einem Fünftel der ordentlichen Tarife – also wie eine Kapitalleistung aus Vorsorge – besteuert. Auf dem Restbetrag der realisierten stillen Reserven wird anschließend jener Steuersatz angewendet, der auf einem Fünftel dieses Restbetrages Anwendung findet, mindestens aber 2 %.[281]

278 Ab dem 1. 1. 2014 gilt bei der direkten Bundessteuer neu eine Freigrenze von CHF 1'000, d. h. steuerbar sind nur einzelne Gewinne von über CHF 1'000. Die diesbezüglichen Änderungen im StHG treten ebenfalls per 1. 1. 2014 in Kraft. Die Kantone erhalten eine zweijährige Übergangsfrist, d. h. die Umsetzung in den kantonalen Steuergesetzen muss bis zum 1. 1. 2016 erfolgt sein. Hinsichtlich der Bestimmung der Höhe der Freigrenze sind die Kantone jedoch frei. Die betragliche Freigrenze von CHF 1'000 gilt für Verrechnungssteuerzwecke bereits ab dem 1. 1. 2013. Im deutschen Steuerrecht sind Lotteriegewinne steuerfrei.

279 Vgl. Art. 37 DBG.

280 Vgl. Art. 38 DBG. Die Kantone kennen unterschiedliche Systeme der steuerlichen Privilegierung sowie Praxen hinsichtlich der Zusammenrechnung von solchen Kapitalleistungen, die ggf. zu verschiedenen Zeitpunkten ausgerichtet werden.

281 Vgl. Art. 37b DBG; Richner/Frei/Kaufmann/Meuter, Handkommentar zum DBG, Art. 37b, Rz. 15 – 20. Die Kantone kennen unterschiedliche Systeme der steuerlichen Privilegierung.

II.5.1.1.2. Gewinnsteuer juristischer Personen

Basierend auf dem DBG erhebt der Bund eine Steuer vom Reingewinn juristischer Personen, ebenfalls als direkte Bundessteuer bezeichnet. Eine Gewinnsteuer für juristische Personen wird auch auf der Ebene der Kantone und Gemeinden erhoben.

PRAXISHINWEIS

Im Unterschied zu den meisten anderen Ländern reduzieren die Gewinnsteuern in der Schweiz die Bemessungsgrundlage, d. h. die Steuern können als steuermindernder Aufwand in Abzug gebracht werden.[282] Der effektive Steuersatz ist somit – bezogen auf den Reingewinn vor Steuern – tiefer als die in den Steuergesetzen angegebenen (nominellen bzw. statutarischen) Sätze, welche sich auf den Gewinn nach Steuern beziehen.

Im Hinblick auf die steuerliche Behandlung (Bund, Kanton, Gemeinde) gilt es zwischen zwei Gruppen von juristischen Personen zu unterscheiden:[283]

- Kapitalgesellschaften (Aktiengesellschaften, Kommanditaktiengesellschaften,[284] Gesellschaften mit beschränkter Haftung) und Genossenschaften;
- Vereine, Stiftungen und übrige juristische Personen (privatrechtliche Körperschaften, öffentlich-rechtliche Anstalten und kollektive Kapitalanlagen mit direktem Grundbesitz nach Art. 58 KAG).

Auf Bundesebene entrichten Kapitalgesellschaften und Genossenschaften eine proportionale (feste) Steuer von 8.5 % (Art. 68 DBG). Dieser Satz bezieht sich auf den Reingewinn nach Steuern (nomineller bzw. statutarischer Satz). Vom Gewinn vor Steuern beträgt der Satz aufgrund der steuerlichen Abzugsfähigkeit der Gewinnsteuer lediglich rd. 7.83 % (effektiver Steuersatz bzw. -belastung; Effective Tax Rate, ETR).[285]

Der Reingewinn nach Steuern von Vereinen, Stiftungen und übrigen juristischen Personen wird auf Bundesebene dagegen mit einer proportionalen (festen) Steuer von 4.25 % (nomineller bzw. statutarischer Steuersatz) belastet, wobei Gewinne unter CHF 5'000[286] nicht besteuert werden (Art. 71 DBG). Vom Gewinn vor Steuern beträgt der Satz aufgrund der steuerlichen Abzugsfähigkeit der Gewinnsteuer nur rd. 4.08 % (effektiver Steuersatz bzw. -belastung).[287]

Auf Ebene der Kantone und Gemeinden werden die Steuern vom Reingewinn juristischer Personen ebenfalls überwiegend mit einem proportionalen (festen) Steuersatz festgelegt.[288] Gelegentlich kommt allerdings auch ein progressiver Steuersatz zur Anwendung, wobei sich die Pro-

282 In Deutschland sind Steuern nicht steuerlich abzugsfähig (bis einschließlich Veranlagungszeitraum 2007 konnte zumindest die Gewerbesteuer als Betriebsausgabe abgezogen werden).

283 Vgl. Art. 49 Abs. 1 und 2 DBG.

284 Kommandit-AG. Diese unterscheidet sich von der AG bloß dahingehend, als ein oder mehrere Mitglieder unbeschränkt und solidarisch (wie ein Kollektivgesellschafter) haftbar sind.

285 Diese Steuersätze sind als Endbelastung zu interpretieren, da bei der direkten Bundessteuer keine Steuerfüße zu berücksichtigen sind.

286 Es handelt sich um eine Freigrenze und nicht etwa um einen Freibetrag. D. h. ein Gewinn größer als CHF 4'999.99 wird vollumfänglich besteuert (vgl. Lutz, Zweifel/Athanas, DBG-Kommentar, Art. 72, Rz. 2).

287 Diese juristischen Personen entrichten allerdings nur dann eine Gewinnsteuer, wenn sie aufgrund ihres gemeinnützigen, sozialen oder ähnlichen Zwecks nicht von der Steuerpflicht befreit sind (vgl. Art. 56 DBG). Diese Steuersätze sind als Endbelastung zu interpretieren, da bei der direkten Bundessteuer keine Steuerfüße zu berücksichtigen sind.

288 So bspw. die Kantone AG, AI, AR, GE, GL, GR, JU, LU, NW, OW, SG, SH, SZ, TG, TI, UR, VD und ZH. In den Kantonen FR und NE ist der Tarif für Gewinne bis zu einem bestimmten Betrag (CHF 50'000 bzw. CHF 40'000) progressiv ausgestaltet (vgl. SSK, Das schweizerische Steuersystem, S. 64).

gressivität innerhalb einer bestimmten Spannweite i. d. R. anhand der Ertragsintensität oder Rendite (Verhältnis Gewinn zu Kapital und Reserven) bemisst.[289] In jedem Fall gilt es zu beachten, dass sich die effektiv geschuldete Kantons- (bzw. Staats-) und Gemeindesteuer erst durch Multiplikation dieses jeweiligen Steuersatzes oder dieser jeweiligen einfachen Steuer mit dem im Einzelfall anwendbaren Kantons- und Gemeindesteuerfuß ergibt.[290]

Die nominellen bzw. statutarischen Steuersätze bzw. -belastungen auf dem Reingewinn nach Steuern für ordentlich besteuerte Kapitalgesellschaften und Genossenschaften variieren je nach Kanton bzw. Gemeinde, folglich auch diejenigen berechnet auf dem Reingewinn vor Steuern (effektive Steuersätze bzw. -belastungen).

In der nachfolgenden Übersicht werden die nominellen bzw. statutarischen sowie die effektiven Gewinnsteuersätze bzw. -belastungen am Kantonshauptort dargestellt (Steuerperiode 2014; inkl. ggf. geschuldete Kirchensteuern). Die effektiven Gewinnsteuersätze bzw. -belastungen in der steuerlich günstigsten bzw. teuersten Gemeinde des jeweiligen Kantons können entsprechend – gemessen an denjenigen des Kantonshauptortes – zusätzlich nach unten bzw. oben abweichen:

Kantone			Nominalsätze		Steuerfüsse		Total	Total	ETR einzeln		ETR kombiniert		
			Bund	Kanton (max)	Kanton	Gemeinde	Kanton	Bund u. Kanton	Bund	Kanton	Bund	Kanton	gesamt
AG	Aarau		8.50 %	9.00 %	114.00 %	50.00 %	14.76 %	23.26 %	7.83 %	12.86 %	6.90 %	11.97 %	18.87 %
AI	Appenzell	(a)	8.50 %	8.00 %	100.00 %	0.00 %	8.00 %	16.50 %	7.83 %	7.41 %	7.30 %	6.87 %	14.16 %
AR	Herisau	(a)	8.50 %	6.00 %	100.00 %	0.00 %	6.00 %	14.50 %	7.83 %	5.66 %	7.42 %	5.24 %	12.66 %
BE	Bern		8.50 %	4.00 %	306.00 %	173.19 %	19.17 %	27.67 %	7.83 %	16.08 %	6.[illegible]6 %	15.01 %	21.67 %
BL	Liestal	(b)	8.50 %	12.00 %	105.00 %	5.00 %	17.60 %	26.10 %	7.83 %	14.97 %	6.[illegible]4 %	13.96 %	20.70 %
BS	Basel	(a)	8.50 %	20.00 %	100.00 %	0.00 %	20.00 %	28.50 %	7.83 %	16.67 %	6.[illegible]1 %	15.56 %	22.18 %
FR	Fribourg		8.50 %	8.50 %	100.00 %	91.60 %	16.29 %	24.79 %	7.83 %	14.01 %	6.[illegible]1 %	13.05 %	19.86 %
GE	Genéve		8.50 %	10.00 %	188.50 %	45.30 %	23.38 %	31.88 %	7.83 %	18.95 %	6.[illegible]5 %	17.73 %	24.17 %
GL	Glarus		8.50 %	8.00 %	55.00 %	71.71 %	10.14 %	18.64 %	7.83 %	9.20 %	7.[illegible] %	8.54 %	15.70 %
GR	Chur		8.50 %	5.50 %	100.00 %	109.50 %	11.52 %	20.02 %	7.83 %	10.33 %	7.0[illegible] %	9.60 %	16.68 %
JU	Délémont		8.50 %	3.56 %	285.00 %	218.09 %	17.91 %	26.41 %	7.83 %	15.19 %	[illegible].7[illegible] %	14.17 %	20.89 %
LU	Luzern		8.50 %	1.50 %	170.00 %	200.00 %	5.55 %	14.05 %	7.83 %	5.26 %	[illegible].4[illegible] %	4.87 %	12.32 %
NE	Neuenburg		8.50 %	7.00 %	100.00 %	100.00 %	14.00 %	22.50 %	7.83 %	12.28 %	6.9[illegible] %	11.43 %	18.37 %
NW	Stans	(a)	8.50 %	6.00 %	100.00 %	0.00 %	6.00 %	14.50 %	7.83 %	5.66 %	[illegible].4[illegible] %	5.24 %	12.66 %
OW	Sarnen	(a)	8.50 %	6.00 %	100.00 %	0.00 %	6.00 %	14.50 %	7.83 %	5.66 %	7.4[illegible] %	5.24 %	12.66 %
SG	St. Gallen		8.50 %	3.75 %	100.00 %	235.00 %	12.56 %	21.06 %	7.83 %	11.16 %	7.02 %	10.38 %	17.40 %
SH	Schaffhausen		8.50 %	5.00 %	112.00 %	98.00 %	10.50 %	19.00 %	7.83 %	9.50 %	7.14 %	8.82 %	15.97 %
SO	Solothurn		8.50 %	8.50 %	104.00 %	115.00 %	18.62 %	27.12 %	7.83 %	15.69 %	6.[illegible]9 %	14.64 %	21.33 %
SZ	Schwyz		8.50 %	2.25 %	120.00 %	243.14 %	8.17 %	16.67 %	7.83 %	7.55 %	7.29 %	7.00 %	14.29 %
TG	Frauenfeld		8.50 %	4.00 %	117.00 %	162.00 %	11.16 %	19.66 %	7.83 %	10.04 %	7.10 %	9.33 %	16.43 %
TI	Bellinzona		8.50 %	9.00 %	100.00 %	95.00 %	17.55 %	26.05 %	7.83 %	14.93 %	6.[illegible]4 %	13.92 %	20.67 %
UR	Altdorf	(b)	8.50 %	4.20 %	100.00 %	5.0982 %	9.30 %	17.80 %	7.83 %	8.51 %	7.[illegible]2 %	7.89 %	15.11 %
VD	Lausanne		8.50 %	9.00 %	154.50 %	79.00 %	21.02 %	29.52 %	7.83 %	17.37 %	6.56 %	16.23 %	22.79 %
VS	Sion	(c)	8.50 %	9.50 %	100.00 %	100.00 %	19.00 %	27.50 %	7.83 %	15.97 %	6.67 %	14.90 %	21.57 %
ZG	Zug		8.50 %	5.75 %	82.00 %	67.59 %	8.60 %	17.10 %	7.83 %	7.92 %	7.25 %	7.35 %	14.60 %
ZH	Zürich		8.50 %	8.00 %	100.00 %	129.01 %	18.32 %	26.82 %	7.83 %	15.48 %	6.70 %	14.45 %	21.15 %

(a) Keine Steuerfüsse auf Gemeindeebene
(b) Berechnung der Gemeindesteuer unabhängig von Kantonssteuer, d. h. 5 % resp 5.1382 % der Reingewinns
(c) ohne Kirchensteuern (die meisten Gemeinden im Kanton Wallis erheben keine separate Kirchensteuer)

Der Reingewinn nach Steuern von Vereinen, Stiftungen und übrigen juristischen Personen wird auch auf kantonaler und kommunaler Ebene zu einem reduzierten proportionalen (festen) Satz besteuert. Im Kanton ZH bspw. mit 4 % (nomineller bzw. statutarischer Steuersatz), wobei auf ein Jahr berechnete Gewinne unter CHF 10'000 nicht besteuert werden (§ 76 StG ZH). Vom Gewinn vor Steuern beträgt der Satz aufgrund der steuerlichen Abzugsfähigkeit der Gewinnsteuer somit lediglich rd. 3.85 % (effektiver Steuersatz bzw. -belastung). Auch für diese zweite Gruppe

289 So bspw. die Kantone BE, BL, BS, SO, VS und ZG (vgl. SSK, Das schweizerische Steuersystem, S. 64).

290 Vgl. A.II.3.5.

von juristischen Personen ergeben sich unterschiedliche kantonale und kommunale Gewinnsteuersätze bzw. -belastungen, die es im Bedarfsfall abzuklären gilt.

Einige Kantone kennen das Institut der Minimalsteuer, welche anstelle der ordentlichen Gewinn- und Kapitalsteuer erhoben wird, wenn sie letztere übersteigt. Die Minimalsteuer kann auf Umsätzen, Grundeigentum oder investiertem Kapital erhoben werden.[291] Die Minimalsteuer wird meist proportional (als fixer Prozent- oder Promillesatz) auf einer spezifischen Bemessungsgrundlage (z. B. dem Buchwert der Liegenschaft) berechnet.

Von der Minimalsteuer zu unterscheiden ist die Mindeststeuer, welche die Kantone AG, GR, NW, OW, SH, SO und TG für Kapitalgesellschaften und Genossenschaften erheben, wenn die Gewinn- und Kapitalsteuer zusammen nicht die von den jeweiligen kantonalen Steuergesetzen geforderte Mindesthöhe erreicht.[292]

Die Gemeinden des Kantons GE können schließlich eine Gewerbesteuer (sog. Taxe professionnelle communale) von den natürlichen und juristischen Personen erheben, die auf ihrem Gebiet eine selbständige Erwerbstätigkeit ausüben, einen Handels-, Gewerbe- oder Industriebetrieb führen oder eine Betriebsstätte oder eine Filiale besitzen. Nicht erfasst mit der Steuer werden landwirtschaftliche Betriebe für denjenigen Tätigkeitsbereich, der keinen industriellen oder wirtschaftlichen Charakter hat.[293]

PRAXISHINWEIS

Die Steuer wird auf Grund von Koeffizienten berechnet, die mit dem durchschnittlichen Bruttoumsatz der der Steuerperiode vorangegangenen zwei Geschäftsjahre (je nach Industriezweig wird 0.1 – 6.0 Promille dieses Umsatzes erhoben), den jährlichen Mietaufwendungen für betriebliche Lokalitäten (davon fünf Promille) und der Anzahl Beschäftigter eines Betriebes (CHF 10 pro Beschäftigter mit einem jährlichen Beschäftigungsgrad von mindestens 2'000 Stunden) verknüpft sind.

Gegenstand bzw. Bemessungsgrundlage der Gewinnsteuer ist der Reingewinn (nach Steuern) juristischer Personen (Art. 57 DBG). Dieser entspricht dem Saldo der handelsrechtlichen Erfolgsrechnung, der gegebenenfalls nach steuerrechtlichen Vorschriften korrigiert werden muss. Um den steuerlichen Reingewinn zu berechnen, müssen zum handelsrechtlichen Reingewinn diejenigen Teile des Geschäftsergebnisses hinzuaddiert werden, die nicht zur Deckung von geschäftsmäßig begründeten Aufwendungen verwendet wurden (Art. 58 Abs. 1 Bst. b DBG). Weiter sind auch sämtliche der Erfolgsrechnung nicht gutgeschriebenen Erträge einschließlich Kapital-, Aufwertungs- und Liquidationsgewinne (vorbehalten bleiben Ersatzbeschaffungen gemäß Art. 64 DBG) Bestandteile des steuerbaren Gewinns. Der Liquidation gleichgestellt ist dabei die Verlegung des Sitzes, der Verwaltung, eines Geschäftsbetriebes oder einer Betriebsstätte ins Ausland (Art. 58 Abs. 1 Bst. c DBG).

291 Folgende Kantone kennen die Minimalsteuer: AR, BS, FR, LU, NW, OW, SH, TG, TI, VD, VS (vgl. SSK, Das schweizerische Steuersystem, S. 65).

292 Vgl. SSK, Das schweizerische Steuersystem, S. 65; SSK, Steuerinformationen, Die Besteuerung der juristischen Personen, S. 44 f. Im Kanton AG bspw. beträgt die Mindeststeuer für Kapitalgesellschaften CHF 500, für Genossenschaften CHF 100 und für internationale Konzernkoordinationszentralen CHF 5'000 (§ 88 StG AG). Diese Beträge sind als einfache Steuer zu verstehen, d. h. bei der Berechnung der effektiven Mindeststeuerbelastung sind die aktuellen Steuerfüße des Kantons sowie der Gemeinde zu berücksichtigen (vgl. A.II.3.5.).

293 Vgl. SSK, Steuerinformationen, Die geltenden Steuern von Bund, Kantonen und Gemeinden, S. 39; http://www.ville-geneve.ch/themes/economie-finances-emploi/taxe-professionnelle-communale/ (besucht am 30. 10. 2014). Diese Steuer ist mit der deutschen Gewerbesteuer vergleichbar, schließt aber, anders als diese, auch die freien Berufe mit ein.

Der Verweis auf den Saldo der Erfolgsrechnung stellt einen Bezug zum Handelsrecht her. Angesprochen ist das Maßgeblichkeitsprinzip, welches bedeutet, dass von vornherein nur handelsrechtskonforme Jahresabschlüsse als Grundlage für die Steuerveranlagung in Betracht gezogen werden können.[294] Widersprechen Buchungen zwingendem Handelsrecht, sind diese auch steuerrechtlich nicht maßgebend.[295]

Das Maßgeblichkeitsprinzip besagt, dass wenn die Erfolgsrechnung in Übereinstimmung mit den steuerlich maßgebenden Vorschriften erstellt worden ist, deren Saldo auch die Bemessungsgrundlage für die Gewinnsteuer bildet. Umgekehrt gilt es allerdings zu berücksichtigen, dass handelsrechtskonforme Jahresabschlüsse nicht in jedem Fall auch für Steuerzwecke verbindlich sind.

Das Maßgeblichkeitsprinzip wird im Schweizer Steuerrecht verschiedentlich durchbrochen. So wird in Art. 58 DBG eine Aufzählung von potentiellen steuerlichen Gewinnberichtigungen gegeben. Diese ist jedoch nicht abschließend.[296] Die meisten kantonalen Steuergesetze folgen einer analogen Betrachtungs- und Handlungsweise. Die nachfolgende schematische Darstellung verdeutlicht die steuerliche Gewinnermittlung:[297]

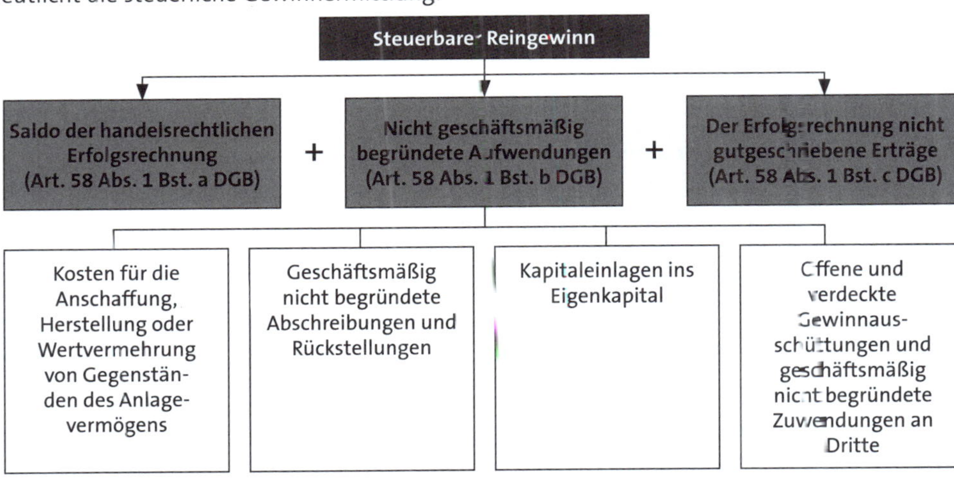

Quelle: In Anlehnung an Höhn/Waldburger, Steuerrecht, Bd. I, S. 434 f. resp. Art. 58 DBG.

II.5.1.2. Vermögens- und Kapitalsteuern

In der Schweiz wird neben dem Einkommen und Gewinn aus dem Vermögen auch die Vermögenssubstanz selbst besteuert.

294 Das Maßgeblichkeitsprinzip greift grundsätzlich auch im deutschen Steuerrecht (§ 5 Abs. 1 EStG).
295 Vgl. Höhn/Waldburger, Steuerrecht, Bd. I, S. 433 f.
296 Vgl. Derksen et. al., Steuerrecht 2, S. 167.
297 Für eine Detailanalyse der steuerlichen Aufrechnungen und Abzüge vgl. A.III.2.1.1.

Natürliche Personen entrichten auf Kantons- und Gemeindeebene zusammen mit der Einkommenssteuer die allgemeine Vermögenssteuer vom gesamten Reinvermögen. Der Bund besteuert das Vermögen natürlicher Personen hingegen nicht.[298]

Die Kantone und Gemeinden, nicht aber der Bund, erheben bei den juristischen Personen vom Eigenkapital die allgemeine Kapitalsteuer. Steuerbar sind insbesondere das Grundkapital sowie die offenen Reserven.

Nachfolgende Grafik vermittelt einen Überblick über die Vermögens- und Kapitalsteuern:

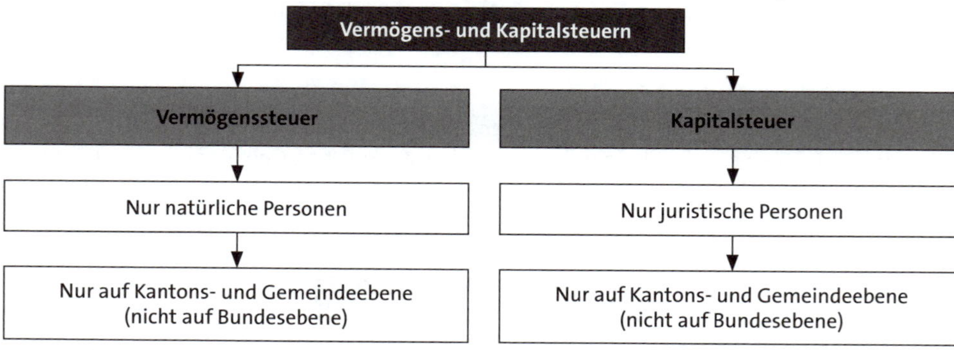

II.5.1.2.1. Vermögenssteuer natürlicher Personen

Alle Kantone und Gemeinden in der Schweiz erheben eine Steuer vom Vermögen natürlicher Personen, welche gleichzeitig mit der Einkommenssteuer jährlich veranlagt wird, d. h. es ist nur eine Steuererklärung für beide Steuern einzureichen.[299]

Im Vergleich zur Einkommenssteuer kommt der Vermögenssteuer eine bloß untergeordnete Bedeutung zu. Für die Steuerbehörden stellt die Vermögenssteuer jedoch ein nützliches Kontrollinstrument dar, da aufgrund der Angaben über das Vermögen Rückschlüsse auf die Einkünfte des Steuerpflichtigen gezogen werden können.[300]

Die Vermögenssteuer belastet den Vermögensertrag zusätzlich, indem diese bei Ertraglosigkeit bzw. geringen Vermögenserträgen aus der Vermögenssubstanz entrichtet werden muss. Aus diesem Grund ist die Existenzberechtigung der Vermögenssteuer neben der den Vermögensertrag erfassenden Einkommenssteuer in der Schweiz umstritten (Mehrfachbelastung).[301]

Gegenstand der Vermögenssteuer ist das Reinvermögen (Art. 13 Abs. 1 StHG), d. h. die Differenz zwischen dem Bruttovermögen und den damit zusammenhängenden Schulden eines Steuerpflichtigen. Als (Brutto)Vermögen qualifizieren sämtliche einer steuerpflichtigen Person zustehenden geldwerten Rechte, die als solche einen rechtlich realisierbaren Anspruch begründen.[302]

298 Dazu und zum Folgenden: Höhn/Waldburger, Steuerrecht, Bd. I, S. 48.

299 Vgl. SSK, Das schweizerische Steuersystem, S. 62. Im Kanton BS erhebt die politische Gemeinde Basel-Stadt keine Gemeindesteuer.

300 Vgl. Mäusli-Allenspach/Oertli, Das schweizerische Steuerrecht, S. 176.

301 Vgl. Höhn/Waldburger, Steuerrecht, Bd. I, S. 381.

302 Vgl. Richner/Frei/Kaufmann/Meuter, Kommentar zum Zürcher Steuergesetz, VB zu §§ 38–47, Rz. 4 f. E contrario sind Vermögenswerte, die nicht als geldwerte Sachen qualifizieren (so bspw. rein anwartschaftliche Ansprüche), steuerfrei.

Die steuerbaren Vermögenswerte umfassen alle vermögenswerten Sachen und Rechte, die der Steuerpflichtige zu Eigentum oder zur Nutznießung (Art. 13 Abs. 2 StHG) hat oder über die er als wirtschaftlicher Berechtigter (bspw. Treugeber) verfügt. Für die Zwecke der Vermögenssteuer sind die Vermögenswerte grundsätzlich zum Verkehrswert zu bewerten (Art. 14 Abs. 1 StHG), wobei unter dem Verkehrswert derjenige Wert verstanden wird, der am Bewertungsstichtag bei einer Veräußerung hätte erzielt werden können (Marktwert).[303]

	Vermögenswerte
./.	Schulden
	Reinvermögen
./.	Sozialabzug bzw. steuerfreies Minimum
	Steuerbares Vermögen

Zu den steuerpflichtigen Vermögenswerten gehören insbesondere bewegliches Vermögen (z. B. Wertschriften, Bankguthaben, Motorfahrzeuge, Schmuck) und unbewegliches Vermögen (Grundstücke gemäß Art. 655 ZGB), rückkaufsfähige Lebens- und Rentenversicherungen sowie das in einem Geschäfts- oder Landwirtschaftsbetrieb investierte Vermögen.[304] Der Hausrat sowie persönliche Gebrauchsgegenstände werden nicht besteuert (Art. 13 Abs. 4 StHG). Private und geschäftliche Schulden können unbeschränkt in Abzug gebracht werden. Im Weiteren werden vom Reinvermögen Sozialabzüge gewährt, die allerdings von Kanton zu Kanton variieren. Gewisse Kantone sehen keine Sozialabzüge vor, befreien aber Vermögen, die einen bestimmten Betrag nicht übersteigen (steuerfreies Minimum).[305]

Für die Bemessung gilt das Stichtagsprinzip, d. h. bei ordentlicher Veranlagung ist der Vermögensstand am Ende der Steuerperiode oder der Steuerpflicht maßgebend (Art. 66 Abs. 1 StHG).[306]

Bei Steuerpflichtigen mit mehreren Steuerdomizilen in der Schweiz ist zu berücksichtigen, dass das unbewegliche Privatvermögen (Grundeigentum), welches nicht am Hauptsteuerdomizil gelegen ist, ein Nebensteuerdomizil[307] begründet und folglich an diesem Ort (dem Belegenheitsort) besteuert wird (interkantonale Steuerausscheidung). Bewegliches Privatvermögen (Wertschriften, Bankguthaben, Edelmetalle, u. ä.) hingegen, welches außerhalb des Hauptsteuerdomizils gelegen ist, ist ausschließlich am Hauptsteuerdomizil zu versteuern.[308] Bewegliches Geschäftsvermögen wird demgegenüber grundsätzlich dem Geschäftsort bzw. dem Ort der Be-

303 Vgl. Höhn/Waldburger, Steuerrecht, Bd. I, S. 386.

304 Vgl. SSK, Das schweizerische Steuersystem, S. 62.

305 Vgl. SSK, Das schweizerische Steuersystem, S. 63; SSK, Steuerinformationen, Die Vermögenssteuer natürlicher Personen, S. 24.

306 Zum Begriff der Steuerperiode vgl. A.II.6.1.

307 Nebensteuerdomizile, die eine Person aufgrund wirtschaftlicher Zugehörigkeit hin begründet, können dem Hauptsteuerdomizil vorgehen (Liegenschafts- oder Geschäftsort als Spezialsteuerdomizil) oder dem Hauptsteuerdomizil bzw. weiteren Nebensteuerdomizilen gleichgeordnet sein (Betriebsstätte als sekundäres Steuerdomizil). Vgl. hierzu Zweifel/Hunziker, Zweifel/Beusch/Mäusli-Allenspach, Interkantonales Steuerrecht, § 5, Rz. 4 – 12; von Ah, Die Besteuerung Selbständigerwerbender, S. 156 f.

308 Die Begriffe des Privat- und Geschäftsvermögens werden unter A.III.1.3.3. erläutert.

triebsstätte zur Besteuerung zugewiesen, unbewegliches Geschäftsvermögen (Grundeigentum) i. d. R. demjenigen Ort, an dem das Grundstück im Grundbuch eingetragen ist (Belegenheitsort).[309] Die Verlegung der privaten und geschäftlichen Schulden (resp. Schuldzinsen) erfolgt i. d. R. nach Lage der Aktiven.[310]

Die Tarife der Vermögenssteuer sind in den Kantonen mehrheitlich progressiv und in Promillen ausgestaltet. Für Ehegatten, welche in rechtlich und tatsächlich ungetrennter Ehe leben, sowie für verwitwete, gerichtlich oder tatsächlich getrennt lebende, geschiedene und ledige steuerpflichtige Personen, die mit Kindern unter elterlicher Sorge oder Obhut zusammenleben oder deren Unterhalt zur Hauptsache bestreiten (sog. Einelternfamilien), kommen günstigere Tarife[311] zur Anwendung als für die übrigen Steuerpflichtigen. Die für spezifische Vermögenshöhen anwendbaren Tarifstufen sind für beide Kategorien je nach Kanton gesetzlich festgelegt.

Eine Minderheit der Kantone – AI, GL, LU, NW, OW, SG, SZ, TG und UR – kennt feste Steuersätze (proportionale Steuer).[312]

In der Mehrzahl der Kantone besteht das Steuermaß wie schon bei der Einkommenssteuer aus zwei Teilen, nämlich dem gesetzlich festgelegten Steuersatz[313] und dem periodisch festgesetzten Vielfachen (Steuerfuß). Die effektiv geschuldete kantonale oder kommunale Vermögenssteuer ergibt sich durch Multiplikation der einfachen Steuer mit dem Vielfachen (Steuerfuß).[314]

Die kantonalen/kommunalen Steuerbelastungen ordentlich veranlagter natürlicher Personen variieren je nach Kanton und Gemeinde, Zivilstand sowie Höhe des steuerbaren Vermögens. Im Falle einer konfessionslosen, alleinstehenden Person ohne Kinder und unterstützungspflichtige Personen beträgt die kantonale/kommunale Belastung zwischen 0 % und rd. 1.0 %.[315]

II.5.1.2.2. Kapitalsteuer juristischer Personen

Kantone und Gemeinden erheben auf dem Kapital juristischer Personen eine Kapitalsteuer. Auf Bundesebene wurde die Kapitalsteuer im Rahmen der Unternehmenssteuerreform I per 1. 1. 1998 aufgehoben. Aufgrund der fehlenden Anknüpfung an die wirtschaftliche Leistungsfähigkeit des Steuersubjekts stellt die Kapitalsteuer europaweit weiterhin ein Unikum dar.[316]

309 Vgl. zum Stichpunkt Steuerdomizil und den diesbezüglichen Besonderheiten insb. Zweifel/Hunziker, Zweifel/Beusch/Mäusli-Allenspach, Interkantonales Steuerrecht, § 9, Rz. 36 – 38 (Liegenschaftsort), § 10, Rz. 1 – 3 (Geschäftsort) und § 11, Rz. 1 – 3 (Betriebsstätte). Das Gesagte bezieht sich auf das interkantonale Verhältnis, gilt aber sinngemäß (zumindest unilateral aus Schweizer Sicht) auch im internationalen Verhältnis.

310 Vgl. Betschart, Zweifel/Beusch/Mäusli-Allenspach, Interkantonales Steuerrecht, § 24, Rz. 18 i. V. m. Rz. 25.

311 Verheiratetentarif.

312 Vgl. Schweizerische Steuerkonferenz, Das schweizerische Steuersystem, S. 63.

313 Die sich aus diesem Grundtarif ergebende Steuer wird einfache Steuer genannt.

314 Vgl. A.II.3.5.

315 Stand der Berechnungen ist der Dezember 2013 (Steuerjahr 2013). Vgl. Hinny, Steuerrecht 2014, S. 1990 f. Eine gesicherte Zahlenbasis für sämtliche Kantone resp. Gemeinden für das Steuerjahr 2014 ist noch nicht verfügbar resp. müsste speziell erstellt werden.

316 Vgl. Zwahlen, Zweifel/Athanas, StHG-Kommentar, Art. 29a, Rz. 1.

Steuerbar sind bei den Kapitalgesellschaften und Genossenschaften das einbezahlte Aktien-, Grund- oder Stammkapital[317] sowie die offenen und aus versteuertem Gewinn gebildeten stillen Reserven (Art. 29 Abs. 2 Bst. a und b StHG).[318] Die Berücksichtigung von aus versteuerten Gewinnen gebildeten stillen Reserven (z. B. steuerlich nicht anerkannte Abschreibungen und Rückstellungen) in der Bemessungsgrundlage für Kapitalsteuerzwecke bedeutet, dass nicht die Reserven der Handelsbilanz, sondern jene der „Steuerbilanz" maßgeblich sind.[319]

Das steuerbare Eigenkapital von Kapitalgesellschaften und Genossenschaften wird um denjenigen Teil des Fremdkapitals erhöht, dem wirtschaftlich die Bedeutung von Eigenkapital zukommt (Art. 29a StHG). Dieser Teil des Fremdkapitals wird als verdecktes Eigenkapital bezeichnet. Im Rahmen der jährlichen, von Amtes wegen vorgenommenen Überprüfung des zulässigen Fremdkapitals kann das ausgewiesene Eigenkapital also durch den Betrag des verdeckten Eigenkapitals erhöht werden. Die Folge ist eine erhöhte Kapitalsteuerbelastung. Verdecktes Eigenkapital liegt in dem Umfang vor, als die ausgewiesenen Schulden das zulässige Fremdkapital übersteigen und diese direkt oder indirekt von Anteilsinhabern oder diesen nahe stehenden Personen stammen (Gesellschafter-Fremdkapital).[320]

Das zulässige Fremdkapital wird schematisch aufgrund vorgegebener Prozentsätze vom Verkehrswert der Aktiven berechnet. Dabei dürfen die einzelnen Aktivpositionen der Bilanz nur bis zu bestimmten Ansätzen als Höchstbeträge „belehnt" werden. So können steuerlich bspw. maximal 85 % der Vorräte, 70 % der Beteiligungen, 50 % der Betriebseinrichtungen und 70 % von Fabrikliegenschaften fremdfinanziert werden. Für Finanzgesellschaften beträgt das maximal zulässige Fremdkapital in der Regel 6/7 der Bilanzsumme.[321]

PRAXISHINWEIS

Wendet der Steuerpflichtige diese Prozentsätze an, hat er die Gewähr, dass grundsätzlich keine Aufrechnung erfolgt. Dem Steuerpflichtigen steht es ferner frei, bei deren Überschreitung den Nachweis zu erbringen, dass ihm die Fremdfinanzierung im gleichen Umfang auch von einem unabhängigen Dritten gewährt worden wäre (sog. Drittvergleich).

Bei den Vereinen, Stiftungen und übrigen juristischen Personen ist als Eigenkapital das nach den für die Vermögenssteuer der natürlichen Personen geltenden Grundsätzen zu bewertende Reinvermögen steuerbar (Art. 29 Abs. 2 Bst. c StHG).[322]

Für die Steuerberechnung ist das Eigenkapital am Ende der Steuerperiode maßgebend (Art. 31 Abs. 4 StHG). Somit bleiben Kapitalveränderungen im Laufe der Steuerperiode unberücksichtigt.

317 Besteuert wird nur das einbezahlte Kapital. Dies auch dann, wenn das nominelle Kapital höher angesetzt ist. Andererseits ist das einbezahlte Kapital auch dann zu versteuern, wenn es infolge eines Bilanzverlustes nicht mehr gedeckt ist.

318 Bei Aktiengesellschaften zählt auch das Partizipationskapital i. S.v. Art. 656a OR zum steuerbaren Eigenkapital. Genussscheine sind für die Ermittlung des steuerbaren Eigenkapitals hingegen ohne Bedeutung, da diese gemäß Art. 657 OR keinen Nennwert aufweisen (vgl. Mäusli-Allenspach/Oertli, Das schweizerische Steuerrecht, S. 243).

319 Vgl. Höhn/Waldburger, Steuerrecht, Bd. I, S. 489.

320 Vgl. Mäusli-Allenspach/Oertli, Das schweizerische Steuerrecht, S. 243.

321 Vgl. KS ESTV Nr. 6 v. 6. 6. 1997, S. 2.

322 Bei kollektiven Kapitalanlagen unterliegt der auf den direkten Grundbesitz entfallende Anteil am Reinvermögen der Vermögenssteuer.

Da die von der Generalversammlung beschlossenen Gewinnausschüttungen nicht zum steuerbaren Eigenkapital gehören, bleiben sie ebenfalls von der Erfassung ausgeschlossen.[323]

Die überwiegende Mehrzahl der Kantone erhebt bei Kapitalgesellschaften und Genossenschaften eine proportionale Steuer.[324] Holding-, Verwaltungs- bzw. Domizil- sowie gemischte Gesellschaften bezahlen in der Regel eine ermäßigte Kapitalsteuer.

PRAXISHINWEIS

Im Kanton ZH beträgt die einfache Kapitalsteuer bspw. für Holding-, Domizil- und gemischte Gesellschaften 0.15 %, für alle anderen juristischen Personen 0.75 % des steuerbaren Eigenkapitals (§ 82 Abs. 1 StG ZH). Für die Berechnung der Endbelastung sind diese Sätze mit den anwendbaren Steuerfüßen zu multiplizieren.[325]

Eine Mehrheit der Kantone erhebt bei Vereinen, Stiftungen und übrigen juristischen Personen eine Kapitalsteuer analog zu derjenigen bei Kapitalgesellschaften[326] und befreit Eigenkapital bis zu einer gewissen betraglichen Höhe von der Besteuerung.[327] Mit dem Inkrafttreten der ersten Phase der Unternehmenssteuerreform II per 1. 1. 2009 wurde auf Stufe der Kantone und Gemeinden die Möglichkeit geschaffen, die Gewinnsteuer an die Kapitalsteuer anzurechnen. Die Kapitalsteuer kann somit um den Betrag der Gewinnsteuer reduziert werden.

PRAXISHINWEIS

Diese Form der Anrechnung ist derzeit (Stand 1. 1. 2014) nur in den Steuergesetzen der Kantone AG, AI, BE, BL, GE (nur bis CHF 8'500), NE, SG, SO, SZ (Anrechnung der Gewinn- auf die Minimalsteuer auf Eigenkapital), TG und VD vorgesehen.

Mit dem Inkrafttreten der zweiten Phase der Unternehmenssteuerreform II per 1. 1. 2011 wurde das Kapitaleinlageprinzip eingeführt (Art. 20 Abs. 3 i. V. m. Art. 125 DBG; Art. 5 Abs. 1bis VStG). Gemäß diesem sind Einlagen, Aufgelder (Agio) und Zuschüsse, welche direkt von Inhabern der Beteiligungsrechte geleistet wurden und in der Handelsbilanz der empfangenden Kapitalgesellschaft oder Genossenschaft verbucht und offen ausgewiesen sind (offene Kapitaleinlagen), steuerfrei rückzahlbar.[328]

II.5.1.3. Exkurs zur Kirchensteuer

Die Kirchensteuern sind bei den kantonalen Steuern einzuordnen. In den meisten Kantonen sind die evangelisch-reformierte sowie die römisch-katholische Kirche öffentlich-rechtlich aner-

323 Vgl. Höhn/Waldburger, Steuerrecht, Bd. I, S. 494. Hinsichtlich der Gewinnausschüttungen gilt es zu berücksichtigen, dass Dividenden in der Schweiz i. d. R. nur einmal pro Geschäftsjahr ausgeschüttet werden. Die Ausschüttung von Interimsdividenden ist unter gewissen Voraussetzungen zulässig (vgl. F.I.3.1.).

324 Der Kanton UR hat die Kapitalsteuer von ordentlich besteuerten Kapitalgesellschaften auf Kantonsebene, nicht aber auf Gemeindeebene abgeschafft. Die Kantone GR und VS erheben einen proportionalen Zweistufentarif nach Höhe des Eigenkapitals, der Kanton GE eine proportionale Kapitalsteuer mit einem Normalsatz und einem höheren Satz, wenn die Gesellschaft keinen steuerbaren Gewinn ausweist (vgl. SSK, Steuerinformationen, Die Besteuerung der juristischen Personen, S. 21).

325 Vgl. A.II.3.5.

326 Abweichend davon besteuern die Kantone VD und VS das maßgebliche steuerbare Eigenkapital zu den für natürliche Personen geltenden Tarifen, die Kantone FR, GE, GR und SH je zu einem eigenen Tarif (vgl. SSK, Steuerinformationen, Die Besteuerung der juristischen Personen, S. 35 ff.).

327 So verzichtet bspw. der Kanton ZH darauf, das Eigenkapital von Vereinen, Stiftungen und übrigen juristischen Personen (einschließlich der kollektiven Kapitalanlagen mit direktem Grundbesitz) von kleiner als CHF 100'000 zu besteuern (§ 82 Abs. 2 StG ZH).

328 Vgl. A.III.4.

kannt und als solche zur Erhebung von Steuern ermächtigt, stellen also eigenständige Steuerhoheiten dar. Einige Kantone haben diese Rechtsstellung auch der christ-katholischen Kirche und der israelitischen Kultusgemeinschaft gewährt.[329]

Durch Abgabe einer Austrittserklärung an die zuständige Behörde (meist die Kirchgemeindeversammlung der entsprechenden Kirche) können natürliche Personen aus der Kirche austreten und sich so von der Kirchensteuerpflicht befreien lassen.[330]

Obwohl juristische Personen nach verbreiteter Auffassung keine Religionszugehörigkeit haben, werden in den meisten Kantonen[331] auch die juristischen Personen der Kirchensteuerpflicht unterstellt. Im Gegensatz zu den natürlichen Personen können sich juristische Personen allerdings nicht unter Berufung auf Art. 15 BV durch Abgabe einer Austrittserklärung von der Kirchensteuerpflicht befreien.[332]

Die Kirchensteuer wird i. d. R. als Prozentsatz der einfachen Steuer,[333] die sich aus den ordentlichen Tarifen der Kantone für die der Berechnung der Kirchensteuer von natürlichen und juristischen Personen zugrundeliegenden Steuerarten ergibt, berechnet. Sie variiert je nach kirchlicher Zugehörigkeit der steuerpflichtigen natürlichen Personen. Bei den juristischen Personen handelt es sich um Einheitssätze, die aufgrund des Durchschnitts der Steuerfüße der betroffenen Kirchgemeinden festgelegt werden.[334]

PRAXISHINWEIS

Im Kanton ZH (Stadt Zürich) bezahlen natürliche Personen für die Steuerperiode 2014 10 % (evang.-ref.; röm.-kath.) bzw. 14 % (christ-kath.) der einfachen Steuer, juristische Personen einheitlich 10.01 %.[335]

II.5.2. Indirekte Steuern des Bundes

Neben den direkten Steuern werden in der Schweiz auch indirekte Steuern erhoben. Die wichtigsten Steuerarten in diesem Bereich sind die Verrechnungssteuer (A.II.5.2.1.), die Stempelabgaben (A.II.5.2.2.) sowie die Mehrwertsteuer (A.II.5.2.3.).

329 Eine Besonderheit ist im Kanton VD anzutreffen. Dieser anerkennt die evangelisch-reformierte und römisch-katholische Kirche, erhebt aber keine die allgemeinen Kantons- und Gemeindesteuern ergänzende Kirchensteuern. Eine weitere Besonderheit besteht im Kanton VS. Dort werden die Kultusausgaben ausschließlich von den Gemeinden getragen und das Recht zur Erhebung einer Kirchensteuer (die dort „Kultussteuer" genannt wird) ist an die Gemeinden delegiert. Nur sechs Gemeinden machen allerdings von diesem Recht Gebrauch (vgl. SSK, Steuerinformationen, Die Kirchensteuern, S. 2 und S. 4).

330 Vgl. SSK, Steuerinformationen, Die Kirchensteuern, S. 16.

331 Nicht so in den Kantonen AG, AR, BS, GE und SH (SSK, Steuerinformationen, Die Kirchensteuern, S. 14).

332 Vgl. SSK, Steuerinformationen, Die Kirchensteuern, S. 19.

333 Zum Begriff der einfachen Steuer vgl. A.II.3.5.

334 Vgl. SSK, Steuerinformationen, Die Kirchensteuern, S. 22.

335 Vgl. SSK, Steuerinformationen, Die Kirchensteuern, S. 22 f.; www.steueramt.zh.ch.

II.5.2.1. Verrechnungssteuer

Anders als bei der direkten Bundessteuer verfügt der Bund bei der Verrechnungssteuer nebst der Gesetzgebungs- mehrheitlich auch über die Steuerverwaltungskompetenz.[336] Die Verrechnungssteuer wird als Quellensteuer

1. auf dem Ertrag von beweglichem Kapitalvermögen (Art. 4 VStG),[337]
2. auf Lotteriegewinnen (Art. 6 VStG) und
3. auf Versicherungsleistungen erhoben (Art. 7 VStG).

Für in der Schweiz steuerrechtlich ansässige Personen ist die Verrechnungssteuer eine Sicherungssteuer und kann unter bestimmten Voraussetzungen zurückgefordert werden.[338] Der Gegenstand der Verrechnungssteuer ist allerdings weiter gefasst als derjenige der Kapitalertragssteuer (Abgeltungssteuer).

Steuerpflichtig ist der Schuldner der steuerbaren Leistung (Art. 10 Abs. 1 VStG). Dieser hat im Steuererhebungsverfahren die Steuer von Gesetzes wegen auf den Empfänger (Gläubiger) zu überwälzen, indem er die steuerbare Leistung (Bruttoleistung) um den geschuldeten Steuerbetrag kürzt, den so einbehaltenen Betrag der Eidg. Steuerverwaltung (ESTV) abliefert und nur die Nettoleistung dem Gläubiger ausbezahlt (Art. 14 Abs. 1 VStG). Wird keine Überwälzung vorgenommen, wird die Bemessungsgrundlage der Verrechnungssteuer erweitert, indem eine zusätzliche geldwerte Leistung erfolgt, die zum ausbezahlten Betrag hinzuzurechnen ist. Der an die Begünstigten ausbezahlte Betrag wird folglich als Nettoleistung (bei Kapitalerträgen 65 %) betrachtet. Entsprechend ist diese ins Hundert hochzurechnen, um die für die Berechnung der Verrechnungssteuer maßgebliche Bruttobasis zu erhalten.[339] Die Verrechnungssteuerbelastung beträgt dann effektiv rd. 53.85 %.

Gegenstand der Verrechnungssteuer auf dem Ertrag von beweglichem Kapitalvermögen sind Zinsen, Renten, Gewinnanteile und sonstige Erträge der von einem Inländer ausgegebenen Obligationen, Serienschuldbriefe und -gülte sowie Schuldbuchguthaben, Beteiligungsrechte (Aktien, GmbH- und Genossenschaftsanteile sowie Partizipations- und Genussscheine) und Anteile an einer kollektiven Kapitalanlage gemäß KAG[340] sowie der Kundenguthaben bei inländischen Banken und Sparkassen (Art. 4 Abs. 1 VStG). Inländer im Sinne von Art. 9 Abs. 1 VStG ist, wer im Inland (Schweiz) Wohnsitz, dauernden Aufenthalt oder statutarischen Sitz hat oder als Unternehmen im schweizerischen Handelsregister eingetragen ist. Weiter als Inländer gelten auch juristische Personen oder Handelsgesellschaften ohne juristische Persönlichkeit, die ihren statuta-

336 Die kantonalen Behörden sind einzig beim Vollzug der Rückerstattung von auf Kapitalerträgen und Lotteriegewinnen erhobenen Verrechnungssteuern bei natürlichen Personen zuständig. In Sachen Rückerstattung der Verrechnungssteuer an die juristischen Personen und alle übrigen Anspruchsberechtigten sowie der auf Versicherungsleistungen erhobenen Verrechnungssteuer ist dagegen die ESTV zuständig (vgl. Reich, Steuerrecht, S. 591 und 636).

337 Sie ist somit zumindest teilweise vergleichbar mit der deutschen Kapitalertragsteuer.

338 Mehr dazu nachfolgend in diesem Abschnitt.

339 Vgl. Reich, Steuerrecht, S. 617.

340 Diese können auch von einem Ausländer in Verbindung mit einem Inländer ausgegeben werden (vgl. Art. 4 Abs. 1 Bst. c VStG).

rischen Sitz im Ausland haben, aber tatsächlich im Inland (Schweiz) geleitet werden und hier eine Geschäftstätigkeit ausüben.[341] [342]

PRAXISHINWEIS

Eine in einer offshore Jurisdiktion ansässige Vermögensverwaltungsgesellschaft ohne Geschäftstätigkeit in der Schweiz begründet folglich keine Verrechnungssteuerpflicht, selbst wenn sich ihre tatsächliche Verwaltung in der Schweiz befindet und die Gesellschaft deshalb in der Schweiz steuerlich ansässig ist.

Basierend auf dem reinen Nennwertprinzip war bis einschließlich 31. 12. 2010 nur das nominelle Aktien- bzw. Stammkapital (verrechnungs-)steuerfrei rückzahlbar. Seit der Einführung des Kapitaleinlageprinzips[343] per 1. 1. 2011 werden Rückzahlungen von Einlagen, Aufgeldern und Zuschüssen unter gewissen Voraussetzungen gleich behandelt wie die Rückzahlung von Grund- oder Stammkapital. Einerseits müssen diese von den Beteiligten eingebrachten Mittel auf einem gesonderten Konto ausgewiesen und jede Veränderung auf diesem Konto der ESTV gemeldet werden. Andererseits sind nur Einlagen, Aufgelder und Zuschüsse betroffen, die nach dem 31. 12. 1996 von den Inhabern der Beteiligungsrechte geleistet wurden. Für die restlichen Kapitaleinlagen ist weiterhin das Nennwertprinzip maßgeblich.

Somit unterliegen insbesondere folgende Leistungen der Verrechnungssteuer:

- Dividenden und Gratisaktien einer schweizerischen Gesellschaft;
- Gewinnausschüttungen anlässlich einer Liquidation einer schweizerischen Kapitalgesellschaft (Liquidationsschlussdividende);
- Andere geldwerte Leistungen einer schweizerischen Gesellschaft an ihre Gesellschafter und ihnen nahe stehende Personen (u. a. verdeckte Gewinnausschüttung, Gewinnvorwegnahme);[344]
- Zinsen auf Obligationen eines schweizerischen Schuldners;[345]
- Zinsen auf Guthaben bei einer inländischen Bank.[346]

Die Steuersätze betragen (Art. 13 Abs. 1 VStG)

- 35 % für Kapitalerträge und Lotteriegewinne,
- 15 % für Leibrenten und Pensionen und
- 8 % auf sonstigen Versicherungsleistungen.

341 Bei einem allfälligen teilweisen Wechsel vom Schuldner- zum Zahlstellensprinzip im Bereich der Obligationenzinsen würde der Inländerbegriff eine Änderung erfahren (vgl. hierzu Jaussi/Duss, Zweifel/Beusch/Bauer Balmelli, VStG-Kommentar, Art. 9, Rz. 4a und 5a).

342 Anders als bei den Stempelabgaben (vgl. A.II.5.2.2.) und bei der Mehrwertsteuer (vgl. A.II.5.2.3.) gilt das Fürstentum Lichtenstein bei der Verrechnungssteuer nicht als Inland. Somit gelten im Fürstentum Lichtenstein ansässige Personen als Ausländer und haben mangels eines entsprechenden DBA keinen Anspruch auf Rückerstattung der auf sie überwälzten Verrechnungssteuer (vgl. Mäusli-Allenspach/Oertli, Das schweizerische Steuerrecht, S. 325).

343 Vgl. A.III.4.

344 Eine solche liegt vor, wenn die Gesellschaft zugunsten des Beteiligungsinhabers oder einer nahe stehenden Person für von der Gesellschaft erbrachte Leistungen oder veräußerte Aktiven weniger Entgelt verlangt, als sie es von einem unabhängigen Dritten tun und erhalten würde (vgl. Duss/Helbing/Duss, Zweifel/Beusch/Bauer-Balmelli, VStG-Kommentar, Art. 4, Rz. 132b).

345 Der steuerrechtliche Begriff der Obligation ist weiter gefasst als derjenige des Wertpapierrechts (Art. 965 ff. OR) und auch weiter als der im Handel und im Bankgeschäft üblicherweise verwendete Begriff (siehe KS Nr. 4 der ESTV v. 12. 4. 1999).

346 Zinsen auf Guthaben anderer Schuldner, welche keine inländische Bank sind (wie z. B. auf Gesellschafterdarlehen, Darlehen von Konzerngesellschaften) unterliegen dagegen nicht der Verrechnungssteuer.

Der Schuldner der steuerbaren Leistung hat sich unaufgefordert bei der Eidg. Steuerverwaltung (ESTV) anzumelden, die vorgeschriebenen Abrechnungen und Belege einzureichen (Deklaration) und gleichzeitig die Steuer zu entrichten oder die an deren Stelle tretende Meldung zu erstatten (Art. 38 Abs. 2 VStG i.V. m. Art. 16, 19 und 20 VStG). Die Fälle, in denen das Meldeverfahren zulässig ist, sind in Art. 24a VStV (Erwerb eigener Beteiligungsrechte ohne Kapitalherabsetzung), Art. 26a VStV (Dividenden im Konzernverhältnis) und Art. 24 VStV (übrige Fälle wie bspw. bei der Ausgabe von Gratisaktien oder bei Gratisnennwerterhöhungen, bei der Ausrichtung von Naturaldividenden, bei der Sitzverlegung ins Ausland) abschließend geregelt.[347]

PRAXISHINWEIS

Die Deklaration der Verrechnungssteuer auf Dividendenzahlungen erfolgt mittels Formular 103 (AG) bzw. 110 (GmbH) für Beschlüsse ordentlicher Generalversammlungen, resp. mittels Formular 102 für Beschlüsse außerordentlicher Generalversammlungen. Genossenschaften deklarieren ihre Ausschüttungen mittels Formular 7.

Im innerschweizerischen Konzernverhältnis wird das Meldeverfahren seit dem 1. 1. 2001 angewendet. Seit dem 1. 1. 2005 gilt dieses auch auf Dividendenausschüttungen im grenzüberschreitenden Konzernverhältnis.[348] Diesfalls kann das Meldeverfahren bei schweizerischen Dividenden aus wesentlichen Beteiligungen ausländischer Gesellschaften[349] mittels den amtlichen Formularen 823 (US-Muttergesellschaft), 823B[350] (ausländische Muttergesellschaft) oder 823C[351] (europäische Muttergesellschaft; Gesuch gestützt auf Art. 15 Abs. 1 ZBStA[352]) vor Fälligkeit der Dividenden beantragt werden. Verfügt die Dividenden zahlende schweizerische Gesellschaft über eine solche Bewilligung, so ist das Meldeformular 108[353] zusammen mit dem amtlichen Deklarationsformular (Formulare 102[354], 103, 110) bei der ESTV unaufgefordert und innert 30 Tagen ab Fälligkeit der steuerbaren Leistung[355] einzureichen (Art. 5 Abs. 1 und 2 der Steuerentlastungsverordnung). Die Folge ist, dass keine oder nur eine residuale Verrechnungssteuer (je nach Haltedauer und DBA) abgeliefert werden muss. Im reinen Inlandfall ist das Meldeformular 106 zu benützen.[356]

PRAXISHINWEIS

Das Schweizerische Bundesgericht hat in einem jüngeren Entscheid explizit bestätigt, dass es sich bei dieser 30-tägigen Frist um eine gesetzliche Frist, die den Charakter einer Verwirkungsfrist hat und somit nicht

347 Vgl. auch Mäusli-Allenspach/Oertli, Das schweizerische Steuerrecht, S. 350 f.

348 Vgl. SSK, Steuerinformationen, Die eidgenössische Verrechnungssteuer, S. 12 f.

349 Vgl. Verordnung über die Steuerentlastung schweizerischer Dividenden aus wesentlichen Beteiligungen ausländischer Gesellschaften vom 22. 12. 2004 (Steuerentlastungsverordnung, SR 672.203); KS ESTV Nr. 6 v. 22. 12. 2004; KS ESTV Nr. 10 v. 15. 7. 2005.

350 Vgl. Formular 823B: Gesuch um Meldung statt Entrichtung der Versteuerung der Dividendenerträge infolge wesentlicher Beteiligung einer ausländischen Kapitalgesellschaft im Anhang 1.

351 Vgl. Formular 823 C: Gesuch um Meldung statt Entrichtung der Verrechnungssteuer auf Dividendenzahlungen an eine ausländische Kapitalgesellschaft, welche eine wesentliche Beteiligung hält im Anhang 1.

352 Vgl. AS 2005, S. 2571 ff.

353 Vgl. Formular 108: Meldung statt Entrichtung der schweizerischen Verrechnungssteuer auf Dividenden aus wesentlicher Beteiligung einer ausländischen Kapitalgesellschaft im Anhang 1.

354 Vgl. Formular 102: Verrechnungssteuer auf geldwerten Leistungen (bei a. o. GV-Beschlüssen); Formular 103: Verrechnungssteuer auf dem Ertrag inländischer Aktien, Partizipations- und Genussscheine (bei der AG); Formular 110: Verrechnungssteuer auf dem Ertrag von Gesellschaftsanteilen, Partizipations- und Genussscheinen inländischer GmbH im Anhang 1.

355 Wird für Dividendenausschüttungen keine Fälligkeit festgelegt, entspricht das Fälligkeitsdatum dem Datum der Generalversammlung.

356 Für die detaillierte Darstellung im Verhältnis D-CH wird auf B.VIII.6.2. verwiesen.

erstreckbar ist, handelt.[357] Diese gilt es auch dann einzuhalten, wenn noch keine Bewilligung für das Meldeverfahren erteilt wurde. Im Falle einer verspäteten Einreichung der Formulare wird (derzeit regelmässig) die Anwendung des Meldeverfahrens verweigert und von der die (Sach- oder Bar-)Dividende zahlenden schweizerischen Gesellschaft die Entrichtung der vollen Verrechnungssteuer von 35 % zuzüglich Verzugszins (5 %) verlangt. Trotz diverser Vorstöße namhafter schweizerischer Branchen- und Interessenverbände ist die ESTV sowie das EFD nicht bereit, zumindest in einer Übergangsphase die in der Vergangenheit befolgte, liberalere Praxis anzuwenden. Im Gegenteil besteht seitens der ESTV ein Interesse daran, die Zulässigkeit der Erhebung von Verzugszinsen bei Verstoß gegen die 30-tägige Frist letztinstanzlich beurteilen zu lassen.[358]

Die ESTV kann bei gefährdetem Bezug der Verrechnungssteuer unter gewissen Voraussetzungen eine Sicherstellung derselben sowie für Zinsen und Kosten verlangen, auch wenn diese weder rechtskräftig veranlagt noch fällig sind (Art. 47 VStG).

PRAXISHINWEIS

In welchen Fällen effektiv eine Gefährdung und damit ein Sicherstellungsgrund vorliegt, muss in jedem konkreten Einzelfall geprüft werden. Eine solche Sicherstellung lässt sich jedoch ohne Weiteres bei Vorliegen des Spezialtatbestandes gemäß Art. 9 VStV rechtfertigen. In diesen Fällen liegen aufgrund der Beherrschungsverhältnisse (mehr als 80 % des Aktien- oder Stammkapitals werden direkt oder indirekt von steuerlich im Ausland ansässigen Personen beherrscht) und der Geschäftstätigkeit (die Aktiven der Gesellschaft befinden sich zur Hauptsache im Ausland oder bestehen überwiegend aus Forderungen oder anderen Rechten gegenüber Ausländern) keine sehr engen Bindungen zur Schweiz vor. Schüttet die Gesellschaft nun nicht alljährlich einen angemessenen Teil des Reinertrags als Dividende oder Gewinnanteil an die Anteilsinhaber aus, kann die ESTV eine Sicherstellung der Verrechnungssteuer verfügen.[359]

Der Empfänger der Leistung hat bei deren Fälligkeit (unter bestimmten Voraussetzungen) Anspruch auf Rückerstattung bzw. Anrechnung der Verrechnungssteuer. Die Voraussetzungen für eine Rückerstattung sind:

1. (Steuerliche) Ansässigkeit in der Schweiz im Zeitpunkt der Fälligkeit der steuerbaren Leistung;
2. Ordnungsgemäße Deklaration der Vermögenswerte sowie der darauf erzielten steuerbaren Vermögenserträge;
3. Keine missbräuchliche Inanspruchnahme eines Doppelbesteuerungsabkommens;[360]
4. Nutzungsberechtigung an den erzielten Vermögenserträgen.

Die Rückerstattung der Verrechnungssteuer wird damit insbesondere gewährt gegenüber[361]

- Natürlichen Personen mit (steuerrechtlichem) Wohnsitz oder qualifiziertem Aufenthalt in der Schweiz, die in der für die Kantons- und Gemeindesteuer maßgeblichen Steuererklärung sowohl die Vermögenswerte als auch die darauf erzielten Vermögenserträge ordnungsgemäß deklarieren (Art. 22 i.V.m. Art. 23 VStG). Die Rückerstattung der Verrechnungssteuer an die natürlichen Personen erfolgt durch die Kantone (Art. 30 Abs. 1 VStG), wobei der Rückerstattungsbetrag i.d.R. mit den Kantons- und Gemeindesteuern verrechnet wird (Art. 31 VStG);

357 Vgl. BGer (2C.756/2010 v. 19. 1. 2011, E 3.2.2.), wiedergegeben in Bugnon/Küpfer, ASA 79 (2010/2011), S. 861.

358 Vgl. Bürgy/Neuhaus, ST 12/2013, S. 960 ff.

359 Vgl. Leibundgut, Zweifel/Beusch/Bauer-Balmelli, VStG-Kommentar, Art. 47, Rz. 18, 21 und 28.

360 Vgl. B.XV.

361 Vgl. Reich, Steuerrecht, S. 622 f.

- Juristischen Personen mit (steuerrechtlichem) Sitz oder tatsächlicher Verwaltung in der Schweiz, wenn diese die mit der Verrechnungssteuer belasteten Einkünfte ordnungsgemäß als Ertrag verbuchen (Art. 24 Abs. 1 i.V. m. Art. 25 Abs. 1 VStG sowie gemäß Praxis). Bei juristischen Personen erfolgt die Rückerstattung direkt durch die ESTV (Art. 30 Abs. 2 VStG).

Sind die vorgenannten Bedingungen nicht erfüllt, besteht entweder kein Rückerstattungsanspruch (keine steuerliche Ansässigkeit in der Schweiz) oder der bestehende Anspruch ist verwirkt (keine ordnungsmäßige Deklaration). Die Rückerstattung wird zudem in Steuerumgehungsfällen verweigert (Art. 21 Abs. 2 VStG).

Ist der Empfänger der Leistung im Zeitpunkt des Zuflusses im Ausland ansässig, stellt die Verrechnungssteuer zunächst grundsätzlich eine definitive Belastung dar. Die Verrechnungssteuer kann teilweise oder vollumfänglich zurückerstattet werden, wenn dies in einem Doppelbesteuerungsabkommen (DBA) oder einem anderen Staatsvertrag zwischen der Schweiz und dem betreffenden Wohnsitzland geregelt ist.[362]

Im Rahmen der Too big to fail-Vorlage[363] sind auch Änderungen bei der Verrechnungssteuer vorgesehen. Da diese Revisionsbestrebungen sehr umfangreich sind, wurden diese dem Parlament in einer separaten Vorlage unterbreitet.[364] Zur Diskussion steht der Übergang vom Schuldner- auf das Zahlstellenprinzip bei der Besteuerung von Zinsen von Obligationen und Geldmarktpapieren. Bei diesen Kapitalerträgen soll die Verrechnungssteuererhebung auf natürliche Personen als wirtschaftlich Berechtigte mit Wohnsitz bzw. qualifiziertem Aufenthalt in der Schweiz begrenzt werden (Sicherungsfunktion). Der Abzug an der Quelle soll dabei durch die inländische Zahlstelle, welche die Beträge überweist, vergütet oder gutschreibt, erfolgen.[365]

PRAXISHINWEIS

Folgerichtig würden ausländische Investoren und inländische juristische Personen (inkl. institutionelle Anleger) hinsichtlich der Zinseinkünfte auf Obligationen und Geldmarktpapieren nicht mehr der Verrechnungssteuer unterliegen. Hingegen würden die von in der Schweiz steuerlich ansässigen natürlichen Per-

362 Vgl. B.VIII, B.IX und B.X.

363 Vgl. Botschaft zur Änderung des Bankengesetzes (Stärkung der Stabilität im Finanzsektor; Too big to fail) v. 20. 4. 2011 (BBl 2011, S. 4717 ff.). Die Bestimmungen zu Too big to fail wurden vom Parlament am 30. 9. 2011 verabschiedet und vom Bundesrat per 1. 3. 2012 in Kraft gesetzt (vgl. Medienmitteilung des Bundesrates v. 15. 2. 2012). Vgl. auch A.III.5.2.

364 Vgl. Botschaft zur Änderung des Bundesgesetzes über die Verrechnungssteuer (Belebung des schweizerischen Kapitalmarktes) v. 24. 8. 2011 (BBl 2011, S. 6615 ff.). Im Zuge der parlamentarischen Beratungen wurde in der Schlussabstimmung vom 15. 6. 2012 beschlossen, die Vorlage, welche eine Umstellung vom Schuldner- auf das Zahlstellenprinzip ermöglicht, an den Bundesrat zurückzuweisen und lediglich die von Banken ausgegebenen Pflichtwandelsanleihen (sog. CoCo-Bonds, Contingent Convertible Bonds, d. h. langfristige nachrangige Schuldverschreibungen mit festem Coupon, die basierend auf vorgängig festgelegten Wandlungskriterien automatisch von Fremd- in Eigenkapital gewandelt werden) sowie Anleihen mit Forderungsverzicht i. S.v. Art. 11 ff. BankG (sog. Write Down Bonds) resp. entsprechende Zinszahlungen im Sinne einer Übergangslösung von der Verrechnungssteuer auszunehmen. In den jeweiligen Rückweisungsanträgen wurde vom Bundesrat eine Gesamtschau, die insbesondere den zeitlichen Aspekten der verschiedenen Steuerdossiers des Finanzplatzes Rechnung tragen soll, verlangt (vgl. amtliche Bulletins des National- und Ständerats auf www.parlament.ch). Die vom Parlament nicht zurückgewiesenen Teiländerungen im VStG sind seit 1. 1. 2013 in Kraft. In der Folge wurde am 2. 7. 2014 das Eidg. Finanzdepartement (EFD) vom Bundesrat mit der Ausarbeitung einer Vernehmlassungsvorlage zur Verrechnungssteuerreform beauftragt. Die Vorlage wird auf Ende 2014 erwartet (vgl. Schöchli, NZZ v. 3. 7. 2014, S. 31; Medienmitteilung des Bundesrates v. 2. 7. 2014; Bericht der gemischten Arbeitsgruppe v. 14. 2. 2014 zum Schuldner- und Zahlstellenprinzip im Steuerrecht). Dieses Dossier hängt zwar formell nicht mit der Unternehmenssteuerreform III eröffnen (vgl. A.III.5.2.) zusammen, doch würden mutmaßliche Mehreinnahmen via Zahlstellensteuer gewisse Zusatzspielräume hinsichtlich der Finanzierung der Unternehmenssteuerreform III eröffnen.

365 Vgl. Reich, Steuerrecht, S. 598 f.; Simonek/von Ah, Unternehmenssteuerrecht, S 25 ff.

sonen vereinnahmten Zinsen ausländischer Obligationen und Geldmarktpapiere neu von der Verrechnungssteuer erfasst.

II.5.2.2. Stempelabgaben

Der Bund erhebt auf bestimmten Vorgängen des Rechtsverkehrs, insbesondere der Ausgabe (Kapitalbeschaffung) und dem Handel (Kapitalverkehr) von bestimmten Urkunden[366], Stempelabgaben. Gemäß Art. 1 Abs. 1 StG handelt es sich dabei um

1. die Emissionsabgabe,
2. die Umsatzabgabe und
3. die Abgabe auf Versicherungsprämien.[367]

II.5.2.2.1. Emissionsabgabe

Die Emissionsabgabe erfasst die entgeltliche oder unentgeltliche Begründung und Erhöhung des Nennwerts der nachfolgenden, von einem Inländer ausgegebenen Beteiligungsrechte (Art. 1 Abs. 1 Bst. a StG):

- Aktien von Aktiengesellschaften und Kommanditaktiengesellschaften;
- Stammanteile von Gesellschaften mit beschränkter Haftung;
- Genossenschaftsanteile;
- Genussscheine und Partizipationsscheine von Gesellschaften, Genossenschaften oder gewerblichen Unternehmen des öffentlichen Rechts.

Der Begründung von Beteiligungsrechten gleichgestellt sind Zuschüsse von Gesellschaftern (Art. 5 Abs. 2 Bst. a StG) sowie der Handwechsel der Mehrheit von Beteiligungsrechten an einer inländischen Gesellschaft oder Genossenschaft, die wirtschaftlich liquidiert oder in liquide Form gebracht worden ist (sog. Mantelhandel, Art. 5 Abs. 2 Bst. b StG).

Die Emissionsabgabe auf der Begründung und Erhöhung des Nennwerts inländischer Beteiligungsrechte beträgt 1 % (Art. 8 Abs. 1 StG) und wird nur auf dem den Freibetrag übersteigenden Teil erhoben.[368] Der Freibetrag betrug bis zum 31. 12. 2005 CHF 250'000 und wurde mit Wirkung zum 1. 1. 2006 auf CHF 1 Mio. erhöht (Art. 6 Abs. 1 Bst. h StG). Abgabepflichtig ist der inländische Emittent (Art. 10 Abs. 1 StG).

Die Begründung oder Erhöhung von Beteiligungsrechten im Zusammenhang mit Fusionen oder diesen wirtschaftlich gleichkommende Zusammenschlüsse, Umwandlungen und Spaltungen von Kapitalgesellschaften oder Genossenschaften (Art. 6 Abs. 1 Bst. a^{bis} StG) sowie die Sitzver-

366 Wertpapiere, welche die Rechte des Eigentümers der Papiere verbriefen, sind Urkunden im (engeren) rechtswissenschaftlichen Sinn (vgl. Meier-Hayoz/Forstmoser, Schweizerisches Gesellschaftsrecht, S. 450). Aus diesem Grund werden die beiden Begriffe im Folgenden synonym verwendet.

367 Auf letztere wird im vorliegenden Beitrag nicht weiter eingegangen. Gemäß Zollanschlussvertrag von 1923 gilt das Fürstentum Lichtenstein stempelsteuerlich – wie auch bei der Mehrwertsteuer, jedoch anders als bei der Verrechnungssteuer – als Inland.

368 Die Bemessungsgrundlage bildet die Gegenleistung, die der Gesellschaft oder Genossenschaft für die Beteiligungsrechte zufließt, mindestens jedoch der Nennwert (Art. 8 Abs. 1 Bst. a StG). Folglich sind auch Aufgelder (Agio) steuerpflichtig. Bei Zuschüssen wird die Emissionsabgabe vom Betrag des Zuschusses, beim Mantelhandel vom Reinvermögen, das sich im Zeitpunkt des Handwechsels in der Gesellschaft oder Genossenschaft befindet, mindestens aber vom Nennwert aller bestehenden Beteiligungsrechte, erhoben (Art. 8 Abs. 1 Bst. b und c StG).

legung einer ausländischen Gesellschaft in die Schweiz (Migration) sind von der Emissionsabgabe ausgenommen.

Im Rahmen der Unternehmenssteuerreform II sind per 1. 1. 2009 weitere Erleichterungen bei der Emissionsabgabe in Kraft getreten. Zum einen kann die Begründung und Erhöhung von Beteiligungsrechten zwecks Übernahme eines Betriebs oder Teilbetriebs mit Unterbilanz gemäß Art. 725 Abs. 1 OR bei der Auffanggesellschaft seitdem ohne Emissionsabgabe erfolgen (Art. 6 Abs. 1 Bst. j StG). Zum anderen wurde die bei offenen Sanierungen vorgenommene Begründung von Beteiligungsrechten oder die Erhöhung von deren Nennwert bis zur Höhe vor der Sanierung sowie die Leistung von Zuschüssen bei stillen Sanierungen zur Beseitigung bestehender Verluste bis zu einer Freigrenze von CHF 10 Mio. von der Emissionsabgabe befreit (Art. 6 Abs. 1 Bst. k StG). Der Freibetrag von CHF 10 Mio. gilt einmalig für das betroffene Unternehmen, kann sich aber auf mehrere Sanierungen desselben Unternehmens aufteilen.

PRAXISHINWEIS

Die von der Schweizer Wirtschaft seit langem geforderte Abschaffung der Emissionsabgabe auf Eigenkapital soll nach Meinung des Bundesrates[369] und des Ständerates[370] nicht vorgezogen, sondern im Rahmen der Unternehmenssteuerreform III[371] behandelt werden. Damit besteht die Möglichkeit, dass im Rahmen der zu erwartenden, harten Auseinandersetzung hinsichtlich der einzelnen Themen der Unternehmenssteuerreform III resp. der erforderlichen Gegenfinanzierungsmaßnahmen des Bundes die Emissionsabgabe auf Eigenkapital weiter bestehen bleibt.

Die Emissionsabgabe erfasst auch die Ausgabe von Obligationen (Anleihens- und Kassenobligationen) sowie Geldmarktpapieren durch inländische Schuldner (Art. 4 Abs. 3 – 5 StG). Die Abgabe auf inländischen Obligationen beträgt bei Anleihensobligationen 1.2 Promille für jedes volle oder angefangene Jahr der maximalen Laufzeit (Art. 9a Bst. a StG), bei Kassenobligationen und Geldmarkpapieren 0.6 Promille (Art. 9a Bst. b und c StG). Abgabepflichtig ist der inländische Schuldner, der die Papiere ausgibt (Art. 10 Abs. 3 StG).

PRAXISHINWEIS

Die mit der Botschaft zur Änderung der Verrechnungssteuer auf Obligationenzinsen (Belebung des Kapitalmarktes) verbundenen Änderungen im Stempelabgabengesetz sind per 1. 3. 2012 in Kraft getreten. Obligationen und Geldmarktpapiere, die ab diesem Datum ausgegeben werden, sowie Beteiligungsrechte von Banken, die unter Verwendung des Wandlungskapitals gemäß Art. 13 Abs. 1 BankG begründet oder erhöht werden, unterliegen nicht mehr der Emissionsabgabe.

Bei Partizipationsscheinen und Stammeinlagen von Gesellschaften mit beschränkter Haftung sowie im Regelfall bei Aktien entsteht die Steuerforderung im Zeitpunkt der Eintragung der Begründung oder Erhöhung im Handelsregister (Art. 7 Abs. 1 Bst. a StG). Bei bedingten Kapitalerhöhungen i. S. v. Art. 653 OR entsteht die Steuerforderung erst im Zeitpunkt der Ausgabe der Beteiligungsrechte (Art. 7 Abs. 1 Bst. a^{bis} StG). In der Praxis gilt dieselbe Regelung auch für das genehmigte Kapital i. S. v. Art. 651 OR.[372]

369 Vgl. Medienmitteilung des Bundesrates v. 23. 1. 2013.

370 Vgl. Schöchli, NZZ v. 5. 12. 2013, S. 10. Der Nationalrat hatte sich im Frühjahr 2013 für die vom Bundesrat vorgeschlagene Abschaffung ausgesprochen, setzte sich jedoch für eine zeitnahe resp. unabhängig von der Unternehmenssteuerreform III erfolgende Abschaffung ein.

371 Vgl. A.III.5.2.

372 Vgl. Höhn/Waldburger, Steuerrecht, Bd. I, S. 714.

Bei Genossenschaftsanteilen wird die Steuer 30 Tage nach der amtlichen Veranlagung fällig (Art. 11 Bst. a StG), bei der Ausgabe und Erhöhung von Beteiligungsrechten, Kassenobligationen und laufend ausgegebenen Geldmarktpapieren grundsätzlich 30 Tage nach Ablauf des Vierteljahres, in dem die Abgabeforderung entstanden ist (Art. 11 Bst. b StG). In allen übrigen Fällen (bspw. bei Anleihensobligationen) entsteht die Abgabeforderung in vollem Umfang bei der Ausgabe der Titel und wird 30 Tage danach fällig (Art. 11 Bst. c StG).

PRAXISHINWEIS

Wer aufgrund des Bundesgesetzes über die Stempelabgaben abgabepflichtig wird, muss sich unaufgefordert bei der Eidg. Steuerverwaltung (ESTV) anmelden (registrieren lassen), bei Fälligkeit der Abgabe die vorgeschriebene Abrechnung inkl. Belege einreichen und gleichzeitig die Steuer entrichten (Art. 34 Abs. 1 und 2 StG).[373] Die Abrechnung der Emissionsabgabe erfolgt bei Gründungen von und Kapitalerhöhungen bei AGs oder GmbHs (Aktien, GmbH-Stammeinlagen, Partizipationsscheine) mittels Formular 3[374], bei Zuschüssen, der Ausgabe von Genussscheinen oder beim Handwechsel der Mehrheit der Beteiligungsrechte (Mantelhandel) mittels Formular 4[375]. Die Emissionsabgabe auf Anteilen, Partizipations- und Genussscheinen inländischer Genossenschaften wird mittels Formular 7[376] deklariert.

II.5.2.2.2. Umsatzabgabe

Die Umsatzabgabe wird auf der entgeltlichen Übertragung (Verkauf) von in- und ausländischen Wertpapieren (steuerbaren Urkunden) erhoben, sofern eine der Vertragsparteien oder einer der Vermittler Effektenhändler gemäß Art. 13 Abs. 3 StG ist (Art. 13 Abs. 1 StG).[377]

Steuerbare Urkunden sind u. a. die von einem Inländer ausgegebenen (Art. 13 Abs. 2 Bst. a StG)

- Obligationen,
- Aktien, Stammanteile von Gesellschaften mit beschränkter Haftung, Anteilsscheine von Genossenschaften, Partizipationsscheine, Genussscheine, und
- Anteile an kollektiven Kapitalanlagen gemäß KAG.

Weiter sind auch die von einem Ausländer ausgegebenen Papiere mit gleicher wirtschaftlicher Funktion wie die voranstehend aufgeführten Wertschriften steuerbare Urkunden (Art. 13 Abs. 2 Bst. b StG).

Als Effektenhändler im Sinne des Bundesgesetzes über die Stempelabgaben gelten unter anderem (Art. 13 Abs. 3 StG):

- Banken und bankähnliche Finanzgesellschaften;
- Inländische natürliche und juristische Personen, deren Haupttätigkeit darin besteht, entweder als Händler den Kauf und Verkauf von steuerbaren Urkunden zu tätigen oder den Kauf und Verkauf von solchen Urkunden zu vermitteln (Anlageberater oder Vermögensverwalter, ggf. auch M&A Berater);

373 Dieses Verfahren wird Selbstveranlagungsverfahren genannt (vgl. auch A.II.6.2.).

374 Vgl. Formular 3: Abrechnung über die Emissionsabgabe auf Aktien, GmbH-Stammeinlagen und Partizipationsscheinen im Anhang 2.

375 Vgl. Formular 4: Abrechnung über Emissionsabgabe auf Genussscheinen, Zuschüssen, Handwechsel der Mehrheit der Beteiligungsrechte im Anhang 2.

376 Vgl. Formular 7: Emissionsabgabe auf Anteilen, Partizipations- und Genussscheinen inländischer Genossenschaften und/oder Verrechnungssteuer auf deren Erträgen im Anhang 2.

377 Die Umsatzabgabe ist nicht zu verwechseln mit der Mehrwertsteuer (vgl. A.II.5.2.3.), welche der deutschen Umsatzsteuer entspricht.

- Inländische Kapitalgesellschaften sowie inländische Einrichtungen der beruflichen und gebundenen Vorsorge, deren Aktiven nach Maßgabe der letzten Bilanz zu mehr als CHF 10 Mio. aus steuerbaren Urkunden bestehen. Es können also auch Gesellschaften Effektenhändler werden, die weder eine bankähnliche Geschäftstätigkeit, noch ihrem Zweck nach das Halten von Beteiligungen (Holdinggesellschaften) verfolgen.

Die Umsatzabgabe beträgt nach Art. 16 Abs. 1 StG:

- 0.15 % für inländische Urkunden (resp. 0.075 % je Vertragspartei) und
- 0.3 % für ausländische Urkunden (resp. 0.15 % je Vertragspartei).

Die Umsatzabgabe wird auf dem Entgelt berechnet, d. h. auf dem beim Kauf oder Verkauf eines Wertpapiers bezahlten Preis.

Abgabepflichtig ist der Effektenhändler, der als Vermittler oder als Vertragspartei am steuerbaren Geschäft beteiligt ist (Art. 17 Abs. 1 StG). Die Umsatzabgabe muss im Gegensatz zur Verrechnungssteuer von Gesetzes wegen nicht überwälzt werden. Dem Abgabepflichtigen steht es allerdings frei, dies zu tun.

Im Fall der Vermittlung schuldet der Effektenhändler je eine halbe Abgabe für jede Vertragspartei, die sich ihm gegenüber nicht als registrierter Effektenhändler oder als von der Abgabe befreiter Anleger ausweist. Es lassen sich folgende Varianten darstellen:

a) Beide Parteien sind nicht befreit und nicht Effektenhändler

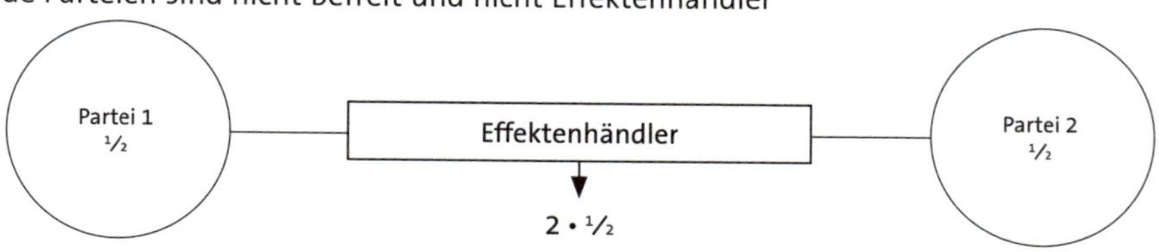

b) Eine Partei ist befreit oder selbst Effektenhändler

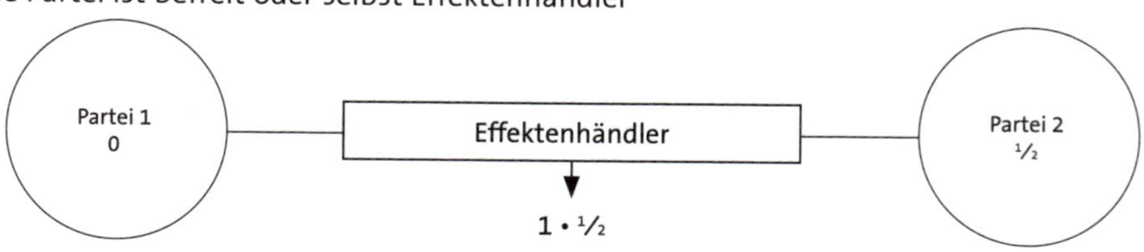

c) Beide Parteien sind befreit oder selbst Effektenhändler

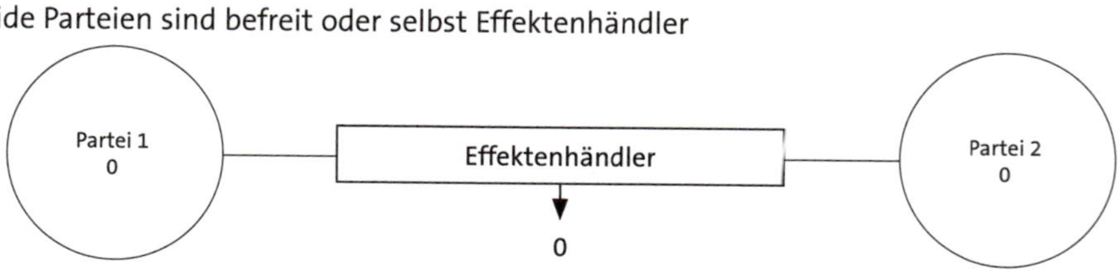

Handelt der Effektenhändler als Vertragspartei, schuldet er eine halbe Abgabe für sich selbst sowie eine (weitere) halbe Abgabe für die Gegenpartei, sofern sich diese nicht als registrierter Effektenhändler oder als befreiter Anleger ausweist (Art. 17 Abs. 2 StG). Es lassen sich folgende Varianten darstellen:

a) Gegenpartei ist nicht befreit und nicht Effektenhändler

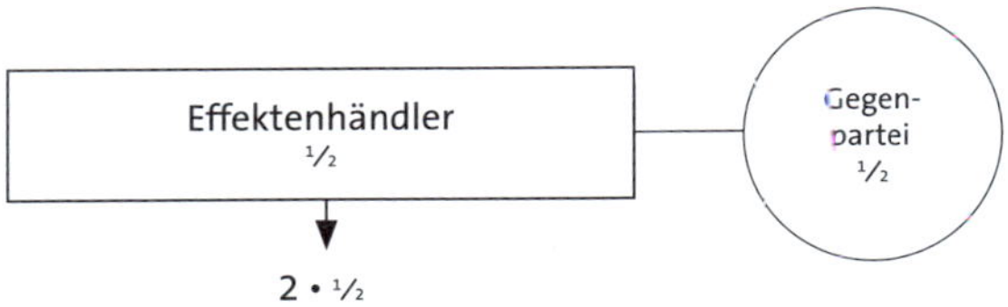

b) Gegenpartei ist befreit oder selbst Effektenhändler

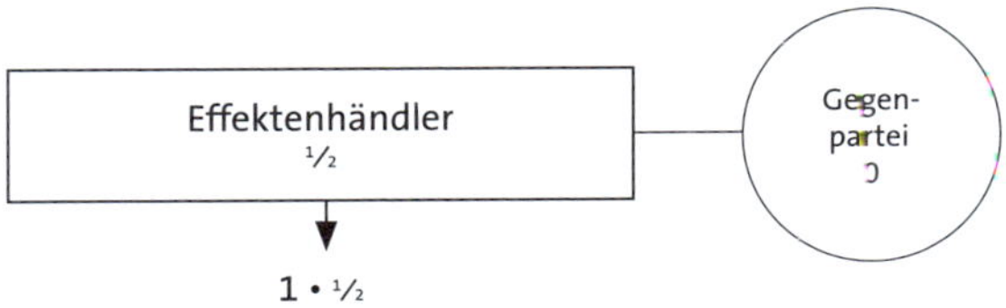

Im Gesetz ist ein bedeutender Ausnahmekatalog von nicht steuerbaren Tatbeständen enthalten. Demzufolge sind von der Abgabe insbesondere ausgenommen (Art. 14 StG):

- Der gesamte Emissionsvorgang bei inländischen Beteiligungsurkunden, bei Anteilscheinen von inländischen Anlagefonds sowie bei inländischen Obligationen und Geldmarktpapieren);
- Die Ausgabe von Euroobligationen, d. h. Obligationen ausländischer Schuldner, die auf eine fremde Währung lauten, sowie von Beteiligungsrechten an ausländischen Gesellschaften;
- Die Vermittlung oder der Kauf und Verkauf von ausländischen Obligationen (Euroobligationen), sofern Käufer oder Verkäufer eine ausländische Vertragspartei ist;
- Die Sacheinlage von Urkunden zur Liberierung inländischer Beteiligungsurkunden und Anteilsscheinen inländischer Analgefonds;
- Der Handel mit Bezugsrechten und Optionen;
- Die Rückgabe von Urkunden zur Tilgung;
- Der Handel mit in- und ausländischen Geldmarktpapieren.

Seit der per 1. 1. 2006 in Kraft getretenen Teilrevision des Bundesgesetzes über die Stempelabgaben vom 18. 3. 2005 ist in Art. 17a Abs. 1 Bst. a – g StG eine generelle Befreiung von der Abgabepflicht für spezifische Anleger vorgesehen. Auslöser für diese Maßnahmen war das Bestreben, der Abwanderung von Transaktionen institutioneller Anleger an ausländische Börsen Einhalt zu gebieten. Befreit von der Umsatzabgabe sind u. a. in- und ausländische kollektive Kapitalanlagen gemäß KAG (Bst. b und c), ausländische Einrichtungen der Sozialversicherung und der beruflichen Vorsorge (Bst. d und e) und ausländische Gesellschaften, deren Aktien an einer anerkannten Börse kotiert sind, sowie ihre ausländischen konsolidierten Konzerngesellschaften (Bst. g).

PRAXISHINWEIS

Genau wie bei der Emissionsabgabe gilt auch bei der Umsatzabgabe das Prinzip der Selbstveranlagung (Art. 34 Abs. 1 und 2 StG). Dies bedeutet, dass sich bspw. Unternehmen, die aufgrund von Art. 13 Abs. 3 Bst. d StG (steuerbare Urkunden von über CHF 10 Mio. in der Bilanz) abgabepflichtig werden, unaufgefordert bei der Eidg. Steuerverwaltung (ESTV) als Effektenhändler anmelden bzw. registrieren lassen müssen (Art. 19 Abs. 1 StV). Die Abgabepflicht beginnt sechs Monate nach dem Bilanzstichtag, an welchem die CHF 10 Mio. Grenze überschritten wird (Art. 18 Abs. 2 StV). Die Anmeldung bzw. Registrierung erfolgt mittels eines formlosen Schreibens, welchem die erforderlichen Belege wie Statuten, letzte Jahresrechnung und dgl. beigelegt werden. Außerdem hat der Effektenhändler für seinen Hauptsitz sowie für jede abgabepflichtige Zweigniederlassung je ein Umsatzregister zu führen, in welchem sämtliche Transaktionen mit steuerbaren Urkunden zu erfassen sind (Art. 21 Abs. 1 StV). Die Deklaration der Umsatzabgabe erfolgt i. d. R. quartalsweise mittels Formular 9.[378]

II.5.2.3. Mehrwertsteuer

II.5.2.3.1. Grundsätze

Bei der Mehrwertsteuer handelt es sich wie bei der deutschen Umsatzsteuer um eine allgemeine Verbrauchs- und Konsumsteuer.

Der Bezug der schweizerischen Mehrwertsteuer, welche nach dem System der Netto-Allphasensteuer mit Vorsteuerabzug ausgestaltet ist, erfolgt bei den leistungserbringenden Unternehmen als Selbstveranlagungssteuer. Sie wird auf allen Stufen der Produktion und Verteilung (Handel) sowie des Dienstleistungsgewerbes erhoben (Inlandsteuer[379]), ferner bei den Bezügern von Dienstleistungen aus dem Ausland (Bezugsteuer[380]) sowie auf der Einfuhr von Gegenständen (Einfuhrsteuer[381]).[382]

Der Abgrenzung zwischen Lieferungen und Dienstleistungen kommt dabei besondere Bedeutung zu, weil der Leistungsort für die beiden Leistungsarten unterschiedlich zu bestimmen ist[383] und die schweizerische MWST-Rechtsordnung und -praxis nach wie vor noch Unterschiede zum EU-Recht aufweist.[384]

PRAXISHINWEIS

So ist bspw. der Begriff der Lieferung nach Art. 3 Bst. d MWSTG weiter gefasst als in Art. 14 ff. Richtlinie 2006/112/EG. Gemäß Art. 3 Bst. d Ziff. 2 MWSTG gilt das Abliefern eines Gegenstandes, an dem Arbeiten besorgt worden sind, auch dann als Lieferung, wenn dieser Gegenstand dadurch nicht verändert wurde. Ebenso die Überlassung eines Gegenstandes zum Gebrauch oder zur Nutzung (Ziff. 3 des nämlichen Artikels). Letzteres wird in der EU als Dienstleistung behandelt.

Im grenzüberschreitenden Waren- und Dienstleistungsverkehr wendet auch die Schweiz grundsätzlich das Bestimmungslandprinzip an, wonach eine Befreiung der Exporte und eine Belas-

378 Falls die Umsatzabgabe pro Kalenderjahr weniger als CHF 5'000 beträgt, kann auch eine jährliche Abgabe jeweils zum 31.12. vereinbart werden (vgl. KS ESTV Nr. 12 v. 10. 3. 2011, Rz. 54). Vgl. Formular 9: Abgabe auf Wertpapieren beim Umsatz im Anhang 2.

379 Vgl. A.II.5.2.3.2.

380 Vgl. A.II.5.2.3.3.

381 Vgl. A.II.5.2.3.4.

382 Vgl. Camenzind/Honauer/Vallender/Jung/Probst, Handbuch zum Mehrwertsteuergesetz (MWSTG), S. 49 f. und S. 56; Schweizerische Steuerkonferenz, Das schweizerische Steuersystem, S. 40. Die Erhebung der Mehrwertsteuer richtet sich nach dem Bundesgesetz über die Mehrwertsteuer (Mehrwertsteuergesetz, MWSTG) v. 12. 6. 2009 (SR 641.20) und der zugehörigen Verordnung (MWSTV) v. 27. 11. 2009 (SR 641.201), welche beide per 1. 1. 2010 in Kraft getreten sind. Im Detail wird die Steuererhebung durch eine weitgehende Verwaltungspraxis bestimmt. Diese findet sich in einigen weiteren Verordnungen zu Einzelanfragen zur Anwendung des MWSTG sowie in schriftlichen Praxisfestlegungen in Form von sog. MWST-Infos, MWST-Praxis-Infos und MWST-Branchen-Infos, die allesamt auf der Homepage der ESTV publiziert sind (www.estv.admin.ch). Vgl. auch SSK, Steuerinformationen, Grundsätze der Mehrwertsteuer, S. 1 ff.

383 Der Leistungsort für Lieferungen bestimmt sich nach Art. 7 MWSTG, derjenige für Dienstleistungen nach Art. 8 MWSTG. Vgl. hierzu auch Camenzind/Honauer/Vallender/Jung/Probst, Handbuch zum Mehrwertsteuergesetz (MWSTG), S. 117.

384 Vgl. Camenzind/Honauer/Vallender/Jung/Probst, Handbuch zum Mehrwertsteuergesetz (MWSTG), S. 38 f.

tung der Importe erfolgt resp. dieses die Verlagerung des Orts der Leistung in das Bestimmungsland verlangt (Art. 7 – 9 MWSTG). Damit ist sichergestellt, dass der Endverbraucher mit der gleichen Steuer belastet wird, unabhängig davon, aus welchem Land die Lieferung oder Dienstleistung stammt.[385] Maßgebend dabei ist allein der Ort der Leistungserbringung, d. h. jener Ort, an dem die Leistung auch tatsächlich konsumiert werden kann.[386] Die nachstehende Übersicht zeigt das Bestimmungslandprinzip:[387]

Bestimmungslandprinzip

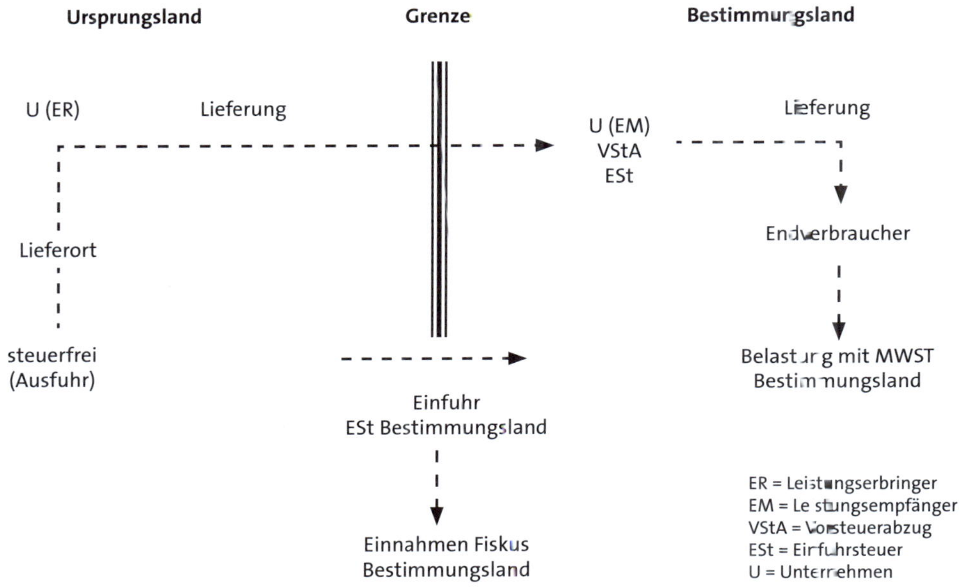

In diesem Zusammenhang ist die mehrwertsteuerliche Definition des Inlandes resp. dessen Abgrenzung zum Ausland (Territorialität) wichtig:[388]

385 Vgl. Camenzind/Honauer/Vallender/Jung/Probst, Handbuch zum Mehrwertsteuergesetz (MWSTG), S. 67 f.

386 Vgl. Reich, Steuerrecht, S. 654.

387 Vgl. Camenzind/Honauer/Vallender/Jung/Probst, Handbuch zum Mehrwertsteuergesetz (MWSTG), S. 70.

388 Vgl. Camenzind/Honauer/Vallender/Jung/Probst, Handbuch zum Mehrwertsteuergesetz (MWSTG), S. 106 ff.

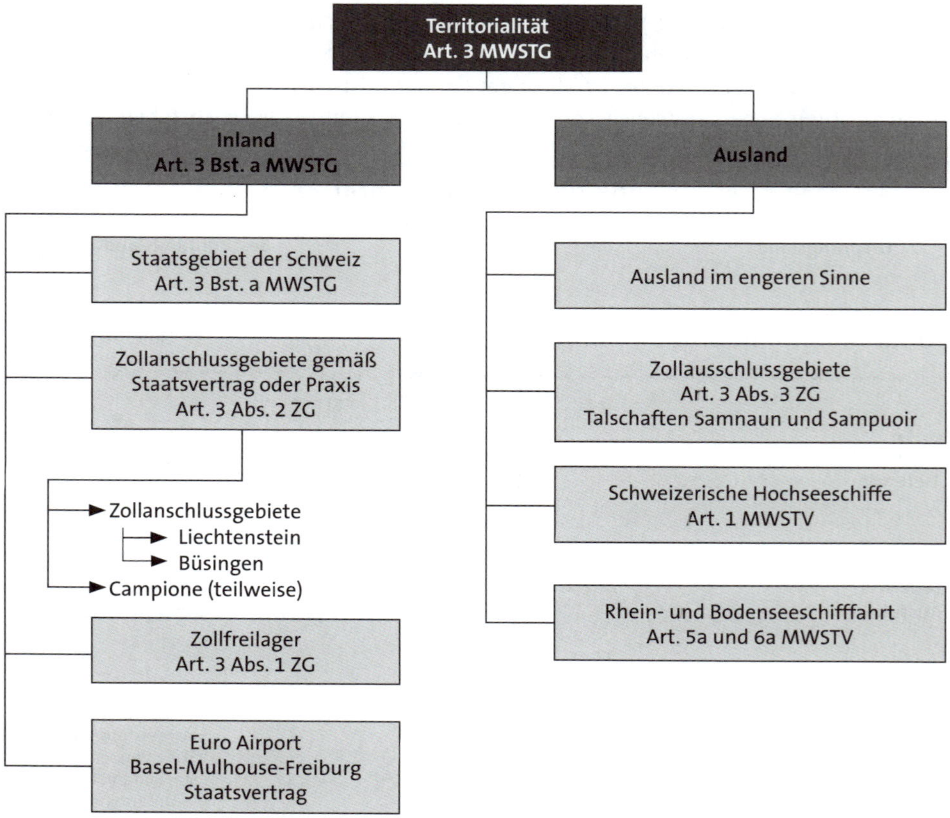

Die Mehrwertsteuer findet im Inland Anwendung. Als Inland im Sinne des Bundesgesetzes über die Mehrwertsteuer gelten (Art. 3 Bst. a MWSTG):

- Das Staatsgebiet der Schweiz;[389]
- Die Zollanschlussgebiete gemäß staatsvertraglichen Vereinbarungen oder Völkergewohnheitsrecht.[390]

Gemäß Art. 62 des Zollgesetzes (ZG) vom 18. 3. 2005 sind Zollfreilager Teile des Zollgebiets und zählen somit zum Inland.

389 Vgl. Art. 3 Abs. 1 des Zollgesetzes (ZG) v. 18. 3. 2005 (SR 631.0). In den bündnerischen Gemeinden Samnaun und Sampuoir findet das MWSTG bspw. nur auf Dienstleistungen und Leistungen des Hotel- und Gastgewerbes Anwendung (Art. 4 Abs. 1 MWSTG).

390 Vgl. Art. 3 Abs. 2 des Zollgesetzes (ZG) v. 18. 3. 2005 (SR 631.0). Art. 2 der Vereinbarung zwischen der Schweizerischen Eidgenossenschaft und dem Fürstentum Liechtenstein zum Vertrag betreffend die Mehrwertsteuer im Fürstentum Liechtenstein v. 12. 7. 2012 bestimmt, dass die im schweizerischen Mehrwertsteuergesetz als Inland bezeichneten Gebiete für beide Vertragsstaaten als gemeinsames Anwendungsgebiet für Mehrwertsteuerzwecke gelten. Die weiteren Spezialitäten werden hier nicht behandelt.

E contrario gilt alles als Ausland, was nicht zum schweizerischen Zollgebiet oder zum Zollanschlussgebiet zählt.

Bedeutsam für die Inland-, Bezug- und Einfuhrsteuer ist des Weiteren das Verständnis darüber, wie die Orte verschiedener Arten von Leistungen bestimmt werden.[391]

Im Bereich des Warenverkehrs befindet sich der Ort der Lieferung sowohl in der Schweiz als auch in der EU grundsätzlich am Ort des Übergangs der Verfügungsmacht resp. am Abgangsort der Ware (Art. 7 MWSTG; Art. 31 – 39 Richtlinie 2006/112/EG[392]).

Unter Vorbehalt von abschließend genannten Einzelregelungen (Art. 8 Abs. 2 MWSTG) gilt in der Schweiz für Dienstleistungen das Empfängerortprinzip[393] (Art. 8 Abs. 1 MWSTG), und zwar unabhängig vom Sitz oder mehrwertsteuerlichen Status des Empfängers der Dienstleistung (Business to Business [B2B], Business to Consumer [B2C]).

In der EU wird dagegen unterschieden zwischen Dienstleistungen unter Steuerpflichtigen (B2B), für welche – unabhängig davon, ob der Dienstleistungsempfänger im EU In- oder Ausland ansässig ist – ebenfalls auf das Empfängerortprinzip abgestellt wird (Art. 44 Richtlinie 2008/8/EG[394]), und Dienstleistungen an Nichtsteuerpflichtige (B2C), welche für die nachfolgende Unterscheidung wesentlich ist:

- Ist der nicht steuerpflichtige Dienstleistungsempfänger in einem Nicht-EU Staat ansässig, gilt ebenfalls das Empfängerortprinzip (Art. 45 Richtlinie 2008/8/EG);
- Ist der nicht steuerpflichtige Dienstleistungsempfänger dagegen in einem anderen EU Mitgliedstaat ansässig, ist das Erbringerortprinzip[395] maßgeblich (Art. 59 Richtlinie 2008/8/EG);
- Für Telekommunikationsleistungen, Rundfunk- und Fernsehleistungen sowie bei auf elektronischem Weg erbrachten Leistungen an Nichtsteuerpflichtige hingegen gilt ab dem 1. 1. 2015 ebenfalls der Ort, an dem der (private) Leistungsempfänger seinen Sitz, Wohnsitz oder gewöhnlichen Aufenthaltsort hat (Art. 58 MwStSystRL in der ab 1. 1. 2015 geltenden Fassung).

Mit Ausnahme des Einflusses des mehrwertsteuerlichen Status des Dienstleistungsempfängers auf den Ort der Leistung, sind die genannten Regelungen des Art. 8 MWSTG insgesamt weitgehend mit denjenigen des Art. 43 ff. Richtlinie 2008/8/EG kompatibel.

391 Für weitere Details zur Bestimmung des Leistungsortes in der Schweiz und der EU vgl. Camenzind/Honauer/Vallender/Jung/Probst, Handbuch zum Mehrwertsteuergesetz (MWSTG), S. 71 und S. 115 ff.; Rinne, Mehrwertsteuerpaket 2010, S. 592 ff. Auf einige schweizerische Besonderheiten wird in A.II.5.2.3.5. eingegangen.

392 Richtlinie 2006/112/EG des Rates v. 28. 11. 2006 über das gemeinsame Mehrwertsteuersystem (Systemrichtlinie, MWStSystRL).

393 Dies ist der Ort, an dem der Empfänger den Sitz seiner wirtschaftlichen Tätigkeit hat oder über eine feste Niederlassung verfügt, für welche die Dienstleistung erbracht wird, oder wo er ansässig ist. Entsprechend sind diese Dienstleistungen im Empfängerland steuerbar.

394 Richtlinie 2008/8/EG des Rates v. 12. 2. 2008 zur Änderung der Richtlinie 2006/112/EG bezüglich des Ortes der Dienstleistung. Zu beachten ist, dass für alle innerhalb der EU erbrachten Dienstleistungen zwingend ein Wechsel der Steuerschuldnerschaft vom Leistenden auf den Leistungsempfänger (sog. Reverse Charge Verfahren) vorgesehen ist. Folglich ist der Dienstleistungsempfänger für die MWST-Deklaration verantwortlich und ggf. zum Vorsteuerabzug befugt.

395 Dies ist der Ort, an dem der Dienstleistungserbringer den Sitz seiner wirtschaftlichen Tätigkeit hat oder über eine feste Niederlassung verfügt oder wo er ansässig ist. Entsprechend sind diese Dienstleistungen im Land des Dienstleistungserbringers steuerbar, sofern sich der Nichtsteuerpflichtige in einem EU Staat befindet. Damit soll vermieden werden, dass ein Unternehmen, welches gegenüber Nichtsteuerpflichtigen Dienstleistungen erbringt, bloß wegen einer solchen Leistungserbringung im Empfängerland MWST-pflichtig wird.

II.5.2.3.2. Inlandsteuer[396]

Steuerpflichtig ist, wer unabhängig von Rechtsform, Zweck und Gewinnabsicht ein Unternehmen betreibt, d. h. eine auf die nachhaltige Erzielung von Einnahmen aus Leistungen ausgerichtete berufliche oder gewerbliche Tätigkeit selbständig ausübt und unter eigenem Namen nach außen auftritt. Entsprechend der deutschen Kleinunternehmerregelung (§ 19 UStG) wird aber eine Befreiung von der Mehrwertsteuerpflicht vermutet, wenn die steuerbaren Leistungen[397] jährlich insgesamt CHF 100'000 – bzw. CHF 150'000 bei ehrenamtlichen Sport- und Kulturvereinen oder gemeinnützigen Institutionen – nicht übersteigen (Art. 10 Abs. 2 Bst. a und Bst. c MWSTG). Auf diese Befreiung von der Mehrwertsteuerpflicht kann indes verzichtet werden (Art. 11 MWSTG).

PRAXISHINWEIS

Im Rahmen der geplanten Teilrevision des MWSTG soll mit einer Änderung der bisherigen Regelung zur Steuerpflicht nach Art. 10 MWSTG das Problem der MWST-bedingten Wettbewerbsverzerrungen zulasten der inländischen Unternehmen gelöst werden. Neu sollen Unternehmen, welche im Inland Leistungen erbringen oder im Inland ansässig sind, nur noch von der Steuerpflicht befreit sein, wenn sie weltweit weniger als CHF 100'000 Umsatz aus nicht von der Steuer ausgenommenen Leistungen erzielen. Die Gesamtumsätze sind dabei nach Schweizer MWST-Recht zu qualifizieren. Entsprechend wird jedes ausländische Unternehmen, das im Inland Leistungen erbringt oder im Inland ansässig ist, somit grundsätzlich steuerpflichtig, es sei denn, die weltweiten Umsätze aus anderen als von der Steuer ausgenommenen Leistungen sind geringer als CHF 100'000.[398]

PRAXISHINWEIS

Art. 10 Abs. 3 MWSTG sieht vor, dass der im Inland gelegene (Unternehmens-)Sitz und dessen inländische Betriebsstätten ein einziges Steuersubjekt bilden. Anders jedoch als die EU, die auch im grenzüberschreitenden Verhältnis von diesem "1-Steuersubjekt Ansatz" (sog. Single Entity Approach)[399] ausgeht, behandelt die Schweiz im grenzüberschreitenden Verhältnis den Hauptsitz und die Betriebsstätte als selbständige Steuersubjekte (sog. Dual Entity Approach). Letztere Praxis lässt sich durch Umkehrschluss aus Art. 10 Abs. 3 MWSTG herleiten.

Rechtsträger mit Sitz oder Betriebsstätte in der Schweiz, die unter einheitlicher Leitung[400] eines Rechtsträgers miteinander verbunden sind, können sich zudem auf Antrag zu einem einzigen Steuersubjekt zusammenschließen (Mehrwertsteuergruppe), wodurch auf Innenumsätze keine Mehrwertsteuer mehr abgeliefert werden muss (Art. 13 MWSTG). Der Kreis der Rechtsträger kann dabei frei bestimmt werden, Beginn und Ende ist auf die Steuerperiode des Gruppenträgers abzustimmen.[401] Die Gruppenbesteuerung eröffnet dabei je nach konkreter Situation Steuer-, Zins- und Liquiditätsvorteile.[402]

396 In diesem Abschnitt werden, ohne titelmäßige Unterteilung, die Stichpunkte Steuersubjekt, Steuerobjekt, Bemessungsgrundlage und Steuersätze sowie Vorsteuerabzug thematisiert.

397 Darunter fallen besteuerte und von der Steuer befreite Leistungen (bspw. Exporte), nicht aber von der Steuer ausgenommene Leistungen (Art. 21 MWSTG) oder solche, die nach Art. 7 oder 8 MWSTG im Ausland erbracht wurden (vgl. Reich, Steuerrecht, S. 661).

398 Vgl. Medienmitteilung des Bundesrates v. 6. 6. 2014; Vernehmlassungsvorlage zur Teilrevision des MWSTG v. 6. 6. 2014.

399 Mit der Folge, dass Innenumsätze nicht mit der Umsatzsteuer belastet werden.

400 D. h. die Kontrolle des Rechtsträgers erfolgt durch Stimmenmehrheit, Vertrag oder auf andere Weise.

401 Vgl. Camenzind/Honauer/Vallender/Jung/Probst, Handbuch zum Mehrwertsteuergesetz (MWSTG), S. 194 und S. 216 ff.; Reich, Steuerrecht, S. 663. Selbst reine Holdinggesellschaften können – im Gegensatz zur EU – in der Schweiz Mitglied einer MWST-Gruppe sein.

402 Vgl. Höhn/Waldburger, Steuerrecht, Bd. I, S. 619 f.

PRAXISHINWEIS

Wer die Voraussetzungen für die Steuerpflicht nach Art. 10 MWSTG erfüllt, hat sich gemäß Art. 66 Abs. 1 MWSTG unaufgefordert innerhalb von 30 Tagen nach Beginn der Steuerpflicht bei der Eidg. Steuerverwaltung (ESTV) schriftlich oder online auf der Homepage der ESTV anzumelden.

Das schweizerische Mehrwertsteuersystem unterscheidet zwischen den gegen Entgelt erbrachten steuerbaren, den von der Steuer ausgenommenen[403] und den von der Steuer befreiten[404] Leistungen.

Der Inlandsteuer unterliegen gemäß Art. 18 Abs. 1 MWSTG die im Inland durch steuerpflichtige Personen gegen Entgelt erbrachten Leistungen, es sei denn, sie sind von der Steuer gemäß Art. 21 MWSTG ausgenommen oder fallen unter einen der Steuerbefreiungstatbestände des Art. 23 MWSTG. In Art. 18 Abs. 2 MWSTG werden im Weiteren in nicht abschließender Weise Mittelflüsse genannt, die mangels Leistung keine Entgelte[405] darstellen und folglich weder der Steuer unterliegen noch einen Ausschluss des Anspruchs auf Vorsteuerabzug im Sinne von Art. 29 Abs. 1 MWSTG bewirken.[406]

Auf ausgenommenen Umsätzen muss keine Steuer entrichtet werden. Die auf den Vorumsätzen lastende Steuer (Vorsteuer) kann nicht abgezogen werden (Art. 29 MWSTG), weshalb es sich um sog. unechte Steuerbefreiungen handelt.[407]

Von der Steuer ausgenommen sind insbesondere Leistungen im Bereich des Gesundheitswesens, der Sozialfürsorge, der sozialen Sicherheit, der Erziehung, des Unterrichts sowie der Kinder- und Jugendbetreuung, kulturelle Leistungen, Versicherungsumsätze, Umsätze im Bereich des Geld- und Kapitalverkehrs (mit Ausnahme der Vermögensverwaltung und des Inkassogeschäftes), Handänderungen[408] von Grundstücken, Wetten, Lotterien und sonstige Glücksspiele sowie Lieferungen von als solchen verwendeten inländischen amtlichen Wertzeichen (Art. 21 Abs. 2 MWSTG).

PRAXISHINWEIS

Erwähnenswert ist, dass außer den Versicherungsumsätzen, den Umsätzen im Bereich des Kapitalverkehrs, bei Glücksspielen und Handänderungen von Grundstücken zu ausschließlichen privaten Wohnzwecken sämtliche übrigen von der Steuer ausgenommenen Leistungen freiwillig der Steuer unterstellt werden können (Art. 22 Abs. 1 und 2 MWSTG).

Umsätze, welche Exportlieferungen und Transportleistungen über die Grenze sowie Vermittlungen von Umsätzen im Ausland betreffen, sind von der Mehrwertsteuer befreit (Art. 23 Abs. 2 MWSTG). Für alle Gegenstände und Dienstleistungen, die für die Bewirkung solcher Umsätze benötigt werden, besteht Anspruch auf Vorsteuerabzug (Art. 28 Abs. 1 MWSTG), weshalb es sich hier um eine echte Steuerbefreiung handelt. Dasselbe gilt für Dienstleistungen, für die der Ort der Leistungserbringung beim ausländischen Leistungsempfänger ist. Der Vorsteuerabzug ist

403 Vgl. Art. 21 MWSTG.

404 Vgl. Art. 23 MWSTG.

405 Sog. Nicht-Entgelte.

406 Vgl. Reich, Steuerrecht, S. 668 f. Zu Vorsteuerkürzungen führen gemäß Art. 33 Abs. 2 MWSTG i. V. m. Art. 18 Abs. 2 Bst. a–c MWSTG jedoch Subventionen und andere öffentlich-rechtlichen Beiträge, Tourismusabgaben und Beiträge aus kantonalen Wasser-, Abwasser- oder Abfallfonds.

407 Reich, Steuerrecht, S. 672.

408 Unter Handänderungen sind alle Rechtsgeschäfte zu verstehen, mit denen die Verfügungsgewalt über ein Grundstück ganz oder vorübergehend übergeht.

dabei im selben Umfang möglich, wie wenn die Dienstleistung im Inland erbracht und nach Art. 22 MWSTG für deren Versteuerung optiert worden wäre (Art. 60 MWSTV).

Gemäß Art. 24 Abs. 1 MWSTG entspricht die Bemessungsgrundlage dem tatsächlich empfangenen Entgelt. Wie Deutschland kennt auch die Schweiz unterschiedliche Steuersätze, die seit dem 1. 1. 2011 folgende Prozentsätze aufweisen:

1. Normalsatz: 8 %
2. Reduzierter Satz: 2.5 %
3. Sondersatz: 3.8 %

Der Normalsatz von derzeit 8 % ist als Auffangtatbestand auf sämtliche steuerbaren und nicht befreiten Leistungen anwendbar (Art. 25 Abs. 1 MWSTG).

Bei einer abschließenden Liste von Leistungen kommt der reduzierte Satz von derzeit 2.5 % zum Tragen (Art. 25 Abs. 2 MWSTG), so bspw. bei:

- Wasser in Leitungen;
- Nahrungsmittel und Zusatzstoffe gemäß Lebensmittelgesetz (ausgenommen hiervon jedoch sind Nahrungsmittel, die im Rahmen von gastgewerblichen Leistungen abgegeben werden);[409]
- Vieh, Geflügel, Fische;
- Lebende Pflanzen, Schnittblumen;
- Getreide;
- Futter- und Düngemittel.;
- Medikamente;

409 Diese Sonderregelung ist seit einigen Jahren Gegenstand heftig geführter Debatten. Die vorberatende Wirtschaftskommission des Nationalrates (WAK-NR) hatte die Sistierung der Diskussion zur Volksinitiative des Gastgewerbes, wonach Restaurationsleistungen künftig dem gleichen (reduzierten) MWST-Satz unterliegen sollen wie Lebensmittel und Take-Away-Leistungen, bis zum Vorliegen der geplanten Teilrevision des MWSTG beschlossen (vgl. (vgl. hierzu Praxishinweis weiter vorne in A.II.5.2.3.2.; Medienmitteilung der Parlamentsdienste v. 23. 10. 2012; Botschaft zur Volksinitiative „Schluss mit der MwSt-Diskriminierung des Gastgewerbes!“ v. 14. 9. 2012 (BBl 2012, S. 8319 ff.) . Letztere wurde von der Schweizer Landesregierung (Bundesrat) ohne Gegenvorschlag zur Ablehnung empfohlen. Der Bundesrat hat dann im Januar 2013 die Zusatzbotschaft zur Vereinfachung der MWST (Zwei-Satz-Modell) zur weiteren Beratung im Parlament verabschiedet (vgl. Medienmitteilung des Bundesrates v. 30. 1. 2013). Hinsichtlich der zum reduzierten Satz steuerbaren Leistungen wurde eine Minimalvariante (Hauptvariante) und eine Maximalvariante ausgearbeitet. In der Minimalvariante sollten lediglich die Nahrungsmittel, die gastgewerblichen Leistungen und die Beherbergungsleistungen dem reduzierten Steuersatz von neu 2.8 % unterstellt werden. In der Maximalvariante hätte der reduzierte Steuersatz von neu 3.8 % auf alle bisher zum reduzierten Satz steuerbaren Leistungen sowie neu zusätzlich auf gastgewerbliche und Beherbergungsleistungen Anwendung finden sollen. Die WAK-NR hatte jedoch am 23. 4. 2013, der Nationalrat am 18. 6. 2013 Nichteintreten auf die Vorlage beschlossen. Damit war das Zwei-Satz-Modell definitiv vom Tisch. Am 5. 7. 2013 hatten die vorberatenden Kommissionen einen indirekten Gegenvorschlag zur Gastro-Initiative propagiert (vgl. Schöchli, NZZ v. 26. 6. 2013, S. 11 und sda, NZZ v. 6. 7. 2013, S. 12), wonach der Sondersatz, der derzeit lediglich auf warmen Speisen und Getränken von Take-away-Läden erhoben wird, aufzuheben sei. In der Vernehmlassung wurde der entsprechende Gesetzesvorentwurf von den Parteien jedoch mehrheitlich abgelehnt (vgl. sda, NZZ v. 2. 10. 2013, S. 15). Der Wirteverband (Gastrosuisse) lobbyierte dann für einen Kompromissvorschlag – quasi in Abkehr zu seiner eigenen Volksinitiative „Schluss mit der MwSt-Diskriminierung des Gastgewerbes!“. Für Restaurants und Hotels sollte ein neuer Gastgewerbe-Sondersatz von 5.5 % gelten. Umgekehrt hätte dies zur Folge, dass der derzeit geltende Sondersatz von 3.8 % auf 5.5 % steigen, der Normalsatz für Konsumationen im Restaurant von 8 % auf 5.5 % sinken würde. Im Falle einer Annahme und Einführung des neuen Einheitssatzes hatte der Wirteverband in Aussicht gestellt, die Volksinitiative zurückzuziehen. Das Parlament hatte dann im Dezember 2013 resp. März 2014 diesem Vorhaben eine Abfuhr erteilt. Am 28. 9. 2014 wurde schließlich über die Volksinitiative „Schluss mit der MwST-Diskriminierung des Gastgewerbes!“ abgestimmt und die Gastrosuisse-Vorlage von allen Kantonen und dem Stimmvolk deutlich abgelehnt.

- Zeitungen, Zeitschriften, Bücher und bestimmte andere Druckerzeugnisse;
- Dienstleistungen der Radio- und Fernsehgesellschaften (Ausnahme: Normalsatz für Dienstleistungen mit gewerblichem Charakter).

Beherbergungsleistungen unterliegen einem Sondersatz von derzeit 3.3 % (Art. 25 Abs. 4 MWSTG).[410]

PRAXISHINWEIS

Mit der Zustimmung von Volk und Ständen zum Bundesbeschluss über die Finanzierung und den Ausbau der Eisenbahninfrastruktur (FABI) wurde in der Abstimmung vom 9. 2. 2014 auch über die Speisung des Bahninfrastrukturfonds (BIF) entschieden. Zusätzlich zu den bisherigen Finanzierungsquellen sollen neu ein befristetes zusätzliches MWST-Promille[411] erhoben, Kantonsbeiträge[412] eingefordert und 2 % der Einnahmen aus der direkten Bundessteuer der natürlichen Personen[413] abgezweigt resp. diese Mittel dem BIF zugewiesen werden. Die Erhöhung um 0.1 Prozentpunkte erfolgt auf den Steuersätzen gemäß Art. 25 MWSTG.

Bei der Mehrwertsteuer sind die im Gesetz angegebenen Steuersätze als Endbelastung zu verstehen. Es sind keine Zuschläge wie bei den direkten Steuern (Steuerfüße) zu berücksichtigen. Die Abrechnung der Steuer erfolgt in der Regel vierteljährlich, bei der Abrechnung nach Saldosteuersätzen[414] halbjährlich (Art. 35 Abs. 1 MWSTG).[415]

Durch den Vorsteuerabzug wird eine Steuerkumulation (steuerbarer Einkauf und Versteuerung des Umsatzes) vermieden. Jede MWST-pflichtige Person im Sinne von Art. 10 Abs. 1 MWSTG oder Art. 11 MWSTG kann von der durch ihre steuerbaren Leistungen ausgelösten Bruttosteuer die Summe sämtlicher den steuerbaren Leistungen zuzurechnender Vorsteuern abziehen (sog. Netto-Allphasensteuerprinzip mit Vorsteuerabzug; Art. 28 MWSTG). Voraussetzung hierzu ist, dass die Vorsteuerbelastung im Zusammenhang mit einer nicht von der Steuer ausgenommenen, unternehmerischen Tätigkeit der steuerpflichtigen Person steht und die Bezahlung der Steuer nachweisbar ist.[416] Konkret können so insbesondere – unter Vorbehalt von Art. 29 MWSTG[417] und Art. 33 MWSTG[418] – die ihr in Rechnung gestellte Inlandsteuer, die von ihr (im Reverse Charge Verfahren[419]) deklarierte Bezugsteuer und die von ihr entrichtete Einfuhrsteuer als Vorsteuern geltend gemacht werden (Art. 28 Abs. 1 Bst. a – c MWSTG).

PRAXISHINWEIS

Gemäß einschlägiger Rechtsprechung des EuGH[420] qualifizieren reine Holdinggesellschaften in der EU, deren ausschließlicher Zweck das Erwerben, Halten und Veräußern von Beteiligungen ist (es sich also nicht um eine aktive Verwaltung der Tochtergesellschaften handelt), nicht als Steuersubjekt, können somit nicht

410 Der befristete Sondersatz bis zum 31. 12. 2017. Eine entsprechend ausgearbeitete Gesetzesvorlage wurde vom Parlament am 4. 6. 2013 angenommen (vgl. AS 2013, S. 3505 f.; BBl 2013, S. 925 ff.).

411 Befristet für die Periode 2018 – 2030. Vgl. Art. 87a Abs. 2 Bst. b nBV i. V. m. Art. 130 Abs. 3bis nBV und Art. 196 Ziff. 14 Abs. 4 und 5 nBV; A.IV.1.3.5.1.2.1.

412 Vgl. Art. 87a Abs. 3 nBV.

413 Vgl. Art. 87a Abs. 2 Bst. c nBV.

414 Vgl. Art. 37 Abs. 1 und 2 MWSTG und A.II.5.2.3.5.

415 Vgl. Formulare „Abrechnung effektiv" und „Abrechnung Saldosteuersatz" im Anhang 3.

416 Vgl. Camenzind/Honauer/Vallender/Jung/Probst, Handbuch zum Mehrwertsteuergesetz (MWSTG), S. 617.

417 Gemäß Art. 29 MWSTG erfolgt ein Ausschluss des Anspruchs auf Vorsteuerabzug für Leistungen, die für die Erbringung von ausgenommenen (nicht optierten) Leistungen verwendet werden.

418 Gemäß Art. 33 MWSTG findet bei Vorliegen von gewissen Nicht-Entgelten eine Vorsteuerkürzung statt.

419 Vgl. A.II.5.2.3.1.

420 Vgl. u. a. Urteil des EuGH v. 27. 9. 2001 Rs. C-16/00 (Cibo Participations). Vgl. auch FG Hamburg 2. Senat, Urteil v. 10. 10. 2012, 2 K 189/10.

MWST-pflichtig sein. Als Folge davon tragen reine Holdinggesellschaften im europäischen Ausland die bei ihnen angefallene Vorsteuer als steuerbare Endbelastung. Dies ist bei einer durchschnittlichen Mehrwertsteuer von 21 % ein erheblicher Kostenfaktor und Wettbewerbsnachteil.

Hier geht die Schweiz einen anderen Weg, indem für Gesellschaften mit Holdingaktivitäten – sei es der Erwerb, das Halten und die Veräußerung von Beteiligungen (Art. 9 MWSTV) oder die Erbringung von Konzernfinanzierungen, Managementdienstleistungen bzw. konzerninterne Lizenzverwaltung – die unternehmerische Tätigkeit grundsätzlich als gegeben betrachtet wird. Dies ermöglicht es selbst reinen Holdinggesellschaften, die per Definition keine weiteren Leistungen erbringen, sich in der Schweiz ohne Einschränkung als MWST-Pflichtige zu registrieren. Entsprechend besteht damit auch für reine oder gemischte Holdinggesellschaften grundsätzlich die Möglichkeit, eine Entlastung der auf von ihnen bezogenen Leistungen lastenden Mehrwertsteuer zu erreichen (Art. 29 Abs. 2 MWSTG), wenn sie Anteile von mindestens 10 % am Kapital anderer Gesellschaften halten (Art. 29 Abs. 3 MWSTG).[421]

II.5.2.3.3. Bezugsteuer[422]

Beim Bezugsteuerkonzept[423] geht es um die Verwirklichung des Bestimmungslandprinzips. Es sollen die vom Ausland in die Schweiz erbrachten resp. eingeführten Leistungen, welche nicht beim ausländischen Leistungserbringer oder beim Zollübergang besteuert werden können, der schweizerischen Mehrwertsteuer zugeführt werden.[424]

Steuerpflichtig wird dabei der Empfänger der Dienstleistung im Inland (Schweiz), wenn er der Inlandsteuer (Art. 10 MWSTG) unterliegt oder im Kalenderjahr für mehr als CHF 10'000 solche Leistungen bezieht. Dies unabhängig davon, ob es sich um einen Unternehmer oder eine Privatperson handelt.

In erster Linie werden mit der Bezugsteuer Bezüge von Dienstleistungen von nicht im Schweizer MWST-Register eingetragene Unternehmen mit Sitz im Ausland erfasst (Art. 45 Abs. 1 Bst. a MWSTG), sofern sich der Ort der Dienstleistung nach Art. 8 Abs. 1 MWSTG im Inland befindet. Nicht der Bezugsteuer unterliegen allerdings von der MWST ausgenommene (Art. 21 MWSTG) und befreite (Art. 23 MWSTG) Leistungen (Art. 45 MWSTG i. V. m. Art. 109 Abs. 1 MWSTV).

Gemäß Art. 46 MWSTG gelten betreffend Steuerbemessung und Steuersätze die Bestimmungen von Art. 24 und Art. 25 MWSTG. Die Abrechnung der Steuer erfolgt für die der Inlandsteuer unterliegenden, steuerpflichtigen Personen (Art. 10 MWSTG) analog zu den Regeln für die Inlands-

421 Vgl. Camenzind/Honauer/Vallender/Jung/Probst, Handbuch zum Mehrwertsteuergesetz (MWSTG), S. 193 f. und 629 ff.; Reich, Steuerrecht, S. 692; Bürgy, NZZ v. 13. 9. 2012, S. 49.

422 In diesem Abschnitt A.II.5.2.3.3. werden, ohne titelmäßige Unterteilung, die Stichpunkte Steuersubjekt, Steuerobjekt, Bemessungsgrundlage und Steuersätze sowie Vorsteuerabzug thematisiert.

423 Die Bezeichnung Bezugsteuer wird in der EU nicht verwendet. Stattdessen wird der Übergang der Steuerschuld auf den Leistungsempfänger als Reverse Charge Verfahren bezeichnet. Vgl. auch A.II.5.2.3.1. Gemäß EU Recht kann bzw. muss das Reverse Charge Verfahren Anwendung finden auf steuerpflichtige Lieferungen und Dienstleistungen von nicht im EU Mitgliedstaat ansässigen Unternehmen (Art. 194 MWStSystRL), für Dienstleistungen nach dem Empfängerortprinzip (Art. 196 MWStSystRL) und auf gewisse, abschließend genannte Leistungen an steuerpflichtige Empfänger (Art. 199 MWStSystRL) (vgl. hierzu auch Camenzind/Honauer/Vallender/Jung/Probst, Handbuch zum Mehrwertsteuergesetz (MWSTG), S. 770 f.).

424 Vgl. Reich, Steuerrecht, S. 705.

teuer, also viertel- oder halbjährlich. Für diejenigen hingegen, die pro Kalenderjahr einen Dienstleistungsimport von mehr als CHF 10'000 aufweisen, erfolgt sie auf jährlicher Basis.

Hinsichtlich des Vorsteuerabzuges kann auf die Ausführungen zur Inlandsteuer verwiesen werden.[425]

PRAXISHINWEIS

Wer die Voraussetzungen für die Steuerpflicht einzig nach Art. 45 Abs. 2 Bst. b MWSTG erfüllt und somit der Bezugsteuer unterliegende Leistungen von mehr als CHF 10'000 im Kalenderjahr bezieht, hat sich gemäß Art. 66 Abs. 3 MWST innerhalb von 60 Tagen nach Ablauf des Kalenderjahres, für welches er steuerpflichtig ist, schriftlich bei der Eidg. Steuerverwaltung (ESTV) anzumelden und gleichzeitig die bezogenen Leistungen zu deklarieren.

II.5.2.3.4. Einfuhrsteuer[426]

Mit dem Einfuhrsteuerkonzept wird das Bestimmungslandprinzip vervollständigt, indem es die Inlandsteuer im grenzüberschreitenden Verkehr ergänzt. Es werden dabei die Einfuhr von Gegenständen in das MWST-liche und zollrechtliche Inland gemäß Art. 3 Bst. a MWSTG erfasst, nicht jedoch Leistungsverhältnisse. Aufgrund dieser Ähnlichkeit mit Zollforderungen ist im Grundsatz die Zollgesetzgebung[427] anwendbar, es sei denn, das MWSTG enthalte davon abweichende oder ergänzende Bestimmungen[428]. Entsprechend ist nicht die ESTV, sondern die Eidg. Zollverwaltung (EZV) die zuständige Behörde.[429]

Steuerpflichtig wird gemäß Art. 51 Abs. 1 MWSTG, wer nach Art. 70 Abs. 2 und 3 ZG Zollschuldner ist, also

- Personen, die Waren über die Zollgrenze bringen oder bringen lassen;
- Personen, die zur Zollanmeldung verpflichtet oder damit beauftragt sind;
- Personen, die auf der Rechnung Waren ein- oder ausgeführt haben; und
- Empfänger im Postverkehr, sofern der Versender die Schuld nicht ausdrücklich übernommen hat.

Besteuert wird gemäß Art. 52 MWSTG im Grundsatz jede Einfuhr von beweglichen Gegenständen aus dem Ausland, einschließlich der darin enthaltenen Dienstleistungen. Es existieren diverse Tatbestände der steuerbefreiten Einfuhr (geregelt in Art. 53 MWSTG und Art. 113 MWSTV).

Als Bemessungsgrundlage findet Anwendung

- das entrichtete Entgelt, wenn die der Steuer unterliegende Einfuhr im Zusammenhang mit einem Leistungsverhältnis erfolgt (Art. 54 Abs. 1 Bst. a – f MWSTG);

---

425 Vgl. A.II.5.2.3.2. Im Unterschied zu nicht steuerpflichtigen Bezügern von Dienstleistungen von Unternehmen mit Sitz im Ausland, die solche Bezüge erst bei Überschreiten der (kalender)jährlichen Freigrenze von CHF 10'000 versteuern müssen, sind die steuerpflichtigen Unternehmen dazu angehalten, sämtliche solchen Leistungen – auch wenn sie betraglich geringer ausfallen als CHF 10'000 pro Kalenderjahr – zu deklarieren (vgl. Camenzind/Honauer/Vallender/Jung/Probst, Handbuch zum Mehrwertsteuergesetz (MWSTG), S. 622).

426 In diesem Abschnitt A.II.5.2.3.4. werden, ohne titelmäßige Unterteilung, die Stichpunkte Steuersubjekt, Steuerobjekt, Bemessungsgrundlage und Steuersätze sowie Vorsteuerabzug thematisiert.

427 Vgl. Zollgesetz (ZG) v. 18. 3. 2005 (SR 631.0).

428 Vgl. insbesondere Art. 50 bis Art. 64 MWSTG.

429 Vgl. Reich, Steuerrecht, S. 709 und S 726.

- der Marktwert in allen anderen Fällen (Art. 54 Abs. 1 Bst. g MWSTG).[430]

Die anwendbaren Steuersätze stimmen mit denjenigen der Inlandsteuer überein (Art. Art. 55 MWSTG i. V. m. Art. 25 MWSTG).

Hinsichtlich des Vorsteuerabzuges kann auf die Ausführungen zur Inlandsteuer verwiesen werden.[431]

PRAXISHINWEIS

Gemäß Art. 63 MWSTG können in der Schweiz mehrwertsteuerlich registrierte Importeure die auf der Einfuhr von Gegenständen geschuldete Steuer, statt sie der Eidg. Zollverwaltung (EZV) zu entrichten, in der periodischen Mehrwertsteuerabrechnung deklarieren (sog. Verlagerungsverfahren[432]), sofern sie regelmässig Gegenstände ein- und ausführen und sich daraus regelmäßige Vorsteuerüberschüsse ergeben.

II.5.2.3.5. Besonderheiten

Für steuerpflichtige Personen, welche jährlich nicht mehr als CHF 5'020'000 Umsatz aus steuerbaren Leistungen tätigen und im gleichen Zeitraum nicht mehr als CHF 109'000 Steuern – berechnet nach dem für sie maßgebenden Saldosteuersatz – zu bezahlen haben, sieht Art. 37 MWSTG die Abrechnung nach der Saldosteuersatzmethode vor. Die Saldosteuersatzmethode ist ein Hilfsmittel, welches kleinen und mittleren Unternehmen die MWST-Abrechnung mit der ESTV erleichtert. Bei Anwendung der Saldosteuersatzmethode ist die geschuldete Steuer durch Multiplikation des in einer Abrechnungsperiode (bei Abrechnung nach Saldosteuersätzen halbjährlich) erzielten steuerbaren Gesamtumsatzes mit dem von der Eidg. Steuerverwaltung (ESTV) bewilligten Saldosteuersatz (ein vom Normalsatz abweichender für die jeweilige Branche festgelegter Mehrwertsteuersatz) zu ermitteln. Mit dem Saldosteuersatz sind die Vorsteuern im Sinne einer Pauschale bereits abgegolten.[433]

PRAXISHINWEIS

Die Abrechnung nach Saldosteuersätzen muss während mindestens einer Steuerperiode beibehalten werden. Bei Verzicht auf Anwendung des Saldosteuersatzes kann frühestens nach drei Jahren zur Saldosteuersatzmethode gewechselt werden (Art. 37 Abs. 4 MWSTG).[434]

II.5.2.4. Zoll- und Einfuhrabgaben

II.5.2.4.1. Die Eidg. Zollverwaltung

Die Überwachung und die Kontrolle des grenzüberschreitenden Personen- und Warenverkehrs, die Erhebung der Zollabgaben und Abgaben nach nichtzollrechtlichen Bundesgesetzen sowie der Vollzug der nichtzollrechtlichen Erlassen obliegt grundsätzlich der Eidg. Zollverwaltung (EZV; Art. 1 Bst. a – d ZG). Nichtzollrechtliche Erlasse (sog. NZE) sind Bundeserlasse nichtfiskalischer Natur und umfassen eine Vielzahl von Rechtsgebieten. Sie fallen ebenfalls in die Kom-

430 Vgl. Reich, Steuerrecht, S. 711. Miteingeschlossen sind gemäß Art. 54 Abs. 3 MWSTG jeweils sämtliche Zölle, Abgaben und Steuern (ohne die Einfuhrsteuer selbst) sowie Transportkosten bis zum ersten Bestimmungsort im Inland.

431 Vgl. A.II.5.2.3.2.

432 Vgl. Formulare „Anwendungsantrag bei Verlagerung der Steuerentrichtung (Art. 63 MWSTG)"; „Verlagerung der Steuerentrichtung auf der Einfuhr und Beilage zur MWST-Abrechnung" im Anhang 3.

433 Vgl. Reich, Steuerrecht, S. 699 f.; Camenzind/Honauer/Vallender/Jung/Probst, Handbuch zum Mehrwertsteuergesetz (MWSTG), S. 690 ff.

434 Vgl. Formular „Unterstellungserklärung Saldosteuersatzmethode" im Anhang 3.

petenz der EZV, sofern die jeweiligen Erlasse dies vorsehen (Art. 95 ZG). Zu diesen zahlreichen Rechtsgebieten, welche total ca. 150 Gesetze und Verordnungen beinhalten, vollzieht die EZV die Erhebung von nichtzollrechtlichen Abgaben, außenwirtschaftliche und außenpolitische Maßnahmen wie bspw. die Beschränkung und Überwachung der Ein-, Aus- und Durchfuhr von Waren oder die Anwendung von Embargos, Maßnahmen in den Bereichen Bevölkerung und Umwelt (wie z. B. Lebensmittelkontrollen), Tier-, Pflanzen- und Artenschutz, Edelmetallkontrolle oder Immaterialgüterrecht, aber auch Maßnahmen im Bereich der Sicherheit und Polizei mittels bspw. der Waffengesetzgebung, dem Straßenverkehrsrecht oder der Migrationsgesetzgebung.

Im Rahmen der Ein-, Aus- und Durchfuhr von Waren sind folglich vielfältige Vorschriften zu beachten, die weit über die Festsetzung und Erhebung der Zollabgaben hinausgehen. Die Zollgrenze zwischen der EU und der Schweiz spielt insofern eine zentrale Rolle, weil die Schweiz gegenüber der EU den zollrechtlichen Status eines Drittlands hat und ein freier Warenverkehr wie innerhalb der Zollunion der EU nicht möglich ist.

PRAXISHINWEIS

Seit dem 1. 3. 2009 obliegt der EZV ebenfalls die Kontrolle des grenzüberschreitenden Barmittelverkehrs zur Bekämpfung der Geldwäscherei und der Terrorismusfinanzierung.[435] Auf Befragung der Zollstellen hin hat die auskunftspflichtige bzw. anmeldepflichtige Person im grenzüberschreitenden Verkehr von Barmitteln im Betrag von mindestens CHF 10'000 – oder dem entsprechenden Gegenwert bei ausländischen Währungen – über die Herkunft, die Verwendung sowie die wirtschaftlich verfügungsberechtigte Person Auskunft zu erteilen.[436] Unter den Begriff Barmittel fallen dabei nicht nur Bargeld, sondern auch übertragbare Inhaberpapiere, Aktien, Obligationen, Schecks und ähnliche Wertpapiere.[437]

Die Zollgesetzgebung in der Schweiz ist gemäß Bundesverfassung Sache des Bundes, wobei das Zollwesen durch zwei Bundesgesetze geregelt ist. Das Zollgesetz (ZG)[438] beinhaltet im Grundsatz die allgemeinen Voraussetzungen der Zollerhebung und umfasst die materiellen und formellen Bestimmungen des Zollrechts. Das Zolltarifgesetz (ZTG) hingegen enthält in den Anhängen den eigentlichen Zolltarif sowie weitere Bestimmungen, die im Zolltarif nicht geregelt werden.[439] Im Rahmen der Europakompatibilität lehnt sich das aktuelle, seit 2007 anwendbare ZG in vielen Teilen am Zollkodex der Europäischen Gemeinschaft[440] und der Durchführungsverordnung zum Zollkodex[441] an und soll auf diese Weise die Verwaltungsabläufe vereinfachen und vereinheitlichen. Im Rahmen dieser Angleichung an das internationale Recht können die staatlichen Verwaltungsaufgaben effizienter vollzogen und der grenzüberschreitende Personen- und Warenverkehr speditiver abgewickelt und überwacht werden.

Zum inländischen Zollgebiet gehört nebst der Schweiz das Fürstentum Liechtenstein,[442] die Zollanschlussgebiete Büsingen am Hochrhein sowie Campione d'Italia. Die Talschaften Samnaun

435 Vgl. AS 2009, S. 709 ff.

436 Vgl. Formular „Anmeldung von Barmitteln" im Anhang 7..

437 Vgl. auch Art. 2 und 3 der Verordnung über die Kontrolle des grenzüberschreitenden Barmittelverkehrs, AS 2009, S. 709.

438 Vgl. Zollgesetz v. 18. 3. 2005, SR 631.0.

439 Vgl. Botschaft über ein neues Zollgesetz vom 15. Dezember 2003, BBl 2004, S. 572.

440 Vgl. VO Zollkodex ABl. L 302 v. 19. 10. 1992).

441 Vgl. DVO Zollkodex ABl L 231 v. 11. 10. 1993).

442 Vgl. Vertrag zwischen der Schweiz und Liechtenstein über den Anschluss des Fürstentums Liechtenstein an das schweizerische Zollgebiet vom 29. 3. 1923, SR 0.631.112.514.

und Sampuoir liegen zwar innerhalb des schweizerischen Staatsgebietes, werden jedoch als Zollausschlussgebiete betrachtet.

II.5.2.4.2. Zoll- und andere Einfuhrabgaben

Waren, welche in das Zollgebiet importiert oder aus dem Zollgebiet exportiert werden, sind zollpflichtig und müssen nach dem Generaltarif des ZTG[443] veranlagt werden.[444] Es muss sich dabei nicht zwingend um eine Leistung gegen Entgelt handeln, denn die lediglich physische Verbringung des Gegenstandes über die Zollgrenze genügt für die Auslösung der Zollpflicht. Werden Waren folglich über die Schweizer Zollgrenze verbracht, sind sie der Eidg. Zollverwaltung (EZV) anzumelden und dem entsprechenden Zollverfahren zuzuführen. Dabei spielt es grundsätzlich keine Rolle, ob die Waren für kommerzielle oder private Zwecke genutzt werden. Bei der Verzollung von Handelswaren sind die Zollansätze im Zolltarif maßgebend. Privatwaren im Reiseverkehr sind nach dem Zolltarif für den Reiseverkehr zu veranlagen.[445]

Als weltweit einziges Land erhebt die Schweiz die Zollabgaben auf Basis des Gewichts der Ware (und nicht in Prozent des Warenwertes). Die zu entrichtende Zollabgabe wird dabei in Franken je 100 kg brutto berechnet.[446] Das Bruttogewicht setzt sich aus der Eigenmasse der Ware sowie dem Gewicht der Verpackung, des Füllmaterials sowie dem Warenträger zusammen. Die Vorschriften zur Bestimmung des zollpflichtigen Gewichts regelt die Taraverordnung.[447]

Die EZV erhebt im Rahmen der grenzüberschreitenden Verbringung von Waren des Weiteren Verbrauchsteuern, welche gemäß der Gesetzesgrundlagen der Nichtzollrechtlichen Erlasse (NZE) durch die EZV zu erheben sind. Exemplarisch in die Kategorie der NZE fallen unter anderem die Einfuhrsteuer, die Monopolgebühren, die Straßenverkehrsabgaben, die Tabaksteuer, die Biersteuer, die Mineralölsteuer, die Automobilsteuer und die Lenkungsabgaben auf VOC oder CO_2. Die Bemessungsgrundlagen dieser Verbrauchssteuern sind unterschiedlich und abhängig von der Art der Steuer.

Die Zollschuld entsteht grundsätzlich zum Zeitpunkt, in dem die EZV die Zollanmeldung annimmt, d. h. die Abgaben sind der EZV im Rahmen der Verzollung unmittelbar zu entrichten.[448]

443 Vgl. Art. 1 ZTG.

444 Vgl. Art. 7 ZG.

445 Im Reiseverkehr gilt eine Freigrenze von derzeit CHF 300 Warenwert pro Person und Tag. Sofern der Warenwert diese Grenze nicht überschreitet und keine Überschreitung der Höchstmengen vorliegt, können die Waren abgabenfrei in die Schweiz importiert werden. Sind diese Voraussetzungen nicht erfüllt, sind die Waren zoll- und einfuhrsteuerpflichtig. Spezifische Vorschriften gelten für Tabakwaren und alkoholische Getränke.

446 Weitere Bemessungsgrundlagen zur Berechnung der Zollabgaben sind u. a. die Stückzahl, die Anwendungseinheit, der Meter, die Megawattstunde oder der Liter.

447 Vgl. AS 1987, S. 2652 ff.

448 Vorbehalten bleiben allfällige Sonderverfahren mit Aufschubwirkung der Zahlungspflicht. Importeure, die regelmäßig Waren in die Schweiz importieren, können bspw. ein sog. ZAZ-Konto bei der EZV eröffnen (zentralisiertes Abrechnungsverfahren der Zollverwaltung). In diesem Fall sind die Abgaben nicht direkt bei der Einfuhr der Waren zu entrichten, sondern werden im Nachgang zur Verzollung von der EZV in Rechnung gestellt und eingefordert.

II.5.2.4.3. Die Zollverfahren

Das Zollgesetz (ZG) sieht sieben Zollverfahren vor, in welchen Waren angemeldet bzw. überführt werden können.[449] Das anzuwendende Zollverfahren hängt im Grundsatz von der Bestimmung der Ware ab und muss im Rahmen der Zollanmeldung festgelegt werden.

Die nachstehende Abbildung zeigt die derzeit gemäß ZG verfügbaren Zollverfahren:[450]

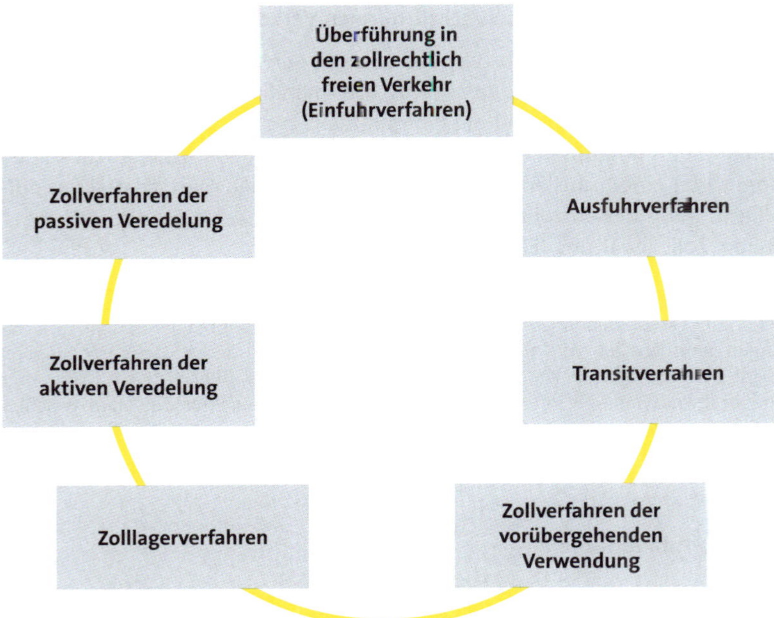

Unabhängig vom Zollverfahren müssen Waren hinsichtlich des zollrechtlichen Status "Waren des zollrechtlich freien Verkehrs" oder "Waren des nicht zollrechtlich freien Verkehrs" unterschieden werden. Eine Ware kann insgesamt nur einen der jeweiligen Status erhalten, d. h. es handelt sich entweder gänzlich um Waren des zollrechtlich freien oder um solche des nicht zollrechtlich freien Verkehrs.[451]

Werden Waren in den zollrechtlich freien Verkehr über- (Einfuhrverfahren) oder definitiv aus der Schweiz ausgeführt (Ausfuhrverfahren), handelt es sich um inländische Waren. Waren haben im Gegenzug den Status von Waren des nicht zollrechtlich freien Verkehrs bzw. sind ausländische Waren, wenn sie ins Transitverfahren, das Zollverfahren der vorübergehenden Verwendung, das Zolllagerverfahren oder das Verfahren der aktiven Veredelung überführt werden. Waren, welche im Rahmen der passiven Veredelung ausgeführt werden, verlieren ebenfalls den zollrechtlichen Status von inländischen Waren.

449 Vgl. Art. 47 – 61 ZG.

450 Die genannten Zollverfahren werden in den folgenden Abschnitten – mit Ausnahme der Verfahren der aktiven und passiven Veredelung – vertieft behandelt.

451 Vgl. Derks, Clavadetscher/Kocher, Handkommentar Zollgesetz, Art. 47, Rz. 5.

PRAXISHINWEIS

In Bezug auf die wirtschaftliche Wirkung, die mit den jeweiligen Zollverfahren bezweckt werden, sind die zollrechtlichen Vorschriften unterschiedlich und entsprechend mehr oder weniger steuerlich und administrativ vorteilhaft bzw. bieten Spielraum für entsprechende Gestaltungen.[452] In der Praxis ist es also möglich, Waren in ein anderes (u. U. vorteilhafteres) Zollverfahren zu überführen.[453]

II.5.2.4.3.1. Überführung in den zollrechtlich freien Verkehr (Einfuhrverfahren)

Werden Waren in die Schweiz importiert und dabei in den zollrechtlich freien Verkehr überführt, erhalten die ausländischen Waren den Status von inländischen Waren. Um den Status von inländischen Waren zu erhalten, sind die Einfuhrabgaben zu entrichten sowie die handelspolitischen Maßnahmen im Rahmen der Nichtzollrechtlichen Erlasse (NZE) anzuwenden. Die Waren werden somit von einem ausländischen in den inländischen Wirtschaftskreislauf transferiert. Mit der Überführung in den zollrechtlich freien Verkehr endet die zollrechtliche Überwachung durch die Eidg. Zollverwaltung (EZV) grundsätzlich.

PRAXISHINWEIS

Seit dem 1. 1. 2013 sind Zollanmeldungen grundsätzlich elektronisch bei der EZV einzureichen. Schriftliche Anmeldungen auf offiziellen Vordrucken werden nicht mehr akzeptiert.[454] Die Verzollungsplattform in der Schweiz wird E-dec genannt.[455] Um Zollanmeldungen elektronisch übermitteln zu können, muss der Zollanmelder über die notwendige Software und Infrastruktur verfügen. Privatpersonen, welche Zollanmeldungen übermitteln müssen (z. B. zur Verzollung eines Personenwagens), können dies an Grenzzollstellen via E-dec webdec[456] tun.

II.5.2.4.3.2. Ausfuhrverfahren

Mit dem Export von Waren aus der Schweiz ins Ausland und der Überführung dieser Waren in das Ausfuhrverfahren werden sie dem inländischen Wirtschaftskreislauf entzogen und in einen ausländischen überführt. Im Zusammenhang mit dem Ausfuhrverfahren werden von der EZV grundsätzlich keine Abgaben erhoben. Das Ausfuhrverfahren dient prioritär der Überwachung des Warenverkehrs und bezweckt die Kontrolle der Einhaltung von Verboten und Beschränkungen. Dazu gehören bspw. die Exportkontrollmaßnahmen von Dual-Use Gütern oder Rüstungsmaterial, die Sanktionen und Embargomaßnahmen, aber auch die Erfassung der Daten zwecks Außenhandelsstatistik.[457]

PRAXISHINWEIS

Analog zum Zollverfahren der Überführung in den zollrechtlich freien Verkehr besteht seit dem 1. 1. 2013 auch beim Ausfuhrverfahren die Pflicht zur Übermittlung von elektronischen Zollanmeldungen.

452 Vgl. Derks, Clavadetscher/Kocher, Handkommentar Zollgesetz, Art. 47, Rz. 6.

453 Vgl. Art. 47 Abs. 3 ZG.

454 Vorbehalten bleiben spezielle Vorschriften für z. B. Übersiedlungs-, Ausstattungs- und Erbschaftsgüter oder auch die Zollanmeldung für die vorübergehende Verwendung, die weiterhin (vorläufig) auf nicht elektronischem Weg eingereicht werden muss (vgl. A.II.5.2.4.3.4.).

455 In Deutschland müssen Zollanmeldungen per ATLAS (Automatisiertes Tarif- und Lokales Zollabwicklungssystem) übermittelt werden. Die Systeme e-dec und ATLAS sind voneinander unabhängig und nicht kompatibel.

456 E-dec webdec ist im Internet unter folgendem Link verfügbar: https://e-dec-web.ezv.admin.ch/webdec/main.xhtml (besucht am 30. 10. 2014).

457 Vgl. hierzu auch Probst, Clavadetscher/Kocher, Handkommentar Zollgesetz, Art. 61, Rz. 9.

II.5.2.4.3.3. Transitverfahren

Unverzollte Waren, die unverändert durch das Zollgebiet transportiert (z. B. von Deutschland nach Italien durch die Schweiz) oder zwischen zwei Orten innerhalb des Zollgebiets befördert werden (z. B. von einem Zolllager in ein anderes), sind im Transitverfahren anzumelden. Das Transitverfahren erlaubt es, Waren unter Sicherstellung der Einfuhrabgaben innerhalb einer festgesetzten Frist durch das oder im Zollgebiet zu transportieren. Es gilt jedoch zu beachten, dass die Anmeldung im Transitverfahren allfällige Vorschriften im Rahmen der Nichtzollrechtlichen Erlasse (NZE) nicht ausschließt. NZE finden daher grundsätzlich auch im Transitverfahren Anwendung. Wird das Transitverfahren nicht ordnungsgemäß abgeschlossen, werden die Waren in den zollrechtlich freien Verkehr überführt, sofern sie im Zollgebiet verblieben sind bzw. deren Ausfuhr nicht nachgewiesen werden kann.

II.5.2.4.3.4. Zollverfahren der vorübergehenden Verwendung

Das Zollverfahren der vorübergehenden Verwendung bezweckt die Möglichkeit, Waren – unter Sicherstellung der Einfuhrabgaben – für einen bestimmten Zeitraum[458] in die Schweiz oder ins Ausland verbringen und verwenden zu können, ohne dass die Einfuhrabgaben im Land der vorübergehenden Verwendung definitiv entrichtet werden müssen. Zum Zeitpunkt der Anmeldung zu diesem Zollverfahren ist somit bereits vorbestimmt, dass die Waren wiederaus- bzw. wiedereingeführt werden. Die Eidg. Zollverwaltung (EZV) prüft in erster Linie die Einhaltung des bei der Zollanmeldung deklarierten Verwendungszwecks sowie die fristgerechte Wiederaus- bzw. Wiedereinfuhr der Waren.[459]

Das Zollverfahren der vorübergehenden Verwendung ist grundsätzlich für sämtliche Arten von Waren anwendbar. Bedingung ist jedoch, dass die Identität der Waren eindeutig feststellbar ist und festgehalten werden kann. Warenkategorien, welche typischerweise im Zollverfahren der vorübergehenden Verwendung im- oder exportiert werden, sind Berufsausrüstungen, Ausstellungs- und Messewaren, bestimmte Beförderungsmittel (bspw. Flugzeuge) oder Pferde.

Die Zollanmeldung der vorübergehenden Verwendung muss derzeit noch in schriftlicher Form bei der EZV erfolgen.

PRAXISHINWEIS

Grundsätzlich besteht die Möglichkeit, dass Waren zwecks ungewissen Verkaufs in der Schweiz ebenfalls unter Anwendung des Zollverfahrens der vorübergehenden Verwendung eingeführt werden dürfen. Damit die jeweilige Zollstelle dem Antrag stattgibt, muss der Eigentümer der Waren sein Domizil jedoch im Ausland haben. Sofern dies nicht zutrifft, liegt die Zuständigkeit bei den Zollkreisdirektionen (Basel, Genf, Lugano, Schaffhausen).

---

458 Die Verwendung der Waren im Zollverfahren der vorübergehenden Verwendung ist grundsätzlich auf zwei Jahre beschränkt. Auf schriftlichen Antrag hin, welcher vor Ablauf der Frist bei der EZV gestellt werden muss, wird die Frist jedoch um ein weiteres Jahr verlängert. Eine Fristverlängerung kann höchstens dreimal beantragt werden. Im Sinne einer Sonderregelung wird bei Pferden das Verfahren der vorübergehenden Verwendung für höchstens ein Jahr gewährt und kann nur einmal um ein weiteres Jahr verlängert werden.

459 Vgl. Art. 162 Abs. 1 ZG.

II.5.2.4.3.5. Zolllagerverfahren

Zolllager sind Orte im Zollgebiet, an denen ausländische Waren ohne Entrichtung der Einfuhrabgaben vorübergehend gelagert werden können.[460] Die Abgabenerhebung erfolgt somit erst mit Überführung in den zollrechtlich freien Verkehr. Damit Waren unverzollt in einem Zolllager gelagert werden können, müssen sie in das Zolllagerverfahren überführt werden. Gemäß der geltenden Zollgesetzgebung können sowohl unverzollte als auch verzollte Waren in einem Zolllager gelagert werden.

Die Zollgesetzgebung sieht dabei grundsätzlich keine Beschränkung der Lagerung von nur unverzollten Waren vor. D. h. auch verzollte und damit in den zollrechtlich freien Verkehr überführte Waren dürfen, jedoch räumlich klar von den unverzollten Waren abgegrenzt, gelagert werden.

Werden inländische Waren in das Ausfuhrverfahren überführt und somit dem inländischen Verkehr entzogen, dürfen diese nach erfolgter Ausfuhrzollabwicklung grundsätzlich noch sechs Monate im Zolllager verbleiben, bis sie physisch definitiv ausgeführt werden müssen. Dies ist gemäß geltender Praxis auch dann zulässig, wenn das eigentliche Exportland zum Zeitpunkt der Ausfuhrabwicklung noch nicht feststeht.

PRAXISHINWEIS

Im Rahmen der geplanten Teilrevision des Zollgesetzes (ZG)[461] sollen u. a. maßgebliche Bestimmungen zum Zolllagerverfahren, insb. diejenigen hinsichtlich der Einlagerung und Ausfuhr von inländischen Waren, geändert werden. Zurzeit dürfen Waren nach Abschluss des Ausfuhrverfahrens grundsätzlich noch sechs Monate im Zolllager verbleiben, bis diese ausführt werden müssen. Diese Praxis beinhaltet aus Sicht des Fiskus diverses Umgehungspotential. So ist bspw. die sechsmonatige Frist relativ einfach verlängerbar und auch nicht überwachbar, sprich die Waren können nach erfolgter Ausfuhrveranlagung im Prinzip beliebig lang im Zolllager in der Schweiz verbleiben. Entsprechend sieht die geplante Gesetzesanpassung nun vor, dass inländische Waren nur noch in das Ausfuhrverfahren überführt werden dürfen, wenn sie unmittelbar danach (innerhalb der von der EZV gewährten Frist; erfahrungsgemäß beträgt diese in den meisten Fällen nicht mehr als acht Tage) physisch exportiert werden. Inländische Waren können somit zukünftig nicht mehr den Status von ausländischen Waren erhalten, ohne dass diese auch tatsächlich ausgeführt werden. Die Waren gelten bis zum Export folglich als inländische Waren und wären bis dahin auch nicht von der Inlandsteuer befreit (Art. 23 Abs. 2 Ziff. 3 MWSTG). Dies führt am Beispiel von in Zolllagern gelagerten, noch nicht ausgeführten Kunstgegenständen dazu, dass diese in Zukunft nicht mehr verkauft werden können, ohne dass aus der Übertragung des Eigentums mehrwertsteuerliche und u.U. zollrechtliche Konsequenzen resultieren.

II.5.2.4.4. Spezialthemen

II.5.2.4.4.1. Übersiedlungsgut

Die Zollgesetzgebung sieht für Übersiedlungsgut eine Zollbefreiung vor, wenn die zuziehende natürliche Person ihren Wohnsitz vom Zollausland ins Zollinland verlegt. Als Übersiedlungsgut gelten Waren, welche Zuziehende im Rahmen der persönlichen Lebenshaltung oder zur Berufs-

460 Das Zolllagerverfahren beinhaltet die beiden Zolllagertypen des offenen Zolllagers sowie des Zolllagers für Massengüter (vgl. auch Art. 53 und Art. 55 ZG).

461 Vgl. Medienmitteilung des BR v. 14. 12. 2012 sowie erläuternder Bericht für das Vernehmlassungsvefahren zur Änderung des Zollgesetzes (Teilrevision) vom 14. 12. 2012. Die Vernehmlassungsfrist ist am 31. 3. 2013 abgelaufen. Es ist davon auszugehen, dass die Bestimmungen frühestens per 1. 1. 2018. in Kraft treten werden. Die Schweiz lehnt sich bei der Revision des ZG an die bereits bestehende Gesetzgebung in der EU an.

und Gewerbeausübung im Zollausland genutzt haben und mit der Absicht zur Weiterbenutzung im Zollinland eingeführt werden.[462] Grundvoraussetzung für die abgabenfreie Zulassung ist, dass die Waren vor Überführung in den zollrechtlich freien Verkehr der Schweiz mindestens sechs Monate im Zollausland genutzt worden sind und in der Schweiz zur eigenen Weiterbenutzung verwendet werden. Weiter muss das Übersiedlungsgut unmittelbar im Zusammenhang mit der Wohnsitzverlegung überführt werden, wobei eine Frist von zwei Jahren nach Wohnsitzverlegung gewährt wird.

PRAXISHINWEIS

In der Praxis stellt die EZV im Hinblick auf den Zeitpunkt der Wohnsitzverlegung in erster Linie auf das Datum der ersten Einreise gemäß zugesicherter bzw. gewährter Aufenthaltsbewilligung ab. Vorbehalten bleiben Nachweise anderweitiger Art.

Dem Übersiedlungsgut gleichgestellt sind Gegenstände, die zur Ausstattung einer Zweitwohnung in der Schweiz eingeführt werden.[463]

PRAXISHINWEIS

Bestehen für Waren, welche im Rahmen der Wohnsitzverlegung als Übersiedlungsgut in die Schweiz überführt werden, Einfuhrbeschränkungen oder Einfuhrverbote (nichtzollrechtliche Erlasse), sind diese entsprechend zu beachten. Konkret unterstehen Waffen, unter Artenschutz stehende Gegenstände (z. B. Klavier mit Elfenbeintasten) oder Kulturgüter einer Bewilligungspflicht und benötigen daher unter Umständen eine Einfuhrbewilligung der zuständigen Behörde. Die Tatsache allein, dass es sich um Übersiedlungsgut handelt, schließt somit eine Bewilligungspflicht nicht von vorne herein aus.

Fahrzeuge, welche eine Person im Rahmen der Wohnsitzverlegung vom Ausland ins Inland als Übersiedlungsgut einführen möchte, können abgabenfrei und somit ohne Entrichtung von Einfuhrabgaben importiert werden. Voraussetzung für die Abgabenbefreiung ist, dass die Fahrzeuge bereits vor der Wohnsitzverlegung mindestens sechs Monate in Gebrauch der zuziehenden Person gestanden haben. Die Abgabenbefreiung erfolgt auf Antrag des Zuziehenden.[464]

PRAXISHINWEIS

Die Art der Finanzierung eines Fahrzeuges hat keinen Einfluss auf die Zollbehandlung als Übersiedlungsgut. Es sollte jedoch mit dem zuständigen Straßenverkehrsamt geklärt werden, ob eine schweizerische Zulassung z. B. bei einem Leasingfahrzeug möglich ist.

II.5.2.4.4.3. Einfuhr von Personenwagen

Wird ein unverzolltes und unversteuertes Personenfahrzeug vom Ausland zwecks Überführung in den zollrechtlich freien Verkehr ins Inland verbracht und qualifiziert dieses nicht als Übersied-

462 Von alkoholischen Getränken mit einen Alkoholgehalt von bis zu 25 Volumenprozent dürfen maximal 200 Liter und von solchen mit einem Alkoholgehalt von über 25 Volumenprozent höchstens 12 Liter abgabenfrei ins Zollinland eingeführt werden.

463 Davon ausgenommen sind allerdings Beförderungsmittel und Tiere.

464 Vgl. Formular 18.44 „Zollveranlagung von Übersiedlungsgut“ im Anhang 3.

lungsgut, ist das Fahrzeug bei der ersten Einfuhr einer (Grenz-)Zollstelle zuzuführen und anzumelden bzw. zu verzollen.[465] [466] Die zollrechtliche Behandlung unterscheidet dabei grundsätzlich nicht zwischen privat und geschäftlich genutzten Fahrzeugen. Weiter ist für die zollrechtliche Behandlung nicht relevant, ob es sich um ein gebrauchtes oder neues Fahrzeug handelt.

Die Anmeldung des Fahrzeugs erfolgt in schriftlicher Form und die Abgaben sind unmittelbar zum Zeitpunkt der Einfuhrabfertigung der Eidg. Zollverwaltung (EZV) zu entrichten. Die Einfuhrabgaben können entweder bar, mittels Debit- oder Kreditkarten oder über ein sog. ZAZ-Konto[467] bezahlt werden. Für die Erhebung der Einfuhrabgaben maßgebend sind das Fahrzeuggewicht sowie der Wert des Fahrzeuges zum Zeitpunkt des Grenzübertritts.

Die zu entrichtenden Einfuhrabgaben setzen sich aus den Zollabgaben gemäß dem Schweizer Gebrauchszolltarif, der Automobilsteuer, der Einfuhrsteuer sowie den Beglaubigungsgebühren zusammen. Die Zollansätze variieren je nach Hubraum und Leergewicht und werden auf Basis des Fahrzeuggewichts berechnet. Die aktuellen Zollansätze liegen zwischen CHF 12 und CHF 15 je 100 kg Leergewicht.[468] Die Automobilsteuer beträgt 4 % und ist auf dem Wert des Fahrzeuges plus allfälligen Zollabgaben zu berechnen. Weiter ist die Einfuhrsteuer zum Normalansatz von 8 % geschuldet, welche sich auf dem Warenwert plus die Zollabgaben, die Beglaubigungsgebühren und die Automobilsteuer berechnet.[469]

Die Zulassung bei einem kantonalen Straßenverkehrsamt ist nur mit dem von der EZV beglaubigten Prüfungsbericht (Formular 13.20A) möglich.

PRAXISHINWEIS

Für die Einfuhr eines neuen Personenwagens wird seit dem 1. 7. 2012 eine CO_2-Sanktion erhoben, wenn das Fahrzeug den Zielwert von im Durchschnitt 130g CO_2/km nicht erreicht. Diese Sanktion ist jedoch nicht im Rahmen der Einfuhranmeldung der EZV zu entrichten, sondern wird nach erfolgter Überführung in den zollrechtlich freien Verkehr durch das Bundesamt für Straßen ASTRA berechnet und erhoben. Wird diese Sanktion nicht bezahlt, kann das Fahrzeug in der Schweiz nicht zugelassen werden.

Es gilt zu beachten, dass die Sanktion sehr hoch ausfallen und mehrere Tausend Franken betragen kann. So sollte bspw. vor einem allfälligen Kauf eines Fahrzeuges im Ausland geklärt werden, ob sich der Preisnachlass bzw. die Preisdifferenz zum alternativen Kauf des Fahrzeugs im Inland aufgrund der Einfuhrabgaben tatsächlich rechnet.

465 Alternativ kann ein Fahrzeug auch bei einer Inlandzollstelle angemeldet werden. Hierfür stellt die Grenzzollstelle der zollpflichtigen Person kostenlos einen Vormerkschein (Formular 15.25) aus, welcher zwei Arbeitstage gültig ist. Innerhalb dieser Frist muss das Fahrzeug bei der Inlandzollstelle angemeldet werden.

466 Es gilt zu beachten, dass von einer im Ausland wohnhaften Person ein im Ausland zugelassenes, vorübergehend für den Eigengebrauch eingeführtes Fahrzeug nicht angemeldet werden muss, da in diesem Fall stillschweigend das Zollverfahren der vorübergehenden Zollanmeldung gewährt wird. Sofern das Fahrzeug jedoch an eine im Inland wohnhafte Person übertragen (z. B. verkauft) wird und in die Schweiz definitiv überführt werden soll, ist dieses jedoch anzumelden und in den zollrechtlich freien Verkehr zu überführen.

467 Das ZAZ-Konto muss bei der EZV vorgängig eröffnet werden und es ist eine Sicherheitsleistung als Depot zu überweisen. Das ZAZ-Konto wird daher vorwiegend von Unternehmen oder Zollagenturen eröffnet und verwendet, welche gewerbsmäßig Importe und Exporte tätigen.

468 Sofern der EZV bei der Zollanmeldung eine gültige Ursprungserklärung oder ein gültiger Ursprungsnachweis vorgelegt wird, kann eine zollfreie Veranlagung vorgenommen werden. Damit der Hersteller, der Verkäufer etc. einen Ursprungsnachweis ausstellen kann, muss die Schweiz mit demjenigen Land, in welchem das Fahrzeug hergestellt wurde, ein Freihandelsabkommen abgeschlossen haben (z. B. EU oder EFTA).

469 Der Warenwert muss mittels einer Rechnung oder eines Kaufvertrages nachgewiesen werden und dem tatsächlichen Wert des Fahrzeuges entsprechen. Zu tiefe Warenwerte können von der EZV abgelehnt werden und die Besteuerung erfolgt zum Marktwert. Den Marktwert bestimmt die EZV grundsätzlich mittels EUROTAX-Bewertung.

II.5.3. Grundstückgewinn-, Handänderungs- und Liegenschaftensteuer

II.5.3.1. Vorbemerkungen

Da die Kompetenz zur Erhebung von Grundsteuern an die Kantone und Gemeinden delegiert ist, sind die Besteuerungsgrundlagen bezüglich Erwerb, Besitz und Veräußerung von Grundstücken[470] in diversen kantonalen Erlassen geregelt. Die wichtigsten und am weitesten verbreiteten Steuerarten in diesem Bereich sind

- die Grundstückgewinnsteuer,
- die Handänderungssteuer und
- die Liegenschaftensteuer.

II.5.3.2. Zivilrechtliche bzw. wirtschaftliche Handänderung

Die Erhebung von Grundstückgewinn- und Handänderungssteuern setzt voraus, dass eine entgeltliche Übertragung von Eigentum oder eigentumsähnlichen Befugnissen an einem Grundstück vom bisherigen auf einen anderen Rechtsträger stattgefunden hat.

Unter dem Titel der „wirtschaftlichen Handänderung" werden der Veräußerung von Grundstücken Rechtsgeschäfte gleichgestellt, bei welchen wesentliche Teile der wirtschaftlichen Verfügungsgewalt über ein Grundstück vom bisherigen Verfügungsberechtigten auf einen anderen ohne Änderung der zivilrechtlichen Eigentumsverhältnisse – d. h. ohne grundbuchliche Mutation – übergehen (so z. B. die Übertragung der Mehrheit der Beteiligungsrechte an einer Immobiliengesellschaft).

Den zivilrechtlichen Handänderungen gleichgestellt sind im Weiteren auch Eigentumsbeschränkungen, welche die unbeschränkte Bewirtschaftung oder den Veräußerungswert des Grundstücks dauernd und wesentlich beeinträchtigen (z. B. Dienstbarkeiten oder öffentlich-rechtliche Eigentumsbeschränkungen).

II.5.3.3. Grundstückgewinnsteuer

Die Rechtsgrundlage für die Besteuerung von Grundstückgewinnen durch die Kantone bzw. Gemeinden findet sich in Art. 2 Abs. 1 Bst. d und Art. 12 StHG sowie in den jeweiligen kantonalen Steuergesetzen.

Während bei der direkten Bundessteuer Kapitalgewinne aus der Veräußerung von Grundstücken des Privatvermögens gemäß Art. 16 Abs. 3 DBG ausdrücklich steuerfrei sind, werden diese von allen Kantonen (teilweise auch von den Gemeinden) mit einer als Spezialsteuer ausgestalteten Grundstückgewinnsteuer erfasst.[471]

Die Kantone können die Grundstückgewinnsteuer auch auf Gewinnen aus der Veräußerung von Grundstücken des Geschäftsvermögens erheben, sofern sie diese Gewinne von der Einkommens- und Gewinnsteuer ausnehmen oder die Grundstückgewinnsteuer auf die Einkommens-

470 Zum Grundstückbegriff im schweizerischen Steuerrecht vgl. A II.4.2.3.

471 Vgl. Schweizerische Steuerkonferenz, Das schweizerische Steuersystem, S. 69. Während in einigen Kantonen – so BE, BS, FR, GR, JU, OW und SH – sowohl der Kanton als auch die Gemeinde erhebungsberechtigt sind, sind es in den Kantonen ZG und ZH ausschließlich die jeweiligen Gemeinden, nach Maßgabe der Regelungen im kantonalen Steuergesetz.

und Gewinnsteuer anrechnen.[472] Die steuerliche Behandlung der Grundstückgewinne, die auf Grundstücken des Geschäftsvermögens realisiert werden, ist in der Schweiz nicht einheitlich. Obwohl solche Gewinne im Saldo der Erfolgsrechnung miteingeschlossen sind, werden sie nicht in allen Kantonen mit der Einkommens- bzw. Gewinnsteuer erfasst.

Bei zivilrechtlichen Handänderungen besteuert eine Minderheit der Kantone Grundstückgewinne des Geschäftsvermögens und des Vermögens juristischer Personen nach dem monistischen System,[473] d. h. dass Wertzuwachsgewinne auf Geschäftsliegenschaften[474] der Grundstückgewinnsteuer unterliegen. Grundstückgewinne im Geschäftsbereich sind hinsichtlich der wieder eingebrachten Abschreibungen[475] und nicht aktivierten wertvermehrenden Aufwendungen zusätzlich der kantonalen/kommunalen Einkommens- bzw. Gewinnsteuer unterworfen. Demgegenüber erhebt der Bund zwar, wie eingangs erwähnt, keine Grundstückgewinnsteuer, wohl aber – wie die Mehrheit der Kantone, die das dualistische System[476] anwenden – die Einkommens- bzw. Gewinnsteuer auf der Differenz zwischen Verkehrswert und Buchwert/Einkommens- bzw. Gewinnsteuerwert.[477] Eine Sonderstellung nimmt diesbezüglich der Kanton GE ein, der von jedem Steuerpflichtigen unmittelbar nach erfolgter Handänderung die Grundstückgewinnsteuer erhebt, diese dann aber bei der ordentlichen Einkommens- bzw. Gewinnbesteuerung der geschäftlichen Grundstückgewinne anrechnet bzw. ein zu viel erhobener Betrag zurückerstattet.[478]

Bei wirtschaftlichen Handänderungen wird dagegen ausschließlich die Wertzuwachsquote mit einer Steuer erfasst, nämlich mit der kantonalen Grundstückgewinnsteuer. Es gilt zusätzlich zu beachten, dass auf kantonaler Ebene eine latente Gewinnsteuerlast auf den wieder eingebrachten Abschreibungen sowie auf Bundesebene eine solche auf der Differenz zwischen Verkehrswert und Buchwert/Einkommens- bzw. Gewinnsteuerwert fortbestehen bleibt.

Bei Handänderungen, die mehr als zwanzig Jahre zurückliegen, gestatten es einige Kantone für Grundstückgewinnsteuerzwecke, anstelle der Anlagekosten den Verkehrswert vor 20 Jahren in Anrechnung zu bringen.[479] Für die Einkommens- bzw. Gewinnsteuer ist dagegen die Differenz zwischen Buchwert/Einkommens- bzw. Gewinnsteuerwert und den effektiven Anlagekosten zu berücksichtigen. Da der Verkehrswert vor 20 Jahren regelmäßig höher ist als die effektiven Anlagekosten, entsteht dabei eine vom jeweiligen kantonalen Gesetzgeber gewollte Besteuerungslücke. Mit anderen Worten lässt sich damit auch im Geschäftsvermögen ein steuerfreier Kapitalgewinn realisieren. Dies lässt sich durch nachstehende Grafiken verdeutlichen:[480]

472 Vgl. Art. 12 Abs. 4 StHG.

473 Dieses System findet in folgenden Kantonen Anwendung: BE, BL, BS, JU, NW, SZ, TG (ohne Mehrheit der juristischen Personen), TI, UR und ZH (vgl. SSK, Steuerinformationen, Die Besteuerung der Grundstückgewinne, S. 3). Es wird auch Zürcher System genannt.

474 Der Wertzuwachs entspricht der Differenz zwischen Erlös (Verkehrswert) und Anlagekosten.

475 Die wiedereingebrachten Abschreibungen entsprechen der Differenz zwischen Anlagekosten und tieferem Buchwert/Einkommens- bzw. Gewinnsteuerwert.

476 Dieses System ist den Kantonen AG, AI, AR, FR, GL, GR, LU, NE, OW, SG, SH, SO, VD, VS und ZG bekannt (vgl. SSK, Steuerinformationen, Die Besteuerung der Grundstückgewinne, S. 5). Es wird auch St. Galler System genannt.

477 Vgl. Reich, Steuerrecht, S. 495 f. Selbst im dualistischen System werden geschäftliche Grundstückgewinne ausnahmsweise nicht mit der Einkommens- bzw. Gewinnsteuer, sondern mit der Grundstückgewinnsteuer erfasst, so bspw. Gewinne aus der Veräußerung von land- und forstwirtschaftlichen Grundstücken.

478 Vgl. SSK, Steuerinformationen, Die Besteuerung der Grundstückgewinne, S. 3. Im Ergebnis praktiziert der Kanton GE somit ebenfalls das dualistische System.

479 So bspw. der Kanton ZH (§ 220 Abs. 2 StG ZH).

480 Vgl. Richner/Frei/Kaufmann/Meuter, Kommentar zum harmonisierten Zürcher Steuergesetz, §§ 216 ff.

► Bei einer Besitzesdauer von weniger als 20 Jahren

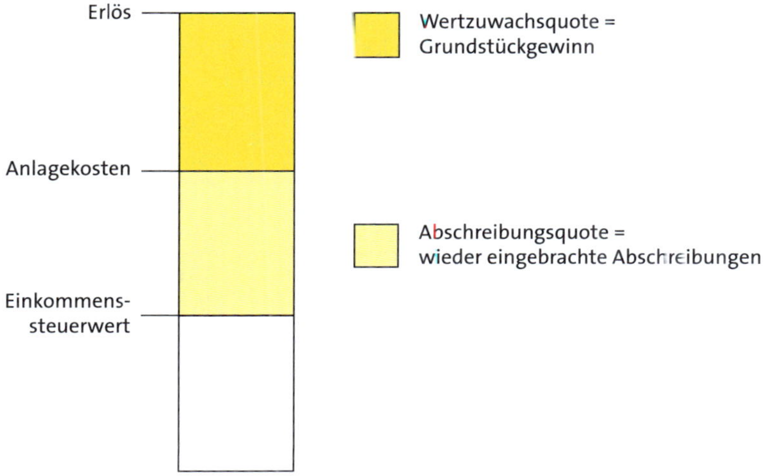

► Bei einer Besitzesdauer von mehr als 20 Jahren

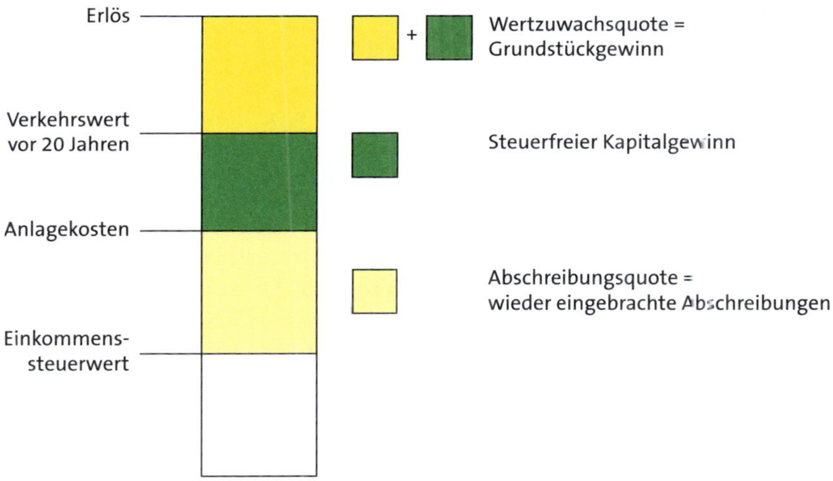

Entsprechend wichtig ist somit die Unterscheidung zwischen Privat- und Geschäftsvermögen,[481] insbesondere bei Selbständigerwerbenden (d. h. Einzelunternehmern oder Gesellschaftern einer Personengesellschaft). Ein Selbständigerwerbender hat i. d. R. sowohl Geschäfts- als auch Privatvermögen, was bedeutet, dass ein Teil seines Gesamtvermögens dem Geschäftsbetrieb und der andere Teil privaten Zwecken dient. Bei juristischen Personen ist diese Unterscheidung dagegen nicht zu treffen. Dies ergibt sich daraus, dass juristische Personen selbständige Trägerinnen von

481 Zur Abgrenzung von Geschäfts- und Privatvermögen vgl. A.III.1.3.3.

Rechten und Pflichten sind. Die Rechte am Gesellschaftsvermögen stehen der juristischen Person somit grundsätzlich allein zu und nicht ihren Mitgliedern.[482]

Nachfolgende Tabelle vermittelt einen Überblick über die Besteuerung von Grundstückgewinnen in der Schweiz (ohne Spezialitäten bzw. Sondervorschriften):

	Privatvermögen natürlicher Personen	**Geschäftsvermögen natürlicher und juristischer Personen**
Bund	Steuerfrei	Einkommens- bzw. Gewinnsteuer
Monistische Kantone (bzw. Gemeinden)	Grundstückgewinnsteuer	Grundstückgewinnsteuer auf Wertzuwachsquote Einkommens- bzw. Gewinnsteuer auf wiedereingebrachten Abschreibungen
Dualistische Kantone (bzw. Gemeinden)	Grundstückgewinnsteuer	Einkommens- bzw. Gewinnsteuer

Bei der Grundstückgewinnsteuer ist grundsätzlich der Veräußerer des Grundstücks steuerpflichtig. Dies auch dann, wenn der Erwerber vertraglich verpflichtet wird, die Grundstückgewinnsteuer ganz oder teilweise zu übernehmen.[483]

Steuerobjekt und gleichzeitig auch Bemessungsgrundlage der Grundstückgewinnsteuer bildet der realisierte Wertzuwachs, d. h. die Differenz zwischen dem Anlagewert (Anschaffungskosten inkl. wertvermehrende Aufwendungen) und dem Verkehrswert (realisierter Verkaufspreis). Die Realisierung findet statt, wenn das Grundstück veräußert wird.[484]

Die Grundstückgewinnsteuertarife sind in den meisten Kantonen progressiv ausgestaltet, wobei für kurze Haltedauer häufig zusätzlich ein Spekulationszuschlag zum ordentlichen Steuersatz berücksichtigt wird. Für lange Haltedauer wird dagegen meist ein Besitzesdauerrabatt gewährt.[485] Im Kanton ZH beträgt die Grundstückgewinnsteuer 10 % bis 40 %. Die Ermäßigungen für eine Besitzdauer von 5 bis 20 und mehr Jahre betragen 5 % bis 50 %. Bei einer Besitzdauer von weniger als einem Jahr erhöht sich der Steuerbetrag um 50 % und bei einer solchen von weniger als zwei Jahren um 25 % (§ 225 StG ZH).

Vollständigkeitshalber gilt es zu erwähnen, dass das Steuerharmonisierungsgesetz (StHG) gleichzeitig diverse Steueraufschubtatbestände nennt. So bspw. bei einem Eigentumswechsel durch Erbgang, Erbvorbezug oder Schenkung, bei einem solchen unter Ehegatten im Zusammenhang mit dem Güterrecht, im Falle der Ersatzbeschaffung von selbstbenutztem Wohneigentum oder bei Umstrukturierungen.[486] Diese sind in den kantonalen Steuergesetzen – wenn auch in verschiedener Ausprägung – ebenfalls niedergelegt.

482 Vgl. Meier-Hayoz/Forstmoser, Schweizerisches Gesellschaftsrecht, S. 47.

483 Vgl. Mäusli-Allenspach/Oertli, Das schweizerische Steuerrecht, S. 267.

484 Vgl. Höhn/Waldburger, Steuerrecht, Bd. I, S. 562.

485 Einen proportionalen Tarif kennen die Kantone AG, AR, BS, FR, GE, NW, OW, TG, TI, UR und VD (vgl. SSK, Steuerinformationen, Die Besteuerung der Grundstückgewinne, S. 31).

486 Vgl. Art. 12 Abs. 3 und 4 StHG.

II.5.3.4. Handänderungssteuer

Die Handänderungssteuer ist eine Rechtsverkehrssteuer, die den Eigentumsübergang von Grundstücken oder Anteilen daran belastet. Bei der Handänderungssteuer wird also nicht wie bei der Grundstückgewinnsteuer der anlässlich der Handänderung erzielte Gewinn besteuert, sondern der Verkehrsvorgang als solcher erfasst.[487] Sie entspricht somit der deutschen Grunderwerbssteuer.

Die Handänderungssteuer wird in der Schweiz von einer Mehrzahl der Kantone und/oder ihren Gemeinden[488], nicht aber vom Bund, erhoben. Die Kantone GL, SH, UR, ZG und ZH kennen keine eigentliche Handänderungssteuer, sondern belegen Handänderungen mit besonderen Handänderungs- bzw. Grundbuchgebühren, die aber mit der Handänderungssteuer vergleichbar sind. Einzig der Kanton SZ kennt weder eine Handänderungssteuer noch Handänderungs- bzw. Grundbuchgebühren.[489]

Unter den Handänderungsbegriff fallen grundsätzlich die gleichen Tatbestände wie bei der Grundstückgewinnsteuer.[490]

Die Bemessungsgrundlage bildet grundsätzlich der Kaufpreis. Ist kein solcher festgesetzt worden (z. B. bei Tausch, Schenkung, Erbgang) oder weicht er offensichtlich vom allgemein geltenden Verkehrswert ab, wird auf den zum Zeitpunkt der Veräußerung geltenden Verkehrswert oder auf den amtlichen Wert (meist „Steuerwert" oder „Katasterwert" genannt) abgestellt.[491] Ohne gegenteilige Abmachung ist meist der Erwerber des Grundstücks steuerpflichtig. In den Kantonen AR, BL und OW tragen Käufer und Verkäufer ohne gegenteilige Vereinbarung die Steuerlast je zur Hälfte.[492]

Die Tarife sind im Allgemeinen proportional ausgestaltet. Die Steuersätze betragen in den meisten Kantonen bzw. Gemeinden 1 % bis 3 % der Bemessungsgrundlage (Kaufpreis, Verkehrswert oder amtlicher Wert des Grundstückes). Nur der Kanton VS kennt einen progressiven Tarif.[493]

II.5.3.5. Liegenschaftensteuer (Grund- oder Grundstücksteuer)

Die Grundstücke von natürlichen und juristischen Personen werden in mehr als der Hälfte der Kantone[494] neben der allgemeinen Vermögens- bzw. Kapitalsteuer zusätzlich mit der Liegenschaftensteuer (auch Grund- oder Grundstücksteuer genannt) belegt. Diese periodische Steuer wird jährlich erhoben und veranlagt und ist zur Hauptsache eine Gemeindesteuer. Dort, wo sie

487 Vgl. Höhn/Waldburger, Steuerrecht, Bd. I, S. 770.

488 Einzig in den Kantonen AR, GR und SG ist die Handänderungssteuer als Gemeindesteuer ausgestaltet. In den Kantonen FR und VD können neben dem Kanton auch die Gemeinden diese Steuer erheben. Erhebt nur der Kanton die Steuer, sind die Gemeinden manchmal am Ertrag beteiligt (vgl. Schweizerische Steuerkonferenz, Das schweizerische Steuersystem, S. 71).

489 Vgl. SSK, Steuerinformationen, Die Handänderungssteuer, S. 1 – 10.

490 Vgl. A.II.5.3.2.

491 Vgl. SSK, Steuerinformationen, Die Handänderungssteuer, S. 20.

492 Vgl. SSK, Das schweizerische Steuersystem, S. 71.

493 Vgl. SSK, Steuerinformationen, Die Handänderungssteuer, S. 22.

494 Der Bund und die Kantone AG, BL, GL, SO, SZ, ZG und ZH erheben keine Liegenschaftensteuer (vgl. SSK, Steuerinformationen, Die Liegenschaftensteuer, S. 1). Die Stimmbürger des Kantons LU haben am 9. 2. 2014 für die Abschaffung der Liegenschaftensteuer votiert; diese wird ab 2015 nicht mehr erhoben (vgl. Aschwanden, NZZ v. 10. 2. 2014, S. 13).

eine Kantonssteuer ist, sind die Gemeinden i. d. R. maßgeblich am Ertrag aus dieser Steuer beteiligt.[495]

Die Grundstücke werden periodisch nach den für die Vermögenssteuer maßgeblichen kantonalen Bestimmungen bewertet. Maßgebend für die Berechnung der Steuer ist der Bruttowert der Grundstücke, d. h. die auf den Grundstücken lastenden Schulden können nicht abgezogen werden. I. d. R. stellen die Kantone bei der Bewertung der Grundstücke auf den Verkehrswert, den Ertragswert oder auf eine Kombination der beiden Werte ab.[496]

Die Steuer ist in allen Kantonen proportional. Der Steuersatz wird in Promillen des Verkehrs- bzw. Ertragswertes angegeben und variiert zwischen 0.02 % und 0.3 %.[497]

II.5.3.6. Zweitwohnungssteuer

Vereinzelt erheben Gemeinden eine Zusatzsteuer auf Zweitwohnungen, welche nicht professionell touristisch bewirtschaftet werden. So bspw. die Gemeinde Silvaplana im Kanton GR, die den Vermögenssteuerwert am Ende des Kalenderjahres von nicht professionell touristisch bewirtschafteten Zweitwohnungen mit 0.2 % besteuert.

PRAXISHINWEIS

Die Zusatzsteuer auf Zweitwohnungen in Silvaplana wurde vom Schweizerischen Bundesgericht als zulässig erklärt. Weiter führte es aus, dass aufgrund der unterschiedlichen Zweckverfolgung die Zweitwohnungssteuer und die Liegenschaftensteuer nicht gleichartig seien und folglich keine Anrechnung der ersteren an letztere zu erfolgen habe.[498]

II.5.3.7. Interkantonale Doppelbesteuerung von Liegenschaftsgewinnen (Schlechterstellungsverbot)

Eine Doppelbesteuerung, die gegen Art. 127 Abs. 3 BV verstößt, liegt vor, wenn eine steuerpflichtige Person von zwei oder mehreren Kantonen für das gleiche Steuerobjekt und für die gleiche Zeit zu Steuern herangezogen wird (aktuelle Doppelbesteuerung). Sie ist auch gegeben, wenn ein Kanton die geltenden Kollisionsnormen verletzt, dadurch seine Steuerhoheit überschreitet und eine Steuer erhebt, die einem andern Kanton zusteht (virtuelle Doppelbesteuerung). Außerdem darf ein Kanton eine steuerpflichtige Person grundsätzlich nicht deshalb stärker belasten, weil sie nicht in vollem Umfang seiner Steuerhoheit untersteht, sondern wegen ihrer territorialen Beziehungen auch noch in einem andern Kanton steuerpflichtig ist (Schlechterstellungsverbot).[499]

Aus dem Schlechterstellungsverbot folgt, dass ein Steuerpflichtiger in mehreren Kantonen nicht mehr als sein gesamtes Reineinkommen versteuern muss (System der Reineinkommens- bzw. Reinertragsbesteuerung).

495 Vgl. SSK, Das schweizerische Steuersystem, S. 70.

496 Vgl. SSK, Steuerinformationen, Die Liegenschaftssteuer, S. 8.

497 Vgl. SSK, Steuerinformationen, Die Liegenschaftssteuer, S. 11 f.

498 Vgl. BGer (2C_1076/2012 und 2C_1088/2012 v. 27. 3. 2014, E.8.4. ff.); Art. 62a und 62b des Baugesetzes der Gemeinde Silvaplana; Jankovsky, NZZ v. 24. 6. 2014, S. 9; Fontana, NZZ v. 8. 5. 2014, S. 13; F.IV.2.1.2.; F.IV.3.2.

499 Vgl. Höhn/Waldburger, Steuerrecht, Bd. I, S. 808 f.; Mäusli-Allenspach/Oertli, Das schweizerische Steuerrecht, S. 520; Zweifel/Beusch/Mäusli-Allenspach, Interkantonales Steuerrecht, S. 19 ff.

Gemäß früherer Rechtsprechung des Bundesgerichts tritt die Regelung der Reineinkommensbesteuerung gegenüber dem Grundsatz zurück, wonach das Grundeigentum demjenigen Kanton, in dem es gelegen ist, zur ausschließlichen Besteuerung vorbehalten bleibt (beschränkte Steuerpflicht). Diese ausschließliche Besteuerung gilt sowohl für das Kapital und Vermögen, den Ertrag aus der laufenden Bewirtschaftung, wie auch für den Veräußerungsgewinn. Der Liegenschaftskanton konnte daher bis anhin nicht verpflichtet werden, Verluste aus einem anderen Kanton zum Abzug zuzulassen. Der Steuerpflichtige musste solche Ausscheidungsverluste hinnehmen.[500]

Diese Rechtsprechung hat das Bundesgericht mit Urteilen vom 19. 11. 2004, 18. 4. 2005 und 8. 5. 2006 geändert. Zunächst hat es seine Praxis in Bezug auf Betriebsliegenschaften geändert, indem es ausführte, dass der Liegenschaftskanton einen allfälligen Geschäftsverlust, den eine Unternehmung im Hauptsitzkanton und in weiteren Kantonen mit Betriebsstätten erleidet, auf den Wertzuwachsgewinn aus der Veräußerung betrieblich genutzter Liegenschaften anrechnen muss; der verbleibende Grundstücksgewinn ist dem Liegenschaftskanton dann zur ausschließlichen Besteuerung zuzuweisen.[501] Dann hat es kurze Zeit später festgehalten, dass ein Gewinnungskostenüberschuss einer im Hauptsteuerdomizil einer natürlichen Person gelegenen und im Privatvermögen gehaltenen Liegenschaft im Spezialsteuerdomizil (wo zwei weitere Mietliegenschaften im Privatvermögen gehalten wurden) anzurechnen ist, wenn am Wohnsitz keine weiteren Einkünfte für die Verrechnung verfügbar sind.[502] Nochmals rund ein Jahr später hat es in Bezug auf eine von einer Kapitalgesellschaft gehaltenen Kapitalanlageliegenschaft festgehalten, dass auch in solchen Fällen der Liegenschaftskanton zur Anrechnung von Betriebsverlusten auf den Liegenschaftenertrag verpflichtet ist, sofern erstere weder im Hauptsteuerdomizil noch in allfälligen Betriebsstättekantonen verrechnet werden können.[503] Mit anderen Worten muss in all diesen Fällen der Liegenschaftskanton resp. das Spezialsteuerdomizil einen Ausscheidungsverlust aus den weiteren Steuerdomizilen übernehmen.

Dank diesen und noch späteren Entscheiden des Bundesgerichts hat der Grundsatz der Besteuerung nach der wirtschaftlichen Leistungsfähigkeit eine deutliche Aufwertung erfahren, indem nun dieser Verfassungsgrundsatz in Kombination mit dem Schlechterstellungsverbot der unbegrenzten Steuerhoheit der Liegenschaftskantone in Bezug auf den Umfang der Besteuerung am Spezialsteuerdomizil klare Schranken setzen. Diese neuere Rechtsprechung bezieht sich dabei nicht nur auf Geschäfts-, sondern auch auf Privatvermögen.[504]

500 Vgl. BGE 131 I 285 E. 3.2 (auch zum Folgenden).

501 Vgl. BGE 131 I 249 E. 6.3.

502 Vgl. BGE 131 I 285 E. 4.4.

503 Vgl. BGer (2P.139/2005 v. 8. 5. 2006, E. 5).

504 Vgl. Zweifel/Beusch/Mäusli-Allenspach, Interkantonales Steuerrecht, S. 38.

II.6. Veranlagungsverfahren bei den direkten Steuern[505]

II.6.1. Vorbemerkungen und Grundsätze der zeitlichen Bemessung[506]

Die direkte Bundessteuer[507] wird in allen Kantonen durch den jeweiligen Kanton veranlagt.[508] Im Kanton ZH bspw. obliegt die Veranlagung der direkten Bundessteuer der Dienstabteilung Bundessteuer. Die Vorbereitung derselben erfolgt dabei durch den gleichen Steuerkommissär, der die Einschätzung für kantonale und kommunale Steuerzwecke vornimmt.[509]

Betreffend Veranlagung der Kantons- und Gemeindesteuern kann die interne Organisation der kantonalen Steuerverwaltung je nach Kanton unterschiedlich sein.[510] Im Kanton ZH wird die Veranlagung bspw. zweistufig vorgenommen. Im Einschätzungsverfahren zeichnet der Steuerkommissär verantwortlich, unter Mitwirkung der Gemeinden. Das Steuerberechnungsverfahren erfolgt dagegen durch das jeweilig zuständige Gemeindesteueramt. Dieses ist zudem für die Durchführung des Steuererklärungsverfahrens der in der Gemeinde wohnhaften natürlichen Personen zuständig und hat in Ausnahmefällen auch die Kompetenz zur Vornahme von Einschätzungen.[511]

PRAXISHINWEIS

Die Kompetenz zur Veranlagung der natürlichen und juristischen Personen hat derjenige Kanton, in dem die steuerpflichtige Person am Ende der Steuerperiode bzw. am Ende der Steuerpflicht ihren steuerrechtlichen Wohnsitz oder Aufenthalt resp. Sitz oder tatsächliche Verwaltung hat.[512]

Einkommens- und Vermögenssteuern natürlicher Personen sowie Gewinn- und Kapitalsteuern juristischer Personen werden periodisch erhoben. Die Steuerperiode grenzt dabei den Zeitraum ab, für welchen die Steuer geschuldet ist. Während bei natürlichen Personen die Steuerperiode zwingend mit dem Kalenderjahr übereinstimmt (Art. 209 Abs. 2 DBG, Art. 63 Abs. 2 StHG; auch Steuerjahr genannt), gilt bei den juristischen Personen der Grundsatz, dass die Steuerperiode dem Geschäftsjahr entspricht (Art. 79 Abs. 2 DBG, Art. 31 Abs. 2 StHG). Ein vom Kalenderjahr abweichendes Geschäftsjahr ist steuerlich möglich. Die Bemessungsperiode bezeichnet den Zeitabschnitt, welcher für die Berechnung der Steuerfaktoren maßgebend ist. Davon zu unterscheiden ist die Veranlagungsperiode, die der endgültigen Festsetzung der relevanten Steuerfaktoren dient.[513]

In der Schweiz wenden seit dem 1. 1. 2014 alle Kantone für Einkommens- und Gewinnsteuerzwecke die Postnumerandobesteuerung mit einjähriger Gegenwartbemessung an. Das bedeutet, die Besteuerung erfolgt auf der Grundlage des während dem Steuerjahr bzw. Geschäftsjahr tatsächlich erzielten Einkommens oder Gewinns und die Veranlagungsperiode folgt wie in

505 Darunter fallen die Einkommens- und Vermögenssteuer der natürlichen Personen sowie die Gewinn- und Kapitalsteuer der juristischen Personen.

506 Einsprache- und Rechtsmittelverfahren werden vorliegend nicht behandelt. Es wird auf die einschlägige Literatur verwiesen.

507 Einkommenssteuer der natürlichen Personen bzw. Gewinnsteuer der juristischen Personen auf Bundesebene.

508 Vgl. Art. 128 Abs. 4 BV i. V. m. Art. 2 DBG.

509 Vgl. Reich, Steuerrecht, S. 534.

510 Vgl. SSK, Steuerinformationen, Das Veranlagungsverfahren bei den direkten Steuern, S. 4.

511 Vgl. Reich, Steuerrecht, S. 534 f.

512 Vgl. Art. 216 Abs. 1 und Abs. 3 DBG.

513 Vgl. SSK, Steuerinformationen, Das Veranlagungsverfahren bei den direkten Steuern, S. 22.

Deutschland der Steuer- bzw. der Bemessungsperiode. Folglich wird die Veranlagung erst mit dem Beginn der neuen Steuerperiode vorgenommen. Ausnahmen hiervon können Fälle betreffen, bei denen die Steuerpflicht erst im Laufe des Steuerjahres beginnt (bspw. bei Zuzug) oder die Bedingungen für die Steuerpflicht nur während eines Teils der Steuerperiode bestehen (bspw. bei Wegzug oder Tod). Typischerweise wird diesfalls bei der Feststellung des steuerbaren Einkommens natürlicher Personen zwar das in der betreffenden Steuerperiode effektiv erzielte Einkommen berechnet. Zur Bestimmung des anzuwendenden Steuersatzes werden jedoch die periodisch zufließenden Einkünfte auf ein Jahreseinkommen umgerechnet. Eine solche Umrechnung zur Satzbestimmung ist bei der Gewinnbesteuerung der juristischen Personen nur dann notwendig, wenn der entsprechende Kanton einen rein progressiven Tarif oder einen renditeabhängigen Dreistufentarif anwendet, nicht jedoch bei proportionalen Tarifen.[514]

PRAXISHINWEIS

Für die Umrechnung der periodischen Einkünfte auf ein Jahr werden in der Praxis 360 Tage veranschlagt.

Die Postnumerando-Methode findet auch für Vermögens- und Kapitalsteuerzwecke Anwendung. Die Veranlagung erfolgt dabei aufgrund des am Ende der Steuerperiode vorhandenen (steuerbaren) Vermögens bzw. des am Ende des Geschäftsjahres vorhandenen (steuerbaren) Kapitals. Besteht bei einer natürlichen Person ein unterjähriges Steuerjahr resp. bei einer juristischen Person ein unter- oder überjähriges Geschäftsjahr, ist der Steuerbetrag pro rata temporis geschuldet.[515]

Die direkte Bundessteuer sowie die Kantons- und Gemeindesteuern vom Einkommen und Vermögen natürlicher Personen bzw. vom Gewinn und Kapital juristischer Personen werden jedes Jahr aufgrund der rechtsgültig unterzeichneten Steuererklärung samt Beilagen (wie bspw. Lohnausweise, Verzeichnisse über Wertschriften, Forderungen und Schulden, Jahresrechnungen für Selbständigerwerbende und juristische Personen), welche der Steuerpflichtige bei der zuständigen Steuerbehörde fristgerecht einzureichen hat, veranlagt.[516]

II.6.2. Verfahrensarten

Der Zweck des Veranlagungsverfahrens besteht grundsätzlich in der Feststellung der subjektiven und der objektiven Steuerpflicht. Steht fest, dass eine (natürliche oder juristische) Person in der Schweiz bzw. in einem Kanton unbeschränkt oder beschränkt steuerpflichtig[517] ist, sind im Veranlagungsverfahren die steuerbaren Faktoren (z. B. Einkommen und Vermögen bzw. Gewinn und Kapital) zu ermitteln.[518]

514 Vgl. SSK, Steuerinformationen, Das Veranlagungsverfahren bei den direkten Steuern, S. 23 ff.; Art. 79 Abs. 1 DBG; Art. 209 Abs. 3 DBG; Art. 63 Abs. 3 StHG; Art. 31 Abs. 2 StHG. Es kommt regelmäßig vor, dass Veranlagungen aufgrund ihrer Komplexität, ihrem Umfang oder aufgrund von Streitfällen (Einsprache, Rekurs, Strafverfahren usw.) länger provisorisch bleiben und erst zu einem späteren Zeitpunkt definitiv veranlagt werden.

515 Vgl. SSK, Steuerinformationen, Das Veranlagungsverfahren bei den direkten Steuern, S. 27; Art. 66 Abs. 1 StHG; Art. 31 Abs. 4 StHG.

516 Vgl. SSK, Steuerinformationen, Das Veranlagungsverfahren bei den direkten Steuern, S. 10 f.

517 Vgl. dazu A.II.4.

518 Vgl. Höhn/Waldburger, Steuerrecht, Bd. I, S. 929.

Dem Grundsatz nach werden in der Schweiz beim Veranlagungsverfahren drei unterschiedliche Verfahrensarten unterschieden:[519]

- Selbstveranlagungsverfahren;
- Amtliches Veranlagungsverfahren;
- Gemischtes Veranlagungsverfahren.

Bei der Selbstveranlagung muss der Steuerpflichtige seine Steuerpflicht selbst feststellen, die geschuldete Steuer selbst ermitteln und den Steuerbetrag unaufgefordert bezahlen. Die materielle Korrektheit der Selbstveranlagung wird von der zuständigen Behörde erst nachträglich geprüft. Sie eignet sich lediglich für einen kleinen Kreis von sachkundigen Steuerpflichtigen und findet z. B. bei den indirekten Steuern des Bundes (Verrechnungssteuer, Stempelabgaben und Mehrwertsteuer) Anwendung.

Im Gegensatz zur Selbstveranlagung wird die Steuerforderung bei der amtlichen Veranlagung ohne Mitwirkung des Steuerpflichtigen festgestellt. Die zuständige Behörde stellt die Steuerpflicht von sich aus fest, berechnet die Steuer und fordert diese beim Steuerpflichtigen ein. Dieses Verfahren ist häufig bei den Besitz- und Aufwandsteuern (bspw. bei der Motorfahrzeug- und Hundesteuer) einschlägig.

Am Weitesten verbreitet ist in der Schweiz aber zweifellos das gemischte Veranlagungsverfahren, welches bei Einkommens-, Vermögens-, Gewinn- und Kapitalsteuern zur Anwendung kommt.[520] Bei diesem Verfahren wirkt der Steuerpflichtige bei der Veranlagung zwar mit,[521] die Amtshandlung herrscht aber im Allgemeinen vor. Die gemischte Veranlagung beginnt i. d. R. mit der Zustellung der amtlichen Steuererklärungsformulare durch die Gemeindesteuerämter oder durch die Dienstabteilung Bundessteuer[522] und endet mit der Veranlagungsverfügung bzw. dem Einschätzungsentscheid. Mit der Veranlagungsverfügung bzw. dem Einschätzungsentscheid setzt die Steuerbehörde die Steuerfaktoren (steuerbares Einkommen, steuerbarer Reingewinn, steuerbares Vermögen, steuerbares Kapital), den Steuersatz und die Steuerbeträge fest.[523]

PRAXISHINWEIS

Sollte die steuerpflichtige Person aus irgendwelchen Gründen nicht durch öffentliche Bekanntgabe oder die Zustellung der maßgeblichen Formulare zur Einreichung der Steuererklärung aufgefordert worden sein, ist sie damit nicht von der Pflicht entbunden, die geschuldeten Steuern zu bezahlen. Sie muss die notwendigen Formulare selbst beschaffen und ausgefüllt einreichen.[524]

---

519 Vgl. Höhn/Waldburger, Steuerrecht, Bd. I, S. 930 f.; SSK, Steuerinformationen, Das Veranlagungsverfahren bei den direkten Steuern, S. 1.

520 Hinsichtlich der Einkommens- und Vermögenssteuern bleibt das Quellensteuerveranlagungsverfahren vorbehalten. Im Unterschied zu zahlreichen ausländischen Steuerordnungen – darunter auch diejenige Deutschlands – kennt die Schweiz jedoch keine allgemeine Lohnquellensteuer. Letztere bleibt eng begrenzt auf einen spezifischen Personenkreis (vgl. A.IV.3.2.; Reich, Steuerrecht, S. 532 und S. 552).

521 Insbesondere Bescheinigungspflicht Dritter gemäß Art. 127 Abs. 1 DBG. Im Weiteren hat der Steuerpflichtige Anspruch auf rechtliches Gehör, das sich in der Praxis u. a. dahingehend manifestiert, dass Abweichungen von der Steuererklärung dem Steuerpflichtigen später bei der Eröffnung der Veranlagungsverfügung bekannt zu geben sind (Art. 131 Abs. 2 DBG).

522 Beispielhaft für den Kanton ZH.

523 Vgl. Art. 131 Abs. 1 DBG; § 44 VO StG ZH.

524 Vgl. Art. 124 DBG; Art. 42 Abs. 1 StHG.

II.7. Bezugsverfahren bei den direkten Steuern[525]

Die direkte Bundessteuer[526] wird in allen Kantonen durch den jeweiligen Kanton bezogen bzw. vereinnahmt, in dem die Veranlagung vorgenommen wurde.[527] In den meisten Kantonen ist die kantonale Steuerverwaltung in Verbindung mit der Staatskasse bzw. der Finanzverwaltung als Inkassostelle für den Bezug der direkten Bundessteuer zuständig.[528]

Für die Einkommens- und Vermögenssteuern natürlicher Personen auf Kantons- und Gemeindeebene führt meistens die gleiche Stelle, die auch die Veranlagung der Steuern vornimmt (i. d. R. der Kanton), den Bezug der Steuern durch. Gleiches gilt auch für die Gewinn- und Kapitalsteuern juristischer Personen.[529]

PRAXISHINWEIS

Seit dem Inkrafttreten der Neugestaltung des Finanzausgleichs und der Aufgabenteilung zwischen Bund und Kantonen (Nationaler Finanzausgleich, NFA)[530] per 1. 1. 2008 muss jeder Kanton dem Bund 83 % des von ihm bezogenen Steuerbetrags, der Bußen sowie der Zinsen abliefern. Entsprechend beträgt der jeweilige Kantonsanteil an den direkten Bundessteuern 17 %.[531]

Das Verfahren des Steuerbezuges wird generell durch die Zahlungsaufforderung, d. h. durch den Versand der Steuerrechnung(en) unter Beilage von Einzahlungsscheinen eröffnet. Aufgrund des Postnumerandosystems kann der genau geschuldete Steuerbetrag jedoch erst im Folgejahr nach Einreichung der Steuererklärung bestimmt werden. Aus diesem Grund werden die für das laufende Jahr geschuldeten Einkommens- und Vermögens- sowie Gewinn- und Kapitalsteuern i. d. R.[532] durch provisorische Rechnungen, welche entweder auf den veranlagten Steuerfaktoren bzw. dem Steuerbetrag des Vorjahres oder aber auf Schätzungsangaben der steuerpflichtigen Person zum aktuell geschuldeten Steuerbetrag beruhen, erhoben. Nach Prüfung der Steuererklärung und nach Abschluss der definitiven Veranlagung erfolgt der Versand der Schlussrechnung, welche dem Steuerpflichtigen den Saldo aus dem effektiv geschuldeten Steuerbetrag, den bereits geleisteten provisorischen Zahlungen und den Zinsen aufzeigt.[533] Der Veranlagungsentscheid und die Steuerrechnung bilden dabei häufig ein einziges Dokument,[534] das dem Steuerpflichtigen zugestellt wird. Die Steuer kann grundsätzlich auch in Raten bezogen werden.[535]

Anders als in Deutschland besteht jedoch keine rechtlich durchsetzbare Forderung zur Leistung der Vorauszahlung. Provisorisch bezogene Steuern werden auf die gemäß definitiver Veranlagung geschuldeten Steuern angerechnet.[536] Wurde aufgrund von provisorischen Rechnungen zu wenig bezahlt, werden diese Beträge nach erfolgter definitiver Veranlagung nachgefordert. Zu-

525 Darunter fallen die Einkommens- und Vermögenssteuer der natürlichen Personen sowie die Gewinn- und Kapitalsteuer der juristischen Personen.

526 Einkommenssteuer der natürlichen Personen bzw. Gewinnsteuer der juristischen Personen auf Bundesebene.

527 Vgl. Art. 160 DBG.

528 Vgl. SSK, Steuerinformationen, Das Bezugsverfahren bei den direkten Steuern, S. 4.

529 Vgl. SSK, Steuerinformationen, Das Bezugsverfahren bei den direkten Steuern, S. 4 f.

530 Vgl. A.II.2.3.

531 Vgl. Art. 128 Abs. 4 BV; SSK, Steuerinformationen, Das Veranlagungsverfahren bei den direkten Steuern, S. 4.

532 Einzig der Kanton BS kennt keine provisorische Steuererhebung während dem Steuerjahr.

533 Vgl. SSK, Steuerinformationen, Das Bezugsverfahren bei den direkten Steuern, S. 6; Art. 162 DBG.

534 Im Kanton ZH wird dieses Dokument bspw. als „Schlussrechnung" bezeichnet.

535 Vgl. Art. 161 Abs. 1 DBG.

536 Vgl. Art. 162 Abs. 2 DBG.

viel bezahlte Steuern werden zurückerstattet. Für die direkte Bundessteuer bestimmt das Eidg. Finanzdepartement (EFD), inwieweit diese Beträge verzinst werden.[537]

PRAXISHINWEIS

Für die Steuerperiode 2014 wird bei der direkten Bundessteuer ein Verzugszins für zu wenig bezahlte Beträge von 3 % erhoben. Vorauszahlungen werden mit einem Vergütungszins von 0.25 % verzinst. Zuviel bezahlte Beträge werden mit einem Rückerstattungszins von 3 % zurückbezahlt.[538]

Der allgemeine Fälligkeitstermin für die direkte Bundessteuer wird vom Eidg. Finanzdepartement (EFD) bestimmt.[539] Zurzeit ist dies der 1. März des auf die Steuerperiode folgenden Jahres (sog. Postnumerandobezug).[540] Bis zu diesem Zeitpunkt muss der Steuerpflichtige im Besitz einer definitiven oder provisorischen Steuerrechnung sein.[541]

Die große Mehrheit der Kantone kennt ebenfalls bestimmte, zumeist unterschiedliche Fälligkeitstermine für die direkten Kantons- und Gemeindesteuern.[542] So fällt der Fälligkeitstermin im Kanton ZH im Normalfall bspw. auf den 30.9. der Steuerperiode (sog. Pränumerandobezug).[543]

Der Bund[544] sowie die meisten Kantone gewähren für die geschuldete Steuer eine Zahlungsfrist von 30 Tagen seit Fälligkeit der einmaligen Zahlung bzw. jeder Rate.

537 Vgl. Art. 162 Abs. 3 DBG.

538 Vgl. Anhang zur Verordnung des EDF v. 10. 12. 1992 über Fälligkeit und Verzinsung der direkten Bundessteuer (SR 642.124); AS 2013, S. 3507.

539 Vgl. Art. 161 Abs. 1 DBG.

540 Vgl. Art. 161 Abs. 1 DBG i. V. m. Art. 1 Abs. 1 der Verordnung des EFD v. 10. 12. 1992 über die Fälligkeit und Verzinsung der direkten Bundessteuer (SR 642.124).

541 Vgl. Art. 162 Abs. 1 DBG.

542 Vgl. SSK, Steuerinformationen, Das Bezugsverfahren bei den direkten Steuern, S. 8 f.

543 Vgl. § 174 Abs. 1 Bst. b ZH StG i. V. m. § 49 ZH StV; Reich, Steuerrecht, S. 547 f.

544 Vgl. Art. 163 Abs. 1 DBG.

III. Besteuerung von Unternehmen

Die Unternehmung ist eine wirtschaftlich tätige Organisation. Sie ist als solches in der Schweiz weder Rechts- noch Steuersubjekt. Anknüpfungspunkt für die Besteuerung sind somit die Rechtsträger der Unternehmung. Bei Personenunternehmen sind dies die an der Personenunternehmung beteiligten natürlichen Personen.[545] Juristische Personen sind dagegen selbst Rechtsträger des Unternehmens und stellen selbständige Steuersubjekte dar.[546]

Steuerlich werden Personenunternehmen und juristische Personen nur zum Teil gleich behandelt. Gemeinsamkeiten bestehen insbesondere bei der Ermittlung des steuerbaren Gewinns. Allerdings sind es nicht die gleichen Steuerarten, mit denen die beiden Gruppen von Unternehmen bzw. deren Rechtsträger belastet werden. Die von der Wissenschaft zum Teil geforderte rechtsformneutrale Unternehmensbesteuerung wurde in der Schweiz bisher noch nicht umgesetzt.[547]

Aufgrund der unterschiedlichen steuerlichen Behandlung wird das vorliegende Kapitel in zwei Teile gegliedert. Zunächst wird die Besteuerung von Personenunternehmen behandelt (nachfolgend A.III.1.). Anschließend wird die Besteuerung von juristischen Personen aufgezeigt (nachfolgend A.III.2.).

III.1. Besteuerung von Personenunternehmen

Übt eine natürliche Person ihre unternehmerische Tätigkeit im Rahmen einer Personenunternehmung aus, qualifiziert sie steuerlich als Selbständigerwerbender.[548] Es können folgende Arten von selbständiger Erwerbstätigkeit unterschieden werden:[549]

- Nach dem Umfang der Tätigkeit: Hauptberufliche oder nebenberufliche selbständige Erwerbstätigkeit;
- Nach der Art der Tätigkeit: Handels-, Fabrikations-, Dienstleistungsbetriebe, Gewerbe- und Industriebetriebe, Land- und Forstwirtschaft, freie Berufe, übrige Selbständigerwerbende ohne eigentlichen Betrieb;
- Nach der Rechtsform der Unternehmung: Einzelunternehmen, Personengesellschaften.

Selbständigerwerbende können ihre Tätigkeit im Rahmen von Einzelunternehmen oder von Personengesellschaften ausüben.[550] Beides sind Formen von Personenunternehmen. Zu den Personenunternehmen im zivilrechtlichen wie auch im steuerrechtlichen Sinn gehören demnach die[551]

- Einzelunternehmung;
- Kollektivgesellschaft;
- Kommanditgesellschaft;

545 Zum Steuersubjekt bei Personenunternehmen vgl. A III.1.1. hiernach. Zum Steuersubjekt bei juristischen Personen vgl. A.II.4.1.2.

546 Vgl. Höhn/Waldburger, Steuerrecht, Bd. I, S. 74 f. auch zum Folgenden.

547 Vgl. Höhn/Waldburger, Steuerrecht, Bd. I, S. 75.

548 Zum Begriff vgl. A.III.1.2.

549 Vgl. Mäusli-Allenspach/Oertli, Das schweizerische Steuerrecht, S. 92.

550 Vgl. von Ah, Die Besteuerung Selbständigerwerbender, S. 23.

551 Zu den einzelnen Gesellschaftsformen vgl. F.I.2.

- Einfache Gesellschaft;
- Stille Gesellschaft.

Den Inhabern dieser Unternehmen steuerlich gleichgestellt sind alle übrigen Selbständigerwerbenden sowie die Träger freier Berufe (Art. 18 Abs. 1 DBG). Dazu gehören insbesondere Ärzte, Architekten, Rechtsanwälte, Ingenieure, Treuhänder, Künstler usw.

Als Inhaber von Einzelunternehmen, als Gesellschafter von Kollektivgesellschaften und als Komplementäre von Kommanditgesellschaften kommen derzeit von Gesetzes wegen nur natürliche Personen in Betracht.[552] Juristische Personen können lediglich als Kommanditäre von Kommanditgesellschaften sowie als Gesellschafter von einfachen und stillen Gesellschaften fungieren.[553]

III.1.1. Steuersubjekt bei Personenunternehmen

Schweizerische Personenunternehmen sind bei den Steuern auf Einkommen/Gewinn und Vermögen/Kapital keine Steuersubjekte, d. h. sie sind steuerlich transparent. Steuerpflichtig sind die an der Personenunternehmung beteiligten Personen für ihren Anteil am Ergebnis (Gewinn) und am Kapital der Unternehmung. Soweit die Beteiligten natürliche Personen sind, unterliegen die entsprechenden Anteile am Gewinn und Kapital der Einkommens- bzw. Vermögenssteuer. Soweit juristische Personen an der Personenunternehmung beteiligt sind, unterliegen sie der Gewinn- bzw. Kapitalsteuer.[554]

In Bezug auf die meisten indirekten Steuern sind Personenunternehmen in der Schweiz dagegen selbständige Steuersubjekte. Dies gilt namentlich bei der Mehrwertsteuer, bei der Handänderungssteuer, bei den Stempelabgaben[555] sowie bei der Verrechnungssteuer.[556]

Ausländische Handelsgesellschaften und andere ausländische Personengesamtheiten ohne juristische Persönlichkeit, die in der Schweiz aufgrund wirtschaftlicher Zugehörigkeit beschränkt steuerpflichtig[557] sind, werden auf Bundesebene sowie in allen Kantonen als eigene Steuersubjekte behandelt und entrichten die Steuern nach den Bestimmungen für die juristischen Personen (Art. 11 DBG bzw. Art. 20 StHG).[558]

III.1.2. Begriff der selbständigen Erwerbstätigkeit

Dem Begriff der selbständigen Erwerbstätigkeit kommt in der Praxis eine zentrale Abgrenzungsfunktion zu und zwar deshalb, weil die Einkünfte aus selbständiger Erwerbstätigkeit nach einer anderen Methode ermittelt werden als die übrigen Einkünfte. Somit ist die Entscheidung darü-

552 Eine Ausnahme bildet hier die Kommanditgesellschaft für kollektive Kapitalanlagen, welche im Rahmen des Inkrafttretens des Bundesgesetzes über die kollektiven Kapitalanlagen (Kollektivanlagengesetz, KAG; vgl. F.I.3.5.) als neue Gesellschaftsform per 1. 1. 2007 eingeführt wurde. Bei dieser Form der Kommanditgesellschaft müssen die Komplementäre Aktiengesellschaften mit Sitz in der Schweiz sein.

553 Vgl. Höhn/Waldburger, Steuerrecht, Bd. II, S. 296.

554 Vgl. Höhn/Waldburger, Steuerrecht, Bd. II, S. 361 f. Zu den einzelnen Steuerarten vgl. A.II.5.

555 Bei der Emissionsabgabe kann der Steuertatbestand der Ausgabe von Beteiligungsrechten (Art. 5 StG) naturgemäß nur von juristischen Personen (Kapitalgesellschaften) erfüllt werden.

556 Mit Ausnahme der Erträge von Beteiligungen (Art. 4 Abs. 1 lit. b VStG) können auch Personenunternehmen bei den Steuertatbeständen gemäß Art. 4 Abs. 1 VStG Schuldner der Steuer und damit Steuersubjekte sein (vgl. Höhn/Waldburger, Steuerrecht, Bd. II, S. 352 ff.).

557 Vgl. A.II.4.2.

558 Betreffend Progressionsvorbehalt bei beschränkter Steuerpflicht vgl. A.II.4.2.

ber, ob eine selbständige Erwerbstätigkeit vorliegt, im Hinblick auf die Steuerbelastung vielfach von erheblicher Tragweite.[559] Aus diesem Grund werden nachfolgend zunächst die Merkmale der selbständigen Erwerbstätigkeit umschrieben (vgl. A.III.1.2.1.) und anschließend die Abgrenzung zu anderen Tätigkeiten (vgl. A.III.1.2.2.) vorgenommen. Schließlich wird die steuerliche Praxis zum Beginn und Ende der selbständigen Erwerbstätigkeit dargestellt (vgl. A.III.1.2.3.).

III.1.2.1. Merkmale der selbständigen Erwerbstätigkeit

Der Begriff der selbständigen Erwerbstätigkeit wurde im kantonalen Recht entwickelt. Er wird auch im Bundessteuerrecht (DBG und StHG) verwendet und zwar als Oberbegriff für sämtliche Aktivitäten, deren Einkünfte sich nach der Vermögensstandsgewinnberechnung[560] ermitteln.[561]

Damit steuerlich eine selbständige Erwerbstätigkeit vorliegt, bedarf es weder eines Eintrags im Handelsregister noch einer Pflicht zur kaufmännischen Buchführung. Auch eine freiwillige Buchführung ist keine Voraussetzung für das Vorliegen einer selbständigen Erwerbstätigkeit. An die Stelle der kaufmännischen Bilanz und Erfolgsrechnung können zur Ermittlung des Vermögensstandsgewinns nämlich auch bloße Vermögensaufstellungen sowie Aufzeichnungen über Einnahmen und Ausgaben treten.[562] Außerdem kann eine selbständige Erwerbstätigkeit haupt- oder nebenberuflich ausgeübt werden und sowohl als dauerhaft oder vorübergehend erscheinen.[563]

Gemäß ständiger Rechtsprechung des Bundesgerichts zeichnet sich eine selbständige Erwerbstätigkeit durch folgende Merkmale aus:[564]

- Einsatz von Arbeitsleistung und Kapital;
- Frei gewählte Organisation;
- Tätigkeit auf eigenes Risiko;
- Anhaltendes und planmäßiges Vorgehen;
- Nach außen hin sichtbare Teilnahme am wirtschaftlichen Verkehr;
- Zweck der Gewinnerzielung bzw. Gewinneignung der Tätigkeit.

Die Frage, ob diese Kriterien in concreto erfüllt sind, lässt sich in der Praxis regelmäßig nur anhand einer Gesamtbetrachtung des Einzelfalls beurteilen.[565] Die Merkmale treten bei verschiedenen Tätigkeiten in unterschiedlicher Intensität auf: Einzelne Elemente können im konkreten Fall weit in den Hintergrund treten oder sogar gänzlich fehlen, während andere dafür besonders stark ausgeprägt sind.[566]

559 Vgl. Reich, Zweifel/Athanas, DBG-Kommentar, Art. 18, Rz. 5.
560 Vgl. A.III.1.4.
561 Vgl. Reich, Zweifel/Athanas, DBG-Kommentar, Art. 18, Rz. 10.
562 Vgl. von Ah, Die Besteuerung Selbständigerwerbender, S. 1.
563 Vgl. Reich, Zweifel/Athanas, DBG-Kommentar, Art. 18, Rz. 13 auch zum Folgenden.
564 Vgl. BGE 125 II 113 E. 5b S. 120.
565 Stellvertretend für viele: Richner/Frei/Kaufmann, Handkommentar zum DBG, Art. 18, Rz. 6.
566 Vgl. BGE 125 II 113 E. 5b S. 121. Anderer Auffassung sind hier Höhn/Waldburger, welche den Tatbestand der selbständigen Erwerbstätigkeit lediglich dann erfüllt sehen, wenn alle genannten Merkmale kumulativ erfüllt sind (vgl. Höhn/Waldburger, Steuerrecht, Bd. II, S. 210).

Insbesondere bei nicht ständigen Tätigkeiten ist im Einzelfall zu entscheiden, ob diese eine Erwerbstätigkeit darstellen. In der Rechtsprechung werden hierfür jeweils verschiedene Indizien herangezogen.[567]

Aufgrund des gesellschaftsrechtlichen Zusammenschlusses der Steuerpflichtigen müssen bei Personengesellschaften die einzelnen Merkmale und Indizien bei der Gesellschaft, und nicht bei jedem einzelnen Gesellschafter, gegeben sein. Ist dies der Fall, werden die Gesellschafter – unabhängig von der Art ihrer Tätigkeit, selbst wenn sie de facto überhaupt nicht tätig sind – für ihren Anteil am Gewinn als Selbständigerwerbende besteuert. Bei einfachen Gesellschaften ist diese Betrachtungsweise allerdings abzulehnen, da diese ein bloßes Vertragsverhältnis darstellen und i. d. R. kein echter gesellschaftsrechtlicher Zusammenschluss der Steuerpflichtigen erfolgt.[568]

III.1.2.2. Abgrenzung der selbständigen Erwerbstätigkeit von anderen Tätigkeiten

III.1.2.2.1. Abgrenzung von der unselbständigen Erwerbstätigkeit

Die steuerliche Qualifikation einer Erwerbstätigkeit als selbständige oder unselbständige hängt in erster Linie von der rechtlichen Unabhängigkeit sowie von der wirtschaftlichen Selbständigkeit der handelnden Person ab. Ein Selbständigerwerbender zeichnet sich durch vollständige arbeitsorganisatorische Unabhängigkeit aus. Demgegenüber ist ein Unselbständigerwerbender i. d. R. an die Weisungen und Instruktionen seines Arbeitgebers gebunden.[569] Eine selbständige Erwerbstätigkeit wird überdies auf eigene Rechnung und Gefahr (echtes Unternehmerrisiko) ausgeübt, während ein Unselbständigerwerbender typischerweise kein unternehmerisches Risiko trägt.

In der Praxis führt die Abgrenzung der selbständigen von der unselbständigen Erwerbstätigkeit in einigen Fällen zu Problemen. Dies gilt insbesondere bei den Arbeitsentgelten von Kommanditären, bei Komplementären einer Kommanditaktiengesellschaft[570] oder Verwaltungsräten, bei freiberuflich Tätigen wie z. B. Berufssportlern, Beratern, Chefärzten, Generalagenten von Versicherungen, Agenten mit Kommissionsverträgen, Informatikspezialisten etc.[571]

III.1.2.2.2. Abgrenzung von der Liebhaberei

Wenn bei einer Tätigkeit das Bestreben fehlt, Gewinn zu erzielen, oder wenn ein Gewinnstreben zwar besteht, aufgrund der gesamten Umstände im Einzelfall aber auf lange Sicht kein Erfolg zu erwarten ist, dann liegt nicht eine selbständige Erwerbstätigkeit vor, sondern Liebhaberei.[572]

567 Solche Indizien spielen v. a. bei der Abgrenzung der selbständigen Erwerbstätigkeit von der privaten Vermögensverwaltung eine Rolle (vgl. A.III.1.2.2.3.).

568 Vgl. Höhn/Waldburger, Steuerrecht, Bd. II, S. 208.

569 Vgl. von Ah, Die Besteuerung Selbständigerwerbender, S. 4 ff. auch zum Folgenden.

570 Vgl. A.III.2.2.1.1.3.

571 Vgl. von Ah, Die Besteuerung Selbständigerwerbender, S. 5 mit Hinweisen auf diesbezügliche Entscheide verschiedener Instanzen der Rechtsprechung sowie auf diesbezügliche Lehrmeinungen.

572 Vgl. von Ah, Die Besteuerung Selbständigerwerbender, S. 7.; BGer (2A.46/2005 v. 31. 8. 2005), gemäß welchem das Bundesgericht entschied, dass die Führung eines Blumengeschäftes, das über mehr als neun Jahre Verluste erzielte und auch in Zukunft wohl weiterhin keinen Gewinn erzielen werde, nicht ohne Weiteres als Liebhaberei zu qualifizieren sei. Es hielt aber fest, dass, sollte die defizitäre Situation weiter andauern und sich in absehbarer Zeit kein Gewinn einstellen, Liebhaberei anzunehmen sein wird.

Dies bedeutet, dass Verluste aus einer solchen Tätigkeit einkommenssteuerlich irrelevant sind und insbesondere nicht mit Einkünften aus anderen Quellen verrechnet werden können.[573]

Die relevante Anzahl der Verlustjahre lässt sich nicht generell bestimmen. Als Faustregel gilt, dass wenn innerhalb von fünf bis zehn Jahren kein nennenswerter Gewinn erzielt wird, ein gewichtiges Indiz besteht, dass die betreffende Tätigkeit nicht geeignet ist, Gewinne zu erzielen und deshalb keine selbständige Erwerbstätigkeit vorliegt.[574]

III.1.2.2.3. Abgrenzung von der privaten Vermögensverwaltung

Die Abgrenzung der selbständigen Erwerbstätigkeit von der privaten Vermögensverwaltung ist deshalb von großer Bedeutung, weil Gewinne aus der Veräußerung von beweglichem Privatvermögen sowohl beim Bund als auch in allen Kantonen ausdrücklich steuerfrei sind (Art. 16 Abs. 3 DBG bzw. Art. 7 Abs. 4 Bst. b StHG).[575] Gewinne aus der Veräußerung von unbeweglichem Privatvermögen hingegen unterliegen in allen Kantonen der kantonalen oder kommunalen Grundstückgewinnsteuer.[576] Auf Bundesebene werden sie nicht besteuert. Schließlich werden sämtliche Gewinne aus der Veräußerung oder Verwertung von beweglichem und unbeweglichem Geschäftsvermögen von der Einkommenssteuer oder (falls bezüglich der Grundstückgewinnsteuer das monistische System zur Anwendung kommt) von der kantonalen oder kommunalen Grundstückgewinnsteuer erfasst.

Die Verwaltung des eigenen beweglichen oder unbeweglichen Vermögens stellt grundsätzlich keine selbständige Erwerbstätigkeit dar. Die Größe des Vermögens ist dabei unbeachtlich. Es spielt grundsätzlich auch keine Rolle, ob die Verwaltung im Auftragsverhältnis durch einen Spezialisten erfolgt oder ob eine Buchhaltung geführt wird.[577]

Die Abgrenzung der privaten Vermögensverwaltung von Tätigkeiten, die über die bloße Verwaltung des privaten Vermögens hinausgehen, bereitet in der Praxis erhebliche Probleme. Die bundesgerichtliche Rechtsprechung zieht für die Abgrenzung regelmäßig folgende Indizien herbei:[578]

- ► Systematische oder planmäßige Art und Weise des Vorgehens;
- ► Häufigkeit der Transaktionen;
- ► Kurze Besitzdauer der Vermögenswerte;
- ► Enger Zusammenhang mit der beruflichen Tätigkeit der steuerpflichtigen Person;
- ► Einsatz spezieller Fachkenntnisse oder erheblicher fremder Mittel zur Finanzierung der Geschäfte;
- ► Wiederanlage der erzielten Gewinne in gleichartige Vermögenswerte.

Das Abstellen auf die wenig griffigen Indizien der bundesgerichtlichen Rechtsprechung hinsichtlich des gewerbsmäßigen Wertschriftenhandels hat in der Praxis in vielen Situationen zu großer

573 Zur sog. innerperiodischen Verlustverrechnung vgl. A.III.1.4.2.

574 Vgl. Richner/Frei/Kaufmann/Meuter, Handkommentar zum DBG, Art. 18, Rz. 48.

575 Vgl. A.IV.1.3.4.3.

576 Vgl. A.II.5.3.3.

577 Vgl. von Ah, Die Besteuerung Selbständigerwerbender, S. 10 f. Das Bundesgericht verneinte jedoch bei einem Quasi-Wertschriftenhändler die Abzugsfähigkeit von Verlusten mit dem Hinweis auf eine fehlende Verbuchung dieser Verluste (BGer 2A.272/2003 v. 13. 12. 2003, E.4.).

578 Vgl. BGer (2C.766/2010 v. 29. 7. 2011, E. 2.3); Agner, ASA 69 (2000/2001) S. 654, E. 2b.

Rechtsunsicherheit geführt. Dies hat die Eidg. Steuerverwaltung (ESTV) dazu veranlasst, ein Kreisschreiben[579] zu erlassen. Das Kreisschreiben hält fest, dass im Rahmen einer Vorprüfung eine abschließende Anzahl von Kriterien für das Vorliegen der Gewerbsmäßigkeit maßgebend sein soll.

Die Steuerbehörden gehen in jedem Fall von einem steuerfreien Kapitalgewinn aus, wenn folgende Kriterien kumulativ erfüllt sind:[580]

1. Die Haltedauer der veräußerten Wertschriften beträgt mindestens sechs Monate;
2. Das jährliche Transaktionsvolumen beträgt nicht mehr als das Fünffache des Wertschriften- und Guthabenbestandes zu Beginn der Steuerperiode;
3. Das Erzielen von Kapitalgewinnen aus Wertschriftengeschäften bildet keine Notwendigkeit, um fehlende oder wegfallende Einkünfte zur Lebenshaltung zu ersetzen. Das ist regelmäßig dann der Fall, wenn die realisierten Kapitalgewinne weniger als 50 % des Reineinkommens in der Steuerperiode betragen;
4. Die Anlagen sind nicht fremdfinanziert oder die steuerbaren Vermögenserträge aus den Wertschriften (wie bspw. Zinsen, Dividenden etc.) sind größer als die anteiligen Schuldzinsen;
5. Der Kauf und Verkauf von Derivaten (insbesondere Optionen) beschränkt sich auf die Absicherung von eigenen Wertschriftenpositionen.

Sind diese Kriterien nicht kumulativ erfüllt, kann gewerbsmäßiger Wertschriftenhandel nicht ausgeschlossen werden. Die konkrete Beurteilung erfolgt dann aufgrund der gesamten Umstände im konkreten Einzelfall, insbesondere unter Berücksichtigung der Rechtsprechungskriterien des Bundesgerichts (Indizien).[581] Die genannten Indizien der bundesgerichtlichen Rechtsprechung haben über die Zeit hinweg jedoch eine unterschiedliche Bedeutung (Gewichtung) erfahren.[582]

PRAXISHINWEIS

Im Bereich des Quasi-Wertschriftenhandels (betrifft Portfolio-Anlagen) treten bspw. – gestützt auf die jüngere bundesgerichtliche Rechtsprechung[583] – die Höhe des Transaktionsvolumens (Häufigkeit der Transaktionen und kurze Besitzdauer der Vermögenswerte) und der Einsatz erheblicher fremder Mittel zur Finanzierung der Geschäfte sowie der Einsatz von Derivaten in den Vordergrund. Die Kriterien der systematischen oder planmäßigen Art und Weise des Vorgehens und des engen Zusammenhanges der Geschäfte mit der beruflichen Tätigkeit der steuerpflichtigen Person sowie der Einsatz spezieller Fachkenntnisse kommen dahingegen nur noch untergeordnete Bedeutung zu. Letztere beiden Kriterien vermögen für sich alleine keine selbständige Erwerbstätigkeit zu begründen. Nur – aber immerhin – dienen sie zur Bestärkung der Annahme einer selbständigen Erwerbstätigkeit, wenn eines der im Vordergrund stehenden Kriterien erfüllt ist. Schließlich ist es nicht maßgeblich, ob die steuerpflichtige Person Wertschriftengeschäfte selbst oder über einen bevollmächtigten Dritten (wie bspw. Bank oder Treuhänder) abwickelt. Die Handlungen von bevollmächtigten Dritten werden der steuerpflichtigen Person zugerechnet.[584]

579 Vgl. KS ESTV Nr. 36 v. 27. 7. 2012, welches das KS ESTV Nr. 8 v. 21.6 2005 ersetzt hat.

580 Vgl. KS ESTV Nr. 36 v. 27. 7. 2012, S. 3.

581 Vgl. BGer (2A.66/2012 v. 17. 9. 2002, E. 2.3).

582 In den letzten Jahren haben gewisse Kriterien, bedingt durch die dynamische Entwicklung an den Finanzmärkten, welche in immer schnellerem Rhythmus neue Finanzprodukte anbieten, an Bedeutung verloren. Gleichzeitig haben sich andere Kriterien oder Indizien als gewichtiger und entscheidender erwiesen.

583 Vgl. BGer (2C.868/2008 v. 23. 10. 2009, E. 2.7).

584 Vgl. KS ESTV Nr. 36 v. 27. 7. 2012, S. 5 f.; BGer (2C.868/2008 v. 23. 10. 2009, E. 3.4).

Sämtliche allgemeinen Indizien behalten derzeit grundsätzlich uneingeschränkt ihre Bedeutung im Rahmen der Beurteilung des Vorliegens eines nebenberuflichen Beteiligungs-, Immobilien- und Kunsthandels resp. einer diesbezüglich selbständigen Nebenerwerbstätigkeit aufgrund isolierter Transaktionen einer hauptberuflich unselbständig erwerbstätigen Person.[585]

PRAXISHINWEIS

Im Falle des Kunsthandels sind weitere Besonderheiten zu beachten. Eine solche Besonderheit liegt bspw. darin, dass bei Anlagen in Wertpapieren oder in Liegenschaften (mit Ausnahme von Bauland) nicht nur – wie typischerweise bei Sammlungen – mit dem Wiederverkauf, sondern auch mit jährlich wiederkehrenden Gewinnen (Zins-, Dividenden- und Mieteinkünfte) ein Erlös erzielt werden kann. Dass ein Erlös versteuert werden muss, wenn eine Sammlung auf Gewinn angelegt ist, rechtfertigt sich aus der Sicht des Fiskus deshalb und insbesondere im Vergleich zu den Wertpapieren oder Liegenschaften (außer Bauland) grundsätzlich umso mehr. Bei einem Verkauf von Kunstgegenständen aus einer Sammlung ist folglich nur dann von einem steuerfreien privaten Kapitalgewinn auszugehen, wenn die Sammlung nachvollziehbar ohne Gewinnstrebigkeit aufgebaut wurde.[586]

Bei genauerer Betrachtung stellen sich die „Safe-harbour-Kriterien" des Kreisschreibens Nr. 36 als Konkretisierungs- und Objektivierungsversuch der bisherigen bundesgerichtlichen Indizien dar. Einzige Ausnahme bildet das dritte Kriterium des Kreisschreibens, wonach die in einer Steuerperiode erzielten Kapitalgewinne nicht mehr als 50 % des Reineinkommens ausmachen dürfen. In der Praxis wird sich hier regelmäßig das Problem stellen, dass ein Steuerpflichtiger die Höhe seines Reineinkommens in der maßgeblichen Steuerperiode im Zeitpunkt einer geplanten Veräußerung von Wertschriften nicht kennt, weshalb diesbezüglich das dem Kreisschreiben zu Grunde liegende Ziel der Erhöhung der Rechtssicherheit verfehlt wurde.[587]

III.1.2.3. Beginn und Ende der selbständigen Erwerbstätigkeit

III.1.2.3.1. Beginn

Der Zeitpunkt des Beginns der selbständigen Erwerbstätigkeit ist in verschiedener Hinsicht von Bedeutung. Bei der Einkommenssteuer ist er maßgebend, ab wann Kosten dem geschäftlichen Bereich zuzuordnen sind und deshalb – unter Anwendung der allgemeinen Grundsätze zur steuerlichen Gewinnermittlung[588] – vom (künftigen) Einkommen aus selbständiger Erwerbstätigkeit abgezogen werden können. Weiter dient der Zeitpunkt des Beginns der selbständigen Erwerbstätigkeit als Stichtag zur Bewertung von Wirtschaftsgütern, welche durch eine Überführung vom Privat- ins Geschäftsvermögen eingelegt werden.[589]

Eine selbständige Erwerbstätigkeit beginnt nicht erst im Zeitpunkt, in dem die ersten Einkünfte fließen, sondern bereits dann, wenn sie als selbständige Erwerbstätigkeit im Wirtschaftsverkehr

585 Vgl. BGer (2C.385/2011 v. 12. 9. 2011, E. 2.2.); BGer (2C.403/2009 v. 1. 3. 2010, E. 2.4.); BGer (2C.766/2010 v. 29. 7. 2011, E. 2.3).

586 Vgl. BGer (2C.766/2010 v. 29. 7. 2011, E. 2.5).

587 Die von Suter, FuW v. 6. 7. 2005, S. 24 zum KS ESTV Nr. 8 v. 21. 6. 2005 geübte Kritik gilt unverändert auch für das neue KS ESTV Nr. 36 v. 27. 7. 2012.

588 Vgl. A.III.1.4.1.

589 Vgl. Höhn/Waldburger, Steuerrecht, Bd. II, S. 218. Dies ist dann der Fall, wenn bisher dem Privatvermögen zuzurechnende Vermögenswerte der neu aufgenommenen, selbständigen Erwerbstätigkeit dienen (Privateinlage). Solche Überführungen erfolgen grundsätzlich immer zum Verkehrswert.

wahrnehmbar wird. Beispiele hierfür sind die Eröffnung eines eigenen Büros, das Anstellen von Personal oder das Tätigen von Investitionen.[590] Die Wahrnehmbarkeit der Teilnahme am Wirtschaftsverkehr ist regelmäßig bereits gegeben, bevor der Selbständigerwerbende als Anbieter am Markt auftritt, weil üblicherweise Vorbereitungshandlungen für den Marktauftritt vorgenommen werden müssen. Zu beachten ist, dass einem zivilrechtlich allenfalls notwendigen Handelsregistereintrag steuerlich keinerlei Bedeutung zukommt. Auch der Umfang der persönlichen Tätigkeit spielt keine Rolle, wie die Qualifikation der Einkünfte eines nicht geschäftstätigen Kommanditärs einer Kommanditgesellschaft als Einkommen aus selbständiger Erwerbstätigkeit beispielsweise zeigt.

III.1.2.3.2. Ende

Mit dem Tod eines Selbständigerwerbenden endet dessen Steuerpflicht. Die Erben treten in die Stellung des Erblassers ein und übernehmen bis zum Nachweis der privaten Verwendung (Erbteilung) dessen Geschäftsvermögen.[591] Durch die Übernahme des Geschäftsvermögens des Erblassers werden die Erben zu Selbständigerwerbenden, auch wenn sie das Geschäft selber nicht weiterführen, sondern verkaufen oder liquidieren. Daraus lässt sich ableiten, dass auch die Liquidation der geschäftlichen Vermögenswerte eine selbständige Erwerbstätigkeit darstellt, welche sich unter Umständen über eine längere Zeitdauer erstrecken kann. Die selbständige Erwerbstätigkeit endet also grundsätzlich erst mit der letzten Liquidationshandlung.[592]

Aufgrund der Tatsache, dass auch die Liquidation zur selbständigen Erwerbstätigkeit gehört, bleiben auch die Angehörigen freier Berufe (Ärzte, Rechtsanwälte, Ingenieure, Architekten etc.) bis zur Beendigung des Inkassos der ausstehenden Debitorenforderungen selbständigerwerbend.[593] Gleiches gilt auch für Künstler oder Erfinder hinsichtlich der Verwertung der geschaffenen Immaterialgüter. Deren selbständige Erwerbstätigkeit endet i. d. R. erst mit dem Versiegen der Einkünfte aus der Einräumung von Nutzungsrechten bzw. mit der Veräußerung sämtlicher Immaterialgüterrechte.[594]

Gibt ein Unternehmer seine selbständige Erwerbstätigkeit auf und verpachtet er seinen Geschäftsbetrieb, ist gemäß bundesgerichtlicher Rechtsprechung zwischen einer vorübergehenden und einer als endgültig erscheinenden Verpachtung zu unterscheiden. Erstere sieht die spätere Rückkehr des Verpächters zur Selbstbewirtschaftung vor und führt dazu, dass der verpachtete Betrieb weiterhin im Geschäftsvermögen verbleibt, weshalb die selbständige Erwerbstätigkeit fortbesteht. Letztere stellt eine Privatentnahme (Überführung ins Privatvermögen) dar, da der verpachtete Geschäftsbetrieb fortan nur noch der Kapitalanlage dient.[595] Im Sinne einer gesetzlichen Vermutung gilt die Verpachtung eines Geschäftsbetriebes nur auf Antrag der steuer-

590 Vgl. BGE 115 V 161 E. 10a. Dieser Grundsatz wurde allerdings vom Bundesgericht in verschiedenen Fällen zum gewerbsmäßigen Wertschriften- und Liegenschaftenhändler, wo die selbständige Erwerbstätigkeit meist erst mit der Erzielung von Kapitalgewinnen durch den Steuerpflichtigen beginnt, durchbrochen.

591 Vgl. Richner/Frei/Kaufmann/Meuter, Handkommentar zum DBG, Art. 18, Rz. 54 ff.

592 Vgl. Reich, Zweifel/Athanas, DBG-Kommentar, Art. 18, Rz. 37 ff. m. w. N. Vereinzelt finden sich auch Lehrmeinungen, wonach die selbständige Erwerbstätigkeit nicht erst mit Abschluss der Liquidation, sondern bereits mit der Einstellung der eigentlichen Geschäftstätigkeit endet (Höhn/Waldburger, Steuerrecht, Bd. II, S. 222).

593 Vgl. Richner/Frei/Kaufmann/Meuter, Handkommentar zum DBG, Art. 18, Rz. 59.

594 Vgl. Reich, Zweifel/Athanas, DBG-Kommentar, Art. 18, Rz. 40.

595 Vgl. von Ah, Die Besteuerung Selbständigerwerbender, S. 32. und Reich, Steuerrecht, § 15, Rz. 52 auch zum Folgenden.

pflichtigen Person als Überführung ins Privatvermögen (Art. 18a Abs. 2 DBG bzw. Art. 8 Abs. 2ter StHG).[596]

Bei einer Veräußerung einer Personenunternehmung oder bei einer Umwandlung einer solchen in eine Kapitalgesellschaft endet die selbständige Erwerbstätigkeit des Inhabers oder Teilhabers. Arbeitet er in der Kapitalgesellschaft weiterhin mit, gilt er fortan als unselbständig erwerbstätig.

Bei der Beendigung der selbständigen Erwerbstätigkeit erfolgt eine steuersystematische Realisation[597] der stillen Reserven, d. h. diese werden mit der Einkommenssteuer erfasst. Die noch vorhandenen Wirtschaftsgüter (inkl. Forderungen und Verbindlichkeiten) sind im Zeitpunkt der Beendigung der selbständigen Erwerbstätigkeit zum Verkehrswert zu bewerten. Eine positive Differenz zwischen Verkehrswert und Einkommenssteuerwert (Buchwert) des Eigenkapitals wird beim Inhaber (im Fall von Einzelunternehmen) oder anteilig beim Teilhaber (im Fall von Personengesellschaften) besteuert (Art. 18 Abs. 2 DBG bzw. Art. 8 Abs. 1 StHG). Die im Rahmen der Unternehmenssteuerreform II eingeführten Zusatzbestimmungen sehen in diesem Zusammenhang allerdings eine Reihe von Aufschubtatbeständen (Art. 18a DBG bzw. Art. 8 Abs. 2bis – 2^{quater} StHG) vor. Darunter fallen:

- Die Privatentnahme von Liegenschaften, wobei auf Antrag des Steuerpflichtigen nur die Differenz zwischen Anlagekosten und dem maßgebenden Einkommenssteuerwert (wiedereingebrachte Abschreibungen) besteuert werden kann und die Besteuerung der übrigen stillen Reserven (Differenz zwischen Verkehrswert und Anlagekosten, d. h. der Wertzuwachs) diesfalls bis zur Veräußerung der Liegenschaft aufgeschoben wird;
- Die Verpachtung eines Geschäftsbetriebes, sofern der Steuerpflichtige die Überführung ins Privatvermögen nicht ausdrücklich anzeigt (vgl. obige Ausführungen);
- Die zu Einkommenssteuerwerten erfolgte Übernahme von Aktiven und Passiven durch die einen Geschäftsbetrieb fortführenden Erben im Rahmen einer Erbteilung, sofern der Geschäftsbetrieb nicht von allen Erben fortgeführt wird. Die Besteuerung der stillen Reserven wird auf Gesuch der den Betrieb übernehmenden Erben bis zur späteren Realisierung aufgeschoben.

Im Weiteren wurden mit der Unternehmenssteuerreform II Spezialbestimmungen eingeführt, wonach Liquidationsgewinne[598] zu einem reduzierten Steuersatz zu besteuern sind, sofern die selbständige Erwerbstätigkeit nach Vollendung des 55. Altersjahres oder wegen Unfähigkeit zur Weiterführung infolge Invalidität definitiv aufgegeben wurde (Art. 37b DBG bzw. Art. 11 Abs. 5 StHG). Die so ermittelte Summe der realisierten stillen Reserven der letzten zwei Geschäftsjahre vor der definitiven Aufgabe der selbständigen Erwerbstätigkeit wird in der Steuerperiode, in welcher die definitive Aufgabe stattfindet, getrennt vom übrigen Einkommen besteuert. Von dieser Summe der realisierten stillen Reserven ist vorgängig derjenige Betrag in Abzug zu bringen, der noch in die berufliche Vorsorge[599] hätte eingekauft werden können. Dieser Betrag wird

596 Vgl. Art. 18a Abs. 2 DBG und Art. 8 Abs. 2ter StHG, welche im Rahmen der Unternehmenssteuerreform II eingeführt wurden.

597 Vgl. A.III.1.4.1.1.

598 Als Liquidationsgewinn gilt die Summe der realisierten stillen Reserven der letzten zwei Geschäftsjahre vor der definitiven Aufgabe der selbständigen Erwerbstätigkeit.

599 Vgl. F.III.1.

nach Art. 36 DBG zu einem Fünftel der ordentlichen Tarife (privilegiert) besteuert.[600] Auf der Restsumme der realisierten stillen Reserven wird anschließend derjenige Steuersatz gemäß Art. 214 DBG angewendet, der für die Restsumme dividiert durch den Faktor fünf maßgeblich ist, mindestens jedoch 2 %.[601]

III.1.3. Geschäftsvermögen

III.1.3.1. Begriff des Geschäftsvermögens

Damit ein Vermögenswert als Geschäftsvermögen qualifiziert werden kann, müssen grundsätzlich folgende drei Begriffselemente kumulativ erfüllt sein:[602]

- Das Vorliegen einer selbständigen Erwerbstätigkeit;
- Der Vermögenswert dient tatsächlich der selbständigen Erwerbstätigkeit;
- Das zivilrechtliche Eigentum am Vermögenswert steht dem Geschäftsinhaber zu.

Das Einkommen aus selbständiger Erwerbstätigkeit bestimmt sich nach dem Vermögensstandsgewinn.[603] Aus diesem Grund wirken sich Wert- und Bestandesänderungen des Geschäftsvermögens (auch Betriebs- oder Unternehmensvermögen genannt), d. h. desjenigen Vermögens, das der selbständigen Erwerbstätigkeit dient, auf das steuerbare Einkommen aus. Demgegenüber hat die Zunahme oder Abnahme des Privatvermögens, d. h. desjenigen Vermögens, welches nicht der selbständigen Erwerbstätigkeit dient, keinen Einfluss auf die Ermittlung des steuerbaren Einkommens. Der Abgrenzung von Geschäfts- und Privatvermögen kommt im schweizerischen Steuerrecht also eine fundamentale Bedeutung zu.[604]

III.1.3.2. Spezialfall: Gewillkürtes Geschäftsvermögen

Unter gewillkürtem Geschäftsvermögen wird die Erklärung eines Steuerpflichtigen verstanden, Beteiligungen von mindestens 20 % am Grund- oder Stammkapital (qualifizierte Beteiligung) einer Kapitalgesellschaft oder Genossenschaft dem Geschäftsvermögen zuzuordnen (Art. 18 Abs. 2 DBG bzw. Art. 8 Abs. 2 StHG). Hierzu bedarf es im Zeitpunkt des Erwerbs einer ausdrücklichen Erklärung des Steuerpflichtigen. Bestehende Beteiligungsrechte im Privatvermögen können nicht zum gewillkürten Geschäftsvermögen erklärt werden. Die Erklärung des Steuerpflichtigen ist den Steuerbehörden zusammen mit der ersten Steuererklärung nach dem Beteiligungserwerb abzugeben.[605] Das Optionsrecht besteht allerdings nur dann, wenn die Beteiligung, gestützt auf die Abgrenzungskriterien, dem Privatvermögen des Steuerpflichtigen zuzuordnen wäre.[606]

---

600 Der auf diesem Betrag für Kantons- und Gemeindesteuerzwecke anwendbare (privilegierte) Steuersatz wird durch das jeweilige kantonale Recht bestimmt (vgl. Art. 11 Abs. 5 StHG).

601 Der auf dem Restbetrag der realisierten stillen Reserven für Kantons- und Gemeindesteuerzwecke anwendbare Steuersatz wird durch das jeweilige kantonale Recht bestimmt (vgl. Art. 11 Abs. 5 StHG). Zu den Aufschubstatbeständen und der reduzierten Besteuerung von Liquidationsgewinnen vgl. EFD, Unternehmenssteuerreform II, S. 19 ff.; Lang, FStR 2008, S. 110 ff.

602 Für eine ausführliche Analyse vgl. von Ah, Die Besteuerung Selbständigerwerbender, S. 36.

603 Vgl. A.III.1.4.

604 Vgl. Reich, Zweifel/Athanas, DBG-Kommentar, Art. 18, Rz. 43.

605 Vgl. KS ESTV Nr. 23 v. 17. 12. 2008, Ziff. 3.2.

606 Vgl. von Ah, Die Besteuerung Selbständigerwerbender, S. 43.

Diese Vorschrift wurde im DBG und im StHG mit Wirkung zum 1. 1. 2001 nachträglich eingeführt. Der Zweck des Optionsrechtes hängt eng mit der gleichzeitig eingeführten Beschränkung des Schuldzinsenabzuges bei privaten Schulden (Art. 33 Abs. 1 Bst. a DBG) zusammen: Der Erwerb von Beteiligungsrechten mit hohem Anteil an Fremdkapital soll für Privatpersonen trotz dieser Beschränkung weiterhin möglich sein.[607] Durch die Behandlung solcher Beteiligungen als Geschäftsvermögen sind die darauf entfallenden Schuldzinsen weiterhin steuerlich vollumfänglich abziehbar, da sie in diesem Fall zu den geschäfts- oder berufsmäßig begründeten Aufwendungen i. S. v. Art. 27 DBG[608] gehören. Im Gegenzug unterliegt ein allfälliger Veräußerungsgewinn nach Art. 18 Abs. 2 DBG der Einkommenssteuer bzw. können Veräußerungsverluste nach Art. 27 Abs. 2 Bst. b DBG steuerlich in Abzug gebracht werden. Folglich handelt es sich bei Kapitalgewinnen aus Veräußerung von gewillkürtem Geschäftsvermögen um Einkommen aus selbständiger Erwerbstätigkeit. Gleiches gilt auch für Dividenden aus zum gewillkürten Geschäftsvermögen erklärten Beteiligungen.[609]

Eine Überführung von Beteiligungen vom gewillkürten Geschäftsvermögen ins Privatvermögen ist jederzeit möglich. Dadurch kommt es wie bei der Beendigung der selbständigen Erwerbstätigkeit zu einer steuersystematischen Realisation der stillen Reserven,[610] d. h. die Differenz zwischen Verkehrswert und Einkommenssteuerwert (Buchwert) der Beteiligung unterliegt nach Art. 18 Abs. 2 DBG als Einkommen aus selbständiger Erwerbstätigkeit der Einkommenssteuer.

III.1.3.3. Abgrenzung von Geschäfts- und Privatvermögen

Bei der Zuordnung von Vermögenswerten zum Geschäfts- oder Privatvermögen ist grundsätzlich auf die technisch-wirtschaftliche Funktion der Vermögenswerte abzustellen. Gemäß Art. 18 Abs. 2 DBG zählen alle Vermögenswerte, die „ganz oder vorwiegend der selbständigen Erwerbstätigkeit dienen", zum Geschäftsvermögen. Ein Vermögenswert ist dann als Geschäftsvermögen zu qualifizieren, wenn er im Beurteilungszeitpunkt objektiv erkennbar für Geschäftszwecke verwendet wird. Die Beurteilung hat dabei unter Würdigung der gesamten Umstände zu erfolgen.[611]

Für Einzelunternehmen (nachstehend A.III.1.3.3.1.) und Personengesellschaften (nachstehend A.III.1.3.3.2. und A.III.1.3.3.3.) gelten unterschiedliche Abgrenzungskriterien

III.1.3.3.1. Zuordnung bei Einzelunternehmen

Bei Einzelunternehmen erfolgt die Zuordnung in erster Linie aufgrund der tatsächlichen Nutzung und der aktuellen Zweckbestimmung. Aus diesem Grund ist die Art der Geschäftstätigkeit für die Zuordnung von großer Bedeutung.[612] Lediglich Indiziencharakter haben die buchmäßige Behandlung, die Herkunft der Mittel für die Anschaffung der Wirtschaftsgüter und die Verwendung des Erlöses.

607 Vgl. Mäusli-Allenspach/Oertli, Das schweizerische Steuerrecht, S. 98 f. auch zum Folgenden.

608 Vgl. A.III.1.4.1.2.

609 Vgl. Federspiel et al., Die Direkte Bundessteuer, S. 61.

610 Vgl. A.III.1.4.1.1. Eine Überführung von Wirtschaftsgütern vom Geschäfts- ins Privatvermögen des Steuerpflichtigen wird einer Veräußerung gleichgestellt.

611 Vgl. von Ah, Die Besteuerung Selbständigerwerbender, S. 48.

612 Vgl. von Ah, Die Besteuerung Selbständigerwerbender, S. 48 ff.

Verbrauchs- und Veräußerungsgüter sowie Gebrauchsgüter des Unternehmens stellen notwendiges Geschäftsvermögen dar. Dagegen gehören Güter, die offensichtlich für private Zwecke eingesetzt werden oder ihrer äußeren Beschaffenheit nach privaten Bedürfnissen entsprechen, eindeutig zum Privatvermögen.[613]

Bei den Alternativgütern, die für private oder geschäftliche Zwecke genutzt werden, ist die technisch-wirtschaftliche Funktion eines Vermögenswertes nicht unmittelbar objektiv erkennbar.

Dem Willen und der Sachdarstellung des Steuerpflichtigen kommt folglich erhebliche Bedeutung zu. Dies äußert sich insbesondere in der buchmäßigen Behandlung. Nach der bundesgerichtlichen Rechtsprechung stellt die Aufnahme eines Vermögenswertes in die Bilanz ein gewichtiges Indiz dafür dar, dass dieser zum Geschäftsvermögen zu zählen ist.[614]

Weitere Indizien können sein:[615]

- Die Beschaffenheit des Vermögenswertes;
- Die Herkunft der Mittel zur Finanzierung des Vermögenswertes;
- Die Verwendung des Erlöses aus der Nutzung oder Veräußerung des Vermögenswertes.

Diesen Indizien kommt bei der Beurteilung, unter Würdigung der gesamten Umstände, aber regelmäßig eine relativ geringe Bedeutung zu. Entscheidend ist vielmehr eine objektivierte Willensäußerung des Steuerpflichtigen.[616]

PRAXISHINWEIS

Die Bezeichnung eines Vermögenswertes in der Steuererklärung als Geschäfts- oder Privatvermögen stellt gewöhnlich nur ein schwaches Indiz für die Qualifikation als Geschäfts- oder Privatvermögen dar und mag für sich alleine nichts zu entscheiden.

III.1.3.3.2. Zuordnung bei Kollektiv- und Kommanditgesellschaften

Im Gegensatz zu Einzelunternehmen können Kollektiv- und Kommanditgesellschaften unter ihrer Firma Rechte erwerben und Verpflichtungen eingehen (Art. 562 OR). Das Vermögen von Kollektiv- und Kommanditgesellschaften genießt zivilrechtlich im Außenverhältnis eine gewisse Verselbständigung. Befindet sich ein Vermögensgegenstand im Eigentum der Personengesellschaft, qualifiziert dieser vermutungsweise als Geschäftsvermögen.[617] Werden solche Objekte privat genutzt, sind sie dennoch dem Privatvermögen zuzuordnen.[618]

Weiter kommt der buchmäßigen Behandlung als Indiz für die Geschäftsvermögensqualität bei Personengesellschaften im Vergleich zu Einzelunternehmen erhöhte Bedeutung zu, da bei Personengesellschaften die Bilanzierung von Privatvermögen handelsrechtlich unzulässig ist. Allerdings vermag auch bei den Personengesellschaften die buchmäßige Behandlung die Zuordnung zum Geschäfts- oder Privatvermögen der Gesellschafter nicht zu entscheiden. Ausschlaggebend ist auch hier vielmehr die tatsächliche Nutzung.[619]

613 Vgl. Mäusli-Allenspach/Oertli, Das schweizerische Steuerrecht, S. 96.
614 Vgl. BGE 112 Ib 79 E. 3b bb.
615 Vgl. Federspiel et al., Die Direkte Bundessteuer, S. 58 f.
616 Vgl. Richner/Frei/Kaufmann, Handkommentar zum DBG, Art. 18, Rz. 100.
617 Vgl. von Ah, Die Besteuerung Selbständigerwerbender, S. 50 m. w. N.
618 Vgl. Mäusli-Allenspach/Oertli, Das schweizerische Steuerrecht, S. 98.
619 Vgl. von Ah, Die Besteuerung Selbständigerwerbender, S. 50 m. w. N.

Vermögensgegenstände, welche einem oder mehreren Gesellschaftern gehören, jedoch von deren Personengesellschaft genutzt werden, können Privat- oder Geschäftsvermögen sein. Um dies final zu entscheiden, wird in der Lehre und Rechtsprechung i. d. R. auf Entgeltlichkeit bzw. Unentgeltlichkeit der Nutzungsüberlassung abgestellt. Werden solche Objekte unentgeltlich oder gegen ein unangemessen tiefes Entgelt für geschäftliche Zwecke genutzt, zählen sie zum Geschäftsvermögen.[620] Ansonsten wird Privatvermögen angenommen.

III.1.3.3.3. Zuordnung bei einfachen und stillen Gesellschaften

Über die Zuordnung der Vermögenswerte von Gesellschaftern, die sich an einfachen und stillen Gesellschaften beteiligen, schweigen sich Lehre und Rechtsprechung weitgehend aus. Folgende Überlegungen können angestellt werden:[621]

Einfache und stille Gesellschaften können, im Gegensatz zu Kollektiv- und Kommanditgesellschaften, keine eigene Firma haben. Die einzelnen Gesellschafter treten bei der Geschäftsführung entweder in ihrem eigenen Namen oder im Namen aller Gesellschafter auf.[622] Außerdem wird diesen Gesellschaftsformen nach einhelliger Meinung die Rechtpersönlichkeit abgesprochen. Aus diesen Gründen können diese Personenunternehmen keine Rechte erwerben oder Verpflichtungen eingehen. Bei einfachen Gesellschaften werden die Rechte und Verpflichtungen den einzelnen Gesellschaftern gesamthaft zugeordnet.[623] Bei stillen Gesellschaften tritt nach außen nur der Hauptgesellschafter in seinem Namen und auf seine Rechnung auf. Er handelt also nicht als Vertreter der Gesellschaft. Deshalb wird nach außen auch nur der Hauptgesellschafter berechtigt und verpflichtet. Zivilrechtlich geht der Beitrag des stillen Gesellschafters regelmäßig ins Vermögen des Hauptgesellschafters über.[624] Somit findet beim Vermögen von einfachen und stillen Gesellschaften nach außen nicht die gleiche Verselbständigung statt wie bei Kollektiv- und Kommanditgesellschaften, was bedeutet, dass diese Personengesellschaften bspw. kein zivilrechtliches Eigentum an Vermögensobjekten erwerben können.

Da einfache und stille Gesellschaften kraft impliziter gesetzlicher Regelung (Art. 934 OR i.V. m. ständiger Rechtsprechung)[625] zur Eintragung ins Handelsregister weder verpflichtet noch berechtigt sind, müssen sie gemäß Art. 957 OR auch keine kaufmännischen Bücher führen.[626] Aus diesem Grund kann bei der Zuordnung von Vermögenswerten zum Geschäfts- oder Privatvermögen i. d. R. auch nicht auf die buchmäßige Behandlung abgestellt werden. Somit kann für die Zuordnung von Vermögensobjekten einzig die tatsächliche Nutzung ausschlaggebend sein.

III.1.3.3.4. Zuordnung von gemischt genutzten Vermögensobjekten

Nach Art. 18 Abs. 2 DBG bilden alle Vermögenswerte Geschäftsvermögen, die ganz oder teilweise der selbständigen Erwerbstätigkeit dienen. Daraus folgt, dass bei Vermögensobjekten, die

620 Vgl. Mäusli-Allenspach/Oertli, Das schweizerische Steuerrecht, S. 98.

621 Für einen Vergleich der gesellschafts- und steuerrechtlichen Folgen in Deutschland bzw. beim grenzüberschreitenden Einsatz atypisch stiller Gesellschaften vgl. C.II.8. und C.II.9.

622 Vgl. Meier-Hayoz/Forstmoser, Schweizerisches Gesellschaftsrecht, S. 352 und F.I.2.4.

623 Vgl. Meier-Hayoz/Forstmoser, Schweizerisches Gesellschaftsrecht, S. 337 ff.

624 Vgl. Meier-Hayoz/Forstmoser, Schweizerisches Gesellschaftsrecht, S. 408 f.

625 Vgl. Meier-Hayoz/Forstmoser, Schweizerisches Gesellschaftsrecht, S. 166.

626 Die fehlende Buchführungspflicht bedeutet aber nicht, dass einfache und stille Gesellschaften nicht zur Buchführung berechtigt sind.

teilweise privat und teilweise geschäftlich genutzt werden, die Präponderanzmethode anzuwenden ist: Demnach liegt Geschäftsvermögen immer dann vor, wenn ein Vermögenswert zu mehr als 50 % geschäftlichen Zwecken dient.[627] Folglich findet keine Wertzerlegung von einzelnen Vermögensgegenständen statt,[628] d. h. ein Vermögenswert wird immer gänzlich dem Geschäfts- oder Privatvermögen zugeordnet.[629]

Naturgemäß kommt eine sowohl geschäftliche als auch private Nutzung insbesondere bei Alternativgütern wie Fahrzeugen oder Liegenschaften vor. Für die Zuordnung zum Geschäfts- oder Privatvermögen ist i. d. R. auf das Ertrags- oder Nutzungsverhältnis abzustellen. Ferner können auch andere Kriterien wie Fläche oder Rauminhalte herbeigezogen werden. Bei Liegenschaften ist für die Ermittlung des Ertrags auf die gesamten auf die Liegenschaft entfallenden Einkünfte (inkl. Eigenmietwert)[630] abzustellen.[631]

Bei der Präponderanzmethode wird grundsätzlich auf die derzeitige überwiegende Nutzung abgestellt. Allerdings ändert ein bloß vorübergehender Wechsel der überwiegenden Nutzung nicht sogleich dessen Zuordnung.

PRAXISHINWEIS

Speziell bei komplexen internationalen Sachverhalten gilt es stets zu prüfen, welche Art von Einkünften bei der steuerpflichtigen Person erzielt werden (Einkünfte aus selbständiger Erwerbstätigkeit versus sonstige Einkünfte). Bei Vorliegen einer (oder mehrerer) selbständigen Erwerbstätigkeit(en) sind die entsprechenden Wirtschaftsgüter im (jeweiligen) Geschäftsvermögen verhaftet. Liegt dagegen eine rein private Vermögenswaltungstätigkeit vor, handelt es sich um Privatvermögen. Bezogen auf Grundstücke im Ausland werden entsprechende Einkünfte DBA-rechtlich i. d. R. unabhängig von der Zuteilung zu Geschäfts- oder Privatvermögen unilateral freigestellt resp. nur progressionsweise in der Schweiz berücksichtigt. Soweit jedoch eine selbständige Erwerbstätigkeit resp. Geschäftsvermögen Art. 18. Abs. 2 DBG vorliegen sollte, erfolgt eine unilaterale Freistellung nur insoweit, als die selbständige Erwerbstätigkeit als Geschäftsbetrieb oder zumindest als Betriebsstätte im Ausland ausgeübt wird. Ein Geschäftsbetrieb setzt dabei entsprechende Substanz, d. h. eigene Räumlichkeiten und eigenes Personal, voraus. Sinngemäß gilt dies ebenso für die Betriebsstätte. In diesem Zusammenhang ist zudem zu prüfen, welche Tätigkeiten, Funktionen und (Stimm- sowie Kontroll-) Rechte durch die steuerpflichtige Person im Inland (Schweiz) oder im Ausland jeweils ausgeübt werden.

III.1.4. Einkommen aus selbständiger Erwerbstätigkeit

Ausgangsgröße für die Besteuerung des Einkommens aus selbständiger Erwerbstätigkeit ist der Vermögensstandsgewinn. Letzterer entspricht der Differenz zwischen dem der Unternehmung dienenden Eigenkapital zu Beginn und zum Ende der Steuerperiode, vermindert um den Wert der in der Steuerperiode getätigten Privateinlagen und erhöht um die in der Steuerperiode erfolgten Privatentnahmen. Die zu vergleichenden Eigenkapitalbeträge sind dabei nach den einkommenssteuerlichen Regeln zu ermitteln.[632]

627 Vgl. Höhn/Waldburger, Steuerrecht, Bd. II, S. 377.

628 Eine Wertzerlegung wurde eine Zeit lang vorgenommen, was insbesondere bei der Besteuerung von Grundstückgewinnen im dualistischen System zu erheblichen Problemen führte. Aus diesem Grund kehrte der Gesetzgeber vermutlich zur Präponderanzmethode zurück (Reich, Zweifel/Athanas, DBG-Kommentar, Art. 18, Rz. 55 m. w. N.).

629 Vgl. Agner/Jung/Steinmann, Kommentar zum DBG, Art. 18, Rz. 6.

630 Zum Begriff vgl. A.IV.1.3.3.2.2.

631 Vgl. von Ah, Die Besteuerung Selbständigerwerbender, S. 61 f.

632 Vgl. Reich, Zweifel/Athanas, DBG-Kommentar, Art. 18, Rz. 18 m. w. N.

Die Art der Ermittlung des Vermögensstandsgewinnes erfolgt bei Buchführenden anders als bei Nichtbuchführenden. Ein Teil der Selbständigerwerbenden ist zur Buchführung und Rechnungslegung verpflichtet. Das ist dann der Fall, wenn der Umsatzerlös im letzten Geschäftsjahr mindestens CHF 500'000 betragen hat (Art. 957 Abs. 1 OR).[633] Wird die Umsatzlimite von CHF 500'000 nicht erreicht, so muss lediglich Buch über die Einnahmen und Ausgaben sowie über die Vermögenslage geführt werden (Art. 957 Abs. 2 OR).

Nachfolgende Grafik vermittelt einen Überblick über die zwei Arten von Selbständigerwerbenden:

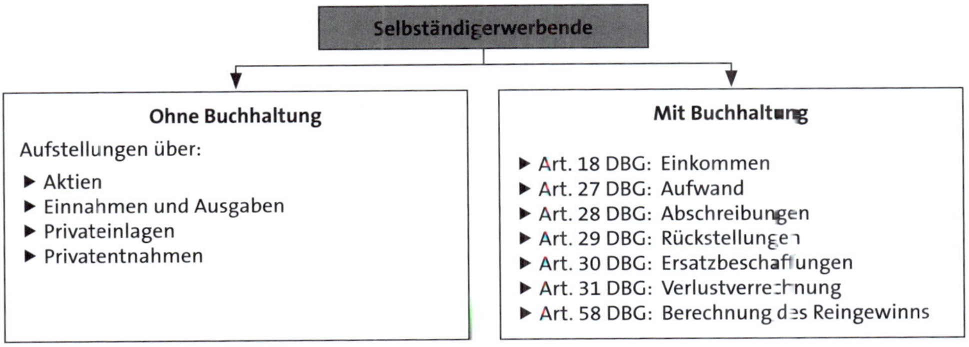

Quelle: in Anlehnung an Federspiel et al., Die Direkte Bundessteuer, S. 49.

In diesem Zusammenhang gelten die nachfolgenden Grundsätze:

- Maßgeblichkeit der Handelsbilanz[634] bei buchführungspflichtigen Personenunternehmen (Art. 18 Abs. 3 i.V.m. Art. 58 DBG): Wird eine doppelte Buchhaltung geführt, bestimmt Art. 18 Abs. 3 DBG, dass die Bestimmungen zur Ermittlung des steuerbaren Reingewinnes von juristischen Personen gemäß Art. 58 DBG sinngemäß zu beachten sind;
- Maßgeblichkeit der Aufzeichnungen über Aktiven und Passiven, Einnahmen und Ausgaben sowie Privatentnahmen und Privateinlagen bei nicht buchführungspflichtigen Personenunternehmen.[635]

Der Gesetzgeber hat also nur für einen Teil der Selbständigerwerbenden, nämlich für die Buchführenden, explizit statuiert, dass die Methode zur Gewinnermittlung grundsätzlich identisch ist mit derjenigen bei juristischen Personen. In der Praxis gelten jedoch die Gewinnermittlungsbestimmungen für juristische Personen sinngemäß auch für die nicht buchführenden Selbständigerwerbenden. In diesem Fall bilden nicht die handelsrechtliche Bilanz und Erfolgsrechnung,

633 Zur Eintragungspflicht von Unternehmen vgl. F.I.1.

634 Dieser Begriff umfasst sowohl die handelsrechtliche Bilanz als auch die handelsrechtliche Erfolgsrechnung. Analog ist mit dem Begriff der Steuerbilanz sowohl die steuerliche Bilanz als auch die steuerliche Erfolgsrechnung gemeint. Es gilt zu berücksichtigen, dass die Steuerbilanz in der Schweiz nicht wie in manchen anderen Staaten eine komplette Jahresrechnung für Steuerzwecke darstellt. Es handelt sich dabei vielmehr um die handelsrechtskonforme Bilanz, welche durch steuerliche Korrekturen in der Steuererklärung punktuell verändert wird (vgl. von Ah, Die Besteuerung Selbständigerwerbender, S. 70).

635 Dies ergibt sich daraus, dass Selbständigerwerbende ohne kaufmännische Buchhaltung gemäß Art. 125 Abs. 2 DBG verpflichtet sind, der Steuererklärung anstelle der unterzeichneten Jahresrechnung solche Aufzeichnungen beizulegen.

sondern Aufstellungen über das Vermögen, über Einnahmen und Ausgaben sowie über Privateinlagen und -entnahmen die Ausgangslage für die Gewinn- bzw. Einkommensermittlung.[636]

III.1.4.1. Ermittlung des steuerbaren Einkommens aus selbständiger Erwerbstätigkeit

Die Einkommenssteuer wird auf sämtlichen Einkünften aus einem Handels-, Industrie-, Gewerbe-, Land- und Forstwirtschaftsbetrieb, aus einem freien Beruf sowie aus jeder anderen selbständigen Erwerbstätigkeit erhoben (Art. 18 Abs. 1 DBG). Zu den Einkünften aus selbständiger Erwerbstätigkeit zählen auch alle Kapitalgewinne aus Veräußerung, Verwertung oder buchmäßiger Aufwertung von Geschäftsvermögen. Der Veräußerung gleichgestellt ist die Überführung von Geschäftsvermögen ins Privatvermögen oder in ausländische Betriebe oder Betriebsstätten (Art. 18 Abs. 2 DBG).

III.1.4.1.1. Kapitalgewinne

Bei den Kapitalgewinnen ist maßgeblich, ob aus steuerlicher Sicht eine Realisation erfolgt. Es können drei Arten von Realisationstatbeständen unterschieden werden:[637]

1. Echte Realisation;
2. Buchmäßige Realisation;
3. Steuersystematische Realisation.

III.1.4.1.1.1. Echte Realisation

Die echte Realisation erfolgt durch Veräußerung oder Verwertung eines Vermögensobjektes, wobei die beiden Begriffe im Steuerrecht weitgehend synonym verwendet werden. Ein mit stillen Reserven behaftetes Vermögensobjekt scheidet aus dem Geschäftsvermögen aus und dem Unternehmen fließt ein Entgelt zu. Beispiele für echte Realisationen im steuerlichen Sinn sind der entgeltliche Verkauf oder der Tausch.[638] Bei Vorliegen einer Ersatzbeschaffung können allerdings die stillen Reserven auf das Ersatzobjekt übertragen werden. Eine solche liegt vor, wenn ein Gegenstand des betriebsnotwendigen Anlagevermögens (z. B. Maschinen und Produktionsapparate bei Produktionsbetrieben) innerhalb der Schweiz ersetzt wird (Art. 30 Abs. 1 DBG). Im Weiteren muss die Ersatzbeschaffung innerhalb einer angemessenen Frist von i. d. R. zwei Jahren erfolgen.[639]

III.1.4.1.1.2. Buchmäßige Realisation

Eine buchmäßige Realisation erfolgt durch erfolgswirksame Aufwertung von Vermögensobjekten (Aktiven) oder durch erfolgswirksame Abschreibung von Verbindlichkeiten (Passiven) in der Bilanz. Dadurch werden vor der Aufwertung oder Abschreibung bestehende stille Reserven realisiert und besteuert. Dies obwohl keine eigentliche Realisation stattfindet, denn die betreffenden

636 Vgl. von Ah, Die Besteuerung Selbständigerwerbender, S. 73.
637 Vgl. Federspiel et al., Die Direkte Bundessteuer, S. 53 auch zum Folgenden.
638 Vgl. Reich, Zweifel/Athanas, DBG-Kommentar, Art. 18, Rz. 25.
639 Vgl. Federspiel et al., Die Direkte Bundessteuer, S. 68 f.; Richner/Frei/Kaufmann, Handkommentar zum DBG, Art. 30, Rz. 1 i. V. m. Art. 64, Rz. 27. Das Erfordernis der funktionellen Gleichartigkeit wurde durch die Unternehmenssteuerreform II mit Wirkung per 1. 1. 2011 aufgehoben (vgl. EFD, Unternehmenssteuerreform II, S. 19).

Aktiven und Passiven befinden sich nach dem Buchungsvorgang auch weiterhin in der unternehmerischen Vermögenssphäre.[640]

Bei der buchmäßigen Aufwertung von Aktiven und Abschreibung von Passiven sind die buchführungsrechtlichen Bewertungsvorschriften zu berücksichtigen. Nach Art. 960 Abs. 2 OR darf ein Personenunternehmen ein Aktivum höchstens zu dem Wert bilanzieren, der diesem im Zeitpunkt der Bilanzierung für das Geschäft zukommt (häufig als Geschäftswert bezeichnet). Folglich können Aktiven maximal um die Differenz zwischen Buchwert und höherem Geschäftswert aufgewertet und Passiven maximal um die Differenz zwischen Buchwert und tieferem Geschäftswert abgeschrieben werden.[641]

PRAXISHINWEIS

Es liegt im Ermessen des Unternehmens darüber zu entscheiden, ob, in welchem Umfang (innerhalb der gesetzlichen Schranken) und zu welchem Zeitpunkt eine Aufwertung eines Aktivums oder eine Abschreibung eines Passivums vorzunehmen ist. Die Steuerbehörden können solche Vorgänge nicht anordnen.[642]

III.1.4.1.1.3. Steuersystematische Realisation

Steuersystematische Realisationen können entweder durch Überführung von Vermögensobjekten vom Geschäftsvermögen ins Privatvermögen oder durch Überführung von Vermögenswerten vom Geschäftsvermögen in ausländische Betriebe oder Betriebsstätten erfolgen. Ersteres stellt eine Privatentnahme dar. Eine solche setzt voraus, dass aus dem Sachverhalt eindeutig hervorgeht, dass es die Absicht des Steuerpflichtigen ist, ein Vermögensobjekt fortan dauerhaft privaten Zwecken zu widmen.[643]

Da bei steuersystematischen Realisationen die mit stillen Reserven behafteten Vermögensobjekte in eine steuerfreie Sphäre (bei der Privatentnahme) wechseln bzw. aus der schweizerischen Steuerhoheit ausscheiden (durch Überführung in ausländische Betriebe oder Betriebsstätten),[644] ist im Zeitpunkt der Realisation über die vorhandenen stillen Reserven abzurechnen, d. h. diese werden besteuert. Für die Ermittlung des Umfanges der stillen Reserven wird auf denjenigen Wert abgestellt, zu dem eine Veräußerung an einen unabhängigen Dritten hätte erfolgen können, also auf den Verkehrswert.[645]

Um bei gewissen Geschäftsvorfällen von Selbständigerwerbenden eine steuersystematische Realisation von stillen Reserven zu verhindern, wurden im Rahmen der Unternehmenssteuerreform II verschiedene (Teil-)Aufschubtatbestände eingeführt.[646]

640 Vgl. von Ah, Die Besteuerung Selbständigerwerbender, S. 82 f. auch zum Folgenden.

641 Wertabnahmen von Passiven können bspw. durch Wechselkursverluste bei Fremdwährungsverbindlichkeiten eintreten oder wenn ein Gläubiger dem Unternehmen Schulden erlässt.

642 Vgl. von Ah, Die Besteuerung Selbständigerwerbender, S. 83.

643 Vgl. von Ah, Die Besteuerung Selbständigerwerbender, S. 84.

644 Eine solche liegt bspw. auch vor, wenn eine Personengesellschaft ihren Sitz und ihre Verwaltung ins Ausland verlegt.

645 Vgl. von Ah, Die Besteuerung Selbständigerwerbender, S. 83 f.

646 Es wird auf A.III.1.2.3.2. verwiesen.

III.1.4.1.2. Aufwendungen für die selbständige Erwerbstätigkeit

Bei selbständiger Erwerbstätigkeit können die geschäfts- oder berufsmäßig[647] begründeten Kosten (Gewinnungskosten) gemäß Art. 27 Abs. 1 und 2 DBG abgezogen werden. Der Begriff Gewinnungskosten ist somit grundsätzlich vergleichbar mit dem deutschen Veranlassungsprinzip bei den Betriebsausgaben (§ 4 Abs. 4 EStG). Die kantonalen Bestimmungen zu den Gewinnungskosten der Selbständigerwerbenden sind denjenigen des Bundes weitgehend ähnlich.[648]

Überdies können Selbständigerwerbende ebenso wie Unselbständigerwerbende zusätzlich auch die allgemeinen Abzüge sowie die Sozialabzüge[649] geltend machen.

Die steuerliche Abzugsfähigkeit von Aufwendungen für die selbständige Erwerbstätigkeit (Gewinnungskosten) bedarf eines direkten ursächlichen Zusammenhangs[650] dieser Aufwendungen mit der Einkommenserzielung im Rahmen der selbständigen Erwerbstätigkeit. Es muss somit eine enge Verbindung zwischen den getätigten Ausgaben und den erzielten Einkünften bestehen (nachfolgend A.III.1.4.1.2.2.). In der Praxis ergeben sich häufig Abgrenzungsfragen bei Privataufwendungen, aktivierungspflichtigen Aufwendungen oder der Rückzahlung von Schulden.[651] Privataufwendungen stellen keine geschäftsmäßig begründeten Kosten dar, sondern Lebenshaltungskosten des Steuerpflichtigen (nachfolgend A.III.1.4.1.2.1.). Die Rückzahlung von Schulden ist ein erfolgsneutraler Vorgang und Investitionen, welche einem Unternehmen über die laufende Steuerperiode hinaus von Nutzen sind, müssen steuerlich aktiviert werden.

III.1.4.1.2.1. Nicht abzugsfähige Aufwendungen

Zum nicht abzugsfähigen Privataufwand zählen bspw. Mieten für privat genutzte Wohnungen und Auslagen für Nahrungsmittel, Bekleidung, Körperpflege, Erhaltung der Gesundheit, standesgemäßes Auftreten, Ferienreisen, Vergnügen, Haushaltshilfen, Kinderbetreuung sowie private Versicherungen.[652] Ferner gelten auch Bußen, welche dem Steuerpflichtigen aufgrund seiner persönlichen strafrechtlichen Verantwortung auferlegt wurden, nicht als geschäftsmäßig begründeter Aufwand, und zwar unabhängig davon, ob die Straftat im Geschäftsbetrieb begangen wurde oder nicht.[653]

PRAXISHINWEIS

Im Gegensatz zu den juristischen Personen, bei denen die eidgenössischen, kantonalen und kommunalen Steuern geschäftsmäßig begründeten Aufwand darstellen (Art. 59 Abs. 1 Bst. a DBG),[654] ist der Abzug von Einkommens-, Grundstückgewinn- und Vermögenssteuern von Bund, Kantonen und Gemeinden sowie gleichartigen ausländischen Steuern nach Art. 34 Bst. e DBG bei natürlichen Personen und damit auch bei Selbständigerwerbenden ausdrücklich ausgeschlossen.

---

647 Die beiden Begriffe werden in Lehre und Praxis synonym verwendet. Im vorliegenden Beitrag wird hiernach ausschließlich der Begriff „geschäftsmäßig begründet" verwendet.

648 Vgl. SSK, Steuerinformationen, Die Einkommenssteuer natürlicher Personen, S. 56.

649 Vgl. A.IV.1.3.5.2. und A.IV.1.3.5.3.

650 Vgl. BGE 124 II 29 E. 3a.

651 Vgl. Höhn/Waldburger, Steuerrecht, Bd. II, S. 316.

652 Vgl. von Ah, Die Besteuerung Selbständigerwerbender, S. 110. Letztere können im Rahmen der allgemeinen Abzüge für natürliche Personen dennoch in einem gewissen Umfang abgezogen werden (vgl. A.IV.1.3.5.2.7.).

653 Vgl. BGE 70 I 250 E. 4. Vor dem Hintergrund aktueller kartellrechtlicher Bußen sowie Bußen gegenüber Schweizer Banken ist die Abzugsfähigkeit derselben als geschäftsmäßig begründeter Aufwand generell auf dem Prüfstand. Es sei verwiesen auf die Medienmitteilung des Bundesrates v. 12. 9. 2014; Bericht des Bundesrates v. 12. 9. 2014 in Erfüllung des Postulats Leutenegger Oberholzer (14.3087); Urteil des Verwaltungsgerichts des Kantons Zürich SB.2014.00011 v. 9. 7. 2014.

654 Vgl. A.III.2.1.1.1.5.

Bewertbare Wirtschaftsgüter, die dem Unternehmen über den Bilanzstichtag hinaus zur Verfügung stehen und für dieses einen künftigen Nutzen generieren, dürfen – wie in Deutschland – steuerlich nicht direkt dem Aufwand belastet werden, sondern müssen steuerlich zu Anschaffungs- oder Herstellkosten aktiviert werden.[655] In der Folge können aktivierte Wirtschaftsgüter nach Maßgabe von Art. 28 DBG abgeschrieben werden.[656]

Ebenfalls keinen geschäftsmäßig begründeten Aufwand bilden Aufwendungen im Zusammenhang mit der Tilgung von Schulden wie bspw. Ratenzahlungen, Darlehensamortisationen etc. Diese Transaktionen stellen rein erfolgsneutrale Bilanzvorgänge dar.[657]

III.1.4.1.2.2. Geschäftsmäßig begründeter Aufwand

Zum geschäftsmäßig begründeten Aufwand von Selbständigerwerbenden zählen gemäß Art. 27 Abs. 2 DBG insbesondere:

- Abschreibungen[658] und Rückstellungen;[659]
- Eingetretene und verbuchte Verluste auf Geschäftsvermögen;
- Zuwendungen an Vorsorgeeinrichtungen zu Gunsten des eigenen Personals, sofern jede zweckwidrige Verwendung ausgeschlossen ist;
- Zinsen auf Geschäftsschulden sowie Zinsen, die auf gewillkürtes Geschäftsvermögen[660] entfallen.

Diese im DBG enthaltene exemplarische Aufzählung von geschäftsmäßig begründeten Aufwendungen ist nicht abschließend.[661] Neben diesen explizit genannten abzugsfähigen Aufwendungen stellen unter anderem auch folgende, im Zusammenhang mit der selbständigen Erwerbstätigkeit stehende Aufwendungen geschäftsmäßig begründeten Aufwand dar.[662]

- Der geschäftsmäßig begründete Waren- und Materialaufwand, soweit die in diesem Zusammenhang angefallenen Kosten nicht aktivierungspflichtig sind;
- Zum Personalaufwand zählen an Dritte ausgerichtete Löhne (inkl. Naturalleistungen), Gratifikationen, Provisionen, Gewinnanteile und andere Zusatzleistungen sowie die vom Arbeitgeber zu bezahlenden Sozialversicherungsbeiträge (AHV/IV/EO/ALV), Prämien an die gesetzlichen Unfallversicherungen oder andere Personalversicherungen.[663] Nicht zum Personalaufwand zählen dagegen Salärzahlungen an die Personenunternehmer. Diese sind Bestandteil des Gewinns der Personenunternehmung und stellen zusammen mit den Zinsen auf dem Eigenkapital Einkommen aus selbständiger Erwerbstätigkeit dar;[664]

655 Vgl. Reich/Züger, Zweifel/Athanas, DBG-Kommentar, Art. 27, Rz. 15 m. w. N.
656 Vgl. nachfolgend A.III.1.4.1.3.
657 Vgl. Reich/Züger, Zweifel/Athanas, DBG-Kommentar, Art. 27, Rz. 19.
658 Vgl. A.III.1.4.1.3.
659 Vgl. A.III.1.4.1.4.
660 Vgl. A.III.1.3.2.
661 Vgl. Reich/Züger, Zweifel/Athanas, DBG-Kommentar, Art. 27, Rz. 5.
662 Vgl. Federspiel et al., Die Direkte Bundessteuer, S. 62 f.
663 Zur Sozialversicherung vgl. F.III.
664 Vgl. Reich/Züger, Zweifel/Athanas, DBG-Kommentar, Art. 27, Rz. 22.

- Die Auslagen für gemietete Geschäftsräumlichkeiten stellen geschäftsmäßig begründeten Aufwand dar. Probleme können sich ergeben, wenn die Räumlichkeiten nicht von Dritten gemietet werden, sondern von Nahestehenden (z. B. von der Ehefrau eines Personenunternehmers);
- Zinsen auf Geschäftsschulden eines Selbständigerwerbenden bilden geschäftsmäßig begründeten Aufwand und sind deshalb abzugsfähig;
- Selbständigerwerbende, die sich seit 1. 1. 2006 im Rahmen der 1. BVG Revision einer Einrichtung der beruflichen Vorsorge angeschlossen haben,[665] können ihre eigenen Beiträge im Umfang der Arbeitgeberbeiträge zum Abzug bringen. Der verbleibende Teil ist im Rahmen der persönlichen Steuererklärung geltend zu machen.[666]

III.1.4.1.3. Abschreibungen und Wertberichtigungen

Abschreibungen und Wertberichtigungen dienen dazu, Wertverminderungen des Geschäftsvermögens erfolgswirksam nachzuvollziehen. Während unter Abschreibungen Wertkorrekturen mit definitivem Charakter verstanden werden, stellen Wertberichtigungen provisorische Herabsetzungen des Buchwerts von Aktiven des Umlaufvermögens (z. B. Warenlager oder Debitoren) dar. Der Begriff der Wertberichtigung wird im DBG nicht erwähnt.

Handelsrechtlich besteht aufgrund des Vorsichtsprinzips eine gewisse Abschreibungsfreiheit. Das Steuerrecht schränkt diese Freiheit insofern ein, als eine handelsrechtlich verbuchte Abschreibung steuerlich nur insoweit akzeptiert wird, als sie geschäftsmäßig begründet ist. Dies ist dann der Fall, wenn per Bilanzstichtag eine tatsächliche Entwertung des Anlageguts eingetreten ist[667] und der Grund für die Entwertung im geschäftlichen Bereich liegt.[668]

Abschreibungen und Wertberichtigungen werden steuerlich nur dann zum Abzug zugelassen, wenn sie buchmäßig oder, bei Fehlen einer kaufmännischen Buchhaltung, in besonderen Abschreibungstabellen ausgewiesen sind (Art. 28 Abs. 1 DBG).

Abschreibungen und Wertberichtigungen können nur auf Geschäftsvermögen[669] geltend gemacht werden, nicht dagegen auf Gegenständen des Privatvermögens.[670] Folglich sind auch Abschreibungen auf Wertschriften und Liegenschaften, die Gegenstand eines gewerblichen Wertschriften- bzw. Liegenschaftenhandels bilden, zugelassen.[671]

Wurden in früheren Geschäftsjahren trotz eingetretener Wertverminderungen keine Abschreibungen oder Wertberichtigungen vorgenommen, können diese trotz Verletzung des Periodizitätsprinzips nachgeholt werden.[672] Dies ist i. d. R. auch dann der Fall, wenn Abschreibungen oder Wertberichtigungen nachgewiesenermaßen aufgrund eines schlechten Geschäftsjahres nicht vorgenommen wurden.[673]

665 Vgl. dazu F.III.2.3.1.
666 Vgl. Federspiel et al., Die Direkte Bundessteuer, S. 64 auch zum Folgenden.
667 Vgl. Federspiel et al., Die Direkte Bundessteuer, S. 64 f.
668 Vgl. von Ah, Die Besteuerung Selbständigerwerbender, S. 113 m. w. N.
669 Vgl. A.III.1.3.
670 Vgl. Reich/Züger, Zweifel/Athanas, DBG-Kommentar, Art. 28, Rz. 4.
671 Zum gewerbsmäßigen Wertschriften- und Liegenschaftenhändler vgl. A.III.1.2.2.3.
672 Vgl. Reich/Züger, Zweifel/Athanas, DBG-Kommentar, Art. 28, Rz. 14.
673 Vgl. von Ah, Die Besteuerung Selbständigerwerbender, S. 116 f.

III.1.4.1.3.1. Ordentliche Abschreibungen

Mit ordentlichen Abschreibungen wird der laufenden Abnutzung von Aktiven des Anlagevermögens Rechnung getragen. Das abnutzbare Anlagevermögen umfasst insbesondere das bewegliche Sachanlagevermögen wie bspw. Maschinen, Einrichtungen, Werkzeuge, Mobiliar, EDV-Anlagen etc. Bei Liegenschaften unterliegt nur das Gebäude einer Entwertung, welche durch ordentliche Abschreibungen zu berücksichtigen ist. Dagegen ist der Grund und Boden nach verbreiteter Auffassung nicht abnutzbar, weshalb darauf auch keine Abschreibungen geltend gemacht werden können.[674] Infolge Zeitablaufs unterliegen auch aktivierungsfähige immaterielle Anlagegüter wie Patente, Lizenzen, Marken oder Modelle einem laufenden Wertverzehr, wenn sie eine beschränkte Nutzungsdauer aufweisen. Auch der derivativ erworbene Goodwill unterliegt der ordentlichen Abschreibung.[675] Nicht abnutzbar ist dagegen das Finanzanlagevermögen wie Darlehen oder Beteiligungen. Hier kann allfälligen Wertverminderungen deshalb nur durch außerordentliche Abschreibungen Rechnung getragen werden. Mangels Aktivierbarkeit kann auch originärer Goodwill nicht abgeschrieben werden.[676]

Das Schweizer Steuersystem kennt folgende Abschreibungsmethoden:[677]

- Bei der direkten Bundessteuer gelten grundsätzlich feste Abschreibungssätze (degressive Abschreibung vom Buchwert bzw. lineare Abschreibung vom Anschaffungswert), welche den entsprechenden Merkblättern der Eidg. Steuerverwaltung (ESTV)[678] entnommen werden können. Bei Einhaltung dieser Normalsätze wird die geschäftsmäßige Begründetheit ohne besonderen Nachweis vermutet. Weist ein Steuerpflichtiger im Einzelfall einen höheren Abschreibungsbedarf nach, werden auch diese Abschreibungen als geschäftsmäßig begründeter Aufwand zum Abzug zugelassen;
- Die Mehrheit der Kantone kennt eigene Abschreibungssätze, welche von den Sätzen gemäß Merkblatt der ESTV abweichen können. Grundsätzlich wird aber ebenfalls an festen Prozentsätzen (degressive bzw. lineare Abschreibung) festgehalten. Gewisse Kantone kennen besondere Abschreibungsverfahren (z. B. die Sofortabschreibung von bestimmten Neuinvestitionen im Anschaffungsjahr bis zu einem bestimmten Restwert oder das Einmalerledigungsverfahren, siehe nächster Stichpunkt);
- Überabschreibungen (das sind Mehrabschreibungen, die über das steuerlich zulässige Maß hinausgehen) werden zum steuerbaren Einkommen/Gewinn hinzugerechnet und erhöhen damit die Einkommens-/Gewinnsteuerwerte des Aktivums. Zur Korrektur von Überabschreibungen wenden einige Kantone (so bspw. GR, LU, SG) neben dem Hinzurechnungsverfahren auch wahlweise das Einmalerledigungsverfahren an. Bei diesem Verfahren wird ein Teil der Überabschreibung in Form eines Ausgleichszuschlags einmalig dem steuerbaren Einkommen/Gewinn hinzugerechnet, womit die Progressions- und Zinsvorteile ausgeglichen werden. Die Einkommens-/Gewinnsteuerwerte werden durch das Einmalerledigungsverfahren jedoch nicht verändert, d. h. es erfolgt keine Aufrechnung beim Buchwert des Aktivums;

674 Vgl. Federspiel et al., Die Direkte Bundessteuer, S. 65.

675 Der derivativ erworbene Goodwill wird in der Schweiz in der Regel linear über fünf Jahre abgeschrieben.

676 Vgl. Reich/Züger, Zweifel/Athanas, DBG-Kommentar, Art. 28, Rz. 15 f.

677 Vgl. SSK, Steuerinformationen, Die Einkommenssteuer natürlicher Personen, S. 57.

678 Vgl. bspw. Merkblatt A 1995 betreffend Abschreibungen auf dem Anlagevermögen geschäftlicher Betriebe im Anhang 7.

- Gewisse Kantone überlassen den Steuerpflichtigen die Bestimmung des Abschreibungsbetrages, allerdings gelten dann bestimmte Endwerte, welche nicht unterschritten werden dürfen.

Die kantonal unterschiedlichen Methoden können auch für die Zwecke der direkten Bundessteuer angewendet werden, wenn sie über längere Zeit betrachtet zum selben Ergebnis führen.

III.1.4.1.3.2. Außerordentliche Abschreibungen

Außerordentliche Abschreibungen sind die Folge eines außergewöhnlichen geschäftsplanwidrigen Ereignisses (z. B. bei Preisverfall der hergestellten Produkte aufgrund geänderter Nachfrage oder neuer Konkurrenzprodukte, aufgrund von Beschädigungen, Elementarschäden oder nicht vorhergesehener rascher Abnutzung) und sollen den dadurch eingetretenen Wertverlusten von Aktiven des Geschäftsvermögens Rechnung tragen. Steuerlich werden außerordentliche Abschreibungen nur dann akzeptiert, wenn der Wertverlust sicher und endgültig ist. Ansonsten wäre anstelle einer Abschreibung eine Wertberichtigung vorzunehmen.[679]

Die Höhe der außerordentlichen Abschreibung ist einzelfallbezogen zu bestimmen und entspricht der Differenz zwischen dem Buchwert eines Aktivums und dessen Geschäftswert i. S. v. Art. 960 Abs. 2 OR. Es ist Sache des Steuerpflichtigen, die dauerhafte Wertverminderung nachzuweisen.[680]

III.1.4.1.3.3. Abschreibungen auf aufgewerteten Aktiven

Nach Art. 28 Abs. 3 DBG[681] können Abschreibungen auf Aktiven, die zum Ausgleich von Verlusten aufgewertet wurden, nur dann vorgenommen werden, wenn

1. die Aufwertung handelsrechtlich zulässig war und
2. die Verluste, zu deren Ausgleich die Aufwertungen vorgenommen wurden, im Zeitpunkt der Abschreibung innerhalb der ordentlichen Verlustverrechnungsperiode[682] verrechenbar gewesen wären.

Mit dieser Bestimmung soll verhindert werden, dass die Steuerpflichtigen den auf sieben Jahre begrenzten Zeitraum für die Verlustverrechnung beliebig verlängern können.[683]

III.1.4.1.3.4. Wertberichtigungen

Auf den Aktiven des Umlaufvermögens können Wertberichtigungen vorgenommen werden. Diese werden insbesondere dann gebildet, wenn die Wertverminderung vorübergehender Natur ist, weshalb Wertberichtigungen provisorischen Charakter haben. Definitiven Wertverlusten (Beispiel: Verdorbene Waren, die nicht mehr verkauft werden können) ist über eine Abschreibung Rechnung zu tragen. Endgültige Forderungsausfälle, die sich bspw. durch den Konkurs ei-

679 Vgl. Federspiel et al., Die Direkte Bundessteuer, S. 65.
680 Vgl. von Ah, Die Besteuerung Selbständigerwerbender, S. 118 f.
681 Das StHG kennt keine analoge Regelung.
682 Zur Verlustverrechnung vgl. A.III.1.4.2.
683 Vgl. von Ah, Die Besteuerung Selbständigerwerbender, S. 119.

nes Kunden ergeben, können durch die Verbuchung von Debitorenverlusten berücksichtigt werden.

Auf dem Warenlager (Roh-, Hilfs- und Betriebsstoffe, Halb- und Fertigfabrikate oder Handelswaren) lassen sowohl die ESTV als auch die kantonalen Steuerverwaltungen ohne besonderen Nachweis eine generelle Wertberichtigung von bis zu einem Drittel der Anschaffungs- oder Herstellungskosten (sog. Warendrittel) zu. Die geschäftsmäßige Begründetheit dieser Wertberichtigung wird auch dann nicht in Frage gestellt, wenn dadurch offensichtlich stille Reserven gebildet werden. Die pauschale Wertberichtigung auf dem Warenlager soll den allgemeinen Entwertungsgefahren und Verlustrisiken der Lagerhaltung (Absatz-, Markt- und physische Lagerhaltungsrisiken) Rechnung tragen.[684]

Dem potentiellen Risiko von Debitorenausfällen kann durch Verbuchung einer sog. Delkredere-Rückstellung[685] Rechnung getragen werden. Für die Zwecke der direkten Bundessteuer können pauschal, also ohne besonderen Nachweis der geschäftsmäßigen Begründetheit, Wertberichtigungen von 5 % auf inländischen und 10 % auf ausländischen Guthaben verbucht werden.[686] Vereinzelt werden in den Kantonen auch höhere Wertberichtigungen akzeptiert.[687] Unmittelbar drohende oder bereits bekannte Forderungsausfälle fallen nicht unter diese Pauschale, sondern sind vor Verbuchung der Pauschale Einzelwert zu berichtigen. Forderungen, die bereits seit mehr als sechs Monaten ausstehend sind, sind abzuschreiben.[688]

BEISPIEL: Der Debitorenbestand der Einzelfirma Müller zeigt per 31.12.2014 folgendes Bild (alle Forderungen sind Inlandforderungen):

- Ausstehende Zahlungen seit über 180 Tagen:	CHF	15'000
- Ausstehende Zahlungen seit über 120 Tagen:	CHF	35'000
- Ausstehende Zahlungen seit über 90 Tagen:	CHF	50'000
- Ausstehende Zahlungen seit über 60 Tagen:	CHF	100'000

Die Forderungen belaufen sich somit auf insgesamt CHF 200'000. Der Delkrederebestand zu Beginn des Geschäftsjahres 2014 belief sich auf CHF 5'000.

Nach Abschreibung der Forderungen, die bereits seit mehr als sechs Monaten ausstehend sind (CHF 15'000), resultiert ein Debitorenbestand von CHF 185'000. Das pauschale Delkredere darf somit CHF 9'250 (=5 %) betragen. Im Geschäftsjahr 2014 kann also eine zusätzliche Wertberichtigung von CHF 4'250 ohne besonderen Nachweis vorgenommen werden.

III.1.4.1.4. Rückstellungen

Durch Rückstellungen wird dem laufenden Geschäftsabschluss ein Aufwand belastet, der in seiner Höhe und Fälligkeit noch nicht genau bestimmbar ist, der aber tatsächlich oder zumindest wahrscheinlich in dieser Geschäftsperiode entstanden ist und sich erst in einer späteren Periode

684 Vgl. Reich/Züger, Zweifel/Athanas, DBG-Kommentar, Art. 29, Rz. 26 f.

685 Diese hat aber weniger den Charakter einer Rückstellung im betriebswirtschaftlichen Sinn, sondern stellt eine Wertberichtigung dar.

686 Vgl. Reich/Züger, Zweifel/Athanas, DBG-Kommentar, Art. 29, Rz. 32.

687 So z. B. im Kanton ZH, wo eine pauschale Wertberichtigung von 10 % auf inländischen und 20 % auf ausländischen Forderungen verbucht werden kann (Richner/Frei/Kaufmann/Meuter, Zürcher Steuergesetz, § 27 Rz. 23 i.V. m. § 64 Rz. 85).

688 Vgl. Federspiel et al., Die Direkte Bundessteuer, S. 67 f.

geldmäßig verwirklichen wird. Bilanztechnisch gehören die Rückstellungen zum Fremdkapital.[689]

Für die Zwecke der direkten Bundessteuer sind gemäß Art. 29 Abs. 1 DBG Rückstellungen zulässig für:

a. Im Geschäftsjahr bestehende Verpflichtungen, deren Höhe noch unbestimmt ist;

b. Verlustrisiken, die mit Aktiven des Umlaufvermögens, insbesondere mit Waren und Debitoren, verbunden sind;[690]

c. Andere unmittelbar drohende Verlustrisiken, die im Geschäftsjahr bestehen;

d. Künftige Forschungs- und Entwicklungsaufträge an Dritte bis zu 10 % des steuerbaren Gewinnes, insgesamt jedoch höchstens bis zu CHF 1 Mio.[691]

Das StHG kennt eine weitgehend analoge, wenn auch knapper formulierte Regelung (Art. 10 Abs. 1 Bst. b StHG).[692] Die kantonalen Regelungen sind teilweise noch großzügiger.[693]

Steuerlich müssen Rückstellungen geschäftsmäßig begründet sein und verbucht werden, damit sie von den Steuerbehörden akzeptiert werden (Prinzip der Maßgeblichkeit). Steuerlich werden Rückstellungen allerdings nur dann akzeptiert, wenn sie der Sicherung unmittelbar drohender Verlustrisiken dienen, deren Ursache bereits im laufenden Geschäftsjahr eingetreten ist.[694] Als Beispiele seien hier Rückstellungen für Gewährleistungs- und Schadenersatzverpflichtungen, für schwebende Geschäfte (Abnahmeverpflichtungen, Lieferungsverpflichtungen), für Eventualverpflichtungen (Bürgschaften, Pfandrechte, Garantien) oder für zukünftig geschuldete Sozialversicherungsbeiträge erwähnt.[695]

Die Höhe der Rückstellungen ist per Definition nicht genau bestimmbar. Es handelt sich somit um eine Schätzung, der notwendigerweise Unsicherheiten anhaften. Aus diesem Grund wird dem Steuerpflichtigen auch für steuerliche Zwecke ein gewisser Bemessungsspielraum zugestanden.[696]

Erweisen sich bereits gebildete Rückstellungen in späteren Geschäftsjahren als nicht mehr geschäftsmäßig begründet, sind diese erfolgswirksam, d. h. unter Zurechnung zum steuerbaren Geschäftsertrag aufzulösen, sobald die geschäftsmäßige Begründetheit wegfällt (Art. 29 Abs. 2 DBG).

689 Vgl. Reich/Züger, Zweifel/Athanas, DBG-Kommentar, Art. 29, Rz. 1 m. w. N.

690 Es wurde bereits erwähnt, dass der Bundessteuergesetzgeber irreführenderweise für Wertberichtigungen des Umlaufvermögens den Begriff „Rückstellungen“ verwendet. Im vorliegenden Beitrag werden Rückstellungen für Verlustrisiken auf Aktiven des Umlaufvermögens konsequent als Wertberichtigungen bezeichnet (vgl. A.III.1.4.1.3.).

691 Vgl. A.III.1.4.1.5.

692 Insbesondere die „Rückstellungen“ für künftige Forschungs- und Entwicklungsaufträge sind aber nicht explizit genannt.

693 Vgl. SSK, Steuerinformationen: Die Einkommenssteuer natürlicher Personen, S. 58.

694 Vgl. Federspiel et al., Die Direkte Bundessteuer, S. 66 f.

695 Vgl. Reich/Züger, Zweifel/Athanas, DBG-Kommentar, Art. 29, Rz. 16 – 24.

696 Vgl. Reich/Züger, Zweifel/Athanas, DBG-Kommentar, Art. 29, Rz. 12 m. w. N.

III.1.4.1.5. Reserven für Forschungs- und Entwicklungskosten

Personenunternehmen dürfen für die Zwecke der direkten Bundessteuer Reserven (oder Rücklagen)[697] für künftige Forschungs- und Entwicklungsaufträge an Dritte bilden. Diese dürfen maximal 10 % des steuerbaren Geschäftsgewinnes betragen, höchstens aber CHF 1 Mio. (Art. 29 Abs. 1 Bst. d DBG). Auf kantonaler Ebene haben fast alle Kantone (außer der Kanton TI) die Bundessteuerregelung übernommen. Vereinzelt wurden auch noch großzügigere Lösungen gewählt, indem höhere Beiträge zum Abzug zugelassen werden (z. B. können im Kanton BS 10 % des Geschäftsertrages, maximal jedoch CHF 5 Mio. gebildet werden) oder indem auch Reservenbildungen für eigene Forschungs- und Entwicklungsprojekte (so z. B. in den Kantonen AG, NW und OW) oder für wirtschaftlich erforderliche Betriebsumstrukturierungen (Kantone BL und SO) zugelassen sind.[698]

PRAXISHINWEIS

Damit Reservenbildungen für eigene Forschungs- und Entwicklungsaufträge sowie solche an Dritte steuerlich akzeptiert werden, wird der Nachweis verlangt, dass ein entsprechendes Konzept mit Projektbeschrieb, Zeit- und Kostenrahmen vorliegt und konkrete Aufträge an Drittfirmen bereits vergeben wurden. Die Beweislast liegt diesbezüglich beim Steuerpflichtigen.

Durch die gewinnwirksame Reservenbildung wird in Zukunft anfallender Aufwand vorweggenommen und damit periodenfremd verbucht. Der Gesetzgeber wollte damit einen steuerlichen Anreiz für eine vermehrte Forschungs- und Entwicklungstätigkeit schaffen. Im internationalen Vergleich sind diese steuerlichen Anreize zur Förderung der Forschungs- und Entwicklungstätigkeit allerdings als sehr moderat einzustufen. Verschiedene Seiten fordern deshalb die Einführung von innovativen, steuerlichen Förderungsmaßnahmen, um die Kompetitivität der Schweiz als Forschungs- und Entwicklungsstandort zu steigern. Die vorgeschlagenen, steuerlichen Anreize auf der Input-Seite der Forschungs- und Entwicklungstätigkeit sehen Steuerfreibeträge mit Anwendung eines Multiplikators von 125 % bis 150 % zwecks mehrfacher Abzugsfähigkeit vor. Das Anreizsystem soll dabei auf die gesamten qualifizierenden Forschungs- und Entwicklungsausgaben angewendet und die Steuerfreibeträge durch Minimal- und Maximalbeträge begrenzt werden. Eine optimale Output-Förderung müsste insbesondere eine Teilbesteuerung der Erträge aus geistigem Eigentum (Intellectual Property, hiernach IP) einschließen. Dabei sollte eine Brutto-Privilegierung ohne Einschränkung auf selbstentwickelte IP Anwendung finden, während die IP Erträge aus lizenzierten, gekauften oder im Rahmen einer Sacheinlage eingebrachten IP um abzugsfähige Abschreibungen und Lizenzaufwand zu reduzieren sind.[699]

III.1.4.1.6. Ersatzbeschaffungen

Selbständigerwerbende können beim Ersatz von Gegenständen des betriebsnotwendigen Anlagevermögens die stillen Reserven innert angemessener Frist steuerneutral auf ein Ersatzobjekt übertragen. Ausgeschlossen ist die Übertragung auf Vermögen außerhalb der Schweiz (Art. 8 Abs. 4 StHG, Art. 30 Abs. 1 DBG). Das Erfordernis der funktionellen Gleichartigkeit ist mit dem Inkrafttreten der Unternehmenssteuerreform II per 1. 1. 2011 dahingefallen.[700]

697 Der Gesetzeswortlaut spricht von „Rückstellungen". Dem Charakter nach handelt es sich aber eher um Reserven bzw. Rücklagen, d. h. um erfolgswirksam gebildete Bestandteile des Eigenkapitals (vgl. von Ah, Die Besteuerung Selbständigerwerbender, S. 125).

698 Vgl. SSK, Steuerinformationen, Die Einkommenssteuer natürlicher Personen, S. 58.

699 Vgl. Müller/Gramigna/Linder, ST 2008, S. 803 ff.; Linder/Müller, ST 2008, S. 146 ff.; A.III.3.5.7. und A.III.5.2.

700 Vgl. EFD, Unternehmenssteuerreform II, S. 19.

Wird die Ersatzbeschaffung nicht im gleichen Geschäftsjahr getätigt, so kann im Umfang der stillen Reserven eine Rückstellung gebildet werden. Diese Rückstellung ist innert angemessener Frist, in der Praxis sind dies i. d. R. zwei Jahre, zur Abschreibung auf dem Ersatzobjekt zu verwenden oder zugunsten der Erfolgsrechnung aufzulösen (Art. 30 Abs. 2 DBG).

Als betriebsnotwendig gilt nur Anlagevermögen, das dem Betrieb unmittelbar dient. Ausgeschlossen sind insbesondere Vermögensteile, die dem Unternehmen nur als Vermögensanlage oder nur durch ihren Ertrag dienen (Art. 30 Abs. 3 DBG).

III.1.4.2. Verlustverrechnung bei Selbständigerwerbenden

Selbständigerwerbende können innerhalb der gleichen Bemessungsperiode Verluste aus der selbständigen Erwerbstätigkeit zunächst mit Überschüssen aus anderen Quellen (z. B. Einkommen aus unselbständiger Erwerbstätigkeit, Vermögensertrag etc.) verrechnen. Dieses Vorgehen wird als innerperiodische Verlustverrechnung bezeichnet[701] und entspricht dem deutschen System des vertikalen Verlustausgleichs.

Im Rahmen der ordentlichen Verlustverrechnung können Verluste aus den sieben der Steuerperiode vorangegangenen Geschäftsjahre verrechnet werden, soweit sie bei der Berechnung des steuerbaren Einkommens dieser Jahre nicht berücksichtigt werden konnten (Art. 31 DBG). Verlustrückträge, wie sie in den Steuerordnungen verschiedener ausländischer Staaten, so z. B. in Deutschland, vorgesehen sind, fallen dagegen außer Betracht.[702] Folgendes Beispiel zeigt die Möglichkeiten der Verlustverrechnung in der Schweiz:

BEISPIEL:

Steuerperiode 2013	CHF
Verlust aus selbstständiger Erwerbstätigkeit	-100'0000
Einkommen aus unselbständiger Erwerbstätigkeit	+50'000
Vermögensertrag	+10'000
Verlustvortrag	-40'000

Steuerperiode 2014	CHF	
Gewinn aus selbstständiger Erwerbstätigkeit	+20'000	
Verlustvortrag	-40'000	-20'000
Einkommen aus unselbständiger Erwerbstätigkeit		+50'000
Vermögensertrag		+10'000
Steuerpflichtig für 2014		+40'000

Bei der Verrechnung von Vorjahresverlusten ist darauf zu achten, dass stets zuerst der älteste bis zu diesem Zeitpunkt noch nicht verrechnete (aber noch in der Verlustverrechnungsperiode liegende) Verlust zur Verrechnung gebracht wird. Erst nach vollständiger Verrechnung dieses Verlustes kommt der Verlust des folgenden Jahres zur Verrechnung.[703] Nachfolgendes Beispiel verdeutlicht diese Systematik:

701 Vgl. von Ah, Die Besteuerung Selbständigerwerbender, S. 140 auch zum Folgenden.
702 Vgl. hierzu auch A.III.2.1.2.
703 Vgl. Reich/Züger, Zweifel/Athanas, DBG-Kommentar, Art. 31, Rz. 12.

BEISPIEL:

Steuerperiode	2007	2008	2009	2010	2011	2012	2013	2014
Einkünfte aus selbständiger Erwerbstätigkeit	positiv	-40	-60	-20	10	-30	0	50
Übriges Einkommen	positiv	10	10	40	0	-10	-10	40
Steuerbares Einkommen vor Verlustverrechnung	positiv	-30	-50	20	10	-40	-10	90
Verrechnung mit Verlust aus SP 2008				-30				
Verbleibender Verlust aus SP 2008				-10				
Verrechnung mit verbliebenem Verlust aus SP 2008					-10 0			
Verrechnung mit Verlust aus SP 2009								-50
Verrechnung mit Geschäftsverlust aus SP 2012								-30
Steuerbares Einkommen nach Verlustverrechnung								10

Quelle: In Anlehnung an Reich/Züger, Zweifel/Athanas, DBG-Kommentar, Art. 211, Rz. 7.

Sanierungsleistungen von Dritten, die zum Ausgleich einer Unterbilanz im Rahmen einer Sanierung erbracht werden, können zeitlich unlimitiert mit Verlusten aus der selbständigen Erwerbstätigkeit verrechnet werden. Man spricht in diesem Fall von außerordentlicher Verlustverrechnung bzw. Verlustverrechnung im Sanierungsfall.[704]

III.2. Besteuerung von juristischen Personen

III.2.1. Allgemeines

III.2.1.1. Steuerliche Gewinnermittlung

Der steuerbare Gewinn ist das Steuerobjekt der Gewinnsteuer juristischer Personen (Art. 57 DBG, Art. 24 Abs. 1 StHG).[705] Basis der Berechnung ist der Saldo der Erfolgsrechnung (ER),[706] angepasst um steuerliche Korrekturen:

704 Vgl. Reich/Züger, Zweifel/Athanas, DBG-Kommentar, Art. 211, Rz. 2; von Ah, Die Besteuerung Selbständigerwerbender, S. 149 ff.

705 Vgl. Brülisauer/Poltera, Zweifel/Athanas, DBG-Kommentar, Art. 57, Rz. 1; Brülisauer/Kuhn, Zweifel/Athanas, StHG-Kommentar, Art. 24, Rz. 7; Richner/Frei/Kaufmann/Meuter, Handkommentar zum DBG, Art. 57, Rz. 1; Locher, Kommentar zum DBG, Art. 57, Rz. 1, 3 ff.

706 Vgl. Brülisauer/Poltera, Zweifel/Athanas, DBG-Kommentar, Art. 58, Rz. 1; Brülisauer/Kuhn, Zweifel/Athanas, StHG-Kommentar, Art. 24, Rz. 9; Locher, Kommentar zum DBG, Art. 57, Rz. 82 ff.

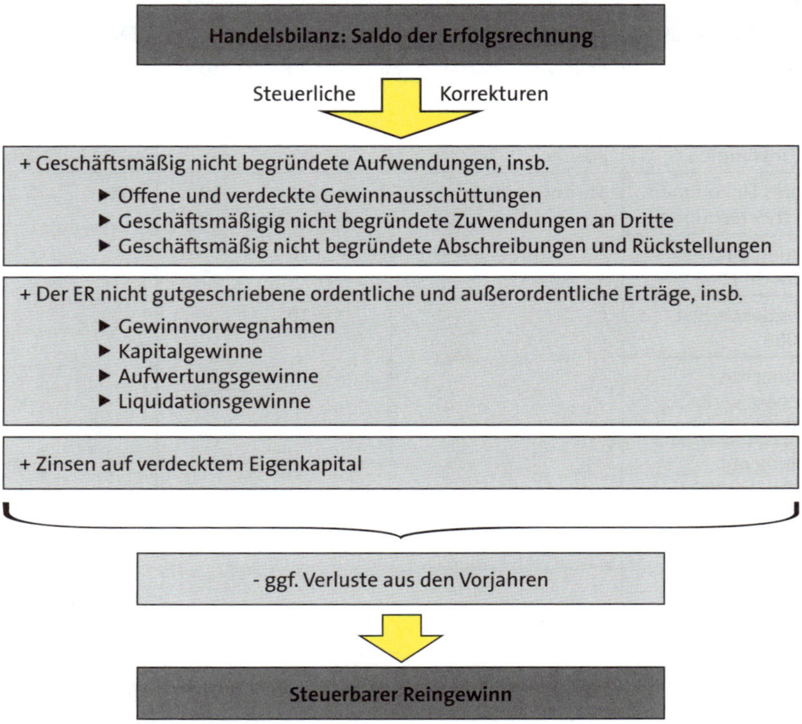

Der über die Erfolgsrechnung ermittelte Reingewinn einer juristischen Person ist der während eines Geschäftsjahres[707] erzielte und um die Aufwendungen gekürzte Ertrag. Er kann nicht ohne Weiteres mit dem steuerbaren Reingewinn gleichgesetzt werden.

Der steuerbare Reingewinn wird in Art. 58 Abs. 1 DBG und Art. 24 Abs. 1 StHG definiert. Das StHG umschreibt den Gegenstand dabei – im Gegensatz zum DBG[708] – in klarer Weise: Demnach unterliegt der gesamte Reingewinn der Gewinnsteuer.[709] Dazu zählen nach Art. 24 Abs. 1 Bst. a und Bst. b StHG auch der geschäftsmäßig nicht begründete Aufwand,[710] der Erfolgrechnung nicht gutgeschriebene Erträge, Kapital-,[711] Liquidations- und Aufwertungsgewinne[712] und die Zinsen auf verdecktem Eigenkapital (Art. 65 DBG).

707 Vgl. A.III.2.1.3.

708 Die DBG-Formulierung ist unklar, weil der Saldovortrag beim Reingewinn berücksichtigt werden soll (Art. 58 Abs. 1 Bst. a DBG). Der Saldovortrag ist Bilanz- und nie ER-Bestandteil (vgl. Brülisauer/Poltera, Zweifel/Athanas, DBG-Kommentar, Art. 58, Rz. 8.).

709 Nicht jeder Vermögenszugang der juristischen Person ist erfolgswirksam. Von den steuerbaren Erträgen sind grundsätzlich die erfolgsneutralen (offenen und verdeckten) Kapitaleinlagen zu unterscheiden. Ausführlich hierzu Höhn/Waldburger, Steuerrecht, Bd. I, S. 437 ff.

710 Vgl. Brülisauer/Poltera, Zweifel/Athanas, DBG-Kommentar, Art. 58, Rz. 2.

711 Die Besteuerung der Kapitalgewinne steht gemäß Art. 24 Abs. 4 StHG unter dem Vorbehalt der Gewährung eines Steueraufschubs bei Ersatzbeschaffungen.

712 Vgl. Brülisauer/Poltera, Zweifel/Athanas, DBG-Kommentar, Art. 58, Rz. 3.

Ausgangsgröße ist der nach dem Obligationenrecht (OR) handelsrechtlich ermittelte Gewinn, d. h. man folgt wie im deutschen Steuerrecht dem Maßgeblichkeitsprinzip.[713] Der Saldo der Erfolgsrechnung muss über die allgemeinen gesetzlichen Bestimmungen der kaufmännischen Buchführung (Art. 957 – Art. 963 OR), die allgemein anerkannten Grundsätze der kaufmännischen Buchführung[714] (Anknüpfung über Art. 959 OR) und die Sonderbestimmungen für Aktiengesellschaften ermittelt werden (Art. 662 – Art. 670 OR).[715] Insofern unterscheidet sich die Ermittlungssystematik im Schweizer Recht nicht grundsätzlich von der deutschen Regelung (GoB[716] u. a. nach §§ 238 Abs. 1 S. 2, 239 Abs. 2 und 4, 243 Abs. 1 246 Abs. 1, 252 HGB; §§ 141 – 148 AO und nicht kodifizierte GoB). Vorsicht geboten ist bezüglich des Begriffs „Umkehrung der Handelsbilanz“: In der Schweiz spricht man von der umgekehrten Maßgeblichkeit, wenn zum Ausdruck gebracht werden soll, dass die Unternehmung wegen der Maßgeblichkeit der Handelsbilanz für die Steuerbilanz zur Nutzung steuerlicher Vorteile faktisch gezwungen ist, die steuerlich zulässigen Ansätze in die Handelsbilanz zu übernehmen.[717]

Steuerliche Anpassungen werden vorgenommen, weil die handelsrechtlichen Normen einen anderen Zweck als das Steuerrecht verfolgen und demzufolge nicht vollumfänglich der steuerlichen Gewinnermittlung dienen können. Das im Gläubigerschutz begründete Vorsichtsprinzip lässt im Handelsrecht die Bildung stiller Reserven zu, welches sich in Höchstwertvorschriften äußert.[718] Im Steuerrecht hingegen sind beliebige Tieferbewertungen nicht erlaubt. Die Werte müssen deshalb über spezielle Bestimmungen angepasst werden.

III.2.1.1.1. Geschäftsmäßig begründeter/unbegründeter Aufwand

Art. 58 Abs. 1 Bst. b DBG und Art. 24 Abs. 1 Bst. a StHG verlangen eine Aufrechnung der Aufwendungen, die nicht geschäftsmäßig begründet sind. Eine Legaldefinition ist jedoch weder zu den geschäftsmäßig begründeten noch zu den geschäftsmäßig unbegründeten Aufwendungen zu finden.[719]

Geschäftsmäßig begründeten Aufwand kann man umschreiben als die Gesamtheit der Ausgaben, die zur Erzielung des Bruttogewinns notwendig sind.[720] Insofern ist der geschäftsmäßig begründete Aufwand mit den Betriebsausgaben nach § 4 Abs. 4 EStG (Veranlassungsprinzip) mit Einschränkungen formell – sicher jedoch nicht materiell – vergleichbar.

713 Vgl. Richner/Frei/Kaufmann/Meuter, Handkommentar zum DBG, Art. 58, Rz. 6; Brülisauer/Poltera, Zweifel/Athanas, DBG-Kommentar, Art. 58, Rz. 11 ff.; Locher, Kommentar zum DBG, Art. 58 Rz. 3 ff.

714 Genaue Ausführungen dazu in Richner/Frei/Kaufmann/Meuter, Handkommentar zum DBG, Art. 58, Rz. 9 ff.

715 Vgl. Brülisauer/Poltera, Zweifel/Athanas, DBG-Kommentar, Art. 58, Rz. 18; Brülisauer/Kuhn, Zweifel/Athanas, StHG-Kommentar, Art. 24 Rz. 14.

716 Zu den schweizerischen GoB vgl. Boemle, Der Jahresabschluss, S. 52 ff.; zu den deutschen GoB vgl. u. a. Tipke/Lang, Steuerrecht, § 17, Rz. 60 – 75.

717 Vgl. Brülisauer/Poltera, Zweifel/Athanas, DBG-Kommentar, Art. 58, Rz. 38; Brülisauer/Kuhn, Zweifel/Athanas, StHG-Kommentar, Art. 24, Rz. 33; Locher, Kommentar zum DBG, Art. 58, Rz. 73; zur deutschen Formulierung: Tipke/Lang, Steuerrecht, § 17, Rz. 82, Weber-Grellet, Schmidt, EStG-Kommentar, § 5, Rz. 82 ff.

718 Vgl. Brülisauer/Poltera, Zweifel/Athanas, DBG-Kommentar, Art. 58, Rz. 26 f.; Brülisauer/Kuhn, Zweifel/Athanas, StHG-Kommentar, Art. 24, Rz. 29 f., 54.

719 Brülisauer/Poltera, Zweifel/Athanas, DBG-Kommentar, Art. 58, Rz. 47; Brülisauer/Kuhn, Zweifel/Athanas, StHG-Kommentar, Art. 24, Rz. 56; Locher, Kommentar zum DBG, Art. 58, Rz. 85. In Art. 59 DBG werden immerhin einige Spezialfälle des geschäftsmäßig begründeten Aufwands aufgezählt, vgl. Brülisauer/Helbing, Zweifel/Athanas, DBG-Kommentar, Art. 59, Rz. 2 ff.

720 Vgl. Brülisauer/Kuhn, Zweifel/Athanas, StHG-Kommentar, Art. 24, Rz. 58.

Im Zusammenhang mit geschäftsmäßig unbegründetem Aufwand führen das DBG und i. d. R. auch die kantonalen Steuergesetze exemplarisch einige Aufwendungen auf, die nicht abzugsfähig sind und somit dem steuerbaren Gewinn hinzugerechnet werden müssen.

Geschäftsmäßig unbegründeter Aufwand kann vorliegen, wenn das Periodizitätsprinzip (Kriterium des Aufwandcharakters) missachtet wird oder wenn der Aufwand keine Grundlage in der geschäftlichen Aktivität findet (Kriterium der Geschäftsmäßigkeit).[721] Dies sei exemplarisch anhand folgender Abbildung gezeigt:

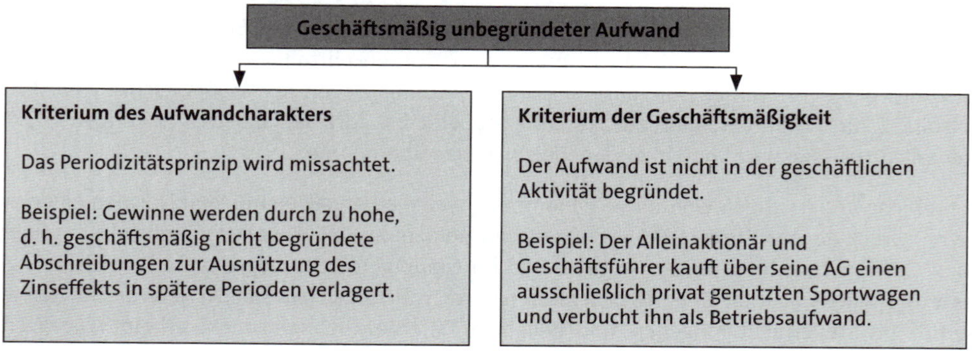

Aufwandcharakter haben all jene Vermögensabflüsse, welche weder der Schuldentilgung noch der Anschaffung aktivierungspflichtiger Vermögensobjekte dienen.[722] Mit den entsprechenden Berichtigungen soll ein Steueraufschub verhindert werden, d. h. man korrigiert den Gewinn derart,[723] dass der Gewinnanfall dem wirtschaftlichen Abbild entspricht und setzt damit das Periodizitätsprinzip um.[724] Klassische „Vertreter" der geschäftsmäßig unbegründeten Aufwendungen im Hinblick auf den Aufwandcharakter sind übersetzte Abschreibungen und Rückstellungen. Beide Institute sind nicht liquiditätswirksam und dienen der zeitlich korrekten Zurechnung der Kosten auf die einzelnen Perioden.

Über die Geschäftsmäßigkeit wird der private vom geschäftlichen Aufwand separiert. Diese Abgrenzung dient der Verhinderung einer unsachgemäßen Zurechnung des Gewinns auf die jeweiligen Subjekte: Es soll die wirtschaftliche Doppelbelastung[725] sichergestellt werden, indem man der juristischen Person diejenigen Gewinnbestandteile hinzurechnet, welche sie zwar erwirtschaftet, in ihrem (handelsrechtlichen) Gewinnausweis jedoch nicht deklariert hat. Insofern ist die Hinzurechnung privater Aufwendungen bedeutender, weil damit der definitive Verlust des Gewinnsteuersubstrats bei der fraglichen juristischen Person verhindert wird, d. h. der Totalgewinn der juristischen Person endgültig geschmälert wird.[726] Bezüglich Geschäftsmäßigkeit sind insbesondere verdeckte Gewinnausschüttungen zu prüfen.[727]

721 Vgl. Richner/Frei/Kaufmann/Meuter, Handkommentar zum DBG, Art. 58, Rz. 74.

722 Vgl. Höhn/Waldburger, Steuerrecht, Bd. II, S. 329; Brülisauer/Poltera, Zweifel/Athanas, DBG-Kommentar, Art. 58, Rz. 48.

723 Die Abgrenzung geht auf die steuerlichen Grundprinzipien zur Sicherstellung der Besteuerung nach der wirtschaftlichen Leistungsfähigkeit zurück: Totalgewinnprinzip und Periodizitätsprinzip, vgl. Brülisauer/Poltera, Zweifel/Athanas, DBG-Kommentar, Art. 58, Rz. 41 ff., Brülisauer/Kuhn, Zweifel/Athanas, StHG-Kommentar, Art. 24, Rz. 37–40.

724 Vgl. Richner/Frei/Kaufmann/Meuter, Handkommentar zum DBG, Art. 58, Rz. 74.

725 Vgl. A.III.2.2.1.1.

726 Vgl. Höhn/Waldburger, Steuerrecht, Bd. I, S. 432.

727 Vgl. Richner/Frei/Kaufmann/Meuter, Handkommentar zum DBG, Art. 58, Rz. 86 ff.

III.2.1.1.1.1. Verdeckte Gewinnausschüttung

Im Falle einer verdeckten Gewinnausschüttung erbringt die Gesellschaft – im Prinzip analog zur entsprechenden deutschen Systematik – an Beteiligte oder ihnen nahe stehende Dritte als Aufwand verbuchte Leistungen, welche einem Drittvergleich nicht standhalten.[728] Soweit die Leistung das im Verkehr mit Dritten übliche Maß übersteigt, handelt es sich um geschäftsmäßig nicht begründeten Aufwand. In der Höhe dieser Leistung erfolgt eine Aufrechnung zum steuerbaren Gewinn. Auf den Aufrechnungsbetrag ist die Verrechnungssteuer[729] geschuldet, bei Beteiligten wird die verdeckte Gewinnausschüttung als Vermögensertrag zum steuerbaren Einkommen gerechnet.

III.2.1.1.1.2. Abschreibungen

Wie im deutschen Steuerrecht[730] dürfen Aufwendungen für die Anschaffung, Herstellung oder Wertvermehrung von Gegenständen des Anlagevermögens grundsätzlich nicht erfolgswirksam verbucht werden, sondern müssen bilanziert und über die Nutzungsdauer abgeschrieben werden (vgl. auch Art. 58 Abs. 1 Bst. b DBG). Durch ihre zeitliche Verteilungswirkung bieten sich Abschreibungen als bilanzpolitisches bzw. steuergestalterisches Instrument an. Es ist deshalb notwendig, dass die Steuergesetze allzu unsachgemäßer Gestaltung der Abschreibungen Einhalt gebieten.

Grundsätzlich dürfen die Abschreibungen den Umfang der Entwertung der Wirtschaftsgüter nicht übersteigen.[731] Beim Bund sowie in den Kantonen sind Abschreibungen nur dann geschäftsmäßig begründet, wenn sie buchmäßig oder in besonderen Abschreibungstabellen ausgewiesen sind (Art. 62 Abs. 1 DBG; Art. 24 Abs. 4 i. V. m. Art. 10 Abs. 1 Bst. a StHG).

Auf Bundesebene werden Abschreibungen i. d. R. nach dem tatsächlichen Wert der einzelnen Vermögensteile berechnet oder nach ihrer voraussichtlichen Gebrauchsdauer angemessen verteilt (Art. 62 Abs. 2 DBG).

Sowohl die lineare, als auch die degressive Abschreibungsmethode können zur Anwendung gelangen. Absetzungen für außergewöhnliche technische oder wirtschaftliche Abnutzung entsprechend § 7 Abs. 1 Satz 7 EStG kennen weder das DBG noch die kantonalen Steuergesetze.

Die Abschreibungssätze variieren je nach Art des abzuschreibenden Wirtschaftsgutes.[732] Maßgebend sind i. d. R. pauschale Abschreibungstabellen, die von der Steuerverwaltung publiziert werden.[733] Die Normalsätze bewegen sich bei der degressiven Abschreibungsmethode grundsätzlich in einer Bandbreite von 1.5 % (Wohnhäuser von Immobiliengesellschaften) bis 45 % (Maschinenwerkzeuge, Hotelgeschirr und Hotelwäsche) des Buchwertes; bei der linearen Abschreibung sind die Höchstsätze jeweils um die Hälfte zu reduzieren. Ähnlich wie nach § 7d EStG lassen die schweizerischen Steuerbehörden gewisse erhöhte Abschreibungen für Umweltschutzanlagen und Investitionen für energiesparende Einrichtungen zu. Weitere erhöhte Abset-

728 Vgl. Locher, Kommentar zum DBG, Art. 58, Rz. 94 ff.

729 Vgl. A.II.5.2.1.

730 Vgl. § 7 Abs. 1 Satz 1 EStG.

731 Vgl. Höhn/Waldburger, Steuerrecht, Bd. I, S. 460.

732 Vgl. SSK, Steuerinformationen, Die Besteuerung der juristischen Personen, S. 46.

733 Vgl. ESTV, Merkblatt A 1995 Abschreibungen auf dem Anlagevermögen geschäftlicher Betriebe; ESTV, Merkblatt A 1995 Abschreibungen auf dem Anlagevermögen der Elektrizitätswerke; ESTV, Merkblatt A 1995 Abschreibungen auf Luftseilbahnen; ESTV, Merkblatt A 1995 Abschreibungen auf Schiffen und Schifffahrtsanlagen.

zungen oder Sonderabschreibungen ähnlich derer in §§ 7a – 7k EStG kennt das Schweizer Recht nicht.

Ist ein Wirtschaftsgut auf einen Buchwert abgeschrieben worden, welcher unter dem Wert liegt, der bei einer Aufwertung, Veräußerung oder Verwertung erzielt wird, so stellt die Differenz steuerbaren Liquidationsgewinn dar.[734]

Die Kantone haben die für die direkte Bundessteuer im Zusammenhang mit den Abschreibungen geltenden Bestimmungen und Sätze größtenteils übernommen. Einige Kantone kennen besondere Abschreibungsverfahren (Sofortabschreibungs- und Einmalerledigungsverfahren), welche dann auch bei der Ermittlung der direkten Bundessteuer angewendet werden können.[735]

III.2.1.1.1.3. Ersatzbeschaffungen

Ähnlich wie die Regelung von § 6b EStG zur Übertragung stiller Reserven bei der Veräußerung bestimmter Anlagegüter lassen Bund und Kantone zu, dass die stillen Reserven beim Ersatz von Gegenständen des betriebsnotwendigen Anlagevermögens auf ein Ersatzobjekt in der Schweiz übertragen werden können (Art. 64 Abs. 1 DBG).

Das Erfordernis der funktionellen Gleichartigkeit wurde mit dem Inkrafttreten des Unternehmenssteuerreformgesetzes II aufgehoben.

Der Ersatzbeschaffungstatbestand ist auch für qualifizierte Beteiligungen anwendbar (Art. 64 Abs. 2 DBG). Solche liegen vor, wenn die veräußerte Beteiligung mindestens 10 % des Grund- oder Stammkapitals oder mindestens 10 % des Gewinns und der Reserven der anderen Gesellschaft ausmacht und diese Beteiligung während mindestens eines Jahres im Besitz der veräußernden Kapitalgesellschaft oder Genossenschaft war.

III.2.1.1.1.4. Rückstellungen

Bei Rückstellungen erfolgt (zunächst) kein Geldabfluss. Rückstellungen dienen dazu, unmittelbaren Verlustgefahren zu begegnen. Es handelt sich daher um Verbindlichkeiten, die in ihrer Höhe oder ihrem Rechtsbestand noch nicht feststehen. Die Rückstellung hat insofern stets provisorischen Charakter.[736]

Rückstellungen müssen – wie Abschreibungen auch – geschäftsmäßig begründet sein, damit sie steuerlich anerkannt werden (Art. 63 DBG; Art. 24 Abs. 4 i.V.m. Art. 10 Abs. 1 Bst. b StHG). In dem Umfang, als eine Rückstellung nicht geschäftsmäßig begründet ist, erfolgt eine Aufrechnung beim steuerbaren Reingewinn.

Rückstellungen sind nur dann geschäftsmäßig begründet, wenn die Verlustgefahren, zu deren Ausgleich sie bestimmt sind, am Bilanzstichtag bereits drohen. Hingegen sind Rückstellungen für Risiken, welche möglicherweise in der Zukunft entstehen könnten, nicht zulässig.

In Art. 63 DBG werden die infolge Verlustgefahr steuerlich zulässigen Rückstellungen aufgeführt:

- Im Geschäftsjahr bestehende Verpflichtungen, deren Höhe noch unbestimmt ist;

734 Vgl. A.III.2.1.1.2.

735 Vgl. ESTV, Merkblatt A 1995 Abschreibungen auf dem Anlagevermögen geschäftlicher Betriebe, 4. Gliederungspunkt.

736 Vgl. Höhn/Waldburger, Steuerrecht, Bd. I, S. 461 f.; Kuhn/Klingler, Zweifel/Athanas, DBG-Kommentar, Art. 63, Rz. 2.

- Verlustrisiken, die mit Aktiven des Umlaufvermögens, insbesondere mit Waren und Debitoren, verbunden sind;
- Andere unmittelbar drohende Verlustrisiken, die im Geschäftsjahr bestehen;
- Künftige Forschungs- und Entwicklungsaufträge an Dritte bis 10 % des steuerbaren Gewinns, insgesamt jedoch höchstens bis zu CHF 1 Mio.[737]

Soweit sich bisherige Rückstellungen als nicht mehr geschäftsmäßig begründet erweisen, werden sie dem steuerbaren Gewinn zugerechnet (Art. 63 Abs. 2 DBG). Die kantonalen Regelungen lauten entsprechend.

Auch in Bezug auf die Rückstellungen gibt es steuerlich akzeptierte, pauschale Wertberichtigungen, die ohne Begründung von den Steuerbehörden – selbst über den eigentlichen wirtschaftlichen Rückstellungsbedarf hinaus – akzeptiert werden. In der Praxis kennt man folgende Pauschalsätze:

- Delkredere-Risiko: Bei Dienstleistungen wird ein Einschlag auf den Herstellkosten im Sinne einer Einzelwertberichtigung nur insoweit gewährt, als das Delkredere-Risiko konkret nachgewiesen wird. Die Praxis lässt für direkte Bundessteuerzwecke jedoch ohne besonderen Nachweis einen Pauschalsatz von 5 % für inländische und 10 % für ausländische Forderungen zu. Vereinzelt sind in den Kantonen sowohl für direkte Bundessteuer- als auch Kantons- und Gemeindesteuerzwecke höhere Ansätze gebräuchlich. So erlaubt bspw. der Kanton ZH[738] 10 % (statt 5 %) und 20 % (statt 10 %);
- Vorräte an Rohmaterialien, Waren, Halb- und Fertigfabrikate: Bei den genannten Vorräten ist eine pauschale Wertberichtigung bis zu einem Drittel des maßgebenden Inventarwerts (Anschaffungs- bzw. Herstellkosten abzüglich Wertverminderung im Sinne von Einzelwertberichtigungen) zulässig (sog. Warendrittel).

PRAXISHINWEIS

Es steht dem Unternehmen offen, für bestimmte Forderungen ein größeres Verlustrisiko nachzuweisen. Ein solcher Nachweis schließt die Vornahme einer pauschal berechneten Delkredere-Wertberichtigung auf den übrigen, mit einem normalen Verlustrisiko behafteten Debitoren nicht aus. Werden jedoch Forderungen mit erhöhtem Risiko ausgeschieden, muss dies analog auch für Debitoren geschehen, die keinem Verlustrisiko ausgesetzt sind (so bspw. bei Debitoren gegenüber Gemeinwesen oder Forderungen mit genügender Sicherung). Die Geltendmachung des Warendrittels setzt voraus, dass ein mengenmäßig vollständiges Inventar vorliegt und die Anschaffungs- oder Herstellkosten bzw. die niedrigeren Marktwerte nachgewiesen sind. Die Wertberichtigungen sind jährlich anzupassen.[739]

Aufgrund des Maßgeblichkeitprinzips können diese Pauschalansätze nur in Anspruch genommen werden, wenn die so ermittelten Abschreibungen und Rückstellungen auch tatsächlich in der Handelsbilanz aufgeführt werden.

737 Der Gesetzeswortlaut spricht von „Rückstellungen". Dem Charakter nach handelt es sich aber eher um Reserven bzw. Rücklagen, d. h. um erfolgswirksam gebildete Bestandteile des Eigenkapitals (siehe hierzu auch Kuhn/Klingler, Zweifel/Athanas, DBG-Kommentar, Art. 63, Rz. 4 i.V.m. Reich/Züger, Zweifel/Athanas, DBG-Kommentar, Art. 29, Rz. 39 ff. Vgl. hierzu auch A.III.1.4.1.5.

738 Richner/Frei/Kaufmann/Meuter, Zürcher Steuergesetz, § 64 Rz. 85.

739 Vgl. Richner/Frei/Kaufmann/Meuter, Handkommentar zum DBG, Art. 29, Rz. 14 – 16; Reich/Züger, Zweifel/Athanas, DBG-Kommentar, Art. 29, Rz. 26 – 32.

III.2.1.1.1.5. Steuern

Eine helvetische Eigenheit ist die Abzugsfähigkeit der Steuern, welche gemäß Art. 59 Abs. 1 Bst. a DBG und Art. 25 Abs. 1 Bst. a StHG explizit geschäftsmäßig begründeten Aufwand darstellen. Juristische Personen können demnach – anders als in Deutschland – ihre während der Berechnungsperiode bezahlten und/oder geschuldeten eidgenössischen, kantonalen und kommunalen Steuern vom Reingewinn in Abzug bringen, unabhängig davon, ob es sich um direkte oder indirekte Steuern handelt. Es erfolgt somit eine Besteuerung des Reingewinns nach Steuern.[740] Auch ausländische Steuern werden von dieser Regelung erfasst, insbesondere auch die im Ausland erhobenen Quellensteuern, welche weder angerechnet noch erstattet werden. Gemäß bundesgerichtlicher Rechtsprechung ist die Quellensteuer jedoch nur dann abzugsfähig, wenn kein Doppelbesteuerungsabkommen besteht, oder sich der Steuerpflichtige (z. B. aus Missbrauchsgründen) auf ein solches nicht berufen kann.[741]

Da sich gemäß Art. 80 DBG und Art. 31 Abs. 1 StHG der steuerbare Reingewinn nach dem Ergebnis der Steuerperiode bemisst, welche dem Geschäftsjahr entspricht, ist nach dem Imparitätsprinzip gemäß Art. 669 Abs. 1 OR für die auf den Gewinn zu erwartenden Steuern eine Steuerrückstellung zu bilden. D. h. am Bilanzstichtag geschuldete, jedoch noch nicht bezahlte Steuern sind steuerlich erfolgswirksam zurückzustellen.[742]

III.2.1.1.2. Nicht gutgeschriebene reguläre/außerordentliche Erträge

Der Erfolgsrechnung nicht gutgeschriebene Erträge sowie Kapital-, Aufwertungs- und Liquidationsgewinne werden dem steuerbaren Reingewinn zugerechnet (Art. 58 Abs. 1 Bst. c DBG; Art. 24 Abs. 1 Bst. b StHG).[743] Bei den nicht gutgeschriebenen Erträgen handelt es sich meist um Gewinnverzichte.[744] Entsprechend untersuchen die Steuerbehörden allfällige Gewinnvorwegnahmetatbestände (wie bspw. ein Gewinnverzicht zugunsten der Muttergesellschaft). Die Prüfung solcher nicht gutgeschriebener Erträge erfolgt in zwei Stufen: Zunächst wird analysiert, ob ein bestimmter Ertrag der Gesellschaft hätte zukommen müssen, dann wird die Angemessenheit der Höhe von Leistung und Gegenleistung beurteilt.[745]

III.2.1.1.2.1. Gewinnvorwegnahme

Die Gewinnvorwegnahme stellt eine Schmälerung des Ertrags dar.[746] Während die verdeckte Gewinnausschüttung auf zu hohen Aufwendungen der Gesellschaft für den Anteilseigner basiert, entsteht die Gewinnvorwegnahme dadurch, dass eine juristische Person bei einem Rechtsgeschäft mit einem Anteilseigner oder einer nahe stehenden Person für eine erbrachte Leistung eine zu geringe Gegenleistung fordert. Die Differenz zwischen dem wirklichen Wert der erbrach-

740 Nicht inkludiert sind allerdings Steuerbußen. Vgl. Richner/Frei/Kaufmann/Meuter, Handkommentar zum DBG, Art. 59, Rz. 2 – 5; Brülisauer/Kuhn, Zweifel/Athanas, StHG-Kommentar, Art. 25, Rz. 7 – 12.

741 Im Ergebnis also weder anrechen- noch rückforderbar ist. Vgl. Brülisauer/Helbing, Zweifel/Athanas, DBG-Kommentar, Art. 59, Rz. 5 m. w. N.

742 Vgl. Brülisauer/Helbing, Zweifel/Athanas, DBG-Kommentar, Art. 59, Rz. 8; Brülisauer/Kuhn, Zweifel/Athanas, StHG-Kommentar, Art. 25, Rz. 12.

743 Vgl. Richner/Frei/Kaufmann/Meuter, Handkommentar zum DBG, Art. 58, Rz. 148; Brülisauer/Poltera, Zweifel/Athanas, DBG-Kommentar, Art. 58, Rz. 256; Locher, Kommentar zum DBG, Art. 58, Rz. 131 ff.

744 Vgl. Brülisauer/Kuhn, Zweifel/Athanas, StHG-Kommentar, Art. 24, Rz. 119, 122 – 124.

745 Vgl. Brülisauer/Poltera, Zweifel/Athanas, DBG-Kommentar, Art. 58, Rz. 257.

746 Vgl. Richner/Frei/Kaufmann/Meuter, Handkommentar zum DBG, Art. 58, Rz. 96.

ten Leistung und der zu niedrigen Gegenleistung des Beteiligten bzw. nahe stehenden Dritten ist dem steuerlichen Gewinn hinzuzurechnen. Ferner ist die Verrechnungssteuer[747] auf dem Differenzbetrag geschuldet. Beim Beteiligten unterliegt der Betrag als Vermögensertrag der Einkommenssteuer.

III.2.1.1.2.2. Kapitalgewinne

Basierend auf dem für juristische Personen maßgeblichen Buchwertprinzip entspricht der Kapitalgewinn der Differenz zwischen Erlös und steuerlich maßgeblichem Buchwert (i. d. R. deckungsgleich mit dem handelsrechtlichen Buchwert) des veräußerten Wirtschaftsguts.[748]

Kapitalgewinne aus der Veräußerung von beweglichem Vermögen werden bei der direkten Bundessteuer und in den Kantonen als Bestandteile des Gewinns besteuert.

Bei Kapitalgewinnen aus unbeweglichem Vermögen hingegen gibt es gewisse Kantone, die eine separate Grundstückgewinnsteuer erheben.[749]

III.2.1.1.2.3. Aufwertungsgewinne

Aufwertungen bis zur Höhe der Anschaffungs- bzw. Herstellkosten (wiedereingebrachte Abschreibungen) sind handelsrechtlich erfolgswirksam zu verbuchen und unterliegen der Gewinnsteuer. Gemäß Art. 670 OR besteht zusätzlich die Möglichkeit, Grundstücke und Beteiligungen bei Vorliegen einer Unterbilanz über die Anschaffungs- bzw. Herstellkosten hinaus bis zu ihrem wirklichen Wert aufzuwerten. Die Steuerrechtspraxis betrachtet diesen Vorgang jedoch – unabhängig von der handelsrechtlich erfolgsneutralen Behandlung – als steuerlich erfolgswirksame Buchung und besteuert den Aufwertungsgewinn.[750]

III.2.1.1.2.4. Liquidationsgewinne

Liquidationsgewinne sind als Kapital- und Aufwertungsgewinne handelsrechtlich erfolgswirksam zu erfassen; entsprechend fallen sie somit grundsätzlich unter Art. 58 Abs. 1 Bst. a DBG. Der vorliegend in Art. 58 Abs. 1 Bst. c DBG erwähnte Liquidationsgewinn nimmt Bezug auf steuersystematische Liquidationstatbestände wie bspw. den Mantelhandel[751] oder die Verlegung des Sitzes, der Verwaltung, eines Geschäftsbetriebs oder einer Betriebsstätte ins Ausland. Die basierend auf einem solchen Vorgang steuersystematisch realisierten stillen Reserven werden ebenfalls mit der Gewinnsteuer erfasst.[752]

747 Vgl. A.II.5.2.1.

748 Unter Erlös versteht man den gesamten empfangenen Gegenwert für das realisierte Vermögensrecht bzw. das darin verkörperte Wirtschaftsgut (vgl. Richner/Frei/Kaufmann/Meuter, Handkommentar zum DBG, Art. 58, Rz. 152).

749 Vgl. A.II.5.3.3.

750 Vgl. Brülisauer/Poltera, Zweifel/Athanas, DBG-Kommentar, Art. 58, Rz. 267 – 268; Richner/Frei/Kaufmann/Meuter, Handkommentar zum DBG, Art. 58, Rz. 153 – 155.

751 Vgl. A.III.2.2.1.3.3.

752 Vgl. Brülisauer/Poltera, Zweifel/Athanas, DBG-Kommentar, Art. 58, Rz. 269 – 288; Richner/Frei/Kaufmann/Meuter, Handkommentar zum DBG, Art. 58, Rz. 156 – 166.

III.2.1.1.3. Zinsen auf verdecktem Eigenkapital

Schließlich müssen ggf. auch Zinsen auf verdecktem Eigenkapital dem Reingewinn hinzugerechnet werden (Art. 65 DBG; Art. 24 Abs. 1 Bst. c StHG).

Gewährt ein Anteilseigner der Gesellschaft (Aktiengesellschaft oder Genossenschaft) ein Darlehen, sind für ihn die Zinsen ebenso wie die Vermögenserträge aus der Beteiligung steuerbares Einkommen. Hingegen sind die Darlehenszinsen – im Gegensatz zu Gewinnausschüttungen – für die Gesellschaft grundsätzlich geschäftsmäßig begründeter Aufwand und damit steuerlich abzugsfähig. Die nachstehende Abbildung illustriert diesen Vorgang:

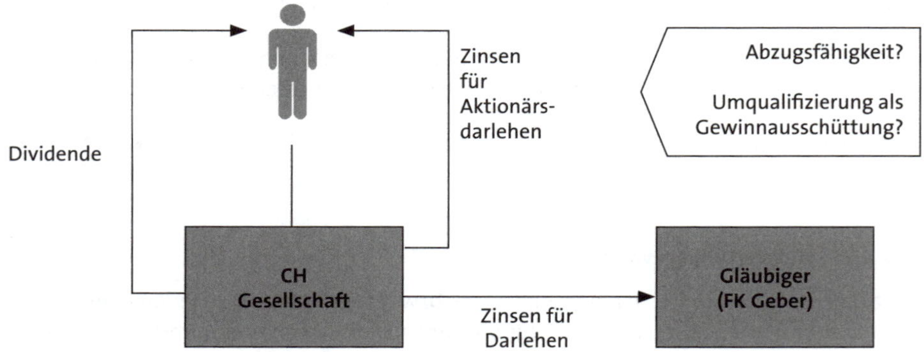

Vor diesem Hintergrund besteht für die Gesellschaft ein Anreiz, Eigenkapital durch Fremdkapital der Anteilseigner oder diesen nahe stehenden Personen zu substituieren. Die Berechnung des verdeckten Eigenkapitals erfolgt in der Praxis dergestalt, als basierend auf der Bewertung der Aktiven[753] und den für die jeweiligen Aktivenpositionen geltenden Prozentansätze als Höchstbetrag der von der Gesellschaft aus eigener Kraft erhältlichen fremden Mittel das maximal zulässige Fremdkapital berechnet wird. Soweit die ausgewiesenen Schulden das zulässige Fremdkapital übersteigen, wird auf demjenigen Teil, der direkt oder indirekt von Anteilseignern oder diesen nahe stehenden Personen stammt, verdecktes Eigenkapital angenommen. Vorbehalten bleibt der Nachweis, dass die konkrete Finanzierung (bspw. Zinshöhe) dem Drittvergleich standhält.[754] Schuldzinsen, die auf das verdeckte Eigenkapital anfallen, werden als Gewinnbestandteile dem Saldo der Erfolgsrechnung hinzugerechnet.[755] Die nachstehende Abbildung verdeutlicht die Zusammenhänge:

753 Maßgeblich sind dabei die Verkehrswerte der Aktiven am Ende der Steuerperiode, alternativ – sofern höhere Verkehrswerte nicht nachweisbar sind – die Gewinnsteuerwerte (Buchwerte). Vgl. auch KS ESTV Nr. 6 v. 6. 6. 1997 betreffend verdecktes Eigenkapital (Art. 65 und 75 DBG) bei Kapitalgesellschaften und Genossenschaften (http://www.estv.admin.ch/bundessteuer/dokumentation/00242/00380/index.html?lang=de; besucht am 30. 10. 2014).

754 Vgl. Brülisauer/Kuhn, Zweifel/Athanas, StHG-Kommentar, Art. 24, Rz. 129.

755 Vgl. KS ESTV Nr. 6 v. 6. 6. 1997.

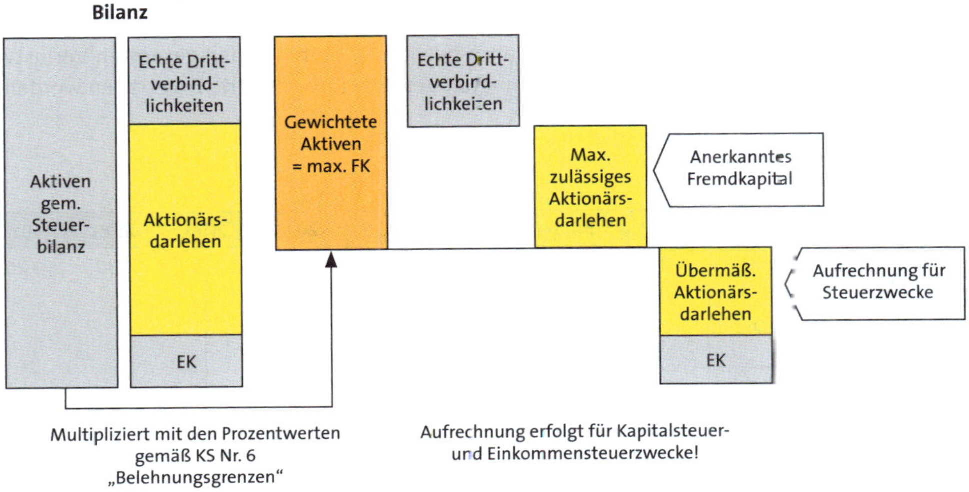

Mit der Korrekturnorm zu den verdeckten geldwerten Vorteilen soll die wirtschaftliche Doppelbelastung von Gesellschaft und Anteilseigner(n) sichergestellt werden.

III.2.1.2. Verlustverrechnung

Wie bei selbständigerwerbenden natürlichen Personen kann auch bei juristischen Personen der Reingewinn der Steuerperiode mit Verlusten aus maximal sieben der Steuerperiode vorangegangenen Geschäftsjahren (Verlustvortrag) verrechnet werden, soweit sie bei der Berechnung des steuerbaren Reingewinnes dieser Jahre nicht berücksichtigt werden konnten (Art. 67 Abs. 1 DBG; Art. 25 Abs. 2 StHG). Insofern unterscheidet sich die schweizerische Bestimmung zum Verlustvortrag insbesondere dadurch, dass sie im Gegensatz zu § 10d Abs. 2 EStG nicht zeitlich unbeschränkt möglich ist, allerdings fehlt ihr dafür eine betragsmäßige Begrenzung, wie dies die deutsche Mindestbesteuerung kennt.[756] Einen Verlustrücktrag kennt das schweizerische Recht im Gegensatz zum deutschen § 10d Abs. 1 EStG nicht.

Gegenstand der Verlustverrechnung sind die negativen Ergebnisse der steuerlich korrigierten, handelsrechtskonformen Erfolgsrechnung. Somit ist zu beachten, dass nur steuerlich anerkannte Verluste vorgetragen werden können,[757] was bedeutet, dass der Verlustvortrag gemäß Handelsbilanz nicht immer auch dem steuerlichen Verlustvortrag entspricht. So können in der Bilanz alte, steuerlich nicht mehr verrechenbare Verluste vorhanden sein, oder erlittene Verluste wurden direkt mit Gewinnvorträgen oder Reserven verrechnet. Letzteres schließt aber einen steuerlichen Verlustvortrag nicht aus.[758]

756 Ein Verlustvortrag ist nach § 10d Abs. 2 EStG nur bis zu einem Betrag von EUR 1 Mio. (EUR 2 Mio. bei Ehegatten) unbeschränkt möglich, darüber hinaus sind bis zu 60 % des EUR 1 Mio. übersteigenden Verlustvortrages mit Einkünften (Gewinnen) saldierbar.

757 Dies gilt im Übrigen auch für die Verlustverrechnung bei selbständigerwerbenden natürlichen Personen (vgl. A.III.1.4.2.).

758 Vgl. Mäusli-Allenspach/Oertli, Das schweizerische Steuerrecht, S. 200 f.

Die vorgetragenen Verluste mehrerer Geschäftsjahre müssen in der Reihenfolge ihrer Entstehung verrechnet werden. Es müssen also zunächst diejenigen Verluste verrechnet werden, die in früheren Jahren entstanden sind. Ist ein Jahresgewinn zu klein, um den gesamten Verlustvortrag zu kompensieren, müssen die unverrechneten Verluste unverändert vorgetragen werden.[759]

Folgendes Beispiel verdeutlicht dies:

BEISPIEL:

Steuerperiode	2007	2008	2009	2010	2011	2012	2013	2014
Steuerbarer Reingewinn vor Verlustrechnung	-20	+10	-10	-30	+20	-10	+30	+20
Verrechnung mit Verlust aus SP 2007		-20						
Verbleibender Verlust aus SP 2007		-10						
Verrechnung mit verbleibendem Verlust aus SP 2007					-10			
Verrechnung mit Verlust aus SP 2009					-10			
Verrechnung mit Verlust aus SP 2010							-30	
Verrechnung mit Verlust aus SP 2012								-10
Steuerbarer Reingewinn nach Verlustrechnung	0	0	0	0	0	0	0	+10

Es können nur Verluste verrechnet werden, die unter derselben Steuerhoheit entstanden sind. Dies bedeutet insbesondere, dass ausländische Verlustvorträge bei einer Sitzverlegung in die Schweiz nicht mit in der Schweiz erzielten Gewinnen verrechnet werden können.[760]

759 Vgl. Brülisauer/Helbing, Zweifel/Athanas, DBG-Kommentar, Art. 67, Rz. 8 m. w. N.
760 Vgl. Brülisauer/Helbing, Zweifel/Athanas, DBG-Kommentar, Art. 67, Rz. 13.

III.2.1.3. Zeitliche Bemessung

Wie die Einkommens- und Vermögenssteuern der natürlichen Personen werden auch die Gewinn- und Kapitalsteuern der juristischen Personen periodisch in regelmäßigen Abständen erhoben.

Bei juristischen Personen beginnt die Steuerpflicht mit der Gründung, der Verlegung des Sitzes oder des Ortes der tatsächlichen Verwaltung in die Schweiz oder durch den Erwerb steuerbarer Werte in der Schweiz (Art. 54 Abs. 1 DBG).[761] Bei Kapitalgesellschaften ist im Falle einer Gründung oder einer Sitzverlegung die Eintragung ins Handelsregister (Tagebucheintrag) maßgebend.

Beim Mantelhandel[762] beginnt die Steuerpflicht der „neuen“ Gesellschaft mit dem Erwerb der Aktien.

Die Steuerpflicht juristischer Personen endet mit dem Abschluss der Liquidation, mit der Verlegung des Sitzes oder des Ortes der tatsächlichen Verwaltung ins Ausland oder mit dem Wegfall der in der Schweiz steuerbaren Werte (Art. 54 Abs. 2 DBG).[763] Als Liquidationszeitpunkt gilt der Zeitpunkt der materiellen Beendigung der Liquidation. Die mit der Liquidation betrauten Personen haften für die Steuern bis zur Höhe des Liquidationsergebnisses (Art. 55 Abs. 1 DBG).[764]

III.2.1.3.1. Zeitliche Bemessung der Gewinnsteuer

Der Bund und alle Kantone wenden die Postnumerando-Methode an: Steuerperiode und Bemessungsperiode fallen bei diesem System zeitlich zusammen. Als Steuerperiode gilt dabei das Geschäftsjahr.[765] Letzteres stimmt nicht zwangsläufig mit dem Kalenderjahr überein.[766]

Besteuert wird der in der Steuerperiode erzielte Gewinn. Die Steuer kann somit erst zu Beginn der nächstfolgenden Periode veranlagt und erhoben werden. Im Steuerjahr selbst werden jedoch in allen Kantonen (außer Kanton BS) die Kantons- und Gemeindesteuern provisorisch vorbezogen.[767] Die direkte Bundessteuer wird i. d. R. auf den 1. März des auf das Steuerjahr folgenden Kalenderjahres provisorisch erhoben.[768] Die provisorische Veranlagung (Bezug)[769] erfolgt i. d. R. aufgrund von bekannten Steuerfaktoren früherer Perioden und unterliegt i. d. R. der Ausgleichszinspflicht.

761 Vgl. Richner/Frei/Kaufmann/Meuter, Handkommentar zum DBG, Art. 54, Rz. 5 ff.; Locher, Kommentar zum DBG, Art. 54, Rz. 15 ff.

762 Vgl. A.III.2.2.1.3.3.

763 Vgl. Richner/Frei/Kaufmann/Meuter, Handkommentar zum DBG, Art. 54, Rz. 25 ff.; Locher, Kommentar zum DBG, Art. 54, Rz. 23 ff.

764 Vgl. Richner/Frei/Kaufmann/Meuter, Handkommentar zum DBG, Art. 55, Rz. 8 f.

765 Vgl. Merkblatt des Kantonalen Steueramtes Zürich über die Grundsätze der einjährigen Gegenwartsbemessung juristischer Personen v. 5. 4. 2007.

766 Vgl. A.II.6.1.

767 Vgl. SSK, Steuerinformationen, Die Besteuerung juristischer Personen, S. 54 f.

768 Vgl. Art. 1 Abs. 1 Verordnung des EFD über die Fälligkeit und Verzinsung der direkten Bundessteuer vom 10. Dezember 1992 (SR 642.124).

769 Vergleichbar mit den deutschen Vorauszahlungen.

BEISPIEL: Im Jahr 2014 reicht die Uhrenmanufaktur Weckerli AG die Steuererklärung für das Steuerjahr 2013 ein. Die definitiven Steuern für die Steuerperiode 2013 überweist sie erst im Laufe des Jahres 2014. Die provisorischen Steuern werden angerechnet bzw. ggf. (teilweise) wieder erstattet.

Sowohl beim Bund als auch in allen Kantonen gilt als Steuerjahr das unter Umständen vom Kalenderjahr abweichende Geschäftsjahr. In jedem Kalenderjahr (mit Ausnahme des Gründungsjahres) muss ein Geschäftsabschluss mit Bilanz und Erfolgsrechnung erstellt werden (Art. 79 Abs. 2 und 3 DBG; Art. 31 Abs. 2 StHG).

Der Bund (für direkte Bundessteuerzwecke) und die Mehrheit der Kantone (für Kantons- und Gemeindesteuerzwecke) verbinden das Postnumerando-System mit einem proportionalen Tarif. Dabei hat die Dauer der Steuerpflicht keinen direkten Einfluss auf den Gewinnsteuerbetrag. Ist der Tarif hingegen progressiv, d. h. als renditeabhängiger Mehrstufentarif oder als rein progressiver Tarif ausgestaltet, muss bei über- oder unterjährigen Geschäftsjahren der ordentliche Reingewinn für die Satzbestimmung auf zwölf Monate umgerechnet werden. Von dieser Umrechnung sind jedoch außerordentliche Erfolge, deren Höhe nicht unmittelbar von der Dauer der Geschäftsperiode abhängt, ausgenommen. Letztere werden in ihrer tatsächlichen Höhe berücksichtigt.[770]

Steuerperiode = Geschäftsjahr = Kalenderjahr:

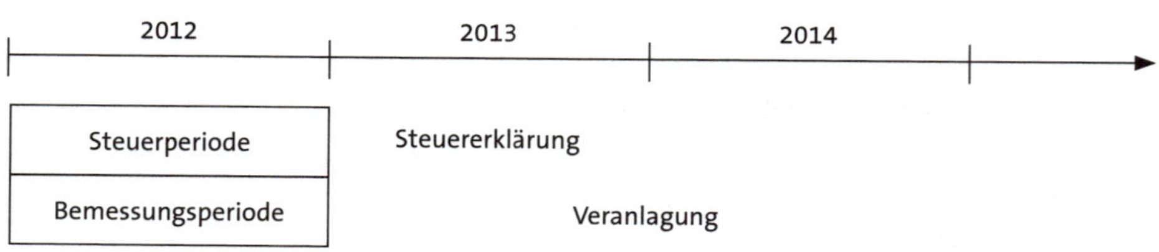

Steuerperiode = Geschäftsjahr ≠ Kalenderjahr:

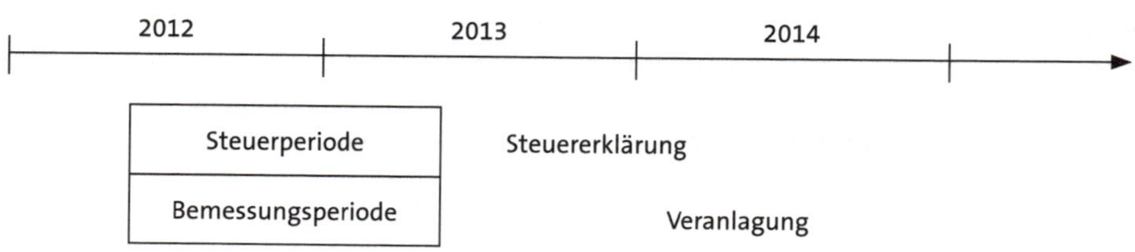

III.2.1.3.2. Zeitliche Bemessung bei der Kapitalsteuer

Ebenso wie die Gewinnsteuer wird auch die Kapitalsteuer juristischer Personen jährlich nach dem Postnumerando-System erhoben. Dabei wird nicht auf eine Periode, sondern auf einen bestimmten Stichtag, d. h. auf den letzten Tag des Steuer- bzw. Geschäftsjahres abgestellt. Veranlagung und Bezug erfolgen in dem auf das Steuerjahr folgenden Jahr.

770 Vgl. Art. 31 Abs. 2 S. 3 StHG; Duss/Schär, Zweifel/Athanas, StHG-Kommentar, Art. 31. Rz. 6; Richner/Frei/Kaufmann/Meuter, Zürcher Steuergesetz, § 84, Rz. 2.

Bei über- oder unterjährigen Geschäftsjahren wird die Steuer entsprechend der Dauer erhöht bzw. herabgesetzt.

III.2.2. Kapitalgesellschaften

III.2.2.1. Besonderheiten

III.2.2.1.1. Wirtschaftliche Doppelbelastung

III.2.2.1.1.1. Allgemein

Kapitalgesellschaften entrichten auf dem steuerbaren Reingewinn die Gewinnsteuer (Art. 57 DBG, Art. 24 Abs. 1 StHG). Zusätzlich wird dieser besteuerte Gewinn – basierend auf dem Gewinnverwendungsbeschluss der Generalversammlung – die beim Anteilsinhaber grundsätzlich als Einkommen aus beweglichem Vermögen mit der Einkommenssteuer erfasst (Art. 20 Abs. 1 Bst. c DBG; Art. 7 Abs. 1 StHG).[771] Somit wird dasselbe Steuersubstrat grundsätzlich wirtschaftlich doppelt, d. h. einmal auf Ebene der Kapitalgesellschaft als steuerbarer Reingewinn mit der Gewinnsteuer und danach auf Ebene des Anteilseigners als steuerbarer Vermögensertrag mit der Einkommenssteuer belastet.[772]

Ein Kernelement der Unternehmenssteuerreform II war es, die wirtschaftliche Doppelbelastung auf dem Zufluss von Dividendeneinkünften, Gewinnanteilen, Liquidationsüberschüssen und anderen geldwerten Vorteilen aus im Privat- und Geschäftsvermögen gehaltenen, qualifizierten Beteiligungen abzumildern. Dieses Ziel wurde durch das beim Bund und in den Kantonen eingeführte Teilbesteuerungsverfahren in Form eines Teileinkünfte- resp. Teilsatzverfahrens (sog. Dividendenprivileg) vollständig[773] erreicht. Es sind jedoch nicht alle kantonalen Bestimmungen StHG-konform, was vom Bundesgericht mit Urteil vom 25. 9. 2009[774] festgehalten wurde. Beispiele dafür sind kantonale Gesetze, die vorsehen, dass nur Einkünfte aus Beteiligungen von Gesellschaften mit Sitz in der Schweiz privilegiert besteuert werden oder die bestimmen, dass auch Beteiligungen unter 10 % von der Privilegierung profitieren können.[775] In der Praxis werden die Bestimmungen jedoch größtenteils StHG-konform angewandt.[776]

771 Die Besteuerungsfolgen beim im Ausland steuerlich ansässigen Empfänger werden hier nicht erörtert. Hinsichtlich der steuerlichen Behandlung der Rückführung von Kapitaleinlagereserven sei auf A.III.4. verwiesen.

772 Vgl. Duss/von Ah/Rutishauser, Zweifel/Athanas, StHG-Kommentar, Art. 28, Rz. 4.

773 Einzig der Kanton NE hatte bis Ende 2012 noch kein Dividendenprivileg für Staats- und Gemeindesteuerzwecke eingeführt; dies wurde auf den 1. 1. 2013 unter Anwendung der Regelung des DBG geändert.

774 Vgl. BGEs 2C.30/2008, 2C.62/2008, 2C.274/2008 und 2C.49/2008 v. 25. 9. 2009, wonach eine Entlastung auf der Vermögenssteuer und auf Beteiligungen von weniger als 10 % sowie die Beschränkung auf Gesellschaften mit Sitz in der Schweiz verfassungswidrig ist; VGE II 2012 12 v. 24. 5. 2013, wonach die Beschränkung auf Gesellschaften mit Sitz in der Schweiz verfassungswidrig ist. Im letzteren Entscheid des Schwyzer Verwaltungsgerichts wurde darüber hinaus in Frage gestellt, ob die Teilsatzbesteuerung im Umfang von 25 % des steuerbaren Gesamteinkommens noch eine Milderung gemäß Art. 7 Abs. 1 StHG darstellt und damit steuerharmonisierungskonform sei (vgl. E. 4.7).

775 So sieht der Kanton NW eine privilegierte Besteuerung bereits bei einer Beteiligung von 5 % vor (vgl. Art. 40 Abs. 3 StG NW).

776 Vgl. zum Ganzen auch EFD, Unternehmenssteuerreform II, S. 10 ff. sowie nachfolgend A.III.2.2.1.1.2. Das in Deutschland für Ausschüttungen aus Beteiligungen im Betriebsvermögen resp. für solche aus Beteiligungen im Privatvermögen (Wahlrecht zum Teileinkünfteverfahren in den Sonderfällen gemäß § 32d Abs. 2 und 3 EStG) anwendbare Teileinkünfteverfahren ist in der Wirkung ähnlich.

III.2.2.1.1.2. Reduktion der wirtschaftlichen Doppelbelastung

Wie viele andere Länder kennt auch die Schweiz Regeln zur Vermeidung oder Milderung der wirtschaftlichen Doppelbesteuerung. Dank der Unternehmenssteuerreform II besteht für direkte Bundessteuerzwecke seit dem 1. 1. 2009 eine solche Entlastung auf Einkünften aus qualifizierten Beteiligungsrechten im Privat- sowie Geschäftsvermögen in Form des Teileinkünfteverfahrens. Dieses sieht eine prozentuale Entlastung auf der maßgeblichen Bemessungsgrundlage vor.

Dividenden, Gewinnanteile, Liquidationsüberschüsse und geldwerte Vorteile aus Kapitalanteilsrechten[777] (Aktien, GmbH- und Genossenschaftsanteile, Partizipationsscheine, Anteile am Kapital einer SICAF sowie an öffentlich-rechtlichen Körperschaften und übrigen juristischen Personen) werden demnach

- im Umfang von 60 % besteuert, wenn die im Privatvermögen gehaltenen Kapitalanteilsrechte mindestens 10 % des Grund- oder Stammkapitals einer Kapitalgesellschaft (oder Genossenschaft) darstellen (Art. 20 Abs. 1bis DBG);
- im Umfang von 50 % besteuert, wenn die im Geschäftsvermögen gehaltenen Kapitalanteilsrechte mindestens 10 % des Grund- oder Stammkapitals einer Kapitalgesellschaft (oder Genossenschaft) darstellen (Art. 18b DBG).

Vollständigkeitshalber gilt zu erwähnen, dass im Zuge der Unternehmenssteuerreform II auch Gewinne aus der Veräußerung von im Geschäftsvermögen gehaltenen Kapitalanteilsrechten – nach Abzug des zurechenbaren Aufwandes – im Umfang von 50 % beim Anteilsinhaber für direkte Bundessteuerzwecke steuerbar sind. Voraussetzung hierfür ist eine qualifizierte Mindestbeteiligung von 10 % am Grund- oder Stammkapital einer Kapitalgesellschaft (oder Genossenschaft) sowie eine Mindesthaltedauer von einem Jahr (Art. 18b DBG).

PRAXISHINWEIS

Diese um 10 Prozentpunkte tiefere Quote rechtfertigt sich durch den Umstand, dass bei Kapitalanteilsrechten im Geschäftsvermögen Kapitalgewinne mit der Einkommenssteuer besteuert werden, bei denjenigen im Privatvermögen hingegen nicht.[778]

Art. 7 Abs. 1 StHG räumt den Kantonen die Kompetenz ein, für Kantons- und Gemeindesteuerzwecke ebenfalls das Dividendenprivileg zu gewähren. Die Kantone sind jedoch nicht verpflichtet, Privilegien für Dividenden, Gewinnanteile, Liquidationsüberschüsse und geldwerte Vorteile aus qualifizierten Kapitalanteilsrechten einzuführen. Dennoch haben bis heute alle Kantone – wenn auch in unterschiedlicher Ausprägung – von dieser Kompetenz Gebrauch gemacht.

In einer Minderheit der Kantone wird für Kantons- und Gemeindesteuerzwecke – analog zur direkten Bundessteuer – das Teileinkünfteverfahren angewendet. Die Mehrheit der Kantone hingegen praktiziert das Teilsatzverfahren, wonach die qualifizierten Beteiligungserträge zu 100 %

777 Vgl. Richner/Frei/Kaufmann/Meuter, Handkommentar zum DBG, Art. 18b, Rz. 4 und Art. 20, Rz. 179. Hinsichtlich Anwendung der Teilbesteuerung auf Erträgen aus Gewinnanteilsrechten (bspw. Genussscheine) sei auf KS ESTV Nr. 22 v. 16. 12. 2008 verwiesen.

778 Vgl. Botschaft zum Bundesgesetz über die Verbesserung der steuerlichen Rahmenbedingungen für unternehmerische Tätigkeiten und Investitionen UStRG (Unternehmenssteuerreformgesetz II) v. 25. 6. 2005 (BBl 2005, S. 4858); Richner/Frei/Kaufmann/Meuter, Handkommentar zum DBG, Art. 18b, Rz. 29; A.IV.1.3.4.3. zur Steuerfreiheit der Kapitalgewinne aus der Veräußerung von beweglichem Privatvermögen.

für die Satzbestimmung des Gesamteinkommens berücksichtigt, die Beteiligungserträge jedoch getrennt vom übrigen Einkommen zu einem tieferen Steuersatz[779] besteuert werden.

PRAXISHINWEIS

Bei Einführung des Dividendenprivilegs wurden verschiedentlich Bedenken darüber geäußert, dass die mitarbeitenden Eigentümer einer Kapitalgesellschaft versucht sein könnten, einerseits – zwecks Einsparung von Sozialversicherungsabgaben – tendenziell weniger Lohn zu beziehen und andererseits Nutzen aus einer im Vergleich zur Lohnbesteuerung vorteilhafterer steuerlichen Behandlung höherer Dividendenerträge zu ziehen. Zwar kommt das Bundesgericht in einem Entscheid aus dem Jahr 2008[780] zum Schluss, dass die Umqualifikation von Dividendenerträgen in beitragspflichtiges Erwerbseinkommen von den Ausgleichskassen nicht schematisch aufgrund einer Weisung, sondern nur unter Würdigung des konkreten Einzelfalles erfolgen könne. Es sei nur in begründeten Fällen – nämlich dann, wenn ein offensichtliches Missverhältnis zwischen Arbeitsleistung und Entgelt bzw. zwischen eingesetztem Vermögen und Dividende (Ertrag) besteht – von der steuerrechtlichen Betrachtung abzuweichen.[781] Das Bundesgericht lässt damit die Möglichkeit korrektiver Eingriffe, insbesondere bei klassischen KMUs, offen. Das Bundesamt für Sozialversicherungen (BSV) resp. die Ausgleichskassen sehen es nicht als ihre Aufgabe, systematisch alle Vergütungen an Unternehmeraktionäre zu überprüfen und möglichst hohe Beträge in maßgebenden Lohn umzuqualifizieren. Allerdings wird die Verwaltung nach wie vor in Fällen von offenkundigem Missverhältnis zwischen Arbeitsleistung und Entgelt bzw. zwischen eingesetztem Vermögen und Dividende einschreiten. Bei der Beurteilung, ob ein offensichtliches Missverhältnis vorliegt, muss einerseits eine angemessene Entschädigung für die geleistete Arbeit, andererseits ein angemessener Ertrag für das investierte Kapital zugrunde gelegt werden. Eine Aufrechnung ist höchstens bis zur Höhe eines branchenüblichen Gehalts vorzunehmen. Bei der Beurteilung, ob eine angemessene Entschädigung für die geleistete Arbeit ausgerichtet worden ist, sind nebst dem zeitlichen Umfang des Arbeitspensums auch das Tragen von Verantwortung, das Einbringen von Know-how, besondere Erfahrungen und Branchenkenntnisse, die Art der Tätigkeit etc., zu berücksichtigen. Falls möglich, ist zusätzlich ein Vergleich mit den an nicht mitarbeitende Inhaber von Beteiligungsrechten ausgeschütteten Gewinnanteilen oder mit Löhnen von Arbeitnehmern ohne gesellschaftsrechtliche Beteiligung anzustellen. Die Angemessenheit der Dividende bemisst sich in Relation zum effektiven wirtschaftlichen Wert der Beteiligungsrechte (Vermögenssteuerwert). Dividenden, welche einem Vermögensertrag von 10 % oder mehr entsprechen, werden als vermutungsweise überhöht betrachtet. Diese Betrachtungsweise gilt grundsätzlich auch für Substanzdividenden. Eine automatische Umqualifikation einer Dividende in AHV-beitragspflichtigen Lohn ist jedoch selbst dann nicht zulässig, wenn der Lohn unangemessen tief ist und die Dividende einen Vermögensertrag von 10 % überschreitet. Diesfalls wäre zu prüfen, ob die Höhe der Dividende gesellschaftsrechtlich oder arbeitsrechtlich motiviert ist. Handelt es sich nämlich bei einer solchen Dividende um thesaurierte Reserven (Substanz) aus Geschäftsjahren, in denen branchenübliche Gehälter bezogen wurden, so dürfte dies nicht zu einer Umqualifikation führen.

Vor dem Hintergrund dieser Rechtsunsicherheit ist der Festlegung von angemessenen, branchenüblichen Entgelten der mitarbeitenden Eigentümer einer Kapitalgesellschaft besondere Bedeutung beizumessen.[782]

---

779 Dieser entspricht dem Gesamtsteuersatz multipliziert mit dem gemäß kantonalem Steuergesetz anwendbaren Teilsatz.

780 Vgl. BGer (9C.107/2008 v. 5. 6. 2008). Im besagten Bundesgerichtsentscheid wurde die Anwendung der sog. Nidwaldner Praxis, die in den Mitteilungen des BSV an die AHV-Ausgleichskassen und EL-Durchführungsstellen Nr. 219 v. 31. 3. 2008 erwähnt ist, durch das Bundesgericht als gesetzeswidrig befunden.

781 In den BGer (9C.487/2011 v. 29. 8. 2011) und BGer (9C.669/2011 v. 25. 10. 2012) wurde diese Betrachtungsweise erneut bestätigt.

782 Vgl. WML Rz. 2010 – 2011.7; Rutishauser, StR 2008, S. 698 ff.; Cadotsch, StR 2009, S. 47 ff.; Nussbaum/Lötscher, ST 2013, S. 162 ff.

III.2.2.1.1.3. Die wirtschaftliche Doppelbelastung bei der Kommandit-AG

Ein Spezialfall der wirtschaftlichen Doppelbelastung ergibt sich bei der mittlerweile rar gewordenen Rechtsform der Kommanditaktiengesellschaft (Kommandit-AG).[783]

Die schweizerische Kommandit-AG ist mit der deutschen Kommanditgesellschaft auf Aktien (KGaA) nicht identisch. Bei der deutschen KGaA ist der Teil des Gewinns abzugsfähig, der an persönlich haftende Gesellschafter auf ihre nicht auf das Grundkapital geleisteten Einlagen oder als Vergütung (Tantieme) für die Geschäftsführung verteilt wird (§ 9 Abs. 1 Nr. 1 KStG).

Das schweizerische Steuerrecht nimmt keine Rücksicht auf die hybride Rechtsnatur der Kommandit-AG (Mischform aus kapitalistischen und personalistischen Gesellschaftselementen). Der Gewinnanteil, welcher dem Komplementär einer Kommandit-AG gemäß Gesellschaftsstatuten zusteht, stellt eine offene Gewinnausschüttung dar, welche zum steuerpflichtigen Reingewinn der Kommandit-AG gehört.[784]

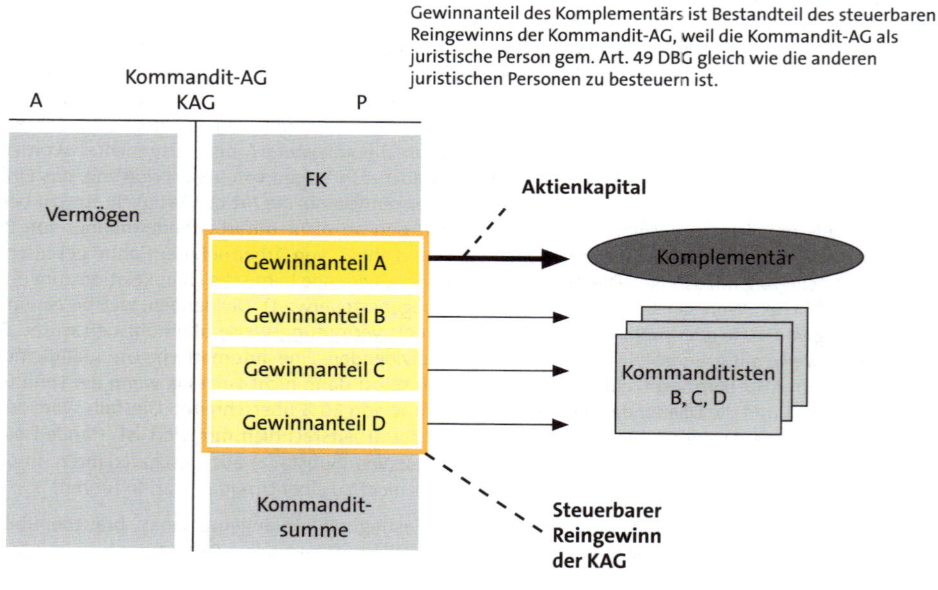

Wirtschaftliche Doppelbelastung des Komplementärs einer Kommandit-AG

783 Bei der Kommandit-AG handelt es sich um eine Spielform der AG, die sich von dieser dadurch unterscheidet, dass einzelne Gesellschafter eine Stellung ähnlich derjenigen von Kollektivgesellschaftern einnehmen, indem sie insbesondere für die Verbindlichkeiten der Kommandit-AG subsidiär unbeschränkt und solidarisch haften (vgl. zum Ganzen Meyer-Hayoz/Forstmoser, Schweizerisches Gesellschaftsrecht, S. 599 ff.).

784 Vgl. Urteil des Zürcher Verwaltungsgerichts v. 15. 12. 2004, SB.2004.00051.

III.2.2.1.2. Liquidationsüberschuss

Nach Art. 20 Abs. 1 Bst. c DBG sind als Erträge aus beweglichem Vermögen insbesondere Dividenden, Gewinnanteile, Liquidationsüberschüsse und geldwerte Vorteile aus Beteiligungen aller Art, einschließlich Gratisaktien und unentgeltliche Erhöhungen des Nennwertes von Aktien und dergl., steuerbar.[785] Dadurch unterstellt der Gesetzgeber alle Leistungen der Gesellschaft an die Anteilsinhaber, soweit sie keine Kapitalrückzahlung darstellen, der Besteuerung, unabhängig davon, ob sie beim Steuerpflichtigen – zufolge höherer Gestehungskosten – auch Einkommen im wirtschaftlichen Sinn bilden (objektbezogene Betrachtungsweise).[786] Steuerfrei rückzahlbar sind somit grundsätzlich nur nominelle Kapitalanteile.

Seit dem 1. 1. 2011 wird die Rückzahlung von Einlagen, Aufgeldern und Zuschüssen, die vom Anteilsinhaber nach dem 31. 12. 1996 geleistet worden sind, steuerlich jedoch gleich behandelt wie die Rückzahlung von Grund- oder Stammkapital (Art. 20 Abs. 1 Bst. c DBG, letzter Satz i.V. m. Art. 20 Abs. 3 DBG; sog. Kapitaleinlageprinzip). Damit solche Rückzahlungen steuerfrei erfolgen können, ist eine Reihe von Voraussetzungen zu beachten.[787]

Ein Liquidationsüberschuss, der bei der Auflösung einer Gesellschaft anfällt, stellt bei den Anteilseignern steuerbares Einkommen dar und die Gesellschaft muss vor der Auszahlung die Verrechnungssteuer[788] von diesem Überschuss abziehen.

Bei buchführungspflichtigen natürlichen Personen, welche die Beteiligung im Geschäftsvermögen halten und bei juristischen Personen wird nur die Differenz zwischen Liquidationsanteil und Buchwert der Beteiligung, d. h. der tatsächlich realisierte Vermögenszuwachs, besteuert (Buchwertprinzip).

Anders gestaltet sich die Sache bei natürlichen Personen, welche die Beteiligung im Privatvermögen halten: Für die Bestimmung des als Einkommen zu versteuernden Liquidationsüberschusses wird auf den Nennwert zuzüglich allfälliger Kapitaleinlagereserven der Beteiligung abgestellt. Da die Anschaffungskosten, die mitunter höher als der Liquidationsanteil sein können, nicht beachtet werden, ist beim Erwerb von Beteiligungen für das Privatvermögen einer latenten Steuerlast in Form der offenen und stillen Reserven Rechnung zu tragen.

BEISPIEL: P kauft in 2006 als Privatperson eine Aktie der A-AG (Nennwert CHF 100) zum Preis von CHF 300. Aufgrund der hohen Reserven, welche durch die Thesaurierung von Gewinnen aus dem Vorjahr entstanden sind, entschließt sich die A-AG in 2008 zur Ausgabe einer Gratisaktie (Nennwert ebenfalls 100). In 2014 wird die A-AG liquidiert und P erhält pro Aktie CHF 500 (Verrechnungssteuer vernachlässigt).

Kapitaleinlageprinzip

(angewandt beim Bund, Art. 20 Abs. 1 Bst. c DBG i.V. m. Art. 20 Abs. 3 DBG, in casu liegen keine Kapitaleinlagereserven vor)

Erhalt der Gratisaktie: Nennwert von CHF 100 ist steuerbares Einkommen

Liquidation: Der Liquidationsertrag, also 2 x CHF 500, abzüglich des Nennwertes, 2 x CHF 100, ist als Vermögensertrag zu versteuern.

Einkommenssteuer auf insgesamt CHF 900

785 Kapitalgewinne aus der Veräußerung von Privatvermögen sind dagegen steuerfrei (Art. 16 Abs. 3 DBG).

786 Vgl. BGer (2P.140/2004 v. 9. 12. 2004) mit Hinweisen.

787 Vgl. Art. 5 Abs. 1bis VStG; KS ESTV Nr. 29 v. 9. 12. 2010; A.III.4.

788 Vgl. A.II.5.2.1.

Kapitalrückzahlungsprinzip

(angewandt im Kanton ZH, § 20 Abs. 1 Bst. c StG ZH)

Erhalt der Gratisaktie: Abgabe erfolgt steuerfrei, keine Einkommenssteuer

Liquidation: Alle Rückzahlungen an den Aktionär, abzüglich der nachweislich geleisteten Kapitaleinlagen, unterliegen der Einkommenssteuer:

- Aktie: Liquidationsertrag abzüglich Nennwert (CHF 500 – CHF 100 = CHF 400)
- Gratisaktie: Kapitalrückzahlung für Gratisaktie und Liquidationsüberschuss (CHF 100 + CHF 400 = CHF 500)

Einkommenssteuer auf insgesamt CHF 900

III.2.2.1.3. Ausnahmetatbestände zum steuerfreien Kapitalgewinn

Ein Verkauf von Beteiligungen ist nichts anderes als ein Verkauf von beweglichen Vermögenswerten. Im Gegensatz zur Liquidation werden der Gesellschaft keine Mittel entzogen. Der Kaufpreis wird von einem Dritten, dem Käufer bezahlt. Hält der Verkäufer die Beteiligung im Privatvermögen, dann erzielt er mit diesem Verkauf einen privaten Kapitalgewinn, der nach Art. 16 Abs. 3 DBG und Art. 7 Abs. 4 Bst. b StHG steuerfrei ist.[789]

Grundsätzlich lösen jedoch alle Vorgänge, durch welche die Gesellschaft den Beteiligten im Ergebnis Ausschüttungen aus dem Gewinn oder den Reserven (nicht aber aus Kapitaleinlagereserven) – wie Barleistungen aus Fusionen, Hingabe von Geschäftsaktiven und Anteile am Erlös einer Teil- oder Totalliquidation – entrichtet, eine Besteuerung aus. Dadurch wird die grundsätzlich konsequente Durchführung der wirtschaftlichen Doppelbelastung des Gewinnes bei der Gesellschaft und der Gewinnausschüttung beim Aktionär sichergestellt, die der Gesetzgeber durch die Besteuerung sämtlicher geldwerter Vorteile an die Beteiligten bezweckt. Nach der Praxis führen daher aus Gründen der rechtsgleichen Besteuerung und mit Rücksicht auf die Steuersystematik auch alle Vorgänge zur Besteuerung, durch welche die Ausschüttungssteuerlast auf Gewinnen und Reserven im Zusammenhang mit privaten Aktienverkäufen aufgehoben oder reduziert wird. Das ist nach der Rechtsprechung des Bundesgerichts namentlich dann der Fall, wenn in der Beteiligung verkörperte Mittel, die dem Aktionär nur als (steuerbarer) Beteiligungsertrag zufließen können, im Zuge der Veräußerung von Aktien des Privatvermögens gezielt in den Bereich von Geschäftsvermögen verschoben werden.[790]

Die Rechtsprechung hat im Zusammenhang mit der Veräußerung von Beteiligungen vier Ausnahmetatbestände zum steuerfreien Kapitalgewinn nach Art. 16 Abs. 3 DBG und Art. 7 Abs. 4 Bst. b StHG entwickelt:

1. Indirekte Teilliquidation;
2. Transponierung;
3. Mantelhandel;
4. Gewerbsmäßiger Wertschriften-, Beteiligungs-, Immobilien- und Kunsthandel.

789 Zur steuerlichen Behandlung bei der Veräußerung durch Unternehmen vgl. A.III.3.3.
790 Vgl. BGer (2P.140/2004 v. 9. 12. 2004, E.4.2).

Einschlägige Bundesgerichtsurteile neueren Datums haben die Ausnahmetatbestände verschärft und zu Rechtsunsicherheit geführt.[791] Vor diesem Hintergrund wurde das Bundesgesetz über dringende Anpassungen bei der Unternehmensbesteuerung vom 23.6.2006[792] am 1.1.2007 in Kraft gesetzt. Dieses regelt im DBG und im StHG die Tatbestände der indirekten Teilliquidation und der Transponierung neu (Art. 20a DBG und Art. 7a StHG). Bestrebungen, die indirekte Teilliquidation und die Transponierung erst im Zuge der Unternehmenssteuerreform II zu regeln wurden zugunsten dieser selbständigen und zeitlich früheren gesetzlichen Regelung fallen gelassen.

Der gewerbsmäßige Wertschriftenhandel[793] knüpft – wie auch der gewerbsmäßige Beteiligungs-, Immobilien- und Kunsthandel – nicht direkt am Transaktionsobjekt, sondern an den Verhältnissen und am Tun des Anteilseigners bzw. des Eigentümers an. In der Folge werden daher an dieser Stelle nur die indirekte Teilliquidation, die Transponierung und der Mantelhandel, welche einen direkten Bezug zur juristischen Person haben, beleuchtet.

III.2.2.1.3.1. Indirekte Teilliquidation

Eine indirekte Teilliquidation[794] liegt gemäß Art. 20a Abs. 1 Bst. a DBG und Art. 7a Abs. 1 Bst. a StHG sowie dem einschlägigen Kreisschreiben[795] vor, wenn

- im Privatvermögen gehaltene Beteiligungsrechte von mindestens 20 % am Grund- oder Stammkapital der zu veräußernden Gesellschaft in das Geschäftsvermögen einer natürlichen Person bzw. das Vermögen einer juristischen Person veräußert werden (Systemwechsel[796]),
- bei der übernommenen Gesellschaft innert fünf Jahren nach dem Verkauf (Sperrfrist) eine Mittelentnahme von im Zeitpunkt des Verkaufs bereits vorhandenen, handelsrechtlich ausschüttbaren, nicht betriebsnotwendigen Mitteln (Substanzverminderung) vorgenommen wird und
- der Verkäufer bei dieser Entnahme von Gesellschaftsmitteln, die zur Finanzierung des Kaufpreises dienen, mit dem Käufer zusammenwirkt und weiß oder wissen muss, dass diese Mittel der Gesellschaft nicht wieder zugeführt werden.[797]

791 Vgl. Duss, ST 2001, S. 79 ff.; Holenstein, StR 2004, S. 718 ff.; Betschart, ST 2004, S. 873 ff.
792 Vgl. BBl 2006, S. 5749 ff.
793 Vgl. A.III.1.2.2.3.
794 Zum Thema der indirekten Teilliquidation vgl. insbesondere Brauchli Rohrer/Bussmann/Marbach, FStR 2008, S. 47 ff. und S. 92 ff.
795 Vgl. KS ESTV Nr. 14 v. 6.11.2007 betreffend Verkauf von Beteiligungsrechten aus dem Privat- in das Geschäftsvermögen eines Dritten (sog. indirekte Teilliquidation); http://www.estv.admin.ch/bundessteuer/dokumentation/00242/ 00380/; besucht am: 30.10.2014.
796 Einzig beim Wechsel zum Buchwertprinzip kann die latente Ausschüttungssteuerlast zufolge Abschreibungsmöglichkeit der Anschaffungskosten eliminiert werden (vgl. Reich, Steuerrecht, S. 318).
797 Vgl. Reich, Zweifel/Athanas, DBG-Kommentar, Art. 20a, Rz. 8 ff.; Mäusli-Allenspach/Oertli, Das schweizerische Steuerrecht, S. 141 ff.

Das nachstehende Schaubild illustriert den Vorgang:

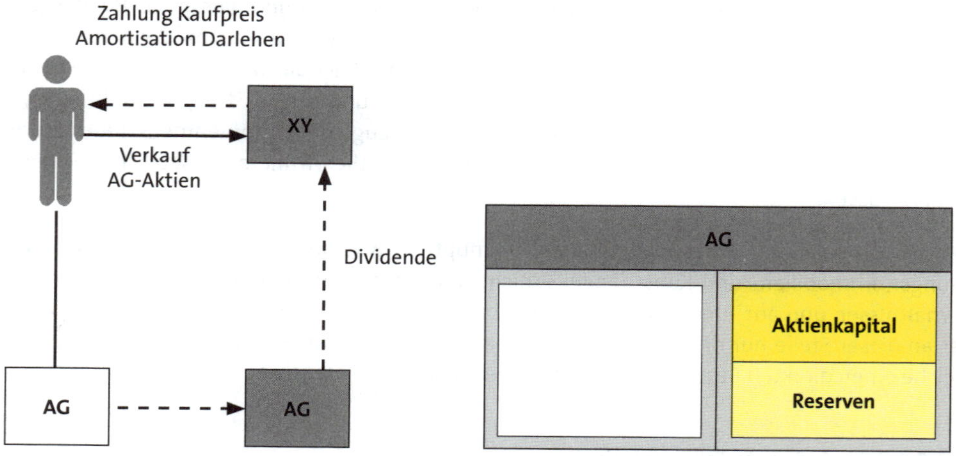

Der Verkauf einer Beteiligung in das Geschäftsvermögen einer natürlichen oder in das Vermögen einer juristischen Person, welche einem ausländischen Steuersystem unterstehen, wird dem Systemwechsel gleichgestellt. Hält der Käufer die Beteiligungen jedoch im Privatvermögen, sind die Voraussetzungen der indirekten Teilliquidation nicht erfüllt. Die Qualifikation der Beteiligung des ausländischen Käufers als Privat- oder Geschäftsvermögen erfolgt nach den schweizerischen Zuordnungsregeln.[798]

Die Mindestbeteiligungsquote von 20 % ist auch dann erfüllt, wenn mehrere Beteiligte zusammen mehr als 20 % einer Beteiligung verkaufen (gemeinsamer Verkauf), oder wenn im Rahmen der fünfjährigen Sperrfrist ein oder mehrere Beteiligte Beteiligungen von insgesamt mindestens 20 % zeitlich gestaffelt verkaufen (gestaffelter Verkauf).[799]

Das Erfordernis einer tatsächlichen Substanzausschüttung bildet den Kernpunkt der indirekten Teilliquidation. Als solche gilt grundsätzlich jede offene oder verdeckte Entnahme von Mitteln aus der verkauften Gesellschaft, also neben den von der Generalversammlung beschlossenen Dividenden auch verdeckte Gewinnausschüttungen jeglicher Art.[800] Die gesetzliche Normierung der Sperrfrist von fünf Jahren ist im Interesse der Rechtssicherheit zu begrüßen.[801] Demgemäß ist die indirekte Teilliquidation auf Substanzentnahmen beschränkt, die innert fünf Jahren nach dem Verkauf vorgenommen werden. Die Frist beginnt mit Abschluss des Verkaufs (Zeitpunkt

798 Eine andere Regelung wurde in der Botschaft zum Bundesgesetz über die Verbesserung der steuerlichen Rahmenbedingungen für unternehmerische Tätigkeiten und Investitionen (Unternehmenssteuerreformgesetz II), S. 4805 vorgeschlagen. Dieser Vorschlag setzte sich jedoch nicht durch (vgl. Reich, Zweifel/Athanas, DBG-Kommentar, Art. 20a, Rz. 9).

799 Vgl. Mäusli-Allenspach/Oertli, Das schweizerische Steuerrecht, S. 132 f.; Brauchli Rohrer/Bussmann/Marbach, FStR 2008, S. 52 ff.

800 Vgl. Reich, Zweifel/Athanas, DBG-Kommentar, Art. 20a, Rz. 15 f; KS ESTV Nr. 14 v. 6. 11. 2007, Ziff. 4.5.

801 Zuvor bestand keine ausdrücklich normierte Sperrfrist, was in Verbindung mit einer zunehmend strengeren Rechtsprechung in der Praxis für Rechtsunsicherheit sorgte.

der Vertragsunterzeichnung)[802] zu laufen.[803] Bei einem gestaffelten Verkauf von Minderheitsbeteiligungen beginnt die Fünfjahresfrist mit jedem Verkauf einer Beteiligung und somit entsteht für jede Transaktion ein eigener Fristenlauf.[804] Die Sperrfrist wirkt in zweierlei Richtung: Zum einen wird festgelegt, bis wann Ausschüttungen schädlich sind; zum anderen wird durch die Sperrfrist verhindert, dass Transaktionen, die vor dem Verkauf erfolgt sind, in die Beurteilung einbezogen werden.[805]

Bei der Substanzausschüttung muss es sich um eine Entnahme von nicht betriebsnotwendiger Substanz handeln, die im Zeitpunkt des Verkaufs bereits vorhanden und handelsrechtlich ausschüttbar war. Diese Kriterien müssen kumulativ erfüllt sein.[806] Falls die Gesellschaft keinen Betrieb im steuerlichen Sinn[807] führt, sind alle in der Gesellschaft vorhandenen Mittel als nicht betriebsnotwendig zu qualifizieren. Die Beurteilung der nicht betriebsnotwendigen Substanz erfolgt per Stichtag des Beteiligungsverkaufs und nach betriebswirtschaftlichen Kriterien.[808]

PRAXISHINWEIS

Die Berechnung der nicht betriebsnotwendigen Substanz erfolgt nicht einheitlich. Zuweilen werden auch stille Reserven zur Bestimmung der nicht betriebsnotwendigen Aktiven hinzugerechnet. Kritisch beurteilt werden auch Ausschüttungen von realisierten stillen Reserven, wie bspw. im Falle eines Sale and Lease Back von Betriebsliegenschaften.

Die Mitwirkung des Verkäufers ist in Art. 20a Abs. 2 DBG und Art. 7a Abs. 2 StHG explizit definiert, wobei der Wortlaut die bereits bestehende Praxis übernimmt. Mitwirkung liegt dann vor, wenn der Verkäufer weiß oder wissen muss, dass der Gesellschaft zwecks Finanzierung des Kaufpreises Mittel entnommen und nicht wieder zugeführt werden. Art. 20a Abs. 2 DBG und Art. 7a Abs. 2 StHG statuieren eine Sorgfaltspflicht des Verkäufers. Um dieser nachzukommen, muss der Verkäufer Abklärungen über die finanzielle Lage des Käufers treffen und dadurch zum Schluss gelangen, dass der zu verkaufenden Gesellschaft keine Mittel entzogen werden. Der Käufer muss dieser Sorgfaltspflicht nachkommen, um dem Vorwurf des Wissens oder „Wissenmüssens" zu entgehen.[809] Damit der Ausschluss der indirekten Teilliquidation auf dieser Stufe überhaupt möglich ist und die Voraussetzung der Mitwirkung nicht zur Kausalhaftung verkommt, sollte das Argument des „Wissenmüssens" nicht zu sehr ausgedehnt werden.[810]

802 Eine Ausnahme vom Grundsatz, dass das Verpflichtungsgeschäft für den Beginn des Fristenlaufs maßgeblich ist, hält das KS ESTV Nr. 14 v. 6. 11. 2007 in Ziffer 4.4 für den Fall fest, dass die Erfüllung des Verpflichtungsgeschäfts (Forderungserwerb) von vornherein als unsicher betrachtet werden muss. Diesfalls ist auf den Zeitpunkt des Eigentumserwerbs abzustellen. Vgl. hierzu BGer (2P.323/2003 v. 7. 5. 2004, E.4.1).

803 Vgl. KS ESTV Nr. 14 v. 6. 11. 2007, Ziff. 4.4.

804 Vgl. Reich, Zweifel/Athanas, DBG-Kommentar, Art. 20a, Rz. 18.

805 Vgl. Brauchli Rohrer/Bussmann/Marbach, FStR 2008, S. 54.

806 Vgl. Reich, Zweifel/Athanas, DBG-Kommentar, Art. 20a, Rz. 19 ff.; gemäß Reich qualifizieren als betriebsnotwendige Substanz Vermögenswerte, die nach ihrer Zweckbestimmung unmittelbar der Leistungserstellung des Betriebs dienen und ohne Beeinträchtigung des betrieblichen Leistungserstellungsprozesses nicht veräußert werden können.

807 Als Betrieb im steuerlichen Sinn gilt jede organisatorisch-technische Einheit, in welcher eine Tätigkeit abgewickelt wird, die bei den natürlichen Personen als selbständige Erwerbstätigkeit qualifiziert wird (vgl. Reich, Zweifel/Athanas, DBG-Kommentar, Art. 20a, Rz. 22).

808 Vgl. KS ESTV Nr. 14 v. 6. 11. 2007, Ziff. 4.6.3.

809 Vgl. Brauchli Rohrer/Bussmann/Marbach, IFF 2008, S. 93 ff.

810 Vgl. Reich, Zweifel/Athanas, DBG-Kommentar, Art. 20a, Rz. 28.

Art. 205b DBG sieht für die direkte Bundessteuer eine Rückwirkung des in Art. 20a Bst. a DBG geregelten Tatbestandes der indirekten Teilliquidation für noch nicht rechtskräftige Veranlagungen ab Steuerperiode 2001 vor. Im StHG ist keine entsprechende Bestimmung enthalten.[811]

III.2.2.1.3.2. Transponierung

Eine Transponierung liegt gemäß Art. 20a Abs. 1 Bst. b DBG und Art. 7a Abs. 1 Bst. b StHG dann vor, wenn eine natürliche Person eine von ihr im Privatvermögen gehaltene Beteiligung von mindestens 5 % am Grund- oder Stammkapital einer Kapitalgesellschaft oder Genossenschaft in das Geschäftsvermögen einer Personenunternehmung oder einer juristischen Person, an welcher sie als Veräusserer oder Einbringer nach der Übertragung zu mindestens 50 % am Kapital beteiligt ist, überträgt und soweit die gesamthaft erhaltene Gegenleistung den Nennwert der übertragenen Beteiligung übersteigt. Dies gilt sinngemäß auch, wenn mehrere Beteiligte die Übertragung gemeinsam vornehmen.[812] Die Gegenleistung erfolgt in der Regel in Form einer Schuldanerkennung (Gutschrift auf einem Darlehenskonto zugunsten des Einlegers) und/oder durch ein in Aktien der übernehmenden Gesellschaft geleisteter Übernahmepreis.

Das nachstehende Schaubild illustriert den Vorgang der Übertragung in das Geschäftsvermögen einer selbstbeherrschten juristischen Person:

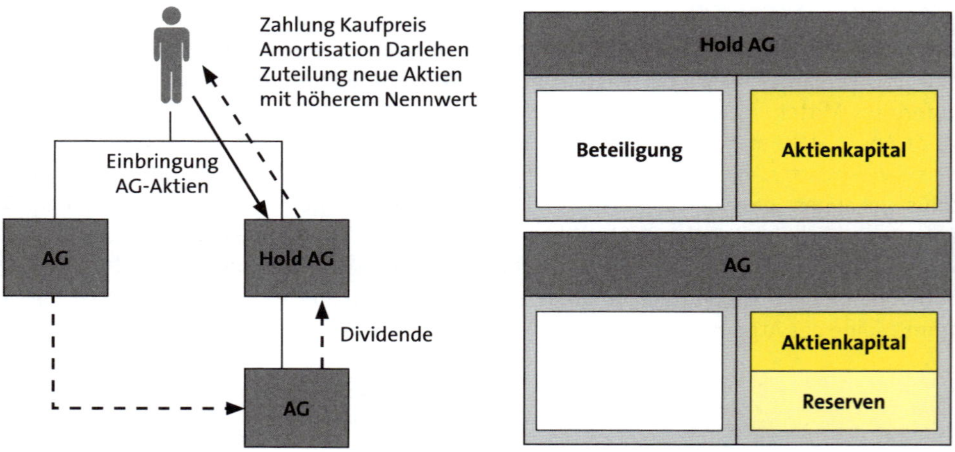

Mit der Einbringung der Aktien in die selbstbeherrschte Gesellschaft erwirbt der Aktionär anstelle seines in den bisherigen Beteiligungsrechten enthaltenen latenten Anspruchs auf Ausschüttung von nicht zum Grundkapital gehörenden Gesellschaftsmitteln (Reserven, einbehaltene Gewinne) eine Darlehensforderung und/oder andere Beteiligungsrechte mit einem höheren Nennwert. Durch die Umgestaltung der Rechtsbeziehungen zwischen dem Aktionär und seinen Gesellschaften wird folglich die (latente) Ausschüttungssteuerlast aufgehoben. D. h. in der Beteiligung verkörperte Mittel, die dem Aktionär bloß als (der Einkommenssteuer unterliegender)

811 Vgl. Brauchli Rohrer/Bussmann/Marbach, FStR 2008, S. 101 ff.

812 Vgl. Reich, Zweifel/Athanas, DBG-Kommentar, Art. 20a, Rz. 33 f.; Mäusli-Allenspach/Oertli, Das schweizerische Steuerrecht, S. 143 f., auch zum Folgenden.

Beteiligungsertrag zufließen können, werden in den Bereich der steuerfrei rückzahlbaren Darlehensforderungen oder des steuerfrei rückzahlbaren Grundkapitals übertragen.[813]

Wirtschaftlich betrachtet stellt das Einbringen einer Beteiligung in eine vom Steuerpflichtigen beherrschte Gesellschaft keine Veräußerung dar, weil dem Anteilseigner die Verfügungsmacht über seine Beteiligungsrechte an der aufnehmenden Gesellschaft faktisch erhalten bleibt.[814] Es handelt sich deshalb lediglich um eine Vermögensumschichtung (Transponierung).

Wird die Beteiligung nun zu einem Wert übertragen, welcher den (einbezahlten) Nennwert zuzüglich der anteiligen Kapitaleinlagereserven übersteigt, und wird dieser Mehrwert dem Nominalkapital und/oder den Reserven der übernehmenden Kapitalgesellschaft oder Genossenschaft gutgeschrieben, ergeben sich je nach Verbuchung unterschiedliche Steuerfolgen:[815]

- Wird der Mehrwert dem Nominalkapital und/oder den Kapitaleinlagereserven der übernehmenden Kapitalgesellschaft oder Genossenschaft gutgeschrieben, qualifiziert die jeweilige Zunahme beim Einleger nicht als steuerfreier Kapitalgewinn, sondern stellt Ertrag aus beweglichem Vermögen dar (Art. 20a Abs. 1 Bst b DBG i. V. m. Art. 20 Abs. 3 DBG);[816]
- Wird der Mehrwert jedoch den übrigen Reserven gutgeschrieben, bleibt folglich die latente Ausschüttungssteuerlast erhalten und die Übertragung kann steuerneutral erfolgen (sog. Agio-Lösung).

PRAXISHINWEIS

Zwecks Vermeidung des Transponierungsrisikos ist die Strukturierung von Vermögenswerten (insb. Beteiligungen) über eine Schweizer Beteiligungsgesellschaft vor dem privaten Zuzug der natürlichen Person in die Schweiz umzusetzen.

III.2.2.1.3.3. Mantelhandel

Unter Mantelhandel versteht man die Übertragung der Mehrheit der Beteiligungsrechte einer in liquide Form gebrachten Gesellschaft. Dabei ändert sich in der Regel auch Zweck und Firma der Gesellschaft und es werden neue Organe bestellt.

Für den Mantelhandel müssen drei Voraussetzungen kumulativ erfüllt sein:

1. Das Übertragungsobjekt ist eine Gesellschaft in liquider Form;
2. Es kommt zu einer Handänderung der beherrschenden Mehrheit;
3. Es tritt eine Zweckänderung ein.

Handelsrechtlich kommt es zu keiner Änderung, d. h. die Gesellschaft besteht weiter. Hinsichtlich der steuerlichen Betrachtungsweise ist jedoch nicht die juristische Ausgestaltung, sondern die tatsächliche wirtschaftliche Begebenheit maßgebend. Beim Mantelhandel zahlt zwar die Gesellschaft den Liquidationsüberschuss nicht aus, doch wird er durch den übernehmenden

813 Vgl. BGE 115 Ib 238.

814 Vgl. BGer 2P.140/2004 v. 9. 12. 2004.

815 Vgl. KS ESTV Nr. 29 v. 9. 12. 2010, Ziff. 4.2.5.

816 Da die Verrechnungssteuerpflicht für die Reserven der eingebrachten Gesellschaft durch die Einbringung gegen Aktionärsdarlehen und/oder gegen Beteiligungsrechte mit höherem Nennwert nicht geschmälert wird, unterliegt der Transponierungsvorgang nicht der Verrechnungssteuer (vgl. Höhn/Waldburger, Steuerrecht Bd. II, S. 54).

dem veräußernden Aktionär in der Form des Kaufpreises für die erworbenen Aktien ausbezahlt.[817]

Der Mantelhandel wird steuerlich wie eine Liquidation mit anschließender Neugründung behandelt, d. h. dem Verkäufer wird, wenn es sich um eine natürliche Person handelt, eine geldwerte Leistung in der Differenz zwischen Veräußerungserlös und Nennwert zuzüglich allfälliger Kapitaleinlagereserven der Beteiligung als Einkommen aus Vermögensertrag zugerechnet und somit versteuert. Beim Erwerber liegt im Umfang des Erwerbspreises des „Mantels" ein Zuschuss vor, auf welchem nach Abzug des Freibetrags von CHF 1 Mio. die Emissionsabgabe von 1 % zu entrichten ist. Zusätzlich ist beim Mantelhandel die Verrechnungssteuer von 35 % auf dem Liquidationsüberschuss geschuldet. Ebenso ist die Verrechnung früher erlittener Verluste mit später erzielten Gewinnen ausgeschlossen.

Der schweizerische Mantelhandel ist nicht mit dem deutschen Mantelkauf i. S. § 8 Abs. 4 KStG und den weiteren Verschärfung nach § 8c KStG zu vergleichen.

III.2.2.2. Berechnungsbeispiel zur Besteuerung einer Kapitalgesellschaft

Das nachfolgende (vereinfachte) Beispiel verdeutlicht die grundsätzliche Systematik der Besteuerung einer Kapitalgesellschaft in der Schweiz anhand einer Betriebsgesellschaft (ohne spezielle Steuerprivilegien):

Annahmen		
Gewinn vor Steuern:	CHF	200'000
Steuerbares Kapital:	CHF	500'000
Erträge aus wesentlichen Beteiligungen:	keine	
Standort Zürich, Kanton Zürich:	Steuerfüße 2014	
Steuerbarer Gewinn (Bund, Kanton und Gemeinde)		
Gewinn vor Steuern	CHF	200'000
./. Steueraufwand Kanton und Gemeinde	CHF	-29'622
./. Anteiliger Steueraufwand Bund	CHF	-13'345
Steuerbarer Gewinn in Kanton und Gemeinde	CHF	157'033
Steuerbarer Gewinn in Kanton und Gemeinde (gerundet)	CHF	157'000
Einfache Kantons- und Gemeindesteuern		
Gewinnsteuer von 8 % des steuerbaren Gewinnes	CHF	12'560
Total einfache Gewinnsteuer gemäß proportionalem Satz	CHF	12'560
Einfache Kapitalsteuer von 0.075 % des steuerbaren Kapitals	CHF	375
Total einfache Kantons- und Gemeindesteuer	CHF	12'935

817 Vgl. Reich, Steuerrecht, S. 313.

Kantons- und Gemeindesteuern		
Kantonssteuer von 100 % der einfachen Steuer	CHF	12’927
Gemeinde-/Kirchensteuer von 129.01 % der einfachen Steuer	CHF	16’687
Total Steuerbelastung (Kanton Zürich, Gemeinde Zürich)	CHF	29’622
Direkte Bundessteuer		
Direkte Bundessteuer von 8.5 % des steuerbaren Gewinnes	CHF	13’345
Total Steuerbelastung (Bund)	CHF	13’345
Total Steuerbelastung Schweiz (Bund, Kanton, Gemeinde)	CHF	42’967
Effektiver Steuersatz[818] (inkl. Kapitalsteuer)	CHF	21.48%
Effektiver Steuersatz[819] (exkl. Kapitalsteuer)	CHF	21.05%

III.2.3. Genossenschaften

Der steuerbare Reingewinn und das steuerbare Kapital von Genossenschaften berechnen sich i. d. R. in gleicher Weise wie bei den Kapitalgesellschaften.[820]

III.2.4. Vereine und Stiftungen

Sofern Vereine und Stiftungen nicht aufgrund eines öffentlichen oder gemeinnützigen, sozialen, humanitären, kirchlichen, kulturellen oder ähnlichen Zwecks steuerbefreit sind, entrichten sie i. d. R. sowohl eine Gewinnsteuer als auch eine Kapitalsteuer.[821]

Art. 66 DBG und Art. 26 StHG präzisieren das Steuerobjekt der Vereine und Stiftungen basierend auf den Ermittlungsvorschriften zum steuerbaren Reingewinn juristischer Personen. Demnach werden die Mitgliederbeiträge an die Vereine und die Einlagen in das Vermögen nicht zum steuerbaren Gewinn gerechnet. Die zur Erzielung der steuerbaren Erträge erforderlichen Aufwendungen können in vollem Umfang steuerwirksam abgezogen werden, andere Aufwendungen nur insoweit, als sie die Mitgliederbeiträge übersteigen.[822]

Sowohl das DBG als auch die Steuergesetze der meisten Kantone sehen für grundsätzlich steuerpflichtige Vereine und Stiftungen gewisse steuerfreie Minima vor. Diese Grenzen, welche schlussendlich über die Frage der subjektiven Steuerpflicht entscheiden, bewegen sich bei der Gewinnsteuer in einer Bandbreite zwischen wenigen Tausend und einigen Zehntausend Franken, bei der Kapitalsteuer sind die Limiten meist zwischen CHF 50’000 und CHF 100’000 angesetzt.[823]

818 Als Verhältnis von Steuerbelastung Schweiz zum Gewinn vor Steuern.
819 Als Verhältnis von Steuerbelastung Schweiz zum Gewinn vor Steuern.
820 Vgl. A.II.5.1.1.2. und A.II.5.1.2.2.
821 Vgl. SSK, Steuerinformationen, Die Besteuerung der juristischen Personen, S. 29.
822 Vgl. Brülisauer/Kuhn, Zweifel/Athanas, StHG-Kommentar, Art. 26, Rz. 1 – 20.
823 Siehe Übersicht in SSK, Steuerinformationen, Die Besteuerung der juristischen Personen, S. 30 und S. 33.

Bei der direkten Bundessteuer werden Gewinne von Vereinen und Stiftungen nach den für juristische Personen geltenden Bestimmungen (Art. 49 Abs. 1 Bst. b DBG), aber nach einem eigenen Tarif von 4.25 % besteuert (Art. 71 Abs. 1 DBG). Steuerfrei sind Gewinne unter CHF 5'000 (Art. 71 Abs. 2 DBG).

Ähnlich lauten auch die einschlägigen Normen der kantonalen Steuergesetze: Besteuert werden die Gewinne von Vereinen und Stiftungen meist nach den für juristische Personen geltenden Regeln. Oft kommt ein eigener proportionaler oder progressiver Tarif zur Anwendung; manchmal derjenige für Kapitalgesellschaften und nur in seltenen Fällen der Tarif für natürliche Personen.[824]

Alle Kantone besteuern hingegen das Vermögen bzw. Kapital der Vereine und Stiftungen nach den für natürliche Personen geltenden Regeln (Art. 29 Abs. 2 Bst. c StHG), meist aber mit einem anderen Tarif.[825]

III.2.4.1. Besonderheiten

Vereine und Stiftungen im Sinne des Zivilgesetzbuches verfolgen i. d. R. nicht den Zweck der kollektiven Kapitalanlage. Hiervon bilden der Investment-Club und die Anlagestiftung jedoch eine Ausnahme. Ihre steuerliche (und aufsichtsrechtliche) Behandlung soll deshalb an dieser Stelle kurz erläutert werden.

III.2.4.1.1. Investment-Club

Obschon Investment-Clubs verschiedene Rechtsformen offen stehen, treten sie i. d. R. als Verein auf. Investment-Clubs dienen der gemeinsamen, verhältnismäßig bescheidenen kollektiven Wertpapieranlage natürlicher Personen. Sofern die Clubs gewisse Bedingungen einhalten, sind sie dem Kollektivanlagengesetz (KAG) nicht unterstellt und unterliegen damit nicht den strengen aufsichtsrechtlichen Bestimmungen.[826] Sind nicht mehr als zwanzig Personen vertragsmäßig miteinander als Investment-Club verbunden, so kann die Eidg. Steuerverwaltung (ESTV) aufgrund von Art. 60 Abs. 1 VStV bei Club-Mitgliedern mit Schweizer Wohnsitz unter Auflagen gestatten, die Rückerstattung der Verrechnungssteuer, welche vom Wertpapierertrag abgezogen wurden, durch gemeinsamen Antrag geltend zu machen.

Hinsichtlich der direkten Steuern ist ein Investment-Club kein Steuersubjekt. Die Mitglieder haben in ihren persönlichen Steuererklärungen ihren Anteil am Clubvermögen und dessen Ertrag – unabhängig von einer allfälligen Ausschüttung – zu deklarieren.[827]

824 Vgl. SSK, Steuerinformationen, Die Besteuerung der juristischen Personen, S. 31 und S. 34.

825 Vgl. SSK, Steuerinformationen, Die Besteuerung der juristischen Personen, S. 31 und S. 34.

826 Gemäß Art. 2 Abs. 2 Bst. f des Bundesgesetz über die kollektiven Kapitalanlagen (Kollektivanlagengesetz, KAG) fallen Investment-Clubs nicht unter den Geltungsbereich des KAG, sofern sie die Voraussetzungen gemäß Art. 1 der Verordnung über die kollektiven Kapitalanlagen (Kollektivanlagenverordnung, KKV) erfüllen. Vgl. Hasenböhler, Recht der Kollektiven Kapitalanlagen, S. 32 f.

827 Vgl. Merkblatt S-018.25 der ESTV über die steuerliche Behandlung von inländischen Investment-Clubs.

III.2.4.1.2. Anlagestiftung

Anlagestiftungen dienen der kollektiven Kapitalanlage von Institutionen der beruflichen Vorsorge. Die Anlagestiftung erfüllt grundsätzlich die Voraussetzungen des Art. 2 Abs. 1 und Art. 7 Abs. 1 KAG. Dennoch wurde die Anlagestiftung dem KAG nicht unterstellt (Art. 2 Abs. 2 Bst. a KAG).[828] Als Einrichtungen der beruflichen Vorsorge sind sie grundsätzlich von der Gewinn- und Kapitalsteuer befreit.

III.3. Steuerruling, interkantonaler Steuerwettbewerb, Vermeidung steuerlicher Mehrfachbelastungen (Beteiligungsabzug), Steuererleichterungen, Steuerregimes und Steuermodelle für Unternehmen

Es gibt derzeit diverse Vorzüge, die den Steuerstandort Schweiz gerade im Vergleich zu Deutschland äußerst interessant gestalten. Nachfolgend werden die wichtigsten Vorteile des Steuerstandortes Schweiz gegenüber Deutschland aufgezeigt.

III.3.1. Planungssicherheit durch Steuerruling (Steuervorabbescheid)

Ein gewichtiger Vorteil des Schweizer Steuersystems ist, dass Steuerpflichtige oder deren Berater im Vorfeld zur Umsetzung von Planungsvorhaben und Gestaltungen bei der Eidg. Steuerverwaltung (ESTV) oder bei den kantonalen Steuerämtern eine Auskunft bzw. ein sog. Steuerruling (Steuervorabbescheid) hinsichtlich der Steuerfolgen einholen können.[829]

Das Ziel eines solchen Steuerrulings besteht in der vorgängigen Abklärung allfälliger Steuerfolgen von geplanten Handlungen und Transaktionen und mithin in der Vermeidung nachträglicher Auseinandersetzungen zwischen Investor und Steuerbehörden. Mit diesem Instrument wird in der Schweiz eine weitgehende Rechts- und Planungssicherheit erreicht. Ein gewichtiger Vorteil, den andere Länder wie bspw. Deutschland nicht oder nur sehr beschränkt bieten können. Die Schweizer Steuerbehörden verstehen sich diesbezüglich als Ansprechpartner und Dienstleister von bestehenden oder neuen Unternehmen sowie von Privatpersonen. Dabei beziehen die Schweizer Steuerbehörden – anders als oftmals die deutsche Finanzverwaltung – grundsätzlich zu allen steuerlichen Problembereichen verbindlich Stellung.

Der Antrag ist i. d. R. schriftlich einzureichen. Darin ist der relevante Sachverhalt darzulegen, die steuerliche Würdigung des geplanten Vorhabens einschließlich der Begründung vorzunehmen und schließlich die entsprechenden Besteuerungsanträge zu stellen. Bei komplexeren Fällen empfiehlt es sich, Sachverhalt und mögliche Steuerfolgen vorab mit den Steuerbehörden zu besprechen. Verbindliche Vorabescheide werden bei sorgfältiger und umfassender Ausgestaltung i. d. R. in kurzer Zeit erteilt. Der Zeithorizont zwischen Einreichung des Antrags und dessen Beantwortung liegt erfahrungsgemäß zwischen zwei und sechs Wochen.

828 Vgl. Hasenböhler, Recht der kollektiven Kapitalanlagen, S. 31 f.

829 Das Steuerruling entspricht in den Grundsätzen den in Deutschland bekannten Auskünften mit Bindewirkung nach Treu und Glauben, der sog. verbindlichen Auskunft (vgl. u. a. BMF-Schreiben v. 29. 12. 2003 BStBl I 2003, S. 742); vgl. zum Steuerruling insb. Eisenring, ASA 68 (1999/2000), S. 97 ff.; Morf/Müller/Amstutz, ST 2008, S. 813 ff.; Schreiber/Jaun/Kobierski, ASA 80 (2011/2012), S 293 ff.; Merkblatt des Kantonalen Steueramtes Zürich betreffend Begehren um amtliche Auskünfte und Vorabbescheide v. 13. 10. 2008 (ZStB I Nr. 30/500).

Die Frage nach dem Bestehen eines Anspruchs auf eine anfechtbare Feststellung von Auskünften und Steuerrulings der Steuerbehörden ist unterschiedlich geregelt. Während bei den indirekten Steuern des Bundes ein solcher Anspruch gesetzlich vorgesehen ist (Art. 41 Bst. b VStG; Art. 38 Bst. b StG; Art. 69 MWSTG), fehlt eine analoge Regelung für die direkten Steuern.[830] Hier werden die Steuerbehörden somit entsprechend der ständigen bundesgerichtlichen Rechtsprechung nach dem Grundsatz von Treu und Glauben (Art. 9 BV) gebunden. Ein Steuerpflichtiger hat aufgrund von Art. 9 BV dann Anspruch auf Schutz des Vertrauens in eine unrichtige Auskunft der Behörden, wenn die folgenden Voraussetzungen kumulativ erfüllt sind:[831]

- Die Auskunft wurde von der zuständigen Behörde erteilt;
- Die Auskunft wurde mit Bezug auf einen konkreten Sachverhalt erteilt;
- Die Auskunft wurde vorbehaltlos erteilt;
- Die Unrichtigkeit der Auskunft war nicht ohne Weiteres zu erkennen;
- Der Adressat der Auskunft hat im Vertrauen auf die Richtigkeit der Auskunft eine Disposition getroffen, die nicht ohne Nachteil rückgängig gemacht werden kann (Vertrauensbestätigung);
- Die gesetzliche Lage hat seit der Auskunftserteilung keine Änderung erfahren.

PRAXISHINWEIS

In jüngster Zeit häufen sich Rechtsfälle, in denen über Steuerrulings abgesicherte Sachverhalte von der Eidg. Steuerverwaltung (ESTV) hinsichtlich deren Verbindlichkeit für direkte Bundessteuerzwecke in Frage gestellt werden.[832] In diesem Zusammenhang ist zu beachten, dass die ESTV im Bereich der direkten Bundessteuer lediglich Aufsichtsbehörde und nicht Veranlagungsbehörde ist. Die zur Erteilung von verbindlichen Auskünften im Einzelfall (Steuerruling) zuständige Behörde ist einzig die kantonale Steuerverwaltung und nicht die ESTV. Umgekehrt ist der Einbezug der ESTV nicht Voraussetzung für die Gültigkeit eines Steuerrulings. Die ESTV kann jedoch im Rahmen ihrer Aufsichtsfunktion (u. a. Einsichts-, Antrags- und Auskunftsrecht) in gewissen Einzelfällen verlangen, dass Steuerrulings zukünftig der ESTV vorgängig zur Genehmigung zu unterbreiten sind.[833] Wie in Deutschland entfalten Steuerrulings jedoch nur dann eine Bindewirkung, wenn der geschilderte Sachverhalt mit dem (zukünftigen) tatsächlichen Sachverhalt übereinstimmt.

III.3.2. Tiefere Steuersätze als Ergebnis des interkantonalen Steuerwettbewerbs

Das Schweizer Steuersystem ist Spiegelbild des föderalistischen Staatsaufbaus. Grundsätzlich verfügt jeder der 26 Kantone über ein eigenes Steuergesetz. Um allfälligen Kompetenzstreitigkeiten und Doppelbesteuerungen zuvorzukommen sowie die Abgabenlast moderat zu halten, ist die Steuerkompetenz in der Verfassung geregelt (Steuerharmonisierung). Die Festsetzung der Steuersätze sowie der Steuerfreibeträge fällt jedoch weiterhin in den Kompetenzbereich der Kantone.

830 Vgl. Höhn/Waldburger, Steuerrecht, Bd. I, S. 933 f.

831 Vgl. BGer (2C.24/2010 v. 1. 6. 2010, E.4.2); BGer (2C.20/2011 v. 1. 7. 2011, E.3.1); Oesterhelt, Steuerrechtliche Entwicklungen, SZW 2012, S. S. 36.; Oesterhelt, StR 2013, S. 188 ff.

832 Vgl. BGer (2C.708/2011 v. 5. 10. 2012).

833 So bspw. geschehen in Sachen Steuerrulings für internationale Steuerausscheidungen von Prinzipal-Gesellschaften (vgl. KS ESTV Nr. 8 v.18. 12. 2001, Ziff. 5). Die ESTV verpflichtet sich dabei, innerhalb von 14 Tagen Stellung zu nehmen und so für eine einheitliche Praxisanwendung für direkte Bundessteuerzwecke zu sorgen.

Diese Ausgangslage lässt genügend Freiraum für einen gesunden Wettbewerb, was sich in der Tatsache widerspiegelt, dass in den letzten Jahren eine ganze Reihe von Kantonen die Gewinn- und Kapitalsteuersätze substanziell senkte. Dabei erfolgte in vielen Fällen ein Übergang von einem renditeabhängigen, progressiv ausgestalteten Gewinnsteuersatz zu einem Proportionalsatz sowie eine substanzielle Senkung des Kapitalsteuersatzes. Zudem rechnen mittlerweile diverse Kantone die Gewinnsteuer an die Kapitalsteuer an.[834]

III.3.3. Vermeidung steuerlicher Mehrfachbelastungen (Beteiligungsabzug)

Um die zwei- oder mehrfache Besteuerung von ausgeschütteten Gewinnen zu vermeiden, sieht das schweizerische Steuersystem für Beteiligungsgesellschaften, die Erträge aus maßgeblichen Beteiligungen vereinnahmen (bspw. offene und verdeckte Gewinnausschüttungen), eine Ermäßigung der Gewinnsteuer auf Bundes-, Kantons- und Gemeindebene in Form des Beteiligungsabzuges vor. Das DBG und das StHG stipulieren, dass sich bei Kapitalgesellschaften (AG, Kommandit-AG, GmbH) oder Genossenschaften, die

- zu mindestens 10 % am Grund- oder Stammkapital einer anderen Gesellschaft beteiligt sind,
- zu mindestens 10 % am Gewinn und an den Reserven einer anderen Gesellschaft beteiligt sind oder
- Beteiligungsrechte im Verkehrswert von mindestens CHF 1 Mio. halten,

die Gewinnsteuer im Verhältnis des Nettoertrages aus den Beteiligungsrechten zum gesamten Reingewinn ermäßigt (Art. 69 DBG; Art. 28 Abs. 1 StHG).[835] Als Beteiligungen qualifizieren Aktien von AGs und Kommandit-AGs, GmbH-Stammeinlagen, Genossenschaftsanteile, Partizipationsscheine gemäß Art. 656a OR, Genussscheine (in gewissen Konstellationen), Anteile am Kapital einer SICAF und Anteilsrechte am Stammkapital einer US LLC (da aus Schweizer Sicht mit einer GmbH gleichzustellen).[836]

Seit der ab 1. 1. 1998 rechtskräftigen Unternehmungssteuerreform I wird der Beteiligungsabzug auch für Kapitalgewinne gewährt, die bei der Veräußerung von maßgeblichen Beteiligungen erzielt werden (Art. 70 Abs. 4 DBG; Art. 28 Abs. 1bis und Abs. 1ter StHG).[837] Für die Anwendung des Beteiligungsabzugs bei Kapitalgewinnen müssen kumulativ die folgenden drei Bedingungen erfüllt sein:

- Der Veräußerungserlös übersteigt die Gestehungskosten;

834 Vgl. A.II.5.1.2.2.

835 Die kantonalen Steuergesetze enthalten betreffend Beteiligungsabzug auf Dividendenerträgen die grundsätzlich gleichen Bestimmungen wie jene des Art. 28 Abs. 1 StHG.

836 Vgl. KS ESTV Nr. 27 v. 17. 12. 2009, Ziff. 2.3.2.; Richner/Frei/Kaufmann/Meuter, Handkommentar zum DBG, S. 852 f.; Weisung der Finanzdirektion des Kantons Zürich über die Besteuerung von Beteiligungs-, Holding-, Domizil- und gemischten Gesellschaften v. 12. 11. 2010 (ZStB I Nr. 26/052).

837 Die kantonalen Steuergesetze enthalten betreffend Beteiligungsabzug auf Kapitalgewinnen die grundsätzlich gleichen Bestimmungen wie jene des Art. 28 Abs. 1bis und Abs. 1ter StHG. Die ESTV hat zu den Auswirkungen des Bundesgesetzes über die Reform der Unternehmensbesteuerung 1997 auf die Steuerermäßigung auf Beteiligungserträgen von Kapitalgesellschaften und Genossenschaften ein ausführliches Kreisschreiben erlassen (KS ESTV Nr. 27 v. 17. 12. 2009).

- Die veräußerte Beteiligung macht mindestens 10 % des Grund- oder Stammkapitals einer anderen Gesellschaft aus oder es besteht ein Anspruch auf mindestens 10 % des Gewinns und der Reserven einer anderen Gesellschaft;[838]
- Die veräußerte Beteiligung war während mindestens eines Jahres im Besitz der verkaufenden Kapitalgesellschaft oder Genossenschaft (Mindesthaltefrist).

Zu beachten ist, dass im Gegensatz zur Regelung des Beteiligungsabzuges auf Dividendenerträgen die Alternativbedingung für das Vorliegen einer maßgeblichen Beteiligung, nämlich dass die Beteiligung einen Verkehrswert von mindestens CHF 1 Mio. ausmacht, in den drei Bedingungen des Art. 70 Abs. 4 DBG nicht enthalten ist. Dies bedeutet, dass ein Kapitalgewinn aus der Veräußerung einer Beteiligung, die einen Verkehrswert von CHF 1 Mio. oder mehr hat, aber nicht die 10 % Grenze erreicht, nicht für den Beteiligungsabzug qualifiziert. Fällt jedoch die Beteiligungsquote infolge Teilveräußerung unter 10 %, so kann die Ermäßigung für jeden folgenden Veräußerungsgewinn nur beansprucht werden, wenn die Beteiligungsrechte am Ende des Steuerjahres vor dem Verkauf einen Verkehrswert von mindestens CHF 1 Mio. hatten.

Nach Art. 70 Abs. 1 DGB berechnet sich der Nettoertrag aus einer maßgeblichen Beteiligung wie folgt:

Bruttoertrag (Dividendenertrag, Kapitalgewinn)	
./.	abzüglich Finanzierungsaufwand (Schuldzinsen und wirtschaftlich gleichartige Kosten), der nach Maßgabe der Gewinnsteuerwerte der Beteiligungen im Verhältnis zu den Gesamtaktiven umgelegt wird
./.	abzüglich Verwaltungsaufwand von 5 % des Bruttoertrages bzw. Nachweis der effektiv tieferen Verwaltungskosten
= Nettoertrag aus maßgeblicher Beteiligung	

Abschreibungen und Wertberichtigungen, welche in einem Kausalzusammenhang mit einer Ausschüttung stehen, werden vom Nettoertrag im Zeitpunkt des Abschreibungs- oder Wertberichtigungsbedarfs in Abzug gebracht. Ist die Abschreibung höher als der Beteiligungsertrag, wird der Aufwandüberhang dem ordentlichen Gewinn belastet und nicht auf die übrigen Beteiligungserträge verlegt. Bei nachhaltiger Erholung von zuvor abgeschriebenen oder wertberichtigten Gestehungskosten qualifizierter Beteiligungswerte erfolgt zu diesem späteren Zeitpunkt gemäß Art. 62 Abs. 4 DBG eine Zurechnung zum steuerbaren Gewinn im Umfang der Aufwertung(en).

PRAXISHINWEIS

Die Schweiz kennt somit, im Gegensatz zu Deutschland, keine direkte Freistellung der Beteiligungserträge (vgl. § 8b KStG), sondern eine indirekte Freistellung durch Reduktion der Gewinnsteuer. Im Rahmen der Unternehmenssteuerreform III wird derzeit diskutiert, ob die Methodik des Beteiligungsabzuges – von der indirekten hin zur direkten Freistellung – geändert werden soll. Ggf. würden dann in Zukunft Beteiligungserträge direkt vom steuerbaren Gewinn (Spartenrechnung) in Abzug gebracht werden.[839]

838 Fällt die Beteiligungsquote infolge Teilveräußerung unter 10 %, so kann die Ermässigung für jeden folgenden Veräußerungsgewinn nur beansprucht werden, wenn die Beteiligungsrechte am Ende des Steuerjahres vor dem Verkauf einen Verkehrswert von mindestens CHF 1 Mio. hatten (vgl. zweiter Halbsatz von Art. 70 Abs. 4 Bst. b DBG).

839 Vgl. hierzu auch A.III.5.2.

BEISPIEL: Eine AG weist einen Reingewinn von CHF 500'000 aus, der einer Steuer von 20 % unterliegt. Die AG hat Beteiligungserträge (brutto) von CHF 300'000 erzielt. Die Finanzierungskosten betragen CHF 100'000. Die auf die Beteiligungsverwaltung entfallenden Kosten (direkte Kosten und anteilige Gemeinkosten) betragen CHF 20'000. Der Buchwert der Beteiligung beträgt CHF 1 Mio.; die AG weist buchmäßige Aktiven von insgesamt CHF 2 Mio. aus. Wie hoch ist die von der AG geschuldete Steuer unter Berücksichtigung des Beteiligungsabzuges?

Steuer auf dem Reingewinn von 500'000		100'000
minus Beteiligungsabzug		
Beteiligungsertrag brutto	300'000	
minus anteilige Finanzierungskosten (50 % von 100'000)	- 50'000	
minus Verwaltungskosten 5 %	- 15'000	
Beteiligungsertrag netto	235'000	
Beteiligungsabzug: 235'000 / 500'000 = 47 %		- 47'000
Geschuldete Gewinnsteuer		53'000

Hinweis: Anstelle des Verwaltungskosten-Pauschalbetrages von 5 % können nachweislich geringere, effektive Beteiligungsverwaltungskosten in Abzug gebracht werden. Im vorliegenden Beispiel ist dies jedoch nicht der Fall.

Die bei der Berechnung des Beteiligungsabzuges gehandhabte Verwaltungspraxis der Umlage der Finanzierungskosten im Verhältnis der Aktiven (Gewinnsteuerwerte der Beteiligungen zu den Gesamtaktiven) begünstigt vorwiegend eigenfinanzierte Beteiligungsgesellschaften. Bei Beteiligungsgesellschaften mit hohem verzinslichem Fremdkapital kann eine in Einzelfällen ins Gewicht fallende Verschlechterung des Beteiligungsabzuges (bei gleichbleibendem steuerbaren Reingewinn) resultieren.[840] Schließlich bleibt als ein weiterer Nachteil der indirekten Freistellungsmethode zu erwähnen, dass ein allfällig bestehender Verlustvortrag sowohl durch erzielten Beteiligungsertrag als auch Kapitalgewinn konsumiert wird.

III.3.4. Steuererleichterungen (Tax holidays)

Im internationalen Wettbewerb um die Ansiedlung von Unternehmen werden ein mildes Fiskalklima für Unternehmen und hochqualifizierte Arbeitskräfte regelmäßig als wichtige Standortfaktoren gewertet. Die Schweiz will ihre steuerlichen Rahmenbedingungen attraktiv halten. Aufgrund ihrer föderalistischen Struktur sind es in der Schweiz in erster Linie die Kantone/Gemeinden, die den Steuerwettbewerb fördern. Neu gegründete Unternehmen, die für einen Kanton oder eine Region von wirtschaftlicher Bedeutung sind, können deshalb in vielen Fällen in den Genuss von Steuererleichterungen kommen.

PRAXISHINWEIS

Gemäß offiziellen Schätzungen haben Jungunternehmen in den letzten zehn Jahren über 350'000 der heute existierenden Arbeitsplätze in der Schweiz geschaffen. Der Fokus der Politik des Schweizer Bundesrates auf die ständige Verbesserung der wirtschaftspolitischen Rahmenbedingungen hat sich somit auch für den Bereich des Risikokapitalmarktes in der Schweiz bewährt. Entsprechend wird dieser Kategorie von Unternehmen besondere Aufmerksamkeit seitens der Schweizer Regierung und Behörden geschenkt. Obwohl es aus Sicht der Schweizer Regierung keine signifikanten Probleme resp. Lücken im Bereich der Innovation (n-

840 Die von den Steuerbehörden praktizierte (schematische) Lösung der proportionalen Umlage der Finanzierungskosten wurde vom Bundesgericht als vertretbar bestätigt (vgl. BGer (2P.80/2004 v. 12. 5. 2005); StE 2005 GE B 72.22 Nr. 11).

novation gap), im Informationsaustausch zwischen Investoren und Jungunternehmen (Information gap) sowie bei der Bereitstellung von Risikokapital (Funding gap) und damit auch keine Notwendigkeit für die Schaffung eines speziellen, Schweiz weiten Steuerstatus für Start-up-Unternehmen gibt, soll innovativen Start-up-Unternehmen – wie auch schon in der Vergangenheit – auf Gesuch hin eine steuerliche Förderung (in Form von Steuererleichterungen[841]) sowie weitere bestehende Programme zur finanziellen und organisatorischen Unterstützung zuteil werden. Dank dieser einzelfallweisen, anhand definierter Kriterien zu beurteilenden Form der Förderung lassen sich Mindereinnahmen des Staates besser steuern und die daraus resultierenden Belastungen für die öffentliche Hand auf transparente Art und Weise ausweisen. Allfällige Wettbewerbsverzerrungen werden als Nachteil in Kauf genommen.[842]

III.3.4.1. Kantons- und Gemeindesteuern

Gemäß Art. 5 und 23 Abs. 3 StHG können die Kantone auf dem Wege der Gesetzgebung für Unternehmen, seien es Personen- oder Kapitalgesellschaften, die neu eröffnet werden und den wirtschaftlichen Interessen des Kantons dienen, für das Gründungsjahr und in den neun folgenden Jahren Steuererleichterungen vorsehen. Eine wesentliche Änderung der betrieblichen Tätigkeit kann einer Neugründung gleichgestellt werden. Diese Regelung hat ihren Ursprung im kantonalen Konkordat über den Ausschluss von Steuerabkommen vom 10. 12. 1948.[843] Als spezialgesetzliche Regelung hat die Bestimmung des StHG Vorrang gegenüber dem Konkordat.[844]

Hinsichtlich der Ausgestaltung der gesetzlichen Regelung, die eine Steuererleichterung während maximal zehn Jahren beinhalten kann, haben die Kantone einen gewissen Freiraum, insbesondere was die Art und den Umfang der Steuererleichterung anbelangt. Im Vordergrund stehen Erleichterungen, welche die Bemessungsgrundlage (z. B. Gewährung erhöhter Abschreibungssätze) beeinflussen oder tarifliche Erleichterungen. Als weitere Unterstützungsmaßnahmen kommen Bürgschaften für Investitionen, Zinskostenbeiträge auf Bankkrediten sowie eine tatkräftige Unterstützung bei der Suche von Bauland, Liegenschaften und im Bereich des Arbeitsmarktes in Betracht.[845] Einen raschen Überblick über die kantonal vorgesehenen Förderungs- und Steuererleichterungsmaßnahmen geben die Websites der Kantonsverwaltungen[846] bzw. der kantonalen Wirtschaftsförderungsstellen sowie die Website des Staatssekretariats für Wirtschaft SECO, ein Amt des Eidg. Departements für Wirtschaft, Bildung und Forschung (WBF; ehemals Eidg. Volkswirtschaftsdepartement (EVD)).[847]

Zentrale Voraussetzungen für die Gewährung von Steuererleichterungen sind die Elemente der Neueröffnung bzw. der wesentlichen Änderung und das wirtschaftliche Interesse des Kantons an der Ansiedelung des betreffenden Unternehmens. Als Neueröffnung anerkennt die Verwaltungspraxis die Neugründung und den Neueintritt in die Steuerpflicht des Kantons, die Eröffnung eines Filialbetriebs oder einer Betriebsstätte eines bestehenden Unternehmens sowie wesentliche Änderungen der betrieblichen Tätigkeit eines Unternehmens (Restrukturierungsmaß-

841 Vgl. A.III.3.4.1. und A.III.3.4.2.

842 Vgl. zum Ganzen Medienmitteilung des Bundesrates v. 13. 9. 2013; Bericht des Bundesrates v. 10. 9. 2013 „Steuerausfälle aufgrund der Steuerbefreiung von Start-up-Unternehmen"; Medienmitteilung des Bundesrates v. 28. 6. 2012; Bericht des Bundesrates v. 27. 6. 2012 „Risikokapital in der Schweiz".

843 SR 671.1.

844 Vgl. Greter, Zweifel/Athanas, StHG Kommentar, Art. 5, Rz. 2.

845 In der Praxis werden Bürgschaften und Zinskostenbeiträge äußerst selten gewährt. Steuererleichterungen für bis zu zehn Jahre sind dagegen häufig eingesetzte Ansiedlungsinstrumente.

846 Das Verzeichnis der offiziellen Internetseiten des öffentlichen Sektors der Schweiz ist zu finden auf www.gov.ch.

847 Vgl. www.seco.admin.ch.

nahmen), die in der Praxis einer Gründung gleichkommen.[848] Ebenso wird die Sitzverlegung aus dem Ausland oder der Zuzug aus einem anderen Kanton anerkannt, letzteres jedoch nur, sofern kein Missbrauch vorliegt (sog. Tax holiday shopping).

PRAXISHINWEIS

Bestehende Unternehmen, die eine wesentliche Änderung in der betrieblichen Tätigkeit erfahren, d. h. sich in einem eigentlichen Umstrukturierungsprozess befinden, sollen ebenfalls von Steuererleichterungen profitieren können. Eine solche Umstrukturierung muss jedoch einen Innovationsschub zur Folge haben oder im Verhältnis zur Größe des Unternehmens bedeutende Investitionen auslösen. Entsprechend qualifiziert die Umwandlung einer Stammhaus- in eine Holdingstruktur nicht als wesentliche Änderung und das Investitionserfordernis kann sich nur auf kapitalintensive Unternehmen beziehen.

Art. 5 bzw. 23 Abs. 3 StHG auferlegt den Kantonen keine Missbrauchsregelung. Offensichtliche Missbräuche, wie bspw. die mehrfache Gewährung von Steuererleichterungen nach einer oder mehreren Sitzverlegung(en), das Nichteinhalten auferlegter Bedingungen oder ein rein fiskalisch motivierter Wegzug eines Unternehmens unmittelbar nach Beendigung der Steuererleichterung, werden von den Kantonen nicht toleriert mit der Folge, dass gewährte Steuererleichterungen vom Unternehmen nachträglich zurückbezahlt werden müssen. Gewisse Kantone kennen weitergehende Einschränkungen betreffend die Gleichbehandlung und Wettbewerbsneutralität.[849]

III.3.4.2. Direkte Bundessteuer

Im DBG selbst findet sich keine Regelung betreffend die Gewährung von Steuererleichterungen für neu gegründete Unternehmen.[850] Gleichwohl sind solche Förderungsmaßnahmen auch auf Bundesebene möglich.

Am 1. 1. 2008 hat der Bundesrat das Bundesgesetz vom 6. 10. 2006 über Regionalpolitik[851] und die dazugehörige Verordnung vom 28. 11. 2007 über die Gewährung von Steuererleichterungen im Rahmen der Regionalpolitik[852] in Kraft gesetzt.

Das Eidg. Departement für Wirtschaft, Bildung und Forschung (WBF) hat seinerseits im Auftrag des Bunderates die Verordnung vom 28. 11. 2007 über die Festlegung der Anwendungsgebiete für Steuererleichterungen erlassen.[853] Die Anwendungsgebiete werden durch das WBF nach An-

848 Vgl. Art. 5 und Art. 23 Abs. 3 StHG.

849 Im Kanton ZH dürfen bspw. bestehende, ordentliche besteuerte Unternehmen aus Gründen der Gleichbehandlung und der Wettbewerbsneutralität von neuen, im selben Wirtschaftsbereich tätigen Unternehmen, die eine Steuererleichterung beantragen, nicht konkurrenziert werden. Der Kanton GE gewährt Unternehmen, die aus einer Fusion oder Spaltung hervorgegangen sind und lediglich eine bereits vorher ausgeübte betriebliche Tätigkeit weiterführen, sowie Unternehmen, die einzig die Rechtsform gewechselt haben, keine Steuererleichterung. Weitere Hinweise enthalten die von der SSK herausgegebenen Steuerinformationen, Die Besteuerung der juristischen Personen, S. 10 f.

850 Vgl. Gehriger/Monsch, ST 2008, S. 80.

851 BNRP, SR 901.0.

852 VO BR, SR 901.022.

853 VO WBF, SR 901.022.1. Im Hinblick auf das Mehrjahresprogramm 2016 – 2023 hatte das SECO kürzlich die Umsetzung der Regionalpolitik evaluieren lassen. Gestützt auf die Evaluationsergebnisse wurde anschließend das WBF vom Bundesrat mit einer Reform der Steuererleichterungen im Rahmen der Regionalpolitik beauftragt. Die Verordnungsänderungen sollen bis Ende 2014 für die Eröffnung der Vernehmlassung vorliegen. Ein Inkrafttreten der Verordnungsänderungen wird spätestens per 1. 1. 2016 erwartet (vgl. Medienmitteilung des Bundesrates v. 23. 10. 2013; Bericht zur Evaluation der Steuererleichterungen im Rahmen der Regionalpolitik v. Oktober 2013).

hörung der Kantone festgelegt[854] und befinden sich tendenziell in ländlichen Gebieten, Berggebieten und Grenzregionen, wie nachfolgende Abbildung verdeutlicht:[855]

Steuererleichterungen im Rahmen der Regionalpolitik

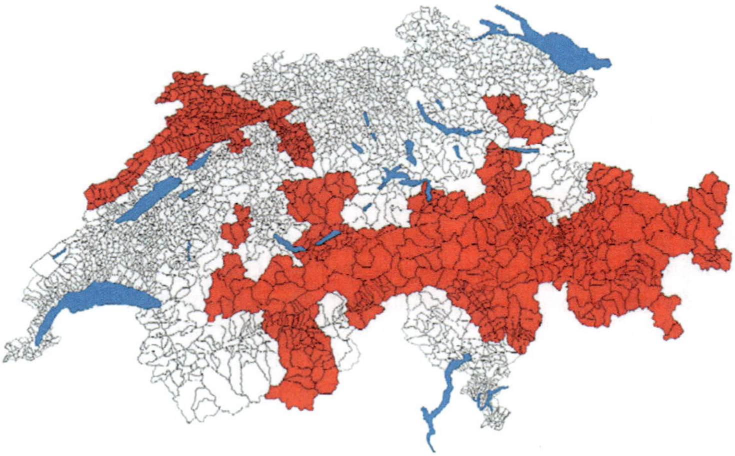

Quelle: Staatssekretariat für Wirtschaft SECO

Damit wurden die Steuererleichterungen in wirtschaftlichen Entwicklungsgebieten neu geregelt und das Bundesgesetz vom 6. 10. 1995 zugunsten wirtschaftlicher Erneuerungsgebiete (Bonny-Bundesbeschluss) aufgehoben.

Demnach kann das Staatssekretariat für Wirtschaft SECO Unternehmen Steuererleichterungen gewähren. Die Steuererleichterungen können je nach Größe des Unternehmens und der Anzahl neu geschaffener Arbeitsplätze variieren und bis zu 100 % betragen. Voraussetzung ist, dass der Kanton ebenfalls solche Steuererleichterungen gewährt, wobei die vom Kanton gewährten Erleichterungen bezüglich Art, Umfang und Dauer den Maximalrahmen für die Erleichterungen des Bundes bilden.[856]

PRAXISHINWEIS

Zu beachten gilt, dass interkantonal verschobene Arbeitsplätze bei den Erleichterungen des Bundes – im Gegensatz zu denjenigen des Kantons – keine Berücksichtigung finden.[857]

Das Unterstützungsgesuch muss schriftlich eingereicht werden. Es basiert auf einem Geschäftsplan (Business Plan). Das Antragsverfahren läuft über den Kanton, in dem das Projekt umgesetzt werden soll. Das Antragsgesuch ist spätestens innerhalb von neun Monaten nach erfolgtem kantonalen Handelsregistereintrag oder nach der Aufnahme der neuen betrieblichen Tätigkeit

854 Vgl. Art. 3 VO BR.

855 Anwendungsgebiete gemäß VO WBF v. 28. 11. 2007, Stand per 1. 1. 2011. Die Abbildung ist abrufbar unter http://www.seco.admin.ch (Rubrik Standortförderung/KMU-Politik).

856 Vgl. Art. 5 Abs. 1 VO BR; Medienmitteilung des SECO v. 28. 11. 2007.

857 Vgl. Art. 6 VO BR.

durch den Kanton beim SECO einzureichen. Der Antrag des Kantons wird grundsätzlich innerhalb von drei Monaten nach Erhalt behandelt. Das SECO teilt die Steuererleichterungen für die direkte Bundessteuer üblicherweise in zwei gleiche Perioden auf; am Ende der ersten Periode müssen die in der Verfügung des SECO festgelegten Bedingungen erfüllt sein, um eine Verlängerung für die zweite Periode zu erhalten.[858]

Ausländische Unternehmen, die die Anforderungen gemäß Art. 4 VO BR erfüllen und sich in einem Anwendungsgebiet – maßgebend ist dabei der Projektort und nicht der Sitz des Unternehmens – der neuen Regionalpolitik niederlassen, können demgemäß während zehn Jahren sowohl auf kantonaler und kommunaler, also auch auf Bundesebene von Steuererleichterungen bis zu 100 % (Tax holidays) profitieren.

PRAXISHINWEIS

Im Falle von Schweizer Steuererleichterungen und deutscher Freistellung der Einkünfte ist § 50d Abs. 9 EStG etc. zu prüfen. Diese Norm kann im Einzelfall wie eine Art Rückfall- oder Subject to tax-Klausel wirken. Die Freistellungsmethode greift im unternehmerischen Bereich im Verhältnis Deutschland – Schweiz nur bei einer Schweizer Betriebsstätte oder Personengesellschaft. Da allerdings auch Schweizer Unternehmer für Steuererleichterungen qualifizieren können, ist u. E. die Anwendung dieser deutschen Norm nicht möglich.

III.3.5. Steuerregimes und Steuermodelle

III.3.5.1. Allgemeines

Neben den Steuererleichterungen[859] kennt die Schweizer Steuersystematik im Rahmen der Gewinn- und Kapitalbesteuerung eine Reihe von interessanten Steuerregimes und Steuermodellen.

Die Kantone/Gemeinden (nicht jedoch der Bund) gewähren den sog. Holdinggesellschaften – darunter fallen Kapitalgesellschaften und Genossenschaften, deren statutarischer Zweck und effektive Tätigkeit ausschließlich oder zumindest hauptsächlich in der dauernden Verwaltung von Beteiligungen an anderen Unternehmen besteht und die in der Schweiz keine Geschäftstätigkeit ausüben – eine nahezu vollständige Gewinnsteuerbefreiung (Art. 28 Abs. 2 StHG; kantonale Steuergesetze).[860]

Zudem sehen Art. 28 Abs. 3 und Abs. 4 StHG sowie die kantonalen Steuergesetze (nicht aber der Bund) vor, dass Kapitalgesellschaften, Genossenschaften und Stiftungen, die in der Schweiz eine Verwaltungs- aber keine Geschäftstätigkeit ausüben (sog. Verwaltungs- bzw. Domizilgesellschaften) sowie Kapitalgesellschaften und Genossenschaften, deren Geschäftstätigkeit überwiegend auslandsbezogen ist und die in der Schweiz nur eine untergeordnete Geschäftstätigkeit ausüben (sog. gemischte Gesellschaften) eine ermäßigte Gewinnsteuer beanspruchen können.[861]

858 Vgl. zum Ganzen Anwendungsrichtlinien vom 27.11.2012 des WBF für die Gewährung von Steuererleichterungen im Rahmen des Bundesgesetzes über Regionalpolitik (gültig per 1.1.2013).

859 Vgl. vorstehend A.III.3.4.

860 Vgl. nachfolgend A.III.3.5.2.

861 Art. 28 StHG bildet die Grundlage und setzt die Eckpunkte für diese kantonalen Steuerprivilegien. Zu beachten ist, dass die Terminologie betreffend Verwaltungs-, Domizil- und gemischte Gesellschaften in den kantonalen Steuergesetzen nicht einheitlich ist und die Voraussetzungen der kantonal steuerprivilegierten Gesellschaften in Einzelfällen auch unterschiedlich ausgestaltet sind. Es empfiehlt sich deshalb, die Merkblätter/Weisungen, welche die kantonalen Steuerverwaltungen auf deren Webseiten über die Besteuerung von Beteiligungs-, Holding-, Verwaltungs- bzw. Domizil- und gemischten Gesellschaften – in vielen Fällen auch mit Berechnungsbeispielen versehen – publizieren zu berücksichtigen. Vgl. nachfolgend A.III.3.5.3. und A.III.3.5.4.

Ebenso kommen Holding-, Verwaltungs- bzw. Domizil- und gemischte Gesellschaften in den Genuss von Erleichterungen bei der kantonalen Kapitalsteuer.

Nicht entlastet, d. h. ordentlich besteuert, werden bei diesen Gesellschaften die Erträge und Verkaufsgewinne aus in der Schweiz gelegenem Grundeigentum (Liegenschaften). Dabei werden die einer üblichen hypothekarischen Belastung entsprechenden Abzüge gewährt (Art. 28 Abs. 2 StHG; kantonale Steuergesetze). Von der Freistellung oder der Ermäßigung ausgeschlossen sind auch Einkünfte, für die eine Entlastung von ausländischen Quellensteuern beansprucht wird und für die das jeweilige DBA die ordentliche Besteuerung in der Schweiz voraussetzt (Art. 28 Abs. 5 StHG; kantonale Steuergesetze).

Internationale Konzerne, die aus Kostenüberlegungen ihre regionalen Strukturen reorganisieren, diese in größeren Einheiten zusammenfassen und Funktionen, Verantwortlichkeiten und Risiken nach Produktegruppen und Märkten zentralisieren, können durch den Einsatz einer sog. Schweizer Prinzipal-Gesellschaft erhebliche Steuervorteile generieren. Die Umstellung auf eine solche Prinzipal-Struktur führt jedoch zu Funktionsverlagerungen. Verkörpern nun die übertragenen Funktionen einen wirtschaftlichen Wert oder werden zivilrechtliche Entschädigungsansprüche ausgelöst, welche unter unabhängigen Dritten zu vergüten wären, sind zwingend die einschlägigen Transferpreisbestimmungen zu beachten. In vielen Fällen dürften deshalb die Steuerfolgen aus einer solchen Funktionsverlagerung bereits das Ende der Umstellungsplanung bedeuten. Keine solchen Hindernisse sind jedoch zu erwarten, wenn Produktions- und Vertriebsstrukturen für neue Produkte und Märkte von Beginn weg auf der Basis einer Prinzipal-Struktur aufgebaut werden. Die Steuervorteile werden im Rahmen eines spezifischen internationalen Ausscheidungsverfahrens auf Bundesebene,[862] in Kombination mit dem Status einer gemischten Gesellschaft oder einer kantonalen Steuererleichterung für die Startphase auf Kantons- und Gemeindeebene, erzielt.[863]

Im Rahmen von Finanzdienstleistungen wie der Darlehensgewährung, des Cash-Management, des Factoring, des Leasing, des Netting (Verrechnung von Zahlungsbewegungen innerhalb eines Konzerns) sowie des Re-invoicing können ebenfalls erhebliche Steuerersparnisse erzielt werden. Mit einer Schweizer Finanzbetriebsstätte (Swiss finance branch) wird das Ziel verfolgt, die Beschaffung der benötigten Mittel der einzelnen Konzerngesellschaften sowie die Anlage von überschüssigen Geldern kosteneffizienter durch eine zentrale Stelle im Konzern vorzunehmen sowie die Konzernsteuerquote zu reduzieren. Die Kostenersparnis wird durch die stärkere Position gegenüber den geldgebenden Banken erzielt sowie durch die im Konzern verbleibende Zinsmarge bei einem Netting der konzernweiten Mittelbeschaffung und -anlage.[864] Der mittlerweile ad acta gelegte Steuerstreit mit der EU[865] hinsichtlich der Unternehmensbesteuerung (insb. verpönte Steuerregimes für Spezialgesellschaften) hatte den Kanton NW quasi als Vorreiter dazu bewogen, die steuerliche Förderung der Verwertung von Immaterialgüterrechten per 1. 1. 2011 neu zu regeln und eine sog. Lizenzbox[866] (sog. License box) einzuführen. Eine Lizenzbox erlaubt es juristischen Personen, ihre Lizenzerträge einer gesonderten Sparte (Box) zuzuordnen, welche

862 Vgl. KS ESTV Nr. 8 v. 18. 12. 2001 betreffend die internationale Steuerausscheidung von Prinzipal-Gesellschaften.

863 Vgl. nachfolgend A.III.3.5.5.

864 Vgl. nachfolgend A.III.3.5.6.

865 Vgl. Höltschi, NZZ v. 15. 10. 2014, S. 1.

866 Synonyme englische Begriffe sind die sog. Patent box oder sog. Innovation box. Verschiedene europäische Staaten kennen ähnliche Regelung, so bspw. Belgien, Großbritannien, Irland, Luxemburg, die Niederlande oder Spanien.

sodann privilegiert besteuert wird. Die steuerliche Privilegierung kann entweder durch Teilfreistellung der Lizenzerträge von der Bemessungsgrundlage oder durch Besteuerung derselben zu einem reduzierten Steuersatz erfolgen.[867] In der Schweiz hat sich bislang einzig der Kanton NW für ein solches Steuermodell ausgesprochen und dabei die Variante der Steuersatzreduktion gewählt, die im Ergebnis eine substanziell niedrigere, effektive Gesamtsteuerlast auf qualifizierenden Lizenzeinkünften bewirkt. Es bleibt abzuwarten, ob sich eine bundesrechtlich harmonisierte Regelung[868] durchsetzen wird oder ob sich bloß weitere Kantone[869] dazu entschließen, ähnliche Lösungen wie diejenige des Kantons NW umzusetzen.[870]

III.3.5.2. Holdinggesellschaft

Kapitalgesellschaften und Genossenschaften, deren statutarischer Zweck zur Hauptsache in der dauernden Verwaltung von Beteiligungen besteht und die in der Schweiz keine Geschäftstätigkeit ausüben,[871] entrichten auf Kantons- und Gemeindeebene auf dem Reingewinn keine Steuer, sofern die Beteiligungen oder die Erträge aus den Beteiligungen längerfristig mindestens zwei Drittel der gesamten Aktiven oder Erträge ausmachen.

Die Netto-Erträge aus schweizerischem Grundeigentum werden dagegen zum ordentlichen Gewinnsteuertarif besteuert (Art. 28 Abs. 2 StHG).

Alle übrigen Erträge, die bei einer Holdinggesellschaft anfallen können, wie bspw. Zinserträge, Lizenzeinnahmen, Geschäftsleitungsvergütungen (Management fees) aber auch Veräußerungsgewinne auf Beteiligungen, sind von der Gewinnsteuer befreit. Dies ist ein gewichtiger Vorteil des schweizerischen Holdingprivilegs (-status) im Vergleich zu den Regelungen in Deutschland, Luxemburg, den Niederlanden oder Österreich.

Außerdem haben Holdinggesellschaften in zahlreichen Kantonen nur eine substanziell ermäßigte Steuer auf dem Kapital zu entrichten.[872]

Formell bedarf es für den Holdingstatus in den meisten Kantonen eines Antrages bei der kantonalen Steuerverwaltung.

Anspruchsberechtigt sind nebst Kapitalgesellschaften und Genossenschaften schweizerische Betriebsstätten von ausländischen Unternehmen oder von ausländischen Personengesamtheiten ohne juristische Persönlichkeit, welche nach den Bestimmungen für juristische Personen in der Schweiz Steuern entrichten.

867 Vgl. Hausmann/Roth/Krummenacher, ST 2012, S. 89.

868 Eine Teilfreistellung der Lizenzerträge von der Bemessungsgrundlage würde bspw. eine entsprechende Regelung im StHG bedingen. Vgl .auch A.III.5.2.

869 Der Kanton BS hatte im Frühjahr 2013 ein wirksames Instrument zur Förderung und Erhaltung der Forschungs- und Entwicklungstätigkeiten in der Schweiz – die sog. Innovationsbox – vorgestellt, das in eine ähnliche Richtung wie das Nidwaldner Lizenzboxmodell zielt (vgl. Schöchli, NZZ v. 4. 4. 2013, S. 25).

870 Vgl. nachfolgend A.III.3.5.7.

871 Die Ausübung einer Geschäftstätigkeit im Ausland hingegen ist dem Holdingstatus nicht abträglich. Zudem sind Verwaltungs- und Hilfstätigkeiten in der Schweiz im Zusammenhang mit der Beteiligungsverwaltung zulässig, vgl. Mäusli-Allenspach/Oertli, Das schweizerische Steuerrecht, S. 255 f.

872 Vgl. SSK, Steuerinformationen, Die Besteuerung der juristischen Personen, S. 23 f. So beträgt im Kanton ZH der einfache Kapitalsteuersatz (ohne Steuerfuß) 0.15 Promille für Holding-, Domizil- und gemischte Gesellschaften, für alle anderen juristischen Personen 0.75 Promille des steuerbaren Eigenkapitals.

PRAXISHINWEIS

Im Hinblick auf die verbotene Geschäftstätigkeit in der Schweiz (nicht darunter subsumiert werden zulässige Nebenzwecke von untergeordneter Bedeutung wie bspw. konzerninterne Hilfstätigkeiten) ist bei der Errichtung einer Holdingstruktur genau zu überlegen, welche Aktivitäten mit der Holdinggesellschaft gebündelt werden sollen. Lösungsansätze hierzu bieten bspw. die steuerliche Spartenrechnung, wonach die eine Sparte denjenigen Teil der Aktivitäten abdeckt, der die Voraussetzungen für den Holdingstatus erfüllt (also Halten und Verwalten von Beteiligungen, Finanzierungen, zulässige Nebenzwecke usw.) und in der anderen Sparte die Geschäftstätigkeit in der Schweiz erfasst und deren Ergebnis ordentlich besteuert wird. Alternativ kann bei bestehenden Strukturen eine (u.U. steuerneutrale) Ausgliederung kritischer Funktionen in eine neue oder bereits bestehende Tochtergesellschaft in Erwägung gezogen werden.

Der Bund kennt bei der direkten Bundessteuer keinen Holdingstatus. Holdinggesellschaften können jedoch den Beteiligungsabzug gemäß Art. 69 und 70 DBG geltend machen.[873]

Für nicht rückforderbare ausländische Quellensteuern auf Dividenden-,[874] Lizenz- und Zinszahlungen (sog. Residualsteuer[875]), die beim schweizerischen Empfänger der Gewinnsteuer unterliegen und die aus Vertragsstaaten stammen, mit denen die Schweiz DBAs abgeschlossen hat, sehen die meisten Abkommen, so auch das Abkommen mit Deutschland, eine Entlastung in Form der sog. pauschalen Steueranrechnung vor.[876]

PRAXISHINWEIS

Aus Vereinfachungsgründen erfolgt die pauschale Steueranrechnung für die auf Ebene Bund, Kanton und Gemeinde erhobenen Steuern gesamthaft. Die Anrechnungsbeiträge werden dabei mittels eines pauschalen Verteilschlüssels auf die drei Steuerhoheiten aufgeteilt.[877] Bei nur teilweiser Versteuerung wird die anrechenbare, nicht rückforderbare ausländische Quellensteuer pauschal gekürzt; bspw. um zwei Drittel, wenn der Kanton resp. die Gemeinde keine Besteuerung der aus den Vertragsstaaten stammenden Erträge vorsieht (wie typischerweise beim Holdingstatus) oder gar nicht gewährt, wenn zusätzlich zum Holdingstatus für direkte Bundessteuerzwecke der Beteiligungsabzug gewährt wird.[878]

873 Vgl. A.III.3.3.

874 Bspw. sofern bei Streubesitz der Nullsatz nicht zur Anwendung gelangt.

875 Vgl. hierzu ausführlich B.VIII.6.

876 VO über die pauschale Steueranrechnung v. 22. 8. 1967 (VpStA; SR 672.201) mit den VO 1 und 2 des EFD über die pauschale Steueranrechnung (SR 672.201.1; SR 672.201.3).

877 Ungenauigkeiten hinsichtlich der anteiligen Belastung werden dabei bewusst in Kauf genommen. Bei den natürlichen Personen werden zur Berechnung des (anrechenbaren) Maximalbetrages pauschale Tarife mit gewogener Durchschnittsbelastung zugelassen.

878 Zur Zeit läuft eine Vernehmlassung zur Abänderung der Verordnung über die pauschale Steueranrechnung hinsichtlich des Umstandes, dass bei schweizerischen Betriebsstätten ausländischer Unternehmen unter geltender Praxis eine Anrechnung der im Drittstaat erhobenen Quellensteuer konzeptionell bedingt nicht gewährt wird. Eine Entlastung kann heute nur basierend auf dem DBA zwischen dem Quellenstaat und dem Ansässigkeitsstaat der ausländischen Gesellschaft, nicht aber demjenigen der Betriebsstätte geltend gemacht werden. Wendet der ausländische Sitzstaat für die Schweizer Betriebsstätte statt der Anrechnungs- die Befreiungsmethode an, so kann im Ergebnis auf den durch die Schweizer Betriebsstätte vereinnahmten Dividenden, Zinsen und Lizenzgebühren eine Doppelbesteuerung resultieren. Die Vernehmlassung dauert bis zum 23. 12. 2014 (vgl. Medienmitteilung des Bundesrates v. 19. 9. 2014; Erläuternder Bericht zur Verordnung über die pauschale Steueranrechnung (Umsetzung Motion Pelli – 13.3184).

Die Voraussetzungen zur Besteuerung als Holdinggesellschaft einschließlich der zulässigen Nebenzwecke können wie folgt zusammengefasst werden:[879]

- Der Holdingzweck muss statutarisch gesichert sein und tatsächlich verfolgt werden;
- Die Verkehrswerte der Beteiligungen oder die Beteiligungserträge müssen längerfristig mindestens zwei Drittel der gesamten Aktiven oder Erträge ausmachen. Diese Voraussetzungen sind alternativ zu erfüllen. Beteiligungserträge sind die unmittelbar aus einer Beteiligung fließenden Gewinnanteile, d. h. Leistungen, die bei der leistenden Unternehmung nicht Aufwand, sondern Gewinnausschüttungen darstellen, sowie Kapitalgewinne von maßgeblichen Beteiligungen;
- Der hauptsächliche Zweck muss in der dauernden Verwaltung von Beteiligungen (Aktien, GmbH-Stammeinlagen, Genossenschaftsanteile, Partizipationsscheine) liegen. Auch Anteilsrechte am Stammkapital einer US LLC mit eigener Rechtspersönlichkeit zählen zu den Beteiligungen, da die US LLC einer GmbH nach Schweizer Recht gleichzustellen ist. Die Beteiligung an Personengesellschaften hingegen rechtfertigt das Holdingprivileg nicht, weil Gewinn und Kapital nicht dreifach besteuert werden (Transparenz). Das Gleiche gilt für Ansprüche aus Schuldverhältnissen wie Darlehen (inkl. konzerninterne Darlehen und Vorschüsse) und Obligationenanleihen sowie Anteile an schweizerischen und ausländischen Anlagefonds. Forderungen gegenüber Tochtergesellschaften, die für diese wirtschaftlich die Bedeutung von Eigenkapital haben und als solches besteuert werden (verdecktes Eigenkapital), qualifizieren jedoch ebenfalls als Beteiligungen;
- Zahlreiche Kantone setzen für die Besteuerung als Holdinggesellschaft keine Mindestbeteiligungsquoten voraus. Auch eine Gesellschaft, die lediglich Streubesitz hält, kann Antrag auf Gewährung des Holdingprivilegs stellen. Streubesitz wird in diesen Kantonen folglich bei der Berechnung der zwei Drittel Quote von Beteiligungen an den Gesamtaktiven berücksichtigt;[880]

PRAXISHINWEIS

Im Zuge der Senkung der Steuertarife für juristische Personen und der Schweiz weit eingeführten Teilbesteuerung von qualifizierenden Dividendeneinkünften auf Stufe der Anteilsinhaber ist für gewisse Privatpersonen die Attraktivität einer Steueroptimierung via persönliche Holdinggesellschaft – verglichen zur direkten Vermögensanlage von Wertschriften (und Liegenschaften) – zumindest für diejenigen Sitzkantone (derzeit: AR, BS, FR, GR, LU, SG, ZH[881]) von solchen Gesellschaften prüfenswert, die keine ausdrücklichen Mindestbeteiligungsquoten vorsehen.

- Als Nebenzweck darf eine Holdinggesellschaft nur Tätigkeiten ausüben, die keine Geschäftstätigkeit in der Schweiz darstellen. Der Ausübung von Nebenzwecken darf dabei gegenüber der dauernden Verwaltung von Beteiligungen lediglich untergeordnete Bedeutung zukom-

879 Die meisten Kantone haben auf ihren Webseiten Weisungen bzw. Merkblätter zur Besteuerung von Beteiligungs-Holding-, Domizil- und gemischten Gesellschaften publiziert, vgl. z. B. die entsprechende Weisung der Finanzdirektion des Kantons Zürich v. 12. 11. 2010 sowie das Merkblatt zum Beteiligungsabzug und Holdingprivileg (Form. 550 (2011)).

880 Vgl. Duss/von Ah/Rutishauser, Zweifel/Athanas, StHG-Kommentar, N 108 zu Art. 28.

881 Vgl. Simonek, Rechtsgutachten v. 22. 5. 2012 zur steuerrechtlichen Behandlung von persönlichen Holdinggesellschaften, S. 18 f.

men. Untergeordnet sind solche Tätigkeiten, wenn die Summe aller Nettoentgelte[882] nicht mehr als ein Drittel aller Beteiligungserträge (ohne Kapitalgewinne) aus maßgeblichen Beteiligungen an grundsätzlich nicht der privilegierten Besteuerung unterliegenden Gesellschaften mit Sitz in der Schweiz ausmachen. Zulässige Nebenzwecke in der Schweiz sind:

- Die Verwaltungsaktivitäten, die sich auf die Holdinggesellschaft selbst beziehen. Darunter fallen die Geschäftsführung der Holdinggesellschaft, die Anlage des eigenen beweglichen und unbeweglichen Vermögens, das eigene Rechnungswesen und Tätigkeiten, die sich aus der gesellschaftsrechtlichen Stellung der Holdinggesellschaften ergeben (Ausübung von Verwaltungsratsfunktionen, Teilnahme an Generalversammlungen etc.);
- Hilfstätigkeiten für den Konzern wie bspw. Bereitstellung eines zentralen Führungs- und Reportingsystems für die Konzernorganisation, Marktforschung im Interesse des Gesamtkonzerns, Rechts- und Steuerberatung auf Konzernebene, Personalberatung im Bereich der Führungskräfte, Konzernkommunikation, Investorenpflege, Konzernfinanzierung durch zentrale Mittelbeschaffung auf dem Kapitalmarkt und Finanzierung der Tochtergesellschaften;
- Die Führung von Tochtergesellschaften, sofern diese Tätigkeit im Vergleich zu den beteiligungsbezogenen Aktivitäten geringfügig ist;[883]
- Die konzerninterne Bewirtschaftung von Immaterialgüterrechten, sofern diese Tätigkeit im Vergleich zu den beteiligungsbezogenen Aktivitäten ebenfalls geringfügig ist.[884]

Einzelne Kantone halten in ihren Weisungen ausdrücklich fest, dass die Frage der zulässigen Nebenzwecke in der Schweiz je nach den Verhältnissen des Einzelfalles (z. B. weltweit tätiger Konzern mit einer großen Zahl von Tochtergesellschaften in vielen Ländern versus personenbezogene Holdingstrukturen) unterschiedlich zu beurteilen ist. Personenbezogene Holdingstrukturen sind regelmässig unter dem Aspekt der Steuerumgehung zu prüfen, sofern damit geschäftsmäßig unbegründete Zahlungen in den gewinnsteuerfreien Bereich einer Holdinggesellschaft verbunden sind.[885]

Werden die Bedingungen für den Holdingstatus vorübergehend nicht mehr erfüllt, so setzt die kantonale Steuerverwaltung im Regelfall eine angemessene Frist (i. d. R. zwei bis sechs Jahre)[886] zur Wiederherstellung des gesetzlich geforderten Zustandes. Während dieser Zeit bleibt der Holdingstatus erhalten. Werden die genannten Voraussetzungen nach Ablauf dieser Toleranzfrist

882 Der bei der Holdinggesellschaft anfallende Aufwand für diejenigen Aktivitäten, die im Interesse des Gesamtkonzerns erbracht werden, wird den Tochtergesellschaften zu marktüblichen Konditionen, im Regelfall nach der Kostenaufschlagsmethode mit einem Zuschlag von 5 %, verrechnet

883 Es darf also nicht eine eigentliche Managementgesellschaft, die darüber hinaus noch Beteiligungen verwaltet, vorliegen.

884 Im Regelfall ist eher auf eine unzulässige Geschäftstätigkeit zu schließen, da die Entwicklung von Erfindungen und die Verwaltung der Patente entsprechende personelle Ressourcen voraussetzt. Weiter verlangt die Bewirtschaftung von Marken einen aktiven Markenschutz, die Festlegung einer Kommunikationsstrategie, technische Assistenz und Qualitätskontrollen bei den Lizenznehmern. Diese Aktivitäten stellen meistens eine mit dem Holdingprivileg nicht zu vereinbarende Geschäftstätigkeit dar. Das Bundgericht bestätigte denn auch im Urteil v. 6. 4. 2005 (2P.284/2004) einen Entscheid des Verwaltungsgerichts des Kantons AR, wonach eine in einer späteren Steuerperiode aufgenommene aktive Lizenzverwertung nicht mehr mit dem kantonalen Holdingprivileg vereinbar sei und verweigerte der Gesellschaft infolgedessen für diese späteren Steuerperioden das Holdingprivileg.

885 Gemäß Ziffer 3.1 der Erläuterungen des Kantonalen Steueramtes St. Gallen zu den Holdinggesellschaften (SG StB 92 Nr. 1).

886 Vgl. Duss/von Ah/Rutishauser, Zweifel/Athanas, StHG-Kommentar, N 111 zu Art. 28; Kunz, StR 2011, S. 838 ff.

nicht erfüllt, wird der Gesellschaft der steuerliche Sonderstatus entzogen mit der Folge, dass mit dem Ablauf der Toleranzfrist die ordentliche Gewinn- und Kapitalbesteuerung greift. Zu beachten ist, dass die bei Nichterfüllung des Aktiven- und Ertragstests gewährte Toleranzfrist bei einer schädlichen Geschäftstätigkeit in der Schweiz keine Anwendung findet. Diesfalls fällt der Holdingstatus grundsätzlich bereits mit der Aufnahme dieser unzulässigen Tätigkeit dahin.[887]

Beim sog. Statuswechsel von einer ordentlich besteuerten Gesellschaft zu einer Holdinggesellschaft bzw. von einer Holdinggesellschaft zurück zu einer ordentlich besteuerten Gesellschaft sind insbesondere die Fragen der steuersystematisch bedingten Realisation von vorhandenen stillen Reserven und der Verlustverrechnung von Bedeutung.[888] Einige Kantone haben diesbezüglich Regelungen verankert, die solange einen Aufschub der Besteuerung von stillen Reserven beim Statuswechsel von einer ordentlich besteuerten Gesellschaft zu einer Holdinggesellschaft vorsehen, bis diese stillen Reserven tatsächlich realisiert werden oder die Steuerpflicht der Gesellschaft im Kanton endet.[889] Gemäß neuer Praxis des kantonalen Steueramtes Zürich können stille Reserven, welche unter dem Holdingstatus gebildet wurden, im Zeitpunkt des Übergangs zur ordentlichen Besteuerung ohne Gewinnsteuerfolgen in der Steuerbilanz offen gelegt werden. Im Gegenzug können Verluste, die unter dem Holdingsstatus entstanden sind, nach dem Statuswechsel nicht mehr zur Verrechnung gebracht werden.[890] Das nachfolgende (vereinfachte) Beispiel verdeutlicht die grundsätzliche Systematik der Besteuerung einer Holdinggesellschaft in der Schweiz:[891]

Annahmen		
Gewinn vor Steuern, davon	CHF	100'000
Netto-Beteiligungsertrag[892]	CHF	*70'000*
Ertrag aus übriger ausländischer Geschäftstätigkeit	CHF	*20'000*
Zinsertrag aus Schweizer Quellen	CHF	*10'000*
Steuerbares Kapital	CHF	200'000
Standort Kantonshauptort Glarus		
Steuerfüße 2014		irrelevant[893]
Im Kanton Glarus steuerbarer Gewinn		
Total im Kanton Glarus steuerbarer Gewinn	CHF	0

887 Vgl. Kunz, StR 2011, S. 734 ff. und S. 838 ff.

888 Gemäß Ziffer 5.2 der Erläuterungen des Kantonalen Steueramtes St. Gallen zu den Holdinggesellschaften können Verluste aus Geschäftsjahren, für welche das Holdingprivileg beansprucht wurde, nach dem Übergang zur ordentlichen Besteuerung nicht zur Verrechnung gebracht werden (SG StB 92 Nr. 1).

889 Vgl. Ziffer 5.1 der Erläuterungen des Kantonalen Steueramtes St. Gallen zu den Holdinggesellschaften (SG StB 92 Nr. 1).

890 Vgl. Mitteilung des kantonalen Steueramtes Zürich vom 19. 7. 2012 zu § 73 StG ZH. Dieser Praxisfestlegung ist der Bundesgerichtsentscheid vom 12. 3. 2012 (2C.645/2011) vorausgegangen.

891 Mit Sitz im Kanton und Gemeinde Glarus, Steuerfüße 2014.

892 Ertrag aus maßgeblichen Beteiligungen abzüglich anteiliger Finanzierungskosten und 5 % Verwaltungsaufwand.

893 Holdinggesellschaften entrichten die einfache Steuer unabhängig vom Steuerfuß.

Einfache Steuer		
Einfache Gewinnsteuer	CHF	0
Einfache Kapitalsteuer von 0.005 % des steuerbaren Kapitals, mindestens jedoch CHF 500	CHF	500
Total einfache Steuer	CHF	500
Im Bund steuerbarer Gewinn		
Gewinn vor Steuern	CHF	100'000
./. Steueraufwand	CHF	-2'811
Steuerbarer Gewinn (Gewinn nach Steuern)	CHF	97'189
Direkte Bundessteuer		
8.5 % des steuerbaren Gewinnes (97'189)	CHF	8'261
./. Beteiligungsabzug von 72.02 % (70'000/97'189)	CHF	-5'950
Effektive Steuerbelastung Bund	CHF	2'311
Total effektive Steuerbelastung Bund, Kanton, Gemeinde Glarus[894]	CHF	2'811
	in %	2.81

PRAXISHINWEIS

Im Vergleich zu einer deutschen Holdinggesellschaft hatte die Schweizer Holdinggesellschaft bis zum 30.6.2005 einen elementaren Nachteil: Sie partizipierte nicht an der EU Mutter-Tochter-Richtlinie, nach der unter bestimmten Voraussetzungen u.a. keine Quellensteuer auf Dividendenausschüttungen anfällt. Im Rahmen des Zinsbesteuerungsabkommens[895] zwischen der Schweiz und der EU, das per 1.7.2005 in Kraft getreten ist, wurde dann die Besteuerung von Dividenden, Zinsen und Lizenzgebühren zwischen verbundenen Unternehmen im Quellenstaat weitgehend abgeschafft, soweit eine unmittelbare Beteiligung von mindestens 25 % seit zwei Jahren[896] gehalten wird und die verbundenen Unternehmen (Kapitalgesellschaften) ohne Befreiung der Körperschaftsteuer unterliegen (Art. 15 ZBStA EU-CH). Dadurch werden europaweit ausgeübte Aktivitäten über eine Schweizer Holdinggesellschaft steuerlich entlastet. Im Ergebnis erreicht die Schweiz somit eine Quasi-Teilnahme an der Mutter-Tochter-Richtlinie sowie an der Zins-/Lizenzgebühren-Richtlinie der EU über ein Parallelabkommen mit der EU. Berücksichtigt man die hohe Planungssicherheit aus der stabilen Schweizer Gesetzeslage, ist die Schweizer Holdinggesellschaft ein interessantes Investitionsvehikel gerade für die Bündelung deutscher Auslandsaktivitäten. Die mögliche Struktur verdeutlicht die folgende Grafik:

894 Verhältnis der Steuerbelastung Schweiz (Bund und Kanton Glarus) zum Gewinn vor Steuern, unter Berücksichtigung der Abzugsfähigkeit der Steuern (Iteration).

895 Publiziert im Amtsblatt der EU (ABl. Nr. L 385/30 v. 29.12.2004).

896 Für eine ausführliche Diskussion der entsprechenden Voraussetzungen und Anwendungsmöglichkeiten vgl. u.a. Helbing/Wetli, ST 2006, S. 81 – 89 und S. 959 – 970.

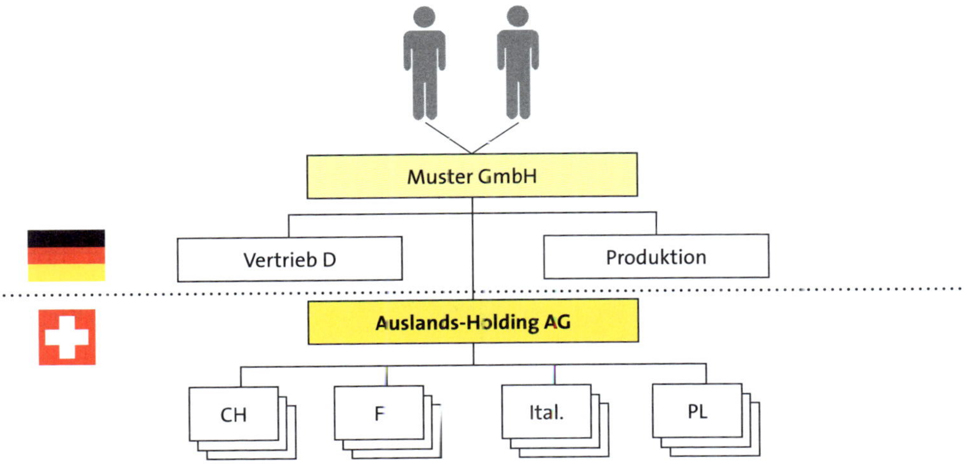

Allerdings sind insbesondere die möglichen gewerbesteuerlichen Folgen in Deutschland zu beachten (§ 9 Nr. 7 GewStG). Sofern sich die Schweizer Holdinggesellschaft nicht entsprechend qualifiziert und somit eine Dividendenausschüttung der Schweizer Auslandsholding nicht einer gewerbesteuerlichen Kürzungsvorschrift unterliegt, ist die Strukturierung über eine Schweizer Holdinggesellschaft steuerlich regelmäßig unattraktiv.

Nachfolgend eine Übersicht über die möglichen steuerlichen Vorteile einer deutschen oder schweizerischen Holdinggesellschaft:

	Schweiz	Deutschland
Dividendenerträge	Freistellung	Freistellung
- Inlandsbeteiligung**	100 % *	95 %
- Auslandsbeteiligung**	100 % *	95 %
- Mindestbeteiligung	10 % oder CHF 1 Mio.	KSt: 10 % (seit 1.3.2013) GewSt: 15 %
- Mindesthaltedauer	Keine	KSt: Beginn Kalenderjahr GewSt: Beginn Erhebungszeitraum
* Auf Kantonsebene greift die Freistellung bspw. auch bei Zins- und Lizenzerträgen ** Direkte Bundessteuer: Beteiligungsabzug		
Veräußerungsgewinnfreistellung	In- und Ausland	In- und Ausland
- Mindestbeteiligung	10 %	Keine
- Mindesthaltedauer	1 Jahr ****	Keine
**** Beim Beteiligungsabzug für direkte Bundessteuerzwecke		

Verlustberücksichtigung	Ja	Nein
Teilwertabschreibung (verlustbedingt)	Ja	Nein
Abzugsfähigkeit von Finanzierungskosten	Laufen steuerlich ins Leere	Ja, aber Zinsschranke und andere Einschränkungen
Konsolidierung / Organschaft	Nein	Grundsätzlich ja (Inland)
Gesellschaftsteuer / Gründung / Kapitalerhöhung	1 % ab Kapital von CHF 1 Mio. (diverse Befreiungstatbestände)	Nein
Kapitalverkehrsteuer	Ggf. Umsatzabgabe	Nein
Kapitalsteuer (Holdingprivileg)	0.001 % bis 0.18 %	Nein
Hinzurechnungsbesteuerung	Nein	Ja, jedoch ggf. aktive Tätigkeit nach § 8 Abs. 1 Nr. 8/9 AStG; § 14 AStG zu beachten
Zins- und Lizenz-Richtlinie	Seit 1. 7. 2005 "Quasi-Teilnahme"; jedoch abweichende Voraussetzungen	Ja

III.3.5.3. Verwaltungsgesellschaft (Domizilgesellschaft)

Unter Verwaltungs- oder Domizilgesellschaften versteht man Kapitalgesellschaften, Genossenschaften und Stiftungen, die in der Schweiz eine Verwaltungstätigkeit, aber keine Geschäftstätigkeit ausüben (Art. 28 Abs. 3 StHG). Ausländische Gesellschaften können für ihre Betriebsstätten in der Schweiz ebenfalls die Besteuerung als Verwaltungs- oder Domizilgesellschaft beanspruchen, sofern die Voraussetzungen erfüllt sind.

Als Verwaltungstätigkeit gilt die Verwaltung des eigenen Vermögens, d. h. des Vermögens, das die Gesellschaft bereits besitzt und welches sie ohne aktive kommerzielle Tätigkeit dazu erwirbt. Hilfstätigkeiten wie die Verwertung immaterieller Rechte (sog. IP-Gesellschaft),[897] Vermittlung von Know-how sowie Fakturierung und Inkasso gelten ebenfalls als Verwaltungstätigkeit, sofern sie keinen eigentlichen Bürobetrieb und keinen größeren Personaleinsatz in der Schweiz erfordern. Nicht als Verwaltungs-, sondern als nicht zulässige Geschäftstätigkeit gelten Marktuntersuchungen, Handels- und Agententätigkeiten sowie Beratungs- und Werbetätigkeiten in der Schweiz.

Als nicht zulässige Geschäftstätigkeit in der Schweiz gelten ferner die Fabrikation, der Handel, das Erbringen von Dienstleistungen, die Ausübung von Treuhandfunktionen, die Akquisition und die Vermittlung von Geschäften. Im Ausland ist jegliche Art von Geschäftstätigkeit erlaubt.[898]

Bei der direkten Bundessteuer genießen Verwaltungs- oder Domizilgesellschaften keine Vergünstigungen, d. h. sie unterliegen der ordentlichen effektiven Gewinnbesteuerung von 7.83 %.[899]

Bei den Kantons- und Gemeindesteuern erfolgt – ähnlich wie bei den gemischten Gesellschaften – eine privilegierte Besteuerung, die wie folgt zusammengefasst werden kann:[900]

- Die Erträge, Kapital- und Aufwertungsgewinne von wesentlichen Beteiligungen sind steuerfrei;
- Die übrigen Einkünfte aus dem Ausland unterliegen anteilsmäßig nach Maßgabe der Bedeutung der Verwaltungstätigkeit in der Schweiz mit einer Quote von i. d. R. 10 % bis 30 %[901] der ordentlichen Besteuerung. Dazu gehören auch ausländische Zins- und Lizenzeinnahmen sowie Dividendeneinkünfte aus nicht maßgeblichen Beteiligungen;
- Die übrigen Einkünfte aus der Schweiz werden ordentlich besteuert. Darunter fallen beispielsweise Zinserträge von Schweizer Schuldnern, Entschädigungen von inländischen Konzerngesellschaften für Hilfsfunktionen und Lizenzeinnahmen aus Schweizer Quellen;
- Für die Gewinnermittlung der Erträge aus Beteiligungen bzw. der übrigen Einkünfte aus dem Ausland oder aus der Schweiz wird – wie bei der Besteuerung der gemischten Gesellschaften[902] – der geschäftsmäßig begründete Aufwand in Abzug gebracht, soweit er mit diesen Erträgen in wirtschaftlichem Zusammenhang steht (objektmäßige Zuteilung aufgrund einer

897 Sofern die Aktivitäten der IP-Gesellschaft mittels einer Schweizer Betriebsstätte ausgeübt werden, greift jedoch oftmals nicht die abkommensrechtliche Freistellungsmethode, sondern die Anrechnungsmethode (Art. 24 Abs. 1 Nr. 2 DBA D-CH). Vgl. hierzu ausführlich B.XVI.2.2. Bei Kapitalgesellschaften sind die Vorschriften der §§ 7 ff. AStG zu beachten (vgl. D.IV.6.).

898 Vgl. Ziffern 2.1 und 2.2 der Erläuterungen des Kantonalen Steueramtes St. Gallen zu den Domizilgesellschaften (SG StB 93 Nr. 1) sowie Ziffer 1 der Erläuterungen der kantonalen Steuerverwaltung Zug zu § 69 StG ZG (Verwaltungsgesellschaften; ZG StB).

899 Vorbehalten bleibt der Beteiligungsabzug für maßgebliche Beteiligungen nach Art. 69 und 70 DBG.

900 Die kantonsspezifischen Regelungen – in vielen Fällen verdeutlicht mit Berechnungsbeispielen – sind in den entsprechenden Merkblättern/Weisungen über die Besteuerung von Holding-, Verwaltungs-, Domizil- oder gemischten Gesellschaften, welche die kantonalen Steuerverwaltungen in der Regel auf ihren Webseiten publiziert haben – vgl. bspw. http://www.steuern.sg.ch/ (für den Kanton SG), http://www.sh.ch/ (für den Kanton SH) oder http://www.steueramt.zh.ch/ (für den Kanton ZH) – festgehalten.

901 Vgl. SSK, Steuerinformationen, Die Besteuerung der juristischen Personen, S. 26.

902 Vgl. A.III.3.5.4.

Spartenrechnung oder proportionale Zuordnung, wenn keine Spartenrechnung zur Verfügung steht);

- Einkünfte, für welche eine Entlastung von ausländischen Quellensteuern beansprucht wird und für die das entsprechende DBA die ordentliche Besteuerung in der Schweiz voraussetzt, werden nach Abzug des darauf entfallenden Aufwandes zum ordentlichen Tarif besteuert;
- Das steuerbare Eigenkapital wird in der Regel zu einem stark reduzierten Satz im tiefen Promillebereich bzw. mit einem Mindestbetrag von bspw. CHF 300 besteuert.

In der Praxis resultiert für Verwaltungs- oder Domizilgesellschaften je nach Standortkanton, Höhe der ordentlich besteuerten Einkünfte und Höhe der Auslandquote eine Gesamtsteuerbelastung von rd. 8 % bis 13 %.

Die nachfolgende Abbildung zeigt die Berechnung der Gesamtsteuerbelastung einer Verwaltungs- oder Domizilgesellschaft:[903]

Annahmen		
Vollzeitbeschäftigte in der Schweiz		15
Quote für ausländische Geschäftstätigkeit		20 %
Gewinn vor Steuern, davon	CHF	100'000
Netto-Beteiligungsertrag[904]	*CHF*	*50'000*
Ertrag aus übriger ausländischer Geschäftstätigkeit	*CHF*	*40'000*
Zinsertrag aus Schweizer Quellen	*CHF*	*10'000*
Steuerbares Kapital	CHF	200'000
Standort Kantonshauptort Glarus		
Steuerfüße 2014		irrelevant[905]
Steuersatz direkte Bundessteuer		8,5 %
Steuersatz Gewinnsteuer Kanton		8 %
Steuersatz Kapitalsteuer		0.005 %
Im Kanton Glarus steuerbarer Gewinn		
Netto-Beteiligungsertrag		Steuerfrei
Ertrag aus ausländischer Geschäftstätigkeit		
(Quote: 20 % v. 40'000)	CHF	8'000
Zinsertrag aus Schweizer Quellen	CHF	10'000
./. Kantonssteuer	CHF	-1'695

903 Mit Sitz im Kanton GL und in der Gemeinde Glarus, Steuerfüße 2014. Die effektive Steuerbelastung ist im Berechnungsbeispiel unter den genannten rd. 8 %; dies ist bedingt durch einen relativ hohen Anteil an effektiv nicht steuerbarem Beteiligungsertrag.

904 Ertrag aus maßgeblichen Beteiligungen abzüglich anteiliger Finanzierungskosten und 5 % Verwaltungsaufwand.

905 Domizilgesellschaften entrichten die einfache Steuer unabhängig vom Steuerfuß.

./. Anteiliger Steueraufwand Bund[906]	CHF	-1'362
Total im Kanton Glarus steuerbarer Gewinn	CHF	14'943

Im Bund steuerbarer Gewinn

Gewinn vor Steuern	CHF	100'000
./. Kantonssteuer	CHF	-1'695
./. Direkte Bundessteuer	CHF	-3'783
Im Bund steuerbarer Gewinn	CHF	94'521

Berechnung des Beteiligungsabzugs

Netto-Beteiligungsertrag	CHF	50'000
Im Bund steuerbarer Gewinn	CHF	94'521
Beteiligungsabzug	in %	52.898

Direkte Bundessteuer

8.5 % des im Bund steuerbaren Gewinns (94'521)	CHF	8'034
./. Beteiligungsabzug		
(52.898 % * 8.5 % des im Bund steuerbaren Gewinns)	CHF	-4'250
Total direkte Bundessteuer	CHF	3'784

Total effektive Steuerbelastung Bund und Kanton Glarus[907]	CHF	5'479
	in %	5.48

III.3.5.4. Gemischte Gesellschaft

Aufgrund des relativ kleinen Binnenmarktes ist die Schweiz seit jeher stark auf die Exporttätigkeit ausgerichtet. Kapitalgesellschaften und Genossenschaften, deren Geschäftstätigkeit überwiegend auslandbezogen ist und die in der Schweiz nur eine untergeordnete Geschäftstätigkeit ausüben, sind in der Schweiz häufig anzutreffen. Sie werden als gemischte Gesellschaften bezeichnet.

PRAXISHINWEIS

Ausländische Gesellschaften können für ihre Betriebsstätten in der Schweiz ebenfalls die Besteuerung als gemischte Gesellschaften beanspruchen, sofern die Voraussetzungen erfüllt sind.

906 Der anteilige Steueraufwand Bund bemisst sich nach Maßgabe der ordentlich besteuerten Erträgen, d. h. der 20 %-Quote der ausländischen Geschäftstätigkeit (CHF 8'000) und dem Zinsertrag aus Schweizer Quellen (CHF 10'000).

907 Verhältnis der Steuerbelastung Schweiz (Bund und Kanton Glarus) zum Gewinn vor Steuern, unter Berücksichtigung der Abzugsfähigkeit der Steuern (Iteration).

Im Gegensatz zu reinen Holding- und Verwaltungs- bzw. Domizilgesellschaften können gemischte Gesellschaften in der Schweiz eine untergeordnete Geschäftstätigkeit ausüben. Die Geschäftstätigkeit muss aber insgesamt überwiegend auslandsbezogen sein. Dies ist grundsätzlich dann der Fall, wenn mindestens 80 % des Bruttoertrages aus ausländischer Quelle stammen und 80 % des Aufwandes für die eigene oder durch Dritte erfolgte Leistungserstellung im Ausland anfällt. Dabei wird i. d. R. auf den Sitz oder Wohnsitz des Rechnungsempfängers bzw. Rechnungstellers abgestellt (Quellenprinzip resp. wirtschaftliche Betrachtungsweise).

PRAXISHINWEIS

Können die aufwandseitigen Voraussetzungen nicht erfüllt werden, kann in einigen Kantonen mit dem Wirkungsortprinzip argumentiert werden.

Die ertrags- und aufwandseitigen Voraussetzungen müssen kumulativ erfüllt sein. Als Beitrag zur Leistungserstellung gelten alle Aktivitäten, welche sich als Geschäfts- und nicht als Verwaltungstätigkeiten qualifizieren.

Angesichts der typischen Einsatzbereiche dieser Gesellschaften zeigt sich schnell, dass viele Unternehmen mit ihren Aktivitäten unter das besondere Steuerregime der gemischten Gesellschaft fallen können. Dies verdeutlichen die nachfolgenden Beispiele.[908] Die Aufzählung der Beispiele ist nicht abschließend. Ferner kann auch eine abweichende Rechtsform (bspw. eine Kapitalgesellschaft) gewählt werden:

BEISPIEL: EINKAUF-VERTRIEB ▸ Die Geschäftstätigkeit der schweizerischen Betriebsstätte besteht darin, dass sie im Ausland Handelsgüter, wie z. B. Maschinen, Fertigbauteile, Nahrungsmittel, Pharmazeutika etc. einkauft und an Abnehmer im Ausland verkauft. Bei entsprechendem Handelsvolumen dürfte das Erfordernis, dass kumulativ mindestens 80 % des Bruttoertrages (Umsatz aus Verkäufen) und 80 % des Aufwandes (Einkauf) auslandsbezogen sind, ohne Weiteres erfüllt sein. Der aus diesen Ausland-Ausland-Geschäften generierte Gewinn unterliegt, wie nachfolgend in den Beispielen dargestellt, der privilegierten Besteuerung in der Schweiz.

BEISPIEL: MARKETING ▸ Die Geschäftstätigkeit der schweizerischen Betriebsstätte besteht im Marketing (ohne das Gebiet der Schweiz) für nicht in der Schweiz ansässige Gesellschaften. Sofern die Aufwand- und Ertragseite zu mindestens 80 % auslandsbezogen sind, ist die privilegierte Besteuerung in der Schweiz grundsätzlich möglich.

BEISPIEL: DESIGN ▸ Die Geschäftstätigkeit der schweizerischen Betriebsstätte besteht im Bereich des Designs für nicht in der Schweiz ansässige Auftraggeber, wobei die schweizerische Gesellschaft für ihre Aufträge auch Dienstleistungen von im Ausland ansässigen Spezialisten, Beratern, Designern etc. in Anspruch nimmt. Sofern die Aufwand- und Ertragseite zu mindestens 80 % auslandsbezogen sind, ist die privilegierte Besteuerung in der Schweiz grundsätzlich möglich.

BEISPIEL: VERPACKUNG, LABELLING ▸ Die Geschäftstätigkeit der schweizerischen Betriebsstätte besteht darin, dass sie von Unternehmen im Ausland medizinische Instrumente, Operationsbestecke oder sonstige im Medizinalbereich benötigte Utensilien – die im Ausland (z. B. China) hergestellt werden – bezieht, in der Schweiz zu versandbereiten Sets zusammenstellt und mit einer Verpackung mit Schweizer Label versieht. Anschließend werden diese Sets an Kunden ins Ausland verkauft. Nach Rücksprache mit den schweizerischen Steuerbehörden und je nach Ausgestaltung des Geschäfts dürfte für die Betriebsstätte grundsätzlich die privilegierte Besteuerung möglich sein.

908 Vgl. auch Kubaile/Kapalle, PIStB 1/2003, S. 25 f.

Bei der direkten Bundessteuer genießen gemischte Gesellschaften keine Vergünstigungen, d. h. unterliegen der ordentlichen Gewinnbesteuerung zu einem effektiven Steuersatz von 7.83 %.[909]

Aus deutscher Sicht ist die gemischte Gesellschaft wie auch die Prinzipal-Gesellschaft[910] vor allem deshalb eine attraktive Gestaltungsalternative, weil diese Gesellschaften aus der Schweiz eine Geschäftstätigkeit mit eigenen Büros und Mitarbeitern ausüben und somit bei sachgerechter Ausgestaltung aus Sicht des deutschen Außensteuergesetzes und – sofern über eine in der Schweiz belegene Betriebsstätte strukturiert wird – gemäß Art. 24 Abs. 1 Nr. 1 Bst. a DBA D-CH als Gesellschaften mit aktiver Geschäftstätigkeit angesehen werden können. Dies verhindert ein Hochschleusen der niedrigen Schweizer Gewinnsteuersätze auf die höhere deutsche Gewinnsteuerbelastung. Für dieses Steuerregime qualifizieren sich Kapitalgesellschaften und Schweizer Betriebsstätten deutscher Stammhäuser.

Eine optimierte Struktur könnte in diesem Fall wie folgt aussehen (alternativ auch über eine Schweizer Betriebsstätte):

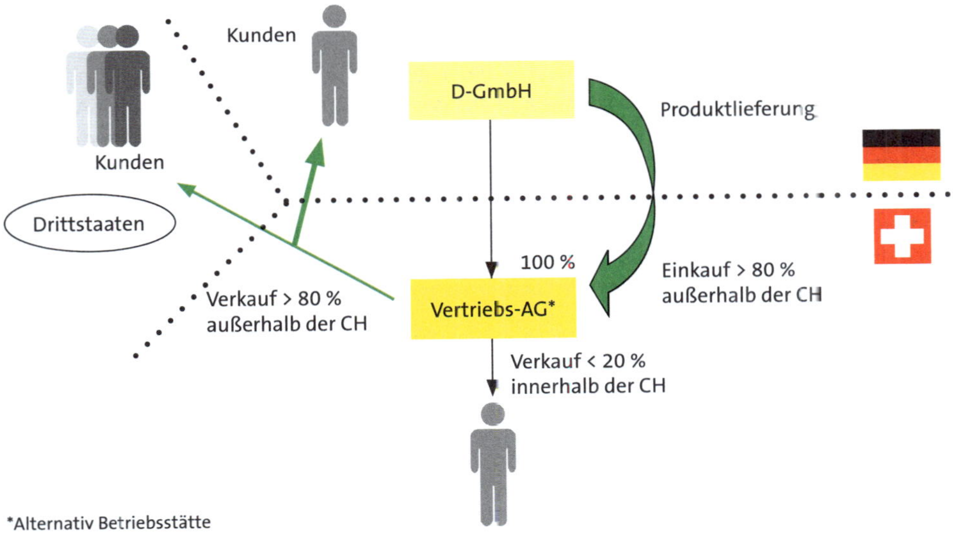

Auf Kantons- und Gemeindesteuerebene unterliegen die gemischten Gesellschaften folgender Gewinnbesteuerung:

- Auf in- und ausländischen Erträgen aus maßgeblichen Beteiligungen[911] sowie auf Kapital- und Aufwertungsgewinnen auf solchen Beteiligungen wird keine Gewinnsteuer erhoben. Diese Erträge werden auch nicht zur Ermittlung des Gewinnsteuersatzes herangezogen. Von

909 Vorbehalten bleibt der Beteiligungsabzug für maßgebliche Beteiligungen gemäß Art. 69 und 70 DBG (sofern die entsprechenden Voraussetzungen erfüllt sind).

910 Vgl. A.III.3.5.5.

911 Gemäß Art. 28 Abs. 1 StHG sind dies Anteilsrechte am Grund- oder Stammkapital oder am Gewinn und den Reserven anderer Gesellschaften von mindestens 10 % oder CHF 1 Mio. Verkehrswert.

den Erträgen werden der damit zusammenhängende Verwaltungs- und Finanzierungsaufwand (letzterer anteilig im Verhältnis des Gewinnsteuerwertes der Beteiligungen zum Gewinnsteuerwert der Gesamtaktiven) sowie die Kapitalverluste abgezogen. Ein Gesamtverlust aus Beteiligungen kann nicht mit Gewinnen aus schweizerischer oder ausländischer Quelle verrechnet werden;

- Die übrigen Einkünfte aus der Schweiz unterliegen der ordentlichen Gewinnbesteuerung. Darunter fallen Erträge aus schweizerischer Verwaltungs- oder Geschäftstätigkeit, Kapitalerträge und Kapitalgewinne von in der Schweiz ansässigen Schuldnern, soweit sie nicht auf maßgebliche Beteiligungen entfallen, sowie Erträge aus schweizerischem Grundeigentum. Der mit diesen Einkünften wirtschaftlich im Zusammenhang stehende, geschäftsmäßig begründete Aufwand kann steuerlich in Abzug gebracht werden. Der Finanzierungsaufwand wird dabei im Verhältnis der entsprechenden Aktiven zu den Gesamtaktiven verteilt. Die Ermittlung des Reinergebnisses aus der Schweiz erfolgt im Übrigen aufgrund einer Spartenrechnung. Der so ermittelte Reingewinn aus Schweizer Einkünften wird schließlich zum ordentlichen Gewinnsteuertarif besteuert. Reinverluste können mit dem steuerbaren Teil der Gewinne aus ausländischer Tätigkeit verrechnet werden;
- Die übrigen Erträge aus dem Ausland – dazu gehören Einkünfte aus ausländischer Geschäftstätigkeit und solche von im Ausland ansässigen Schuldnern – werden nach Abzug der mit diesen Erträgen in wirtschaftlichem Zusammenhang stehenden, geschäftsmäßig begründeten Aufwendungen[912] nur teilweise besteuert. Der aus der Auslandtätigkeit resultierende Reingewinn wird nach Maßgabe des Umfanges der Geschäftstätigkeit in der Schweiz mit einer Quote als Vorausanteil (in der Regel 10 % bis 30 %) besteuert. In der Praxis ist vielfach die Anzahl der in der Schweiz beschäftigten Mitarbeiter quotenbestimmend. Reinverluste können mit dem Reingewinn aus schweizerischen Quellen verrechnet werden;
- Einkünfte, für welche eine Entlastung von ausländischen Quellensteuern beansprucht wird und für die das entsprechende Doppelbesteuerungsabkommen die ordentliche Besteuerung in der Schweiz voraussetzt, werden nach Abzug des darauf entfallenden Aufwandes zum ordentlichen Tarif besteuert.

In der Praxis resultiert für gemischte Gesellschaften je nach Standortkanton, Höhe der ordentlich besteuerten Einkünfte und Höhe der Auslandquote eine Gesamtsteuerbelastung, die in der Bandbreite von rd. 8 % bis 15 % liegt. Gemischte Gesellschaften haben zudem auf kantonaler Ebene eine Kapitalsteuer auf das steuerbare Eigenkapital zu entrichten. Der Steuersatz liegt i. d. R. im tiefen Promillebereich bzw. basiert auf einem Minimalbetrag, z. B. CHF 300.

912 Der Finanzierungsaufwand wird dabei – analog wie bei den Einkünften aus der Schweiz – im Verhältnis der entsprechenden Aktiven zu den Gesamtaktiven verteilt. Ebenso erfolgt die Ermittlung des Reinergebnisses aus dem Ausland im Übrigen aufgrund einer Spartenrechnung.

Die nachfolgende Abbildung zeigt die Berechnung der Gesamtsteuerbelastung einer gemischten Gesellschaft:[913]

Annahmen		
Steuerbare Auslandquote in %[914]		5
Gewinn vor Steuern, davon	CHF	100'000
Netto-Beteiligungsertrag[915]	*CHF*	*50'000*
Ertrag aus übriger ausländischer Geschäftstätigkeit	*CHF*	*40'000*
Zinsertrag aus Schweizer Quellen	*CHF*	*10'000*
Steuerbares Kapital	CHF	200'000
Standort Kantonshauptort Glarus		
Steuerfüße 2014		irrelevant[916]
Steuersatz direkte Bundessteuer		8,5 %
Steuersatz Gewinnsteuer Kanton		8 %
Steuersatz Kapitalsteuer		0.005 %
Im Kanton Glarus steuerbarer Gewinn		
Netto-Beteiligungsertrag	CHF	steuerfrei
Ertrag aus ausländischer Geschäftstätigkeit		
(Quote: 5 % von CHF 40'000)	CHF	2'000
Zinsertrag aus Schweizer Quellen	CHF	10'000
./. Steueraufwand Kanton Glarus	CHF	-1'284
./. Anteiliger Steueraufwand Bund[917]	CHF	-915
Total im Kanton Glarus steuerbarer Gewinn	CHF	9'801
Im Bund steuerbarer Gewinn		
Gewinn vor Steuern	CHF	100'000
./. Steueraufwand Kanton Glarus	CHF	-1'284
./. Steueraufwand Bund	CHF	-3'816
Im Bund steuerbarer Gewinn	CHF	94'900

913 Mit Sitz im Kanton und Gemeinde Glarus, Steuerfüße 2014. Die effektive Steuerbelastung ist im Berechnungsbeispiel unter den genannten rd. 8 %; dies ist bedingt durch einen relativ hohen Anteil an effektiv nicht steuerbarem Beteiligungsertrag.

914 Die Höhe der zu versteuernden Quote hängt von verschiedenen Parametern ab und kann vorgängig mit der Steuerverwaltung Glarus festgelegt werden (Steuerruling).

915 Ertrag aus wesentlichen (maßgebenden) Beteiligungen abzüglich anteiliger Finanzierungskosten und 5 % Verwaltungsaufwand.

916 Gemischte Gesellschaften entrichten die einfache Steuer unabhängig vom Steuerfuß.

917 Der anteilige Steueraufwand Bund bemisst sich nach Maßgabe der ordentlich besteuerten Erträge, d. h. der 5 %-Quote der ausländischen Geschäftstätigkeit (CHF 2'000) und dem Zinsertrag aus Schweizer Quellen (CHF 10'000).

Berechnung des Beteiligungsabzugs		
Netto-Beteiligungsertrag	CHF	50'000
Im Bund steuerbarer Gewinn	CHF	94'900
Beteiligungsabzug in %		52.687
Direkte Bundessteuer		
8.5 % des im Bund steuerbaren Gewinnes (94'900)	CHF	8'067
./. Beteiligungsabzug		
(52.687 % * 8.5 % des im Bund steuerbaren Gewinns)	CHF	-4'250
Total direkte Bundessteuer	CHF	3'817
Total effektive Steuerbelastung Bund und Kanton Glarus[918]	CHF	5'100
	in %	5.10

III.3.5.5. Prinzipal-Gesellschaft

International tätige Konzerne fassen oftmals die Funktionen, Verantwortlichkeiten und Risiken innerhalb des Konzerns nach Produktgruppen oder Märkten zusammen. Insbesondere der Aufbau von Produktions- oder Vertriebsaktivitäten in neuen Märkten oder von neuen Produktgruppen aber auch Akquisitionen können Anlass geben, die neuen Geschäftsaktivitäten nach den Grundsätzen des Operating Model Effectiveness (OME) zu strukturieren und zu diesem Zweck in der Schweiz eine sog. Prinzipal-Gesellschaft zu errichten. Diese übernimmt zentrale Funktionen wie insbesondere den Einkauf, die Planung der Forschung und Entwicklung, die Produktionsplanung und -steuerung, die Lagerverwaltung und Logistikplanung, die Entwicklung der Marketingstrategie, die Absatzplanung und -steuerung, Treasury und Finanzen sowie die Administration.

Die Einführung einer solchen Prinzipal-Struktur dient einerseits der Optimierung der Prozessabläufe und führt andererseits zu einer Verlagerung der Funktionen sowie der Chancen und Risiken und in Folge dessen der Gewinne der einzelnen Gesellschaften innerhalb der Wertschöpfungskette. Durch das Wahrnehmen von zentralen Funktionen und das Tragen unternehmerischer Risiken wird ein wesentlicher Teil der Wertschöpfung durch die Prinzipal-Gesellschaft erbracht, mit der Folge einer entsprechenden Gewinnallokation.

918 Verhältnis der Steuerbelastung Schweiz (Bund und Kanton Glarus) zum Gewinn vor Steuern, unter Berücksichtigung der Abzugsfähigkeit der Steuern (Iteration).

Die zukünftigen Zuständigkeiten können wie folgt zugewiesen werden:

Prinzipalstrukturen

- Typische Allokation von Funktionen

Produzent (Auftrags-/ Consignment Produzent)	**Supply Chain Prinzipal Gesellschaft**	**Lokale Vertriebsgesellschaften** (LRD/Handelsvertreter/ Kommissionär)
Lokale Ausführung ←	**Koordination, Strategie und Planung**	→ **Lokale Ausführung**

Typische Funktionen

- Materialeinkauf
- Kauf und Unterhalt von Anlagen und
- Einrichtungen
- Einstellung/Ausbildung von Produktionspersonal
- Fertigung von Produkten
- Qualitätskontrolle
- Produktionsplanung

Funktionen neu anordnen und vertragliche Beziehungen ändern

Typische Funktionen

- Strategische Beschaffung und Management der Lieferanten
- Angebot/Nachfrageplanung
- Kapazitätsplanung
- Lagerverantwortlichkeit
- Eigentum immat. Wirtschaftsgüter
- Marketingstrategie
- Pflege von Beziehungen zu Key Customers

Funktionen und Mitarbeiter sind neu anzusiedeln

Typische Funktionen

- Lokaler Vertrieb und Marketing
- Einstellung/Ausbildung von Vertriebspersonal
- Definierung von Kundenanforderungen und Akquirierung von Aufträgen
- Bereitstellung von Produkt- und Marktinformationen
- After Sales Services

Funktionen neu anordnen und vertragliche Beziehungen ändern

Durch die Gründung der Prinzipal-Gesellschaft in einem Staat mit niedriger Gewinnsteuerbelastung und günstigem Steuerklima – beide Anforderungen erfüllt die Schweiz in hohem Maße – kann die Konzernsteuerbelastung (Konzernsteuerquote bzw. Effective Tax Rate, ETR) im Vergleich zu einer klassischen Vertriebsstruktur mit Eigenhändlern in Hochsteuerländern dauernd maßgeblich gesenkt werden. Die Verlagerung von betrieblichen Funktionen im Konzern erfordert allerdings eine sorgfältige Planung und Dokumentation im Bereich der Gewinn- und Umsatzsteuern sowie der Zollabgaben.[919]

Die Produktion erfolgt aufgrund der Funktionszuteilungen bei Prinzipal-Strukturen oft im Auftrag und für Rechnung der Prinzipal-Gesellschaft durch Konzerngesellschaften oder durch Dritte. Es handelt sich dabei einerseits um sog. Lohnfertiger/-hersteller (sog. Toll Manufacturer), die der Prinzipal-Gesellschaft gegenüber eine reine Dienstleistung – nämlich die Umwandlung der der Prinzipal-Gesellschaft gehörenden Rohmaterialien in wiederum der Prinzipal-Gesellschaft gehörende Produkte – erbringt, andererseits um sog. Auftragshersteller (sog. Contract Manufacturer), die selbst Eigentümer der Rohmaterialien und der produzierten fertigen Produkte sind, welche aber nach den Spezifikationen der Prinzipal-Gesellschaft hergestellt und direkt nach der Herstellung an diese verkauft wird. Die Entschädigung solcher Konzern- oder Drittgesellschaften kann aufgrund der Fertigungskosten und eines prozentualen Gewinnaufschlags (sog. Cost-plus) festgelegt werden. Unter der Prinzipal-Struktur ist aber auch der Wareneinkauf beim sog. vollwerti-

919 Vgl. Brülisauer/Kuhn, FStR 2002, S. 81 ff.

gen Eigenhersteller (sog. Full-Fledged Manufacturer) im Konzern oder Dritten (lokaler fremder Eigenhersteller) möglich, die auf eigene Rechnung und eigenes Risiko produzieren.

Verkauft werden die Waren durch Konzern-Vertriebsgesellschaften. Der Verkauf erfolgt dabei typischerweise ausschließlich im eigenen Namen der Konzern-Vertriebsgesellschaft, aber auf Rechnung der Prinzipal-Gesellschaft. Die Vertriebsgesellschaften üben für die Prinzipal-Gesellschaft ausschließlich die Funktion abschlussberechtigter Agenten oder Kommissionäre aus und werden für ihre Leistungen mit einer Kommission entschädigt. Vertriebsgesellschaften, welche als Eigenhändler unter sog. Stripped by-sell Verträgen arbeiten (sog. eingeschränkter Eigenhändler oder Limited Risk Distributor, LRD), können den Kommissionären gleichgestellt werden, sofern diese Verträge mit Kommissionsgeschäften im Ergebnis vergleichbar sind (namentlich bezüglich der Regelung der Vertretungsvollmacht und der Übertragung wesentlicher Unternehmerrisiken an die Prinzipal-Gesellschaft). Sog. vollwertige Eigenhändler (sog. Full-Fledged Distributor), welche das volle Geschäftsrisiko einer unabhängigen Konzernvertriebsgesellschaft tragen, oder reine Agenten, die ausschließlich Geschäfte vermitteln und nicht zu deren Abschluss berechtigt sind, qualifizieren nicht für die Prinzipal-Ausscheidung auf dem Handelsgewinn (siehe hierzu weiter unten).

PRAXISHINWEIS

Das maßgebliche KS ESTV Nr. 8[920] ist auf den Handel von Produkten anwendbar. Die Erbringung von Dienstleistungen und die reine Lizenzverwertung stellen hingegen keinen Handel dar. Soweit Produkte und Dienstleistungen verbunden sind, muss eine adäquate Lösung im Einzelfall gesucht werden.

Diese unterschiedlichen Herstellungs- und Vertriebskonzepte lassen sich mit Blick auf die involvierten Risiken und hinsichtlich der damit einhergehenden Gewinnniveaus und Verantwortungsprofile wie folgt darstellen:

920 Vgl. KS ESTV Nr. 8 v. 18.12.2001 betreffend internationale Steuerausscheidung von Principal-Gesellschaften; http://www.estv.admin.ch/bundessteuer/dokumentation/00242/00380/ (besucht am 30.10.2014).

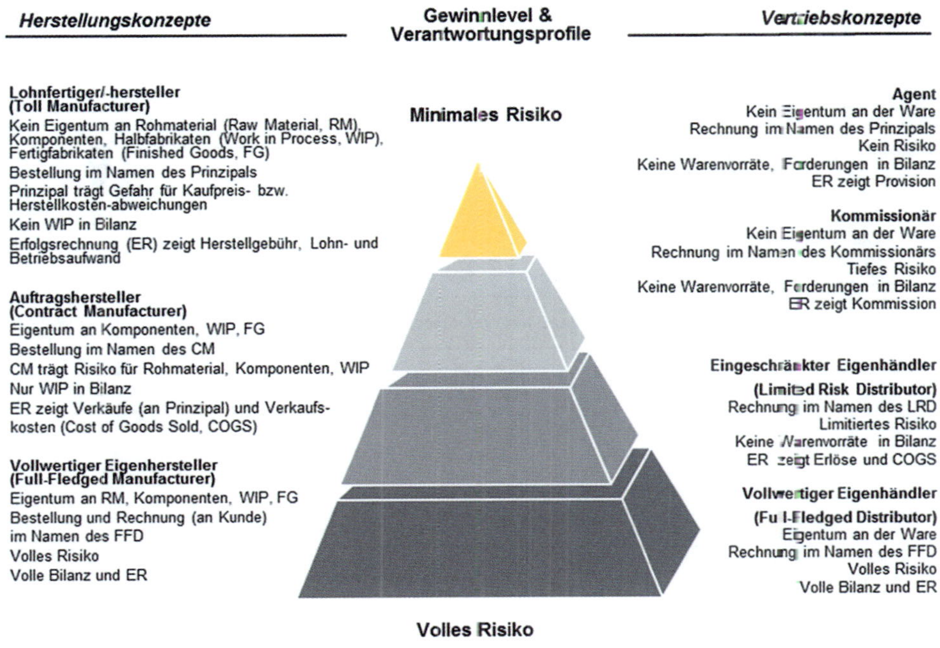

Die Transaktionsmodelle „Auftragshersteller (CM) – Prinzipal – Kommissionär" und „Auftragshersteller (CM) – Prinzipal – LRD" gestalten sich beispielhaft wie folgt:

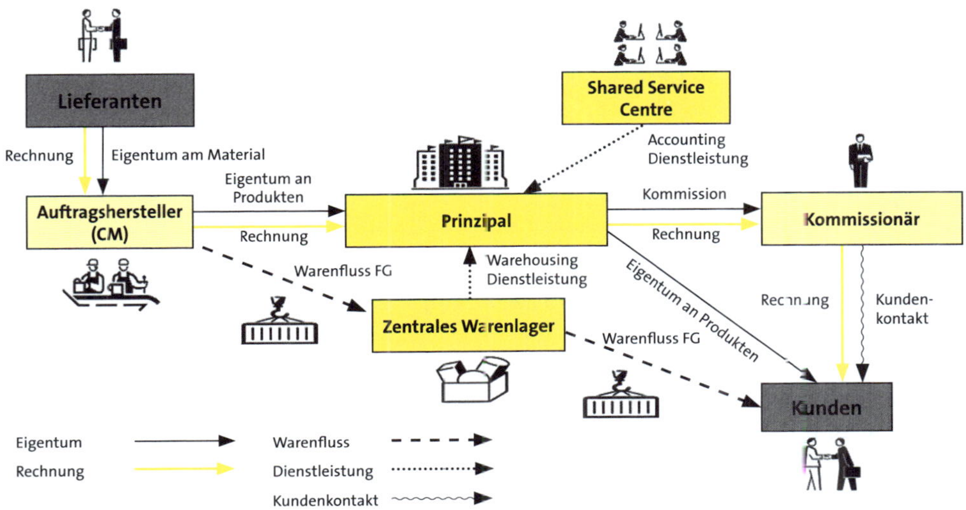

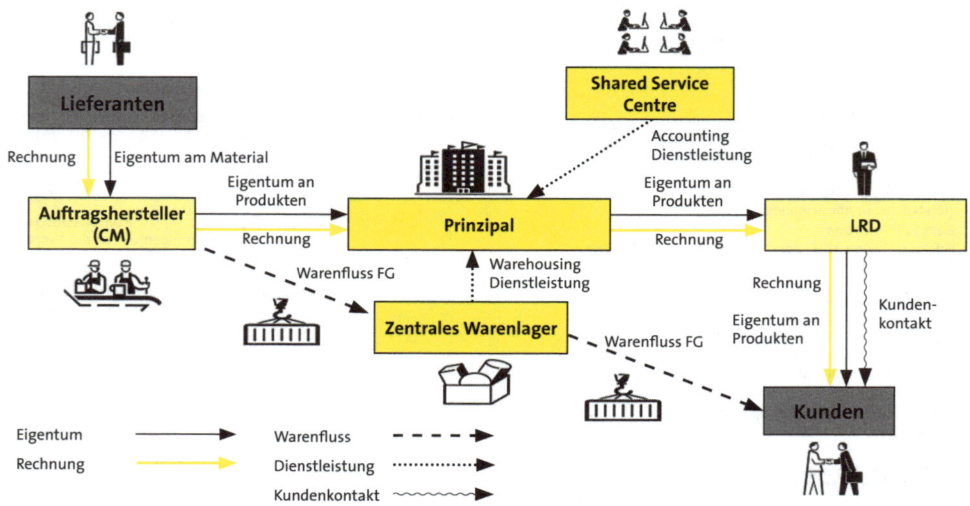

Die Eidg. Steuerverwaltung (ESTV) hat für die direkte Bundessteuer die Grundsätze der internationalen Steuerausscheidung von Prinzipal-Gesellschaften in einem Kreisschreiben verankert.[921]

PRAXISHINWEIS

Die internationale Ausscheidung von Gewinnen für Prinzipal-Gesellschaften findet im Grundsatz keine Anwendung für Kantons- und Gemeindesteuerzwecke.

Eine solche internationale Gewinnausscheidung für Unternehmen, die ihre Geschäfte im Ausland über abschlussberechtigte Agenten gemäß Art. 5 Abs. 5 OECD-MA (Vertreter-Betriebsstätte) abwickeln, kann nur dann vorgenommen werden, wenn das Unternehmen aufgrund persönlicher Zugehörigkeit (Art. 50 DBG) der unbeschränkten Steuerpflicht (Art. 52 Abs. 1 DBG) unterliegt.

PRAXISHINWEIS

Mit anderen Worten ist eine Schweizer Betriebsstätte nicht zur internationalen Gewinnausscheidung für Prinzipal-Gesellschaften berechtigt.

Für die Bestimmung der Ausscheidungsgrundsätze muss zudem berücksichtigt werden, ob die Produktion durch Lohnfertiger/-hersteller bzw. Auftragshersteller oder vollwertige Eigenhersteller erfolgt:

- Werden sämtliche an Dritte verkauften Fertigfabrikate durch Konzerngesellschaften oder durch Dritte, aber für Rechnung der Prinzipal-Gesellschaft hergestellt (Lohnfertigung/-herstellung, Auftragsherstellung), gelten 70 % des Reingewinnes aus Produktion und Handel als Gewinn aus Handelstätigkeit. Die restlichen 30 % des Reingewinnes stellen Gewinn aus der Eigenproduktion des Prinzipals dar;

921 Vgl. zum Ganzen KS ESTV Nr. 8 v. 18. 12. 2001 betreffend die internationale Steuerausscheidung von Prinzipal-Gesellschaften; Richner/Frei/Kaufmann/Meuter, Handkommentar zum DBG, S. 668.

- Werden die verkauften Fertigfabrikate von Konzerngesellschaften oder von Dritten, die auf eigene Rechnung und eigenes Risiko produzieren (vollwertige Eigenherstellung), erworben, liegt – vorbehalten bleiben Finanz- und übrige Erträge – ausschließlich Handelsgewinn vor.

Obwohl im internationalen Verhältnis grundsätz ich eine objektmässige Ausscheidung Anwendung findet, wird bei Prinzipal-Gesellschaften eine quotenmäßig indirekte Ausscheidung praktiziert:

- Der Gewinnanteil aus Finanzanlagen und übrigen Aktivitäten ist vollumfänglich dem Sitz der Prinzipal-Gesellschaft zu allozieren. Dieser Gewinnanteil ist mittels Spartenrechnung zu ermitteln;
- Derjenige Teil des Reingewinnes, der unter Anwendung der obigen Regeln auf die Handelstätigkeit zurückzuführen ist, wird im Umfang von je 50 % der Prinzipal-Gesellschaft resp. den Vertreter-Betriebsstätten im Ausland zugewiesen. Mit dieser Allokation wird insbesondere der Übernahme sämtlicher Risiken durch die Prinzipal-Gesellschaft sowie der Abgeltung der Immaterialgüterrechte Rechnung getragen.

Die nachfolgende Abbildung zeigt die Berechnung der Gewinnsteuerbelastung einer Prinzipal-Gesellschaft mit Lohnfertigung/-herstellung bzw. Auftragsherstellung:[922]

		Direkte Bundessteuer		Kantons- und Gemeindesteuer	
	Total	Ausland	Schweiz	Ausland	Schweiz
Reingewinn	1000			800	200
Davon Gewinn aus Finanztätigkeit (Annahme)	(200)		200		
Gewinn aus Handel- und Produktionstätigkeit	800				
Davon Gewinn aus Produktionstätigkeit (30 %)	(240)		240		
Gewinn aus reiner Handelstätigkeit	560	280	280		
Steuerbarer gewinn			720	800	200
Gewinnsteuer (gerundet)	86		56		30
In % des gesamten Reingewinns	8,6 %		5,6 %		3,0 %

Annahme: Kantons- und Gemeindesteuern mit Gewinnsteuersatz 15 % (vor Steuern); 80 % Auslandsausscheidung

Je nach kantonaler Ausgestaltung der Besteuerung der Prinzipal-Gesellschaft (Besteuerung als gemischte Gesellschaft bzw. kantonale Steuererleichterungen für die Startphase) und abhängig vom Verhältnis zwischen in- und ausländischen Erträgen bzw. Erträgen aus Produktion und Handel resultiert für derartige Prinzipal-Strukturen in der Schweiz eine attraktive Gesamtsteuerbelastung, die in der Bandbreite von rd. 4.5 % bis 10 % liegen kann.

922 Vgl. Widmer, ST 2002, S. 935 ff.

PRAXISHINWEIS

In der letzten Zeit häufen sich fallspezifische Mitteilungen der kantonalen Steuerverwaltungen an in der Schweiz ansässige Prinzipal-Gesellschaften, welche auf eine restriktivere Praxisentwicklung bezüglich der internationalen Gewinnausscheidung gemäß KS ESTV Nr. 8 hinweisen. Eine offizielle Publikation der ESTV über mögliche Praxisverschärfungen ist bis heute nicht erfolgt. Die Präzisierungen sind in der Praxis stark umstritten. Sie beinhalten insbesondere Folgendes:

- Werden operative Prinzipal-Funktionen auf ausländische Gesellschaften ausgelagert, wird die internationale Steuerausscheidung nur gewährt, wenn bloß einzelne Funktionen ausgelagert werden und die auf den ausgelagerten Funktionen erzielten Gewinne der ausländischen Gesellschaften im Umfang von 50 % als Minderung der den Vertreter-Betriebsstätten zuzuweisenden Handelsgewinne berücksichtigt werden;
- Vertriebsgesellschaften müssen als abhängige, abschlussberechtigte Agenten (Kommissionäre) oder LRDs grundsätzlich ausschließlich für den Vertrieb der Waren für konzerninterne Prinzipal-Gesellschaften tätig sein. Untergeordnete Tätigkeiten auf eigene Rechnung sind zulässig. Eine solche untergeordnete Tätigkeit liegt vor, wenn längerfristig mindestens 90 % des Gewinns der Agenten (Kommissionäre) und LRDs aus dem Handel mit Produkten konzerninterner Prinzipal-Gesellschaften resultieren. Nicht erforderlich ist dabei, dass ein Agent (Kommissionär) oder LRD nur für die Schweizer Prinzipal-Gesellschaft tätig ist. Allerdings muss das Erfordernis für jede Vertriebsgesellschaft einzeln erfüllt sein und kann nicht durch eine Spartenrechnung zwischen Vertrieb und Produktion erreicht werden. Eine zivilrechtliche Trennung zwischen Vertrieb und Produktion ist daher zwingend notwendig;
- Da die Prinzipal-Gesellschaft das gesamte Unternehmensrisiko trägt, soll die Entschädigung der Vertriebsgesellschaften maximal auf 3 % des Bruttoumsatzes oder der höheren Kosten aller Vertriebsgesellschaften festgelegt werden (sog. 3 %-Test). Die höheren Kosten beinhalten die operativen Kosten und Steuern basierend auf den lokalen Abschlüssen aller qualifizierenden Vertriebsgesellschaften. Wird diese zulässige Entschädigung überschritten, wird die Steuerausscheidung im Umfang von 50 % der übersteigenden Entschädigung der Vertriebsgesellschaften korrigiert;
- Die Steuerausscheidung wird nur für den Gewinn aus Warenhandel gewährt. Entsprechend sind die Aufwendungen und Erträge in Zusammenhang mit der Handelstätigkeit zu berücksichtigen. Basiert der Verkaufserlös von Waren auf der Nutzung von Immaterialgüterrechten (wie bspw. bei Markenprodukten), sind die Aufwendungen im Zusammenhang mit diesen Immaterialgüterrechten vom Handelsgewinn in Abzug zu bringen.

Die dargelegten Präzisierungen sind von den Steuerbehörden für alle neuen Steuerrulings anzuwenden. Soweit bestehende Steuerrulings diese Präzisierungen nicht abzudecken vermögen, sind diese für die zukünftigen Geschäftsjahre anzupassen resp. zu ergänzen.

Wie konkret umgesetzte Beispiele zeigen, können derartige, in der Schweiz angesiedelte Prinzipal-Gesellschaften von deutschen Konzernen bei sachgerechter Ausgestaltung die Voraussetzungen für das Vorliegen einer aktiven Geschäftstätigkeit im Sinne der Vorschriften des deutschen Außensteuergesetzes[923] und des DBA D-CH erfüllen. Bei der Implementierung zu beachten sind jedoch allfällige Steuerfolgen (steuerliche Entstrickung) in den einzelnen Mitgliedstaaten, die aus der Verlagerung von Funktionen und Übertragung von Geschäftschancen resultieren können.[924] In der Praxis sind nicht selten das Vorhandensein von verrechenbaren Verlustvorträgen in wichtigen Konzern-Vertriebsgesellschaften oder Akquisitionen Auslöser für eine steuerschonende Umstellung auf eine Prinzipal-Struktur.

923 Vgl. D.I. und D.IV.6.
924 Vgl. D.III.

III.3.5.6. Schweizer Finanzbetriebsstätte (Swiss Finance Branch)

Das Konzept der Schweizer Finanzbetriebsstätte richtet sich primär an größere international tätige Konzerne, die ihre konzerninternen Finanzdienstleistungen steuereffizient gestalten wollen. Es basiert auf einem ausländischen Stammhaus und einer schweizerischen Betriebsstätte, in der die Finanzdienstleistungen erbracht werden.[925] In der nachfolgenden Abbildung werden die Zahlungsflüsse und internen Beziehungen grafisch veranschaulicht:

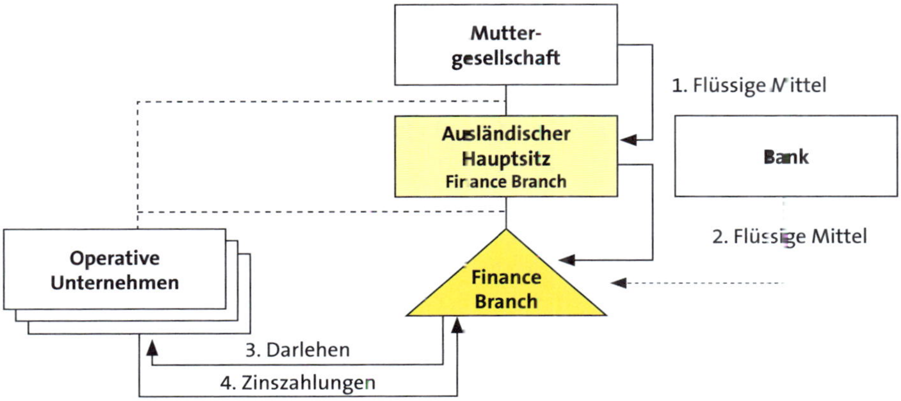

Die Steuerbelastung auf Stufe der Schweizer Finanzbetriebsstätte beträgt dabei regelmässig ca. 1.0 % bis 2.5 % (inkl. Kapitalsteuer). Wird die Steuerbelastung des ausländischen Sitzlandes mit eingerechnet resultiert je nach Besteuerungspraxis im Ausland[926] eine Gesamtsteuerbelastung von ca. 1.5 % bis 5 %.

PRAXISHINWEIS

Der Vorteil von Schweizer Finanzbetriebsstätten liegt in einer attraktiven (tiefen) Steuerbelastung, welche insbesondere dann zum Vorschein kommt, wenn dieses Konzept sowohl mit einer direkten Vergabe der Darlehen durch den ausländischen Hauptsitz als auch mit einer Steueroasen-Lösung verglichen wird.

Werden die Konzernfinanzierungsaktivitäten direkt vom ausländischen Hauptsitz aus wahrgenommen, dann sind die erzielten Zinserträge in der Regel im betreffenden Sitzland voll steuerbar. Wird die Konzernfinanzierungsaktivität hingegen über eine in einer Steueroase (bspw. Cayman Inseln, Bermuda und dergl.) angesiedelte Konzernfinanzierungsgesellschaft abgewickelt, ist mit keiner oder einer nur äußert geringen Gewinnsteuerbelastung zu rechnen. Im Gegenzug ist die vom Schuldnerstaat einbehaltene Quellensteuer auf Zinsen (in der OECD zwischen Null und 35 %) jedoch regelmässig weder reduzier- noch rückforderbar.

Eine Schweizer Finanzbetriebsstätte dagegen vereint mehrere Vorteile in einem. Sie kann einerseits vom günstigen Doppelbesteuerungsabkommensnetz des jeweiligen ausländischen Hauptsitzlandes, andererseits von einer geringen Steuerbelastung in der Schweiz und im ausländischen Hauptsitzland profitieren. Letzteres wird dadurch ermöglicht, als der Finanzertrag zu mindestens 90 % objektmässig der Schweizer

925 Einkünfte im Sinne von § 8 Abs. 1 Nr. 7 AStG sind durch die Kürzungsvorschrift des § 9 Nr. 7 GewStG nicht „begünstigt". D. h. Dividenden einer Schweizer Finanzierungsgesellschaft sind in Deutschland nicht von der Gewerbesteuer befreit. Sofern die reinen Finanzierungsaktivitäten mittels einer Schweizer Betriebsstätte ausgeübt werden, greift die abkommensrechtliche Anrechnungsmethode (Art. 24 Abs. 1 Nr. 2 DBA D-CH).

926 Je nach Sitzland werden gemäß anwendbarer ausländischer Steuerpraxis der ausländischen Sitzgesellschaft günstigere als die ordentlichen Steuersätze sowie ein betraglich geringes Präzipuum gewährt.

Finanzbetriebsstätte zugewiesen und folglich nur noch eine Quote von maximal 10 % der Finanzerträge (sog. Präzipuum) im ausländischen Hauptsitzland besteuert wird.[927] Der Schweizer Finanzbetriebsstätte wird im Weiteren der Abzug eines (fiktiven) Nutzungsentgeltes für den Funktionsnutzen der internen Finanzierung, die das ausländische Stammhaus der schweizerischen Zweigniederlassung gewährt (sog. Notional Interest Deduction, NID) gewährt. Darüber hinaus kann auf kantonaler Ebene zusätzlich ein privilegierter Steuerstatus beansprucht werden (z. B. Besteuerung als Verwaltungs- bzw. Domizil- oder gemischte Gesellschaft). Schließlich unterliegt der Transfer der Gewinne der Schweizer Finanzbetriebsstätte an den ausländischen Hauptsitz nicht der Schweizer Quellensteuer (Verrechnungssteuer). Die in der Schweiz angefallenen Nettoerträge können somit ohne Steuerfolgen an den ausländischen Hauptsitz zurückgeführt werden.

Damit das Schweizer Finanzbetriebsstätte Konzept von den zuständigen Steuerverwaltungen in der Schweiz und im ausländischen Hauptsitzstaat akzeptiert wird, müssen verschiedene Bedingungen erfüllt sein. Die Voraussetzungen aus Schweizer Sicht sind im Wesentlichen die Folgenden:[928]

- Die durchschnittliche Bilanzsumme der schweizerischen Betriebsstätte muss mindestens CHF 100 Mio. betragen (bzw. einen solchen Mindestwert aufweisen, wenn die Buchhaltung in fremder Währung geführt wird);
- Mindestens ³/₄ der durchschnittlichen Bilanzsumme und kumulativ ³/₄ aller Roherträge müssen Positionen betreffen, die sich unmittelbar auf Finanzdienstleistungen beziehen;
- Allfällige Darlehen an schweizerische Gruppengesellschaften dürfen höchstens 10 % der Bilanzsumme betragen.

Als zulässige Finanzdienstleistungen zur Erreichung der ³/₄-Quoten gelten gemäß Praxis der Eidg. Steuerverwaltung (ESTV) insbesondere:

- Gewährung von Darlehen an Konzerngesellschaften und Dritte, einschließlich der damit verbundenen Kurssicherungsmaßnahmen;
- Cash Management, d. h. die Anlage von überschüssigen flüssigen Mitteln für eigene oder auch für Rechnung der Gruppengesellschaften, die Überwachung des Geldverkehrs im Konzern sowie die Verwaltung von Debitoren und Kreditoren im Namen und für Rechnung der Gruppengesellschaften;
- Factoring, d. h. der Erwerb von Forderungen der Gruppengesellschaften;
- Leasing;
- Netting und Re-invoicing als reine Maßnahmen zur Verringerung und Zentralisierung des Währungsrisikos im Konzern (nicht aber zur Erzielung eines kommerziellen Zwischengewinnes).

927 Die Anwendung der Befreiungsmethode im ausländischen Hauptsitzland ist somit von zentraler Bedeutung bei der Errichtung einer Schweizer Finanzbetriebsstätte. Der Steuervorteil würde bei einer lediglichen Anrechnung der schweizerischen Steuern an die Gewinnsteuern im Hauptsitzland kompensiert (Hochschleusung des Gewinnes der Schweizer Finanzbetriebsstätte auf das Steuerniveau des Hauptsitzlandes). Folgende Länder, die in ihrem DBA mit der Schweiz die Befreiungsmethode statuiert haben, kommen in der Praxis derzeit als Hauptsitzland in Betracht: Island, Luxemburg, Österreich, Spanien und Ungarn – nicht hingegen bspw. Deutschland.

928 Vgl. zum Ganzen die Richtlinien der ESTV v. 9. 10. 1991, in welchen die Besteuerungsgrundsätze einer Schweizer Finanzbetriebsstätte am Beispiel einer niederländischen Finanzgesellschaft mit schweizerischer Betriebsstätte festgehalten sind.

Im Ergebnis kann die Schweizer Finanzbetriebsstätte im Rahmen der verbleibenden 25 % der Bilanzsumme bzw. der Roherträge auch andere (wesensfremde) Tätigkeiten wahrnehmen, wobei nur für qualifizierende Finanzierungstätigkeiten ein abzugsfähiger hypothetischer Aufwand steuerlich zugestanden wird. Wesensfremd sind gemäß den Richtlinien der ESTV „alle Roherträge und Bilanzposten, die sich auf Handels- oder Produktionstätigkeiten, verwaltungsbezogene Dienstleistungen, Versicherungsleistungen, Werbung und Verkaufsförderung, das Halten von Beteiligungen und die Verwertung von immateriellen Wirtschaftsgütern beziehen".

Die Grundsätze der Besteuerung unterscheiden sich auf Bundes- sowie kantonaler/kommunaler Ebene. Die steuerliche Privilegierung auf Bundesebene geht von einer bankähnlichen Behandlung der Finanzbetriebsstätte aus:

- Es wird unterstellt, dass $^{10}/_{11}$ der durchschnittlichen Bilanzsumme Fremdkapital sind und lediglich $^{1}/_{11}$ Eigenkapital darstellt. Entsprechend kann auf dem fiktiven Fremdkapital von $^{10}/_{11}$ der Bilanzsumme ein steuerlicher Schuldzinsenabzug geltend gemacht werden;
- Weiter wird angenommen, dass die Finance Branch die zur Verfügung gestellten Mittel mit einem Gewinnaufschlag von 10 % (bis CHF 1 Milliarde) bzw. mit einem Gewinnaufschlag von 5 % (ab CHF 1 Milliarde) an nahestehende Gesellschaften ausleiht;
- Mit anderen Worten errechnet sich der maximal abzugsfähige Zinsaufwand aus dem Anteil des kalkulatorischen Fremdkapitals, welcher sich aus $^{10}/_{11}$ der Bilanzsumme errechnet, sowie aus dem Gewinnaufschlag auf den Aktivzinsen von 10 % (total steuerlicher Zinsabzug von 82.64 %) bzw. von 5 % (total steuerlicher Zinsabzug von 86.58 %).

Während die Besteuerung auf Bundesebene bereits zu einer maßgeblichen Reduzierung der Steuerbelastung führt, sehen die kantonalen Praxen eine noch vorteilhaftere Besteuerung von Finanzbetriebsstätten vor:

- Einerseits kann ebenfalls ein steuerlicher Schuldzinsenabzug geltend gemacht werden. Verschiedene Kantone gehen bspw. davon aus, dass das zur Verfügung gestellte Eigenkapital nur $^{1}/_{25}$ (4 %) der Bilanzsumme beträgt und entsprechend $^{24}/_{25}$ (96 %) der Bilanzsumme Fremdkapital ist. Auf dem auf diese Weise errechneten Fremdkapital kann der steuerliche Schuldzinsenabzug geltend gemacht werden. Die Zinsmarge beträgt in der Regel 0.25 %, wird aber ggf., d. h. je nach Höhe der Konzerndarlehen bzw. der Bilanzsumme, weiter reduziert. Mit anderen Worten errechnet sich der steuerlich maximal abzugsfähige Zinsaufwand aus dem Anteil des kalkulatorischen Fremdkapitals, welches $^{24}/_{25}$ der Bilanzsumme beträgt sowie aus der Zinsmarge von i. d. R. 0.25 %;
- Andererseits unterliegen die ausländischen Einkünfte sowie das Kapital auf Antrag dem privilegierten Besteuerungsstatus einer Verwaltungs- bzw. Domizil- oder gemischten Gesellschaft.

Die nachfolgende Abbildung zeigt die Berechnung der Gesamtsteuerbelastung einer Schweizer Finanzbetriebsstätte:[929]

Annahmen		
Bilanzsumme	CHF	300 Mio.
Aktivzinssatz		5 %
Ertrag aus Schweizer Quellen	CHF	0
Steuerbare Auslandquote		5 %
Administrationsaufwand	CHF	100'000
Zinsmarge		0.25 %
Direkte Bundessteuer		
Zinsertrag (CHF 300 Mio. x 5 %)	CHF	15'000'000
./. Administrationsaufwand	CHF	-100'000
./. Fiktiver Zinsabzug (82.64 %[930] von 14'900'000)	CHF	-12'314'050
./. Direkte Bundessteuer	CHF	-202'254
./. Kantonssteuer	CHF	-4'232
Steuerbarer Reingewinn	CHF	2'379'464
Geschuldete Steuer	CHF	202'254
Kantonssteuer Glarus		
Zinsertrag (CHF 300 Mio. x 5 %)	CHF	15'000'000
./. Fiktiver Zinsabzug[931]	CHF	-13'680'000
./. Administrationsaufwand	CHF	-100'000
./. Direkte Bundessteuer	CHF	-202'254
Subtotal	CHF	1'017'746
Davon 5 % (steuerbare Auslandquote)	CHF	50'887
./. Kantonssteuer	CHF	-4'232
Steuerbarer Reingewinn	CHF	46'655
Geschuldete Steuer	CHF	4'232
Total effektive Steuerbelastung Schweiz (gerundet)	CHF	206'500
	in %	1.38 %

929 Mit Sitz im Kanton und in der Gemeinde Glarus, Steuerfüße 2014.
930 (Zins-, Leasing- etc.) Erträge vor Schuldzinsen x 10/11 x 100%/110%.
931 4.75% (Aktivzinssatz von 5% minus Zinsmarge von 0.25%) x durchschnittliche Bilanzsumme x 24/25.

III.3.5.7. Schweizer IP-Regimes

Innovationskraft ist unbestritten die zentrale Voraussetzung für das Wirtschaftswachstum, den Erhalt von Arbeitsplätzen und den Wohlstand einer jeglichen Volkswirtschaft. Forschung und Entwicklung (F&E) ist folglich teilweise ein öffentliches Gut und sollte – im notwendigen Umfang – dort staatlich gefördert werden, wo die Privatwirtschaft an ihre Grenzen stößt.

Viele entwickelte Wirtschaftsnationen setzen erfolgreich auf die staatliche Förderung der Innovationstätigkeit. Dies kann grundsätzlich durch direkte Subventionen oder durch steuerliche Anreize geschehen. In der Schweiz werden Art und Umfang der Förderung von F&E seit einigen Jahren intensiver diskutiert. Die heute bestehenden staatlichen Fördermittel sind vor allem bei der Grundlagenforschung weitgehend unbestritten. Anwendungsorientierte und marktnahe Innovation durch Unternehmen wird jedoch in der Schweiz nur beschränkt unterstützt. Ob der Umfang dieser Förderung ausreicht, um die internationale Spitzenposition der Schweiz mittel- und langfristig nicht zu gefährden, ist unklar. Strittig ist auch, ob solche Mittel wie bis anhin einzig als direkte Projektsubventionen einzelnen ausgewählten Wirtschaftsteilnehmern zukommen sollen oder ob steuerliche Fördermaßnahmen, welche im Grundsatz allen forschenden Unternehmen offen stehen, nicht eine breitere Innovationswirkung haben würden. F&E kann einerseits dadurch gefördert werden, dass Erträge aus qualifizierenden Immaterialgüterrechten tief besteuert (Output-Förderung)[932] oder dass qualifizierende F&E Aufwendungen – in Abweichung vom Maßgeblichkeitsprinzip – mehrfach zum steuerlichen Abzug zugelassen bzw. Steuergutschriften gewährt werden (Input-Förderung).[933] In der Praxis werden idealerweise beide Konzepte kombiniert. Mit diesen Mechanismen lässt sich die effektive Steuerbelastung eines Unternehmens erheblich reduzieren.[934]

So ist es nicht weiter erstaunlich, dass die Handhabung von Einkünften aus Immaterialgüterrechten (sog. Intangible resp. Intellectual property rights) bzw. den zugrunde liegenden immateriellen Wirtschaftsgütern (sog. Intangible assets)[935] im Fokus zahlreicher steuerpolitischer Debatten steht.[936] Dies ist darin begründet, als Lizenzboxen (Output-Förderung) im globalen Wettbewerb um den Erhalt und die Schaffung von hochwertigen Arbeitsplätzen und Steuersubstrat eine international gängige und attraktive Besteuerung solcher IP-Einkünfte ermöglichen.

Hinsichtlich der Frage, welche IP-Erträge in den Anwendungsbereich einer Lizenzboxlösung fallen, unterscheiden sich die in der internationalen Steuerpraxis verbreiteten Lizenzboxlösungen teilweise erheblich. Steuersystematisch lassen sich IP-Einkünfte in fünf Einkunftsklassen aufteilen:

- Verkaufserlöse;
- Lizenzerträge;

932 In der Schweiz liegt die Bestimmung eines günstigeren wie des ordentlichen Gewinnsteuersatzes in der Tarifautonomie der Kantone und kann von diesen deshalb ohne Änderung des StHG's eingeführt werden

933 In der Schweiz greift diese Maßnahme in den Steuerharmonisierungsbereich ein und kann von einem Kanton folglich nur nach vorgängiger Anpassung des StHG eingeführt werden.

934 Derzeit verfügen eine Reihe von EU Mitgliedstaaten über In- und Output-Förderungsmaßnahmen, darunter bspw. Belgien, Dänemark, Frankreich, Irland, Liechtenstein, Luxemburg, Niederlande, Portugal, Spanien, Tschechische Republik, Ungarn und das Vereinigte Königreich. Vgl. Müller/Wenger/Linder Thomas, StR 2011 S. 845 ff.; Keuschnigg/Ribi, Studie KPMG, 2011, Steuerliche Förderung von F&E in der Schweiz.

935 Nachfolgend im Sinne einer Vereinfachung als Einkünfte aus IP bezeichnet.

936 Vgl. A.III.5.

- Kapitalgewinne aus der Veräußerung eines qualifizierenden IP;
- Schadenersatzzahlungen; und
- Übrige Entschädigungen.

Es besteht in den zahlreichen Staaten, die Lizenzboxlösungen umgesetzt haben, keine einheitliche Erfassung und steuerliche Behandlung hinsichtlich der fünf Einkunftsklassen. Weiter bestehen in der Praxis oftmals Zuordnungsprobleme, insbesondere im Falle der Eigennutzung von IP. Eine solche Eigennutzung liegt dann vor, wenn z. B. ein Unternehmen innovative Produkte herstellt und verkauft, die es selber entwickelt hat. In den Verkaufserlösen sind diesfalls immer auch implizite Vergütungen für die in den Produkten eingeschlossenen Immaterialgüter (sog. Embedded royalties) enthalten. Mangels Erzielung einer eigentlichen Einkunft aus dieser Eigennutzung kann jedoch keine Zuordnung zu einer der fünf Einkunftsklassen erfolgen. Entsprechend stellt sich die Frage der Berücksichtigung fiktiver Lizenzerträge (sog. Notional royalties) bei Eigennutzung von IP zur Herstellung von rechtlich ungeschützten Produkten oder zur Ausübung von Dienstleistungen.[937]

In der Schweiz hat der Kanton NW als erster und bis heute einziger Kanton mit Wirkung per 1. 1. 2011 eine Lizenzboxlösung (IP-Boxlösung) für kantonale/kommunale Steuerzwecke eingeführt.[938] Eine solche kann nur von juristischen Personen mit Sitz oder Zweigniederlassung im Kanton NW in Anspruch genommen werden. Konkret bedeutet dies, dass wirtschaftliche Substanz im Sinne von Wertschöpfung und Arbeitsplätzen, mithin also eine wesentliche Betriebsinfrastruktur mit eigenen bzw. selbstgenutzten Büroräumlichkeiten und qualifiziertem Personal, benötigt wird. Eine Besteuerung der juristischen Person als Holding- oder Verwaltungsgesellschaft ist nicht möglich.

Nettolizenzerträge aus der Nutzung von immateriellen Gütern werden dabei gesondert zu 20 % des ordentlichen kantonalen Gewinnsteuersatzes von derzeit 6 %, also nominell 1.2 %, besteuert (Art. 85 Abs. 3 i. V. m. Abs. 1 des kantonalen Steuergesetzes). Auf Stufe Bund werden die Lizenzeinnahmen hingegen ordentlich besteuert, d. h. zu nominell 8.5 %. Die effektive Gesamtsteuerbelastung (Bund, Kanton, Gemeinde) beträgt derzeit folglich 8.84 % (nominell 9.7 %).

Im Kanton NW qualifizieren unter geltendem Recht jedoch bloß Lizenzeinkünfte aus IP (nachweislich basierend auf entsprechenden Lizenzverträgen) für eine steuerlich privilegierte Behandlung und dabei ausschließlich echte Lizenzzahlungen, Veräußerungsgewinne, Schadenersatzzahlungen und übrige Entschädigungen, nicht aber Verkaufserlöse und fiktive Lizenzeinnahmen (Eigennutzung von IP). Der Kanton NW[939] definiert den Begriff Lizenzerträge übereinstimmend mit Art. 12 Abs. 2 des OECD-Musterabkommens, klammert aber bspw. die Eigennutzung von IP explizit aus.[940]

937 Vgl. Hausmann/Roth/Krummenacher, StR 2012, S. 87 ff.; Linder/Müller, NZZ v. 29. 8. 2013, S. 33.

938 Vgl. zum Ganzen Art. 85 Abs. 3 des kantonalen Steuergesetzes, § 57a der kantonalen Vollzugsverordnung und Richtlinie des Kantonalen Steueramtes Nidwalden v. 17. 1. 2011 betreffend Besteuerung von Lizenzerträgen.

939 Vgl. § 57a der kantonalen Vollzugsverordnung wonach Lizenzerträge Vergütungen jeder Art sind, die für die Benutzung oder für das Recht auf Benutzung von Urheberrechten an literarischen, künstlerischen oder wissenschaftlichen Werken, einschließlich kinematographischer Filme, von Patenten, Marken, Mustern oder Modellen, Plänen, geheimen Formeln oder Verfahren oder für die Mitteilung gewerblicher, kaufmännischer oder wissenschaftlicher Erfahrungen gezahlt werden. Weiter gehören zum Lizenzertrag Veräußerungsgewinne sowie Erträge, die aus der Nutzung von immateriellen Gütern unter verbundenen Unternehmen stammen.

940 Art. 12 Abs. 2 des OECD-Musterabkommens sieht demgegenüber keine solche Beschränkung vor.

Der zu berücksichtigende Nettolizenzertrag entspricht dabei dem Ertrag der Lizenz abzüglich der anteiligen Finanzierungskosten, des proportional nach Erträgen verteilten Verwaltungsaufwandes sowie der anteiligen Steuern. Überdies sind direkt zuordenbare Abschreibungen sowie Lizenzzahlungen an andere Unternehmen (Sublizenzierung) in Abzug zu bringen (vgl. § 57a StG NW).

PRAXISHINWEIS

Aus dieser Definition geht damit auch hervor, dass der in- und ausländische F&E Aufwand bei der Bestimmung des Nettolizenzertrages nicht zu berücksichtigen ist. Damit werden im Kanton NW ansässige Unternehmen, die hohe F&E Kosten haben, durch die Verrechenbarkeit der F&E Kosten mit den übrigen, der ordentlichen Gewinnbesteuerung unterliegenden Einkünften zusätzlich begünstigt.[941]

Für die Zwecke der Steuerveranlagung ist eine Spartenrechnung zu führen. Besteuert wird maximal der Gesamtgewinn, d. h. Aufwandüberschüsse der einen Sparte werden mit Ertragsüberschüssen der anderen Sparte verrechnet. Verrechnete Spartenverluste werden in den nachfolgenden Steuerjahren wieder spartengerecht zurückgetragen.

PRAXISHINWEIS

Betragen die jährlichen Bruttolizenzeinnahmen hingegen weniger als CHF 50'000, genügt die Abgabe einer vereinfachten Spartenrechnung. Diesfalls können die Finanzierungskosten, der Verwaltungsaufwand und die Steuern mit pauschal 25 % in Abzug gebracht werden. Qualifizieren schließlich mindestens 90 % der gesamten Bruttoerträge als Lizenzeinnahmen und summieren sich die nicht aus Lizenzeinnahmen stammenden übrigen Bruttoerträge auf maximal CHF 50'000, kann gänzlich auf eine Spartenrechnung verzichtet werden.

Besteht seitens der im Kanton NW ansässigen juristischen Person Anspruch auf pauschale Steueranrechnung[942] von gemäß anwendbarem DBA vom Quellensteuerland nicht rückforderbaren Quellensteuern auf Lizenzzahlungen, ist die Anrechnung in jedem Fall auf den jeweiligen Maximalbetrag des Bundes resp. des Kantons NW begrenzt.

III.4. Kapitaleinlageprinzip

III.4.1. Allgemeines

Beim Kapitaleinlageprinzip handelt es sich nicht um ein Steuerprivileg, sondern um ein vom Gesellschaftsrecht losgelöstes Steuerkonzept zur Beseitigung sachwidriger Überbesteuerungen.

Im Nachgang zur Eidg. Volksabstimmung vom 24. 2. 2008 über das Unternehmenssteuerreformgesetz II wurden im Jahr 2011 Forderungen nach Wiederholung der Abstimmung wegen irreführenden Erläuterungen in deren Vorfeld sowie nach Kompensation der ungeahnt hohen Einnahmeausfälle aus der Steuerbefreiung der Rückzahlung von Kapitaleinlagen an die Anteilsinhaber laut. Das Bundesgericht hat in der Folge zwei Beschwerden von Stimmberechtigen abgewiesen und damit eine Wiederholung der Referendumsabstimmung abgelehnt.[943] Das Nachspiel in Sachen Kompensationsforderungen wurde am 19. 3. 2013 im Nationalrat definitiv – es

941 Eine strikte Spartenrechnung würde ein Unternehmen mit hoher F&E Tätigkeit dagegen nicht belohnen. Diesfalls würde der F&E Aufwand mit der Teilfreistellung der Lizenzeinnahmen kompensiert und im Ergebnis eine höhere effektive Gesamtsteuerbelastung für das Unternehmen bedeuten.

942 Vgl. Art. 5 der Verordnung über die pauschale Steueranrechnung (VpStA, SR 672.201) und Ziff. 6 des zugehörigen Merkblattes sowie A.III.3.5.2.

943 Vgl. Medienmitteilung des Bundesgerichts v. 20. 12. 2011 zu BGer (1C.174/2011, 1C.176/2011 und 1C.182/2011). Auf eine dritte Beschwerde wurde infolge Fristversäumnis nicht eingetreten.

braucht die Zustimmung beider Räte – besiegelt, indem dieser die Motion der ständerätlichen Wirtschaftskommission (WAK-S) vom 15. 10. 2012 abgelehnt hatte.[944] Damit sind die mit dem Kapitaleinlageprinzip verbundenen Vorteile sowohl für die ausschüttenden juristischen Personen als auch die empfangenden Anteilsinhaber gesichert.

III.4.2. Nennwertprinzip (Regelung bis 31. 12. 2010)

Gemäß dieser Regelung war jegliche Ausschüttung von Dividenden, Liquidationsüberschüssen, Gewinnanteilen und geldwerten Leistungen von juristischen Personen steuerbar (Einkommenssteuer resp. Verrechnungssteuer), soweit es sich nicht um eine Rückzahlung bestehender Kapitalanteile handelt.

Grafisch lässt sich das Nennwertprinzip wie folgt darstellen:[945]

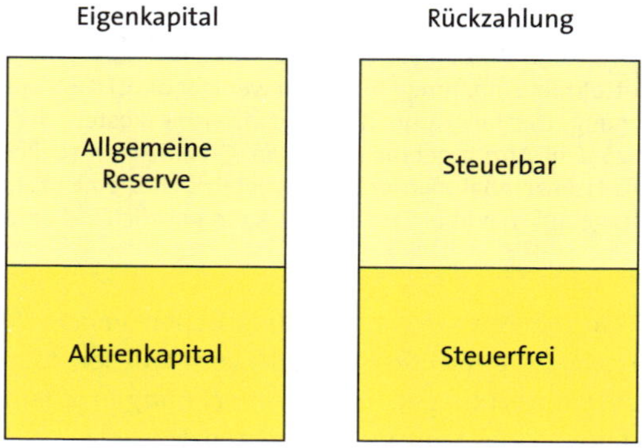

III.4.3. Kapitaleinlageprinzip (Regelung ab 1. 1. 2011)

Am 1. 1. 2011 wurde im Schweizer Steuersystem mit der Unternehmenssteuerreform II der Wechsel vom Nennwert- zum Kapitaleinlageprinzip vollzogen. Gestützt darauf sind nun unter gewissen Voraussetzungen jegliche Rückzahlungen von Einlagen, Aufgeldern und Zuschüssen, die von den Inhabern der Beteiligungsrechte nach dem 31. 12. 1996 geleistet worden sind, von der Einkommens- und Verrechnungssteuer ausgenommen.

944 Vgl. Schöchli, NZZ v. 20. 3. 2013, S. 12.
945 Vgl. Hausmann/Taddei, StR 2011, S. 87.

Grafisch lässt sich das Kapitaleinlageprinzip wie folgt darstellen:[946]

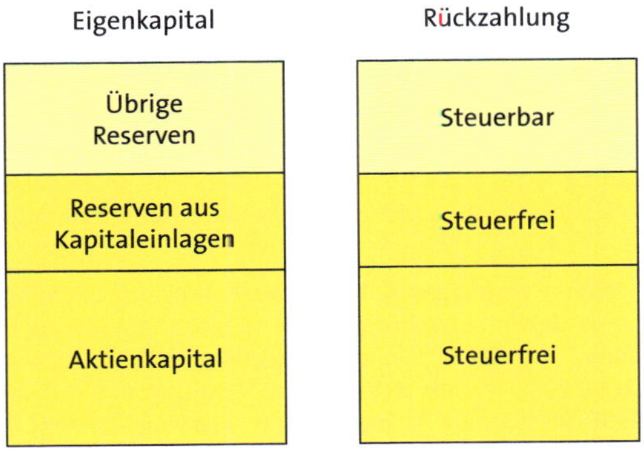

Kapitaleinlagen, Aufgelder und Zuschüsse qualifizieren gemäß Art. 20 Abs. 3 DBG und Art. 123 Abs. 3 DBG i.V. m. Art. 5 Abs. 1bis VSTG als Reserven aus Kapitaleinlagen (KER), wenn

- sie direkt von den Inhabern der Beteiligungsrechte stammen;
- nach dem 31. 12. 1996 geleistet wurden;
- auf einem gesonderten Konto in der Handelsbilanz der empfangenden Kapitalgesellschaft verbucht und offen ausgewiesen sind (offene Kapitaleinlagen) und
- jede Veränderung auf diesem gesonderten Konto der ESTV gemeldet wird.

PRAXISHINWEIS

Werden im Rahmen einer Quasifusion[947] Beteiligungsrechte an einer inländischen Kapitalgesellschaft oder Genossenschaft durch einen Aktionär mit Sitz bzw. Wohnsitz im Ausland in eine Schweizer Kapitalgesellschaft oder Genossenschaft eingebracht, ist der Vorgang unter dem Aspekt der Steuerumgehung gemäß Art. 21 Abs. 2 VStG zu prüfen.[948]

E contrario gelten als übrige Reserven, die weiterhin der Einkommens- und Verrechnungssteuer unterliegen und nicht in Reserven aus Kapitaleinlagen (KER) umqualifiziert werden können, folglich

- laufende und thesaurierte Gewinne;
- verdeckte Kapitaleinlagen;
- offene Kapitaleinlagen, welche nicht direkt von den Inhabern der Beteiligungsrechte stammen und
- in der Handelsbilanz nicht auf einem gesonderten Konto ausgewiesene Einlagen bzw. KER, die nicht gegenüber der Eidg. Steuerverwaltung (ESTV) gemeldet werden.[949]

Ob eine Kapitalgesellschaft oder Genossenschaft eine Rückführung von KER oder eine Ausschüttung aus übrigen Reserven vornimmt, steht im Ermessen der einen solchen Beschluss fassenden

946 Vgl. Hausmann/Taddei, StR 2011, S. 87.
947 Vgl. A.III.6.2.
948 Vgl. KS ESTV Nr. 29 v.9. 12. 2010, Ziff. 5.2.5.
949 Vgl. KS ESTV Nr. 29 v. 9. 12. 2010, Ziff. 3.2.

Kapitalgesellschaft oder Genossenschaft aufgrund der Verbuchung und Qualifikation der Reserven in der Handelsbilanz.[950]

PRAXISHINWEIS

Ausschüttungen aus KER an in der Schweiz ansässige Anteilsinhaber können einkommenssteuerneutral vereinnahmt werden. Zudem muss die ausschüttende Gesellschaft keine Verrechnungssteuer auf solchen Ausschüttungen einbehalten bzw. der ESTV zukommen lassen. Entsprechend entfallen Rückforderungen bzw. Meldeverfahren sowie allfällig nicht rückforderbare Residualsteuern für im Ausland ansässige Anteilsinhaber.

Beim im Ausland (in Deutschland) ansässigen Anteilsinhaber stellt sich allerdings die Frage, ob es sich bei der KER Ausschüttung um eine Gewinnausschüttung oder Einlagerückzahlung handelt. Mit anderen Worten ist die bisherige Rechtsprechung des BFH vom 14.10.1992 und 27.4.2000 sowie diejenige des Finanzgerichts Düsseldorf vom 27.11.2007 vor Inkrafttreten des SEStEG (d.h. die zivilrechtliche Betrachtung des Sitzstaates der ausländischen Gesellschaft ist maßgeblich, allerdings besteht eine Bescheinigungspflicht nach § 27 KStG) anwendbar, oder gilt § 27 Abs. 8 KStG (nach Inkrafttreten des SEStEG), wonach eine steuerneutrale Einlagenrückgewähr auch für in anderen EU Mitgliedstaaten (nicht aber die Schweiz) unbeschränkt steuerpflichtige Körperschaften möglich ist? Die deutsche Finanzverwaltung bejaht letzteres. Final entscheiden werden dies die Gerichte.[951]

III.4.4 Deklaration, Meldung und Veränderungen von KER

Nach erfolgter Erstdeklaration der KER, welche vom 1.1.1997 bis zum 31.12.2010 geäufnet wurden, sind in Zukunft sämtliche Bestandesänderungen zu deklarieren. Der Ausweis auf einem gesonderten Konto in der Jahresrechnung sowie die Deklaration in der Steuererklärung für die Zwecke der direkten Bundessteuer muss weiterhin befolgt werden. Für die Zwecke der Verrechnungssteuer ist innerhalb von 30 Tagen nach Genehmigung der Jahresrechnung der Geschäftsbericht oder die unterzeichnete Abschrift der Jahresrechnung unter gesonderter Ausweisung der KER der ESTV einzureichen. Gleichermaßen muss ein offizielles Formular (Formular 170) innert der gleichen Frist eingereicht werden, sofern im betreffenden Geschäftsjahr Einlagen in die KER erfolgten. Rückzahlungen von KER sind innerhalb von 30 Tagen nach der Generalversammlung oder spätestens 30 Tage nach der Rückzahlung mittels Formular 170 zu melden.[952]

Folgende Abbildung veranschaulicht die ordentliche Deklaration der Veränderung des Bestandes der Kapitaleinlagen nach erfolgter Erstdeklaration:[953]

950 Vgl. KS ESTV Nr. 29 v. 9.12.2010, Ziff. 4.1.

951 Es gibt hierzu ein laufendes Verfahren vor dem BFH (Vorinstanz FG Nürnberg, Urteil v. 12.6.2013 – 5 K 1552/11, Revision eingelegt und anhängig, Az. BFH: VIII R 47/13), in dem im Zusammenhang mit einer Restrukturierung in den USA ausdrücklich auch die Frage nach der Steuerfreiheit einer Auskehrung einer Drittstaats-Kapitalgesellschaft aus der Kapitalrücklage gestellt wird. Insofern ist in gleichgelagerten Fällen die Empfehlung, Einspruch einzulegen und bis zur Entscheidung des BFH das sog. „Ruhen des Verfahrens" zu beantragen.

952 Vgl. KS ESTV Nr. 29 v. 9.12.2010, Ziff. 7.

953 Vgl. Hausmann/Taddei, StR 2011, S. 87.

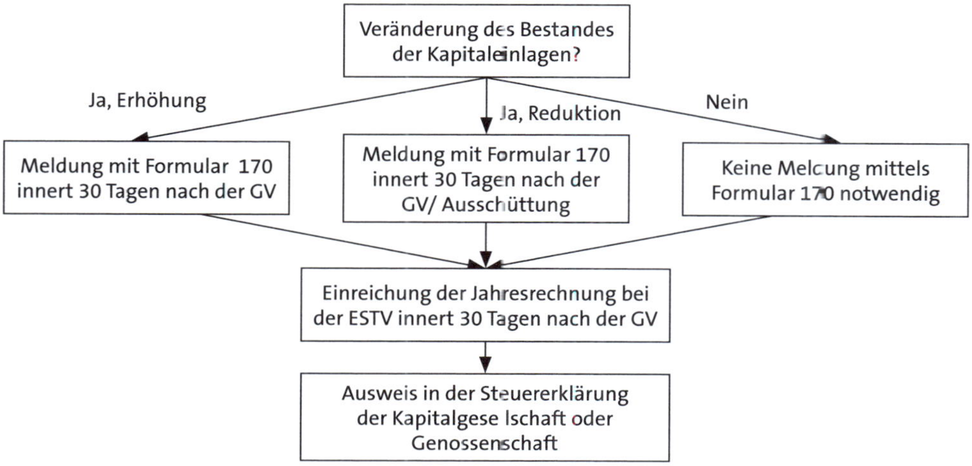

III.5. Neuere Entwicklungen im Schweizer Unternehmenssteuerrecht

Verschiedene Entwicklungen im Rahmen der Unternehmensbesteuerung sind derzeit national wie international im Gange. Diese stellen sowohl Chancen als auch Risiken für den Steuer- und Investitionsstandort Schweiz dar. Während die nationalen Bemühungen darauf abzielen, den Steuer- und Investitionsstandort Schweiz noch attraktiver zu gestalten, sind gewisse Schweizer (und ausländische) Steuerpraktiken international unter Druck geraten. Im Folgenden sollen wichtige Entwicklungen, welche für ausländische Investoren mit Fokus Schweiz von Belang sein können, kurz erläutert werden.

III.5.1. Steuerstreit mit der EU und OECD

III.5.1.1. Internationale Anerkennung, Standortattraktivität, Fiskalziel – eine Quadratur des Kreises?

Die Schweiz wurde abwechselnd von der EU und OECD hinsichtlich gewisser Besteuerungsmodelle als schä(n)dlich an den Pranger gestellt (sog. Harmful tax regimes).[954]

Standen zu Beginn (im 2007) zuerst die Holding-, Verwaltungs- bzw. Domizil- und gemischten Gesellschaften sowie die Steuerbefreiungen im Rahmen der Regionalpolitik in der Kritik der EU und OECD, hat sich letztere in jüngerer Zeit zusätzlich auf zwei weitere Sonderregeln auf Bundesebene, nämlich diejenigen für Prinzipalgesellschaften und Schweizer Finanzbetriebsstätten, gerichtet. Im Unterschied zur hauptsächlich kritisierten Ungleichbehandlung von in- und ausländischen Erträgen bei den kantonalen Steuerregimen geht es hier um den Vorwurf der Erosion der Steuerbasis durch Gewinnverschiebung (sog. Base Erosion and Profit Shifting, BEPS), ein bis heute bei international tätigen Großkonzernen weltweit praktiziertes, legales Steueroptimierungsverhalten.[955]

954 Vgl. A.III.5.1.2.

955 Vgl. ng, NZZ v. 14. 6. 2013, S. 25.

Kurz vor Veröffentlichung des ersten BEPS-Berichtes[956] durch die OECD und im Vorfeld zum anstehenden G-20-Gipfel am 15./16. 2. 2013 in Moskau, zu dem die Schweiz erstmals eingeladen war, forderte die Schweizer Finanzministerin Eveline Widmer-Schlumpf „Gleiche Spielregeln für alle Länder" und signalisierte im Gegenzug die Bereitschaft der Schweiz zur Anpassung gewisser Steuerpraktiken bei der Unternehmensbesteuerung.[957]

Mitte Juli 2013 folgte die öffentliche Bekanntgabe des BEPS-Aktionsplanes[958] durch die OECD. Der Aktionsplan hat zum Ziel, die Reduktion der steuerlichen Bemessungsgrundlage und die Gewinnverschiebung durch Ausnutzung von Lücken in den nationalen Steuergesetzen oder durch angeblich schädliche Steuerpraktiken zu bekämpfen. Es sind insgesamt 15 weitreichende Maßnahmen vorgesehen. Der Aktionsplan wurde anlässlich des G-20-Gipfels am 5./6. 9. 2013 in St. Petersburg gutgeheißen und soll bis Ende 2015 umgesetzt werden.[959]

Vor diesem Hintergrund kommt der Wunsch und die Vorgabe,[960] die beiden Anliegen der Schweiz – Standortattraktivität und Fiskalziel – mit dem Anspruch der internationalen Anerkennung des Schweizer Unternehmungssteuersystems in bestmögliche Übereinstimmung zu bringen, einer Quadratur des Kreises gleich. Die folgende Abbildung erläutert die Zusammenhänge:

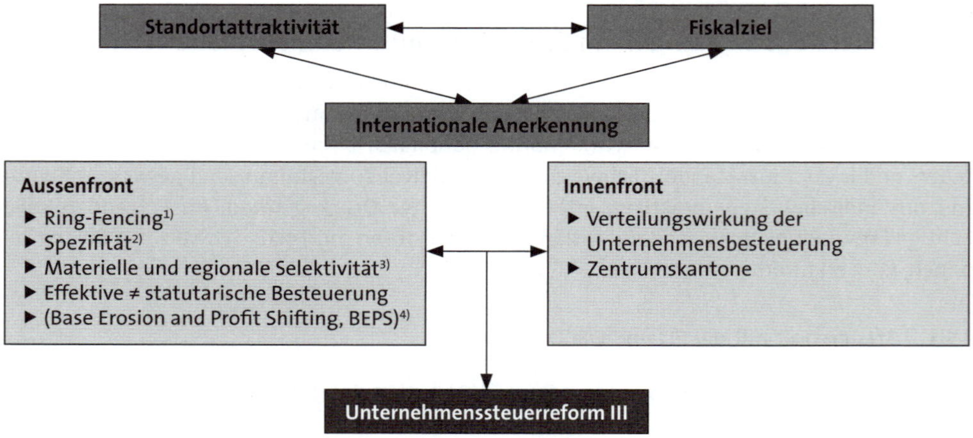

1) Ring-Fencing bedeutet die Anwendung von Sondersteuerrecht auf Unternehmen, die am heimischen Markt nicht tätig sind (OECD, Harmful Tax Competition, 1998). Es geht dabei um die unterschiedliche Behandlung von in- und ausländischen Unternehmen und/oder Erträgen, insofern als Einkünfte aus ausländischer Quelle niedriger besteuert werden.

2) Das WTO Recht verlangt Meistbegünstigung, Inländergleichbehandlung und Verbot von Ausfuhrsubventionen. Andere Subventionen wie bspw. Steueranreize, -gutschriften oder Ausnahmen von der Bemessungsgrundlage sind dann verboten, wenn sie Spezifität aufweisen, d. h. der Empfängerkreis auf bestimmte Unternehmen beschränkt ist, sowie Schädigungspotential haben.

956 Vgl. OECD, Pressemitteilung v. 12. 2. 2013.

957 Vgl. Interview mit der NZZ am Sonntag v. 27. 1. 2013.

958 Vgl. OECD, Action Plan on Base Erosion and Profit Shifting, Aktionsplan, Pressemitteilung v.19. 7. 2013.

959 Vgl. Höltschi, NZZ v. 7. 9. 2013, S. 27; Stocker, FStR 2013, S. 302 ff.; Gratwohl, NZZ v. 17. 9. 2014, S. 23; Für eine weitergehende Betrachtung vgl. D.II.

960 Vgl. A.III.6.2.

3) Selektivität liegt vor, wenn die in einem Steuersystem als Besteuerungsgrundlage festgelegten Kriterien geeignet sind, die begünstigten Unternehmen anhand ihrer spezifischen Eigenarten als privilegierte Gruppe zu kennzeichnen. Die Folge ist die steuerliche Begünstigung bestimmter Unternehmen bzw. Wirtschaftszweige oder Unternehmen in bestimmten Regionen (EU Binnenrecht).

4) Die effektiven Steuersätze von Konzernen sind teilweise massiv tiefer als die statutarischen Steuersätze in denjenigen Ländern, in denen diese tätig sind (betrifft insb. Konzerne, deren Geschäftsmodell IP intensiv ist). Nebst aggressiver Steuerplanung durch die Konzerne sind Ausnahmen von Teilen des Unternehmensgewinnes von der Besteuerungsgrundlage oder eine aufschiebende Besteuerung Gründe hierfür (OECD, Base Erosion and Profit Shifting, 2013).

III.5.1.2. Kritikpunkte der EU und OECD im Einzelnen

Nach Auffassung der EU Kommission bestehen seitens der EU Bedenken, dass einzelne kantonale Steuerregimes (konkret die Holding-, Verwaltungs- bzw. Domizil- und gemischten Gesellschaften sowie die Steuerbefreiungen im Rahmen der Regionalpolitik) als eine unerlaubte staatliche Beihilfe angesehen werden könnten, die geeignet sind, das in Art. 23 des Freihandelsabkommens (FHA)[961] stipulierte Verbot von staatlichen Beihilfen, die den Wettbewerb verfälschen oder den Warenverkehr beinträchtigen könnten, zu verletzen.[962] Eine erste Stellungnahme der Schweiz vom 29. 11. 2006 lautete dahingehend, dass nicht ersichtlich sei, wie die kantonalen Steuerpraktiken den vom Abkommen abgedeckten Warenverkehr beeinflussen könnten. Im Januar 2006 präzisierte die EU ihre Anfrage. Die Anfang März 2006 bei der zuständigen EU Stelle eingereichte Antwort der Schweiz erläuterte ausführlich, weshalb nach Ansicht der Schweiz die kantonalen Steuerregimes nicht in den Anwendungsbereich des Freihandelsabkommens fallen und nicht als wettbewerbsverzerrend beurteilt werden können.

Nachdem im Mai 2007 das Verhandlungsmandat über den Steuerstreit vom Ministerrat an die EU Kommission übergeben wurde, kam es zu mehreren Gesprächsrunden, in denen die Standpunkte der EU und der Schweiz gegenseitig dargelegt wurden.

Anfang Juni 2012 erklärten der Bundesrat und die Kantone ihre Bereitschaft, mit der EU in einen formellen Dialog über privilegierte kantonale Steuerregimes zu treten. Gleichzeitig wurde von der EU und deren Mitgliedsländer erwartet, dass die Souveränität der Schweiz und die Kompetenz der Kantone in Steuerfragen respektiert sowie keine Retorsionsmaßnahmen gegen die Schweiz ergriffen werden.[963]

Im Dezember 2012 hatte die EU in ihrem Bericht an die EU Finanzminister gewisse Fortschritte in diesem Dialog festgestellt und erwartete nun – unter Androhung der Anwendung alternativer Ansätze, einschließlich der unilateralen Prüfung der Schweizer Praktiken[964] – weitere konkre-

961 Vgl. Freihandelsabkommen (FHA) v. 22. 7. 1972 zwischen der Schweiz und der Europäischen Gemeinschaft.

962 Vgl. Brief der EU Kommission v. 26. 9. 2005. Konkret hat die EU Delegation die Steuerregimes der Kantone SZ und ZG angesprochen.

963 Vgl. Medienmitteilung des Bundesrates v. 1. 6. 2012; http://www.sif.admin.ch/.

964 Als geeignete Druckmittel dürften damit Gegenmaßnahmen beginnend in der Steuergesetzgebung der jeweiligen EU Mitgliedstaaten bis hin zur schlichten Erpressung in Form von schwarzen Listen gemeint sein. Die EU Kommission ging noch einen Schritt weiter, indem sie den EU Mitgliedstaaten empfahl, Steueroasen – darunter fallen gemäß EU Kommission nicht nur Staaten, die die OECD Standards für Transparenz und Informationsaustausch im Steuerbereich verletzen, sondern auch solche, die schädliche steuerliche Maßnahmen im Bereich der Unternehmensbesteuerung anwenden – auf nationale schwarze Listen zu setzen und bestehende Doppelbesteuerungsabkommen mit Drittstaaten (vorliegend die Schweiz) entweder neu aushandeln, aussetzen oder beenden (vgl. Höltschi, NZZ v. 7. 12. 2012, S. 25). Es gilt allerdings zu beachten, dass Empfehlungen der EU Kommission keinen rechtsverbindlichen Charakter haben.

te Fortschritte bis zum nächsten Treffen des EU Rates Wirtschaft und Finanzen (Ecofin) vom 21. 6. 2013.[965]

Am besagten Treffen wurde der Bericht der zuständigen EU Arbeitsgruppe von den EU Finanzministern gebilligt und die EU Kommission beauftragt, die Debatte mit der Schweiz fortzusetzen. Dies nicht zuletzt deshalb, weil Vertreter der Schweiz gegenüber der zuständigen EU Arbeitsgruppe in Aussicht gestellt hatten, fünf der strittigen Steuerpraktiken – konkret die Besteuerung von Holding-, Verwaltungs- bzw. Domizil- und gemischten Gesellschaften auf kantonaler Ebene[966] sowie von Prinzipalgesellschaften und Schweizer Finanzbetriebsstätten – zu überdenken.[967]

Schließlich wurde am 14. 10. 2014 in Luxemburg von den Finanzministern der Schweiz und der EU eine Erklärung zur Beilegung des Streits über die Unternehmensbesteuerung unterzeichnet. Die Schweiz hat zugesagt, die fünf Steuerpraktiken im Rahmen der Unternehmenssteuerreform III abzuschaffen. Hingegen hat die Schweiz eine Übernahme des EU internen Verhaltenskodexes abgelehnt. Die EU verzichtet im Gegenzug zwar auf Retorsionsmaßnahmen, aber erst nach erfolgter Abschaffung der Steuerpraktiken.[968]

III.5.1.3. Vorläufiges Fazit

Der Steuerstreit mit der EU ist offiziell beendet und die damit verbundenen Themen und Forderungen nicht mehr alltäglich in den Medien präsent. Nun geht es darum, den vorgezeichneten Weg weiter zu beschreiten und die gegenseitigen Erwartungen bzw. Forderungen zu erfüllen. Selbst wenn die Schweiz als Nicht-EU Mitglied weder an das europäische Beihilfeverbot noch an die Regeln des Verhaltenskodex zur Unternehmensbesteuerung gebunden ist, ist davon auszugehen, dass die EU Kommission alles dransetzen wird, dass die Schweiz in Zukunft nach europäischen Wettbewerbsregeln und den internationalen Standards spielt.[969]

Hinsichtlich der jüngsten, im Rahmen der weltweit stattfindenden BEPS-Diskussion insbesondere durch die OECD aufgebrachten Kritikpunkte betreffend die Besteuerung der Prinzipalgesellschaften und Schweizer Finanzbetriebsstätten ist davon auszugehen, dass mögliche Lösungsansätze – ebenfalls im Rahmen der Unternehmenssteuerreform III[970] – noch Gegenstand vieler Diskussionen sein werden.

III.5.2 Unternehmenssteuerreform III

III.5.2.1. Allgemeines

Nachdem im Rahmen der Unternehmenssteuerreform II vor allem die kleineren und mittleren Unternehmungen steuerlich entlastet wurden (u. a. durch Milderung der wirtschaftlichen Dop-

965 Vgl. Höltschi, NZZ v. 4. 12. 2012, S. 23.

966 Die kantonalen Steuerstatus für Holding-, Verwaltungs- bzw. Domizil- und gemischte Gesellschaften stellen eine wichtige Ausnahme vom Maßgeblichkeitsprinzip, wonach der steuerbare Gewinn grundsätzlich dem gemäß Handelsrecht ermittelten Gewinn entspricht, dar.

967 Vgl. Höltschi, NZZ v. 22. 6. 2013, S. 27.

968 Vgl. Höltschi, NZZ v. 15. 10. 2014, S. 1.

969 Vgl. Matteotti/Roth, ASA 81 (2012/2013), S. 704.

970 Eine Anpassung bzw. Aufhebung der Praxisregelungen zur Ausscheidung bei Prinzipal-Gesellschaften und Schweizer Finanzbetriebsstätten bedarf keiner gesetzlichen Änderungen und ist entsprechend formell nicht Bestandteil der Unternehmenssteuerreform III (vgl. Erläuternder Bericht zur Vernehmlassungsvorlage über das Unternehmenssteuerreformgesetz III, S. 26).

pelbesteuerung, Einführung des Kapitaleinlageprinzips, Milderung der Steuerfolgen bei definitiver Aufgabe der selbstständigen Erwerbstätigkeit etc.), steht bei der Unternehmenssteuerreform III die nachhaltige steuerliche Attraktivität der Schweiz im internationalen Vergleich im Mittelpunkt.

Im Hinblick auf die Erarbeitung der Unternehmenssteuerreform III[971] wurde, gestützt auf den Beschluss des Bundesrates vom 1. 6. 2012 und der Plenarversammlung der Finanzdirektorenkonferenz vom 21. 9. 2012,[972] eine Projektorganisation eingesetzt mit dem Auftrag, der Finanzministerin Eveline Widmer-Schlumpf bis im Frühling 2013 einen Bericht zu möglichen und geeigneten Maßnahmen vorzulegen und diese zu bewerten:

a. Im Zuge dessen ist das zukünftige Schweizer Unternehmungssteuerrecht so zu positionieren, dass es im Spannungsfeld zwischen internationaler Akzeptanz, steuerlicher Wettbewerbsfähigkeit und finanzieller Ergiebigkeit[973] optimal zu liegen kommt;

b. Weiter sind damit einhergehende finanzielle Auswirkungen durch Anpassungen beim Ressourcenausgleich (NFA) sowie durch Gewährleistung eines akzeptablen Ausgleichs zwischen Bund und Kantonen resp. zwischen den Kantonen zu begegnen;

c. Schließlich sind Maßnahmen zur Gegenfinanzierung der aus a. und b. resultierenden möglichen Mehrbelastungen des Bundes vorzusehen.

III.5.2.2. Zwischenbericht vom 7. 5. 2013

Im genannten Bericht, der am 17. 5. 2013 als Zwischenbericht des Steuerungsorgans zuhanden des Eidg. Finanzdepartements (EFD) veröffentlicht wurde, wird eine steuerpolitische Stoßrichtung bestehend aus einer Kombination von drei Elementen empfohlen:[974]

1. Einführung von neuen Sonderregelungen mit höherer internationaler Akzeptanz als die heutigen Regelungen:[975]

   a. Maßnahmen zur Förderung von F&E durch Mehrfachabzugsfähigkeit von Aufwendungen für F&E (Inputförderung) und/oder steuerliche Privilegierung von IP-Erträgen (Outputförderung; Immaterialgüterboxen[976]);

   b. Förderung der Finanzierungsneutralität durch Freistellung bzw. privilegierte Besteuerung von Zinserträgen (Konzern-Zinsbox) und gleichzeitiger Aufhebung bzw. Einschränkung der Abzugsfähigkeit von Konzernzinsen bei der finanzierten Gesellschaft oder durch Ein-

---

971 Der Bundesrat beauftragte im Dezember 2008 das Eidg. Finanzdepartement (EFD) mit der Ausarbeitung einer Vernehmlassungsvorlage, um die Position der Schweiz im internationalen Steuerwettbewerb zu stärken (Unternehmenssteuerreform III; vgl. Medienmitteilung des EFD vom 10. 12. 2008).

972 Vgl. Medienmitteilung des EFD v. 21. 9. 2012 sowie Verfügung zur Projektorganisation „Unternehmenssteuerreform III".

973 Vgl. A.III.5.1.1.

974 Vgl. Medienmitteilung der Bundesbehörden v. 17. 5. 2013; Zwischenbericht v. 7. 5. 2013; Matteotti/Roth, ASA 81 (2012/2013), S. 681 – 735.

975 Die neuen Sonderregelungen müssen jedoch kumulativ folgende Voraussetzungen erfüllen: Keine Elemente des Ring-Fencing, keine internationale Nichtbesteuerung und steuersystematisch begründbar oder nachweislich in mindestens einem EU Mitgliedstaat bereits in Anwendung.

976 Der Kanton BS hatte im Frühjahr 2013 ein wirksames Instrument zur Förderung und Erhaltung der Forschungs- und Entwicklungstätigkeiten in der Schweiz – die sog. Innovationsbox – vorgestellt, das in eine ähnliche Richtung wie das Nidwaldner Lizenzboxmodell zielt (vgl. Schöchli, NZZ v. 4. 4. 2013, S. 25).

führung eines steuerlichen (fiktiven) Abzuges für eine angemessene Eigenkapitalverzinsung (Notional Interest Deduction, NID);

c. Flexibilisierung des Maßgeblichkeitsprinzips bei verdeckten Kapitaleinlagen: Zum einen könnte bei der Einbringung eines Wirtschaftsgutes unter dessen wirklichem Wert eine in der Steuerbilanz steuerfreie Aufwertung auf den Verkehrswert toleriert werden. Die verdeckte Kapitaleinlage würde in der Steuerbilanz entsprechend als versteuerte stille Reserve offengelegt und auf dem Verkehrswert wären in der Folge gewinnsteuerwirksame Abschreibungen zugelassen.[977] Zum anderen könnten steuerliche Korrekturen von (zu tiefen) Aufwendungen (für empfangene Leistungen) und von (überhöhten) Erträgen (für erbrachte Leistungen) zwischen verbundenen Unternehmen unilateral zugunsten von in der Schweiz steuerpflichtigen Konzerngesellschaften, d. h. unabhängig von der Beurteilung und Behandlung durch die ausländischen Steuerbehörden, erfolgen;[978]

2. Kantonale[979] Gewinnsteuersatzsenkungen;

3. Abbau bestimmter Steuerlasten zur allgemeinen Stärkung der Standortattraktivität, wie bereits im Bundesratsbeschluss vom 26. 11. 2008 umrissen:

   a. Steuerentlastungen:

      - Abschaffung der Emissionsabgabe sowohl bei der Ausgabe als auch Erhöhung des Eigenkapitals. Im Rahmen der Änderung des Bankengesetzes (Too big to fail-Vorlage) wurde die Abschaffung der Emissionsabgabe auf Fremdkapital mit Wirkung per 1. 3. 2012 bereits realisiert;[980]

      - Erleichterungen bei der Konzernfinanzierung. Durch die Einführung von Art. 14a VStV wurde die Verrechnungssteuer immerhin auf konzerninternen Guthaben abgeschafft. Die weiter bestehende Verrechnungssteuerbelastung auf Zinsen von in der Schweiz

977 Eine solche steuerfreie Aufwertung im Sinne eines Umkehrschlusses zur gängigen Schweizer Praxis der Besteuerung der stillen Reserven bei Wegzug einer Gesellschaft ins Ausland wäre steuersystematisch zumindest vertretbar. Die Niederlande kennen ein ähnliches System (sog. Informal capital contribution), welches bei Immigrationen eine steuerneutrale Aktivierung von Goodwill zulässt.

978 Ein steuerlicher Vorteil tritt diesbezüglich nur dann ein, wenn die andere Konzerngesellschaft im Ausland steuerlich ansässig ist und bei dieser keine korrespondierende Korrektur erfolgt. In Belgien ist die Anwendung des Fremdvergleichsgrundsatzes zur steuerlichen Bestimmung von konzerninternen Aufwendungen im Rahmen von sog. Excess profit rulings gängige Praxis.

979 Eine Änderung des Gewinnsteuersatzes bei der direkten Bundessteuer ist nicht empfohlen. Eine Erhöhung des Steuersatzes würde eine Verfassungsänderung erforderlich machen. Unabhängig davon wurde im Oktober 2012 im Hinblick auf die mögliche Abschaffung der kantonalen Steuerregimes und die in diesem Zusammenhang drohende Abwanderung multinationaler Unternehmen eine Reduktion der effektiven Gewinnsteuerbelastung von heute 24 % auf 13 % (Kanton GE; inkl. direkte Bundessteuer) resp. eine solche der statutarischen Gewinnsteuerbelastung auf einen Zielkorridor von 14 % bis 16 % (Kanton ZH; inkl. direkte Bundessteuer) bekanntgegeben (vgl. Fischer, NZZ v. 16. 10. 2012, S. 17, für den Kanton ZH).

980 Am 19. 3. 2013 (vgl. Schöchli, NZZ v. 20. 3. 2013, S. 12) hat der Nationalrat als Erstrat zur geplanten Abschaffung der Emissionsabgabe auf Eigenkapital die von der nationalrätlichen Wirtschaftskommission (WAK-N) ausgearbeitete Änderung des Stempelabgabengesetzes gutgeheißen und drängt nun darauf, die Vorlage als zur Unternehmenssteuerreform III vorgezogene Maßnahme umzusetzen. Allerdings hat die ständerätliche Wirtschaftskommission (WAK-S) dieses Anliegen am 9. 4. 2013 vorderhand sistiert (vgl. Schöchli, NZZ v. 10. 4. 2013, S. 15). Das Geschäft soll bei Vorliegen des finalen Berichts des Bundesrates zu den Eckwerten der Unternehmenssteuerreform III wieder traktandiert werden.

emittierten Obligationen und Geldmarktpapieren sowie wirtschaftlichem Eigenkapital z. B. ist jedoch ungelöst;[981]

- Verbesserung des Systems des Beteiligungsabzuges für Erträge aus maßgeblichen Beteiligungen. Nach geltendem Recht wird die Gewinnsteuer im Verhältnis des Netto-Beteiligungsertrages zum gesamten Reingewinn reduziert resp. der qualifizierende Nettobeteiligungsertrag indirekt freigestellt. Vorjahresverluste sind zwingend mit steuerfreien Beteiligungserträgen zu verrechnen, was steuerlich sehr unvorteilhaft ist. Neu soll die sog. direkte Freistellungsmethode zur Anwendung gelangen, wonach Beteiligungserträge über eine Spartenrechnung auf Stufe Bemessungsgrundlage freigestellt werden. Mindestbeteiligungsquoten sollen ersatzlos wegfallen, d. h. Erträge aus Portfoliobeteiligungen sollen neu ebenfalls freigestellt werden Finanzierungs- und Verwaltungskosten sind in Zukunft ungekürzt abzugsfähig. Im Gegenzug dürfen Abschreibungen und Kapitalverluste auf Beteiligungen steuerlich nicht mehr mit Unternehmensgewinnen verrechnet werden. Zusätzlich sollen definitive Verluste von in- und ausländischen Gruppengesellschaften mit Unternehmensgewinnen in der Schweiz verrechnet werden können und die zeitliche Beschränkung der Verlustverrechnung aufgehoben werden;
- Möglichkeit der Kantone, auf die Erhebung der Kapitalsteuer zu verzichten.

b. Anpassungen des kantonalen Steuerstatus von Holding-, Verwaltungs- bzw. Domizil- sowie gemischten Gesellschaften:
   - Generelles Verbot der Geschäftstätigkeit für Holdinggesellschaften. Nach geltendem Recht ist lediglich die Ausübung einer Geschäftstätigkeit in der Schweiz schädlich;
   - Abschaffung des Status der Domizilgesellschaft;
   - Anpassungen bei gemischten Gesellschaften, insbesondere Mindestbesteuerung ausländischer Erträge.

Zusätzlich zu diesen Vorschlägen wurden in verschiedenen Arbeitsgruppen, die sich aus Vertretern von Behörden, Politik und Wirtschaft zusammensetzten, auch andere Maßnahmen diskutiert, so bspw.

- ► die Eliminierung der Doppelbesteuerung auf ausländischen Erträgen durch eine Anpassung des Systems der pauschalen Steueranrechnung;[982]
- ► der Umbau der Verrechnungssteuer auf Zinserträgen in eine Zahlstellensteuer;
- ► die Anpassung des Systems der Steuerbefreiungen, welche im Rahmen der Regionalpolitik gewährt werden.

---

981 Ausländische institutionelle Investoren scheuen deshalb vor Obligationen von Schweizer Schuldnern zurück, weil sie die auf Zinsen anfallende Verrechnungssteuer entweder nicht vollständig zurückfordern können oder eine Erstattung bei der Eidg. Steuerverwaltung (ESTV) zu aufwendig ist. Entsprechend wurde von verschiedener Seite ein Wechsel vom heute praktizierten Schuldnerprinzip (d. h. der Schuldner der steuerbaren Leistung ist Steuersubjekt und führt die Verrechnungssteuer auf Zinszahlungen ab) hin zum Zahlstellenprinzip (d. h. die Zahlstelle, welche die Auszahlung der Zinsen auf Anweisung des Schuldners vornimmt, ist Steuersubjekt und führt die Zahlstellensteuer ab). Die Zahlstellensteuer soll auf sämtlichen Vermögenserträgen von natürlichen Personen mit Domizil in der Schweiz, mit Ausnahme jedoch von Dividendenausschüttungen, welche weiterhin der Verrechnungssteuer unterliegen sollen, erhoben werden (vgl. A.II.5.2.1.).

982 Vgl. A.III.3.5.2.

III.5.2.3. (Schluss-)Bericht vom 11. 12. 2013

Basierend auf dem Zwischenbericht des Steuerungsorgans wurden in der Folge die Kantone sowie die Wirtschaft konsultiert, welche die steuerpolitische Stoßrichtung aus der Kombination mit den drei Elementen im Grundsatz billigten. Der (Schluss-)Bericht des Steuerungsorgans zuhanden des EFD, der inhaltlich nicht sehr viel weiter geht als der Zwischenbericht vom Mai 2013, wurde vom Bundesrat am 19. 12. 2013 zur Kenntnis genommen und die Projektorganisation mit einer weiteren Konsultationsrunde bei den Kantonen beauftragt mit dem Ziel, gestützt darauf eine Vernehmlassungsvorlage auszuarbeiten.[983]

Im (Schluss-)Bericht werden insbesondere die folgenden zwei steuerpolitischen Maßnahmen genannt, welche als teilweiser Ersatz der bisherigen Regelungen eingeführt werden könnten:

- Eine Lizenzbox[984] für kantonale/kommunale Steuerzwecke, nicht aber für die direkte Bundessteuer. Diese soll analog zu Boxenmodellen konzipiert sein, wie sie in mindestens einem EU Mitgliedstaat bereits erfolgreich zur Anwendung gelangen. Entsprechend lässt sich daraus folgern, dass die Schweiz die internationale Entwicklung genau verfolgen und in der Schlussphase der Unternehmenssteuerreform III die derzeit propagierte Boxenlösung ggf. an die dannzumals international gültigen Standards anpassen wird resp. muss;
- Eine zinsbereinigte Gewinnsteuer[985] für Kapital- und Personenunternehmen sowie Betriebsstätten auf Bundes-, Kantons- und Gemeindeebene, welche den Abzug der Finanzierungskosten über den Schuldzinsenabzug hinaus erweitert, indem zusätzlich auch kalkulatorische Zinsen auf dem Eigenkapital[986] steuerlich abzugsfähig sind. Damit soll eine steuerliche Gleichbehandlung von Eigen- und Fremdfinanzierung sichergestellt resp. Finanzierungsentscheide nicht länger von steuerlichen Überlegungen beeinflusst werden. Allerdings schlägt die Steuerungsgruppe vor, den sog. Schutzzinsabzug auf überdurchschnittlich hohes Eigenkapital – das sog. Sicherheitseigenkapital[987] – zu beschränken. Die Höhe des Schutzzinsabzuges kann dabei unter Berücksichtigung entweder des Effizienz-[988] oder des Standortziels[989] erfolgen. Beide Varianten haben ihre Tücken, weshalb von Wirtschaftsseite her ein variabler Schutzzinssatz zur Diskussion gestellt wurde. Die Gesellschaften könnten folglich entweder – ohne besonderen Nachweis – einen offiziellen (safe harbour) Schutzzinssatz anwenden oder einen höheren Satz, sofern mittels Transferpreisstudie dessen Angemessenheit nachgewiesen werden kann.

---

983 Vgl. Medienmitteilung des Bundesrates v. 19. 12. 2013; Bericht v. 11. 12. 2013; Schöchli, NZZ v. 20. 12. 2013, S. 13.

984 Dieser Terminus soll alle Arten von Boxenlösungen bei Immaterialgüterrechten mit einschließen.

985 Auch Allowance for Corporate Equity (ACE) oder Notional Interest Deduction (NID) genannt.

986 Auch als Schutzverzinsung, Normalverzinsung oder Standardverzinsung bezeichnet.

987 Im Gegensatz zum Sicherheitseigenkapital ist das Kerneigenkapital eines Unternehmens dasjenige Eigenkapital, welches für die Geschäftstätigkeit langfristig und nachhaltig benötigt wird. Dieses lässt sich auf der Basis der Gewinnsteuerwerte verschiedener Aktivenkategorien berechnen. Der Schutzzinsabzug soll nur auf der Differenz zwischen dem gesamten steuerbaren Kapital und dem Kerneigenkapital (d. h. dem Sicherheitseigenkapital) gewährt werden.

988 Unter dem Effizienzziel ist der Schutzzinssatz so festzulegen, dass die Steuer die Höhe der von den Investoren geforderten resp. erwarteten Mindestrentabilität nicht beeinflusst. Entsprechend wird damit die Investitionsentscheidung nicht verzerrt.

989 Unter dem Standortziel soll die Konzernfinanzierung zu international wettbewerbsfähigen Bedingungen aus der Schweiz heraus erfolgen. Entsprechend müsste der Schutzzinsabzug die Zinsmarge für konzerninterne

Darüber hinaus wird im (Schluss-)Bericht erneut die Senkung der kantonalen Gewinnsteuersätze thematisiert sowie die Möglichkeit, weitere steuerpolitische Maßnahmen vorzusehen, genannt. Im Einzelnen:

- Abschaffung der Emissionsabgabe;
- Zulassung der Aufdeckung von stillen Reserven bei Zuzug in die Schweiz;
- Umstellung beim Beteiligungsabzugsregime verbunden mit der Aufhebung der zeitlichen Beschränkung des Verlustvortrags;
- Wechsel vom Schuldner- hin zum Zahlstellenprinzip mit dem Ziel der Förderung von Konzernfinanzierungstätigkeiten in der Schweiz;
- Maßnahmen bei der Kapitalsteuer, sprich Abschaffung, Reduktion, Anrechnung an die Gewinnsteuer oder privilegierte Behandlung bestimmter Aktiven bei der Kapitalsteuer (d. h. Beteiligungsabzug bei der Kapitalsteuer);
- Privilegierung von Schiffahrtsgesellschaften durch Einführung einer sog. Tonnage-Steuer (anstelle der ordentlichen Gewinnsteuer);
- Anpassung des Systems der pauschalen Steueranrechnung.

In finanzpolitischer Hinsicht hält der (Schluss-)Bericht fest, dass finanzielle (vertikale) Ausgleichsmaßnahmen des Bundes zugunsten der Kantone als zwingend erachtet werden. Zu denken sind dabei an

- steuerliche Entlastungen auf Bundesebene (bspw. die zinsbereinigte Gewinnsteuer und die weiteren vorgeschlagenen Maßnahmen, sofern sie auf Bundesebene umgesetzt werden), welche sich substitutiv zu kantonalen Steuersenkungen auswirken und damit den Steuersenkungsdruck in den Kantonen reduzieren;
- eine Verbreiterung der Bemessungsgrundlage bei den Einkommens- und Vermögenssteuern der natürlichen Personen (so bspw. Anpassungen beim Teilbesteuerungsverfahren; Einführung einer Beteiligungsgewinnsteuer mit der Folge, dass Kapitalgewinne aus der Veräußerung von Wertschriften in Zukunft steuerbar, Kapitalverluste steuerlich abzugsfähig und Wegzüge aus der Schweiz wie eine Veräußerung zu behandeln wären;[990] Abschaffung bzw. Reduktion von Steuervergünstigungen);
- eine Anpassung der Einnahmenteilung zwischen Bund und Kantonen (bspw. Erhöhung der kantonalen Anteile an der direkten Bundessteuer oder Verrechnungssteuer; Anpassung des Aufteilungsschlüssels bei der pauschalen Steueranrechnung).

Weiter ist eine Anpassung des Nationalen Finanzausgleichs (NFA),[991] insbesondere des Ressourcenausgleichs zwischen den Kantonen, erforderlich.[992] Die Steuerungsgruppe schlägt diesbezüg-

990 Die heute gültige Steuerfreiheit der privaten Kapitalgewinne würde damit nicht aufgehoben, sondern bloss eingeschränkt. Weiter könnten die Steuerbehörden in Zukunft auf zahlreiche, heutige Praxisanwendungen hinsichtlich der Vermeidung von systembedingten Unterbesteuerungen, so bspw. den gewerbsmässigen Wertschriftenhandel, die Transponierung, die direkte und indirekte Teilliquidation, den Mantelhandel etc. verzichten.

991 Vgl. A.II.2.3.

992 Das Ressourcenpotenzial derjenigen Kantone mit zahlreichen Statusgesellschaften würde nach Abschaffung der kantonalen Steuerregimes sprunghaft ansteigen. Dies deshalb, weil gesamtschweizerisch die heutige Untergewichtung der Unternehmensgewinne von Statusgesellschaften mittels der Beta-Faktoren systembedingt aufgegeben werden müsste und diese neu zu 100 % (also wie bei den ordentlich besteuerten Gesellschaften) in das Ressourcenpotenzial einfliessen würden. Die Kantone wären davon sehr unterschiedlich betroffen, weil die Statusgesellschaften nur in einigen wenigen, ressourcenstarken Kantonen domiziliert sind. Die Schere zwischen ressourcenstarken und -schwachen Kantonen würde sich damit – ohne korrelierende Massnahmen – noch stärker öffnen.

lich u. a. vor, neu sämtliche Gewinne der juristischen Personen mit einem reduzierten Gewicht in der Aggregierten Steuerbemessungsgrundlage (ASG) im Rahmen der Berechnung des Ressourcenindexes zu berücksichtigen.[993]

In Sachen Gegenfinanzierung auf Bundesebene wird schließlich festgehalten, dass ausgabenseitig nur ein beschränktes Entlastungspotenzial besteht. Entsprechend können umfangreiche Ausgleichsmaßnahmen des Bundes zugunsten der Kantone sowie allfällige Einnahmenausfälle auf Bundesebene nicht ohne einnahmenseitige Gegenfinanzierungsmaßnahmen kompensiert werden. Als Möglichkeiten werden der Wechsel zum Zahlstellenprinzip bei der Verrechnungssteuer, die Einführung einer Beteiligungsgewinnsteuer, die Abschaffung bzw. Reduktion von Steuervergünstigungen oder die Erhöhung der Mehrwertsteuer genannt.

III.5.2.4. Ergebnisbericht vom 10. 4. 2014

Die erneute Befragung der Kantone[994] hat ergeben, dass eine Mehrheit derselben mit einer vertieften Prüfung und raschen Einführung der Boxenlösung einverstanden ist. Für die Kantone GE, NE und VD ist einzig die Senkung der Gewinnsteuersätze zielführend. Sämtliche übrigen, steuerpolitischen Maßnahmen sind für die große Mehrheit der Kantone sekundär. Hinsichtlich der vertikalen Ausgleichsmaßnahmen wird eine Anpassung der Einnahmenteilung zwischen Bund und Kantonen bevorzugt. Am Nationalen Finanzausgleich (NFA) soll im Grundsatz festgehalten werden. Doch wird von einer Mehrheit der Kantone die Prüfung von anderen Modellen als die im (Schluss-)Bericht vom 11. 12. 2013 vorgeschlagene Gewichtung, basierend auf der relativen steuerlichen Ausschöpfung, verlangt. In Sachen Gegenfinanzierung wird die Erhöhung der Mehrwertsteuer von einer Mehrheit der Kantone abgelehnt. Die Einführung einer Beteiligungsgewinnsteuer soll jedoch näher geprüft werden.

III.5.2.5. Vernehmlassungsvorlage über das Unternehmenssteuerreformgesetz III und erläuternder Bericht v. 19. 9. 2014

Der Bundesrat hat am 19. 9. 2014 das Vernehmlassungsverfahren über das Bundesgesetz über steuerliche Maßnahmen zur Stärkung der Wettbewerbsfähigkeit des Unternehmensstandorts Schweiz (Unternehmungssteuerreformgesetz III) eröffnet.[995] Die Vernehmlassung (öffentliche Anhörung) unter den Parteien, Kantonen und interessierten Verbänden dauert bis zum 31. 1. 2015.

Mit dem lang erwarteten Gesetzesentwurf hat die Schweizer Regierung nun erneut ihre Absicht bekräftigt, den Steuer- und Investitionsstandort Schweiz zu stärken. Die zur Diskussion gestellten Maßnahmen sollen sicherstellen, dass die Schweiz auch in Zukunft über ein nachhaltiges, international akzeptiertes und wettbewerbsfähiges Steuersystem für multinationale Unternehmen verfügt.

993 Dies nicht zuletzt auch deshalb, weil die Ausschöpfbarkeit der Unternehmensgewinne generell tiefer ist als die der Einkommen natürlicher Personen.

994 Vgl. Medienmitteilung des Bundesrates v. 30. 4. 2014; Ergebnisbericht v. 10. 4. 2014.

995 Vgl. Medienmitteilung des Bundesrates v. 22. 9. 2014; Vernehmlassungsvorlage zum Unternehmenssteuerreformgesetz III (Gesetzesentwurf); Erläuternder Bericht zur Vernehmlassungsvorlage über das Unternehmenssteuerreformgesetz III v. 19. 9. 2014;

Der geplanten Reform liegen drei primäre Ziele zugrunde:

- Beibehaltung einer kompetitiven Unternehmenssteuerbelastung;
- Förderung und Sicherstellung der internationalen Akzeptanz;
- Sicherung der finanziellen Ergiebigkeit der Gewinnsteuern.

Um diese Ziele zu erreichen, schlägt der Bundesrat die Abschaffung der bestehenden kantonalen Steuerregimes für Holding-, Verwaltungs- bzw. Domizil- und gemischte Gesellschaften vor. Im Weiteren bestätigte die Schweizer Regierung, dass die Praxis zur internationalen Gewinnausscheidung bei Prinzipalgesellschaften für direkte Bundessteuerzwecke sowie die steuerliche Behandlung von Schweizer Finanzbetriebsstätten (Swiss Finance Branches) vor dem Hintergrund der sich nun rasant ändernden, internationalen Standards zur Unternehmensbesteuerung nicht mehr haltbar seien.

Nebst der Abschaffung der erwähnten Regimes soll gleichzeitig durch die Einführung neuer und durch die Anpassung bestehender Steuerregelungen (sog. Ersatzmaßnahmen) die internationale Attraktivität und Akzeptanz des Unternehmensstandorts Schweiz gestärkt werden.

Um im Bereich der mobilen Erträge international wettbewerbsfähig zu bleiben, sollte das Schweizer Unternehmenssteuerrecht im Idealfall so ausgestaltet sein, dass die Steuerbelastung im konzerninternen Verhältnis

- für Dividenden bei 0 %,
- für Zinsen bei 2 – 3 % und
- für Lizenzen bei 5 – 8 %

liegt. Die Steuerbelastung für internationale Handelserträge sollte maximal 12 % betragen.

Es wird sich zeigen, ob sich diese internationalen Referenzgrößen im Zuge des BEPS-Aktionsplans sowie aufgrund des andauernden, politischen und öffentlichen Drucks auf die Steuersysteme und -praxen anderer Staaten (so bspw. Irland oder Luxemburg) erhöhen. Dies wiederum wird Anpassungen bei bestehenden Steuerstrukturen erfordern und die gesamte Steuerbelastung der jeweiligen Wertschöpfungskette erhöhen.

Nebst der Abschaffung der Steuerregimes beinhalten die offiziell vorgeschlagenen, steuerpolitischen Maßnahmen

1. Die Einführung der Lizenzbox auf kantonaler/kommunaler Ebene.

   Die Lizenzbox soll für juristische Personen, die Eigentümer oder Nutznießer eines qualifizierenden Immaterialgüterrechts sind oder die über eine Exklusiv-Lizenz (mindestens das Territorium der Schweiz) am qualifizierenden Immaterialgüterrecht verfügen, Anwendung finden.

   Als qualifizierende Immaterialgüterrechte sollen Patente, ergänzende Schutzzertifikate, eine Exklusiv-Lizenz an einem Patent und der sog. Erstanmelderschutz gemäß Art. 12 des Heilmittelgesetzes (HMG)[996] gelten.[997]

   Die die Lizenzbox beanspruchende Gesellschaft muss einen maßgeblichen Beitrag zur Entwicklung oder Weiterentwicklung der dem Immaterialgüterrecht zugrundeliegenden Erfin-

996 SR 812.21. Nicht erfasst werden sollen jedoch bspw. Einkünfte aus Markenrechten, Software-Lizenzen oder übrigen Immaterialgütern, die nicht patentrechtlich geschützt sind.

997 Ist das Patent angemeldet, aber noch nicht erteilt, besteht keine Möglichkeit der steuerlichen Privilegierung. Nach Erteilung des Patentes werden aber bereits rechtskräftig veranlagte Steuerjahre revidiert.

dung geleistet haben. Im Konzernverbund gilt dabei auch die Kontrolle über die Entwicklung des Patents als maßgeblicher Beitrag und im Falle der Nutznießung oder einer ausschließlichen Lizenz die Zugehörigkeit zum Konzern, der den maßgeblichen Beitrag leistet.

Die Berechnung des qualifizierenden Ertrages erfolgt unter Anwendung der Residualmethode (auch Top-down-Ansatz oder indirekte Berechnungsmethode genannt), womit auch die Eigennutzung (sog. Embedded income) von qualifizierenden Immaterialgütern erfasst wird.[998]

Das Bundesgesetz über die Harmonisierung der direkten Steuern der Kantone und Gemeinden (StHG) gibt sodann den Kantonen die Möglichkeit, maximal 80 % des Boxenerfolges von der steuerlichen Bemessungsgrundlage auszunehmen. Folglich sollte sich der, für den qualifizierenden Gewinn aus Immaterialgüterrechten anwendbare Steuersatz bei rund 8.5 – 11 % (inkl. direkte Bundessteuer) einpendeln.

Nicht in der Vernehmlassungsvorlage vorgesehen ist die steuerliche Belohnung von F&E-Tätigkeiten über sog. Input-Fördermaßnahmen. Diese sind international äußerst verbreitet und anerkannt und bestehen typischerweise aus Steuergutschriften (sog. Tax credits) oder einer über 100 % liegenden, steuerlichen Abzugsfähigkeit qualifizierender Ausgaben. Dem Vernehmen nach sind aber einzelne Interessengruppen bemüht, diese Input-Fördermaßnahmen in den Gesetzgebungsprozess einzubringen, da der Nutzen aus einer Lizenzbox mutmaßlich (weit) geringer sein wird, als ursprünglich erwartet wurde.

PRAXISHINWEIS

Aufgrund der derzeitigen politischen Entwicklung sieht es danach aus, dass sich die EU Mitgliedstaaten auf eine eher enge Definition der Patent- oder Lizenzboxen werden einigen können. Es soll nur dann ein bedeutender Teil der Erträge aus Patenten und anderem geistigem Eigentum steuerlich begünstigt werden, wenn auch ein signifikanter Teil der zugrundeliegenden F&E von der steuerpflichtigen Gesellschaft selbst erbracht wurde (sog. modifizierter Nexus-Ansatz der OECD). D.h. es bedarf eines ursächlichen Zusammenhanges zwischen steuerbegünstigten Erträgen aus Immaterialgüterrechten und erbrachter F&E sowie wirtschaftlicher Substanz der steuerpflichtigen Gesellschaft im die steuerliche Vorzugsbehandlung gewährenden Staat.[999] Mit der Einforderung und Sicherstellung dieses kausalen Zusammenhanges (Modifizierung) sind einer steuerlichen Begünstigung von Erträgen aus geistigem Eigentum – ohne in maßgeblichem Umfang am gleichen Standort stattfindende Forschungs- und Entwicklungsleistungen – enge Grenzen gesetzt. Entsprechend dürfte es einem weltweit tätigen Konzern in Zukunft schwierig fallen, seine gesamten Gewinne aus Immaterialgüterrechten in ein Niedrigsteuerland zu transferieren (oder in einem Offshore-Standort anfallen zu lassen) und dort von Steuererleichterungen (oder einer Nullbesteuerung) zu profitieren, obwohl er vor Ort kaum oder gar nicht forscht.

Der vorliegende Gesetzesentwurf geht nicht weiter auf den Nexus-Ansatz ein. Es ist davon auszugehen, dass der Schweizer Gesetzgeber den Gesetzesentwurf überarbeiten wird bzw. muss, sollte sich der modifizierte Nexus-Ansatz als international gültiger Standard durchsetzen. In diesem Zusammenhang ist zu berücksichtigen, dass viele multinational tätige Schweizer Konzerne ihre F&E-Tätigkeiten auf ausländische Konzerngesellschaften ausgelagert haben, was den Nutzen einer Lizenzbox unter einem Nexus-Ansatz massiv einschränkt. Es wird sich zeigen, ob Schweizer Konzerne dadurch einen Anreiz haben, diese F&E-Tätigkeiten zunehmend wieder in der Schweiz auszuüben.

998 Als Embedded income gilt jener Anteil am Verkaufspreis eines Produktes, der auf die dem Produkt zugrundeliegenden Immaterialgüter entfällt. Die nicht IPbezogenen Gewinne, sowie die Gewinnanteile aus Routinefunktionen (z. B. Gewinnentschädigungen für administrative Leistungen) und Markenentgelten werden demnach vom Reingewinn abgezogen und ordentlich besteuert. Der verbleibende, auf die Nutzung von qualifizierenden Immaterialgütern zurückzuführende Gewinnanteil, wird der Lizenzbox zugewiesen und privilegiert besteuert.

999 Vgl. Eisenring, NZZ v. 29. 10. 2014, S. 25.

2. Die Einführung der zinsbereinigten Gewinnsteuer auf Bundes-, Kantons- und Gemeindeebene.

   Die zinsbereinigte Gewinnsteuer soll insbesondere sicherstellen, dass die Besteuerung von Finanzierungstätigkeiten in der Schweiz weiterhin attraktiv ist. Diese wurden bisher überwiegend in Swiss Finance Branches, Holding- oder gemischten Gesellschaften ausgeübt.

   Wie schon im (Schluss-)bericht vom 11. 12. 2013 erwähnt, soll in der Schweiz ein kalkulatorischer Zinsabzug einzig auf überdurchschnittlich hohem Eigenkapital (sog. Sicherheitseigenkapital) gewährt werden. Als Sicherheitseigenkapital gilt jener Eigenkapitalanteil, der eine als angemessen definierte Eigenfinanzierung (sog. Kerneigenkapital) überschreitet. Das Kerneigenkapital soll sich durch Aufaddierung der Gewinnsteuerwerte der einzelnen Aktiven der Gesellschaft, multipliziert mit den für die einzelnen Aktivposten vorgesehenen Eigenkapitalunterlegungssätzen, ergeben. Die Unterlegungssätze sollen dabei einerseits die unterschiedlichen Risiken der spezifischen Aktivenkategorien widerspiegeln, andererseits steuersystematisch begründbar sein. So werden bspw. Aktivposten, die nicht betriebsnotwendig sind oder deren Erträge bereits durch den Beteiligungsabzug entlastet sind, mit einer Eigenkapitalquote von 100 % erfasst. Die Sätze werden in einem Kreisschreiben Eingang finden. Die nachfolgende Grafik verdeutlicht die Zusammenhänge:

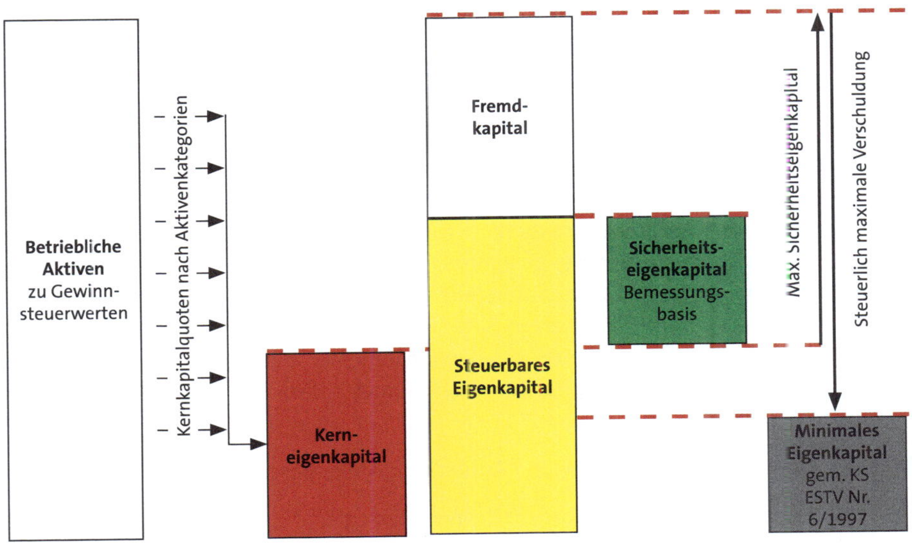

Quelle: In Anlehnung an Marti/Barke, Zinsbereinigte Gewinnsteuer, Konzeptionelle Darstellung, IFA Mitgliederversammlung v. 13. 11. 2014 in Genf

Der zur Anwendung gelangende Schutzzinsabzug soll auf das Effizienzziel ausgerichtet werden und sich an der Rendite zehnjähriger Bundesanleihen mit einem Aufschlag von 50 Basispunkten orientieren. Zudem schlägt der Bundesrat einen Mindestzinssatz von 2 % vor. Interessenverbände haben bereits gefordert, dass die Anwendung eines höheren Zinssatzes möglich sein muss, falls dieser dem Drittvergleich entspricht und dies rechtsgenügend nachgewiesen werden kann (bspw. über eine Transferpreis Dokumentationsstudie).

PRAXISHINWEIS

Die Beschränkung des kalkulatorischen Zinsabzugs auf das Sicherheitseigenkapital berücksichtigt u. a. Bedenken betreffend die Finanzierbarkeit einer solchen Lösung. Die Gewährung desselben auf dem gesamten Eigenkapital würde ökonomisch wie eine allgemeine Steuersatzsenkung wirken und zu finanziell nicht tragbaren Steuerausfällen führen.

Bei der Berechnung des Sicherheitseigenkapitals könnte alternativ bspw. auf die inversen Quoten zurückgegriffen werden, welche heute für die Berechnung des sog. verdeckten Eigenkapitals zur Anwendung kommen.[1000]

Weiter ist zu beachten, dass ein Schutzzinsabzug nicht gewährt wird, wenn das Sicherheitseigenkapital bspw. für den Erwerb einer Beteiligung verwendet wird. Da Dividendenerträge über den Beteiligungsabzug steuerlich freigestellt werden, wird in diesen Fällen richtigerweise kein solcher Zinsabzug gewährt. Eine solche Regel kennt z. B. auch Belgien. Ein Schutzzinsabzug ist auch dann nicht möglich, wenn das Sicherheitseigenkapital für die Finanzierung ausländischer Tätigkeiten (ausländischer Geschäftsbetrieb, ausländische Betriebsstätte oder ausländischer Immobilienbesitz) eingesetzt wird, da Einkünfte aus solchen Quellen in der Schweiz, laut unilateralem Schweizer Recht, von der Bemessungsbasis freigestellt werden.

3. Die Senkung der kantonalen Gewinnsteuersätze.

   Der Entscheid über kantonale Gewinnsteuersatzsenkungen liegt allerdings in der alleinigen Kompetenz der Kantone, weshalb dieses Steuerungselement formell nicht Teil der hier besprochenen Vernehmlassungsvorlage bildet. Der Bund geht im erläuternden Bericht davon aus, dass die Kantone Gewinnsteuersatzreduktionen „maßvoll“ umsetzen werden.

4. Anpassungen bei der Kapitalsteuer in den Kantonen.

   Die Kantone sollen die Möglichkeit erhalten, das Eigenkapital, das im Zusammenhang mit Beteiligungen, Immaterialgüterrechten und Konzernaktivdarlehen steht, bei der Kapitalsteuer reduziert zu besteuern. Dieser Vorschlag wurde aber bereits im Vorfeld zur Vernehmlassung nahezu unisono negativ beurteilt, da er für die Kantone mit sehr hohen Kosten verbunden sei. Dem lässt sich jedoch entgegenhalten, dass Gesellschaften, die bei der Gewinnsteuer einem kantonalen Steuerstatus unterstehen, basierend auf bisherigem Recht ebenfalls von einem teilweise massiv reduzierten Satz bei der Kapitalsteuer profitieren. Weiter rechnen zahlreiche Kantone schon heute die Gewinnsteuer an die Kapitalsteuer an; d. h. wirtschaftlich betrachtet ist keine Kapitalsteuer geschuldet, sofern die geschuldete Gewinnsteuer genügend hoch ist.

5. Steuersystematische Übergangsfragen / Aufdeckung stiller Reserven (Step-up).

   Bei einem Wechsel des Steuerstatus (von einer privilegiert zu einer ordentlich besteuerten Gesellschaft) ist es gemäß aktueller Praxis in vielen Kantonen möglich, bestehende stille Reserven steuerneutral aufzuwerten. Dies ist steuersystematisch korrekt, da andernfalls eine rückwirkende, steuerliche Belastung dieser stillen Reserven mit dem ordentlichen Satz greifen würde. Das Schweizerische Bundesgericht hatte in den Jahren 2012 und 2014 zwei Fälle mit Holdinggesellschaften zu beurteilen und die Zulässigkeit einer steuerneutralen Aufwertung bejaht.[1001]

1000 Vgl. KS ESTV Nr. 6 v. 6. Juni 1997.
1001 Vgl. BGer (2C_645/2011 v. 12. 3. 2012); BGer (2C_842/2013 v. 18. 2. 2014).

PRAXISHINWEIS

Aufgrund der langjährigen und bundesgerichtlich geschützten Praxis wäre eine explizite gesetzliche Regelung, je nach Auffassung, nicht zwingend notwendig. Dennoch hat der Bundesrat aus Gründen der Rechtssicherheit entschieden, eine entsprechende Übergangsbestimmung in den Gesetzesentwurf aufzunehmen. Laut diesem sind alle stillen Reserven (inkl. des selbstgeschaffenen Goodwills), die unter dem privilegierten Steuerstatus erarbeitet wurden, im Zeitpunkt des Statuswechsels zum privilegierten Satz steuerlich abzurechnen. Eine gemischte Gesellschaft müsste mithin ihr Auslandsgeschäft bewerten und die entsprechenden, stillen Reserven zum maßgebenden Steuersatz einer gemischten Gesellschaft versteuern. Die resultierende Gewinnsteuer könnte anschließend über eine Zeitdauer von maximal zehn Jahren ratenweise bezahlt werden. Diese Ratenzahlungen sind deshalb gesetzlich normiert, um einen einmaligen und wesentlichen Geldabfluss beim Unternehmen zu vermeiden.

Die höheren Gewinnsteuerwerte (inkl. des selbstgeschaffenen Goodwills) können anschließend ihrerseits über maximal zehn Jahre linear abgeschrieben werden, was die gewinnsteuerliche Bemessungsbasis je nach Einzelfall massiv reduziert und zu niedrigen, laufenden Gewinnsteuerbelastungen führt. Sollten diese Abschreibungen jedoch einen Verlust bewirken, darf dieser nicht auf die Folgeperioden vorgetragen werden. Mit dieser Massnahme will der Gesetzgeber unter anderem vermeiden, dass die Unternehmen auf aggressive Bewertungsmodelle zurückgreifen und einen „überhöhten" Step-up geltend machen.

Die privilegierte, steuerliche Aufdeckung von bestehenden stillen Reserven ermöglicht auch Gesellschaften, bei denen die erstgenannten Ersatzmaßnahmen nicht greifen (so bspw. bei reinen Handelsgesellschaften ohne qualifizierende Immaterialgüter), eine in den der Aufwertung folgenden Steuerjahren niedrige Gewinnsteuerbelastung.

Dieselben steuersystematischen Regeln werden auch dann gelten, wenn eine Gesellschaft bspw. neu für eine Lizenzbox qualifiziert oder eine Lizenzbox verlässt. Abweichend von der aktuellen Gesetzeslage könnten in Zukunft auch in die Schweiz zuziehende Gesellschaften von dieser steuerneutralen Aufdeckung der stillen Reserven Gebrauch machen. Aufgrund des Maßgeblichkeitsprinzips ist eine solche steuerliche Aufwertung bei Zuzug und Fortführung der handelsrechtlichen Buchwerte in der Schweizer Eröffnungsbilanz – von Ausnahmen abgesehen – nicht möglich.

6. Die Abschaffung der Emissionsabgabe auf Eigenkapital.
7. Anpassungen bei der Verlustverrechnung.

   Im Hinblick auf den in der Bundesverfassung festgeschriebenen Grundsatz der Besteuerung nach der wirtschaftlichen Leistungsfähigkeit, sollen Verluste neu uneingeschränkt vorgetragen werden können. Die heutige Rechtsordnung begrenzt den Verlustvortrag auf sieben der Steuerperiode vorangegangene Geschäftsjahre. Allerdings soll die jährliche Verlustverrechnung in Zukunft auf maximal 80 % des steuerbaren Gewinnes (vor Verlustverrechnung) beschränkt werden. E contrario unterliegen so in jedem Jahr mindestens 20 % des steuerbaren Gewinnes der Gewinn- oder Einkommenssteuer.

PRAXISHINWEIS

Anders als zur Verlustverrechnungsbeschränkung in Deutschland (sog. Mindeststeuer, vgl. § 9 Abs. 1 KStV i. V. m. § 10d Abs. 2 EStG, d. h. bis EUR 1 Mio. volle Verrechnung, darüber hinaus bis zu 60%), ist im vorliegenden Gesetzesentwurf zwar kein Verrechnungs-„Freibetrag" von EUR 1 Mio. vorgesehen, dafür liegt die maximal verrechenbare, jährliche Quote höher.

Im Weiteren soll das „Marks & Spencer-Regime"[1002] eingeführt werden, wodurch sog. „finale" Verluste von Tochtergesellschaften in der Schweiz und im Ausland mit steuerbaren Gewinnen der Schweizer Konzern-

1002 Vgl. EuGH, Rs Marks & Spencer v. 13. 12. 2005 (Rechtssache C-446/03).

obergesellschaft verrechnet werden können. Bei einer nicht 100 %igen Beteiligung wäre ein Verlustabzug im Ausmaß der Beteiligungsquote möglich. Verluste der ausländischen Konzerngesellschaften wären nach Schweizer Gesetz und Praxis zu bestimmen, was im Einzelfall einen zusätzlichen administrativen Aufwand erforderlich machen dürfte.

8. Anpassungen beim Beteiligungsabzug.

   (Qualifizierende) Beteiligungserträge und Kapitalgewinne aus Beteiligungen sollen neu direkt freigestellt werden. Das heißt, in Zukunft sollen solche Erträge erst gar nicht mehr in die Berechnung des steuerbaren Gewinnes mit einfließen. Aktuell kennt das Schweizer Steuerrecht das System der indirekten Freistellung solcher Erträge. Dieses kann zur Folge haben, dass Erträge aus Beteiligungen vor deren Freistellung zuerst mit bestehenden Verlustvorträgen verrechnet werden müssen. Weiter können heute betriebswirtschaftlich notwendige Wertberichtigungen auf Beteiligungen steuerlich in Abzug gebracht werden. Aufgrund der geplanten direkten Freistellung sollen hingegen – konsequenterweise – auch Verluste aus Beteiligungen steuerlich unwirksam bleiben. Schließlich wären im zukünftigen System auch keine anteiligen Finanzierungs- und Verwaltungskosten mehr vom Dividendenertrag in Abzug zu bringen, d. h. alle Dividendenerträge würden steuerlich zu 100 % freigestellt. Ergänzend ist zu vermerken, dass die Mindestbeteiligungsquote von 10 % (bzw. alternativ ein Verkehrswert von mindestens CHF 1 Mio. bei Dividendenerträgen) ebenfalls aufgehoben werden sollen. Dividenden aus sog. Streubesitz würden damit ebenfalls für den Beteiligungsabzug qualifizieren.

9. Die Einführung einer Kapitalgewinnsteuer auf Wertschriften.

   Die Unternehmenssteuerreform III wird voraussichtlich zu erheblichen Ausfällen bei den Unternehmenssteuereinnahmen führen, da insbesondere eine Senkung der kantonalen Gewinnsteuersätze sämtlichen Unternehmen zu Gute kommt. Die zuständigen Behörden haben von Anfang an deutlich gemacht, dass entsprechende Gegenfinanzierungen zwingend sind, da Bund und Kantone die zu erwartenden Ausfälle bei der aktuellen Wirtschaftslage nicht vollständig tragen können. Die einfachste und ergiebigste Gegenfinanzierungslösung wäre eine Erhöhung der Mehrwertsteuersätze. Der Normalsatz liegt in der Schweiz zur Zeit bei 8% und damit deutlich unter den Mehrwertsteuersätzen in der EU. Eine Erhöhung dieser Sätze dürfte aber aus politischen Gründen zur Zeit nicht umsetzbar sein. Das ist auch der Grund, weshalb die Einführung einer Kapitalgewinnsteuer auf Wertschriften sowie eine Anpassung des Teilbesteuerungsverfahrens für ausgeschüttete Gewinne bei natürlichen Personen (vgl. für letztere Maßnahme die nachfolgende Ziffer) zumindest erwogen wird.

   Im geltenden Recht unterliegen private Kapitalgewinne nach Art. 16 Abs. 3 DBG und analogen kantonalen Bestimmungen nicht der Einkommenssteuer. Die einzige Ausnahme hiervon betrifft erzielte Grundstückgewinne, bei welchen auf Ebene Kanton und Gemeinde die Grundstückgewinnsteuer geschuldet ist.

   Im Rahmen der Unternehmenssteuerreform III ist vorgesehen, dass Kapitalgewinne auf Wertschriften neu der Einkommenssteuer unterliegen. Konsequenterweise könnten dann Kapitalverluste mit Kapitalgewinnen verrechnet und vorgetragen werden, was gemäß aktuell gültigem Recht nicht der Fall ist. Als Bemessungsgrundlage für die steuerbaren Kapitalgewinne bei Wertschriften soll die Differenz zwischen Veräußerungserlös und Gestehungskosten der Wertschriften dienen. Bei der Bemessung der steuerbaren Kapitalgewinne muss zwischen Kapitalgewinnen aus der Veräußerung von Aktien, Anteilen an Gesellschaften mit beschränkter Haftung, Genossenschaftsanteilen, Partizipationsscheinen und Genussscheinen sowie solchen aus übrigen Wertschriften (bspw. Obligationen, Fondsanteile) unterschieden werden. Erstere sollen in alleiniger Anwendung des Teilbesteuerungsverfahrens (vgl. für diese Maßnahme die nachfolgende Ziffer) zu 70% (Sparte 1), letztere in vollem Umfang in die Bemessung miteinbezogen werden (Sparte 2). Kapitalverluste der Sparte 1 können dabei einzig mit Kapitalgewinnen der Sparte 1 verrechnet werden. Kapitalverluste der Sparte 2 können hingegen mit sämtlichen Gewinnen und Erträgen beider Sparten verrechnet werden. Ein Überschuss aus Kapitalverlusten darf laut Gesetzesentwurf nicht vom übrigen, erzielten Einkommen (beispielsweise Arbeitsentgelt) in Abzug gebracht werden. Hingegen ist ein zeitlich unbeschränkter Verlustvortrag in der Vernehmlassungsvorlage vorgesehen

Die Maßnahme würde – abgesehen vom zusätzlichen Erhebungsaufwand der Steuerbehörden – eine substantielle Verschärfung des Einkommenssteuerrechts bewirken, da in der Schweiz ansässige Steuerpflichtige gemäß derzeitigem Recht in den Genuss der Steuerfreiheit von Kapitalgewinnen auf im Privatvermögen gehaltenen Wertschriften kommen. Es wird sich demnach weisen müssen, ob dieser Vorschlag politisch durchsetzbar ist. Andererseits würde – wie im vorhergehenden Abschnitt bereits erwähnt – eine private Kapitalgewinnsteuer auch zu einer wesentlichen Vereinfachung des Steuerrechts führen, da verschiedene (Umgehungs-)Tatbestände, die im Zusammenhang mit der Abgrenzung zwischen steuerbaren Einkünften und steuerfreien Kapitalgewinnen stehen, ersatzlos aufgehoben werden könnten.

Im Weiteren würde die Maßnahme die mit der Einführung des Kapitaleinlageprinzips per 1. 1. 2011 verbundenen Mindereinnahmen, die im Nachgang zur Unternehmenssteuerreform II massiv kritisiert wurden, abmildern. Werden zukünftig Kapitaleinlagereserven von der Gesellschaft an den Anteilseigner zurückbezahlt, mindert dies die Gestehungskosten der Beteiligung in seiner Steuerdeklaration. Dies führt im Zeitpunkt des Verkaufs der Beteiligung dazu, dass sich der steuerbare Gewinn aus dem Verkauf entsprechend erhöht. Damit ist die steuerfreie Rückzahlung von Kapitaleinlagereserven abschließend gerechtfertigt.

Schließlich bleibt zu erwähnen, dass gemäß Gesetzesentwurf der Wegzug einer steuerpflichtigen Person der Veräußerung von Wertschriften gleichgestellt wird, mithin neu eine Wegzugsbesteuerung greifen soll.

10. Anpassungen beim Teilbesteuerungsverfahren.

Das bestehende Recht räumt den Kantonen die Möglichkeit des Teilbesteuerungsverfahrens in Form des Teileinkünfte- oder Teilsatzverfahrens auf Beteiligungserträgen ein. Die Höhe der gewährten Entlastung ist Sache des jeweiligen Kantons. Der Bund praktiziert das Teileinkünfteverfahren. Sinn und Zweck der Verfahren ist die Verminderung der wirtschaftlichen Doppelbelastung, welche entsteht, wenn der Reingewinn zuerst auf Stufe der Gesellschaft mit der Gewinnsteuer und anschließend, bei einer nachfolgenden Ausschüttung in Form von Dividenden, auf Stufe der Anteilseigner mit der Einkommenssteuer erfasst wird. Beim Teileinkünfteverfahren erfolgt die Entlastung über eine Reduktion der maßgeblichen steuerlichen Bemessungsgrundlage, während das Teilsatzverfahren das beim Anteilsinhaber zugeflossene Dividendeneinkommen mit einem tieferen Steuersatz erfasst.

Zurzeit sehen sowohl das DBG als auch die kantonalen Steuergesetze eine Mindestbeteiligungsquote von 10 % vor, obwohl vom Schweizerischen Bundesgericht als verfassungswidrig qualifiziert.[1003] Bei der direkten Bundessteuer beträgt die Entlastung aktuell 40 %, wenn die Anteile im Privatvermögen und 50 %, wenn sie im Geschäftsvermögen gehalten werden.

Im Rahmen der Unternehmenssteuerreform III soll den Kantonen einerseits eine zwingende Anwendung des Teileinkünfteverfahrens vorgeschrieben werden. Andererseits sieht der Gesetzesentwurf eine Harmonisierung der Entlastung auf maximal 30 % vor, welche sowohl für den Bund als auch sämtliche Kantone gilt. Im Ergebnis würde den Kantonen durch diese Massnahme wesentliche Kompetenzen entzogen. Positiv zu würdigen ist hingegen, dass die minimale Beteiligungsquote von 10 % fallen, d. h. auch Beteiligungen im Streubesitz in Zukunft von der Entlastung profitieren, und das Teileinkünfteverfahren neu auch auf Genussscheine ausgeweitet würde.

PRAXISHINWEIS

Die Reduktion der Entlastung auf maximal 30 % wird damit begründet, dass die ausschüttenden Schweizer Unternehmen inskünftig mutmaßlich einer tieferen Gesamtsteuerbelastung unterliegen und so das Ausmaß der wirtschaftlichen Doppelbelastung von selbst abnimmt. Entsprechend sei es logisch und konsequent, die prozentuale Entlastung auf Stufe Anteilseigner zu vereinheitlichen. Diese Begründung berücksichtigt allerdings nicht, dass Dividendenausschüttungen in nicht unwesentlichem Ausmaß auch aus im Ausland ansässigen Gesellschaften stammen.

In finanzpolitischer Hinsicht werden im erläuternden Bericht zur Vernehmlassungsvorlage der Umfang des vertikalen Ausgleichs resp. die Ausgestaltung der vertikalen Ausgleichsmaßnahmen,[1004] die notwendige Anpassung des Ressourcenausgleichs und die Gegenfinanzierung auf Bundesebene sowie die zu erwartenden finanziellen und volkswirtschaftlichen Auswirkungen im Detail behandelt und an dieser Stelle nicht wiedergegeben.

Die verschiedenen Interessengruppen können nun bis zum 31. 1. 2015 ihre Stellungnahmen zur Unternehmenssteuerreform III abgeben. Neben diesen Rückmeldungen wird der Bundesrat auch die zwischenzeitlich sich ergebenden, internationalen Entwicklungen berücksichtigen. Die Botschaft des Bundesrates zum Unternehmenssteuerreformgesetz III soll im ersten Halbjahr 2015 verabschiedet werden, womit wohl im Winter 2015 die Beratung des Gesetzesentwurfs im Schweizer Parlament aufgenommen werden kann. Die parlamentarischen Beratungen werden somit frühestens Mitte 2016 abgeschlossen sein. Falls kein Referendum ergriffen wird, könnte das neue Gesetz dann im Zeitraum 2018 bis 2020 in Kraft treten. Entsprechend bleiben die derzeitig gültigen Steuerregimes sicherlich noch während der nächsten vier bis sechs Jahre anwendbar.

1003 Vgl. BGer (2C_49/2008 v. 25. 9. 2009).

1004 Der erläuternde Bericht zur Vernehmlassungsvorlage nennt eine auf das Jahr 2019 hochgerechnete Ausgleichszahlung des Bundes an die Kantone von rd. CHF 1 Mia. Dieser vertikale Ausgleich soll durch eine Erhöhung des gegenwärtigen Anteils der Kantone an den Gesamteinnahmen der direkten Bundessteuer von heute 17 % auf neu 20.5 % erfolgen.

Die nachfolgende Abbildung verdeutlicht die Zusammenhänge und den zeitlichen Ablauf:

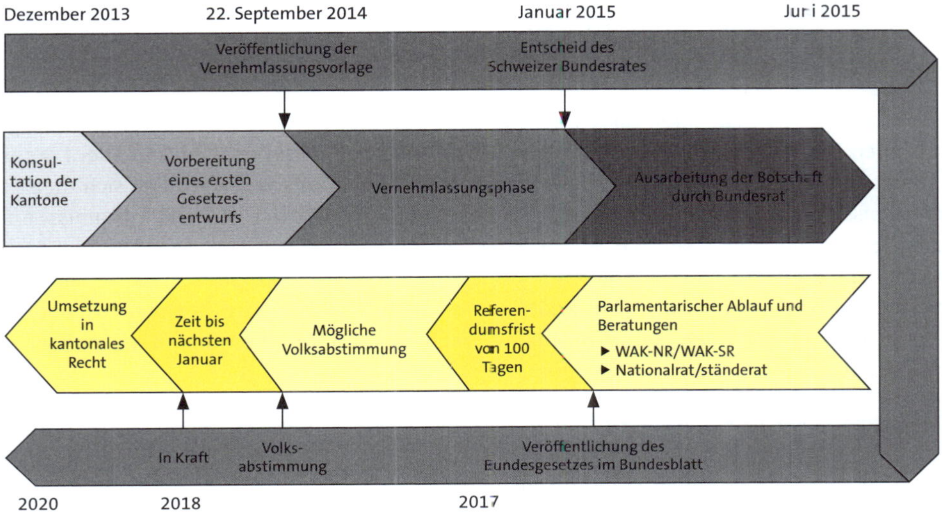

Quelle: In Anlehnung an die Vernehmlassungsvorlage über das Unternehmenssteuerreformgesetz III und den erläuternden Bericht v. 19. 9. 2014

Der vorliegende Gesetzesentwurf wird bereits als Vorschlag mit zu vielen Teilelementen kritisiert. Es ist deshalb wahrscheinlich, dass in den kommenden Monaten eine inhaltliche Entschlackung der Vorlage im Sinne einer Streichung von Massnahmen (so bspw. die Abschaffung der Emissionsabgabe auf Eigenkapital oder der Wechsel zur direkten Freistellung beim Beteiligungsabzug) aus dem Gesetzentwurf erfolgt.

Weiter lässt sich vortrefflich darüber streiten, ob die vorgesehenen steuerlichen Verschärfungen bei den natürlichen Personen für das Gelingen der Vorlage hilfreich sind. Es ist davon auszugehen, dass die Schweizer Stimmbürger kaum akzeptieren werden, dass Steuerausfälle bei juristischen Personen (zumindest teilweise) über zusätzliche Steuerlasten bei den natürlichen Personen kompensiert werden.

III.5.3. Schlussfolgerung und Ausblick

Es ist derzeit nicht abschätzbar, in welcher Intensität und Ausprägung das materielle Schweizer und ausländische Steuerrecht sich in welche Richtung im Großen und Kleinen verändern wird.

Die ganzen Diskussionen illustrieren den generellen Zielkonflikt in der Steuerpolitik: Aus der Optik der Steuerneutralität (d. h. möglichst keine volkswirtschaftlichen Verzerrungen) sowie des Prinzips der Besteuerung nach der wirtschaftlichen Leistungsfähigkeit sind jegliche Privilegierungen in aller Regel unerwünscht. Aus einer nationalen Optik der Effizienz hingegen kann es durchaus sinnvoll erscheinen, die sehr mobilen Tätigkeiten niedriger zu besteuern. In der Praxis bieten die meisten EU Mitgliedstaaten wie auch die Schweiz den besonders mobilen und finanzkräftigen Steuerzahlern – seien es juristische oder natürliche Personen – Sonderangebote an. Dieser Wettbewerb spielt dabei nicht nur auf der Ebene der offiziellen Erlasse, sondern insbesondere auch in der Umsetzungs- und Veranlagungspraxis der jeweiligen Steuerbehörden. Dabei wird ein weiterer Zielkonflikt offenkundig, nämlich jener zwischen demokratisch abgestützten, aber starren Regeln und intransparenten sowie zuweilen willkürlichen, aber flexiblen Praxisanwendungen.

Tendenziell haben die kleineren Länder ein stärkeres Interesse am Steuerwettbewerb als die großen Länder. Diese Aussage gilt auch im innerschweizerischen Verhältnis auf Stufe der Kantone. Entsprechend resultieren Konflikte in der Steuerpolitik. In der Vergangenheit ließ sich meist ein Kompromiss finden. Seit dem Ausbruch der Finanz- und Schuldenkrise ist die Kompromissbereitschaft der Großen jedoch spürbar zurückgegangen. Im Hinblick auf eine Einigung mit der EU (und OECD) würde die Schweiz schließlich gerne eine Zusicherung erhalten, dass sie bei Einhaltung internationaler Standards nicht anders behandelt wird als andere Drittstaaten, und dass es keine diskriminierenden Retorsionsmaßnahmen von EU Mitgliedstaaten gegenüber der Schweiz gibt.

Es bleibt die Zuversicht und die Hoffnung, dass die Schweiz in jedem Fall auch zukünftig mit interessanten Steuermodellen und niedrigen Steuersätzen aufwarten kann und damit ein äußerst attraktiver Unternehmensstandort sein wird.

III.6. Unternehmensumstrukturierungen und ihre Steuerfolgen

Bei Unternehmensumstrukturierungen werden in der Regel Vermögensgegenstände gegen Entgelt auf andere Steuersubjekte übertragen. Rein formell betrachtet können solche Vorgänge eine Realisation von stillen Reserven nach sich ziehen, was wirtschaftlich sinnvolle Umstrukturierungen infolge negativer Steuerfolgen unattraktiv machen bzw. allenfalls ganz verhindern würde.[1005]

Seit dem Inkrafttreten des Fusionsgesetzes vom 3. 10. 2003 (FusG)[1006] per 1. 7. 2004 verfügt das schweizerische Steuerrecht über zeitgemäße gesetzliche Grundlagen, in denen die vier Hauptarten der Unternehmungsumstrukturierung geregelt sind, nämlich die Fusion, die Spaltung, die Umwandlung und die Übertragung von Vermögensgegenständen zwischen inländischen Konzerngesellschaften. Der Anwendungsbereich der steuerneutralen Übertragung von Vermögensgegenständen im schweizerischen Konzernverhältnis ist dabei weiter gefasst als der im FusG verwendete, zivilrechtliche Begriff der Vermögensübertragung.[1007] Das einkommens- und gewinnsteuerrechtliche Umstrukturierungsrecht sieht vor, dass Wirtschaftsgüter unter Einhaltung gewisser Voraussetzungen steuerneutral auf andere Steuersubjekte übertragen werden können, d. h. ohne dass die realisierten stillen Reserven besteuert werden.

1005 Zur Realisation stiller Reserven vgl. A.III.1.4.1.1. Eine Besteuerung stiller Reserven kann durch echte (z. B. Veräußerung), buchmäßige (z. B. Aufwertung) oder durch steuersystematische Realisation ausgelöst werden. Eine steuersystematische Realisation liegt vor, wenn bisher latent steuerbelastete Vermögenswerte steuerfrei oder von der Steuerpflicht ausgenommen werden (z. B. durch Verlagerung des Sitzes oder der tatsächlichen Verwaltung ins Ausland).

1006 Im FusG sind die Fusion, die Spaltung und die Umwandlung von Gesellschaften und anderen Organisationen sowie die Vermögensübertragung, mit welcher wirtschaftlich ähnliche Ergebnisse wie mit einer Fusion oder Spaltung erzielt werden können, geregelt. Zu den (zivilrechtlichen) Umstrukturierungen vgl. Meier-Hayoz/Forstmoser, Schweizerisches Gesellschaftsrecht, S. 765 ff.

1007 Vgl. Mäusli-Allenspach/Oertli, Das Schweizerische Steuerrecht, S. 233 f.

Die für die Einkommenssteuer maßgeblichen Bestimmungen zu Umstrukturierungen von Personenunternehmen finden sich in Art. 19 DBG. Analoge Regelungen für die Gewinnsteuer von juristischen Personen sind in Art. 61 DBG festgehalten.[1008] Das Kreisschreiben Nr. 5 der ESTV vom 1. 6. 2004[1009] präzisiert die Voraussetzungen für die Steuerneutralität bezüglich der direkten Bundessteuer. Diese ist grundsätzlich dann gegeben, wenn

- keine Liquidation oder Veräußerung vorliegt (subjektive Verknüpfung der stillen Reserven),
- die stillen Reserven weiterhin dem Betrieb dienen (objektive Verknüpfung der stillen Reserven) und
- das Besteuerungsrecht der stillen Reserven in der Schweiz erhalten bleibt (fiskalische Verknüpfung der stillen Reserven).

Nachfolgend werden die gesetzlichen Grundlagen für steuerneutrale Umstrukturierungen von Personenunternehmungen (Einzelunternehmungen und Personengesellschaften) und juristischen Personen näher dargestellt (vgl. A.III.6.1. und A.III.6.2.). Im Weiteren wird in A.III.6.3. auf einige zentrale Aspekte der Verwaltungspraxis eingegangen, welche von der Eidg. Steuerverwaltung (ESTV) im Kreisschreiben Nr. 5 festgehalten wurden. Ferner werden in A.III.6.4. und A.III.6.5. die Steuerfolgen von grenzüberschreitenden Sitzverlegungen bzw. Verlagerung der tatsächlichen Verwaltung juristischer Personen, welche im Rahmen von Umstrukturierungen multinationaler Konzerne häufig anzutreffen sind, aus der Sicht des Standorts Schweiz dargelegt.

III.6.1. Art. 19 DBG: Umstrukturierungen von Personenunternehmungen

„1. Stille Reserven einer Personenunternehmung (Einzelunternehmung, Personengesellschaft) werden bei Umstrukturierungen, insbesondere im Fall der Fusion, Spaltung oder Umwandlung, nicht besteuert, soweit die Steuerpflicht in der Schweiz fortbesteht und die bisher für die Einkommenssteuer maßgeblichen Werte übernommen werden:

a. bei der Übertragung von Vermögenswerten auf eine andere Personenunternehmung;

b. bei der Übertragung eines Betriebs oder eines Teilbetriebs auf eine juristische Person;

c. beim Austausch von Beteiligungs- oder Mitgliedschaftsrechten anlässlich von Umstrukturierungen im Sinne von Artikel 61 Absatz 1 [DBG] oder von fusionsähnlichen Zusammenschlüssen.

2. Bei einer Umstrukturierung nach Absatz 1 Buchstabe b [DBG] werden die übertragenen stillen Reserven im Verfahren nach den Artikeln 151 – 153 [DBG] nachträglich besteuert, soweit während den der Umstrukturierung nachfolgenden fünf Jahren Beteiligungs- oder Mitgliedschaftsrechte zu einem über dem übertragenen steuerlichen Eigenkapital liegenden Preis veräußert werden; die juristische Person kann in diesem Fall entsprechende, als Gewinn versteuerte stille Reserven geltend machen.

1008 Der Wortlaut dieser beiden Bestimmungen findet sich auch in Art. 8 Abs. 3 und Art. 24 Abs. 3 StHG und somit in den kantonalen Gesetzgebungen wieder. Das Verrechnungssteuergesetz (VStG) sowie das Stempelabgabengesetz (StG) wurde auf den 1. 7. 2004 ebenfalls an die Bestimmungen des Fusionsgesetzes angepasst (vgl. Art. 5 Abs. 1 Bst. a VStG und Art. 6 Abs. 1 Bst. a^{bis} StG).

1009 Vgl. KS ESTV Nr. 5 v. 1. 6. 2004, Ziff. 2.2.2.; A.III.6.3.

3. Die Absätze 1 und 2 gelten sinngemäß für Unternehmen, die im Gesamthandverhältnis betrieben werden."

III.6.2. Art. 61 DBG: Umstrukturierungen von juristischen Personen

„1. Stille Reserven einer juristischen Person werden bei Umstrukturierungen, insbesondere im Fall der Fusion, Spaltung oder Umwandlung, nicht besteuert, soweit die Steuerpflicht in der Schweiz fortbesteht und die bisher für die Gewinnsteuer maßgeblichen Werte übernommen werden:

   a. bei der Umwandlung in eine Personenunternehmung oder in eine andere juristische Person;

   b. bei der Auf- oder Abspaltung einer juristischen Person, sofern ein oder mehrere Betriebe oder Teilbetriebe übertragen werden und soweit die nach der Spaltung bestehenden juristischen Personen einen Betrieb oder Teilbetrieb weiterführen;

   c. beim Austausch von Beteiligungs- oder Mitgliedschaftsrechten anlässlich von Umstrukturierungen oder von fusionsähnlichen Zusammenschlüssen;

   d. bei der Übertragung von Betrieben oder Teilbetrieben sowie von Gegenständen des betrieblichen Anlagevermögens auf eine inländische Tochtergesellschaft. Als Tochtergesellschaft gilt eine Kapitalgesellschaft oder Genossenschaft, an der die übertragende Kapitalgesellschaft oder Genossenschaft zu mindestens 20 % am Grund- oder Stammkapital beteiligt ist.

2. ...

3. Zwischen inländischen Kapitalgesellschaften und Genossenschaften, welche nach dem Gesamtbild der tatsächlichen Verhältnisse durch Stimmenmehrheit oder auf andere Weise unter einheitlicher Leitung einer Kapitalgesellschaft oder Genossenschaft zusammengefasst sind, können direkt oder indirekt gehaltene Beteiligungen von mindestens 20 % am Grund- oder Stammkapital einer anderen Kapitalgesellschaft oder Genossenschaft, Betriebe oder Teilbetriebe sowie Gegenstände des betrieblichen Anlagevermögens zu den bisher für die Gewinnsteuer maßgeblichen Werten übertragen werden. Die Übertragung auf eine Tochtergesellschaft nach Artikel 61 Absatz 1 Buchstabe d [DBG] bleibt vorbehalten.

4. ...

5. Entsteht durch die Übernahme der Aktiven und Passiven einer Kapitalgesellschaft oder einer Genossenschaft, deren Beteiligungsrechte der übernehmenden Kapitalgesellschaft oder Genossenschaft gehören, ein Buchverlust auf der Beteiligung, so kann dieser steuerlich nicht abgezogen werden; ein allfälliger Buchgewinn auf der Beteiligung wird besteuert."

Beim im Zivilrecht nicht geregelten, fusionsähnlichen Zusammenschluss (Quasifusion, Art. 61 Abs. 1 Bst. c DBG) erfolgt keine rechtliche Verschmelzung zweier oder mehrerer Gesellschaften, sondern lediglich eine enge wirtschaftliche und beteiligungsrechtliche Verflechtung der zusammengeschlossenen Gesellschaften.[1010]

1010 Vgl. Richner/Frei/Kaufmann/Meuter, Handkommentar zum DBG, Art. 61, Rz. 124.

PRAXISHINWEIS

Eine Quasifusion liegt vor, wenn die übernehmende Gesellschaft nach erfolgter Übernahme mindestens 50 % der Stimmrechte an der übernommenen Gesellschaft hält und den Gesellschaftern der übernommenen Gesellschaft höchstens 50 % des effektiven Wertes der übernommenen Beteiligungsrechte gutgeschrieben oder ausbezahlt wird. Entsprechend erfordert die Quasifusion eine Kapitalerhöhung der übernehmenden Gesellschaft unter Ausschluss der Bezugsrechte der bisherigen Gesellschafter und einen Aktientausch der Gesellschafter der übernommenen Gesellschaft. Für die übernehmende und die übernommene Gesellschaft findet mit der Quasifusion ein grundsätzlich steuerneutraler Vorgang statt.

Die im Rahmen einer Quasifusion in eine Kapitalgesellschaft oder Genossenschaft eingebrachten Beteiligungsrechte qualifizieren als offene Kapitaleinlage. Dabei kann der die Erhöhung des Grund- oder Stammkapitals übersteigende Teil dieser offenen Kapitaleinlage in der Handelsbilanz als Kapitaleinlagereserven (KER) gesondert ausgewiesen werden.[1011]

Im Gegensatz zur Fusion und Spaltung stipuliert Abs. 2 von Art. 61 DBG für die steuerneutrale Ausgliederung von Aktiven[1012] und Passiven auf eine Tochtergesellschaft nach Art. 61 Abs. 1 Bst. d DBG eine fünfjährige Sperrfrist bzw. eine Nachbesteuerung der übertragenen stillen Reserven bei Verletzung der Sperrfrist.

PRAXISHINWEIS

Im FusG ist die Ausgliederung (auch als horizontale Spaltung bezeichnet) nicht explizit geregelt. Zivilrechtlich erfolgt die Ausgliederung deshalb mittels Vermögensübertragung gemäß Art. 69 ff. FusG und nicht unter Anwendung der Vorschriften der Spaltung.

Eine analoge Regelung, d. h. eine fünfjährige Sperrfrist mit Nachbesteuerungsrecht im Falle deren Verletzung, findet sich in Abs. 4 von Art. 61 DBG für die steuerneutrale Übertragung von direkt oder indirekt gehaltenen maßgeblichen Beteiligungen an anderen Kapitalgesellschaften oder Genossenschaften, Betrieben oder Teilbetrieben sowie Gegenständen des betrieblichen Anlagevermögens zwischen inländischen Konzerngesellschaften.

Bei Umstrukturierungen und Vermögensübertragungen gilt es, auch die möglichen Steuerfolgen bei der Verrechnungssteuer, der Emissions- und Umsatzabgabe, der Mehrwertsteuer sowie der Grundstückgewinn- und Handänderungssteuer, falls Liegenschaften mit übertragen werden, zu beachten.

III.6.3. Kreisschreiben Nr. 5 der ESTV vom 1. 6. 2004

Die Eidg. Steuerverwaltung (ESTV) hat mit dem umfangreichen Kreisschreiben Nr. 5 vom 1. 6. 2004 und den dazugehörigen Beispielen eine umfassende, aber nicht abschließende Auslegeordnung der steuerneutralen Umstrukturierungstatbestände erstellt. Dieses erläutert nicht nur die Folgen bei der Gewinn- und Einkommenssteuer, sondern auch bei der Verrechnungssteuer sowie der Emissions- und Umsatzabgabe. Es regelt insbesondere auch die Fragen der Übernahme von Verlustvorträgen, der Besteuerung von Ausgleichszahlungen und Nennwerterhöhungen, die im Zusammenhang mit Umstrukturierungen relevant sein können. Es finden

1011 Vgl. KS ESTV Nr. 29 v. 9. 12. 2010, Ziff. 5.2.5.; A.III.4.3.
1012 Nicht jedoch für Beteiligungen.

sich dabei neben Ausführungen zu Umstrukturierungen von Personenunternehmungen ausführliche Regelungen zu solchen von juristischen Personen.

Das Kreisschreiben Nr. 5 hält ausdrücklich fest, dass die zivilrechtliche Abwicklung einer Umstrukturierung für deren steuerliche Würdigung nicht maßgebend ist. Vielmehr ist eine Umstrukturierung im Steuerrecht aufgrund einer wirtschaftlichen Betrachtungsweise auszulegen. Gemäß Kreisschreiben Nr. 5 ist alleinig die Ausgangslage und das Endresultat der Transaktion ausschlaggebend, weshalb es z. B. keinen Einfluss auf die steuerliche Würdigung hat, ob es sich zivilrechtlich um eine echte oder unechte Fusion handelt.[1013] Ein weiteres Beispiel ist die Umwandlung einer Einzelunternehmung in eine Kapitalgesellschaft, welche zivilrechtlich mittels Liquidation (Löschung) der Einzelunternehmung und Übertragung der Aktiven und Passiven auf die Kapitalgesellschaft vorzunehmen ist. Obwohl dieser Vorgang grundsätzlich eine echte Realisation von stillen Reserven auslöst, kann eine steuerneutrale Umstrukturierung vorliegen, sofern die gesetzlich verankerten Voraussetzungen erfüllt sind.

Das Kreisschreiben Nr. 5 konkretisiert außerdem in mehreren Kapiteln die bei Umstrukturierungen zentrale Behandlung von Vorjahresverlusten. Besonders bei einer Fusion sind Überlegungen bezüglich Verlustvorträgen wichtig, da Vorjahresverluste weiterhin im Rahmen von Art. 67 Abs. 1 DBG geltend gemacht werden können. Das Kreisschreiben Nr. 5 verweist aber an mehreren Stellen auf den Tatbestand der Steuerumgehung und legt fest, dass bei Vorliegen einer solchen die Verlustverrechnung nicht möglich ist. Dies wird insbesondere dann angenommen, wenn die übertragende Gesellschaft wirtschaftlich liquidiert oder in liquide Form gebracht worden ist oder wenn ein durch Fusion übertragender Betrieb kurz nach der Fusion eingestellt wird.[1014]

PRAXISHINWEIS

Diese durch den Entscheid des Bundesgerichts herbeigeführte und in der Folge durch die Steuerbehörden umgesetzte Steuerumgehungspraxis, wonach für die Verlustübernahme eine betriebliche Kontinuität verlangt wird,[1015] wurde durch einen kürzlich ergangenen Entscheid desselben Gerichts gelockert. Neu bedarf es qualifizierter Voraussetzungen für die ausnahmsweise Nichtzulassung der Übertragung stiller Reserven resp. der gesetzlich vorgesehenen Verlustverrechnung. Das ist namentlich der Fall, wenn keine sachlichen bzw. betriebswirtschaftlichen Gründe für die Umstrukturierung vorliegen, wobei die bloße Schaffung von Verlustverrechnungspotential nicht als solcher Grund zu qualifizieren ist. Dem Erfordernis der Betriebsübernahme und -fortführung kann angesichts der grundsätzlichen Zulässigkeit der Übernahme einer Gesellschaft in Liquidation durch Fusion (Art. 5 Abs. 1 FusG) keine wesentliche Bedeutung zukommen. Auch verbietet sich eine rein statische Betrachtung aufgrund der Übernahmebilanz. Verlangt ist vielmehr eine dynamische Betrachtung, welche auch die Umstände vor und nach der Fusion berücksichtigt.[1016]

III.6.4. Sitzverlegung bzw. Verlagerung der tatsächlichen Verwaltung ins Ausland

Wird eine Kapitalgesellschaft ins Ausland verlegt, kommen ähnliche Überlegungen wie bei einer Vermögensübertragung auf andere Steuersubjekte zum Zuge, also z. B. die Frage nach der Realisierung stiller Reserven.

1013 Vgl. KS ESTV Nr. 5 v. 1. 6. 2004, Ziff. 4.1.2.1.6.

1014 Vgl. KS ESTV Nr. 5 v. 1. 6. 2004, Ziff. 4.1.2.2.4.

1015 Vgl. BGer (2A.538/2003 v. 31. 1. 2005); StE 2005 B 72.15.2 Nr. 7, E.2.2.

1016 Vgl. BGer (2C.351/2011 v. 4. 1. 2012, E.3.2. und E,4.2.); StE 2013 B 72.19 Nr. 16, E. 3.6.; Jakob/Schüpfer/Grundler, ST 2012, S. 265 ff. Zwischenzeitlich gab es weitere Urteile zu diesem Thema. Vgl. BGer (2C_1027/2011) v. 14. 6. 2012; BGer (2C_85/2012) v. 6. 9. 2012; BGer (2C_701/2012) v. 24. 11. 2012.

Die Steuerpflicht endet gemäß Art. 54 Abs. 2 DBG nicht nur mit der Liquidation, sondern auch mit der Verlegung des Sitzes oder der tatsächlichen Verwaltung ins Ausland sowie mit dem Wegfall der in der Schweiz steuerbaren Werte. Dabei handelt es sich um eine steuersystematische Realisierung von stillen Reserven, da die Steuerpflicht in der Schweiz endet und dadurch bis anhin latent steuerbelastete Vermögenswerte der Besteuerung in der Schweiz entzogen werden.[1017] Eine Möglichkeit, die Besteuerung bei Verlegung des Sitzes oder der tatsächlichen Verwaltung ins Ausland zu verhindern, ist die Errichtung einer Betriebsstätte in der Schweiz, in welche die latent steuerbaren Vermögenswerte eingebracht werden (Wechsel von der unbeschränkten zur beschränkten Steuerpflicht, Art. 50 – 52 DBG; vgl. Art. 79 Abs. 3 DBG bezüglich Erstellung eines Geschäftsabschlusses bei Sitzverlegung).

Aus verrechnungssteuerlicher Sicht wird gemäß Art. 4 Abs. 2 VStG die Sitzverlegung ins Ausland der Liquidation gleichgestellt. Wird allerdings led glich der statutarische Sitz einer Gesellschaft ins Ausland verlegt, sprich diese (weiterhin) tatsächlich in der Schweiz geleitet und übt diese auch (weiterhin) eine Geschäftstätigkeit in der Schweiz aus, bleibt die verrechnungssteuerliche Inländereigenschaft gemäß Art. 9 Abs. 1 VStG bestehen. In diesem Fall ist im Zeitpunkt der Verlegung des statutarischen Sitzes ins Ausland keine steuerliche Schlussabrechnung über die bestehenden Reserven vorzunehmen. Wird auch die tatsächliche Leitung ins Ausland verlegt, wird die Verrechnungssteuer von 35 % auf dem Liquidationsüberschuss fällig, welche aber bei Vorliegen eines DBA oder bei Anwendbarkeit des Zinsbesteuerungsabkommens auf 0 % bzw. auf eine nicht rückforderbare Reststeuer reduziert werden kann.[1018]

PRAXISHINWEIS

Im Verhältnis zu Deutschland kennt Art. 4 Abs. 9 DBA D-CH eine Sondernorm, die auch weiterhin ein deutsches Besteuerungsrecht manifestieren kann, selbst dann, wenn die tatsächliche Geschäftsführung in der Schweiz ist.

Seit dem 1. 1. 2011 sind wegen des zu diesem Zeitpunkt in Kraft getretenen Kapitaleinlageprinzips Einlagen, Aufgelder und Zuschüsse, welche nach dem 31. 12. 1996 einbezahlt wurden, verrechnungssteuerfrei rückzahlbar. Ebenfalls entfällt die Einkommensteuer bei Rückzahlung von Einlagen, Aufgeldern und Zuschüssen an Aktionäre, welche die Anteile im Privatvermögen halten. Für die Sitzverlegung von Gesellschaften in Staaten mit geltendem DBA oder Zinsbesteuerungsabkommen mit der Schweiz, wonach eine vollständige Entlastung an der Quelle möglich ist, wird dies keinen großen Einfluss haben. Bei Rückzahlungen in Staaten mit einer Reststeuer, welche nicht rückforderbar ist, stellt das Kapitaleinlageprinzip hingegen eine wichtige Neuerung dar. Wichtig ist dabei, dass die Einlagen, Aufgelder und Zuschüsse von der Gesellschaft in der Handelsbilanz auf einem separaten Konto ausgewiesen sein und jede Veränderung dieses Kontos von der Gesellschaft der Eidg. Steuerverwaltung (ESTV) gemeldet werden muss.[1019]

1017 Vgl. KS ESTV Nr. 5 v. 1. 6. 2004, Ziff. 2.2.2.
1018 Bspw. Art. 10 Abs. 3 DBA CH-D; Art. 15 Abs. 1 ZBStA.
1019 Vgl. Art. 5 Abs. 1bis VStG; A.III.4.3.

III.7.5. Sitzverlegung bzw. Verlagerung der tatsächlichen Verwaltung in die Schweiz

Gemäß Art. 54 Abs. 1 DBG beginnt die Steuerpflicht in der Schweiz mit der Verlegung des Sitzes oder der tatsächlichen Verwaltung in die Schweiz. Ab diesem Zeitpunkt ist die Gewinn- und Kapitalsteuer in der Schweiz geschuldet. Hingegen fällt bei einer Verlegung des Sitzes in die Schweiz keine Emissionsabgabe an, sofern keine Steuerumgehung in Bezug auf die Migration in die Schweiz vorliegt.[1020] Eine solche wird angenommen, wenn die Sitzverlegung kurz nach der im Ausland erfolgten Gründung vorgenommen wird.[1021]

Für die Sitzverlegung in die Schweiz bestehen insbesondere im Bereich der Verrechnungssteuer keine weiteren Regelungen, weshalb eine Liquidation der ausländischen Gesellschaft und die Neugründung einer Schweizer Gesellschaft fingiert werden darf.

Die Qualifikation der übrigen Reserven der migrierten Gesellschaft ändert sich unter dem Kapitaleinlageprinzip nicht. Hingegen besteht bei der Einbringung von Beteiligungsrechten an einer ausländischen Kapitalgesellschaft oder Genossenschaft in eine inländische Kapitalgesellschaft oder Genossenschaft (sog. Immigrations-Quasifusion) die Möglichkeit, den das Grund- oder Stammkapital übersteigenden Teil in der Handelsbilanz als Reserve aus Kapitaleinlage auszuweisen.[1022]

Grundsätzlich ist bei einer Verlegung des Sitzes oder der tatsächlichen Verwaltung in die Schweiz zu empfehlen, bei der ESTV und der jeweiligen kantonalen Steuerbehörde vorgängig zur Umsetzung einen verbindlichen Steuervorabbescheid einzuholen.

PRAXISHINWEIS

Im Verhältnis zu Deutschland kennt Art. 4 Abs. 9 DBA D-CH eine Sondernorm, die auch weiterhin ein deutsches Besteuerungsrecht manifestieren kann, selbst dann, wenn die tatsächliche Geschäftsführung in der Schweiz ist. Schließlich sind die deutschen Entstrickungsnormen zu beachten (§ 12 KStG etc.)

1020 Vgl. Nordin/Simonek, Zweifel/Athanas, StG-Kommentar, Art. 9 N1.
1021 Vgl. Mäusli-Allenspach/Oertli, Das schweizerische Steuerrecht, S. 384.
1022 Vgl. KS ESTV Nr. 29 v. 9. 12. 2010, Ziff. 6.

IV. Besteuerung von natürlichen Personen

IV.1. Ordentliche Einkommens- und Vermögensbesteuerung

IV.1.1. Steuersubjekteigenschaft

Die Einkommens- und Vermögensbesteuerung[1023] natürlicher Personen in der Schweiz (Art. 1 Bst. a DBG; Art. 2 Abs. 1 Bst. a StHG) basiert darauf, dass jede natürliche Person unabhängig von ihrem Zivilstand als eigenständiges Steuersubjekt qualifiziert.[1024] Dementsprechend muss jede Person für sich gesondert die Voraussetzungen der subjektiven Steuerpflicht in der Schweiz erfüllen.[1025]

Jedes Steuersubjekt wird entsprechend dem Grundsatz der wirtschaftlichen Leistungsfähigkeit[1026] (vgl. Art. 127 Abs. 2 BV) besteuert. Dieses Prinzip „verlangt eine Beschränkung der steuerlichen Erfassung auf das Reineinkommen. Infolgedessen müssen vom erzielten Roheinkommen sog. organische Abzüge[1027] zugelassen werden".[1028] Die dadurch erreichte objektive Leistungsfähigkeit muss, damit sie den persönlichen Verhältnissen des Steuerpflichtigen gerecht wird, in einem zweiten Schritt subjektiviert werden. Das bedeutet, dass „mittels anorganischer Abzüge[1029] das Reineinkommen, und mittels Freibeträgen bzw. Sozialabzügen[1030] (bzw. besonderen Tarifen) das steuerbare Einkommen ermittelt werden [muss], um so der persönlich-wirtschaftlichen Situation des Steuerpflichtigen Rechnung zu tragen".[1031] Eine absolut gleiche Besteuerung bei gleicher Leistungsfähigkeit ist nicht verlangt, da zum einen die Vergleichbarkeit beschränkt ist und zum anderen im Interesse der Praktikabilität eine gewisse Schematisierung und Pauschalisierung des Abgaberechts erforderlich ist. Insofern müssen Gesetzgeber Verwaltungsbehörden wie auch Richter der wirtschaftlichen Leistungsfähigkeit der hauptsächlichen Gruppen von Steuerpflichtigen – Verheiratete, Alleinstehende, unverheiratete Paare (mit und ohne Kinder) – Rechnung tragen.[1032]

IV.1.2. Familien-, Ehegatten- und Partnerschaftsbesteuerung und der Grundsatz der wirtschaftlichen Leistungsfähigkeit

Der Grundsatz der Besteuerung nach der wirtschaftlichen Leistungsfähigkeit führt bei in rechtlich und tatsächlich in ungetrennter Ehe lebenden Steuerpflichtigen zur sog. Familien- oder Ehegattenbesteuerung, welche auf den drei Besteuerungsebenen Bund, Kanton und Gemeinde im

---

1023 Aufgrund der im Vergleich zur Einkommenssteuer geringen Bedeutung der Vermögenssteuer wird bezüglich letzterer auf A.II.5.1.2.1. verwiesen.

1024 Vgl. Simonek, ASA 65 (1996/1997), S. 521; Vallender/Looser, Zweifel/Athanas, DBG-Kommentar, Art. 1, Rz. 7; Höhn/Waldburger, Steuerrecht, Bd. I, S. 269.

1025 Vgl. Zweifel, Zweifel/Athanas, DBG-Kommentar, Art. 113, Rz. 7; Höhn/Waldburger, Steuerrecht, Bd. I, S. 270 f.; Reich, Steuerrecht, S. 231 f.; vgl. zum Begriff der subjektiven Steuerpflicht vorne in A.II.3.2.

1026 Vgl. Blumenstein/Locher, System des Steuerrechts, S. 242; BGE 126 I 76, E. 2a S. 78 f. Das Prinzip der Besteuerung nach der wirtschaftlichen Leistungsfähigkeit stellt eine Konkretisierung des Rechtsgleichheitsgrundsatzes auf dem Gebiet des Steuerrechts dar.

1027 Auch Gewinnungskosten genannt. Vgl. A.IV.1.3.5.1.

1028 Vgl. Blumenstein/Locher, System des Steuerrechts, S. 215.

1029 Auch allgemeine Abzüge genannt. Vgl. A.IV.1.3.5.2.

1030 Vgl. A.IV.1.3.5.3.

1031 Vgl. Blumenstein/Locher, System des Steuerrechts, S. 215.

1032 Vgl. BGE 126 I 76 E. 2 S. 78 f.; BGE 124 I 193 E. 3e S. 197; BGE 120 Ia 329 E. 4 S. 334 ff.

Bereich der ordentlichen Einkommens- und Vermögensbesteuerung Anwendung findet. Grund hierfür ist die wirtschaftliche Bedeutung der ehelichen Gemeinschaft (Art. 9 Abs. 1 DBG; Art. 3 Abs. 3 StHG).[1033]

Mit Inkrafttreten des Bundesgesetzes über die eingetragene Partnerschaft gleichgeschlechtlicher Paare (Partnerschaftsgesetz) per 1. 1. 2007 wurden homosexuelle Paare den Ehegatten vollständig gleichgestellt. Die Stellung der eingetragenen Partnerinnen oder Partner entspricht im DBG somit derjenigen der Ehegatten.[1034]

Hierbei werden Einkommen und Vermögen ohne Rücksicht auf den Güterstand[1035] zwar gesondert ermittelt, aber gestützt auf den Grundsatz der Besteuerung nach der wirtschaftlichen Leistungsfähigkeit (vgl. Art. 127 Abs. 2 BV) zusammengerechnet (sog. Faktorenaddition) und gemeinsam veranlagt (Art. 9 Abs. 1 DBG; Art. 3 Abs. 2 StHG). Die Steuerfaktoren der beiden Ehegatten bilden insofern eine Einheit.[1036] Hinsichtlich ihrer Stellung als Steuerpflichtige findet sich indessen aufgrund der Familien- oder Ehegattenbesteuerung keine Beeinträchtigung.[1037]

Haben die in der Schweiz subjektiv steuerpflichtigen, in rechtlich und tatsächlich ungetrennter Ehe lebenden Ehegatten einen gemeinsamen Wohnsitz, so gelangen die vorstehenden Regeln zur Anwendung.[1038] Haben sie indessen an verschiedenen Orten innerhalb desselben Kantons oder in verschiedenen Kantonen je einen eigenen Wohnsitz, so sind diese gemeinsam dort zu veranlagen, wo sich ihre überwiegenden persönlichen und wirtschaftlichen Interessen befinden. Ist die Veranlagungszuständigkeit in einem solchen Fall ungewiss oder streitig, so wird der Ort der Veranlagung im innerkantonalen Verhältnis von derjenigen kantonalen Verwaltungsstelle bestimmt, die für die Veranlagung der direkten Bundessteuer zuständig ist. Sind mehrere Kantone involviert, so wird der Zuständigkeitskonflikt von der Eidg. Steuerverwaltung (ESTV) entschieden. Deren Verfügung unterliegt der Verwaltungsgerichtsbeschwerde an das Bundesgericht (Art. 108 DBG).[1039]

Ist indessen nur einer der Ehegatten in der Schweiz subjektiv steuerpflichtig, so wird nur dessen Einkommen und Vermögen in der Schweiz zum Verheiratetentarif (Art. 36 Abs. 2 DBG) oder, wenn er mit Kindern zusammenlebt, zum Elterntarif (Art. 36 Abs. 2bis DBG[1040]) besteuert. Zur Satzbestimmung wird dementsprechend auf das gesamte eheliche Einkommen abgestellt.[1041]

1033 Vgl. Klett, Gleichheitssatz im Steuerrecht, S. 94 f.; Greminger/Bärtschi, Zweifel/Athanas, DBG-Kommentar, Art. 9, Rz. 10.

1034 Vgl. Art. 9 Abs. 1bis DBG; Greminger/Bärtschi, Zweifel/Athanas, DBG-Kommentar, Art. 9, Rz. 8 f.

1035 Güterstände des schweizerischen Eherechts sind der ordentliche Güterstand der Errungenschaftsbeteiligung (Art. 196 ff. ZGB) sowie der vertragliche Güterstand der Gütergemeinschaft (Art. 221 ff. ZGB) und der Gütertrennung (Art. 247 ff. ZGB).

1036 Vgl. StE 1991 B 63.13. Nr. 31 E. 3; Greminger/Bärtschi, Zweifel/Athanas, DBG-Kommentar, Art. 9, Rz. 2.

1037 Vgl. Urteil des BGer v. 7. 4. 1998, wiedergegeben in: Neue Steuerpraxis 1998, 49 (52); Greminger/Bärtschi, Zweifel/Athanas, DBG-Kommentar, Art. 9, Rz. 3; Lanz-Baur, Das Ehepaar im Steuerrecht, S. 15; Richner/Frei/Kaufmann/Meuter, Handkommentar zum DBG, Art. 9, Rz. 7 f.

1038 Die Regeln der Familienbesteuerung finden auch für die registrierten gleichgeschlechtlichen Partnerschaften Anwendung (vgl. Richner/Frei/Kaufmann/Meuter, Zürcher Steuergesetz, § 7, Rz. 8 ff.).

1039 Vgl. zu den Voraussetzungen der Verwaltungsgerichtsbeschwerde an das Bundesgericht Ziegler, Einheitsbeschwerde, S. 48 ff.

1040 Der Elterntarif ist der mildeste unter den drei Steuertarifen (Grund-, Verheirateten-, Elterntarif). Konkret besteht er aus dem Verheiratetentarif (Basis) und einem Abzug vom geschuldeten Steuerbetrag in der Höhe von CHF 251 für jedes Kind oder jede unterstützungsbedürftige Person. Es handelt sich um eine direkte Tarifmaßnahme und nicht um einen Sozialabzug (vgl. KS ESTV Nr. 30, v. 21. 12. 2010, Ziff. 13.4.1).

1041 Vgl. Greminger/Bärtschi, Zweifel/Athanas, DBG-Kommentar, Art. 9, Rz. 19; KS ESTV Nr. 30 v. 21. 12. 2010, Ziff. 2.1.

PRAXISHINWEIS

Macht der im Ausland wohnhafte Ehegatte keine Angaben zu seinen Einkünften, kann die zuständige Schweizer Steuerbehörde eine ermessensweise Festsetzung derselben zur Satzbestimmung vornehmen.[1042]

Die Zusammenrechnung der Steuerfaktoren zur Bestimmung des anwendbaren Steuersatzes entfällt indessen, wenn die Ehegatten in rechtlich oder tatsächlich getrennter Ehe leben.[1043] Aus dem Erfordernis der rechtlich und tatsächlich ungetrennten Ehe für die gemeinsame Veranlagung der Ehegatten folgt, dass, wenn die Ehegatten sich rechtlich[1044] oder faktisch getrennt haben und ohne Kinder leben, jeder Ehegatte für seine eigenen Steuerfaktoren zum Grundtarif zu veranlagen ist.[1045] In gleicher Konstellation, aber mit Kindern, gelangt indessen beim Ehegatten, der mit den Kindern im gleichen Haushalt zusammenlebt und deren Unterhalt zur Hauptsache bestreitet, statt dem Grund- der Elterntarif zur Anwendung.[1046]

Eine faktische Trennung, die zu einer selbständigen Veranlagung jedes Ehegatten führt, setzt nach der Auffassung der Eidg. Steuerverwaltung (ESTV) insbesondere voraus, dass (kumulativ)[1047]

- keine gemeinsame Wohnung gegeben (Art. 162 ZGB) und der gemeinsame Haushalt aufgehoben ist (Art. 175 ZGB) sowie getrennte Wohnsitze bestehen (Art. 23 ZGB);
- keine Gemeinschaftlichkeit der Mittel für Wohnung und Unterhalt mehr vorhanden ist;
- die Ehegatten in der Öffentlichkeit nicht mehr gemeinsam auftreten;
- die Trennung von Dauer (mindestens ein Jahr) ist oder mit der Auflösung der Ehe endet.

PRAXISHINWEIS

Der Nachweis des Vorliegens einer faktischen Trennung ist von den Ehegatten zu erbringen. Die ESTV resp. die zuständige kantonale Steuerbehörde trifft ihren Entscheid auf der Grundlage einer Gesamtbeurteilung der vorgenannten Indizien.

In der vom Schweizer Steuerrecht statuierten Familien- oder Ehegattenbesteuerung werden Einkünfte von Kindern unter elterlicher Sorge – d. h. Kinder bis zum vollendeten 18. Altersjahr – dem Inhaber der elterlichen Sorge zugerechnet (Art. 9 Abs. 2 DBG; Art. 296 ZGB). Als qualifizierende Kindverhältnisse gelten dabei leibliche Kinder, Stief- und Adoptiv-, nicht aber Pflegekinder.[1048] Der Einbezug minderjähriger, unter elterlicher Sorge stehender Kinder in die Familien- oder Ehegattenbesteuerung erfolgt aus Praktikabilitätsüberlegungen und stellt insofern eine Durchbrechung des Prinzips der subjektiven Steuerpflicht dar, als deren Einkünfte – unter Vorbehalt der Einkünfte aus Erwerbstätigkeit und allfälliger Erwerbsersatzeinkünfte – dem Einkommen des oder der Inhaber der elterlichen Sorge zugerechnet werden (Steuersubstitution).[1049]

1042 Vgl. BGE 2C_523/2007 v. 5. 2. 2008 E. 2.6.

1043 Vgl. KS ESTV Nr. 30 v. 21. 12. 2010, Ziff. 2.1; Urteil des Bundesgerichts v. 19. 4. 1991, wiedergegeben in: Agner, ASA 62, (1993/94), S. 337.

1044 Die Ehe kann im Rahmen des sog. Eheschutzverfahrens gerichtlich getrennt werden (Art. 175 ZGB).

1045 Vgl. KS ESTV Nr. 30 v. 21. 12. 2010, Ziff. 13.2; Holtz, Steuerliche Folgen der Ehescheidung, S. 15 f.; eine gerichtliche Bewilligung der Trennung ist nicht mehr erforderlich.

1046 Vgl. Richner/Frei/Kaufmann/Meuter, Handkommentar zum DBG, Art. 9, Rz. 7.

1047 Vgl. KS ESTV Nr. 30 v. 21. 12. 2010, Ziff. 1.3; StE 2012 B 13 1 Nr. 18. Die Kantone folgen dieser Rechtsauffassung i. d. R. auch für kantonale/kommunale Steuerzwecke.

1048 Vgl. Richner/Frei/Kaufmann/Meuter, Handkommentar zum DBG, Art. 9, Rz. 46.

1049 Vgl. Vallender/Looser, Zweifel/Athanas, DBG-Kommentar, Art. 1, Rz. 7; Greminger/Bärtschi, Zweifel/Athanas, DBG-Kommentar, Art. 9, Rz. 4.

Mit anderen Worten: Das unter elterlicher Sorge stehende, minderjährige Kind ist zwar Steuersubjekt, doch übt der Inhaber der elterliche Sorge als Steuersubstitut sämtliche Rechte und Pflichten im Steuerverfahren aus und haftet auch primär für die Steuerschulden des Kindes (vgl. auch Art. 13 Abs. 3 Bst. a DBG).

PRAXISHINWEIS

Im Falle eines gemeinsamen Sorgerechts von nicht gemeinsam besteuerten Inhabern der elterlichen Sorge hat derjenige Elternteil das Einkommen des Kindes zu versteuern, der tatsächlich überwiegend für das Kind sorgt und dem der Verheiratetentarif zusteht. Dies ist in der Praxis derjenige Elternteil, aus dessen versteuerten Einkünften der Unterhalt des unter seiner elterlichen Sorge stehenden Minderjährigen zur Hauptsache bestritten wird.[1050]

IV.1.3. Einkommenssteuer

DBG und StHG folgen bei der Umschreibung der steuerbaren und steuerfreien Einkünfte dem Konzept einer Einkommensgeneralklausel mit exemplarischem Einkünftekatalog und normativ abschließender Regelung der steuerfreien Einkünfte. Im Folgenden wird zunächst auf den Einkommensbegriff und den steuerrechtlich relevanten Zeitpunkt des Einkommenszuflusses eingegangen. Daran schließen die Nennung der Einkunftsarten (nachstehend A.IV.1.3.2.) sowie die Darstellung der steuerbaren Einkünfte (nachstehend A.IV.1.3.3.), der steuerfreien Einkünfte (nachstehend A.IV.1.3.4.) und der abzugsfähigen Aufwendungen (nachstehend A.IV.1.3.5.) an.

IV.1.3.1. Einkommensbegriff und Zuflusszeitpunkt des Einkommens

DBG und StHG folgen bei der Umschreibung des Einkommensbegriffs der Konzeption der Einkommensgeneralklausel. Maßgebliche Prägung findet der Einkommensbegriff nach herrschender Lehre und Rechtsprechung durch die Reinvermögenszugangstheorie,[1051] wonach das Einkommen die „Gesamtheit derjenigen Wirtschaftsgüter [ist], welche einem Individuum während bestimmten Zeitabschnitten zufließen, und die es ohne Schmälerung seines Vermögens zur Befriedigung seiner persönlichen Bedürfnisse und für seine laufende Wirtschaft verwenden kann".[1052] Ein dergestalteter Einkommensbegriff ist in letzter Konsequenz dem Grundsatz der Besteuerung nach der wirtschaftlichen Leistungsfähigkeit verpflichtet.[1053] Indessen ist dieses Verständnis des Einkommensbegriffs nicht vollständig im Recht des Bundes und der Kantone abgebildet worden, zumal insbesondere Erbschaften, Vermächtnisse und Schenkungen aus der Einkommensbesteuerung auf Bundes- und Kantonsebene ausgeklammert sind.[1054] In Abweichung vom Grundsatz der Reinvermögenszugangstheorie erfassen die Steuergesetze von Bund und Kanton grundsätzlich nur jene Vermögenszugänge als Einkünfte, welche auf Zuflüsse von außen, d. h. in die Vermögenssphäre des Steuerpflichtigen hereinkommend, zurückzuführen sind.[1055]

1050 Vgl. Richner/Frei/Kaufmann/Meuter, Handkommentar zum DBG, Art. 9, Rz. 50.

1051 Vgl. Reich, Zweifel/Athanas, StHG-Kommentar, Art. 7, Rz. 8 m.w.H.; Kaenzig, Wehrsteuer, Art. 21, BdBSt, Rz. 2 f.; Entscheid des Bundesgerichts v. 23. 12. 1996, wiedergegeben in: StE 1997 B 72.11 Nr. 5 E. 3a; BGE 115 Ib 238, 240 E. 2b v. 12. 7. 1989; BGE 114 Ia 221 E. 4a S. 227.

1052 Vgl. Entscheid des Bundesgerichts v. 23. 12. 1996, wiedergegeben in: StE 1997 B 72.11. Nr. 5 E. 3a m.w.H.; Reich, Zweifel/Athanas, StHG-Kommentar, Art. 7, Rz. 8; Reich, Steuerrecht, s. 208 f.

1053 Vgl. Reich, Zweifel/Athanas, StHG-Kommentar, Art. 7, Rz. 9.

1054 Vgl. Entscheid des Bundesgerichts v. 23. 12. 1996, wiedergegeben in: StE 1997 N 72.11 Nr. 5 E. 3a; vgl. A.IV.4.2.

1055 Vgl. Reich, Zweifel/Athanas, StHG-Kommentar, Art. 7, Rz. 16; Reich, Steuerrecht, S. 212 f.

Der Bundesgesetzgeber hat in Art. 16 Abs. 1 DBG den Grundsatz der Besteuerung des Gesamtreineinkommens aufgestellt. Gleichermaßen folgt das StHG mit Art. 7 Abs. 1 diesem Prinzip.[1056] Das darin enthaltene Totalitätsprinzip verlangt unter Berücksichtigung des Grundsatzes der Besteuerung der wirtschaftlichen Leistungsfähigkeit, dass alle während des Jahres netto zufließenden Einkünfte unabhängig der Form ihres Zuflusses in einer einheitlichen Bemessungsgrundlage berücksichtigt werden.[1057] Steuerbar ist somit das gesamte Einkommen der steuerpflichtigen Person aus Erwerbstätigkeit, aus Vermögensertrag und aus anderen Einnahmequellen.[1058] Aus dem ebenfalls darin eingeschlossenen Prinzip der Realität des Einkommens ist nur das tatsächlich erzielte, und nicht das erzielbare Einkommen steuerbar.[1059]

Aus dem Grundsatz der Gesamtreineinkommensbesteuerung zuzurechnenden Nettoprinzip ergibt sich, dass nur das Reineinkommen, d. h. das Bruttoeinkommen abzüglich der damit zusammenhängenden Aufwendungen[1060] und anderer Vermögensabgänge steuerbar ist. Dies bedeutet, dass auch Gewinnungskostenüberschüsse aus einzelnen Einkunftsarten vom Total der positiven Einkommenselemente absetzbar sind.[1061] Aus dem Grundsatz der Gesamtreineinkommensbesteuerung resultiert letztlich das Prinzip der Unmaßgeblichkeit der Einkommensverwendung, d. h. die Verneinung der Abzugsfähigkeit von Lebenshaltungskosten und der Reinvestition der Gewinne.[1062]

Nach Art. 16 Abs. 1 DBG und Art. 7 Abs. 1 StHG unterliegen alle wiederkehrenden und einmaligen Einkünfte der Einkommenssteuer. Die Generalklausel von Art. 16 DBG wird durch die beispielhafte Aufzählung verschiedener Einkommensbestandteile in den Art. 17 – 23 DBG ergänzt und durch die Befreiung bestimmter Einkünfte, welche in den Art. 16 Abs. 3 DBG und Art. 24 DBG aufgeführt sind, präzisiert.[1063] Art. 7 Abs. 1 StHG, der von einem umfassenden Einkommensbegriff ausgeht, ist vom Prinzip der Totalität des Einkommens geprägt. Der zweite Satzteil von Abs. 1 enthält eine Aufzählung verschiedener Arten von Einkünften zum Zwecke der Exemplifizierung und Konkretisierung des gesetzlichen Einkommensbegriffs (sog. Einkommensgeneralklausel mit beispielhaftem Einkünftekatalog).[1064] In Art. 7 Abs. 4 StHG findet sich ein Katalog der steuerfreien Einkünfte, der z. B. der Vermögensanfall infolge Erbschaft, Vermächtnis, Schenkung oder güterrechtlicher Auseinandersetzung (Bst. c) oder die Zahlung von Genugtuungssummen (Bst. i) für steuerfrei erklärt.

Gemäß Lehre und Praxis ist Einkommen nach steuerrechtlichen Grundsätzen dann als zugeflossen und damit erzielt zu betrachten, wenn die steuerpflichtige Person eine Leistung verein-

1056 Vgl. Agner/Jung/Steinmann, Kommentar zum DBG, Art. 16, Rz. 1; Richner/Frei/Kaufmann/Meuter, Handkommentar zum DBG, VB zu Art. 16 – 39, Rz. 10; Reich, Zweifel/Athanas, DBG-Kommentar, Art. 16, Rz. 3; a. M. Höhn/Waldburger, Steuerrecht, Bd. I, S. 294; Urteil des Bundesgerichts v. 8. 1. 1999, wiedergegeben in: BGE 125 II 113 E. 4a S. 119 = StE 1999 B 23.1. Nr. 41 = Agner, ASA 67 (1998/1999), S. 651 E. 4a.

1057 Vgl. Reich, Zweifel/Athanas, StHG-Kommentar, Art. 7, Rz. 22; Reich, Steuerrecht, S. 216.

1058 Vgl. BGE 125 II 113 E. 4a S. 119.

1059 Vgl. BGE 107 Ib 325 E. 2 S. 327 = Pra 71 (1982) S. 319 ff.; Reich, Steuerrecht, S. 217.

1060 Vgl. hinten zu den Gewinnungskosten (organische Abzüge), A.IV.1.3.5.1.; zu den allgemeinen Abzügen (anorganische Abzüge) A.IV.1.3.5.2.; zu den Sozialabzügen A.IV.1.3.5.3.

1061 Vgl. Reich, Zweifel/Athanas, StHG-Kommentar, Art. 7, Rz. 25; Reich, Steuerrecht, S. 219.

1062 Vgl. Reich, Zweifel/Athanas, StHG-Kommentar, Art. 7, Rz. 27; Reich, Steuerrecht, S. 222.

1063 Vgl. Locher, Kommentar zum DBG, Art. 16, Rz. 4; Richner/Frei/Kaufmann/Meuter, Handkommentar zum DBG, Art. 16, Rz. 3 f.

1064 Vgl. Reich, Zweifel/Athanas, StHG-Kommentar, Art. 7, Rz. 4 f.; Richner/Frei/Kaufmann/Meuter, Handkommentar zum DBG, VB zu Art. 16 – 39, Rz. 10.

nahmt oder einen festen Anspruch darauf erwirbt, über den sie tatsächlich verfügen kann. Voraussetzung für das Zufließen ist mithin ein abgeschlossener Rechtserwerb, der Forderungserwerb – dieser ist dabei i. d. R. Vorstufe der Geldleistung – oder Eigentumserwerb sein kann. Vorherrschend in der Steuerpraxis ist die Besteuerung beim Forderungserwerb. Von diesem Grundsatz wird nur ausnahmsweise abgewichen, nämlich dann, wenn die Erfüllung der Forderung – die Leistung – als unsicher betrachtet werden muss. In solchen Fällen erfolgt die Besteuerung erst im Zeitpunkt der tatsächlichen Erfüllung der Forderung resp. der Auszahlung.[1065]

IV.1.3.2. Arten von Einkünften

Die Einkünfte lassen sich in steuerbare und steuerfreie unterteilen. Die steuerbaren Einkünfte können in vier Kategorien gegliedert werden:

- Einkünfte aus selbständiger und unselbständiger Erwerbstätigkeit (Art. 17 und 18 DBG; Art. 7 Abs. 1 und Art. 8 StHG);
- Einkünfte aus (beweglichem und unbeweglichem) Vermögen (Art. 20 und 21 DBG; Art. 7 Abs. 1 StHG);
- Einkünfte aus Vorsorge (Art. 22 DBG; Art. 7 Abs. 1 und Art. 7 Abs. 1ter StHG);
- Übrige Einkünfte (Art. 23 DBG; Art. 7 Abs. 1 StHG).

Die Einkünftegeneralklausel von Art. 16 Abs. 1 DBG und Art. 7 Abs. 1 StHG ist zwar ausführlich, indessen nicht als abschließend zu verstehen, was sich aus dem Einkünftekatalog zugrunde liegenden Konzept der Gesamtreineinkommenssteuer ergibt.[1066] Klarstellend gilt es in diesem Zusammenhang festzuhalten, dass die Kantone in der Entscheidung frei sind, ob sie der in Art. 7 StHG rudimentär vorgezeichneten Gliederung folgen oder aber eine eigene Gliederung der Einkünftearten vornehmen wollen.[1067]

DBG und StHG sehen für folgende drei Kategorien von Einkünften die Steuerfreiheit[1068] vor:

- Vermögensanfall infolge Erbschaft, Vermächtnis, Schenkung oder güterrechtlicher Auseinandersetzung (Art. 24 Bst. a DBG; Art. 7 Abs. 4 Bst. c StHG);
- Private Kapitalgewinne (Art. 16 Abs. 3 DBG; Art. 7 Abs. 4 Bst. b StHG);-
- Übrige Tatbestände (Art. 24 Bst. b – j DBG; Art. 7 Abs. 4 Bst. a, Bst. d – m StHG).

Dem Charakter des Einkommensbegriffs folgend, werden nachstehend die steuerbaren und steuerfreien Einkünfte dargestellt, gefolgt von einer Darlegung der vom steuerbaren Einkommen abzugsfähigen Aufwendungen.

1065 Vgl. Reich, Steuerrecht, S. 222 ff.; BGE 113 Ib 23 E. 2e S. 26; BGE 2A.181/2002 v. 27. 1. 2003 E. 1.1; BGE 2P.323/2003 v. 7. 5. 2004 E. 4.1.

1066 Vgl. Reich, Zweifel/Athanas, DBG-Kommentar, Art. 16, Rz. 24 mit Verweis auf BGE 125 II 113 E. 4a und b S. 119 f.; a. M. Höhn/Waldburger, Steuerrecht, Bd. I, S. 296 f.

1067 Vgl. Reich, Zweifel/Athanas, StHG-Kommentar, Art. 7, Rz. 30.

1068 Vgl. zu den steuerfreien Einkünften A.IV.1.3.4.

IV.1.3.3. Steuerbare Einkünfte

IV.1.3.3.1. Erwerbseinkommen

Der Besteuerung des Erwerbseinkommens liegt vorab die Unterscheidung zwischen selbständiger und unselbständiger Erwerbstätigkeit zugrunde. Nachstehend findet sich eine kurze Darlegung der Abgrenzung dieser beiden Sphären sowie der Besteuerung des Einkommens aus unselbständiger Erwerbstätigkeit. Im Übrigen wird auf die Ausführungen unter A. II.1.4.1. zur Besteuerung des Einkommens aus selbständiger Erwerbstätigkeit verwiesen.

IV.1.3.3.1.1. Begriff der selbständigen Erwerbstätigkeit

Der im kantonalen Recht entwickelte und vom Bundesrecht[1069] übernommene Begriff der haupt- und nebenberuflich ausgeübten selbständigen Erwerbstätigkeit „tritt als Oberbegriff für Tätigkeiten natürlicher Personen in Erscheinung, deren steuerbare Ergebnisse sich nach der Vermögensstandsgewinnrechnung bestimmen".[1070] Das dergestalt als Vermögensstandsgewinn definierte Einkommen aus selbständiger Erwerbstätigkeit beinhaltet zwangsläufig jegliche Veränderung von Bestand und Wert des dieser Tätigkeit dienenden Vermögens (Geschäftsvermögen).[1071] Steuerbar sind damit sämtliche Kapitalgewinne auf Geschäftsvermögen aus Veräußerung,[1072] Verwertung,[1073] buchmäßiger Aufwertung,[1074] Privatentnahme,[1075] etc. Das zeigt die Bedeutung einer abschließenden Aufteilung des Vermögens natürlicher Personen in Privat- und Geschäftsvermögen sowie der Abgrenzung dieser Vermögenssphären.[1076]

1069 Das Recht der direkten Bundessteuer hat dieses Konzept in Art. 18 DBG übernommen und mit Statuierung der Steuerfreiheit des privaten Kapitalgewinns aus der Veräußerung von beweglichem und unbeweglichem Privatvermögen (Art. 16 Abs. 3 DBG) ergänzt.

1070 Vgl. von Ah, Die Besteuerung Selbständigerwerbender, S. 1.

1071 Als Geschäftsvermögen gelten nach Art. 18 Abs. 2 Satz 3 DBG bzw. Art. 8 Abs. 2 Satz 1 StHG „alle Vermögenswerte, die ganz oder vorwiegend der selbständigen Erwerbstätigkeit dienen". Die selbständige Erwerbstätigkeit ist dabei eines der i. d. R. zu erfüllenden, kumulativen Begriffsmerkmale von Geschäftsvermögen. Zu den Merkmalen des Geschäftsvermögens vgl. insbesondere von Ah, Die Besteuerung Selbständigerwerbender, S. 36 ff.; Reich, Steuerrecht, S. 374 ff.

1072 Die Veräußerung erfasst Geschäftstransaktionen, deren Kapitalgewinne echte Realisationen darstellen, so z. B. Verkauf, Tausch, Enteignung, entgeltliches Ausscheiden eines Personengesellschafters, nicht aber Schenkung, Erbgang oder Ersatzbeschaffung. Die Realisation setzt voraus, dass ein Vermögenswert einschließlich der stillen Reserven aus dem Geschäftsvermögen ausscheidet, dass an seiner Stelle ein Entgelt zufließt und dass dieses Entgelt wirtschaftlich nicht mit dem veräußerten Vermögenswert identisch ist (vgl. von Ah, Die Besteuerung Selbständigerwerbender, S. 3; Reich, Zweifel/Athanas, DBG-Kommentar, Art. 18, Rz. 25 und 27; Känzig, Wehrsteuer, Art. 21, BdBSt, Rz. 166).

1073 Das Bundesgericht sieht im Begriff der Verwertung eine Sammelbezeichnung für sämtliche, auf ein Verhalten des Steuerpflichtigen zurückführbare Realisationsvorgänge, „durch die stille Reserven, die im Genuss eines Besteuerungsaufschubs sind, so verschoben werden, dass die bisher aufgeschobene Besteuerung später nicht mehr erfolgen könnte" (vgl. BGE 102 Ib 50 E. 3a und 3c S. 53 = Blumenstein, ASA 46 [1977/1978], S. 464 E. 2).

1074 Im Falle der buchmäßigen Aufwertung kommt es zu keiner echten, wohl aber buchmäßigen Realisierung stiller Reserven, die sich in der Aufwertung nachgelagerten Erhöhung des Buchwerts sichtbar macht. Die Besteuerung der aufgelösten stillen Reserven resultiert aus dem Grundsatz der Maßgeblichkeit der Handelsbilanz (vgl. von Ah, Die Besteuerung Selbständigerwerbender, S. 82).

1075 Gesetzessystematisch wird die unentgeltliche Überführung von Geschäfts- in das Privatvermögen der Veräußerung von Geschäftsvermögen gleichgestellt (vgl. Reich, Zweifel/Athanas, DBG-Kommentar, Art. 18, Rz. 33; Locher, Kommentar zum DBG, Art. 18, Rz. 105 und Art. 16, Rz. 47; Richner/Frei/Kaufmann/Meuter, Handkommentar zum DBG, Art. 18, Rz. 81 ff.).

1076 Vgl. Simonek, ASA 65 (1996/1997), S. 513 f. Im Übrigen wird auf die Ausführungen in A.III.1.3.3. verwiesen.

IV.1.3.3.1.2. Abgrenzung zwischen selbständiger und unselbständiger Erwerbstätigkeit

Die Qualifikation einer Erwerbstätigkeit als selbständig[1077] oder unselbständig entscheidet sich primär nach dem persönlichen bzw. rechtlichen und wirtschaftlichen Freiraum der handelnden Person.[1078] Die selbständige Erwerbstätigkeit zeichnet sich dadurch aus, dass sie regelmäßig auf einer frei gewählten Organisation beruht, auf eigene Gefahr und Rechnung ausgeübt wird und nach außen in Erscheinung tritt.[1079] Sie beginnt in dem Zeitpunkt, in welchem die Tätigkeit als selbständige Erwerbstätigkeit im Wirtschaftsverkehr wahrnehmbar wird,[1080] und endet erst mit dem Abschluss der Liquidation und nicht bereits mit der Aufgabe der aktiven Geschäftstätigkeit.[1081] Die unselbständige Erwerbstätigkeit charakterisiert sich demgegenüber dadurch, dass Arbeit unter Eingliederung in eine fremde Arbeitsorganisation und damit in einem Abhängigkeitsverhältnis[1082] auf bestimmte oder unbestimmte Zeit gegen ein Entgelt geleistet wird.[1083] In diesem Sinne stellt auch die Verwaltung des eigenen beweglichen und unbeweglichen Vermögens (grundsätzlich)[1084] keine selbständige Erwerbstätigkeit dar.

IV.1.3.3.1.3. Einkommen aus unselbständiger Erwerbstätigkeit

Unter den Begriff des Einkommens aus unselbständiger Erwerbstätigkeit lassen sich folgende Einkommensarten subsumieren:

- Erwerbseinkommen;
- Einkünfte aus echten und unechten Mitarbeiterbeteiligungen;
- Abgangsentschädigungen resp. Kapitalabfindungen des Arbeitgebers.

1077 Eine gesetzliche Umschreibung der selbständigen Erwerbstätigkeit fehlt (vgl. dazu BGE 125 II 113 E. 5a und 5b S. 120 m. w. H.; Reich, Zweifel/Athanas, DBG-Kommentar, Art. 18, Rz. 15).

1078 Vgl. BGE 121 I 259 E. 3c S. 263, der besagt: „Pour savoir si une activité doit être considérée comme dépendante ou indépendante du point de vue fiscal, l'élément décisif est la mesure de l'indépendance personnelle et économique de l'intéressé dans l'accomplissement de sa tâche"; von Ah, Die Besteuerung Selbständigerwerbender, S. 2 m. w. H.

1079 Vgl. Reich, Selbständige Erwerbstätigkeit, S. 121; Simonek, ASA 65 (1996/1997), S. 514 f.; BGE 121 I 259 E. 3 S. 263 m. w. H.; StE 2006 B 23.1 Nr. 59 E. 2.2.1.

1080 Vgl. Cagianut/Höhn, Unternehmenssteuerrecht, S. 54; Reich, Zweifel/Athanas, DBG-Kommentar, Art. 18, Rz. 37; BGE 115 V 161 E. 10a S. 172.

1081 Vgl. Reich, Zweifel/Athanas, DBG-Kommentar, Art. 18, Rz. 37 ff. m. w. H.

1082 Vgl. OGer ZH JAR 1986, S. 59: Persönliche, organisatorische, zeitliche und wirtschaftliche Direktionsgewalt des Arbeitgebers (Art. 321d OR).

1083 Vgl. Rehbinder, Arbeitsrecht, S. 38 f. zu den formellen und materiellen Kriterien des Abhängigkeitsverhältnisses; Locher, Kommentar zum DBG, Art. 17, Rz. 15 f.; Richner/Frei/Kaufmann/Meuter, Handkommentar zum DBG, Art. 17, Rz. 5 f.; Richner/Frei/Kaufmann/Meuter, Zürcher Steuergesetz, § 17, Rz. 6 f.

1084 Eine Umqualifikation dieser (privaten) Verwaltungsaktivität und Subsumtion unter die selbständige Erwerbstätigkeit findet sich gemäß der bundesgerichtlichen Praxis in Fällen, in welchen ein systematisches oder planmäßiges Vorgehen, eine Häufung der Transaktionen, eine kurze Besitzesdauer, ein enger Zusammenhang mit der beruflichen Tätigkeit des Steuerpflichtigen, der Einsatz spezieller Fachkenntnisse oder der Einsatz erheblicher fremder Mittel zur Finanzierung der Geschäfte sowie die Reinvestition des erzielten Gewinnes in gleichartige Vermögensgegenstände auszumachen ist, da darin eine über das bloße Verwalten hinausgehende Tätigkeit gesehen wird. Gleichermaßen wird der dieser Tätigkeit dienende Vermögensgegenstand (und nur dieser) der Sphäre des Privatvermögens entzogen und zu Geschäftsvermögen umqualifiziert (vgl. von Ah, Die Besteuerung Selbständigerwerbender, S. 10 ff.; StE 2006 B 23.1 Nr. 60 E. 2.3; A.III.1.2.2.3.).

IV.1.3.3.1.3.1. Erwerbseinkommen

Das Erwerbseinkommen aus unselbständiger Erwerbstätigkeit (Art. 17 Abs. 1 DBG; Art. 7 Abs. 1 StHG) umfasst sämtliche Einkünfte aus privat- oder öffentlich-rechtlichem Arbeitsverhältnis,[1085] unbesehen davon, ob die Arbeitstätigkeit haupt- oder nebenberuflich, befristet oder unbefristet ausgeübt wird, einschließlich sämtliche Nebeneinkünfte wie Entschädigungen für Sonderleistungen, Provisionen, Zulagen, Dienstalters- und Jubiläumsgeschenke,[1086] Gratifikationen, Trinkgelder, Tantiemen, geldwerte Vorteile aus Mitarbeiterbeteiligungen[1087] und andere geldwerte Vorteile (Art. 17 Abs. 1 DBG; Art. 7 Abs. 1 StHG).[1088] Steuerbar sind dementsprechend sämtliche geldwerten Vorteile unabhängig der Form ihres Zufließens, welche ein Arbeitnehmer als Gegenleistung für seine Tätigkeit, die er gestützt auf ein Arbeitsverhältnis ausübt, erhält.[1089] Damit gehören entsprechend dem allgemeinen steuerlichen Einkommensbegriff auch die Naturaleinkünfte oder Naturalbezüge zum steuerbaren Einkommen. Sie sind zufolge Art 16 Abs. 2 DBG zum Marktwert zu versteuern.

Nicht Bestandteil des steuerbaren Einkommens stellt indessen der Arbeitgeberanteil an den Sozialversicherungsabgaben (vgl. Art. 13 AHVG und Art. 66 BVG) sowie der Ersatz von Spesen dar (Art. 327a OR), da letztere dem Arbeitnehmer bei der Vornahme einzelner dienstlicher Verrichtungen erwachsen sind und sich dadurch von den Berufskosten unterscheiden.[1090]

IV.1.3.3.1.3.2. Einkünfte aus echten und unechten Mitarbeiterbeteiligungen

Mit der per 1. 1. 2013 in Kraft getretenen neuen Bundesgesetzgebung[1091] wurde die beispielhafte Reihe der steuerpflichtigen Einkünfte in Art. 17 Abs. 1 DBG durch ausdrückliche Nennung der geldwerten Vorteile aus Mitarbeiterbeteiligungen erweitert. Dies hat allerdings rein deklaratorischen Charakter. Die unterpreisliche[1092] Zuteilung von Mitarbeiterbeteiligungen gehört als Naturalleistung auch ohne explizite Nennung zu den übrigen geldwerten Vorteilen gemäß Art. 17 Abs. 1 DBG und stellt damit grundsätzlich steuerbares Erwerbseinkommen dar.

1085 Charakteristisch und mithin begriffsnotwendig ist für die unselbständige Erwerbstätigkeit die gegen Lohn in einem Abhängigkeitsverhältnis, weisungsgebunden erbrachte Arbeitsleistung (vgl. BGE 121 I 259 E. 3c S. 263).

1086 Es sei denn, dass diese in der Form von zusätzlichen Ferien gewährt werden (vgl. Richner/Frei/Kaufmann/Meuter, Handkommentar zum DBG, Art. 17, Rz. 35).

1087 Vgl. A.IV.1.3.3.1.3.2.

1088 Vgl. Blumenstein/Locher, System des Steuerrechts, S. 175; Höhn/Waldburger, Steuerrecht, Bd. I, S 303; Locher, Kommentar zum DBG, Art. 17, Rz. 6 f.; Richner/Frei/Kaufmann/Meuter, Handkommentar zum DBG, Art 17, Rz. 1; Richner/Frei/Kaufmann/Meuter, Zürcher Steuergesetz, § 17, Rz. 28, 32 f., 37 ff.

1089 Vgl. Richner/Frei/Kaufmann/Meuter, Zürcher Steuergesetz § 17, Rz. 1.

1090 Vgl. Richner/Frei/Kaufmann/Meuter, Zürcher Steuergesetz § 17, Rz. 49; zu den Berufskosten vgl. hinten A.IV.1.3.5.1.

1091 Vgl. Bundesgesetz über die Besteuerung von Mitarbeiterbeteiligungen vom 17. 12. 2010 (SR 642.11). Das Gesetz sieht neben einer Ergänzung des Bundesgesetzes über die direkte Besteuerung (DBG) die Besteuerung betreffend (Art. 17a – 17d DBG) auch Änderungen bei den Pflichten zur Bescheinigung von Mitarbeiterbeteiligungen durch den Arbeitgeber vor (Art. 129 Abs. 1 Bst. d DGB) vor. Eine entsprechende Mitarbeiterbeteiligungsverordnung (MBV; SR 642.115.325.1) zur Umsetzung der neuen Gesetzgebung wurde am 27. 6. 2012, ebenfalls mit Wirkung per 1. 1. 2013, erlassen. Weiter sei an dieser Stelle auf das ESTV KS Nr. 37 v. 22. 7. 2013 zur Besteuerung von Mitarbeiterbeteiligungen sowie – stellvertretend für die Kantone – auf das Merkblatt des Kantonalen Steueramtes Zürich v. 30. 9. 2013 über die Besteuerung von Mitarbeiterbeteiligungen verwiesen.

1092 Unentgeltlich oder zu Vorzugsbedingungen.

PRAXISHINWEIS

Davon abweichend geregelt ist die Besteuerung von Call- oder Putoptionen, welche eine Kapitalgesellschaft ihren Aktionären kraft Beteiligungs- statt Arbeitsverhältnis unentgeltlich oder zu einem unter dem Verkehrswert liegenden Preis abgibt.[1093]

Die begriffliche Unterscheidung innerhalb der Mitarbeiterbeteiligungen ist in Art. 17a DBG und Art. 7c StHG vorgesehen:

- Als echte Mitarbeiterbeteiligungen gelten
  - Aktien, Genussscheine, Partizipationsscheine, Genossenschaftsanteile oder Beteiligungen anderer Art,[1094] welche die Arbeitgeberin, deren Muttergesellschaft oder eine andere Konzerngesellschaft den Mitarbeitern abgibt (Art. 17a Abs. 1 Bst. a DBG; Art. 7c Abs. 1 Bst. a StHG);
  - Optionen auf den Erwerb von Beteiligungen nach Bst. a (Art. 17a Abs. 1 Bst. b DBG; Art. 7c Abs. 1 Bst. b StHG);
- Als unechte Mitarbeiterbeteiligungen gelten Anwartschaften auf bloße Bargeldabfindungen (Art. 17a Abs. 2 DBG; Art. 7c Abs. 2 StHG).

PRAXISHINWEIS

Die Beteiligung am Eigenkapital der Arbeitgeberin kann entweder direkt mittels Einräumung von Beteiligungspapieren oder indirekt mittels Einräumung von Optionen oder Anwartschaften zum Bezug derselben erfolgen. Anwartschaften auf den Erwerb von Mitarbeiteraktien (Share Awards) wie Restricted Stock Units (RSU) und Restricted Stock Awards (RSA) qualifizieren dabei weder als echte noch unechte Mitarbeiterbeteiligungen. Sie stellen zwar wie die Optionen dem Mitarbeiter in Aussicht, in einem späteren Zeitpunkt eine bestimmte Anzahl Aktien unterpreislich erwerben zu können. Die Übertragung der Aktien wird dabei i. d. R. von Bedingungen wie bspw. dem Fortbestehen eines Arbeitsverhältnisses im Erwerbszeitpunkt abhängig gemacht. Anders als bei den Optionen hat der Mitarbeiter aber keine Möglichkeit, den Ausübungszeitpunkt zu bestimmen. Mithin enthalten Anwartschaften auf Mitarbeiteraktien eine Entschädigung für künftige Leistungen und werden bis zur Ausgabe der Aktien wie unechte sowie im Zeitpunkt der resp. nach erfolgter Abgabe wie echte Mitarbeiterbeteiligungen behandelt.[1095]

PRAXISHINWEIS

Mit unechten Mitarbeiterbeteiligungen soll weder ein direkter noch indirekter Erwerb von Beteiligungspapieren begünstigt, sondern einzig die Höhe eines künftigen Bonus (Geldleistung) bspw. an die Aktienkurssteigerung oder die Dividendenrendite festgemacht werden. Als unechte Mitarbeiterbeteiligungen qualifizieren auch Rechte, welche die Option einräumen, im Zeitpunkt der Zuteilung von Mitarbeiteraktien anstelle der Aktien Bargeld zu wählen. Da solche Instrumente dem Mitarbeiter i. d. R. keine zusätzlichen Rechte wie Stimm- und Dividendenrechte gewähren, haben die unechten Beteiligungsrechte bis zu ihrer Realisation aus steuerlicher Sicht rein anwartschaftlichen Charakter.[1096]

Resultierend aus der neuen Bundesgesetzgebung und den diversen Ausführungserlassen werden geldwerte Vorteile sowohl aus frei verfügbaren als auch gesperrten[1097] Mitarbeiteraktien sowie börsennotierten Mitarbeiteroptionen, die frei verfügbar oder ausübbar sind, ab 1. 1. 2013 im Zeitpunkt des Rechtserwerbs (=Zuteilung) mit der Einkommensteuer erfasst. Die Bereicherung des Mitarbeiters erfolgt dabei im Umfang der positiven Differenz zwischen Verkehrswert

1093 Vgl. hierzu ESTV KS Nr. 39 v. 23. 12. 2013 zur Besteuerung von Aktionärsoptionen.

1094 Die genannten Anteilsrechte werden in der Praxis regelmässig als Mitarbeiteraktien bezeichnet.

1095 Vgl. Richner/Frei/Kaufmann/Meuter, Zürcher Steuergesetz, § 17a, Rz. 7; ESTV KS Nr. 37 v. 22. 7. 2013, Ziff. 2.3.1.3.

1096 Vgl. Richner/Frei/Kaufmann/Meuter, Zürcher Steuergesetz, § 17a, Rz. 6.

1097 Gesperrte Mitarbeiteraktien unterliegen einer zeitlichen Verfügungssperre.

und Abgabepreis (Art. 17b Abs. 1 DBG). Wegen mangelnder Verfügbarkeit bei gesperrten Mitarbeiteraktien wird deren Verkehrswert mit einem Diskont von jährlich sechs Prozent während maximal zehn Jahren reduziert (Art. 17b Abs. 2 DBG).

Eine allfällig zu einem späteren Zeitpunkt eingetretene Wertsteigerung qualifiziert grundsätzlich als steuerfreier privater Kapitalgewinn[1098] (oder als steuerlich unbeachtlicher Kapitalverlust). Dieser entspricht der Differenz zwischen dem Verkehrswert (Formelwert) im Zeitpunkt der Abgabe und dem Verkehrswert (Formelwert; nach derselben Bewertungsmehodik ermittelt) im Zeitpunkt der Veräußerung. Resultiert bspw. infolge zwischenzeitlich geänderter Bewertungsmethodik oder infolge Wechsel vom Formel- zum Verkehrswertprinzip ein Mehrwert, qualifiziert dieser dagegen nicht als steuerfreier Kapitalgewinn, sondern als steuerbares Einkommen im Zeitpunkt der Veräußerung.[1099]

PRAXISHINWEIS

Gemäß Steuerpraxis des Kantons Zürich wird ein allfälliger Übergewinn jedoch nicht besteuert, wenn das den Wechsel vom Formel- zum Verkehrswertprinzip auslösende Ereignis erst nach Ablauf einer fünfjährigen Haltedauer der Mitarbeiteraktien eintritt.[1100]

Weitere Besonderheiten gelten bei vorzeitigem Wegfall der Sperrfrist oder bei Rückgabe von Mitarbeiteraktien an den Arbeitgeber bei Auflösung des Arbeitsverhältnisses (vgl. Art. 11 und 12 MBV).

Im Falle von Restricted Stock Units/Awards (RSU/RSA) erhält der Mitarbeiter lediglich eine Zusage (Anwartschaft), dass er in Zukunft unter bestimmten Bedingungen Aktien erhalten wird. Entsprechend unterliegen solche Versprechen erst im Zeitpunkt der Freigabe der Aktien der Einkommensbesteuerung (sog. Vesting[1101]), da der Mitarbeiter erst zu diesem Zeitpunkt über einen unwiderruflichen Anspruch und Aktionärsrechte wie Dividenden- und Stimmrechte verfügt.

Geldwerte Vorteile aus gesperrten (gevesteten) oder nicht börsennotierten Mitarbeiteroptionen, die ab dem 1. 1. 2013 zugeteilt wurden resp. werden[1102], werden im Zeitpunkt der Ausübung [resp. Veräußerung] zum Verkehrswert der Aktie bei Ausübung [resp. Veräußerung] abzüglich Ausübungspreis [resp. nach Abzug allfälliger Gestehungskosten] mit der Einkommenssteuer erfasst (Art. 17b Abs. 3 DBG). Dadurch müssen solche Mitarbeiteroptionen nicht mehr nach komplizierten finanzmathematischen Formeln bewertet werden.

Geldwerte Vorteile aus unechten Mitarbeiterbeteiligungen unterliegen im Zeitpunkt ihres Zuflusses im Umfang der tatsächlichen Geldleistung der Einkommenssteuer (Art. 17c DBG). Entsprechend ist bei unechten Mitarbeiterbeteiligungen die Erzielung eines steuerfreien Kapitalgewinns nicht möglich.

1098 Vgl. A.IV.1.3.4.

1099 Vgl. Ziff 3.4.3 des ESTV KS Nr. 37 v. 22. 7. 2013.

1100 Vgl. Ziff. 5 Abs. 3 des Merkblatts des Kantonalen Steueramtes Zürich v. 30. 9. 2013 über die Besteuerung von Mitarbeiterbeteiligungen. Weitere Kantone wie bspw. SZ und ZG folgen der Zürcher Praxis.

1101 Gemäß Ziff 2.4 des ESTV KS Nr. 37 v. 22. 7. 2013 stellt die Vestingperiode die Zeitspanne dar, während welcher der Mitarbeiter eine Option verdienen muss, bspw. indem er gewisse berufliche Ziele erfüllt oder seinen Arbeitsvertrag nicht vor Ablauf einer bestimmten Dauer kündigt. Das Ende dieser Zeitspanne wird als Vesting bezeichnet (vgl. auch BGE 2C_138/2010 v. 2. 6. 2010 E. 2.2).

1102 Für altrechtliche Mitarbeiteroptionen, d. h. vor dem 1. 1. 2013 zugeteilt, gilt die alte Rechtslage. Die Besteuerung erfolgt diesfalls – je nach Ausgestaltung des Optionsvertrags – im Zeitpunkt der Zuteilung, bei Eintritt des Vesting (sprich beim Auslaufen der Sperrfrist und damit der Erfüllung der Suspensivbedingungen) oder bei Ausübung resp. Verkauf.

Hat die steuerpflichtige Person nicht während der gesamten Zeitspanne zwischen Rechtserwerb (Zuteilung) und Entstehen des Ausübungsrechts von gesperrten Mitarbeiteroptionen gemäß Art. 17b Abs. 3 DBG steuerrechtlichen Wohnsitz oder Aufenthalt in der Schweiz, werden die erzielten geldwerten Vorteile anteilmäßig im Verhältnis zwischen der gesamten zur in der Schweiz verbrachten Zeitspanne mit der Einkommenssteuer erfasst (Art. 17d DBG). Diese Pro-Ratierung gilt auch im Falle von Anwartschaften auf Mitarbeiteraktien und unechten Mitarbeiterbeteiligungen.

PRAXISHINWEIS

Als maßgebliche Zeitspanne gilt dabei der Zeitraum des Arbeitsvertragsverhältnisses zwischen Mitarbeiter und Arbeitgeber.[1103]

Die Typisierung der Mitarbeiterbeteiligungen und der Zeitpunkt deren Besteuerung lässt sich grafisch wie folgt veranschaulichen:[1104]

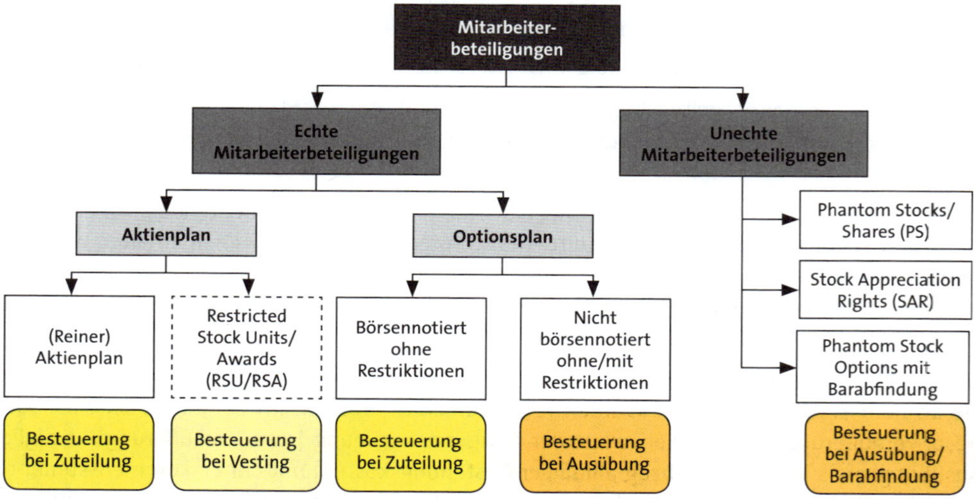

PRAXISHINWEIS

Geldwerte Vorteile aus Mitarbeiterbeteiligungen qualifizieren auch aus sozialversicherungsrechtlicher Sicht als Einkommen aus unselbständiger Erwerbstätigkeit (sog. maßgebender Lohn). Für die Zeitpunkte der Beitragserhebung und für die Bewertung gelten jedoch die Vorschriften über die direkte Bundessteuer.[1105]

IV.1.3.3.1.3.3. Abgangsentschädigungen resp. Kapitalabfindungen des Arbeitgebers

In der Praxis ist eine Vielzahl von Abgangsentschädigungsformen anzutreffen. Oft handelt es sich dabei um pauschale Zahlungen von Abfindungssummen, die anlässlich von vorzeitig beendeten Arbeitsverhältnissen ausgerichtet werden (bspw. „Schmerzensgeld" für die Entlassung, Treueprämie für langjährige Dienstverhältnisse, Risikoprämie für die persönliche Sicherheit und

1103 Vgl. ESTV KS Nr. 37 v. 22. 7. 2013, Ziff. 7.1.

1104 Bei den Phantom Stocks / Shares (PS) handelt es sich um synthetische Aktien, bei den Stock Appreciation Rights (SAR) um synthetische Optionen. Beide bilden zusammen mit Co-Investment Varianten die häufigsten Formen von unechten Mitarbeiterbeteiligungen (vgl. ESTV KS Nr. 37, Ziff. 2.3.2.).

1105 Vgl. Art. 5 Abs. 2 AHVG (SR 831.10) i. V. m. Art. 7 Bst. c^{bis} AHVV (SR 831.101).

berufliche Zukunft, Entgelt für erbrachte Arbeitsleistungen, Vorruhestandsregelung etc.). Für die steuerliche Behandlung ist eine genaue Charakterisierung der Abgangsentschädigung im Einzelfall vonnöten. Es gilt insbesondere zu unterscheiden, ob die Abgangsentschädigung Vorsorgecharakter hat, oder ob es sich um Ersatzeinkommen handelt.[1106]

Kapitalabfindungen mit Vorsorgecharakter
Kapitalabfindungen mit Vorsorgecharakter sind einmalige Vermögenszugänge, welche dazu bestimmt sind, einen Vorsorgebedarf zu decken, d. h. „die Leistung [ist] dazu bestimmt, eine durch Alter, Invalidität oder Tod eines Arbeitnehmers mögliche künftige Beschränkung der gewohnten Lebenshaltung des Arbeitnehmers bzw. seiner Hinterlassenen zu mildern".[1107]

Während die Besteuerungsgrundlage für Kapitalabfindungen aus einer mit dem Arbeitsverhältnis verbundenen Vorsorgeeinrichtung in Art. 22 Abs. 1 DBG liegt und Art. 17 Abs. 2 DBG in dieser Hinsicht keine selbständige Bedeutung zukommt, bildet letzterer Grundlage zur Besteuerung von gleichartigen Kapitalabfindungen des Arbeitgebers.[1108]

Hinsichtlich des anwendbaren Tarifs und der zeitlichen Bemessung gelangen Kapitalabfindungen gemäß Art. 17 Abs. 2 DBG indessen in den Genuss einer Sonderbehandlung. Sie werden zufolge Art. 38 DBG gesondert, d. h. ohne Berücksichtigung der übrigen Einkünfte und ohne Berücksichtigung von Sozialabzügen im Rahmen einer Sonderveranlagung, einer Jahressteuer unterworfen (Art. 38 DBG; Art. 11 Abs. 3 StHG). Dabei wird die Einkommenssteuer zu einem Fünftel der ordentlichen Tarife (nach Art. 36 DBG) berechnet. Gleichartige Kapitalabfindungen des Arbeitgebers werden ebenfalls privilegiert nach Art. 38 DBG besteuert, sofern eine Reihe von kumulativ zu erfüllenden Voraussetzungen gegeben ist.[1109]

Die Kantone kennen ihrerseits eine Vielzahl unterschiedlicher steuerlicher Privilegierungen von Kapitalabfindungen mit Vorsorgecharakter.[1110]

Für den Fall, dass der Empfänger seinen steuerlichen Wohnsitz oder Aufenthalt im Zeitpunkt der Zahlung nicht in der Schweiz hat, wird die Leistung an der Quelle besteuert (Art. 95 f. DBG).[1111]

Übrige Kapitalabfindungen des Arbeitgebers
Andere Kapitalzahlungen, welche ihren Rechtsgrund im Arbeitsverhältnis haben und keinen Vorsorgecharakter aufweisen, haben ihre Besteuerungsgrundlage in Art. 17 Abs. 1 DBG oder ggf. in Art. 23 Bst. a DBG[1112] resp. Art. 23 Bst. c DBG.[1113]

1106 Vgl. Richner/Frei/Kaufmann/Meuter, Handkommentar zum DBG, Art. 17, Rz. 65 ff.

1107 Vgl. Locher, Kommentar zum DBG, Art. 17, Rz. 61.

1108 Vgl. Richner/Frei/Kaufmann/Meuter, Handkommentar zum DBG, Art. 17, Rz. 71.

1109 Bezüglich der einzelnen Voraussetzungen sei auf das KS ESTV Nr. 1 v. 3. 10. 2002 verwiesen.

1110 So stellvertretend bspw. der Kanton ZH, der Kapitalleistungen aus Vorsorge gesondert, zum Steuersatz berechnet, der sich ergäbe, wenn anstelle der einmaligen eine jährliche Leistung von einem Zehntel der Kapitalleistung ausgerichtet würde. Die einfache Staatssteuer beträgt jedoch in jedem Fall mindestens 2 % (§ 37 StG-ZH).

1111 Vgl. A.IV.3.

1112 Diesfalls handelt es sich um Abgangsentschädigungen mit Ersatzeinkommenscharakter.

1113 Hierbei geht es um Entschädigungen für die Aufgabe oder Nichtausübung einer Tätigkeit.

Es gilt diesbezüglich auseinander zuhalten:

- Kapitalleistungen, die der Abgeltung wiederkehrender Leistungen dienen,[1114] werden nach Art. 37 DBG (Rentensatz) besteuert. Dies hat zur Folge, dass die Einkommenssteuer unter Berücksichtigung der übrigen Einkünfte und zulässigen Abzüge zu dem Steuersatz berechnet wird, der sich ergäbe, wenn anstelle der einmaligen Leistung eine entsprechende jährliche Leistung ausgerichtet würde. Die Kantone kennen ihrerseits unterschiedliche Praxen;
- Kapitalleistungen des Arbeitgebers ohne Vorsorgecharakter, welche nicht der Abgeltung wiederkehrender Leistungen dienen, werden zum ordentlichen Tarif (Art. 36 DBG) besteuert. Es gelten zusätzlich die maßgeblichen kantonalen Bestimmungen.

IV.1.3.3.2. Einkünfte aus Vermögen

Der steuerrechtliche Begriff des Vermögensertrags gilt grundsätzlich nur für Wertzuflüsse, welche dem Steuerpflichtigen von außen als Entgelt für das Zurverfügungstellen von Vermögen zufließen.[1115]

Bei den Einkünften aus Vermögen wird zwischen solchen aus beweglichem und solchen aus unbeweglichem Vermögen unterschieden.

IV.1.3.3.2.1. Erträge aus beweglichem Vermögen

Art. 20 Abs. 1 DBG enthält, anders als das StHG, eine Aufzählung der Erträge aus beweglichem Vermögen. Entsprechend der vorstehenden Umschreibung des steuerrechtlichen Begriffs des Vermögensertrags bleibt der eigentliche „Frucht“genuss des eigenen Vermögens unbesteuert. Als der Einkommenssteuer unterliegende Erträge des beweglichen Vermögens gelten:

a. Zinsen aus Guthaben, einschließlich ausbezahlter Erträge aus rückkaufsfähigen Kapitalversicherungen mit Einmalprämie im Erlebensfall oder bei Rückkauf, außer wenn diese Kapitalversicherungen der Vorsorge dienen. Als der Vorsorge dienend gilt die Auszahlung der Versicherungsleistung ab dem vollendeten 60. Altersjahr des Versicherten aufgrund eines mindestens fünfjährigen Vertragsverhältnisses, das vor Vollendung des 66. Altersjahres begründet wurde. In diesem Fall ist die Leistung steuerfrei;

b. Einkünfte aus der Veräußerung oder Rückzahlung von Obligationen mit überwiegender Einmalverzinsung (globalverzinsliche Obligationen, Diskont-Obligationen), die dem Inhaber anfallen;

1114 Die Kapitalabfindung stellt einen einmaligen Vermögenszugang dar, mit welchem ein Anspruch auf wiederkehrende Leistungen getilgt wird. Darunter fallen auch einmalige Vermögenszugänge, mit welchen in der Vergangenheit begründete Teilleistungen abgegolten werden. Die privilegierte Besteuerung für eine solche Leistung nach Art. 37 DBG erfolgt indessen nur, wenn dem Charakter der betreffenden Leistung entsprechend ordentlicherweise eine periodische Ausrichtung vorgesehen war und diese ohne Beitrag des berechtigten Steuerpflichtigen unterblieben ist (vgl. Locher, Kommentar zum DBG, Art. 17, Rz. 59). Art. 11 Abs. 2 StHG statuiert entsprechend dem Gebot der Sachgerechtigkeit eine Steuersatzreduktion, indem für die Steuersatzermittlung festgeschrieben wird, dass diesbezüglich nur eine Jahresleistung zu berücksichtigen ist (vgl. Reich, Zweifel/Athanas, StHG-Kommentar, Art. 11, Rz. 33).

1115 Vgl. Reich, Zweifel/Athanas, StHG-Kommentar, Art. 7, Rz. 39.

c. Dividenden, Gewinnanteile, Liquidationsüberschüsse und geldwerte Vorteile aus Beteiligungen aller Art (einschließlich Gratisaktien, Gratisnennwerterhöhungen und dgl.). Dabei gilt als steuerbarer Vermögensertrag jeglicher geldwerte Vorteil aus Beteiligung, der keine Rückzahlung von Kapitalanteilen und/oder qualifizierten Kapitaleinlagereserven (KER)[1116] darstellt. Ein bei der Rückgabe von Beteiligungsrechten i. S. v. Art. 4a VStG an die Kapitalgesellschaft oder Genossenschaft erzielter Liquidationsüberschuss gilt in dem Jahr als realisiert, in welchem die Verrechnungssteuerforderung entsteht (Art. 12 Abs. 1 und 1bis VStG). Zwei besondere Anwendungsfälle von Art. 20 Abs. 1 Bst. c DBG werden in Art. 20a DBG geregelt;[1117]

PRAXISHINWEIS

In Bezug auf die Rückführung von Kapitaleinlagereserven, welche im Rahmen der Gewinnverwendung von Kapitalgesellschaften mit Sitz in der Schweiz beschlossen werden können, ist die steuerliche Behandlung bei der in Deutschland steuerpflichtigen natürlichen Person (Anteilseigner) derzeit nicht zweifelsfrei geklärt.[1118] Demgegenüber stellen die von der Gesellschaft erwirtschafteten Mittel im Zeitpunkt ihrer Ausschüttung steuerbaren Vermögensertrag dar, da sie als Entgelt für die Nutzungsüberlassung des von der Aktionärschaft zur Verfügung gestellten Kapitals gesehen werden.

d. Einkünfte aus Vermietung, Verpachtung, Nutznießung oder sonstiger Nutzung beweglicher Sachen oder nutzbarer Rechte;

e. Einkünfte aus Anteilen an kollektiven Kapitalanlagen, soweit die Gesamterträge die Erträge aus direktem Grundbesitz übersteigen;

f. Einkünfte aus immateriellen Gütern.

IV.1.3.3.2.2. Erträge aus unbeweglichem Vermögen

Nach Art. 21 DBG und z. B. § 21 StG-ZH sind die Erträge aus unbeweglichem Vermögen steuerbar, insbesondere:

a. Alle Einkünfte aus Vermietung, Verpachtung, Nutznießung oder sonstiger Nutzung;[1119]

b. Der Mietwert von Liegenschaften oder Liegenschaftsteilen, die dem Steuerpflichtigen aufgrund von Eigentum oder eines unentgeltlichen Nutzungsrechts für den Eigengebrauch zur Verfügung stehen. Art. 7 Abs. 1 StHG statuiert ausdrücklich die Unterwerfung der Eigennutzung von Liegenschaften unter die Einkommenssteuer (sog. Eigenmietwertbesteuerung). Grundlage der Wertfestsetzung der sog. Eigenmiete ist der objektive Marktwert, dies unter Berücksichtigung der ortsüblichen Verhältnisse und der tatsächlichen Nutzung der am Wohnsitz selbstbewohnten Liegenschaft;[1120]

c. Einkünfte aus Baurechtsverträgen;

d. Einkünfte aus der Ausbeutung von Kies, Sand und anderen Bestandteilen des Bodens.

1116 Vgl. Art. 20 Abs. 3 DBG; Art. 7b StHG; A.III.4.3.
1117 Zu den Tatbeständen der indirekten Teilliquidation (Art. 20a Abs. 1 Bst. a und Abs. 2 DBG) und der Transponierung (Art. 20a Abs. 1 Bst. b DBG) vgl. A.III.2.2.1.3.
1118 Vgl. hierzu Suter/Reiser, PIStB 3/2014, S. 80 ff.; Suter/Reiser, StR 2014, S. 340 ff.; A.III.4.3.
1119 Vgl. Urteil des Bundesgerichts v. 15. 7. 2005, wiedergegeben in: StE 2006 B 25.6 Nr. 53 E. 2.1.
1120 Vgl. U. a. Reich, Zweifel/Athanas, StHG-Kommentar, Art. 7, Rz. 43; BGE 123 II 9 E.4 S. 13 ff.

IV.1.3.3.2.3. Abgrenzung von Kapitalgewinn und Vermögensertrag

Die Abgrenzung zwischen Vermögensertrag und Kapitalgewinn ist bei der Einkommensermittlung im Bereich des Privatvermögens von Relevanz. Zufolge der gesetzlich normierten Steuerfreiheit des Kapitalgewinnes aus der Veräußerung von Privatvermögen (Art. 16 Abs. 3 DBG) wird der Begriff des Vermögensertrags durch den Fiskus regelmäßig weit ausgelegt.

Ausgangspunkt für die Abgrenzung ist die wirtschaftliche Verursachung eines Wertzuflusses. Ist dieser auf eine Veräußerung zurückzuführen, so liegt kein Vermögensertrag vor, da hier ein Eintausch eines Vermögenswerts in einen anderen erfolgt.[1121] Wird indessen ein Entgelt für eine Nutzungsüberlassung erzielt, so liegt Vermögensertrag vor.

IV.1.3.3.3. Einkünfte aus Vorsorge[1122]

Rentenleistungen aus der Alters- und Hinterlassenenversicherung (AHV) sowie Rentenleistungen und Taggelder aus der Invalidenversicherung (IV) werden zu 100 % mit der Einkommenssteuer erfasst.[1123]

Die volle Besteuerung der Leistungen (Renten, Kapitalleistungen) aus Einrichtungen der beruflichen Vorsorge (sog. 2. Säule) und anerkannten Formen der gebundenen Selbstvorsorge (sog. Säule 3a) ist in Art. 83 BVG (lex specialis) geregelt und bildet das logische Gegenstück der vollumfänglichen steuerlichen Abzugsfähigkeit der geleisteten Beiträge bzw. Prämien. Bund (Art. 22 DBG; Art. 7 Abs. 1 StHG) und Kantone haben in ihren Steuergesetzen die volle Steuerbarkeit der Vorsorgeleistungen ebenfalls festgeschrieben. Dieser Grundsatz der vollen Steuerbarkeit ist indessen durch die im DBG und in fast allen kantonalen Regelungen enthaltenen Übergangsregelungen, wonach je nach Eigenfinanzierungsgrad die in die Übergangszeit vom 1. 1. 1987 bis 1. 1. 2002 fallenden Kapitalleistungen nur zu 60 % oder (i. d. R.) zu 80 % erfasst werden, durchbrochen worden (Art. 204 DBG; für die maßgeblichen Kantone stellvertretend § 270 StG-ZH). Im Weiteren gilt für Kapitalleistungen die oben erwähnte steuerliche Privilegierung gemäß Art. 38 DBG resp. der jeweilig anwendbaren kantonalen Gesetzesnorm.

Art. 22 Abs. 3 DBG und Art. 7 Abs. 2 und Abs. 4 StHG regeln überdies punktuell die Besteuerung bestimmter Einkünfte aus der freien Selbstvorsorge (sog. Säule 3b), und zwar der Leibrenten und der Einkünfte aus Verpfründungen:

- Der Begriff der Leibrente i. S. v. Art. 516 ff. OR umfasst die vom Leben einer Person abhängigen Verpflichtungen des Rentenschuldners. Der sog. Rentengläubiger hat Anspruch auf zeitlich wiederkehrende Leistungen in Form von Geld oder – im Ausnahmefall – in der Gestalt anderer vertretbarer Sachen. Zu unterscheiden ist hierbei zwischen dem Stammrecht und den sich daraus periodisch ergebenden Forderungen. Leibrenten sind zu 40 % steuerbar;[1124]
- Nach Art. 521 Abs. 1 OR verpflichtet sich der Pfrundgeber im Rahmen des Verpfründungsvertrags zur Übertragung eines Vermögens oder einzelner Vermögenswerte. Der Pfrundnehmer

1121 Vgl. statt vieler Reich, Zweifel/Athanas, StHG-Kommentar, Art. 7, Rz. 48.

1122 Vgl. auch F.III.

1123 AHV/IV-Ergänzungsleistungen sind gemäß Art. 24 Bst. h DBG bzw. Art. 7 Abs. 4 Bst. k StHG steuerfrei.

1124 Vgl. Locher, Kommentar zum DBG, Art. 22, Rz. 51 f.; Richner/Frei/Kaufmann/Meuter, Handkommentar zum DBG, Art. 22, Rz. 54 ff.

verpflichtet sich im Gegenzug dazu, dem Pfrundgeber Unterhalt und Pflege auf Lebenszeit zu gewähren. Die Einkünfte werden ebenfalls zu 40 % besteuert.[1125]

IV.1.3.3.4. Übrige Einkünfte

IV.1.3.3.4.1. Allgemeines

Art. 23 DBG stellt eine Konkretisierung der Einkommensgeneralklausel dar und bezeichnet weitere steuerbare Einkünfte, die nicht unter die Art. 17 – 22 DBG subsumiert werden können.[1126]

Nach Art. 23 DBG sind als übrige Einkünfte steuerbar:

- Alle anderen Einkünfte, die an die Stelle des Einkommens aus Erwerbstätigkeit treten;
- Einmalige oder wiederkehrende Zahlungen bei Tod sowie für bleibende körperliche oder gesundheitliche Nachteile;
- Entschädigungen für die Aufgabe oder Nichtausübung einer Tätigkeit;
- Entschädigungen für die Nichtausübung eines Rechtes;
- Die einzelnen Gewinne von über CHF 1'000 aus einer Lotterie und einer lotterieähnlichen Veranstaltung;
- Unterhaltsbeiträge, die ein Steuerpflichtiger bei Scheidung, gerichtlicher oder tatsächlicher Trennung für sich erhält, sowie Unterhaltsbeiträge, die ein Elternteil für die unter seiner elterlichen Sorge stehenden Kinder erhält.

IV.1.3.3.4.2. Erwerbsersatzeinkünfte

Als Erwerbsersatzeinkünfte gelten sämtliche, an die Stelle des Einkommens aus Erwerbstätigkeit tretenden Einkünfte, m. a. W. die nicht durch eine andere Norm erfassten Einkünfte (Art. 17 – 22 und Art. 23 Bst. b – f DBG). Insofern stellt Art. 23 Bst. a DBG einen Auffangtatbestand dar. Erfasst werden dadurch v. a. Taggelder aus Kranken-, Unfall- und Arbeitslosenversicherung.[1127]

Voraussetzung für die Anwendbarkeit von Art. 23 Bst. a DBG ist, dass ein Arbeitsverhältnis einmal bestanden hat, und dass die periodischen oder einmaligen Einkünfte dazu bestimmt sind, den entsprechenden Ausfall auszugleichen. Der Anwendungsbereich von Art. 23 Bst. a DBG umschließt dabei sowohl die unselbständige als auch die selbständige Erwerbstätigkeit.[1128]

IV.1.3.3.4.3. Entschädigungen für die Beeinträchtigung der körperlichen Integrität

Nach Art. 23 Bst. b DBG sind Zahlungen steuerbar, welche anlässlich eines Todesfalls oder für bleibende körperliche oder gesundheitliche Nachteile ausgerichtet werden. Im Gegensatz zu Art. 23 Bst. a DBG kommt es hier für die Besteuerung darauf an, wer die Zahlung leistet. So fallen beispielsweise IV-Renten unter Art. 22 DBG und nicht unter Art. 23 Bst. b DBG.[1129]

1125 Vgl. Locher, Kommentar zum DBG, Art. 22, Rz. 59 f.; Richner/Frei/Kaufmann/Meuter, Handkommentar zum DBG, Art. 22, Rz. 68.

1126 Vgl. Richner/Frei/Kaufmann/Meuter, Handkommentar zum DBG, Art. 23, Rz. 1 f.

1127 Vgl. Richner/Frei/Kaufmann/Meuter, Handkommentar zum DBG, Art. 23, Rz. 3 ff.

1128 Vgl. Richner/Frei/Kaufmann/Meuter, Handkommentar zum DBG, Art. 23, Rz. 8 f.

1129 Vgl. Richner/Frei/Kaufmann/Meuter, Handkommentar zum DBG, Art. 23, Rz. 22 f.

Im Hinblick auf die Besteuerung von Leistungen im Todesfall gilt es für die Abgrenzung zwischen Art. 23 Bst. b und Art. 24 Bst. a DBG zu unterscheiden, auf welchem Rechtsgrund der Vermögensanfall im Todesfall beruht. Ist der Vermögensanfall im Erbrecht begründet, so ist Art. 24 Bst. a DBG anwendbar, was zur Folge hat, dass keine Einkommenssteuer erhoben wird. Ist indessen ein anderes Rechtsverhältnis für die Zahlung ursächlich, so unterliegt die Zahlung der Besteuerung gestützt auf Art. 23 Bst. b DBG.[1130]

Die praktische Relevanz dieser Abgrenzung zeigt sich bei Versicherungsleistungen im Todesfall. Solche Zahlungen unterliegen im Grundsatz der Besteuerung nach Art. 23 Bst. b DBG. Von der Besteuerung kann indessen abgesehen werden, wenn diese Zahlungen ausdrücklich als steuerfrei erklärt werden. Steuerfrei sind somit:[1131]

- Gestützt auf Art. 24 Bst. b DBG das Todesfallkapital aus rückkaufsfähigen Kapitalversicherungen (d. h. insbesondere aus gemischten Versicherungen, lebenslänglichen Todesfallversicherungen und Versicherungen auf bestimmten Termin);
- Gestützt auf Art. 24 Bst. a DBG jene Versicherungsleistungen, welche bei Anlass eines Todesfalls ausgerichtet werden, wenn die entsprechende Zahlung ihren Rechtsgrund im Erbrecht hat. So z. B. Todesfallkapitalzahlungen aus nicht rückkaufsfähigen Kapitalversicherungen (Risikoversicherungen), die in den Nachlass des Erblassers gefallen sind. Diese Zahlungen fließen dem Empfänger infolge Erbschaft oder Vermächtnis zu.

Demgegenüber sind steuerbar:[1132]

- Todesfallkapitalzahlungen aus nicht rückkaufsfähiger Kapitalversicherung, die der Empfänger aufgrund einer Begünstigungsklausel erhält; denn mit der Begünstigung verfügt der Versicherungsnehmer über den Versicherungsanspruch zugunsten des Empfängers, welcher damit ein außerhalb der Erbfolge liegendes Recht auf den Versicherungsanspruch erhält;
- Renten, welche mit dem Tod des Erblassers zu fließen beginnen;
- Todesfallleistungen, die ein Schädiger für den Personenschaden zu leisten hat (sog. Versorgerschaden).

IV.1.3.3.4.4. Entschädigungen für Unterlassungen

Erhält der Steuerpflichtige eine Entschädigung, weil er eine Tätigkeit unterlässt, und ersetzt diese Leistung teilweise oder vollumfänglich das Einkommen aus selbständiger oder unselbständiger Erwerbstätigkeit des Steuerpflichtigen, so ist diese steuerbar (Art. 23 Bst. c DBG). Dasselbe gilt für die Abgeltung der Nichtausübung eines Rechts (Art. 23 Bst. d DBG).[1133]

1130 Vgl. Richner/Frei/Kaufmann/Meuter, Handkommentar zum DBG, Art. 23, Rz. 28, Zigerlig/Jud, Zweifel/Athanas, DBG-Kommentar, Art. 23, Rz. 14.

1131 Vgl. Richner/Frei/Kaufmann/Meuter, Handkommentar zum DBG, Art. 23, Rz. 30 f.

1132 Vgl. Richner/Frei/Kaufmann/Meuter, Handkommentar zum DBG, Art. 23, Rz. 32 ff.

1133 Vgl. Richner/Frei/Kaufmann/Meuter, Handkommentar zum DBG, Art. 23, Rz. 43 und 46.

IV.1.3.3.4.5. Lotteriegewinne

Einzelne Gewinne aus einer Lotterie oder einer lotterieähnlichen Veranstaltung von über CHF 1'000 (Art. 23 Bst. e DBG) bzw. größer als ein nach jeweiligem kantonalem Recht bestimmten Betrag (e contrario aus Art. 7 Abs. 4 Bst. m StHG[1134]) sind als solche steuerbar. Von den einzelnen Gewinnen aus Lotterien oder lotterieähnlichen Veranstaltungen werden für die direkte Bundessteuer 5 %, jedoch höchstens CHF 5'000, als Einsatzkosten abgezogen (Art. 33 Abs. 4 DBG). Für Kantons- und Gemeindesteuerzwecke sind die Einsatzkosten in der Höhe eines nach jeweiligem kantonalem Recht bestimmten Prozentbetrags bzw. maximalen Betrags (Art. 9 Abs. 2 Bst. n StHG[1135]) abzugsfähig.[1136]

PRAXISHINWEIS

Im Rahmen der Totalrevision des Lotterie- und des Spielbankengesetzes[1137] sollen in Zukunft auch die heute grundsätzlich steuerbaren Lotterie- und Sportwettgewinne – und nicht bloß die bereits heute steuerfreien, in Spielbanken erzielten Spielgewinne – steuerfrei sein. Damit soll auch die steuerliche Ungleichbehandlung gegenüber den Geldspielen im Ausland beseitigt werden.[1138]

IV.1.3.3.4.6. Unterhaltsbeiträge

Leistungen, die in Erfüllung familienrechtlicher Verpflichtungen erbracht werden, sind beim Empfänger grundsätzlich steuerfrei (Art. 24 Bst. e DBG; Art. 7 Abs. 4 Bst. g StHG). Stellt die Familie indessen keine Wirtschaftsgemeinschaft mehr dar, entfällt die Steuerfreiheit. Entsprechend dem Zuflussprinzip hat der Empfänger von Unterhaltsbeiträgen diese zu versteuern.

Unter den Begriff der Unterhaltsbeiträge von Art. 23 Bst. f DBG und Art. 7 Abs. 4 Bst. g StHG fallen regelmäßig oder unregelmäßig wiederkehrende Unterstützungen und Unterhaltsleistungen zur Deckung des laufenden Lebensbedarfs, die beim Empfänger zu keinem Vermögenszuwachs führen. Der Rechtsgrund für die entsprechende Leistung muss in einer Scheidung, gerichtlichen oder tatsächlichen Trennung liegen. Die Leistung kann des Weiteren auf einem Kindesverhältnis beruhen, wobei der Elternteil die Unterhaltsbeiträge erhält, unter dessen elterlicher Sorge die Kinder stehen.[1139]

1134 Die Kantone sind gemäß Art. 72p Abs. 1 StHG angehalten, ihre Gesetzgebung bis zum 1. 1. 2016 anzupassen. Widerspricht die jeweilige kantonale Bestimmung nach Ablauf dieser Frist Art. 7 Abs. 4 Bst. m StHG, findet letztere Bestimmung direkt Anwendung (Art. 72p Abs. 2 StHG).

1135 Die Kantone sind gemäß Art. 72p Abs. 1 StHG angehalten, ihre Gesetzgebung bis zum 1. 1. 2016 anzupassen. Widerspricht die jeweilige kantonale Bestimmung nach Ablauf dieser Frist Art. 9 Abs. 2 Bst. n StHG, findet letztere Bestimmung direkt Anwendung (Art. 72p Abs. 2 StHG).

1136 Vgl. auch A.IV.1.3.5.2. In Deutschland dagegen ist dieser einmalige Vermögensanfall als solcher nicht zu versteuern.

1137 Vgl. Bundesgesetz betreffend die Lotterien und die gewerbsmässigen Wetten v. 8. 6. 1923 (SR 935.51); Bundesgesetz über Glücksspiele und Spielbanken (Spielbankengesetz, SBG; SR 935.52).

1138 Die diesbezügliche Vernehmlassung wurde am 30. 4. 2014 eröffnet und dauert bis zum 20. 8. 2014 (vgl. Medienmitteilung des Bundesrates v. 30. 4. 2014).

1139 Vgl. Richner/Frei/Kaufmann/Meuter, Handkommentar zum DBG, Art. 23, Rz. 59.

IV.1.3.4. Steuerfreie Einkünfte

IV.1.3.4.1. Allgemeines

Die Aufzählung der steuerfreien Einkünfte, welche sich in den Art. 16 Abs. 3 und 24 DBG sowie in Art. 7 Abs. 4 StHG befindet, ist abschließend. Das Bundesrecht sieht für folgende drei Einkommensarten die Steuerfreiheit vor:

- Vermögensanfall infolge Erbschaft, Vermächtnis, Schenkung oder güterrechtlicher Auseinandersetzung (Art. 24 Bst. a DBG; Art. 7 Abs. 4 Bst. c StHG);
- Kapitalgewinne aus der Veräußerung von Privatvermögen (Art. 16 Abs. 3 DBG; Art. 7 Abs. 4 Bst. b StHG)[1140];
- Übrige steuerfreie Einkünfte (Art. 24 Bst. b – j DBG; Art. 7 Abs. 4 Bst. a, d – m StHG).

IV.1.3.4.2. Vermögensanfall infolge Erbschaft, Vermächtnis, Schenkung oder güterrechtlicher Auseinandersetzung

Das Steuersubstrat aus Vermögensanfall infolge Erbschaft, Vermächtnis, Schenkung oder güterrechtlicher Auseinandersetzung (Art. 24 Bst. a DBG; Art. 7 Abs. 4 Bst. c StHG) soll den Kantonen zur Besteuerung überlassen werden. Dieses wird von den Kantonen zum Teil überhaupt nicht ausgeschöpft und wenn, dann in unterschiedlicher Weise. So erhebt bspw. der Kanton Schwyz weder Erbschafts- noch Schenkungssteuern.[1141]

Die Steuerfreiheit der güterrechtlichen Auseinandersetzung hat ihre Grundlage im Prinzip der Faktorenaddition, da diese Vermögensumlagerung im Bereich bereits versteuerter Mittel erfolgt und keine neuen finanziellen Mittel von außen zufließen.[1142]

IV.1.3.4.3. Kapitalgewinne aus der Veräußerung von Privatvermögen

Die Generalklausel von Art. 16 Abs. 1 DBG bzw. Art. 7 Abs. 1 StHG, wonach alle wiederkehrenden und einmaligen Einkünfte der Einkommenssteuer unterliegen, wird einerseits durch Art. 16 Abs. 3 DBG und andererseits durch Art. 7 Abs. 4 Bst. b StHG, der die Steuerfreiheit von Kapitalgewinnen aus der Veräußerung von beweglichem Privatvermögen (bspw. aus Anteilen an Kapitalgesellschaften) statuiert, eingeschränkt.[1143] Hier gibt es einen wichtigen Vorteil im Vergleich zu Deutschland.

Die klare Beschränkung der Steuerfreiheit der Kapitalgewinne auf das Privatvermögen erhellt, dass der Abgrenzung zwischen Privat- und Geschäftsvermögen maßgebliche Bedeutung zukommt. Überdies sind derartige Kapitalgewinne von den Einkünften aus selbständiger Erwerbstätigkeit (Art. 18 DBG) abzugrenzen, werden doch nach Art. 18 Abs. 2 DBG bzw. Art. 8 Abs. 1 StHG sämtliche Kapital- und Aufwertungsgewinne aus Geschäftsvermögen zum steuerbaren Einkommen aus selbständiger Erwerbstätigkeit gerechnet.

1140 Beim Bund erstreckt sich die Steuerfreiheit von Kapitalgewinnen aus der Veräußerung von Privatvermögen sowohl auf bewegliches als auch unbewegliches Privatvermögen. Bei den kantonalen Steuern hingegen sind nur solche aus der Veräußerung von beweglichem Privatvermögen steuerfrei. Zusätzlich einer möglichen Besteuerung auf kantonaler Ebene (Grundstückgewinnsteuer) vorbehalten bleiben die Fälle von Art. 12 Abs. 2 Bst. a und Bst. d StHG.

1141 Vgl. hierzu ausführlich auch A.IV.4.2.

1142 Vgl. Reich, Zweifel/Athanas, StHG-Kommentar, Art. 7, Rz. 87.

1143 Vgl. ausführlich A.III.2.2.1.3.

Der Begriff des Privatvermögens umfasst sämtliche Güter (Sachen und Rechte), welche aufgrund ihrer Beschaffenheit und ihrer konkreten Zweckbestimmung privaten Interessen dienen. Demgegenüber erfasst das Geschäftsvermögen[1144] sämtliche Vermögenswerte, die den auf Erwerb gerichteten Aktivitäten des Steuerpflichtigen dienen.

Auf Bundesebene erfasst die Steuerfreiheit der Kapitalgewinne sowohl das bewegliche wie auch das unbewegliche Privatvermögen. Auf kantonaler Ebene sind dagegen lediglich die Kapitalgewinne auf dem beweglichen Privatvermögen steuerfrei, während diejenigen auf unbeweglichem Privatvermögen einer als Spezialsteuer ausgestalteten Grundstückgewinnsteuer[1145] unterworfen werden.

Auch wenn vom Grundsatz her ein steuerfreier privater Kapitalgewinn gesetzlich normiert ist, besteht das Risiko, dass die zuständigen Steuerbehörden das Vorliegen eines solchen verneint. Es handelt sich hierbei insbesondere um Fälle, die unter die Tatbestände des gewerbsmäßigen Quasi-Wertschriften-, Beteiligungs-, Immobilien- und Kunsthandels[1146] fallen, sowie die Fälle der indirekten Teilliquidation[1147] und der Transponierung.[1148]

IV.1.3.4.4. Übrige steuerfreie Einkünfte

Zu den übrigen steuerfreien Einkünften gehören nach den Bestimmungen von DBG und StHG:

- Der Erlös aus Bezugsrechten, sofern die Vermögensrechte zum Privatvermögen gehören (Art. 20 Abs. 2 DBG; Art. 7 Abs. 4 Bst. a StHG);
- Der Vermögensanfall aus rückkaufsfähiger privater Kapitalversicherung, ausgenommen aus Freizügigkeitspolicen. Artikel 20 Absatz 1 Bst. a bleibt vorbehalten (Art. 24 Bst. b DBG; Art. 7 Abs. 4 Bst. d StHG);
- Die Kapitalzahlungen, die bei Stellenwechsel vom Arbeitgeber oder von Einrichtungen der beruflichen Vorsorge ausgerichtet werden, wenn sie der Empfänger innert Jahresfrist zum Einkauf in eine Einrichtung der beruflichen Vorsorge oder zum Erwerb einer Freizügigkeitspolice verwendet (Art. 24 Bst. c DBG; Art. 7 Abs. 4 Bst. e StHG);
- Die Unterstützungen aus öffentlichen oder privaten Mitteln (Art. 24 Bst. d DBG; Art. 7 Abs. 4 Bst. f StHG);
- Die Leistungen in Erfüllung familienrechtlicher Verpflichtungen, ausgenommen die Unterhaltsbeiträge nach Art. 23 Bst. f DBG (Art. 24 Bst. e DBG; Art. 7 Abs. 4 Bst. g StHG);
- Der Sold für Militär- und Schutzdienst sowie das Taschengeld für Zivildienst (Art. 24 Bst. f DBG; Art. 7 Abs. 4 Bst. h StHG);
- Die Zahlung von Genugtuungssummen (Art. 24 Bst. g DBG; Art. 7 Abs. 4 Bst. i StHG);
- Die Einkünfte aufgrund der Bundesgesetzgebung über Ergänzungsleistungen zur Alters-, Hinterlassenen- und Invalidenversicherung (Art. 24 Bst. h DBG; Art. 7 Abs. 4 Bst. k StHG);
- Die bei Glücksspielen in Spielbanken im Sinne des Spielbankengesetzes vom 18. 12. 1998 erzielten Gewinne (Art. 24 Bst. i DBG; Art. 7 Abs. 4 Bst. l StHG);

1144 Vgl. zum gewillkürten Geschäftsvermögen A.III.1.3.2.
1145 Vgl. zur Grundstückgewinnsteuer A.II.5.3.3.
1146 Vgl. zum gewerbsmäßigen Wertschriftenhändler A.III.1.2.2.3.
1147 Vgl. zur indirekten Teilliquidation A.III.2.2.1.3.1.
1148 Vgl. zur Transponierung A.III.2.2.1.3.2.

- Die einzelnen Gewinne aus einer Lotterie oder einer lotterieähnlichen Veranstaltung bis zu einem Betrag von CHF 1'000 (Art. 24 Bst. j DBG) bzw. bis zu einem nach jeweiligem kantonalem Recht bestimmten Betrag (Art. 7 Abs. 4 Bst. m StHG).

IV.1.3.5. Abzugsfähige Aufwendungen – Ermittlung des Reineinkommens

Bund und Kantone erheben von den natürlichen Personen eine Einkommenssteuer (Art. 1 Bst. a DBG; Art. 2 Abs. 1 Bst. a StHG). Die Ermittlung des der Besteuerung unterliegenden Reineinkommens ergibt sich aus der Generalklausel von Art. 25 DBG (Art. 9 Abs. 1 StHG), wonach von den Roheinkünften (Art. 16 – 23 DBG; Art. 7 StHG) die Aufwendungen und allgemeinen Abzüge gemäß Art. 26 – 33a DBG (Art. 9 – 10 StHG) abzuziehen sind. Die Art. 26 – 32 DBG (Art. 9 Abs. 1 StHG; Art. 10 StHG) folgen in gewissem Sinne den einzelnen Einkünftekategorien, während Art. 33 – 33a DBG (Art. 9 Abs. 2 und 3 StHG) die allgemeinen Abzüge aufführt. Damit verwirklicht das Gesetz das im Grundsatz der Gesamtreineinkommenssteuer implizierte objektive Nettoprinzip.[1149]

Hierbei kennt das Schweizer Steuersystem drei Arten von Abzügen:

- Gewinnungskosten;
- Allgemeine Abzüge;
- Sozialabzüge.

Die Ermittlung des steuerbaren Einkommens präsentiert sich wie folgt:

BRUTTOEINKOMMEN	
./. Gewinnungskosten	Abzüge, welche ursächlich mit den Einkünften verknüpft sind, d. h. Kosten betreffen, welche in direktem Zusammenhang mit der Einkommenserzielung stehen und für letztere notwendige Voraussetzung sind oder sich in der Folge ergeben (auch Geschäftsunkosten genannt).[1150]
./. Allgemeine Abzüge	Abzüge, welche in keinem ursächlichen Zusammenhang mit der Einkommenserzielung stehen, sondern sozialpolitisch motiviert sind.[1151]
= REINEINKOMMEN	
./. Sozialabzüge	Abzüge, welche in keinem ursächlichen Zusammenhang mit der Einkommenserzielung stehen, sondern sittlich oder rechtlich bedingte Pflichten gegenüber Nahestehenden berücksichtigen (auch als Freibeträge bezeichnet).[1152]
= Steuerbares Einkommen	

1149 Vgl. Locher, Kommentar zum DBG, Art. 25, Rz. 1 f.; Reich, Zweifel/Athanas, DBG-Kommentar, Art. 25, Rz. 5.

1150 Vgl. Reich, Zweifel/Athanas, DBG-Kommentar, Art. 25, Rz. 7 f. Im Gegensatz dazu nicht abziehbar sind die Lebenshaltungskosten (diese hängen nicht mit der Einkommenserzielung, sondern der Einkommensverwendung zusammen; Art. 24 Bst. a DBG) und die Anlagekosten (diesen steht ein wirtschaftlicher Wert gegenüber; gemäß Art. 34 Bst. b – d DBG handelt es sich dabei um Ausbildungskosten, Aufwendungen für Schuldentilgung sowie solche für die Anschaffung, Herstellung und Wertvermehrung von Vermögensgegenständen).

1151 Vgl. Zigerlig/Jud, Zweifel/Athanas, DBG-Kommentar, Art. 33, Rz. 1.

1152 Vgl. Baumgartner, Zweifel/Athanas, DBG-Kommentar, Art. 35, Rz. 1a.

IV.1.3.5.1. Gewinnungskosten

Gewinnungskosten sind die unmittelbar mit der Erzielung des Einkommens sowie Erhaltung der Einkommensquellen zusammenhängenden Aufwendungen.[1153] Gewinnungskosten setzen ein steuerbares Einkommen voraus. Dabei ist die im DBG enthaltene Aufzählung indessen nicht abschließend.[1154]

Die Gewinnungskosten dürfen nicht mit dem Begriff der Erwerbsaufwendungen, d. h. Aufwendungen, Betriebsausgaben oder Werbungskosten des deutschen Handels- und Steuerrechts gleichgesetzt werden. Beide Begriffe sind zwar durch das Handeln zu Erwerbszwecken begründet, doch sind Erwerbsaufwendungen immer Bestandteil der eigentlichen Einkunfteermittlung und dürfen nicht erst danach auf Stufe des § 2 Abs. 4 und 5 EStG zum Abzug gebracht werden. Deutsche Erwerbsaufwendungen sind, im Gegensatz zu Schweizer Gewinnungskosten, also keine Abzüge.

IV.1.3.5.1.1. Gewinnungskosten bei selbständiger Erwerbstätigkeit

Die Gewinnungskosten bei selbständiger Erwerbstätigkeit beinhalten im Wesentlichen Abschreibungen, Rückstellungen, Rücklagen im Hinblick auf Ersatzbeschaffungen Zinsen auf Geschäftsschulden und Geschäftsverluste. Diese stellen Geschäftsunkosten dar.[1155]

IV.1.3.5.1.2. Gewinnungskosten bei unselbständiger Erwerbstätigkeit

Art. 26 DBG und Art. 9 Abs. 1 StHG behandeln die Gewinnungskosten bzw. Berufskosten der unselbständigen Erwerbstätigkeit.[1156] Weitere Gewinnungskosten im Zusammenhang mit den Erträgen aus Privatvermögen sind der Abzug für werterhaltende Liegenschaftsunterhaltskosten oder der Abzug für die Kosten der Vermögensverwaltung durch Dritte (Art. 32 DBG).

Als steuerlich abzugsfähige Berufskosten der unselbständigen Erwerbstätigkeit gelten nach Art. 1 Abs. 1 der Berufskosten-Verordnung diejenigen Aufwendungen, die für die Erzielung des Einkommens erforderlich sind und in einem direkten ursächlichen Zusammenhang dazu stehen. Diese können in der Form eines Pauschalabzugs geltend gemacht werden, wobei der Nachweis höherer Kosten dem Steuerpflichtigen offen steht. Während die Terminologie der eidgenössischen und kantonalen Bestimmungen zu den Gewinnungskosten weitgehend ähnlich ist, finden sich bei der Höhe der gewährten Pauschalbeträge und insbesondere bei der Auslegung der Begriffe Aus- und Weiterbildung und der Behandlung deren Kosten Unterschiede.

Nicht abzugsfähig sind die vom Arbeitgeber oder von einem Dritten übernommenen Aufwendungen, der durch die berufliche Stellung des Steuerpflichtigen bedingte Privataufwand (sog.

1153 Vgl. Richner/Frei/Kaufmann/Meuter, Handkommentar zum DBG, Art. 25, Rz. 4.

1154 Aufgrund der Generalklausel in Art. 25 DBG sind alle mit der Einkommenserzielung zusammenhängenden Aufwendungen abzugsfähig, auch wenn sie in den Art. 26 – Art. 33a DBG nicht ausdrücklich genannt sind. Vgl. Richner/Frei/Kaufmann/Meuter, Handkommentar zum DBG, Art. 25, Rz. 4 mit Verweisung auf Reich, Zweifel/Athanas, StHG-Kommentar, Art. 9, Rz. 4.

1155 Im Übrigen wird auf die Ausführungen bei der Ermittlung des Einkommens aus selbständiger Erwerbstätigkeit in A.III.1.4.1. verwiesen.

1156 Vgl. Verordnung über den Abzug von Berufskosten der unselbständigen Erwerbstätigkeit bei der direkten Bundessteuer v. 10. 2. 1993 (Berufskosten-Verordnung; SR 642.118.1); Locher, Kommentar zum DBG, Art. 26, Rz. 1; Reich, Zweifel/Athanas, StHG-Kommentar, Art. 9, Rz. 4.

Standesauslagen) und die Aufwendungen für den Unterhalt des Steuerpflichtigen und seiner Familie (Art. 34 Bst. a DBG).

Als Berufskosten,[1157] auf deren Abzug jede unselbständig erwerbstätige Person Anspruch hat, gelten:

- Fahrtkosten zwischen Wohn- und Arbeitsstätte;[1158]
- Mehrkosten für auswärtige Verpflegung und bei Schichtarbeit;[1159]
- Übrige Berufskosten;[1160]
- Unmittelbar mit der Berufsausübung zusammenhängende Weiterbildungs- und Umschulungskosten (teilweise mit Einschluss der Wiedereinstiegskosten).[1161]

Unter Art. 26 DBG fallen auch die besonderen Berufskosten von leitenden Angestellten und Spezialisten (sog. Expatriates), die von ihrem ausländischen Arbeitgeber vorübergehend in die Schweiz entsandt werden.[1162]

IV.1.3.5.1.2.1. Fahrtkosten zwischen Wohn- und Arbeitsstätte

Abzugsfähig sind die bei der Benützung eines öffentlichen Verkehrsmittels tatsächlich entstandenen Kosten für Fahrten zwischen Wohn- und Arbeitsstätte, sofern eine zwischen diesen Orten beachtenswerte Entfernung gegeben ist.[1163] Einzig wenn kein öffentliches Verkehrsmittel zur Verfügung steht oder wenn dessen Benützung der steuerpflichtigen Person objektiv nicht zumutbar ist, können die Kosten für die Benützung des privaten Verkehrsmittels gemäß den maßgeblichen Pauschalansätzen geltend gemacht werden.[1164]

PRAXISHINWEIS

Mit der Zustimmung von Volk und Ständen zum Bundesbeschluss über die Finanzierung und den Ausbau der Eisenbahninfrastruktur (FABI) wurde in der Abstimmung vom 9. 2. 2014 auch über die Speisung des Bahninfrastrukturfonds (BIF) entschieden. Zusätzlich zu den bisherigen Finanzierungsquellen sollen neu ein befristetes zusätzliches MWST-Promille[1165] erhoben, Kantonsbeiträge[1166] eingefordert und 2 % der Einnahmen aus der direkten Bundessteuer der natürlichen Personen[1167] abgezweigt resp. diese Mittel dem BIF zugewiesen werden. Diese Zuweisung von Einnahmen aus der direkten Bundessteuer wird durch ein mit der Verfassungsänderung verknüpftes Bundesgesetz (DBG) sichergestellt, indem diese Mittel durch Begrenzung des Fahrtkostenabzuges für unselbständig Erwerbstätige auf CHF 3'000 pro Steuerjahr generiert werden. Dieser maximale Fahrtkostenabzug wird per 1. 1. 2016 nur für direkte Bundessteuer-, nicht aber für

1157 Näheres zu den Berufskosten bei Locher, Kommentar zum DBG, Art. 26, Rz. 1 ff.

1158 Vgl. Art. 26 Abs. 1 Bst. a DBG; Art. 5 der Berufskosten-Verordnung; Art. 9 Abs. 1 StHG; A.IV.1.3.5.1.2.1.

1159 Vgl. Art. 26 Abs. 1 Bst. b DBG; Art. 6 der Berufskosten-Verordnung; Art. 9 Abs. 1 StHG; A.IV.1.3.5.1.2.2.

1160 Vgl. Art. 26 Abs. 1 Bst. c DBG; Art. 7 der Berufskosten-Verordnung; Art. 9 Abs. 1 StHG; A.IV.1.3.5.1.2.3.

1161 Mit der Zulassung der Abzugsfähigkeit der Weiterbildungs- und Umschulungskosten soll nach dem Willen des Gesetzgebers dasselbe Kriterium zur Anwendung gelangen wie bei den selbständig Erwerbstätigen, wo gemäß Art. 27 Abs. 1 DBG die geschäfts- oder berufsmäßig begründeten Kosten abziehbar sind (BGE 2A.623/2004 v. 6. 7. 2005 E. 2.1). Vgl. Art. 26 Abs. 1 Bst. d DBG; Art. 8 der Berufskosten-Verordnung; Art. 9 Abs. 1 StHG; A.IV.1.3.5.1.2.4.

1162 Vgl. Expatriates-Verordnung, ExpaV (SR 642.118.3); A.IV.1.3.5.1.2.5.

1163 Vgl. Knüsel, Zweifel/Athanas, DBG-Kommentar, Art. 26, Rz. 19.

1164 Vgl. Locher, Kommentar zum DBG, Art. 26, Rz. 8 ff.

1165 Befristet für die Periode 2018 – 2030. Vgl. Art. 87a Abs. 2 Bst. b nBV i. V. m. Art. 130 Abs. 3bis nBV und Art. 196 Ziff. 14 Abs. 4 und 5 nBV; A.II.3.2.3.2.

1166 Vgl. Art. 87a Abs. 3 nBV.

1167 Vgl. Art. 87a Abs. 2 Bst. c nBV.

Kantons- und Gemeindesteuerzwecke, eingeführt. Die Kosten für regionale Verbundabonnemente und für ein Generalabonnement zweiter Klasse sowie diejenigen für das Fahrzeug für Wegstrecken zwischen 20 km und 35 km pro Tag bleiben somit größtenteils abzugsfähig. Steuerlich nachteilig dürfte es dagegen für Inhaber von Generalabonnementen erster Klasse und Benutzer von Geschäftsfahrzeugen[1168] werden.

IV.1.3.5.1.2.2. Mehrkosten für auswärtige Verpflegung und bei Schichtarbeit

Kann eine Mahlzeit aus beruflichen Gründen nicht zu Hause eingenommen werden, so sind die dadurch bedingten Mehrkosten, welche in der Form von Pauschalen festgesetzt sind, Gewinnungskosten. Dasselbe gilt für Schicht- und Nachtarbeit. Der Nachweis höherer Kosten ist indessen ausgeschlossen.[1169]

IV.1.3.5.1.2.3. Übrige Berufskosten

Unter die übrigen Berufskosten, für welche ein Pauschalabzug unter Vorbehalt des Nachweises effektiv höherer Kosten zur Verfügung steht, fallen die für die Berufsausübung erforderlichen Auslagen für Berufswerkzeuge, Fachliteratur, privates Arbeitszimmer, Berufskleider etc.[1170] Der Pauschalabzug wird in Form eines Prozentabzugs mit einem Mindest- und Höchstbetrag bestimmt. Berechnungsbasis ist der Nettolohn, wie er sich nach Abzug der obligatorischen Sozialversicherungs- und beruflichen Vorsorgebeiträge ergibt.

PRAXISHINWEIS

Nicht unter die Berufskosten fallen jedoch bspw. Auslagen eines Erwerbstätigen für die Stellensuche, Geldstrafen und Bußen, Umzugskosten infolge freiwilligem Stellenwechsel oder Standesauslagen, d. h. durch die berufliche Stellung des Steuerpflichtigen bedingte Aufwendungen.[1171]

IV.1.3.5.1.2.4. Unmittelbar mit der Berufsausübung zusammenhängende Weiterbildungs- und Umschulungskosten (teilweise mit Einschluss der Wiedereinstiegskosten)

Art. 26 Abs. 1 Bst. d DBG und Art. 9 Abs. 1 StHG anerkennen ausdrücklich die Abzugsfähigkeit der mit dem Beruf zusammenhängenden Weiterbildungs- und Umschulungskosten als Berufskosten.[1172] In gewissen kantonalen Steuergesetzen werden auch explizit die Wiedereinstiegskosten erwähnt (so bspw. § 26 Bst. d ZH-StG). Die reichhaltige kantonale und höchstrichterliche Praxis hat diese Begriffe präzisiert.

Ausbildungskosten

Ausbildungskosten (Art. 34 Bst. b DBG) sind diejenigen Auslagen, die angefallen sind, um die notwendigen Fähigkeiten und Kenntnisse zur Ausübung eines zukünftigen Berufes zu erlernen wie z. B. Lehre, Matura (Abitur) oder Studium.[1173]

1168 Der vom Arbeitgeber durch die Zurverfügungstellung eines Geschäftsfahrzeugs finanzierte Arbeitsweg müsste auf dem Lohnausweis bspw. als Gehaltsnebenleistung (Naturalleistung) aufgerechnet werden.

1169 Vgl. Locher, Kommentar zum DBG, Art. 26, Rz. 17 m. w. H.; Art. 6 der Berufskosten-Verordnung.

1170 Vgl. Urteil des Bundesgerichts v. 18. 12. 2003, wiedergegeben in: StE 2004 B 22.3 Nr. 77 E. 2.1.

1171 Vgl. Richner/Frei/Kaufmann/Meuter, Zürcher Steuergesetz, § 26, Rz. 33 ff.

1172 Vgl. Urteil des Bundesgerichts v. 3. 11. 2005, wiedergegeben in: StE 2006 B 22.3. Nr. 85 E. 2.1.; BGE 2A.671/2004 v. 6. 7. 2005 E. 2.1.

1173 Vgl. Urteil des Bundesgerichts v. 18. 12. 2003, wiedergegeben in: StE 2004 B 22.3 Nr. 77 E. 2.2; Locher, Kommentar zum DBG, Art. 26, Rz. 61.

Als Erstausbildungskosten qualifizieren somit alle Kosten, die vor der eigentlichen Ausübung eines Berufs anfallen. Weiter fallen auch die Zweitausbildungskosten unter die nicht abzugsfähigen Aufwendungen. Solche liegen typischerweise dann vor, wenn neben einem ausgeübten Beruf eine erneute Ausbildung im Hinblick auf einen späteren Berufswechsel absolviert wird (sog. Berufsaufstiegskosten). Damit muss – im Vergleich zu vorher – eine funktional-inhaltlich andere Tätigkeitausübung verbunden sein.[1174]

Weiterbildungskosten

Unter den Begriff der mit dem Beruf zusammenhängenden Weiterbildungskosten fallen Aufwendungen zur Erhaltung und Sicherung des bereits erlernten und ausgeübten Berufs sowie der erreichten beruflichen Stellung (sog. Bestandessicherungskosten[1175]), aber auch Aufwendungen zur Steigerung der beruflichen Mobilität und im Hinblick auf die Übernahme anspruchsvollerer Aufgaben im angestammten Beruf (sog. Fortsetzungsausbildungskosten[1176]).[1177] Die Abzugsfähigkeit verlangt somit einen unmittelbaren ursächlichen Zusammenhang zum angestammten Beruf. Ein solcher ist nur gegeben, wenn sich die Weiterbildung auf Kenntnisse bezieht, die bei der Berufsausübung verwendet werden, nicht aber, wenn es nur um persönliche Bereicherung – wie bspw. bei einer kulturellen Weiterbildung – geht.[1178]

Umschulungskosten

Die Umschulungskosten sind von ihren Charakter her zu den Ausbildungskosten zu zählen, denn die Umschulung „ist auf das Erlangen der für die Ausübung eines anderen als des angestammten Berufs erforderlichen Kenntnisse gerichtet"; m. a. W. bereitet sie auf einen neuen Beruf vor.[1179] Voraussetzung für die Umschulung ist eine abgeschlossene Erstausbildung in einem öffentlich anerkannten Beruf (Lehr-, Studienabschluss) oder eine Anlehre sowie – im Kanton ZH – eine mindestens fünfjährige Tätigkeit im angelernten Beruf.[1180] Damit die Abzugsfähigkeit dieser Kosten steuerlich anerkannt werden kann, muss die Ursache für die Neuausrichtung im angestammten Beruf liegen, m. a. W. es müssen objektiv gewichtige Beweggründe für die Umschulung gegeben sein. Der Begriff der Umschulung ist in Bezug auf die Abgrenzung von der Zweitausbildung eng auszulegen. Eine vollumfängliche Neuausrichtung kann unter die abzugs-

1174 Vgl. Richner/Frei/Kaufmann/Meuter, Handkommentar zum DBG, Art. 26, Rz. 98 – 101; Richner/Frei/Kaufmann/Meuter, Handkommentar zum DBG, Art. 34, Rz. 39 – 64; Urteil des Bundesgerichts v. 6. 7. 2005, wiedergegeben in: StE 2006 B 22.3 Nr. 86 E. 2.2.

1175 So z. B. die Kosten für branchenbedingte Wiederholungs- oder Fortbildungskurse sowie Seminare und Kongresse.

1176 So z. B. die Kosten für die Ausbildung zum dipl. Buchhalter, Wirtschaftsprüfer oder Steuerexperten, für die Meisterprüfung, für die Ausbildung zum MBA etc. Nicht abzugsfähig, weil Erstausbildungskosten, sind jedoch bspw. gemäß Rechtsprechung des Verwaltungsgerichts Zürich die Kosten für den Erwerb des Lizentiats und Doktorats sowie des Anwaltspatents, soweit diese bezogen auf letztere Ausbildung unmittelbar nach Beendigung des Studiums anfallen (vgl. hierzu Richner/Frei/Kaufmann/Meuter, Zürcher Steuergesetz, § 26, Rz. 92 f.). Maßgeblich zur Abgrenzung zu den (nicht abzugsfähigen) Ausbildungskosten ist, ob die konkrete Bildungsmaßnahme für das Wissen bzw. die (Erst- oder Zweitaus-) Bildung des Steuerpflichtigen unerlässlich ist und folglich die Berufsausbildung faktisch nicht abgeschlossen war. Wird damit dagegen nur die grundsätzlich abgeschlossene Berufsausbildung in Nebenbereichen (wie typischerweise bspw. bei Sprachkursen) erweitert, ohne die aber eine Berufsausübung uneingeschränkt möglich wäre und für das Berufsbild auch nicht vonnöten ist, handelt es sich um absetzbare Fortsetzungsausbildungskosten (vgl. Richner/Frei/Kaufmann/Meuter, Handkommentar zum DBG, Art. 26, Rz. 90).

1177 Vgl. Richner/Frei/Kaufmann/Meuter, Handkommentar zum DBG, Art. 26, Rz. 71.

1178 Vgl. Urteil des Bundesgerichts v. 18. 12. 2003, wiedergegeben in: StE 2004 B 22.3 Nr. 77 E. 2.2.

1179 Vgl. Urteil des Bundesgerichts v. 3. 11. 2005, wiedergegeben in: StE 2006 B 22.3 Nr. 85 E. 2.4.3. m. w. H.

1180 Vgl. Richner/Frei/Kaufmann/Meuter, Zürcher Steuergesetz, § 26, Rz. 102.

fähigen Umschulungskosten fallen, wenn hierfür ein äußerer Zwang wie z. B. Betriebsschließung, Aussterben eines Berufs, Unfall oder Krankheit (auch Allergien), ursächlich ist.[1181]

PRAXISHINWEIS

Dass eine Erwerbstätigkeit mit entsprechendem Einkommenszufluss in der gleichen Steuerperiode wie die Umschulung stattfindet, war gemäß bisheriger Praxis und Rechtsprechung nicht erforderlich. Ob dies in allen Kantonen hingegen auch in Zukunft so praktiziert wird, scheint zumindest fraglich.

Nicht als Umschulung qualifizieren hingegen Ausbildungen im Bereich der Liebhaberei, weil diese nicht im Hinblick auf eine spätere hauptberufliche Erwerbstätigkeit erfolgen. Diesbezügliche Kosten sind entsprechend steuerlich nicht abzugsfähig.[1182]

Wiedereinstiegskosten

Unter Wiedereinstiegskosten werden diejenigen Auslagen subsumiert, die nach längerer Abwesenheit im seinerzeit erlernten und ausgeübten Beruf aufgewendet werden müssen, um wieder tätig werden zu können. Diese werden den Weiterbildungs- und Umschulungskosten gleichgesetzt, sind steuerlich aber nur absetzbar, wenn sie in derselben Steuerperiode anfallen, in welcher die Berufstätigkeit wieder aufgenommen wird.[1183]

PRAXISHINWEIS

Ab dem 1. 1. 2016 wird auf Bundesebene ein steuerlich abzugsfähiger, maximaler Pauschalbetrag von CHF 12'000 pro Steuerperiode für alle beruflichen Aus-, Weiterbildungs- und Umschulungskosten gelten. Vom Arbeitgeber getragene Kosten werden dem Mitarbeiter ab diesem Zeitpunkt nicht zum Lohn hinzu addiert. Die Kantone haben bis zum 1. 1. 2016 Zeit, ihre kantonalen Gesetzgebungen entsprechend anzupassen und die maximale Höhe des Pauschalabzugs für die kantonalen/kommunalen Steuern individuell festzulegen. Andernfalls finden die bundesrechtlichen Bestimmungen ab diesem Zeitpunkt direkt Anwendung. Die Kosten für die Erstausbildung bleiben wie bisher steuerlich nicht abzugsfähig.[1184]

EXKURS: AUSWÄRTIGER WOCHENAUFENTHALT

Steuerpflichtige, welche an den Arbeitstagen am Arbeitsort oder in dessen unmittelbarer Nähe bleiben und dort übernachten müssen, an ihren Freitagen indessen regelmäßig an ihren steuerlichen Wohnsitz zurückkehren, können die Mehrkosten für den auswärtigen Aufenthalt abziehen (Art. 9 Abs. 1 der Verordnung über den Abzug von Berufskosten der unselbständigen Erwerbstätigkeit bei der direkten Bundessteuer). Der nämliche Artikel enthält diesbezüglich folgende Regeln:[1185]

- Für den Abzug der notwendigen Mehrkosten der auswärtigen Verpflegung werden Pauschalansätze festgelegt. Der Nachweis höherer Kosten ist ausgeschlossen (Abs. 2);
- Als notwendige Mehrkosten der Unterkunft sind die ortsüblichen Auslagen für ein Zimmer abziehbar (Abs. 3);
- Als notwendige Fahrkosten sind die Kosten der regelmäßigen Heimkehr an den steuerlichen Wohnsitz sowie die Fahrkosten zwischen auswärtiger Unterkunft und Arbeitsstätte abzugsfähig (Abs. 4).

1181 Vgl. Richner/Frei/Kaufmann/Meuter, Zürcher Steuergesetz, § 26, Rz. 100 – 102; Locher, Kommentar zum DBG, Art. 26, Rz. 65; Urteil des Bundesgerichts v. 3. 11. 2005, wiedergegeben in: StE 2006 B 22.3 Nr. 85 E. 2.4., für die direkte Bundessteuer.

1182 Vgl. Richner/Frei/Kaufmann/Meuter, Handkommentar zum DBG, Art. 26, Rz. 104; Richner/Frei/Kaufmann/Meuter, Zürcher Steuergesetz, § 26, Rz. 104.

1183 Vgl. Richner/Frei/Kaufmann/Meuter, Zürcher Steuergesetz, § 26, Rz. 105 – 107.

1184 Vgl. Medienmitteilung des Bundesrates v. 16. 4. 2014; Bundesgesetz über die steuerliche Behandlung der berufsorientierten Aus- und Weiterbildungskosten v. 27. 9. 2013, in BBl 2013, S. 7385; Änderung v. 16. 4. 2014 betreffend die Berufskostenverordnung (SR 642.118.1).

1185 Vgl. auch Knüsel, Zweifel/Athanas, DBG-Kommentar, Art. 26, Rz. 21; Richner/Frei/Kaufmann/Meuter, Handkommentar zum DBG, Art. 26, Rz. 16 f., 27 und 50.

IV.1.3.5.1.2.5. Besondere Berufskosten von vorübergehend in der Schweiz tätigen leitenden Angestellten und Spezialisten (sog. Expatriates)[1186]

Bei Expatriates handelt es sich um von ihrem ausländischen Arbeitgeber vorübergehend (für maximal fünf Jahre) in die Schweiz entsandte, leitende Angestellte sowie Spezialisten, die in der Schweiz eine zeitlich befristete Aufgabe erfüllen, wobei diese in ihrem Wohnsitzstaat (= Entsendungsstaat) selbständig erwerbstätig sein können.[1187] Im Rahmen einer solchen vorübergehenden oder zeitlich befristeten Erwerbstätigkeit können im Vergleich zur üblichen, unselbständigen Erwerbstätigkeit und ihren in diesem Zusammenhang anfallenden und steuerlich abzugsfähigen, allgemeinen Berufskosten[1188] zusätzliche Berufskosten (sog. besondere Berufskosten) entstehen. Letztere können steuerlich in Abzug gebracht werden, sofern sie in unmittelbarem Zusammenhang mit der zeitlich befristeten Tätigkeit in der Schweiz und der gleichzeitigen Beziehung zum ausländischen Wohnsitz- bzw. Heimatstaat anfallen und ihre Vermeidung unzumutbar ist.

Je nach Status des Steuerpflichtigen[1189] stellen die üblichen Reisekosten zwischen dem ausländischen Wohnsitz und der Schweiz resp. die Kosten für den Umzug in die Schweiz und diejenigen zurück in den früheren, ausländischen Wohnsitzstaat (inkl. Hin- und Rückreisekosten des Expatriate und seiner Familie bei Beginn und Ende des Arbeitsverhältnisses) sowie die notwendigen und/oder angemessenen Wohnkosten in der Schweiz bei Nachweis der beibehaltenen Wohnung im Ausland grundsätzlich steuerlich abzugsfähige Berufskosten dar und können entweder als Pauschalbetrag von monatlich CHF 1'500 oder im Umfang der tatsächlichen Kosten (Nachweis vorbehalten) steuerlich geltend gemacht werden. Des Weiteren können bei entsprechendem Nachweis Aufwendungen für den Besuch einer fremdsprachigen Privatschule durch minderjährige Kinder, sofern die öffentlichen Schulen keinen adäquaten Unterricht anbieten, als steuerlich abzugsfähige Berufskosten qualifizieren.

Es gilt dabei zu beachten, dass der Abzug als unzulässig qualifiziert, wenn die Berufskosten direkt vom Arbeitgeber bezahlt oder vorgängig durch den Expatriate, dann aber vom Arbeitgeber gegen Vorlage der Belege effektiv (nicht pauschal) zurückerstattet werden.

Werden besondere Berufskosten durch den Arbeitgeber abgegolten, sind diese im Lohnausweis zu bescheinigen.

Steuerlich nicht absetzbar sind dagegen insbesondere die Kosten der ständigen Wohnung im Ausland, Aufwendungen für die Wohnungseinrichtung und die Wohnnebenkosten in der Schweiz, preisniveau- oder steuerbelastungsbedingte Mehrauslagen in der Schweiz sowie die Kosten für Steuer- und Rechtsberatung.

1186 Vgl. Expatriates-Verordnung (ExpaV) v. 3. 10. 2000 (SR 642.118.3). Für weitere Einzelheiten sei exemplarisch auf die Richtlinien des kantonalen Steueramtes Zürich v. 23. 12. 1999 in ZStB I Nr. 17/300 hingewiesen.

1187 Folglich dürfte ein von einem in der Schweiz ansässigen Personalverleiher an einen in der Schweiz ansässigen Arbeitgeber vermittelter Spezialist, der zuvor im Ausland unselbständig erwerbstätig war, nicht als entsendet qualifizieren, mit der Folge, dass die besonderen Berufskosten nicht geltend gemacht werden können (vgl. Urteil des Verwaltungsgerichts Zürich v. 16. 4. 2008, wiedergegeben in: StE 2008 B 22.3 Nr. 97 E. 3.2.; Richner/Frei/Kaufmann/Meuter, Handkommentar zum DBG, Art. 26, Rz. 20)

1188 Geregelt in der Berufskosten-Verordnung (SR 642.118.1).

1189 Dieser hängt von der Art der Arbeits- und Aufenthaltsbewilligung (vgl. F.II.3.3.) einerseits und vom Wohnsitz (Schweiz, Ausland) andererseits ab.

PRAXISHINWEIS

Die Frage der Gesetzes- bzw. Verfassungsmäßigkeit der Verordnung des Bundes (ExpaV) und der einschlägigen Richtlinien des Kantons ZH war in den Jahren 2005 bis 2008 Gegenstand eines Steuerjustizverfahrens. Dabei kam die Steuerrekurskommission II des Kantons Zürich[1190] zum Schluss, dass sowohl die ExpaV als auch die kantonalen Richtlinien rechtswidrig seien.[1191] Der Rekurs gegen diesen Entscheid wurde vom Verwaltungsgericht des Kantons Zürich jedoch ohne materielle Prüfung der Frage der Gesetzes- bzw. Verfassungsmäßigkeit der Erlasse (es verneinte den Expatriatestatus im konkreten Fall) abgewiesen.[1192] Entsprechend ist das Thema bis heute höchstrichterlich nicht geklärt. In den Jahren 2009 bis Juni 2012 wurden dem Nationalrat zwar wiederholt Postulate und Interpellationen unterbreitet, von diesem aber abgewiesen. Schließlich stießen die am 13. 6. 2012 und 14. 6. 2012 von zwei Nationalräten eingereichten Motionen zur Abschaffung der Abzüge für besondere Berufskosten von Expatriates beim Bundesrat insofern auf Zustimmung, als dieser zwar eine Überprüfung der Voraussetzungen und Modalitäten einzelner Abzüge in Aussicht stellte, aber eine grundsätzlich Infragestellung der bestehenden Regelung dem Parlament am 15. 8. 2012 zur Ablehnung empfahl. Der Nationalrat folgte diesem Antrag und lehnte beide Motionen am 10. 3. 2014 ab. Eine im November 2012 im Auftrag des Eidg. Finanzdepartements (EFD) bzw. des Bundesrates aus Vertretern der Eidg. Steuerverwaltung (ESTV) und der kantonalen Steuerverwaltungen gebildete Arbeitsgruppe gelangte nun zum Ergebnis, dass durchaus einige Schwachstellen in der ExpaV zu verzeichnen seien. Insgesamt jedoch würde(n) die gemäß ExpaV bestehenden Abzüge (Umzugs-, Wohn- und Privatschulkosten) Gewinnungskosten darstellen und mit Art. 26 DBG eine genügende rechtliche Grundlage bestehen, sich weder eine Streichung eines bestimmten Abzugs noch ein neuer Abzug aufdrängen, die Verfahrensvorschriften der ExpaV grundsätzlich ausreichen und die Gleichbehandlung von Expatriates und übrigen in der Schweiz steuerpflichtigen Personen gewährleistet sein. Weiter soll auch der Pauschalabzug beibehalten werden. Auf der Grundlage dieser Ergebnisse schlug das EFD am 10. 4. 2014 insbesondere folgende Anpassungen, die Gegenstand einer bis zum 10. 7. 2014 dauernden Anhörung sind, vor:[1193]

- Beschränkung des Anwendungsbereichs der ExpaV auf Personen (leitende Angestellte, Spezialisten mit besonderer beruflicher Qualifikation), die vorübergehend (maximal fünf Jahre) bzw. zeitlich befristet von einem ausländischen Arbeitgeber in die Schweiz entsandt werden. Diese neue Definition würde zu einer Einschränkung bei den Spezialisten führen, die gemäß aktueller Rechtspraxis keinen Entsandtenstatus benötigen;
- Der Abzug für die angemessenen Wohnkosten in der Schweiz soll nur noch gewährt werden, wenn die im Ausland beibehaltene Wohnung ständig für den Eigengebrauch zur Verfügung steht. Dies würde die heute uneinheitliche Anwendungspraxis der Kantone, wonach einzelne derselben bei Vermietung/Untervermietung der Wohnung im Ausland keinen Abzug gewähren, andere dagegen die im Ausland erzielten Mieteinnahmen von den abzugsfähigen Schweizer Wohnkosten in Abzug bringen, vereinheitlichen. Weiter soll Art. 2 Abs. 1 Bst. b der geltenden ExpaV aufgehoben resp. durch Bst. c desselben Artikels ersetzt werden;
- Der monatliche Pauschalabzug von CHF 1'500 für Umzugs- und Reisekosten sowie die Wohnkosten lässt sich mit Blick auf die tatsächlichen Kosten nur rechtfertigen, wenn effektiv abzugsfähige Wohnkosten in der Schweiz anfallen. Letztere bedingen neu den ständigen Eigengebrauch der im Ausland beibehaltenen Wohnung. Entsprechend soll der Pauschalabzug nur noch bei Nachweis einer solchen Wohnung im Ausland zulässig sein;
- Neu sollen nur noch die Kosten für den Schulunterricht im engen Sinn, nicht aber Verpflegungs-, Transport- und Betreuungskosten vor oder nach dem Unterricht etc., sowie die Kosten des Schulunterrichts der minderjährigen, fremdsprachigen Kinder an fremdsprachigen Privatschulen abziehbar sein. Der bestehende Art. 2 Abs. 2 Bst. c ExpaV soll entsprechend angepasst werden.

1190 Seit dem 1. 1. 2011 Steuerrekursgericht des Kantons Zürich genannt.

1191 Vgl. Urteil der Steuerrekurskommission II des Kantons Zürich v. 23. 10. 2007, wiedergegeben in: StE 2008 B 22.3 Nr. 94 E. 2.c und E. 3.

1192 Vgl. Urteil der Verwaltungsgerichts des Kantons Zürich v. 16. 4. 2008, wiedergegeben in: StE 2008 B 22.3 Nr. 97 E. 3.3.

1193 Vgl. Medienmitteilung des EFD v. 10. 4. 2014; Erläuternder Bericht vom März 2014 betreffend Anhörung zur Revision der Expatriates-Verordnung (ExpaV); Entwurf der revidierten Expatriates-Verordnung (E ExpaV).

IV.1.3.5.2. Allgemeine Abzüge

Die allgemeinen Abzüge (Art. 33 – 33a DBG; Art. 9 Abs. 2 und 3 StHG) stehen im Gegensatz zu den Gewinnungskosten (Art. 26 – 32 DBG; Art. 9 Abs. 1 StHG; Art. 10 StHG) in keinem direkten Zusammenhang mit der Einkommenserzielung.[1194]

Auch wenn die darunter fallenden Aufwendungen in aller Regel Lebenshaltungskosten betreffen, welche grundsätzlich nicht abzugsfähig sind (Art. 34 Bst. a DBG), wird bezüglich bestimmter Aufwendungen die Abzugsfähigkeit zugelassen, da diese die wirtschaftliche Leistungsfähigkeit mindern bzw. weil mit ihrer Berücksichtigung ein bestimmtes Verhalten gefördert werden soll. Entsprechend dieser Konzeption ist die Aufzählung der allgemeinen Abzüge, im Gegensatz zu derjenigen der Gewinnungskosten, abschließend.[1195] Es finden sich folgende Abzüge:

- Allgemeiner Schuldzinsenabzug (Art. 33 Abs. 1 Bst. a DBG; Art. 9 Abs. 2 Bst. a StHG);
- Dauernde Lasten und Leibrenten (Art. 33 Abs. 1 Bst. b DBG; Art. 9 Abs. 2 Bst. b StHG);
- Unterhaltsbeiträge (Art. 33 Abs. 1 Bst. c DBG; Art. 9 Abs. 2 Bst. c StHG);
- Einlagen, Prämien und Beiträge an die AHV/IV und an Einrichtungen der beruflichen Vorsorge (Art. 33 Abs. 1 Bst. d DBG; Art. 9 Abs. 2 Bst. d StHG);
- Einlagen, Prämien und Beiträge zum Erwerb von vertraglichen Ansprüchen aus anerkannten Formen der gebundenen Selbstvorsorge (Art. 33 Abs. 1 Bst. e DBG; Art. 9 Abs. 2 Bst. e StHG);
- Prämien und Beiträge für die EO, die ALV und die obligatorische Unfallversicherung (Art. 33 Abs. 1 Bst. f DBG; Art. 9 Abs. 2 Bst. f StHG);
- Versicherungsprämien und Zinsen von Sparkapitalien (Art. 33 Abs. 1 Bst. g DBG; Art. 33 Abs. 1bis DBG; Art. 9 Abs. 2 Bst. g StHG);
- Krankheits- und Unfallkosten (Art. 33 Abs. 1 Bst. h DBG; Art. 9 Abs. 2 Bst. h StHG) sowie behinderungsbedingte Kosten (Art. 33 Abs. 1 Bst. h^{bis} DBG; Art. 9 Abs. 2 Bst. h^{bis} StHG);
- Zuwendungen an Institutionen mit öffentlicher oder gemeinnütziger Zwecksetzung (Art. 33a DBG; Art. 9 Abs. 2 Bst. i StHG);
- Abzug bei Erwerbstätigkeit beider Ehegatten (Art. 33 Abs. 2 DBG; Art. 9 Abs. 2 Bst. k StHG);
- Mitgliederbeiträge und Zuwendungen an politische Parteien (Art. 33 Abs. 1 Bst. i DBG; Art. 9 Abs. 2 Bst. l StHG);
- Kinderdrittbetreuungskosten (Art. 33 Abs. 3 DBG; Art. 9 Abs. 2 Bst. m StHG);
- Einsatzkosten aus der Teilnahme an Lotterien oder lotterieähnlichen Veranstaltungen (Art. 33 Abs. 4 DBG; Art. 9 Abs. 2 Bst. n StHG);
- Liegenschaftsunterhaltskosten, Energiespar- und Umweltschutzmaßnahmen sowie Kosten der Denkmalpflege (Art. 32 Abs. 2 und Abs. 3 DBG; Art. 9 Abs. 3 StHG).

Der Bundesgesetzgeber hat im Rahmen des StHG zwar eine abschließende Aufzählung der allgemeinen Abzüge vorgenommen, indessen auf eine betragsmäßige Fixierung verzichtet.[1196] Dies gilt für die Abzüge für Versicherungs- und Sparzinsen (Art. 9 Abs. 2 Bst. g StHG), für die ge-

1194 Vgl. Reich, Zweifel/Athanas, DBG-Kommentar, Art. 25, Rz. 20.

1195 Vgl. Reich, Zweifel/Athanas, DBG-Kommentar, Art. 25, Rz. 20 und Zigerlig/Jud, Zweifel/Athanas, DBG-Kommentar, Art. 33, Rz. 1 und 4; Reich, Zweifel/Athanas, StHG-Kommentar, Art. 9, Rz. 25; BGE 128 II 66 E. 4.b S. 71; Yersin, L'impôt sur le revenu: étendue et limites d'harmonisation, in: ASA 61 (1992/93), 295 ff.

1196 Vgl. Reich, Zweifel/Athanas, StHG-Kommentar, Art. 9, Rz. 28.

meinnützigen Zuwendungen (Art. 9 Abs. 2 Bst. i StHG), für den sog. Zweitverdienerabzug (Art. 9 Abs. 2 Bst. k StHG), die Zuwendungen an die politischen Parteien (Art. 9 Abs. 2 Bst. l StHG), die Kinderbetreuungskosten (Art. 9 Abs. 2 Bst. m StHG) und die Lotterieeinsatzkosten (Art. 9 Abs. 2 Bst. n StHG). In den Fällen, in welchen das StHG keine Limiten vorsieht, ist es den Kantonen grundsätzlich untersagt, eine betragliche Beschränkung der Abzüge vorzusehen, so z. B. beim Abzug für Krankheits- und Unfall- sowie behinderungsbedingte Kosten (Art. 9 Abs. 2 Bst. h StHG; Art. 9 Abs. 2 Bst. h^{bis} StHG).[1197]

IV.1.3.5.2.1. Allgemeiner Schuldzinsenabzug

Unter Schulden werden hier Verpflichtungen (Kapitalschulden) verstanden, welche Geld zum Leistungsgegenstand haben.[1198] Unter den Begriff des Schuldzinses fallen sämtliche periodisch und nicht periodisch erbrachten, geldwerten Leistungen für die Kapitalnutzung, soweit sie nicht zur Rückzahlung des Kapitals führen.[1199] Hinsichtlich der Abzugsfähigkeit von Schuldzinsen ist zunächst zwischen Geschäftsschulden und privaten Schulden zu unterscheiden. Geschäftliche Schuldzinsen, die unter Art. 27 Abs. 2 Bst. d DBG fallen, sind uneingeschränkt abzugsfähig, während private Schuldzinsen nur im Umfang des steuerbaren Vermögensertrags gemäß Art. 20, Art. 20a und Art. 21 DBG, plus eines Grundbetrages von weiteren CHF 50'000, abzugsfähig sind. Zu den anrechenbaren Vermögenserträgen gehören sowohl die steuerbaren wiederkehrenden und einmaligen Bruttoerträge aus beweglichem und unbeweglichem Privatvermögen einschließlich des Eigenmietwerts für selbstbewohnte Grundstücke während der Steuerperiode, für welche ein Schuldzinsenabzug geltend gemacht wird.[1200]

Unter Art. 33 Abs. 1 Bst. a DBG fallen ausschließlich private Schuldzinsen unbeachtlich ihrer Bezeichnung. Abzugsfähig sind bspw. Zinsen, welche ein Eigentümer von Wohneigentum für die Grundverbilligung i. S. v. Art. 37 WEG zu bezahlen hat, Hypothekarzinsen, Verzugszinsen, nicht aber Lizenzgebühren, Miet- und Pachtzinsen, Baukredit- und Baurechtszinsen oder Leasingraten. Des Weiteren sind Schuldzinsen für Darlehen, welche eine Kapitalgesellschaft einer an ihrem Kapital maßgeblich beteiligten oder ihr sonst wie nahestehenden natürlichen Person zu Bedingungen gewährt, welche erheblich von den im Geschäftsverkehr unter unabhängigen Dritten üblichen Bedingungen abweichen, nicht abzugsfähig.[1201]

IV.1.3.5.2.2. Dauernde Lasten und Leibrenten

Der Begriff der dauernden Lasten umschließt im privaten Vermögensbereich liegende Verpflichtungen, die eine steuerpflichtige Person zufolge einer besonderen gesetzlichen, vertraglichen, richterlichen oder letztwilligen Verfügung zu erbringen hat, und die weder als Schuldzinsen noch als Renten zu qualifizieren sind. Von der Sache her sind dauernde Lasten regelmäßig

1197 Vgl. Reich, Zweifel/Athanas, StHG-Kommentar, Art. 9, Rz. 28 und 30; BGE 128 II 66 E. 4.b S. 71.

1198 Vgl. Känzig, Komm. N 138 zu Art. 22 Abs. 1 Bst. d BdBSt; Locher, Kommentar zum DBG, Art. 33, Rz. 3; Reich, Zweifel/Athanas, StHG-Kommentar, Art. 9, Rz. 33; Urteil des Bundesgerichts v. 29. 3. 1999, wiedergegeben in: StE 1999 B 25.6 Nr. 34 E. 2.b.

1199 Vgl. Richner/Frei/Kaufmann/Meuter, Handkommentar zum DBG, Art. 33, Rz. 8. Zinsen in fremder Währung sind am Fälligkeitstag in CHF umzurechnen.

1200 Vgl. Richner/Frei/Kaufmann/Meuter, Handkommentar zum DBG, Art. 33, Rz. 22.

1201 Vgl. Zigerlig/Jud, Zweifel/Athanas, DBG-Kommentar, Art. 33 Rz. 6; Richner/Frei/Kaufmann/Meuter, Handkommentar zum DBG, Art. 33, Rz. 9 – 19 sowie Rz. 25.

Dienstbarkeiten, mit welchen Grundstücke belastet sind. Nicht darunter fallen bspw. Baurechtszinsen.[1202]

Die dauernden Lasten können vollumfänglich von den steuerbaren Einkünften abgezogen werden, soweit sie nicht in persönlichen Dienstleistungen bestehen bzw. soweit sei sich nicht schon in einer Verminderung des Ertrages des belasteten Vermögens auswirken. Der unentgeltliche Wegfall der Verpflichtung stellt indessen steuerbares Einkommen dar, sofern der Rechtsgrund für den Wegfall nicht im Erbgang oder in einer Schenkung liegt.[1203]

Leibrenten i. S. v. Art. 33 Abs. 1 Bst. b DBG und Art. 9 Abs. 2 Bst. b StHG sind ausschließlich privat vereinbarte Renten. Sie haben ihren Rechtsgrund im Gesetz, in einem Vertrag oder in einer letztwilligen Verfügung. Richtet ein buchführendes Unternehmen eine Leibrente aus, so richtet sich deren Abzugsfähigkeit nach den Art. 27 bzw. Art. 58 DBG.

Bezahlte Leibrenten sind im Umfang von 40 % abzugsfähig. Anders als bei den dauernden Lasten stellt der unentgeltliche Wegfall der Rentenverpflichtung kein steuerbares Einkommen dar.[1204]

IV.1.3.5.2.3. Unterhaltsbeiträge

Art. 33 Abs. 1 Bst. c DBG und Art. 9 Abs. 2 Bst. c StHG bestimmen, dass regelmäßig oder unregelmäßig wiederkehrende Unterstützungen und Unterhaltsleistungen zur Deckung des laufenden Lebensbedarfs, welche dem Empfänger keinen Vermögenszuwachs verschaffen, abzugsfähig sind. Vorausgesetzt wird, dass die Leistung in Form einer Rente[1205] erbracht wird, dass die Familiengemeinschaft aufgelöst sein muss resp. im Fall von nicht verheirateten Eltern gar nie entstanden ist, und der Empfänger der geschiedene, der (gerichtlich oder tatsächlich) getrennt lebende Ehegatte[1206] bzw. oder derjenige Elternteil ist, welcher die Mittel für das unter seiner elterlichen Sorge stehende Kind[1207] erhält. Anderweitige familienrechtliche- oder Unterstützungs-Pflichten fallen nicht darunter.[1208]

IV.1.3.5.2.4. Einlagen, Prämien und Beiträge an die AHV/IV und an Einrichtungen der beruflichen Vorsorge

Die Beiträge an die AHV und IV sind – soweit es sich um die persönlich geleisteten Prämien von Arbeitnehmern, Selbständigerwerbenden und Nichterwerbstätigen handelt – vollumfänglich steuerlich abzugsfähig. Die Abzugsfähigkeit der von einem Selbständigerwerbenden für sich und seine Mitarbeiter erbrachten Arbeitgeberbeiträge sind indessen nicht gestützt auf Art. 33 Abs. 1 Bst. d DBG, sondern nach Art. 27 Abs. 1 DBG abzugsfähig. Die Abzugsfähigkeit erstreckt

1202 Vgl. Känzig, Wehrsteuer, Art. 22, BdBSt, Rz. 154; Richner/Frei/Kaufmann/Meuter, Handkommentar zum DBG, Art. 33, Rz. 29 – 33.

1203 Vgl. Richner/Frei/Kaufmann/Meuter, Handkommentar zum DBG, Art. 33, Rz. 36 f.

1204 Vgl. Richner/Frei/Kaufmann/Meuter, Handkommentar zum DBG, Art. 33, Rz. 38 ff.

1205 Erfolgt die Leistung bspw. aufgrund der Scheidungskonvention in Form einer Kapitalzahlung, so fällt diese Leistung unter die einkommenssteuerfreien Leistungen in Erfüllung familienrechtlicher Verpflichtungen gemäß Art. 24 Bst. e DBG. Im Gegenzug zur Steuerfreiheit kann der Unterhaltspflichtige die Kapitalleistung steuerlich nicht als Abzug geltend machen.

1206 Sofern es sich um gleichgeschlechtliche Partner handelt, muss die eingetragene Partnerschaft gerichtlich aufgelöst sein oder die Partner tatsächlich getrennt leben.

1207 Kinder stehen bis zum Erreichen der Mündigkeit, d. h. bis zum vollendeten 18. Altersjahr, unter elterlicher Sorge (Art. 296 Abs. ZGB).

1208 Vgl. Richner/Frei/Kaufmann/Meuter, Handkommentar zum DBG, Art. 33, Rz. 48 ff.

sich auch auf Beiträge an ausländische Sozialversicherungseinrichtungen, sofern Gleichwertigkeit der Versicherungslösungen hinsichtlich der versicherten Risiken besteht.[1209]

Die Beiträge an eine Einrichtung der beruflichen Vorsorge, die ein Arbeitnehmer oder ein Selbständigerwerbender nach Gesetz, Statut oder Reglement an eine vom Gesetz anerkannte Vorsorgeeinrichtung leistet, sind nach Art. 81 Abs. 2 BVG vollumfänglich steuerlich abzugsfähig. Neben den ordentlichen Beiträgen sind auch die Beiträge für den Einkauf von Lohnerhöhungen und Beitragsjahren abzugsberechtigt.

Seit dem 1. 1. 2006 ist gemäß Art. 79b BVG das Ausmaß des Einkaufes auf maximal die Höhe der reglementarischen Leistungen begrenzt.[1210] Von dieser Begrenzung ausgenommen sind die Wiedereinkäufe im Falle der Ehescheidung oder gerichtlichen Auflösung einer eingetragenen Partnerschaft (Art. 79b Abs. 4 BVG). Wurden Vorbezüge für die Wohneigentumsförderung getätigt, so kann ein weiterer, freiwilliger Einkauf erst nach vollständiger Rückzahlung der Vorbezüge erfolgen (Art. 79b Abs. 3 Satz 2 BVG).

PRAXISHINWEIS

Die bundesgerichtliche Rechtsprechung ist dem steuerlichen Abzug insbesondere bei missbräuchlich steuerminimierenden, zeitlich nahen Einkäufen und Kapitalbezügen in/von Vorsorgeeinrichtungen schon immer kritisch gegenüber gestanden und hat diesen unter dem Titel Steuerumgehung regelmässig verweigert. Im Zuge eines höchstrichterlichen Urteils[1211] wurde im Jahr 2010 in einem Präzedenzfall entschieden, dass innerhalb der nächsten drei Jahre nach erfolgtem Einkauf die daraus resultierenden Leistungen nicht in Kapitalform aus der Vorsorge zurückgezogen werden dürfen. Damit wurde auch der seit dem 1. 1. 2006 gültige Art. 79b Abs. 3 Satz 1 BVG in dem Sinn präzisiert, als nun – entgegen der ursprünglichen Auslegung durch das Bundesamt für Sozialversicherungen (BSV)[1212] – nicht nur der dem Einkauf entsprechende Betrag inkl. Verzinsung während der nächsten drei Jahre nicht in Kapitalform bezogen werden dürfe, sondern das gesamte, vor dem Einkauf erworbene Vorsorgeguthaben[1213] durch diese Bestimmung mit betroffen sei.

Zeitgleich wurde mit Art. 79b Abs. 2 BVG i. V. m. Art. 60b BVV 2 der Zuzugsfall aus dem Ausland verbindlich geregelt. So darf die jährliche Einkaufssumme bei aus dem Ausland zuziehenden Personen, die noch nie einer Vorsorgeeinrichtung in der Schweiz angehört haben, in den ersten fünf Jahren nach Eintritt in eine schweizerische Vorsorgeeinrichtung 20 % des reglementarisch versicherten Lohnes nicht überschreiten. Nach Ablauf dieser Frist besteht die Möglichkeit des vollständigen Einkaufs.

IV.1.3.5.2.5. Einlagen, Prämien und Beiträge zum Erwerb von vertraglichen Ansprüchen aus anerkannten Formen der gebundenen Selbstvorsorge

Art. 82 BVG i. V. m. Art. 1 ff. BVV 3 und Art. 33 Abs. 1 Bst. e DBG sowie Art. 9 Abs. 2 Bst. e StHG halten fest, dass Einlagen, Prämien und Beiträge zum Erwerb von vertraglichen Ansprüchen aus anerkannten Formen der gebundenen Vorsorge (vorliegend die Säule 3a) steuerlich abzugsfähig

1209 Vgl. Richner/Frei/Kaufmann/Meuter, Handkommentar zum DBG, Art. 33, Rz. 68 f.

1210 Gemäß Art. 60a BVV 2 ist der Höchstbetrag der Einkaufssumme allfällig um ein Guthaben in der Säule 3a sowie vorhandene, aber nicht auf die aktuelle Vorsorgeeinrichtung übertragene Freizügigkeitsguthaben zu reduzieren.

1211 Vgl. BGE 2C.258/2009 bzw. 2C.659/2009 v. 12. 3. 2010 E. 3.3.

1212 Vgl. Mitteilung über die berufliche Vorsorge Nr. 88, Rz. 511 v. 28. 11. 2005; bestätigt durch die Mitteilungen über die berufliche Vorsorge Nr. 93, Rz. 540 v. 11. 7. 2006 und Nr. 110, Rz. 678 v. 15. 1. 2009.

1213 Das Bundesgericht verneinte eine ursächliche Verknüpfung zwischen Einkauf und Leistung nicht zuletzt deshalb, weil die in die Vorsorgeeinrichtung einbezahlten Beiträge nicht ausgesondert und die Leistungen nicht aus bestimmten Mitteln, sondern aus dem Vorsorgekapital der versicherten Person insgesamt bezahlt werden.

sind. Eine Säule 3a können Steuerpflichtige abschließen, welche über ein Erwerbseinkommen verfügen und der AHV/IV-Pflicht unterstehen. Der maximal zulässige Beitrag von Erwerbstätigen, die bereits einer Einrichtung der 2. Säule angehören, beläuft sich im Jahr 2014 auf CHF 6'739. Gehört eine Person der 2. Säule nicht an, so beträgt der maximal abzugsfähige Betrag im Jahr 2014 CHF 33'696.

IV.1.3.5.2.6. Prämien und Beiträge für die EO, die ALV und die obligatorische Unfallversicherung

Die Erwerbsersatzordnung (EO), die Arbeitslosenversicherung (ALV) und die obligatorische Unfallversicherung erheben zur Finanzierung ihrer Leistungen von den Versicherten und allenfalls von den Arbeitgebern Beiträge (Art. 2 Abs. 1 AVIG[1214]; Art. 91 UVG[1215] und Art. 27 Abs. 1 EOG[1216]). Diese Prämien sind vollumfänglich steuerlich abzugsfähig.

IV.1.3.5.2.7. Versicherungsprämien und Zinsen von Sparkapitalien

Unter dem Titel von Art. 33 Abs. 1 Bst. g DBG und Art. 9 Abs. 2 Bst. g StHG können Prämien von Lebensversicherungen, Krankenversicherungen und freiwilligen Unfallversicherungen steuerlich als Abzug geltend gemacht werden. Des Weiteren sind gemäß dieser Bestimmung die Zinsen von Sparkapitalien abzugsfähig. Als Sparkapitalien gelten in- und ausländische Anlageformen verschiedenster Art, die zur Vermögensbildung geeignet sind.[1217]

Die Abzugsfähigkeit von Versicherungsprämien und Sparkapitalzinsen ist jedoch betragsmäßig beschränkt. Die Höhe dieses (kombinierten) Abzugs, ergibt sich zum einen nach den Familienverhältnissen des Steuerpflichtigen und ist zum anderen davon abhängig, ob der Steuerpflichtige Beiträge an die 2. Säule bzw. Säule 3a leistet oder nicht. Für den Fall, dass keine Beiträge an die 2. Säule bzw. an die Säule 3a geleistet werden, erhöht sich der Abzug um die Hälfte (Art. 33 Abs. 1bis Bst. a DBG). Des Weiteren erhöht sich der Abzug für jedes von ihm unterstützte Kind sowie für jede von ihm unterstützte Person, für welche ein entsprechender Sozialabzug geltend gemacht wird (Art. 33 Abs. 1bis Bst. b DBG).

IV.1.3.5.2.8. Krankheits- und Unfallkosten sowie behinderungsbedingte Kosten

Der Abzug der Krankheits- und Unfallkosten des Steuerpflichtigen und der von ihm unterhaltenen Personen steht gemäß Art. 33 Abs. 1 Bst. h DBG und Art. 9 Abs. 2 Bst. h StHG sowohl dem erwerbstätigen als auch dem nichterwerbstätigen Steuerpflichtigen zu, sofern er diese selber trägt und diese 5 % der um die Aufwendungen gemäß Art. 26 – Art. 33 DBG verminderten, steuerbaren Einkünfte übersteigen (Selbstbehalt). Darunter fallen bspw. die Kosten für Ärzte, Zahnärzte, Spitäler, Heilstätten, Kliniken, Pflegepersonal, Medikamente und Heilmittel, Impfungen, medizinische Apparate, Brillen und Kontaktlinsen sowie ärztlich angeordnete besondere Hei-

1214 Bundesgesetz über die obligatorische Arbeitslosenversicherung und die Insolvenzentschädigung (Arbeitslosenversicherungsgesetz; SR 837.0).

1215 Bundesgesetz über die Unfallversicherung (SR 832.20).

1216 Bundesgesetz über den Erwerbsersatz für Dienstleistende und bei Mutterschaft (EOG; SR 834.1)

1217 Vgl. Richner/Frei/Kaufmann/Meuter, Handkommentar zum DBG, Art. 33, Rz. 137.

lungsmaßnahmen, nicht aber z. B. Verjüngungs- und Schönheitsbehandlungen oder Schlankheits-, Wellness- und Fitnesskuren.[1218]

Der Abzug der behinderungsbedingten Kosten des Steuerpflichtigen oder der von ihm unterhaltenen Personen mit Behinderungen i. S. des Behindertengleichstellungsgesetzes[1219] sind steuerlich gemäß Art. 33 Abs. 1 Bst. h^{bis} DBG und Art. 9 Abs. 2 Bst. h^{bis} StHG ohne Selbstbehalt abzugsfähig, sofern der Steuerpflichtige die Kosten selber trägt.

IV.1.3.5.2.9. Zuwendungen an Institutionen mit öffentlicher oder gemeinnütziger Zwecksetzung

Art. 33a DBG und Art. 9 Abs. 2 Bst. i StHG anerkennen die Abzugsfähigkeit von freiwillig erbrachten Zuwendungen von Geld und übrigen Vermögenswerten an juristische Personen mit Sitz in der Schweiz, welche im Hinblick auf ihre öffentlichen oder gemeinnützigen Zwecke von der Steuerpflicht (teilweise oder vollumfänglich) befreit sind (vgl. Art. 56 Bst. g DBG und Art. 23 Abs. 1 Bst. f StHG), wenn diese im Steuerjahr CHF 100 erreichen und insgesamt 20 % der um die Aufwendungen gemäß Art. 26 – 33 DBG verminderten (steuerbaren) Einkünfte nicht übersteigen.

IV.1.3.5.2.10. Abzug bei Erwerbstätigkeit beider Ehegatten

Art. 33 Abs. 2 DBG und Art. 9 Abs. 2 Bst. k StHG regeln den sog. Zweitverdienerabzug, der nur gewährt wird, wenn beide Ehegatten einer rechtlich und tatsächlich ungetrennten Ehe[1220] erwerbstätig sind. Bei voneinander unabhängiger Erwerbstätigkeit erfolgt der Abzug vom niedrigeren der beiden Erwerbseinkommen, bei erheblicher Mitarbeit im Beruf, Geschäft oder Gewerbe des anderen Ehegatten wird jedem Ehegatten grundsätzlich die Hälfte des gemeinsamen Erwerbseinkommens zugerechnet. Als Erwerbseinkommen qualifizieren die steuerbaren Einkünfte aus unselbständiger oder selbständiger Erwerbstätigkeit, vermindert um Aufwendungen gemäß Art. 26 – 31 DBG und allgemeine Abzüge nach Art. 33 Abs. 1 Bst. d – f DBG.

Der Zweitverdienerabzug beträgt für direkte Bundessteuerzwecke derzeit 50 % des niedrigeren Erwerbseinkommens, jedoch mindestens CHF 8'100 und höchstens CHF 13 400. Für Kantons- und Gemeindesteuerzwecke gelten je nach kantonalem Recht davon abweichende Mindest- und Höchst- oder fixe Beträge.

IV.1.3.5.2.11. Mitgliederbeiträge und Zuwendungen an politische Parteien

Gemäß Art. 33 Abs. 1 Bst. i DBG kann der Steuerpflichtige Mitgliederbeiträge und Zuwendungen an politische Parteien, die im Parteienregister eingetragen oder in einem kantonalen Parlament vertreten sind oder in einem Kanton bei den letzten kantonalen Parlamentswahlen mindestens 3 % der Stimmen erreicht haben, bis zum Gesamtbetrag von jährlich CHF 10'100 steuerlich geltend machen. Art. 9 Abs. 2 Bst. l StHG kennt eine sinngemäße Bestimmung, weist das Recht zur Festsetzung eines maximalen Betrags jedoch den Kantonen zu.

1218 Vgl. Richner/Frei/Kaufmann/Meuter, Handkommentar zum DBG, Art. 33, Rz. 143, Rz. 149 und Rz. 151.

1219 Bundesgesetz über die Beseitigung von Benachteiligungen von Menschen mit Behinderungen (Behindertengleichstellungsgesetz, BehiG; SR 151.3).

1220 Gemäß Art. 9 Abs. 1bis DBG und Art. 3 Abs. 4 StHG entspricht die Stellung eingetragener Partner derjenigen von Ehegatten.

IV.1.3.5.2.12. Kinderdrittbetreuungskosten

Der Kinderdrittbetreuungskostenabzug in Höhe der nachgewiesenen Kosten, jährlich jedoch maximal CHF 10'100[1221], kann für im gleichen Haushalt lebende, leibliche Kinder, Adoptiv- und Stief- sowie Pflegekinder[1222] bis zu deren nicht vollendetem 14. Altersjahr durch den Unterhalt bezahlende Steuerpflichtigen geltend gemacht werden (Art. 33 Abs. 3 DBG; Art. 9 Abs. 2 Bst. m StHG).

Notwendige weitere Voraussetzung für den Abzug ist, dass eine Eigenbetreuung durch den Steuerpflichtigen infolge ursächlichen Zusammenhangs mit einer Erwerbstätigkeit, Ausbildung oder Erwerbsunfähigkeit nachweislich nicht möglich ist.

IV.1.3.5.2.13. Einsatzkosten aus der Teilnahme an Lotterien oder lotterieähnlichen Veranstaltungen

Seit dem 1. 1. 2014 können von den einzelnen Gewinnen aus Lotterien oder lotterieähnlichen Veranstaltungen 5 %, jedoch höchstens CHF 5'000[1223], als Einsatzkosten steuerlich in Abzug gebracht werden (Art. 33 Abs. 4 DBG). Gemäß Art. 9 Abs. 2 Bst. n StHG ist die Festsetzung eines Prozentsatzes resp. Höchstbetrags den Kantonen überlassen.

IV.1.3.5.2.14. Liegenschaftsunterhaltskosten, Energiespar- und Umweltschutzmaßnahmen sowie Kosten der Denkmalpflege

Art. 32 Abs. 2 DBG und Art. 9 Abs. 3 StHG sehen vor, dass bei Liegenschaften im Privatvermögen die Unterhaltskosten im engeren Sinne,[1224] die Kosten der Instandstellung von neu erworbenen Liegenschaften, die Versicherungsprämien sowie die Verwaltungskosten von Dritten steuerlich in Abzug gebracht werden können.

Dem Steuerpflichtigen bleibt dabei die Wahl, ob er anstelle der effektiven Kosten einen Pauschalabzug geltend machen will. Der Bund und die meisten Kantone offerieren diese Wahlmöglichkeit für jede Steuerperiode und jedes Grundstück neu (sog. Wechselpauschale). Die Pauschale beträgt für Bundessteuerzwecke bei Gebäuden, die zu Beginn der Steuerperiode bis zehn Jahre alt sind, 10 % des jährlichen Bruttomietertrags bzw. -mietwerts resp. 20 % desselben bei Gebäuden, die zu Beginn der Steuerperiode älter als zehn Jahre sind.[1225] Für Kantons- und Gemeindesteuerzwecke gelten je nach kantonalem Recht davon abweichende Regelungen.

Weiter vorgesehen sind in Art. 32 Abs. 3 DBG und Art. 9 Abs. 3 StHG auch Abzüge für Energiespar- und Umweltschutzmaßnahmen sowie denkmalpflegerische Arbeiten.

1221 Basierend auf DBG. Je nach kantonalem Recht kann der Höchstbetrag unterschiedlich geregelt sein.

1222 Bei Pflegekindern wird der Abzug nur gewährt, wenn das Pflegegeld nicht kostendeckend und das Pflegekind dauernd bei den Pflegeeltern aufgenommen ist (vgl. KS ESTV Nr. 30 v. 21. 12. 2010 Ziff. 8.2).

1223 Basierend auf DBG. Je nach kantonalem Recht kann der Prozentsatz und Höchstbetrag unterschiedlich geregelt sein.

1224 Darunter sind die Instandhaltungs- und Instandstellungskosten sowie die Kosten für den Ersatz von Wirtschaftsgütern zu subsumieren, nicht jedoch wertvermehrende Unterhaltskosten (vgl. Richner/Frei/Kaufmann/Meuter, Handkommentar zum DBG, Art. 32, Rz. 39 – 42).

1225 Vgl. Richner/Frei/Kaufmann/Meuter, Handkommentar zum DBG, Art. 32, Rz. 24 – 33.

IV.1.3.5.2.15. Schematische Übersicht über die allgemeinen Abzüge[1226]

Schweizer Steuerrecht:	Äquivalent im deutschen Steuerrecht:
Private Schuldzinsen (begrenzter Abzug): ► Teilweiser Abzug beim Bund und in den Kantonen (Art. 33 Abs. 1 Bst. a DBG; Art. 9 Abs. 2 Bst. a StHG) ► Höhe des Abzugs beim Bund und in den Kantonen auf Bruttoerträge aus beweglichem und unbeweglichem Privatvermögen (inkl. Eigenmietwert) zuzüglich Grundbetrag von CHF 50'000 begrenzt ► Angabe des Gläubigers zwingend Darlehen von nahe stehenden Kapitalgesellschaften sind zwingend zu unter Dritten üblichen Bedingungen zu gewähren	Schuldzinsen nach § 9 Abs. 1 S. 3 Nr. 1 EStG (Werbungskosten) grds. abzugsfähig; Ausnahmen z. B. bei Liebhaberei, privater Lebenshaltung etc.
Baukreditzinsen ► Baukreditzinsen stellen nicht Werterhaltungskosten, sondern Anlage- bzw. Herstellungskosten dar und sind damit im Bund nicht abzugsfähig ► Unterschiedliche Abzugsfähigkeit in den Kantonen (teils vollumfänglich, so bspw. Kt. ZH; teils nicht abzugsfähig oder als Abzug wahlweise bei der Grundstückgewinnsteuer)	Schuldzinsen nach § 9 Abs. 1 S. 3 Nr. 1 EStG (Werbungskosten) grds. abzugsfähig; Ausnahmen z. B. bei Liebhaberei, privater Lebenshaltung etc.
Dauernde Lasten und Leibrenten ► Leibrentenabzug begrenzt auf 40 %	Renten/dauernde Lasten (§ 9 Abs. 1 S. 3 Nr. 1 EStG) und Versorgungsleistungen (§ 10 Abs. 1 Nr. 1a EStG); Beschränkung der Abzugsfähigkeit von Leibrenten (§ 22 Nr. 1 S. 3 EStG)
Unterhaltsbeiträge an den geschiedenen, gerichtlich oder tatsächlich getrennt lebenden Ehegatten	Realsplitting nach §§ 10 Abs. 1 Nr. 1; 22 Nr. 1a EstG
Unterhaltsbeiträge an einen Elternteil für Kinder, die unter dessen elterlicher Sorge stehen ► Abzug begrenzt bis zum vollendeten 18. Altersjahr des Kindes	Allgemeiner Unterhaltsabzug nach § 33a EStG (privater Abzug)

1226 Die Regelungen sind in der Schweiz und in Deutschland nicht immer identisch bzw. vergleichbar.

Einlagen, Prämien und Beiträge an die Alters-, Hinterlassenen- und Invalidenversicherung (AHV/IV), Erwerbsersatzordnung (EO), Arbeitslosenversicherung (ALV) und obligatorische Unfallversicherung, welche gemäß Gesetz, Statut oder Reglement geleistet werden ► Abzugsfähig beim Bund und in allen Kantonen	Abzüge für Beiträge gesetzl. Rentenversicherungen sowie zu berufsständischen Versorgungseinrichtungen nach § 10 Abs. 1 Nr. 2 Bst. a und ggf. § 10a EStG; Versicherungsbeiträge gegen Arbeitslosigkeit, zu Erwerbs- und Berufsunfähigkeitsversicherungen, zu den Kranken-, Pflege-, Unfall- und Haftpflichtversicherungen sowie zu den Risikoversicherungen, die nur für den Todesfall eine Leistung vorsehen (§ 10 Abs. 1 Nr. 3a EStG); ggf. weitere Voraussetzungen (§ 10 Abs. 2 EStG)
Einlagen, Prämien und Beiträge an Einrichtungen der beruflichen Vorsorge (2. Säule), welche gemäß Gesetz, Statut oder Reglement geleistet werden ► Abzugsfähig beim Bund und in den Kantonen ► Einkauf in die berufliche Vorsorge i. d. R. abzugsfähig, allerdings in der Höhe begrenzt ► Zeitnaher Einkauf/Kapitalbezug kritisch	Beiträge zu Versicherungen nach §§ 10 Abs. 1 Nr. 2 lit. a und Abs. 2 EStG und ggf. § 10a EStG
Einlagen, Prämien und Beiträge zum Erwerb von vertraglichen Ansprüchen aus anerkannten Formen der gebundenen Selbstvorsorge (Säule 3a) ► Beim Bund und in allen Kantonen Abzug in gleicher, begrenzter Höhe (2014: CHF 6'739 für Steuerpflichtige, welche einer Einrichtung der beruflichen Vorsorge angehören, andernfalls CHF 33'696) ► Höchstabzüge bilden zugleich maximale Einzahlungslimiten	Beiträge zum Aufbau einer eigenen kapitalgedeckten Altersversorgung nach § 10 Abs. 1 Nr. 2 Bst. b EStG; Beiträge an die zusätzliche Altersvorsorge nach § 10a EStG
Abzug für Versicherungsprämien und Sparkapitalzinsen ► Einlagen, Prämien und Beiträge für die Lebens-, Kranken- und freiwillige Unfallversicherung, sowie die Zinsen von Sparkapitalien des Steuerpflichtigen und der von ihm unterhaltenen Personen bis zu einem bestimmten Betrag (ggf. einer Pauschale)	Beiträge zu Versicherungen nach §§ 10 Abs. 1 Nr. 2 und Nr. 3 EStG

Krankheits- und Unfallkosten sowie behinderungsbedingte Kosten ► des Steuerpflichtigen und der von ihm unterhaltenen Personen, soweit er diese Kosten selber trägt und diese einen bestimmten durch Bundes- und Kantonsrecht festgelegten Selbstbehalt übersteigen (letzterer entfällt bei behinderungsbedingten Kosten)	Außergewöhnliche Belastung nach §§ 33, 33a EStG
Freiwillige Zuwendungen an juristische Personen mit Sitz in der Schweiz, welche aufgrund öffentlicher oder gemeinnütziger Zweckverfolgung von der Steuerpflicht (teilweise oder vollumfänglich) befreit sind ► Begrenzt auf 20 % der um die Aufwendungen gemäß Art. 26 – Art. 33 DBG verminderten (steuerbaren) Einkünfte	Zuwendungen nach § 10b EStG
Teil des Erwerbseinkommens des zweitverdienenden Ehegatten ► Besonderer Abzug (Mindest- und Höchst- oder fixer Betrag) ► Ausgestaltung abhängig davon, ob Ehegatte im Beruf, Geschäft oder Gewerbe des anderen Ehegatten erheblich mitarbeitet ► I. d. R. zusätzlich zum Gewinnungskostenabzug	Splitting-Verfahren nach §§ 32a Abs. 5, 26 ff. EStG
Mitgliederbeiträge und Zuwendungen an politische Parteien ► Beim Bund maximal jährlicher Abzug von CHF 10'100; in den Kantonen gemäß deren Recht ► Gewährung bedingt entweder Eintrag im Parteienregister oder Vertretung in einem kantonalen Parlament oder Stimmenquorum von mind. 3 % anlässlich der letzten kantonalen Parlamentswahlen	§ 10b EStG

Kinderdrittbetreuungskosten ► Beim Bund in Höhe der nachgewiesenen Kosten, jährlich jedoch maximal CHF 10'100, für im gleichen Haushalt lebende leibliche Kinder, Adoptiv- und Stief- sowie Pflegekinder bis zu deren nicht vollendetem 14. Altersjahr; in den Kantonen gemäß deren Recht ► Gewährung erfordert weiter eine nachweislich nicht mögliche Eigenbetreuung durch den Steuerpflichtigen infolge ursächlichen Zusammenhangs mit einer Erwerbstätigkeit, Ausbildung oder Erwerbsunfähigkeit	§ 10 Abs. 1 Nr. 5 EStG
Einsatzkosten aus der Teilnahme an Lotterien oder lotterieähnlichen Veranstaltungen ► Beim Bund 5 % vom einzelnen Gewinn, jedoch höchstens CHF 5'000; in den Kantonen gemäß deren Recht	Grundsätzlich steuerfrei
Liegenschaftsunterhaltskosten, Energiespar- und Umweltschutzmaßnahmen sowie Kosten der Denkmalpflege ► Beim Bund und in den Kantonen Wahlmöglichkeit zwischen effektiven Kosten oder Pauschalabzug, pro Steuerperiode und Grundstück	§§ 10f und 10g EStG

IV.1.3.5.3. Sozialabzüge

Die Sozialabzüge dienen wie die allgemeinen Abzüge dem sog. subjektiven Nettoprinzip und sind insofern nicht mit den privaten Abzügen des deutschen Steuerrechts vergleichbar.[1227] Sie grenzen sich u. a. dadurch von den allgemeinen Abzügen ab, indem sie der persönlich-wirtschaftlichen Situation des Steuerpflichtigen schematisch Rechnung tragen und nicht effektive Aufwendungen des Steuerpflichtigen aus der Bemessungsgrundlage ausscheiden, sondern dessen sozialen Status berücksichtigen, um von dessen Reineinkommen nur soviel als Steuer abzuführen, als dies – vor dem Hintergrund der Leistungsfähigkeit anderer Gruppen von Steuerpflichtigen – seiner individuellen Leistungsfähigkeit entspricht. Als Beispiele für Sozialabzüge können die persönlichen Abzüge, Kinderabzüge, Unterstützungs- sowie Altersabzüge angeführt werden (Art. 35 DBG; Art. 9 Abs. 4 StHG).[1228]

1227 Vgl. dazu Reich, Zweifel/Athanas, StHG-Kommentar, Art. 7, Rz. 27 m. w. H. und Art. 9, Rz. 61.
1228 Vgl. Locher, Kommentar zum DBG, Art. 25, Rz. 34; Reich, Zweifel/Athanas, StHG-Kommentar, Art. 9, Rz. 63.

Die Regelung der Sozialabzüge fällt gleichsam den Steuertarifen in die uneingeschränkte Hoheitsgewalt der Kantone.[1229]

IV.2. Besteuerung nach dem Aufwand

Der Begriff der Aufwandbesteuerung ist derzeit zwar in aller Munde und vermehrt in der Presse zu lesen, doch ist zuweilen nicht ganz klar, was es damit auf sich hat. Im Folgenden werden deshalb die Grundzüge der Aufwandbesteuerung in der Schweiz sowie ihre Voraussetzungen und Folgen im Einzelnen dargestellt. Dabei wird nicht nur auf die Vorteile dieser Besteuerungsform für den Steuerpflichtigen eingegangen, sondern auch auf die Besonderheiten und etwaigen Hürden, die es bei der Planung zu berücksichtigen resp. zu überspringen gilt.

IV.2.1. Grundsätzliches zur Aufwandbesteuerung

Die Schweiz kennt mit der Besteuerung nach dem Aufwand (Art. 14 DBG; Art. 6 StHG; oft auch Pauschalbesteuerung genannt)[1230] ein konsumorientiertes Besteuerungssystem, das den Steuerbehörden und Steuerpflichtigen erlaubt, die Bemessungsgrundlagen für die Einkommens- und Vermögenssteuer aufgrund einer Hilfsmethode vereinfacht festzustellen.[1231] Diese bestimmt sich nach dem Aufwand des Steuerpflichtigen und seiner in der Schweiz lebenden Familie (sein Ehegatte, die unter elterlicher Sorge stehenden Kinder sowie weitere direkt unterstützte Personen) oder nach bestimmten Einkünften, sofern diese höher sind als der Aufwand (Art. 14 Abs. 3 DBG; Art. 6 Abs. 3 StHG).[1232] Die Besteuerung nach dem Aufwand beruht somit nicht auf einem speziellen Steuertarif. Aufgrund ihrer gesamten Ausgestaltung stellt die Aufwandbesteuerung auch kein Steuerprivileg oder Steuerabkommen dar.[1233]

Der Unterschied zur ordentlichen Besteuerung liegt darin, dass die Pauschalsteuer, die an die Stelle der ordentlichen Einkommens- und Vermögenssteuer tritt, nicht nach dem gesamten weltweiten Einkommen bemessen und mithin nicht auf dem gesamten weltweiten Einkommen geschuldet ist. Vielmehr sollen nur die Einkünfte aus schweizerischen Quellen erfasst werden, wobei diese auf der Grundlage des Konsums ermittelt werden.[1234] Der Grund für die Besteuerung nach dem Aufwand findet sich mitunter darin, dass bei der dazu berechtigten Kategorie von Steuerpflichtigen sich i. d. R. Probleme bei der Überprüfung der in der Steuererklärung deklarierten Einkommens- und Vermögensbestandteile einstellen bzw. dass eine Kontrolle auf die Richtigkeit der Deklaration regelmäßig nicht möglich ist. Insofern soll die Aufwandbesteuerung eine aus Praktikabilitätsgründen gebotene Art der Ermessensveranlagung darstellen, deren Besonderheit in der vereinfachten Bestimmung der Bemessungsgrundlage liegt.[1235] Um eine mini-

1229 Vgl. Reich, Zweifel/Athanas, StHG-Kommentar, Art. 9, Rz. 58.

1230 Vgl. zum Ganzen auch Verordnung über die Besteuerung nach dem Aufwand bei der direkten Bundessteuer v. 15. 3. 1993 (SR 642.123); KS ESTV Nr. 9 v. 3. 12. 1993; Suter, PIStB 8/2013, S. 205 ff.; Suter, FIStB 9/2013, S. 251 ff.; Suter, IBFD, European Taxation 11/2013, S. 555 ff.

1231 Vgl. Zwahlen, Zweifel/Athanas, StHG-Kommentar, Art. 6, Rz. 1 f.; Richner/Frei/Kaufmann/Meuter, Handkommentar zum DBG, Art. 14, Rz. 3.

1232 Vgl. BGE 2A.137/1999 v. 15. 5. 2000, wiedergegeben in: StE 2001 B 29.1 Nr. 6 E. 2a; KS ESTV Nr. 9 v. 3. 12. 1993 Ziff. 2.1.

1233 Vgl. Richner/Frei/Kaufmann/Meuter, Zürcher Steuergesetz, § 13 Rz. 4 f.

1234 Vgl. Richner/Frei/Kaufmann/Meuter, Handkommentar zum DBG, Art. 14, Rz. 3.

1235 Vgl. Zwahlen, Zweifel/Athanas, StHG-Kommentar, Art. 6, Rz. 1, der in der Aufwandbesteuerung eine „gesetzlich vorgesehene Bestimmung der Bemessungsgrundlagen aufgrund einer Hilfsmethode" sieht.

male Besteuerung sicherzustellen sieht die Schweizer Steuergesetzgebung daher vor, dass das steuerbare Einkommen nicht niedriger veranlagt werden soll, als der Aufwand der Personen, die daraus leben.[1236]

IV.2.2. Beginn und Ende des Rechts auf Besteuerung nach dem Aufwand

Das Recht auf Besteuerung nach dem Aufwand setzt die kumulative Erfüllung sämtlicher nachstehender subjektiver und objektiver Kriterien voraus.

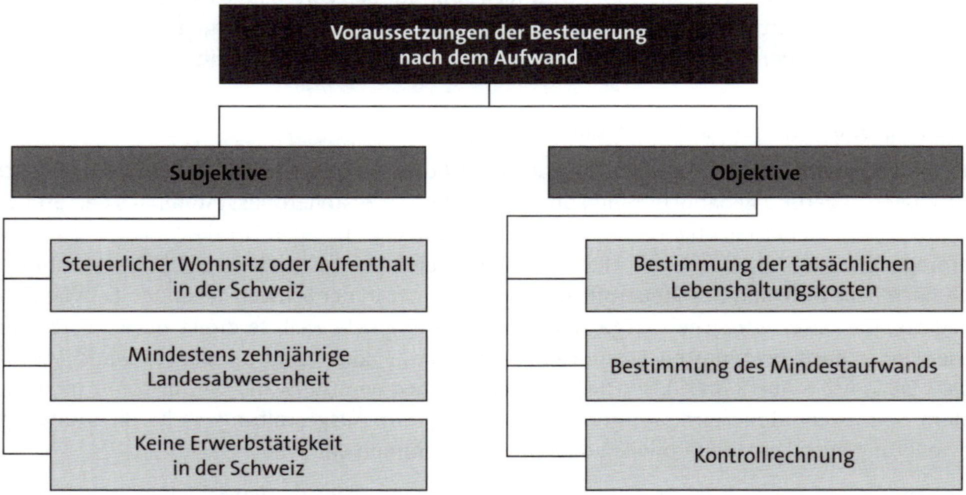

IV.2.2.1. Subjektive Voraussetzungen

Das Recht auf Besteuerung nach dem Aufwand steht natürlichen Personen zu, die erstmals oder nach mindestens zehnjähriger Landesabwesenheit[1237] in der Schweiz steuerrechtlichen Wohnsitz oder (qualifizierten) Aufenthalt nehmen und in der Schweiz keine Erwerbstätigkeit ausüben (Art. 14 Abs. 1 und 2 DBG;[1238] Art. 6 Abs. 1 und 2 StHG).

Es steht folglich nur natürlichen Personen zu, die aufgrund persönlicher Zugehörigkeit in der Schweiz unbeschränkt steuerpflichtig werden resp. sind (Art. 3 DBG; Art. 3 StHG).[1239] Natürliche Personen, die in der Schweiz lediglich zum Schein einen Wohnsitz zu errichten suchen oder die Mindestaufenthaltsdauer zur Begründung der unbeschränkten Steuerpflicht nicht erfüllen, haben hingegen keinen Anspruch auf Besteuerung nach dem Aufwand.

1236 Vgl. Blumenstein/Locher, System des Steuerrechts, S. 248.

1237 D. h. nachdem ein früherer steuerrechtlicher Wohnsitz/Aufenthalt in der Schweiz vor mindestens 10 Jahren vor der erneuten Begründung eines solchen aufgegeben wurde.

1238 Ergänzend dazu die Verordnung über die Besteuerung nach dem Aufwand bei der direkten Bundessteuer v. 15. 3. 1993 (SR 642.123).

1239 Zum steuerrechtlichen Wohnsitz und (qualifizierten) Aufenthalt vgl. A.II.4.1.

PRAXISHINWEIS

Für die Einreise in die Schweiz resp. die Zollkontrolle bedarf es eines Nachweises des geplanten Zuzugs, welcher i. d. R. anhand einer vorgängig durch das zuständige kantonale (Migrations-)Amt ausgestellten Verfügung der Zusicherung der Aufenthaltsbewilligung EG/EFTA (im Original)[1240] erfolgt sowie – falls zusätzlich Familienmitglieder aus Drittstaaten einreisen wollen – einer Verfügung für die Ermächtigung zur Visumerteilung für die Schweizer Vertretung im Ausland. Nach erfolgtem Zuzug in die Schweiz müssen die jeweiligen Personen beim zuständigen Migrationsamt samt Zusicherung der Aufenthaltsbewilligung, dem unterzeichneten Miet- oder Kaufvertrag für die gewählte Liegenschaft sowie den entsprechenden Ausweispapieren persönlich erscheinen und (gemeinsam) das Anmeldeformular unterzeichnen. Im Anschluss daran werden die Aufenthaltsbewilligungsausweise ausgestellt.

Das Recht auf Besteuerung nach dem Aufwand steht sowohl ausländischen Staatsangehörigen als auch – zumindest bis zum 31. 12. 2013, in einzelnen Kantonen u. U. bis längstens 31. 12. 2015[1241] – Schweizer Bürgern zu. Während bei Schweizer Bürgern das Recht auf Aufwandbesteuerung auf den Zeitraum zwischen dem Zuzug und dem Ende der laufenden Steuerperiode beschränkt resp. in den meisten Kantonen nach dem 1. 1. 2014 nicht mehr möglich ist, wird ausländischen Staatsangehörigen das Recht auf Besteuerung nach dem Aufwand unbegrenzt eingeräumt, sofern sie die subjektiven und objektiven Voraussetzungen erfüllen.

PRAXISHINWEIS

Schweizerisch-ausländische Doppelbürger gelten für die Zwecke der Aufwandbesteuerung nicht als Ausländer sondern als Schweizer Staatsangehörige.[1242]

Betreffend der Frage, ob bei Ehegatten und weiteren Familienmitgliedern die subjektiven Voraussetzungen zur Aufwandbesteuerung je einzeln zu erfüllen sind, damit die Aufwandbesteuerung in Anspruch genommen werden kann, enthielten bis vor kurzem[1243] weder das DBG noch das StHG eine klare Regelung. Damit war bisher bzw. ist die Beantwortung dieser Frage– zumindest für die Zwecke der kantonalen Einkommens- und Vermögenssteuer – den Kantonen überlassen. Es galt bzw. gilt der Grundsatz, dass die subjektiven Voraussetzungen von jeder Person einzeln zu erfüllen sind.[1244] Sind die subjektiven Voraussetzungen im Ergebnis nur bei einem Ehegatten erfüllt, wurde bisher bzw. wird nur dessen Einkommen nach den Regeln zur Aufwandbesteuerung bemessen, während das Einkommen des anderen Ehegatten im ordentlichen Verfahren ermittelt wird. Dasselbe musste bzw. muss auch für die unter elterlicher Sorge stehenden Kinder, deren Ertragseinkommen dem Inhaber der elterlichen Sorge zugerechnet wird,

1240 Dies im Unterschied zum Zuzüger aus dem EG/EFTA-Raum, der in der Schweiz eine Erwerbstätigkeit aufnimmt. Dieser kann grundsätzlich ohne eine solche Zusicherung einreisen, muss sich aber innerhalb von 14 Tagen bzw. spätestens vor der Arbeitsaufnahme bei den zuständigen Behörden anmelden, womit der die Voraussetzungen zur Erteilung einer Arbeitsbewilligung erfüllt. Für weitere Details sei auf F.II. verwiesen.

1241 Vgl. A.IV.2.6.1.

1242 Vgl. KS ESTV Nr. 9 v. 3. 12. 1993 Ziff. 1.1; stellvertretend für die Kantone sei auf das Merkblatt des Kantons SZ v 17. 9. 2010, Ziff. 3, verwiesen.

1243 Vgl. A.IV.2.6.1.

1244 Der Kanton BS hält diesbezüglich ausdrücklich fest, dass jeder Ehegatte für sich allein sämtliche Voraussetzungen erfüllen muss, damit die eheliche Gemeinschaft in den Genuss der Vorteile der Aufwandbesteuerung gelangt (vgl. Merkblatt des Kantons BS v. 17. 11. 2000 über die Besteuerung nach dem Aufwand bei den kantonalen Steuern, Rz. 7). Vgl. ebenso Richner/Frei/Kaufmann/Meuter, Handkommentar zum DBG, Art. 7, Rz. 7. Anderer Meinung hingegen ist Locher, Kommentar zum DBG, Art. 14, Rz. 6, wonach eine Aufwandbesteuerung für Ehegatten nur möglich ist, wenn beide Ehegatten zusammen alle subjektiven Voraussetzungen erfüllen. Vgl. ferner Art. 14 Abs. 2 nDBG (in Kraft per 1. 1. 2016) resp. Art. 6 Abs. 2 i. V. m. Art. 72q StHG (in Kraft per 1. 1. 2014, mit zweijähriger Anpassungsfrist hinsichtlich der kantonalen Gesetzgebungen).

gelten. Demzufolge konnte bzw. kann dieses selber resp. der Inhaber der elterlichen Sorge für das Kind das Recht der Aufwandbesteuerung in Anspruch nehmen (Steuersubstitution).[1245]

PRAXISHINWEIS

Besitzen nur einer der beiden Ehegatten oder die Kinder der steuerpflichtigen Personen das Schweizer Bürgerrecht und sind die übrigen subjektiven Voraussetzungen erfüllt, gewährten bisher bzw. gewähren sowohl der Bund (ESTV) gemäß ständiger Praxis als auch die meisten Kantone beiden Ehegatten einen zeitlich unbeschränkten Anspruch auf die Besteuerung nach dem Aufwand. Verstirbt in der Folge der ausländische Ehegatte, so unterlag bisher bzw. unterliegt der überlebende schweizerische Ehegatte in der dem Todesjahr folgenden Steuerperiode der ordentlichen Besteuerung.[1246] Einzelne Kantone – wie bspw. der Kanton ZG – wichen jedoch bzw. weichen von dieser Praxis ab und gewähr(t)en die Besteuerung nach dem Aufwand nur Ehegatten mit je ausländischer Staatsangehörigkeit.

Eine gestützt auf die wirtschaftliche Zugehörigkeit zurückzuführende, beschränkte Steuerpflicht in der Schweiz steht der Besteuerung nach dem Aufwand nicht entgegen.[1247] Gleichermaßen erlischt das Recht nicht, wenn eine bereits aufwandbesteuerte Person aus einem Kanton (bspw. SZ) in einen anderen Kanton (bspw. TG) zuzieht, wenn sie im Wegzugskanton (SZ) bereits nach dem Aufwand besteuert worden ist und die Voraussetzungen hierfür weiterhin erfüllt sind. Zu beachten gilt jedoch, dass die Steuerfaktoren nach den Grundsätzen des neuen Wohnsitzkantons festgelegt werden und keine automatische Faktorenübernahme vorgenommen wird.

Eine Erwerbstätigkeit in der Schweiz schließt die Aufwandbesteuerung in der Schweiz grundsätzlich bereits vorweg aus. Hatte die steuerpflichtige Person in der Vergangenheit in der Schweiz eine Erwerbstätigkeit ausgeübt, und kehrt sie nach einer zehnjährigen Landesabwesenheit in die Schweiz zurück, so steht der Besteuerung nach dem Aufwand allerdings nichts entgegen, wenn sie in den letzten zehn Jahren vor dem Zuzug keine Erwerbstätigkeit in der Schweiz ausgeübt hat und vom Zeitpunkt der Rückkehr an keine solche in der Schweiz ausübt.[1248]

Gemäß der bundesgerichtlichen Rechtsprechung wird unter dem Begriff der Erwerbstätigkeit eine in der Schweiz physisch ausgeübte Tätigkeit verstanden. Maßgeblich ist somit der Ort der Erwerbstätigkeit (Arbeitsortsprinzip) und nicht, ob die Einkünfte im Sinne von Art. 17 und 18 DBG aus dem In- oder Ausland stammen.[1249] Dementsprechend steht einer Erwerbstätigkeit aufgrund einer Anstellung oder Beauftragung in der Schweiz, die sich physisch ausschließlich im Ausland abspielt, der Besteuerung nach dem Aufwand grundsätzlich[1250] nicht entgegen, wohl

1245 Das unter der elterlichen Sorge stehende, minderjährige Kind ist zwar Steuersubjekt, doch übt der Inhaber der elterlichen Sorge als Steuersubstitut sämtliche Rechte und Pflichten im Steuerverfahren aus und haftet auch primär für die Steuerschulden des Kindes (Art. 13 Abs. 3 Bst. a DBG). Erwerbseinkommen vorbehalten wird das minderjährige Kind nicht selbständig besteuert.

1246 Vgl. KS ESTV Nr. 9 v. 3. 12. 1993 Ziff. 1.1. Stellvertretend für die Kantone sei auf das Merkblatt des Kantons BS v. 17. 11. 2000 über die Besteuerung nach dem Aufwand bei den kantonalen Steuern, Rz. 11, sowie dasjenige des Kantons SZ v. 17. 9. 2010, Ziff. 3, verwiesen. Eine analoge Behandlung wurde auch im Kanton ZH bis zur Abschaffung von § 13 Abs. 2 ZH-StG (1. 1. 2010) praktiziert.

1247 Vgl. Zwahlen, Zweifel/Athanas, DBG-Kommentar, Art. 14, Rz. 22; Zwahlen, Zweifel/Athanas, StHG-Kommentar, Art. 6, Rz. 22.

1248 Vgl. KS ESTV Nr. 9 v. 3. 12. 1993 Ziff. 1.1.

1249 Vgl. Richner/Frei/Kaufmann/Meuter, Handkommentar zum DBG, Art. 14, Rz. 10.

1250 Einige Kantone – darunter BS, ZG (und ehemals ZH) – verfolgen indessen eine diesbezüglich restriktive Praxis, indem eine Person, die als Angestellte oder Beauftragte einer in der Schweiz ansässigen Gesellschaft beruflich tätig ist, als in der Schweiz erwerbstätig qualifiziert wird, selbst wenn diese Aktivität vorwiegend oder ausschließlich aus dem Ausland wahrgenommen wird (vgl. Merkblatt des Kantons BS v. 17. 11. 2000 über die Besteuerung nach dem Aufwand bei den kantonalen Steuern, Rz. 6).

aber eine, die physisch in der Schweiz erfolgt und sich ausschließlich im Ausland auswirkt. Die Aufnahme oder Fortführung einer unselbständigen oder selbständigen, haupt- oder nebenberuflichen Erwerbstätigkeit in der Schweiz ist folglich statusschädlich.[1251] Unschädlich sind indessen ehrenamtlich ausgeführte Tätigkeiten, sowie solche, für welche ausschließlich ein Unkostenersatz vereinnahmt wird.[1252] Dementsprechend unterliegen Schriftsteller, Komponisten, Erfinder, Sportler und Verwaltungsräte, die in der Schweiz persönlich zu Erwerbszwecken tätig sind, der ordentlichen Besteuerung in der Schweiz. Gleichermaßen werden in der Schweiz tätig gewesene ausländische Diplomaten und Konsularbeamte sowie Beamte internationaler Organisationen, die nach ihrer Pensionierung in der Schweiz verbleiben, behandelt, sofern sie in den letzten zehn Jahren vor ihrem Ruhestand eine Erwerbstätigkeit in der Schweiz ausgeübt haben. Das hieraus resultierende Erwerbseinkommen wird ebenfalls der ordentlichen Besteuerung zugeführt, selbst wenn diese Einkünfte aufgrund völkerrechtlicher Vereinbarungen von der direkten Bundessteuer befreit waren.[1253]

PRAXISHINWEIS

Die Praxis der Kantone hinsichtlich Zulässigkeit einer Tätigkeit als Verwaltungsrat für ein Unternehmen in der Schweiz ist unterschiedlich. So gibt es Kantone, die eine solche bis zu einem bestimmten Betrag pro Jahr als statusunschädlich betrachten, andere verfolgen eine restriktive, d. h. dem Wortlaut des Gesetzes folgende Linie. Bei einer Tätigkeit als Verwaltungsrat in der Schweiz sind jedoch die sozialversicherungsrechtlichen Regelungen zu beachten. Letztere gelten auch, wenn der Aufwandbesteuerte keine Erwerbstätigkeit in der Schweiz ausübt.[1254]

Die Besteuerung nach dem Aufwand ist ein Recht, auf das ohne irgendwelche Rechtsnachteile auch verzichtet werden kann. Die steuerpflichtige Person, welche die subjektiven Voraussetzungen erfüllt, kann in jeder Steuerperiode (erneut) wählen, ob sie sich ordentlich oder nach Aufwand besteuern lassen will, solange die Voraussetzungen für eine Besteuerung nach dem Aufwand erfüllt sind und die Veranlagung noch nicht rechtskräftig ist.[1255]

PRAXISHINWEIS

Die jährliche Wahlmöglichkeit wird in der Praxis eher restriktiv gewährt. Ein Wechsel von pauschalierter zu ordentlicher Besteuerung ist für noch nicht rechtskräftig veranlagte Steuerjahre i. d. R. ohne Weiteres möglich, ein solcher von ordentlich zu pauschaliert in der Regel nicht. Auch bieten einzelne Kantone diese Wahlmöglichkeit ausdrücklich nicht an.

Die Berechtigung zur Besteuerung nach dem Aufwand endet mit dem Wegfall des steuerlichen Wohnsitzes oder (qualifizierten) Aufenthalts in der Schweiz, mit dem Erwerb des Schweizer Bürgerrechts oder mit der Aufnahme einer physischen Erwerbstätigkeit in der Schweiz. Im Falle des Erwerbs des Schweizer Bürgerrechts erlischt das Recht auf Aufwandbesteuerung mit dem Ablauf der Steuerperiode, in welcher die Einbürgerung erfolgt, im Falle der Aufnahme einer physischen Erwerbstätigkeit in der Schweiz ab Beginn der Steuerperiode, in welcher die Tätigkeit aufgenommen wird.[1256]

1251 Vgl. BGE 2A.137/1999 v. 15. 5. 2000 E. 2a; ASA 70, 575 ff.; StE 2001 B 29.1 Nr. 6 E. 2.a.
1252 Vgl. Richner/Frei/Kaufmann/Meuter, Handkommentar zum DBG, Art. 14, Rz. 11.
1253 Vgl. KS ESTV Nr. 9 v. 3. 12. 1993 Ziff. 1.3.2.
1254 Vgl. F.II.
1255 Vgl. Richner/Frei/Kaufmann/Meuter, Handkommentar zum DBG, Art. 14, Rz. 4.
1256 Vgl. KS ESTV Nr. 9 v. 3. 12. 1993 Ziff. 1.3; StE 2001 B 29.1 Nr. 6; Richner/Frei/Kaufmann/Meuter, Handkommentar zum DBG, Art. 14, Rz. 20.

IV.2.2.2. Objektive Voraussetzungen

Die Aufwandbesteuerung muss gewissen Mindestanforderungen genügen. Insbesondere darf die Steuerleistung einer Person, die nach ihrem Aufwand besteuert wird, nicht geringer sein als der Betrag, welchen sie für ihre in der Schweiz gelegenen beweglichen und unbeweglichen Vermögenswerte und die daraus fließenden Einkünfte im Rahmen der ordentlichen Einkommens- und Vermögensbesteuerung entrichten müsste.

Dies wird für Einkommenssteuerzwecke dadurch sichergestellt, dass in einem ersten Schritt der maßgebliche Aufwand des Steuerpflichtigen und seiner in der Schweiz lebenden Familie ermittelt wird (Test 1; vgl. auch nachstehende Tabelle).[1257] Zur Familie gehören sein Ehegatte, die unter elterlicher Sorge stehenden Kinder sowie weitere direkt unterstützte Personen. Als maßgeblicher Aufwand gilt der Gesamtbetrag der jährlichen (weltweiten) Kosten der Lebenshaltung, welche der Steuerpflichtige für sich und die erwähnten Personen einsetzt. Diese beinhalten unter anderem die Kosten

- für Verpflegung und Bekleidung,
- für Unterkunft (einschließlich Heizung, Reinigung, Gartenunterhalt, Steuern etc.),
- für Bar- und Naturallöhne allfälliger Angestellten,
- für Bildung, Sport, Unterhaltung, Aufwendungen für Reisen, Ferien und Kuraufenthalte,
- für die Haltung von Haustieren (bspw. Reitpferde) sowie
- für den Unterhalt und Betrieb von Automobilen, Motorbooten, Jachten, Flugzeugen.

Aufgrund der Tatsache, dass in der Praxis die tatsächlichen Lebenshaltungskosten nur schwierig zu ermitteln und zu überprüfen sind, werden die jährlichen Lebenshaltungskosten ersatzweise anhand

- des jährlichen Mietzinses der Mietwohnung (Kaltmiete),
- des Mietwerts des eigenen Einfamilienhauses bzw. der eigenen Stockwerkeigentumswohnung oder
- des Pensionspreises für Unterkunft und Verpflegung am Ort des Aufenthalts

unter Anwendung eines Vielfachen berechnet.[1258]

Als jährlicher Mietzins der Mietwohnung gilt der Netto-Mietzins (Kaltmiete), d. h. die Kosten für Heizung, Warmwasser und Reinigung sind nicht zu berücksichtigen. Bei möblierten Wohnungen wird nur der auf die leere Wohnung entfallende Mietzins berücksichtigt. Wenn die gemietete Wohnung oder Immobilie im Eigentum einer der steuerpflichtigen Person nachstehenden natürlichen oder juristischen Person steht, wird derjenige Betrag zur Anrechnung zugelassen, den ein unabhängiger Dritter als Mietzins bezahlen müsste.

Steht die Wohnung oder das Haus im Eigentum der steuerpflichtigen Person, so entspricht der Mietwert grundsätzlich dem Betrag, den die steuerpflichtige Person jährlich als Mietzins für ein gleichartiges Objekt in gleicher Wohnlage zu bezahlen hätte (Marktmiete). Einzelfallweise[1259]

1257 Vgl. Richner/Frei/Kaufmann/Meuter, Handkommentar zum DBG, Art. 14, Rz. 24.

1258 Vgl. Richner/Frei/Kaufmann/Meuter, Handkommentar zum DBG, Art. 14, Rz. 28; stellvertretend für die Kantone sei auf das Merkblatt des Kantons BS v. 17. 11. 2000 über die Besteuerung nach dem Aufwand bei den kantonalen Steuern, Rz. 14, verwiesen. Zu den derzeit anwendbaren Vielfachen vgl. A.IV.2.6.

1259 Vgl. Urteil des Verwaltungsgerichts des Kantons VD v. 20. 12. 1999, wiedergegeben in: StE 2000 B 29.1 Nr. 4.

wird auch auf den Eigenmietwert abgestellt. Für den Fall, dass der steuerpflichtige Eigentümer mehrere Wohnobjekte in der Schweiz besitzt resp. zu seiner Verfügung hält, findet regelmäßig der höchste Mietzins bzw. Mietwert in die Berechnung Eingang. Die Mietzinse bzw. Mietwerte der übrigen in der Schweiz und im Ausland belegenen, zur Verfügung stehenden Liegenschaften werden bei der Festsetzung der Lebenshaltungskosten im Sinne einer Gesamtbetrachtung mit berücksichtigt.[1260]

Unter dem Begriff des jährlichen Pensionspreises werden die gesamten Auslagen für Unterkunft und Verpflegung in Hotels, Pensionen und dergleichen, einschließlich der Kosten für Getränke, Heizung, Bedienung etc. zusammengefasst.[1261]

PRAXISHINWEIS

Für Fälle, bei denen der Mindestaufwand – gerechnet als Vielfaches des Mietzinses, Mietwerts oder Pensionspreises – die mittlerweile beim Bund (für die direkte Bundessteuer) und bei den meisten Kantonen (für Kantons- und Gemeindesteuerzwecke) vorgesehenen betraglichen Schwellenwerte für ein steuerbares Mindesteinkommen resp. eine Mindeststeuerlast nicht erreicht, sind in der Regel letztere maßgeblich.[1262]

Die nachstehende Tabelle soll dies beispielhaft verdeutlichen:

Fünffache(r) jährliche Kaltmiete resp. Mietwert (A)	CHF	2013	2014	2015	2016
		258’000	258’000	258’000	258’000

oder

Effektive Kosten der Lebenshaltung (B)	CHF	2013	2014	2015	2016
Verpflegung und Bekleidung		24’000	24’000	24’000	24’000
Unterkunft (inkl. Nebenkosten, Heizung, Reinigung etc.)		62’400	62’400	62’400	62’400
Aufwendungen für das Dienstpersonal (u. A. Kost, Logis, übriger Lohn)		63’600	63’600	63’600	63’600
Bildung, Kultur und Unterhaltung		7’800	7’800	7’800	7’800
Aufwändige Haustiere (Reitpferde etc.)		0	0	0	0
Reisen, Ferien, Kuraufenthalte etc.		16’800	16’800	16’800	16’800
Unterhalt, Versicherung und Betrieb von Autos, Motorbooten, Flugzeugen etc.		7’800	7’800	7’800	7’800
Finanzierungskosten (z. B. Grundeigentum, private Beteiligungen)		0	0	0	0
Unterhaltsbeträge an Personen (Eltern, Verwandte, andere Personen)		0	0	0	0
Sonstige Kosten der Lebenshaltung, inkl. direkte Steuern und AHV		151’200	151’200	151’200	151’200
Spezielles		0	0	0	0

1260 Vgl. Richner/Frei/Kaufmann/Meuter, Handkommentar zum DBG, Art. 14, Rz. 31 f.

1261 Vgl. Richner/Frei/Kaufmann/Meuter, Handkommentar zum DBG, Art. 14, Rz. 33.

1262 Zu den derzeit anwendbaren Schwellenwerten vgl. A.IV.2.6. sowie Suter, PIStB 8/2013, S. 205 ff.; Suter, PIStB 9/2013, S. 251 ff.; Suter, IBFD, European Taxation 11/2013, S. 555 ff.

Total effektive Kosten der Lebenshaltung	**333'600**	**333'600**	**333'600**	**333'600**
Besteuerungsgrundlage (c) = Grössere von A oder B	**333'600**	**336'600**	**339'000**	**342'600**

Für Vermögenssteuerzwecke werden die zuvor für Einkommenssteuerzwecke ermittelten, tatsächlichen Lebenshaltungskosten bzw. der berechnete Mindestaufwand resp. die betraglichen Schwellenwerte für ein steuerbares Mindesteinkommen in angemessener Weise kapitalisiert. In den meisten Kantonen gelangt dabei ein Kapitalisierungssatz zwischen 5 % und 6 % zur Anwendung.

PRAXISHINWEIS

Ist im konkreten Einzelfall für Kantons- und Gemeindesteuerzwecke statt eines steuerbaren Mindesteinkommens (resp. daraus folgend statt eines steuerbaren Mindestvermögens) eine Mindeststeuerlast vorgesehen, ist mit dieser die kantonale Vermögenssteuer regelmässig mit abgegolten.

In einem zweiten Schritt werden im Rahmen der sog. Kontrollrechnung[1263] für Einkommenssteuerzwecke sämtliche, in den maßgeblichen Gesetzesartikeln genannten Brutto-Einkünfte aus schweizerischen Quellen sowie diejenigen Brutto-Einkünfte,[1264] für die der Steuerpflichtige aufgrund eines von der Schweiz abgeschlossenen DBA eine vollumfängliche oder teilweise Entlastung von ausländischen Steuern[1265] beanspruchen will, erfasst (Test 2; vgl. auch nachstehende Tabelle). Von diesen Brutto-Einkünften können bloß die Unterhalts-, Betriebs- und Verwaltungskosten für in der Schweiz gelegenes, unbewegliches Vermögen (nicht aber Hypothekar- und andere Schuldzinsen) sowie die Kosten für die gewöhnliche Verwaltung des beweglichen Vermögens als Abzug geltend gemacht werden. Nicht berücksichtig werden die allgemeinen Abzüge und die Sozialabzüge.[1266]

Zu den voranstehend zu Schritt 2 genannten Brutto-Einkünften aus Schweizer Quellen zählen Einkünfte aus in der Schweiz

- gelegenem unbeweglichen Vermögen,
- gelegener Fahrnis,[1267]
- angelegtem beweglichen Kapitalvermögen – inklusive grundpfändlich gesicherter Forderungen,
- verwerteten Urheberrechten, Patenten und ähnlichen Rechten sowie
- gezahlten Ruhegehältern, Renten und Pensionen von in der Schweiz ansässigen Schuldnern.

1263 In Art. 14 Abs. 3 DBG bzw. Art. 6 Abs. 3 StHG resp. den maßgeblichen kantonalen Steuergesetzen ist eine solche zwecks Gewährleistung einer Minimalbesteuerung vorgesehen.

1264 Der Bruttobetrag der Einkünfte aus ausländischen Quellen entspricht dabei dem um den nicht rückforderbaren Teil der ausländischen Steuer gekürzten Nettoertrag (vgl. Richner/Frei/Kaufmann/Meuter, Handkommentar zum DBG, Art. 14, Rz. 49).

1265 Im Verhältnis zu Frankreich gilt es zu beachten, dass eine aufwandbesteuerte Person nicht als in der Schweiz ansässig gilt, wenn sie auf einer pauschalen Grundlage besteuert wird, die nach dem Mietwert der Wohnstätte, über welche sie in der Schweiz verfügt, bemessen wird (vgl. Art. 4 Abs. 6 Bst. b DBA Schweiz-Frankreich).

1266 Vgl. Art. 2 und Art. 3 der Verordnung über die Besteuerung nach dem Aufwand bei der direkten Bundessteuer (SR 642.123).

1267 Darunter sind Einkünfte aus Vermietung, Verpachtung, Nutznießung oder sonstiger Nutzung beweglicher Sachen oder nutzbarer Rechte zu verstehen (Art. 20 Abs. 1 Bst. d DBG). Das Mietobjekt (bspw. Pferde) muss dabei in der Schweiz vermietet sein, andernfalls eine Berücksichtigung von entsprechenden Mieteinnahmen in der Kontrollrechnung unterbleiben kann (vgl. Richner/Frei/Kaufmann/Meuter, Handkommentar zum DBG, Art. 14, Rz. 41).

PRAXISHINWEIS

Bei der Bestimmung der maßgeblichen schweizerischen Quellen gibt es zuweilen unterschiedliche Betrachtungsansätze, insbesondere im Hinblick auf Einkünfte aus dem in der Schweiz angelegten, beweglichen Kapitalvermögen. Die meisten Kantone folgen dem Ansatz, dass zum in der Schweiz angelegten Kapitalvermögen dasjenige zu subsumieren ist, welches bei einem Inländer gemäß Art. 9 des Verrechnungssteuergesetzes getätigt wurde bzw. angelegt ist. Im Ergebnis handelt es sich dabei um mit der schweizerischen Verrechnungssteuer belastete Erträge aus Kapitalanlagen, nicht jedoch um Kapitalgewinne. Maßgebend für die steuerrechtliche Anknüpfung ist somit primär der Sitz, subsidiär der Ort der tatsächlichen Verwaltung des Schuldners (Emittent des Wertpapiers). Nicht wirklich von Bedeutung ist der Sitz der Gesellschaft, welche die Vermögenswerte verwaltet. In der Schweiz angelegtes, bewegliches Kapitalvermögen sollte somit nur die von Emittenten mit Sitz bzw. tatsächlicher Verwaltung in der Schweiz ausgegebenen Wertpapiere mit einschließen.

Die nachstehende Tabelle soll dies beispielhaft verdeutlichen:

Kontrollrechnung nach Art. 14 Abs. 3 DBG (D)	CHF	2013	2014	2015	2016
Einkünfte aus in der Schweiz gelegenem unbeweglichen Vermögen		0	0	0	0
Einkünfte aus in der Schweiz gelegener Fahrnis		0	0	0	0
Einkünfte aus in der Schweiz angelegtem beweglichem Kapitalvermögen		5'000	5'000	5'000	5'000
Einkünfte aus in der Schweiz verwerteten Urheberrechten, Patenten und ähnlichen Rechten		0	0	0	0
Ruhegehälter, Renten und Pensionen aus schweizerischen Quellen		0	0	0	0
Einkünfte, für die basierend auf massgeblichem DBA eine gänzliche oder teilweise Entlastung von ausländischen Steuern beansprucht wird		0	0	0	0
Total Roheinkünfte		**5'000**	**5'000**	**5'000**	**5'000**
Abzüge für bestimmte Gewinnungskosten:					
Kosten für Unterhalt und Verwaltung von in der Schweiz gelegenem unbeweglichen Vermögen		0	0	0	0
Kosten für die allgemein übliche Verwaltung von Wertschriften und Guthaben, deren Erträge besteuert werden		0	0	0	0
Nicht rückforderbare ausländische Quellensteuern		0	0	0	0
Massgebendes Einkommen		**5'000**	**5'000**	**5'000**	**5'000**

Erträge aus Kapitanlagen aus Belgien, Deutschland, Italien, Kanada, Norwegen, Österreich oder USA	0	0	0	0
Andere in der Schweiz steuerbare Einkünfte (bspw. Erwerbseinkünfte, Altersrenten) aus Belgien, Deutschland, Italien, Kanada, Norwegen, Österreich oder USA	0	0	0	0
Total Roheinkünfte aus diesen Staaten	**5'000**	**5'000**	**5'000**	**5'000**
Gewinnungskosten für die aus diesen Staaten stammenden Einkünfte (nicht aber Schuldzinsen):				
Kosten für die allgemein übliche Verwaltung von Wertschriften und Guthaben, deren Erträge aufgeführt sind	0	0	0	0
Andere Gewinnungskosten	0	0	0	0
Massgebendes Einkommen insgesamt	**5'000**	**5'000**	**5'000**	**5'000**
Besteuerungsgrundlage = Grössere von C oder D	**333'600**	**336'600**	**339'000**	**342'600**

Bei der Kontrollrechnung für Vermögenssteuerzwecke werden sämtliche in der Schweiz belegenen Vermögenswerte erfasst.

Anschließend werden in einem dritten Schritt der eingangs ermittelte, maßgebliche Aufwand bzw. das durch Kapitalisierung des maßgeblichen Aufwandes ermittelte Vermögen (Schritt 1) und das im Rahmen der Kontrollrechnung ermittelte, maßgebende Einkommen bzw. Vermögen (Schritt 2) gegenüber gestellt (Test 3). Für die Steuer nach dem Aufwand ist der jeweils höhere Einkommens- bzw. Vermögensbetrag aus Schritt 1 oder Schritt 2 maßgeblich, auf den die Schweizer Steuer anfällt.

Die Aufwandbesteuerung kennt keinen eigenen Steuertarif. Es sind die ordentlichen Tarife für die Kantons- und Gemeindesteuern (Einkommen, Vermögen) sowie die direkte Bundessteuer (Einkommen) anzuwenden.[1268]

Die Aufwandbesteuerung ist gleichwohl sehr interessant, da sie an der steuerlichen Bemessungsgrundlage ansetzt und diese im Einzelfall sehr stark reduziert. Vom Grundsatz her ist der anzuwendende Steuersatz (Progression) gemäß dem Gesamteinkommen resp. -vermögen im In- und Ausland, einschließlich Einkommen aus und Vermögen an ausländischen Liegenschaften und Geschäftsbetrieben, zu ermitteln. In der Praxis bestimmt sich dieser jedoch i. d. R. einzig aufgrund des gemäß Schritt 3 ermittelten steuerbaren Einkommens bzw. Vermögens. Allfällig bekannte Einkünfte oder Vermögenswerte aus ausländischen Quellen werden bei der Satzbestimmung in Abweichung von Art. 7 Abs. 1 DBG nicht berücksichtigt.[1269]

1268 Vgl. KS ESTV Nr. 9 v. 3. 12. 1993 Ziff. 3.
1269 Vgl. Richner/Frei/Kaufmann/Meuter, Handkommentar zum DBG, Art. 14, Rz. 55.

Gemäß Art. 4 Abs. 1 der Verordnung vom 22. 8. 1967 über die pauschale Steueranrechnung[1270] können ordentlich aufwandbesteuerte Personen die pauschale Steueranrechung nicht verlangen.[1271]

PRAXISHINWEIS

Für Deklarationszwecke im Rahmen der Kontrollrechnung sind in der Praxis in aller Regel spezifische Formulare auszufüllen und bei den zuständigen Steuerbehörden fristgerecht einzureichen.

Die meisten Schweizer Kantone (mit Ausnahme derjenigen, welche diese Besteuerungsart abgeschafft haben)[1272] gewähren die Besteuerung nach dem Aufwand nur in spezifischen Einzelfällen. Zur Vermeidung, dass eine Vielzahl von Personen unter dieses besondere Steuerregime fällt, wird oftmals eine Mindeststeuer gefordert, die in jedem Fall zu bezahlen ist.

PRAXISHINWEIS

Das Zürcher Stimmvolk hat anlässlich der kantonalen Abstimmung vom 8. 2. 2009 die Volksinitiative zur Abschaffung der Besteuerung nach dem Aufwand für die auf den Zuzug folgenden Steuerperioden mit 52.9 % angenommen. Konkret ging es um § 13 Abs. 2 ZH-StG. Die Abschaffung von Abs. 2 bedeutet, dass natürliche Personen, die erstmals oder nach mindestens zehnjähriger Landesabwesenheit in der Schweiz Wohnsitz nehmen und hier keine Erwerbstätigkeit ausüben, ab dem 1. 1. 2010 für die Kantons- und Gemeindesteuern nur noch für die Steuerperiode, in der sie zuziehen, nach dem Aufwand besteuert werden können (§ 13 Abs. 1 ZH-StG). Die direkte Bundessteuer bleibt hiervon unberührt. Hinsichtlich der Rechtsentwicklung in den übrigen Kantonen resp. beim Bund vgl. A.IV.2.6.

IV.2.3. Modifizierte Besteuerung nach dem Aufwand

Die DBA der Schweiz mit Belgien, Deutschland, Frankreich, Italien, Kanada, Norwegen, Österreich und den USA[1273] sehen vor, dass natürliche Personen nur dann abkommensberechtigt sind, wenn sie alle nach den DBA der Schweiz zugewiesenen Einkommens- (und Vermögens-)bestandteile aus dem jeweiligen Vertragsstaat in der Kontrollrechnung offenlegen, soweit sie nach dem innerstaatlichen schweizerischen Steuerrecht steuerbar und nicht aufgrund des jeweiligen DBA von der Schweizer Besteuerung befreit sind. Dabei kann eine differenzierte Offenlegung bezogen auf den individuellen Vertragsstaat, nicht aber in Bezug auf die aus demselben Vertragsstaat stammenden Einkünfte (und Vermögenswerte), erfolgen (sog. Alles-oder-Nichts-Prinzip). Gelten natürliche Personen nicht als in der Schweiz steuerlich ansässig, entfallen dagegen sämtliche DBA-Schutzwirkungen. Der Steuerpflichtige könnte weder ganz noch teilweise eine Entlastung von allfälligen ausländischen Quellensteuern beanspruchen und hätte auch keinen Anspruch auf Anwendung der übrigen Abkommensklauseln.

1270 SR 672.201.

1271 Verbleibt nach Anwendung der DBA eine ausländische Quellensteuer, kann diese grundsätzlich zwecks Vermeidung einer Doppelbesteuerung auf die schweizerische Einkommenssteuer angerechnet werden (sog. pauschale Steueranrechnung; vgl. Höhn/Waldburger, Steuerrecht, Bd. I, S. 65 f.). Der Betrag der pauschalen Steueranrechnung entspricht, vorbehältlich einer Herabsetzung bei nur teilweiser Versteuerung, der Summe der Steuern, die in den Vertragsstaaten von den im Laufe eines Jahres fällig gewordenen Erträgnissen gemäß anwendbaren DBAs erhoben worden sind, höchstens aber der Summe der auf diese Erträgnisse entfallenden schweizerischen Steuern (Art. 8 der Verordnung v. 22. 8. 1967 über die pauschale Steueranrechnung, AS 1967, S. 1129 ff.).

1272 Vgl. A.IV.2.6.

1273 Vgl. Art. 4 Abs. 4 Ziff. 2 DBA Schweiz-Belgien, Art. 4 Abs. 6 Bst. a DBA Schweiz-Deutschland, Art. 4 Abs. 6 Bst. b DBA Schweiz-Frankreich, Art. 4 Abs. 5 Bst. b DBA Schweiz-Italien, Art. 4 Abs. 5 DBA Schweiz-Kanada, Art. 4 Abs. 4 DBA Schweiz-Norwegen, Art. 4 Abs. 4 DBA Schweiz-Österreich und Art. 4 Abs. 5 DBA Schweiz-USA.

PRAXISHINWEIS

Dies könnte insbesondere auf das in den DBA regelmässig verankerte Besteuerungsrecht des Ansässigkeitsstaats für die Besteuerung von Veräußerungsgewinnen von Anteilen an Kapitalgesellschaften konkrete nachteilige Auswirkungen haben. Dann könnte – in Bezug auf Deutschland zumindest – Deutschland sein nationales Besteuerungsrecht entweder nach der erweitert beschränkten oder der beschränkten deutschen Steuerpflicht ausüben.

Um Personen dennoch die Möglichkeit zu geben, die entsprechenden Einkommensteile der ordentlichen Besteuerung zu unterstellen und im Übrigen nach dem Aufwand besteuert zu werden, kann basierend auf Art. 14 Abs. 4 DBG resp. der jeweilig anwendbaren kantonalen Vorschrift für die modifizierte Aufwandbesteuerung optiert werden.[1274] Die Kontrollrechnung (Schritt 2, Test 2) wird dabei um jene Einkünfte (und Vermögenswerte) ergänzt, welche aufgrund des jeweiligen DBA der Schweiz zur Besteuerung zugewiesen werden und nach Schweizer Recht steuerbar sind. Abschließend findet wiederum die höhere der beiden Bemessungsgrundlagen (Schritt 3, Test 3) Anwendung.

Im Ergebnis lebt so einerseits die generelle Schutzwirkung des DBA wieder auf, andererseits kann die entsprechende Entlastung an der Quelle in Anspruch genommen werden.

Die nachstehende Tabelle soll dies beispielhaft verdeutlichen:

Kontrollrechnung nach Art. 14 Abs. 3 DBG (D) CHF	2013	2014	2015	2016
Einkünfte aus in der Schweiz gelegenem unbeweglichen Vermögen	0	0	0	0
Einkünfte aus in der Schweiz gelegener Fahrnis	0	0	0	0
Einkünfte aus in der Schweiz angelegtem beweglichem Kapitalvermögen	5’000	5’000	5’000	5’000
Einkünfte aus in der Schweiz verwerteten Urheberrechten, Patenten und ähnlichen Rechten	0	0	0	0
Ruhegehälter, Renten und Pensionen aus schweizerischen Quellen	0	0	0	0
Einkünfte, für die basierend auf massgeblichem DBA eine gänzliche oder teilweise Entlastung von ausländischen Steuern beansprucht wird	0	0	0	0
Total Roheinkünfte	**5’000**	**5’000**	**5’000**	**5’000**

1274 Vgl. Richner/Frei/Kaufmann/Meuter, Handkommentar zum DBG, Art. 14, Rz. 51 f.

Abzüge für bestimmte Gewinnungskosten:				
Kosten für Unterhalt und Verwaltung von in der Schweiz gelegenem unbeweglichen Vermögen	0	0	0	0
Kosten für die allgemein übliche Verwaltung von Wertschriften und Guthaben, deren Erträge besteuert werden	0	0	0	0
Nicht rückforderbare ausländische Quellensteuern	0	0	0	0
Massgebendes Einkommen	**5'000**	**5'000**	**5'000**	**5'000**
Erträge aus Kapitanlagen aus Belgien, Deutschland, Italien, Kanada, Norwegen, Österreich oder USA (*vorliegend aus Deutschland*)	40'000	35'000	35'000	30'000
Andere in der Schweiz steuerbare Einkünfte (bspw. Erwerbseinkünfte, Altersrenten) aus Belgien, Deutschland, Italien, Kanada, Norwegen, Österreich oder USA (*vorliegend aus Deutschland*)	36'000	37'000	38'000	39'000
Total Roheinkünfte aus diesen Staaten (*weil für Deutschland modifiziert wird*)	81'000	77'000	78'000	74'000
Gewinnungskosten für die aus diesen Staaten stammenden Einkünfte (nicht aber Schuldzinsen):				
Kosten für die allgemein übliche Verwaltung von Wertschriften und Guthaben, deren Erträge aufgeführt sind	0	0	0	0
Andere Gewinnungskosten	0	0	0	0
Massgebendes Einkommen insgesamt	**81'000**	**77'000**	**78'000**	**74'000**
Besteuerungsgrundlage = Grössere von C oder D	**333'600**	**336'600**	**339'000**	**342'600**

Im Gegensatz zur normalen Aufwandbesteuerung wird bei der modifizierten Aufwandbesteuerung die Einkommenssteuer nach dem gesamten Welteinkommen erhoben (Progressionsvorbehalt). Verzichtet der Steuerpflichtige auf eine Offenlegung seines Welteinkommens, kommt der Höchstsatz zur Anwendung.[1275]

Modifiziert Aufwandbesteuerte können – im Gegensatz zu den ordentlich aufwandbesteuerten Personen – gemäß Art. 4 Abs. 3 der Verordnung vom 22. 8. 1967 über die pauschale Steueranrechnung[1276] auf den modifizierten Erträgnissen die pauschale Steueranrechnung beanspruchen.

1275 Vgl. Richner/Frei/Kaufmann/Meuter, Handkommentar zum DBG, Art. 14, Rz. 56. Dies bedeutet allerdings auch, dass für die Satzbestimmung bspw. Schuldzinsen in Abzug gebracht werden können, obwohl sie die Bemessungsgrundlage nicht mindern.

1276 SR 672.201.

PRAXISHINWEIS

Mangels entsprechender Vorschrift im Nachlass- und Erbschaftssteuer DBA Schweiz-Deutschland besteht weder eine Möglichkeit noch Notwendigkeit einer solchen Modifizierung für Erbschaftssteuerzwecke.

IV.2.4. Sozialversicherungsrechtliche Beitragspflicht der aufwandbesteuerten Person

Personen, die nach dem Aufwand besteuert sind, werden regelmässig der Schweizer Sozialversicherung (AHV/IV/EO) unterstellt.[1277] Ein im Ausland erzieltes Erwerbseinkommen ist zwar grundsätzlich von der Beitragserhebung ausgenommen, der Aufwandbesteuerte qualifiziert jedoch — von Sonderfällen abgesehen — als Nichterwerbstätiger.[1278]

Beim Nichterwerbstätigen wird die Höhe der geschuldeten Beiträge für das jeweilige Beitragsjahr auf der Basis des Reinvermögens per Stichtag 31.12. und des mit dem Faktor 20 multiplizierten jährlichen Renteneinkommens (zusammen das Gesamtvermögen) berechnet.

PRAXISHINWEIS

Im Fall von Aufwandbesteuerten wird der für die Besteuerung nach dem Aufwand geschätzte Aufwand dem Renteneinkommen gleichgesetzt. Die zuständige Ausgleichskasse stellt hierfür auf die definitive Steuerveranlagung für direkte Bundessteuerzwecke ab.[1279]

Der Maximalbeitrag pro versicherte nichterwerbstätige Person beträgt derzeit jährlich CHF 24'000 (zuzüglich 5 % Verwaltungskostenbeitrag). Dieser Maximalbetrag entspricht einem Gesamtvermögen von derzeit CHF 8.4 Mio.[1280] Erfahrungsgemäß ist bei Aufwandbesteuerten somit in aller Regel der Maximalbeitrag geschuldet. Immerhin werden damit zukünftige Rentenansprüche erworben.

IV.2.5. Erbschaftsteuer bei Versterben der aufwandbesteuerten Person

Die Veranlagung der Erbschaftsteuer erfolgt in der Regel auf der Basis eines Nachlassinventars, das je nach Kanton entweder von den Erben, der Wohnsitzgemeinde oder den zuständigen kantonalen Behörden erstellt wird.[1281]

Unterlag der Erblasser der Besteuerung nach dem Aufwand, ist eine Inventaraufnahme angesichts der geografisch oft weit verstreuten Vermögenswerte meist sehr schwierig und nur unter unverhältnismäßig großem Aufwand durchführbar. Daher wird in der Praxis mit Vorteil noch zu Lebzeiten des Aufwandbesteuerten mit der zuständigen Steuerbehörde vereinbart, dass für die zukünftige Erbschaftsbesteuerung auf die mittels Steuererklärung deklarierten Vermögenswerte abgestellt werden kann.

PRAXISHINWEIS

Diese Form der Privilegierung wurde jedoch im Zuge der sich verschärfenden Vorschriften zur Besteuerung nach dem Aufwand in einer nicht abschließend bekannten Anzahl von Fällen zumindest in einigen Kantonen eingestellt.

1277 Vgl. Art. 1a Abs. 1 Bst. a AHVG.

1278 Vgl. Art. 6ter Bst. c AHVV; Wegleitung über die Versicherungspflicht in der AHV/IV (WVP), Rz. 39 f.

1279 Vgl. Art. 29 Abs. 5 AHVV.

1280 Vgl. Art. 28 AHVG; Informationsstelle AHV/IV, Merkblatt 2.03 Beiträge der Nichterwerbstätigen an die AHV, die IV und die EO, Rz. 12.

1281 Stellvertretend für die Kantone vgl. § 35 ESchG-ZH.

IV.2.6. Bisherige und aktuelle Rechtsentwicklung

Am 8. 2. 2009 haben die Stimmberechtigten im Kanton ZH wider Erwarten die Volksinitiative zur Änderung des kantonalen Steuergesetzes betreffend die Abschaffung der Aufwandbesteuerung für die auf das Zuzugsjahr nachfolgenden Steuerperioden angenommen. Im Ergebnis wurde damit die Aufwandbesteuerung im Kanton ZH ab Inkrafttreten der neuen Bestimmungen per 1. 1. 2010 faktisch abgeschafft.[1282]

Dieses Abstimmungsergebnis war einer der maßgeblichen Beschleuniger für die überwiegend von linken Parteien und Kreisen angeregten Folgevorstöße in anderen Kantonen (für Kantons- und Gemeindesteuerzwecke) und auf Bundesebene (für direkte Bundessteuerzwecke).

Nebst dem Kanton ZH haben bis heute die Kantone AR, BS, BL und SH die Besteuerung nach dem Aufwand ebenfalls für kantonale und kommunale Steuerzwecke mittels Volksentscheid abgeschafft. Weitere Kantone haben ihre Praxis an die neue Situation angepasst, andere wiederum sich darauf geeinigt, dass die Aufwandbesteuerung ohne (vorläufige) Verschärfung der Voraussetzungen beibehalten wird bzw. im Rahmen der bundesrechtlichen Vorgaben und innerhalb der vorgesehenen Übergangsfristen (vgl. nachfolgend) anzupassen ist.[1283]

Die nachfolgende Abbildung vermittelt einen aktuellen Überblick:[1284]

Die Pauschalbesteuerung in den Kantonen

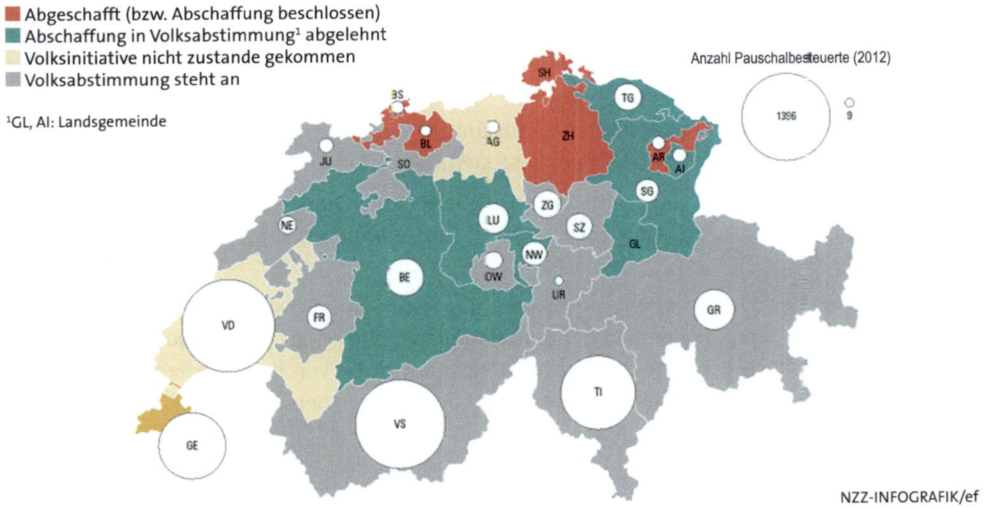

NZZ-INFOGRAFIK/ef

1282 Vgl. auch A.IV.2.2.2.

1283 Für die einzelnen Änderungen und Entwicklungen auf kantonaler Ebene im Bereich der Aufwandbesteuerung wird an dieser Stelle auf Suter, PIStB 9/2013, S. 251 ff., verwiesen. Im Kanton GE wurde am 30. 11. 2014 sowohl über die kantonale Volksinitiative „Pas de cadeaux aux millionnaires: Initiative pour la suppression des forfaits fiscaux" (vgl. IN 149 auf http:www.ge.ch/), welche auf eine Abschaffung der Aufwandbesteuerung hinzielt, als auch über den regierungsrätlichen Gegenvorschlag, welcher (bloss) eine Verschärfung der Voraussetzungen vorsieht, abgestimmt. Beide Vorlagen wurden vom Volkssouverän klar abgelehnt (vgl. Ith, NZZ v. 1. 12. 2014, S. 11). Entsprechend bleibt auch im Kanton GE die Möglichkeit der Aufwandbesteuerung – zu bisherigen Konditionen – bestehen.

1284 Vgl. Flückiger, NZZ v. 7. 5. 2014, S. 9.

Am 28. 9. 2012 verabschiedeten die Eidg. Räte eine Verschärfung der Bestimmungen zur Aufwandbesteuerung für die direkte Bundessteuer (DBG) sowie für die direkten Steuern der Kantone und Gemeinden (StHG). Damit ergeben sich die nachfolgenden Änderungen resp. derzeit bekannten Rahmenvorgaben.

IV.2.6.1. Direkte Steuern (DBG, StHG)

Gemäß Beschluss des Bundesrates vom 20. 2. 2013[1285] tritt die Verschärfung der Aufwandbesteuerung im StHG per 1. 1. 2014 in Kraft. Gemäß Art. 72q StHG sind die Kantone, welche die Aufwandbesteuerung praktizieren, dazu angehalten, ihre Gesetzgebung innerhalb von zwei Jahren nach Inkrafttreten der am 28. 9. 2012 beschlossenen Änderungen anzupassen. Andernfalls finden die Bestimmungen des geänderten Art. 6 StHG direkt Anwendung. Ab 1. 1. 2016 gilt der Inhalt der neuen Bestimmungen auch für das DBG. Dieses gestaffelte Inkrafttreten hat zum Zweck, dass die verschärften Vorschriften bei der direkten Bundessteuer und bei den kantonalen Steuern gleichzeitig Anwendung finden. Das DBG und StHG sehen eine Übergangsfrist von fünf Jahren für diejenigen Personen vor, die beim Inkrafttreten der neuen Bestimmungen bereits nach dem Aufwand besteuert wurden. Der Fristenlauf stellt dabei in beiden Bundesgesetzen auf das Inkrafttreten der Änderungen des DBG ab, d. h. die Übergangsfrist von fünf Jahren läuft für die direkte Bundessteuer und die kantonale Steuer ab dem 1. Januar 2016. Ab dem 1. Januar 2021 gilt dann für alle aufwandbesteuerten Personen das neue Recht.

Der per 1. 1. 2016 gültige Art. 14 DBG erfährt im Vergleich zum (für direkte Bundessteuerzwecke) geltenden Recht drei inhaltliche Änderungen betreffend die subjektiven und objektiven Voraussetzungen zur Aufwandbesteuerung:

- Beschränkung des Geltungsbereichs auf ausländische Staatsangehörige (Abs. 1). Für Schweizer Staatsangehörige wird die Aufwandbesteuerung im Zuzugsjahr abgeschafft;
- Regelung für Ehegatten (Abs. 2). Ehegatten, die in rechtlich und tatsächlich ungetrennter Ehe leben, müssen in Zukunft jeder für sich sämtliche Voraussetzungen zur Aufwandbesteuerung erfüllen;
- Anpassungen bei der Festlegung der Bemessungsgrundlage (Abs. 3). Die Steuerlast wird im Grundsatz nach den jährlichen, in der Bemessungsperiode im In- und Ausland entstandenen Lebenshaltungskosten der steuerpflichtigen Person und der von ihr unterhaltenen Personen, mindestens aber nach dem höchsten der folgenden Beträge bemessen:
  - CHF 400'000;
  - Für Steuerpflichtige mit eigenem Haushalt: Dem Siebenfachen des jährlichen Mietzinses oder Mietwerts;
  - Für die übrigen Steuerpflichtigen: Dem Dreifachen des jährlichen Pensionspreises für Unterkunft und Verpflegung am Ort des Aufenthaltes;
  - Der Summe der Bruttoerträge der Einkünfte aus Schweizer Quellen.

In Art. 6 Abs. 3 StHG wurde die Steuerlast – analog wie bei der direkten Bundessteuer – nach den jährlichen, in der Bemessungsperiode im In- und Ausland entstandenen Lebenshaltungskos-

1285 Vgl. Medienmitteilung des Bundesrates vom 20. 2. 2013 zur Verschärfung der Aufwandbesteuerung.

ten der steuerpflichtigen Person und der von ihr unterhaltenen Personen, mindestens aber nach dem höchsten der folgenden Beträge, bemessen:

- Einem vom jeweiligen Kanton festgelegten Mindestbetrag;
- Für Steuerpflichtige mit eigenem Haushalt: Dem Siebenfachen des jährlichen Mietzinses oder Mietwerts;
- Für die übrigen Steuerpflichtigen: Dem Dreifachen des jährlichen Pensionspreises für Unterkunft und Verpflegung am Ort des Aufenthaltes;
- Der Summe der Bruttoerträge der Einkünfte aus Schweizer Quellen.

Es ist den Kantonen überlassen, wie die Aufwandbesteuerung die Vermögenssteuer abgelten soll.

IV.2.6.2. Eidgenössische Volksinitiative (Verfassungsebene)

Kurz nachdem am 28. 9. 2012 die Eidg. Räte die Gesetzesänderungen verabschiedet hatten, wurde am 19. 10. 2012 die Eidg. Volksinitiative „Schluss mit den Steuerprivilegien für Millionäre (Abschaffung der Pauschalbesteuerung)" eingereicht – mit dem Ziel, Steuerprivilegien für natürliche Personen als unzulässig zu erklären und die Besteuerung nach dem Aufwand zu verbieten. Mit Stichtag 20. 11. 2012 kam die Volksinitiative formell zustande.

PRAXISHINWEIS

Wie jede Verfassungsänderung bedarf auch eine Volksinitiative nebst der Zustimmung der Mehrheit der Stimmbürger das Ständemehr bzw. die Mehrheit der Kantone. Gemäß der in der Volksinitiative vorgesehenen Übergangsbestimmung kann der Gesetzgeber innerhalb von drei Jahren nach dem Jahr, in dem die Volksinitiative mit Stimmen- sowie Ständemehr angenommen wurde, entsprechende Ausführungsbestimmungen erlassen. Falls innerhalb dieser Frist kein entsprechendes Ausführungsgesetz in Kraft gesetzt wird, findet die Verfassungsbestimmung direkt Anwendung. Bis zum Inkrafttreten der Ausführungsgesetzgebung würde dann weiterhin die Besteuerung nach dem Aufwand gemäß geltendem Recht zur Anwendung gelangen.

In Übereinstimmung mit der Konferenz der kantonalen Finanzdirektoren teilte der Bundesrat in seiner Botschaft vom 26. 6. 2013[1286] mit, dass er die Volksinitiative zur Abschaffung der Aufwandbesteuerung mit der Begründung ablehne, dass die bereits verabschiedete Verschärfung der Aufwandbesteuerung der Steuergerechtigkeit und Standortattraktivität in genügender Weise diene. Entsprechend wäre der Volksinitiative auch kein direkter Gegenentwurf oder indirekter Gegenvorschlag gegenüber zu stellen. Gemäß dem für den vorliegenden Fall formell vorgesehenen Prozedere hat die Bundesversammlung 30 Monate ab Einreichung der Volksinitiative, d. h. bis zum 19. 4. 2015, Zeit darüber zu beschließen, ob sie die Initiative Volk und Ständen (Kantone) zur Annahme oder Ablehnung empfiehlt.[1287] Im Anschluss daran muss der Bundesrat die Volksinitiative frühestens vier Monate resp. spätestens zehn Monate nach der Schlussabstimmung in der Bundesversammlung, spätestens aber zehn Monate[1288] nach Ablauf der Frist vom 19. 4. 2015, dem Volk zur Abstimmung unterbreiten.

1286 Vgl. BBl 2013, S. 5427.

1287 Vgl. Art. 75a Abs. 4 des Bundesgesetzes über die politischen Rechte v. 17. 12. 1976 (BPR; SR 161.1) i. V. m. Art. 100 des Bundesgesetzes über die Bundesversammlung v. 13. 12. 2002 (Parlamentsgesetz, ParlG; SR 171.10).

1288 Vgl. Art. 75a Abs. 1 BPR. Im Rahmen der laufenden Revision des BPR wird die Frist von maximal zehn Monaten zwischen der Schlussabstimmung im Parlament und der Volksabstimmung zu einer Volksinitiative mit großer Wahrscheinlichkeit verlängert. Nationalrat und Ständerat haben sich in der Schlussabstimmung vom 26. 9. 2014 darüber geeinigt, wie die Verlängerung ausgestaltet werden soll. Die Frist soll sich nun von zehn auf 16 Monate verlängern, wenn diese zum Zeitpunkt zwischen zehn und drei Monaten vor der nächsten Gesamterneuerung des Nationalrats beginnt. Die Referendumsfrist läuft bis zum 15. 1. 2015 (vgl. BBl 2014, S. 7271 ff.).

Die nachstehende Abbildung verdeutlicht die Chronologie des parlamentarischen Verfahrens:[1289]

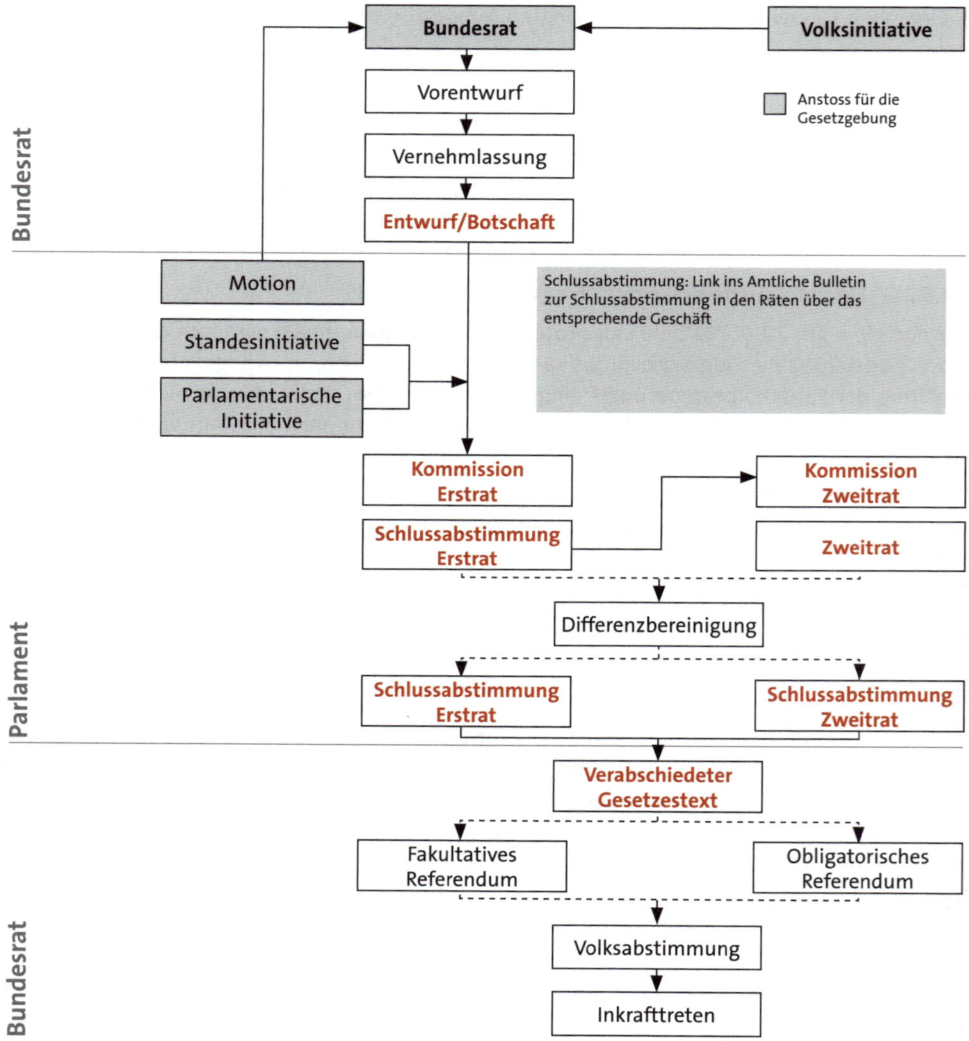

Quelle: Schweizer Parlament

Wie zuvor der Ständerat hatte nun aber auch der Nationalrat bereits am 6. 5. 2014 die Volksinitiative zur Ablehnung empfohlen.[1290] Entsprechend war eine Differenzbereinigung nicht notwendig und beide Räte bekräftigten in den formellen Schlussabstimmungen vom 20. 6. 2014 er-

1289 Vgl. http://www.parlament.ch/d/dokumentation/dossiers/pauschalbesteuerung/Seiten/default.aspx (besucht am 30. 10. 2014).

1290 Vgl. Flückiger, NZZ v. 7. 5. 2014, S. 9.

neut ihre Position. Daraufhin entschied der Bundesrat am 2.7.2014, die Volksinitiative vom 19.10.2012 „Schluss mit den Steuerprivilegien für Millionäre (Abschaffung der Pauschalbesteuerung)" am 30.11.2014 zur Abstimmung zu bringen.

PRAXISHINWEIS

Gemäß ständiger Praxis wird jeweils der nächstmögliche Termin für solche Abstimmungsvorlagen bestimmt. Vorliegend kommt hinzu, dass es im Jahr 2015 infolge von Wahlen einen Abstimmungstermin weniger geben wird und somit ein zusätzlicher Grund bestand, abstimmungsreife Geschäfte noch im Jahr 2014 anzusetzen.

Die neuen Artikel 127 Abs. 2bis und Art. 197 Ziff. *[1291] der Bundesverfassung treten – falls die Volksinitiative denn beim Schweizer Stimmbürger und den Ständen (Kantone) eine Mehrheit findet und der Gesetzgeber innerhalb der vorgesehenen Dreijahresfrist keine entsprechenden Ausführungsbestimmungen erlassen hat – innerhalb von drei Jahren nach der Annahme der Volksinitiative als direkt anwendbares Recht in Kraft. Dies wäre somit per 1.12.2017.

Die Vorlage wurde am 30.11.2014 vom Schweizer Stimmvolk und einer Mehrheit der Stände (Kantone) jedoch klar abgelehnt. Entsprechend bleibt die Aufwandbesteuerung weiterhin zulässig.[1292]

IV.2.7. Wann lohnt sich die Besteuerung nach dem Aufwand?

Wie so oft im Steuerrecht kann keine pauschale Aussage darüber getroffen werden, in welchen Fällen sich eine Aufwandbesteuerung lohnt oder nachteilig ist. In der Beratungspraxis sind deshalb auch immer wieder Fälle zu sehen, in denen die Aufwandbesteuerung steuerlich zwar nicht vorteilhaft ist, gleichwohl aber offensiv empfohlen wurde.

PRAXISHINWEIS

Bei der Entscheidung gilt es zu berücksichtigen, dass die Aufwandbesteuerung die Steuerpflichtigen in deren Arbeitsausübung sehr stark einschränken kann, da diese in Zukunft außerhalb der Schweiz stattfinden muss. Ferner sind ggf. die Nachteile aus der modifizierten Aufwandbesteuerung zu beachten. Denn diese kann dazu führen, dass die steuerliche Bemessungsgrundlage nachhaltig steigt. Im Einzelfall können diese Nachteile aber oftmals durch entsprechendes Umschichten der privaten Vermögens- und Ertragswerte vermieden werden. Wichtig ist, dass die Option für eine modifizierte Aufwandbesteuerung dem Steuerpflichtigen bekannt ist. In der Praxis wird dies immer wieder ignoriert, teils bewusst, teils mangels Kenntnis, mit weitreichenden deutschen Steuerfolgen.

Ferner können die steuerlichen Vorzüge der Schweizer Aufwandbesteuerung nur dann erzielt werden, wenn letztendlich in Deutschland die ständige Wohnstätte und der gewöhnliche Aufenthalt vollständig aufgegeben wird.[1293] Im Einzelfall fällt es immer wieder schwer, beispielsweise das (deutsche) Elternhaus oder auch das selbstgebaute Anwesen aufzugeben. Selbst wenn der Wegzügler dazu bereit ist, kann der Wegzug in Deutschland unter Umständen weitreichende Steuerfolgen auslösen.

1291 Da die Volksinitiative keine bestehende Übergangsbestimmung der Bundesverfassung ersetzen wird, erhält die Übergangsbestimmung zum maßgeblichen Artikel erst nach erfolgter Volksabstimmung die endgültige Ziffer.

1292 Vgl. Amrein, NZZ v. 1.12.2014, S. 9.

1293 Vgl. B.IV.3.1. und E.I.1.1.

PRAXISHINWEIS

Hält der Wegzügler z. B. wesentliche Anteile an in- und/oder ausländischen Kapitalgesellschaften, greift mit § 6 AStG eine Fiktion, dass der Wegzügler, der in einen Drittstaat wie die Schweiz verzieht, alle bestehenden stillen Reserven in diesen Anteilen aufdecken und versteuern muss. Die Steuer wird folglich fällig trotz fehlender tatsächlicher Veräußerung der Anteile und somit auch trotz fehlendem Liquiditätszufluss. Ob hierdurch die im Rahmen der sog. Bilateralen Verträge I zwischen den EU Mitgliedsstaaten und der Schweiz vereinbarte grundsätzliche Personenfreizügigkeit – ähnlich der EG-Niederlassungsfreiheit – eingeschränkt wird, ist noch nicht abschließend geklärt und kann letztendlich wohl nur durch die Gerichte entschieden werden.

Früher bestehende steuerliche Alternativstrukturen (bspw. steuerneutrales Zwischenschalten einer gewerblich geprägten deutschen GmbH & Co. KG) zwecks Vermeidung der nachteiligen deutschen Wegzugsbesteuerungsfolgen aus § 6 AStG sind auf Grund diverser deutscher Gerichtsentscheide und auch der OECD-Entwicklung steuerlich nicht mehr akzeptiert und bedingen heute alternative Strukturen.

PRAXISHINWEIS

Eine dieser Alternativen ist bspw. ein Formwechsel der Kapitalgesellschaft in eine Personengesellschaft oder eine Einlage der Kapitalgesellschaft in eine originär gewerblich tätige Personengesellschaft vor Wegzug. Sollte keine dieser Alternativen greifen, kann allenfalls ein Antrag auf Stundung nach § 6 Abs. 4 AStG, der im Ergebnis einer Ratenzahlung innerhalb der nächsten fünf Jahre gleich kommt, Linderung verschaffen.

Aber auch die vielfältigen kantonalen Schweizer Besonderheiten gilt es zu berücksichtigen. Nicht in jedem Kanton ist die Behandlung verschiedener Steuersachverhalte gleich. So gibt es Kantone, die selbst Einkünfte aus einer außerhalb der Schweiz ausgeübten selbständigen oder freiberuflichen Tätigkeit im Rahmen der Schweizer Kontrollrechnung berücksichtigen.

PRAXISHINWEIS

Daher ist eine Abstimmung des Sachverhalts und der Einkunftsnormen in der Schweiz zwingend notwendig. Das Einholen eines Steuerrulings (Vorabbescheid) sorgt hier für Rechtssicherheit.

Vorteilhaft ist die Aufwandbesteuerung in jedem Fall in Fällen, in denen hohe Einkünfte außerhalb der Schweiz, aber auch außerhalb der unter die modifizierte Aufwandbesteuerung fallenden Staaten entstehen, was oftmals durch geeignetes Umschichten der privaten Vermögenswerte sichergestellt werden kann. Nicht zuletzt ermöglicht es die Aufwandbesteuerung im Rahmen der Strukturierung substanzieller Vermögenswerte, eine im Ergebnis und Einzelfall signifikante Steuereinsparung zu realisieren.

Die Aufwandbesteuerung ist trotz bundesrechtlicher Vorgaben weiterhin eine sehr attraktive Form der Besteuerung, insbesondere wenn die nach dem Aufwand besteuerte Person in der Schweiz keiner Erwerbstätigkeit nachgehen möchte. Im Einzelfall ist aber stets zu prüfen, ob sich die Aufwandbesteuerung lohnt: I. d. R. empfiehlt sich, vor einem Entscheid zur Besteuerung nach dem Aufwand eine Vergleichsrechnung durchzuführen, um die Steuerlasten aus einer Schweizer Aufwandbesteuerung, einer modifizierten Aufwandbesteuerung und der „ordentlichen“ Schweizer Besteuerung als Basis für die eigene Entscheidung zu kennen.

IV.3. Besteuerung an der Quelle

IV.3.1. Funktionsweise

Das schweizerische Steuerrecht beruht auf dem System der Selbstdeklaration, indem jeder Schweizer bzw. jeder Ausländer mit Niederlassungsbewilligung C jährlich eine Steuererklärung unter Angabe aller Einnahmen und Abzüge einreichen muss. Im Hinblick auf die steuerliche Erfassung des Erwerbseinkommens von im betreffenden Kanton arbeitenden Ausländern, die sich gestützt auf eine befristete polizeiliche Bewilligung im Kanton aufhalten, und die bessere Durchsetzbarkeit des steuerlichen Zugriffs hinsichtlich der Arbeitseinkünfte von Personen ohne Wohnsitz oder Aufenthalt in der Schweiz, ist in der gesamten Schweiz – anders als regelmässig in Deutschland – nur für gewisse Kategorien von Ausländern die Quellenbesteuerung vorgeschrieben (Art. 83 ff. DBG; Art. 32 ff. StHG).[1294] Diese ist aus Effizienzüberlegungen und zwecks einheitlichem Bezug der Quellensteuern weitestgehend harmonisiert; entsprechend verbleibt den Kantonen diesbezüglich nur ein sehr eingeschränkter Gestaltungsspielraum.

Bei der Quellensteuer handelt es sich um eine Steuererhebungsart und nicht um eine eigenständige Steuerart. Entsprechend gelten auch für die der Quellensteuer unterliegenden Personen die bekannten Regeln zur subjektiven Steuerpflicht (Art. 3 ff. DBG). Zu beachten sind aber die besonderen Vorschriften hinsichtlich der persönlichen Voraussetzungen der Quellensteuerpflicht.[1295]

Analog zum Bezug bei der Einkommens- bzw. Gewinnsteuer des Bundes wird auch die Quellensteuer von den kantonalen Steuerbehörden vereinnahmt. Die anwendbaren Steuersätze schließen den Tarif für die direkte Bundessteuer ein (Art. 33 Abs. 1 StHG), variieren jedoch als Folge der kantonalen Tarifhoheit je Kanton.

Bei quellensteuerpflichtigen Personen wird der Schuldner der steuerbaren Leistung (Arbeitgeber) verpflichtet, von seiner Leistung die vom Empfänger geschuldete Quellensteuer in Abzug zu bringen und den Steuerbehörden zu überweisen. Steuersubjekt ist zwar der Empfänger der steuerbaren Leistung, er wird aber im Steuerverfahren vom Schuldner vertreten (sog. Steuersubstitution).[1296]

Der Vorteil der Quellensteuer ist, dass sie neben den Veranlagungs- und Bezugsbehörden auch den ausländischen Arbeitnehmer (grundsätzlich) von einem Steuererklärungsverfahren entlastet und damit den administrativen Aufwand verringert. Je nach Maßgabe der persönlichen Einkommens- und Vermögensverhältnisse der steuerpflichtigen Person ersetzt die Quellensteuer das ordentliche Veranlagungsverfahren hinsichtlich der betroffenen Einkünfte sowie das Bezugsverfahren vollständig (Abgeltungsfunktion) oder bildet als Sicherungssteuer lediglich eine Vorstufe zur ordentlichen Veranlagung.[1297]

Die Zulässigkeit der Quellenbesteuerung wurde ursprünglich, sofern nicht zu einer stoßenden Missachtung der Rechtsgleichheit führend, durch höchstrichterliche Rechtsprechung bejaht.[1298]

1294 Vgl. auch entsprechende kantonale Steuergesetze, Verordnung über die Quellensteuer bei der direkten Bundessteuer (SR 642.118.2), maßgebliche kantonale Verordnungen, Weisungen sowie SSK, Steuerinformationen, Die Besteuerung an der Quelle, S. 1 ff.

1295 Vgl. Reich, Steuerrecht, S. 552.

1296 Vgl. Blumenstein/Locher, System des Steuerrechts, S. 82 ff.; Mäusli-Allenspach/Oertli, Das schweizerische Steuerrecht, S. 277; Arnold/Meier/Spinnler, ASA 70 (2001/02), S. 32.

1297 Vgl. Reich, Steuerrecht, S. 553. Eine reine Sicherungsfunktion kommt der Quellensteuer lediglich im Verfahren der nachträglichen ordentlichen Veranlagung zu (vgl. A.IV 3.6.).

1298 Vgl. BGE 96 I 45 E. 4.

Seit dem Abschluss des Freizügigkeitsabkommens vom 21.6.1999 zwischen der Schweiz und den EU Mitgliedstaaten[1299] hat das Schweizerische Bundesgericht jedoch in gewissen Konstellationen eine Verletzung des Gleichbehandlungsgebots und damit einen Verstoß gegen das Freizügigkeitsabkommen resp. übergeordnetes Staatsvertragsrecht konstatiert.[1300]

PRAXISHINWEIS

Konkret zu beurteilen war die Beschwerde eines Schweizer Bürgers, der in Frankreich wohnte und in Genf als Grenzgänger arbeitete. 95 % seiner weltweiten Einkünfte entfielen auf sein Salär aus der Schweiz. Als Abzüge wurden die Einkaufsbeiträge in die 2. Säule sowie die Beiträge in die Säule 3a zugelassen, nicht jedoch diverse effektive Gewinnungskosten, welche die im Tarif pauschal berücksichtigten Kosten überstiegen, die ordentlichen Beiträge in die 2. Säule sowie die Kranken-, Unfall- und Lebensversicherungsprämien. In der Folge wurde die Beschwerde zur Neubeurteilung an das Genfer Verwaltungsgericht zurückgewiesen.

Aufgrund dieses und weiterer in der Zwischenzeit ergangenen Urteile[1301] ist nun der Gesetzgeber ebenfalls gefordert. Weitere Diskriminierungen dieser Art können nur durch Gewährung von Tarifkorrekturen und/oder nachträgliche ordentlichen Veranlagungen (NOV) beseitigt werden.

PRAXISHINWEIS

Die am 13.12.2013 vom Bundesrat eröffnete Vernehmlassung zur Revision der Quellenbesteuerung des Erwerbseinkommens, welche insbesondere eine obligatorische, nachträgliche ordentliche Veranlagung (NOV) ab einem deutlich tieferen Betrag wie heute[1302] sowie ein Optionsrecht für Personen, deren Bruttoeinkünfte diesen Schwellenwert nicht überschreiten, und für (qualifizierende) Quasi-Ansässige vorsieht, dauerte bis zum 27.3.2014.[1303] Die Publikation der Vernehmlassungsergebnisse und die Veröffentlichung der Botschaft des Bundesrates zuhanden des Parlaments erfolgte am 28.11.2014. Die Vorlage wurde von der Mehrheit der Vernehmlassungsteilnehmenden als positiv befunden. Eine Mehrheit der Kantone plädiert jedoch – zwecks Vermeidung eines unverhältnismässigen, administrativen Mehraufwandes für die kantonalen Steuerverwaltungen – für die Beibehaltung des heute maßgeblichen Schwellenwerts von CHF 120'000. Eine Minderheit lehnt die Vorlage ab oder möchte diese erst nach Klärung des zukünftigen rechtlichen Rahmens im Zusammenhang mit dem Freizügigkeitsabkommen (FZA) resp. der damit verbundenen, am 9.2.2014 durch das Schweizer Volk angenommenen Eidg. Volksinitiative „Gegen Masseneinwanderung"[1304] behandeln.[1305]

1299 SR 0.142.112.681. In Kraft per 1.6.2002.

1300 Vgl. BGE 2C_319/2009 und 2C_321/2009 v. 26.1.2010, wonach eine Person mit Wohnsitz im Ausland in der Schweiz „quasi-ansässig" ist, wenn mindestens 90 % des weltweiten Familieneinkommens am Arbeitsort (in der Schweiz) versteuert wird. Dieser Entscheid, der sich an die Rechtsprechung des EuGH's anlehnt und von dort den Begriff des „Quasi-Ansässigen" übernimmt, wurde in einem weiteren Urteil des Schweizerischen Bundesgerichts bestätigt (vgl. BGE 2C_21/2010 v. 23.11.2010). Vgl. hierzu auch Marantelli, Jusletter v. 12.4.2010; Raths/Bosshard, StR 2010, S. 426 ff.

1301 Vgl. BGE 2C_490/2013 v. 29.1.2014 (interkantonaler Wohnsitzwechsel mit pro rata temporis Abrechnung gemäß Art. 38 Abs. 4 StHG).

1302 Der neu festzulegende Betrag soll dabei deutlich unter den vom Bundesamt für Statistik für die Periode 2006–2011 ermittelten jährlichen Bruttomedianlohn von rd. CHF 65'500 zu liegen kommen.

1303 Vgl. Medienmitteilung des Bundesrates v. 13.12.2013; Erläuternder Bericht des EFD v. 13.12.2013.

1304 Vgl. F.II.8.

1305 Vgl. Medienmitteilung des Bundesrates v. 28.11.2014; Ergebnisbericht Vernehmlassung des Eidg. Finanzdepartements (EFD) v. Oktober 2014; Botschaft zum Bundesgesetz über die Revision der Quellenbesteuerung des Erwerbseinkommens (noch nicht im BBl veröffentlicht).

IV.3.2. Kategorien von der Quellensteuerpflicht unterliegenden Personen

IV.3.2.1. Kategorien

Es sind zwei Kategorien von Steuerpflichtigen, bei welchen für bestimmte Einkünfte die Quellensteuer anstelle der ordentlichen Steuerveranlagung zur Anwendung gelangt. Zum einen die ausländischen Arbeitnehmer, welche zwar einen steuerrechtlichen Wohnsitz oder Aufenthalt in der Schweiz haben, jedoch nicht im Besitz einer fremdenpolizeilichen Niederlassungsbewilligung C sind (Art. 83 – 90 DBG; Art. 32 – 34 StHG); zum anderen die natürlichen und juristischen Personen mit Wohnsitz bzw. Sitz im Ausland, welche aufgrund wirtschaftlicher Zugehörigkeit in der Schweiz nur beschränkt steuerpflichtig sind (Art. 91 – 101 DBG; Art. 35 – 36 StHG).[1306]

Gemäß der gesetzlichen Konzeption unterliegen im Ausland wohnhafte Arbeitnehmer somit für ihr gesamtes aus der Schweiz bezogenes Salär auch dann der Quellensteuer, wenn sie nur für kurze Dauer oder als Grenzgänger oder Wochenaufenthalter in der Schweiz unselbständig erwerbstätig sind. Diese gemäß schweizerischem Recht integrale Besteuerung des Erwerbseinkommens lässt sich aber dann ggf. nicht durchsetzen, wenn der Arbeitnehmer in einem Land ansässig ist, mit dem die Schweiz ein DBA mit einer Spezialregelung abgeschlossen hat. Dies ist bspw. im Verhältnis zu Deutschland der Fall.[1307]

IV.3.2.2. In der Schweiz wohnhafte Ausländer

Gemäß Art. 83 DBG bzw. Art. 32 StHG unterliegen in der Schweiz wohnhafte, d. h. unbeschränkt steuerpflichtige, ausländische Arbeitnehmer, welche die fremdenpolizeiliche Niederlassungsbewilligung C nicht besitzen und weder mit einem Schweizer Bürger noch mit einem Ehegatten mit Niederlassungsbewilligung C verheiratet sind, der Quellensteuer.[1308]

Es sind dies Kurzaufenthalter bis ein Jahr (Ausweis L EG/EFTA; Ausweis L für Drittstaatenangehörige) mit Wohnsitz- bzw. Aufenthaltsbegründung, Aufenthalter für mehr als ein Jahr (Ausweis B EG/EFTA für fünf Jahre; Ausweis B für Drittstaatenangehörige, befristet auf ein Jahr mit Erneuerungsmöglichkeit), vorläufig aufgenommene Ausländer (Ausweis F), Asylsuchende (Ausweis N), Schutzbedürftige (Ausweis S) sowie sich illegal in der Schweiz aufhaltende Schwarzarbeiter.[1309]

IV.3.2.3. Im Ausland wohnhafte Schweizer oder Ausländer

IV.3.2.3.1. Kurz- und Wochenaufenthalter

Gemäß Art. 91 DBG bzw. Art. 35 StHG wird die Quellensteuer auch für Arbeitnehmer ohne steuerrechtlichen Wohnsitz oder Aufenthalt in der Schweiz, die von einem schweizerischen Arbeitgeber Lohn beziehen und dadurch in der Schweiz beschränkt steuerpflichtig werden, erhoben. Der Quellensteuer unterliegen demnach in erster Linie im Ausland wohnhafte Arbeitnehmer,

---

1306 Im Folgenden wird ausschließlich die Quellenbesteuerung ausländischer Arbeitnehmer behandelt. Hinsichtlich der Quellenbesteuerung von Künstlern, Sportlern, Referenten, Verwaltungsräten, Hypothekargläubigern, Empfängern von Vorsorgeleistungen, Arbeitnehmern bei internationalen Transporten und Empfängern von Mitarbeiterbeteiligungen (gesperrte oder nicht börsenkotierte Mitarbeiteroptionen, Anwartschaften auf Mitarbeiteraktien sowie Anwartschaften auf unechte Mitarbeiterbeteiligungen) wird grundsätzlich auf die einschlägigen Artikel im DBG resp. in den kantonalen Steuererlassen verwiesen.

1307 Vgl. ausführlich B.XII.

1308 Vgl. Zigerlig/Jud, Zweifel/Athanas, DBG-Kommentar, Art. 83, Rz. 3; Richner/Frei/Kaufmann/Meuter, Handkommentar zum DBG, Art. 83, Rz. 2 ff. Die gleichen Überlegungen gelten für eingetragene Partnerschaften.

1309 Vgl. Richner/Frei/Kaufmann/Meuter, Zürcher Steuergesetz, § 87, Rz. 6.

die als Kurz- oder Wochenaufenthalter in der Schweiz arbeiten. Sie unterliegen ungeachtet ihrer Staatsangehörigkeit der gleichen Quellenbesteuerung wie die im Kanton wohnhaften ausländischen Arbeitnehmer ohne Niederlassungsbewilligung.

PRAXISHINWEIS

Für leitende Angestellte[1310] von Kapitalgesellschaften, die nicht unter die Grenzgängerbestimmung gemäß Art. 15a DBA CH-D (siehe hiernach) fallen, gilt die spezielle Regelung des Art. 15 Abs. 4 DBA CH-D, die vom Arbeitsortprinzip abweicht. Ein für eine Schweizer Kapitalgesellschaft in leitender Stellung tätiger Arbeitnehmer mit Wohnsitz in Deutschland wird grundsätzlich per Fiktion am Ort des Gesellschaftssitzes in der Schweiz (quellen-) steuerpflichtig.[1311] Im Ansässigkeitsstaat Deutschland greift die satzbestimmende Freistellung (Art. 24 Abs. 1 Nr. 1a DBA D-CH).

IV.3.2.3.2. Grenzgänger

Mittlerweile große Bedeutung haben die im Ausland wohnhaften Arbeitnehmer, die als Grenzgänger in der Schweiz bzw. in den Grenzkantonen arbeiten, erlangt. Als Grenzgänger qualifizieren Personen, die sich in der Regel an jedem Arbeitstag von ihrem Wohnort zum im anderen Staat gelegenen Arbeitsort begeben und am Abend bzw. allenfalls nur am Wochenende wieder an ihren Wohnort zurückkehren. Die von der Schweiz mit den angrenzenden Staaten abgeschlossenen DBA enthalten – abweichend vom Grundsatz der Besteuerung im Arbeitsortstaat – besondere Zuteilungsregeln.[1312]

IV.3.2.3.3. Deutsche Grenzgänger im Sinne des Steuerrechts

Gemäß den bilateralen Verträgen gelten (bewilligungsrechtlich) als Grenzgänger auch Personen, die zwar über eine Grenzgängerbewilligung G verfügen, aber nur noch am Wochenende an ihren Hauptwohnsitz zurückkehren. Dies gilt bewilligungsrechtlich auch für in Deutschland lebende Grenzgänger.[1313]

PRAXISHINWEIS

Es gilt zu beachten, dass die bewilligungsrechtliche Definition des Grenzgängers nicht zwingend mit derjenigen des Steuerrechts identisch ist. Gemäß Art. 15a DBA CH-D und den einschlägigen Verständigungsvereinbarungen ist für die Frage, ob ein in Deutschland wohnhafter und in der Schweiz tätiger Arbeitnehmer als steuerlicher Grenzgänger zu betrachten ist, nach wie vor entscheidend, ob eine tägliche Rückkehr an den deutschen Wohnort möglich bzw. zumutbar ist und die erwerbstätige Person dem schweizerischen Arbeitgeber eine Ansässigkeitsbescheinigung des deutschen Finanzamtes (Formular Gre-1 für die erstmalige Ausstellung der Ansässigkeitsbescheinigung bzw. Formular Gre-2 für deren Verlängerung) vorlegen kann. Die Grenzgängereigenschaft entfällt nur dann, wenn der Arbeitnehmer bei einer ganzjährigen Beschäftigung (Kalenderjahr) an mehr als 60 Arbeitstagen bedingt durch die Arbeitsausübung nicht an seinen deutschen Wohnsitz zurückkehrt oder keine Ansässigkeitsbescheinigung beibringt.[1314]

1310 Vgl. ausführlich B.XII.2.3. Gemäß einer zwischen den deutschen und schweizerischen Behörden getroffenen Verständigungsvereinbarung (datiert v. 30. 9. 2008) wird die Sonderregelung in Art. 15 Abs. 4 DBA CH-D für leitende Angestellte nur noch auf Personen angewendet, deren Prokura oder deren Funktion als Vorstandsmitglied, Generaldirektor, Direktor, stellvertretender Direktor, Vizedirektor oder Geschäftsführer im Handelsregister eingetragen ist.

1311 Vgl. auch B.XII.2.3. und Urteil des BFH v. 25. 10. 2006, wiedergegeben in: I R 81/04, BFHE S. 215, 237, BFH/NV 2007, S. 593 sowie Urteil des FG Baden-Württemberg v. 23. 9. 2008, Az. der Revision beim BFH: I R 110/08.

1312 Vgl. Zigerlig/Jud, Zweifel/Athanas, DBG-Kommentar, Art. 91, Rz. 6.

1313 Vgl. F.II.2.3.4. und F.I.3.3.3.

1314 Vgl. B.XII.2.1.; Art. 15a Abs. 2 DBA CH-D; stellvertretend für die Kantone Informationsblatt des Kantonalen Steueramts Zürich v. 9. 1. 2012 zum Quellensteuerverfahren für Grenzgänger und Grenzgängerinnen aus Deutschland, Ziff. 2.1; Rundschreiben der ESTV über die Quellensteuer v. 6. 11. 2002, wiedergegeben in: Locher/Meier/von Siebenthal/Kolb, A 6.7.3.

IV.3.2.4. Kriterien für das Vorliegen eines schweizerischen Arbeitgebers resp. dessen Quellensteuerpflicht

Die Erhebung der Quellensteuer setzt voraus, dass ein schweizerischer Arbeitgeber, welcher den Lohn des Arbeitnehmers wirtschaftlich trägt, vorhanden ist. In der Praxis werden oftmals im Ausland wohnhafte Schweizer oder Ausländer für eine bestimmte Zeit für Tätigkeiten zugunsten einer Gesellschaft mit Sitz in der Schweiz rekrutiert.[1315] In den meisten Fällen werden die entsprechenden Arbeitnehmer weiterhin durch ihren ursprünglichen ausländischen Arbeitgeber entlöhnt. Da es in solchen Fällen an einer direkten Lohnzahlung des schweizerischen Arbeitgebers fehlt, wird in der Praxis oftmals ein Gesuch um Entlassung vom Quellensteuerabzug gestellt und von der zuständigen kantonalen Steuerbehörde, insbesondere bei Erfüllung der nachstehenden Voraussetzungen, in der Regel gutgeheißen:[1316]

- Es liegt kein umfassendes Weisungsrecht der in der Schweiz ansässigen Gesellschaft vor;
- Das Arbeitsergebnis ist nicht unmittelbar gegenüber der schweizerischen Gesellschaft geschuldet.

Ergibt sich hieraus kein schlüssiges Bild, wird zusätzlich auf weitere Merkmale, wie bspw. ob

- die Tätigkeiten ausschließlich oder mehrheitlich in den Räumlichkeiten der in der Schweiz ansässigen Gesellschaft ausgeübt werden (müssen),
- die für die tägliche Arbeit benötigten Arbeitsgeräte vollständig oder überwiegend durch die schweizerische Gesellschaft zur Verfügung gestellt werden, oder
- die Risiken aus der Arbeitstätigkeit ausschließlich durch die schweizerische Gesellschaft getragen werden,

abgestellt. Besteht also bis zum Abschluss der Arbeitstätigkeit in der Schweiz kein Weisungsrecht der schweizerischen Gesellschaft, sondern muss der Arbeitnehmer lediglich sicherstellen, dass die vom ausländischen Arbeitgeber vertraglich zugesagte Leistung fristgerecht abgeliefert wird, und fehlt bei den weiteren Merkmalen mehrheitlich der Bezug zur schweizerischen Gesellschaft, geht der Kanton ZH regelmäßig von einem ausländischen Arbeitgeber aus und gibt dem Gesuch statt.[1317]

Fehlt es dagegen an der umfassenden ausländischen Arbeitgeberqualität, sei es, weil die schweizerische Gesellschaft Tagespauschalen oder weitere Zahlungen leistet und diese nicht an den ausländischen Arbeitgeber rückbelastet oder weil die schweizerische Gesellschaft als faktischer Arbeitgeber zu qualifizieren ist, da sie in Wirklichkeit das Salär wirtschaftlich trägt und der ausländische Arbeitgeber im Ergebnis nur einen Salärvorschuss leistet, wird einem entsprechenden Antrag nicht stattgegeben.

Eine faktische Arbeitgeberschaft ist zu bejahen, wenn die Arbeitsleistungen vorübergehend nicht derjenigen Unternehmung, mit welcher der Arbeitsvertrag abgeschlossen wurde, sondern einer anderen Konzerngesellschaft geschuldet sind. Im Hinblick auf eine solche Beurteilung wer-

1315 In der Regel handelt es sich um Projektarbeiten von Spezialisten basierend auf Arbeitsvertrag (Art. 319 ff. OR) oder Auftrag (z. B. Beratervertrag; Art. 394 ff. OR) bzw. Werkvertrag (Art. 363 ff. OR).

1316 Die Kriterien sind für den Kanton ZH gültig.

1317 Gemäß § 12 der Quellensteuerverordnung I v. 2. 2. 1994 des Kantons ZH wird der Steuerpflichtige bei Gutheißung des Gesuchs im ordentlichen Einkommenssteuerverfahren veranlagt.

den in der Praxis überwiegend die nachfolgenden Punkte von der zuständigen Steuerbehörde abgefragt:[1318]

- Stellt die Art der erbrachten Leistung einen integralen Bestandteil der Geschäftstätigkeit der schweizerischen Gesellschaft dar?
- Trägt die schweizerische Gesellschaft die Verantwortung und das Risiko für die Leistung des entsandten Arbeitnehmers (oder trägt das ausländische Unternehmen eine Gewährleistungspflicht hinsichtlich des Arbeitsergebnisses)?
- Übt die schweizerische Gesellschaft die Weisungshoheit aus?
- In welchem Umfang erfolgt eine Eingliederung in die Betriebsorganisation der schweizerischen Gesellschaft – bspw. hinsichtlich der Führung der Geschäftseinrichtung, der Zurverfügungstellung von Räumlichkeiten und Arbeitsmitteln sowie der Entscheide über Art und Umfang der täglichen Arbeit des entsandten Arbeitnehmers?
- Trägt effektiv die schweizerische Gesellschaft die Lohnkosten – Weiterbelastung 1:1, Weiterbelastung mit Mark-up von bspw. 5 %, Drittpreis mit Rabatt oder normaler Drittpreis?

PRAXISHINWEIS

Es hat sich im Kanton ZH (und den übrigen Kantonen) die Regel herausgebildet, dass der Tatbestand einer faktischen Arbeitgeberschaft nur bei Entsendungen in die Schweiz von mehr als 90 Tagen geprüft wird. Hierfür wird nicht auf die effektiv in der Schweiz erbrachten Arbeitstage, sondern auf die vereinbarte Entsendedauer – bezogen auf eine 12-monatige Referenzperiode – abgestellt, und zwar unabhängig davon, ob die Entsendung ein 100 %- oder ein Teilzeit-Pensum umfasst. Steht von Anbeginn fest, dass die Entsendung mehr als 90 Tage umfasst oder wird eine solche von weniger als 90 Tagen vereinbart und ergibt sich erst nachträglich, dass eine Verlängerung auf mehr als 90 Tage erforderlich ist, und dass eine faktische Arbeitgeberschaft vorliegt, besteht ab dem ersten Arbeitstag eine Quellensteuerpflicht in der Schweiz. Bei Entsendungen von weniger als 90 Tagen besteht eine widerlegbare Anscheinsvermutung zugunsten einer nicht-faktischen Arbeitgeberschaft. Entsprechend resultiert keine Quellensteuerpflicht. Die Besteuerung der in der Schweiz verrichteten Arbeitstage hat stattdessen über das ordentliche Veranlagungsverfahren, unter Berücksichtigung allfälliger DBA-rechtlicher Bestimmungen, zu erfolgen.

IV.3.3. Mit der Quellensteuer zu erfassende Einkünfte

IV.3.3.1. Grundsätze

Zu den quellensteuerpflichtigen Erwerbseinkünften zählen gemäß Art. 84 DBG sämtliche Bruttoeinkünfte aus dem Arbeitsverhältnis mit Einschluss der Lohnnebenleistungen und anderen geldwerten Vorteilen sowie allfällige Ersatzeinkünfte. Wie bei der ordentlichen Veranlagung wird ein effektiver Spesenersatz nicht zu den steuerbaren Bruttoeinkünften gerechnet.[1319]

Bei Expatriates wird gemäß Art. 4 Abs. 4 Satz 1 ExpaV[1320] der für die Steuerberechnung maßgebende Bruttolohn um den Pauschalabzug nach Art. 2 Abs. 2 Bst. a ExpaV (monatlich CHF 1'500) gekürzt.[1321] Vorbehalten bleibt gemäß Abs. 4 Satz 2 des gleichnamigen Artikels der Nachweis höherer tatsächlicher Kosten sowie der Aufwendungen für den Schulbesuch im Rah-

1318 Stellvertretend für die Kantone vgl. Informationsblatt des Kantonalen Steueramts Zürich v. 1. 7. 2011 zur faktischen Arbeitgeberschaft, Ziff. 2.1. Maßgeblich ist dabei der effektive Vertragsinhalt.

1319 Vgl. Locher, Kommentar zum DBG, Art. 84, Rz. 4.

1320 Vgl. Expatriates-Verordnung (ExpaV) v. 3. 10. 2000 (SR 642.118.3).

1321 Vgl. Richner/Frei/Kaufmann/Meuter, Zürcher Steuergesetz, § 90 Rz. 11.

men der nachträglichen Veranlagung gemäß Art. 90 Abs. 2 DBG[1322] oder der Korrekturberechnung nach Art. 137 DBG.[1323]

PRAXISHINWEIS

Pauschalspesen, wie bspw. pauschale Repräsentations- oder Autospesen, die im Rahmen eines von der Steuerbehörde genehmigten Spesenreglements ausbezahlt werden, unterliegen in den meisten Kantonen nicht der Quellensteuer.

IV.3.3.2. Spezialfälle

Eine spezifische Betrachtung ist bei im Ausland wohnhaften Schweizern oder Ausländern, die vor der Wohnsitznahme in oder nach dem Wegzug aus der Schweiz Lohnzahlungen von einem schweizerischen Arbeitgeber erhalten (also bspw. Sign-on Bonus vor Zuzug in die Schweiz oder nachträgliche Lohn- bzw. Bonusvergütung nach erfolgter Wohnsitzverlegung ins Ausland), notwendig.

IV.3.3.2.1. Nachträgliche Lohnzahlungen basierend auf Arbeitsvertrag

Wird das Arbeitsverhältnis beendet, sind Zahlungen, die mit dessen Beendigung fällig, aber dem Arbeitnehmer erst später geleistet werden (bspw. nachträglich ausbezahlte Ferienentschädigung), dem Bruttolohn des letzten Arbeitsmonats hinzuzurechnen.

IV.3.3.2.2. Bonuszahlungen

Bonuszahlungen, die auf eine frühere Erwerbstätigkeit in der Schweiz zurückzuführen sind, unterliegen der schweizerischen Steuerpflicht und zwar selbst dann, wenn sich die begünstigte Person im Zeitpunkt des Zuflusses der Leistung nicht mehr in der Schweiz aufhält. Die Besteuerung erfolgt ausschließlich über das Quellensteuerverfahren, d. h. letzteres findet auch Anwendung bei Personen, die vor dem Wegzug ins Ausland im Rahmen des ordentlichen Verfahrens veranlagt wurden.[1324]

PRAXISHINWEIS

Wurde die Arbeitsleistung, für welche der Bonus entrichtet wird, ausschließlich in der Schweiz erbracht, hat die Schweiz ein uneingeschränktes Besteuerungsrecht. Sollen hingegen mit dem Bonus Schweizer und ausländische Arbeitstage entschädigt werden, so ist für die Quellenbesteuerung der auf die Schweizer Arbeitstage entfallende Bonusteil (zum Satz der gesamten Bonuszahlung) maßgeblich.

Tritt die Fälligkeit der Bonuszahlung spätestens mit der Beendigung des Arbeitsverhältnisses ein, ist die Bonuszahlung dem Bruttolohn des letzten Arbeitsmonats hinzuzurechnen. Wird sie erst nach Beendigung des Arbeitsverhältnisses fällig, unterliegt sie separat der Quellensteuer.

1322 Vgl. A.IV.3.6.

1323 Der Quellensteuertarif beruht systembedingt auf der pauschalen Integration von allen Abzügen, die auch den Schweizer Bürgern sowie Ausländern mit Niederlassungsbewilligung C im ordentlichen Verfahren zustehen. Dies bedeutet jedoch, dass individuell zulässige Abzüge wie bspw. Einkaufsbeiträge in die 2. Säule oder Beiträge in die Säule 3a nicht im Quellensteuertarif enthalten und somit in den meisten Kantonen im Rahmen einer Korrekturberechnung zu berücksichtigen bzw. bis spätestens zum 31. März des Folgejahres zu beantragen sind.

1324 Vgl. rechtskräftiger Entscheid der Steuer-Rekurskommission I Zürich v. 15. 12. 2000, wiedergegeben in: StE 2001 A 32 Nr. 5 sowie Urteil des Schweizerischen Bundesgerichts v. 15. 2. 2001, wiedergegeben in: StE 2001 B 11.2 Nr. 6 und ASA 71, S. 389 E. 4b.

Zu beachten ist, dass die Steuerpflicht diesfalls am Sitz des Schweizer Arbeitgebers und nicht am ehemaligen Wohnsitz resp. Aufenthaltsorts des Arbeitnehmers gegeben ist.[1325]

IV.3.3.2.3. Lohnfortzahlungen (Besoldungsnachgenuss gemäß Art. 338 OR)

Stirbt der Arbeitnehmer und werden in der Folge Lohnfortzahlungen an im Ausland wohnhafte anspruchsberechtigte Personen (wie bspw. an den Ehegatten oder die Nachkommen) geleistet, unterliegen diese ebenfalls der Quellenbesteuerung.

PRAXISHINWEIS

Da der Besoldungsnachgenuss grundsätzlich Vorsorgecharakter hat,[1326] wird die Kapitalleistung regelmässig zum Tarif für Empfänger von öffentlich-rechtlichen bzw. privatrechtlichen Vorsorgeleistungen besteuert. Bei monatlichen Leistungen wird diese zum Gesamtsatz der Kapitalleistung mit dem genannten Tarif erfasst. Zu beachten ist, dass die Steuerpflicht auch hier am Sitz des Schweizer Arbeitgebers und nicht am ehemaligen Wohnsitz resp. Aufenthaltsorts des verstorbenen Arbeitnehmers gegeben ist.[1327] Ist der Empfänger hingegen eine in der Schweiz quellenbesteuerte Person, erfolgt die Besteuerung mit der ordentlichen Jahressteuer zum Vorsorgetarif.

IV.3.3.2.4. Exportierte geldwerte Vorteile aus Mitarbeiterbeteiligungen

Die Besitzer von gesperrten oder nicht börsenkotierten Mitarbeiteroptionen, Anwartschaften auf Mitarbeiteraktien sowie Anwartschaften auf unechte Mitarbeiterbeteiligungen können zwischen der Zuteilung der Option und der Entstehung des Ausübungsrechts (Ablauf der Sperrfrist) in verschiedenen Ländern wohnhaft und tätig sein. Da die Schweiz mit den wichtigsten Ländern ein DBA abgeschlossen hat, muss für diese Fälle eine internationale Koordination erfolgen, damit nicht dennoch eine Doppelbesteuerung erfolgt. War der Begünstigte während eines Teils dieser Zeit in der Schweiz wohnhaft, so beansprucht die Schweiz ein anteiliges Besteuerungsrecht auf dem geldwerten Vorteil. Sofern der begünstigte Arbeitnehmer im Ausübungszeitpunkt im Ausland wohnhaft ist, ist die Quellensteuer auf demjenigen Teil der geldwerten Leistung geschuldet, welcher der Dauer der in der Schweiz ausgeübten Tätigkeit gemessen an der gesamten Zeitspanne zwischen Optionszuteilung und Entstehen des Ausübungsrechts entspricht.[1328]

PRAXISHINWEIS

Die spezialgesetzliche Bestimmung von Art. 97a DBG (bzw. diejenige gemäß jeweilig anwendbarem kantonalen Steuergesetz) greift im Verhältnis zu Art. 91 DBG (Kurz- und Wochenaufenthalter, Grenzgänger), Art. 93 DBG (Verwaltungsräte) und Art. 97 DBG (Arbeitnehmer bei internationalen Transporten) nur subsidiär. Weiter wird vorausgesetzt, dass die begünstigte Person im Zeitpunkt des steuerrechtlich maßgebenden Zuflusses (Ausübung des Optionsrechts) im Ausland Wohnsitz hat resp. sich dort aufhält und in der Zeitspanne zwischen Erwerb und Entstehen des Ausübungsrechts nur (aber immerhin) zeitweilig ihren steuerrechtlichen Wohnsitz oder Aufenthalt in der Schweiz gehabt hat. Zu beachten ist, dass die Steuerpflicht erneut am Sitz des Schweizer Arbeitgebers und nicht am ehemaligen Wohnsitz resp. Aufenthaltsorts des Arbeitnehmers gegeben ist.[1329]

1325 Vgl. Art. 107 Abs. 2 DBG.

1326 Vgl. Müllhaupt, Klöti-Weber/Siegrist/Weber, Kommentar zum Aargauer Steuergesetz, § 45, Rz. 7.

1327 Vgl. Art. 107 Abs. 2 DBG.

1328 Vgl. Art. 17d DBG i.V.m. Art. 97a DBG; KS ESTV Nr. 37 v. 22. 7. 2013 Ziff. 7.3; stellvertretend für die Kantone § 17d ZH-StG i.V.m. § 100a ZH-StG; Richner/Frei/Kaufmann/Meuter, Zürcher Steuergesetz, § 17d Rz. 1 ff. und § 100a, Rz. 11; A.IV.1.3.3.1.3.2.

1329 Vgl. Art. 107 Abs. 2 DBG.

IV.3.4. Quellensteuertarife und -berechnung

IV.3.4.1. Grundsätze

Der Quellensteuerabzug umfasst direkte Bundes-, Kantons-, Gemeinde-, sowie (je nach Kanton) Kirchensteuern[1330] und ist in der Regel gemäß den für die ordentliche Einkommenssteuer geltenden Steuersätzen nach Maßgabe des ausbezahlten bzw. gutgeschriebenen Totals des monatlichen Bruttolohnes berechnet. Dementsprechend werden auch die im ordentlichen Veranlagungsverfahren zulässigen Abzüge für Sozialversicherungen (AHV/IV/EO/ALV und NBUV), Berufskosten, Versicherungsprämien und Familienlasten in pauschalierter Form im Tarif berücksichtigt. Diese können bei der Quellensteuer grundsätzlich nicht mehr individuell in Abzug gebracht werden. Weitere im Tarif nicht enthaltene Abzüge können i. d. R. im Sinne eines Quellensteuerkorrekturbegehrens[1331] geltend gemacht werden. Bei den Quellensteuertarifen handelt es sich um progressive Steuertarife, die den persönlichen Verhältnissen der Arbeitnehmer Rechnung tragen. In den Tarifen ist das gewogene Mittel der Gemeindesteuerfüße mitenthalten. Die sich dadurch zum ordentlichen Veranlagungsverfahren ergebenden Differenzen wurden vom Schweizerischen Bundesgericht[1332] als grundsätzlich zulässig taxiert.

IV.3.3.2. Anwendung im Einzelnen

Beim Bund bzw. in den Kantonen gelten seit dem 1. 1. 2014 die nachfolgenden Steuertarife (Tarifcodes):[1333]

- Tarifcode A für ledige, geschiedene, gerichtlich oder tatsächlich getrennt lebende und verwitwete Steuerpflichtige, die nicht mit Kindern oder unterstützungsbedürftigen Personen im gleichen Haushalt zusammenleben;
- Tarifcode B für in rechtlich und tatsächlich ungetrennter Ehe lebende Ehegatten, bei welchen nur ein Ehegatte erwerbstätig ist (Alleinverdiener);
- Tarifcode C für in rechtlich und tatsächlich ungetrennter Ehe lebende Ehegatten, bei welchen beide Ehegatten erwerbstätig sind;[1334]
- Tarifcode D für Einkünfte aus Nebenerwerb und Ersatzeinkünfte;[1335]
- Tarif E für Personen, die im vereinfachten Abrechnungsverfahren gemäß Art. 37a DBG resp. nach Art. 17a – 17d QStV besteuert werden;
- Tarifcode F für Grenzgänger aus Italien, deren Ehegatte außerhalb der Schweiz erwerbstätig ist;

1330 So bspw. im Kanton ZH.

1331 Vgl. Art. 137 DBG; A.IV.3.3.1.

1332 Vgl. Urteil des Schweizerischen Bundesgerichts v. 12 3. 1965, wiedergegeben in: Blumenstein, ASA 35 (1966/67), S. 261 E. 4.; jüngst BGE 2C_490/2013 v. 29. 1. 2014 E. 5.3.3.

1333 Im Hinblick auf die Einführung des elektronischen Lohnmeldeverfahrens (EML Quellensteuer) per 1. 1. 2014 wurde eine gesamtschweizerische Harmonisierung der Tarifbezeichnungen sowie eine gesamtschweizerisch vereinheitlichte Anwendung der verschiedenen Tarife unumgänglich. Vgl. hierzu Art. 1 Abs. 1 der Verordnung des EFD über die Quellensteuer bei der direkten Bundessteuer (Quellensteuerverordnung, QStV) v. 19. 10. 1993 (SR 642.118.2).

1334 Nicht maßgeblich ist, ob beide Ehegatten in der Schweiz erwerbstätig sind oder nur einer von beiden.

1335 Ein Nebenerwerb liegt nur noch vor, wenn die steuerpflichtige Person selbst daneben ein Haupterwerbseinkommen erzielt.

- Tarifcode H für ledige, geschiedene, gerichtlich oder tatsächlich getrennt lebende und verwitwete Personen, die mit Kindern oder unterstützungsbedürftigen Personen im gleichen Haushalt zusammenleben und deren Unterhalt zur Hauptsache bestreiten;[1336]
- Tarifcode L für Grenzgänger aus Deutschland, welche die Voraussetzungen für den Tarifcode A erfüllen;
- Tarifcode M für Grenzgänger aus Deutschland, welche die Voraussetzungen für den Tarifcode B erfüllen;
- Tarifcode N für Grenzgänger aus Deutschland, welche die Voraussetzungen für den Tarifcode C erfüllen;
- Tarifcode O für Grenzgänger aus Deutschland, welche die Voraussetzungen für den Tarifcode D erfüllen;
- Tarifcode P für Grenzgänger aus Deutschland, welche die Voraussetzungen für den Tarifcode H erfüllen.

PRAXISHINWEIS

Die Tarifcodes L – P wurden spezifisch für deutsche Grenzgänger geschaffen. Gemäß Art. 15a Abs. 1 DBA D-CH darf die von der Schweiz erhobene Quellensteuer nicht höher sein als 4.5 % des Bruttobetrages sämtlicher, dem deutschen Grenzgänger für seine Erwerbstätigkeit in der Schweiz zugeflossenen Vergütungen. Der Kanton ZH wendet wie die meisten anderen Kantone einen fixen Prozentsatz von 4.5 % des maßgeblichen Bruttomonatslohns an.[1337]

Für den Steuerabzug maßgebend sind dabei die Verhältnisse im Zeitpunkt der Auszahlung, Überweisung, Gutschrift oder Verrechnung der steuerbaren Leistung (Art. 1 Abs. 2 QStV). Innerhalb der Tarifcodes berechnet die Eidg. Steuerverwaltung (ESTV) die einzelnen Tarife entsprechend den für die Einkommenssteuer anwendbaren Abzügen und Tarifen. Regelmässig fließende Einkünfte werden für die Satzbestimmung auf ein Jahr umgerechnet (Art. 1 Abs. 3 QStV).

IV.3.5. Pflichten des Arbeitgebers

Schweizer Arbeitgeber müssen die bei ihnen neu beschäftigten Personen, welche nach Art. 83, Art. 91 oder Art. 97[1338] DBG quellensteuerpflichtig sind, der zuständigen Steuerbehörde innert acht Tagen ab Stellenantritt auf dem dafür vorgesehenen Formular – alternativ elektronisch zusammen mit der monatlichen Abrechnung – melden.[1339]

Der Arbeitgeber ist als Schuldner der steuerbaren Leistung zudem verpflichtet, die Leistung im Zeitpunkt der Auszahlung bzw. Gutschrift um die geschuldete Quellensteuer zu kürzen, die Quellensteuer abzurechnen und abzuliefern sowie auf die steuerpflichtige Person zu überwälzen. Hat ein Arbeitgeber quellensteuerpflichtige Arbeitnehmer mit Wohnsitz oder Aufenthalt in einem anderen Kanton als dem Sitzkanton des Arbeitgebers, so muss er auch für diese die Quellensteuern erheben und abliefern (Art. 88 und 100 DBG; Art. 37 StHG).

1336 Je nach gesetzlicher Grundlage der Kantone können diese den Tarif H entweder auf dem Einkommenssteuertarif für Alleinstehende oder auf demjenigen für Verheiratete berechnen.

1337 Vgl. B.XII.2.4.

1338 Betrifft im Ausland wohnhafte Arbeitnehmer, die im internationalen Transportgeschäft für einen Schweizer Arbeitgeber abhängig beschäftigt tätig sind.

1339 Vgl. Art. 3a QStV.

PRAXISHINWEIS

Bei Vorliegen eines interkantonalen Verhältnisses[1340] bestehen grundsätzlich die nachfolgenden zwei Möglichkeiten für die Quellensteuerablieferung:

- Abrechnung mit dem Sitzkanton des Arbeitgebers: Der Arbeitgeber hat grundsätzlich die Möglichkeit, mit seinem Sitzkanton und nach dessen Vorschriften auch für außerkantonale Arbeitnehmer abzurechnen. Der Sitzkanton des Arbeitgebers ist in der Folge verpflichtet, die abgelieferten Quellensteuern samt den erforderlichen Angaben an die betreffenden Wohnsitzkantone der Arbeitnehmer weiterzuleiten. Diese nehmen dann eine Quellensteuerberechnung nach den eigenen Vorschriften vor, rechnen die abgelieferten Quellensteuern an und erstatten den quellensteuerpflichtigen Arbeitnehmern allenfalls zuviel bezahlte Quellensteuern zurück bzw. fordern von diesen zu wenig bezahlte Quellensteuern nach;
- Abrechnung mit dem Wohnsitzkanton des Arbeitnehmers: Basierend auf der gesetzlichen Konzeption ist jeder Arbeitnehmer im Ergebnis nach der Steuerordnung seines Wohnsitzkantons zu besteuern.[1341] Entsprechend ist es – trotz der im Rahmen der Einführung des elektronischen Lohnmeldeverfahrens in der ganzen Schweiz per 1. 1. 2014 erfolgten Harmonisierung der Tarifbezeichnungen sowie vereinheitlichten Anwendung der verschiedenen Tarife – i. d. R. zielführender, wenn der Arbeitgeber direkt mit den Wohnsitzkantonen seiner außerkantonalen Arbeitnehmer abrechnet.

IV.3.6. Vorbehalt der Besteuerung im ordentlichen Verfahren

Art. 90 Abs. 1 DBG und Art. 34 Abs. 1 StHG sehen vor, dass sämtliche nicht aus unselbständiger Erwerbstätigkeit stammenden Einkünfte ergänzend im ordentlichen Verfahren zu veranlagen sind.

Im Weiteren ergibt sich aus der Tatsache, dass je höher die Einkünfte aus unselbständiger Erwerbstätigkeit, desto unzutreffender die in den Quellensteuertarifen berücksichtigten pauschalisierten Aufwendungen im Einzelfall sind, die Notwendigkeit, ab einem vom Eidg. Finanzdepartement (EFD) bzw. von der kantonalen Finanzdirektion bestimmten Betrag der quellensteuerbelasteten jährlichen Einkünfte eine ordentliche Veranlagung durchzuführen.[1342]

Die Kantone sehen für diese Zwecke die nachfolgenden zwei Verfahren vor:

- Die ergänzende ordentliche Veranlagung, bei welcher weitere steuerbare Einkommens- und Vermögensbestandteile[1343] ergänzend mit der ordentlichen Einkommens- bzw. Vermögenssteuer erfasst werden. Es erfolgt keine Anrechnung der auf den Einkünften aus unselbständiger Erwerbstätigkeit bereits entrichteten Quellensteuern. Der Steuerpflichtige ist verpflichtet, von sich aus eine entsprechende Steuererklärung einzureichen;
- Die nachträgliche ordentliche Veranlagung, falls die quellensteuerbelasteten Bruttoeinkünfte in einem Kalenderjahr (bzw. bei unterjähriger Steuerpflicht aufgrund des auf zwölf Mona-

1340 D. h. der Arbeitgeber beschäftigt quellensteuerpflichtige Arbeitnehmer mit Wohnsitz oder Aufenthalt in einem anderen Kanton.

1341 Vgl. Richner/Frei/Kaufmann/Meuter, Zürcher Steuergesetz, §§ 104 und 105.

1342 Vgl. Zigerlig/Jud, Zweifel/Athanas, DBG-Kommentar, Art. 90, Rz. 1 ff.; Richner/Frei/Kaufmann/Meuter, Zürcher Steuergesetz, § 93, Rz. 1 ff.

1343 Im Kanton ZH wird das ergänzende Veranlagungsverfahren nur in Fällen durchgeführt, bei denen das der Quellensteuer nicht unterworfene Reineinkommen mindestens CHF 2'500 oder das Reinvermögen mindestens CHF 200'000 beträgt. Die (im Kanton ZH) steuerpflichtige Person hat dabei kein Wahlrecht, sondern ist bei Erfüllung der genannten, betraglichen Grenzen zur (ergänzenden) Einschätzung im ordentlichen Verfahren verpflichtet (vgl. Richner/Frei/Kaufmann/Meuter, Zürcher Steuergesetz, § 93, Rz. 7 und 12). Die ergänzende ordentliche Veranlagung hat zum Gesamtsatz zu erfolgen, d. h. die bereits an der Quelle besteuerten Einkünfte sind für die Satzbestimmung mit einzubeziehen, erfahren selbst aber keine Satzkorrektur (vgl. Art. 90 Abs. 1 Satz 2 DBG i. V. m. Art. 7 DBG).

te umgerechneten Einkommens) mehr als CHF 120'000[1344] betragen. In diesem Fall werden die bereits entrichteten Quellensteuern auf den Erwerbseinkünften angerechnet, d.h. die (monatlichen) Quellensteuerzahlungen haben bloß die Funktion von Akontozahlungen. Der Steuerpflichtige ist auch hier verpflichtet, von sich aus eine entsprechende Steuererklärung einzureichen. Bei Leistung einer hinreichenden Sicherheit durch den Arbeitgeber kann dieser auf Gesuch hin von der Quellensteuerpflicht befreit werden.[1345]

PRAXISHINWEIS

Es findet (derzeit noch) keine nachträgliche ordentliche Veranlagung für quellensteuerpflichtige Personen ohne steuerrechtlichen Wohnsitz oder Aufenthalt in der Schweiz, also unter anderem für Kurz- und (internationale) Wochenaufenthalter sowie Grenzgänger, statt. Im Kanton ZH ist bei Erreichen des Schwellenwerts mittlerweile jedoch eine Steuererklärung einreichen, dabei die erste Seite auszufüllen und auf der vierten Seite unterschriftlich zu bestätigen, dass unverändert eine Ansässigkeit im Ausland besteht.[1346]

Der Vollzug der Quellenbesteuerung sowie der Ablauf der nachträglichen ordentlichen Veranlagung lassen sich grafisch wie folgt darstellen:

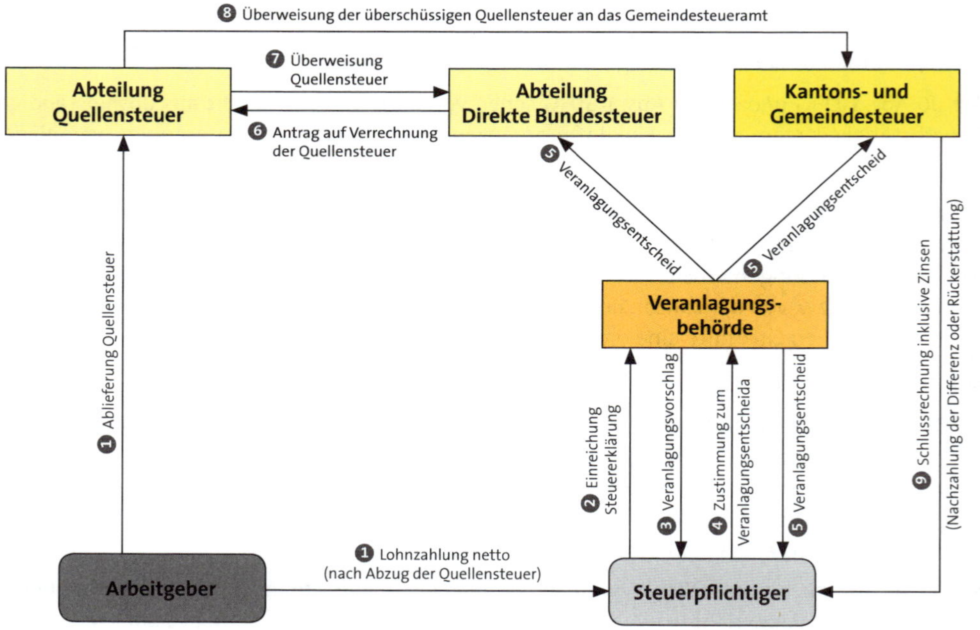

1344 Die (im Kanton ZH) steuerpflichtige Person hat dabei kein Wahlrecht, sondern ist bei Übersteigen des Schwellenwerts zur (nachträglichen) Einschätzung im ordentlichen Verfahren verpflichtet. Eine nachträgliche Einschätzung wird in den Folgejahren bis zum Ende der Quellensteuerpflicht im jeweiligen Kanton (ZH) durchgeführt, selbst wenn der Schwellenwert vorübergehend oder dauerhaft unterschritten wird (vgl. Richner/Frei/Kaufmann/Meuter, Zürcher Steuergesetz, § 93, Rz. 17 und 21). Der Kanton GE ist der einzige Kanton, der auf einen höheren Schwellenwert als CHF 120'000, nämlich auf (mehr als) CHF 500'000, abstellt (Art. 6 LISP [Loi sur l'imposition à la source des personnes physiques et morales]). Gleichzeitig gilt es jedoch die besonderen Tatbestände nach Art. 1 Abs. 3 Bst. a – c LISP zu beachten, welche eine unmittelbare Unterstellung ins ordentliche Verfahren bewirken.

1345 Gemäß Zürcher Steuerpraxis können dies Bankbürgschaften oder Garantieerklärungen eines in der Schweiz ansässigen Bankinstituts sein. Der Haftungsbetrag muss jedoch mindestens 30 % des Bruttosalärs der steuerpflichtigen Person betragen (vgl. Richner/Frei/Kaufmann/Meuter, Zürcher Steuergesetz, § 93, Rz. 18).

1346 Vgl. Richner/Frei/Kaufmann/Meuter, Zürcher Steuergesetz, § 93, Rz. 16 und 19a.

Das nachstehende Flussdiagramm zeigt die Prüfungskriterien für das Vorliegen einer Quellensteuerpflicht seitens einer natürlichen Person mit bzw. ohne steuerrechtlichen Wohnsitz oder Aufenthalt in der Schweiz (am Beispiel des Kantons ZH) und rundet die vorstehenden Ausführungen in dem Sinne ab:

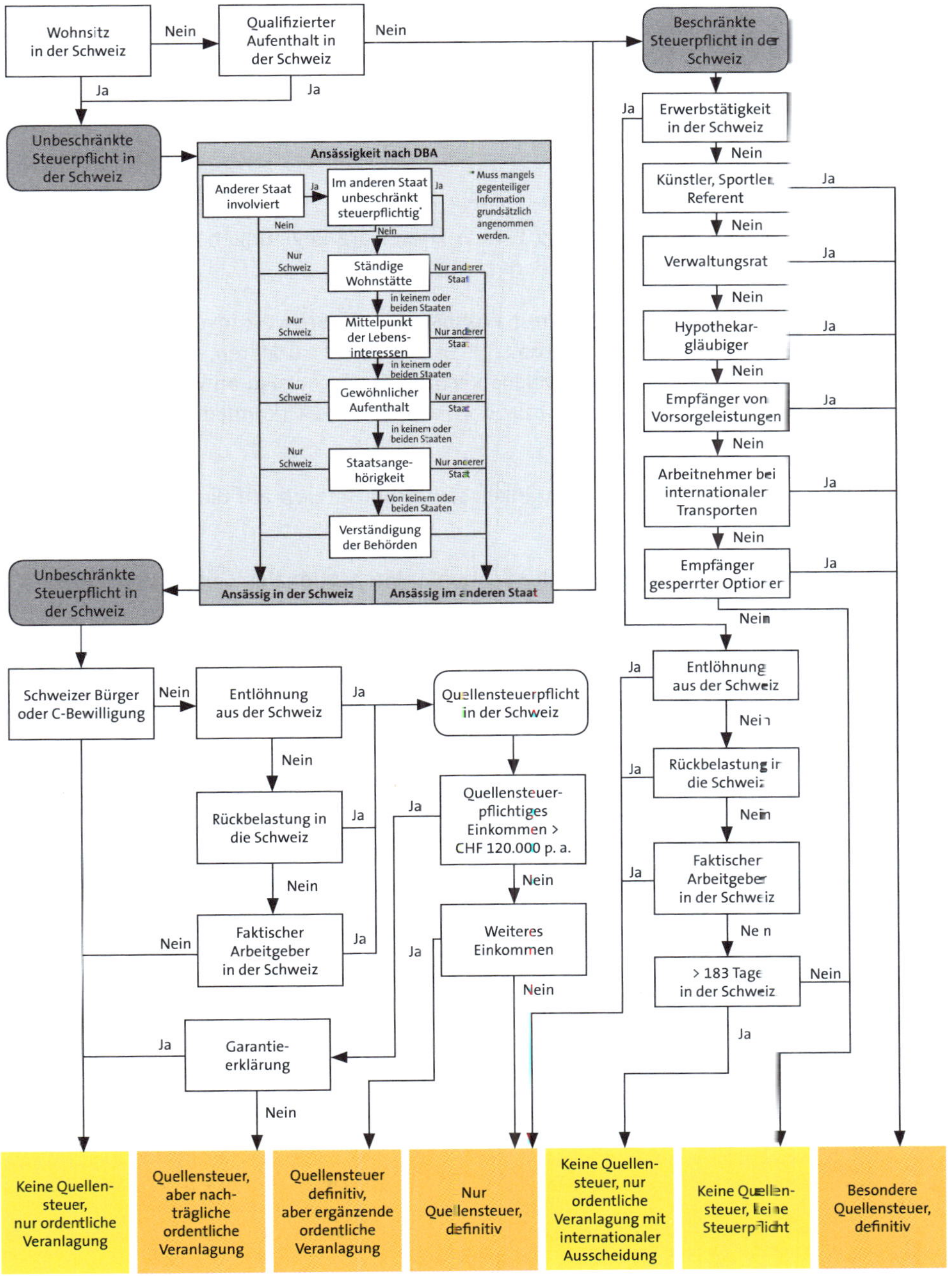

IV.4. Besteuerung von Erbschaften und Schenkungen

Im Sinne eines Vorspannes wird zuerst auf die güter- und erbrechtlichen Aspekte hinsichtlich ausländischer Staatsangehöriger mit Wohnsitz in der Schweiz eingegangen, welche die notwendige Basis für die nachfolgende Behandlung unter erbschaftssteuerlichen Gesichtspunkten bilden.

IV.4.1. Güter- und erbrechtliche Aspekte

IV.4.1.1. Vorbemerkungen

Güter- und Erbrecht, ein Gebiet, von dem alle betroffen sind, mit dem sich viele jedoch nur ungern auseinandersetzen. Die Praxis zeigt jedoch, dass klare Regelungen unter Ehegatten resp. des Erblassers viele Streitigkeiten verhindern können.

Sind ausländische Staatsangehörige[1347] mit Wohnsitz in der Schweiz involviert, handelt es sich stets um einen internationalen Sachverhalt.[1348] Es gilt somit zu klären, welche Behörden und Gerichte international zuständig sind, welche Rechtsordnung in casu anwendbar ist und ob allfällige im Ausland gefällte Entscheide bzw. dort ausgestellte Urkunden in der Schweiz anerkannt und vollstreckt werden.

Die nachfolgenden Ausführungen beschränken sich grundsätzlich auf die schweizerische Sichtweise der Dinge.

Anzumerken bleibt, dass es trotz der Bezeichnung „internationales Güter- und Erbrecht" bis heute kein einheitliches internationales Erbrecht für alle internationalen Güter- und Erbrechtsfälle gibt. Im Gegenteil, jeder Staat regelt das internationale Güter- und Erbrecht aus seiner Sicht. Entsprechend hat jedes Land sein eigenes internationales Privatrecht (IPR), mithin also seine eigene diesbezügliche Gesetzgebung. Zwischen diesen einzelnen Rechtsordnungen kann es daher zu Konflikten und Widersprüchen kommen.

Weiter zu erwähnen ist, dass am 4. 7. 2012 die EU Erbrechtsverordnung (EU ErbVO) verabschiedet wurde und die maßgeblichen Rechtsbestimmungen großmehrheitlich ab dem 17. 8. 2015 Anwendung finden werden.[1349] Diese Verordnung wird Konflikte im Zusammenhang mit dem anwendbaren Recht zwischen den meisten EU Mitgliedstaaten[1350] lösen. Sie kommt aber auch zur Anwendung, wenn die Rechte von Drittstaaten wie bspw. der Schweiz betroffen sind.[1351] Unberührt von der EU ErbVO bleiben jedoch das eheliche Güterrecht und das materielle Erbrecht.

1347 Vorliegend werden ausschließlich deutsche Staatsangehörige behandelt.

1348 Vorliegend sei die Annahme getroffen, dass der Sachverhalt durch ein weiteres internationales Element – eine in Spanien gelegene und im Privatvermögen des in der Schweiz unbeschränkt steuerpflichtigen Ehepaars gehaltene Liegenschaft – ergänzt wird.

1349 Verordnung (EU) Nr. 650/2012 des Europäischen Parlaments und des Rates v. 4. 7. 2012 über die Zuständigkeit, das anzuwendende Recht, die Anerkennung und Vollstreckung von Entscheidungen und die Annahme und Vollstreckung öffentlicher Urkunden in Erbsachen sowie zur Einführung eines Europäischen Nachlasszeugnisses (vgl. Amtsblatt der Europäischen Union vom 27. 7. 2012, L 201/107). Einzelne Bestimmungen gelten bereits seit dem 5. 7. 2012 resp. 16. 1. 2014.

1350 Die EU ErbV wird im Vereinigten Königreich, in Irland sowie in Dänemark nicht angewendet, vgl. dazu die Erwägungen in Ziff. 82 und Ziff. 83 zur EU ErbV.

1351 Vgl. Künzle, PRIVATE, 3/2012, S. 9.

IV.4.1.2. Anwendbarkeit des maßgeblichen internationalen Güter- und Erbrechts

IV.4.1.2.1. Grundzüge des deutschen internationalen Güter- und Erbrechts

Deutschland regelt sein internationales Privatrecht im 2. Kapitel des 1. Teils des Einführungsgesetzes zum Bürgerlichen Gesetzbuch (EGBGB).

Art. 15 EGBGB bestimmt, dass die güterrechtlichen Wirkungen der Ehe dem bei der Eheschließung für die allgemeinen Wirkungen der Ehe maßgebenden Recht unterliegen. Für die allgemeinen Ehewirkungen erklärt Art. 14 Abs. 1 Ziff. 1 EGBGB für den Fall, dass beide Ehegatten deutsche Staatsangehörige sind, das deutsche Recht als anwendbar. Eine Rechtswahl ist möglich, allerdings nur unter engen Voraussetzungen. Betreffend der allgemeinen Ehewirkungen ist eine Rechtswahl allerdings nicht möglich, wenn die Ehegatten eine gemeinsame Staatsangehörigkeit besitzen (Art. 14 Abs. 3 EGBGB). Für das Güterrecht hingegen sieht Art. 15 Abs. 2 extensivere Wahlmöglichkeiten vor. Wählbar ist (u. a.) das Recht, in dem einer der Ehegatten seinen gewöhnlichen Aufenthalt hat (Art. 15 Abs. 2 Ziff. 2). Entsprechend können die Ehegatten schweizerisches Recht als anwendbares Recht wählen. Für die Form der Rechtswahl schreibt Art. 15 Abs. 3 EGBGB i. V. m. Art. 14 Abs. 4 EGBGB vor, dass die Rechtswahl notariell beurkundet werden muss bzw. – falls sie im Ausland vorgenommen wird – den Formerfordernissen für einen Ehevertrag nach dem gewählten Recht oder dem Ort der Rechtswahl entsprechen muss.

Bezüglich des Erbrechts bestimmt das deutsche Recht in Art. 25 EGBGB, dass die Rechtsnachfolge von Todes wegen dem Recht desjenigen Staates unterliegt, dessen Staatsangehörigkeit der Erblasser im Zeitpunkt seines Todes hatte. Somit vererbt sich grundsätzlich das gesamte Vermögen eines deutschen Erblassers nach deutschem Recht (Prinzip der Nachlasseinheit). Eine Ausnahme macht das deutsche internationale Privatrecht in Fällen, in denen der Erblasser Immobilien im Ausland hinterlässt: Bezüglich der Immobilie gilt grundsätzlich das Recht des Belegenheitsortes, sofern der Nachlassgegenstand dort einer abweichenden Regelung unterstellt ist (Art. 3 Abs. 3 EGBGB).

Anzumerken bleibt, dass bei Erbgängen nach dem 17. 8. 2015 in Bezug auf Deutschland neu die EU ErbVO zur Anwendung kommt. Art. 21 EU ErbVO bestimmt, dass, sofern in dieser Verordnung nichts anderes vorgesehen ist, die gesamte Rechtsnachfolge von Todes wegen dem Recht des Staates unterliegt, in dem der Erblasser im Zeitpunkt seines Todes seinen gewöhnlichen Aufenthalt hatte. Auch lässt die EU ErbVO eine Rechtswahl zu. Gemäß Art. 22 EU ErbVO kann eine Person für die Rechtsnachfolge von Todes wegen das Recht des Staates bzw. – falls sie mehrere Staatsangehörigkeiten besitzt – eines der Staaten wählen, dem bzw. denen sie im Zeitpunkt der Rechtswahl oder im Zeitpunkt ihres Todes angehört.

Für Erbfälle vor dem 17. 8. 2015 gelten somit weiterhin die Regelungen des EGBGB, für Erbfälle nach diesem Datum ausschließlich die Regelungen der EU ErbVO.

IV.4.1.2.2. Grundzüge des schweizerischen internationalen Güter- und Erbrechts

Das schweizerische internationale Güterrecht ist in den Art. 51 ff. Bundesgesetz über das Internationale Privatrecht (IPRG) geregelt. Betreffend die (richterliche) Zuständigkeit verweist Art. 51 Bst. a IPRG für die Fälle einer güterrechtlichen Auseinandersetzung infolge des Todes eines Ehegatten auf die erbrechtlichen Zuständigkeitsvorschriften (Art. 86 – 89 IPRG).[1352]

1352 SR 291. Vgl. Schnyder, Das neue IPR-Gesetz, S. 55.

Für das anwendbare Recht lässt das IPRG den Ehegatten einen recht großen Spielraum: Anwendbar ist in erster Linie das von den Ehegatten gewählte Recht[1353] (Art. 52 Abs. 1 IPRG), wobei die Ehegatten zwischen dem Recht des gemeinsamen (allenfalls zukünftigen) Wohnsitzstaates und dem Recht eines ihrer Heimatstaaten wählen können. Vorliegend können die Ehegatten daher das schweizerische Recht wählen. Betreffend die Form hält Art. 53 IPRG fest, dass die Rechtswahl schriftlich vereinbart werden oder sich eindeutig aus dem Ehevertrag ergeben muss. Bei Fehlen einer Rechtswahl ist das Recht des gemeinsamen Wohnsitzstaates, in casu also der Schweiz, anwendbar (Art. 54 Abs. 1 IPRG).

Für erbrechtliche Belange (und durch den Verweis von Art. 51 Bst. a IPRG auch für das Ehegüterrecht) sind die schweizerischen Behörden oder Gerichte am letzten Wohnsitz des Erblassers zuständig. Damit ist vorliegend die schweizerische Zuständigkeit gegeben. Bezüglich des anwendbaren Rechts folgt das schweizerische internationale Erbrecht, anders als das deutsche, jedoch dem Wohnsitzprinzip: Maßgebend ist das Recht am letzten Wohnsitz des Erblassers (Art. 90 Abs. 1 IPRG). Auch das schweizerische Recht macht eine Ausnahme für im Ausland gelegene Immobilien, falls der ausländische Staat für die auf seinem Gebiet belegenen Grundstücke die ausschließliche Zuständigkeit beansprucht (Art. 86 Abs. 2 IPRG; Prinzip der Lex rei sitae / Belegenheitsrecht).

IV.4.1.2.3. Konflikt über das anwendbare Recht im Verhältnis Deutschland – Schweiz

Vorweg ist zu bemerken, dass für die Verteilung der Vermögenswerte im Güter- und im Erbrecht nicht dasselbe Prinzip gelten muss.[1354] So ergeben sich auch im vorliegenden Fall Unterschiede zwischen der güter- und der erbrechtlichen Seite.

Für das Güterrecht ergeben sich keine Schwierigkeiten, zumal das deutsche wie das schweizerische Recht eine Rechtswahl zulassen, mit der jeweils deutsches oder schweizerisches Recht als anwendbar erklärt wird. Falls die Ehegatten sich entschließen, deutsches Recht als anwendbares Recht zu wählen, so sind die §§ 1363 – 1563 BGB anwendbar. Fällt der Entscheid zugunsten schweizerischen Rechts aus, ist Art. 181 ff. ZGB anwendbar.

Anders sieht es bezüglich des Erbrechts aus. Falls ein deutscher Staatsangehöriger mit letztem Wohnsitz in der Schweiz verstirbt, kommt es zu einem Konflikt: Aus deutscher Sicht ist aufgrund der Staatsangehörigkeit deutsches Recht, aus schweizerischer Sicht aufgrund des Wohnsitzprinzips schweizerisches Recht anwendbar.[1355] Beide Staaten beanspruchen universelle Zuständigkeit und die Anwendbarkeit verschiedener Erbstatute[1356] führt zu einem umfassenden Nachlasskonflikt.[1357] In der Schweiz angerufene Gerichte würden auf Streitigkeiten schweizerisches Recht, deutsche Gerichte hingegen deutsches Recht anwenden. Dies eröffnet den Hinterbliebenen grundsätzlich die Option eines sog. Forum Shopping: Sie können sich die für sie günstigere Rechtsordnung aussuchen und vor dem entsprechenden Gericht ihr Recht geltend machen.

1353 Vgl. Schnyder, Das neue IPR-Gesetz, S. 56.

1354 Vgl. Buschor, Nachlassplanung nach schweizerischem internationalen Erbrecht, S. 38.

1355 Dieser Konflikt besteht allerdings nur noch bis zum 17. 8. 2015. Ab diesem Zeitpunkt wird die EU ErbVO, wonach das Recht des Staates des gewöhnlichen Aufenthalts des Erblassers maßgebend sein wird, gelten.

1356 Unter Erbstatut wird die Summe der Sachnormen verstanden, die für die inhaltliche Beurteilung der Rechtsverhältnisse maßgeblich sind.

1357 Vgl. Berther, Die internationale Erbschaftsverwaltung, S. 328 f.

PRAXISHINWEIS

Ein im Rahmen eines solchen Forum Shopping ergangenes deutsches Urteil wird in der Schweiz nicht vollstreckt werden können, da die Voraussetzungen der Anerkennung des deutschen Urteils gemäß Art. 96 IPRG nicht gegeben sind. Ein Gerichtsentscheid, der sich mit dieser Frage auseinandersetzt, liegt bis dato nicht vor. Entsprechend kann das deutsche Urteil in Bezug auf das in der Schweiz gelegene Vermögen nicht durchgesetzt werden und es kommt das in der Schweiz nach schweizerischem Recht ergangene Urteil zur Anwendung.

Es versteht sich von selbst, dass ein Konflikt über das anwendbare Recht und damit die Gefahr des Forum Shopping durch entsprechende Nachlassplanung wenn immer möglich vermieden werden sollte.

Im Rahmen der Nachlassplanung sind nun erstmals auch die Auswirkungen der ab dem 17. 8. 2015 maßgeblichen EU ErbVO zu beachten. Hervorzuheben ist insbesondere, dass Art. 21 EU ErbVO in Bezug auf das anzuwendende Recht an den gewöhnlichen Aufenthalt des Erblassers und nicht an dessen Staatsangehörigkeit anknüpft.

PRAXISHINWEIS

Der Begriff des gewöhnlichen Aufenthalts ist in der EU ErbVO nicht definiert. Es bleibt somit abzuwarten, wie die Praxis resp. die zuständigen Gerichte diesen Begriff auslegen werden.

Diese neue Regelung kommt dem schweizerischen Wohnsitzprinzip und damit den schweizerischen Kollisionsregeln definitiv näher. Das Konfliktpotential bezüglich grenzüberschreitender Nachlässe dürfte sich somit in Bälde generell, aber insbesondere in Bezug auf Nachlässe zwischen Deutschland und der Schweiz, erheblich reduzieren.

Verstirbt nun also der deutsche Staatsangehörige mit Wohnsitz in der Schweiz nach dem 17. 8. 2015, kommt aufgrund seines gewöhnlichen Aufenthalts in der Schweiz schweizerisches Erbrecht zur Anwendung.[1358]

EXKURS: MULTILATERALE STAATSVERTRÄGE / INTERNATIONALE ÜBEREINKOMMEN

Als einziger multilateraler Staatsvertrag ist in der Beziehung zu Deutschland auch weiterhin[1359] das Haager Übereinkommen vom 5. 10. 1961 über das auf die Form letztwilliger Verfügungen anzuwendende Recht maßgeblich. Ab dem 17. 8. 2015 ist in der Beziehung zu Deutschland aus deutscher Sicht zusätzlich die EU ErbVO zu beachten.

Somit beurteilen sich im Verhältnis zu Deutschland die nachstehend bei einem Erbgang vor dem 17. 8. 2015 zu erörternden Fragen einzig nach autonomem IPR. Da die neue EU ErbVO das Güterrecht nicht umfasst, gelten die nachstehenden Ausführungen bezüglich Güterrecht auch für Erbgänge nach dem 17. 8. 2015.

IV.4.1.2.4. Zuständigkeit der Gerichte und Behörden im vorliegenden Fall

Gemäß Art. 51 Bst. a IPRG sind für die güterrechtliche Auseinandersetzung im Falle des Todes eines Ehegatten die schweizerischen Gerichte oder Behörden am letzten Wohnsitz des Erblassers zuständig (Wohnsitzprinzip). Gleiches gilt gemäß Art. 86 Abs. 1 IPRG für das Nachlassver-

1358 Dies unter der Annahme, dass der Wohnsitzbegriff hinsichtlich des Begriffs des gewöhnlichen Aufenthalts des Erblassers als materiell gleichwertig beurteilt wird.

1359 Gemäß Art. 75 Abs. 1 EU ErbVO wenden die EU Mitgliedstaaten, die Vertragsparteien des Haager Übereinkommens sind, in Bezug auf die Formgültigkeit von Testamenten und gemeinschaftlichen Testamenten anstelle des Art. 27 EU ErbVO weiterhin die Bestimmungen des Haager Übereinkommens an.

fahren und die erbrechtlichen Streitigkeiten. Im vorliegenden Fall wären somit aus schweizerischer Sicht die schweizerischen Gerichte und Behörden am Wohnsitz der Ehegatten zuständig.

Art. 86 Abs. 2 IPRG sieht eine Ausnahme vom Prinzip der Nachlasseinheit zugunsten einer ausländischen internationalen Zuständigkeit vor, wenn der ausländische Lagestaat für die auf seinem Staatsgebiet gelegenen Grundstücke die ausschließliche Zuständigkeit beansprucht.

IV.4.1.2.5. Anwendbares Recht im vorliegenden Fall

Im Folgenden werden die güter- und erbrechtlichen Verhältnisse der Ehegatten aus schweizerischer IPR-Sicht behandelt.

IV.4.1.2.5.1. Güterrecht

Die güterrechtlichen Verhältnisse unterstehen laut Art. 52 Abs. 1 IPRG dem von den Ehegatten gewählten Recht. Die Rechtswahl muss schriftlich vereinbart werden oder sich eindeutig aus dem Ehevertrag ergeben (Art. 53 Abs. 1 IPRG). Sie kann jederzeit getroffen oder abgeändert werden (Art. 53 Abs. 2 IPRG, vgl. auch Art. 53 Abs. 3 IPRG). Bei Fehlen einer Rechtswahl unterstehen die güterrechtlichen Verhältnisse laut Art. 54 Abs. 1 Bst. a IPRG dem Recht des Staates, in dem beide Ehegatten gleichzeitig ihren Wohnsitz haben. Entsprechend ändert sich das anwendbare Recht bei einem Wohnsitzwechsel. Keine Auswirkungen hat ein Wohnsitzwechsel auf das anwendbare Recht allerdings dann, wenn die Parteien die Weitergeltung des früheren Rechts schriftlich vereinbart haben oder zwischen ihnen ein Ehevertrag besteht (Art. 55 IPRG).

IV.4.1.2.5.2. Erbrecht

Nach Art. 90 Abs. 1 IPRG untersteht der Nachlass eines mit letztem Wohnsitz in der Schweiz verstorbenen (schweizerischen oder ausländischen) Erblassers schweizerischem Recht (objektive Anknüpfung). Ausländische Staatsangehörige haben allerdings die Möglichkeit, eine Rechtswahl (professio iuris) vorzunehmen und ihren Nachlass einem ihrer Heimatrechte zu unterstellen (Art. 90 Abs. 2 IPRG). In casu ist somit grundsätzlich schweizerisches Recht anwendbar.[1360] Die Ehegatten können nun aber alternativ das deutsche Recht als anwendbares Recht bestimmen mit der Folge, dass der Nachlasskonflikt[1361] zwischen dem schweizerischen und dem deutschen Recht vermieden wird. Gleichzeitig wird damit ein Auseinanderfallen von anwendbarem Recht und Zuständigkeit bewirkt und die schweizerischen Behörden sähen sich mit der Anwendung von deutschem Recht konfrontiert. Mit anderen Worten müssen diese deutsches Recht anwenden wie das die deutschen Behörden und Gerichte tun würden. Zudem müssen sie auch die im Ausland vorgeschriebenen oder gebräuchlichen Auslegungshilfen heranziehen.[1362] Da dies mit zusätzlichem Aufwand und Schwierigkeiten verbunden ist, tendieren zumindest einige der schweizerischen Behörden und Gerichte in solchen Fällen dazu, einen Weg bzw. Grund zu suchen, um schweizerisches Recht anwenden zu können (z. B. über das Element des Renvoi,[1363] den

1360 Immer unter der Voraussetzung, die Ehegatten behalten ihren Wohnsitz in der Schweiz bei.

1361 Ein solcher Nachlasskonflikt sollte nur noch für Erbgänge vor dem 17. 8. 2015 bestehen.

1362 Vgl. Heini/Keller/Siehr/Vischer/Volken, IPRG-Heini, Art. 13, Rz. 3.

1363 Ein Renvoi ist ein Rück- oder Weiterverweisungsrecht (z. B. das gemäß schweizerischem IPRG anwendbare ausländische Recht weist auf das schweizerische Recht zurück bzw. auf Drittstaatsrecht weiter).

Ordre public[1364] oder ähnlich). Wie die zuständigen schweizerischen Behörden und Gerichte im vorliegenden Fall entscheiden würden, kann nicht abschließend beurteilt werden.

PRAXISHINWEIS

In diesem Zusammenhang sei noch angemerkt, dass, wenn ein deutscher Erblasser in der Schweiz verstirbt, die schweizerischen Behörden und Gerichte an sich keine Pflicht haben, die deutschen Behörden über den Todesfall zu informieren. Allerdings kann das Bekanntwerden des Todes dennoch meist nicht umgangen werden, da die schweizerischen Behörden und Gerichte (anlässlich der Eröffnung einer Verfügung von Todes wegen oder der Erbscheinausstellung) eine Erbenermittlung vornehmen müssen. In aller Regel werden sie dazu beim Zivilstandsamt des Heimat- und Geburtsortes vorstellig. Möglicherweise würde auch ein Erbenruf in Deutschland publiziert werden, womit der Tod ebenfalls bekannt wird. Nicht zuletzt ist gemäß Art. 65 Abs. 1 Bst. a Grundbuchverordnung (GBV)[1365] zwingend ein Erbschein (im Original) erforderlich, um einen Erbgang im Grundbuch anmelden bzw. dann den neuen Eigentümer eintragen zu können.

Die Ehegatten müssen übrigens nicht notwendigerweise die gleiche Regelung treffen. Es kann also auch nur einer von ihnen eine Rechtswahl treffen, etwa, weil sich für seine Situation die eine oder andere Rechtsordnung aufdrängt oder vorteilhafter auswirkt. Falls die Situation der Ehegatten recht unterschiedlich ist (verschiedene gesetzliche Erben, andere finanzielle Verhältnisse etc.), könnte das unter Umständen zutreffen. Allerdings sprechen Praktikabilitätsgründe wohl meist dafür, dass beide Ehegatten sich der gleichen Rechtsordnung unterstellen.

Vollständigkeitshalber sei erwähnt, dass der Wechsel der Staatsangehörigkeit aufgrund der Anknüpfung des Erbstatuts an dieselbe das effektivste Mittel darstellt, um einen Wechsel der erbrechtlich zulässigen Möglichkeiten zu erreichen.

Bezüglich der Liegenschaft in Spanien sei angemerkt, dass das spanische wie das deutsche (anders als das schweizerische) Recht dem Staatsangehörigkeitsprinzip folgt. Wird der vorliegende Fall aus deutscher Sicht abgehandelt, sollten sich somit hinsichtlich der spanischen Liegenschaft keine Kollisionen ergeben. In schweizerisch-spanischen Erbschaftsfällen kann es hingegen wie erwähnt zu Nachlassspaltungen kommen.[1366]

IV.4.1.3. Gestaltungsalternativen nach schweizerischem Recht

IV.4.1.3.1. Güterrecht

Stirbt eine verheiratete Person, so hat zunächst die güterrechtliche Auseinandersetzung zu erfolgen.[1367]

IV.4.1.3.1.1. Güterstände nach schweizerischem Recht, Formfragen

Das schweizerische Recht kennt neben dem Güterstand der Gütertrennung (als gesetzlichem oder vertraglichem Güterstand) den Güterstand der Errungenschaftsbeteiligung (Art. 196 ff. ZGB, ordentlicher Güterstand) sowie den Güterstand der Gütergemeinschaft (Art. 221 ff. ZGB), wobei letzterer noch Unterformen kennt.

1364 Gemäß Art. 17 IPRG wird die Anwendung von Bestimmungen ausländischen Rechts ausgeschlossen, wenn diese zu einem Ergebnis führen würden, das mit dem schweizerischen Ordre public unvereinbar ist.

1365 SR 211.432.1.

1366 Vgl. Kälin, Internationales Immobilienhandbuch, S. 686. Ab dem 17. 8. 2015 ist auch in diesem Fall die EU ErbVO zu beachten, welche an den gewöhnlichen Aufenthalt des Erblassers anknüpft.

1367 Es gilt der Grundsatz „Güterrecht vor Erbrecht" (vgl. Druey, Grundriss des Erbrechts, § 13 N 8 ff.).

Beim Güterstand der Errungenschaftsbeteiligung wie auch der Gütergemeinschaft ist es an sich möglich, dem überlebenden Ehegatten den gesamten Vorschlag bzw. das Gesamtgut unter Wahrung der Pflichtteilsrechte der Nachkommen zuzuweisen.

Gemäß Art. 187 Abs. 1 ZGB ist die Aufhebung eines Ehevertrages und die Wahl eines anderen Güterstandes jederzeit möglich. Auch können die Ehegatten grundsätzlich vereinbaren, dass der neu gewählte Güterstand auf den Zeitpunkt des Eheschlusses zurückwirkt.[1368] Gemäß Art. 184 ZGB muss der Ehevertrag öffentlich beurkundet werden.

IV.4.1.3.1.1.1. Der Güterstand der Errungenschaftsbeteiligung

Beim Güterstand der Errungenschaftsbeteiligung wird zwischen vier Vermögensmassen unterschieden: Dem Eigengut der Frau, dem Eigengut des Mannes sowie der Errungenschaft der Frau und des Mannes. Die Errungenschaft lässt sich am besten negativ definieren: Errungenschaft ist alles, was nicht Eigengut ist.[1369] Die gesetzliche Definition des Eigengutes findet sich in Art. 198 ZGB. Zum Eigengut gehört, was die Ehegatten in die Ehe eingebracht oder seit Eheschluss unentgeltlich erhalten haben. Zum Eigengut gehören ferner die persönlichen Gegenstände (z. B. Schmuck), alle Ersatzanschaffungen für Eigengut sowie Genugtuungsansprüche.

IV.4.1.3.1.1.2. Güterrechtliche Auseinandersetzung (im Falle der Errungenschaftsbeteiligung)

Anlässlich eines Todesfalls findet die güterrechtliche Auseinandersetzung zwischen dem überlebenden Ehegatten und dem Nachlass, also der Erbengemeinschaft, statt.[1370] Vom ehelichen Reinvermögen per Todestag sind zunächst die Eigengüter der Ehegatten auszuscheiden und anschließend die Passiven, allfällige Mehrwertbeteiligungen und Ersatzforderungen in Abzug zu bringen. Entsprechend ergibt sich ein Vor- oder Rückschlag pro Errungenschaft des jeweiligen Ehegatten. Ein resultierender Vorschlag wird anschließend halbiert, ein Rückschlag nicht berücksichtigt.[1371] Der überlebende Ehegatte erhält somit sein Eigengut sowie die Hälfte des Vorschlags. Das Eigengut des verstorbenen Ehegatten und die Vorschlagshälfte fallen in den Nachlass.

IV.4.1.3.2. Erbrecht

IV.4.1.3.2.1. Gesetzliche Regelung

Ohne Vorliegen einer Verfügung von Todes wegen kommt die gesetzliche Erbordnung zum Zuge.

Nach schweizerischem Zivilgesetzbuch sind die nächsten gesetzlichen Erben eines Erblassers seine Nachkommen.[1372] Die Kinder erben zu gleichen Teilen. An die Stelle vorverstorbener Kinder treten deren Nachkommen, und zwar in allen Graden nach Stämmen. Wenn der Erblasser keine Nachkommen hinterlässt, gelangt die Erbschaft an den Stamm der Eltern, wobei Vater und Mutter nach Hälften erben. Anstelle von Vater oder Mutter, die vorverstorben sind, treten ihre Nachkommen, und zwar in allen Graden nach Stämmen.[1373] Fehlt es an Nachkommen auf einer

---

1368 Vgl. Hegnauer/Breitschmid, Grundriss des Eherechts, N 23.04.

1369 Gemäß Art. 200 Abs. 3 ZGB gilt das Vermögen eines Ehegatten bis zum Beweis des Gegenteils als Errungenschaft.

1370 Vgl. Druey, Grundriss des Erbrechts, § 13 N 8 ff.

1371 Vgl. Art. 206, 209, 210 und 215 ZGB.

1372 Vgl. Art. 457 Abs. 1 ZGB.

1373 Vgl. Art. 458 ZGB.

Seite, so fällt die ganze Erbschaft an die Erben der andern Seite.[1374] Mit dem Stamm der Großeltern hört gemäß schweizerischem Recht die Erbberechtigung auf.[1375]

Der überlebende Ehegatte ist ebenfalls gesetzlicher Erbe. Als solcher erhält er,[1376]

a) wenn er mit Nachkommen zu teilen hat:

   1/2 der Erbschaft;

b) wenn er mit Erben des elterlichen Stammes zu teilen hat:

   3/4 der Erbschaft;

c) wenn auch keine Erben des elterlichen Stammes vorhanden sind:

   Die ganze Erbschaft.

Von der Einheitsfamilie (Ehegatten und zwei Kinder) ausgehend, erhält der überlebende Ehegatte gemäß gesetzlicher Erbfolge 1/2 von der Erbschaft (Nachlass) und die beiden Kinder zusammen ebenfalls 1/2, d. h. je 1/4 (zur Veranschaulichung sei auf die nachfolgende Grafik verwiesen).

Die Pflichtteile betragen[1377]

a) für den überlebenden Ehegatten: 1/2 vom gesetzlichen Erbanspruch;

b) für die Nachkommen: 3/4 vom gesetzlichen Erbanspruch.

Der Pflichtteil kann diesen Erben ohne ihre Zustimmung grundsätzlich nicht entzogen werden.

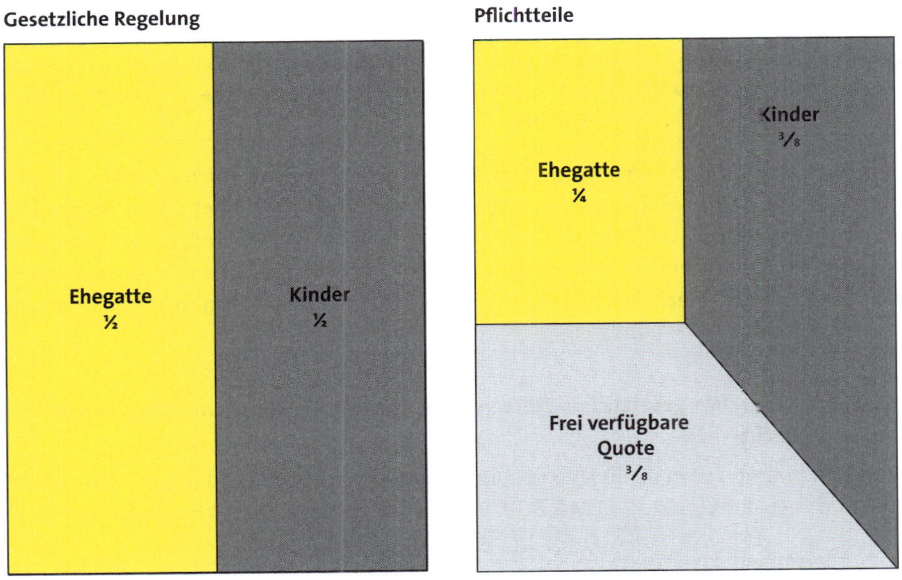

1374 Vgl. Art. 459 ZGB.
1375 Vgl. Art. 460 ZGB.
1376 Vgl. Art. 462 ZGB.
1377 Vgl. Art. 471 ZGB.

IV.4.1.3.2.2. Verfügungen von Todes wegen

Erbvertrag und Testament werden unter dem Oberbegriff „Verfügungen von Todes wegen" zusammengefasst. Davon zu unterscheiden ist die letztwillige Verfügung, was ein Synonym für das Testament ist.

Der Vorteil des (eigenhändigen) Testaments liegt darin, dass der Erblasser es alleine und ohne Mitwirkung einer amtlichen Stelle verfassen und auch jederzeit wieder abändern oder aufheben kann. Weder der Inhalt noch das Vorliegen des Testaments muss somit irgend jemandem zur Kenntnis gebracht werden. Demgegenüber muss der Erbvertrag öffentlich beurkundet werden und – im Gegensatz zum Ehevertrag – ist zusätzlich die Mitwirkung zweier Zeugen erforderlich. Der Erbvertrag ist nur erschwert abänderbar. Eine Vertragsänderung oder -aufhebung bedingt das Einverständnis sämtlicher Parteien.[1378]

Eine Verfügung von Todes wegen muss nach dem Tod des Erblassers zwingend dem zuständigen Gericht oder der zuständigen Behörde zur Eröffnung eingereicht werden. Die Eröffnung wird den gesetzlichen Erben auf dem Schriftweg mitgeteilt, wobei das Testament bzw. der Erbvertrag in Kopie mitgeschickt wird. Eine Kopie der Verfügung erhalten auch nicht pflichtteilsgeschützte, ausgeschlossene und enterbte Erben, da man allen Erben die Möglichkeit geben will, die Verfügung von Todes wegen anzufechten, wenn dies zur Wahrung ihrer Rechte erforderlich ist.

EXKURS: FEHLERHAFTE TESTAMENTE

Der Vollständigkeit halber sei angemerkt, dass im schweizerischen Recht ein (materiell oder formell) fehlerhaftes Testament nie von selbst (eo ipso) nichtig, sondern lediglich anfechtbar ist. Rein theoretisch kann der Erblasser den überlebenden Ehegatten testamentarisch als Alleinerben einsetzen und darauf hoffen, dass niemand das Testament anficht. In der Praxis werden immer wieder solche Testamente verfasst und die Erfahrung zeigt, dass die Erben aus Pietätsgründen meist darauf verzichten, ein an sich gesetzwidriges Testament anzufechten. Oftmals bittet der Erblasser die übrigen Erben testamentarisch, seinen letzten Willen zu respektieren und das Testament nicht anzufechten. Solche Testamente sind allerdings mit einem Risiko belastet, weshalb von ihnen eher abzuraten ist.

Je nach Wunsch sind noch weitere Bestimmungen ins Testament aufzunehmen, z. B. die Ausrichtung von Vermächtnissen oder die Anordnung von Auflagen. Ebenfalls zu regeln wäre die Einsetzung eines Willensvollstreckers. Die Einsetzung eines Willensvollstreckers bedarf dabei stets der Testamentsform. Sie kann zwar in einem Erbvertrag aufgenommen werden, bedarf diesfalls jedoch einer speziellen Klausel,[1379] die zudem jederzeit einseitig (also in Testamentsform) widerrufbar ist.[1380]

IV.4.1.3.2.3. Deutsches gesetzliches Erbrecht bzw. Gestaltungsmöglichkeiten nach deutschem Recht

Zu Vergleichszwecken wird nachstehend kurz auf das Erbrecht Deutschlands hingewiesen. Maßgebend sind hier die §§ 1922 – 1941 BGB. Wenn, wie vorliegend, der Erblasser verheiratet ist

1378 Der Erbvertrag kann von den Parteien jederzeit durch schriftliche Übereinkunft aufgehoben werden (Art. 513 Abs. 1 ZGB). Für die Aufhebung (nicht jedoch für Vertragsänderungen) genügt somit einfache Schriftlichkeit.

1379 Konkret wird in solchen Fällen ein sog. Erbvertrag mit letztwilliger(n) Verfügung(en) erstellt: In einem ersten Teil werden die erbvertraglichen Bestimmungen festgehalten. Daran anschließend folgt eine letztwillige Verfügung (etwa mit folgendem Inhalt: „Ich, der unterzeichnete XY, geb. …, von…, wohnhaft…, verfüge auf mein Ableben hin letztwillig was folgt: Als Willensvollstrecker setze ich … ein").

1380 Vgl. Druey, Grundriss des Erbrechts, § 10 N 32.

und Nachkommen hinterlässt, gestalten sich die gesetzlichen Erbansprüche der Berechtigten je nach Güterstand der Ehegatten und Anzahl Nachkommen wie folgt:

a) Leben die Ehegatten unter dem Güterstand der Zugewinngemeinschaft, so erbt der überlebende Ehegatte die Hälfte des Nachlasses (als Pauschale für den ehelichen Zugewinn), die andere Hälfte geht an die Nachkommen (§§ 1931 Abs. 1 und Abs. 3, 1371 BGB). Wählt der Ehegatte hingegen den Ausgleich des konkret berechneten Zugewinns, beträgt die gesetzliche Erbquote nur 1/4 und die verbleibenden 3/4 fallen den Nachkommen zu;

b) Leben die Ehegatten hingegen in Gütertrennung, entfällt der Zugewinnausgleich, da bei der Gütertrennung die Ehegatten gerade nicht wechselseitig am während der Ehezeit erzielten Zugewinn teilhaben. Hinterlässt ein unter Gütertrennung lebender Ehegatte (wie vorliegend) drei Nachkommen, so erbt der Ehepartner 1/4 und die Nachkommen teilen sich die verbleibenden 3/4.

Im Vergleich zur schweizerischen Regelung sind die gesetzlichen Erbansprüche der Nachkommen nach deutschem Recht höher als nach schweizerischem Recht.

Auch das deutsche Recht kennt den Pflichtteilsschutz. Gemäß § 2303 BGB beträgt der Pflichtteil der Nachkommen (wie auch des Ehegatten und der Eltern) die Hälfte des gesetzlichen Erbteils. Somit geht der Pflichtteilsschutz nach deutschem Recht weniger weit als der schweizerische, wonach die Nachkommen 3/4 ihres gesetzlichen Erbteils als Pflichtteil beanspruchen können.

Das deutsche Recht kennt ebenfalls das Institut des Testaments und dasjenige des Erbvertrages als die beiden Formen von Verfügungen von Todes wegen. Testamente können eigenhändig abgefasst oder beurkundet werden. Anders als in der Schweiz führen allerdings Mängel bei der Form zur Nichtigkeit und damit per se zur Unwirksamkeit der letztwilligen Verfügung. Bestimmungen über Einzelheiten des Erbvertrages finden sich in den §§ 2274 ff. BGB.

Gleich wie das schweizerische verpflichtet auch das deutsche Recht die Erben, einander über alles Aufschluss zu geben, was für die gerechte Teilung des Nachlasses und insbesondere zur Berechnung und Geltendmachung der Pflichtteilsansprüche von Bedeutung ist (§§ 2311 und 2314 BGB).

IV.4.1.4. Revision des Schweizer Erbrechts – Ausblick

Das schweizerische Erbrecht ist seit 1912 in Kraft und ist auf die Familienverhältnisse und Lebensumstände der damaligen Zeit zugeschnitten. Auf Grund der gestiegenen Lebenserwartung, wird heutzutage immer später vererbt. Nicht selten sind die Kinder bereits im Pensionsalter, wenn sie den Nachlass ihrer Eltern erben. Um diesen neuen Lebensumständen besser gerecht zu werden, möchte das Schweizer Parlament das Erbrecht überarbeitet haben und hat den Bundesrat entsprechend mit der Überprüfung und Anpassung des geltenden Erbrechts beauftragt.[1381] Eine Mehrheit des Parlaments ist der Ansicht, dass die jüngeren Generationen, bspw. die Enkel, das Geld meist nötiger hätten. Deshalb soll insbesondere die Pflichtteilsregelung revidiert werden (Abschaffung des Elternpflichtteils, Reduktion des Nachkommenpflichtteils[1382]).

1381 Vgl. Motion Gutzwiller (10.3524; Für ein zeitgemäßes Erbrecht) v. 17. 6. 2010, welche am 2. 3. 2011 im Nationalrat beraten und, inhaltlich modifiziert, verabschiedet wurde sowie seinerseits im Ständerat am 7. 6. 2011 Zustimmung fand.

1382 Vgl. Breitschmid, Jusletter v. 7. 3. 2011.

Der Erblasser soll zudem seinen Nachlass flexibler verteilen können, d. h. im Sinne einer sinnvollen Nachlassverwaltung seine Enkel bspw. stärker begünstigen können.

Inwieweit die Besserstellung von Konkubinatspartnern in die Revision Einlass finden wird, ist offen. Unklar ist auch, wann der Bundesrat einen Gesetzesentwurf zum revidierten Erbrecht vorlegen wird. Erfahrungsgemäß ist vor Ablauf der nächsten zehn Jahre kaum mit einer umfassenden Neuerung zu rechnen.

IV.4.2. Erbschafts- und Schenkungssteuern

IV.4.2.1. Allgemeines

Wie in vielen anderen Ländern auch, unterliegen – mit wenigen Ausnahmen – unentgeltliche Vermögensübertragungen von Todes wegen in der Schweiz der Erbschaftssteuer, solche unter Lebenden der Schenkungssteuer.

Aufgrund ihrer sehr moderaten Ausgestaltung, insbesondere gegenüber dem Ehegatten sowie den direkten Nachkommen, war die Schweizer Erbschafts- und Schenkungssteuer sicherlich mitentscheidend für die in den letzten Jahrzehnten vermehrt zu beobachtende Wohnsitzverlegung von ausländischen Staatsangehörigen bzw. Unternehmern in die Schweiz. Insofern zählt das hiesige Erbschafts- und Schenkungssteuerrecht – neben der im Vergleich zu den umliegenden Staaten (teilweise) ebenfalls geringen Einkommenssteuerbelastung – zu den eindeutigen Standortvorteilen der Eidgenossenschaft.

IV.4.2.2. Rechtsnatur der Erbschafts- und Schenkungssteuern

Beide Steuerarten knüpfen an den Tatbestand der unentgeltlichen Vermögensübertragung auf eine andere Person an. Sie lassen sich daher am ehesten als Rechtsverkehrssteuern einordnen. Im Allgemeinen werden die Erbschafts- und Schenkungssteuern zudem den indirekten Steuern zugeordnet.[1383] Unter wirtschaftlicher Betrachtung qualifizieren die Erbschafts- und Schenkungssteuern als Abgaben auf dem unentgeltlichen Zufluss von Werten. Im Zusammenspiel mit der Einkommenssteuer ist dadurch sichergestellt, dass die Belastung sämtlicher Wertzuflüsse, die beim Empfänger einen Reinvermögenszuwachs und damit eine Steigerung der finanziellen Leistungsfähigkeit bewirkt, durch Steuern entsprechend dem Grundsatz der Besteuerung nach der wirtschaftlichen Leistungsfähigkeit erfolgt.[1384]

Die Unterscheidung ist vor allem deshalb von Bedeutung, weil nur die direkten Steuern unter den Harmonisierungsauftrag von Art. 129 BV[1385] fallen. Zufolge der Qualifikation der Erbschafts- und Schenkungssteuern als indirekte Steuern (Rechtsverkehrssteuern) hat der Bund somit keine Kompetenz, die Erbschafts- und Schenkungssteuern im Rahmen der schweizerischen Gesetzgebung zu harmonisieren.

1383 Vgl. Hindersmann/Myssen, Erbschafts- und Schenkungssteuern, S. 26 ff.
1384 Vgl. Höhn/Waldburger, Steuerrecht, Bd. I, S. 742.
1385 SR 101.

IV.4.2.3. Steuerhoheit

IV.4.2.3.1. Grundsätzliches

Steuerhoheit ist die sich aus der Gebietshoheit ergebende öffentlich-rechtliche Befugnis eines Gemeinwesens, auf seinem Gebiet Steuern zu erheben. Begrenzt wird die kantonale Steuerhoheit durch das jeweilige kantonale Hoheitsgebiet. Überschneidungen der kantonalen Steuerhoheiten werden durch das interkantonale Doppelbesteuerungsrecht des Bundes gegeneinander abgegrenzt.[1386] Im Erbschafts- und Schenkungssteuerrecht sind die Kantone gestützt auf die Kompetenzausscheidung der Bundesverfassung zur ausschließlichen Erhebung von Erbschafts- und Schenkungssteuern berechtigt. Gestützt darauf kann die Steuererhebung an die Gemeinden delegiert werden.[1387]

PRAXISHINWEIS

Einige Kantone (wie FR, GR, LU und VD) delegieren die Steuererhebung teilweise an die untergeordneten Gemeinden. In diesen Kantonen wird die Erbschafts- und Schenkungssteuer daher (auch) auf Gemeindeebene erhoben.

Die Erbschaftssteuer ist entweder als Erbanfall- oder als Nachlasssteuer ausgestaltet oder weist Merkmale beider Steuerarten auf.[1388]

Die Erbanfallsteuer erfasst den einzelnen, von Todes wegen bedingten Vermögensübergang auf jeden Erben, Vermächtnisnehmer bzw. Versicherungsbegünstigten. Steuerobjekt ist der beim Empfänger stattfindende Wertzufluss. Die Erbanfallsteuer kann dementsprechend Abstufungen gestützt auf den Verwandtschaftsgrad zwischen dem Erblasser und dem Erben, Vermächtnisnehmer bzw. dem Versicherungsbegünstigten vorsehen. Des Weiteren kann sie nach der Höhe des Erbteils, des Vermächtnisses oder der Versicherungsleistung progressiv ausgestaltet sein.

Im Unterschied dazu knüpft die Nachlasssteuer an die Erbschaft in ihrer Gesamtheit an. Steuerobjekt ist der Übergang des gesamten Nachlasses auf die Erbengemeinschaft. Im Unterschied zur Erbanfallsteuer wird die Nachlasssteuer vom gesamten Wert des Nachlasses erhoben. Gemäß dem reinen Konzept der Nachlassteuer bleibt die Zahl der Empfänger bzw. das verwandtschaftliche Verhältnis zwischen Erblasser und Empfänger(n) unbeachtlich. Dies hat mitunter zur Folge, dass die Steuersätze der Nachlasssteuer auf tieferem Niveau angesetzt werden als bei der Erbanfallsteuer.

Mit Ausnahme des Kantons GR, der ein leicht abgewandeltes System der Nachlasssteuer vorsieht, wenden sämtliche anderen Kantone das System der Erbanfallsteuer an. Der Kanton SO erhebt kumulativ zur Erbanfallssteuer eine ‚Nachlasstaxe' (die Nachlasssteuer) auf dem gesamten Nettonachlass.[1389]

1386 D. h. der Bund hat die Möglichkeit, mittels interkantonalem Doppelbesteuerungsrecht in die kantonalen Steuerhoheiten einzugreifen.

1387 Vgl. Art. 3 BV; Blumenstein/Locher, System des Steuerrechts, S. 16 f.; Schweizer, Ehrenzeller/Mastronardi/Schweizer/Vallender, Kommentar Bundesverfassung, Art. 3, Rz. 5 ff.

1388 Nicht so bei der Schenkungssteuer.

1389 Vgl. Höhn/Waldburger, Steuerrecht, Bd. I, S. 744; Blumenstein/Locher, System des Steuerrechts, S. 206; SSK, Steuerinformationen, Die Erbschafts- und Schenkungssteuern, S. 6. Die Bündner Gemeinden sind zusätzlich zur Erhebung einer Erbanfallsteuer berechtigt (fakultative Gemeindesteuer).

PRAXISHINWEIS

Als einziger Kanton in der Schweiz erhebt der Kanton SZ weder Erbschafts- noch Schenkungssteuern. Der Kanton LU kennt grundsätzlich ebenfalls keine Schenkungssteuer. Zwecks Vermeidung einer ‚Umgehung' der Erbschaftssteuer praktiziert der Kanton LU jedoch eine Spezialregelung, wonach in den letzten fünf Jahren vor dem Tod des Erblassers erfolgte Schenkungen unter die Erbschaftssteuer fallen. Alle übrigen Kantone erheben grundsätzlich Erbschafts- und Schenkungssteuern auf unentgeltlichen Vermögensübergängen, wobei einschränkend festzuhalten ist, dass die meisten Kantone mit Bezug auf den (überlebenden) Ehegatten bzw. eingetragenen, gleichgeschlechtlichen Partner sowie die direkten Nachkommen eine Befreiung von den Erbschafts- und Schenkungssteuern statuiert haben.[1390]

IV.4.2.3.2. Zuteilung der Steuerhoheit und Steuerausscheidung zwischen den Kantonen

Aufgrund der 26 kantonalen Steuerhoheiten im Bereich der Erbschafts- und Schenkungssteuern kann es (theoretisch) auch innerhalb der Schweiz zu einer Beanspruchung der Steuerhoheit betreffend demselben Steuersubstrat durch verschiedene Kantone kommen. In einem solchen Fall spricht man von interkantonaler Doppelbesteuerung, wobei grundsätzlich zwischen zwei Arten unterschieden wird:[1391]

- Ein Steuerpflichtiger unterliegt für das gleiche Steuerobjekt in der gleichen Bemessungsperiode der Steuerhoheit von zwei oder mehreren Kantonen (aktuelle Doppelbesteuerung) oder
- Ein Kanton überschreitet seine Steuerhoheit und der eigentlich zur Erhebung berechtigte (andere) Kanton verzichtet auf eine Besteuerung (virtuelle Doppelbesteuerung).

Gemäß Bundesverfassung ist jede Art von interkantonaler Doppelbesteuerung prinzipiell verboten (Art. 127 Abs. 3 BV). Zudem darf ein Steuerpflichtiger nicht deshalb anders oder stärker belastet werden (Schlechterstellungsverbot), weil er nicht im vollen Umfang der Steuerhoheit des betreffenden Kantons untersteht, sondern zufolge seiner territorialen Beziehungen auch noch in einem anderen Kanton steuerpflichtig ist.[1392] Die entsprechenden Abgrenzungs- oder Kollisionsnormen des interkantonalen Steuerrechts wurden jedoch nie gesetzlich geregelt, weshalb in dieser Frage der (höchstrichterlichen) Rechtsprechung des Schweizerischen Bundesgerichts eine bedeutende Rolle zukommt.[1393]

Das Schweizerische Bundesgericht weist die Steuerhoheit in Erbschafts- und Schenkungssachverhalten grundsätzlich dem Wohnsitzkanton des Erblassers bzw. Schenkers zu, während der Wohnsitz des Erben bzw. des Beschenkten nicht maßgeblich ist. Abweichend von dieser Regel gilt bei Vererbung oder Schenkung von Grundstücken, dass der Belegenheitskanton zur Besteuerung berechtigt ist.[1394]

1390 Vgl. A.IV.4.2.5.2.; SSK, Steuerinformationen, Die Erbschafts- und Schenkungssteuern, S. 3 und 21 f.

1391 Vgl. Blumenstein/Locher, System des Steuerrechts, S. 93.

1392 Vgl. Blumenstein/Locher, System des Steuerrechts, S. 93 f.

1393 Das Verbot der Doppelbesteuerung gilt wie erwähnt grundsätzlich nur im interkantonalen Verhältnis. Für internationale Verhältnisse hat das Schweizerische Bundesgericht lediglich festgelegt, dass ein Steuerpflichtiger nicht entgegen der allgemeinen Grundsätze des Völkerrechts besteuert und ein Kanton keine im Ausland belegene Liegenschaft der Besteuerung unterwerfen darf, wenn dies zu einer tatsächlichen Doppelbesteuerung führen würde. Es ist jedoch davon auszugehen, dass die für das interkantonale Verhältnis geltenden Regeln auch in denjenigen Fällen, in welchen keine staatsvertraglichen Vereinbarungen vorliegen, Anwendung finden, weil die meisten Kantone die bundesgerichtlichen Kollisionsregeln in das kantonale Recht übernommen haben (vgl. Zuppinger, ASA 42 (1973/74), S. 291 f.).

1394 Vgl. Blumenstein/Locher, System des Steuerrechts, S. 96 ff.

PRAXISHINWEIS

Entsprechend stellt sich die Frage einer interkantonalen Steuerausscheidung zwischen dem Wohnsitzkanton und möglichen (Belegenheits-) Kantonen nur im Falle des unentgeltlichen Vermögensübergangs von Vermögensmassen, welche neben beweglichen auch unbewegliche Aktiven enthalten.

Im Fall einer Erbschaft mit Grundstücken außerhalb des Wohnsitzkantons des Erblassers dürfen die involvierten, steuerberechtigten Kantone (unter Progressionsvorbehalt) grundsätzlich jene Quote am Nettovermögen besteuern, welche dem prozentualen Anteil der ihnen zugewiesenen Nachlassaktiven an den Gesamtaktiven entspricht.[1395] Das Nettovermögen entspricht dem um die Schulden verminderten Bruttovermögen. Die gemäß kantonaler Gesetzgebung zu gewährenden Steuerfreibeträge sind von den Kantonen im Verhältnis ihrer Steuerberechtigung in Anrechnung zu bringen.[1396]

Bei Schenkungen erfolgt die Steuerausscheidung nach den gleichen Grundsätzen wie bei der Erbschaftssteuer; dies zumindest bei gesamthafter und gleichzeitiger schenkungsweiser Abtretung eines Vermögenskomplexes, bestehend aus beweglichem und unbeweglichem Vermögen. Allerdings ist dieses Thema nicht von vorrangiger Bedeutung, da Schenkungen i. d. R. nur einzelne Werte betreffen, die entweder am Wohnsitz des Schenkers oder im Liegenschaftskanton besteuert werden. Werden auch Schulden übertragen, werden diese dabei vom betreffenden Grundstück in Abzug gebracht (objektmässige Ausscheidung).[1397]

IV.4.2.3.3. Zuteilung der Steuerhoheit und Steuerausscheidung im internationalen Verhältnis

Auf internationaler Ebene ist das Risiko einer Doppelbesteuerung durch die teilweise unterschiedlichen Anknüpfungspunkte ungleich größer als im interkantonalen Verhältnis. So ist z. B. in Deutschland für die Ermittlung der Steuerhoheit die Inländereigenschaft des Erblassers zur Zeit seines Todes bzw. des Schenkers zur Zeit der Ausführung der Schenkung oder des Erwerbers zur Zeit der Entstehung der Steuer von Belang.[1398] Eine Doppelbesteuerung kann sich zudem aufgrund von unterschiedlichen nationalen Ausscheidungsgrundsätzen ergeben. So nimmt die Schweiz bspw. eine proportionale (quotenmäßige) Ausscheidung der gesamten Nachlassschulden vor, während andere Staaten, inklusive Deutschland, die einzelnen Nachlassschulden objektmässig verlegen.

Zwecks Vermeidung einer internationalen Doppelbesteuerung hat die Schweiz auf dem Gebiet der Erbschaftssteuer bis heute zehn Doppelbesteuerungsabkommen (nachfolgend ErbSt-DBA) abgeschlossen. So mit Dänemark (inkl. Färöer-Inseln), Deutschland,[1399] Finnland, Frankreich,[1400] Großbritannien/Nordirland, Niederlande, Norwegen, Österreich, Schweden und den USA.

1395 Die Nachlassschulden werden also proportional (quotenmäßig) verlegt. Bei Anteilen an Personengesellschaften kommt allenfalls eine spezielle Ausscheidungsregel zur Anwendung (vgl. hierzu § 2 Abs. 2 EschG-ZH; Art. 6 Abs. 9 ErbSt-DBA D-CH).

1396 Vgl. Zuppinger, ASA 42 (1973/74), S. 145 ff.

1397 Vgl. Zuppinger, ASA 42 (1973/74), S. 157.

1398 Vgl. § 2 Abs. 1 Ziff. 1 ErbStG.

1399 Das im 1978 revidierte ErbSt-DBA D-CH ist stark von der Bekämpfung der Steuerflucht aus deutscher Sicht beeinflusst. Vgl. ausführlich E.III.2.

1400 Allerdings hat Frankreich am 17. 6. 2014 das geltende Abkommen aus dem Jahr 1953 per Ende 2014 gekündigt. Dies nachdem das schweizerische Parlament dem mit Frankreich neu verhandelten und von den zuständigen Regierungsvertretern beider Seiten am 11. 7. 2013 unterzeichneten Abkommen eine Abfuhr erteilt und den Bundesrat (noch) nicht zu Neuverhandlungen mit Frankreich beauftragt hat. Ab dem 1. 1. 2015 werden die Schweiz und Frankreich somit bis auf Weiteres je das interne Erbschaftssteuerrecht anwenden.

Die Schweizerische Eidgenossenschaft als Vertragspartner versuchte auch in den Vertragsverhandlungen mit diesen Staaten, den vom Schweizerischen Bundesgericht aufgestellten Prinzipien die nötige Geltung zu verschaffen und setzte sich dementsprechend für die Anwendung der Methode der unbedingten Befreiung mit Progressionsvorbehalt ein.[1401] Die Abkommen gehen vom Grundsatz aus, dass das bewegliche Vermögen am letzten Wohnsitz des Erblassers, das unbewegliche Vermögen am Belegenheitsort zu versteuern ist.[1402] Wohnsitz gemäß Art. 4 Abs. 1 des ErbSt-DBA D-CH hat der Erblasser in Deutschland, wenn er Inländer im Sinne des deutschen Erbschaftssteuerrechts war (Bst. a), in der Schweiz, wenn er dort im Sinne des schweizerischen Erbschaftssteuerrechts Wohnsitz oder ständigen Aufenthalt hatte oder dort der Erbgang zu eröffnen ist (Bst. b).[1403] Darüberhinaus kann im internationalen Verhältnis auch das Betriebsvermögen von Betriebsstätten eines Unternehmens oder von Einrichtungen für die Ausübung eines freien Berufs oder einer sonstigen selbständigen Tätigkeit ähnlicher Art in dem Staat mit der Nachlass- und Erbschaftssteuer besteuert werden, in dem die Betriebsstätte oder Einrichtung liegt. Dies gilt auch für Beteiligungen an einer Personengesellschaft.[1404]

Hinsichtlich der Schenkungssteuern hat die Schweiz keine staatsvertraglichen Regelungen zur Vermeidung der Doppelbesteuerung abgeschlossen. Art. 12 Abs. 3 des ErbSt-DBA D-CH sieht jedoch vor, dass allfällige Doppelbesteuerungen von Schenkungen und Zweckzuwendungen unter Lebenden in einem Verständigungsverfahren geregelt werden können.[1405]

Auf kantonaler Ebene bestehen zusätzlich Gegenrechtsvereinbarungen mit ausländischen Staaten, in denen die steuerliche Vorzugsbehandlung bei der Erbschafts- und Schenkungssteuer hinsichtlich erbrechtlichen Vermögensübergängen und Schenkungen an juristische Personen, die öffentliche, gemeinnützige oder Kultuszwecke verfolgen und ihren Sitz im jeweiligen ausländischen Staat haben, geregelt wird.[1406]

Bei fehlendem Doppelbesteuerungsabkommen (bzw. subsidiär zu einem bestehenden Abkommen bei Fehlen entsprechender Regeln) wenden die Kantone üblicherweise sowohl bei der Erbschafts- als auch bei der Schenkungssteuer einseitig die Ausscheidungsgrundsätze des interkantonalen Steuerrechts an. Somit besteht heute bei allen Schenkungen mit internationalem Charakter (mit Ausnahme besagter Verständigungsvereinbarung) sowie in Erbschaftsfällen mit Staaten ohne entsprechendes ErbSt-DBA das Risiko einer Doppelbesteuerung, welche es durch eine entsprechende Nachlassplanung zu vermeiden gilt.

Für Erbschaftssteuerzwecke im internationalen Verhältnis erfolgt die Aufteilung des Nachlassvermögens sowohl quoten- wie auch objektmäßig. Fehlt ein entsprechendes ErbSt-DBA, wenden die meisten Kantone wie im Absatz zuvor erwähnt grundsätzlich die für das interkantonale

1401 Vgl. Blumenstein/Locher, System des Steuerrechts, S. 119; Ausnahmen bestehen im Verhältnis Deutschland-Schweiz (vgl. nachfolgend und ErbSt-DBA D-CH in E.III.2.).

1402 Vgl. Zuppinger, ASA 42 (1973/74), S. 294 ff.

1403 Vgl. E.III.2. Es gilt insbesondere auch die Sondertatbestände des Art. 4 Abs. 3 und 4 ErbSt-DBA D-CH zu beachten.

1404 Vgl. Art. 6 Abs. 1, 8 und 9 ErbSt-DBA D-CH.

1405 Vgl. Höhn, Handbuch des Internationalen Steuerrechts der Schweiz, S. 405. Eine solche Verständigungsvereinbarung wurde mit Bezug auf die Schenkung von Geschäftsbetrieben und wesentlichen Anteilen an einer deutschen GmbH abgeschlossen (vgl. hierzu Locher/Meier/von Siebenthal/Kolb, D 12.3, Nr. 4 bis 6 und E.III.2.).

1406 Vgl. Blumenstein/Locher, System des Steuerrechts, S. 141. Die Kantone AR, AI, BS, GR, LU, NW, SG, SO, TG, UR, VD und ZG haben mit Deutschland solche Gegenrechtserklärungen betreffend Erbschaftssteuern abgeschlossen (vgl. Staatssekretariat für internationale Finanzfragen SIF, Übersicht: Schweizerische Doppelbesteuerungsabkommen [Stand: 1. 1. 2014, S. 11]).

Recht geltenden Ausscheidungsgrundsätze an, d. h. es findet eine proportionale (quotenmäßige) Ausscheidung statt. Bei Vorliegen eines Staatsvertrages gelten primär die Abkommensvorschriften und subsidiär, d. h. bei Fehlen entsprechender Regeln, erneut die interkantonalen Kollisionsnormen. Im Verhältnis zu Deutschland sieht das ErbSt-DBA in Art. 9 eine objektmäßige Schuldenverlegung vor.[1407] Bei Schenkungen im internationalen Verhältnis ist die Steuerausscheidung – wie zuvor schon im interkantonalen Verhältnis und aus denselben Gründen – nicht von vorrangiger Bedeutung. Wird ein Vermögenskomplex, bestehend aus beweglichem und unbeweglichem Vermögen, zu Lebzeiten zugewendet, ist für Schenkungssteuerzwecke – vorbehalten einer anderslautenden kantonalen Gesetzesvorschrift – die für interkantonale Verhältnisse geltende proportionale (quotenmäßige) Ausscheidung anwendbar.[1408]

IV.4.2.4. Umfang der kantonalen Steuerpflicht

Kann ein Kanton seine Steuerhoheit geltend machen, wird regelmässig zwischen der unbeschränkten Steuerpflicht (aufgrund persönlicher Zugehörigkeit) und der beschränkten Steuerpflicht (aufgrund wirtschaftlicher Zugehörigkeit) im jeweiligen Kanton unterschieden.[1409] Die unbeschränkte Steuerpflicht umfasst grundsätzlich das weltweite, im Rahmen einer Erbschaft oder Schenkung übergehende Nettovermögen (begrenzt durch allfällige interkantonale bzw. staatsvertraglich übergeordnete Kollisionsnormen). Primärer Anknüpfungspunkt ist dabei der letzte Wohnsitz des Erblassers bzw. des Schenkers im jeweiligen Kanton. Der steuerrechtliche Wohnsitz definiert sich dabei als jener Ort, an welchem sich eine Person mit der Absicht des dauernden Verbleibens aufhält (Lebensmittelpunkt).[1410]

PRAXISHINWEIS

Eine unbeschränkte Steuerpflicht des/der Empfänger/s im jeweiligen Kanton kann zusätzlich durch Eröffnung des Nachlasses in der Schweiz entstehen. Da der Nachlass jedoch zumeist am letzten Wohnsitz des Erblassers eröffnet wird, kommt diesem Anknüpfungspunkt in der Regel keine maßgebliche eigenständige Bedeutung zu.

Die beschränkte Steuerpflicht bezieht sich dagegen nur auf ein bestimmtes, übergehendes Vermögensobjekt. Dies ist in der Regel bei der Übertragung von nicht im Wohnsitzkanton gelegenen Grundstücken oder an solche gebundenen Rechte der Fall. Anteile an Immobiliengesellschaften gelten grundsätzlich als bewegliches Vermögen, weshalb sie am letzten Wohnsitz des Erblassers zu versteuern sind.[1411]

PRAXISHINWEIS

Basierend auf den bundesgerichtlichen Zuteilungsregeln ist in Zusammenhang mit der beschränkten Steuerpflicht anzumerken, dass – im Unterschied zu den Einkommens- und Vermögenssteuern – ein allfälliges mobiles Betriebsstättenvermögen bei der Erbschafts- und Schenkungssteuer im interkantonalen Verhältnis nicht dem Betriebsstätte-, sondern dem Wohnsitzkanton zur Besteuerung zugewiesen wird.[1412]

1407 Vgl. Zuppinger, ASA 42 (1973/74), S. 305 ff.
1408 Vgl. Zuppinger, ASA 42 (1973/74), S. 313.
1409 Vgl. Zuppinger, ASA 42 (1973/74), S. 140; Richner, ASA 69 (2000/01), S. 136 f.
1410 Vgl. Richner, ASA 69 (2000/01), S. 137 f.; Blumenstein/Locher, System des Steuerrechts, S. 57 f.
1411 Vgl. Zuppinger, ASA 42 (1973/74), S. 140; Richner, ASA 69 (2000/01), S. 141 ff.; BGE 95 I 26 E. 3, S. 32.
1412 E contrario aus Zuppinger, ASA 42 (1973/74), S. 140.

Im internationalen Verhältnis dagegen kennen einige Kantone sehr wohl eine beschränkte Steuerpflicht beim Übergang von im jeweiligen Kanton gelegenen, beweglichen (Betriebsstätte-)Vermögen. So unterwirft bspw. der Kanton ZH[1413] auf Kantonsgebiet gelegenes, bewegliches Vermögen, das nach Staatsvertrag dem Betriebsstätte- oder dem Belegenheitsstaat zur Besteuerung zugewiesen wird, der Erbschafts- und Schenkungsbesteuerung. Andere Kantone[1414] schränken die Besteuerung zwar ebenfalls auf im Kanton gelegenes bewegliches Vermögen ein, verzichten jedoch auf die einschränkende Bedingung der Zuweisung an den Betriebsstätte- oder Belegenheitsstaat kraft Staatsvertrag. Eine letzte Gruppe von Kantonen[1415] erklärt dasjenige bewegliche Vermögen im Nachlass für steuerbar, das zuvor bereits der kantonalen Vermögenssteuer unterlegen war.[1416]

IV.4.2.5. Steuersubjekt

IV.4.2.5.1. Grundsätzliches

Im System der vorherrschenden Erbanfallsteuer sind die einzelnen Erben, Vermächtnisnehmer und (mehrheitlich) die Begünstigten der vom Erblasser abgeschlossenen (Lebens-) Versicherungen bzw. die Beschenkten – jeder für die ihm/ihr zufließenden Vermögensteile – steuerpflichtig. Bei der Nachlasssteuer fällt die Steuerpflicht auf die Erbengemeinschaft als Ganzes.[1417]

Bei der Nacherbeneinsetzung durch Verfügung von Todes wegen wird der eingesetzte Vorerbe (erster Erbe) vom Erblasser verpflichtet, die Erbschaft bei seinem Versterben dem Nacherben (zweiter Erbe) auszuliefern. Als Folge davon geht das Eigentum zivilrechtlich zweimal durch Erbanfall über. Dementsprechend sieht die Mehrheit der Kantone in diesem Fall die zweimalige Erhebung der Erbschaftssteuer auf dem zum jeweiligen Zeitpunkt übergehenden Erbschaftsvermögen vor. Kann der Vorerbe über die Erbschaft nicht frei verfügen, zieht eine wachsende Zahl von Kantonen – einem entsprechenden Bundesgerichtsentscheid[1418] folgend – jedoch nur den Kapitalwert des Ertrags aus der Erbschaft als Bemessungsgrundlage für die vom Vorerben geschuldete Erbschaftssteuer heran (so bspw. die Kantone AR, BE, BL, FR, SO, TG und VS) bzw. gewähren einen Rabatt auf demjenigen Steuerbetrag, den der Vorerbe als unbeschränkter Erbe schulden würde (so der Kanton TI). Beim Steuersatz ist i. d. R., einschließlich dem Kanton ZH, das Verwandtschaftsverhältnis von Vor- und Nacherbe zum ursprünglichen Erblasser maßgebend, da auch der Nacherbe – wirtschaftlich betrachtet – von letzterem erbt. Nur vereinzelt wird für den zweiten Erbgang auf das Verhältnis zwischen Vor- und Nacherbe abgestellt. Einige Kantone erheben die Steuer nur einmal (bspw. die Kantone JU und, je nach Konstellation, VD), jedoch zum höheren des im Verhältnis von Vor- bzw. Nacherbe zum Erblasser geltenden Steuersatzes.[1419]

1413 Vgl. § 2 Abs. 2 ESchG-ZH.

1414 So bspw. der Kanton GE, vgl. Art. 4 Abs. 5 Bst. b LDS [Loi sur les droits de succession], eingeschränkt auf Hausrat und Kunstobjekte/Sammlungen.

1415 So bspw. der Kanton SG, vgl. Art. 147 Abs. 2 StG-SG.

1416 Vgl. Richner, ASA 69 (2000/01), S. 142 f. Ggf. sind aber die (Schranken-)Normen im jeweiligen ErbSt-DBA zu beachten (so im Verhältnis Deutschland-Schweiz, vgl. E.III.2.).

1417 Vgl. Zuppinger, ASA 42 (1973/74), S. 140; Höhn/Waldburger, Steuerrecht, Bd. I, S. 744.

1418 Vgl. BGE 2P.168/2002 v. 25. 11. 2002 E. 5.3.

1419 Vgl. Art. 488 ff. ZGB; Höhn/Waldburger, Steuerrecht, Bd. I, S. 748; SSK, Steuerinformationen, Die Erbschafts- und Schenkungssteuern, S. 7 ff.

Die Begründung einer Nutznießung durch letztwillige Verfügung oder durch vertragliche Vereinbarung unter Lebenden löst grundsätzlich die Erbschafts- bzw. Schenkungssteuerpflicht aus. Die Mehrheit der Kantone, inklusive ZH, sieht dabei vor, dass der Nutznießer i. d. R. für den Kapitalwert der Nutznießung und die mit der Nutznießung belasteten Erben oder Beschenkten für den gesamten Vermögensanfall abzüglich des kapitalisierten Wertes der Nutznießung erbschafts- bzw. schenkungssteuerpflichtig werden. Die Kantone GE und TI sehen ähnliche Mischlösungen vor, nach welchen die Steuer gemäß einem in Abhängigkeit vom Alter des Nutznießers fix definierten Verhältnis teils durch diesen und teils durch den belasteten Erben bzw. Vermächtnisnehmer zu bezahlen ist. Der Kanton LU dagegen erklärt die mit der Nutznießung belasteten Erben oder Beschenkten für den gesamten Wert ihres mit der Nutznießung belasteten Vermögensanfalls für steuerpflichtig, d. h. der Nutznießer ist steuerbefreit.[1420]

PRAXISHINWEIS

Fällt die Nutznießung infolge Versterben des Nutznießers dahin, führt dies i. d. R. zu keiner Erbschaftssteuer (so bspw. im Kanton ZH, nicht jedoch im Kanton VS).[1421] Der Verzicht auf eine Nutznießung zu Lebzeiten unterliegt hingegen regelmässig der Schenkungssteuer.[1422] Basis dafür bildet der Kapitalwert der Nutznießung im Zeitpunkt des Verzichtes.

IV.4.2.5.2. Befreiungen von der subjektiven Steuerpflicht

Kraft expliziter gesetzlicher Regelungen greifen Befreiungen von der Erbschafts- und Schenkungssteuer für die nachfolgend erwähnten Personen:[1423]

So ist der (überlebende) Ehegatte bzw. der eingetragene, gleichgeschlechtliche Partner des Erblassers resp. Schenkers in fast allen Kantonen von der Erbschafts- und Schenkungssteuer befreit.[1424]

PRAXISHINWEIS

Entsprechend erübrigt sich heute aus Sicht des überlebenden Ehegatten bzw. eingetragenen, gleichgeschlechtlichen Partners bis auf eine zu vernachlässigende Zahl von Fällen (im Kanton SO) die vormals notwendige Trennung zwischen Ansprüchen gemäß ehelichem Güterrecht und Erbrecht.

Einzelne Kantone erstrecken die Steuerbefreiung darüber hinaus auf den Konkubinats- bzw. Lebenspartner des Erblassers oder Schenkers (so bspw. die Kantone GR[1425] (nur auf Kantonsebene), NW,[1426] OW,[1427] UR[1428] und ZG).[1429]

1420 Vgl. SSK, Steuerinformationen, Die Erbschafts- und Schenkungssteuern, S. 9 f.

1421 Vgl. Richner/Frei, Kommentar zum Zürcher ESchG, § 1, Rz 152 und § 3, Rz. 91. Der vorzeitige Wegfall der Nutznießung durch Tod des Berechtigten löst eine Besteuerung des nicht verbrauchten Teils des Nutznießungswerts beim Eigentümer aus (Art. 115bis StG-VS).

1422 Vgl. Richner/Frei, Kommentar zum Zürcher ESchG, § 4, Rz 217 und § 8, Rz. 21.

1423 Vgl. SSK, Steuerinformationen, Die Erbschafts- und Schenkungssteuern, S. 18 ff.

1424 Mit Ausnahme der Nachlasstaxe im Kanton SO. Bei der kumulativ erhobenen solothurnischen Erbanfallsteuer greift hingegen die Befreiung.

1425 Vgl. Art. 107 Abs. 2 StG-GR.

1426 Sofern die Person am gleichen Wohnsitz im Zeitpunkt der Zuwendung bzw. Todestages während mindestens fünf Jahren in dauernder Wohngemeinschaft gelebt hat (vgl. Art. 157 Abs. 3 StG-NW).

1427 Sofern die Person im Zeitpunkt der Zuwendung oder des Todestages zusammen mit gemeinsamen minderjährigen Kindern oder seit mindestens fünf Jahren in einem gemeinsamen Haushalt mit dem Erblasser oder Schenker gelebt hat (vgl. Art. 133 Abs. 1 Bst. g StG-OW).

1428 Sofern die Person im Zeitpunkt der Zuwendung oder des Todestages zusammen mit minderjährigen Kindern oder seit mindestens fünf Jahren in einem gemeinsamen Haushalt mit dem Erblasser oder Schenker in einem eheähnlichen Verhältnis gelebt hat (vgl. Art. 158 Abs. 1 Bst. c StG-UR).

1429 Vgl. Art. 175 Abs. 1 StG-ZG.

Weiter gilt die Befreiung von der Erbschafts- und Schenkungssteuer in den meisten Kantonen auch für die direkten Nachkommen des Erblassers.[1430]

Auch Stief- und Pflegekinder bzw. vereinzelt Schwiegerkinder sind in einer zunehmenden Zahl von Kantonen befreit. Seltener ist eine Befreiung des elterlichen bzw. in wenigen Kantonen auch des großelterlichen Stamms sowie von Stief- und Pflegeeltern.

In Kantonen, welche einzelne der oben aufgeführten Erbenkategorien nicht von der Steuerpflicht befreien, kommen in den meisten Fällen reduzierte Tarife bzw. höhere Freibeträge gegenüber Drittpersonen zur Anwendung.[1431]

Die öffentliche Hand, d. h. der Bund, der jeweilige Kanton und die Gemeinden desselben, einschließlich ihrer Anstalten, ist ebenfalls nicht Subjekt der Erbschafts- und Schenkungssteuer. Gleiches gilt regelmässig für juristische Personen mit öffentlichem oder gemeinnützigem Zweck, teilweise auch für solche mit kulturellem Auftrag (einschließlich dem Kanton ZH).

PRAXISHINWEIS

Die Befreiung bei juristischen Personen mit qualifizierendem Zweck greift jedoch zumeist nur dann, wenn sie ihren Sitz in demselben Kanton wie der Erblasser haben oder im gesamtschweizerischen Interesse tätig sind. In diesem Kontext zu beachten ist allerdings, dass zwischen diversen Kantonen sowie in einigen Fällen auch zwischen einzelnen Kantonen und ausländischen Staaten[1432] bilaterale Gegenrechtsvereinbarungen bestehen, in denen die steuerliche Vorzugsbehandlung bei der Erbschafts- und Schenkungssteuer hinsichtlich Zuwendungen an juristische Personen mit kirchlichen, gemeinnützigen und/oder wohltätigen Zwecken geregelt wird. Einige weitere Kantone gewähren die Steuerbefreiung auch ohne explizite Vereinbarung, falls der Empfängerstaat das Gegenrecht im Zuge einer individuellen Anfrage bestätigt.

Schließlich ist die Befreiung von Einrichtungen der beruflichen Vorsorge von Unternehmen mit Sitz oder Betriebsstätte im jeweiligen Kanton bzw. in der Schweiz sowie von schweizerischen Sozialversicherungsanstalten und Ausgleichskassen sehr verbreitet.

IV.4.2.6. Steuerobjekt

IV.4.2.6.1. Steuerobjekt bei der Erbschaftssteuer

Gegenstand der Erbschaftssteuer sind die unentgeltlichen Vermögensübergänge von Todes wegen. Letztwillige Verfügungen, welche als angemessene Gegenleistung für früher erbrachte Leistungen oder Dienste zu betrachten sind, werden dagegen mit der Einkommenssteuer erfasst. Die nähere Umschreibung der unter Vermögensübergänge von Todes wegen zu subsumierenden Tatbestände findet sich im jeweiligen kantonalen Erlass.[1433] Gemäß § 3 Abs. 2 und 3 ESchG-ZH fallen darunter alle Vermögensübergänge kraft gesetzlicher Erbfolge oder aufgrund einer Verfügung von Todes wegen, insbesondere die Erbeinsetzung, das Vermächtnis, der Erbvertrag, die Schenkung auf den Todesfall und die Errichtung einer Stiftung auf den Todesfall sowie die

1430 Mit Ausnahme der Kantone AI, NE, SO (bezüglich der Nachlasstaxe), VD und einigen Gemeinden des Kantons LU. Im Kanton GE gilt die Befreiung der Nachkommen zudem nur dann, wenn der Erblasser für die letzten drei definitiven Veranlagungen vor seinem Tod resp. der Schenker nicht nach dem Aufwand besteuert wurde (vgl. Art. 6A Abs. 2 LDS [Loi sur les droits de succession]; Art. 27A Abs. 2 LDE [Loi sur les droits de l'enregistrement]). Der Kanton JU sieht für Nachkommen eines nach dem Aufwand besteuerten Erblassers bzw. Schenkers eine Halbierung der 7 %-igen Steuer statt der Befreiung vor (vgl. Art. 10b i. V. m. Art. 22 Abs. 3 LISD [Loi sur l'impôt de succession et de donation]).

1431 Vgl. A.IV.4.2.7.

1432 Vgl. A.IV.4.2.3.3.

1433 Vgl. Höhn/Waldburger, Steuerrecht, Bd. I, S. 746 f.

Zuwendung von Versicherungsbeiträgen, die mit oder nach dem Tod des Erblassers fällig werden, soweit letztere nicht als Einkommen besteuert werden.

Maßgeblich ist die gesetzliche bzw. die gewillkürte und nicht die von den Erben letztlich vereinbarte Teilung des Nachlasses. Dementsprechend ist ein vom Erblasser hinterlassenes, gültiges oder ungültiges, aber unbestritten gebliebenes Testament bzw. bei dessen Anfechtung das rechtskräftige Gerichtsurteil, für die Steuerbehörden verbindlich. Weichen die Erben bei der Teilung des Nachlasses von der maßgebenden Erbfolgeregelung ab, so liegt neben dem Erbgang auch eine Schenkung zwischen den Erben vor.[1434]

PRAXISHINWEIS

Der Vermächtnisnehmer erlangt den ihm zugedachten Vermögensvorteil nicht aufgrund des Erbanfalls zu Eigentum. Vielmehr steht ihm eine Forderung gegenüber den Erben zu. Trotzdem unterliegen Vermächtnisse in allen Kantonen der Erbschaftssteuer. Geht das Vermächtnis jedoch nicht aus dem Testament hervor und wird dieses nur basierend auf einem vom Erblasser formlos geäußerten Wunsch ausgerichtet, so liegt eine Schenkung der Erben an den Vermächtnisnehmer vor.

Schenkungen auf den Todesfall qualifizieren grundsätzlich als Schenkungsversprechen unter Lebenden. Deren Erfüllung wird jedoch vertraglich bis zum Zeitpunkt des Todes des Schenkers hinausgeschoben. Alle Kantone unterstellen daher solche Schenkungen der Erbschaftssteuer.

Die Zuwendung von Versicherungssummen, die mit oder nach dem Versterben des Erblassers fällig werden und deren Prämien vom Erblasser finanziert wurden, unterliegt in der überwiegenden Mehrheit der Kantone der Erbschaftssteuer, soweit diese Zuwendungen nicht mit der Einkommenssteuer erfasst werden. Letzteres trifft auf viele Versicherungsleistungen zu, unter anderem auf diejenigen aus der staatlichen Sozialversicherung (Säule 1), der beruflichen Vorsorge (Säule 2) und der gebundenen Selbstvorsorge (Säule 3a), und zwar unabhängig davon, ob diese in Kapital- oder Rentenform ausbezahlt werden. Daneben unterliegen aber bspw. auch Leistungen aus nicht rückkaufsfähigen Risikoversicherungen der Säule 3b der Einkommenssteuer.

Die Erfassung der übrigen, durch einen Todesfall bedingten, nicht einkommens-steuerpflichtigen Zuwendungen aus (insbesondere) Lebens- und Unfallversicherungen mit der Erbschaftssteuer ist insofern bemerkenswert, als die Leistungserbringung an die Begünstigten zufolge Tod des Versicherten bzw. die Zuwendung einer erst nach dem Tod des Erblassers fälligen Versicherung mit unwiderruflicher Begünstigung (insbesondere Versicherungen auf fremdes Leben) regelmässig einen direkten (versicherungsrechtlichen) Anspruch der Begünstigten mit Aussonderungsrecht darstellen und daher nicht in den zwischen den Erben zu verteilenden Nachlass fallen. Kraft expliziter gesetzlicher Regelungen untersteht jedoch auch der Übergang dieser, von der Erbfolge unabhängigen Ansprüche, in der Regel der Erbschaftssteuer.

Fehlt eine explizite, einkommens- oder erbschaftssteuerliche Norm, so wird die Zuwendung einer Versicherungsleistung in aller Regel unter den Tatbestand der Schenkung subsumiert. Der Vollständigkeit halber sei erwähnt, dass die einzelnen Rentenzahlungen aus Versicherungen, auf deren Vermögenswert im Rahmen der Zuwendung die Erbschafts- oder Schenkungssteuer erhoben wurde, (zusätzlich) der ordentlichen Einkommensbesteuerung bei den Begünstigten unterliegen, sofern diese in der Schweiz steuerlich ansässig sind.

1434 Vgl. Höhn/Waldburger, Steuerrecht, Bd. I, S. 747.

IV.4.2.6.2. Steuerobjekt bei der Schenkungssteuer

Trotz Anknüpfung des steuerlichen Begriffs der Schenkung an die zivilrechtliche Terminologie, weist die Mehrzahl der Erbschafts- und Schenkungssteuergesetze eine autonome Definition der Schenkung auf, welche über die zivilrechtliche hinausgeht.[1435]

In aller Regel liegt steuerlich eine Schenkung vor, wenn die nachfolgenden vier Tatbestandselemente kumulativ erfüllt sind:[1436]

- Es ist eine Vermögenszuwendung vom Schenker an den Beschenkten gegeben;
- Der Beschenkte erfährt durch den Vermögensübergang eine Bereicherung;
- (Teilweise) Unentgeltlichkeit der Zuwendung;
- (Der Zuwendung liegt ein Schenkungswille zugrunde.

Analog zur Erbschaft bieten die kantonalen Steuergesetze auch eine nähere Umschreibung der unter die schenkungspflichtigen Zuwendungen unter Lebenden zu subsumierenden Tatbestände. Gemäß § 4 Abs. 2 und 3 ESchG-ZH fallen darunter Vorempfänge in Anrechnung an die künftige Erbschaft, Schenkungen unter Lebenden an Erben oder Nichterben, die Errichtung einer Stiftung zu Lebzeiten sowie Zuwendungen von Versicherungsbeträgen, die zu Lebzeiten des Schenkers fällig werden, soweit letztere nicht als Einkommen besteuert werden.

Bei einem grundsätzlich entgeltlichen Rechtsgeschäft mit offenkundigem Missverhältnis zwischen den Leistungen, spricht man von einer gemischten Schenkung. Dabei wird unterstellt, dass der durch die Gegenleistung nicht gedeckte Mehrwert dem Leistungsempfänger unentgeltlich zugewendet werden soll. Nach der Praxis des Kantons Zürich ist der Tatbestand einer steuerbaren (gemischten) Schenkung nur dann erfüllt, wenn der unentgeltliche Teil mehr als 25 % bzw. der entgeltliche Teil (Gegenleistung) weniger als 75 % des Verkehrswertes der Zuwendung ausmacht.[1437]

PRAXISHINWEIS

Nicht der Schenkungs- sondern der Einkommenssteuer unterliegen i. d. R. Zuwendungen von in- und ausländischen Stiftungen und unwiderruflichen, frei verfügbaren (irrevocable, discretionary) Trusts an Begünstigte mit steuerlicher Ansässigkeit (Wohnsitz, qualifizierter Aufenthalt) in der Schweiz.

IV.4.2.7. Steuerbemessungsgrundlage

Die Erbschafts- und Schenkungssteuern werden grundsätzlich auf der Basis des im Zeitpunkt des Versterbens des Erblassers maßgebenden Nettovermögens bzw.vom Wert der Schenkung im Zeitpunkt ihres Vollzugs berechnet.[1438] Allfällige Wertdifferenzen zum Zeitpunkt der Erbteilung bzw. der Abgabe des Schenkungsversprechens sind dagegen unbeachtlich.

Bei der als Erbanfallsteuer ausgestalteten Erbschaftssteuer ist als Bemessungsgrundlage der Wert der einzelnen Erbanfälle, Vermächtnisse und Versicherungsleistungen, bei der Nachlasssteuer der Wert des gesamten Nachlasses maßgebend.[1439]

1435 Vgl. Höhn/Waldburger, Steuerrecht, Bd. I, S. 751 f.
1436 Vgl. Höhn/Waldburger, Steuerrecht, Bd. I, S. 752 ff.
1437 Vgl. Richner/Frei, Kommentar zum Zürcher ESchG, § 4, Rz. 51 ff.
1438 Vgl. SSK, Steuerinformationen, Die Erbschafts- und Schenkungssteuern, S. 30.
1439 Vgl. Höhn/Waldburger, Steuerrecht, Bd. I, S. 758 f.

Erbschaften und Schenkungen werden grundsätzlich zum Verkehrswert (Drittvergleich) bewertet. Im Zusammenhang mit der Bewertung beweglichen Geschäftsvermögens wird teilweise anstelle des Verkehrswertes auf den Buchwert abgestellt. Im Einzelnen gelten für die verschiedenen, übergehenden Aktiven in den meisten Kantonen folgende Bewertungsregeln:

- Bei Rechten, die einen Anspruch auf periodische Leistungen vermitteln, wie z.B. Renten, Wohnrechte oder Nutznießungen, ist deren Kapitalwert die maßgebliche Größe;
- Bei land- und forstwirtschaftlichen Grundstücken wird in der Regel auf den Ertragswert abgestellt, bei den übrigen Grundstücken mehrheitlich auf den Verkehrswert, teilweise aber auch auf den amtlichen Schätz- oder Katasterwert. In den meisten Fällen entspricht der für Erbschafts- und Schenkungssteuerzwecke maßgebliche Wert dem Vermögenssteuerwert des Grundstücks gemäß der letzten Steuerveranlagung des Erblassers bzw. des Schenkers;
- Bei kotierten Wertpapieren ist der Kurswert, bei nichtkotierten Wertpapieren der Vermögenssteuerwert gemäß KS Nr. 28 der Schweizerischen Steuerkonferenz maßgebend;
- Bei einer fällig gewordenen (erbschafts- bzw. schenkungssteuerpflichtigen) Kapitalversicherung wird die volle Auszahlungssumme erfasst, im Falle einer Rentenversicherung der kapitalisierte Wert der Rente (Rentenstammwert). Handelt es sich um eine Versicherung, die erst nach dem Tod des Erblassers fällig wird (wie bspw. eine Versicherung auf fremdes Leben), wird diese mit dem Rückkaufswert bzw. – wenn nicht rückkaufsfähig – nachträglich mit der (zukünftigen) Auszahlungssumme bewertet.[1440]

Maßgebend für die Bemessungsgrundlage ist jeweils das übertragene Nettovermögen. Entsprechend können vom Bruttowert der Vermögenszuwendungen die mit übergehenden Schulden in Abzug gebracht werden. Bei der Erbschaftssteuer gilt dies für im Zeitpunkt des Erbfalls bestehende Schulden des Erblassers, sowie grundsätzlich auch die Erbgangsschulden (wie bspw. Kosten für die Beerdigung, Inventaraufnahme, Willensvollstreckung) und allfällige Prozesskosten im Zusammenhang mit dem Erbgang. Daneben können die einzelnen Empfänger regelmässig ihre schon zu Lebzeiten des Erblassers im Zusammenhang mit dem zugewendeten Vermögen gemachten Aufwendungen in Abzug bringen.[1441]

Im interkantonalen Verhältnis werden die Schulden im Erbfall nicht objektmäßig, sondern grundsätzlich proportional (quotenmäßig) nach Lage der beweglichen und unbeweglichen Nachlassaktiven verlegt (vorbehalten bleiben anderslautende Bestimmungen in ErbSt-DBA sowie allenfalls Erbmassen, welche Anteile an Personengesellschaften beinhalten).[1442]

PRAXISHINWEIS

In diesem Zusammenhang gilt es zu beachten, dass insbesondere die Auszahlung einer Lebens- oder Unfallversicherung an Begünstigte zufolge Tod des Versicherten bzw. die Zuwendung einer erst nach dem Tod des Erblassers fälligen Versicherung mit unwiderruflicher Begünstigung regelmässig nicht in den zwischen den Erben zu verteilenden Nachlass fällt.[1443] Entsprechend sind diese Vermögenszuwendungen von der proportionalen (quotenmäßigen) Schuldenverlegung ausgenommen und der Kanton des letzten Wohnsitzes

1440 Vgl. Richner/Frei, Kommentar zum Zürcher ESchG, §§ 13 – 15; SSK, Steuerinformationen, Die Erbschafts- und Schenkungssteuern, S. 31.

1441 Vgl. Richner/Frei, Kommentar zum Zürcher ESchG, § 19, Rz. 8 ff.

1442 Vgl. A.IV.4.2.3.2.

1443 Vgl. A.IV.4.2.6.1.

des Erblassers kann die Besteuerung auf Basis des Bruttowertes des zugewendeten Vermögens vornehmen. Versicherungssummen aus fälligen Lebens- oder Unfallversicherungen ohne Begünstigungsklausel bzw. der Rückkaufswert von nicht zufolge des Todes fällig werdenden Versicherungen des Erblassers ohne unwiderrufliche Begünstigung fallen dagegen in den Nachlass und nehmen an der proportionalen (quotenmäßigen) Schuldenverlegung teil. Letzteres gilt auch für Leistungen aus Sachversicherungen sowie Haftpflichtansprüche des Erblassers/Nachlasses (nicht jedoch für diejenigen der Erben aufgrund des Todes des Erblassers).

Im internationalen Verhältnis kann die proportionale (quotenmäßige) Schuldenverlegung bei Fehlen eines ErbSt-DBA zu einer Doppelbesteuerung führen, da viele ausländische Staaten, darunter Deutschland, eine objektmäßige Verlegung der Schulden vorsehen.[1444]

Im Gegensatz zu Erbschaften erfolgt bei Schenkungen in aller Regel auch in der Schweiz (im interkantonalen Verhältnis) eine objektmäßige Zuordnung der Schulden, da in den meisten Fällen nur einzelne Objekte betroffen sind. Ist ausnahmsweise ein Vermögenskomplex, bestehend aus beweglichem und unbeweglichem Vermögen, welcher verschiedenen Steuerhoheiten unterliegt, Gegenstand einer Schenkung, so wird bei Fehlen einer abweichenden kantonalen Norm jedoch proportional (quotenmäßig) ausgeschieden.[1445]

Wird die Erbschafts- oder Schenkungssteuer dem Nachlass belastet bzw. vom Schenker übernommen, so erhöht sich die Bemessungsgrundlage um den entsprechenden Betrag.[1446]

Neben allfälligen, gesetzlich vorgesehenen Befreiungen von bestimmten Steuersubjekten – der (überlebende) Ehegatte, der eingetragene gleichgeschlechtliche Partner und die direkten Nachkommen des Erblassers[1447] – befreien manche Kantone unter anderem Gelegenheitsgeschenke bzw. generell Zuwendungen bis zu einem festgesetzten Betrag, den Hausrat, Beiträge an den Unterhalt, die Erziehung oder die Ausbildung, Unterstützungsleistungen an Bedürftige sowie das Heiratsgut, von der objektiven Steuerpflicht.[1448]

Schließlich kennen viele Kantone Steuerfreibeträge in unterschiedlicher Höhe, insbesondere für bestimmte, nicht befreite Verwandte, den Konkubinatspartner, Hausangestellte und erwerbsunfähige Personen. Bei diesen Personen unterliegt nur jener Teil des zugewendeten Vermögens der Erbschafts- oder Schenkungssteuer, welcher den jeweiligen Steuerfreibetrag übersteigt.[1449] Sind die Empfänger im letzten Wohnsitzkanton des Erblassers bzw. in einem Belegenheitskanton nur für einen Teil des auf sie übergehenden Vermögens steuerpflichtig, werden die Steuerfreibeträge im quotalen Verhältnis zur gesamten Zuwendung an den jeweiligen Empfänger gewährt.[1450]

1444 Vgl. A.IV.4.2.3.3.; E.III.2.; Richner/Frei, Kommentar zum Zürcher ESchG, § 2, Rz. 89; Im Verhältnis zu Deutschland vgl. Art. 9 DBA CH-D.

1445 Vgl. A.IV.4.2.2.3; Zuppinger, ASA 42 (1973/74), S. 313.

1446 Vgl. Höhn/Waldburger, Steuerrecht, Bd. I, S. 759.

1447 Vgl. A.IV.4.2.5.2.

1448 Vgl. Höhn/Waldburger, Steuerrecht, Bd. I, S. 758.

1449 Vgl. SSK, Steuerinformationen, Die Erbschafts- und Schenkungssteuern, S. 18 ff.

1450 Vgl. Zuppinger, ASA 42 (1973/74), S. 152.

IV.4.2.8. Steuerberechnung

Die Steuersätze (bzw. Steuerbelastungen) bei der Erbanfall- und Schenkungssteuer betragen je nach Kanton, Höhe des Erbanfalles bzw. der Schenkung und Verwandtschaftsgrad zwischen Null und 54.6 %.[1451] Sie sind regelmäßig progressiv ausgestaltet und erhöhen sich mit Abnahme des Verwandtschaftsgrades.

Bei der Nachlasssteuer im Kanton GR kommt ein Einheitssatz von derzeit 10 % zur Anwendung, sodass grundsätzlich sowohl die Progression als auch die Abstufung nach dem Verwandtschaftsgrad entfallen. Darüber hinaus greift eine allfällige, von den Bündner Gemeinden fakultativ erhobene Erbanfallsteuer von maximal 25 %. (Überlebende) Ehegatten, eingetragene gleichgeschlechtliche Partner und direkte Nachkommen sind allerdings auch im Kanton GR von der Erbschafts- und Schenkungssteuer befreit. Konkubinatspartner sind auf Kantonsebene ebenfalls befreit, entrichten aber allenfalls eine Erbanfallsteuer auf Gemeindeebene von maximal 5 %.[1452]

Im Kanton ZH beträgt der einfache Steuersatz zwischen 2 % (für steuerpflichtige Beträge bis zu CHF 30'000) und 6 % (für CHF 1.5 Mio. übersteigende steuerpflichtige Beträge).[1453] Die entsprechend dieser Skala ermittelte, einfache Steuer gilt jedoch nur für Vermögensübergänge an die Eltern und wird mit abnehmendem Verwandtschaftsgrad vervielfacht (der Ehegatte, der eingetragene gleichgeschlechtliche Partner und die direkten Nachkommen sind befreit). So zahlen:

- Großeltern und Stiefkinder den doppelten;
- Geschwister den dreifachen;
- Stiefeltern den vierfachen;
- Onkel, Tanten und Nachkommen von Geschwistern den fünffachen; sowie
- übrige erbberechtigte Personen und Nichtverwandte den sechsfachen

Betrag der einfachen Steuer.[1454] Der maximale Grenzsteuersatz bei der Erbschafts- und Schenkungssteuer im Kanton ZH beträgt somit 36 %.

(Nicht eingetragene) Konkubinatspartner sowie Stief-, Pflege- und Schwiegerkinder als auch juristische Personen aller Art gelten in der Regel als Nichtverwandte. Diverse Kantone kennen jedoch Spezialregelungen für den einen und/oder anderen Fall.

Daneben kennt nebst anderen Kantonen der Kanton ZH einen Spezialsteuersatz von 12 % für Vermögensübergänge an die im Erbschafts- und Schenkungssteuergesetz genannten außerkantonalen juristische Personen, für welche keine subjektive Steuerbefreiung auf Basis eines gewährten Gegenrechts greift.[1455]

1451 Im Kanton GE beträgt die maximale Steuerbelastung für Vermögensübergänge an Dritte 54.6 % (Steuersatz von 26 % gemäß Art. 21 LDS [Loi sur les droits de succession] bzw. Barème pour le calcul des droits de succession (BCDS) v. 8. 2. 2004, erhöht um zusätzliches Vielfaches von 110 % der kantonalen Steuer (sog. centimes additionelles)).

1452 Vgl. Höhn/Waldburger, Steuerrecht, Bd. I, S. 762 ff.; SSK, Steuerinformationen, Die Erbschafts- und Schenkungssteuern, S. 42 f.

1453 Vgl. § 22 Abs. 1 und 2 ESchG-ZH.

1454 Vgl. § 23 Abs. 1 ESchG-ZH.

1455 Vgl. § 22 Abs. 3 ESchG-ZH

PRAXISHINWEIS

Manche Kantone, wie bspw. AG, GR und NW, stellen darüber hinaus betreffend der Ermittlung des anzuwendenden Steuersatzes bei unentgeltlichen Zuwendungen an bzw. bei der Errichtung von Stiftungen (oder Trusts) ohne steuerbegünstigten Zweck auf das Verhältnis zwischen Stifter und Begünstigten der Stiftung (oder des Trusts) ab, sofern die Begünstigung eines aus Sicht des Stifters (oder Settlors) bei der Erbschafts- und Schenkungssteuer privilegierten Personenkreises unwiderruflich (und ausschließlich) erfolgt.

Nicht unerwähnt bleiben soll ferner eine derzeit exklusive Vorzugsbehandlung von Ausländern im Kanton VD.[1456] So reduziert sich der jeweils anwendbare Steuersatz für die ausschließlich im Kanton steuerbaren, unentgeltlichen (Teil-) Vermögensübergänge um die Hälfte, wenn es sich um (i) im Kanton eröffnete Erbschaften von Ausländern bzw. (ii) Schenkungen von im Kanton wohnhaften Ausländern, welche in der Schweiz keine Erwerbstätigkeit verfolgt haben bzw. verfolgen, handelt. Diese Regelung ist insbesondere auf Aufwandbesteuerte[1457] zugeschnitten.

PRAXISHINWEIS

Die Steuerberechnung erfolgt in allen Fällen unter Progressionsvorbehalt. D.h., ist ein Empfänger nur für einen Teil des ihm zugehenden Vermögens in einem Kanton steuerpflichtig, bestimmt sich die Steuer basierend auf dem Steuersatz für die gesamte ihm zugekommene Zuwendung.

Bei wiederholten Vermögensübergängen von demselben Erblasser bzw. Schenker an denselben Empfänger werden zur Vermeidung von Missbräuchen für die Satzbestimmung und die Ermittlung von Freibeträgen regelmäßig sämtliche Zuwendungen (Erbschaft und Schenkung) zusammengerechnet. Es sind jedoch kantonal unterschiedliche Regeln anzutreffen.[1458] So ist die Progressionsbrechung durch gestaffelte Zuwendungen bspw. im Kanton ZH gänzlich ausgeschlossen.[1459] Im Kanton BL werden Zuwendungen dagegen nur zusammengerechnet, wenn sie innerhalb einer 10-Jahres-Periode stattfinden,[1460] im Kanton BE sogar nur während einer 5-Jahres-Periode.[1461]

In einigen Kantonen existieren privilegierte Nachfolgelösungen für Unternehmungen mit Sitz in der Schweiz. Unter Einhaltung gewisser Voraussetzungen lässt sich bspw. die Erbschaftssteuerbelastung im Kanton ZH bei Unternehmensnachfolgen um 80 % reduzieren.[1462] Wichtigste Bedingung ist dabei regelmäßig die enge Verbundenheit des Empfängers der unentgeltlichen Zuwendung mit dem Unternehmen, sei es in Form einer (zukünftigen) selbständigen Erwerbstätigkeit oder als leitender Angestellter. Solche Regelungen sind insbesondere in denjenigen Fällen von Bedeutung, in welchen eine Unternehmung an weiter entfernte Familienmitglieder oder an Drittpersonen (leitende Angestellte) übertragen werden soll.

1456 Vgl. § 36 LMSD [Loi concernant le droit de mutation sur les transferts immobiliers et l'impôt sur les successions et donations].

1457 Vgl. A.IV.2.

1458 Vgl. Höhn/Waldburger, Steuerrecht, Bd. I, S. 763 f.

1459 Gemäß § 24 ESchG-ZH richtet sich der Steuersatz in solchen Konstellationen nach dem Gesamtbetrag.

1460 Vgl. § 12 Abs. 3 ESchG-BL.

1461 Vgl. Art. 17 Abs. 2 ESchG-BE.

1462 Vgl. § 25a ESchG-ZH. Es gilt allerdings zu erwähnen, dass die bspw. in § 25b ESchG-ZH vorgesehenen Bedingungen im Rahmen der Fortführung des Unternehmens während der nächsten zehn Jahre nach erfolgter Übertragung auf den Nachfolger im heutigem Umfeld wirklichkeitsfremd sind. Eine Verletzung derselben führt zu einer vollständigen resp. anteilmäßigen Nachveranlagung der ermäßigten Steuer.

IV.4.2.9. Steuerveranlagung

Stirbt eine steuerpflichtige Person und ist nach den Umständen davon auszugehen, dass (steuerbares) Vermögen vorhanden ist, sind die Steuerbehörden verpflichtet, innerhalb einer bestimmten Frist ein amtliches Inventar über das am Todestag bestehende Vermögen des Erblassers und der durch ihn in der Steuerpflicht vertretenen Personen (Ehegatte und Kinder unter elterlicher Sorge) aufzunehmen.[1463]

Die Veranlagung der Erbschaftssteuer erfolgt dann i. d. R. auf der Basis eines solchen Nachlassinventars, das je nach Kanton entweder von den zuständigen kantonalen Behörden, manchmal unter Mitwirkung der Wohnsitzgemeinde des Erblassers, oder teilweise auch nur durch letztere erstellt wird. In einigen Kantonen findet zudem keine kantonalrechtliche Inventarisation statt. Diesfalls erfolgt die Veranlagung aufgrund eines Privatinventars der Erben oder aufgrund der letzten Steuererklärung des Erblassers für direkte Bundessteuerzwecke.[1464]

Bei der Erbanfallsteuer wird regelmässig jeder Empfänger separat für den auf ihn entfallenden Vermögensteil veranlagt.[1465] Bei der Nachlasssteuer ist die Steuer in einem aus dem unverteilten Nettonachlassvermögen zu entrichten.[1466]

PRAXISHINWEIS

Unterlag der Erblasser der Besteuerung nach dem Aufwand,[1467] ist eine Inventaraufnahme angesichts der geografisch oft weit verstreuten Vermögenswerte meist sehr schwierig und nur unter unverhältnismäßig großem Aufwand durchführbar. Daher wird in der Praxis mit Vorteil noch zu Lebzeiten des Aufwandbesteuerten mit der zuständigen Steuerbehörde vereinbart, dass für die zukünftige Erbschaftsbesteuerung auf die mittels Steuererklärung deklarierten Vermögenswerte abgestellt werden kann. Diese Form der Privilegierung wurde jedoch im Zuge der sich verschärfenden Vorschriften zur Besteuerung nach dem Aufwand in einer nicht abschließend bekannten Anzahl von Fällen zumindest in einigen Kantonen eingestellt.

Oft zeigt sich im Inventarisationsverfahren aufgrund von neuen Tatsachen oder Beweismitteln, dass eine rechtskräftige Veranlagung des Erblassers unvollständig war. Da die Erben in die Rechte und Pflichten eines Verstorbenen eintreten, wird ein Nachsteuerverfahren, das beim Tod eines Steuerpflichtigen noch nicht eingeleitet oder noch nicht abgeschlossen ist, gegenüber den Erben durchgeführt.[1468] Die Erben haften für die Steuerschulden des Erblassers solidarisch bis zum Betrag ihres Erbteils.[1469] Die Einleitung eines Strafverfahrens gegen die Erben anstelle des Erblassers ist hingegen ausgeschlossen.

Bei der Nachbesteuerung in Erbfällen kann seit 2010 regelmässig eine Vereinfachung geltend gemacht werden. Gemäß dieser Neuregelung werden die Nachsteuern und Verzugszinsen nur noch für die letzten drei (statt bisher zehn) vor dem Tod des Erblassers abgelaufenen Steuerperioden erhoben. Die vereinfachte Nachbesteuerung kommt jedoch nur dann zur Anwendung,

1463 Vgl. Art. 54 StHG.
1464 Vgl. Höhn/Waldburger, Steuerrecht, Bd. I, S. 759; SSK, Steuerinformationen, Die Erbschafts- und Schenkungssteuern, S. 39.
1465 Vgl. SSK, Steuerinformationen, Die Erbschafts- und Schenkungssteuern, S. 40.
1466 Vgl. Art. 115 Abs. 1 StG-GR.
1467 Vgl. A.IV.2.
1468 Vgl. Art. 153 Abs. 2 DBG.
1469 Vgl. § 75 ESchG-ZH; Art. 115 Abs. 2 StG-GR.

wenn die Unterbesteuerung des Erblassers den Steuerbehörden nicht bereits bekannt war, die Erben die Steuerbehörden bei den Ermittlungen der Nachsteuerfaktoren vorbehaltlos unterstützen und sie sich ernstlich um die Bezahlung der Nachsteuer bemühen. Wird die Erbschaft amtlich oder konkursamtlich liquidiert, ist die vereinfachte Nachbesteuerung ausgeschlossen.[1470]

Im Schenkungsfall hat i. d. R. der Beschenkte eine spezielle Steuererklärung einzureichen. In einer Minderheit der Kantone ist zusätzlich der Schenker anmeldepflichtig.[1471]

PRAXISHINWEIS

Bei (steuerfreien) Schenkungen an den Ehegatten oder die direkten Nachkommen genügt es, wenn im ordentlichen Einkommenssteuererklärungsverfahren eine entsprechende Bemerkung, welche auf das Vorliegen einer Schenkung hinweist, angebracht wird. Dabei gilt es, den Schenker sowie den Betrag zu nennen.

IV.4.2.10. Eidgenössische Volksinitiative (Verfassungsebene)

IV.4.2.10.1. Grundsätzliches

Am 15. 2. 2013 wurde von den Initianten aus diversen politischen Parteien und des Schweizerischen Gewerkschaftsbundes (SGB) die Eidgenössische Volksinitiative „Millionen-Erbschaften besteuern für unsere AHV (Erbschaftssteuerreform)“ eingereicht – mit dem Ziel, eine nationale Erbschafts- und Schenkungssteuer zugunsten der AHV einzuführen.[1472] Mit Stichtag 12. 3. 2013 kam die Volksinitiative formell zustande.[1473]

PRAXISHINWEIS

Wie jede Verfassungsänderung bedarf auch eine Volksinitiative nebst der Zustimmung der Mehrheit der Stimmbürger das Ständemehr bzw. die Mehrheit der Kantone. Gemäß der in der Volksinitiative vorgesehenen Übergangsbestimmung finden die neuen Verfassungsbestimmungen am 1. Januar des zweiten Jahres nach ihrer Annahme direkt Anwendung. Auf den gleichen Zeitpunkt sollen die kantonalen Erbschafts- und Schenkungssteuererlasse aufgehoben werden.

Der Bundesrat teilte in seiner Botschaft vom 13. 12. 2013[1474] mit, dass er die Volksinitiative zur Einführung einer Erbschafts- und Schenkungssteuer auf Bundesebene mit der Begründung ablehne, dass eine solche Kompetenzverlagerung von den Kantonen zum Bund einen Eingriff in die Steuerhoheit sowie in das Steuersubstrat der Kantone darstelle und die Ausgestaltung der neuen Bestimmungen insbesondere hinsichtlich der rückwirkenden Anrechnung der Schenkungen ab dem 1. 1. 2012 problematisch sei. Entsprechend wäre der Volksinitiative auch kein direkter Gegenentwurf oder indirekter Gegenvorschlag gegenüber zu stellen.

1470 Vgl. Art. 153a DBG; Art. 53a StHG.
1471 Vgl. SSK, Steuerinformationen, Die Erbschafts- und Schenkungssteuern, S. 41.
1472 Zum Gegenstand der Eidg. Volksinitiative vgl. A.IV.2.10.2.
1473 Vgl. BBl 2013, S. 2267.
1474 Vgl. BBl 2014, S. 125.

PRAXISHINWEIS

Lehre und Rechtsprechung verneinen die Anwendbarkeit von neuen Rechtsvorschriften auf bereits abgeschlossene Sachverhalte. Diese Sichtweise ergibt sich aufgrund des Legalitätsprinzips von Art. 5 Abs. 1 BV und dem daraus abgeleiteten Grundsatz der Rechtssicherheit, dem Grundsatz von Treu und Glauben nach Art. 9 BV (Vertrauensschutz) und dem Rechtsgleichheitsgebot gemäß Art. 8 Abs. 1 BV. Eine (echte) Rückwirkung wird nur in Ausnahmefällen unter kumulativ zu erfüllenden, restriktiven Bedingungen wie das Vorliegen einer ausdrücklichen (gesetzlichen) Anordnung, die Rechtfertigung durch triftige Gründe, die Mäßigkeit der zeitlichen Distanz (insbesondere mit Blick auf die Voraussehbarkeit der Gesetzesänderung; ca. ein Jahr[1475]), das Fehlen von stoßenden Rechtsungleichheiten und Eingriffen in wohlerworbene Rechte, zugelassen. Vorliegend fehlt es zumindest an der zeitlichen Mäßigkeit und triftige Gründe, wie bspw. fiskalische Interessen,[1476] dürften ebenso nicht vorliegen. Die im Initiativtext vorgesehene Rückwirkungsklausel qualifiziert demzufolge mit großer Wahrscheinlichkeit als mit den höchstrichterlich entwickelten Voraussetzungen unvereinbar. Ob die Volksinitiative als Ganzes – weil gegen die inhaltlichen Schranken von Art. 139 Abs. 3 BV hinsichtlich der Teilrevision der Bundesverfassung (Einheit der Form, Einheit der Materie, zwingende Bestimmungen des Völkerrechts) verstoßend – von der Bundesversammlung (Parlament) als ungültig erklärt werden kann bzw. wird, bleibt abzuwarten.[1477]

Gemäß dem für den vorliegenden Fall formell vorgesehenen Prozedere hat die Bundesversammlung 30 Monate ab Einreichung der Volksinitiative, d. h. bis zum 15. 8. 2015, Zeit darüber zu beschließen, ob sie die Initiative Volk und Ständen (Kantone) zur Annahme oder Ablehnung empfiehlt.[1478] Im Anschluss daran muss der Bundesrat die Volksinitiative frühestens vier Monate resp. spätestens zehn Monate nach der Schlussabstimmung in der Bundesversammlung, spätestens aber zehn Monate[1479] nach Ablauf der Frist vom 15. 8. 2015, dem Volk zur Abstimmung unterbreiten. Hinsichtlich der Chronologie des parlamentarischen Verfahrens wird auf die Abbildung in A.IV.2.6.2. verwiesen.

Nun hatte der Ständerat die Vorlage am 3. 6. 2014 vorerst einmal an die Kommissionen für Wirtschaft und Abgaben (WAK) zwecks vertiefter Prüfung der Gültigkeit der Volksinitiative zurückgewiesen. Primärer Grund dafür schien die Rückwirkungsklausel im Initiativtext gewesen zu sein.[1480] Die Staatspolitische Kommission des Ständerates (SPK-S) hielt daraufhin fest, dass die Volksinitiative gemäß den heute geltenden Prüfungskriterien als gültig erachtet werden kann.

1475 Das Schweizerische Bundesgericht hat eine Rückwirkung von „nicht einmal ganz einem Jahr" als noch zulässig taxiert (vgl. BGE 102 Ia 69 E. 3.b S. 75).

1476 Gemäß höchstrichterlicher Rechtsprechung gelten fiskalische Interessen höchstens dann als triftiger Grund, wenn die öffentlichen Finanzen in Gefahr sind (vgl. BGE 119 Ia 254 E. 3.b S. 260).

1477 Vgl. Opel/Schaltegger, ASA 82 (2013/2014), S. 192 f., welche in der Rückwirkungsklausel eine Unvereinbarkeit mit der ständigen Rechtsprechung des Bundesgerichts erblicken, die Volksinitiative insgesamt aber als gültig erachten. Anderer Meinung dagegen Giger, in NZZ v. 31. 7. 2014, S. 15, der nicht nur eine unzulässige Rückwirkung, sondern darüber hinaus eine Verletzung von Grundprinzipien der Bundesverfassung und zwingenden Bestimmungen des Völkerrechts und folglich die Voraussetzung für eine Ungültigkeitserklärung durch die Bundesversammlung als erfüllt betrachtet beurteilt.

1478 Vgl. Art. 75a Abs. 4 des Bundesgesetzes über die politischen Rechte v. 17. 12. 1976 (BPR; SR 161.1) i. V. m. Art. 100 des Bundesgesetzes über die Bundesversammlung v. 13. 12. 2002 (Parlamentsgesetz, ParlG; SR 171.10).

1479 Vgl. Art. 75a Abs. 1 BPR. Im Rahmen der laufenden Revision des BPR wird die Frist von maximal zehn Monaten zwischen der Schlussabstimmung im Parlament und der Volksabstimmung zu einer Volksinitiative mit großer Wahrscheinlichkeit verlängert. Nationalrat und Ständerat haben sich in der Schlussabstimmung vom 26. 9. 2014 darüber geeinigt, wie die Verlängerung ausgestaltet werden soll. Die Frist soll sich nun von zehn auf 16 Monate verlängern, wenn diese zum Zeitpunkt zwischen zehn und drei Monaten vor der nächsten Gesamterneuerung des Nationalrats beginnt. Die Referendumsfrist läuft bis zum 15. 1. 2015 (vgl. BBl 2014, S. 7271 ff.).

1480 Vgl. Flückiger, NZZ v. 4. 6. 2014, S. 9.

Nach der Ablehnungsempfehlung durch den Ständerat geht das Geschäft nun in die vorberatende Kommission des Nationalrates.[1481]

PRAXISHINWEIS

Es lässt sich unschwer erkennen, dass dieses Geschäft nicht annähernd abstimmungsreif ist, aber gleichzeitig nicht ausschließen, dass die laufende Wintersession des Schweizer Parlaments noch für Überraschungen sorgen wird. So ist es durchaus denkbar, dass der Nationalrat die Vorlage doch noch zu Ende berät und – wie zuvor der Ständerat – dem Volk und Ständen zur Ablehnung empfiehlt. Diesfalls wäre es sogar möglich, dass der Abstimmungstermin – wie zuvor schon bei der Eidg. Volksinitiative „Schluss mit den Steuerprivilegien für Millionäre (Abschaffung der Pauschalbesteuerung)" – früher angesetzt wird, bspw. im zweiten Quartal 2015.

Aufgrund der Vorgaben des derzeit gültigen Parlamentsgesetzes und des Gesetzes über die politischen Rechte lässt sich immerhin – die Gültigkeit der Volksinitiative vorausgesetzt – bemerken, dass die Abstimmung im Volk und bei den Ständen (Kantone) spätestens Mitte Juni 2016 erfolgt sein muss. Die neuen Artikel 112 Abs. 3 Bst. a^{bis} und 129a [Erbschafts- und Schenkungssteuer] sowie 197 Ziff. *[1482] der Bundesverfassung treten – falls die Volksinitiative denn beim Schweizer Stimmbürger und den Ständen (Kantone) eine Mehrheit findet – am 1. Januar des zweiten Jahres nach der Annahme der Volksinitiative als direkt anwendbares Recht in Kraft. Dies wäre somit frühestens per 1. 1. 2018. Die kantonalen Erbschafts- und Schenkungssteuererlasse würden zeitgleich aufgehoben.

IV.4.2.10.2. Gegenstand der Eidgenössischen Volksinitiative[1483]

Eine Annahme der Volksinitiative würde den Bund zur Erhebung einer (nationalen) Erbschafts- und Schenkungssteuer von 20 % ermächtigen. Die Steuer wäre von den Kantonen zu veranlagen und einzuziehen.

Die Erbschaftssteuer soll auf dem Nachlass[1484] von natürlichen Personen erhoben werden, die ihren Wohnsitz im Zeitpunkt des Todes in der Schweiz hatten oder bei denen der Erbgang in der Schweiz eröffnet wurde. Die Erhebung der Schenkungssteuer soll beim Schenker[1485] stattfinden.

PRAXISHINWEIS

Die alternative Anknüpfung der Erbschaftssteuer an den letzten Wohnsitz des Erblassers bzw. den Ort, wo der Nachlass eröffnet wird, dürfte zu Doppelbesteuerungskonflikten führen. Weiter ist nichts zu den bisher geltenden unilateralen Freistellungen, bspw. in Bezug auf ausländische Grundstücke, erwähnt. Schließlich lässt der Initiativtext auch offen, ob eine Erhebung der Schenkungssteuer an das Erfordernis einer schweizerischen Ansässigkeit des Schenkers anknüpft.

Der steuerpflichtige Nachlass soll sich aus dem Verkehrswert der Aktiven und Passiven im Zeitpunkt des Todes des Erblassers, den steuerpflichtigen Schenkungen, die der Erblasser ausgerichtet hat, sowie den Vermögenswerten, die zur Umgehung der Steuer in Familienstiftungen, Versicherungen und dergl. investiert wurden, zusammensetzen.

1481 Vgl. Medienmitteilung der SPK-S v. 22. 8. 2014; Häfliger, NZZ v. 25. 9. 2014, S. 11.

1482 Da die Volksinitiative keine bestehende Übergangsbestimmung der Bundesverfassung ersetzen wird, erhält die Übergangsbestimmung zum maßgeblichen Artikel erst nach erfolgter Volksabstimmung die endgültige Ziffer.

1483 Vgl. Entwurf des Bundesbeschlusses über die Volksinitiative „Millionen-Erbschaften besteuern für unsere AHV (Erbschaftssteuerreform)" in BBl 2014, S. 151.

1484 D. h. als Nachlasssteuer auf dem gesamten ungeteilten Vermögen statt – wie bisher mehrheitlich – als Erbanfallsteuer auf den einzelnen Vermögensübergängen.

1485 Und nicht – wie bisher – beim Beschenkten.

PRAXISHINWEIS

Die im Initiativtext vorgesehene Steuerumgehungs- und Generalklausel zur Verhinderung von nicht explizit genannten Planungsmaßnahmen zeigt deutlich, dass die Steuer nicht am zivilrechtlichen Vorgang einer Erbschaft oder Schenkung, sondern an einer wirtschaftlichen Betrachtungsweise anknüpfen soll.

Nicht besteuert werden sollen dagegen Teile des Nachlasses und diejenigen Schenkungen, welche dem Ehegatten, dem registrierten Partner oder steuerbefreiten juristischen Personen zugewendet werden, sowie Geschenke von höchstens CHF 20'000 pro Jahr und beschenkter Person. Darüber hinaus kommt ein genereller, einmaliger Freibetrag von CHF 2 Mio. auf der Summe des Nachlasses und aller steuerpflichtigen Schenkungen derselben Person zur Anwendung.

PRAXISHINWEIS

Im Ergebnis wären somit in Zukunft grundsätzlich alle direkten Nachkommen (neu) mit einer 20 %igen Erbschafts- und Schenkungssteuer belastet.

Weiter sieht die Initiative vor, dass Schenkungen ab dem 1. 1. 2012 rückwirkend dem Nachlass zugerechnet werden. Eine auf solchen rückwirkend erfassten Schenkungen bereits abgeführte kantonale Schenkungssteuer soll an die neu geschuldete nationale Nachlasssteuer angerechnet werden.[1486]

Vorbehalten bleibt eine ermäßigte Besteuerung in Fällen, bei denen Unternehmen oder Landwirtschaftsbetriebe zum Nachlass oder zur Schenkung gehören und diese von den Empfängern (Erben, Beschenkte) mindestens zehn Jahre weitergeführt werden.

Schließlich wird der Bundesrat dazu angehalten, entsprechende Ausführungsvorschriften für die Zeit bis zum Inkrafttreten eines Ausführungsgesetzes zu erlassen.

PRAXISHINWEIS

Eine Ermäßigung des anwendbaren Erbschafts- und Schenkungssteuersatzes bei Unternehmensnachfolgen auf bspw. 5 % wäre sicherlich denkbar. Ebenso könnte das Parlament für im Rahmen der Erbfolge entstehende Liquiditätsengpässe entsprechende Zahlungsaufschubsvorschriften erlassen. In praktischer Hinsicht eine Herausforderung wäre hingegen die Definition der Betriebsweiterführung sowie die Grenzziehung zwischen erlaubten und schädlichen Rechtsgeschäften wie bspw. die Verlagerung von Privat- ins Geschäftsvermögen im Vorfeld einer sich abzeichnenden Unternehmensnachfolge.

Die Erträge aus der (nationalen) Erbschafts- und Schenkungssteuer sollen zu zwei Drittel dem Ausgleichsfonds der Alters- und Hinterlassenenversicherung sowie zu einem Drittel den Kantonen zukommen.

PRAXISHINWEIS

Die Zweckbindung von Steuereinnahmen bewirkt, dass ein Teil der Geldströme nicht für die periodisch stattfindenden Verteilungsdiskussionen verfügbar sind und die Spielräume für die Prioritätensetzung in der Politik entsprechend eingeschränkt werden.

1486 Vgl. Praxishinweis in A.IV.4.2.10.1.

B. Doppelbesteuerungsabkommen in der Steuerplanung: Das DBA Deutschland – Schweiz

I. Überblick

Mit einem Doppelbesteuerungsabkommen soll die Kollision von nationalen Besteuerungsansprüchen zwischen zwei Staaten – vorliegend Deutschland und die Schweiz – vermieden werden. Das DBA begründet somit keine materielle Steuerpflicht, sondern entfaltet vielmehr eine Schrankenfunktion.[1487] Hiernach werden die Besteuerungsrechte zwischen dem Staat, in dem die Einkunftsquelle liegt (sog. Quellenstaat), und dem Wohnsitz- bzw. Ansässigkeitsstaat, in dem der Steuerpflichtige ansässig ist (Ansässigkeitsstaat), aufgeteilt und/oder zugewiesen.

Die Schweiz hat über 100 Doppelbesteuerungsabkommen abgeschlossen, was ein wichtiger Standortvorteil der Schweiz ist. Auch zwischen der Schweiz und Deutschland besteht ein Doppelbesteuerungsabkommen auf dem Gebiet der Steuern vom Einkommen und Vermögen (hiernach DBA D-CH). Das DBA D-CH entspricht in der Gesamtkonzeption dem OECD-Musterabkommen (hiernach OECD-MA), es kennt jedoch eine Vielzahl elementarer Abweichungen, die für die Gestaltungspraxis von größter Relevanz sind.

Diese Buchpublikation kann keine ausführliche DBA-Kommentierung ersetzen. Daher sollen im Rahmen dieser Buchpublikation ausschließlich die

1. wichtigsten Abweichungen des DBA D-CH zum OECD-Musterabkommen erläutert,
2. abkommensrechtliche Änderungen und Neuerungen der letzten Jahre aufgezeigt sowie
3. ausgewählte Urteile erörtert werden.

Für eine Detailanalyse aller Normen des DBA D-CH wird auf die einschlägigen Kommentare verwiesen.[1488] Für Ausführungen zum DBA D-CH auf dem Gebiet der Nachlass- und Erbschaftsteuern wird auf E.III.2. verwiesen.

II. Wichtige DBA-Teilrevisionen und notwendiger Revisionsbedarf

II.1. DBA-Teilrevision 2002

Das DBA D-CH hat mit der Teilrevision 2002 in den folgenden Bereichen wesentliche Änderungen erfahren:

1. Die Einführung der Nullregelung auf Dividendenausschüttungen und Entlastung von der Schweizer Verrechnungssteuer (Entlastung an der Quelle; vgl. B.VIII.)
2. Der Verweis auf die nationalen Missbrauchsvorschriften (vgl. B.XV.)
3. Die Gewährung der Amtshilfe bei Betrugsdelikten (vgl. B.XIX.2.)

1487 So in ständiger BFH-Rechtsprechung u. a. BFH v. 14. 3. 1989, BStBl. II 1989, S. 599.

1488 Vgl. u. a. Flick/Wassermeyer/Kempermann, DBA Deutschland-Schweiz; Debatin/Wassermeyer, Doppelbesteuerung; Locher/Meier/Kolb/von Siebenthal / Kolb, DBA Schweiz-Deutschland; Vogel/Lehner, DBA; Gosch/Kroppen/Grotherr, DBA-Kommentar, Kolb/Kubaile, Kompaktkommentar DBA D-CH, Handelskammer D-CH.

Die nachfolgende Darstellung gibt eine Übersicht über das Inkrafttreten der einzelnen revidierten Bestimmungen:

Vorschrift	1. 1. 2002	1. 7. 2003	1. 1. 2004
Nullregelung (Art. 10 Abs. 3 DBA D-CH)	X		
Entlastung von der Schweizer Quellensteuer durch das sog. Meldeverfahren		X	
Missbrauchsklausel (Art. 23 DBA D-CH)			X
Amtshilfeklausel bei Betrugsdelikten (Art. 27 DBA D-CH)			X

Ebenfalls seit der DBA-Teilrevision von 2002 ist in der Schweiz mit dem Inkrafttreten von Art. 15 EU Zinsbesteuerungsabkommen zum 1. 7. 2005 eine wichtige (nationale) Änderung anzuwenden, die abkommensrechtliche Relevanz haben kann. Die entsprechenden Folgen werden in B.VIII.5. dargestellt.

II.2. DBA-Teilrevision 2010

Am 26. 3. 2010 wurde das Änderungsprotokoll zum DBA D-CH paraphiert. Am 27. 10. 2010 wurde es unterschrieben und durch Austausch der Ratifikationsurkunden am 22. 12. 2011 ist es in Kraft getreten. Zentrale Änderung ist die Umsetzung der sog. Großen Amtshilfeklausel entsprechend Art. 26 OECD-MA. Es gibt aber auch weitere wichtige Änderungen, die in der täglichen Arbeit bedeutend sein können:

1. Anpassung der sog. Nullregelung an die EU Mutter-Tochter-Richtlinie (vgl. B.VIII.3.);
2. Temporäre Sonderregelung für internationales Flugpersonal (vgl. B.XII.2.2.);
3. Erweiterung der Diskriminierungsklausel (vgl. B.XVII.);
4. Einführung einer Schiedsklausel (vgl. B.XVIII.2.);
5. Große Amtshilfeklausel (vgl. B.XIX.4.).

Die nachfolgende Darstellung gibt eine Übersicht über das Inkrafttreten der einzelnen revidierten Bestimmungen:

Vorschrift	1. 1. 2011	Alle am 22. 12. 2011 „offenen Fälle“	Ab 1. 1. 2012 ff.	VZ 2012 bis einschl. 2017
Anpassung der Nullregelung (Art. 10 Abs. 3 DBA D-CH)			X	
Übergangsregelung für internationales Flugpersonal				X
Erweiterung der Diskriminierungsklausel (Art. 25 Abs. 3 DBA D-CH)			X	
Einführung einer Schiedsklausel (Art. 26 Abs. 5-7 DBA D-CH)		X		
Große Amtshilfeklausel / Informationsaustausch (Art. 27 DBA D-CH)	X			

II.3 Notwendiger DBA-Revisionsbedarf

Bereits im Rahmen der DBA-Teilrevision 2010 wurde eine große DBA-Revision vereinbart, die gemäß Protokoll eigentlich innerhalb von zwei Jahren hätte beginnen müssen (drei Jahre hinsichtlich der Überarbeitung des ErbSt-DBA D-CH). Auf Wunsch der Schweiz wurde der Beginn der Verhandlungen über die Revision des DBA D-CH verschoben. Nach einem ersten Sondierungsgespräch im November 2013 in Berlin gab es eine erste, offizielle Verhandlungsrunde zur DBA-Revision im Mai 2014 in Bern, gefolgt von einer nächsten Verhandlungsrunde im November 2014 in Berlin. Eine Gesamteinigung wird aber nicht vor 2016 erwartet.

Das DBA D-CH kennt zu Lasten der Schweiz signifikante Abweichungen vom OECD-Musterabkommen. Ferner gibt es eine Reihe von Normen, die in der Praxis zu vielen Diskussionen führen und die daher im Sinne einer Rechts- und Planungssicherheit überarbeitet werden sollten. Hinzu kommt bspw. die Zustellung von Steuerbescheiden in den jeweiligen Nachbarstaat, eine Thematik, die ebenfalls im Rahmen der Verhandlungen geklärt werden soll. Es folgt ein Auszug der wichtigsten Regelungen im DBA D-CH, die – nach Auffassung der Autoren – geändert oder ersatzlos gestrichen werden sollten:

- Die Normen zur überdachenden und konkurrierenden Besteuerung (Art. 4 Abs. 3, 4 und 9 DBA D-CH, vgl. B.IV.) haben keine Berechtigung und sind ansonsten in keinem anderen DBA zu finden. Sie bedeuten eine massive Schlechterstellung der Schweiz (vgl. B.IV.3./4./9.) und sind zwischen Nachbarstaaten nicht akzeptabel. Sie beeinträchtigen u. a. die Ansässigkeit von Personen und verstoßen nach Auffassung der Autoren damit auch gegen die zwischen der EU und der Schweiz in den Bilateralen Verträgen I bestimmte Niederlassungsfreiheit: Der EuGH entschied zumindest in der Rs. Ettwein, dass Deutschland die fiktive unbeschränkte Steuerpflicht auch für in der Schweiz ansässige Deutsche anwenden muss.[1489] Ferner legte das FG Stuttgart dem EuGH die Frage zur Prüfung vor, ob Art. 4 Abs. 4 DBA D-CH eine Diskriminierung wegen der Staatsbürgerschaft und einen Verstoß gegen die Bestimmungen über die **Arbeitnehmer- und Personen- Freizügigkeit i. S. d. Freizügigkeitsabkommen** darstelle.[1490]
- Die Regelungen in Art. 7 Abs. 7 Satz 2 DBA D-CH sollten im Lichte der höchstrichterlichen BFH-Rechtsprechung zumindest in den Fällen gestrichen werden, bei denen in Deutschland ausschließlich aufgrund der Rechtsform (gewerbliche Prägung) eine gewerbliche Tätigkeit vorliegt und damit der Betriebsstätten-Vorbehalt greifen soll, es aber an einer eigenen gewerblichen Tätigkeit mangelt (vgl. B.VII.2.). Ferner muss klargestellt werden, ob es sich nach Auffassung beider Vertragsstaaten bei Art. 7 Abs. 7 Satz 2 DBA D-CH um eine exemplarische oder abschließende Aufzählung handelt.
- Seit Jahren beschäftigen die Regelungen zur Grenzgängerbesteuerung (Art. 15a DBA D-CH, vgl. B.XII.2.4.) und zum leitenden Angestellten (Art. 15 Abs. 4 DBA D-CH, vgl. B.XII.2.3.) die Gerichte. Hier müssen endlich eindeutige Regelungen gefunden werden, die von beiden Ver-

1489 Vgl. EuGH v. 28. 2. 2013, C-425/11. Das BMF reagierte schnell mit dem BMF-Schreiben v. 16. 9. 2013, BStBl. I 2013, S. 1325 und lässt die Anwendung von § 1a Abs. 1 EStG auch für Staatsangehörige eines Mitgliedsstaates der EU/EWR zu, wenn der Empfänger der Leistungen i. S. d. § 1a Abs. 2 Nr. 1 und 1a, die ausgleichsberechtigte Person i. S. d. Nr. 1b oder der Ehegatte/Lebenspartner i. S. d. Nr. 2 seinen/ihren Wohnsitz oder gewöhnlichen Aufenthalt in der Schweiz haben. Diese Regelung gilt für alle noch nicht bestandskräftigen Fälle.

1490 Vgl. FG Baden-Württemberg v. 3. 6. 2014 Az. 3K 2654/11am EuGH unter dem Az. C – 241/14 anhängig. Allerdings sah der EuGH in seiner bisherigen Rechtsprechung keine Diskriminierung, wenn Besteuerungsunterschiede auf der Staatsbürgerschaft basierten (vgl. EuGH in der Rs Gilly, EuGH v. 12. 5. 1998 – C 336/96, FR 1998, S. 847).

tragsstaaten akzeptiert werden. Strittig sind einerseits die Ermittlung der sog. Nicht-Rückkehrtage bei Grenzgängern sowie andererseits die Fragestellung, wer alles als leitender Angestellter i. S. d. Art. 15 Abs. 4 DBA D-CH qualifiziert und wie diese Stellung nachzuweisen ist. Die Forderung der Eintragung in das Handelsregister (vgl. das entsprechende Verständigungsverfahren) mag hier dem ersten Anschein nach eine Alternative sein. Das Problem ist jedoch, dass diese Alternative letztendlich zum Ausschluss der Anwendung führt, wenn wie vorliegend bspw. in der Schweiz, nicht jede der genannten Funktionen in das Handelsregister eingetragen werden kann. Dies verstößt gegen den DBA Wortlaut.

- Das DBA D-CH kennt mit Art. 23 eine Regelung, die durch den Verweis auf die jeweiligen nationalen Missbrauchsnormen sehr weit gefasst ist. Sie kann faktisch alle nationalen, deutschen Normen erfassen, die die Finanzverwaltung als Missbrauchsnorm ansieht. Gerade in diesem Bereich war der deutsche Gesetzgeber in den letzten Jahren sehr fleißig und hat u. a. eine Vielzahl von Treaty Overrides und Switch-over Klauseln umgesetzt. Auch der BFH sieht diese Entwicklung kritisch und hat bspw. die Fragestellung des Treaty Overrides dem Bundverfassungsgericht vorgelegt.[1491] Im Sinne einer Planungs- und Rechtssicherheit sollte hier – wie in anderen DBA geschehen und auch im OECD-Musterabkommen der Fall – eine Einschränkung der Anwendungsfälle auf echte Missbrauchsfälle erwirkt werden.

PRAXISHINWEIS

Folgende DBA-Änderungen bzw. Streichungen sind zwingend notwendig:

1. Art. 4 Abs. 3 DBA D-CH: Ersatzlos streichen;
2. Art. 4 Abs. 4 DBA D-CH: Ersatzlos streichen;
3. Art. 4 Abs. 9 DBA D-CH: Ersatzlos streichen;
4. Art. 5 DBA D-CH: Ggf. Erweiterung um Dienstleistungsbetriebsstätte;
5. Art. 7 Abs. 2 und 4 DBA D-CH: Anpassung an Authorized OECD Approach (AOA);
6. Art. 7 Abs. 7 S. 2 DBA D-CH: Ersatzlos streichen oder zumindest an aktuelle BFH-Rechtsprechung anpassen;[1492]
7. Klarstellung der korrespondierenden Berichtigung bei Verrechnungspreisen (Art. 9 DBA D-CH);
8. Klarstellende Erfassung von Pensionseinrichtungen und Stiftungen als mögliche (unmittelbare) Dividendenempfänger im Sinne von Art. 10 DBA D-CH;
9. Art. 13 Abs. 5 DBA D-CH: Erweiterung auf weltweite Beteiligungen;
10. Art. 15a DBA D-CH: Streitigkeiten (insbesondere bzgl. Nichtrückkehrtage) beseitigen; ferner Einführung einer Anrechnungsmethode in der Schweiz (statt 4/5-Methode);
11. Art. 23 DBA D-CH: Konkrete Missbrauchsfälle bzw. -klausel formulieren (§ 50d Abs. 3 EStG ist bspw. weder ein typischer Fall für Steuerumgehung noch für -hinterziehung);

1491 Mit Beschluss v. 11. 12. 2013 I R 4/13, DStR 2014, S. 306, hat der BFH dem Bundesverfassungsgericht (erneut) die Frage vorgelegt, ob der Gesetzgeber durch ein Treaty Override gegen Verfassungsrecht verstößt. Konkreter Hintergrund ist die Regelung von § 50d Abs. 10 EStG, nach der sog. Sonderbetriebsvermögen – entgegen der BFH-Rechtsprechung – der deutschen Besteuerung unterliegen können. Der BFH ist wohl davon überzeugt, dass dies nicht in Einklang mit der verfassungsmäßigen Ordnung steht. Das Gesetz setzt sich im Ergebnis einseitig über die völkerrechtlich vereinbarte Qualifikation der Darlehenszinsen hinweg; der Völkerrechtsvertrag wird gebrochen. Da der deutsche Gesetzgeber vor allem in der jüngeren Vergangenheit in erheblichem Maße von dem seit langem umstrittenen Mittel des Treaty Override Gebrauch gemacht hat, steht zu erwarten, dass sich noch weitere Regelungen an diesen Maßstäben messen lassen müssen. Bereits mit Beschluss v. 10. 11. 2012 I R 66/09 hatte der BFH im Hinblick auf § 50d Abs. 8 EStG dem Bundesverfassungsgericht diese Fragestellung vorgelegt.

1492 Vgl. zur Kritik B.VII.2.

12. Art. 24 Abs. 1 Nr. 1b: Um § 8 Abs. 1 Nr. 8 und 9 AStG ergänzen.
13. Art. 24 Abs. 1 Nr. 1: Freistellungsmethode um Immobilieneinkünfte erweitern
14. Art. 26 Abs. 6 c) aa): Schiedsverfahren sollte bereits nach zwei Jahren beginnen (entsprechend OECD-MA)

III. Konsultationsvereinbarungsverordnung

Der BFH urteilte,[1493] dass Verständigungsvereinbarungen nur Anwendung finden können, wenn sich diese innerhalb des durch die Doppelbesteuerungsabkommen gesetzten Rahmens bewegen. Auch das Schweizerische Bundesgericht kam unabhängig vom BFH fast zeitgleich zum gleichen Ergebnis.[1494]

Verständigungsvereinbarungen binden somit nicht die Rechtsprechung, da durch die Vereinbarung einer Verständigungs- oder Konsultationsvereinbarung die Vertreter der Finanzverwaltung nicht als „Ersatzgesetzgeber“ auftreten können. Vielmehr bildet der Abkommenswortlaut die „Grenzmarke“ für das Abkommensverständnis. Dabei sind bei der Auslegung des DBA die Grundsätze von Treu und Glauben zu berücksichtigen. Dies geschieht in Übereinstimmung mit der gewöhnlichen, der jeweiligen Vertragsbestimmung in ihrem Zusammenhang zukommenden Bedeutung im Lichte des Zieles und Zweckes des Vertrages. Dabei kann relevant werden:

1. Jede spätere Übereinkunft zwischen den Vertragsparteien über die Auslegung und die Bestimmungen des DBA sowie
2. jede spätere Übung bei der Anwendung des DBA,

aus der die gemeinsame Haltung der Vertragsparteien über die DBA-Auslegung ersichtlich wird.

Der deutsche Gesetzgeber reagierte umgehend auf die BFH-Rechtsprechung und schuf mit § 2 Abs. 2 AO einen gesetzgeberischen Rahmen für die Transformation von Konsultations- und Verständigungsvereinbarungen in geltendes Recht. Auf Basis von § 2 Abs. 2 AO wurden die wesentlichen Verhandlungsergebnisse der bisherigen Konsultations- und Verständigungsvereinbarungen in der sog. Verordnung zur Umsetzung von Konsultationsvereinbarungen zwischen der Bundesrepublik Deutschland und der Schweizerischen Eidgenossenschaft (Deutsch-Schweizerische Konsultationsvereinbarungsverordnung – KonsVerCHEV) vom 20. 12. 2010[1495] in Gestalt einer Rechtsverordnung in geltendes Gesetz umgesetzt. Nach Art. 97 § 1 Abs. 9 EGAO ist die KonsVerCHEV mit Wirkung für alle Veranlagungszeiträume ab 2010 anwendbar.

Inhalte der aktuellen KonsVerCHEV:[1496]

Abschnitt 1: Allgemeines

- *§ 1 KonsVerCHEV:* *Abkommen*
- *§ 2 KonsVerCHEV:* *Anwendungsbereich*

Abschnitt 2: Schenkungen

- *§ 3 KonsVerCHEV:* *Schenkungen von Geschäftsbetrieben*

1493 BFH v. 2. 9. 2009, I R 90/08, BStBl. II 2010, S. 394, Rz. 20; v. 2. 9. 2009, I R 110/08, BStBl. II 2010, S. 387, Rz. 16.
1494 Vgl. BVGer v. 22. 1. 2010, A-7789-2009, Entscheid in Sachen UBS.
1495 Vgl. KonsVerCHEV v. 20. 12. 2010, BGBl. I 2010, S. 2187.
1496 Vgl. KonsVerCHEV v. 22. 12. 2010, BGBl. I 2010, S. 2187.

Abschnitt 3: Grenzgängerbesteuerung (Art. 15a)

- *§ 4 KonsVerCHEV:* *Ansässigkeit*
- *§ 5 KonsVerCHEV:* *Ansässigkeitsbescheinigung*
- *§ 6 KonsVerCHEV:* *Arbeitsort*
- *§ 7 KonsVerCHEV:* *Geringfügige Arbeitsverhältnisse*
- *§ 8 KonsVerCHEV:* *Nichtrückkehrtage*
- *§ 9 KonsVerCHEV:* *Kürzung der 60-Tage-Grenze*
- *§ 10 KonsVerCHEV:* *Bescheinigung über die Nichtrückkehrtage*
- *§ 11 KonsVerCHEV:* *Bemessungsgrundlage und -zeitraum*
- *§ 12 KonsVerCHEV:* *Ansässigkeit Deutschland*
- *§ 13 KonsVerCHEV:* *Grundsätze der Steuerberechnung*
- *§ 14 KonsVerCHEV:* *Nach amtlichen Vorgaben ermittelte Lohnsteuer ist niedriger als 4.5 Prozent*
- *§ 15 KonsVerCHEV:* *Verpflichtung zur Änderung der Abzugsteuer*
- *§ 16 KonsVerCHEV:* *Nachweis der Bruttovergütungen*
- *§ 17 KonsVerCHEV:* *Verschiedene Sonderfälle*
- *§ 18 KonsVerCHEV:* *Auswanderer in die Schweiz (Art. 4 Abs. 4)*

Abschnitt 4: Leitende Angestellte, Drittstaaten

- *§ 19 KonsVerCHEV:* *Besteuerung leitender Angestellter*
- *§ 20 KonsVerCHEV:* *Arbeitnehmer mit Einkünften aus Drittstaaten*

Abschnitt 5: Sonstige Anwendungsfälle

- *§ 21 KonsVerCHEV:* *Unterhaltsleistungen an geschiedene oder dauernd getrennt lebende Ehegatten*
- *§ 22 KonsVerCHEV:* *Betriebliche Veräußerungsrente*
- *§ 23 KonsVerCHEV:* *Nachfolgeunternehmen der Regiebetriebe nach Art. 19 Abs. 3*
- *§ 24 KonsVerCHEV:* *Arbeitnehmer-Abfindungen*

Abschnitt 6: Schlussbestimmungen

Seit Veröffentlichung der KonsVerCHEV sind bereits weitere Konsultations- bzw. Verständigungsvereinbarungen geschlossen worden:

- Verständigung vom 9./16. 6. 2011 zu Art. 15 Abs. 1 und LKW-Fahrer im internationalen *Transportverkehr;*[1497]
- *Verständigung vom 15. 12. 2011/4. 1. 2012 zu Art. 27 und den Anforderungen an ein Auskunftsersuchen;*[1498]
- *Konsultationsvereinbarung vom 13./23. 7. 2012 zu Art. 15 DBA-CH betreffend Besteuerung von fliegendem Personal.*[1499]

1497 Vgl. BMF v. 29. 6. 2011, BStBl. I 2011, S. 621 f.

1498 Vgl. BMF v. 4. 1. 2012, BStBl. I 2012, S. 17; B.XIX.4.

1499 Vgl. BMF v. 23. 7. 2012, BStBl. I 2012, S. 863; B.XII.2.2.

Ferner wurde in der Verständigungsvereinbarung vom 3. 12. 2013[1500] klarstellend festgehalten, dass Drittstaateneinkünfte von leitenden Angestellten ebenfalls im Methodenartikel unter die Fiktion der Besteuerung im Ansässigkeitsstaat des Arbeitgebers fallen (Freistellung unter Progressionsvorbehalt).

Weiterhin (verfassungs)rechtliche Bedenken

Trotz allem stellt sich auch hinsichtlich der neuen Konsultationsvereinbarungsverordnung die Frage, ob diese – im Lichte der BFH-Rechtsprechung – per se Rechtswirksamkeit zukommen kann. Dies ist bei Rechtsverordnungen – hierzu zählen Konsultationsvereinbarungsverordnungen – nach Art. 80 Abs. 1 Satz 1 GG nur dann der Fall, wenn ihnen jeweils eine formell-gesetzliche, d. h. parlamentarische Ermächtigung zu Grunde liegt, die den verfassungsrechtlichen Anforderungen genügt.[1501] Diesen Anforderungen jedoch entspricht – nach Auffassung der Autoren – die im Jahre 2010 neu geschaffene Ermächtigungsgrundlage der Konsultationsvereinbarungsverordnung (§ 2 Abs. 2 AO) nicht. Gemäß Art. 80 Abs. 1 Satz 2 Grundgesetz müssen Inhalt, Zweck und Ausmaß der erteilten Ermächtigung zum Erlass von Rechtsverordnungen im Gesetz zwingend hinreichend bestimmt werden (Bestimmtheitsgebot). Der formelle Gesetzgeber muss bei einer Delegation von Rechtsetzungsbefugnissen an die Verwaltung nach Art. 80 Abs. 1 Satz 2 GG immer noch das grundsätzliche „Programm" bestimmen, innerhalb dessen sich die Rechtsverordnung halten muss. Nur so ist eine ausreichende, demokratische Legitimation von Rechtsverordnungen und ihrer Inhalte sichergestellt.

§ 2 Abs. 2 AO entspricht diesen Voraussetzungen gerade nicht, da die Verordnungsermächtigung viel zu unbestimmt ausgestaltet worden ist.[1502] § 2 Abs. 2 AO gibt zwar den Zweck der auf seiner Grundlage zu erlassenen Rechtsverordnungen an, bleibt hierbei jedoch aufgrund der beabsichtigten Verwendung als „Transformationsnorm" für sämtliche Konsultationsvereinbarungen zu sämtlichen DBA derart unbestimmt, dass die Verwaltung quasi eine „Blankonorm" erhält, die es dem formellen Gesetzgeber kaum ermöglicht, den Inhalt und die Reichweite der auf ihrer Grundlage erlassenen Rechtsverordnungen abzuschätzen bzw. vorzugeben.

Selbst dann, wenn § 2 Abs. 2 AO nicht per se verfassungswidrig wäre, kann sich in Bezug auf vom DBA-Wortlaut abweichende Fälle nichts an der Unbeachtlichkeit der Konsultationsvereinbarungsverordnung ändern. Um dem Bestimmtheitsgebot des Art. 80 Abs. 1 Satz 2 GG überhaupt genügen zu können, müsste die Verordnungsermächtigung verfassungskonform dahingehend ausgelegt werden, dass die erlassenen Rechtsverordnungen sich innerhalb der Regelungsziele und Grenzen der jeweils betroffenen DBA zu halten haben. Das abkommensrechtliche Regelungsprogramm bildet daher wiederum die äußere Grenzlinie für die Rechtsetzungsbefugnisse der Verwaltung.[1503] Der Verwaltung ist es verwehrt, den Inhalt des betroffenen DBA zu ändern oder neue, bislang nicht existierende Anforderungen oder Tatbestandsmerkmale zu schaffen.

Das FG Hessen bestätigt diese Auffassung. Die Konsultationsvereinbarungsverordnung stehe in Bezug auf Ihre Bestimmungen betreffend Abfindungszahlungen (§ 24 KonsVerCHEV) im Wider-

1500 Vgl. BMF v. 3. 12. 2013, BStBl. I 2013, S. 1610.

1501 Vgl. Maunz in Maunz/Dürig, Art. 80 GG, Rz. 3. Die Thematik war auch Thema am 68. IFA Kongress im Oktober 2014 in Mumbai.

1502 Vgl. Lehner, IStR 2011, S. 739; zweifelnd auch Hummel, IStR 2011, S. 402.

1503 Vgl. Lehner, IStR 2011, 738; Hummel, IStR 2011, S. 402.

spruch zum Wortlaut des deutsch-schweizerischen DBA und sei insofern unwirksam (beim BFH unter Az. I R 79/13 anhängig).[1504] Dies zeigt, dass es sich ggf. in jedem Einzelfall lohnt i. R. d. Rechtsweges zu prüfen, ob zumindest einzelne Normen der Konsultationsvereinbarungsverordnung gegen das geltende DBA D-CH verstoßen.[1505]

IV. Art. 4 DBA D-CH: Ansässigkeit von (natürlichen und juristischen) Personen

Art. 4 DBA D-CH bestimmt auf Abkommensebene die Ansässigkeit von Personen in einem Vertragsstaat. Die Frage der Ansässigkeit ist für natürliche und juristische Personen zu regeln. Sie knüpft im Grundsatz an die innerstaatliche, unbeschränkte Steuerpflicht in der Schweiz bzw. in Deutschland an. In Fällen der Doppelansässigkeit kann es zwecks Anwendung des DBA und der Differenzierung in Ansässigkeits- und Quellenstaat nur eine sog. abkommensrechtlichen Ansässigkeit geben, die es zu bestimmen gilt (Art. 4 Abs. 2 DBA D-CH).

Komplex wird Art. 4 DBA D-CH durch die Normierung einer doppelten, unbeschränkten Steuerpflicht (sog. überdachende Besteuerung) in Art. 4 Abs. 3 DBA D-CH sowie in Fällen des Wegzugs von Deutschland in die Schweiz (sog. konkurrierende Besteuerung), die in Art. 4 Abs. 4 DBA D-CH niedergelegt ist. Beide Normen sind auf Bestreben der deutschen Finanzverwaltung in das DBA aufgenommen worden, da die Schweiz früher keine (große) Amtshilfe gewährte (vgl. auch B.XIX.). Die Regelungen der überdachenden und konkurrierenden, deutschen Besteuerung sind nicht mehr zeitgemäß (die Schweiz gewährt bereits seit dem 1. 1. 2011 große Amtshilfe) und verstoßen nach Auffassung der Autoren darüber hinaus gegen die Personenfreizügigkeit i. S. d. Bilateralen Verträge I. Sie müssen im Rahmen der laufenden, großen DBA-Revision ersatzlos und ohne Übergangsfristen gestrichen werden.

PRAXISHINWEIS

Der EuGH entschied zumindest in der Rs. Ettwein, dass Deutschland die fiktive, unbeschränkte Steuerpflicht auch für in der Schweiz Ansässige anwenden muss, vgl. EuGH v. 28. 2. 2013, C-425/11.[1506] Ferner legte das FG Stuttgart dem EuGH die Frage zur Prüfung vor, ob Art. 4 Abs. 4 DBA D-CH eine Diskriminierung wegen der Staatsbürgerschaft sowie einen Verstoß gegen die Bestimmungen über die Arbeitnehmer- und Personen-Freizügigkeit i. S. d. Freizügigkeitsabkommen darstelle (vgl. FG Baden-Württemberg v. 3. 6. 2014 Az. 3K 2654/11; anhängig am EuGH unter dem Az. C – 241/14).

IV.1. Art. 4 Abs. 1 DBA D-CH

Das Abkommen selbst definiert die Ansässigkeit nicht näher. Es wird vielmehr auf die jeweiligen, innerstaatlichen Kriterien der unbeschränkten Steuerpflicht verwiesen. Diese sind in Deutschland in §§ 8 – 11 AO und hieran anknüpfend in §§ 1 KStG und § 1 EStG geregelt (vgl. insbesondere E.I.1. und D.IV.2.):

1504 Vgl. FG Hessen v. 8. 10. 2013, 10 K 2176/11, EFG 2014, S. 288.

1505 Ein weiteres Beispiel ist etwa die geforderte Handelsregistereintragung von leitenden Angestellten i. S. d. Art. 15 Abs. 4 DBA D-CH (vgl. B.XII.2.3.).

1506 Das BMF reagierte schnell mit dem BMF-Schreiben v. 16. 9. 2013, BStBl. I 2013, S. 1325 und lässt die Anwendung von § 1a Abs. 1 EStG auch für Staatsangehörige eines Mitgliedsstaates der EU/EWR zu, wenn der Empfänger der Leistungen i. S. d. Nr. 1 und 1a, die ausgleichsberechtigte Person i. S. d. Nr. 1b oder der Ehegatte/Lebenspartner i. S. d. Nr. 2 seinen/ihren Wohnsitz oder gewöhnlichen Aufenthalt in der Schweiz haben. Diese Regelung gilt für alle noch nicht bestandskräftigen Fälle.

In der Schweiz bestimmt sich die steuerliche Ansässigkeit auf Bundesebene nach Art. 3 ff. DBG bzw. Art. 50 ff. DBG (vgl. A.II.4.1.1. bzw. A.II.4.1.2.).

IV.2. Art. 4 Abs. 2 DBA D-CH: Doppelwohnsitz von natürlichen Personen

In der Praxis kommt es immer wieder zu einer Ansässigkeit in beiden Vertragsstaaten (Doppelansässigkeit). Für die Anwendbarkeit des DBA muss aber grundsätzlich zwischen Ansässigkeits- und Quellenstaat differenziert werden, um die Anwendung der DBA-Zuteilungsnormen (Art. 5 – 22 DBA D-CH) und des Methodenartikels (Art. 24 DBA D-CH) zu ermöglichen. Hieraus ergibt sich die Notwendigkeit, aufgrund weiterer Kriterien eine mögliche Doppelansässigkeit steuerlich zu vermeiden, was mit der Regelung des Art. 4 Abs. 2 erfolgt.

Bei doppelt ansässigen, natürlichen Personen ist zur Bestimmung der Ansässigkeit für Zwecke der Anwendung des Abkommens eine bestimmte Rangfolge von Ansässigkeitsmerkmalen zu prüfen (sog. **Tie-breaker rule**). Diese ist:

1. Eine ständige Wohnstätte in einem Vertragsstaat (vgl. ausführlich hierzu nachfolgend in B.IV.3.);
2. Im Fall des Unterhalts einer ständigen Wohnstätte in beiden Vertragsstaaten erhält derjenige Vertragsstaat Priorität, in dem sich der Mittelpunkt der Lebensinteressen befindet;
3. Führen die voranstehenden Kriterien zu keinem eindeutigen Ergebnis, wird auf den **gewöhnlichen Aufenthalt** abgestellt;
4. Führt das Kriterium „gewöhnlicher Aufenthalt“ ebenso zu keinem eindeutigen Ergebnis, ist die **Staatsangehörigkeit** maßgebend;
5. Hat die Person die Staatsangehörigkeit beider oder keiner der beiden Vertragsstaaten, müssen die behördlichen Vertreter der Vertragsstaaten in **gegenseitigem Einvernehmen** die Ansässigkeit der betreffenden Person festlegen.

Mögliche Prüfungskriterien für den Lebensmittelpunkt[1507]

In der Beratungspraxis führt oftmals (bereits) das Kriterium des Lebensmittelpunktes zur Bestimmung der abkommensrechtlichen Ansässigkeit. Bereits in der Gestaltungs- und Beratungsphase sollte daher ein Augenmerk darauf gelegt werden, Indizien und Belege für den Lebensmittelpunkt entsprechend rechtzeitig zu dokumentieren. Im Hauptfokus steht der persönliche Lebensmittelpunkt – allerdings sind auch wirtschaftliche Kriterien zu beachten. Typische Anhaltspunkte und Fragen der deutschen Finanzverwaltung betreffen u. a.:

- Wohnort der Eltern Geschwister, Verwandtschaft, Ehegatten, Verlobte, Freundes- und Bekanntenkreis?
- Vereins-, Partei-, Verbandsmitgliedschaften?
- Größenverhältnisse der in- und ausländischen Wohnung sowie Ausstattung?
- Tatsächliche Aufenthaltstage in der in- und ausländischen Wohnung?

1507 Es wird auch auf den Praxishinweis „Dokumentation des Wegzugs in die Schweiz“ in E.I.1.3. hingewiesen.

- Wird die Wohnung während eigenen Abwesenheiten durch andere genutzt bzw. ist dies grundsätzlich möglich?
- Postanschrift für Tagespost, Zeitschriftenabonnemente sowie andere wiederkehrende Lieferungen und Leistungen?
- Gibt es in beiden Ländern ein PKW? Größe der PKWs in Deutschland und in der Schweiz?
- Wo befindet sich das wertmäßig größere Vermögen und von wo aus wird es verwaltet?
- Welche Bankverbindung und/oder Kreditkarten von Banken welcher Ansässigkeitsstaaten werden in welchem Umfang genutzt?

Aufgrund der Abschnittsbesteuerung ist die entsprechende Dokumentation als laufender Prozess zu betrachten, der jährlich vorzunehmen ist.

IV.3. Art. 4 Abs. 3 DBA D-CH: Überdachende Besteuerung bei doppelter unbeschränkter Steuerpflicht natürlicher Personen

IV.3.1. Allgemeiner Überblick

In den Fällen, in denen natürliche Personen nach nationalen Steuernormen sowohl in Deutschland als auch in der Schweiz ansässig sind, abkommensrechtlich aber nach Art. 4 Abs. 2 DBA D-CH als in der Schweiz ansässig gelten, wird dem deutschen Fiskus neben dem schweizerischen Besteuerungsrecht ein weiteres Besteuerungsrecht zugebilligt, sofern in Deutschland entweder

1. eine ständige Wohnstätte oder
2. ein gewöhnlicher Aufenthalt im Kalenderjahr

vorliegt. Die Staatsangehörigkeit ist dabei unbeachtlich, d. h. die Norm erfasst bspw. auch Schweizer Staatsbürger, die die voranstehenden Voraussetzungen erfüllen.

Das zusätzliche, deutsche Besteuerungsrecht basiert auf einer sog. qualifizierten unbeschränkten Steuerpflicht. Deutlich wird dies in der Verwendung des Begriffs der ständigen Wohnstätte anstelle des Wohnsitzbegriffs i. S. d. § 8 AO. Ferner in der Tatsache, dass, im Falle eines gewöhnlichen Aufenthaltes, dieser innerhalb eines Kalenderjahres begründet werden muss. Im Rahmen der nationalen, deutschen Norm des § 9 AO kann der gewöhnliche Aufenthalt dagegen auch jahresübergreifend begründet werden.

Die ständige Wohnstätte bedingt eine qualifiziertere Ansässigkeit als beim bloßen Wohnsitz i. S. d. § 8 AO. Hieraus ergibt sich, dass das Vorliegen eines Wohnsitzes (bspw. in Form einer Ferienwohnung) nicht zwangsläufig die Kriterien einer ständigen Wohnstätte erfüllt.[1508] Es handelt sich hierbei vielmehr um einen spezifisch abkommensrechtlichen Begriff. Das Heranziehen innerstaatlicher, deutscher Normen (Art. 3 Abs. 2 DBA D-CH) scheidet aus, weil Deutschland weder den Begriff „Wohnstätte" noch „ständige Wohnstätte" kennt. Die Auslegung muss somit vielmehr nach völkerrechtlichen Regeln (vgl. Art. 31 Abs. 2 Wiener Übereinkommens über das Recht der Verträge v. 23. 5. 1973) erfolgen, d. h. aus seinem Sinn und Zweck und aus seinem systema-

1508 Vgl. Wassermeyer in Flick/Wassermeyer/Kempermann, DBA D-CH, Art. 4, Rz. 71.

tischen Zusammenhang. Der BFH sieht in diesem Sinne in seiner ständigen Rechtsprechung[1509] eine ständige Wohnstätte bei einer gewissen, tatsächlichen und regelmäßigen Verwendung nicht nur für private Zwecke, sondern vielmehr auch zu beruflichen Zwecken. Letzteres liegt vor, wenn die Wohnstätte verwendet wird, um den eigenen, unternehmerischen Tätigkeiten nachzukommen bzw. von dort aus zur Arbeitsstätte oder dem eigenen Unternehmen gefahren wird. Das Verhandlungsprotokoll zum DBA D-CH vom 11. 8. 1971 fordert insofern (indirekt) eine Nutzung für wirtschaftliche und berufliche Interessen. Nach Ansicht der Autoren kann dies aber nur eine entsprechende, wesentliche wirtschaftliche oder berufliche Nutzung beinhalten. Sofern für eine Ferienwohnung parallel ein Konto für die Nebenkosten eingerichtet wird, kann dies für eine entsprechende, wirtschaftliche oder berufliche Nutzung nicht ausreichend sein. Höchstrichterlich ist hierüber aber bisher noch nicht entschieden.

Der BFH stellte ferner fest:

1. „Andererseits wird eine stets nur an wenigen Tagen im Jahr genutzte Wohnung auch dann, wenn die Nutzung aus Anlass einer wirtschaftlichen Betätigung erfolgt, hierdurch nicht zur ständigen Wohnstätte werden;“
2. Ferner müssen die Räumlichkeiten nicht der Mittelpunkt der Lebensinteressen sein, um als ständige Wohnstätte zu qualifizieren.

Hinsichtlich des Kriteriums „ständige“ Nutzung soll ein bloßes Innehaben unter Umständen, die darauf schließen lassen, dass die Wohnung beibehalten und benutzt werden soll, nicht genügen. Vielmehr muss eine tatsächliche Nutzung vorliegen. Der BFH sah in seinem Urteil vom 16. 12. 1998 in einer Wohnung, die bereits „an ca. 50 Tagen im Jahr im Zusammenhang mit einer Berufstätigkeit an dem betreffenden Ort genutzt wurde, [eine] ständige Wohnstätte ...“.

PRAXISHINWEIS

Vorsicht: Hieraus kann nicht abgeleitet werden, dass eine jährliche Nutzung von weniger als 50 Tagen nicht zu einer ständigen Wohnstätte führt. Der BFH hat dies wohl gerade bewusst offengelassen. Die Autoren sind insofern anderer Auffassung: Eine Nutzung im Umfang von 50 Tagen im Jahr kann keine ständige Nutzung i. S. d. Norm darstellen. Hierzu hätte es eine weitaus umfangreichere Nutzung pro Jahr bedürft, um als ständig zu qualifizieren.

Mit dem BFH-Urteil vom 5. 6. 2007 bestätigte der BFH die Kriterien des zitierten BFH-Urteils vom 16. 12. 1998. Der BFH stellte darüber hinaus in seinem Urteil vom 5. 6. 2007 auf folgende Kriterien ab:

1. Langfristige Rechtsposition;
2. Intensität der Nutzung, die objektiv auf eine Einbindung der Wohnung in das übliche Leben hindeute;
3. Häufigkeit der Nutzung;
4. Dass die Aufenthalte gleichmäßig über das Jahr verteilt sind.

Ferner erfuhr das Begriffspaar „ständige Wohnstätte“ mit dem BFH-Urteil vom 5. 6. 2007 insofern einer Verschärfung, als dass neben den Kriterien des zitierten BFH-Urteils vom 16. 12. 1998

1509 Vgl. BFH v. 16. 12. 1998, BStBl. II 1999, S. 207.

auch bereits eine in den allgemeinen Lebensrhythmus integrierte Anlaufstelle eine ständige Wohnstätte darstellen solle.[1510]

Dies ist überraschend und zu kritisieren, da somit bereits eine Wohnung, die zwar ausschließlich für Ferienzwecke genutzt wird aber in den eigenen, allgemeinen Lebensrhythmus integriert ist, neu als ständige Wohnstätte qualifizieren könnte. Dass dies so von den beiden Vertragsstaaten nicht gewollt war, zeigt sich aus Art. 4 Abs. 5 ErbSt-DBA D-CH, wonach Wohnungen oder Räumlichkeiten, die ausschließlich für Erholungs-, Kur-, Studien- oder Sportzwecken dienen und nachweislich nur gelegentlich und nicht zum Zwecke der Wahrnehmung wirtschaftlicher und beruflicher Interessen verwendet werden, gerade nicht als ständige Wohnstätte qualifizieren sollen.[1511]

PRAXISHINWEIS

Nicht zuletzt durch die faktische Erweiterung der ständigen Wohnstätte um Wohnungen und Räume, die in den allgemeinen Lebensrhythmus integriert sind, sind Streitigkeiten mit der deutschen Finanzverwaltung vorprogrammiert. In vielen Fällen können Streitigkeiten um ein etwaiges, deutsches Besteuerungsrecht aus Art. 4 Abs. 3 DBA D-CH nur vermieden werden, wenn die ständige Wohnstätte und der gewöhnlicher Aufenthalt vermieden werden, d. h. etwaige Anknüpfungspunkte an Deutschland aufgegeben werden. Dies ist diskriminierend und stellt einen Verstoß gegen die (EU) Grundfreiheiten und gegen die Bilateralen I dar. Es kann auch nicht im Interesse Deutschlands sein, wenn zur Vermeidung der etwaigen Anwendung von Art. 4 Abs. 3 DBA D-CH selbst ausschließlich zu Ferien- und Erholungszwecke genutzte Ferienimmobilien in Deutschland aufgegeben werden müssen, was die Absurdität dieser Vorschrift verdeutlicht.

Art. 4 Absatz 3 DBA D-CH erfasst nur doppelt ansässige Personen. In Deutschland beschränkt oder erweitert beschränkt steuerpflichtige Personen sind von Art. 4 Abs. 3 DBA D-CH nicht betroffen. Entsprechende Personen unterliegen vielmehr ggf. dem Anwendungsbereich von Art. 4 Abs. 4 DBA D-CH.

IV.3.2. Vermeidung der Mehrfachbesteuerung

Die Schweizer Besteuerungsrechte werden durch das zusätzliche, deutsche Besteuerungsrecht aus Art. 4 Abs. 3 DBA D-CH nicht eingeschränkt. Die Doppelbesteuerung ist vielmehr auf deutscher Seite zu vermeiden, konkret durch die Freistellungs- oder Anrechnungsmethode (vgl. nachfolgend).

IV.3.2.1. Freistellungsmethode

Es greift insofern Art. 24 Abs. 1 Nr. 1 DBA D-CH, d. h unter Progressionsvorbehalt freizustellen sind:

- Einkünfte aus aktiver Betriebsstättentätigkeit, inklusive Einkünfte aus unbeweglichem Vermögen, sowie Gewinne aus der Veräußerung des beweglichen und unbeweglichen Vermögens, sofern diese Betriebsstättenvermögen sind. Dies gilt auch für die freien Berufe oder sonstige, selbständige Tätigkeiten (Art. 24 Abs. 1 Nr. 1a/d DBA D-CH);
- Gewisse Arbeitseinkünfte nach Art. 24 Abs. 1 Nr. 1d DBA D-CH.

1510 Im Verhältnis Deutschland-Spanien kam der BFH mit Urteil v. 23. 10. 1985, BStBl. II 1986, S. 133, I R 274/82 zum Ergebnis, dass eine Familie, die vom Juni eines Jahres bis Juli des folgenden Jahres in Spanien ansässig ist, dort in einer vom Arbeitgeber eine möblierte Wohnung zur Verfügung gestellt bekommt, dabei aber das Eigenheim in Deutschland voll möbliert beibehält, ohne es unter zu vermieten, eine ständige Wohnstätte in Deutschland und in Spanien habe.

1511 Analoge Bestimmung im Verhandlungsprotokoll zum DBA D-CH v. 11. 8. 1971.

IV.3.2.2. Anrechnung der Schweizer Steuern auf Schweizer Einkünfte

Für die anderen aus der Schweiz stammenden Einkünfte, die nicht unter B.IV.3.2.1. fallen, greift die Anrechnungsmethode. Hiervon sind nicht nur Einkünfte betroffen, für die die Schweiz nach dem Abkommen als Quellenstaat steuerberechtigt ist, sondern auch alle übrigen Einkünfte aus der Schweiz, für die die deutsche Besteuerung aufgrund der Regeln in Art. 4 Abs. 2 DBA D-CH entfallen bzw. nur begrenzt aufrecht erhalten würde (bspw. Lizenzeinnahmen).

Art. 4 Abs. 3 sieht somit – soweit keine Freistellung erfolgt – in Anwendung der Vorschriften des deutschen Rechts über die Anrechnung ausländischer Steuern eine Anrechnung der in der Schweiz erhobenen Steuern vor (§ 34c Abs. 1 EStG).

IV.3.2.3. Beschränkte Anrechnung der Schweizer Steuern auf die übrigen Einkünfte und Vermögenswerte

Für Einkünfte aus Drittstaaten sowie aus Deutschland selbst greift die beschränkte Anrechnung der Schweizer Steuer. Diese dritte Entlastungsstufe unterscheidet sich von der Voranstehenden (vgl. B.IV.3.2.2.) in der Unterscheidung des Besteuerungsgegenstands. Zur Anrechnung auf die deutsche Steuer kommt nämlich die schweizerische Steuer, die im Rahmen der schweizerischen, unbeschränkten Steuerpflicht von Einkünften von außerhalb der Schweiz und außerschweizerischem Vermögen erhoben wird. Bei der Anrechnung wird dabei auf die einzelnen Einkünfte und die jeweils auf sie angefallene schweizerische Steuer abgestellt.

Angerechnet werden darf hierbei jedoch höchstens die Differenz der Steuerbeträge zwischen jener Steuer, die Deutschland im Rahmen der unbeschränkten Steuerpflicht erheben darf und der Steuer, die Deutschland als Quellenstaat erheben könnte.

IV.3.2.4. Berechnungsbeispiel zur konkreten Vorgehensweise

Ausgangssachverhalt:[1512] Ein Steuerpflichtiger ist sowohl in Deutschland als auch in der Schweiz unbeschränkt steuerpflichtig. Aufgrund des Mittelpunkts seiner Lebensinteressen gilt er gemäß Art. 4 Abs. 2 DBA D-CH als in der Schweiz ansässig: Da er in Deutschland eine ständige Wohnstätte hat, greifen die Regelungen von Art. 4 Abs. 3 DBA D-CH.

Der Steuerpflichtige hat folgende Einkünfte erzielt:

(1)	Aktiv tätige Schweizer Betriebsstätte	EUR 40'000
(2)	Schweizer Wertpapiere	EUR 20'000
(3)	Lizenzen von einem englischen Unternehmen	EUR 20'000
(4)	Zinsen von einem deutschen Darlehensnehmer	EUR 10'000
(5)	Aktien (Deutsches Unternehmen, Streubesitz)	EUR 10'000

1512 In Anlehnung an DBA D-CH Einführungsschreiben.

Schweizer Steuer:

(1), (2), (3), (4) und (5) =	100'000
Zum Steuersatz von 25 % (Annahme) =	25'000
Abzüglich Anrechnung der Quellensteuer von 15 % auf (5)	- 1'500
Schweizer Steuer	**23'500**

Deutsche Steuer:[1513]

(2), (3), (4) und (5) =	60'000
(2), (3) und (4): 50'000 zum Satz von 40 % (Annahme)	20'000
(5): 10'000 zum Satz von 25 % (Abgeltungsteuer)	2'500
Abzüglich Anrechnung der schweizerischen Steuern auf (2) bis (5):	
(EUR 60'000 x 25 % = 15'000 abzüglich Quellensteuer i. H. v. 1'500)	
Bzw. Anrechnungshöchstbetrag 22'500./. 1'500 = 21'000 (vereinfacht)	-13'500
Zusätzliche deutsche Steuer	**9'000**

IV.4. Art. 4 Abs. 4 DBA D-CH: Wegzug natürlicher Personen von Deutschland in die Schweiz

Deutschland hat sich im DBA D-CH selbst auch für den Fall des Wegzugs von Deutschland in die Schweiz ein weitreichendes, nachgelagertes Besteuerungsrecht einräumen lassen. Nach Art. 4 Abs. 4 DBA D-CH kann Deutschland im Jahr des Wegzugs sowie in den folgenden fünf Jahren die aus Deutschland stammenden Einkünfte bzw. in Deutschland belegene Vermögenswerte, ungeachtet der anderen, abkommensrechtlichen Bestimmungen, besteuern. Deutschland erhebt derzeit keine Vermögensteuer, sodass die Erfassung von in Deutschland belegenen Vermögen derzeit ohne Praxisrelevanz ist.

PRAXISHINWEIS

Durch die Erfassung des Jahres des Wegzugs zzgl. der folgenden fünf Jahre kann der maximal erfasste Zeitraum (bis zu) sechs Jahre umfassen. Sofern der Wegzug dagegen steuerlich optimal strukturiert werden kann und der Wegzug tatsächlich kurz vor Jahresende erfolgt, kann die maximale Zeitspanne de facto um fast ein Jahr reduziert werden.

Beispiel

Herr Mustermann zieht am 12. 1. 2015 von München nach Zürich. Die Norm des Art. 4 Abs. 4 DBA D-CH greift im Jahr 2015 und in den folgenden fünf Jahren, d. h. bis einschließlich 2020. Kann Herr Mustermann dagegen bereits Ende 2014 umziehen, endet die Frist Ende 2019 und damit ein Jahr früher.

Das DBA selbst begründet keine (nationale) Besteuerungspflicht. Art. 4 Abs. 4 DBA D-CH ebnet vielmehr ausschließlich die Anwendung nationaler, deutscher Besteuerungsnormen, konkret

1. die erweitert beschränkte Steuerpflicht nach § 2 ff. AStG oder alternativ
2. die beschränkte Steuerpflicht i. S. d. § 49 EStG (vgl. E.I.2.2.).

1513 Es soll annahmegemäß keine Kirchensteuerpflicht vorliegen. Ferner wird aus Vereinfachungsgründen auf die Berücksichtigung des Solidaritätszuschlages verzichtet.

Anders, als teilweise in der Literatur zu lesen ist, öffnet Art. 4 Abs. 4 DBA D-CH somit nicht nur die Anwendung der erweitert beschränkten, sondern auch der beschränkten, deutschen Steuerpflicht.

PRAXISHINWEIS

Sofern die Norm des § 2 AStG Anwendung findet, wäre folgender Nachteil zu berücksichtigen: Für die Bemessung des deutschen Einkommensteuersatzes sind grundsätzlich die weltweiten Einkünfte maßgeblich (§ 2 Abs. 5 AStG).[1514] Ergibt sich die materielle, deutsche Steuerpflicht dagegen aus § 49 EStG, bestimmt sich der Steuersatz ausschließlich aus den in Deutschland beschränkt steuerpflichtigen Einkünften (Ausnahme: Wegzugsjahr).

Anwendungsvoraussetzungen

Die unbeschränkte Steuerpflicht in Deutschland muss zum Zeitpunkt des Wegzugs geendet haben, ansonsten ist ggf. Art. 4 Abs. 3 DBA D-CH einschlägig. Ferner muss die Person in Deutschland mindestens fünf Jahre unbeschränkt steuerpflichtig gewesen sein. Dabei ist weder notwendig, dass diese Frist an einem Stück vorlag, noch dass die Fünf-Jahres-Frist unmittelbar vor dem Wegzug erfüllt wurde. Ferner muss der Wegzug auch nicht unmittelbar von Deutschland in die Schweiz erfolgen. Sofern der Zuzug in die Schweiz bspw. via eine vorhergehende Ansässigkeit in einem anderen Land erfolgt, schließt dies die Anwendung des Art. 4 Abs. 4 DBA D-CH nicht aus. Allerdings reduziert sich die maximale Anwendungsdauer des Art. 4 Abs. 4 DBA D-CH durch die Zeitdauer des Aufenthaltes im „Drittstaat" entsprechend.

BEISPIEL ▸ Der Wegzügler zog im Dezember 2012 nach England. Im Januar 2015 zieht er in die Schweiz. Deutschland kann somit noch in den Jahren 2015 – 2017 Art. 4 Abs. 4 DBA D-CH anwenden.

Art. 4 Abs. 4 DBA D-CH findet keine Anwendung, wenn (zumindest) eine der folgenden Ausnahmen greift:

1. Der Wegzügler ist (auch) Schweizer Staatsbürger: Die Ausnahmeregelung findet ab dem Zeitpunkt des Erlangens der Schweizer Staatsbürgerschaft Anwendung. Alle anderen Nationalitäten können somit unter den Anwendungsbereich von Art. 4 Abs. 4 DBA D-CH fallen, also nicht nur deutsche Staatsbürger. Die ausschließliche Schweizer Nationalität wird nicht gefordert, vielmehr greift diese Ausnahme bspw. auch bei zusätzlicher, deutscher Staatsbürgerschaft.
2. Nicht-Schweizer Staatsangehörige, die in der Schweiz ansässig geworden sind, um hier eine echte, **unselbständige Tätigkeit** bei einem Arbeitgeber auszuüben, an dem sie über das Beschäftigungsverhältnis hinaus weder unmittelbar noch mittelbar durch Beteiligung oder auf andere Weise wesentlich wirtschaftlich interessiert sind. Die Arbeitsaufnahme in der Schweiz muss dabei kausal für den Wegzug gewesen sein.[1515] Der Wegzug in die Schweiz kann aber auch noch Jahre nach der Arbeitsaufnahme erfolgen, d. h. es besteht kein Erfordernis, zur zeitnahen, künftigen Arbeitsaufnahme.[1516] Der Nachweis des Ansässigwerdens in der Schweiz zwecks Aufnahme einer unselbständigen Tätigkeit obliegt dem Steuerpflichtigen, der sich auf diese Ausnahmevorschrift beruft.[1517]

1514 Vgl. AStG-AnwGr., Tz. 2.0.2.1 und 2.5.3.1.

1515 Vgl. BFH v. 27. 5. 2008, I R 11/08.

1516 Vgl. BFH v. 19. 10. 2010, I R 109/09.

1517 Vgl. BFH v. 10. 1. 2012, I R 9/11 BFH/NV.

3. Wegzug zum Zweck der **Heirat** einer Person mit Schweizer Staatsangehörigkeit. Hierbei handelt es sich – da es keine entsprechende Regelung in Art. 4 Abs. 4 DBA D-CH gibt – um eine Billigkeitslösung, wie der BFH entschied.[1518] Somit kann die Finanzverwaltung einen engen, zeitlichen Zusammenhang zwischen Wegzug und Hochzeit fordern. Ein zeitlich enger Zusammenhang liegt nach der im Grenzgängerhandbuch der OFD Karlsruhe vertretenen Finanzamtsauffassung dann vor, wenn die Heirat in einem Zeitraum von **sechs Monaten** vor oder nach dem Wegzug erfolgt.[1519] Eingetragene Lebenspartnerschaften i. S. d. deutschen Lebenspartnerschaftsgesetzes sind derzeit, zumindest wörtlich, nicht von der Ausnahmevorschrift erfasst, was diskriminierend ist.

Das Schweizer Besteuerungsrecht wird durch Art. 4 Abs. 4 DBA D-CH nicht eingeschränkt, d. h. die Schweiz besteuert im Rahmen der unbeschränkten Steuerpflicht sofern ein abkommensrechtliches Besteuerungsrecht zugewiesen wurde.

Das deutsche Besteuerungsrecht greift auf zwei Ebenen:

1. Einerseits wird nach Art. 4 Abs. 4 S. 1 DBA D-CH das DBA-Schrankenrecht faktisch aufgehoben. D. h. Deutschland kann seine nationalen Quellensteuern – insbesondere auf Dividenden – ohne die Einschränkungen in Art. 10 DBA D-CH vollumfänglich erheben.

2. Andererseits wird Deutschland i. R. d. erweitert beschränkten bzw. beschränkten Steuerpflicht neben der Schweiz als Ansässigkeitsstaat auch ein zusätzliches Besteuerungsrecht zugewiesen. Deutschland muss die Mehrfachbesteuerung vermeiden. Es greifen die Regelungen entsprechend Art. 4 Abs. 3 DBA D-CH. Allerdings kann, da Art. 4 Abs. 4 DBA D-CH nur Einkünfte aus deutschen Quellen erfasst, ausschließlich die eingeschränkte Anrechnung greifen (vgl. B.IV.3.2.3.).

PRAXISHINWEIS

Der EuGH entschied zumindest in der Rs. Ettwein, dass Deutschland die fiktive unbeschränkte Steuerpflicht auch für in der Schweiz ansässige Deutsche anwenden muss (vgl. EuGH v. 28. 2. 2013, C-425/11).[1520]

Das FG Stuttgart legte zwischenzeitlich dem EuGH auch die Frage zur Prüfung vor, ob Art. 4 Abs. 4 DBA D-CH eine Diskriminierung wegen der Staatsbürgerschaft sowie einen Verstoß gegen die Bestimmungen über die Arbeitnehmer- und Personen-Freizügigkeit i. S. d. Freizügigkeitsabkommen darstelle (vgl. FG Baden-Württemberg v. 3. 6. 2014 Az. 3K 2654/11 am EuGH unter dem Az. C – 241/14 anhängig). Allerdings sah der EuGH in seiner bisherigen Rechtsprechung keine Diskriminierung, wenn Besteuerungsunterschiede auf der Staatsbürgerschaft basierten (vgl. EuGH in der Rs Gilly, EuGH v. 12. 5. 1998 – C 336/96, FR 1998, S. 847).

Nach Ablauf der Frist des Art. 4 Abs. 4 DBA D-CH kann Deutschland nur noch im Rahmen der DBA-Zuweisungsnormen der Art. 5 ff. DBA D-CH besteuern.

1518 Vgl. BFH v. 19. 11. 2003, I R 64/0, BFH/NV 2004, S. 765; BMF v. 19. 9. 1994, BStBl. I 1994, S. 683, Tz. 41.

1519 Vgl. BFH-Beschluss v. 27. 7. 2011, I R 44/10. Auch eine Familienzusammenführung führt nicht zur Anwendung dieser Ausnahmevorschrift, vgl. BFH v. 19. 11. 2003, BFH/NV 2004, S. 765.

1520 Das BMF reagierte schnell mit dem BMF-Schreiben v. 16. 9. 2013, BStBl. I 2013, S. 1325 und lässt die Anwendung von § 1a Abs. 1 EStG auch für Staatsangehörige eines Mitgliedsstaates der EU/EWR zu, wenn der Empfänger der Leistungen i. S. d. Nr. 1 und 1a, die ausgleichsberechtigte Person i. S. d. Nr. 1b oder der Ehegatte/Lebenspartner i. S. d. Nr. 2 seinen/ihren Wohnsitz oder gewöhnlichen Aufenthalt in der Schweiz haben. Diese Regelung gilt für alle noch nicht bestandskräftigen Fälle.

IV.5. Art. 4 Abs. 5 DBA D-CH: Wohnsitzwechsel und zeitliche Aufteilung des Besteuerungsanspruchs

Art. 4 Abs. 5 regelt die zeitliche Aufteilung des Besteuerungsanspruchs bei einem unterjährigen Wohnsitzwechsel einer natürlichen Person von einem Vertragsstaat in den anderen Vertragsstaat. Hiervon betroffen ist der Wechsel der unbeschränkten Steuerpflicht von einem Vertragsstaat in den anderen. Die Vertragsstaaten dürfen ihre Steuern auf der Grundlage der unbeschränkten Steuerpflicht nur für den Teil des Jahres erheben, in dem diese bestanden hat.

IV.6. Art. 4 Abs. 6 DBA D-CH: Nicht-Ansässigkeitsfiktion bei Schweizer Besteuerung nach dem Aufwand

Art. 4 Abs. 6 ist eine weitere Ausnahmeregelung. Die Norm versagt die Ansässigkeit und somit die DBA-Entlastungen denjenigen natürlichen Personen, die in der Schweiz einer Besteuerung nach dem Aufwand (auch Pauschalbesteuerung genannt) unterliegen.[1521] In der Folge greift das DBA-Schrankenrecht nicht ein. Deutschland ist somit bspw. nicht verpflichtet, Quellensteuern zu reduzieren bzw. zu erstatten oder von seinem nationalen Besteuerungsrecht aufgrund der DBA-Einschränkungen (Schrankenrecht) abzusehen.

Diese Norm greift nur dann, wenn die Aufwandsbesteuerung auch bestimmte aus Deutschland stammende Einkünfte umfasst, d. h. diese Einkünfte nicht explizit besteuert werden.[1522]

PRAXISHINWEIS

Die Anwendung des Absatzes 6 kann durch die sog. modifizierte Aufwandbesteuerung vermieden werden. D. h. der Steuerpflichtige beantragt, dass Einkünfte aus deutschen Quellen, für die ein Abkommensschutz bestehen soll, im Rahmen der Kontrollrechnung auch bei der Besteuerung nach dem Aufwand besteuert werden.[1523] Der Schweizer Steuersatz ergibt sich hierbei aus dem weltweiten Einkommen.

IV.7. Art. 4 Abs. 7 DBA D-CH: Bestimmung der Ansässigkeit von bevormundeten Personen

Die durch die Vormundschaft geschaffenen besonderen Verhältnisse sollen für die Abkommensanwendung außer Betracht bleiben. Bei bevormundeten Personen darf sich die Ansässigkeit somit nicht nach dem Wohnsitz des Vormunds, oder bei Unterbringung in einer Anstalt, nicht nach dem Anstaltsort richten. Es sollen allein die tatsächlichen Verhältnisse maßgeblich sein. Art. 4 Abs. 4 DBA D-CH ist deshalb bspw. auch für bevormundete Personen anzuwenden.

IV.8. Art. 4 Abs. 8 DBA D-CH: Doppelansässigkeit von Gesellschaften

Art. 4 Abs. 8 regelt jene Fälle, in denen eine Gesellschaft nach Art. 4 Abs. 1 DBA D-CH als in beiden Vertragsstaaten ansässig gilt. Zur Lösung dieser steuerlichen Doppelansässigkeit wird – analog zu den natürlichen Personen – einem der beiden Vertragsstaaten der Vorrang als abkommensrechtlicher Ansässigkeitsstaat zugewiesen, sodass das DBA-Schrankenrecht (Zuweisungsnorm einerseits und Methodenartikel andererseits) wiederum anwendbar ist, d. h.:

1521 Vgl. A.IV.2.

1522 Die Schweiz hat mit Belgien, Frankreich, Italien, Kanada, Norwegen, Österreich und den USA ähnliche abkommensrechtliche Vereinbarungen getroffen (vgl. A.IV.2.3.).

1523 Für eine ausführliche Analyse vgl. A.IV.2.3.

1. Das Abkommen ist in der Folge so anzuwenden, als sei die Gesellschaft nur in diesem Staat ansässig;
2. Das Besteuerungsrecht des anderen Staates wird auf die im Abkommen vorgesehene Quellenbesteuerung eingeschränkt.

Das Kriterium der Zuteilung der Ansässigkeit zu einem Staat ist dabei der Mittelpunkt ihrer tatsächlichen Geschäftsleitung.[1524] Für die Bestimmung der tatsächlichen Geschäftsleitung ist wesentlich, dass diese an dem Ort liegt, an dem die Organe der Gesellschaft tätig sind. Ferner, dass dort die für die Geschäftsführung des Unternehmens maßgebenden Entscheidungen des Tagesgeschäftes von einiger Wichtigkeit getroffen werden. Auf die Regelungen in Art. 4 Abs. 10 DBA D-CH wird hingewiesen (vgl. B.IV.10.).

IV.9. Art. 4 Abs. 9 DBA D-CH: Überdachende, deutsche Besteuerung in Fällen doppelter Ansässigkeit von Gesellschaften

Bei Abs. 9 handelt es sich wiederum um eine Regelung, die vermeiden soll, dass Gesellschaften das Steuergefälle zwischen der Schweiz und Deutschland ausnutzen können. Art. 4 Abs. 9 DBA D-CH betrifft Gesellschaften, die nach Art. 4 Abs. 1 DBA D-CH in beiden Vertragsstaaten ansässig sind, jedoch ihre tatsächliche Geschäftsleitung in der Schweiz haben. Abs. 9 hält in diesen Fällen die deutsche, unbeschränkte Steuerpflicht der doppelansässigen Gesellschaft im Sinne eines überdachenden Besteuerungsrechts aufrecht. Die Vermeidung der Doppelbesteuerung findet dabei, ähnlich zur Vorgehensweise bei der überdachenden Besteuerung natürlicher Personen (B.IV.3.2.), in drei Stufen statt.

Aktive Einkünfte gemäß Art. 24 Abs. 1 Nr. 1 DBA D-CH, insbesondere Betriebsstättengewinne, Schachteldividenden sowie Vergütungen aus freiberuflicher oder aus unselbständiger Tätigkeit, werden unter Progressionsvorbehalt von der deutschen Besteuerung freigestellt.

Bei anderen aus der Schweiz stammenden Einkünften werden die darauf anfallenden, schweizerischen Steuern auf die deutsche Steuer gemäß § 26 Abs. 1 KStG angerechnet.

Bei den nicht aus der Schweiz, sondern aus Drittstaaten oder aus Deutschland stammenden Einkünften und Vermögenswerten sind die darauf entfallenden Schweizer Steuern, analog wie bei den natürlichen Personen, beschränkt anrechenbar.

Auch diese Regelung findet sich ansonsten in keinem anderen DBA Deutschlands. Sie muss ersatzlos und ohne Übergangsfristen im Rahmen der laufenden DBA-Revision gestrichen werden (vgl. B.II.3.).

IV.10. Art. 4 Abs. 10 DBA D-CH: Quellenbesteuerung bei doppelt ansässigen Gesellschaften

Gegenstand der Regelung des Abs. 10 ist die Bestimmung der Quelle für Erträge, die von einer doppelansässigen Gesellschaft stammen. Es handelt sich somit nicht um die Besteuerung der Gesellschaft selbst, sondern um die Quellenbesteuerung der von der Gesellschaft gezahlten Dividenden, Zinsen, Lizenzgebühren sowie Aufsichtsrats- und Verwaltungsratsgebühren.

1524 Vgl. ausführlich D.IV.2.

Abs. 10 zufolge wird, ungeachtet der Ansässigkeit der Gesellschaft im Staat der tatsächlichen Geschäftsleitung gemäß Art. 4 Abs. 8 DBA D-CH, nicht nur dem Ansässigkeitsstaat, sondern auch dem Quellenstaat ein Besteuerungsrecht gemäß den Art. 10, 11, 12 und 16 eingeräumt.

Ein Fall, in dem diese Regelung zum Tragen kommt, ist typischerweise die Ausschüttung von Dividenden von der Schweiz nach Deutschland: Hier wird zuerst die schweizerische Verrechnungssteuer erhoben und im Folgenden bis auf den abkommensrechtlichen Quellensteuersatz wieder erstattet (Art. 28 DBA D-CH) bzw. es gelangt die Nullregelung zum Tragen. Darüber hinaus fällt deutsche Kapitalertragsteuer an.

IV.11. Art. 4 Abs. 11 DBA D-CH: Einkommens- und Vermögenszurechnung unter Abkommensanwendung

Nach Art. 4 Abs. 11 DBA D-CH gilt der Grundsatz, dass nur, wer im betreffenden Vertragsstaat unbeschränkt steuerpflichtig und nutzungsberechtigter Empfänger (erfasst sind Personen und Gesellschaften, Art. 3 Abs. 1d DBA D-CH) der Einkünfte ist, als ansässig im Sinne des Abkommens und damit als abkommensberechtigt gilt. Es kann somit bspw. dann keine Quellensteuerentlastung beantragt werden, wenn der in einem Vertragsstaat ansässige Einkommensempfänger die betreffenden Einkünfte und Vermögensteile, die ihm wirtschaftlich nicht zuzurechnen sind, an Personen in Drittstaaten weiterleitet.[1525]

V. Art. 5 DBA D-CH: Betriebsstätte

Hinsichtlich des Betriebsstättenbegriffs entspricht das DBA D-CH weitestgehend Art. 5 des OECD-Musterabkommens. D. h. die steuerlichen Aufgriffsmöglichkeiten des Betriebsstättenvorbehaltes werden insbesondere mittels

1. einer festen Geschäftseinrichtung (Grundtatbestand, vgl. B.V.1.) oder
2. einer Vertreterbetriebsstätte (Ersatztatbestand, vgl. B.V.2.)

begründet. Im Bereich der Vertreterbetriebsstätte erging 2005 ein wichtiges Urteil im Verhältnis Deutschland – Portugal (Inboundfall), das auch im Verhältnis zu anderen Ländern – wie die Schweiz – Planungsalternativen eröffnet.

Die neuesten Entwicklungen[1526] betreffen die Dienstleistungsbetriebsstätte. Beide Vertragsstaaten wenden die Grundsätze zur Dienstleistungsbetriebsstätte derzeit nicht an, weshalb nachfolgend hierauf nicht weiter eingegangen wird.

V.1. Feste Geschäftseinrichtung

Art. 5 Abs. 1 DBA D-CH bestimmt, dass eine Betriebsstätte i. S. d. Abkommens eine feste Geschäftseinrichtung ist, in der die Tätigkeit des Unternehmens ganz oder teilweise ausgeübt wird. Es muss sich hierbei weder um besondere, bauliche Vorrichtungen noch um für den Auf-

1525 Es wird insofern auch auf die deutschen Normen der §§ 39, 41 Abs. 2 AO hingewiesen (vgl. D.IV.3.).

1526 Anfang des Jahrtausends beschäftigte die Fachwelt die Frage, ob ein Server eine Betriebsstätte begründen kann. Zum BFH-Urteil betreffend Server-Betriebsstätte (BFH v. 5. 6. 2002, I R 86/01, BStBl. II 2002, S. 683 ff.) und den Schlussfolgerungen für die Beratungspraxis vgl. u. a. Kubaile in PIStB 10/2002, S. 280 ff. oder die 1. und 2. Auflage dieser Buchpublikation.

enthalt von Personen geeignete Einrichtungen handeln. Die Einrichtung muss auf eine gewisse Dauer angelegt sein und eine gewisse Beziehung zu einem bestimmten Punkt begründen.

Der OECD-Kommentar stellt konkret auf einen bestimmten Ort, für eine gewisse Dauer sowie eine auch unentgeltliche Verfügungsmacht ab, ohne dass Eigentumsrechte vorliegen müssen. Ein tatsächliches Dispositionsrecht ist grundsätzlich ausreichend. Der BFH fordert eine Nutzung für eine gewisse Dauer, wobei er diese regelmäßig bei sechs Monaten sieht.[1527]

PRAXISHINWEIS

Die steuerliche Beurteilung hängt nicht nur von den vertraglichen, sondern vielmehr von den faktischen Verhältnissen ab. Deshalb wird regelmäßig auch dann eine Betriebstätte begründet, wenn bspw. bei einem Kunden Räumlichkeiten zur Verfügung gestellt werden, sofern für diese Einrichtungen bzw. Räumlichkeiten ein (tatsächliches) Dispositionsrecht besteht.

Durch die (faktische) Verfügungsmacht über die Räumlichkeiten alleine wird allerdings noch keine Betriebstätte begründet. Vielmehr müssen diese Räumlichkeiten Ausgangspunkt eigener, gewerblicher Geschäftstätigkeit des Unternehmens sein.

Mit Verweis auf die BFH-Rechtsprechung im sog. Pipeline-Urteil[1528] ist der Einsatz von Personal nicht notwendig: Im Rahmen des Pipeline-Urteils entwickelte der BFH die Rechtsauffassung, dass der Einsatz von (fremden oder eigenem) Personal gerade bei vollautomatisch arbeitenden Einrichtungen zumindest aus steuerlicher Sicht nicht notwendig ist, d. h., dass das „bloße" Tätigwerden des Unternehmens mit der Geschäftseinrichtung, auch ohne Personal, eine Betriebsstätte begründen kann.

Art. 5 Abs. 2 DBA D-CH nennt konkrete Beispiele für eine abkommensrechtliche Betriebsstätte:

1. Ort der Leitung;
2. Zweigniederlassung;
3. Geschäftsstelle;
4. Fabrikationsstätte;
5. Werkstätte;
6. Bergwerk, einen Steinbruch oder eine andere Stätte der Ausbeutung von Bodenschätzen;
7. Bauausführung oder Montage, deren Dauer zwölf Monate überschreitet.

Art. 5 Abs. 3 DBA D-CH nennt dagegen eine Reihe von Beispielen, bei denen keine Betriebsstätte begründet werden.

V.2. Vertreterbetriebsstätte

Betriebstätten können nicht nur mittels fester Geschäftseinrichtung begründet werden, sondern auch durch einen in Deutschland tätigen, ständigen Vertreter der Schweizer Unternehmung (sog. Vertreterbetriebstätte nach § 13 AO i.V. m. § 49 Abs. 1 Nr. 2a EStG). Als Vertreter kommen sowohl natürliche als auch juristische Personen in Betracht.

1527 Vgl. BFH v. 28. 6. 2006, I R 92/05; jedoch kann der Zeitrahmen auch bei einer kürzeren Nutzung vorliegen, wenn weitere Kriterien hinzukommen.

1528 Vgl. BFH v. 30. 10. 1996, BStBl. II 1997, S. 12.

Der Vertreter muss das von ihm vertretene Unternehmen durch seine geschäftlichen Handlungen binden können. Die Abschlussvollmacht muss Verträge über Tätigkeiten betreffen, die die eigentliche Unternehmenstätigkeit darstellen. Alleine durch die Einstellung eines sog. Verkaufsleiters Deutschland wird keine Betriebsstätte begründet. Maßgebend ist vielmehr die Art der tatsächlich ausgeübten Tätigkeit. So begründet nach Art. 5 Abs. 4 des DBA D-CH ein abhängiger (angestellter) Vertreter, der Abschlussvollmacht besitzt und diese Vollmacht für gewöhnlich ausübt, eine steuerpflichtige Betriebsstätte, es sei denn, seine Tätigkeit beschränkt sich auf den Einkauf von Gütern und Waren für das Unternehmen.

Zentrales Element der Vertreterbetriebsstätte ist somit die „Vollmacht, Verträge abzuschließen". Dieses Kriterium wird international höchst unterschiedlich interpretiert,[1529] weshalb es auch insofern Bestrebungen gibt, den OECD-Musterkommentar anzupassen, als dass die Verträge im Namen des Unternehmens abzuschließen sind, um eine Vertreterbetriebsstätte zu begründen. Andererseits sieht die OECD zwischenzeitlich bekannte Kommissionärs-Strukturen als missbräuchlich an (etwa im Rahmen von sog. Prinzipal-Strukturen, vgl. A.III.3.5 5.), sodass diese zukünftig als Vertreterbetriebsstätte erfasst werden sollen.

Der Ausdruck Abschlussvollmacht ist nicht im zivilrechtlichen Sinne, sondern seinem wirtschaftlichen Gehalt nach auszulegen.[1530] Die Betriebsstätteneigenschaft lässt sich nicht dadurch vermeiden, dass der Vertreter rein formell den Vertragsvollzug dem vertretenen Unternehmen überlässt. Eine Abschlussvollmacht liegt demzufolge nicht nur in dem Fall vor, wenn der Vertreter den von ihm ausgehandelten Vertrag auch formell unterzeichnet, sondern auch dann, wenn der Vertreter praktisch die Vertragsverhandlungen bis zu einem Ergebnis führt, das zwischen den Parteien nach den Geschäftsgepflogenheiten einer bindenden Zusage gleichkommt. Dies gilt auch, wenn der formelle Vertragsabschluss dann etwa im Schweizer Stammhaus erfolgt.

Die Abwicklung der Verkäufe durch einen freien Handelsvertreter ist steuerrechtlich dagegen grundsätzlich unproblematisch, soweit dieser im Rahmen seiner ordentlichen Geschäftstätigkeit handelt (Art. 5 Abs. 5 DBA D-CH). Die Erfüllung der Eigenschaft eines steuerlich unabhängigen Vertreters erfordert aber nicht nur die rechtliche, sondern auch dessen wirtschaftliche Unabhängigkeit.[1531] So kann bspw. ein zwar rechtlich unabhängiger Handelsvertreter dann eine (inländische) Betriebstätte begründen, wenn er nahezu ausschließlich für die Schweizer Unternehmung tätig wird. In diesem Fall wird die rechtliche Unabhängigkeit von seiner wirtschaftlichen Abhängigkeit überlagert.

Wie voranstehend ausgeführt, ist eine wichtige Voraussetzung, dass die Vollmacht gewöhnlich ausgeübt wird. In einer Revisionssache hatte der BFH[1532] das Merkmal der „Gewöhnlichkeit" bei der Ausübung der Befugnis zur Vertretung einer portugiesischen Kapitalgesellschaft[1533] zu überprüfen. In seinem Urteil vom 3. 8. 2005 hat der BFH die Entscheidung der Vorinstanz, wonach im konkreten Fall durch die Tätigkeit des Geschäftsführers einer portugiesischen Kapitalgesell-

1529 In jüngster Zeit u. a. die Entscheidungen des Französischen Conseil D'État in der Rs. Zimmer, das Oberste Gericht Norwegens in der Rs. Dell und das Income-Tax Tribunal in Mumbai in der Rs. eBay AG.

1530 Vgl. Wassermeyer in Wassermeyer, Doppelbesteuerung, MA Art. 5 Abs. 5 Rz. 204.

1531 Vgl. BFH v. 14. 9. 1994, IStR 1995, S. 132.

1532 Vgl. BFH v. 3. 8. 2005, I R 87/04, BStBl. II 2006 S. 220, IStR 3/2006, 92 f.

1533 Vgl. Art. 5 Abs. 5 DBA D-Portugal.

schaft keine Betriebsstätte in Deutschland begründet wird, in vollem Umfang bestätigt und die Revision des Finanzamtes zurückgewiesen.[1534]

In der Begründung des Urteils wurde hinsichtlich der Beurteilung der Frage, ob der Geschäftsführer die mit der Vertretungsmacht einhergehende Abschlussvollmacht „gewöhnlich" im Sinne von Art. 5 Abs. 5 DBA D-Portugal ausgeübt habe, auf den zeitlichen Umfang der Ausübung dieser Vollmacht abgestellt. Im vorliegenden Fall war dies bei 14 Dienstreisen bei insgesamt 60 Anwesenheitstagen in Deutschland nicht erfüllt. Der BFH hat in der Begründung seines Revisionsurteils ergänzt, dass auch die Erstreckung der verschiedenen Aufenthalte des Geschäftsführers in Deutschland über einen Zeitraum von mehr als sechs Monaten zu keiner anderen Beurteilung führe.

Aus diesem Fall kann ggf. ein erweiterter Handlungsspielraum für die Strukturierung von Vertriebsaktivitäten ausländischer Gesellschaften in Deutschland abgeleitet werden.

V.3. Gewinnermittlung und Rechtsfolgen aus einer Betriebsstätte

Nach Art. 7 Abs. 2 und Abs. 4 DBA D-CH wird der Gewinn nach der

1. direkten Methode (Art. 7 Abs. 2 DBA D-CH), d. h. eigene, separate Gewinnermittlung für die Betriebsstätte, oder nach der
2. indirekten Methode (Art. 7 Abs. 4 DBA D-CH), d. h. Aufteilung nach (etwa Lohnsumme, Umsatz, Betriebskapital etc.)

ermittelt. Art. 7 Abs. 3 DBA D-CH erlaubt den Abzug von Aufwendungen[1535] und Verlusten.[1536]

Die aktuellen Regelungen im DBA D-CH stehen allerdings noch nicht im Einklang mit den OECD-Entwicklungen: Die OECD erklärte in ihrem Betriebsstättenbericht vom 17. 7. 2008 den Functionally Separate Entity Approach, der im Rahmen des Authorized OECD Approach (AOA) umgesetzt wurde. Durch den AOA greift die Fiktion, dass für die Leistungsbeziehungen zwischen Stammhaus und Betriebsstätte betreffend Ermittlung des relevanten Unternehmensgewinnes Betriebsstätten als eigenständige Unternehmen angesehen werden. Bei den Leistungsbeziehungen gilt somit das Dealing at arm's length-Prinzip und folglich die Anwendung der Verrechnungspreisrichtlinie 1995. Die für die Einkunftsabgrenzung zwischen verbundenen Unternehmen erlassenen Transfer Pricing Richtlinien betreffend der Auslegung von Art. 9 OECD-MA gelten somit analog bei Betriebsstätten.

Konkret bedeutet dies, dass für die internationale Gewinnabgrenzung zwischen den Betriebsstätten eines Unternehmens die Einkünfte zwecks Herstellung einer fremdvergleichskonformen, grenzüberschreitenden Aufteilung der Einkünfte im Einheitsunternehmen wirtschaftliche Vor-

1534 Vgl. Huber/Helbing/Kubaile/Raab in Steuer Revue 6/2006, S. 402 f.

1535 Der BFH hat mit Urteil v. 24. 4. 2014, I R 56/12 geurteilt, dass der Gründungsaufwand für eine im Ausland belegene, feste Einrichtung eines Freiberuflers nicht zum Betriebsausgabenabzug in Deutschland führt, selbst dann nicht, wenn die Errichtung der festen Einrichtung später scheitert, also sog. vergebliche, vorweggenommene Aufwendungen i. S. d BMF-Schreibens v. 24.12.1999, BStBl. I 1999, S. 1076, Tz. 2.9.1 vorliegen. Es wird sich in der Zukunft ggf. noch zeigen, ob dieses Urteil den EU Grundfreiheiten entspricht.

1536 Zur Berücksichtigung von (finalen) Betriebsstättenverlusten wird auf die aktuelle, umfangreiche BFH-Rechtsprechung der letzten Jahre verwiesen, etwa BFH v. 5. 2. 2014, I R 48/11, BB 2014, S. 1046. Da die Niederlassungsfreiheit nicht auf Drittstaaten wie die Schweiz ausstrahlt, soll die Berücksichtigung finaler Betriebsstättenverluste nicht für Drittstaaten gelten; BFH-Revision unter I R 56/12.

gänge als schuldrechtliche Beziehungen fingiert werden. Für diese wirtschaftlichen Vorgänge sollen die gleichen Verrechnungspreisgrundsätze angewendet werden wie für Transaktionen zwischen rechtlich selbständigen Konzerneinheiten. Ausnahmen hiervon kann es vereinzelt geben.

Die Gewinnabgrenzung zwischen den Betriebsstätten eines Unternehmens basiert somit neu auf der Fiktion der funktionalen Selbständigkeit der Betriebsstätte. Dies stellt eine bedeutende Änderung gegenüber den bestehenden, nationalen Grundsätzen zur Gewinnabgrenzung dar. Analog zum Authorized OECD Approach (AOA) soll etwa in Deutschland bei der Gewinnabgrenzung in einem zweistufigen Verfahren vorgegangen werden.[1537]

Der Betriebsstätte sind in einem ersten Schritt die Funktionen des Unternehmens, die durch ihr Personal ausgeübt werden (Personalfunktionen), die Vermögenswerte des Unternehmens, die sie zur Ausübung der ihr zugeordneten Funktionen benötigt, die Chancen und Risiken des Unternehmens, die sie aufgrund der ausgeübten Funktionen und zugeordneten Vermögenswerte übernimmt, sowie ein angemessenes Eigenkapital (Dotationskapital) zuzuordnen. In bestimmten Fällen kann dies zu einer veränderten Berücksichtigung von Funktionen, Wirtschaftsgütern und Risiken führen.

Basierend auf dieser Zuordnung werden in einem zweiten Schritt die Geschäftsbeziehungen bestimmt. Die bisherige, in solchen Fällen vorgenommene reine Kostenabgrenzung zwischen den Betriebsstätten eines Unternehmens soll zukünftig durch die anerkannten Verrechnungspreismethoden, d. h. unter Berücksichtigung eines Gewinnelements, ersetzt werden.

Derzeit ist der AOA noch nicht in das DBA D-CH umgesetzt worden. Eine Anpassung wird im Rahmen der laufenden DBA D-CH Revision vorzunehmen sein (vgl. B.II.3.).

PRAXISHINWEIS

Die Auswirkungen der Besteuerung einer ausländischen Betriebsstätte können signifikant sein. Zusätzliche Formalitäten sowie Auseinandersetzungen mit den in- und ausländischen Finanzbehörden sind genauso unausweichlich wie ggf. eine Doppelbesteuerung der Unternehmensgewinne. Dies sollte durch eine entsprechende Steuergestaltung im Voraus vermieden werden. Eine Möglichkeit liegt darin, dass das deutsche Unternehmen vermeidet, eine feste ausländische Geschäftseinrichtung einzugehen. Dagegen kann der Begründung einer Vertreterbetriebstätte durch gezielte Entsendungsverträge entgegen gewirkt werden. Diese müssen unmissverständlich das Aufgabengebiet der Arbeitnehmer festlegen und umfassende Abschlussvollmachten ausgrenzen. Separate Arbeitsverträge mit dem in- und ausländischen Unternehmen sind oftmals ausreichend. Die Finanzverwaltung wird jedoch überprüfen, ob die vertraglichen Gegebenheiten auch den tatsächlichen Verhältnissen entsprechen.

Zur konkreten Umsetzung der Vermeidung der Mehrfachbesteuerung im Ansässigkeitsstaat Deutschland vgl. Ausführungen zum Methodenartikel in Gliederungspunkt vgl. B.XVI.

1537 Am 17. 10. 2014 wurde in Deutschland eine entsprechende Rechtsverordnung veröffentlicht. Sie ist am 18. 10. 2014 in Kraft getreten. § 1 Abs. 6 AStG in der Fassung des AmtshilfeRLUmsG enthält die Ermächtigung des BMF zum Erlass einer Rechtsverordnung zur Anwendung des Fremdvergleichsgrundsatzes, die sich über die bisherige Ermächtigung in § 1 Abs. 3 S. 13 AStG hinaus auch auf die Einkünfteaufteilung bzw. Einkünfteermittlung in grenzüberschreitenden Betriebsstättenfällen erstreckt. § 1 Abs. 3 Satz 13 AStG wurde deshalb aufgehoben.

VI. Art. 6 DBA D-CH: Einkünfte aus unbeweglichem Vermögen

Art. 6 DBA D-CH selbst entspricht im Wesentlichen dem OECD-Musterabkommen. D. h. nach dem sog. Belegenheitsprinzip werden die Einkünfte aus unbeweglichem Vermögen im Belegenheitsstaat („der Steine") besteuert. Dies gilt für natürliche Personen wie auch für Gesellschaften.

Eine für die Gestaltungs-Praxis wichtige Änderung in Bezug auf unbewegliches Vermögen ergibt sich aus dem Methodenartikel 24 DBA D-CH. Hiernach werden in Deutschland Einkünfte aus unbeweglichen Vermögen aus der Schweiz, entgegen der OECD-Methodik, nicht freigestellt, sondern es greift die Anrechnungsmethode (Art. 24 Abs. 1 Nr. 2 DBA D-CH). Im Ergebnis werden die Schweizer Einkünfte auf das höhere deutsche Steuerniveau hochgeschleust. Dies hat auch Auswirkung auf die Hinzurechnungsbesteuerung, die im Verhältnis zu Immobilieninvestitionen in der Schweiz Anwendung finden kann (§ 8 Abs. 1 Nr. 6b AStG).

PRAXISHINWEIS

Der BFH[1538] entschied, dass die unentgeltliche Nutzung einer (Ferien-)Immobilie, die über eine spanische S.L. gehaltenen wird, eine verdeckte Gewinnausschüttung darstellt. Im Verhältnis zur Schweiz sind diese Strukturen selten, gleichwohl sollten entsprechende Strukturen ggf. angepasst werden.

Im umgekehrten Fall, d. h. bei Einkünften aus einer in Deutschland belegenen Immobilie eines in der Schweiz ansässigen Investors, greift dagegen in der Schweiz die Freistellungsmethode. Im Rahmen der aktuellen DBA-Revisionsverhandlungen (vgl. B.II.3.) könnte in Art. 13 DBA D-CH eine Sonderbestimmung für die Veräußerung von Anteilen an Kapitalgesellschaften, die überwiegend Immobilien halten, aufgenommen werden. In diesem Fall muss eine zusätzliche Regelung gefunden werden, damit die deutschen Entstrickungsnormen keine (automatische) Anwendung finden.

VII. Art. 7 DBA D-CH: Einkünfte aus Unternehmensgewinnen

VII.1. Grundsätze und Gewinnermittlung

Art. 7 entspricht im Wesentlichen den Regelungen im OECD-MA. D. h. sofern das Unternehmen im anderen Vertragsstaat mittels einer Betriebsstätte (vgl. B.V.) tätig wird, wird das Besteuerungsrecht für den angemessenen Gewinn dem Betriebsstättenstaat zugewiesen. Zu den Grundsätzen der Gewinnermittlung vgl. B.V.3., zum Methodenartikel vgl. B.XVI.

Besonderheiten ergeben sich aus Art. 7 Abs. 7 und durch die aktuelle, deutsche Rechtsprechung (vgl. B.VII.2.).[1539]

VII.2. (Gewerblich geprägte) Personengesellschaften und die Besonderheiten aus Art. 7 Abs. 7 DBA D-CH

Art. 7 Abs. 7 Satz 1 DBA D-CH enthält eine zu begrüßende Klarstellung. Hiernach greifen die Regelungen von Art. 7 DBA D-CH explizit auch für Personengesellschaften, sofern diese eine Betriebsstätte i. S. d. Art. 5 DBA D-CH begründen.

1538 Vgl. BFH v. 12. 6. 2013, I R 109 111/10.

1539 Beide Staaten behandeln Personengesellschaften nach dem Transparenzprinzip.

In diesem Zusammenhang ist eine Rechtsfrage von großer Bedeutung. Nach der nationalen deutschen Steuernorm des § 15 Abs. 3 Nr. 2 EStG gilt die Tätigkeit einer Personengesellschaft, die keine Tätigkeit im Sinne des § 15 Absatz 1 Satz 1 Nr. 1 EStG ausübt (d. h. keine eigene, originär gewerbliche Tätigkeit), bei der jedoch ausschließlich eine oder mehrere Kapitalgesellschaften persönlich haftende Gesellschafter sind und diese oder Personen, die nicht Gesellschafter sind, zur Geschäftsführung befugt sind, in vollem Umfange als Gewerbebetrieb kraft Rechtsform (gewerblich geprägte Personengesellschaft). Im nationalen Verhältnis Deutschlands ist diese steuerliche Qualifikation unbestritten.

Fraglich ist, ob solch eine lediglich vermögensverwaltend tätige, gewerblich geprägte GmbH & Co. KG ein Unternehmen i. S. d. Artikel 7 OECD-MA bzw. DBA D-CH ist und damit abkommensrechtlich unter den Betriebsstättenvorbehalt fallen kann. Je nach Einschätzung greifen unterschiedliche DBA-Normen und Folgen.

PRAXISHINWEIS

Die gleiche Thematik stellt sich bei infizierten Personengesellschaften und bei der Betriebsaufspaltung.

Nach Auffassung der OECD fällt die rein vermögensverwaltend tätige GmbH & Co. KG nicht unter die Norm des Art. 7 OECD-MA. Diese Auffassung wird auch von der Eidgenössischen Steuerverwaltung (ESTV) in Bern geteilt. Auch in der einschlägigen deutschen Fachliteratur wird überwiegend die Auffassung vertreten, dass eine ausschließlich gewerblich geprägte Personengesellschaft gerade keine Unternehmensgewinne i. S. d. Art. 7 OECD-MA bzw. DBA D-CH generiert – eine Auffassung, die die Autoren ebenfalls teilen.[1540]

Anderer Auffassung vertrat die deutsche Finanzverwaltung, die die Unternehmenseigenschaft i. S. d. Art. 7 OECD-MA bzw. DBA D-CH bejahte.[1541]

Allerdings stand die deutsche Finanzverwaltung in ihrer Interpretation alleine da. Der BFH kam in zwei Urteilen

1. zum **Outbound**-Fall: BFH-Urteil vom 28. 4. 2010[1542]
2. zum **Inbound**-Fall: BFH-Urteil vom 4. 5. 2011[1543]

zum Ergebnis, dass aus dem DBA-Wortlaut „Gewinne eines Unternehmens" nur Einkünfte aus eigener, originärer unternehmerischer, d. h. gewerblicher Tätigkeit erfasst werden können. Eine ausschließlich gewerbliche Prägung reicht folglich nicht aus (und somit analog bei Infizierung und Betriebsaufspaltung[1544]).

Die deutsche Finanzverwaltung akzeptiert die BFH-Rechtsprechung. Am 26. 9. 2014 wurde ein neues BMF-Schreibens zur Anwendung der DBA auf Personengesellschaften veröffentlicht.[1545]

1540 Vgl. u. a. Wassermeyer in Wassermeyer, Doppelbesteuerung, MA Art. 7 Rz. 16/19; Piltz in Wassermeyer, Doppelbesteuerung, MA Art. 7 Rz. 83/85.

1541 Aufgrund Art. 3 Abs. 2 des jeweiligen DBA (vorliegend DBA D-CH) sei die nationale Auslegung auch für die Anwendung des DBA relevant; vgl. auch BMF-Schreiben v. 24. 9. 1999, IStR 2000, S. 627.

1542 Vgl. BFH v. 28. 4. 2010, I R 81/09; Beschluss 19. 5. 2010, I B 191/09, BStBl II 2011, S. 156.

1543 Vgl. BFH v. 4. 5. 2011 II R 51/09.

1544 Vgl. BFH v. 25. 5. 2011 I R 95/10.

1545 Vgl. BMF v. 26. 9. 2014 IV B 5 – S 1300/09/10003. Das Gesagte gilt auch für die Einkünfte freiberuflich tätiger Personengesellschaften (vgl. Tz. 2.2.1.1. dieses BMF-Schreibens).

Nach Tz. 2.2.1 ist bei gewerblich geprägten Personengesellschaften die DBA-Norm zur Unternehmensbesteuerung (erstmalig) nicht länger anwendbar.

PRAXISHINWEIS

In Wegzugsfällen ist aufgrund der Rechtsprechung der letzten Jahre die steuerneutrale Einbringung von Anteilen an Kapitalgesellschaften in eine gewerblich geprägte Personengesellschaft (GmbH & Co. KG) ***nicht*** mehr ausreichend, um bspw. die Anwendung von § 6 AStG zu vermeiden (vgl. E.II.2.).

Durch die o. g. BFH Rechtsprechung gerät die deutsche Finanzverwaltung in die Bredouille. Personen, die schon früher weggezogen sind und ihre wesentlichen Anteile an einer Kapitalgesellschaft (§ 17 EStG) vorab steuerneutral in eine ausschließlich gewerblich geprägte Personengesellschaft eingebracht hatten, um somit – wie früher akzeptiert – die Wegzugsbesteuerung nach § 6 AStG auszuschließen, sind faktisch weggezogen, ohne dass Deutschland (damals) weder die Wegzugsbesteuerung (§ 6 AStG) noch faktisch (heute) ein entsprechendes DBA-Besteuerungsrecht für die laufenden Einkünfte bzw. bei der Veräußerung der Anteile oder in Erbschaftsteuerfällen zugestanden werden kann.

Der deutsche Gesetzgeber hat schnell reagiert und mit **§ 50i EStG** eine Aufgriffsnorm geschaffen, die gerade in diesen „Altfällen“ greifen soll, sodass Deutschland wiederum ein Besteuerungsrecht zustünde. Konkret greift § 50i EStG u. a. dann, wenn[1546]

1. die Einlage von Anteilen i. S. d. § 17 EStG oder von Wirtschaftsgütern des Betriebsvermögens vor dem 29. 6. 2013 in das Betriebsvermögen einer gewerblich geprägten Personengesellschaft i. S. d. § 15 Abs. 3 EStG[1547] erfolgte,
2. die Übertragung bzw. Überführung steuerneutral vorgenommen wurde,
3. die Ansässigkeit in einem anderem DBA-Staat eingegangen wurde und
4. eine spätere Veräußerung oder Entnahme erfolgt.

§ 50i EStG wurde mit dem AmtshilfeRLUmsG eingeführt. Als im März 2014 in der Presse die der verbindlichen Auskunft zu Grunde liegenden Gestaltungen von Wolfgang Porsche bekannt wurden (Rückverlegung des persönlichen Wohnsitzes nach Österreich und anschließende Umwandlung), wurde der deutsche Gesetzgeber umgehend tätig und hat § 50i EStG im Rahmen des sog. Kroatien-Anpassungsgesetzes vom 25. 7. 2014 um einen Absatz ergänzt, der in § 50i Abs. 2 EStG eingefügt wurde. Hiermit sollen Umwandlungsmaßnahmen nach einem Wegzug mit steuerneutraler Entstrickung aus der deutschen Besteuerung vermieden werden können.

PRAXISHINWEIS

Es handelt sich bei dieser Norm um einen klassischen Treaty Override durch die deutsche Finanzverwaltung, gegen den Rechtsmittel eingelegt werden sollte, zumal die Verfassungsmäßigkeit von Treaty Overrides vor der Überprüfung durch das Bundesverfassungsgericht steht.[1548] Darüber hinaus stellt sich die Frage der verfassungswidrigen Rückwirkung dieser Norm. Die faktische, steuerneutrale Entstrickung fanden teilweise schon Jahre vor der Einführung von § 50i EStG statt. Eine heutige Anwendung auf diese Vorgänge wäre u. E. eine echte, verfassungswidrige Rückwirkung. Ferner sollte parallel ggf. der Weg über das Verständigungs- und anschließendem Schiedsverfahren geprüft werden (vgl. auch B.XVIII.).

1546 Vgl. auch BMF v. 26. 9. 2014 IV B 5 – S 1300/09/10003, Anwendung der Doppelbesteuerungsabkommen auf Personengesellschaften, Tz. 2.3.3.

1547 Unter § 15 Abs. 3 EStG fallen gewerblich geprägte und gewerblich infizierte Personengesellschaften. Gemäß § 50i S. 1 EStG sind auch Betriebsaufspaltungen erfasst.

1548 Vgl. BFH v. 10. 1. 2012, I R 66/09, DStR 2012, S. 949.

Die BFH-Rechtsprechung hat auch Einfluss auf das abkommensrechtliche Besteuerungsrecht von Sonderbetriebseinnahmen und -ausgaben. Allerdings gilt es hier eine Besonderheit im DBA D-CH zu beachten. Nach Art. 7 Abs. 7 Satz 2 DBA D-CH erstreckt sich das abkommensrechtliche Besteuerungsrecht auch auf „Vergütungen, die ein Gesellschafter einer Personengesellschaft von der Gesellschaft

1. für seine Tätigkeit im Dienst der Gesellschaft,
2. für die Gewährung von Darlehen oder
3. für die Überlassung von Wirtschaftsgütern

bezieht, wenn diese Vergütungen nach dem Steuerrecht des Vertragsstaates in dem die Betriebsstätte gelegen ist [Deutschland oder Schweiz], den Einkünften des Gesellschafters aus dieser Betriebsstätte zugerechnet wird". Somit bestimmt die innerstaatliche Qualifikation betreffend die Frage, ob Sonderbetriebseinnahmen bzw. -ausgaben vorliegen, die abkommensrechtlichen Folgen.

In der Schweiz erfolgt nach nationalem Recht eine steuerliche Qualifizierung entsprechend der deutschen Sonderbetriebseinnahmen und -ausgaben. Folglich greift die Norm des Art. 7 Abs. 7 Satz 2 DBA D-CH in Fällen des Swiss-Inbounds, d. h. bei Beteiligungen von in Deutschland ansässigen Mitunternehmern an einer Schweizer Personengesellschaft. Es bleibt insofern bei den abkommensrechtlichen Qualifikationen, d. h. es liegen Einkünfte aus unternehmerischer Tätigkeit vor.

Bei einer Beteiligung einer in der Schweiz ansässigen Person an einer Personengesellschaft in Deutschland (German-Inbound) greift dagegen die deutsche Systematik zu den Sonderbetriebseinnahmen- und ausgaben.[1549] Im Verhältnis Deutschland-Schweiz ist seit Jahren die Frage ungeklärt, ob es sich bei der Aufzählung in Satz 2 um eine abschließende Aufzählung – so die Auffassung der Schweizer Steuerbehörden – oder um eine exemplarische – so die Auffassung der deutschen Finanzverwaltung – handelt. Auslöser dieser unterschiedlichen Interpretation ist das Wörtchen „auch" in Art. 7 Abs. 7 Satz 2 DBA D-CH.

Ungeachtet dieser Rechtsfrage tituliert die deutsche Finanzverwaltung ein umfassendes Besteuerungsrecht aus der nationalen Norm des § 50d Abs. 10 EStG, die im Rahmen des JStG 2009 eingeführt wurde.

In diesem Zusammenhang führen insbesondere Gewinnausschüttungen der deutschen Komplementär-GmbH an ihren Schweizer Anteilseigner zu Streitigkeiten bzw. Mehrfachbesteuerung in Deutschland und in der Schweiz. Deutschland proklamiert auf der Grundlage von Art. 7 Abs. 7 Satz 2 DBA D-CH ein deutsches Besteuerungsrecht, wohingegen die Schweiz die Gewinnausschüttungen unter Art. 10 DBA D-CH subsumiert und Deutschland ausschließlich ein Recht auf Quellenbesteuerung zugestehen möchte. Am Ende mündet dies aktuell in eine nicht gerechtfertigte Mehrfachbesteuerung (Schiedsverfahren als Ausweg).[1550]

1549 Vgl. Hamminger in Wassermeyer, Doppelbesteuerung, Schweiz, Art. 7 Rz. 407 ff.
1550 Da Gewinnausschüttungen nicht in der abschließenden Aufzählung des Art. 7 Abs. 7 S. 2 enthalten sind.

Im Lichte der neuen BFH-Rechtsprechung kann nur das Folgende gelten:

1. Für **ausschließlich gewerblich geprägte Personengesellschaften** können infolge der BFH-Rechtsprechung die Grundsätze der Unternehmensbesteuerung nicht mehr einschlägig sein. Folglich kann auch Art. 7 Abs. 7 DBA D-CH und insbesondere Satz 2 keine Anwendung finden, da es letztendlich an einem gewerblichen Unternehmen und folglich am Betriebsstätten-Vorbehalt mangelt. Analoge Rechtsfolgen müssen für infizierte Personengesellschaften wie auch bei einer Betriebsaufspaltung greifen.

2. Für **originär gewerblich tätige Unternehmen** greifen im Verhältnis Deutschland – Schweiz die Besonderheiten des Art. 7 Abs. 7 DBA D-CH. Die BFH-Rechtsprechung der letzten Jahre[1551] zu Fällen des German-Inbound führt insofern nicht zu einer Suspendierung von Art. 7 Abs. 7 Satz 2 DBA D-CH. Ungeklärt ist weiterhin, ob Satz 2 eine exemplarische oder abschließende Aufzählung darstellt. Nach Auffassung der Autoren kann es sich nur um eine abschließende Aufzählung handeln, da ansonsten u. a. der Anwendungsbereich der Spezialitätennorm von Art. 7 Abs. 8 DBA D-CH hätte eingeschränkt werden müssen. Mit dem neuen DBA-Schiedsverfahren (vgl. B.XVIII.) besteht zumindest die Möglichkeit, die drohende Mehrfachbesteuerung zu vermeiden.

Im Rahmen der laufenden DBA-Revision sollte in Art. 7 Abs. 7 klargestellt werden, ob es sich im Satz 2 um eine abschließende Aufzählung handelt oder nicht. Ferner sollte im Sinne der Rechtssicherheit klargestellt werden, dass von Art. 7 nur gewerblich tätige Unternehmen erfasst werden können. Darüber hinaus sollten sich beide Vertragsstaaten fragen, ob die Regelung von Art. 7 Abs. 7 Satz 2 DBA D-CH im Lichte der BFH-Rechtsprechung nicht besser ersatzlos gestrichen werden sollte oder zumindest auf gewerblich tätige Unternehmen zu begrenzen wäre.

VIII. Art. 10/Art. 28 DBA D-CH: Quellensteuern auf Dividendenausschüttungen – Nullregelung und Sockelsteuersätze

VIII.1. DBA-Revisionen der letzten Jahre

Mit der DBA-Teilrevision 2011 wurde die Nullregelung an die EU Mutter-Tochter-Richtlinie angepasst, d. h.:

1. Senkung der **Mindestbeteiligungshöhe** von 20 % auf **zehn %;**

2. Schaffung einer **Mindesthaltedauer** von **zwölf Monaten.**

Die Nullregelung selbst wurde bereits im Dezember 2002 eingeführt. Hiernach schafften Deutschland und die Schweiz rückwirkend auf den 1. 1. 2002 die Quellensteuer auf Dividendenausschüttungen an eine wesentlich, d. h. zu mindestens 20 %, beteiligte Muttergesellschaft im jeweiligen Nachbarstaat vollständig ab (Nullregelung). Damit wurde im Verhältnis Deutschland-Schweiz ein verbessertes Klima für grenzüberschreitende Investitionen in beiden Ländern geschaffen.

1551 U. a. BFH v. 17. 10. 2007, I R 5/06, BFH/NV 2008, S. 869.

In der Schweiz wurde früher die abkommensrechtliche Quellensteuerreduktion ausschließlich über ein zeitaufwendiges Erstattungsverfahren erreicht. Bereits seit 1. 7. 2003 greift auch an der Schweizer Quelle eine unmittelbare Entlastung durch das sog. Meldeverfahren. Für deutsche Gesellschafter wird hierdurch ein wesentlicher Liquiditätsvorteil erreicht, der Schweizer Investoren – sofern die Voraussetzungen erfüllt sind – bereits seit Langem gewährt wird. Dieses Verfahren wurde zum 1. 1. 2005 modifiziert (internationales Meldeverfahren, vgl. B.VIII.6.2.1.) und greift seit 1. 7. 2005 auch auf Quellensteuern bei Dividenden, Zinsen und Lizenzen, die zwischen den EU Mitgliedsstaaten und der Schweiz fließen (Art. 15 EU Zinsbesteuerungsabkommen, vgl. B.VIII.5.).

Nachfolgend werden die wichtigsten Auswirkungen der Nullregelung auf Dividendenausschüttungen sowie des Art. 15 EU Zinsbesteuerungsabkommen gezeigt.[1552]

VIII.2. Grundsätze

Art. 10 Abs. 1 DBA D-CH bestimmt, dass Dividenden, die eine in einem Vertragsstaat ansässige Gesellschaft an eine im anderen Vertragsstaat ansässige Person zahlt, in dem anderen Staat besteuert werden können.

Art. 10 Abs. 2 gesteht dabei dem Ansässigkeitsstaat der dividendenzahlenden Gesellschaft ein Quellenbesteuerungsrecht auf Basis des nationalen Rechts zu.[1553] In Deutschland beträgt die Quellensteuer auf Dividendenausschüttungen derzeit 25 %, zzgl. 5.5 % Solidaritätszuschlag, d. h. gesamthaft 26.375 %. In der Schweiz beträgt die Quellensteuer 35 % (Verrechnungssteuer).

Allerdings begrenzt Art. 10 Abs. 2 und Abs. 3 die nationalen Quellensteuern auf folgende (Sockel)Steuersätze:

0 % Bei Dividendenausschüttungen an eine andere juristische Person, die zu mindestens 10 % seit einem ununterbrochenen Zeitraum von mindestens zwölf Monaten beteiligt ist, vgl. Art. 10 Abs. 3 DBA D-CH (sog. **Nullsatz**).

5 % Ausschüttende Gesellschaft ist ein Kraftwerk zur Ausnutzung der Wasserkraft des Rheinstromes zwischen dem Bodensee und Basel (Grenzkraftwerk am Rhein); vgl. Art. 10 Abs. 2a DBA D-CH.

30 % Bei Einnahmen aus Beteiligungen an einem Handelsgewerbe als (typisch) stiller Gesellschafter (i. S. d. deutschen Rechts), aus Genussrechten, aus Gewinnobligationen oder aus partiarischen Darlehen, und wenn diese Beträge bei der Gewinnermittlung des Schuldners abzugsfähig sind; vgl. Art. 10 Abs. 2b DBA D-CH.

15 % In allen übrigen Fällen (bspw., wenn eine natürliche Person Dividendenausschüttungen erhält); vgl. Art. 10 Abs. 2c DBA D-CH.

Die Bestimmung des Dividendenbegriffes selbst findet sich in Art. 10 Abs. 4 DBA D-CH. Art. 4 Abs. 11 DAB D-CH bestimmt, dass nur die nutzungsberechtigte Person abkommensberechtigt ist (vgl. B.IV.11.). Dies gilt auch für Dividendenausschüttungen. Es gilt etwaige Missbrauchsnor-

---

1552 Die nachfolgenden Ausführungen zur Nullregelung basieren auf den Beiträgen der Autoren in iwb 1/2011, S. 20 ff.; PIStB 08/2003, S. 209 ff, 09/2003, S. 236 ff; PIStB 12/2010, S. 317 ff.; Schweizer Treuhänder 2003, S. 646 ff.; Schweizer Treuhänder 1-2/2011, S. 2 ff.

1553 Beachte Besonderheiten aus Art. 4 Abs. 10 DBA D-CH in B.IV.10.

men in der Schweiz und in Deutschland zu beachten. Es wird auch auf die Kommentierung zu Art. 23 DBA D-CH verwiesen (vgl. B.XV.).

PRAXISHINWEIS

Die deutsche Finanzverwaltung möchte auch Auskehrungen aus Stiftungen unter den Anwendungsbereich von Art. 10 DBA D-CH subsumieren. Nach Auffassung der Autoren ist vielmehr Art. 21 DBA D-CH einschlägig, da es an einer Beteiligung an einer Gesellschaft i. S. d. Art. 10 DBA D-CH mangelt.[1554] In der Folge hätte der Quellenstaat kein DBA-Recht, eine Quellensteuer zu erheben, da das ausschließliche Besteuerungsrecht im Ansässigkeitsstaat liegt.

VIII.3. Anwendungsbereich der Nullregelung

Dividendenausschüttungen unterliegen regelmäßig einer Quellensteuer. Mit der DBA-Revision (Revisionsprotokoll vom 12. 3. 2002) wurde rückwirkend zum 1. 1. 2002 die sog. Nullregelung auch in das DBA D-CH verankert. Hiernach unterliegen im Verhältnis Deutschland – Schweiz Dividendenausschüttungen an eine nutzungsberechtigte, wesentlich beteiligte Gesellschaft keiner Quellensteuer. Nach Art. 10 Abs. 3 DBA D-CH a. F. liegt eine wesentliche Beteiligung vor, sofern eine unmittelbare Beteiligung von mindestens 20 % gehalten wird (Mindestbeteiligungshöhe). Eine Mindestbeteiligungsdauer gab es nicht.

Mit der letzten DBA-Revision 2010 wurde die Mindestbeteiligungshöhe von 20 % auf **10 %** gesenkt. Die Beteiligungshöhe bezieht sich hierbei auch zukünftig auf das Kapital der Gesellschaft und nicht auf die Stimmrechte. Die Nullregelung greift nur, wenn die Beteiligung in Höhe von 10 % unmittelbar gehalten wird.

PRAXISHINWEIS

Eine für die Praxis wünschenswerte Konzernklausel gibt es weiterhin nicht. Diese fehlende Konzernbetrachtung widerspricht aber vielfach den tatsächlichen, internationalen Konzernstrukturen, in denen einzelne Gesellschaften öfters auch eine geringere Beteiligung halten, über eine Konzernbetrachtung aber sogar eine 100 %ige Beteiligung vorliegt. Entsprechende Regelungen gibt es bereits in diversen DBA, die Deutschland abgeschlossen hat, weshalb sie auch dem nachbarschaftlichen Wirtschaftsverhältnis Deutschland – Schweiz gut zu Gesicht gestanden hätten.

Mit der vorteilhaften Senkung der Mindestbeteiligungshöhe wurde ein Nachteil „erkauft“: Neu ist eine Mindestbeteiligungsdauer von **zwölf Monaten** zu beachten. Der Zwölf-Monate-Zeitraum muss ununterbrochen vorliegen. Dividendenausschüttungen, die vor diesem Zeitraum fällig werden, unterliegen somit letztendlich nach Art. 10 Abs. 2c DBA D-CH der sog. Sockelsteuer in Höhe von 15 % bzw. 5 % bei Grenzkraftwerken am Rhein, Art. 10 Abs. 2a DBA D-CH.

PRAXISHINWEIS

Wird die Mindestbeteiligungsdauer erst nach Dividendenfälligkeit erfüllt, so wird die Steuer – entsprechend dem sog. Denkavit-Urteil des EuGH – wieder erstattet. Mit der letzten DBA-Revision wurde die Nullregelung somit an die EU Mutter-Tochter-Richtlinie angepasst.

In der Beratungspraxis gilt es zu beachten, dass für die Nullregelung nur Gesellschaften qualifizieren. Berechtigte Gesellschaften sind juristische Personen oder Rechtsträger, die für die Besteuerung wie juristische Personen behandelt werden (Art. 3 Abs. 1e DBA D-CH).

1554 Vgl. Brandis in Wassermeyer, Doppelbesteuerung, Schweiz, Art. 21 Rz. 22; Flick/Wassermeyer/Kempermann, DBA D-CH, Art. 21, Anm. 12 mit Verweis auf BFH v. 30. 11. 1967, BStBl. 1968 II, S. 264 und FG Münster v. 16. 01. 1970, EFG 1970, S. 380. Analog Hamminger in Wassermeyer, Doppelbesteuerung, Schweiz, Art. 10 Rz. 21.

Mit der letzten DBA-Revision 2010 wurde klargestellt, dass im Fall von Dividenden, die von einer deutschen Immobilien-Aktiengesellschaft mit börsennotierten Anteilen (REIT-AG), einem deutschen Investmentfonds oder einer deutschen Investmentaktiengesellschaft gezahlt werden, die Nullregelung nicht greift. Anwendung findet in diesen Fällen vielmehr die Sockelsteuer in Höhe von 15 % (Art. 10 Abs. 3 Satz 2 i.V. m. Art. 10 Abs. 2c DBA D-CH). Diese Einschränkung berührt aber nicht die Besteuerung der Gesellschaft in Bezug auf die Gewinne, aus denen die Dividenden gezahlt werden (Art. 10 Abs. 3 Satz 3 DBA D-CH).

Nicht nur nach der DBA-Nullregelung kann die Quellensteuer entfallen. Auch auf der Rechtsgrundlage von Art. 15 des Zinsbesteuerungsabkommens greift zwischen der Schweiz und Deutschland (sowie weiteren EU Mitgliedstaaten) auf Dividenden (aber ggf. auch auf Zinsen und Lizenzen) aus wesentlichen Beteiligungen eine vollständige Quellensteuerentlastung. Die Anpassungen an der abkommensrechtlichen Nullregelung in Art. 10 Abs. 3 DBA D-CH führen nicht dazu, dass zukünftig Art. 15 Zinsbesteuerungsabkommen gegenüber Art. 10 Abs. 3 DBA D-CH vorteilhafter wäre. Eine Ergänzung von § 50g Abs. 6 EStG um Dividenden ist derzeit somit nicht notwendig (vgl. B.VIII.5.).

VIII.4. Der Sonderfall Personengesellschaften

Mit Blick auf Personengesellschaften haben beide Länder mehrfach bestätigt[1555] dass diese Gesellschaften von beiden Staaten als steuerlich transparent zu behandeln sind.[1556]

Für die Frage, ob die Nullregelung anwendbar ist, wird daher direkt auf die jeweiligen Gesellschafter abgestellt. Somit kann eine Kapitalgesellschaft, die über eine Personengesellschaft seit mindestens zwölf Monaten zu mindestens 10 % an einer Gesellschaft im anderen Staat beteiligt ist, ebenfalls die Nullregelung beanspruchen (zu weiteren Fallvarianten vgl. bspw. B.VIII.7., Bsp. 4). Ist der Mitunternehmer dagegen eine natürliche Person oder eine nicht wesentlich beteiligte Kapitalgesellschaft (ein Anteil von unter 10 % etc.), beträgt die Schweizer Verrechnungssteuer bzw. die deutsche Kapitalertragsteuer 15 % (Art. 10 Abs. 2c DBA D-CH).

Betreffend Praktikerlösung für die Antragsberechtigung einer Personengesellschaft, die selbst nicht abkommensberechtigt ist, vgl. B.VIII.6.3.

VIII.5. Exkurs: Artikel 15 Zinsbesteuerungsabkommen

Nicht nur nach der abkommensrechtlichen Nullregelung kann die Quellenbesteuerung entfallen. Auch auf der Rechtsgrundlage von Art. 15 des Abkommens vom 26. 10. 2004 zwischen der Schweiz und der Europäischen Gemeinschaft über Regelungen, die den in der Richtlinie 2003/48/EG des Rates vom 3. 6. 2003 im Bereich der Besteuerung von Zinserträgen festgelegten Regelungen gleichwertig sind (auch Zinsbesteuerungsabkommen bzw. ZBstA genannt), greift zwischen der Schweiz und den EU-Mitgliedsstaaten auf Dividenden, Zinsen und Lizenzen aus wesentlichen Beteiligungen, ohne dass zwingend ein Doppelbesteuerungsabkommen vorhan-

1555 Vgl. Protokoll zum Abkommen v. 11. 11. 1971 zwischen der Bundesrepublik Deutschland und der Schweizerischen Eidgenossenschaft zur Vermeidung der Doppelbesteuerung auf dem Gebiete der Steuern vom Einkommen und vom Vermögen in der Fassung des Protokolls v. 21. 12. 1992, datierend v. 7. 12. 2001.

1556 Vgl. auch Kolb, IWB 2002, Schweiz, Gruppe 2, S. 516.

den sein muss, eine vollständige Quellensteuerbefreiung.[1557] Diese Norm greift parallel zu Art. 10 Abs. 3 DBA D-CH. Im Verhältnis Deutschland – Schweiz ist die abkommensrechtliche Nullregelung jedoch hinsichtlich der Mindestbeteiligungshöhe (nur 10 %ige Beteiligung) und der Mindestbeteiligungsdauer (seit mindestens zwölf Monaten) regelmäßig vorteilhafter.

VIII.5.1 Dividenden

Dividendenzahlungen von Tochter- an Muttergesellschaften werden im Verhältnis zwischen den EU Mitgliedstaaten und der Schweiz gegenseitig im Quellenstaat nicht besteuert, sofern kumulativ

1. die Muttergesellschaft mindestens zwei Jahre eine direkte Beteiligung von mindestens 25 % am Gesellschaftskapital der Tochtergesellschaft hält,
2. die eine Gesellschaft in einem EU Mitgliedstaat und die andere Gesellschaft in der Schweiz ansässig ist,
3. nach den DBA mit Drittstaaten keine der beiden Gesellschaften in diesem Drittstaat ansässig ist, und
4. beide Gesellschaften ohne Befreiung der Körperschaftssteuer unterliegen und die Form einer Kapitalgesellschaft aufweisen.

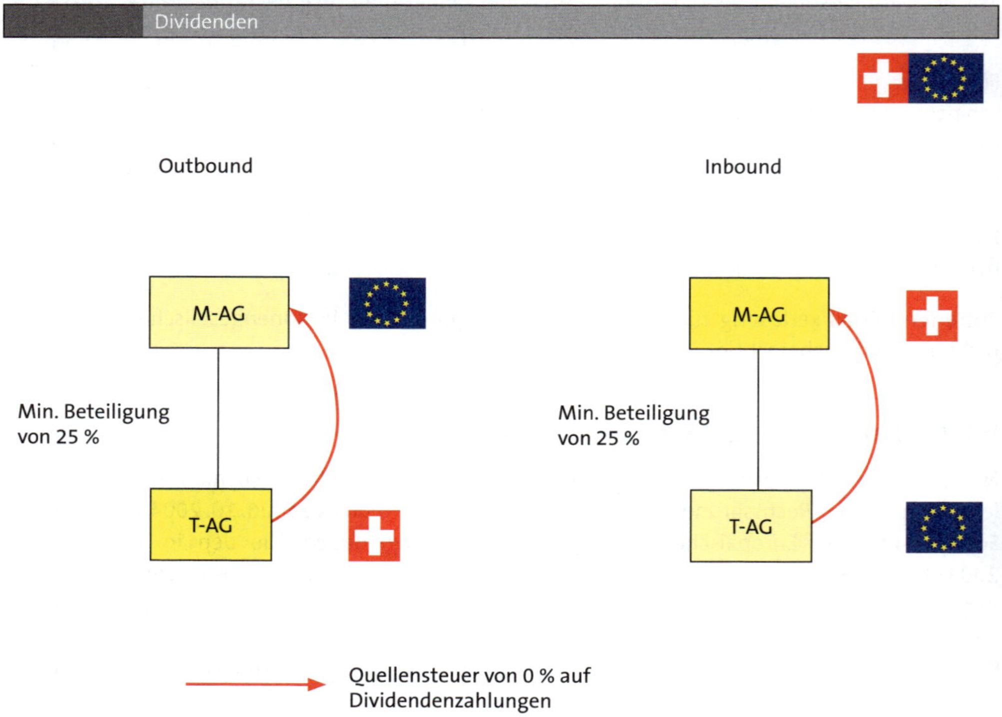

1557 Vgl. Bundesgesetz zum Zinsbesteuerungsabkommen mit der Europäischen Gemeinschaft v. 17. 12. 2004 (ZBStG). Eine Übergangsfrist gilt für Spanien und Estland.

VIII.5.2 Zinsen und Lizenzgebühren

Zahlungen von Zinsen und Lizenzgebühren zwischen verbundenen Gesellschaften oder ihren Betriebsstätten werden im Verhältnis zwischen den EU Mitgliedstaaten und der Schweiz gegenseitig im Quellenstaat nicht besteuert, wenn kumulativ

1. diese Gesellschaften mindestens **zwei Jahre** lang durch eine Beteiligung von mindestens **25 %** miteinander verbunden sind **oder** sich beide im Besitz einer dritten Gesellschaft befinden, die mindestens zwei Jahre lang eine direkte Beteiligung von mindestens 25 % am Gesellschaftskapital der ersten und der zweiten Gesellschaft hält,
2. die eine Gesellschaft in einem EU Mitgliedstaat ansässig ist oder dort eine Betriebsstätte unterhält und die andere Gesellschaft in der Schweiz steuerlich ansässig ist oder dort eine Betriebsstätte unterhält,
3. nach den Doppelbesteuerungsabkommen mit Drittstaaten keine der Gesellschaften in diesem Drittstaat steuerlich ansässig ist und keine der Betriebsstätten in diesem Drittstaat gelegen ist **und**
4. alle Gesellschaften im Besonderen auf Zinsen und Lizenzgebühren unbeschränkt der Körperschaftssteuer unterliegen und jede die Form einer Kapitalgesellschaft aufweist.

Zinsen und Lizenzgebühren

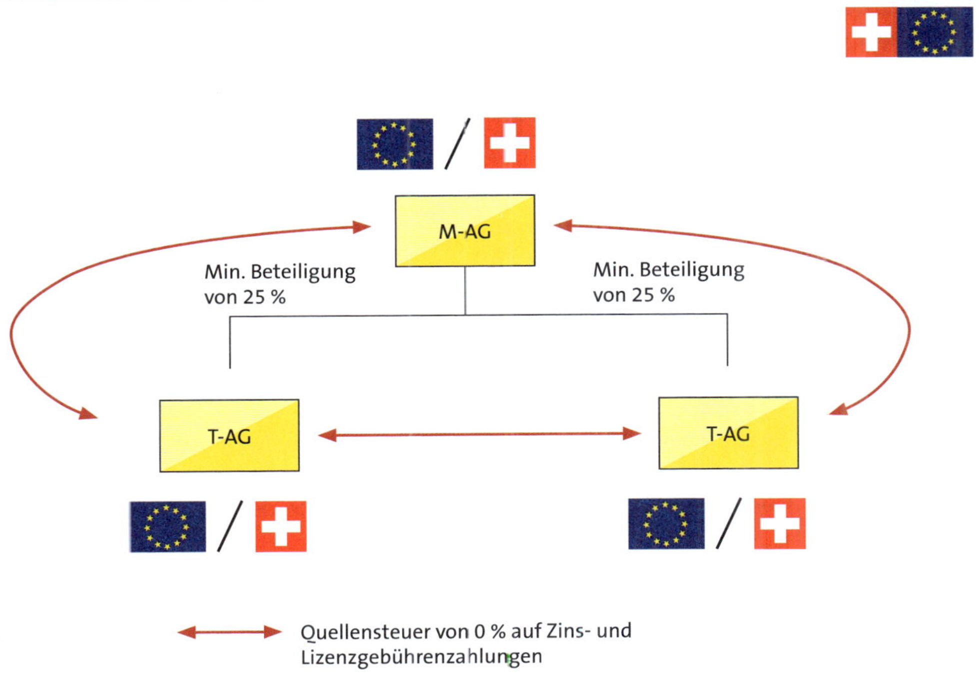

PRAXISHINWEIS: ANWENDUNGSZEITPUNKT

Das Zinsbesteuerungsabkommen zwischen der Schweiz und der EU ist seit dem 1. 7. 2005 in Kraft. Es ist für Dividenden respektive Zinsen und Lizenzgebühren mit Fälligkeiten nach dem 30. 6. 2005 anwendbar.

VIII.6. Erstattungsverfahren und Entlastung an der Quelle

Die jeweils einschlägigen Formblätter für die Erstattung bzw. Freistellung an der deutschen oder schweizerischen Quelle werden nachfolgend dargestellt. Die Formulare selbst sind auch im Anhang 1 abgedruckt.[1558]

Vorweg ist bereits allgemein darauf hinzuweisen, dass aufgrund der Teilrevision des DBA D-CH im Jahr 2002 das Formblatt R-Da nicht mehr einzureichen ist.

VIII.6.1. Erstattungsverfahren

Das DBA D-CH ermöglicht es dem Quellenstaat, Dividenden einer Quellensteuer zu unterwerfen (Art. 28 Abs. 1 DBA D-CH). Aufgrund nationaler Vorschriften machen hiervon die Schweiz und Deutschland auch grundsätzlich Gebrauch. Auf Antrag wird zu viel bezahlte Quellensteuer über das Erstattungsverfahren erstattet (Art. 28 Abs. 2 DBA D-CH).

Die Antragsfrist für die Erstattung beträgt nach Art. 28 Abs. 3 DBA D-CH drei Jahre. Im Verhältnis zur Schweiz entspricht diese Frist der nationalen Schweizer Norm (Art. 32 Abs. 1 VStG). Deutschland gewährt dagegen eine vierjährige Frist (§ 50d Abs. 1 Sätze 7/8 EStG). Somit kann bei einer deutschen Quellensteuer die vorteilhaftere nationale Antragsfrist zur Anwendung gelangen.

PRAXISHINWEIS

Insbesondere natürliche Personen verlieren durch nicht zurückgeforderte Quellensteuern auf Dividenden jährlich hohe Beträge. Dieser Effekt dürfte sich durch den Anstieg internationaler Investitionen weiter verstärken. Der Steuerberater sollte im Rahmen der jährlichen Einkommensteuererklärung diesen Themenkreis prüfen und rechtzeitig die ggf. entsprechenden Erstattungsanträge stellen.

VIII.6.2. Entlastung an der Quelle

VIII.6.2.1. Entlastung an der Schweizer Quelle

Seit 1. 7. 2003 steht die sofortige Entlastung an der Schweizer Quelle auch deutschen Muttergesellschaften zur Verfügung. Dieses Verfahren steht allerdings nur wesentlich beteiligten Anteilseignern i. S. d. Art. 10 Abs. 3 DBA D-CH in der Rechtsform einer juristischen Person zu, sofern sie ein Nutzungsrecht an der Dividende haben.[1559]

Die Umsetzung erfolgt neu seit dem 1. 1. 2005 über das sog. internationale Meldeverfahren,[1560] was nicht nur auf das Verhältnis Deutschland – Schweiz begrenzt ist, sondern in allen Fällen anwendbar ist, in denen eine juristische Person eine DBA-Reduktion der Quellensteuer auf Divi-

1558 Mit Urteil v. 10. 4. 2014 hat der EuGH bestimmt, dass die Rückerstattung EU rechtswidriger Quellensteuern durch Nicht-EU Investmentfonds gegeben sein muss. Da das Urteil auf den Grundsätzen der Kapitalverkehrsfreiheit basiert, greifen die Grundsätze bspw. auch für Schweizer Investmentfonds (vgl. EuGH v. 10. 4. 2014 – C – 190/12 Emerging Markets Series of DFA Investment Trust Company ./. Dyrekto Izby Skarbowej w Bydgoszczy).

1559 Die ausländische Empfängerin der Dividende muss über mindestens diejenige Beteiligung verfügen, die sie nach dem maßgebenden Doppelbesteuerungsabkommen oder einem anderen Staatsvertrag zur Beanspruchung einer zusätzlichen oder vollständigen Entlastung berechtigt bzw. bei Fehlen einer entsprechenden Bestimmung unmittelbar über mindestens 20 % (vgl. KS 6 ESTV v. 22. 12. 2004, S. 2). Nach Art. 10 Abs. 3 DBA D-CH beträgt die Mindestbeteiligungshöhe 10 %.

1560 Vgl. Kreisschreiben ESTV Nr. 6 v. 22. 12. 2004.

denden zusteht. Das Meldeverfahren kommt zur Anwendung, wenn feststeht, dass die ausländische Dividendenempfängerin, auf welche die Steuer zu überwälzen wäre, in einem Staat ansässig ist, mit welchem die Schweiz ein Doppelbesteuerungsabkommen oder einen anderen Staatsvertrag abgeschlossen hat, eine Kapitalgesellschaft ist und das Nutzungsrecht an den entsprechenden Dividenden hat (Art. 1 Abs. 2 i.V. m. Art. 3 Abs. 3 VO).

Um von der Entlastung an der Quelle profitieren zu können, muss die schweizerische Kapitalgesellschaft, welche die Dividende bezahlt, vor deren Fälligkeit bei der Eidgenössischen Steuerverwaltung (ESTV) um eine Bewilligung zur Inanspruchnahme des Meldeverfahrens ersuchen. Wird das Gesuch gutgeheißen, dann erteilt die Eidgenössische Steuerverwaltung eine Bewilligung zur Inanspruchnahme des Meldeverfahrens für die Dauer von drei Jahren (Art. 3 Abs. 3 VO).[1561]

PRAXISHINWEISE

Das Gesuch um Bewilligung zur Inanspruchnahme des Meldeverfahrens kann bei deutschen Dividendenempfängern entweder mittels Formular 823B (bei Anwendung des DBA D-CH) oder mittels Formular 823C (bei Anwendung von Art. 15 Abs. 1 ZBStA; vgl. B.VIII.5.) eingereicht werden. Wird die Bewilligung erteilt, ist die Dividende mittels Formular 108, welches zusammen mit Formular 103 (bei AG), 110 (bei GmbH) oder 102 (a. o. GV-Beschlüsse) eingereicht wird, zu deklarieren. Für die Deklaration besteht eine Frist von 30 Tagen.

Das Schweizerische Bundesgericht hat entschieden, dass die 30-tägige Frist zur Einreichung der Formulare 108 als gesetzliche Verwirkungsfrist qualifiziert und damit nicht erstreckbar ist (BGE 2C_756/2010). Dieser Bundesgerichtsentscheid wird von der ESTV strikt umgesetzt. Wird die 30-tägige Frist nicht eingehalten, fallen auf den Betrag der Verrechnungssteuer Verzugszinsen in der Höhe von 5 % pro Jahr an und das Recht auf das Meldeverfahren ist automatisch verwirkt. Dies bedeutet, dass die Verrechnungssteuer (zuzüglich Verzugszins) zu bezahlen ist und anschließend – ohne den bezahlten Verzugszins – vom Dividendenbezüger wieder zurückzufordern ist (Erstattungsverfahren).[1562]

VIII.6.2.2. Entlastung an der deutschen Quelle

Durch die Teilrevision des DBA D-CH ergeben sich in Deutschland hinsichtlich der abkommensrechtlichen Entlastung von der deutschen Quellensteuer keine Neuerungen.[1563]

Auch weiterhin steht juristischen Personen das Freistellungsverfahren (oder alternativ das Erstattungsverfahren) zur Verfügung. Bei Dividenden wird zunächst nach nationalem, deutschen Recht die Kapitalertragsteuer von 25 %, zuzüglich 5.5 % Solidaritätszuschlag, erhoben, d. h. gesamthaft 26.375 %.

Schweizer Gläubiger sind nach Maßgabe des DBA D-CH sowie nach § 50d EStG von dieser Abzugsteuer ganz oder teilweise zu entlasten. Bei sog. Schachtelbeteiligungen ist auch ein Freistellungsverfahren möglich, bei dem der Schuldner den Steuerabzug von vorne herein ganz oder teilweise unterlassen kann. Dabei gewährt Deutschland nach § 50d Abs. 2 EStG die Entlastung an der Quelle.

1561 Diese Bestimmung ist analog auch dann anwendbar, wenn das Meldeverfahren nicht aufgrund eines Doppelbesteuerungsabkommens sondern aufgrund des Zinsbesteuerungsabkommens in Anspruch genommen wird.

1562 Vgl. A.II.5.2.1.

1563 Zum Verfahren vgl. BMF 1. 3. 1994, BStBl. I 1994, S. 203 ff.

PRAXISHINWEIS: ZEITLICHE WIRKUNG DES FREISTELLUNGSANTRAGES

Früher musste das Bundeszentralamt für Steuern auf Antrag selbst dann noch eine rückwirkende Freistellungsbescheinigung ausstellen, wenn der deutsche Schuldner der Vergütung die Auszahlungen bereits ohne Abzug der Quellensteuer – also brutto für netto – vorgenommen hatte. Hierzu musste nur ein nachträglicher Freistellungsantrag gestellt werden. Diese Regelung wurde bereits mit Wirkung ab 1. 1. 2002 eingeschränkt. Danach beginnt die Geltungsdauer der Freistellungsbescheinigungen frühestens an dem Tag, an dem der Antrag tatsächlich beim Bundesamt für Finanzen eingeht (§ 50d Abs. 2 Satz 4 EStG). Eine nachträgliche Gewährung ist nicht mehr möglich. Erhält das Finanzamt Kenntnis vom unterlassenen Steuerabzug, ohne dass eine Freistellungsbescheinigung vorliegt, kann es die nicht abgeführte Steuer durch Haftungsbescheid festsetzen. Grundsätzlich bleibt in diesem Fall aber das zeitaufwändige Erstattungsverfahren.

Seit 1. 1. 2009 erhalten ausländische Investoren (bspw. aus der Schweiz) die deutsche Quellensteuer auf Vergütungen aus § 43 Abs. 1 Satz 1 Nr. 1 bis 4 EStG (etwa Dividenden) auf Antrag wieder zu 2/5 erstattet (§ 44a Abs. 9 EStG). Allerdings ist auch bei dieser Norm die Anti-Treaty-Shopping Norm des § 50d Abs. 3 EStG zu beachten (vgl. D.IV.5.).

VIII.6.3. Antragstellung bei Personengesellschaften

Es ist zu beachten, dass eine Personengesellschaft selbst nicht abkommensberechtigt ist.[1564] Folglich müssen die Gesellschafter individuelle Erstattungs- oder Freistellungsanträge stellen. Aus Vereinfachungsgründen kann die Personengesellschaft, die in einem Vertragsstaat ihre Geschäftsleitung hat, selbst einen Antrag stellen, wenn mindestens 75 % ihrer Gesellschafter im gleichen Vertragsstaat ansässig sind.[1565]

VIII.7. Typische Praxis-Beispiele

Die zuvor skizzierten Grundsätze werden anhand der nachfolgenden Praxis-Beispiele verdeutlicht:

BEISPIEL 1: Eine Schweizer Personengesellschaft hält eine wesentliche Beteiligung von 50 % an einer deutschen GmbH. An der Personengesellschaft sind zu 60 % eine Schweizer Privatperson sowie zu 40 % eine Schweizer Aktiengesellschaft beteiligt:

1564 Nicht die Personengesellschaft selbst ist unbeschränkt steuerpflichtig, sondern vielmehr ihre Gesellschafter (Transparenzprinzip). Vgl. u. a. Locher/Meier/von Siebenthal/Kolb, DBA Schweiz-Deutschland, B 3.1.2 Nr. 1.

1565 Vgl. Verhandlungsprotokoll zum DBA D-CH v. 18. 6. 1971.

Praxis-Beispiel 1

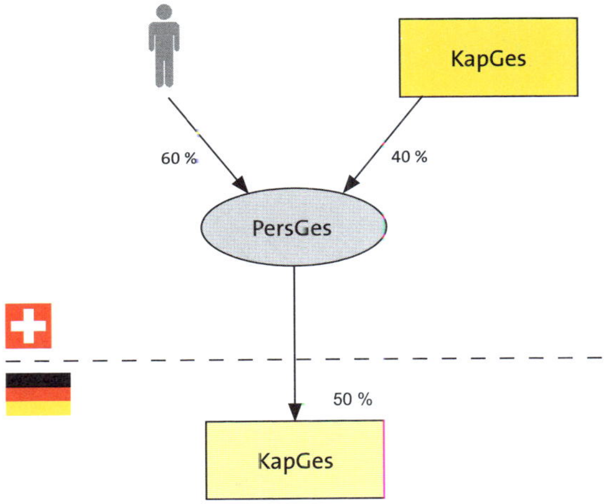

Lediglich die Schweizer Aktiengesellschaft wird von der deutschen Kapitalertragsteuer auf den Dividenden vollständig entlastet (Absenkung der Quellensteuer auf 0 %).[1566] Die Schweizer Privatperson erhält dagegen nur eine Reduktion der deutschen Kapitalertragsteuer auf 15 %. Die Entlastung von der Quellensteuer erfolgt bei der wesentlich beteiligten Kapitalgesellschaft über das Freistellungsverfahren (Formulare R-D 5) oder das Erstattungsverfahren (Formular R-D 2), bei der Privatperson ausschließlich über das Erstattungsverfahren (Formular R-D 1). Die Anteilseigner müssen zwei getrennte Anträge stellen.

Im umgekehrten Fall, d. h. eine deutsche Personengesellschaft mit den entsprechenden Anteilseignern, die eine Beteiligung von 50 % an einer Schweizer GmbH hält, gilt folgendes:

Die Entlastung von der schweizerischen Verrechnungssteuer erfolgt bei der wesentlich beteiligten Kapitalgesellschaft durch Entlastung an der Quelle über das Meldeverfahren (Formular 823B sowie das Formular 108) oder über das Rückerstattungsverfahren (Formular 85), bei der Privatperson ausschließlich über das Rückerstattungsverfahren (Formular 85). Die wesentlich beteiligte Kapitalgesellschaft wird dabei von der gesamten Verrechnungssteuer von 35 % entlastet, während der Privatperson lediglich 20 %-Punkte der Verrechnungssteuer zurückerstattet werden.

1566 In dieser Struktur würde Art. 15 EU-Zinsbesteuerungsabkommen nicht greifen, da die Schweizer AG nicht zu mindestens 25 % beteiligt ist.

BEISPIEL 2: Gleicher Fall wie im Beispiel 1, allerdings ist die Schweizer Privatperson zu 85 % an der Personengesellschaft beteiligt und die Schweizer Aktiengesellschaft dagegen nur zu 15 %:

Praxis-Beispiel 2

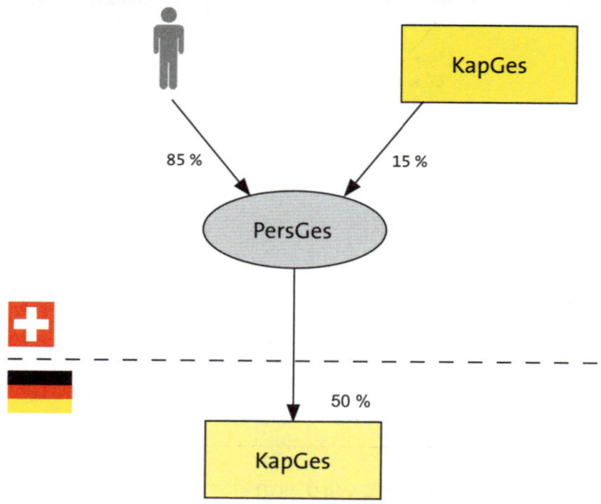

In diesem Fall ist die Schweizer Kapitalgesellschaft nicht in wesentlichem Umfang an der deutschen GmbH beteiligt (durchgerechnet weniger als 10 %) und kann daher auch keine vollständige abkommensrechtliche Entlastung an der Quelle (Nullsatz) beanspruchen.[1567] Bei beiden Anteilseignern reduziert sich die Quellensteuer auf 15 %. Als Verfahren steht bei der Schweizer Privatperson das Erstattungsverfahren zur Verfügung (R-D 1). Für die Schweizer AG bleibt ebenfalls das Erstattungsverfahren (R-D 2).

Der gleiche Fall kann wiederum auch aus Schweizer Perspektive betrachtet werden. Die deutsche Privatperson ist in diesem Fall zu 85 % und die deutsche Kapitalgesellschaft zu 15 % an der Personengesellschaft beteiligt. Da die deutsche Kapitalgesellschaft nicht im wesentlichen Umfang (durchgerechnet weniger als 10 %) an der Schweizer GmbH beteiligt ist, kann sie keine vollständige Entlastung beantragen. Sowohl der deutschen Privatperson als auch der deutschen Kapitalgesellschaft steht somit lediglich das Rückerstattungsverfahren anhand des Formulars 85 zur Verfügung, um 20 %-Punkte der schweizerischen Verrechnungssteuer zurückzuerhalten.

1567 Mangels 25 %iger Beteiligung greift Art. 15 EU-Zinsbesteuerungsabkommen ebenfalls nicht.

BEISPIEL 3: Eine deutsche Personengesellschaft ist Alleinaktionärin einer Schweizer AG. An der deutschen Personengesellschaft sind vier deutsche Privatpersonen sowie eine deutsche GmbH zu je einem Fünftel beteiligt:

Praxis-Beispiel 3

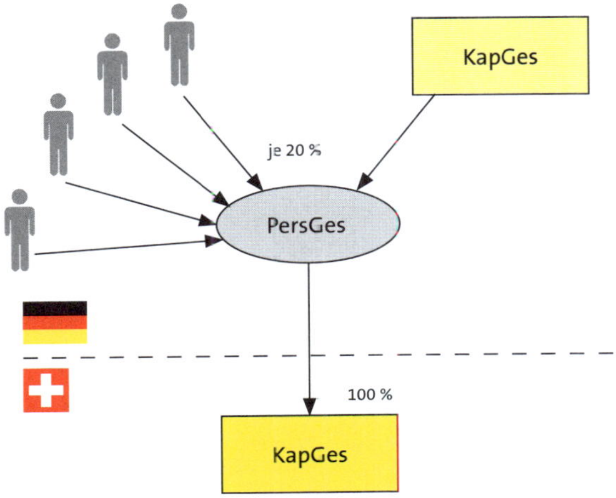

Die vier deutschen Privatpersonen erhalten eine Reduktion der auf den Dividenden aus der Schweiz einbehaltenen Verrechnungssteuer von 35 % auf 15 %. Als Verfahren steht ausschließlich das Rückerstattungsverfahren (Formular 85) zur Verfügung. Für die deutsche GmbH findet dagegen der Nullsatz Anwendung (Sockelsteuer 0 %), den sie über das Meldeverfahren (Bewilligung anhand Formular 823B[1568] sowie Deklaration der Dividende mit Formular 108) oder das Rückerstattungsverfahren (Formular 85) geltend machen kann.

PRAXISHINWEIS

Alternativ kann die Verständigungsvereinbarung (B.VIII.6.3.) in Anspruch genommen werden, da die vier natürlichen Personen zu mindestens 75 % beteiligt sind.

Durch die Zwischenschaltung einer deutschen Kapitalgesellschaft könnten auch die deutschen Privatpersonen an der neuen Nullregelung partizipieren. Allerdings prüft die Schweiz in diesen Strukturen regelmäßig die sog. Altreservenproblematik. Hiernach wird die Nullregelung für bisher nicht ausgeschüttete „Altreserven" nur dann gewährt, wenn wirtschaftliche Gründe für die Zwischenschaltung der deutschen Kapitalgesellschaft genannt werden. Liegen diese nicht vor, greift die Nullregelung nur für Ausschüttungen, die auf Gewinnen basieren, die seit der Zwischenschaltung entstanden sind.

Da durch die Zwischenschaltung der deutschen Kapitalgesellschaft – sofern natürliche Personen die Anteile zuvor mittels einer Personengesellschaft gehalten haben – keine steuerlichen Vorteile in der Gesamtbetrachtung erzielt werden, besteht im Verhältnis Deutschland-Schweiz jedoch nach Auffassung der Autoren kein Spielraum für die Anwendung der Altreservenproblematik: Bei natürlichen Personen wird die 15 %ige Schweizer Quellensteuer – trotz Teileinkünfteverfahren – grundsätzlich vollständig auf die deutsche Einkommensteuer angerechnet. Die 15 %ige Schweizer Quellensteuer stellt insofern – bei entsprechend hohen, steuerpflichtigen deutschen Einkünften – keinen Nachteil zur Alternativstruktur dar und kann somit keine missbräuchliche Gestaltung sein.

1568 Eine Entlastung auf Grund von Art. 15 EU-Zinsbesteuerungsabkommen käme hier mangels einer Beteiligung von 25 % nicht in Frage.

BEISPIEL 4: Eine deutsche Personengesellschaft ist Alleinaktionärin einer Schweizer Aktiengesellschaft. Ausschließliche Anteilseignerin der deutschen Personengesellschaft ist eine holländische B.V. (Kapitalgesellschaft):

Praxis-Beispiel 4

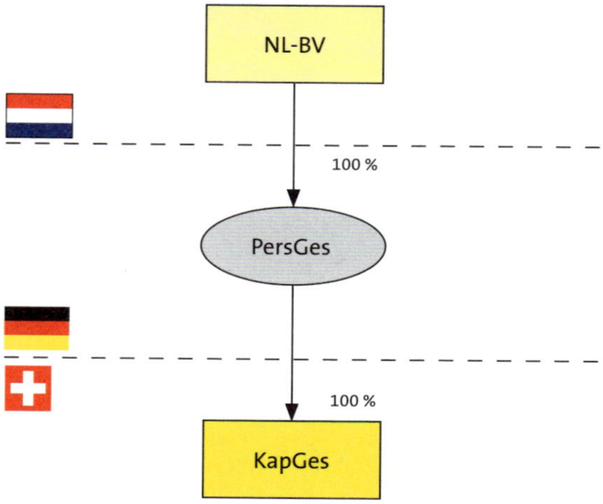

Aufgrund der Transparenz der Personengesellschaft wird auf deren Gesellschafterin abgestellt. Diese ist in den Niederlanden ansässig, weshalb für die Prüfung der Quellensteuer nicht das DBA D-CH zur Anwendung gelangt, sondern das DBA NL-CH; Vorliegend würde ebenfalls keine Quellensteuer anfallen (vgl. Art. 9 DBA NL-CH, Art. 15 EU-Zinsbesteuerungsabkommen). Das Besteuerungsrecht für die Dividende liegt jedoch im deutschen Betriebsstättenstaat, sofern die Beteiligung der Betriebsstätte zuzurechnen ist.

IX. Art. 11 DBA D-CH: Zinsen

In Bezug auf die abkommensrechtliche Behandlung der Bezahlung von Zinsen unter dem DBA D-CH gibt es keine Besonderheiten. Es wird auf die einschlägigen Kommentare verwiesen.[1569]

Allerdings ist die steuerrechtliche Behandlung von Zinsen unter Art. 15 des EU Zinsbesteuerungsabkommens von großer Bedeutung. Im Gegenzug zu den Konzessionen im Rahmen der EU Zinsbesteuerung bzw. des erweiterten Informationsaustausches ist es der Schweizer Verhandlungsdelegation gelungen, faktisch an den Vorteilen der damaligen EU Mutter-Tochter-Richtlinie sowie der Richtlinie über eine gemeinsame Steuerregelung für Zahlungen von Zinsen und Lizenzgebühren zu partizipieren. Dies ist ein elementarer Standortvorteil gerade für Schweizer Holdingstrukturen.[1570] Zur Behandlung von Zinsen unter dem Zinsbesteuerungsabkommen siehe B.VIII.5.

1569 Vgl. u. a. Flick/Wassermeyer/Kempermann, DBA Deutschland-Schweiz; Debatin/Wassermeyer, Doppelbesteuerung; Locher/Meier/Kolb/von Siebenthal / Kolb, DBA Schweiz-Deutschland; Vogel/Lehner, DBA; Gosch/Kroppen/Grotherr, DBA-Kommentar, Kolb/Kubaile, Kompaktkommentar DBA D-CH, Handelskammer D-CH.

1570 Vgl. A.III.3.5.2.

X. Art. 12 DBA D-CH: Lizenzgebühren

In Bezug auf die steuerrechtliche Behandlung der Bezahlung von Lizenzgebühren unter dem DBA D-CH gibt es keine Besonderheiten.[1571] Es wird auf die einschlägige Kommentierung verwiesen.[1572] Zur Behandlung von Lizenzgebühren unter dem Zinsbesteuerungsabkommen siehe B.VIII.5.

Hinsichtlich von Lizenzeinnahmen einer Schweizer Betriebsstätte gibt es ein wichtiges BFH-Urteil zu beachten, das in Gliederungspunkt B.XVI. ausführlich behandelt wird.

XI. Art. 13 DBA D-CH: Veräußerungsgewinne

Art. 13 DBA D-CH selbst entspricht im Wesentlichen dem OECD-Musterabkommen.

Art. 13 Abs. 4 DBA D-CH kennt eine für die Gestaltungs-Praxis wichtige Abweichung in Bezug auf die Besteuerungsrechte aus der (teilweisen) Veräußerung von wesentlichen Anteilen an Kapitalgesellschaften. Hiernach bleibt es, entgegen dem Grundsatz des Besteuerungsrechts im Ansässigkeitsstaat des Veräußerers (Art. 13 Abs. 3 DBA D-CH), beim (deutschen) Besteuerungsrecht, sofern

1. der Veräußerer erst im Laufe der letzten fünf Jahre aus dem Ansässigkeitsstaat der Kapitalgesellschaft weggezogen ist und
2. der Veräußerungsgewinn nicht im neuen Ansässigkeitsstaat besteuert wird.

Diese Regelung zielt derzeit auf deutsche „Wegzügler", da die Schweiz Gewinne aus der Veräußerung von beweglichen privaten Wirtschaftsgütern wie bspw. von Anteilen an Kapitalgesellschaften nicht besteuert.[1573] In Deutschland greift dagegen § 17 EStG. Art. 13 Abs. 4 DBA D-CH umfasst ausschließlich Anteile an deutschen Kapitalgesellschaften, nicht aber an ausländischen Gesellschaften.

Ferner kennt diese Norm mit Abs. 5 eine Vorschrift, durch die eine Mehrfachbesteuerung vermieden wird, falls ein „Wegzügler" der deutschen Wegzugsbesteuerung i. S. d. § 6 AStG unterliegt. In diesen Fällen ermittelt der neue Ansässigkeitsstaat (Schweiz) den Gewinn bei einer Veräußerung dadurch, dass nicht die tatsächlichen Anschaffungskosten berücksichtigt werden, sondern der Erlös, den Deutschland im Wegzugsfall der Wegzugsbesteuerung unterworfen hat.[1574] Hierdurch wird zumindest eine Mehrfachbesteuerung vermieden. Da die Schweiz entsprechende Gewinne regelmäßig nicht besteuert, läuft diese Norm derzeit ins Leere.

1571 Hervorzuheben ist, dass die Schweiz bereits nach nationalem Recht keine Quellensteuer auf Lizenzgebühren erhebt.

1572 Vgl. u. a. Flick/Wassermeyer/Kempermann, DBA Deutschland-Schweiz; Debatin/Wassermeyer, Doppelbesteuerung; Locher/Meier/Kolb/von Siebenthal / Kolb, DBA Schweiz-Deutschland; Vogel/Lehner, DBA; Gosch/Kroppen/Grotherr, DBA-Kommentar, Kolb/Kubaile, Kompaktkommentar DBA D-CH, Handelskammer D-CH.

1573 Zu den Grundsätzen und Ausnahmen (indirekte Teilliquidation, Transponierung und des gewerbsmäßigen Wertschriften-, Beteiligungs-, Immobilien- und Kunsthandels) vgl. A.III.2.2.1.3.

1574 Vgl. auch der private Wegzug und die möglichen deutschen Steuerfolgen (E.).

XII. Art. 15/Art. 15a DBA D-CH: Entsendungen (Expatriates), internationales Flugpersonal, leitende Angestellte und Grenzgänger

Bei der klassischen Auslandsentsendung erhält der Arbeitnehmer bzw. seine Familie regelmäßig den Wohnsitz im bisherigen Ansässigkeitsstaat aufrecht und der Arbeitnehmer wird im anderen Vertragsstaat tätig. In diesem Fall treffen die Ansprüche des Ansässigkeitsstaates (Welteinkommensprinzip) auf diejenigen des Tätigkeitsstaates (Quellenbesteuerung).[1575] Der abkommensrechtliche Ansässigkeitsstaat bestimmt sich nach Art. 4 DBA D-CH (vgl. B.IV.).[1576]

Zieht dagegen auch die Familie mit in den ausländischen Arbeitsstaat, sind Ansässigkeits- und Tätigkeitsstaat identisch.[1577] Es liegt insofern kein DBA-Anwendungsfall vor.[1578]

PRAXISHINWEIS

Zur einkommensteuerlichen Behandlung in Deutschland von Einzahlungen in und Auszahlungen aus der Alters-, Hinterlassenen- und Invalidenversicherung sowie aus Einrichtungen der beruflichen Vorsorge wird auf B.XIV. verwiesen.

XII.1. Grundsatz: Arbeitsort- bzw. Tätigkeitsortprinzip

Grundsätzlich werden Arbeitseinkünfte im (abkommensrechtlichen) Ansässigkeitsstaat besteuert. Wird die Tätigkeit dagegen im Ausland ausgeübt, wird das Besteuerungsrecht dem ausländischen Tätigkeitsstaat zugewiesen (Art. 15 Abs. 1 DBA D-CH). Hiernach hat grundsätzlich der Staat das Besteuerungsrecht, in dem der Arbeitnehmer seine Tätigkeit persönlich ausübt (körperliche Anwesenheit). Deutschland wie die Schweiz stellen als Ansässigkeitsstaat die Einkünfte unter Progressionsvorbehalt (satzbestimmend) frei (Art. 24 Abs. 1 Nr. 1d bzw. Art. 24 Abs. 2 Nr. 1 DBA D-CH).[1579]

Unter die Freistellung fallen sämtliche, mit der ausländischen Tätigkeit in Zusammenhang stehenden Bezüge (Auslandszulagen, Reisekostenersatz etc.). Der BFH stellte fest,[1580] dass die Steuerfreiheit pauschaler Zuschläge für Sonntags-, Feiertags- und Nachtarbeit auch bei einem nichtselbständigen Grenzgänger voraussetzt, dass diese Zuschläge nach dem übereinstimmenden Willen von Arbeitgeber und -nehmer als Abschlagszahlungen oder Vorschüsse auf eine spätere Einzelabrechnung geleistet werden.

1575 In den Fällen des Doppelwohnsitzes greift die sog. Tie-breaker-Rule (Art. 4 Abs. 2 DBA D-CH). Sofern bei einer (befristeten) Auslandsentsendung die Familie in Deutschland ansässig bleibt, verbleibt es i. d. R. abkommensrechtlich bei der Ansässigkeit im Wohnsitzstaat der Familie (vgl. B.IV.2.).

1576 Zum Abzug von Werbungskosten (und Betriebsausgaben) nach § 50a EStG vgl. BMF-Schreiben v. 17. 6. 2014 – IV C 3 – S 2303/10/10002).

1577 Auf die Besonderheiten von Art. 4 Abs. 3 und Abs. 4 wird hingewiesen (vgl. ausführliche Erläuterungen in B.IV.).

1578 Im Verhältnis Deutschland-Spanien kam der BFH mit Urteil v. 23. 10. 1985, BStBl. II 1986, S. 133, I R 274/82 zum Ergebnis, dass eine Familie, die vom Juni eines Jahres bis Juli des folgenden Jahres in Spanien ansässig ist, dort vom Arbeitgeber eine möblierte Wohnung zur Verfügung gestellt bekommt, dabei aber das Eigenheim in Deutschland voll möbliert, ohne es unter zu vermieten, beibehält, eine ständige Wohnstätte in Deutschland und in Spanien habe.

1579 Im Jahr des Weg- bzw. Zuzugs als auch bei nur zeitlich unbeschränkter Steuerpflicht, werden in Deutschland nach § 2 Abs. 7 EStG i. V. m. § 32b Abs. 1 Nr. 2 EStG sämtliche Vergütungen aus der Auslandstätigkeit dem inländischen Progressionsvorbehalt unterworfen.

1580 Vgl. BFH v. 24. 9. 2013 VI R 48/12, BFH/NV 2014, S. 103.

PRAXISHINWEIS

Der Schweizer Bundesrat hat am 28. 11. 2014 eine Botschaft zur Revision der Quellenbesteuerung des Erwerbseinkommens veröffentlicht. Hiernach soll zukünftig auch Quellenbesteuerten die nicht in der Schweiz ansässig sind, ab einen Großteil ihrer weltweiten Einkünfte in der Schweiz erzielen, nachträglich ordentlich veranlagt werden können. Dadurch können Ungleichbehandlungen zwischen quellenbesteuerten und ordentlich besteuerten Personen beseitigt werden. Der Bundesrat hat vom Ergebnisbericht zur Vernehmlassung Kenntnis genommen und die Botschaft zu einer entsprechenden Gesetzesänderung verabschiedet.[1581]

XII.2. Ausnahmen bzw. Sonderfälle

Im Verhältnis Deutschland-Schweiz wird das Arbeitsortprinzip durch eine Vielzahl von Sonderfällen durchbrochen. Exemplarisch soll auf folgende Ausnahmen bzw. Sonderfälle eingegangen werden:

1. Kurzfristige Entsendung: Monteurklausel respektive 183-Tage-Regelung (Art. 15 Abs. 2 DBA D-CH);
2. Internationales Flugpersonal (Art. 15 Abs. 3 DBA D-CH);
3. Leitender Angestellter (Art. 15 Abs. 4 DBA D-CH);
4. Grenzgänger (Art. 15a DBA D-CH);
5. (Geschäftsleitender) Verwaltungs- und Aufsichtsrat (Art. 16 DBA D-CH), vgl. 3.XIII.

XII.2.1. Monteurklausel respektive 183-Tage-Regel (Art. 15 Abs. 2 DBA D-CH)

Arbeitnehmer, die in mehreren Ländern tätig werden (bspw. Monteure), wären nach dem Tätigkeitsortprinzip in jedem Land steuerpflichtig. Diesem hohen Verwaltungsaufwand des Arbeitnehmers soll die sog. Monteurklausel (auch 183-Tage-Regelung genannt) entgegen wirken. Aus Vereinfachungsgründen soll bei kurzfristigen Auslandstätigkeiten das Besteuerungsrecht im Wohnsitz- bzw. Ansässigkeitsstaat verbleiben, wenn nach Art. 15 Abs. 2 DBA D-CH

1. der Empfänger sich im anderen Staat insgesamt nicht länger als 183 Tage während des betreffenden Kalenderjahres aufhält,
2. die Vergütungen von einem Arbeitgeber oder für einen Arbeitgeber gezahlt werden, der nicht im anderen Staat ansässig ist, und
3. die Vergütungen nicht von einer Betriebsstätte oder einer festen Einrichtung getragen werden, die der Arbeitgeber im anderen Staat hat.

Eine Besteuerung im Ansässigkeitsstaat kann dabei nur dann aufrechterhalten werden, wenn alle drei Voraussetzungen kumulativ erfüllt werden. Wird gegen eine Bedingung verstoßen, fällt vom ersten Tag an dem ausländischen Tätigkeitsstaat das Besteuerungsrecht zu. Sofern eine Grenzgängereigenschaft (vgl. B.XII.2.4.) vorliegt, geht diese Art. 15 Abs. 2 DBA D-CH vor.

Die 183-Tage-Frist ist in jedem Kalenderjahr neu zu überprüfen. Für die Berechnung der 183-Tage-Frist ist die tatsächliche Dauer des ausländischen Aufenthalts im Vertragsstaat (Art. 3 Abs. 1

1581 Vgl. A.IV.3.1.

a und b DBA D-CH) maßgebend (körperliche Anwesenheit).[1582] Gemäß OECD-MA zählen An- und Abreisetage, Wochenenden sowie Feier-, Urlaubs-, Krankheits- und Streiktage im ausländischen Tätigkeitsstaat zu den Anwesenheitstagen, erfasst werden somit nicht nur Arbeits- bzw. Tätigkeitstage.

Weitere Voraussetzung ist, dass der Arbeitgeber des Entsandten (Expatriates) nicht im anderen Vertragsstaat abkommensrechtlich ansässig ist. Die steuerliche Beurteilung hängt entscheidend von der Frage ab, ob eine Arbeitgebereigenschaft im Sinne des DBA vorliegt. Der Arbeitgeberbegriff ist im DBA D-CH nicht geregelt. Nach BFH-Rechtsprechung[1583] gilt im Sinne des DBA derjenige als Arbeitgeber, der

1. die Vergütungen für die ihm geleistete Arbeit wirtschaftlich trägt (auch indirekte Weiterbelastung),
2. dem der Arbeitnehmer seine Arbeitsleistung schuldet,
3. unter dessen Leitung er tätig wird und
4. dessen Weisungen er unterworfen ist.

Somit ist für die steuerliche Beurteilung u. a. die wirtschaftliche Arbeitgebereigenschaft entscheidend.[1584] Hierbei ist – zumindest nach Auffassung der deutschen Finanzverwaltung – nicht nur die tatsächliche Weiterbelastung des (anteiligen) Arbeitslohnes etc. maßgeblich, sondern, ob unter Verrechnungspreisgrundsätzen der (anteilige) Arbeitslohn hätte weiterbelastet werden müssen. Darüber hinaus dürfen die Aufwendungen für die Entsendung nicht einer im Tätigkeitsstaat ansässigen Einrichtung zuzurechnen sein. Auch die Schweizer Steuerbehörden wenden i. d. R. das Konzept des wirtschaftlichen Arbeitgebers an.

XII.2.2. Internationales Flugpersonal (Art. 15 Abs. 3 DBA D-CH)

Art. 15 Abs. 3 DBA D-CH kennt eine ähnliche Regelung wie diejenige für leitende Angestellte (Art. 15 Abs. 4 DBA D-CH; vgl. nachfolgender Gliederungspunkt). Hiernach greift die Durchbrechung des Tätigkeitsortprinzips durch die Fiktion, dass Vergütungen für unselbständige Arbeit, die an Bord eines Seeschiffes oder Luftfahrzeuges im internationalen Verkehr oder an Bord eines Schiffes, das der Binnenschifffahrt dient, ausgeübt wird, in dem Vertragsstaat besteuert werden, in dem sich der Ort der tatsächlichen Geschäftsleitung des Unternehmens befindet.

Anders als bei den leitenden Angestellten greift nach der BFH-Rechtsprechung die Freistellungsmethode gemäß Methodenartikel im Ansässigkeitsstaat Deutschland nur für die physischen Tätigkeitstage im Vertragsstaat Schweiz. D. h. die Fiktion des Art. 15 Abs. 3 DBA D-CH findet bei fehlender physischer Tätigkeit für den Methodenartikel (Art. 24 Abs. 1 Nr. 1d DBA D-CH) keine Anwendung.

Internationales Flugpersonal einer deutschen Fluggesellschaft, das in der Schweiz ansässig war, konnte bis einschließlich Veranlagungszeitraum 2006 von einer deutschen Gesetzeslücke in § 49 Abs. 1 Nr. 4 e EStG profitieren, womit das internationale Flugpersonal lediglich auf der tatsächlich auf deutschem Gebiet ausgeübten Arbeit Steuern entrichten musste.

1582 Vgl. BFH v. 10. 7. 1996, BStBl. II 1997, S. 15.
1583 Vgl. BFH v. 21. 8. 1985, BStBl. II 1986, S. 4.
1584 Beachte BFH v. 19. 2. 2004, VI R 122/00 sowie FG Hessen v. 28. 9. 2005, 1 K 1877/01, rkr.

Ab dem Veranlagungszeitraum 2007 wurde der § 49 Abs. 1 Nr. 4e EStG erweitert, sodass Deutschland sein ggf. aus Art. 15 Abs. 3 DBA D-CH zugewiesenes Besteuerungsrecht auch vollumfänglich ausüben kann.

Gleichwohl verzichtet Deutschland bis einschließlich Veranlagungszeitraum 2016 auf sein abkommensrechtliches Besteuerungsrecht (Art. 15 Abs. 3 DBA D-CH), sofern folgende Voraussetzungen erfüllt sind (vgl. Änderungsprotokoll DBA-Teilrevision 2010):

1. Es handelt sich um Bordpersonal von im internationalen Verkehr eingesetzten Luftfahrzeugen,
2. deren Ansässigkeit in der Schweiz und die Anstellung bereits vor dem 1. 1. 2007 und seitdem ununterbrochen, bestanden hat und
3. die Schweiz besteuert diese Einkünfte.

Mit der Konsultationsvereinbarung vom 23. 7. 2012 stellten Deutschland und die Schweiz nochmals fest (vgl. B.III.), dass Deutschland die Freistellung nur für denjenigen Teil der Einkünfte gewährt, der auf nicht-deutsche Streckenanteile entfällt. Ferner wurde klargestellt, dass ein (formeller) Arbeitgeberwechsel hinsichtlich der o. g., zweiten Voraussetzung solange unschädlich ist, als auch der neue Arbeitgeber seinen Ort der tatsächlichen Geschäftsleitung in Deutschland hat.

XII.2.3. Leitende Angestellte (Art. 15 Abs. 4 DBA D-CH)

Nach Art. 15 Abs. 4 DBA D-CH werden Personen, die in einem Staat ansässig sind und als leitende Angestellte bei einer in dem anderen Vertragsstaat ansässigen Kapitalgesellschaft tätig werden, mit den gesamten Einkünften aus dieser Tätigkeit im Ansässigkeitsstaat der Kapitalgesellschaft besteuert. Dies basiert letztlich auf der Überlegung, dass Organe von Kapitalgesellschaften am Sitz dieser Kapitalgesellschaft wirken, unbeachtlich dessen, wo die Tätigkeit ausgeführt wird.

PRAXISHINWEIS

Gemäß der BFH-Rechtsprechung[1585] sind bspw. Genossenschaften, Vereine und Stiftungen keine Kapitalgesellschaften i. S. d. Art. 15 Abs. 4 DBA D-CH. Ferner entschied der BFH,[1586] dass bei einer mit dem Domizilvermerk versehenen, Schweizer Kapitalgesellschaft Art. 15 Abs. 4 DBA D-CH nur dann Anwendung finden kann, wenn die Geschäftsleitung der Kapitalgesellschaft nicht von Deutschland ausgeübt wird.

Im Sinne einer Missbrauchsvermutung besteht von der Fiktion des Art. 15 Abs. 4 DBA D-CH dann eine Ausnahme, wenn die Tätigkeit so abgegrenzt ist, dass sie lediglich Aufgaben umfasst, die außerhalb des Ansässigkeitsstaats der Kapitalgesellschaft liegen. Ferner geht die Grenzgängerbesteuerung (Art. 15a DBA D-CH) dieser Sonderregelung vor (B.XII.2.4.).

Lange Zeit wurde seitens der deutschen Finanzverwaltung bestritten, dass die Fiktion des Art. 15 Abs. 4 DBA D-CH auch für den Methodenartikel (Art. 24 Abs. 1 Nr. 1d DBA D-CH) einschlägig sei. Entgegen dem Wortlaut von Art. 15 Abs. 4 DBA D-CH vertrat die deutsche Finanzverwaltung die Ansicht, dass Arbeitseinkünfte leitender Angestellter von schweizerischen Kapitalgesellschaften

1585 Vgl. u. a. BFH v. 12. 10. 2011, I R 93/10, BFH/NV 2012, S. 275.
1586 Vgl. BFH v. 22. 6. 2010, I R 46/08, NWB DokID: VAAAD-54307.

nur insoweit von der deutschen Besteuerung freizustellen wären, als sie für eine tatsächlich in der Schweiz auch physisch ausgeübte Tätigkeit bezahlt würden.

Mit Urteil vom 11. 11. 2009 erteilte der BFH[1587] dieser Auslegung durch die deutsche Finanzverwaltung unter Berufung auf den Wortlaut von Art. 15 Abs. 4 DBA D-CH, die ständige Rechtsprechung[1588] sowie die frühere Praxis, erneut eine Absage. Somit sind nach diesem BFH-Urteil die Einkünfte eines leitenden Angestellten einer Schweizer Kapitalgesellschaft von der deutschen Besteuerung unter Progressionsvorbehalt freizustellen (Art. 15 Abs. 4, Art. 24 Abs. 1 Nr. 1d DBA D-CH), und zwar unabhängig davon, wo der leitende Angestellte seine Arbeit verrichtet.

Leitende Angestellte i. S. d. Vorschrift sind nach dem Wortlaut des Art. 15 Abs. 4 DBA D-CH und einer Verständigungsvereinbarung zwischen Deutschland und der Schweiz[1589] Vorstandsmitglieder, Direktoren (inklusive stellvertretende Direktoren, Vizedirektoren und Generaldirektoren, vgl. § 19 Abs. 2 KonsverCHEV), Geschäftsführer oder (Kollektiv-) Prokuristen.

PRAXISHINWEIS

Die deutsche Finanzverwaltung prüft genauestens, ob die genannten Bezeichnungen vorliegen. Ohne diese konkrete Bezeichnung bzw. die entsprechende Prokurastellung wird Art. 15 Abs. 4 DBA D-CH nicht angewandt. In der Praxis sind selbst Fälle von Funktionsbezeichnungen wie Leiter HR, Head of Operations Central Asia Area etc., nicht als leitende Angestellte i. S. d. Norm akzeptiert worden, obwohl die BFH-Rechtsprechung[1590] selbst mit der Subsumtion von (geschäftsleitenden) Verwaltungsräten eine signifikante Ausnahme kennt (vgl. B.XIII.).

Die Funktion des leitenden Angestellten führte in der Praxis in der Vergangenheit immer wieder zu Abgrenzungsproblemen. Insbesondere bei Angestellten, deren Funktion nicht im Handelsregister eingetragen war, konnte es zu steuerlichen Zweifels- und Streitfällen im Verhältnis Deutschland-Schweiz kommen. Die zuständigen Behörden der Schweiz und Deutschlands trafen daher am 30. 9. 2008 nach Art. 26 Abs. 3 DBA D-CH eine Konsultationsvereinbarung:[1591] Seit 1. 1. 2009 wird die Regelung für leitende Angestellte i. S. d. Art. 15 Abs. 4 DBA D-CH nur noch auf Personen angewandt, deren Prokura oder Funktion im Handelsregister eingetragen ist. Es sollten daher (zeitnah) die entsprechenden Führungspositionen mit Drittwirkung im Handelsregister eingetragen werden. In Fällen, wo dies nicht erfolgt ist, drohen bereits seit dem Veranlagungszeitraum 2009 (bzw. 2010, vgl. nachfolgend) steuerliche Nachteile.

Die Konsultationsvereinbarung, mit der die Handelsregistereintragung als zwingende Voraussetzung umgesetzt wurde, kann mangels Umsetzung in das nationale Recht keine Bindungswirkung entfalten. Dies hat der Bundesfinanzhof in seinen Urteilen vom 2. 9. 2009 zur generellen Systematik und rechtlichen Einordnung von Verständigungsvereinbarungen festgehalten.[1592]

Der Bundesfinanzhof hat in diesen Urteilen entschieden, dass es sich bei Verständigungsvereinbarungen um sog. Verwaltungsvorschriften handelt. Diese sind keine demokratisch legitimierten Rechtsverordnungen im Sinne von Art. 80 Abs. 1 Grundgesetz und sind deswegen nicht geeignet, positives Recht in verbindlicher Weise zu ändern. Durch die Eintragungspflicht der Pro-

1587 Vgl. BFH v. 11. 11. 2009, I R 83/08, BStBl. II 2010, S. 781.
1588 Vgl. BFH v. 25. 10. 2006, I R 81/04, BFH/NV 2007, S. 593.
1589 Vgl. BMF v. 7. 7. 1997, IV C 6-S 1301 Schz-37/97, BStBl. I 1997, S. 723.
1590 Vgl. BFH v. 14. 3. 2011, I R 23/10, BFH/NV 2011, S. 1599.
1591 Vgl. BMF v. 30. 9. 2008, IV B 2-S 1301-CHE/07/10015.
1592 Vgl. BFH I R 90/08 und I R 111/08.

kura (oder einer weitergehenden Verfügungsmacht) ist Art. 15 Abs. 4 DBA D-CH dagegen steuerverschärfend und damit belastend geändert worden. Nach Auffassung des Bundesfinanzhofes müssen solche steuerschärfenden Änderungen des Abkommenstextes zwingend durch ein nationales Gesetz erfolgen. Diese Transformationspflicht ergibt sich aus dem Gesetzesvorbehalt, welcher in Art. 59 Abs. 2 Satz 1 des Grundgesetzes verankert ist.

Folglich ergibt sich keine Bindungswirkung der Verständigungsvereinbarung, solange diese nicht nach den Grundsätzen des einschlägigen Verfassungsrechts in einfaches Gesetzesrecht transformiert wird. Auf das BFH-Urteil hat die deutsche Politik schnell reagiert und im Jahr 2010 § 2 Abs. 2 AO neu eingefügt. Hierdurch sollte eine gesetzliche Ermächtigungsgrundlage zum Erlass von Verordnungen eingeführt werden.

Allerdings greift § 2 Abs. 2 AO nicht für den Veranlagungszeitraum 2009: Rechtsverordnungen, die auf der Grundlage des § 2 Abs. 2 AO erlassen werden, entfalten gemäß Art. 97 § 1 Abs. 9 EGAO erst für die Veranlagungszeiträume 2010 ff. ihre Wirksamkeit. Gemäß Verständigungsvereinbarung wird die Eintragung in das jeweilige Handelsregister aber bereits seit dem Veranlagungszeitraum 2009 gefordert. Nach Auffassung der Autoren sollte somit eine fehlende Handelsregistereintragung in 2009 keine schädlichen Steuerfolgen im VZ 2009 nach sich ziehen.

Weiter ist nach Auffassung der Autoren für die Veranlagungszeiträume 2010 ff. auch die Deutsch-schweizerische Konsultationsvereinbarungsverordnung vom 20. 12. 2010 in ihrer Gestalt als Rechtsverordnung nicht geeignet, der Abkommenstext des Art. 15 Abs. 4 DBA D-CH zum Nachteil der betroffenen Steuerpflichtigen zu ändern bzw. dessen Geltung einzuschränken.

PRAXISHINWEIS

Eine solche inhaltliche Änderung bzw. Einschränkung des DBA nimmt die Konsultationsvereinbarungsverordnung jedoch in Bezug auf die Definition des leitenden Angestellten nach Art. 15 Abs. 4 DBA D-CH vor, indem nunmehr, in Abkehr von der früheren Verwaltungsauffassung und insbesondere vom bisherigen Normverständnis, zwingend eine Eintragung der Stellung in das jeweilige Handelsregister gefordert wird. Eine solche Eingrenzung sieht das DBA jedoch ausweislich des Wortlauts gerade nicht vor. Für diese Sichtweise spricht auch die frühere Konsultationsvereinbarung (ESTV/BMF vom 4. 6. 1997), die eine Handelsregistereintragung gerade nicht zwingend voraussetzte und damit auch den weiter gefassten Wortlaut des Art. 15 Abs. 4 DBA D-CH dokumentiert. Die vorgenommene, tatbestandliche Einengung greift in das Gefüge des DBA ein, wirkt steuerverschärfend und ist vom Wortlaut des DBA und damit nach Auffassung der Autoren auch von der Verordnungsermächtigung des § 2 Abs. 2 AO nicht mehr gedeckt. Es wird insofern auf die ausführliche Begründung in B.III. verwiesen. Der Rechtsweg sollte eingeschlagen werden.

XII.2.4. Grenzgängerregelung (Art. 15a DBA D-CH)

Art. 15a DBA D-CH enthält eine Vorschrift, die den anderen Regelungen in Art. 15 DBA D-CH vorgeht,[1593] unter anderem:

1. Tätigkeitsortprinzip (Art. 15 Abs. 1 DBA D-CH);
2. Monteurklausel (Art. 15 Abs. 2 DBA D-CH);
3. Leitende Angestellte (Art. 15 Abs. 4 DBA D-CH);
4. Geschäftsleitende Verwaltungsräte, die nicht unter Art. 16 DBA D-CH fallen

1593 Auf die Ausführungen der §§ 4 – 18 KonsVerCHEV wird verwiesen, vgl. auch B.III. Ferner wird auf das Grenzgängerhandbuch der OFD Karlsruhe hingewiesen.

5. Künstler, Sportler und Artisten (Art. 17 DBA D-CH);
6. Öffentliche Bezüge einschließlich Ruhegehälter (Art. 19 Abs. 5 DBA D-CH), sofern nicht Art. 19 Abs. 4 DBA D-CH greift;[1594]
7. Angestellte Geschäftsführer von Personengesellschaften, die **nicht** unter Art. 7 Abs. 7 Satz 2 DBA D-CH fallen.

Nach der Grenzgängerregelung verbleibt das Besteuerungsrecht in Abkehr vom Tätigkeitsortprinzip für Grenzgänger im Wohnsitz- bzw. Ansässigkeitsstaat. Der Arbeits- bzw. Tätigkeitsstaat darf dagegen ausschließlich eine Quellensteuer in Höhe von maximal **4.5 %** erheben (Art. 15a Abs. 1 DBA D-CH). Die Mehrfachbesteuerung wird wie folgt vermieden:

PRAXISHINWEIS

Deutsche Ansässigkeit – Schweizer Arbeitsort:

Der Schweizer Arbeitgeber erhebt eine Quellensteuer i. H. v. maximal 4.5 %, die auf die deutsche Einkommensteuer angerechnet wird (§ 34c EStG i. V. m. Art. 15a Abs. 3a DBA D-CH). Die Anrechnung greift auch im Rahmen der vierteljährlichen Vorauszahlungen auf die Einkommensteuer, die der Grenzgänger i. d. R. zu leisten hat (quartalsweise am 10.3., 10.6., 10.9. sowie 10.12. eines Jahres fällig).

Schweizer Ansässigkeit – Deutscher Arbeitsort:

Der deutsche Arbeitgeber erhebt eine maximal 4.5 %ige Lohnsteuer. Die Schweiz stellt 20 % (4/5-Methode) des deutschen Bruttoarbeitslohnes von der Besteuerung frei (Art. 15a Abs. 3b DBA D-CH). Die Schweizer 4/5-Methode führt nicht immer zu einer Vermeidung der Mehrfachbesteuerung. Bei tieferen Einkommen wird regelmäßig die Mehrfachbesteuerung nicht vermieden.

Grenzgänger sind Arbeitnehmer, die im Gebiet des einen Vertragsstaates ansässig sind, im Gebiet des anderen Vertragsstaates arbeiten und von dort regelmäßig an ihren Wohnsitz zurückkehren. Ein Grenzgebiet gibt es nicht. Die Ansässigkeit bestimmt sich nach Art. 4 Abs. 1 DBA D-CH. Es ist dabei unbeachtlich, ob die arbeitstägliche Rückkehr zum Haupt- oder Zweitwohnsitz erfolgt (§ 4 KonsVerCHEV).

Der Arbeitnehmer weist seine Grenzgängereigenschaft gegenüber dem Arbeitgeber mit dem Formular Gre-1[1595] nach (Art. 15a Abs. 1 Satz 3 DBA D-CH). Ohne Vorlage des Gre-1 darf der Arbeitgeber die Steuer nicht auf 4.5 % begrenzen. Die Bescheinigung Gre-1 ist persönlich zu unterschreiben und beim Wohnsitz-Finanzamt zu beantragen. Der Antrag ist bei Arbeitsaufnahme sowie bei Arbeitgeberwechsel zu beantragen. Die Bescheinigung Gre-1 gilt für ein Jahr und wird mit der Bescheinigung Gre-2[1596] automatisch von Amts wegen um ein Jahr verlängert.

Der Arbeitnehmer muss regelmäßig, d. h. i. d. R. arbeitstäglich, vom Arbeitsort zum Wohnort zurück pendeln. Vereinzelte Unterbrechungen sind grundsätzlich unschädlich, sofern sie bei einer Vollzeitbeschäftigung einen Zeitraum von maximal 60 Tagen pro Kalenderjahr nicht überschreiten (sog. Nicht-Rückkehrtage nach Art. 15a Abs. 2 Satz 2 DBA D-CH). Dabei werden nur arbeitsbedingte Nicht-Rückkehrtage berücksichtigt (Art. 15a Abs. 2 DBA D-CH). Leitbild für Grenzgänger sind Personen, die arbeitstäglich zweimal die deutsch-schweizerische Grenze überqueren. Um-

1594 Im Zuge einer Lohnsteueraußenprüfung beim Landesamt für Besoldung und Versorgung Baden-Württemberg wurde von der deutschen Finanzverwaltung die Auffassung vertreten, dass die Witwenpensionen an in der Schweiz Ansässige als Bezüge aus öffentlichen Kassen der deutschen Steuerpflicht nach dem sog. Kassenstaatsprinzip unterliegt. Bei Witwen könne die Grenzgängerbesteuerung nicht mehr greifen (vgl. Wältermann, IStR 21/2014, S. 798 ff.).

1595 Vgl. in Anhang 7.

1596 Vgl. in Anhang 7.

gekehrt sollen nur diejenigen Tage als Nicht-Rückkehrtage qualifizieren, an denen der Arbeitnehmer nicht zweimal am Tag die deutsch-schweizerische Grenze überquert. Nachfolgend eine tabellarische Übersicht zu den Tagen, die als Nicht-Rückkehrtage i. S. der deutschen BFH-Rechtsprechung qualifizieren bzw. nicht anerkannt werden. Es sei darauf hingewiesen, dass die deutsche Finanzverwaltung teilweise auch weiterhin – i. S. einer Billigkeitslösung – die früheren Regelungen im Einführungsschreiben zur Neuregelung der Grenzgängerbesteuerung anwendet.[1597] Insofern sind derzeit leider Unsicherheiten gegeben, die im Rahmen der laufenden DBA-Revisionsverhandlungen geklärt werden sollten (vgl. B.II.3.).

Als Nicht-Rückkehrtag qualifizieren	Kein Nicht-Rückkehrtag
Eintägige Dienstreisen in Drittstaaten (§ 8 Abs. 5 KonsVerCHEV)	Eintägige Dienstreisen im Tätigkeits- oder Ansässigkeitsstaat (§ 8 Abs. 5 KonsVerCHEV)[1598]
Mehrtägige Dienstreise mit Übernachtung im Drittstaat, Tätigkeits- oder Ansässigkeitsstaat aber ohne den Rückreisetag (§ 8 Abs. 2 i. V. m. § 8 Abs. 5 KonsVerCHEV)[1599]	Mehrtätige Dienstreisen im Ansässigkeitsstaat, wenn Rückkehr an den Wohnort zumutbar
Feiertag, Wochenende etc., falls Arbeit ausdrücklich angeordnet, Freizeitausgleich gewährt wird oder wenn der Arbeitgeber die Reisekosten trägt (§ 8 Abs. 1 KonsVerCHEV)	Feiertag, Wochenende etc.
Haft (falls beruflich veranlasst[1600]) oder bspw. wenn wegen höherer Gewalt nicht gearbeitet oder zurückgereist werden kann (Taifun)	Krankheits- und unfallbedingte Abwesenheiten (§ 8 Abs. 4 KonsVerCHEV)
Arbeitsunterbrechungen von vier bis sechs Stunden, wenn die Wegstrecke zwischen Tätigkeits- und Wohnort und zurück mehr als 20 % der Dauer der Arbeitsunterbrechung in Anspruch nehmen würde	Arbeitsunterbrechungen von weniger als vier Stunden (§ 8 Abs. 3 KonsVerCHEV)
Pikettdienst außerhalb des Betriebs mit einsatzfreien Zeiten von vier und mehr Stunden am Stück	Pikettdienst außerhalb des Betriebs mit einsatzfreien Zeiten von weniger als vier Stunden am Stück;[1601] analog bei Pikettdienst im Betrieb mit anschließender Ruhezeit

Steuerpflichtige sind in ihrer Entscheidung, ob sie der Grenzgängereigenschaft dadurch entgehen wollen, indem sie bspw. in den anderen Vertrags- bzw. Tätigkeitsstaat ziehen, nicht frei. Die Schweiz und Deutschland haben die Vermutung formuliert, wonach eine Grenzgänger-

1597 Vgl. BMF-Schreiben "Einführungsschreiben zur Neuregelung der Grenzgängerbesteuerung" v. 19.9.1994, BStBl. I 1994, S. 683 ff. ergänzt durch BMF v. 7.7.1997, BStBl. I 1997, S. 723 ff.

1598 OFD Karlsruhe tendiert hier wohl dazu, diese immer noch als Nicht-Rückkehrtage anzusehen (Billigkeitslösung), vgl. Verfügung OFD Karlsruhe v. 3.5.2010 S 130.1/416 A – St 217/CH.

1599 Vgl. voranstehende Fußnote zur abweichenden Sichtweise der OFD Karlsruhe.

1600 Vgl. BFH v. 11.11.2009, Az. I R, NWB DokID RAAAC-88746.

1601 Vgl. BFH v. 13.11.2013 I R 23/13, BFH/NV 2014, S. 961. Die genannten Schlussfolgerungen greifen unabhängig davon, ob die Rufbereitschaft im arbeitsrechtlichen Sinne als Arbeitszeit anzusehen ist oder nicht. Entscheidend ist allein die arbeitsvertragliche Verpflichtung hierzu.

eigenschaft nur dann nicht mehr vorliegt, sofern die einfache Entfernung zwischen Wohnung und Arbeitsstätte mehr als 110 km beträgt oder die Fahrtzeit eineinhalb Stunden übersteigt. In diesen Fällen sei die arbeitstägliche Rückkehr steuerlich unzumutbar. Andererseits wird bei einer Entfernung von unter 90 km und einer Fahrtzeit von weniger als einer Stunde unterstellt, dass eine Rückkehr zumutbar sei. Hiervon erfasst werden bspw. auch Wochenaufenthalter, die unter der Woche bspw. in der Schweiz wohnen und am Wochenende an den deutschen Familienwohnsitz zurückkehren.

PRAXISHINWEIS

Personen, die nach Art. 4 Abs. 2 DBA D-CH als in der Schweiz ansässig gelten und dort auch arbeiten, aber nach Art. 4 Abs. 3 DBA D-CH einem zusätzlichen, deutschen Besteuerungsrecht unterliegen, können per Definition nicht unter die Grenzgängereigenschaft fallen, da abkommensrechtlicher Ansässigkeits- und Tätigkeitsstaat (nämlich Schweiz) nicht auseinanderfallen.

Dagegen bleiben Grenzgängern, die unter Art. 4 Abs. 4 DBA D-CH fallen, die Regelungen von Art. 4 Abs. 4 DBA D-CH explizit vorbehalten, d. h. Deutschland kann die Einkünfte aus unselbständiger Tätigkeit in Deutschland im Wegzugsjahr und in den folgenden fünf Kalenderjahren vollumfänglich besteuern (Art. 15a Abs. 1 Satz 3 DBA D-CH). Die Begrenzung auf eine maximal 4.5 %ige Quellensteuer gemäß Art. 15a Abs. 1 Satz 2 DBA D-CH greift nicht.

Bei unterjährigem Arbeitsbeginn und bei Teilzeitpensum ist die relevante Höhe der Nicht-Rückkehrtage entsprechend anteilig bzw. prozentual von den 60 Nicht-Rückkehrtagen abzuleiten (§ 8 KonsVerCHEV). Unklar sind derzeit die Rechtsfolgen, wenn mehrere Arbeitsverhältnisse im Kalenderjahr vorliegen. Die Schweizer Steuerbehörden sehen hier eine arbeitnehmerbezogene Betrachtung vor. D. h. werden die relevanten (60) Nicht-Rückkehrtage über alle Arbeitsverhältnisse erreicht, so liegt insgesamt keine Grenzgängereigenschaft vor, auch für die vorherigen Tätigkeiten im Veranlagungszeitraum. Die deutsche Finanzverwaltung will hiervon abweichend eine arbeitgeberbezogene Betrachtungsweise anwenden.

Bei Arbeitsverhältnissen, bei denen durchschnittlich weniger als fünf Tage pro Monat oder weniger als ein Tag pro Woche zwischen Wohn- und Arbeitsort gependelt wird, liegt generell keine Grenzgängereigenschaft vor (sog. geringfügige Grenzgänger, vgl. § 8 KonsVerCHEV).

Die Anzahl der berufsbedingten Nicht-Rückkehrtage muss vom Arbeitgeber auf dem Formular Gre-3 (vgl. Anhang 7) bescheinigt werden (§ 10 Abs. 1 KonsVerCHEV). Der Einzelnachweis (Ort der Arbeitsausführung, Übernachtung, Spesen, Beginn/Ende der Geschäftsreise etc.) ist zu führen.

Bei Schweizer Ansässigkeit ist der Bruttolohn mit dem publizierten Jahresmittelkurs von EUR in CHF umzurechnen. Das Schweizer Salär ist in Deutschland mit dem Umrechnungskurs am Tag des tatsächlichen Zuflusses umzurechnen. Aus Vereinfachungsgründen kann der monatliche Durchschnittsreferenzkurs der Europäischen Zentralbank verwendet werden.[1602] Die deutsche Finanzverwaltung akzeptiert aber weiterhin die Umrechnung zum Jahresdurchschnitt der Euro-Referenzkurse (Billigkeitslösung).[1603] Die Umrechnung ist innerhalb eines Veranlagungszeitraumes einheitlich auszulegen.

1602 Vgl. BFH v. 3. 12. 2009, VI R 4/08, BStBl. II 2010, S. 698.

1603 Vgl. OFD Karlsruhe v. 18. 10. 2010, Grenzgängerhandbuch, S 227.5/51 – St 217/CH.

PRAXISHINWEIS

Zur einkommensteuerlichen Behandlung in Deutschland von Einzahlungen in und Auszahlungen aus der Alters-, Hinterlassenen- und Invalidenversicherung sowie aus Einrichtungen der beruflichen Vorsorge wird auf B.XIV. verwiesen.

XII.3. Die deutschen Voraussetzungen an eine Freistellung ausländischer Arbeitseinkünfte

Mit dem Steueränderungsgesetz 2003 wurde durch den § 50d Abs. 8 EStG eine wichtige Änderung im Rahmen der Entsendung von deutschen Arbeitnehmern ins Ausland (Expatriates) eingeführt: Sind die Einkünfte eines unbeschränkt Steuerpflichtigen aus nichtselbständiger Arbeit nach einem Abkommen zur Vermeidung der Doppelbesteuerung von der Bemessungsgrundlage der deutschen Steuer auszunehmen, wird die Freistellung bei der Veranlagung ungeachtet des Abkommens nur gewährt, wenn der Steuerpflichtige nachweisen kann, dass die im Tätigkeitsstaat auf diese Einkünfte festgesetzten Steuern entrichtet wurden oder der Tätigkeitsstaat auf das Besteuerungsrecht verzichtet hat. Wird der entsprechende Nachweis nicht erbracht, beansprucht der Wohnsitzstaat Deutschland für diese Einkünfte das Besteuerungsrecht (nationale Rückfallklausel des § 50d Abs. 8 EStG).

Mit dieser Nachweispflicht soll eine Einmalbesteuerung der ausländischen Einkünfte gesichert werden, da es aufgrund einer für Deutschland erteilten Freistellungsbescheinigung und der Tatsache, dass der Tätigkeitsstaat häufig von seinem Besteuerungsrecht tatsächlich keinen Gebrauch macht, in vielen Fällen weder zu einer Besteuerung in Deutschland noch im Tätigkeitsstaat kommt.

Die Vertreter des Bundesfinanzministeriums haben in einem Schreiben vom 21. 7. 2005[1604] konkretisiert, wie der für die Steuerfreistellung erforderliche Nachweis der im Tätigkeitsstaat vorgenommenen Besteuerung zu führen ist. Danach hat der Steuerpflichtige einerseits die Höhe und die Art der Ermittlung der im Ausland steuerpflichtigen Einkünfte nachzuweisen. Andererseits muss er mögliche Abweichungen zwischen der Besteuerungsgrundlage nach deutschem Recht und nach ausländischem Recht glaubhaft machen, z. B. durch Vorlage einer Kopie der ausländischen Steuererklärung. Des Weiteren hat der Steuerpflichtige die Festsetzung und Entrichtung der ausländischen Steuern nachzuweisen. Ein solcher Nachweis kann grundsätzlich durch Vorlage des ausländischen Steuerbescheids oder der ausländischen Steuererklärung mit Überweisungsbeleg erbracht werden. In seltenen Fällen ist auch eine Arbeitgeberbescheinigung ausreichend. Im Lohnsteuerabzugsverfahren können Arbeitgeber für ihre im Ausland steuerpflichtigen Arbeitnehmer weiterhin die Steuerfreistellung vom Arbeitslohn berücksichtigen. Die Vorschrift erweist sich auch für den Arbeitgeber als arbeitsaufwändig. Die Praxis zeigt, dass hierzu Informationen und Bescheinigungen des Arbeitgebers benötigt werden.

PRAXISHINWEIS

Der Arbeitgeber sollte den entsandten Arbeitnehmer auf die entsprechende Nachweispflicht hinweisen, um nachträgliche Auseinandersetzungen und ggf. die Anwendung der Lohnsteuerarbeitgeberhaftung zu vermeiden. Wird ein solcher Nachweis erst geführt nachdem die Einkünfte in eine Veranlagung zur Einkommensteuer einbezogen wurden, ist der Steuerbescheid insoweit zu ändern. Die Vorschrift des § 175 Abs. 1 Satz 2 AO (rückwirkendes Ereignis) ist entsprechend anzuwenden.

1604 Vgl. BMF-Schreiben v. 21. 7. 2005, BStBl. I 2005, S. 821.

PRAXISHINWEIS

Das FG Rheinland-Pfalz war 2007 noch der Auffassung, dass § 50d Abs. 8 EStG weder ein Treaty Override darstelle noch verfassungswidrig sei. Der BFH hat dagegen Zweifel und legte die Norm des § 50d Abs. 8 EStG dem BVerfG zur Prüfung der Verfassungskonformität vor.[1605]

XII.4. Exkurs: Steueroptimierung durch Payroll-Split – getrennte Arbeitsverträge im In- und Ausland

Payroll-Split-Modelle können die individuelle Steuerlast eines Arbeitnehmers mindern. Hierzu wird auf Basis getrennter Arbeitsverträge eine in- und ausländische Tätigkeit (bei jeweils unterschiedlichen Konzerngesellschaften) ausgeübt. Voraussetzung für die Payroll-Split-Modelle ist, dass das Besteuerungsrecht beim jeweiligen Tätigkeitsstaat liegt, was u. a. nur dann erreicht werden kann, wenn die Vergütungen durch den jeweiligen Arbeitgeber (wirtschaftlich) getragen werden. In der Folge wird ein Teil des Arbeitslohns in der Schweiz und ein Teil des Arbeitslohns in Deutschland besteuert. Der Expatriate kann hierdurch regelmäßig eine niedrigere Steuerprogression und damit eine niedrigere Steuerbelastung erreichen. Allerdings darf er kein Grenzgänger sein und muss die Tätigkeit auch tatsächlich physisch vor Ort in Deutschland und in der Schweiz ausüben. Flankierend hierzu sollten zwei separate Arbeitsverträge (sog. Dual Contracts) für die Tätigkeit in der Schweiz und in Deutschland abgeschlossen werden.

Um einem Missbrauch vorzubeugen, werden von der Finanzverwaltung hohe Anforderungen an den Nachweis der Payroll-Split Modelle gestellt. Hierzu gehören bspw.

1. der Nachweis der tatsächlichen Ausübung der deutschen und schweizerischen Tätigkeit im jeweiligen Vertragsstaat,
2. die nachvollziehbare Angemessenheit der Vergütungsanteile,
3. das Nichtvorliegen einer Grenzgängereigenschaft i. S. d. Art. 15a DBA D-CH und
4. die Berücksichtigungder Norm des Art. 24 Abs. 1 Nr. 1d DBA D-CH (Arbeitsausübung in der Schweiz).

XII.5. Arbeitgeberrisiken infolge internationaler Mitarbeiterentsendung

Internationale Entsendungsaktivitäten zwingen nicht nur zur Auseinandersetzung mit den Besteuerungsrechten sowie der Minimierung des Steueraufwands beim Expatriate. Auch steuerrechtliche Gefahren auf Unternehmensebene sind zu beachten. Hierzu zählen bspw.

1. die Begründung einer ausländischen Betriebsstätte (vgl. B.V. sowie die OECD-Entwicklungen zur Dienstleistungsbetriebsstätte) und
2. die Nichtanerkennung der Verrechnungspreise[1606] (D.V.1.)

1605 Vgl. BFH v. 10. 1. 2012, I R 66/09, IStR 2012, S. 426. Mit Beschluss v. 11. 12. 2013 I R 4/13 hat der BFH dem Bundesverfassungsgericht erneut die Frage vorgelegt, ob der Gesetzgeber durch ein Treaty Override gegen Verfassungsrecht verstößt. Da der deutsche Gesetzgeber vor allem in der jüngeren Vergangenheit in erheblichem Maße von dem seit langem umstrittenen Mittel des Treaty Override Gebrauch gemacht hat, ist zu erwarten, dass sich noch weitere Regelungen an diesen Maßstäben messen lassen müssen. In diesen Fällen kann Aussetzung der Vollziehung (AdV) beantragt werden.

1606 Vgl. „Schreiben betreffend Grundsätze für die Prüfung der Einkunftsabgrenzung zwischen international verbundenen Unternehmen in Fällen der Arbeitnehmerentsendung" v. 9. 11. 2001, BStBl. I 2001, S. 796.

Diese Risiken können beträchtlich sein, weshalb ihnen durch eine frühzeitige Planung der Entsendung vorgebeugt werden sollte. Dies insbesondere vor dem Hintergrund, dass sie in der Praxis meist erst nachträglich, bspw. im Rahmen einer Betriebsprüfung, aufgedeckt werden und deshalb zu erheblichen Mehrbelastungen führen können.

XIII. Art. 16 Verwaltungs- und Aufsichtsräte

XIII.1. Ausgangslage und grundsätzliche DBA-Regelung

Nach Art. 16 DBA D-CH können Bezüge und Vergütungen, die eine in einem Vertragsstaat ansässige Person von einer in dem anderen Vertragsstaat ansässigen Gesellschaft in ihrer Eigenschaft als Mitglied des Verwaltungs- oder Aufsichtsrates der Gesellschaft bezieht, in dem anderen Staat besteuert werden.

Auf den ersten Blick scheint etwa bei deutscher Ansässigkeit das Besteuerungsrecht des Schweizer Quellenstaats positiv, zumal die meisten Schweizer Kantone für Verwaltungsratsvergütungen einen reduzierten Steuersatz kennen. Allerdings werden die Vergütungen aus der Tätigkeit als Verwaltungsrat grundsätzlich auch im Ansässigkeitsstaat Deutschland besteuert (Welteinkommensprinzip). Die deutsche Finanzverwaltung vermied insofern die Mehrfachbesteuerung durch Anwendung der Anrechnungsmethode (Art. 24 Abs. 1 Nr. 2 DBA D-CH). Folglich werden die Bezüge und Vergütungen als Verwaltungsrat einer Schweizer Gesellschaft letztlich auf das höhere deutsche Steuerniveau hochgeschleust.

Im umgekehrten Fall werden im Schweizer Ansässigkeitsstaat die aus Deutschland stammenden Einkünfte als Aufsichtsrat unter Progressionsvorbehalt freigestellt (Art. 24 Abs. 2 Nr. 1 DBA D-CH). In Deutschland unterliegen beschränkt steuerpflichtige Aufsichtsräte einer 30 %igen Steuer (§ 50a Abs. 1 Nr. 4 i. V. m. Abs. 2 EStG).

Zu beachten ist, dass sich bei in Deutschland ansässigen Verwaltungsräten einer Schweizer AG Besonderheiten aus der neueren BFH-Rechtsprechung ergeben, vgl. nachfolgend.

XIII.2. Geschäftsleitender Verwaltungsrat: Fallunterscheidung und Steuerfolgen

XIII.2.1 Schweizer Obligationenrecht (OR)

Das Schweizer Recht kennt – anders als Deutschland – das monistische System[1607] und hiermit eine Besonderheit: Dem Verwaltungsrat obliegt nach Art. 716, 718 und 718a OR, dem Schweizer Pendant zum deutschen HGB, grundsätzlich die Geschäftsführung.

Art. 718 Abs. 1 OR regelt insofern im Detail, dass der Verwaltungsrat die Gesellschaft nach außen vertritt. Nach Art. 718a OR kann die zur Vertretung befugte Person bzw. Personen im Namen der Gesellschaft alle Rechtshandlungen vornehmen, die der Zweck der Gesellschaft mit sich bringt. Der Verwaltungsrat kann die Vertretung bspw. auch auf ein oder mehrere Mitglieder delegieren, den sog. Delegierten. Die zur Vertretung der Gesellschaft befugten Personen sind zur Eintragung in das Handelsregister anzumelden (Art. 720 OR).

1607 Deutschland wendet das dualistische System an (Ausnahme: Wahlrecht bei der europäischen Rechtsform der SE).

XIII.2.2. Steuerfolgen

XIII.2.2.1. Verwaltungsrat mit ausschließlich überwachenden Tätigkeiten

Delegiert der Verwaltungsrat die Geschäftsführung auf andere Personen, sind seine eigenen Verwaltungsratsvergütungen Vergütungen für überwachende, kontrollierende und beratende Tätigkeiten, die folglich unter Art. 16 DBA D-CH fallen (sog. kontrollierender Verwaltungsrat). In Deutschland wird – wie in Gliederungspunkt B.XIII.1. dargestellt – nach Art. 24 Abs. 1 Nr. 2 DBA D-CH die Anrechnungsmethode angewandt.

XIII.2.2.2. Delegierter des Verwaltungsrates

Übernimmt der Verwaltungsrat dagegen tatsächlich und nachweislich die Geschäftsführung, hat er insofern eine Stellung inne, die derjenige eines leitenden Angestellten (Art. 15 Abs. 4 DBA D-CH) entspricht. Der BFH bejaht im Urteil vom 14. 3. 2011 I R 23/10 diese Rechtsauffassung.[1608] Der BFH führt insofern aus, dass die Vergütungen eines Delegierten einer schweizerischen Kapitalgesellschaft (Mitglied des Verwaltungsrates), die auf der Grundlage eines Anstellungsvertrages für die geschäftsführende Tätigkeit gezahlt werden, Art. 15 Abs. 4 DBA D-CH unterliegen. Es findet somit auch die Freistellungsmethode Anwendung.

Der BFH begründet dies damit, dass ein Delegierter hinsichtlich seiner Leitungs- und Vertretungsmacht einem Prokuristen oder einem deutschen AG-Vorstand gleichsteht. Die Geschäftsführung wurde somit auf ihn delegiert (Delegierter). Somit wäre eine abweichende steuerliche Behandlung des Verwaltungsrates zum entsprechenden, deutschen Geschäftsführer oder Vorstand nur dann gerechtfertigt, sofern dieser im Abkommen explizit aus Art. 15 Abs. 4 DBA D-CH ausgenommen wäre. Hierfür liegen keine Erkenntnisse vor. Weiter führt der BFH aus, dass der Delegierte im Sinne des Schweizer Rechts zwar nicht ausdrücklich in Art. 15 Abs. 4 DBA D-CH genannt wird, aus zivilrechtlicher Sicht jedoch gleichwohl eine Stellung einnimmt, die derjenigen eines in Art. 15 Abs. 4 DBA D-CH genannten Prokuristen zumindest entspricht. Das rechtfertigt die Annahme, dass der Delegierte des Verwaltungsrates in den von Art. 15 Abs. 4 DBA D-CH erfassten Personenkreis einzubeziehen ist. Analog hatte sich der BFH bereits zum DBA D-Kanada[1609] und DBA D-Spanien[1610] geäußert.

XIV. Art. 18 DBA D-CH: Ruhegehälter

Art. 18 DBA D-CH entspricht im Wesentlichen dem OECD-Musterabkommen. Hiernach wird das Besteuerungsrecht ausschließlich dem Ansässigkeitsstaat zugewiesen. Ausnahmen: Das Besteuerungsrecht aus öffentlich-rechtlichen Ruhegehältern steht dagegen dem sog. Kassenstaat zu (Art. 19 Abs. 1 DBA D-CH). Weitere Ausnahmen greifen für Grenzgänger (Art. 19 Abs. 5 DBA D-CH) und in den in Art. 19 Abs. 4 DBA D-CH genannten Fällen.

1608 Mit Verweis auf die 2. Auflage dieser Buchpublikation.
1609 Vgl. BFH v. 5. 10. 1994, I R 67/93, BStBl. II 1995, S. 95.
1610 Vgl. BFH v. 23. 2. 2005, I R 46/03, BStBl. II 2005, S. 547.

In den letzten Jahren gab es in Deutschland eine Vielzahl von höchstrichterlichen Urteilen bzw. es stehen weitere, wichtige Gerichtsentscheide an, die es in der Beratungspraxis zu beachten gilt. Nachfolgend eine kurze Übersicht relevanter Urteile in Deutschland:[1611]

1. **Obligatorische** Beiträge des **Arbeitgebers** in die Alters-, Hinterlassenen- und Invalidenversicherung sowie Einrichtungen der beruflichen Vorsorge sind nach § 3 Nr. 62 Satz 1 EStG steuerfrei. **Überobligatorische** Arbeitgeberbeiträge in die Schweizer Pensionskasse sind i. R. von § 3 Nr. 62 Satz 4 erster Halbsatz i.V. m. § 3 Nr. 62 Sätze 1 / 3 EStG steuerfrei;[1612] Auf die danach steuerfreien Arbeitgeberleistungen sind die gemäß § 3 Nr. 62 Satz 1 EStG steuerfreien Zukunftssicherungsleistungen des Arbeitgebers anzurechnen. Dagegen handelt es sich nach Auffassung der deutschen Finanzverwaltung um geldwerte Vorteile (§ 19 EStG), sofern im Zusammenhang mit freiwilligen Einkäufen des Arbeitnehmers der Arbeitgeber ebenfalls Einkäufe zu Gunsten des Arbeitnehmers vornimmt. Da insofern die Arbeitgebereinkäufe freiwillig vorgenommen werden, könne § 3 Nr. 62 EStG nicht greifen.

2. **Freizügigkeitsfall:**

   a. Die deutsche Finanzverwaltung behandelt Überträge von einer Schweizer Pensionskasse auf eine andere (direkt oder auch über ein dem BVG unterliegendes Freizügigkeitskonto) bei erneuter Arbeitsaufnahme nicht als steuerpflichtige Zuflüsse (kein Zufluss i. S. d. § 11 EStG); Allerdings muss ein zwischenzeitlicher Zufluss ausgeschlossen sein.

   b. Sofern keine erneute Arbeitsaufnahme in der Schweiz erfolgt, liegt der Zufluss spätestens bei Erreichen des (Schweizer) Renteneintrittsalter vor. Ausnahmsweise kann ein Zufluss i. S. d. § 11 EStG auch schon früher vorliegen, wenn das Guthaben nicht mehr den Bindungen des BVG unterliegt. Im Zweifel muss die Frage der Bindung direkt bei der betreffenden Freizügigkeitseinrichtung angefragt werden. Hat der Steuerpflichtige bei der Freizügigkeitseinrichtung seinen Anspruch auf Barauszahlung geltend gemacht, liegt ebenfalls ein steuerpflichtiger Zufluss i. S. d. § 11 EStG vor. Die konkreten, deutschen Besteuerungsfolgen sind im nachfolgenden Punkt 3 dargelegt.

3. **Rentenleistungen** bzw. Einmalauszahlungen aus der Alters-, Hinterlassenen- und Invalidenversicherung sowie Einrichtungen der beruflichen Vorsorge (Pensionskasse, Säule 2) sind – ungeachtet, ob sie aus dem obligatorischen oder überobligatorischen Teil der Pensionskasse gezahlt werden – als andere Leistungen nach § 22 Nr. 1 Satz 3 Buchstabe a Doppelbuchstabe aa EStG mit dem Besteuerungsanteil (sog. Basisversorgung) zu versteuern. § 19 Abs. 1 Satz 1 Nr. 2 EStG greift nicht. Nach einer bundesweit abgestimmten Verfügung der OFD Karlsruhe[1613] greift bereits seit dem Veranlagungszeitraum 2005 auf die Einmalauszahlungen nicht mehr das frühere Lebensversicherungsprivileg. Auf die Auszahlungen aus der zweiten Säule hat nach Art. 21 DBA D-CH der Ansässigkeitsstaat (Deutschland) das Besteuerungsrecht. Ferner gilt:

   a. Die Anwendung der Öffnungsklausel nach § 22 Nr. 1 Satz 3 Bst. a Doppelbuchstabe bb Satz 2 EStG ist möglich;

1611 Vgl. Auch Verfügung OFD Frankfurt a. M. zu den ausländischen gesetzlichen Rentenversicherungen v. 14. 3. 2014, S 2255 A – 36 – St 220.

1612 Vgl. BFH v. 24. 9. 2013 VI R 6/11, BFH/NV 2014, S. 241.

1613 Vgl. OFD Karlsruhe v. 19. 9. 2005, S 227.8/16 – St 224; OFD Karlsruhe v. 14. 11. 2012, S< 2333/54 – St 133.

b. Nach dem BFH-Beschluss vom 8.12.2010[1614] sind Rentenbezüge ehemaliger öffentlicher Bediensteter aus einer Schweizer Einrichtungen der beruflichen Vorsorge (Pensionskasse) seit dem 1.1.2005 andere Einkünfte i.S. Art. 21 DBA D-CH.[1615] Der BFH bestätigt mit seinem Urteil vom 23.10.2013,[1616] dass Austrittsleistungen einer Schweizer öffentlich-rechtlichen Vorsorgeeinrichtung (Pensionskasse) in Deutschland steuerpflichtig sind und nicht steuerbefreit, da eine schweizerisch öffentlich-rechtliche Vorsorgeeinrichtung (Pensionskasse) mit einer deutschen gesetzlichen Rentenversicherung zu vergleichen sei. Die deutsche Finanzverwaltung erfasst aktuell alle Zahlungen aus der Schweizer Einrichtung der beruflichen Vorsorge (Pensionskasse) unter § 22 Nr. 1 Satz 3 Bst. a Doppelbuchstabe aa EStG, d.h. bspw. auch Rentenabfindungen und Auszahlung von **Todesfallkapital** oder, wie der BFH[1617] entschieden hat, auch beim **Vorbezug wegen Wohneigentum;**[1618]

c. Gemäß BFH[1619] unterliegen Einmalauszahlungen aus der Schweizer Einrichtung der beruflichen Vorsorge (Pensionskasse) der ermäßigten Besteuerung nach § 34 Abs. 2 Nr. 4 i.V.m. Abs. 1 EStG (sog. **Fünftelregelung**). Der BFH hat die Anwendung von § 3 Nr. 3 EStG mehrfach ausgeschlossen;[1620]

d. Es sind u.a. noch Revisionsverfahren hinsichtlich der Frage anhängig, ob Auszahlungen aus der Pensionskasse einer Schweizer (Firmen-)**Stiftung** ebenfalls mit einer deutschen-gesetzlichen Rentenversicherung zu vergleichen sind.

PRAXISHINWEIS

Die voranstehend zitierte Rechtsprechung betrifft im Wesentlichen Steuerpflichtige, die als Grenzgänger i.S.v. Art. 15a DBA D-CH qualifizieren. Die Rechtsprechung sollte analog aber auch für Arbeitnehmer, die bspw. unter Art. 15 DBA D-CH fallen, sowie Freiberufler bzw. Selbständige einschlägig sein.

EXKURS: **Beiträge in die Schweizer Sozialversicherung und fehlende steuerliche Berücksichtigung in Deutschland**

Der BFH hatte zu klären, ob die Versicherungsbeiträge, die ein in Deutschland unbeschränkt Steuerpflichtiger aufgrund seiner gewerblichen Tätigkeit als Unternehmensberater für eine Gesellschaft mit Sitz in der Schweiz entrichten muss, als Sonderausgaben in Deutschland abziehbar sind, obwohl die Einkünfte nach dem DBA D-CH von der Einkommensteuer in Deutschland freizustellen sind. Der Steuerpflichtige hatte obligatorische Beiträge zur schweizerischen Alters- und Hinterlassenenversicherung (AHV) geleistet, deren Beiträge in der Schweiz bei der Ermittlung des steuerbaren Einkommens abzugsfähig sind.

1614 Vgl. BFH v. 8.12.2010, I R 92/09, BStBl. II 2011, S. 488.

1615 Im Zuge einer Lohnsteueraußenprüfung beim Landesamt für Besoldung und Versorgung Baden-Württemberg wurde von der deutschen Finanzverwaltung die Auffassung vertreten, dass die Witwenpensionen an in der Schweiz Ansässige als Bezüge aus öffentlichen Kassen der deutschen Steuerpflicht nach dem sog. Kassenstaatsprinzip unterliegt. Bei Witwen könne die Grenzgängerbesteuerung nicht mehr greifen (vgl. Wältermann, IStR 21/2014, S. 798 ff.).

1616 Vgl. BFH v. 23.10.2013, X R 33/10, BStBl. II 2014, S. 102.

1617 Vgl. BFH-Beschluss in einem ADV-Verfahren v. 25.3.2010 – X B 142/09, BFH/NV 2010, S. 1275.

1618 Vgl. BFH v. 5.11.2014 I R 83/11. Hiernach greift Art. 21 DBA D-CH, da kein Sondervermögen. Hinsichtlich der Frage, ob ggf. § 3 Nr. 3 EStG bzw. § 34 (sog. 1/5 Regelung) anwendbar sei, hat der BFH die Fragestellung dem (zuständigen) 10. Senat vorgelegt.

1619 Vgl. BFH v. 23.10.2013, X R 33/10, BStBl. II 2014, S. 103.

1620 Vgl. u.a. BFH v. 23.10.2013, X R 33/10, BStBl. II 2014, S. 102.

Der BFH hatte mit seinem Urteil vom 18.4.2012 (Az. X R 62/09) entschieden, dass in dem entscheidungsrelevanten Fall obligatorische Beiträge an die AHV, obwohl es sich bei der AHV um eine gesetzliche Rentenversicherung handelt, nicht als Sonderausgaben abgezogen werden können, weil sie in unmittelbarem, wirtschaftlichen Zusammenhang mit steuerfreien Einnahmen stehen. Ein unmittelbarer, wirtschaftlicher Zusammenhang zwischen Einnahmen und Aufwendungen ist dann anzunehmen, wenn beide durch dasselbe Ereignis veranlasst worden sind, d. h. wenn ein Steuerpflichtiger steuerfreie Einnahmen erzielt und dieser Tatbestand gleichzeitig Pflichtbeiträge an einen Sozialversicherungsträger auslöst. In diesem Fall geht die Steuerbefreiung dem Sonderausgabenabzug vor.

Einen unmittelbaren, direkten Zusammenhang zwischen den Einnahmen und den Beiträgen sieht der BFH dadurch gegeben, dass die steuerfreien Einnahmen verpflichtend der Finanzierung der Vorsorgeaufwendungen dienen. Unerheblich sei dagegen, ob die Vorsorgeaufwendungen schlussendlich zu steuerfreien Einnahmen führen. Auch das subjektive Nettoprinzip, wonach die Besteuerung an der wirtschaftlichen Leistungsfähigkeit ausgerichtet wird und u. a. Sonderausgaben grundsätzlich steuerlich abzugsfähig sein müssen, sieht das Gericht nicht verletzt, da der Steuerpflichtige seine Beiträge in der Schweiz steuermindernd im Rahmen der Ermittlung seiner gewerblichen Einkünfte berücksichtigen könne. Insoweit werde er durch die Versagung des Sonderausgabenabzugs nicht doppelt belastet. Der BFH sieht somit keinen Verstoß des fehlenden Sonderausgabenabzugs gegen höherrangiges Recht.

Darüber hinaus konnten die Vorsorgeaufwendungen auch nicht bei der Bemessung des auf das zu versteuernde Einkommen anzuwendenden Steuersatzes – im Wege des so genannten negativen Progressionsvorbehaltes bzw. einer negativen Satzbestimmung – berücksichtigt werden. Nach der gesetzlichen Vorschrift dürfen nur „Einkünfte" den anzuwendenden Steuersatz erhöhen oder vermindern. Sonderausgaben zählen jedoch nicht zu den Einkünften, sondern werden gesetzessystematisch erst im Anschluss an die Ermittlung der Einkünfte vom Gesamtbetrag der Einkünfte abgezogen.

XV. Art. 23 DBA D-CH: Missbrauchsklausel

XV.1. Grundsätze

Die DBA-Teilrevision 2002 führte zu einer Anpassung der DBA-Norm zum Abkommensmissbrauch (Art. 23 DBA D-CH). Hiernach wird seit dem 1.1.2004 beiden Staaten das Recht eingeräumt, ihre innerstaatlichen Vorschriften betreffend die Maßnahmen gegen die missbräuchliche Inanspruchnahme des DBA anzuwenden (Art. 23 Abs. 1 DBA D-CH).

Nach der Formulierung des Art. 23 Abs. 1 DBA D-CH fällt unter die jeweiligen nationalen Missbrauchsvorschriften sowohl die Steuerumgehung als auch die Steuerhinterziehung. Es bestand zwischen den Verhandlungspartnern Einvernehmen, dass in der Schweiz die aufgrund des Bundesratsbeschlusses vom 14.12.1962 ergriffenen Maßnahmen gegen die ungerechtfertigte Inanspruchnahme von DBA unter die neue Missbrauchsregel fallen (sog. BRB 62). In Deutschland fallen unter die nationalen deutschen Vorschriften die allgemeine Missbrauchsnorm des § 42 AO sowie das allgemeine Verbot des Einkaufs ins Abkommensrecht (Anti-Treaty Shopping), das in § 50d Abs. 3 EStG geregelt ist.

Es ist fraglich, ob es sich bei den voranstehend genannten Normen um Fälle der Steuerumgehung oder Steuerhinterziehung handelt. Die Autoren verneinen dies.

PRAXISHINWEIS

Bei § 50d Abs. 3 EStG handelt es sich weder zwingend um eine Steuerumgehung noch um eine Steuerhinterziehung. Ob diese Norm daher überhaupt unter den Anwendungsbereich des Art. 23 DBA D-CH fallen kann, sollte höchstrichterlich geprüft werden.

Von daher ist zu hoffen, dass die Rechtsprechung eine wortgetreue Interpretation von Art. 23 Abs. 1 DBA D-CH wählen wird. Derzeit sind aber – soweit ersichtlich – noch keine entsprechenden Verfahren bei Gericht anhängig.

Sofern die Anwendung der nationalen Missbrauchsnormen zu einer Doppelbesteuerung führt, verhandeln die beiden Vertragsstaaten darüber, ob diese vermieden werden soll. Grundlage für die Verhandlung bildet Art. 26 Abs. 3 DBA D-CH (vgl. B.XVIII.).

XV.2. Schweizer Missbrauchsvorschriften

Am 14. 12. 1962 hat der Schweizer Bundesrat mit dem sog. BRB 62 eine nationale Schweizer Missbrauchsvorschrift gegen die ungerechtfertigte Inanspruchnahme von DBA geschaffen. Als missbräuchlich im Sinne der Vorschrift gelten die offensichtlich ungerechtfertigte Inanspruchnahme einer abkommensrechtlichen Entlastung (z. B. aufgrund fehlendem, steuerlichen Sitzes/Wohnsitzes) sowie deren missbräuchliche Inanspruchnahme (wesentlicher Teil der Steuerentlastung erhält eine nicht abkommensberechtigte Person etc.). Unter die missbräuchliche Inanspruchnahme fallen u. a. folgende Tatbestände:

Durchlauf:	D. h. maximal 50 % der abkommensberechtigten Erträge dürfen zur Erfüllung von Ansprüchen (Lizenzen, Dienstleistungen, Darlehen etc.) nicht abkommensberechtigter Personen verwendet werden;
Gewinnhortung:	D. h. mindestens 25 % der abkommensbegünstigten Einkünfte müssen als Dividende ausgeschüttet werden;
Unangemessenheit:	D. h. Gesellschafter-Fremdfinanzierung von maximal 1 zu 6 (Safe Haven);
Treuhandschaft:	D. h. der nicht abkommensberechtigte Treugeber ist nicht begünstigt.

Der Schweizer Gesetzgeber hat in den Jahren 1998[1621] einschließlich der Ergänzung 2001 diverse Modifizierungen vorgenommen. Hiernach sind nunmehr die Bestimmungen zur unangemessenen Gesellschafter-Fremdfinanzierung durch die allgemein gültigen Finanzierungs- und Verzinsungsrichtlinien geregelt (vgl. Kreisschreiben Nr. 6 v. 6. 6. 1997). Neu ist hierbei, dass nun auch abweichende Fremdfinanzierungsquoten so wie Fremdkapitalzinssätze zugelassen sind, sofern diese einem Fremdvergleich standhalten.

Weitere Erleichterungen wurden für sog. aktive Gesellschaften (Aktivitätstest), börsennotierte Gesellschaften (Börsentest) und Holdinggesellschaften (Holdingtest) getroffen. Diese sind von der 50 %igen Weiterleitungsbeschränkung (Durchlauf) und grundsätzlich von der 25 %igen Mindestausschüttung der abkommensbegünstigten Einkünfte (Gewinnhortung) befreit, soweit die

1621 Vgl. Kreisschreiben 1999 v. 17. 12. 1998.

Schweizer Quellensteuer (Verrechnungssteuer) gesichert ist. Darüber hinaus ist das Kreisschreiben 2010 vom 1. 8. 2010 zu beachten.

Neben der Missbrauchsregelung des BRB 62 wurden aus der Rechtsprechung des Schweizerischen Bundesgerichts weitere Tatbestände als (allgemeine) Steuerumgehung abgeleitet. Hierunter fallen insbesondere Gestaltungen, die

1. nicht den wirtschaftlichen Gegebenheiten entsprechen,
2. um hierdurch eine erhebliche Steuerersparnis zu erzielen.

Insofern liegt in der Schweiz eine § 42 AO vergleichbare, allgemeine Missbrauchsnorm vor.[1622]

XV.3. Deutsche Missbrauchsvorschriften

Wie eingangs dargestellt, soll laut Auffassung der Finanzverwaltungen zu den deutschen Missbrauchsnormen sowohl § 50d Abs. 3 EStG als auch § 42 AO zählen.[1623] Zumindest bei der Norm des § 50d Abs. 3 EStG handelt es sich nicht zwingend um einen Fall der Steuerumgehung bzw. -hinterziehung, weshalb deren Anwendung abzulehnen ist.

XVI. Art. 24 DBA D-CH: Methodenartikel: Freistellung- oder Anrechnungsmethode

Art. 24 DBA D-CH entspricht im Wesentlichen dem OECD-Musterabkommen. Hinsichtlich den Besonderheiten betreffend den leitenden Angestellten (Art. 15 Abs. 4 DBA D-CH)[1624] und unbeweglichen Vermögen (Art. 6 DBA D-CH)[1625] wird auf die voranstehenden Ausführungen verwiesen.

Nachfolgend soll der generelle Aufbau des Methodenartikels skizziert werden. Dabei ist der Adressat des Methodenartikels der Ansässigkeitsstaat. Die Bestimmungen von Abs. 1 richten sich an einen in Deutschland ansässigen Steuerpflichtigen, diejenigen von Abs. 2 an eine in der Schweiz ansässige Person.[1626] Bezüglich der Begriffe „Person“ und „Ansässigkeit“ kann auf die allgemeinen Regeln des Art. 3 Abs. 1d bzw. des Art. 4 DBA D-CH verwiesen werden.

Auf die Schweizer Besonderheiten des Art. 24 Abs. 2 DBA D-CH wird nicht weiter eingegangen. Dieser erfasst den umgekehrten Fall der sog. Inbound-Investition, die nicht Gegenstand der vorliegenden Publikation zum Steuer- und Investitionsstandort Schweiz ist.[1627]

1622 Zum Ganzen siehe auch: <https://www.sif.admin.ch/sif/de/home/themen/internationale-steuerpolitik/doppelbesteuerung-und-amtshilfe/dba-missbrauch.html> (Besucht am 30. 10. 2014).

1623 Für eine steuerliche Darstellung der einzelnen Missbrauchsvorschriften vgl. D.

1624 Vgl. B.XII.2.3.

1625 Vgl. B.VI.

1626 Vgl. Scherer in Wassermeyer, Doppelbesteuerung, Schweiz, Art. 24 Rz. 2.

1627 Die folgenden Ausführungen zum Methodenartikel 24 DBA D-CH basieren auf einem Beitrag von Jakob in Locher/Rolli/Spori, Festschrift Ryser, S. 211 ff.

XVI.1. Inhalt und Tragweite von Art. 24 Abs. 1 Nr. 1 DBA D-CH

XVI.1.1. Anwendungsbereich der Freistellungsmethode in Deutschland

Der Aufbau von Art. 24 Abs. 1 DBA D-CH ist insofern speziell, als Nr. 1 vorab im Sinne einer Ausnahmeregelung den Anwendungsbereich der Freistellungsmethode abschließend regelt und die Grundsatzregelung, nämlich die Anwendung der Anrechnungsmethode, erst in Nr. 2 festgehalten ist. Standard ist die umgekehrte Vorgehensweise.[1628]

In den Anwendungsbereich der Freistellung fallen folgende, aus der Schweiz stammende Einkünfte, die folglich von der deutschen Steuerpflicht (satzbestimmend) freigestellt werden:

1. Gewinne im Sinne des Art. 7 aus eigener Tätigkeit einer in der Schweiz gelegenen Betriebsstätte, Einkünfte aus unbeweglichem Vermögen einer schweizerischen Betriebsstätte und Gewinne aus der Veräußerung von unbeweglichem oder beweglichem Vermögen einer schweizerischen Betriebsstätte, soweit die Betriebsstätte aktiv i. S. d. Abkommens tätig ist (Art. 24 Abs. 1 Nr. 1a Satz 1). Anwendung findet die Freistellungsmethode auch bei Einkünften aus einer atypisch stillen Beteiligung (vgl. auch C.) an einem in der Schweiz ansässigen Unternehmen, soweit die Schweiz diese Einkünfte nach Art. 7 besteuert (Art. 24 Abs. 1 Nr. 1a Satz 2 DBA D-CH).

2. Einkünfte aus **Dividenden**, die eine in der Schweiz ansässige Gesellschaft an eine in Deutschland ansässige Gesellschaft ausschüttet, sofern letztere an der Schweizer Gesellschaft maßgeblich, d. h. mindestens mit 20 % am Kapital beteiligt ist und die schweizerische Tochtergesellschaft im Wirtschaftsjahr, für das sie die Ausschüttung vorgenommen hat, ihre Erträge aus überwiegend aktiven Tätigkeiten oder als Landes- oder Funktionsholding im Sinne der deutschen Außensteuergesetzgebung (§ 8 Abs. 1. Nr. 1 – 6 AStG bzgl. aktiver Tätigkeit bzw. § 8 Abs. 2 AStG a. F. bzgl. Landes- oder Funktionsholding) bezieht (Art. 24 Abs. 1 Nr. 1b DBA D-CH).[1629]

3. Einkünfte aus einem **freien Beruf** oder **sonstiger selbständiger Tätigkeit**. Die Freistellung erstreckt sich jedoch nicht auf die Einkünfte als Künstler, Sportler oder Artist im Sinne von Art. 17 DBA CH-D. Freizustellen sind jedoch die Einkünfte aus unbeweglichem Vermögen, das der Ausübung des freien Berufes dient, sowie die Gewinne aus der Veräußerung dieses unbeweglichen Vermögens und die Gewinne aus der Veräußerung von beweglichem Vermögen, das zu einer festen Einrichtung eines freiberuflich oder selbständig Erwerbstätigen gehört (Art. 24 Abs. 1 Nr. 1c DBA D-CH).

4. Einkünfte wie Gehälter, Löhne und ähnliche Vergütungen aus **unselbständiger Erwerbstätigkeit** gemäß Art. 15 DBA D-CH, sofern die Arbeit in der Schweiz ausgeübt wird und es sich wiederum nicht um Einkünfte als Künstler, Sportler oder Artisten im Sinne von Art. 17 DBA CH-D handelt (Art. 24 Abs. 1 Nr. 1d DBA D-CH).

Die Freistellung dieser vier Einkunftskategorien erfolgt unter dem sog. Progressionsvorbehalt, d. h. Deutschland wird diese Einkünfte bei der Festsetzung des Steuersatzes miteinbeziehen (Art. 24 Abs. 1 Nr. 1 Satz 2 DBA D-C).

1628 Vgl. Grotherr in Gosch/Kroppen/Grotherr, DBA-Kommentar, Anm. 2 zu Art. 24 DBA D-CH.

1629 Alternativ greift in Deutschland die Regelungen von § 8b KStG, die i. d. R. vorteilhafter als das abkommensrechtliche Schachtelprivileg sind und daher typischer Weise zur Anwendung gelangen.

Die Freistellung gilt auch für die in der Schweiz belegenen Vermögenswerte, wenn die daraus erzielten Einkünfte nach Art. 24 Abs. 1 Nr. 1 Bst. a – c freizustellen sind (Art. 24 Abs. 1 Nr. 1 Satz 3 DBA D-CH).

XVI.1.2. Auslegung von Art. 24 Abs. 1 Nr. 1a Satz 1 DBA D-CH

XVI.1.2.1. Gewinne im Sinne des Artikels 7 aus eigener Tätigkeit einer Betriebsstätte

Nach Art. 24 Abs. 1 Nr. 1a Satz 1 DBA D-CH werden nur Unternehmensgewinne i. S. d. Artikels 7 freigestellt. Diese Norm regelt u. a. auch die Abgrenzung der Gewinne zwischen Mutterhaus und Betriebsstätte.

Unternehmensgewinne aus eigener Tätigkeit der Betriebsstätte sind solche die – auf unsere Fragestellung angewandt – der Schweizer Betriebsstätte zugeordnet werden können. Zu den freizustellenden Schweizer Betriebsstätteneinkünften können auch Dividenden, Zinsen und Lizenzgebühren gehören, sofern die entsprechende Beteiligung, Forderung bzw. die entsprechenden Vermögenswerte oder Rechte tatsächlich zur schweizerischen Betriebsstätte gehören (Betriebsstättenvorbehalt im Sinne von Art. 10 Abs. 5 DBA D-CH betreffend Dividenden, Art. 11 Abs. 3 DBA D-CH betreffend Zinsen und Art. 12 Abs. 3 DBA D-CH betreffend Lizenzgebühren).[1630]

Der Verweis auf Gewinne im Sinne von Art. 7 DBA D-CH hat zur Folge, dass die Freistellung grundsätzlich auch die Einkünfte aus der Beteiligung an einer Schweizer Personengesellschaft im Sinne von Art. 7 Abs. 7 DBA D-CH umfasst, einschließlich der Vergütungen, die ein Gesellschafter einer Personengesellschaft von der Gesellschaft für seine Tätigkeit im Dienst der Gesellschaft, für die Gewährung von Darlehen, die Überlassung von Wirtschaftsgütern oder die eigene Tätigkeit für den Dienst der Gesellschaft bezieht.

PRAXISHINWEIS

Zur Problematik der Auslegung von Art. 7 Abs. 7 S. 2 DBA D-CH in Deutschland und in der Schweiz vgl. B.VII.2.

XVI.1.2.2. Soweit die Gewinne nachweislich durch aktive Tätigkeit erzielt werden

Das Vorhandensein von Gewinnen aus einer schweizerischen Betriebsstätte reicht allein nicht aus, um in Deutschland die Freistellung für diese Einkünfte zu erlangen. Verlangt wird zusätzlich, dass diese Gewinne nachweislich („... soweit diese Gewinne nachweislich durch Herstellung, Bearbeitung,...“) aus einer eigenen aktiven Tätigkeit der Betriebsstätte stammen. Die sog. Aktivitätsklausel von Art. 24 Abs. 1 Nr. 1a Satz 1 DBA D-CH führt folgende Tätigkeiten auf:

- Herstellung, Bearbeitung, Verarbeitung oder Montage von Gegenständen;
- Aufsuchen und Gewinnung von Bodenschätzen;
- Bank- und Versicherungsgeschäfte;
- Handel oder Erbringung von Dienstleistungen unter Teilnahme am allgemeinen wirtschaftlichen Verkehr.

Sofern „passive Einkünfte“ i. S. d. Norm vorliegen, qualifizieren diese nicht für die Anwendung der Freistellungsmethode, d. h. für solche Einkünfte wird die Doppelbesteuerung mittels Anrech-

1630 Vgl. Scherer in Wassermeyer, Doppelbesteuerung, Schweiz, Art. 24, Rz. 56/57.

nungsmethode gemäß Art. 24 Abs. 1 Nr. 2 DBA D-CH vermieden. Daraus folgt, dass der Gewinn der Schweizer Betriebsstätte nach Gewinnanteilen aus aktiven und passiven Tätigkeiten aufzuteilen ist. Aus der Formulierung, soweit die Gewinne der Schweizer Betriebsstätte nachweislich durch aktive Tätigkeiten gemäß Aktivitätsklausel „erzielt" werden, und aus dem Zweck des Aktivitätsvorbehalts, ergibt sich nach herrschender Lehrmeinung, dass diese Fragen nach der sog. funktionalen Betrachtungsweise zu beurteilen sind.[1631] Grundsätzlich handelt es sich bei den aktiven Tätigkeiten im Sinne der Aktivitätsklausel von Art. 24 Abs. 1 Nr. 1a DBA D-CH um eine eigenständige Aufzählung von Tätigkeiten. Sie stimmen jedoch teilweise mit dem Tätigkeitskatalog gemäß § 8 Abs. 1 Nr. 1 – 6 AStG überein. Der BMF-Erlass vom 26. 3. 1975 hält dazu in Tz. 3.1.2.1 fest, dass zum einen die Grundsätze zur Anwendung des AStG herangezogen werden können und zum anderen die in § 8 Abs. 1 Nr. 1 – 6 AStG genannten Tätigkeiten stets als aktive Tätigkeiten im Sinne von Art. 24 Abs. 1 Nr. 1a DBA D-CH anzusehen sind. Maßstab ist hierbei die funktionale Betrachtungsweise.[1632] Somit sind „alle Tätigkeiten einer Betriebsstätte, die einem bestimmten (Unternehmens-) Ziel zu dienen bestimmt sind, einheitlich zu beurteilen". Demzufolge wären bspw. bei Handelsgeschäften anfallende Zinsen aus gestundeten Kaufpreisforderungen den aktiven Handelstätigkeiten zuzuordnen oder das Halten einer Beteiligung an einer Kapitalgesellschaft, die mit ihrem Fertigungsprogramm die Produktionspalette der industriell tätigen Betriebsstätte ergänzt, der aktiven Haupttätigkeit „Herstellung" unterzuordnen.[1633]

PRAXISHINWEIS

Nach abweichender Verwaltungsauffassung, die höchstrichterlich bestätigt wurde, können Dividenden aus Beteiligungen an Kapitalgesellschaften nicht einer eigenen, aktiven Tätigkeit der schweizerischen Betriebsstätte zugeordnet werden.

XVI.1.2.3. Teilnahme am allgemeinen Wirtschaftsverkehr

Die Aktivitätsklausel setzt für die Anwendung der Freistellungsmethode voraus, dass die Gewinne aus aktiven Tätigkeiten „unter Teilnahme am allgemeinen Wirtschaftsverkehr erzielt werden" (Art. 24 Abs. 1 Nr. 1a Satz 1 DBA D-CH). Obwohl aus dem Wortlaut und dem Satzbau der Regelung nicht klar hervorgeht, ob sich das Erfordernis der Teilnahme am allgemeinen Wirtschaftsverkehr nur auf den Handel bzw. die Erbringung von Dienstleistungen bezieht oder auf alle Aktivitäten anzuwenden ist, ist aus dem Sinn und Zweck der Regelung zu schließen, dass mit dieser Vorschrift einer nur formalen Verlagerung von Gewinnen in eine schweizerische Betriebsstätte entgegengewirkt werden soll.[1634] Weil bei Tätigkeiten wie Herstellung, Bearbeitung, Verarbeitung oder Montage von Gegenständen oder dem Aufsuchen oder die Gewinnung von Bodenschätzen die Gefahr einer rein formalen Verlagerung kaum besteht, ist die Teilnahme am wirtschaftlichen Verkehr auch ungeschriebene Tatbestandsvoraussetzung für die Ausübung von Bank- und Versicherungsgeschäften.[1635]

1631 Vgl. Wingert/Strohner in Flick/Wassermeyer/Kempermann, DBA D-CH, Anm. 69 zu Art. 24; Scherer in Debatin/Wassermeyer, Doppelbesteuerung, Schweiz, Art. 24 Rz. 63.

1632 Vgl. Scherer in Wassermeyer, Doppelbesteuerung, Schweiz, Art. 24 Rz. 63/67.

1633 Vgl. Wingert/Strohner in Flick/Wassermeyer/Kempermann, DBA D-CH, Anm. 69 zu Art. 24.

1634 Vgl. Scherer in Wassermeyer, Doppelbesteuerung, Schweiz, Art. 24 Rz. 88/89.

1635 Vgl. Wingert/Strohner in Flick/Wassermeyer/Kempermann, DBA D-CH, Anm. 99 – 101 zu Art. 24.

Inhaltlich entspricht der Begriff der Teilnahme am allgemeinen Wirtschaftsverkehr weitgehend demjenigen der „Beteiligung am allgemeinen wirtschaftlichen Verkehr" im Sinne von § 15 Abs. 2 EStG. Danach wird eine nachhaltige Teilnahme am Leistungs- oder Güteraustausch und eine Tätigkeit verlangt, die nach außen hin in Erscheinung tritt und damit der Allgemeinheit das Vorliegen eines Gewerbes signalisiert.[1636]

Im Rahmen des § 8 Abs. 1 AStG ist für die Teilnahme am allgemeinen Wirtschaftsverkehr erforderlich, „dass sich die Gesellschaft bei den in Betracht stehenden Handelsgeschäften in nicht nur unerheblichem Umfang an eine unbestimmte Anzahl von Personen wendet".[1637] Von praktischer Bedeutung ist diese Fragestellung in Fällen einer ausschließlichen Leistungserbringung der schweizerischen Betriebsstätte innerhalb eines Konzerns. Nach herrschender Meinung ist eine Teilnahme am allgemeinen wirtschaftlichen Verkehr auch dann gegeben, wenn die ausländische Gesellschaft sich nur beim Einkauf oder nur beim Verkauf der Ware an eine unbestimmte Anzahl von Personen wendet. Diese Voraussetzung ist auch dann erfüllt, wenn aufgrund des Gegenstandes der gehandelten Waren der Interessentenkreis sehr klein ist.[1638]

XVI.2. Rechtsprechung des Bundesfinanzhofes zur Aktivitätsklausel

XVI.2.1. Einleitung

Im folgenden Abschnitt werden zwei ausgewählte Urteile des Bundesfinanzhofes dargestellt, die zeigen, welche Anforderungen der BFH in Deutschland an die Aktivitätsklausel, die zur Freistellung der Einkünfte einer Schweizer Betriebsstätte in Deutschland führt, stellt und welche Entwicklung die höchstrichterliche Rechtsprechung in diesem Bereich genommen hat.

XVI.2.2. Lizenzurteil des BFH vom 29. 11. 2000

XVI.2.2.1. Sachverhalt

Die Klägerin[1639] war im Streitjahr 1977 einerseits nur in Deutschland unbeschränkt steuerpflichtig und andererseits sowohl an einer nach schweizerischem Recht mit Sitz und Geschäftsleitung in der Schweiz gegründeten S & Co. als auch an einer deutschen GmbH & Co beteiligt. Beide Personengesellschaften betätigten sich auf dem Gebiet des Herstellens, des Verlegens und des Vertriebs von Druckwerken aller Art sowie des Erwerbs und des Vertriebs von Verlags- und Autorenrechten. Sie hatten untereinander eine Produktions- und Vertriebsvereinbarung abgeschlossen. Danach übernahm die GmbH & Co. KG für die schweizerische S & Co. die Bücherproduktion und den Büchervertrieb. Ihr wurden die Übersetzungs-, Vervielfältigungs- und Vertriebsrechte übertragen. Ihr standen auch die Verkaufserlöse zu. Die S & Co. erhielt als Vergütung 115 % des jeweiligen Autorenhonorars. Außerdem übernahm die S & Co. die Vermittlung von Nebenrechten aus den bei der GmbH & Co. KG liegenden Verlagsrechten auf dem schweizerischen Markt. Dafür erhielt sie eine Provision. Für Bucheinkäufe zur Belieferung des schweizerischen Buchgroßhandels gewährte die GmbH & Co. KG der S & Co. einen Rabatt auf den Einkaufspreis. Ähn-

1636 Vgl. Scherer in Wassermeyer, Doppelbesteuerung, Schweiz Art. 24 Rz. 91.

1637 Vgl. Scherer in Wassermeyer, Doppelbesteuerung, Schweiz, Art. 24 Rz. 92.

1638 Vgl. Scherer in Wassermeyer, Doppelbesteuerung, Schewz, Art. 24 Rz. 92.

1639 Vgl. IStR 2001, S. 185 ff. mit Anmerkungen von Wassermeyer; Locher/Meier/von Siebenthal/Kolb, DBA Schweiz-Deutschland, B 24.1.1 Nr. 37.

liches galt für die Bucheinkäufe der S & Co. bei der GmbH & Co. KG zwecks Belieferung von Buchgemeinschaften.

Strittig war, ob auf den Lizenzgebühren, die von der schweizerischen S & Co. vereinnahmt wurden, die Freistellungs- oder Anrechnungsmethode anzuwenden sei.

XVI.2.2.2. Erwägungen des BFH

Für die Beurteilung der Frage, unter welchen Umständen ein Vermögenswert tatsächlich zu einer (hier Schweizer) Betriebsstätte im abkommensrechtlichen Sinne gehört, ist die funktionale Betrachtungsweise unter Beachtung der zu § 8 AStG entwickelten Grundsätze maßgebend. Lizenzgebühren sind nur dann Unternehmensgewinne i. S. d. Art. 7 DBA D-CH, wenn es sich um Nebenerträge handelt, die nach der Verkehrsauffassung zu der Tätigkeit gehören, bei der das Schwergewicht auf der in der Betriebsstätte ausgeübten Unternehmenstätigkeit liegt. Wassermeyer ist der Ansicht, dass der BFH die funktionale Betrachtungsweise im Ergebnis weit ausdehnt: „Er [der BFH] stellt letztlich auf die tatsächliche Zugehörigkeit eines Vermögenswertes zu der ausländischen [d. h. hier Schweizer] Betriebsstätte i. S. d. Art. 12 Abs. 3 DBA D-CH ab.“[1640]

Der Begriff des Handels i. S. von Art. 24 Abs. 1 Nr. 1a DBA D-CH ist in seinem abkommensrechtlichen Kontext eigenständig auszulegen. Das Gericht bezieht den Ausdruck nicht nur auf den Austausch von Sachen, sondern wendet ihn auch auf den Austausch von Rechten an. Es lehnt es außerdem ab, dem Handelsbegriff nur Vorgänge auf der Absatzseite zuzuordnen, sondern zum Handel können auch Vorgänge auf der Beschaffungsseite gehören. Im Ergebnis kommt der BFH zu dem Schluss, dass der Handel mit Verwertungsrechten zur „klassischen“ Handelstätigkeit eines Verlegers gehört und dies soll gleichermaßen für Produktionslizenzen, für direkt vergebene und für vermittelte Lizenzen gelten.

Bezüglich der Qualifikation von Dienstleistungen eines Verlages gegenüber den jeweiligen Autoren als aktive Tätigkeit i. S. von Art. 24 Abs. 1 Nr. 1a DBA D-CH ist allein ausschlaggebend, dass es sich auch bei den erbrachten Dienstleistungen um ein aktives Tun unter Teilnahme am allgemeinen, wirtschaftlichen Verkehr handelt.

XVI.2.2.3. Würdigung

Der vorliegende Entscheid überzeugt durch eine fundierte und sachgerechte Anwendung der funktionalen Betrachtungsweise.

XVI.2.3. Dividendenurteil

XVI.2.3.1. Sachverhalt

Die in Deutschland wohnhaften unbeschränkt Steuerpflichtigen sind Gesellschafter einer Personengesellschaft schweizerischen Rechts (A-KG) mit Sitz und Geschäftsleitung in der Schweiz.[1641] Die A-KG ist ihrerseits seit 1977 zu 49 % und seit 1981 zu 100 % Aktionärin einer

1640 Vgl. Wassermeyer in IStR 2001, S. 188.

1641 Vgl. BFH v. 7. 8. 2002, BStBl. II 2002, S. 848; IStR 2002 S. 775; Locher/Meier/von Siebenthal/Kolb, DBA Schweiz-Deutschland, B 24.1.1 Nr. 41; Jakob in Locher/Rolli/Spori, Festschrift Ryser, S. 211 ff. Im nicht veröffentlichten vorangehenden Gerichtsbescheid v. 30. 1. 2002 kam der BFH zum gegenteiligen Entscheid und bejahte die Steuerfreistellung von Dividenden als aktive Betriebsstätteneinkünfte nach Art. 24 Abs. 1 Nr. 1a DBA D-CH.

vor 1977 gegründeten und ebenfalls in der Schweiz ansässigen Schweizer Aktiengesellschaft (B-AG). Während die B-AG zunächst unverändert vom Gründer geleitet wurde, wurde sie seit 1986 vollständig in Personalunion mit der A-KG geführt. Beide Gesellschaften sind im Verlagsgeschäft tätig und ergänzten sich u. a. deshalb, weil die A-KG in der Produktion und im Vertrieb von Verlagswerken tätig ist und hierfür auf die Lizenznahme entsprechender Verlagsrechte angewiesen ist, was ihr durch die B-AG, die ihrerseits Verlagswerke vertreibt und über Verlagsrechte verfügt, ermöglicht wird.

EXKURS: Dividenden als steuerbefreite aktive Betriebsstätten-Einkünfte (Art. 24 Abs. 1 Nr. 1a DBA D/CH)

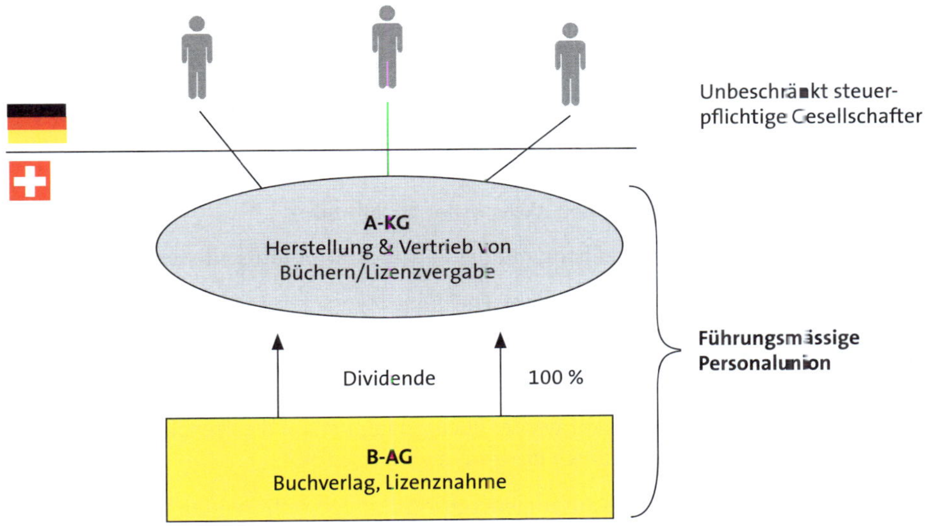

Das Finanzamt bezog die von der B-AG an die A-KG im Streitjahr 1989 ausgeschüttete Dividende in die Besteuerung der in Deutschland wohnhaften Gesellschafter der A-KG ein. Die Erträge seien passiver Natur und nicht in Deutschland gemäß Art. 24 Abs. 1 Nr. 1a Satz 1 des DBA D-CH steuerbefreit. Die Gesellschafter der A-KG sahen die Voraussetzungen für eine Freistellung dieser Dividendeneinkünfte als erfüllt an.

XVI.2.3.2. Entscheid der Vorinstanz

Das Finanzgericht bejahte die Anwendung des Art. 10 Abs. 5 DBA D-CH. Nach höchstrichterlicher Rechtsprechung sei geklärt, dass es insoweit auf die tatsächliche Zugehörigkeit und in diesem Zusammenhang auf die funktionale Betrachtungsweise ankomme. Maßgebend sei, wo nach allgemeiner Verkehrsauffassung das wirtschaftliche Schwergewicht liege. Dass Beteiligungserträge, wie das Finanzamt meinte, „genuin" passive Einkünfte seien, sei nur insoweit richtig, als es um reine Finanzerträge gehe. Sichere die Beteiligung dagegen den Bestand der Betriebsstätte, dann gehörten die Dividendenerträge auch zu den „genuin" aktiven Einkünften, und so verhalte es sich im vorliegenden Streitfall.

XVI.2.3.3. Erwägungen des BFH im nicht veröffentlichten Gerichtsbescheid vom 30. 1. 2002

Der BFH hielt fest, dass die Dividendeneinkünfte, die die A-KG aufgrund ihrer Beteiligung an der B-AG vereinnahmt hat, aus abkommensrechtlicher Sicht der Regelung in Art. 7 DBA D-CH unterliegen. Bezüglich der Einkünfte, die in einem anderen Artikel des DBA behandelt werden, ist vorrangig der jeweils einschlägige andere Artikel anzuwenden. Bei Dividenden aus Kapitalbeteiligungen ist dies an sich der Fall, sie würden zu den Einkünften gemäß Art. 10 DBA D-CH gehören. „Dessen Abs. 5 enthält jedoch eine Rückweisung zur Anwendung von Art. 7 DBA D-CH, die auch im Rahmen von Art. 24 Abs. 1 Nr. 1a Satz 1 DBA D-CH beachtlich ist.“[1642] „Voraussetzung für die Rückweisung ist, dass der Dividendenempfänger in dem einen und die zahlende Gesellschaft in dem anderen Vertragsstaat ansässig ist und dass die die Dividende auslösende Beteiligung tatsächlich zu einer Betriebsstätte gehört, die der Dividendenempfänger im Ansässigkeitsstaat hat. Diese Situation liege im Streitfall vor. Insbesondere gehörte die Kapitalbeteiligung „tatsächlich“ zu der in der Schweiz befindlichen Betriebsstätte“.[1643]

Nach der Rechtsprechung des Senats gehört ein Wirtschaftsgut jedenfalls dann „tatsächlich“ zu einer Betriebsstätte, wenn es

1. aus der Sicht der Betriebsstätte einen Aktivposten bildet und
2. in einem funktionalen Zusammenhang mit der Betriebsstättentätigkeit steht.

Das Gericht kam zu dem Schluss, dass im entscheidungsrelevanten Fall beide Voraussetzungen erfüllt seien: „Die Beteiligung der A-KG an der B-AG steht in einem unmittelbaren, funktionalen Zusammenhang mit der aktiven Tätigkeit der A-KG. Denn die B-AG als Beteiligungsunternehmen trug maßgeblich zu den Einkünften bei, die die A-KG aus ihrem eigentlichen Unternehmensgegenstand erzielte. Die A-KG war bei der Buchproduktion auf die lizenzweise Überlassung der entsprechenden Urheberrechte durch die B-AG angewiesen.“[1644]

Nachdem sich der BFH mit der Frage auseinandergesetzt hat, ob nicht nur die Beteiligung selbst, sondern auch die daraus fließenden Dividenden der aktiven Betätigung zugeordnet werden können, kommt er zu einem eindeutigen Schluss: Nach Auffassung des BFH ist zu vermuten, dass die Dividenden im Regelfall nicht losgelöst von der Beteiligung stehen, vielmehr deren tatsächliche, funktionale Zuordnung teilen, vorausgesetzt der Beteiligung kommt nicht ein erkennbarer, passiver Anlagecharakter zu.[1645] Angesichts der festgestellten, tatsächlichen Zuordnung der Beteiligung an der B-AG zur schweizerischen Betriebsstätte der A-KG „steht die Beteiligung in funktionalem Zusammenhang mit der einschlägigen aktiven Betätigung der A-KG i. S. von Art. 24 Abs. 1 Nr. 1a Satz 1 DBA D-CH und stellen sich die Beteiligungserträge in ebenfalls funktionaler Hinsicht als Nebenerträge dieser aktiven Betriebsstättentätigkeit dar.“[1646]

1642 Vgl. Nicht veröffentlichter BFH-Gerichtsentscheid v. 30. 1. 2002, Erwägung 2c mit Hinweisen auf Scherer in Wassermeyer, Doppelbesteuerung, Schweiz Art. 24 Rz. 56; Wingert/Strohner in Flick/Wassermeyer/Kempermann, DBA D-CH, Anm. 65 zu Art. 24 und weitere Quellen.

1643 Vgl. Nicht veröffentlichter BFH-Gerichtsentscheid v. 30. 1. 2002, Erwägung 2c.

1644 Vgl. Nicht veröffentlichter BFH-Gerichtsentscheid v. 30. 1. 2002, Erwägung 2c.

1645 Vgl. Nicht veröffentlichter BFH-Gerichtsentscheid v. 30. 1. 2002, Erwägung 2. d) bb) mit Hinweisen auf Wingert/Strohner in Flick/Wassermeyer/Kempermann, DBA D-CH, Anm. 69 zu Art. 24, Grotherr in Gosch/Kroppen/Grotherr, DBA-Kommentar, Anm. 4 zu Art. 24 DBA D-CH. Der BFH bestätigte, dass im vorliegenden Fall nichts ersichtlich sei und auch nichts geltend gemacht wurde, was dafür spreche, dass aus der Sicht der A-KG ihrer Beteiligung an der B-AG ein rein passiver Anlagecharakter zukäme.

1646 Vgl. Nicht veröffentlichter BFH-Gerichtsentscheid v. 30. 1. 2002, Erwägung 2. d) cc).

XVI.2.3.4. Erwägungen des BFH im veröffentlichten Urteil vom 7. 8. 2002

Der BFH[1647] bestätigt, dass Art. 24 Abs. 1 Nr. 1a Satz 1 DBA D-CH Gewinne aus eigener Tätigkeit einer schweizerischen Betriebsstätte von der deutschen Steuer freistellt, „soweit diese Gewinne nachweislich durch bestimmte – in der Vorschrift aufgeführte – Tätigkeitsformen erzielt werden".[1648] Nach Ansicht des BFH führt dies jedoch nicht zum Ziel, d. h. zur Freistellung der Dividenden der B-AG von der deutschen Steuer, „weil sich die Dividendeneinkünfte jedenfalls nicht den in Art. 24 Abs. 1 Nr. 1a Satz 1 DBA D-CH aufgelisteten, aktiven Tätigkeitserfordernissen zuordnen lassen. Sie teilen nicht die danach festgestellte, tatsächliche funktionale Zuordnung der Beteiligung, sondern sind hiervon als eigenständige, passive Einkünfte zu unterscheiden, die keiner der aufgeführten, aktiven Betätigungen unterfallen. Die diesen Betätigungen zuzuordnende Beteiligung tritt insoweit lediglich als Quelle passiver Einkünfte in Erscheinung."[1649]

XVI.2.3.5. Würdigung

Die Kehrtwendung des BFH überrascht insofern, als die im Lizenzurteil vom 29. 11. 2000 und die im nicht veröffentlichten Gerichtsbescheid vom 30. 1. 2002 gemachten, ausführlichen Erwägungen, die sich ausgeprägt auf die Kriterien des tatsächlichen, funktionalen Zusammenhanges und der tatsächlichen Zugehörigkeit eines Vermögenswertes zur schweizerischen Betriebsstätte abstützten, in denjenigen des veröffentlichten Dividendenurteils vom 7. 8. 2002 kaum mehr enthalten sind. Man kann sich den Eindruck nicht verwehren, dass im veröffentlichten Entscheid des BFH der Verzicht auf eine eigenständige Auslegung der Aktivitätsklausel Oberwasser gewonnen hat, während die anders lautenden, neueren Lehrmeinungen von Wingert/Strohner[1650] und Scherer[1651] sich nicht durchsetzten. Es bleibt die Hoffnung, dass BFH und Finanzgerichte in zukünftigen Entscheiden diese Position nochmals überdenken werden.

XVI.2.4. Ergebnis

Lehre und Rechtsprechung betonen übereinstimmend, dass hohe Anforderungen an die Aktivitätsklausel gemäß Art. 24 Abs. 1 Nr. 1a DBA D-CH zu stellen sind, führt diese doch zur Freistellung der in der Schweiz steuerpflichtigen Betriebsstätteneinkünfte für einen in Deutschland ansässigen Steuerpflichtigen.

Erforderlich ist, dass die Gewinne nachweislich durch aktive Tätigkeit unter Teilnahme am allgemeinen Wirtschaftsverkehr erzielt werden. Liegt eine solche aktive Tätigkeit nicht vor, besteht kein Raum für die Anwendung der Freistellungsmethode. Die Doppelbesteuerung ist in diesen Fällen durch Anrechnung der Schweizer Steuern auf die in Deutschland geschuldeten Steuern

---

1647 Ferner entschied der BFH, dass die Dividendenausschüttung der schweizerischen B-AG an die A-KG bzw. an deren Gesellschafter nach Ansicht des BFH kein Anwendungsfall von Art. 24 Abs. 1 Nr. 1b DBA D-CH sei, da die strittigen Dividenden nicht an eine „Gesellschaft" i. S. d. DBA D-CH ausgeschüttet worden sind. „Unter diesen Begriff fallen nämlich nur juristische Personen und Rechtsträger, die für die Besteuerung wie juristische Personen behandelt werden (Art. 3 Abs. 1e DBA D-CH); diese Voraussetzungen erfüllen weder die Kläger (Gesellschafter der A-KG, der Verfasser) noch die A-KG." Vgl. BFH v. 7. 8. 2002, BStBl. II 2002, S. 848, Erwägung 2. d) aa).

1648 Vgl. BFH v. 7. 8. 2002, BStBl. II 2002, S. 848, Erwägung 2. d) bb).

1649 Vgl. BFH v. 7. 8. 2002, BStBl. II 2002, S. 848, Erwägung 2. d) bb) mit weiteren Hinweisen auf Rechtsprechung und Lehre.

1650 Vgl. Wingert/Strohner in Flick/Wassermeyer/Kempermann, DBA D-CH, Anm. 69 zu Art. 24.

1651 Vgl. Scherer in Wassermeyer, Doppelbesteuerung, Schweiz Art. 24 Rz. 63.

zu beseitigen. Im gleichen Sinne entschied der BFH im Urteil vom 1. 4. 2003[1652] betreffend Währungsgewinnen und Schadenersatzleistungen, die an eine deutsch beherrschte Schweizer Gesellschaft bezahlt wurden. Diese Zahlungen standen im Zusammenhang mit einer schiedsgerichtlichen Auflösung einer Vertragsbeziehung zum Bau eines Schiffes durch eine polnische Werft. Diese Werft kam alsdann in wirtschaftliche Schwierigkeiten und die Vertragsbeziehung mit der Werft wurde ohne Fertigstellung des Schiffes aufgelöst. Aufgrund der Tatsache, dass es gar nie zum Betrieb des Seeschiffes gekommen war, wurden die Einkünfte aus Währungsschwankungen und Schadenersatzleistungen nicht als Einkünfte aus einer aktiven Dienstleistung – hier Ausüben einer Transportleistung – im Sinne von Art. 24 Abs. 1 Nr. 1a DBA D-CH beurteilt, sondern als passive Einkünfte aus der Verwaltung des eigenen Vermögens.[1653]

Die von den maßgeblichen Kommentatoren postulierte, funktionale Betrachtungsweise hat den Vorteil, dass sie zu sachgerechten Lösungen führt und auch in komplexen Fällen angewendet werden kann. Dies geht aus dem dargestellten Lizenzurteil und aus dem nicht veröffentlichten Gerichtsbescheid zum Dividendenurteil klar hervor. Leider genießt diese Betrachtungsweise derzeit nicht die Gunst des BFH. In der Hoffnung, dass sich dies in Zukunft wieder ändern wird, wäre zumindest für Dividenden-, Lizenz- und Zinseinkünfte im Sinne von Art. 10 Abs. 5, Art. 12 Abs. 3 und Art. 11. Abs. 3 DBA D-CH, d. h. für Einkünfte, für die eine Zuordnung zum Unternehmensgewinn der Schweizer Betriebsstätte abkommensrechtlich zulässig ist, zu fordern, dass diese Einkünfte primär nach funktionalen Zuordnungsgesichtspunkten beurteilt werden.

XVII. Art. 25 DBA D-CH: Diskriminierungsklausel

Art. 25 entspricht im Wesentlichen dem OECD Musterabkommen. Durch die neuere BFH-Rechtsprechung gewinnt die Diskriminierungsklausel immer mehr an praktischer Relevanz.

PRAXISHINWEIS

Nach dem BFH-Urteil vom 8. 9. 2010 (IR 6/09) ist etwa die Umqualifizierung von Zinsen in eine verdeckte Gewinnausschüttung (vGA) nach dem deutschen Körperschaftsteuergesetz (§ 8a Abs. 1 Satz 1 Nr. 2 KStG a. F.) nicht mit dem Diskriminierungsverbot DBA D-CH 1971/1992 vereinbar.

Hintergrund: In dem Urteil hatte der BFH zu entscheiden, ob Zinszahlungen für ein Darlehen eines alleinigen Aktionärs an eine statuarisch in der Schweiz ansässige Aktiengesellschaft bei vorübergehender Geschäftsleitung in Deutschland dem Gewinn der Gesellschaft als vGA außerbilanziell hinzuzurechnen sind. Der BFH sieht in der Hinzurechnung einen Verstoß gegen das Diskriminierungsverbot des Art. 25 DBA D-CH. Entscheidend ist, dass nicht nur von der fehlenden Anrechnungsberechtigung, sondern auch von der fehlenden Veranlagungsmöglichkeit vorrangig im anderen Vertragsstaat ansässige Anteilseigner betroffen sind. Gleichzeitig muss dadurch im Ergebnis eine diskriminierende Ungleichbehandlung von Kapitalgesellschaften mit in- und ausländischen Anteilseignern eintreten, was nach Ansicht des BFH der Fall war.

Die Gleichbehandlungsgrundsätze in Art. 25 wurden i. R. d. DBA-Teilrevision 2010 mit Wirkung ab 1. 1. 2012 (vgl. B.II.2.) neu um einen Absatz 3 erweitert. Insofern wurde – wohl auch als Vorsicht vor einer möglichen Anwendung des deutschen Steuerhinterziehungsbekämpfungsgesetzes, das derzeit jedoch keine Anwendung findet – Art. 24 Abs. 4 OECD-MA in das DBA D-CH übernommen. Hiernach sollen Zinsen, Lizenzen und andere Entgelte, die ein Unternehmen eines Vertragsstaats an eine im anderen Vertragsstaat ansässige Unternehmung zahlt, steuerlich

1652 Vgl. BFH v. 1. 4. 2003, BStBl. II 2003, S. 875.

1653 Vgl. BFH v. 1. 4. 2003 Erwägung 2. a).

analog behandelt werden wie entsprechende Zahlungen nur innerhalb eines Vertragsstaates. Anders ausgedrückt soll der Aufwand für solche Leistungen aus dem anderen Vertragsstaat in gleicher Weise zum steuerlichen Abzug zugelassen werden, wie wenn der Leistungserbringer im Sitzstaat des Leistungsempfängers ansässig wäre. Gleiches soll für Schulden gelten.

XVIII. Art. 26 DBA D-CH: Verständigungs- und Konsultationsvereinbarungen sowie Schiedsverfahren

XVIII.1. Verständigungs- und Konsultationsvereinbarungen

Das Verständigungsverfahren sieht vor, dass sich die zuständigen Behörden der beiden Vertragsstaaten über die Vermeidung der Doppel- bzw. Mehrfachbesteuerung in Einzelfällen verständigen und Auslegungs- oder Anwendungsschwierigkeiten in gegenseitigem Einvernehmen beseitigen können:

1. Art. 26 Abs. 1 und Abs. 2 DBA D-CH sehen dabei die **Verständigung** in einem konkreten Sachverhalt vor (**Verständigungsvereinbarung**). D. h. das Verständigungsverfahren muss von einer betroffenen Person (i. d. R. Steuerpflichtiger) beantragt werden.
2. Art. 26 Abs. 3 DBA D-CH sieht die **Konsultation** beider Vertragsstaaten vor, ohne dass ein konkreter Antrag eines Steuerpflichtigen gestellt werden muss (**Konsultationsvereinbarung**). Vielmehr können abstrakte Sachverhalte, die es im Sinne einer einvernehmlichen Lösung der beiden Vertragsstaaten zu regeln gilt, Gegenstand der Konsultationen sein.

Um ein Verständigungsverfahren beantragen zu können, bedarf es folgender Voraussetzungen:

Ansässigkeit:	D. h. es muss eine Person vorliegen, die zumindest in einem der beiden Vertragsstaaten Deutschland oder der Schweiz ansässig, d. h. unbeschränkt steuerpflichtig ist;
Antragsbefugnis:	D. h. die Person muss darlegen, dass eine Besteuerung vorliegt, die dem DBA widerspricht;
Antrag:	Es besteht keine besondere Formvorschrift. Zur Klarstellung sollte der Antrag aber enthalten: Namen, Wohnsitz, Steuernummer, Bezeichnung des örtlich zuständigen Finanzamtes, detaillierte Sachverhaltsdarstellung, Darstellung des Rechtsproblems, Antrag und ausdrückliche Berufung auf das Verständigungsverfahren.

PRAXISHINWEIS

In diesem Zusammenhang ist auch die Fragestellung, ob und wann eine Verständigungsvereinbarung bzw. die neue Konsultationsvereinbarungsverordnung die Steuerpflichtigen oder die Gerichte binden, von größter Praxisrelevanz. Da es eine Reihe von Verständigungs- bzw. Konsultationsvereinbarungen gibt, die nicht im Einklang mit dem DBA-Wortlaut stehen, können im Einzelfall die Ausführungen unter B.III. wichtig sein.

Eine Neuerung brachte die DBA-Teilrevision 2002. Durch die Neufassung des Missbrauchsartikels 23 DBA D-CH (Vgl. B.XV.) könnte durch die Anwendung der nationalen Missbrauchsvorschriften eine Doppelbesteuerung entstehen. In entsprechenden Fällen soll diese durch Konsultationen beider Vertragsstaaten vermieden werden (Art. 23 Abs. 2 DBA D-CH).

Das Verständigungsverfahren hat einen elementaren Nachteil: Es enthält keine Verpflichtung für beide Vertragsstaaten, eine Verständigungslösung herbeizuführen. Vielmehr steht im Vordergrund dieser Regelung ausschließlich „ein sich Bemühen" („Soll-Vorschrift"). Hier schafft das neue Schiedsverfahren Abhilfe (vgl. nachfolgend).

PRAXISHINWEIS

Der BFH war der Auffassung, dass Aufwendungen im Zusammenhang mit einem Verständigungsverfahren eines in Deutschland beschränkt Steuerpflichtigen hinsichtlich des Besteuerungsrechts aus einer Veräußerung einer GmbH-Beteiligung keine Veräußerungskosten im Sinne von § 17 Abs. 2 EStG darstellen.[1654]

XVIII.2. Schiedsverfahren

Mit der DBA-Teilrevision 2010 (vgl. B.II.2.) wurde die Verständigungsklausel in Art. 26 DBA D-CH um ein Schiedsverfahren (durch Erweiterung von Art. 26 DBA D-CH um die Absätze 5, 6 und 7) erweitert. Die beiden Vertragsstaaten werden hierdurch zukünftig verpflichtet, eine Einigung zu finden. Das Schiedsverfahren kann auf Verlangen des Steuerpflichtigen eingeleitet werden, wenn durch ein Verständigungsverfahren innerhalb von drei Jahren keine Lösung gefunden wurde und wenn folgende Voraussetzungen erfüllt sind:

1. Zumindest in einem der beiden Staaten im Streitjahr mindestens eine Steuererklärung abgegeben oder ein Steuerabzug vorgenommen wurde;
2. Die zuständigen Behörden nicht vor dem Zeitpunkt, in dem das Schiedsverfahren anderenfalls begonnen hätte, übereinkommen, dass der konkrete Fall nicht für ein Schiedsverfahren geeignet ist;
3. Die Betroffenen vorab zustimmen, keine Informationen – mit Ausnahme der Schiedsentscheidung – an Dritte weiterzugeben.

Die Erfüllung der ersten und der dritten Voraussetzung wird in den meisten Fällen unproblematisch sein. Nach Auffassung der Autoren gilt dies auch für die zweite Voraussetzung. Nur wenn beide Staaten gemeinsam zum Ergebnis gelangen, dass der Fall nicht für das Schiedsverfahren geeignet sei, würde dieses nicht eingeleitet. Diese Übereinkunft sollte regelmäßig auf Sachverhalte beschränkt sein, in denen der Steuerpflichtige durch missbräuchliche Strukturen ungerechtfertigte Steuervorteile in beiden Ländern erzielen möchte, bzw. beide Länder auch gegeneinander auszuspielen versucht.

Die zuständigen Behörden der beiden Vertragsstaaten regeln die weiteren Einzelheiten des Schiedsverfahrens (Art. 26 Abs. 7 DBA D-CH).[1655] Das neu vereinbarte Schiedsverfahren soll sich hierbei grundsätzlich an der zwischen den USA und der Schweiz vereinbarte Regelung orientieren. Hiernach wird jeder Vertragsstaat der Schiedsstelle einen Lösungsvorschlag unterbreiten. Sobald ein Lösungsvorschlag unterbreitet ist, soll dieser wohl nicht mehr überarbeitet werden dürfen. Die Schiedsstelle wird sich dann für einen der beiden Vorschläge entscheiden (sog. Baseball-Arbitration), ein Kompromiss aus beiden Lösungsvorschlägen ist dagegen nicht vorgesehen. Somit wird einer der beiden Vertragsstaaten obsiegen, der andere unterliegen.

1654 Vgl. BFH v. 9. 10. 2013 IX R 25/12, BStBl II 2014, S. 102 ff.
1655 Veröffentlichung war für den Herbst / Winter 2014 erwartet, steht aber noch aus.

Es ist davon auszugehen, dass bereits alleine durch die Einführung der Schiedsklausel der Druck auf beide Vertragsstaaten gewachsen ist, sich noch im Verständigungsverfahren zu einigen. Allerdings haben die beiden Vertragsstaaten hierfür drei Jahre Zeit. Das OECD-MA gibt den Vertragsstaaten nur eine zweijährige Zeitspanne, was für die betroffenen Steuerpflichtigen vorteilhafter ist. Beide Vertragsstaaten hätten sich an dieser kürzeren Zeitspanne orientieren sollen.

PRAXISHINWEIS

Das Verständigungsverfahren steht den betroffenen Steuerpflichtigen grundsätzlich neben dem nationalen Rechtsweg offen. D. h. es ist nicht von der Erschöpfung des nationalen Rechtsweges abhängig. Es ist daher auch zu empfehlen, parallel zum Schiedsverfahren den nationalen Rechtsweg einzuleiten.

Die Entscheidung der Schiedsstelle gilt als Beilegung durch Verständigung. Sie ist bindend, es sei denn, dass eine betroffene Person sie nicht anerkennt (Art. 26 Abs. 6e DBA D-CH), bspw. weil der nationale Rechtsweg weiter bestritten werden soll.

PRAXISHINWEIS

Die Einführung der umfassenden Schiedsklausel hilft den Steuerpflichtigen. Zukünftig sollte eine Mehrfachbesteuerung ausgeschlossen sein. Die Einführung der Schiedsklausel ist somit ein wichtiger Schritt, der die Rechts- und Planungssicherheit verbessert.

XIX. Art. 27 DBA D-CH: Amtshilfeklausel/Informationsaustausch

XIX.1. Allgemeines

Am 12.12.2012 ließ die Opposition in Deutschland im Vermittlungsausschuss das Steuerabkommen zwischen Deutschland und der Schweiz scheitern. Damit ist zwischen den Nachbarstaaten Deutschland und der Schweiz ein wichtiges Element des Steuerabkommens weiterhin ungelöst – die Nachversteuerung unversteuerter Vermögenswerte in der Vergangenheit.

PRAXISHINWEIS

Der Verfassungsgerichtshof Rheinland-Pfalz hat am 24. 2. 2014 entschieden, dass Informationen, die auf einer von einer deutschen Behörde angekauften Daten-CD enthalten sind, verwertet werden dürfen (Az. VGH B 26/13). Dieses Urteil steht insofern im Einklang mit dem Urteil des Bundesverfassungsgerichtes vom 9. 11. 2010 (Az. 2 BvR <2101/09).

Allerdings könnten nach dem Urteil des Verfassungsgerichtshofs Rheinland-Pfalz die verfassungsrechtlichen Grenzen etwa dann überschritten werden, wenn die Personen, die die CDs verkaufen, zum „verlängerten Arm" der deutschen Behörden werden. Der Verfassungsgerichtshof macht damit deutlich, dass es für den Ankauf von Informationen (CD) Grenzen gibt. Selbst wenn die rechtlichen Grenzen nicht überschritten sein sollen, stellt sich allerdings auch die ethische und moralische Frage, ob ein Staat Hehlertum faktisch unterstützen soll bzw. darf.

Angesichts dieser Ausgangslage sind in der Beratung verschiedene Entwicklungen rund um den Informationsaustausch im Auge zu behalten, zumal der Druck auf den Bankenplatz Schweiz weiter steigt. So stellt auch der am 17. 7. 2013 neu eingeführte OECD-Standard von Gruppenanfragen nur eine Zwischenetappe dar. Vor allem seitens der G20 und der EU wurde die Einführung des automatischen Informationsaustausches (AIA) forciert und beschlossen. Auch die Schweiz wird sich diesem OECD-Standard ab 2017 (erste Meldung 09/2018) anschließen.[1656]

1656 Zur Thematik Steuerdelikte als Vortat zur Geldwäscherei in der Schweiz vgl. ausführlich Waldburger/Fuchs, FStR 2014, S. 111 ff.

Die rasanten Entwicklungen der letzten Jahre werden aus der folgenden Grafik ersichtlich:

Druck auf Steuertransparenz steigt weiter an – der Weg zum AIA

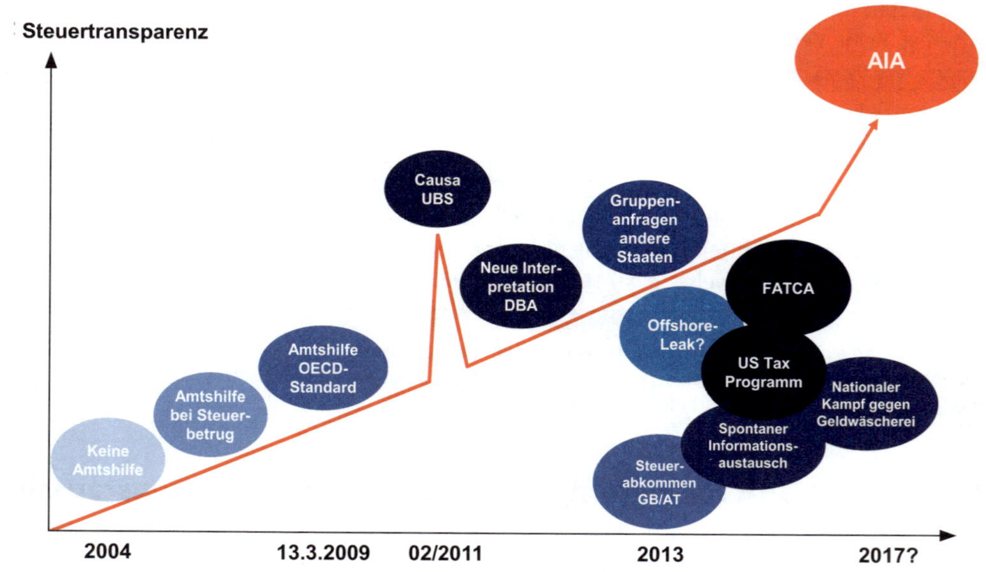

XIX.2. 2004 – 2010: Amtshilfeklausel bei Betrugsdelikten

Bis 31.12.2003 galt der Informationsaustausch zwischen den beiden Vertragsstaaten Deutschland-Schweiz ausschließlich hinsichtlich der richtigen Anwendung des DBA (sog. „kleine Amtshilfeklausel"). Mit der DBA-Teilrevision 2002 wurde die Amtshilfe seit 1.1.2004 auch auf die Durchsetzung des innerstaatlichen Rechts bei Betrugsdelikten ermöglicht. Hierzu wurde in Art. 27 Abs. 1b DBA D-CH a. F. folgendes bestimmt:

> „Amtshilfe wird auch zur Durchführung des innerstaatlichen Rechts bei Betrugsdelikten gewährt. Die Vertragsstaaten werden in ihrem innerstaatlichen Recht die zur Durchführung dieser Bestimmungen erforderlichen Maßnahmen ergreifen."

Im Protokoll vom 7.12.2001 zur DBA-Teilrevision wurde klargestellt, dass ein Betrugsdelikt ein betrügerisches Verhalten darstellt, welches nach dem Recht beider Staaten als Steuervergehen gilt und mit einer Freiheitsstrafe geahndet wird. Amtshilfe kann somit von der Schweiz nur gewährt werden, wenn die Tat (auch) nach schweizerischem Recht einen mit Freiheitsstrafe bedrohten Steuerbetrug darstellen würde. Die Androhung einer Freiheitsstrafe findet sich in der Schweiz beim Steuerbetrug gemäß den Art. 186 DBG bzw. Art. 59 StHG nachgebildeten kantonalen Normen sowie beim Abgabebetrug gemäß dem Art. 14 Abs. 2 des Bundesgesetzes über das Verwaltungsstrafrecht (VStrR).[1657]

1657 Vgl. Waldburger, Heutige und zukünftige Praxis der internationalen Amts- und Rechtshilfe im Steuerbereich, in: Nobel (Hrsg.), Aktuelle Rechtsprobleme des Finanz- und Börsenplatzes Schweiz, Bern 2004.

Steuerbetrug: Art. 186 Abs. 1 DBG bestimmt, dass ein Steuerbetrug dann vorliegt, wenn zum Zwecke einer Steuerhinterziehung zusätzlich gefälschte, verfälschte oder inhaltlich unwahre Urkunden (Geschäftsbücher, Bilanzen, GuV, Lohnausweise)[1658] etc. verwendet werden.

Abgabebetrug: Ein Abgabebetrug liegt vor, wenn der Täter durch sein arglistiges Verhalten bewirkt, dass dem Gemeinwesen unrechtmäßig und in erheblichem Ausmaß eine Abgabe vorenthalten wird. Entsprechend geht der Tatbestand des Steuerbetruges weiter, da dieser gefälschte, verfälschte oder inhaltlich unwahre Urkunden voraussetzt, während beim Abgabebetrug das arglistige Bewirken einer Steuerverkürzung ausreicht.

Als wichtigster Unterschied zur Qualifikation in Deutschland wird dagegen in der Schweiz die „bloße" Steuerhinterziehung (Art. 175 Abs. 1 DBG) – anders als in Deutschland (§ 370 Abs. 1 AO) – nicht mit Freiheitsstrafe geahndet und somit auch nicht von der erweiterten Amtshilfeklausel abgedeckt.

Bei Geschäftsgeheimnissen wurde die Auskunftserteilung auf Basis von Art. 27 DBA D-CH untersagt: „Auskünfte, die irgendein Handels- oder Geschäfts-, gewerbliches oder Berufsgeheimnis oder ein Geschäftsverfahren offenbaren würden, dürfen nicht ausgetauscht werden" (vgl. Art. 27 Abs. 1 Satz 4 DBA D-CH a. F.). Bei Betrugsdelikten steht das Bankgeheimnis der Auskunftserteilung jedoch nicht entgegen.[1659] Hierzu wurde in der damaligen Fassung von Art. 27 Abs. 1 DBA D-CH a. F. Satz 5 eingefügt.

XIX.3. EU Betrugsbekämpfungsabkommen

Flankierend zum Informationsaustausch bei Betrugsdelikten wurde am 26. 10. 2004 in Luxemburg das sog. Betrugsbekämpfungsabkommen[1660] unterzeichnet. Hiernach gewährt die Schweiz im Bereich der indirekten Steuern (Zollabgaben, Mehrwertsteuern, Verbrauchssteuern usw.) gegenüber der EU und ihren Mitgliedstaaten im Rahmen der Amts- und Rechtshilfe die gleichen Rechtsinstrumente, die auch in einem schweizerischen Verfahren zur Anwendung kommen (Inländerbehandlung).

Damit wird im Bereich der indirekten Steuern die Amts- und Rechtshilfe, gestützt auf das Betrugsbekämpfungsabkommen, auf schwere Hinterziehungsdelikte (verkürzter Betrag übersteigt EUR 25'000 bzw. Wert der unerlaubt ausgeführten Ware übersteigt EUR 100 000) ausgedehnt, d. h. im Bereich der indirekten Steuern gibt es einen Informationsaustausch auch bereits bei Steuerhinterziehung im Verhältnis Deutschland-Schweiz schon seit dem 9. 4. 2009.

1658 Entspricht der deutschen Lohnsteuerkarte bzw. besonderen Lohnsteuerbescheinigung.

1659 Vgl. B.XIX.3.

1660 Abkommen über die Zusammenarbeit zwischen der Schweizerischen Eidgenossenschaft einerseits und der Europäischen Gemeinschaft und ihren Mitgliedstaaten andererseits zur Bekämpfung von Betrug und sonstigen rechtswidrigen Handlungen, die ihre finanziellen Interessen beeinträchtigen v. 26. 10. 2004.

Nachfolgend eine Übersicht, mit welchen Ländern die Schweiz das EU-Betrugsbekämpfungsabkommen bereits anwendbar ist:

Mitgliedstaat	Ratifikation	Vorläufig anwendbar seit:
Belgien	2. 6. 2008	28. 9. 2011
Bulgarien	13. 10. 2008	8. 4. 2009
Dänemark	8. 11. 2006	
Deutschland	29. 9. 2008	9. 4. 2009
Europäische Union	19. 12. 2008	8. 4. 2009
Estland	3. 3. 2005	6. 1. 2011
Finnland	15. 1. 2009	15. 4. 2009
Frankreich	12. 4. 2007	8. 4. 2009
Griechenland		
Irland		
Italien	20. 4. 2010	
Lettland	9. 6. 2005	
Litauen	16. 2. 2007	
Luxemburg	29. 1. 2009	
Malta	14. 5. 2008	
Österreich	23. 6. 2006	
Niederlande	21. 12. 2009	21. 3. 2010
Polen	6. 9. 2006	8. 4. 2009
Portugal	11. 6. 2008	19. 1. 2010
Rumänien	3. 4. 2008	8. 4. 2009
Schweden	29. 5. 2008	8. 4. 2009
Schweiz	23. 10. 2008	8. 4. 2009
Slowakei	4. 5. 2007	22. 4. 2012
Slowenien	21. 12. 2005	
Spanien	16. 11. 2007	
Tschechische Republik	25. 7. 2006	
Ungarn	31. 3. 2006	
Vereinigtes Königreich	27. 4. 2006	20. 4. 2009
Zypern	25. 1. 2008	

XIX.4. Seit 1. 1. 2011: Große Amtshilfeklausel gemäß DBA-Teilrevision 2010

Obwohl sich die Schweiz Jahrzehnte gegen den Informationsaustausch gemäß Art. 26 OECD-MA gewehrt hatte, war es angesichts der Entwicklungen der letzten Jahre keine Überraschung mehr, dass der Schweizer Bundesrat am Freitag 13. 3. 2009 den Widerstand aufgab und beschloss, den OECD-Standard bei Auskunftsersuchen gemäß Art. 26 OECD-MA einzuführen. Folglich wurde im Rahmen der letzten DBA-Teilrevision 2010 (vgl. B.II.2.) die große Amtshilfeklausel im Verhältnis zu Deutschland für alle Taten ab dem 1. 1. 2011 eingeführt. Hiernach tauschen die zuständigen Behörden der beiden Vertragsstaaten – vorliegend Deutschland und die Schweiz – im begründeten Einzelverdacht steuerlich relevante Informationen zur Durchführung des innerstaatlichen Rechts aus (d. h. auch bei Steuerhinterziehung, B.XIX.2.).

Von besonderer Wichtigkeit sind die neuen Abs. 4 und 5 des Art. 27 DBA D-CH: Diese entsprechen den im Jahre 2005 neu in das OECD-Musterabkommen aufgenommenen Bestimmungen und stellen die Amtshilfe zwischen Deutschland und der Schweiz auf eine neue Stufe. Kern der Bestimmungen ist zum einen die Verpflichtung eines Vertragsstaates zur Auskunftserteilung, auch wenn dieser kein eigenes steuerliches Interesse an den Informationen hat (Abs. 4). Zum anderen ist es den Vertragsstaaten verwehrt, Auskunftsersuche mit Verweis auf das Bankgeheimnis bzw. auf den geschützten Aufbewahrungsort der Information abzulehnen (Abs. 5). Entgegen der früheren Vereinbarung ermöglicht die Regelung, dass nicht mehr nur bei Steuerbetrug Informationen von der Schweiz angefordert werden können, sondern beim begründeten Einzelverdacht bei allen relevanten Fragen, die bspw. auch für die Veranlagung erheblich sind.

PRAXISHINWEIS

Eine wichtige Abweichung zum OECD-Standard ergibt sich hinsichtlich der erfassten Steuern. Über Art. 26 OECD MA hinaus findet der im DBA D-CH umgesetzte Informationsaustausch nicht nur auf die in diesem DBA geregelten (Ertrag-) Steuern Anwendung, sondern umfasst alle Steuern, wie etwa auch die Schenkung-, Erbschaft- und Umsatzsteuern.

Einen automatischen Informationsaustausch gibt es dagegen auf Basis der Regelungen der DBA-Teilrevision 2010 nicht. Vielmehr muss ein begründeter Einzelverdacht vorliegen, womit auch sog. Fishing Expeditions ausgeschlossen werden sollen. Die neuen Bestimmungen in Art. 27 DBA D-CH werden hierzu flankiert von ergänzenden Verfahrensbestimmungen im Protokoll zum Abkommen, das durch das Revisionsprotokoll vom 27. 10. 2010 ebenfalls geändert wurde und nunmehr festlegt, welche Informationen ein Auskunftsersuchen enthalten soll und wie die Amtshilfe im Einzelnen ausgestaltet sein soll. So beinhaltet ein begründeter Einzelverdacht unter anderem die Nennung des Informationsinhabers (i. d. R. Bank) und dessen Adresse. Ferner soll der begründete Einzelverdacht eine klare Identifikation des Steuerpflichtigen beinhalten, wie etwa Name und möglichst auch weitere Identifizierungsmerkmale, d. h. Adresse oder Geburtsdatum. Diese enge Auslegung musste die Schweiz sehr schnell aufgeben.

PRAXISHINWEIS

Bereits am 15. 12. 2011 haben beide Länder eine Verständigungsvereinbarung getroffen. Hierin wurden weitere Einzelheiten für ein Amtshilfeersuchen festgelegt und die Bestimmungen des Protokolls zum DBA maßgeblich ergänzt (BMF-Schreiben vom 4. 1. 2012). Wichtig für die Praxis ist hierbei die Möglichkeit der Vertragsstaaten, die vorausgesetzte Identifikation der steuerpflichtigen Person im Auskunftsersuchen auch durch andere Angaben als Name und Anschrift zu vollziehen. Die anfragende Behörde muss den Namen und die Anschrift der steuerpflichtigen Person also nicht (mehr) zwingend kennen bzw. nennen.

Unzulässig sind und bleiben weiterhin Fishing Expeditions, also Auskunftsersuchen auf Geratewohl, ohne hinreichende Identifizierungsmerkmale des Steuerpflichtigen zu kennen. Solche Anfragen können zurückgewiesen werden. Die Verständigungsvereinbarung verlangt nämlich auch weiterhin die Angabe von Informationen, die eine Identifikation der steuerpflichtigen Person ermöglichen.

Die Verständigungsvereinbarung soll rückwirkend seit 1. 1. 2011 gelten. Soweit ersichtlich wurde diese aber noch nicht durch die sog. Konsultationsvereinbarungsverordnung (§ 2 Abs. 2 AO) in nationales Recht transformiert, weshalb nach Auffassung der Autoren bis zur entsprechenden Umsetzung keine Bindewirkung für Gerichte und betroffene Steuerpflichtigen besteht.[1661]

XIX.5. Neuer OECD-Standard (Gruppenanfragen) und Schweizer Steueramtshilfegesetz

Die Regelungen in Art. 27 DBA D-CH entsprechen allerdings bereits nicht mehr dem OECD-Standard. Seit 17. 7. 2012 sind Gruppenanfragen neuer OECD-Standard. Hiernach bedarf es nicht mehr den begründeten Einzelverdacht. Vielmehr können die Vertragsstaaten Verhaltensmuster abfragen, ohne einen konkreten Namen zu kennen. Diese weitere Verschärfung erfolgte nicht durch die Änderung von Art. 26 OECD-MA. Vielmehr wurde ausschließlich die Kommentierung des OECD-MA entsprechend erweitert bzw. angepasst.

Zu diesem Zweck tauschen die Vertragsstaaten Informationen über Verhaltensmuster aus, die für die Durchführung des DBA oder die Verwaltung und den Vollzug des innerstaatlichen Rechts betreffend Steuern jeder Art und Bezeichnung voraussichtlich erheblich sind (foreseeably relevant).

Dabei gilt die Einschränkung, dass auch bei der Abfrage von Verhaltensmustern **Fishing Expeditions** weiterhin verboten sind. Dies soll erreicht werden, indem die steuerlichen Folgen detailliert dargestellt werden müssen. Maßgeblich ist insofern ihre Relevanz im Zeitpunkt der Antragsstellung. Hiernach muss konkret zu diesem Zeitpunkt eine gewisse Wahrscheinlichkeit bestehen, dass

1. die ersuchten Informationen relevant sind, und
2. der ersuchende Staat muss ihre Erheblichkeit und konkrete Ansatzpunkte darlegen, d. h. rein spekulatives Ersuchen ist auszuschließen.

PRAXISHINWEIS

Zwar ist die Tragweite des OECD-Standards „Gruppenanfragen“ noch völlig offen. Es kann derzeit aber nicht ausgeschlossen werden, dass etwa Informationen zu den folgenden Charakteristika wie etwa „Abschleicher“, Stiftungen, Trusts, Anstalten etc. abgefragt werden könnten.

Die Schweiz hat mit dem sog. Steueramtshilfegesetz (StAhiG) auf nationaler Ebene die Gruppenanfragen als neuen „Schweizer-Standard des Informationsaustausches“ definiert und beschlossen. Darüber hinaus regelt das Steueramtshilfegesetz den Vollzug der Amtshilfe, die ausschließlich auf Ersuchen geleistet wird. Auf ein Gesuch wird dann nicht eingetreten, wenn es rein dem Zweck der Beweisausforschung dient oder wenn es auf Informationen beruht, die durch nach schweizerischem Recht strafbare Handlungen – z. B. durch illegale Beschaffung von Daten – erlangt wurden.

1661 Vgl. BFH v. 2. 9. 2009, I R 90/08 und I R 111/08 und im Detail B.III.

Das StAhiG enthält zudem besondere Bestimmungen zum Beschwerdeverfahren. Ins Ausland übermittelte Bankinformationen dürfen zur Durchsetzung des Schweizer Steuerrechts nur verwendet werden, soweit sie nach Schweizer Recht hätten beschafft werden können.

Das Steueramtshilfegesetz ist zum 1.2.2013 in Kraft getreten. Bereits am 21.3.2014 wurde eine Teilrevision durchgeführt, die am 1.8.2014 in Kraft trat. Die Revision sei notwendig geworden, um – so die Gesetzesbegründung – eine Empfehlung des Global Forum über Transparenz und Informationsaustausch in Steuerfragen umzusetzen. So wird in bestimmten Fällen (Verjährung droht, Vertuschungsgefahr etc.) die betroffene, beschwerdeberechtigte Person erst nach Übermittlung der Informationen an den ersuchenden, ausländischen Vertragsstaat informiert (Art. 15 Abs. 2 StAhiG). Mit rechtsstaatlichen Grundsätzen (Recht auf vorheriges, rechtliches Gehör) lässt sich dies kaum vereinbaren, weshalb sie zu kritisieren sind.

Gruppenersuche sind zugelassen für Informationen über Sachverhalte, welche die Zeit ab Inkrafttreten des StAhiG betreffen, also ab dem 1.2.2013. So sieht es zumindest die Schweiz. Das BMF in Berlin sieht die Anfrage von Gruppenanfragen auf Basis des aktuellen DBA D-CH auch als gegeben an. Das geht aus einer Antwort des BMF auf eine parlamentarische Anfrage hervor. Die Autoren sind dagegen der Auffassung, dass entsprechend der BFH-Rechtsprechung insofern nicht ein dynamischer, sondern ein statischer Verweis vorliegt.[1662] Somit müsste vor einer erstmaligen Auskunft über Verhaltensmuster zunächst der relevante Art. 27 DBA D-CH angepasst werden, d.h. die Änderung im OECD-Musterkommentar wird ohne entsprechende Änderung von Art. 27 DBA D-CH nicht automatisch anwendbar (kein dynamischer Verweis). Eine entsprechende DBA-Änderung müsste z.B. im Rahmen der laufenden, großen DBA-Revision umgesetzt werden, die aber noch einige Zeit in Anspruch nehmen wird (vgl. B.II.3.).

Dass die Verhandlungsführer der letzten DBA D-CH Revision und damit die politischen Vertreter dies analog wie die Autoren sahen, ergibt sich aus folgendem Auszug aus der entsprechenden Denkschrift zur DBA-Teilrevision 2010:

> „Wesentlicher Gegenstand des am 27. Oktober 2010 unterzeichneten Änderungsprotokolls ist die gegenseitige behördliche Unterstützung in Steuersachen und Steuerstrafsachen durch Informationsaustausch auf Ersuchen im Einzelfall auf der Grundlage der Informationsaustauschklausel in der [damals] aktuellen Fassung des Artikels 26 des OECD-Musterabkommens für Doppelbesteuerungsabkommen."

Es muss somit ein begründeter Einzelverdacht vorliegen. Auch wenn das BMF dies heute wohl anders sieht, sollte in entsprechenden Fällen rechtliche Mittel geprüft werden.

XIX.6. Automatischer Informationsaustausch in Steuersachen (AIA)

Die G20 beschloss, den automatischen Informationsaustausch in Steuersachen (AIA) als neuen Standard für den Informationsaustausch umzusetzen. Die Federführung übernahm die OECD. Am 21.7.2014 hat die OECD auch bereits den neuen, weltweiten Standard für den automatischen Informationsaustausch in Steuersachen veröffentlicht. Der AIA umfasst grundsätzlich folgende Bestandteile:

1. **Musterabkommen:** Multilateral Competent Authority Agreement (MCAA);
2. **Standard**, der die Bedingungen des Informationsaustausches sowie die bei der Kundenidentifikation zu beachtenden Regeln definiert (Common Standard on Reporting and Due Diligence: Common Reporting Standard, CRS);

1662 Vgl. u. a. BFH v. 25.5.11, I R 95/10, DStR 11, S. 1553.

3. **Auslegungskommentar;**
4. **Basisdaten einer Informatiklösung** als Hilfestellung für die Behörden.

Es gilt insofern folgender Zusammenhang:

Elemente des AIA Standards der OECD

OECD Standard für den automatischen Informationsaustausch

Model Competent Authority Agreement (CAA)

- Musterabkommen
- Einbettung in bilateralen Vertrag, DBA oder multilaterales Abkomen
- Grundsätzliche Regeln der Kooperation

Common Reporting Standard (CRS)

- Wer muss welche Informationen überliefern
- Banken, kollektive Anlageinstrumente, Versicherungen
- Natürliche/juristische Personen (Benefical Owners von Trusts, Stiftungen)

Kommentar und technische Lösungen

- CAA und CRS konkretisieren
- Beispiele für eine einheitliche Umsetzung
- Minimalstandard für Informatiklösung: Datensicherheit sowie eine sichere, kompatible Datenübermittlung

Mit dem neuen Standard sollen einmal jährlich für steuerliche Zwecke den ausländischen Finanzverwaltungen automatisch, d. h. ohne konkrete Anfrage im Einzelfall und vor allem auch ohne einen begründeten (Einzel)Verdacht, Informationen über Finanzkonten übermittelt werden. Hierunter fallen Informationen wie etwa:

1. Name, Adresse, Geburtsdatum/-ort, Nationalität des wirtschaftlich Berechtigten;
2. Finanzinstitut;
3. Konto-/Depot-Nummer;
4. Vermögensendbestand per 31.12. eines Jahres; Kontenabschlüsse;
5. Zugeflossene Einnahmen wie
   a. Zinsen,
   b. Dividenden,
   c. Erlöse aus den Verkäufen von Finanzanlagen
   d. Einnahmen aus Versicherungsprodukten;
6. Etc.

Hierbei gilt, wie im Common Reporting Standard (CRS) festgehalten wurde, das Beneficial Owner Konzept (wirtschaftlich Berechtigter), d. h. die von den Finanzinstituten zu übertragenden Daten betreffen Konten von natürlichen Personen, juristischen Personen, Investmentgesellschaften und Stiftungen.

Letztendlich hängt der Erfolg des AIA davon ab, dass in allen Ländern gleiche Standards greifen und nicht nur einfach auf die nationalen GWG-Vorgaben verwiesen wird, die sehr unterschiedlich ausgestaltet sind.

Konkret sollen u. a. folgende Informationen automatisch einmal jährlich und elektronisch übermittelt werden:

Anhang II: Welche Daten werden ausgetauscht?

Bei MELDEPFLICHTIGEN KONTEN	Natürliche Personen	Juristische Personen
Name	x	x
Anschrift/Adresse	x	x
Ansässigkeitsstaaten	x	x
Steueridentifikationsnummer	x	x
Geburtsdatum	x	
Geburtsort	x	
Name der BOs		x
Anschrift der BOs		x
Ansässigkeitsstaaten der BOs		x
Steueridentifikationsnummer BOs		x
Geburtsdatum BOs		x
Geburtsort BOs		x
Kontonummer	x	x
Name des meldenden Finanzinstituts	x	x
ID-Nummer des meldenden FI	x	x
Kontostand/-wert per Jahresende oder Kontoauflösung	x	x
Bei VERWAHRKONTEN		
Gesamtbruttobetrag der Zinsen	x	x
Gesamtbruttobetrag der Dividenden	x	x
Gesamtbruttobetrag der anderer Einkünfte	x	x
Gesamtbruttoerlöse aus Verkäufen	x	x
Bei EINLAGENKONTEN		
Gesamtbruttobetrag der Zinsen	x	x
Bei ANDEREN KONTEN		
Gesamtbruttoertrag (meldende FI als Schuldner)	x	x

Auch der Schweizer Bundesrat hat am 14. 6. 2013 entschieden, aktiv an der Entwicklung des OECD Standards mitzuarbeiten. Die folgenden Punkte sind aus Schweizer Sicht besonders wichtig:

1. Einhaltung des Spezialitätenprinzips;
2. Ausreichender Datenschutz;
3. Reziprozität;
4. Zuverlässige Regeln zur Feststellung des wirtschaftlich Berechtigten bei juristischen Personen wie Stiftungen und Trusts.

Der Schweizer Bundesrat will den AIA Standard ins schweizerische Recht übernehmen, wenn er von den G20-Staaten, den OECD-Mitgliedern und allen wichtigen, globalen Finanzplätzen anerkannt und übernommen wird. Hierzu hat der Schweizer Bundesrat am 21. 5. 2014 beschlossen, den AIA zunächst mit Partnerstaaten umzusetzen. Die konkreten Mandate wurden am 29. 8. 2014 erteilt.

51 Staaten und Territorien (sog. Early Adopters) haben sich am 29. 10. 2014 in Berlin am Rande der Plenarversammlung des „Global Forum on Transparency and Exchange of Information for Tax Purposes“ (über 120 teilnehmende Nationen) zu dem Zeitplan bekannt, den ersten automatischen Informationsaustausch bereits im Jahr **2017** mit Informationen für das Jahr 2016 durchzuführen.

Die **Schweiz** hat am 19. 11. 2014 eine Erklärung über die Teilnahme der Schweiz an der multilateralen Vereinbarung über den automatischen Informationsaustausch in Steuersachen zugestimmt. Die Schweiz beabsichtigt aber Daten „erst“ ab 2017 zu sammeln, die dann im Folgejahr, d. h. **2018** erstmals automatisch weitergeleitet werden. Die Frage, mit welchen Ländern der automatische Informationsaustausch umgesetzt werden soll, wird durch die Unterzeichnung des MCAA nicht präjudiziert. Mit der EU wurde am 19. 3. 2015 Einigung erzielt.

Derzeit ist noch unklar, ob die Schweiz die Informationen aus dem grenzüberschreitenden Austausch auch für eine Auswertung den Schweizer Steuerbehörden zur Verfügung stellen wird. Ein entsprechender Schritt, d. h. auch die nationale Abkehr vom Bankkundengeheimnis, wird allgemein erwartet.

XIX.7. Aktuelle Entwicklungen innerhalb der EU

Auch innerhalb der EU gibt es parallel wichtige Entwicklungen. So soll mit dem geplanten **EU Amtshilfegesetz** u. a. der Anwendungsbereich der Amtshilfe erweitert werden. Insbesondere soll sichergestellt werden, dass der Informationsaustausch im größtmöglichen Umfang stattfindet. Zentrale Verbindungsbüros in den EU Mitgliedsstaaten sollen einen beschleunigten Informationsaustausch gewährleisten. Hiernach soll bspw. das Bundeszentralamt für Steuern in Bonn anderen EU Mitgliedsstaaten automatisch Informationen über Vergütungen aus

1. unselbständiger Arbeit,
2. Aufsichtsrats- und Verwaltungsratsvergütungen,
3. bestimmten Lebensversicherungsprodukten,
4. Eigentum an unbeweglichem Vermögen und Einkünfte daraus sowie
5. Ruhegehälter

übermitteln.

Parallel einigten sich die EU Mitgliedsstaaten am 20./21. 3. 2014 über die Revision der Zinsbesteuerungs-Richtlinie. Hierzu hat der EU-Ministerrat am 24. 3. 2014 den seit Jahren blockierten Richtlinienentwurf KOM (2008) 727 mit folgenden Zielen verabschiedet:

1. Einführung des AIA für alle EU Mitgliedsstaaten;
2. Erweiterung des Zinsbegriffs i. R. d. EU Zinsbesteuerungs-Richtlinie – Produktebene:
    a. Alle Arten von Zinsen und äquivalenten Einkünften
    b. Erträge aus Lebensversicherungen

   c. Erträge aus Investmentfonds und strukturierten Produkten

   d. Innovative Finanzinstrumente;

3. Ausdehnung des Anwendungsbereichs u. a. auf bestimmte Trusts, Stiftungen, Versicherungen: Strukturebene und damit grundsätzlich Einführung eines **Look-through**-Ansatzes.[1663]

Am 15. 10. 2014 hat der EU Finanzministerrat (Ecofin) dem Vorschlag zur Änderung der Richtlinie 2011/16/EU zugestimmt.[1664] Damit soll innerhalb der EU für Dividenden, Veräußerungsgewinne, sonstige Kapitalerträge und Kontoguthaben der automatische Informationsaustausch greifen. Die Änderung soll ab 1. 1. 2017 greifen und die Daten bereits für das Jahr 2016 beinhalten. Anders als zunächst geplant, soll die Umsetzung nicht im Rahmen der Zinsbesteuerungs-Richtlinie, sondern im Rahmen der Amtshilfe-Richtlinie umgesetzt werden. Für das Inkrafttreten muss allerdings noch der Rat der EU einstimmig zustimmen (Art. 115 AEUV).

XIX.8. Grafische Darstellung der zeitlichen Regelungsinhalte von Art. 27 DBA D-CH

Entwicklung der Amtshilfe im Verhältnis D-CH		
Bis einschl. 2003	Kleine Amtshilfeklausel	Zur richtigen Durchführung des DBA D-CH
2004-2010	Erweiterung auch auf Betrugsdelikte	Auch Betrugsdelikte erfasst
Seit 01.07.2005	EU Zinsbesteuerungsabkommen	Steuerbetrug/ EU-Zinsbestg.
Seit 09.04.2009	Betrugsbekämpfungsabkommen EU-CH	Steuerhinterziehung bei indirekten Steuern
Seit 01.01.2011	Grosse Amtshilfeklausel	Durchführung innerstaat. Recht
Seit 01.02.2013?	Gruppenanfragen	Verhaltensmuster
01.01.2017	Automatischer Informationsaustausch	**Ohne Anlass**

1663 Ausnahmen sind vorgesehen.
1664 Vgl. Richtlinienentwurf COM (2013) 348.

XX. Art. 28 DBA D-CH: Quellensteuern und Erstattung

Nach Art. 28 DBA D-CH dürfen die Vertragspartner grundsätzlich Quellensteuern erheben. Allerdings sind die Zuweisungsnormen in Art. 10-12 DBA D-CH zu beachten sowie die Regelungen in Art. 28 zur Erstattung der Quellensteuern. Zu den Beispielen etc. wird auf B.VIII.7. verwiesen.

C. Crossborder-Strukturen D-CH: Ausgewählte Alternativstrukturen für deutsche Outbound-Investitionen in der Schweiz

I. Allgemeines

I.1. Aktuelle Ausgangslage in Deutschland

Auf Grund der steuerlichen Rahmenbedingungen in Deutschland denken viele Unternehmen über ein (intensiveres) Auslandsengagement nach. Zwar wurden mit der Unternehmenssteuerreform 2008 die Steuersätze für Kapitalgesellschaften auf rund 30 % gesenkt (Körperschaft- und Gewerbesteuer sowie Solidaritätszuschlag) und für Personengesellschaften eine Thesaurierungsbegünstigung (§ 34a EStG) eingeführt. Dies ging aber (wieder einmal) mit einer massiven Verbreiterung der steuerlichen Bemessungsgrundlage (generelle Zinsschranke, steuerliches Verbot der Abzugsfähigkeit der Gewerbesteuer etc.) einher. Insbesondere bei mittelständischen Unternehmen ist die Nachfrage nach attraktiveren Steuerstandorten daher weiterhin groß,[1665] zumal gerade die fehlende Rechts- und Planungssicherheit am Steuerstandort Deutschland ein elementarer Nachteil für Unternehmen ist.[1666]

Auf Grund ihrer steuerlichen Vorzüge – etwa eines einfachen, verlässlichen Steuersystems kombiniert mit attraktiven Steuersätzen, weit reichenden Ansiedlungsanreizen und einem guten Klima zwischen Steuerbehörden und Steuerpflichtigen – steht die **Schweiz** nach wie vor im Blick deutscher Investoren.

Die Vorzüge des Standortes sind vielfältig. Bezogen auf die deutsche Steuerpolitik sind insbesondere die folgenden Vorteile herauszustellen:[1667]

- Hohe Rechtssicherheit mangels rückwirkender Steuerrechtsänderungen und langfristig im Voraus geplanten Steuerreformen;
- Planungssicherheit durch regelmäßig **zeitnah** erteilte Vorabbescheide (sog. Rulings)[1668];
- Einfache Gesetzeslage sowie unkomplizierte und unternehmensfokussierte Behörden;
- Attraktive bzw. international vergleichsweise niedrige Unternehmenssteuersätze;
- Attraktive Besteuerungsregime für Unternehmen/Unternehmer und natürliche Personen.

I.2. Elemente effizienter Steuerplanung

Die Ausgangslage in der Schweiz ist derzeit in vielen Bereichen äußerst interessant. Allerdings sollte das Auslandsengagement nicht ausschließlich auf dem wichtigen, aber nicht allein entscheidenden Faktor „Steuern" beruhen. Auslandsinvestitionen sind erfahrungsgemäß nur dann erfolgreich, wenn sie auf einem aussichtsreichen Geschäftsmodell basieren, auf welches das

1665 Vgl. auch etwa die Studie des Instituts der deutschen Wirtschaft Köln (IW Köln), Pressemitteilung v. 14.5.2014 über die fallende Wettbewerbsfähigkeit des Steuerstandortes Deutschland.

1666 Rund 60 % der weltweiten Steuerliteratur betrifft das deutsche Steuerrecht.

1667 Vgl. A.I. Weitere wichtige Vorteile sind die hohe Lebensqualität, die hervorragende Infrastruktur (Verkehr, Kommunikation, etc.) und die Internationalität gepaart mit einem hohen Ausbildungsniveau sowie sehr guten Sprachkenntnissen der Fachkräfte (viele Fachkräfte sprechen Deutsch, Englisch, Französisch und Italienisch).

1668 In der deutschen Systematik grundsätzlich vergleichbar mit einer verbindlichen Auskunft.

Steuermodell abgestimmt wird (Business drives, taxes follows). Ein erfolgreiches Geschäftsmodell kann regelmäßig nur dann erstellt werden, wenn ein umfängliches Verständnis für Fakten, Ziele, Transaktionen, Geschäftsabläufe, rechtliche Strukturen etc. vorhanden ist. Dieses Verständnis muss Ausgangspunkt aller Planungen sein. Dabei muss eine detaillierte Kosten-Nutzen-Analyse integraler Bestandteil der einzelnen Planungsphasen sein. Nur so kann sichergestellt werden, dass die Gesamtkosten der (Schweizer) Investition nicht die steuerlichen Vorteile überwiegen.[1669]

In nahezu allen Planungsszenarien sollten zunächst die betriebswirtschaftlichen Erfolgsfaktoren bestimmt werden, um hierbei Tätigkeiten zu definieren, die outsource-bar sind. Klassischerweise zählen hierzu die Bereiche Forschung und Entwicklung, Produktion, Dienstleistungen sowie der Einkauf/Verkauf bzw. der (internationale) Vertrieb.

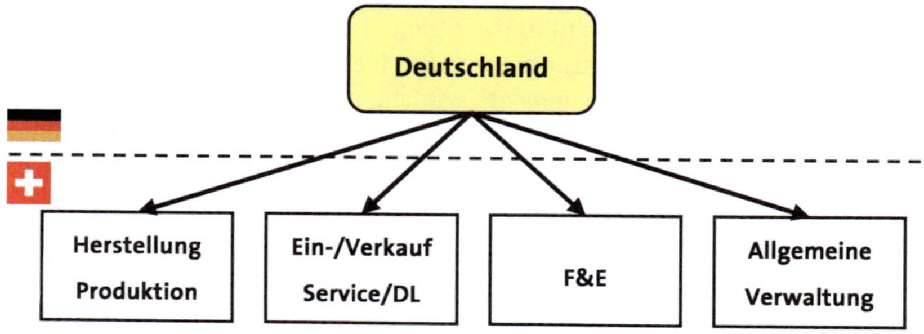

Nach der grundsätzlichen Entscheidung, in der Schweiz zu investieren, sollten in einer zweiten Planungsphase das Management und alle involvierten Gruppen in den Planungsprozess involviert werden. Hierdurch wird auch bereits in einer frühen Planungsphase sichergestellt, dass die betroffenen Personen der Auslandsinvestition möglichst positiv gegenüberstehen. Die Einbeziehung der Steuerabteilung ist spätestens an dieser Stelle ein wichtiger Erfolgsfaktor. Darüber hinaus sollte bereits in dieser Planungs-Phase berücksichtigt werden, dass die bestehenden EDV-Abläufe auf die neue Struktur angepasst bzw. ergänzt werden müssen. Deshalb ist ein Verständnis der Auswirkungen auf die IT und die Bereitschaft zur Lösung von Systemfragen erfahrungsgemäß wichtig und sicherzustellen.

Die konkrete Planung lässt sich in der Praxis regelmäßig in die nachfolgend genannten Phasen untergliedern. Dabei sind die einzelnen Schritte nicht immer trennbar und laufen oftmals zeitgleich ab bzw. überschneiden sich:

Phase 1: Bestimmung des Geschäftsmodells

- Bestimmung der Tätigkeiten, die outsource-bar sind (Einkauf, Verkauf/Vertrieb, Dienstleistung, Produktion, Forschung und Entwicklung, Internationalisierungsstrategie etc.);
- Umfangreiches Verständnis für Fakten, Ziele, Transaktionen, Geschäftsabläufe und die rechtliche Struktur;

1669 Dem niedrigeren Schweizer Steuerniveau stehen regelmäßig vergleichsweise höhere allgemeine Kosten wie bspw. bei Infrastruktur oder Personal entgegen. Auf Grund der höheren Schweizer Produktivität (längere Arbeitszeiten, weniger Urlaubs- und Feiertage) ist dies nach diversen externen Erhebungen kein Standort-Nachteil. Auf Grund der bedeutend geringeren Schweizer Bürokratie gewinnt der Schweizer Standort auch unter diesen Aspekten.

- Erste grundsätzliche Diskussionen mit dem Steuerberater zwecks Überblick über mögliche steuerliche Implikationen aus dem Auslandsengagement (Chancen und Risiken): Dabei sollte das Steuermodell (möglichst) auf dem Geschäftsmodell aufbauen und nicht umgekehrt!
- Genereller Entscheid über die Feinplanung eines Auslandsengagements und dessen Umfang.

Phase 2: Detailanalyse und -planung der Aktivitäten

- Involvierung Management; Detailplanung der Auslandsaktivitäten zwecks optimaler Allokation von Ressourcen für die Leitung und Implementierung des Projektes nach den betriebswirtschaftlichen Erfordernissen;
- Involvierung der Steuerabteilung in der Detailplanung zwecks Optimierung der Investitionsstruktur und Vermeidung der Anwendung von (deutschen) Missbrauchsvorschriften;
- Optimierung der Gesamtbelastung mit Steuern und Abgaben in Deutschland und in der Schweiz (vgl. C.II.);
- Bestimmung der zu implementierenden, grenzüberschreitenden Strukturen
- Prüfung steuerplanerischer Akzente des Doppelbesteuerungsabkommen Deutschland-Schweiz (vgl. B.);
- Prüfung möglicher Funktionsverlagerungen (vgl. D.III.)
  - Ggf. Aufdeckung stiller Reserven
  - Prüfung des zukünftigen Verrechnungspreismodells;
- Prüfung deutscher Missbrauchsvorschriften (vgl. D.) wie bspw.
  - Treuhandschaft (§ 39 Abs. 2 AO)
  - Scheingeschäfte (§ 41 Abs. 2 AO)
  - allgemeiner Gestaltungsmissbrauch (§ 42 AO)
  - Ort der tatsächlichen Geschäftsleitung (§ 10 AO)
  - Niedrig besteuerte „passive" Einkünfte (§§ 7 ff. AStG)
  - Treaty Shopping (§ 50d Abs. 3 EStG)
  - Etc.;
- Verständnis der Auswirkungen auf die IT und Implementierbarkeit auf Ebene der IT

Phase 3: Grundsätzliche Entscheidung für das Auslandsengagement

- „Stop or Go".

Phase 4: Umsetzungs- und Implementierungsphase

- Projektmanagement;
- Terminplanung;
- Überwachung/Prüfung kritischer Erfolgsparameter.

Phase 5: Laufende jährliche Überwachung der Auslandsstruktur

II. Grenzüberschreitende Gestaltungsalternativen für Investitionen in der Schweiz

Nachfolgend werden typische Strukturen aus der Beratungspraxis dargestellt und erläutert. Der Leser erhält eine Übersicht praxiserprobter Crossborder-Strukturen im Verhältnis Deutschland-Schweiz.[1670] Hierzu werden verschiedene Gestaltungsalternativen beleuchtet, die jeweiligen Vor- und Nachteile gegenübergestellt und die entsprechenden Ertragssteuerfolgen aufgezeigt. Für die deutschen und schweizerischen Steuerfolgen werden die Steuergesetze und Steuersätze des Jahres **2014** – soweit sie bis 30. 11. 2014 bereits bekannt waren – zu Grunde gelegt.

Bei den Alternativen wird unterstellt, dass eine in Deutschland ansässige natürliche Person direkt oder mittels einer Personen- oder Kapitalgesellschaft Investor ist. Die natürliche Person soll dabei dem deutschen Spitzensteuersatz unterliegen und der 3 %igen Reichensteuer;[1671] Verluste liegen annahmegemäß keine vor, d. h. es erfolgt weder ein vertikaler noch ein horizontaler Verlustausgleich. Zur einfacheren Darstellung der Kalkulationen wird davon ausgegangen, dass keine deutsche Kirchensteuerpflicht vorliegt. Des Weiteren werden keine persönlichen Besteuerungsmerkmale (bspw. Sonderausgaben, außergewöhnliche Belastungen, besondere Freibeträge) des Investors berücksichtigt.

Die Kalkulationen beziehen sich ausschließlich auf die Ergebnisse aus dem zusätzlichen Auslandsengagement. Geschäftsführergehälter sind nicht berücksichtigt. Bei den Alternativstrukturen wird unterstellt, dass auf allen Unternehmensebenen die Gewinne vollständig entnommen bzw. ausgeschüttet werden, sodass sich die Thesaurierungsbegünstigung (§ 34a EStG) nicht auswirkt. Die jeweiligen Gesellschaftsanteile werden im Privatvermögen gehalten, sodass die Abgeltungsteuer (§ 32d EStG) zur Anwendung gelangt. Auf die Option zum Teileinkünfteverfahren (§ 32d Abs. 1 Satz 1 Nr. 3 EStG) wird hingewiesen, soll aber verzichtet werden. Bei der Gewerbesteuer basieren die Berechnungen auf einem Hebesatz von 400 %, sodass die Gewerbesteuer 14 % beträgt.

Der Unternehmenssteuersatz auf Ebene des Schweizer Investitionsvehikels wird mit einheitlich **15 %** unterstellt. Dieser Steuersatz entspricht dem Mittel des Steuersatzes für ausschließlich in der Schweiz tätige Unternehmen. Sofern besondere Steuerregime und/oder Steuererleichterungen gewährt werden,[1672] reduziert sich die Gesamtsteuerbelastung entsprechend signifikant auf 0 % – 10 %. Diese zusätzlichen steuerlichen Vorteile können viele international tätige Unternehmen erzielen. Gleichwohl wird in den nachfolgenden Kalkulationen eine durchschnittliche Schweizer Steuerbelastung von 15 % zu Grunde gelegt.

In der Schweiz unterliegen ordentlich besteuerte juristische Personen und Personengesamtheiten, welche wie juristische Personen besteuert werden (u. a. Betriebsstätten deutscher Personengesellschaften), mit ihrem Kapital einer (kantonalen)[1673] Kapitalsteuer von minimal 0,01 Promille bis maximal 5,25 Promille. Für die Steuerberechnung ist das Eigenkapital am Ende

---

1670 Für eine Zusammenfassung der nachfolgenden Detailanalyse vgl. Kubaile/Kapalle, PIStB 1/2003, S. 14 ff.; PIStB 11/2004, S. 272 ff. und Ludwig/Kubaile, PIStB 12/2009, S. 324 ff.

1671 Die 3 %igen Reichensteuer greift auf alle zu versteuernde Einkommen, die den Betrag von EUR 250'731 bzw. EUR 501'462 bei Verheirateten übersteigen. In den nachfolgenden Kalkulationen wird unterstellt, dass diese Grenzen überschritten wurden und die zusätzlichen Einkünfte aus dem Auslandsengagement oberhalb dieser Einkommensgrenzen liegen.

1672 Vgl. insbesondere A.III.3.

1673 Auf Bundesebene seit 1. 1. 1998 abgeschafft, vgl. auch A.II.5.1.2.2.

der Steuerperiode maßgeblich (Art. 31 Abs. 4 StHG). Die Gewinnsteuer ist in diversen Schweizer Kantonen auf die Kapitalsteuer anrechenbar. Personengesellschaften selbst unterliegen nicht der Kapitalsteuer. Es unterliegen vielmehr deren Gesellschafter mit ihrem anteiligen Vermögen der Vermögensteuer (geringer Promillesatz).[1674] Zur Vereinfachung der Kalkulationen wird davon ausgegangen, dass die Kapital- und Vermögensteuer bereits in der 15 %iger Schweizer Gewinnsteuer enthalten ist.

Für eine detaillierte Analyse der Schweizer Besteuerung von Unternehmen wird u. a. auf Gliederungspunkt A.III. verwiesen.

Die nachfolgenden Alternativstrukturen zeigen auf, dass nicht nur komplexe Modelle, mehrstufige Holdingvarianten oder Prinzipal-Strukturen[1675] zum gewünschten Ergebnis einer möglichst geringen Gesamtsteuerbelastung führen. Mittelständische Unternehmen sind vielmehr an einfachen Crossborder-Strukturen interessiert, die sich ohne größeren Aufwand in die bestehenden Gesellschaftsstrukturen integrieren lassen. Dabei ist interessant, dass auch bzw. gerade **ohne** Wohnsitznahme in der Schweiz im Einzelfall eine äußerst attraktive Gesamtsteuerbelastung erzielt werden kann. Dem Wegzug in die Schweiz (vgl. E.) ist somit – zumindest aus steuerlichen Gründen – nicht immer eine hohe Priorität beizumessen. Dies kann sich ändern, sofern der „Wegzügler" keine eigene aktive (Unternehmens)Tätigkeit[1676] mehr ausübt und ggf. das besondere Steuerregime der Aufwand-/Pauschalbesteuerung zur Anwendung gelangen könnte.

Nachfolgend werden folgende Alternativstrukturen skizziert:

	Deutschland	Schweiz
Alternative 1 (C.II.1.)	Nat. Person/Einzelunternehmen/Personen-/Kapitalgesellschaften	Direktvertrieb
Alternative 2 (C.II.2.)	Einzelunternehmung/ Personengesellschaft	Betriebsstätte/ Personengesellschaft
Alternative 3 (C.II.3.)	Einzelunternehmung/ Personengesellschaft	Kapitalgesellschaft
Alternative 4 (C.II.4.)	Kapitalgesellschaft	Betriebsstätte/ Personengesellschaft
Alternative 5 (C.II.5.)	Kapitalgesellschaft	Kapitalgesellschaft (Holdingfall)
Alternative 6 (C.II.7.)	Organschaftsmodell	Betriebsstätte/ Personengesellschaft
Alternative 7 (C.II.8.)	Kapitalgesellschaft & atypisch Still	Betriebsstätte/ Personengesellschaft
Alternative 8 (C.II.9.)	Kapitalgesellschaft & atypisch Still	Kapitalgesellschaft & atypisch Still

1674 Vgl. A.II.5.1.2.1.

1675 Vgl. A.III.3.5.5.

1676 Bspw. durch die Aufwandsbesteuerung (vgl. A.IV.2.).

In den nachfolgenden Strukturen wird unterstellt, dass deutsche Steuerfolgen weder bei der Implementierung ausgelöst werden (Funktionsverlagerung) noch in den laufenden Besteuerungsabschnitten deutsche Missbrauchsnormen wie bspw. § 42 AO, die einschlägigen Normen des AStG etc. greifen. Entsprechende Grenzen der (internationalen) Steuerplanung werden in Gliederungspunkt D. aufgezeigt.

Die Besonderheiten des DBA D-CH werden in Gliederungspunkt B. dargestellt.

Sofern in der Alternativstruktur eine Schweizer Kapitalgesellschaft involviert ist, wird davon ausgegangen, dass diese ihren Sitz und die ausschließliche Geschäftsleitung in der Schweiz hat. Treuhandverhältnisse und/oder Scheingeschäfte liegen keine vor.

II.1. Alternative 1: Klassischer Direktvertrieb

Die einfachste Form des Auslandsengagements ist der klassische Direktvertrieb ohne jeglichen ausländischen Anknüpfungspunkt. Die mögliche Ausgangssituation zeigt die folgende Grafik:[1677]

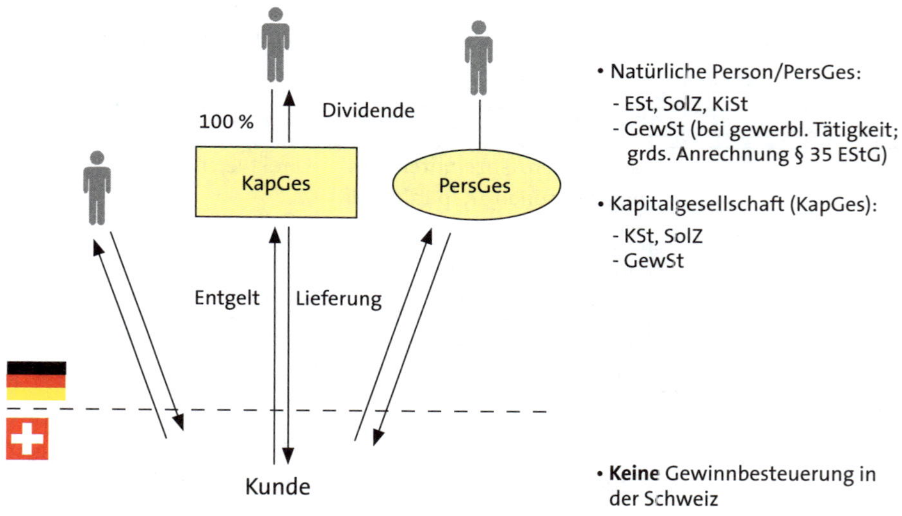

1677 Für eine Analyse der diesem Modell zugrunde liegenden Annahmen vgl. C.II.

II.1.1. Besteuerung in der Schweiz

In der Schweiz bestehen mangels steuerlicher Anknüpfungspunkte – es mangelt bspw. an einer Gesellschaft, selbständigen Tätigkeit, (Vertreter-)Betriebsstätte etc. – bereits nach nationalem Schweizer Steuerrecht keine Besteuerungsgrundlage.[1678]

II.1.2. DBA D-CH und Besteuerung in Deutschland

Das DBA D-CH selbst begründet keine materielle Steuerpflicht,[1679] sondern entfaltet vielmehr eine Schrankenfunktion.[1680] Hiernach werden die Besteuerungsrechte zwischen dem Staat, in dem die Einkunftsquelle liegt (sog. Quellenstaat) und dem Wohnsitz- bzw. Ansässigkeitsstaat, in dem der Steuerpflichtige ansässig ist, zugewiesen. In der vorliegenden Alternative mangelt es jedoch bereits an einer Schweizer Steuerpflicht.[1681]

Das vorhandene deutsch-schweizerische Steuergefälle kann nicht ausgenutzt werden. Vielmehr werden die Gewinne entsprechend dem Welteinkommensprinzip der deutschen Besteuerung unterworfen (§ 2 Abs. 1 EStG). Die konkreten deutschen Steuerfolgen sowie die Steuerhöhe hängen von den bestehenden (Gesellschafts-) Strukturen ab:

Szenario 1: Natürliche Person/Einzelunternehmer/Personengesellschaft

Die Einkünfte unterliegen der Einkommensteuer von maximal 42 %[1682] zuzüglich 5.5 % Solidaritätszuschlag und ggf. Kirchensteuer von 8 % bzw. 9 %. Sofern gewerbliche Einkünfte erzielt werden, unterliegen diese der Gewerbesteuer. Die Gewerbesteuer wird im Rahmen des § 35 EStG auf die Einkommensteuer angerechnet.

Szenario 2: Kapitalgesellschaft

Sofern die Umsätze von einer deutschen Kapitalgesellschaft erzielt werden, unterliegen die Gewinne der Gewerbesteuer (durchschnittlich rund 14 %) sowie der Körperschaftsteuer (15 %) zuzüglich Solidaritätszuschlag (5.5 %). Die Gewinnausschüttungen der Kapitalgesellschaft unterliegen beim privaten Anteilseigner der Abgeltungsteuer (Privatvermögen) in Höhe von 25 % zuzüglich 5.5 % Solidaritätszuschlag, d. h. gesamthaft 26.375 % (ggf. zzgl. Kirchensteuer).

II.1.3. Gesamtsteuerquote

Diese Gestaltungsvariante entspricht dem reinen deutschen Inlandsfall und somit der entsprechenden deutschen Gesamtsteuerbelastung, wie sie auch bei ausschließlich in Deutschland tätigen Unternehmen vorliegt:[1683]

1678 Für eine ausführliche Darstellung möglicher nationaler Schweizer Besteuerungsgrundlagen bei beschränkter Steuerpflicht wird auf A.II.4.2. verwiesen.

1679 So in ständiger BFH-Rechtsprechung; vgl. u. a. BFH v. 14. 3. 1989, BStBl. II 1989, S. 599.

1680 Das abkommensrechtliche Schrankenrecht weist den beteiligten Staaten Besteuerungsrechte zu bzw. schränkt sie ein.

1681 Auch gemäß DBA D-CH mangelt es an ertragsteuerlichen Anknüpfungspunkten für eine Zuweisung von Besteuerungsrechten an die Schweiz.

1682 Ggf. zzgl. 3 % Reichensteuer für alle zu versteuernde Einkommen, die den Betrag von EUR 250'731 bzw. EUR 501'462 bei Verheirateten übersteigen.

1683 Für die den Kalkulationen zugrunde liegenden Annahmen vgl. C.II.

	Nat. Person	PersGes	KapGes
Unternehmensebene			
Gewinn vor Steuern	100,00	100,00	100,00
Gewerbesteuer	-14,00	-14,00	-14,00
Körperschaftsteuer (15 %)	0,00	0,00	-15,00
SolZ auf Körperschaftsteuer (5.5 %)	0,00	0,00	-0,83
Gewinn nach Steuern	**86,00**	**86,00**	**70,17**
Gesellschafterebene			
Entnahme/ Ausschüttung	86,00	86,00	70,17
davon steuerpflichtig	86,00	86,00	70,17
Einkommen-/ Abgeltungsteuer (45 % inkl. 3 % Reichenst./25 %)	-45,00	-45,00	-17,54
Gewerbesteueranrechnung (§ 35 EStG)	13,30	13,30	0,00
Solidaritätszuschlag (5.5 %)	-1,74	-1,74	-0,96
Verbleibender Betrag	52,56	52,56	51,67
GESAMTSTEUERBELASTUNG	**47,44**	**47,44**	**48,33**

Aus den Kalkulationen wird ersichtlich, dass die deutsche Gesamtsteuerbelastung bei natürlichen Personen, Einzelunternehmen und Personengesellschaften bei 47.44 % liegt und im Falle einer Kapitalgesellschaftsstruktur mit nachfolgender Dividendenausschüttung bei 48.33 %. Die Kirchensteuer soll annahmegemäß in beiden Strukturen mangels Kirchensteuerpflicht nicht anfallen.

Mit diesen Ausgangsgrößen bzw. dieser Gesamtsteuerbelastung müssen sich die nachfolgend skizzierten Investitionen in der Schweiz (Alternativen 2 - 8) im Vergleich zu den deutschen Aktivitäten messen lassen.

II.2. Alternative 2: Betriebsstättenmodell – Personengesellschaft/Einzelunternehmung mit Schweizer Betriebsstätte bzw. Personengesellschaft

Beim klassischen Direktvertrieb (Alternative 1, vgl. C.II.1.) mangelt es an einem steuerlichen Anknüpfungspunkt für eine Schweizer Besteuerung. Um dies zu erreichen, ist bspw. die Begründung einer **Schweizer Betriebsstätte** (unselbständige Zweigniederlassung) eine interessante und oftmals leicht zu implementierende Alternative. Die Betriebsstätte kann beispielsweise einem deutschen Einzelunternehmer bzw. einer Personengesellschaft als Stammhaus angegliedert sein, wie die folgende Grafik verdeutlicht:[1684]

1684 Für eine Analyse der dieser Alternative zugrunde liegenden Annahmen vgl. C.II.

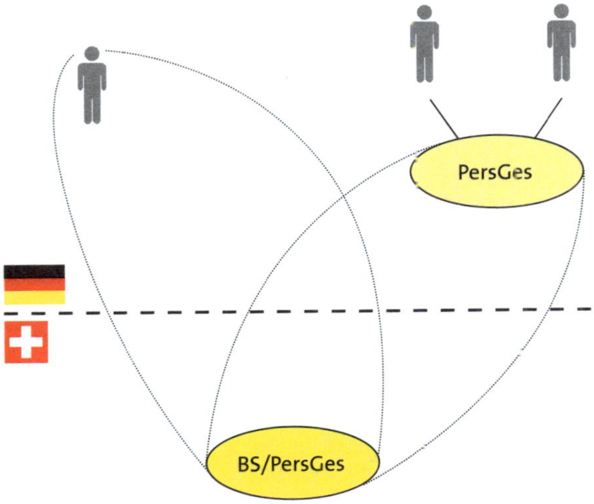

- **Freistellung** der Betriebsstättengewinne unter Progressionsvorbehalt

  Voraussetzung: Aktive Tätigkeit i. S. d. Art. 24 Abs. 1 Nr. 1a DBA D-CH

  Ausnahme: Switch-over Klausel (§ 20 Abs. 2 AStG)
- Gewerbesteuerkürzung nach § 9 Nr. 2 oder Nr. 3 GewStG

- CH-Gewinnsteuer ca. 12 – 24/46 %
- Entnahme, damit **keine** CH-Quellensteuer
- Aufgrund bilateraler Verträge u. U. **keine** AHV-Pflicht (Höhe ca. 10 %)

II.2.1. Besteuerung in der Schweiz

Szenario 1: Schweizer Betriebsstätte einer in Deutschland unbeschränkt steuerpflichtigen, natürlichen Person (Einzelunternehmer, Selbständiger)

Investiert eine natürliche Person (deutsche Einzelunternehmung, Selbständiger etc.) mittels einer Schweizer Betriebsstätte, werden die entsprechenden Betriebsstättengewinne bei der natürlichen Person im Rahmen der beschränkten Schweizer Steuerpflicht der Schweizer Einkommensteuer unterworfen (Art. 4 Abs. 1 Bst. b i.V. m. Art. 6 und Art. 7 DBG). Sie unterliegen dem vollen Schweizer Einkommensteuer-Progressionstarif, der kantonsabhängig ist und bis zu 46 % betragen kann.[1685]

In der Schweiz wird selbst bei nur beschränkter Steuerpflicht der progressive Steuertarif auf Basis des weltweiten Einkommens ermittelt. Im Einzelfall kann dies zu einer ähnlich hohen Steuerquote wie in Deutschland führen. Bei einer entsprechenden Ausgangslage in Deutschland wäre eine Strukturierung über eine Schweizer Betriebsstätte – zumindest aus steuerlicher Sicht – kaum zu empfehlen. Allerdings gibt es auch Orte, bei denen die Gesamtsteuerbelastung weitaus tiefer als 46 % ist (Kanton Schwyz bspw. kennt Orte mit einem Spitzensteuersatz von rund 19 %).

Szenario 2: Schweizer Betriebsstätte einer deutschen Personengesellschaft

Mit der Schweizer Betriebsstätte ist das deutsche Stammhaus in der Schweiz beschränkt steuerpflichtig (Art. 4 Abs. 1 Bst. b bzw. Art. 51 Abs. 1 Bst. b DBG). Hierbei ist vorteilhaft, dass die Schweizer Betriebsstätte ihre Steuer nach den Bestimmungen für juristische Personen entrichtet (Art. 11 DBG i.V. m. Art. 20 Abs. 2 StHG).[1686] Da drei Besteuerungsebenen zu beachten sind

1685 Unmittelbarer zivilrechtlicher Rechtsträger ist die natürliche Person, sodass entsprechend der Schweizer Systematik die steuerlichen Grundsätze für natürliche Personen greifen. Vgl. auch Greminger in Zweifel/Athanas, Rz. 2 zu Art. 11 DBG, Kommentar zum Schweizer Steuerrecht.

1686 Vgl. A.II.4.2.

(Bund, Kanton und Gemeinde) und weder die Kantone noch die Gemeinden einheitliche Steuersätze kennen, kann die exakte Höhe der Besteuerung nur bestimmt werden, wenn der genaue Standort der Schweizer Betriebsstätte bekannt ist. Zusätzlich fällt auf Kantonsebene eine geringe Kapitalsteuer an (wobei die Gewinnsteuer grundsätzlich anrechnungsfähig ist, vgl. A.II.5.1.2.2.). Die Schweizer Gesamtsteuerbelastung (effektiv; am Kantonshauptort) beträgt rund 12 %–24 %.

Die Betriebsstätte ist die unselbständige Zweigniederlassung des (deutschen) Stammhauses. Die Schweizer Betriebsstätte und das deutsche Stammhaus bilden ein sog. Einheitsunternehmen. Der Betriebsstättengewinn wird folglich ohne Dividendenausschüttung dem deutschen Stammhaus zugerechnet, d. h. der Betriebsstättengewinn kann durch das Stammhaus durch einfache Entnahme entnommen werden. In den beiden voranstehend skizzierten Szenarien liegen somit Entnahmen statt Dividendenzahlungen vor. Mangels Dividendenausschüttungen fällt somit auch keine Schweizer Quellensteuer (Verrechnungssteuer i. H.v. 35 %) an.

Schweizer Alters- und Hinterlassenenversicherung (sog. AHV)

Unter steuerlichen Gesichtspunkten werden bereits in diesem einfachen Betriebsstättenmodell, zumindest bei Szenario 2, die gewünschten Vorteile erzielt. Allerdings gibt es in dieser Strukturierung im Einzelfall auch einen grundlegenden Nachteil zu beachten:

Soweit das deutsche Stammhaus der Schweizer Betriebsstätte eine natürliche Person oder eine Personengesellschaft ist, fällt u.U. nicht nur auf den Arbeitslohn der in der Schweiz sozialversicherungspflichtigen Arbeitnehmer, sondern auch auf den gesamten Unternehmensgewinn (inklusive deutschen Unternehmensgewinn) die **9.7 %ige AHV**[1687] (Alters- und Hinterlassenenversicherung) an. Zwar mindert die AHV einerseits als Betriebsausgabe bzw. geschäftsmäßig begründeten Aufwand – so der Schweizer Fachbegriff – die steuerliche Bemessungsgrundlage in der Schweiz. Andererseits, und das ist ihr elementarer Nachteil, ist die Bemessungsgrundlage nicht wie in Deutschland nach oben begrenzt (maximale Beitragsbemessungsgrenze). Sie ist somit de facto mit einer „Quasi-Sozialsteuer“ zu vergleichen. Ein weiterer Nachteil besteht darin, dass die AHV als 1. Säule ausschließlich eine Grundrente absichert, derzeit jährlich maximal CHF 28'080 bzw. CHF 42'120 bei Verheirateten. Die möglichen zukünftigen (maximalen) Rentenzahlungen decken somit nur das Existenzminimum und stehen im Einzelfall keineswegs im Einklang mit den teilweise sehr hohen Beitragszahlungen.[1688]

Allerdings hat sich diese „AHV-Problematik“ bei den Unternehmensgewinnen mit den sog. **Bilateralen Verträgen I** entscheidend entschärft.[1689] Seit 1. 6. 2002 liegt in diversen Strukturierungen keine Schweizer AHV-Pflicht mehr vor. Es wird auf die entsprechenden Ausführungen zur Sozialversicherung verwiesen.[1690] Die neue Rechtslage ist aber noch immer mit einer Vielzahl offener Anwendungsfragen behaftet, sodass detaillierte Vorababklärungen vorzunehmen sind. Im Einzelfall können die nachfolgend skizzierten Alternativstrukturen 3 bis 8 empfehlenswert sein.

1687 Der Betrag ermittelt sich wie folgt: 7.8 % AHV, 1.4 % IV und 0.5 % EO (für eine Detailanalyse vgl. F.III.).
1688 Umlageverfahren Vgl. F.III.5.
1689 Vgl. F.III.5.
1690 Vgl. F.III.5.5.

II.2.2. DBA D-CH und Besteuerung in Deutschland

In Deutschland würden die entsprechenden Gewinne der Schweizer Betriebsstätte[1691] ebenfalls versteuert (Welteinkommensprinzip, § 1 Abs. 1 i.V.m. § 2 Abs. 1 EStG). Es besteht somit grundsätzlich ein deutsches und ein schweizerisches Besteuerungsrecht. Zur Vermeidung einer möglichen Mehrfachbesteuerung weist das DBA D-CH insoweit der Schweiz das Besteuerungsrecht zu, als die Unternehmensgewinne (Art. 7 Abs. 1 DBA D-CH) mittels einer Schweizer Betriebsstätte (Art. 5 DBA D-CH) erzielt werden.

In Deutschland werden die Betriebsstättengewinne unter Progressionsvorbehalt freigestellt (§ 32b Abs. 1 Nr. 3 EStG)[1692], allerdings nur insoweit als

1. durch die Betriebsstätte eine aktive Tätigkeit im Sinne des Art. 24 Abs. 1 Nr. 1a DBA-CH (sog. **abkommensrechtliche Aktivitätsklausel**) ausgeübt wird und
2. diese Einkünfte auch dieser Betriebsstätte zugerechnet werden können (wirtschaftliche Zuordnung).

Unter den abkommensrechtlichen Aktivitätsvorbehalt des DBA D-CH fallen alle Gewinne, die

„nachweislich durch Herstellung, Bearbeitung, Verarbeitung oder Montage von Gegenständen, Aufsuchen und Gewinnung von Bodenschätzen, Bank- und Versicherungsgeschäfte, Handel oder Erbringung von Dienstleistungen unter Teilnahme am allgemeinen Wirtschaftsverkehr erzielt werden."

Die Erfüllung der Aktivitätsklausel i. S. d. DBA D-CH ist somit – neben der Sicherstellung der Betriebsstätteneigenschaft selbst – von zentraler Bedeutung. Der deutsche Investor kann folglich bereits beim einfachen Betriebsstättenmodell in den steuerlichen Genuss des niedrigeren, schweizerischen Steuerniveaus gelangen.[1693]

Liegt dagegen keine aktive Tätigkeit i. S. d. Art. 24 Abs. 1 Nr. 1a DBA D-CH vor, wird die Doppelbesteuerung mittels Anrechnungsmethode vermieden.[1694] Die Betriebsstättengewinne werden folglich auf das höhere deutsche Steuerniveau angehoben (Art. 24 Abs. 1 Nr. 2 DBA-CH).

1691 Zur steuerlichen Behandlung von Betriebsstätten in Deutschland vgl. u. a. auch Betriebsstätten-Verwaltungsgrundsätze (BSVerwGrs) v. 24. 12. 1999, BStBl. I 1999, S. 1076, geändert durch BMF-Schreiben v. 20. 11. 2000 BStBl. I 2000, S. 1509 sowie durch BMF-Schreiben v. 25. 8. 2009 – IV B 5 – S 1341/07/10004.

1692 Vgl. auch BMF v. 26. 9. 2014 IV B 5 – S 1300/09/10003, Anwendung der Doppelbesteuerungsabkommen auf Personengesellschaften, Tz. 4.1.1.2.

1693 Zu den möglichen gewerbesteuerlichen Vorteile vgl. die nachfolgenden Ausführungen in diesem Gliederungspunkt.

1694 Die Anrechnung der ausländischen Steuer auf die deutsche Steuer ist auf den so genannten Höchstbetrag begrenzt (§ 34c Abs. 1 S. 2 EStG). Die Aufteilung erfolgt nach dem Verhältnis der ausländischen Einkünfte zur Summe aller Einkünfte, sodass Sonderausgaben und außergewöhnliche Aufwendungen bei der Anrechnung nicht berücksichtigt werden. Diese Vorgehensweise der Anrechnungsmethode verstößt gegen die Kapitalverkehrsfreiheit (vgl. EuGH v. 28. 2. 2013, C – 168/11; BFH/NV 13, S. 889).

In der Praxis ist nicht auszuschließen, dass **gemischte Tätigkeiten**, also aktive und passive Tätigkeiten i. S. d. Art. 24 Abs. 1 Nr. 1a DBA D-CH, vorliegen.[1695] In diesen Fällen wird die Doppelbesteuerung durch eine entsprechende Aufteilung der Betriebsstättengewinne in unter die Freistellungs- bzw. unter die Anrechnungsmethode fallende Einkünfte vermieden.[1696]

PRAXISHINWEIS: BETRIEBSSTÄTTE ODER PERSONENGESELLSCHAFT?

Das Schweizer Besteuerungsrecht gilt nicht nur für Betriebsstätten, sondern auch für Personengesellschaften (Art. 7 Abs. 7 Satz 1 DBA-CH). Allerdings besteht für die Errichtung einer Schweizer Personengesellschaft regelmäßig keine Notwendigkeit, da in der Schweiz – anders als bspw. bei der deutschen GmbH & Co. KG – die voll haftende Komplementärin zwingend eine natürliche Person sein muss, die ihrerseits aber in Deutschland ansässig sein kann, sofern sie einen in der Schweiz ansässigen Vertreter benennt.[1697] Insofern sprechen zumindest keine haftungsrechtlichen Gründe für den Einsatz einer im Handling und unter Kostenaspekten sicherlich aufwändigeren Personengesellschaft. In der Beratungspraxis wird daher regelmäßig auf die einfachere Betriebsstätten-Struktur zurückgegriffen.

Ein elementarer Vorteil dieser einfachen Betriebsstätten-Struktur war, dass für Wirtschaftsjahre, die bis zum 31. 12. 2002 endeten, die einschlägigen Vorschriften zur Hinzurechnungsbesteuerung keine Anwendung fanden (§§ 7 ff. AStG). Sie galten bis 31. 12. 2002 grundsätzlich nur bei ausländischen Kapitalgesellschaften. Eine Ausnahme bestand nur dann, sofern Einkünfte mit Kapitalanlagecharakter (§ 10 Abs. 6 Satz 2 AStG) erzielt wurden (§ 20 Abs. 2 AStG a. F.).

PRAXISHINWEIS

Die Argumentation, dass bereits im abkommensrechtlichen Methodenartikel i. S. d. Art. 24 Abs. 1 Nr. 1a DBA D-CH ein Aktivitätsvorbehalt als grundsätzliche Voraussetzung der inländischen Freistellung der Betriebsstättengewinne verankert sei und somit mit der switch-over Klausel keine Verschärfung vorliege, wäre zu kurzsichtig. Es bleibt zu berücksichtigen, dass beim abkommensrechtlichen Aktivitätsvorbehalt (Art. 24 Abs. 1 Nr. 1a DBA D-CH) die Mitwirkung bspw. durch die Gesellschafter des deutschen Stammhauses steuerlich unbeachtlich ist. Anders durch den § 20 Abs. 2 AStG: Hier wäre deren Engagement ggf. eine schädliche Mitwirkung i. S. d. § 8 Abs. 1 Nr. 4 AStG, sodass von der Freistellungs- zur Anrechnungsmethode gewechselt würde (switch-over).

Der deutsche Gesetzgeber hat diese Gesetzeslücke geschlossen: Seit 2003 ist in Deutschland die switch-over Klausel (§ 20 Abs. 2 AStG) zu beachten. Durch sie würde i. S. eines Treaty Overrides, die Freistellungsmethode ggf. durch die Anrechnungsmethode substituiert. Der Schweizer Betriebsstättengewinn würde damit auf das höhere deutsche Steuerniveau angehoben. 2010 gab es eine weitere Rechtsänderung: Die switch-over Klausel gilt seither nicht mehr für Dienstleistungstätigkeiten, die unter § 8 Abs. 1 Nr. 5a AStG fallen, d. h. Dienstleistungstätigkeiten, die mit-

1695 Zur steuerlichen Behandlung von Verlusten, die von ausländischen Unternehmenseinheiten erzielt werden, wird auf die aktuelle Rechtsprechung und Diskussion in der Fachliteratur verwiesen, etwa BFH v. 5. 2. 2014, I R 48/11, BB 2014, S. 1046 (da die Niederlassungsfreiheit nicht auf Drittstaaten wie die Schweiz ausstrahlt, soll die Berücksichtigung finaler Betriebsstättenverluste nicht für Drittstaaten gelten; BFH-Revision unter I R 56/12). Der BFH hat am 24. 4. 2014, I R 56/12 festgestellt, dass der Gründungsaufwand für eine im Ausland belegene feste Einrichtung eines Freiberuflers nicht zum Betriebsausgabenabzug in Deutschland führt, selbst dann, wenn die Errichtung der festen Einrichtung später scheitert, also sog. vergebliche vorweggenommene Aufwendungen i. S. d BMF-Schreibens v. 24. 12. 1999, BStBl. I 1999, S. 1076, Tz. 2.9.1 (insofern nicht geändert durch das BMF-Schreiben v. 20. 11. 2000, BStBl. I, S. 1509 bzw. BMF-Schreiben v. 25. 8. 2009 - IV B 5 - S 1341/07/10004).

1696 Vgl. Scherer in Wassermeyer, Doppelbesteuerung, Art. 24 Rz. 60 m. w. N.

1697 Vgl. A.II.4.2.1.

tels einer ausländischen Betriebsstätte ausgeübt werden, fallen per gesetzlicher Fiktion nicht mehr unter den Anwendungsbereich der switch-over Klausel, sodass es bei der Freistellungsmethode bleibt, wenn die Voraussetzungen des DBA-Aktivitätsvorbehalt i.S d. Art. 24 Abs. 1 Nr. 1a DBA D-CH erfüllt sind.

Gewerbesteuer

Der deutschen Gewerbesteuer unterliegt nach § 2 Abs. 1 Satz 1 GewStG jeder stehende Gewerbebetrieb, der in Deutschland betrieben wird. Ausländische Gewerbebetriebe sind dagegen nicht gewerbesteuerpflichtig.[1698] Diese Systematik entspricht der Kürzungsvorschrift des § 9 Nr. 3 GewStG für ausländische Betriebsstättengewinne.[1699] Bei einer Schweizer Personengesellschaft greift die Kürzungsvorschrift des § 9 Nr. 2 GewStG. Dieser Grundsatz führt dazu, dass die entsprechenden Schweizer Betriebsstättengewinne nicht der deutschen Gewerbesteuer unterliegen.

PRAXISHINWEIS: BETRIEBSSTÄTTENEIGENSCHAFT

Die gewerbesteuerliche Kürzungsvorschrift des § 9 Nr. 3 GewStG ist eine nationale Vorschrift. Für die Prüfung, ob eine entsprechende Betriebsstätte vorliegt, ist ausschließlich von Relevanz, ob die Voraussetzungen der einschlägigen Vorschrift des § 12 AO erfüllt sind (R 29 Abs. 1 GewStR); Art. 5 DBA D-CH ist insofern unbeachtlich.

II.2.3. Gesamtsteuerquote

Bei dieser Strukturierung ergibt sich die folgende Gesamtsteuerquote (Deutschland-Schweiz). Die Kalkulation basiert auf einem durchschnittlichen Schweizer Unternehmenssteuersatz von 15 %:[1700]

1698 Vgl. u. a. Grotherr, IWB Fach 3 Gruppe 1, S. 1935/1946; Sieker, IStR 2003, S. 78/79.

1699 Vgl. Abschn. 62 Abs. 1 S. 2 GewStR. Auf eine dogmatische Diskussion, ob die Kürzungsvorschriften des § 9 Nr. 2 und 3 GewStG für ausländische Personengesellschaften oder Betriebsstätten auf Grund § 2 Abs. 1 S. 1 GewStG notwendig sind, kann im Rahmen des vorliegenden Praktikerleitfadens verzichtet werden.

1700 Für die den Kalkulationen zugrunde liegenden Annahmen vgl. C.II.

	Personengesellschaft		Natürliche Person	
	ohne AHV	mit AHV	ohne AHV	mit AHV
Unternehmensebene				
Gewinn vor Steuern	100,00	100,00	100,00	100,00
AHV Schweiz (gerundet 10 %)	0,00	-10,00	0,00	-10,00
Ertragsteuer Schweiz (15 %/ 46 %)	-15,00	-13,50	-46,00	-41,40
Gewinn nach Steuern	85,00	76,50	54,00	48,60
Schweizer Verrechnungssteuer (Quellensteuer); Entnahme	0,00	0,00	0,00	0,00
Netto-Gewinntransfer	**85,00**	**76,50**	**54,00**	**48,60**
davon steuerpflichtig	0,00	0,00	0,00	0,00
Gewerbesteuer	0,00	0,00	0,00	0,00
Körperschaftsteuer (15 %)	0,00	0,00	0,00	0,00
Solidaritätszuschlag auf Körperschaftsteuer (5.5 %)	0,00	0,00	0,00	0,00
Gewinn nach D-Steuern	85,00	76,50	54,00	48,60
Gesellschafterebene				
Entnahmen	85,00	76,50	54,00	48,60
davon steuerpflichtig	0,00	0,00	0,00	0,00
45 % Einkommensteuer (inkl. 3 % Reichensteuer)	0,00	0,00	0,00	0,00
Anrechenbare Schweizer Verrechnungssteuer (Quellensteuer)	0,00	0,00	0,00	0,00
Verbleibender Betrag	**85,00**	**76,50**	**54,00**	**48,60**
GESAMTSTEUERBELASTUNG	**15,00**	**23,50**	**46,00**	**51,40**

Die Kalkulationen beziehen sich ausschließlich auf das zusätzliche Auslandsengagement, das zu den bereits vorliegenden deutschen Aktivitäten forciert werden soll.

Sofern das deutsche Stammhaus eine Personengesellschaftsstruktur ist, werden die entsprechenden Gewinnanteile unmittelbar den jeweiligen Mitunternehmern zugerechnet (§ 15 Abs. 1 Nr. 2 EStG), die annahmegemäß in Deutschland ansässige natürliche Personen sind. Der Progressionsvorbehalt greift auf die übrigen deutschen Einkünfte. Bei einer unterstellten Schweizer Gesamtsteuerbelastung von 15 %[1701] und der Annahme, dass keine Schweizer AHV anfällt, senkt sich bei deutscher Freistellung der Schweizer Betriebsstättengewinne auf Ebene der Mitunternehmer die Gesamtsteuerbelastung von bisher ca. 47.4 %[1702] auf nur noch 15 %. Selbst wenn die

1701 Für attraktivere Schweizer Steuermodelle vgl. A.III.3.
1702 Vgl. C.II.1.3.

AHV anfallen würde, läge die Gesamtbelastung mit rd. 23.5 % immer noch weitaus unter der deutschen Maximalsteuerlast. Bei entsprechend günstiger Ausgangslage kann die Schweizer Unternehmenssteuer weiter reduziert werden.[1703]

Sofern ein Einzelunternehmer oder eine unter die Regelungen des § 18 EStG (Selbständige Arbeit) fallende Person mittels der vorliegenden Struktur investiert, werden aufgrund der Schweizer Besteuerung voraussichtlich keine (wesentlichen) steuerlichen Vorteile erzielt. Die Gesamtsteuerbelastung kann hier bei bis zu 46 % liegen, die bei AHV-Anwendung auf rund 51.4 % ansteigt.[1704] Aus steuerlicher Sicht sind Alternativstrukturen (vgl. Alternative 3, 6 oder 8) oftmals vorzuziehen. Anders wäre dies wiederum bei Begründung der Betriebsstätte in einem steuerlich attraktiven Ort, bspw. im Kanton Schwyz mit einer einkommensteuerlichen Gesamtsteuerbelastung von maximal rund 19 %.

	Natürliche Person	
	ohne AHV	mit AHV
Unternehmensebene		
Gewinn vor Steuern	100,00	100,00
AHV Schweiz (gerundet 10 %)	0,00	-10,00
Ertragsteuer Schweiz (19 %)	-19,00	-17,00
Gewinn nach Steuern	81,00	73,00
Schweizer Verrechnungssteuer (Quellensteuer); Entnahme	0,00	0,00
Netto-Gewinntransfer	**81,00**	**73,00**
davon steuerpflichtig	0,00	0,00
Gewerbesteuer	0,00	0,00
Körperschaftsteuer (15 %)	0,00	0,00
Solidaritätszuschlag auf Körperschaftsteuer (5.5 %)	0,00	0,00
Gewinn nach D-Steuern	81,00	73,00
Gesellschafterebene		
Entnahmen	81,00	73,00
davon steuerpflichtig	0,00	0,00
45 % Einkommensteuer (inkl. 3 % Reichensteuer)	0,00	0,00
Anrechenbare Schweizer Verrechnungssteuer (Quellensteuer)	0,00	0,00
Verbleibender Betrag	**81,00**	**73,00**
GESAMTSTEUERBELASTUNG	**19,00**	**27,00**

1703 Vgl. A.III.3.
1704 Zur (geringen) Schweizer Vermögenssteuer vgl. A.II.5.1.2.1.

II.3. Alternative 3: Deutsche Einzelunternehmung/Personengesellschaft mit einer Beteiligung an einer Schweizer Kapitalgesellschaft

Aus haftungsrechtlichen Gründen ist oftmals ein Auslandsengagement über eine lokale Schweizer Kapitalgesellschaft vorteilhaft. Ferner unterliegen die Unternehmensgewinne juristischer Personen nicht der Schweizer AHV-Pflicht. Die im Einzelfall ggf. kritische Sicherstellung einer fehlenden AHV-Pflicht bei einer klassischen Betriebsstättenstruktur (vgl. C.II.2.1) bedarf bei dieser Struktur somit keiner Beachtung. Hieraus ergeben sich die folgenden steuerlichen Gestaltungsvarianten:[1705]

- Nat. Person/Personengesellschaft:
  - Abgeltungsteuer (Privatvermögen) bzw. Teileinkünfteverfahren (Betriebsvermögen)
  - Volle Anrechnung 15 % CH-Quellensteuer
- Kirchensteuer, Solidaritätszuschlag
- **GewSt:** § 9 Nr. 7 GewStG
- **Annahme:** Keine passiven Einkünfte i. S. d. deutschen AStG

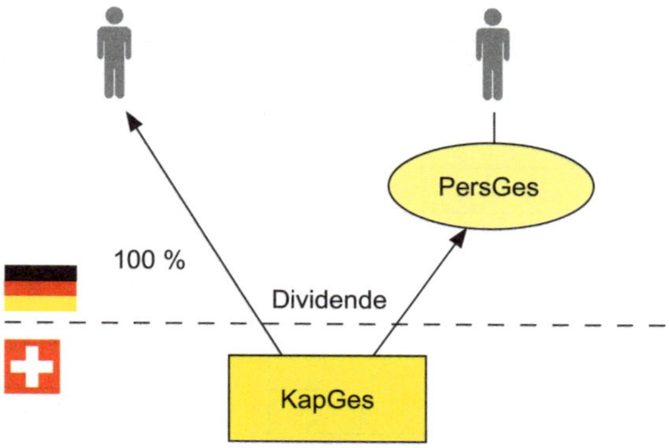

- CH-Gewinnsteuer ca. 12 % – 24 %
- Dividende unterliegt 15 % CH-Quellensteuer
- **Keine** AHV

II.3.1. Besteuerung in der Schweiz

Die Schweizer Kapitalgesellschaft hat sowohl ihren Sitz als auch ihre tatsächliche Geschäftsleitung ausschließlich in der Schweiz. Sie ist somit in der Schweiz für ihren eigenen Gewinn unbeschränkt gewinnsteuerpflichtig (Art. 50 DBG, Art. 20 StHG). Zusätzlich fällt auf kantonaler Ebene eine (geringe) Kapitalsteuer an (Art. 29 StHG). Die Gesamtsteuerbelastung (effektiv; am Kantonshauptort) beträgt rund 12 % - 24 %.

PRAXISHINWEIS: AG ODER GMBH?

Aus steuerlicher Sicht ist es grundsätzlich unbeachtlich, in welcher Rechtsform die Schweizer Kapitalgesellschaft gegründet wird. In der Beratungspraxis sind die gängigen Rechtsformen die Aktiengesellschaft und die GmbH.[1706] Früher wurde hauptsächlich die Rechtsform einer AG gewählt. Dies lag vor allem daran, dass es früher bei der GmbH keine gesetzlichen Pflichten gab, die Bilanzen/GuV der GmbH durch einen unabhängigen Wirtschaftsprüfer (sog. Revisionsstelle) testieren zu lassen – bei der AG war dies dagegen verpflichtend. Hierin manifestierte sich zumindest ein gewisser, fehlender Gläubigerschutz, der in der Praxis bspw. bei der Notwendigkeit von Bankendarlehen zu Nachteilen führen konnte, weshalb regelmäßig mehr AGs gegründet wurden. Durch die Schweizer Gesetzesnovelle[1707] per 1. 1. 2008, unabhängig davon, ob eine

1705 Für eine Analyse der dieser Alternative zugrunde liegenden Annahmen vgl. C.II.

1706 Vgl. Numerus Clausus der Rechtsformen in F.I.

1707 Vgl. F.I.3.

GmbH oder eine AG vorliegt, eine „Testierpflicht“, sofern gewisse Größenklassen erreicht wurden bzw. werden. Seither werden. Seither mehr GmbHs als AGs gegründet.

Eine (Schweizer) Kapitalgesellschaft unterliegt mit ihrem eigenen Gewinn nicht der **AHV-Pflicht**. Dies gilt nicht für die bei der Gesellschaft beschäftigten Arbeitnehmer, wie bspw. den Geschäftsführer.[1708] Die fehlende AHV-Pflicht auf dem Unternehmensgewinn ist – neben den Haftungsvorteilen und Imagefragen – der grundsätzliche Vorteil zu Betriebsstättenstrukturen.

Dividendenausschüttungen an den in Deutschland ansässigen Anteilseigner (natürliche Person) unterliegen (zunächst) der 35 %igen Schweizer Verrechnungssteuer (Quellensteuer; Art. 1 und Art. 13 VStG).[1709]

II.3.2. DBA D-CH und Besteuerung in Deutschland

Die Schweizer Kapitalgesellschaft entfaltet hinsichtlich ihres Gewinnes – zumindest bis zur Dividendenausschüttung – grundsätzlich eine Abschirmwirkung vor einer deutschen Besteuerung. Dies gilt jedoch nur insoweit als die einschlägigen deutschen Missbrauchsvorschriften nicht greifen.[1710] Werden aus der Auslandsinvestition Verluste erzielt, schirmt die ausländische Kapitalgesellschaft diese vor einer deutschen Berücksichtigung ab (sog. Trennungsprinzip).[1711]

Nach Art. 10 Abs. 2 DBA D-CH hat die Schweiz zwar ein Quellenbesteuerungsrecht (Verrechnungssteuer) auf die Gewinnausschüttung. Die Quellensteuer reduziert sich jedoch von 35 % auf 15 % (Art. 10 Abs. 2c DBA D-CH), da eine natürliche Person unmittelbar oder mittelbar über die deutsche Personengesellschaft Anteilseigner ist. Die Differenz wird ausschließlich auf Antrag (Formular 85) erstattet (Erstattungsverfahren nach Art. 28 Abs. 2 DBA D-CH). Eine anteilige Entlastung um 20 %-Punkte an der Schweizer Quelle (Teil-Freistellungsverfahren) kennt die Schweiz nicht.[1712] Vorliegend ist die Höhe der Schweizer Quellensteuer in beiden Fällen gleich, d. h. sowohl für den Fall, dass die Anteile an der schweizerischen Kapitalgesellschaft von einer natürlichen Person unmittelbar als auch alternativ mittelbar über eine deutsche Personengesellschaftsstruktur gehalten werden, verbleibt es bei der voranstehend genannten 15 %igen Schweizer Sockelsteuer.[1713]

Deutschland hat ebenso das DBA-Recht, die Dividende zu besteuern (Art. 10 Abs. 1 DBA D-CH). Die Dividenden unterliegen in Deutschland beim unbeschränkt steuerpflichtigen Anteilseigner (§ 1 Abs. 1 EStG, Welteinkommensprinzip), wenn er die Anteile an der Kapitalgesellschaft

1. im **Privatvermögen** hält, als Einkünfte aus Kapitalvermögen (§ 20 Abs. 1 Nr. 1 EStG) der Abgeltungsteuer (diese beträgt 25 % zuzüglich 5.5 % Solidaritätszuschlag (gesamthaft 26.375 %) und ggf. Kirchensteuer) oder
2. wenn er die Anteile im **Betriebsvermögen** (Mitunternehmer; natürliche Person) hält, als Einkünfte aus Gewerbebetrieb im Rahmen des Teileinkünfteverfahrens (§ 15 Abs. 1 Nr. 2 i.V.m.

1708 Vgl. C.II.5.1. und F.III.2.2.1 bzgl. der möglichen AHV-Fallstricke für nicht-sozialversicherungspflichtige Deutsche mit Schweizer Tätigkeit.

1709 Hinsichtlich der Begrenzung der Schweizer Quellensteuer gemäß DBA D-CH vgl. C.II.3.2.

1710 Vgl. D.

1711 Im Falle einer Hinzurechnungsbesteuerung greift der Ausschluss des § 10 Abs. 1 S. 4 AStG.

1712 Für eine ausführliche Analyse vgl. B.VIII.6.2.1.

1713 Vgl. B.VIII.7. mit ausführlichen Beispielen.

§ 20 Abs. 8 EStG)[1714] der Einkommensteuer von maximal 42 % (ggf. zzgl. 3 %-Punkte Reichensteuer), zuzüglich 5.5 % Solidaritätszuschlag und ggf. Kirchensteuer.

Die festgesetzte, gezahlte und keinem Ermäßigungsanspruch mehr unterliegende Schweizer Quellensteuer (Verrechnungsteuer) kann auf die deutsche Einkommensteuer angerechnet werden (§ 34c Abs. 1 EStG).

PRAXISHINWEIS

Deutschland rechnet die Schweizer Quellensteuer nur in der Höhe an, wie sie abkommensrechtlich maximal erhoben werden darf. Folglich wird die Schweizer Verrechnungssteuer nur in Höhe von 15 % und nicht in Höhe von 35 % angerechnet. Für den Differenzbetrag muss der deutsche Anteilseigner innerhalb der Frist des Art. 28 Abs. 3 DBA D-CH (drei Jahre) einen entsprechenden Erstattungsantrag stellen (Formular 85).

Obwohl die Dividende im Rahmen des Teileinkünfteverfahrens (Betriebsvermögen) grundsätzlich zu 60 %versteuert wird,[1715] kennt § 34c Abs. 1 EStG keine entsprechende Begrenzung der Anrechnung (vgl. R 34c Abs. 2 Satz 3 EStR), d. h. die Schweizer Steuer wird grundsätzlich in voller Höhe (15 %) angerechnet.[1716]

PRAXISHINWEIS: ABZUG STATT ANRECHNUNG

Sofern in Deutschland, bspw. aufgrund einer Verlustsituation, keine entsprechende Einkommensteuer anfällt, kann die ausländische Steuer nicht angerechnet werden. Es ist vorteilhaft, die ausländische Steuer auf Antrag zum Abzug zu bringen (§ 34c Abs. 2 EStG). Hierdurch erhöht sich (zumindest) das steuerliche Verlustvor- bzw. das Verlustrücktragspotenzial.

Gewerbesteuer

Werden die Anteile der Schweizer Kapitalgesellschaft im Privatvermögen gehalten, unterliegen die Dividenden in Deutschland keiner Gewerbesteuer. Im Betriebsvermögen sind die gewerbesteuerlichen Hinzurechnungs- und Kürzungsvorschriften zu beachten. Bei Dividenden, die im Gewinn aus Gewerbebetrieb nach § 7 GewStG wegen der Anwendung des Teileinkünfteverfahrens nur zu 60 % (etwa Einzelunternehmer/ Personengesellschaft als Anteilseigner) enthalten sind und die nicht die Voraussetzungen des § 9 Nr. 7 GewStG erfüllen, werden die steuerfrei gestellten Einkunftsteile wieder dem Gewerbeertrag **hinzugerechnet** (§ 8 Nr. 5 GewStG). Die deutsche Gewerbesteuerpflicht auf ausländische Dividendenerträge wird somit nur dann vermieden,[1717] sofern die Voraussetzungen des § 9 Nr. 7 GewStG erfüllt sind. Dies gilt es in der Strukturierung möglichst sicherzustellen.

1714 Subsidiaritätsprinzip.

1715 Nach § 12 Nr. 3 EStG darf die Schweizer Steuer nicht abgezogen werden, sodass die Nettodividende zzgl. der Schweizer Quellensteuer den Regelungen im deutschen Teileinkünfteverfahren unterliegt.

1716 Die Anrechnung der ausländischen Steuer auf die deutsche Steuer ist auf den so genannten Höchstbetrag begrenzt (§ 34c Abs. 1 S. 2 EStG). Die Aufteilung erfolgt nach dem Verhältnis der ausländischen Einkünfte zur Summe aller Einkünfte, sodass Sonderausgaben und außergewöhnliche Aufwendungen bei der Anrechnung nicht berücksichtigt werden. Diese Vorgehensweise der Anrechnungsmethode verstößt gegen die Kapitalverkehrsfreiheit (die Unionswidrigkeit besteht für Einkünfte aus EU/EWR-Mitgliedsstaaten gleichermaßen wie für Einkünfte aus Drittstaaten (Anschluss an EuGH-Urteil v. 28. 2. 2013 C-168/11, Beker und Beker, DStR 2013, S. 518 ff.).

1717 Zur Frage ob die Brutto- oder Nettobeteiligungserträge bzw. die mit diesen Beteiligungserträgen im Zusammenhang stehenden Aufwendungen zu berücksichtigen sind, vgl. BFH v. 25. 1. 2006, I R 104/04, IStR 2006, S. 316 ff., insbesondere Anmerkungen S. 318/319.

II.3.3. Gesamtsteuerquote

Im Vergleich zu einer ausschließlichen Investition in Deutschland, bei dem eine Kapitalgesellschaft involviert ist, sinkt in dieser Struktur die Gesamtsteuerbelastung auf rund 36.7 % bei Privatvermögen bzw. rund 38.5 % bei Betriebsvermögen. Dies verdeutlichen die nachfolgenden Kalkulationen:[1718]

	Privat-vermögen	Betriebs-vermögen
Unternehmensebene		
Gewinn vor Steuern	100,00	100,00
Ertragsteuer Schweiz (15 %)	-15,00	-15,00
Gewinn nach Steuern	85,00	85,00
Schweizer Verrechnungssteuer (Quellensteuer, gem. DBA D-CH 15 %)	-12,75	-12,75
Netto-Gewinntransfer	**72,25**	**72,25**
davon steuerpflichtig	0,00	0,00
Gewerbesteuer	0,00	0,00
Körperschaftsteuer (15 %)	0,00	0,00
Solidaritätszuschlag (5.5 %)	0,00	0,00
Gewinn nach D-Steuern	72,25	72,25
Gesellschafterebene		
Ausschüttung	72,25	72,25
steuerpflichtig (inkl. Quellensteuer); 60 %	85,00	51,00
PV: Abgeltungsteuer (25 %) / BV: Teileinkünfteverfahren	-21,25	-22,95
Anrechenbare Schweizer Verrechnungssteuer (Quellensteuer)	12,75	12,75
Solidaritätszuschlag (5.5 %)	-0,47	-0,56
Verbleibender Betrag	**63,28**	**61,49**
GESAMTBELASTUNG	**36,72**	**38,51**

Die Reduktion basiert auf der niedrigen Schweizer Unternehmenssteuer. Dabei wurde unterstellt, dass die nicht rückforderbare Schweizer Verrechnungsteuer in Höhe von 15 % vollständig auf die deutsche Einkommensteuer angerechnet werden kann und das Erstattungsverfahren über die abkommensrechtlich zu hohe Schweizer Verrechnungsteuer (20 %-Punkte) erfolgreich durchgeführt wird. Aufgrund der Dividendenausschüttung an den deutschen Anteilseigner greift mit der Abgeltungsteuer (Privatvermögen) bzw. dem Teileinkünfteverfahren (Betriebsver-

1718 Für die den Kalkulationen zugrunde liegenden Annahmen vgl. C.II.

mögen) eine weitere Besteuerungsebene, sodass ein maßgeblicher Teil der niedrigeren Schweizer Besteuerung wieder aufgezehrt wird.[1719] Deutsche Kirchensteuer fällt annahmegemäß mangels Kirchensteuerpflicht nicht an.

II.4. Alternative 4: Zwischenschaltung einer deutschen Kapitalgesellschaft als Stammhaus einer Schweizer Betriebsstätte

Kennzeichnet sich die deutsche Ausgangslage durch eine Kapitalgesellschaft, die in Deutschland ihren Sitz und tatsächliche Geschäftsleitung hat, liegt bei einer Investition über eine Schweizer Betriebsstätte bzw. Personengesellschaft die folgende Struktur vor:[1720]

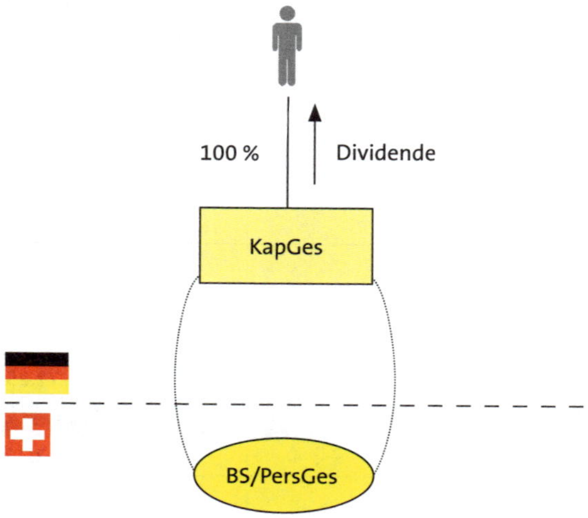

- Abgeltungsteuer (Privatvermögen)
- Solidaritätszuschlag
- ggf. Kirchensteuer

- **Freistellung** der Betriebsstättengewinne unter Progressionsvorbehalt

  Voraussetzung: Aktive Tätigkeit i. S. d. Art. 24 Abs. 1 Nr. 1a DBA D-CH
  Ausnahme: Switch-over Klausel (§ 20 Abs. 2 AStG)

- Gewerbesteuerkürzung nach § 9 Nr. 2 oder Nr. 3 GewStG

- CH-Gewinnsteuer ca. 12 % – 24 %
- Entnahme, damit **keine** CH-Quellensteuer
- **Keine** AHV

II.4.1. Besteuerung in der Schweiz

Die deutsche Kapitalgesellschaft ist in der Schweiz mit ihren Betriebsstätteneinkünften beschränkt steuerpflichtig (Art. 51 Abs. 1 Bst. b i.V. m. Art. 52 Abs. 2 DBG). Nach Art. 11 DBG werden Personengesamtheiten ohne juristische Persönlichkeit (hier Betriebsstätte) entsprechend den Vorschriften für juristische Personen besteuert.[1721] Zusätzlich fällt auf Kantonsebene eine (geringe) Kapitalsteuer an. Die Schweizer Gesamtsteuerbelastung (effektiv; am Kantonshauptort) beträgt rund 12 % - 24 %.

Die Betriebsstätte ist die unselbständige Zweigniederlassung des (deutschen) Stammhauses. Die Schweizer Betriebsstätte und das deutsche Stammhaus bilden ein sog. Einheitsunternehmen. Der Betriebsstättengewinn wird ohne Dividendenausschüttung dem deutschen Stammhaus zugerechnet, d. h. der Betriebsstättengewinn kann durch das Stammhaus durch einfache

1719 Dies basiert auf der Annahme, dass die Gewinne vollumfänglich an die Anteilseigner ausgeschüttet werden. Sofern die Gewinne thesauriert oder investiert werden, greift diese zusätzliche Besteuerungsebene dagegen nicht.

1720 Für eine Analyse der dieser Analyse zugrunde liegenden Annahmen vgl. C.II.

1721 Dies gilt auch für den Fall der Strukturierung der Auslandsinvestition über eine Personengesellschaft statt über eine Betriebsstätte (vgl. Art. 51 Abs. 1 Bst. a i.V. m. Art. 52 Abs. 2 DGB).

Entnahme entnommen werden. Mangels Dividendenausschüttungen fällt somit auch keine Schweizer Quellensteuer (Verrechnungssteuer) an.

Aufgrund der zwischengeschalteten Kapitalgesellschaft ist zivilrechtlicher Unternehmensträger eine juristische Person. Dass diese ihren Sitz und tatsächliche Geschäftsleitung außerhalb der Schweiz hat, ist insofern unbeachtlich. Auf den eigenen Gewinn der Betriebsstätte ist deshalb keine **AHV** abzuführen.

II.4.2. DBA D-CH und Besteuerung in Deutschland

Das DBA D-CH weist dem Betriebsstättenstaat Schweiz das Besteuerungsrecht der dort realisierten Gewinne zu (Art. 7 Abs. 1 i. V. m. Art. 5 DBA D-CH). Dies greift analog, falls die Investition mittels Schweizer Personengesellschaft strukturiert wird (Art. 7 Abs. 7 Satz 1 DBA D-CH).[1722]

In Deutschland werden zur Vermeidung einer Mehrfachbesteuerung[1723] die der Betriebsstätte wirtschaftlich zuzuweisenden Gewinne unter Progressionsvorbehalt freigestellt (Art. 24 Abs. 1 Nr. 1a DBA D-CH i. V. m. § 32b Abs. 1 Nr. 3 EStG)[1724], sofern der abkommensrechtliche Aktivitätsvorbehalt (Art. 24 Abs. 1 Nr. 1a DBA D-CH) erfüllt ist (ansonsten Anrechnungsmethode[1725]).[1726] Der Progressionsvorbehalt, d. h. die satzbestimmende Freistellung läuft bei der Körperschaftsteuer (Flat Tax von 15 %) ins Leere. Darüber hinaus ist für alle Wirtschaftsjahre, die nach dem 31. 12. 2002 beginnen, zu beachten, dass aufgrund der switch-over Klausel des § 20 Abs. 2 AStG[1727] die Freistellungsmethode ggf. durch die Anrechnungsmethode substituiert wird,[1728] sofern die weiteren Voraussetzungen zur Hinzurechnungsbesteuerung greifen.[1729] Annahmegemäß soll aber keine deutsche Missbrauchsvorschrift vorliegend Anwendung finden.

1722 Art. 7 Abs. 7 S. 2 DBA D-CH ist für das Sonderbetriebsvermögen und die entsprechenden Sonderbetriebseinnahmen und -ausgaben zu beachten. Vgl. auch Praxishinweis zu C.II.2.2. sowie B.VII.

1723 Das deutsche Stammhaus hat in Deutschland seinen Sitz und die (tatsächliche) Geschäftsleitung und unterliegt grundsätzlich der unbeschränkten deutschen Steuerpflicht (§ 1 Abs. 1 KStG) mit dem Welteinkommen.

1724 Vgl. auch BMF v. 26. 9. 2014 IV B 5 – S 1300/09/10003, Anwendung der Doppelbesteuerungsabkommen auf Personengesellschaften, Tz. 4.1.1.2.

1725 Die Anrechnung der ausländischen Steuer auf die deutsche Steuer ist auf den so genannten Höchstbetrag begrenzt (§ 34c Abs. 1 S. 2 EStG). Die Aufteilung erfolgt nach dem Verhältnis der ausländischen Einkünfte zur Summe aller Einkünfte, sodass Sonderausgaben und außergewöhnliche Aufwendungen bei der Anrechnung nicht berücksichtigt werden. Diese Vorgehensweise der Anrechnungsmethode verstößt gegen die Kapitalverkehrsfreiheit (vgl. EuGH v. 28. 2. 2013, C – 168/11; BFH/NV 13, S. 889).

1726 Zur steuerlichen Behandlung von Verlusten, die von ausländischen Unternehmenseinheiten erzielt werden, wird auf die aktuelle Rechtsprechung und Diskussion in der Fachliteratur verwiesen, etwa BFH v. 5. 2. 2014, I R 48/11, BB 2014, S. 1046 (da die Niederlassungsfreiheit nicht auf Drittstaaten wie die Schweiz ausstrahlt, soll die Berücksichtigung finaler Betriebsstättenverluste nicht für Drittstaaten gelten; BFH-Revision unter I R 56/12). Der BFH hat am 24. 4. 2014, I R 56/12 festgestellt, dass der Gründungsaufwand für eine im Ausland belegene feste Einrichtung eines Freiberuflers nicht zum Betriebsausgabenabzug in Deutschland führt, selbst dann, wenn die Errichtung der festen Einrichtung später scheitert, also sog. vergebliche vorweggenommene Aufwendungen i. S. d. BMF-Schreibens v. 24. 12. 1999, BStBl. I 1999, S. 1076, Tz. 2.9.1 vorliegen.

1727 Dienstleistungsbetriebsstätten i. S. d. § 8 Abs. 1 Nr. 5a AStG unterliegen nach § 20 Abs. 2 S. 2 AStG per Fiktion nicht der switch-over Klausel.

1728 Vgl. D.IV.6.3. und C.II.2.2.

1729 Vgl. D.IV.6.1.

Gewerbesteuer

Bei der **Gewerbesteuer** ist die Vorschrift des § 2 Abs. 1 Satz 1 GewStG zu beachten. Beim Vorliegen einer Betriebsstätte i. S. d. § 12 AO greift ferner die Kürzungsvorschrift des § 9 Nr. 3 GewStG bzw. § 9 Nr. 2 GewStG bei Personengesellschaften. Folglich unterliegt der Betriebsstättengewinn nicht der deutschen Gewerbesteuer.

PRAXISHINWEIS

Wegen der Gewerbesteuerkürzung kann eine entsprechende Investition mittels einer Schweizer Betriebsstätte auch dann große steuerliche Vorteile auslösen, wenn aufgrund der switch-over Klausel die Anrechnungsmethode anstelle der Freistellungsmethode Anwendung findet (§ 20 Abs. 2 AStG). Hintergrund: Sofern die Schweizer Gewinnsteuer vollständig auf die deutsche Körperschaftsteuer angerechnet werden kann, wird in dieser Gestaltung zumindest die deutsche Gewerbesteuerbelastung gespart, die durchschnittlich zwischen 12 %–18 % der Einkünfte beträgt. Dies kann bei entsprechenden Betriebsstättenumsätzen im Einzelfall eine erhebliche Steuerersparnis darstellen.[1730]

Bei einer Gewinnausschüttung der deutschen Kapitalgesellschaft erfolgt auf Ebene des Anteilseigners (natürliche Person) im Rahmen der Abgeltungsteuer (Privatvermögen) mit der Einkommensteuer i. H.v. 25 % zuzüglich 5.5 % Solidaritätszuschlag (gesamthaft 26.375 %) und ggf. zuzüglich 8 % / 9 % Kirchensteuer eine zusätzliche, deutsche Besteuerung (§ 20 Abs. 1 Nr. 1 i.V. m. § 32d EStG).

PRAXISHINWEIS: SCHWEIZER BETRIEBSSTÄTTENHOLDING?[1731]

Aufgrund der abkommensrechtlichen Freistellung der Schweizer Betriebsstätteneinkünfte liegt die Überlegung nahe, ausländische Tochterkapitalgesellschaften der Schweizer Betriebsstätte zuzuordnen (Betriebsstättenholding). Überraschend gelangte der BFH in seinem Urteil vom 7. 8. 2002[1732] zum Ergebnis, dass sich Dividendeneinkünfte nicht den in Art. 24 Abs. 1 Nr. 1a DBA D-CH aufgelisteten aktiven Tätigkeiten zuordnen lassen. In der Folge greift mangels Erfüllung der abkommensrechtlichen Aktivitätsklausel (Art. 24 Abs. 1 Nr. 1a DBA D-CH) die Anrechnungs- statt der Freistellungsmethode (Art. 24 Abs. 1 Nr. 2 DBA D-CH). Dieses Ergebnis ist steuerlich unsachgerecht, stellen „Holdingtätigkeiten" (u. a. Vereinnahmen von Dividenden) selbst im AStG eine aktive Tätigkeit dar (§ 8 Abs. 1 Nr. 8 AStG). Vgl. auch ausführlich D.IV.6.1.3.7.).

II.4.3. Gesamtsteuerquote

Die Gesamtsteuerbelastung sinkt auf rund 37.5 %. Das vergleichbare deutsche Investment, bei dem eine Kapitalgesellschaft involviert ist, würde dagegen einer Gesamtsteuerbelastung von mehr als 48 %[1733] unterliegen.

Dass kein größerer Steuervorteil entsteht liegt daran, dass in Deutschland eine Kapitalgesellschaft zwischengeschaltet ist. Werden die freigestellten Betriebsstättengewinne ausgeschüttet, greift mit der Abgeltungsteuer (Privatvermögen) eine zusätzliche, deutsche Besteuerungsebene.[1734] Der Vorteil aus der niedrigen Schweizer Unternehmensbesteuerung geht zumindest teil-

1730 Zur Frage der Vorteilhaftigkeit der Kürzung von Betriebsstättengewinnen bei der deutschen Gewerbesteuer im Falle der Anwendung von § 35 EStG vgl. C.II.2.2.

1731 Für eine ausführliche Analyse vgl. B.XVI.2.3.

1732 Vgl. BFH v. 7. 8. 2002, BStBl. II 2002, S. 848 ff.

1733 Vgl. C.II.1.3.

1734 Dies basiert auf der Annahme, dass die Gewinne vollumfänglich an die Anteilseigner ausgeschüttet werden. Sofern die (Betriebsstätten)Gewinne thesauriert oder investiert werden, greift diese zusätzliche Besteuerungsebene dagegen nicht.

weise wieder verloren, solange die Schweizer Betriebsstättengewinne auf Ebene des deutschen Stammhauses nicht thesauriert oder reinvestiert werden. Dies verdeutlichen die nachfolgenden Kalkulationen:[1735]

Unternehmensebene	
Gewinn vor Steuern	100,00
Ertragsteuer Schweiz (15 %)	-15,00
Gewinn nach CH-Steuern	85,00
Schweizer Verrechnungssteuer (Quellensteuer); Entnahme	0,00
Netto-Gewinntransfer	**85,00**
davon steuerpflichtig	0,00
Gewerbesteuer	0,00
Körperschaftsteuer (15 %)	0,00
Solidaritätszuschlag (5.5 %)	0,00
Gewinn nach D-Steuern	85,00
Gesellschafterebene	
Ausschüttung	85,00
davon steuerpflichtig	85,00
Abgeltungsteuer (25 %)	-21,25
Anrechenbare Schweizer Verrechnungssteuer (Quellensteuer)	0,00
Solidaritätszuschlag (5.5 %)	-1,17
Verbleibender Betrag	**62,58**
GESAMTBELASTUNG	**37,42**

II.5. Alternative 5: „Kapitalgesellschaftskonzern" – deutsche Kapitalgesellschaft mit Schweizer Tochterkapitalgesellschaft

Die Investition mittels einer Schweizer Kapitalgesellschaft entspricht klassischen KMU-Strukturen, was die nachfolgende Grafik verdeutlicht:[1736]

1735 Für die den Kalkulationen zugrunde liegenden Annahmen vgl. C. I.

1736 Für eine Analyse der dieser Alternative zugrunde liegenden Annahmen vgl. C.II. Kirchensteuer fällt annahmegemäß nicht an.

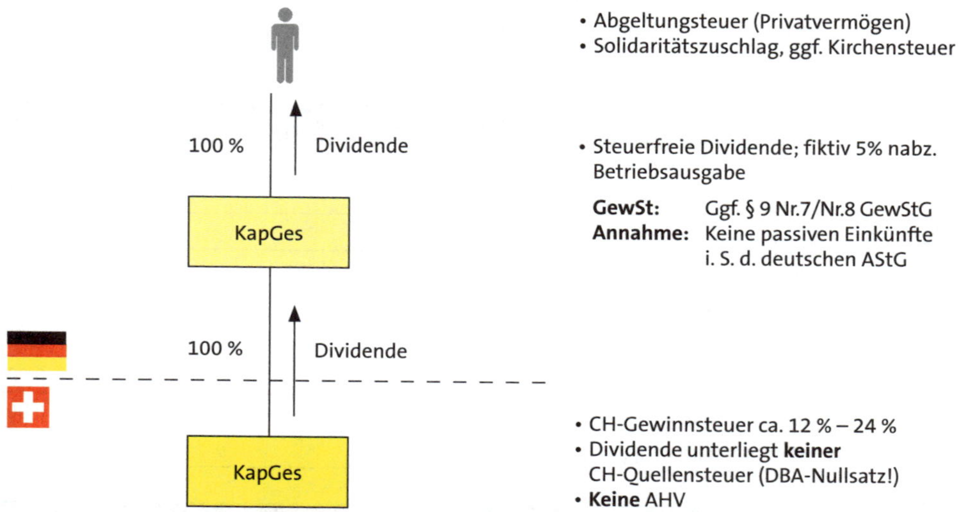

Die skizzierte Alternative kann auch die Ausgangslage für einen typischen internationalen Holdingaufbau bilden. Die Schweizer Kapitalgesellschaft könnte hierzu die Funktion einer Holdinggesellschaft innehaben, die als solche weitere (aktiv tätige)[1737] Beteiligungen hält. Die möglichen steuerlichen Vor- und Nachteile einer Schweizer Holdinggesellschaft im Vergleich zu einer deutschen Holdingstruktur werden in A.III.3.5.2. gegenüber gestellt.

II.5.1. Besteuerung in der Schweiz

Die Schweizer Kapitalgesellschaft hat sowohl ihren Sitz als auch ihre tatsächliche Geschäftsleitung in der Schweiz. Sie ist in der Schweiz mit ihrem Gewinn unbeschränkt gewinnsteuerpflichtig (Art. 50 DBG, Art. 20 StHG). Zusätzlich fällt auf Kantonsebene eine (geringe) Kapitalsteuer an (Art. 29 StHG). Die Schweizer Gesamtsteuerbelastung (effektiv; am Kantonshauptport) beträgt rund 12 % - 24 %.

Dividendenausschüttungen an den in Deutschland ansässigen Anteilseigner (juristische Person) unterliegen (zunächst) der 35 %igen Schweizer Verrechnungssteuer (Quellensteuer; Art. 1, 13 VStG), die nach Art. 10 Abs. 3 DBA D-CH auf 0 % reduziert werden kann (vgl. nachfolgend).[1738]

Da der Schweizer Unternehmensträger eine Kapitalgesellschaft ist, liegt hinsichtlich des eigenen Unternehmensgewinnes der Kapitalgesellschaft keine AHV-Pflicht vor.

PRAXISHINWEIS: GEFAHR DER AHV-PFLICHT FÜR VERWALTUNGSRÄTE

Sofern ein deutscher Gesellschafter-Geschäftsführer zusätzlich als Verwaltungsrat der Schweizer AG fungiert, kann dies ungewollte sozialversicherungsrechtliche Konsequenzen auslösen: Mangels deutscher Sozialversicherungspflicht des Gesellschafter-Geschäftsführers kann dieser aufgrund der Schweizer AHV-Pflicht auf die eigenen Verwaltungsratsvergütungen insgesamt, d. h. auch einschließlich seiner deutschen Vergütungen, der Schweizer AHV (1. Säule) unterworfen werden.

1737 Für eine Analyse der aktiven Tätigkeiten i. R. d. deutschen Hinzurechnungsbesteuerung vgl. D.IV.6.1.3.

1738 Hinsichtlich der Begrenzung der Schweizer Quellensteuer gemäß DBA D-CH vgl. C.II.5.2.

Diese Problematik ist nicht auf Gesellschafter-Geschäftsführer mit Schweizer Verwaltungsratstätigkeit beschränkt. Sie besteht vielmehr bei allen ähnlich gelagerten Sachverhalten, bei denen in Deutschland keine sozialversicherungspflichtige Tätigkeit ausgeübt wird.[1739]

Sofern eine sozialversicherungspflichtige Tätigkeit für verschiedene Arbeitgeber in verschiedenen Staaten ausgeführt wird, vorliegend konkret in der Schweiz und in Deutschland, würde allerdings die Unterstellung unter das deutsche Sozialversicherungssystem greifen und zwar unabhängig vom Grad der jeweiligen Beschäftigung (vgl. VO 884/04[1740]). Bei Tätigkeit für den gleichen Arbeitgeber in verschiedenen Staaten verbleibt es nach Art. 13 Abs. 1a VO 883/04 bei der Unterstellung im Wohnsitzstaat, sofern die dortige Tätigkeit mehr als 25 % ausmacht (Zeit oder Lohn). Umfasst die Tätigkeit im Wohnsitzstaat dagegen weniger als 25 %, dann erfolgt die Unterstellung an den Sitzstaat des Arbeitgebers (Art. 1 VO 883/04).

II.5.2. DBA D-CH und Besteuerung in Deutschland

Soweit keine deutschen Missbrauchsvorschriften greifen (vgl. D), entfaltet die Schweizer Kapitalgesellschaft bis zu einer Dividendenausschüttung eine Abschirmwirkung vor einer deutschen Gewinnbesteuerung. Werden durch Auslandsinvestition Verluste erzielt, schirmt die ausländische Kapitalgesellschaft diese ebenfalls vor einer deutschen Berücksichtigung ab (sog. Trennungsprinzip).

Im Falle einer Dividendenausschüttung hat die Schweiz das Recht, eine Quellensteuer (Verrechnungssteuer) zu erheben. Dividendenausschüttungen an einen deutschen Anteilseigner können seit 2002 der sog. Nullregelung unterliegen, sodass die Schweizer Quellensteuer von 35 % auf Null reduziert würde (Art. 10 Abs. 3 DBA D-CH). Die Voraussetzungen sind, dass der Anteilseigner unmittelbar wesentlich, d. h. seit mindestens zwölf Monaten (Mindestbeteiligungsdauer) zu mindestens 10 % (Mindestbeteiligungshöhe) beteiligt ist und die Dividende auch dem deutschen Anteilseigner wirtschaftlich zuzurechnen ist.[1741] Die Denkavit-Rechtsprechung des EuGH findet auch auf Art. 10 Abs. 3 DBA D-CH Anwendung

PRAXISHINWEISE

Die Anwendung der Nullregelung, d. h. die Entlastung von der Schweizer Verrechnungssteuer kann entweder mittels Meldeverfahren[1742] oder mittels Erstattungsverfahren (Formular 85) erfolgen.

Das Gesuch um Bewilligung zur Inanspruchnahme des Meldeverfahrens kann bei deutschen Dividendenempfängern entweder mittels Formular 823B (bei Anwendung des DBA D-CH) oder mittels Formular 823C (bei Anwendung von Art. 15 Abs. 1 ZBStA; vgl. B.VIII.6.) eingereicht werden. Wird die Bewilligung erteilt, ist die Dividende mittels Formular 108, welches zusammen mit Formular 103 (bei AG), 110 (bei GmbH) oder 102 (a. o. GV-Beschlüsse) eingereicht wird, zu deklarieren. Für die Deklaration besteht eine Frist von 30 Tagen.

Das Schweizer Bundesgericht hat entschieden, dass die 30 tägige Frist zur Einreichung der Formulare 108 als gesetzliche Verwirkungsfrist qualifiziert und damit nicht erstreckbar ist (BGE 2C_756/2010). Dieser Bundesgerichtsentscheid wird von der ESTV strikt umgesetzt. Wird die 30tägige Frist nicht eingehalten, fallen auf den Betrag der Verrechnungssteuer Verzugszinsen in der Höhe von 5 % pro Jahr an und das Recht auf das Meldeverfahren ist automatisch verwirkt. Dies bedeutet, dass die Verrechnungssteuer (zuzüglich Verzugszins) zu bezahlen ist und anschließend – ohne den bezahlten Verzugszins – vom Dividendenbezüger wieder zurückzufordern ist (Erstattungsverfahren).

1739 Vgl. F.III.5.

1740 Vgl. F.III.5.

1741 Für eine Detailanalyse der materiellen und formellen Voraussetzungen sowie Beispielsfälle vgl. B.VIII.6. und B.VIII.7.

1742 In Deutschland Freistellungsverfahren genannt.

Sofern der deutsche Anteilseigner (juristische Person) nicht die Voraussetzungen von Art. 10 Abs. 3 DBA D-CH erfüllt, beträgt die Schweizer Quellensteuer 15 % (Art. 10 Abs. 2c DBA D-CH). Die Entlastung um 20 %-Punkte kann ausschließlich mittels Erstattungsantrag (Formular 85) erreicht werden. Ein dem deutschen Teilfreistellungsverfahren vergleichbares Verfahren kennt die Schweiz nicht.

Darüber hinaus hat die Schweiz mit den EU-Mitgliedsländern zum 1. 7. 2005 das **EU-Zinsbesteuerungsabkommen** in Kraft gesetzt. Hiernach wird u. a. die Besteuerung von Dividenden, Zinsen und Lizenzgebühren zwischen verbundenen Unternehmen im Quellenstaat weitgehend abgeschafft, soweit eine unmittelbare Beteiligung von mindestens 25 % seit mindestens zwei Jahren[1743] gehalten wird (Art. 15 Zinsbesteuerungsabkommen EU-CH). Dadurch werden europaweit ausgeübte Aktivitäten über eine Schweizer Holding steuerlich entlastet. Diese Regelungen entsprechen teilweise den damaligen Regelungen der EU Mutter-Tochter-Richtlinie sowie der EU Zins- und Lizenzrichtlinie. Im Resultat erreicht die Schweiz eine faktische Teilnahme an der Mutter-Tochter-Richtlinie sowie an der Zins-/Lizenzgebühren-Richtlinie der EU.

PRAXISHINWEIS

Im Verhältnis Deutschland-Schweiz ist hinsichtlich der Dividendenausschüttungen die voranstehend skizzierte abkommensrechtliche Regelung des Art. 10 Abs. 3 DBA D-CH regelmäßig günstiger, da zur Anwendung von Art. 15 EU Zinsbesteuerungsabkommen eine zweijährige Mindesthaltefrist bei einer unmittelbaren Beteiligung in Höhe von mindestens 25 % vorliegen muss. Für die abkommensrechtliche Nullregelung reicht dagegen eine wesentliche Beteiligung in Höhe von 10 % und bei einer Haltefrist von mindestens zwölf Monaten aus.

Als Wohnsitzstaat hat Deutschland (ebenfalls) das Recht, die Dividende zu besteuern (Art. 10 Abs. 1 DBA D-CH). Beim deutschen Anteilseigner (juristische Person) bleibt die vereinnahmte Dividende bei der Ermittlung des Einkommens außer Ansatz (§ 8b Abs. 1 KStG),[1744] sofern kein Ausschluss i. S. d. § 8b Abs. 7 und 8 KStG greift.[1745] Dabei wird in der Fachliteratur auf Basis des BFH-Urteils vom 29. 8. 2012[1746] die Auffassung vertreten, dass die 5 %igen Besteuerung bei der Körperschaftsteuer auch nicht durch ein DBA-Schachtelprivileg wie etwa in Art. 24 Abs. 1 Nr. 1b DBA D-CH, entfällt.[1747] Seit dem 1. 3. 2014 sind ferner die Voraussetzungen von § 8b Abs. 4 KStG zu erfüllen (verkürzt dargestellt sind 10 % Mindestbeteiligung seit Beginn des Kalenderjahres für die Anwendung von Abs. 1 notwendig). Die steuerliche Fiktion, dass 5 % dieser Auslandsdividende nicht als Betriebsausgabe abgezogen werden dürfen (§ 8b Abs. 5 KStG), führt im wirtschaftlichen Ergebnis zu einer rund 1.5 %igen Besteuerung der Dividende.[1748]

1743 Vgl. auch B.VIII.5. Für eine weitergehende Analyse der entsprechenden Voraussetzungen und Anwendungsmöglichkeiten vgl. u. a. Helbing/Wettli, Der Schweizer Treuhänder 2006, S. 81 ff.; Huber/Helbing/Kubaile, Steuer Revue 12/2004, S. 822; Huber/Helbing/Kubaile/Raab, Steuer Revue 12/2005, S. 914 und 6/2006, S. 394 ff.

1744 Die nationale Norm des § 8b KStG ist (derzeit) i. d. R. vorteilhafter als die Regelungen zum sog. internationalen Schachtelprivileg (Art. 24 Abs. 1 Nr. 1b DBA D-CH).

1745 Sofern mangels einer mindestens 10 %igen Beteiligung die abkommensrechtliche Nullregelung des Art. 10 Abs. 3 DBA D-CH nicht greift und somit die Schweiz eine 15 %ige Quellensteuer erhebt (Art. 10 Abs. 2c DBA D-CH), kann diese Quellensteuer nicht in Deutschland angerechnet oder abgezogen werden; Seit dem Inkrafttreten des Steuersenkungsgesetzes 2001 besteht die Möglichkeit der indirekten Anrechnung nicht mehr (§ 26 Abs. 2 KStG a. F.).

1746 Vgl. BFH v. 29. 8. 2012, I R 7/12, BStBl. II 2013, S. 89 ff.

1747 Vgl. etwa Blumenberg, StbJB 2012/2013, S. 461 ff.

1748 Entsprechend 95 %ige Freistellung bei der Gewerbesteuer unterstellt.

Gewerbesteuer

Die für die Körperschaftsteuer geltende Befreiung des § 8b KStG greift grundsätzlich auch für die Gewerbesteuer (§ 7 GewStG). Folglich sind in- und ausländische Dividendenerträge nicht im Gewinn aus Gewerbebetrieb i. S. d. § 7 GewStG enthalten. Allerdings sind gewerbesteuerliche Hinzurechnungs- und Kürzungsvorschriften zu beachten.[1749] Grundsätzlich greift die Hinzurechnungsvorschrift[1750] des § 8 Nr. 5 GewStG.[1751] Sofern die Voraussetzungen des § 9 Nr. 7 GewStG erfüllt sind, fällt keine Gewerbesteuer an.[1752] Die Kürzungsvorschrift von § 9 Nr. 8 GewStG kann ebenfalls Anwendung finden. Hierbei wird die Mindestbeteiligungshöhe gemäß abkommensrechtlichen Schachtelprivilegs (Art. 24 Abs. 1 Nr. 1b DBA D-CH) auf 15 % festgelegt. In der Strukturierung ist möglichst sicherzustellen, dass zumindest eine der gewerbesteuerlichen Kürzungsvoraussetzungen Anwendung findet.

PRAXISHINWEIS

Für die Beratungspraxis könnte es zukünftig wichtig werden, welche der gewerbesteuerlichen Kürzungsvorschriften greift.

Hintergrund:

In der Fachliteratur auf Basis des BFH-Urteils vom 29. 8. 2012[1753] ist die Auffassung vertreten, dass die 5 %ige Schachtelstrafe aus § 8b Abs. 5 KStG bei der Körperschaftsteuer auch nicht durch ein DBA-Schachtelprivileg – wie etwa in Art. 24 Abs. 1 Nr. 1b DBA D-CH – entfällt.[1754] Bei der Gewerbesteuer ist dies bisher höchstrichterlich nicht entschieden.

Das FG Münster hat jetzt zumindest im Kontext der Dividendenausschüttung einer ausländischen Kapitalgesellschaft an eine deutsche Organgesellschaft entschieden, dass die Dividende für gewerbesteuerliche Zwecke vollständig von der Gewerbesteuer zu befreien ist.[1755] Derzeit ist nicht absehbar, ob das Urteil auch für Ausschüttungen an eine nicht in einen Organkreis integrierte Kapitalgesellschaft gilt. Gegen das FG-Urteil ist wegen der grundsätzlichen Bedeutung Revision eingelegt worden (vgl. Az. I R 39/14).

Bei einer nachfolgenden Gewinnausschüttung der deutschen Kapitalgesellschaft an ihren Anteilseigner (natürliche Person), greift mit der Abgeltungsteuer (§ 32d EStG) eine zusätzliche deutsche Besteuerungsebene (Privatvermögen). Die Dividenden unterliegen einer 25 %igen Einkommensteuer[1756] zuzüglich 5.5 % Solidaritätszuschlag (gesamthaft 26.375 %) und ggf. Kirchensteuer.

1749 § 8b Abs. 2 – 4 KStG schlägt dagegen auf die Gewerbesteuer durch.

1750 Sofern im DBA ebenfalls Befreiungstatbestände für Schachtelbeteiligungen normiert sind, kann der Steuerpflichtige die günstigere Norm, also § 9 Nr. 7 oder Art. 24 Abs. 1 Nr. 1b DBA D-CH wählen (vgl. auch Güroff, in Glanegger/Güroff, GewStG, § 9 Nr. 7 Anm. 1). Vorliegend wird dies regelmäßig das Gewerbesteuergesetz sein, da hier nur eine 10 %ige Beteiligung notwendig ist. Das abkommensrechtliche Schachtelprivileg des Art. 24 Abs. 1 Nr. 1b DBA D-CH fordert dagegen eine 20 %ige Beteiligung. Ggf. kann Art. 24 Abs. 1 Nr. 1b DBA D-CH dann vorteilhaft sein, sofern die Beteiligung nicht von Beginn des Erhebungszeitraums an besteht, da diese Voraussetzung insofern im DBA nicht verlangt wird.

1751 Vgl. auch A.III.3.5.2.

1752 Zur Frage ob die Brutto- oder Nettobeteiligungserträge bzw. die mit diesen Beteiligungserträgen im Zusammenhang stehenden Aufwendungen zu berücksichtigen sind, vgl. BFH v. 25. 1. 2006, I R 104/04, IStR 2006, S. 316 ff., insbesondere Anmerkungen S. 318/319.

1753 Vgl. BFH v. 29. 8. 2012, I R 7/12, BStBl. II 2013, S. 89 ff.

1754 Vgl. etwa Blumenberg, StbJB 2012/2013, S. 461 ff.

1755 Vgl. FG Münster v. 14. 5. 2014 – 10 K 1007/13 G.

1756 Günstigerprüfung ist möglich. Auf die Option zum Teileinkünfteverfahren wird gemäß Annahmen verzichtet.

II.5.3. Gesamtsteuerquote

Der Kapitalgesellschaftskonzern führt zu einer ähnlichen Gesamtsteuerbelastung wie bei den vorangegangenen Strukturen, in denen eine Kapitalgesellschaft zwischengeschaltet war (vgl. Alternativen 3 und 4). Die im Vergleich zu den vorausgegangenen Fällen etwas höhere Gesamtsteuerbelastung begründet sich in der „Schachtelstrafe" des § 8b Abs. 5 KStG und der sich hieraus ergebenden zusätzlichen Besteuerung von knapp 1.5 %. Dies verdeutlichen die nachfolgenden Kalkulationen:[1757]

	CH 15 %	CH 10 %
Unternehmensebene		
Gewinn vor Steuern	100,00	100,00
Ertragsteuer Schweiz (15 %/10 %)	-15,00	-10,00
Gewinn nach CH-Steuern	85,00	90,00
Schweizer Verrechnungssteuer (Quellensteuer); Nullsatz gem. DBA	0,00	0,00
Netto-Gewinntransfer	**85,00**	**90,00**
davon steuerpflichtig	4,25	4,50
Gewerbesteuer	-0,60	-0,63
Körperschaftsteuer (15 %)	-0,64	-0,68
Solidaritätszuschlag (5.5 %)	-0,04	-0,04
Gewinn nach D-Steuern	83,72	88,65
Gesellschafterebene		
Ausschüttung	83,72	88,65
davon steuerpflichtig	83,72	88,65
Privatvermögen: Abgeltungsteuer (25 %)	-20,93	-22,16
Anrechenbare Schweizer Verrechnungssteuer (Quellensteuer)	0,00	0,00
Solidaritätszuschlag (5.5 %)	-1,15	-1,22
Verbleibender Betrag	**61,64**	**65,27**
GESAMTBELASTUNG	**38,36**	**34,73**

Die Gesamtsteuerbelastung bei einem entsprechenden Auslandsengagement muss mit einer deutschen Kapitalgesellschaftsstruktur verglichen werden, bei der derzeit die Gesamtsteuerbelastung mehr als 48 % beträgt.[1758] Die Gesamtsteuerbelastung sinkt somit um knapp 10 %-Punkte auf weniger als 39 %. Sofern die Schweizer Steuerbelastung mittels eines besonderen Steuerregimes weiter gesenkt werden kann, steigt der Vorteil aus dem Auslandsengagement weiter signifikant. Bei einer Schweizer Unternehmenssteuerlast von bspw. 10 % erhöht sich der Vorteil aus der Schweizer Investition zu einer vergleichbaren deutschen Investition auf nahezu 14 %-Punkte.

1757 Für die den Kalkulationen zugrunde liegenden Annahmen vgl. C.II.

1758 Vgl. C.II.1.3.

II.6. Zwischenfazit zu den Alternativen 1 bis 5

Die voranstehenden Ausführungen verdeutlichen, dass – sofern die Schweizer AHV-Pflicht auf den Unternehmensgewinn vermieden werden kann – Alternative 2 (vgl. C.II.2.) die einfachste Struktur ist, um die sehr hohe deutsche Gesamtsteuerbelastung (vgl. Alternative 1 bzw. Ausgangssituation; C.II.) im Wesentlichen auf das niedrige Schweizer Unternehmenssteuerniveau zu senken. Bezüglich der AHV-Pflicht muss bei Alternative 2 in der Praxis zwingend eine Einzelfallanalyse vorgenommen werden (vgl. C.II.2.1.). Sofern eine AHV-Pflicht vorliegt, kann sie durch Zwischenschaltung einer Kapitalgesellschaft vermieden werden. Hier sind die skizzierten Alternativen 3 bis 5 (vgl. C.II.3. – 5.) mögliche Crossborder-Strukturen, durch die darüber hinaus eine Haftungsbegrenzung erzielt wird. Die Alternativen 4 und 5 sind u. a. dann interessant, wenn sich die deutsche Ausgangssituation durch eine Kapitalgesellschaftsstruktur kennzeichnet. Allerdings tritt bei diesen Alternativen – wie auch bei Alternative 3 – ein steuerlicher Nachteil zu Tage. Durch die Zwischenschaltung einer in- und/oder ausländischen Kapitalgesellschaft entsteht bei Ausschüttung der Gewinne aus der Schweizer Investition mit der Abgeltungsteuer (auf Optionsmöglichkeit zum Teileinkünfteverfahren soll annahmegemäß verzichtet werden) auf Ebene des deutschen Anteilseigners (natürliche Person) neben der schweizerischen Besteuerung eine zusätzliche Besteuerungsebene.[1759] Ein Nachteil, der den Vorteil der fehlenden AHV-Pflicht teilweise wieder reduzieren kann. Dies verdeutlichen die folgenden Kalkulationen:

1759 Dies basiert auf der Annahme, dass die Gewinne vollumfänglich an die Anteilseigner ausgeschüttet werden. Sofern die (Betriebsstätten) Gewinne thesauriert oder investiert werden, greift diese zusätzliche Besteuerungsebene dagegen nicht.

	Alternative 1		Alternative 2	Alternative 3	Alternative 4	Alternative 5
	Nat. Pers./ PersGes	KapGes	Betriebsstätten-Modell	Schweizer KapGes	Schweizer Betriebsstätte	Schweizer Holding
Unternehmensebene						
Gewinn vor Steuern			100,00	100,00	100,00	100,00
AHV Schweiz (gerundet 10 %) ★			-10,00	0,00	0,00	0,00
Ertragsteuer Schweiz (15 %)			**-13,50**	**-15,00**	**-15,00**	**-15,00**
Gewinn nach Steuern			76,50	85,00	85,00	85,00
Schweizer Verrechnungssteuer (Quellensteuer)			0,00	-12,75	0,00	0,00
Netto-Gewinntransfer			76,50	72,25	85,00	85,00
davon steuerpflichtig	100,00	100,00	0,00	0,00	0,00	4,25
Gewerbesteuer	-14,00	-14,00	0,00	0,00	0,00	-0,60
Körperschaftsteuer (15 %)	0,00	-15,00	0,00	0,00	0,00	-0,64
Solidaritätszuschlag (5.5 %)	0,00	-0,83	0,00	0,00	0,00	-0,04
Gewinn nach D-Steuern	86,00	70,17	76,50	72,25	85,00	83,72
Gesellschafterebene						
Entnahme/Ausschüttung	86,00	70,17	76,50	72,25	85,00	83,72
Steuerpflichtig	86,00	70,17	0,00	85,00	85,00	83,72
Einkommen-/Abgeltungsteuer ★★ (45 %/25 %)	-45,00	-17,54	0,00	-21,25	-21,25	-20,93
Anrechenbare Steuern (CH-VSt/§ 35)	13,30	0,00	0,00	12,75	0,00	0,00
Solidaritätszuschlag (5.5 %)	-1,74	-0,96	0,00	-0,47	-1,17	-1,15
Verbleibender Betrag	**52,56**	**51,67**	**76,50**	**63,28**	**62,58**	**61,64**
GESAMTBELASTUNG	**47,44**	**48,33**	**23,50**	**36,72**	**37,42**	**38,36**

★ Je nach Strukturierung entfällt die AHV-Pflicht!

★★ Privatvermögen

Optimierte Crossborder-Strukturen

Auf Basis der bisherigen Überlegungen sollte eine steuerlich vorteilhafte Crossborder-Struktur folgende Erfordernisse vereinigen:

1. Niedrige Schweizer Besteuerung
2. Fehlende AHV-Pflicht auf den eigenen Unternehmensgewinn
3. Vermeidung einer zusätzlichen deutschen Besteuerung bzw. maximaler Berücksichtigung i. R. d. Progressionsvorbehaltes und
4. einfache Integration in bestehende Unternehmensstruktur

Diese Anforderungen können bereits über Modelle erreicht werden, die auf einer einfachen Schweizer Betriebsstätte basieren, deren Stammhaus eine deutsche Kapitalgesellschaft ist. Durch letztere fehlt es an der Schweizer AHV-Pflicht auf den eigenen Betriebsstättengewinn. Zur Vermeidung einer weiteren deutschen Besteuerungsebene – insbesondere im Falle von Gewinnausschüttungen[1760] durch eine Kapitalgesellschaft – sollten entsprechende steuerlich vorteilhafte Regelungen in den einschlägigen deutschen Normen zur Anwendung gebracht werden. Hierzu zählen insbesondere die Organschaft (sog. Organschaftsmodell, Alternative 6, vgl. C.II.7.) und die atypisch stille Beteiligung an einer deutschen Kapitalgesellschaft mit einer Schweizer Betriebsstätte (Alternative 7, vgl. C.II.8.). Im Einzelfall können auch ähnlich vorteilhafte steuerliche Ergebnisse erzielt werden, sofern die Schweizer Investition über eine lokale Kapitalgesellschaft strukturiert ist (Alternative 8, vgl. C.II.9.), an der (zusätzlich) eine atypisch stille Beteiligung besteht. Zu den Alternativen 6–8 nachfolgend im Detail.

II.7. Alternative 6: Organschaftsmodell – Schweizer Betriebsstätte mit deutscher Organschaftsstruktur

Die unter C.II.6. skizzierten Anforderungen lassen sich in der vorliegenden Alternativstruktur (sog. Organschaftsmodell) erreichen. Zum Ausschluss einer weiteren deutschen Besteuerungsebene wird das deutsche Stammhaus der Schweizer Betriebsstätte als Organgesellschaft in den Organkreis einer deutschen Mitunternehmerschaft integriert. Diese Alternative ist insbesondere dann interessant und einfach implementierbar, wenn der deutsche Investor sein bestehendes Unternehmen bereits über eine Personengesellschaftsstruktur aufgestellt hat. Dies verdeutlicht die folgende Grafik:[1761]

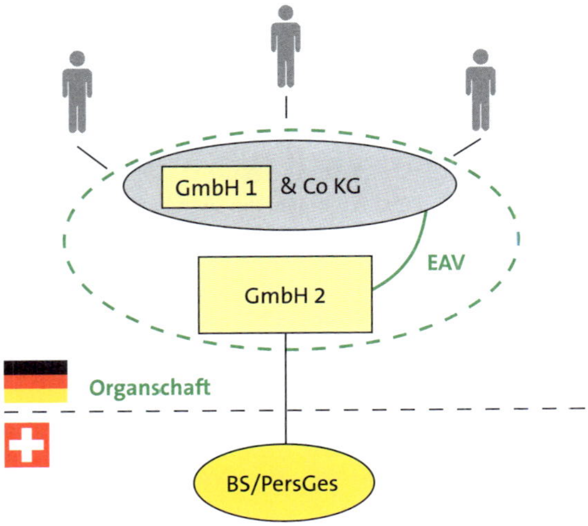

- **Beim Gesellschafter** Freistellung der Betriebsstättengewinne unter Progressionsvorbehalt

  Voraussetzung: Aktive Tätigkeit i. S. d. Art. 24 Abs. 1 Nr. 1a DBA D-CH

  Ausnahme: Switch-over Klausel (§ 20 Abs. 2 AStG)
- Gewerbesteuerkürzung nach § 9 Nr. 2 oder Nr. 3 GewStG

- CH-Gewinnsteuer ca. 12 %–24 %
- Entnahme, damit **keine** CH-Quellensteuer
- **Keine** AHV

1760 Sofern die Auslandsgewinne wiederum investiert oder thesauriert (Vorsicht bzgl. KAC-Einkünften, vgl. D.IV.6.1.4.) werden, liegt ggf. keine zusätzliche deutsche Besteuerung vor.

1761 Für eine Analyse der dieser Alternative zugrunde liegenden Annahmen vgl. C.II.

II.7.1. Besteuerung in der Schweiz

Die deutsche Kapitalgesellschaft ist in der Schweiz mit ihren Betriebsstätteneinkünften beschränkt steuerpflichtig (Art. 51 Abs. 1 Bst. b i.V. m. Art. 52 Abs. 2 DBG). Gleiches gilt bei der Investition über eine Schweizer Personengesellschaft (Art. 51 Abs. 1 Bst. a i.V. m. Art. 52 Abs. 2 DBG). Nach Art. 11 DBG werden Personengesamtheiten ohne juristische Persönlichkeit (hier Betriebsstätte) entsprechend den Vorschriften für juristische Personen besteuert. Die Gesamtsteuerbelastung (effektiv; am Kantonshauptort) beträgt zwischen 12 % - 24 % inklusive einer (geringen) kantonalen Kapitalsteuer (zur möglichen Anrechnung der Gewinn- an die Kapitalsteuer vgl. A.II.5.1.2.2.). Bei Anwendung besonderer Steuerregime kann die Gesamtsteuerbelastung weiter reduziert werden.

Die Schweizer Betriebsstätte und das deutsche Stammhaus (GmbH 2) bilden – ungeachtet der deutschen Organschaftsstruktur – ein Einheitsunternehmen. Insofern wird der Gewinn dem deutschen Stammhaus zugerechnet, d. h. es werden Entnahmen und keine Dividendenausschüttungen getätigt. Schweizer Quellensteuer (Verrechnungssteuer) fällt nicht an.

Für die Prüfung der Schweizer **AHV-Pflicht** ist die deutsche Organschaftsstruktur ohne Relevanz. Die Stellung des (deutschen) Stammhauses als Organgesellschaft einer Organträgerin in der Rechtsform einer Personengesellschaft ist unbeachtlich. Mit der zwischengeschalteten Kapitalgesellschaft ist vielmehr der zivilrechtliche Unternehmensträger eine juristische Person. Es liegt somit keine AHV-Pflicht auf den eigenen Unternehmensgewinn vor.

II.7.2. DBA D-CH und Besteuerung in Deutschland

Das DBA D-CH weist dem Betriebsstättenstaat Schweiz das Besteuerungsrecht für die wirtschaftlich der Betriebsstätte zuzurechnenden Gewinne zu (Art. 7 Abs. 1 i.V. m Art. 5 DBA D-CH).[1762] Sofern der abkommensrechtliche Aktivitätsvorbehalt erfüllt ist (Art. 24 Abs. 1 Nr. 1a DBA D-CH), werden diese Gewinne in Deutschland unter Progressionsvorbehalt (satzbestimmend)[1763] freigestellt (§ 32b Abs. 1 Nr. 3 EStG).[1764]

PRAXISHINWEIS

In Deutschland ist für Wirtschaftsjahre, die nach dem 31. 12. 2002 beginnen, die switch-over Klausel (§ 20 Abs. 2 AStG) zu beachten, nach der die Freistellungsmethode ggf. durch die Anrechnungsmethode substituiert wird. Der Schweizer Betriebsstättengewinn würde dabei auf das höhere deutsche Steuerniveau hochgeschleust. Für eine ausführliche Analyse der switch-over Klausel, die Dienstleistungsbetriebsstätte i. S. d. § 8 Abs. 1 Nr. 8a AStG und die Abgrenzung zum abkommensrechtlichen Aktivitätsvorbehalt für Betriebsstätten (Art. 24 Abs. 1 Nr. 1a DBA D-CH) wird auf C.II.2.2. sowie D.IV.6.3. verwiesen.

1762 Dies gilt analog bei einer Investition über eine Schweizer Personengesellschaft (Art. 7 Abs. 7 S. 1 DBA D-CH). Vgl. auch Praxishinweise zu C.II.2.2. und C.II.4.2.

1763 Vgl. auch BMF v. 26. 9. 2014 IV B 5 – S 1300/09/10003, Anwendung der Doppelbesteuerungsabkommen auf Personengesellschaften, Tz. 4.1.1.2.

1764 Zur steuerlichen Behandlung von Verlusten, die von ausländischen Unternehmenseinheiten erzielt werden, wird auf die aktuelle Rechtsprechung und Diskussion in der Fachliteratur verwiesen, etwa BFH v. 5. 2. 2014, I R 48/11, BB 2014, S. 1046 (da die Niederlassungsfreiheit nicht auf Drittstaaten wie die Schweiz ausstrahlt, soll die Berücksichtigung finaler Betriebsstättenverluste nicht für Drittstaaten gelten; BFH-Revision unter I R 56/12). Der BFH hat am 24. 4. 2014, I R 56/12 geurteilt, dass der Gründungsaufwand für eine im Ausland belegene feste Einrichtung eines Freiberuflers nicht zum Betriebsausgabenabzug in Deutschland führt. Dies selbst dann, wenn die Errichtung der festen Einrichtung später scheitert, also sog. vergebliche vorweggenommene Aufwendungen i. S. d BMF-Schreibens v. 24. 12. 1999, BStBl. I 1999, S. 1076, Tz. 2.9.1. vorliegen (insofern nicht geändert durch das BMF-Schreiben v. 20. 11. 2000, BStBl. I, S. 1509 bzw. BMF-Schreiben v. 25. 8. 2009 – IV B 5 – S 1341/07/10004).

In Deutschland knüpft die weitere steuerliche Behandlung regelmäßig an die zivilrechtliche Wertung an. Hier stellt sich die Struktur wie folgt dar: Es wird eine deutsche Personengesellschaftsstruktur implementiert. Vorliegend ist dies aus haftungsrechtlichen Gründen eine GmbH & Co. KG. Die Komplementärin der GmbH & Co. KG ist eine juristische Person (vorliegend GmbH 1), die mit null Prozent an dieser Personengesellschaft beteiligt ist. Die Kommanditisten halten alle Anteile an der Personengesellschaft sowie an der Komplementärin (GmbH 1). Die GmbH & Co. KG gründet eine deutsche Tochtergesellschaft (vorliegend GmbH 2, das formale Stammhaus der Schweizer Betriebsstätte).[1765] Zwischen der Organgesellschaft (GmbH 2) und der Organträgerin (GmbH & Co. KG) wird ein Ergebnisabführungsvertrag abgeschlossen und im gleichen Wirtschaftsjahr ins Handelsregister zur Eintragung gebracht. Die in der Schweiz erwirtschafteten Betriebsstättengewinne werden somit in einem ersten Schritt auf Ebene der in Deutschland ansässigen Kapitalgesellschaft (GmbH 2) steuerfrei vereinnahmt und am Ende des Wirtschaftsjahres der Organschaft der Organträgerin zugeführt (§ 14 ff. KStG).[1766] Eine weitere Besteuerung aufgrund des Organkreises findet nicht statt. Alternativ kann das gleiche steuerliche Ergebnis durch einen gewerblich tätigen Einzelunternehmer als Organträger erzielt werden. Das Einkommen des Organträgers wird steuersystematisch über die einheitliche und gesonderte Gewinnfeststellung den Kommanditisten zugerechnet (§§ 179, 180 AO). Dabei wird auch das im Ausland über eine (aktive) Betriebstätte erwirtschaftete Einkommen so behandelt, als hätten die Mitunternehmer diese Einkommensteile unmittelbar über die Kommanditgesellschaft erzielt. Aufgrund des Transparenzprinzips greift die Freistellung unter **Progressionsvorbehalt** – sofern die Voraussetzungen an den abkommensrechtlichen Aktivitätsvorbehalt erfüllt sind (ansonsten greift die Anrechnungsmethode[1767]) – auf Ebene der Mitunternehmer der Personengesellschaft (natürliche Personen). Die anteiligen Gewinne der Kommanditisten aus der schweizerischen Betriebstätte werden somit ausschließlich in der Schweiz besteuert und fließen den Mitunternehmern der Personengesellschaft in Deutschland ohne weitere Besteuerung zu.[1768]

Bereits seit 2003[1769] qualifiziert eine Personengesellschaft nach § 14 Abs. 1 Satz 1 Nr. 2 Satz 2 und 3 KStG nur noch dann als Organträgerin, wenn

1. die finanzielle Eingliederung der Organgesellschaft zur Organträgerin (Personengesellschaft) selbst besteht, und
2. die Organträgerin eine eigene originäre gewerbliche Tätigkeit i. S. d. § 15 Abs. 1 Nr. 1 EStG ausübt.

1765 Finanzielle Eingliederung nach § 14 Abs. 1 Nr. 1 KStG soll erfüllt werden.

1766 Für eine ausführliche Diskussion der Voraussetzungen an eine ertragsteuerliche Organschaft vgl. u. a. Streck/Oldenburg KStG § 14 ff.

1767 Die Anrechnung der ausländischen Steuer auf die deutsche Steuer ist auf den so genannten Höchstbetrag begrenzt (§ 34c Abs. 1 S. 2 EStG). Die Aufteilung erfolgt nach dem Verhältnis der ausländischen Einkünfte zur Summe aller Einkünfte, sodass Sonderausgaben und außergewöhnliche Aufwendungen bei der Anrechnung nicht berücksichtigt werden. Diese Vorgehensweise der Anrechnungsmethode verstößt gegen die Kapitalverkehrsfreiheit (vgl. EuGH v. 28. 2. 2013, C – 168/11; BFH/NV 13, S. 889).

1768 Der Progressionsvorbehalt greift bei den anderen, in Deutschland steuerpflichtigen Einkünften.

1769 Vgl. Steuervergünstigungsabbaugesetz (StVergAbG) v. 16. 5. 2003, BStBl. I 2003, S. 318.

PRAXISHINWEIS: DEUTSCHE ORGANSCHAFT MIT ZUSÄTZLICHER BETEILIGUNG AN SCHWEIZER AG/GMBH?

Das Organschaftsmodell mit einer Schweizer Betriebsstätte führt zu interessanten steuerlichen Ergebnissen. Viele Investoren möchten aber ihr Auslandsengagement u. a. aus Image- und Haftungsgründen gerne über eine lokale Kapitalgesellschaft strukturieren. In diesem Fall würden die oben skizzierten steuerlichen Vorteile letztendlich nicht erreicht. Aufgrund der Organschaft sind in Fällen, in denen dem Organträger Einkommen bzw. Bezüge i. S. d. § 8b Abs. 1 KStG zuzurechnen sind, die Vorschriften des § 8b KStG bei der Ermittlung des Einkommens des Organträgers anzuwenden.[1770] Dieser ist vorliegend eine Personengesellschaft, an der – entsprechend der Fallprämissen (vgl. C.II.) – ausschließlich natürliche Personen als Mitunternehmer beteiligt sind. § 8b Abs. 1 KStG ist folglich nicht anwendbar. Es greift vielmehr das Teileinkünfteverfahren (§ 15 Abs. 1 Nr. 2 i.V. m. § 20 Abs. 8 EStG). Im Ergebnis wird hierdurch faktisch das gleiche Ergebnis wie in Alternative 5 (vgl. C.II.5.) erreicht.[1771]

Gewerbesteuer

Bei der Gewerbesteuer greift aufgrund der ausländischen Betriebsstätte (§ 12 AO, § 2 Abs. 1 Satz 1 GewStG) die Kürzungsvorschrift des § 9 Nr. 3 GewStG; bei Personengesellschaften ist § 9 Nr. 2 GewStG zu prüfen. Folglich unterliegt der Betriebsstättengewinn nicht der deutschen Gewerbesteuer.

II.7.3. Gesamtsteuerquote

Beim Organschaftsmodell sinkt die Steuerquote zum vergleichbaren Ausgangsfall einer deutschen Personengesellschaftsstruktur[1772] um mehr als 32 %-Punkte auf eine Gesamtsteuerbelastung von 15 %.

1770 Das FG Münster kam mit Urteil v. 14.5.014 – 10 K 1007/13 G, zum Ergebnis, dass eine Belastung der sog. Schachtelstrafe nach § 8b Abs. 5 KStG im Rahmen der Gewerbesteuer nicht in Betracht kommt, wenn die Dividenden über eine Organgesellschaft vereinnahmt werden und die Voraussetzungen der gewerbesteuerlichen Kürzungsvorschrift vorliegen. Die Finanzverwaltung wollte die Nachholung des § 8b Abs. 5 KStG auf Ebene des Organträgers nachholen, was das FG verneinte.

1771 Hat dagegen eine Kapitalgesellschaft die Mitunternehmerstellung, sind u. a. die Vorschriften des § 8b Abs. 1 - 6 KStG grundsätzlich anwendbar. Das FG Münster hat in seinem Urteil v. 14. 5. 2014 – 10 K 1007/13 G zumindest im Kontext der Dividendenausschüttung einer ausländischen Kapitalgesellschaft an eine deutsche Organgesellschaft (Kapitalgesellschaft) entschieden, dass die Dividende für gewerbesteuerliche Zwecke vollständig von der Gewerbesteuer zu befreien ist. Derzeit ist nicht absehbar, ob das Urteil auch für Ausschüttungen an eine nicht in einen Organkreis integrierte Kapitalgesellschaft gilt. Gegen das FG-Urteil ist wegen der grundsätzlichen Bedeutung Revision eingelegt worden (Az. I R 39/14).

1772 Vgl. C.II.1.3.

Dies verdeutlicht der folgende Vergleich:[1773]

Unternehmensebene	
Gewinn vor Steuern	100,00
Ertragsteuer Schweiz (15 %)	-15,00
Gewinn nach CH-Steuern	85,00
Schweizer Verrechnungssteuer (Quellensteuer); Entnahme	0,00
Netto-Gewinntransfer	**85,00**
davon steuerpflichtig	0,00
Gewerbesteuer	0,00
Körperschaftsteuer (15 %)	0,00
Solidaritätszuschlag (5.5 %)	0,00
Gewinn nach D-Steuern	85,00
Gesellschafterebene	
Entnahme	85,00
davon steuerpflichtig	0,00
45 % Einkommensteuer (inkl. 3 % Reichensteuer)	0,00
Anrechenbare Schweizer Verrechnungssteuer (Quellensteuer)	0,00
Solidaritätszuschlag (5.5 %)	0,00
Verbleibender Betrag	**85,00**
GESAMTBELASTUNG	**15,00**

Über diese Beteiligungsstruktur, verbunden mit der steuerlichen Organschaft in Deutschland, werden letztendlich sämtliche Gewinne aus der schweizerischen Betriebstätte über das Stammhaus (GmbH 2; Organgesellschaft) mittels Ergebnisabführungsvertrag der GmbH & Co. KG (Organträgerin) und somit deren Mitunternehmern (natürliche Personen) zugerechnet. Die Freistellung des Schweizer Betriebsstättengewinnes erfolgt unter Progressionsvorbehalt, der sich auf die übrigen, in Deutschland steuerpflichtigen Einkünfte auswirkt. AHV fällt auf die eigenen Betriebsstättengewinne nicht an, da das (deutsche) Stammhaus der Betriebsstätte eine juristische Person ist. Die Stellung als Organgesellschaft ist für die Prüfung der Schweizer AHV-Pflicht unbeachtlich. Hieraus ergibt sich eine auch international beachtliche Steuerquote, die – sofern in der Alternative 2 eine AHV-Pflicht auf den eigenen Unternehmensgewinn greift[1774] – nochmals 8 %-Punkte unter der „einfacheren" Investitionsstruktur der Alternative 2 liegt.

Kann die Schweizer Unternehmenssteuerlast mittels eines besonderen Steuerregimes oder mittels Steuererleichterungen (Tax Holiday) weiter gesenkt werden,[1775] kommt diese Steuersatzreduktion wirtschaftlich den deutschen Anteilseignern (natürliche Personen) vollständig zu Gute.

1773 Für die den Kalkulationen zugrunde liegenden Annahmen vgl. C.II.

1774 Liegt keine AHV-Pflicht vor, so kann aus diesen Gesichtspunkten auf die Alternativstruktur 1 zurückgegriffen werden.

1775 Vgl. A.III.3.4.

II.8. Alternative 7: AG/GmbH & atypisch Still – Atypisch stille Beteiligung an einer deutschen Kapitalgesellschaft mit Schweizer Betriebsstätte

Das Organschaftsmodell (Alternative 6, vgl. C.II.7.) bietet sich insbesondere dann an, wenn sich die Ausgangslage bereits als deutsche Organschaftsstruktur mit einer Personengesellschaft als Organträgerin kennzeichnet. Dagegen ist die Implementierung dieser Struktur oftmals zu aufwändig, wenn das deutsche Engagement bisher ausschließlich auf einer deutschen Kapitalgesellschaft basiert oder eine neue Unternehmensstruktur aufzubauen ist. Dies gilt umso mehr, als beim Organschaftsmodell die Organträgerin in der Rechtsform einer Personengesellschaft selbst eine eigene originäre gewerbliche Tätigkeit ausüben muss.

Mittels atypisch stiller Beteiligung an einer deutschen Kapitalgesellschaft kann ein ähnliches steuerliches Ergebnis erzielt werden wie mit dem Organschaftsmodell: In Deutschland wird eine juristische Person gegründet bzw. zwischengeschaltet. Auf dem Schweizer Markt tritt diese mittels einer Betriebsstätte auf. Die vorteilhafte steuerliche Wirkung wird dadurch erreicht, dass sich bspw. die inländischen Anteilseigner oder Investoren (natürliche Personen) **zusätzlich** als atypisch stille Gesellschafter an der deutschen Kapitalgesellschaft beteiligen („GmbH & atypisch Still). Den gesellschaftsrechtlichen Aufbau verdeutlicht die folgende Grafik:[1776]

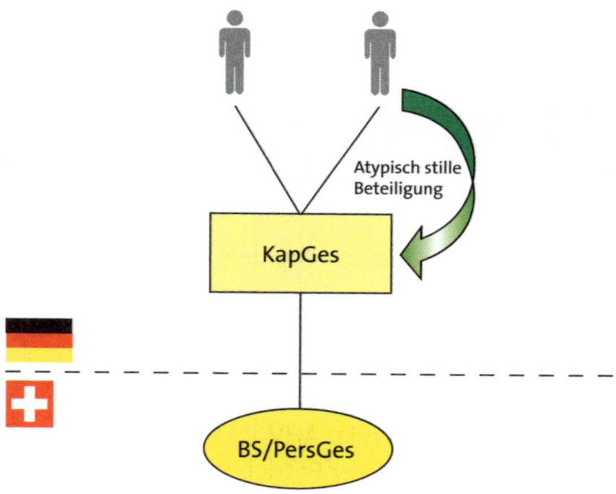

- **Freistellung** der Betriebsstättengewinne unter Progressionsvorbehalt (aktive Tätigkeit i. S. d. Art. 24 Abs. 1 Nr. 1a DBA D-CH)
- **Ausnahme:** Switch-over Klausel (§ 20 Abs. 2 AStG)
- Abgeltungsteuer (PV) bzw. Teileinkünfteverfahren (BV) auf Dividendenausschüttung der KapGes
- Bei KapGes wird ggf. nur geringer Gewinnanteil versteuert
- Gewerbesteuerkürzung nach § 9 Nr. 2 oder Nr. 3 GewStG

- CH-Gewinnsteuer ca. 12 % – 24 %
- Entnahme, damit **keine** CH-Quellensteuer
- **Keine** AHV

II.8.1. Besteuerung in der Schweiz

Diese Alternative entspricht in seiner Wirkung im Wesentlichen dem „Organschaftsmodell" (Alternative 6). Insofern gibt es keine Abweichungen in der Beurteilung der Folgen bei der Besteuerung oder der AHV-Pflicht (vgl. C.II.7.1.):

1. Das deutsche Stammhaus, die Kapitalgesellschaft, unterliegt mit ihrem Betriebsstättenergebnis der beschränkten Schweizer Steuerpflicht (Art. 51 Abs. 1 Bst. b i. V. m. Art. 52 Abs. 2

1776 Für eine Analyse der dieser Alternative zugrunde liegenden Annahmen vgl. C.II.

DBG). Die Schweizer Betriebsstätte wird dabei wie eine juristische Person besteuert (Art. 11 DBG). Zusätzlich fällt auf Kantonsebene eine (geringe) Kapitalsteuer an (zur möglichen Anrechnung der Gewinn- an die Kapitalsteuer vgl. A.II.5.1.2.2.). Insgesamt ist mit einer Gesamtsteuerbelastung (effektiv; am Kantonshauptort) von rund 12 % - 24 % (kantonsabhängig) zu rechnen;

2. Ebenso liegen aufgrund des Stammhauskonzeptes (Entnahme) keine Dividendenausschüttungen vor. Folglich fällt keine Schweizer Quellensteuer an;

3. Für die Prüfung der Schweizer **AHV**-Pflicht ist die zusätzliche, atypisch stille Beteiligung an der deutschen Kapitalgesellschaft ohne Relevanz. Insofern wird ausschließlich geprüft, ob das Stammhaus eine (in- oder ausländische) Kapitalgesellschaft ist, was vorliegend erfüllt ist. Es liegt somit keine AHV-Pflicht auf den eigenen Unternehmensgewinn vor.

II.8.2. DBA D-CH und Besteuerung in Deutschland

Wie beim Organschaftsmodell (vgl. Alternative 6) weist das DBA D-CH dem Betriebsstättenstaat Schweiz das Besteuerungsrecht für die wirtschaftlich der Betriebsstätte zuzurechnenden Gewinne zu (Art. 7 Abs. 1 i.V. m Art. 5 DBA D-CH).[1777] Sofern der abkommensrechtliche Aktivitätsvorbehalt erfüllt ist (Art. 24 Abs. 1 Nr. 1a DBA D-CH), werden die Betriebsstättengewinne in Deutschland unter Progressionsvorbehalt freigestellt[1778] (§ 32b Abs. 1 Nr. 3 EStG; ansonsten greift die Anrechnungsmethode[1779]).[1780] Die in Art. 24 Abs. 1 Nr. 1a Satz 2 DBA D-CH normierte DBA-Klausel greift nicht, da vorliegend keine (atypisch) stille Beteiligung an einer **Schweizer** Unternehmung (Betriebsstätte),[1781] sondern an der deutschen Kapitalgesellschaft vorliegt. Die möglichen steuerlichen Folgen, die sich aus Art. 7 Abs. 7 Satz 2 DBA D-CH ergeben, werden am Ende dieses Gliederungspunktes erläutert.

In Deutschland ist die Switch-over Klausel des § 20 Abs. 2 AStG zu beachten, nach der die abkommensrechtliche Freistellungsmethode durch die Anrechnungsmethode substituiert werden kann.[1782] In der Folge würde der Betriebsstättengewinn auf das höhere deutsche Steuerniveau von derzeit bis zu 42 % Einkommensteuer (natürliche Person) ggf. zzgl. 3 %-Punkte Reichensteuer und zzgl. Solidaritätszuschlag und ggf. Kirchensteuer hochgeschleust. Ferner greifen ggf. die Bestimmungen des § 15a EStG.

1777 Dies gilt analog bei einer Investition über eine Schweizer Personengesellschaft. Vgl. auch Praxishinweis zu C.II.2.2.

1778 Vgl. auch BMF v. 26. 9. 2014 IV B 5 – S 1300/09/10003, Anwendung der Doppelbesteuerungsabkommen auf Personengesellschaften, Tz. 4.1.1.2.

1779 Die Anrechnung der ausländischen Steuer auf die deutsche Steuer ist auf den so genannten Höchstbetrag begrenzt (§ 34c Abs. 1 S. 2 EStG). Die Aufteilung erfolgt nach dem Verhältnis der ausländischen Einkünfte zur Summe aller Einkünfte, sodass Sonderausgaben und außergewöhnliche Aufwendungen bei der Anrechnung nicht berücksichtigt werden. Diese Vorgehensweise der Anrechnungsmethode verstößt gegen die Kapitalverkehrsfreiheit (vgl. EuGH v. 28. 2. 2013, C – 168/11; BFH/NV 13, S. 889).

1780 Zur Wirkung des Progressionsvorbehaltes vgl. auch C.II.2.2. Die Verlustbegrenzung i. S. d. § 15 Abs. 4 S. 6 EStG unter Beachtung der § 15a EStG, greift nur bei einer atypisch stillen Beteiligung einer Kapitalgesellschaften an einer anderen Kapitalgesellschaft. In der vorliegend skizzierten Alternative ist dagegen eine natürliche Person atypisch stiller Gesellschafter und somit Mitunternehmer.

1781 So jedoch in der nachfolgenden Alternative 8, C.II.9.

1782 Zu den steuerlichen Folgen aus § 20 Abs. 2 AStG vgl. Praxishinweis zu C.II.2.2. und insbesondere D.IV.6.3.

PRAXISHINWEIS

In Deutschland ist für Wirtschaftsjahre, die nach dem 31. 12. 2002 beginnen, die switch-over Klausel (§ 20 Abs. 2 AStG) zu beachten, nach der die Freistellungsmethode ggf. durch die Anrechnungsmethode substituiert wird. Der Schweizer Betriebsstättengewinn würde dabei auf das höhere deutsche Steuerniveau hochgeschleust. Für eine ausführliche Analyse der switch-over Klausel, Dienstleistungsbetriebsstätten i. S. d. § 8 Abs. 1 Nr. 5a AStG und die Abgrenzung zum abkommensrechtlichen Aktivitätsvorbehalt für Betriebsstätten (Art. 24 Abs. 1 Nr. 1a DBA D-CH) wird auf C.II.2.2. sowie D.IV.6.3. verwiesen.

Für die steuerliche Wirkung in Deutschland ist es entscheidend, wie die beteiligten Personen der Besteuerung unterworfen werden. Das deutsche Steuerrecht folgt hier grundsätzlich der gesellschaftsrechtlichen **Qualifikation**. Insofern ist zunächst die gesellschaftsrechtliche Behandlung einer stillen Gesellschaft, insbesondere in ihrer atypisch stillen Ausprägung, zu prüfen.

Exkurs zur gesellschaftsrechtlichen Behandlung der atypisch stillen Gesellschaft

Eine stille Gesellschaft ist dadurch gekennzeichnet, dass sich eine natürliche oder juristische Person derart am Handelsgewerbe eines anderen beteiligt, dass ihre Einlage gegen Anteil am Gewinn in das Vermögen des Inhabers des Handelsgeschäftes übergeht (§ 230 Abs. 1 HGB). Sie ist somit in erster Linie durch ein Schuldverhältnis zwischen dem stillen Gesellschafter und dem Handelsgewerbe, an welchem er sich beteiligt, gekennzeichnet. Die Einlage des stillen Gesellschafters kann sich in Geld-, Sach-, oder Dienstleistungen begründen. Sie wird regelmäßig als Fremdkapital ausgewiesen. Sie begründet eine zivilrechtliche Forderung auf Teilhabe am Gewinn.[1783] Die Gewinnbeteiligung wird bspw. gewinnmindernd gebucht.

Die stille Gesellschaft stellt eine reine Innengesellschaft dar. Sie hat somit keine Kaufmannseigenschaft. Folglich wird die Geschäftstätigkeit nach außen allein vom Inhaber des Handelsgeschäftes geführt. Die abgeschlossenen Rechtsgeschäfte verpflichten und berechtigen allein den Inhaber des Handelsgeschäfts (§ 230 Abs. 2 HGB). Deshalb haftet der stille Gesellschafter nicht für die Verbindlichkeiten des Unternehmens.

Da die §§ 230 ff. HGB weitgehend dispositives Recht darstellen, kann das Schuldverhältnis vertraglich gestaltet werden, so z. B. als atypisch stille Gesellschaft. Die Vertragsverhältnisse der **atypisch stillen Gesellschaft** sind über die Rechte des gesetzlich geregelten Falles des typisch stillen Gesellschafters erweitert. Diese Erweiterung der in § 233 HGB vorgesehenen Rechte schlägt sich wie folgt nieder:

- Erweiterte Mitteilungspflichten des Inhabers:
- Mitsprache- und Kontrollrechten;
- Verlustbeteiligung;
- Beteiligung an den stillen Reserven sowie einem etwaigen Geschäftswert.

1783 Ein Ausschluss der Verlustbeteiligung ist handelsrechtlich möglich (§ 231 Abs. 2 HGB). In diesem Fall liegt steuerlich jedoch in der Regel keine atypisch stille Gesellschaft vor.

Aufgrund der weitgehenden rechtlichen Gestaltungsfreiheit des deutschen Gesellschaftsrechts ist es möglich, die atypisch stille Gesellschaft an die individuellen Bedürfnisse der Gesellschafter anzupassen, d. h. der atypisch stille Gesellschafter kann sich bspw. ausschließlich an den Auslandsaktivitäten beteiligen.[1784]

Zusammenfassend sind die wesentlichen Merkmale der atypisch stillen Gesellschaft:

- Gesellschaftsrechtliche Ausrichtung auf den spezifischen Einzelfall;
- Hohe Flexibilität bspw. im Bereich der Finanzierung und des Kapitalbedarfs;
- Geschäftstätigkeit nach außen nur durch den Inhaber des Handelsgeschäfts; atypisch stille Gesellschaft als reine Innengesellschaft erzeugt weitgehende Anonymität;
- Berechtigung und Verpflichtung aus dem Handelsgeschäft nur des Inhabers und nicht auch der atypisch stillen Gesellschafter;
- Haftung ausschließlich des Gesellschaftsvermögens und nicht des stillen Gesellschafters mit seinem Privatvermögen, d. h. die für Kapitalgesellschaften typische Haftungsbegrenzung bleibt erhalten;
- Die der atypisch stillen Beteiligung eigenen Charakteristika der erweiterten Mitteilungspflichten des Inhabers, die Mitsprache- und Kontrollrechte, die Verlustbeteiligung sowie die Beteiligung an den stillen Reserven (inkl. Geschäftswert).

Steuerliche Behandlung der atypisch stillen Gesellschaft

Entsprechend der gesellschaftsrechtlichen Beurteilung liegen nach den einschlägigen steuerlichen Regelungen mit der Kapitalgesellschaft und der atypisch stillen Gesellschaft zwei Steuersubjekte vor.[1785] Die atypisch stille Gesellschaft wird hierbei – sofern die Mitunternehmereigenschaften erfüllt sind – als Personengesellschaft behandelt. Folglich greifen die Grundsätze der Mitunternehmerbesteuerung (§ 15 Abs. 1 Nr. 2 EStG).[1786] Somit ist steuerlich nicht die atypisch stille Gesellschaft selbst steuerpflichtig, sondern deren Mitunternehmer (atypisch stille Gesellschafter). Im Ergebnis werden die folgenden Personen besteuert:[1787]

1. Die atypisch stillen Gesellschafter im Rahmen der Einkommensteuer[1788],
2. die Kapitalgesellschaft (Inhaber des Handelsgewerbes) im Rahmen der Körperschaftsteuer.

1784 Diese gesellschaftsrechtliche Gestaltungsfreiheit wird steuerlich anerkannt. In diesem Fall bezieht sich die Mitunternehmerschaft auch nur auf diesen Bereich (vgl. BFH v. 6. 12. 1995, BStBl. II 1998, S. 685).

1785 Vgl. BFH v. 26. 11. 1996, BStBl. II 1998, S. 328, BFHE 182, S. 101; OFD Erfurt v. 23. 10. 2003, S 2241 A – 08 – L 221.

1786 Vgl. BFH v. 25. 6. 1984, BStBl. II 1984, S. 751.

1787 Die atypisch stille Gesellschaft stellt eine reine Innengesellschaft dar und ist somit umsatzsteuerlich unbeachtlich. Unternehmer i. S. d. UStG ist lediglich das Unternehmen, das nach außen auftritt, vorliegend somit der Inhaber des Handelsgewerbes.

1788 Zur steuerlichen Behandlung von Verlusten, die von ausländischen Unternehmenseinheiten erzielt werden, wird auf die aktuelle Rechtsprechung und Diskussion in der Fachliteratur verwiesen, etwa BFH v. 5. 2. 2014, I R 48/11, BB 2014, S. 1046 (da die Niederlassungsfreiheit nicht auf Drittstaaten wie die Schweiz ausstrahlt, soll die Berücksichtigung finaler Betriebsstättenverluste nicht für Drittstaaten gelten; BFH-Revision unter I R 56/12). Der BFH hat am 24. 4. 2014, I R 56/12 geurteilt, dass der Gründungsaufwand für eine im Ausland belegene feste Einrichtung eines Freiberuflers nicht zum Betriebsausgabenabzug in Deutschland führt. Dies selbst dann, wenn die Errichtung der festen Einrichtung später scheitert, also sog. vergebliche vorweggenommene Aufwendungen (i. S. d. BMF-Schreibens v. 24. 12. 1999, BStBl. I 1999, S. 1076, Tz. 2.9.1 vorliegen).

Mitunternehmereigenschaft

Die steuerlichen Grundsätze für Personengesellschaften greifen dann, wenn die (stillen) Gesellschafter als Mitunternehmer im Sinne des § 15 Abs. 1 Nr. 2 EStG qualifizieren.[1789] Die zivilrechtliche[1790] bzw. faktische Gesellschafterstellung reicht hierzu nicht aus.[1791] Vielmehr muss der atypisch stille Gesellschafter zusätzlich **Mitunternehmerinitiative** entfalten und am **Mitunternehmerrisiko** partizipieren. Die Voraussetzungen an die steuerliche Mitunternehmerschaft sind dabei von Beginn der atypischen Beteiligung an zu erfüllen. Für die Anerkennung der vorliegenden Alternativstruktur ist eine Mitunternehmerstellung unumgänglich. Eine Nichterfüllung würde regelmäßig dazu führen, dass die durch die Mitunternehmerschaft beabsichtigten steuerlichen Folgen nicht greifen.

Mitunternehmerinitiative

Mitunternehmerinitiative wird insbesondere durch die Teilhabe an den unternehmerischen Entscheidungen entwickelt (z. B. Zustimmungsvorbehalte). Als Maßstab dient die vergleichbare Position des Geschäftsführers, Prokuristen oder anderer leitender Angestellter. Die Möglichkeit zur Ausübung von Gesellschafterrechten, die wenigstens den Stimm-, Kontroll- und Widerspruchsrechten angenähert sind, die einem Kommanditisten nach dem HGB zustehen oder die den gesellschaftsrechtlichen Kontrollrechten nach § 716 Abs. 1 BGB entsprechen, sind hierzu nach der einschlägigen Rechtsprechung regelmäßig ausreichend.[1792]

Mitunternehmerrisiko

Im Allgemeinen wird unter dem steuerlichen Institut des Mitunternehmerrisikos die gesellschaftsrechtliche oder wirtschaftlich vergleichbare Teilnahme am Erfolg oder Misserfolg eines Unternehmens subsumiert. Dieses Risiko wird regelmäßig durch Beteiligung am Gewinn und Verlust sowie an den stillen Reserven des Anlagevermögens, einschließlich eines Geschäftswertes vermittelt.[1793] Die Erfüllung dieser Voraussetzungen ist steuerlich zwingend. Aus diesem Grunde müssen die der atypisch stillen Gesellschaft zu Grunde liegenden Verträge entsprechende Risikoteilnahme belegen. Hierzu reicht eine ausschließlich vertragliche Vereinbarung nicht aus; vielmehr müssen auch die faktischen Gegebenheiten diesen entsprechen (substance over form).

Kumulative Erfüllung aller Kriterien einer Mitunternehmerstellung

Die zivilrechtlich alternativ erfüllbaren Kriterien einer Mitunternehmerstellung müssen steuerlich kumulativ erfüllt werden. Sie sind allerdings in begrenztem Umfang wechselseitig kompensierbar:[1794] Eine nur geringe Mitunternehmerinitiative kann durch ein ausgeprägtes Mitunternehmerrisiko ausgeglichen werden und umgekehrt.

1789 Vgl. BFH v. 13.7.93, BStBl. II 1994, S. 243.

1790 Grundtatbestand des zivilrechtlichen Gesellschafters ist ein formalrechtliches Gesellschaftsverhältnis (vgl. BFH v. 22. 1. 1985, BStBl. II 1985, S. 363 - 365). Dies wird durch Begründung eines stillen Gesellschaftsverhältnisses im Sinne des HGB regelmäßig erfüllt.

1791 Vgl. Blaurock, Handbuch der stillen Gesellschaft (HdB), S. 430 ff.; Schmidt, EStG, § 15 EStG, Rz. 340 ff. m. w. N.

1792 Vgl. BFH v. 25. 6. 1981, BStBl. II 1981, S. 779.

1793 Vgl. BFH v. 25. 6. 1984, BStBl. II 1984, S. 751.

1794 Ständige Rechtsprechung vgl. z. B. BFH v. 11. 12. 1990, BB 1991, S. 1023 m. w. N.. Steuerlich ist dabei auf das Gesamtbild, unter Beachtung aller Umstände des Einzelfalls abzustellen. Die bloße Bezeichnung ist nicht ausreichend (vgl. BFH v. 18. 2. 1993, BFH/NV 1993, S. 647, m. w. N.; BFH v. 20. 11. 1990, BB 1991, S. 1022). Das Mitunternehmerrisiko kann aber u. U. dann weniger stark ausgeprägt sein, wenn dies durch die Mitunternehmerinitiative ausgeglichen wird (vgl. BFH v. 20. 11. 1990/11. 12. 1990, a. a. O.).

Werden nicht alle voranstehend genannten Kriterien erfüllt, liegt dagegen regelmäßig eine typisch stille Beteiligung vor[1795] und somit Einkünfte aus Kapitalvermögen (§ 20 Abs. 1 Nr. 4 EStG).

Die zweistufige Gewinnermittlung beim atypisch stillen Gesellschafter

Nicht die atypisch stille Gesellschaft selbst, sondern deren Gesellschafter sind Steuersubjekt der Einkommensbesteuerung. Der von der atypisch stillen Gesellschaft erwirtschaftete Erfolg wird hierzu anteilig den atypisch stillen Gesellschaftern im Rahmen der einheitlichen und gesonderten Gewinnfeststellung zugewiesen. Die atypisch stillen Gesellschafter versteuern den auf sie entfallenden Anteil am Erfolg der Gesellschaft, nachdem dieser Gewinnanteil den Gewinn der Kapitalgesellschaft gemindert hat.[1796]

Die atypisch stille Gesellschaft ist als reine Innengesellschaft weder Trägerin des Unternehmens noch Kaufmann i. S. d. § 6 HGB. Sie ist somit weder buchführungs- noch bilanzierungspflichtig (§ 238 HGB).[1797] Anders kann dies bei einer atypisch stillen Beteiligung an einer ausländischen Kapitalgesellschaft sein.[1798] Als Bemessungsgrundlage für den nach § 15 Abs. 1 Nr. 2 EStG zu ermittelnden Gewinnanteil des atypisch stillen Gesellschafters können individuelle, vertragliche Regelungen getroffen werden. Aus Praktikabilitätsgesichtspunkten bietet es sich an, an den Handelsbilanzgewinn vor Körperschaftsteuer anzuknüpfen, um aufwendige Rechenoperationen zu vermeiden.[1799] Allerdings kann auch jede andere Vereinbarung getroffen werden.[1800]

Die Einkünfte aus Gewerbebetrieb des atypisch Stillen setzen sich nach § 15 Abs. 1 Nr. 2 EStG aus dem Gewinnanteil der atypisch stillen Gesellschaft ggf. zuzüglich seiner Ergänzungsbilanz[1801] (sog. erste Gewinnermittlungsstufe) **und** den Vergütungen zusammen, die der atypisch stille Gesellschafter aufgrund schuldrechtlicher Gesellschaft-Gesellschafter-Vertragsbeziehungen erhält (sog. zweite Gewinnermittlungsstufe).[1802] Die Existenz des Sonderbetriebsvermögens wird aus § 15 Abs. 1 Nr. 2 Halbsatz 2 EStG abgeleitet. Danach sollen Wirtschaftsgüter im Eigentum des Gesellschafters als Sonderbetriebsvermögen behandelt werden, wenn sie

1795 Zur Abgrenzung typisch vs. atypisch stiller Gesellschafter vgl. u. a. BFH v. 27. 5. 1993, BStBl. II 1994, S. 700; BFH v. 6. 7. 1995, DStR 1995, S. 1706.

1796 Vgl. OFD Erfurt, Tz. 4.2.5, a. a. O., BFH v. 5. 11. 1973, BStBl. II 1974, S. 414; BFH v. 2. 3. 1995, BStBl. II 1995, S. 531. Der Anspruch auf den Gewinnanteil entsteht mit Ablauf des Wirtschaftsjahres (Realisierungszeitpunkts); auf den tatsächlichen Zufluss kommt es dagegen nicht an. Diese Auffassung ist im Schrifttum umstritten.

1797 Vgl. u. a. BFH v. 13. 7. 1993, BStBl. II 1994, S. 243.

1798 Der BFH entschied mit Urteil v. 25. 6. 2014 (I R 24/13), dass die in Deutschland ansässige, atypisch stille Gesellschaft einer ausländischen (im entscheidungsrelevanten Fall in Österreich) Kapitalgesellschaft, die ihrerseits aufgrund gesetzlicher Vorschriften verpflichtet ist, Bücher zu führen und regelmäßig Abschlüsse zu machen oder die dies freiwillig tut, nicht befugt ist, nach § 4 Abs. 3 S. 1 EStG ihren Gewinn aus der Beteiligung nach Einnahme-Überschuss Grundsätzen zu ermitteln.

1799 Vgl. OFD Erfurt, Tz. 3.2.1, a. a. O.

1800 Vgl. BFH v. 6. 12. 1995, BStBl. II 1998, S. 685. Allerdings streiten sich aktuell die Beteiligten in einem Verfahren der einheitlich und gesonderten Feststellung von Einkünften an einer atypisch stillen Gesellschaft an einer österreichischen Kapitalgesellschaft darum, ob wegen der nach österreichischem Recht bestehenden Verpflichtung der Gesellschaft, Bücher zu führen, diese auch verpflichtet ist, die Einkünfte, die nach deutschem Steuerrecht festzustellen sind, durch Betriebsvermögensvergleich zu ermitteln sind(vgl. BFH Az. I R 27/14). Dies betrifft jedoch die atypisch stille Beteiligung an einer österreichischen Kapitalgesellschaft (entsprechend Alternative 8, vgl. C.II.9.), gleichwohl sollte die Rechtsentwicklung beachtet werden.

1801 Vgl. Wehrmann, DStR 1998, S. 1533 f.; ebenso Blaurock, BB 1992, S. 1977.

1802 Vgl. Schmidt, EStG, Anm. 348/358 zu § 15 EStG m. w. N.

1. entweder dem Betrieb der Gesellschaft (Sonderbetriebsvermögen I), oder
2. der atypisch stillen Beteiligung (Sonderbetriebsvermögen II)

dienen. Unter Sonderbetriebseinnahmen fallen alle Vergütungen wie bspw. für die Überlassung von Diensten, Kapital oder Wirtschaftsgütern. Hierunter fällt auch das Gehalt des atypisch stillen Gesellschafters als Geschäftsführer der Kapitalgesellschaft, unabhängig davon, ob er zugleich Gesellschafter der Kapitalgesellschaft (Inhaber des Handelsgeschäftes) ist.[1803]

Internationale Gewinnzuweisung der Schweizer Betriebsstättengewinne zwischen dem Inhaber des Handelsgeschäfts und dem atypisch Stillen

Wie zuvor ausgeführt ist bei der Einkommen- und Körperschaftsteuer – neben dem Inhaber des Handelsgeschäfts – nicht die atypisch stille Gesellschaft selbst, sondern deren Gesellschafter (Mitunternehmer) steuerpflichtig.[1804] Infolge der steuerlichen Praxis der Behandlung der Mitunternehmereinkünfte[1805] sind alle Gewinne – und somit auch die der schweizerischen Betriebstätte – direkt den Subjekten der Besteuerung, d. h. unter anderem den atypisch stillen Gesellschaftern, am Ende des Wirtschaftsjahres entsprechend dem gesellschaftsvertraglichen Verteilungsschlüssel anteilig zuzurechnen.[1806] Es handelt sich somit um einen Teil der gemeinschaftlichen Einkünfte des Inhabers des Handelsgeschäfts und des atypisch stillen Gesellschafters im Sinne von § 180 Abs. 1 Nr. 2a AO. Somit werden den Gesellschaftern der atypisch stillen Gesellschaft die Gewinne anteilig als originäre eigene Einkünfte[1807] zugerechnet.[1808] Die atypisch stille Gesellschaft ist somit als Personengesellschaft „Subjekt der Gewinnerzielung, Gewinnermittlung und Einkünftequalifizierung".[1809]

Die durch die schweizerische Betriebstätte erzielten Gewinne werden somit über die atypisch stille Beteiligung unmittelbar den atypisch stillen Gesellschaftern zugewiesen und unter Progressionsvorbehalt, d. h. satzbestimmend freigestellt. Durch geeignete Maßnahmen sollte die Gewinnzuweisung ggf. derart gesteuert werden, dass der Gewinn größtenteils den atypisch stillen Gesellschaftern zugeordnet werden kann und der Kapitalgesellschaft nur ein geringer Gewinnanteil verbleibt.

PRAXISHINWEIS

Eine günstige Gewinnzuordnung kann durch ein entsprechendes Verhältnis der erbrachten Kapitaleinlagen in die atypisch stille Gesellschaft erreicht werden. Beteiligt sich der atypisch stille Gesellschafter bspw. mit einer Kapitaleinlage von CHF 950'000, bei einem Vermögen des Inhabers des Handelsgeschäfts von CHF 50'000, würde sich hieraus eine Gewinnverteilung von 95 % zu 5 % ergeben:[1810] 95 % des Gewinns wür-

1803 Zur etwaigen Berücksichtigung von atypisch stillen Beteiligungen bei der Steuerbefreiung nach §§ 13a ff. ErbStG vgl. den koordinierten Ländererlass BayLfSt v. 11. 8. 2010, S - 3812a 1.1 - 7 St 34.

1804 Mangels einer fehlenden offiziellen Verlautbarung der deutschen Finanzverwaltung zur steuerlichen Behandlung wird zur Sicherstellung der gewünschten steuerlichen Wirkung und Folgen, im Einzelfall ggf. eine verbindliche Auskunft zu empfehlen sein.

1805 Vgl. auch Pyszka, IStR 1999, S. 303.

1806 Vgl. Buciek in Flick/Wassermeyer/Kempermann, Anm. 65/185 zu Art. 7 DBA-D-CH.

1807 Analog Vogel/Lehner, DBA, Tz. 37 zu Art. 7 DBA m. w. N.; Flick/Wassermeyer/Kempermann, DBA, Tz. 184/185 zu Art. 7 DBA.

1808 Vgl. BFH v. 25. 2. 1991, BStBl. II 1991, S. 691; Kubaile, INF 2000, S. 363 ff.

1809 Vgl. BFH v. 5. 2. 2002, BStBl. II 2002, S. 464.

1810 Darüber hinaus mildert sich durch die relativ hohe Einlage die Wirkung des § 15a EStG auf inländische Verluste (vgl. BFH v. 7. 10. 1997, BFH/NV 1998, S. 823; BFH v. 16. 12. 1997, BFH/NV 1998, S. 576).

den direkt auf die atypisch stillen Gesellschafter entfallen. Angesichts des geringen Gewinnanteils des Inhabers des Handelsgeschäfts ist der Nachteil durch die zusätzlich anfallende deutsche Einkommensteuer auf die Dividendenausschüttungen an die inländischen Anteilseigner gering.[1811]

Bei der Prüfung der steuerlichen Vorteilhaftigkeit ist Art. 7 Abs. 7 Satz 2 DBA D-CH zu beachten.

Gewerbesteuer

Die Qualifikation als Sonderbetriebsvermögen, und somit die mögliche Erzielung von Sonderbetriebseinnahmen bzw. -ausgaben, ist wichtig für die Prüfung der Vorteilhaftigkeit der vorliegenden Struktur. Durch diese Systematik werden bisher ggf. nicht gewerbliche Einkünfte in gewerbliche umqualifiziert und somit ggf. gewerbesteuerpflichtig. Hiervon besteht nach allgemeinem Verständnis dann eine Ausnahme, wenn der Inhaber des Handelsgeschäfts (Kapitalgesellschaft) noch einer anderen als der im Gesellschaftsinteresse liegenden, erheblichen Geschäftstätigkeit nachgeht.[1812]

Eine Gewerbesteuerpflicht wird darüber hinaus insofern vermieden, als eine Kürzungsvorschrift i. S. d. § 9 GewStG greift. Darüber hinaus greift hinsichtlich der Schweizer Betriebsstätteneinkünfte (§ 12 AO, § 2 Abs. 1 Satz 1 GewStG) die Kürzungsvorschrift des § 9 Nr. 3 GewStG bzw. § 9 Nr. 2 GewStG bei Personengesellschaften. Folglich unterliegt der Betriebsstättengewinn nicht der deutschen Gewerbesteuer,[1813] wie bereits die Systematik von § 2 Abs. 1 Satz 1 GewStG bestimmt.

II.8.3. Gesamtsteuerquote

Bei der Alternative 7 sinkt die Steuerquote zum vergleichbaren Ausgangsfall einer deutschen Kapitalgesellschaftsstruktur signifikant. Mit der atypisch stillen Beteiligung wird steuersystematisch der Betriebsstättengewinn der Schweizer Besteuerung unterworfen und in Deutschland auf Ebene der atypisch stillen Gesellschafter (natürliche Person) satzbestimmend freigestellt. Der Gewinn wird hierbei zunächst auf Ebene der deutschen Kapitalgesellschaft vereinnahmt und dann entsprechend den Beteiligungsverhältnissen auf die Gesellschafter verteilt. Durch eine entsprechend große Kapitaleinlage ist ggf. sicherzustellen, dass der wesentliche Gewinnanteil den atypisch stillen Gesellschaftern zusteht. Die Grundsätze der Gewinnverteilung greifen auch für die im Ausland erzielten Betriebsstättengewinne, sodass diese keiner weiteren, deutschen Besteuerung unterliegen. Bei den übrigen, deutschen Einkünften werden die Betriebsstätteneinkünfte satzbestimmend berücksichtigt (Progressionsvorbehalt). AHV fällt auf den Unternehmensgewinn nicht an, da das (deutsche) Stammhaus eine juristische Person ist.[1814]

Eine definitive Aussage über die exakte Höhe hängt bspw. davon ab, welcher Gewinnanteil den atypisch stillen Gesellschaftern zuzuweisen ist. Da dies im Einzelfall bedeutsam abweichen

1811 Die Einlage des atypisch stillen Gesellschafters bemisst sich nach den Teilwerten. Folglich kann die Höhe der zu erbringenden atypisch stillen Einlage im Einzelfall ggf. zu hoch sein, um in Deutschland einen signifikanten steuerlichen Vorteil zu erzielen.

1812 Vgl. Schmidt, EStG, § 15 Rz. 358. m. w. N.

1813 Subjektiv gewerbesteuerpflichtig, d. h. Schuldner der Gewerbesteuer ist – anders als bei der Personengesellschaft – der nach außen auftretende Inhaber des Handelsgewerbes, vorliegend die Kapitalgesellschaft (vgl. R. 5.1 Abs. 2 GewStR). Dabei ist der atypisch stillen Gesellschaft der gewerbesteuerliche Freibetrag nach § 11 Abs. 1 S. 3 Nr. 1 GewStG zu gewähren (vgl. BFH v. 30. 8. 2007, IV R 47/05).

1814 Die (zusätzliche) atypisch stille Beteiligung am deutschen Stammhaus ist für die Prüfung der Schweizer AHV-Pflicht unbeachtlich.

kann, wird auf eine entsprechende Kalkulation verzichtet. Je nach Ausgangslage sowie der konkreten Ausgestaltung ergibt sich eine Gesamtsteuerbelastung, die im Wesentlichen der im Organschaftsmodell entspricht (vgl. C.II.7.3.). Ein wichtiger Faktor spielt insofern auch die Höhe der atypisch stillen Beteiligung, die sich bei bereits bestehenden Gesellschaften an den aktuellen Teilwerten bemisst.

Allgemein kann festgehalten werden, dass diese Investitionsstruktur in der Praxis gerade bei neueren Unternehmensstrukturen (Start-up) vorteilhaft ist, bei denen sich die voranstehenden Prämissen (Beteiligungshöhe, Gewinnanteil, Sonderbetriebseinnahmen etc.) noch wesentlich optimieren lassen.

II.9. Alternative 8: Atypisch stille Beteiligung an einer Schweizer Kapitalgesellschaft

Die vorausgehenden Steuermodelle basieren im Wesentlichen auf einer Schweizer Betriebsstätte. Ggf. möchte ein Teil der Investoren die Auslandsaktivitäten jedoch bevorzugt über eine lokale Schweizer Kapitalgesellschaft strukturieren. In diesem Fall können mittels einer atypisch stillen Beteiligung[1815] an dieser **Schweizer** Kapitalgesellschaft ähnliche, steuerlich vorteilhafte Ergebnisse erzielt werden wie in Alternative 6 und 7. Die atypisch stille Beteiligung an der Schweizer Kapitalgesellschaft kann dabei sowohl in das Organschaftsmodell (vgl. C.II.7.) als auch in die Alternative 7 (vgl. C.II.8.) integriert werden.[1816] Die grenzüberschreitenden Investitionen können u. a. wie folgt strukturiert sein:

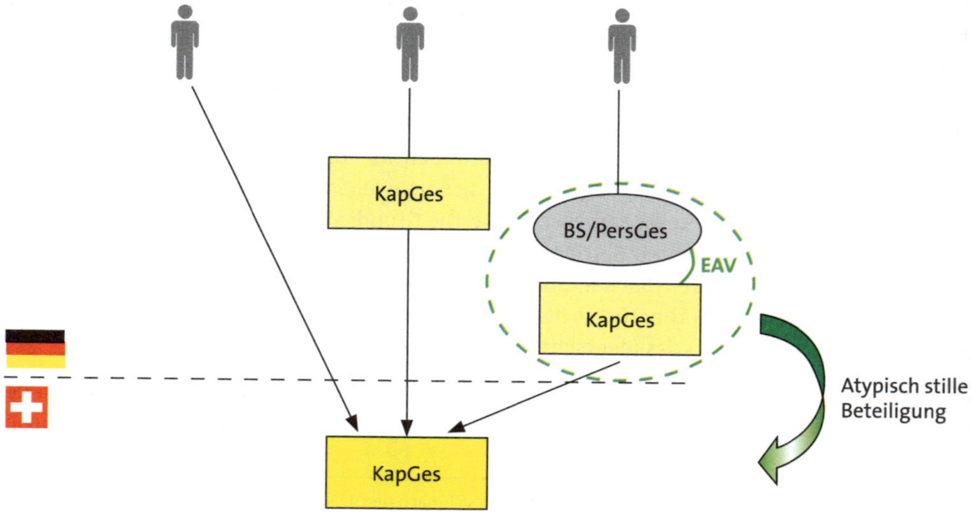

1815 Für eine Analyse der stillen Gesellschaft wird auf C.II.8.2. verwiesen.
1816 Für eine Analyse der dieser Alternative zugrunde liegenden Annahmen vgl. C.II.

II.9.1. Besteuerung in der Schweiz

Die Schweizer Besteuerungspraxis hat in den letzten Jahren mehreren elementaren Rechtsänderungen unterlegen:

Rechtsentwicklung

Mit dem Kreisschreiben der Eidgenössischen Steuerverwaltung (ESTV) vom 30.4.1987 erfolgte in der Schweiz eine grundlegende Praxisänderung.[1817] Die direkte Bundessteuer qualifizierte das Rechtsverhältnis der atypisch stillen Gesellschaft mit Wirkung ab dem 1. 1. 1987 nicht mehr als Personengesellschaft, sondern als Darlehensvertrag bzw. für Verrechnungssteuerzwecke als partiarisches Darlehen. In der Folge galten bei den direkten Steuern die Gewinnanteile des atypisch stillen Beteiligten als Zinsgutschriften und somit als steuerbare Kapitalerträge. Der marktübliche Zinsaufwand qualifizierte bei der schweizerischen Schuldnerin als rechtmäßig begründeter Aufwand.

Aufgrund der unterschiedlichen steuerlichen Qualifikationen in der Schweiz und in Deutschland entstanden für die in Deutschland ansässigen atypisch stillen Gesellschafter sog. weiße Einkünfte: Die Schweiz betrachtete die Gewinnanteile als Darlehenszinsen mit deutschem Besteuerungsrecht (Art. 11 DBA D-CH). Nach Auffassung der deutschen Finanzverwaltung lagen dagegen Unternehmensgewinne i. S. d. Art. 7 DBA D-CH vor, für die durch den Betriebsstättenvorbehalt (Art. 5 DBA D-CH) die Schweiz das Besteuerungsrecht hatte (Art. 24 Abs. 1 Nr. 1a DBA D-CH). Durch die gegenseitige Zuweisung der Besteuerungsrechte wurden die Gewinne weder in Deutschland noch in der Schweiz besteuert.

Somit wurden weiße Einkünfte erzielt, was nicht im Einklang mit dem Postulat der Einmalbesteuerung stand. Mit Art. V des Änderungsprotokolls vom 21. 12. 1992[1818] wurde Art. 24 Abs. 1 Nr. 1a DBA D-CH um folgenden Satz ergänzt:

„... Dies [die Freistellungsmethode] gilt nicht für Einkünfte aus einer stillen Beteiligung als Mitunternehmer an einem in der Schweiz ansässigen Unternehmen, soweit die Schweiz diese Einkünfte nicht nach Artikel 7 besteuert“.

Aufgrund dieser DBA-Klausel galt für atypisch stille Gesellschafter in Deutschland nun nicht mehr die Freistellungs-, sondern die Anrechnungsmethode. Der Erzielung von weißen Einkünften bei den Gewinnsteuern wurde ein Riegel vorgeschoben.

Rückwirkende Praxisänderung auf den 1. 1. 2002 in der Schweiz

Die ESTV hatte in der Folge ihre Praxis gemäß einer Mitteilung vom 15. 7. 2002 (ergänzt am 2. 6. 2004) erneut geändert.[1819] Die Praxisänderung griff rückwirkend zum 1. 1. 2002. Im Ergebnis wurde wieder auf die alte Betrachtungsweise, welche vor dem 1. 1. 1987 bereits einschlägig war, zurückgegriffen. Für Investoren hat dies die folgenden steuerlichen Konsequenzen:

1817 Für eine chronologische Aufarbeitung der Schweizer DBA-Praxis vgl. Kubaile/Kapalle, PIStB 11/2004, S. 274 ff.

1818 Vgl. BGBl 1993 II, S. 1886.

1819 Vgl. auch Locher/Meier/Kolb/von Siebenthal, DBA Schweiz-Deutschland, B 7.7. N 58.

Gewinnsteuern

Bei der direkten Bundessteuer gelten Gewinnanteile aus atypisch stillen Beteiligungen seit dem 1. 1. 2002 nun wiederum als Unternehmensgewinne i. S. d. Art. 7 DBA D-CH, d. h. als Einkünfte aus Personengesellschaften. In der Schweiz sind zwei Steuersubjekte zu erfassen:

1. Die **beschränkt steuerpflichtige Betriebsstätte** des deutschen Stammhauses und

2. die **unbeschränkt steuerpflichtige Schweizer Kapitalgesellschaft.**

Das deutsche Stammhaus, die Kapitalgesellschaft, unterliegt somit mit ihrem Betriebsstättenergebnis der beschränkten Schweizer Steuerpflicht (Art. 51 Abs. 1 Bst. b i. V. m. Art. 52 Abs. 2 DBG).[1820] Die Schweizer Betriebsstätte wird dabei i. d. R. wie eine juristische Person besteuert (Art. 11 DBG). Zusätzlich fällt auf Kantonsebene eine (geringe) Kapitalsteuer an (zur möglichen Anrechnung der Gewinn- an die Kapitalsteuer vgl. A.II.5.1.2.2.). Insgesamt ist mit einer Gesamtsteuerbelastung (effektiv; am Kantonshauptort) von rund 12 % - 24 % zu rechnen.

Der um den Betriebsstättengewinn (atypisch stille Beteiligung) geminderte Gewinn der Schweizer Kapitalgesellschaft wird der Gewinnsteuer (Art. 50 DBG, Art. 20 StHG) und Kapitalsteuer (Art. 29 StHG) unterworfen.

Verrechnungssteuer

Wie bereits gemäß der steuerlichen Schweizer Praxis vor 1987, folgt die Verrechnungssteuer dagegen – ausschließlich zur Sicherung der Einmalbesteuerung – (zunächst) nicht der steuerlichen Qualifikation i. R. d. Gewinnsteuer. Im Sinne einer Missbrauchsvermeidung wird zunächst 35 % Schweizer Verrechnungssteuer auf den Gewinnanteil des atypisch still Beteiligten erhoben.[1821]

PRAXISHINWEIS

Aufgrund der Praxisänderung in der Schweiz haben in Deutschland ansässige Personen, welche an einer schweizerischen Kapitalgesellschaft atypisch still beteiligt sind, zu berücksichtigen, dass sie in der Schweiz bereits seit 1. 1. 2002 für die direkten Steuern steuerpflichtig geworden sind. Ferner muss die schweizerische Gesellschaft auf den Gewinnanteil der atypisch stillen Gesellschafter die Schweizer Verrechnungssteuer abführen und somit entsprechende Deklarationspflichten beachten. Wird den formellen und materiellen Pflichten nicht nachgekommen, drohen grundsätzlich Nach- und Strafsteuern bzw. die vorgesehenen steuerstrafrechtlichen Sanktionen.

Die zunächst einbehaltene Verrechnungssteuer wird im Rahmen der Veranlagung der beschränkt steuerpflichtigen Betriebsstätte wieder zurückerstattet (Art. 24 Abs. 3 VStG bzw. Art. 51 Abs. 2 VStV) oder angerechnet. Das konkrete Verfahren ist vor Implementierung der Struktur über ein Schweizer Ruling abzusichern.

Für die Prüfung der Schweizer AHV-Pflicht wird ausschließlich geprüft, ob der atypisch still Beteiligte die Rechtsform einer (in- oder ausländischen) Kapitalgesellschaft innehat. Vorliegend soll der atypisch still Beteiligte eine deutsche Kapitalgesellschaft sein (vgl. beide nachfolgenden

1820 Dies gilt auch für den Fall der Strukturierung der Auslandsinvestition über eine Personengesellschaft statt über eine Betriebsstätte (vgl. Art. 51 Abs. 1 Bst. a i. V. m. Art. 52 Abs. 2 DGB).

1821 Auf die möglichen steuerlichen Nachteile im Falle eines Einzelunternehmers, der sich atypisch still beteiligt und einer möglichen AHV-Pflicht unterliegt, wird auf C.II.9.2. verwiesen.

Grafiken zu C.II.9.2.), sodass der Schweizer Betriebsstättengewinn nicht der AHV-Pflicht unterliegt.[1822]

II.9.2. DBA D-CH und Besteuerung in Deutschland

Aus deutscher Sicht liegen – spiegelbildlich zur Schweiz – die folgenden Einkünfte vor:

1. Betriebsstätteneinkünfte aus der atypisch stillen Beteiligung an einer Schweizer Kapitalgesellschaft sowie
2. ggf. Dividendenerträge aus der Beteiligung an dieser Schweizer Kapitalgesellschaft.

Durch die atypisch stille Beteiligung an der Schweizer Kapitalgesellschaft wird dem atypisch stillen Gesellschafter eine ausländische Betriebsstätte[1823] vermittelt.[1824] Mit der Schweizer Praxisänderung zum 1. 1. 2002 läuft die abkommensrechtliche Subject-to-tax Klausel des Art. 24 Abs. 1 Nr. 1a Satz 2 DBA D-CH bei entsprechender Besteuerung ins Leere.[1825] Die Einkünfte[1826] qualifizieren folglich als Einkommen aus einer Personengesellschaft (Art. 7 Abs. 7 Satz 1 DBA D-CH). Diese werden aufgrund des Betriebsstätten-Vorbehaltes der Schweizer Besteuerung zugewiesen (Art. 5 DBA D-CH). Soweit die Voraussetzungen des Methodenartikels erfüllt sind (abkommensrechtlicher Aktivitätsvorbehalt nach Art 24 Abs. 1 Nr. 1a Satz 1 DBA D-CH),[1827] greift die Freistellung unter Progressionsvorbehalt (ansonsten die Anrechnungsmethode[1828]). Der Progressionsvorbehalt greift auf die übrigen deutschen Einkünfte.

Besonderheiten ergeben sich aus den einschlägigen abkommensrechtlichen Vorschriften des Art. 7 Abs. 7 Satz 2 DBA D-CH.[1829]

Losgelöst von den abkommensrechtlichen Folgen ist in Deutschland die sog. switch-over Klausel des § 20 Abs. 2 AStG zu beachten, nach der die Freistellungsmethode ggf. durch die Anrechnungsmethode substituiert wird. Der Schweizer Betriebsstättengewinn würde dabei auf das hö-

---

1822 Hinsichtlich der Sonderregelung bei einer etwaigen AHV-Pflicht für in Deutschland nicht Sozialversicherungspflichtige vgl. C.II.5.1.

1823 Vgl. auch BMF v. 26. 9. 2014 IV B 5 – S 1300/09/10003, Anwendung der Doppelbesteuerungsabkommen auf Personengesellschaften, Tz. 4.1.1.2.

1824 Vgl. BFH v. 21. 7. 1999 I R 110/98, BStBl. II 1999, S. 812, IWB Fach 3a Gr. 1, S. 895. Der BFH entschied wie folgt: „Ist eine in Deutschland ansässige Person atypisch still an dem Unternehmen einer Schweizer Kapitalgesellschaft beteiligt, so sind die auf diese Weise erzielten Gewinnanteile Unternehmensgewinne i. S. d. Art. 7 DBA D-CH." Analog Buciek in Flick/Wassermeyer/Kempermann, DBA D-CH, Art. 7 Anm. 185.

1825 Vgl. insofern auch § 50d Abs. 9 S. 1 Nr. 1 EStG.

1826 Aktuell streiten sich die Beteiligten in einem Verfahren der einheitlich und gesonderten Feststellung von Einkünften an einer atypisch stillen Gesellschaft an einer österreichischen Kapitalgesellschaft darum, ob wegen der nach österreichischem Recht bestehenden Verpflichtung der Gesellschaft Bücher zu führen, diese auch verpflichtet ist, die Einkünfte, die nach deutschem Steuerrecht festzustellen sind, durch Betriebsvermögensvergleich zu ermitteln sind (vgl. BFH Az. I R 27/14).

1827 Vgl. ausführlich C.II.2.2. und C.II.4.2.

1828 Die Anrechnung der ausländischen Steuer auf die deutsche Steuer ist auf den so genannten Höchstbetrag begrenzt (§ 34c Abs. 1 S. 2 EStG). Die Aufteilung erfolgt nach dem Verhältnis der ausländischen Einkünfte zur Summe aller Einkünfte, sodass Sonderausgaben und außergewöhnliche Aufwendungen bei der Anrechnung nicht berücksichtigt werden. Diese Vorgehensweise der Anrechnungsmethode verstößt gegen die Kapitalverkehrsfreiheit (vgl. EuGH v. 28. 2. 2013, C – 168/11; BFH/NV 13, S. 889).

1829 Der BFH entschied mit Urteil v. 25. 6. 2014 (I R 24/13), dass die in Deutschland ansässige, atypisch stille Gesellschaft einer ausländischen (im entscheidungsrelevanten Fall in Österreich) Kapitalgesellschaft, die ihrerseits aufgrund gesetzlicher Vorschriften verpflichtet ist, Bücher zu führen und regelmäßig Abschlüsse zu machen oder die dies freiwillig tut, nicht befugt ist, nach § 4 Abs. 3 S. 1 EStG ihren Gewinn aus der Beteiligung nach Einnahme-Überschuss Grundsätzen zu ermitteln.

here deutsche Steuerniveau angehoben. Für eine ausführliche Analyse der switch-over Klausel, Fiktion bei Dienstleistungsbetriebsstätten i. S. d. § 8 Abs. 1 Nr. 5a AStG und die Abgrenzung zum abkommensrechtlichen Aktivitätsvorbehalt für Betriebsstätten (Art. 24 Abs. 1 Nr. 1a DBA D-CH) wird auf C.II.2.2. sowie D.IV.6.3. verwiesen.

Gewerbesteuer

Bei der **Gewerbesteuer** greift aufgrund der ausländischen Betriebsstätte (§ 12 AO, § 2 Abs. 1 Satz 1 GewStG) die Kürzungsvorschrift des § 9 Nr. 3 GewStG bzw. bei Personengesellschaften ggf. § 9 Nr. 2 GewStG. Der Schweizer Betriebsstättengewinn unterliegt somit nicht der deutschen Gewerbesteuer, was der Systematik von § 2 Abs. 1 Satz 1 GewStG entspricht.[1830]

Der Betriebsstättengewinn des atypisch stillen Gesellschafters mindert den Gewinn der Schweizer Kapitalgesellschaft. Das entsprechende Besteuerungsrecht für den (verbleibenden) Gewinn der Kapitalgesellschaft liegt (ebenfalls) in der Schweiz.[1831] Bei Ausschüttung des verbliebenen Unternehmensgewinnes an die deutsche Anteilseignerin, die in den nachfolgenden Strukturen immer eine zu 100 % beteiligte deutsche Kapitalgesellschaft ist, greift (bereits seit 1. 1. 2002) die Nullregelung, d. h. es fällt keine Schweizer Quellensteuer auf die Dividendenausschüttung an (Art. 10 Abs. 3 DBA D-CH).

Die Gewinnausschüttung der Schweizer Kapitalgesellschaft führt in Deutschland zu einer weiteren Besteuerung (vgl. C.II.8.2.). Um analoge steuerliche Folgen auch für die voranstehend diskutierten Schweizer Betriebsstätteneinkünfte aus der atypisch stillen Beteiligung an der Schweizer Kapitalgesellschaft zu vermeiden, sollte in Deutschland über eine Personengesellschaft strukturiert werden. Hier bietet sich bspw. die Organschaftsstruktur an (vgl. Alternative 6).

Die Crossborder-Struktur im Organschaftsmodell verdeutlicht die folgende Grafik:

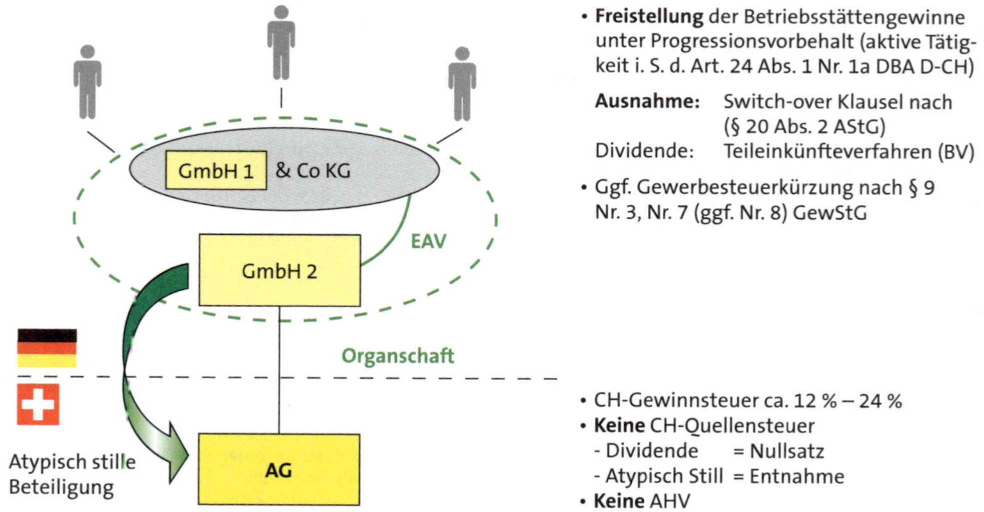

1830 Vgl. Diskussion zur Gewerbesteuer unter C.II.2.2.

1831 Durch die Abschirmwirkung der Schweizer Kapitalgesellschaft werden deren (Anlauf)Verluste jedoch ebenfalls vor einer steuerlichen Berücksichtigung in Deutschland ausgeschlossen. Dies gilt auch für Teilwertabschreibungen (§ 8b Abs. 3 S. 3 KStG). Im Falle einer Hinzurechnungsbesteuerung greift der Ausschluss des § 10 Abs. 1 S. 3 AStG.

Aufgrund der Integration der Struktur in das Organschaftsmodell führen die voranstehenden, abkommensrechtlichen Folgen steuersystematisch dazu, dass der Betriebsstättengewinn aus der atypisch stillen Beteiligung – in einem ersten Schritt – auf Ebene der deutschen Kapitalgesellschaft (Organgesellschaft) vereinnahmt wird, um diesen Gewinnanteil am Ende des Geschäftsjahres an die Organträgerin (hier Kommanditgesellschaft) über den Ergebnisabführungsvertrag abzuführen.[1832] Das Einkommen der Kommanditgesellschaft wird hierbei über die einheitliche und gesonderte Gewinnfeststellung den Gesellschaftern (Mitunternehmern) zugerechnet, wobei im Ausland erwirtschaftete Einkommen, auch diejenigen, die zunächst von der Organgesellschaft vereinnahmt wurden, so behandelt werden, als hätten die Mitunternehmer diese Einkommensteile unmittelbar über die Kommanditgesellschaft erzielt (Transparenz der Personengesellschaft). Dies führt aber auch dazu, dass nach § 15 Satz 1 Nr. 2 und Satz 2 KStG eine Beteiligungsertragsbefreiung nach § 8b Abs. 1 KStG für die zusätzlich – neben der atypisch stillen Beteiligung (Betriebsstättengewinne) – erzielten Dividendeneinnahmen nicht greift. Da die Mitunternehmer des Organträgers annahmegemäß natürliche Personen sind, unterliegen die Dividendenausschüttungen dem Teileinkünfteverfahren ((Sonder-)Betriebsvermögen). Durch eine entsprechend hohe, atypisch stille Beteiligung ist sicherzustellen, dass der wesentliche Gewinnanteil an der Schweizer Gesellschaft wiederum der atypisch stillen Beteiligung zugewiesen und somit in Deutschland unter Progressionsvorbehalt freigestellt wird.

Die voranstehenden Ausführungen gelten analog für die doppelte atypisch stille Beteiligung, d. h. einer atypisch stillen Beteiligung sowohl an der deutschen Kapitalgesellschaft als auch dieser selbst an der Schweizer Kapitalgesellschaft. Dies verdeutlicht die folgende Grafik:

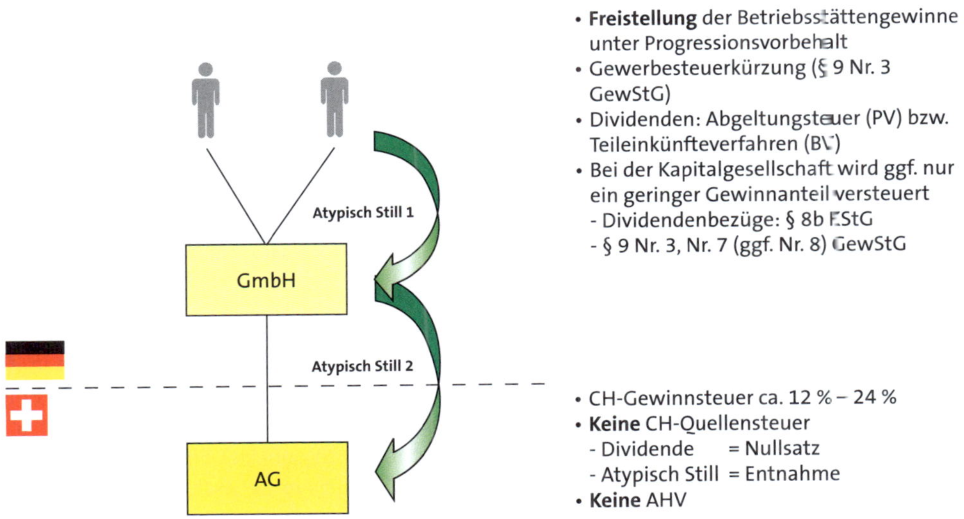

Für eine Detailanalyse der steuerlichen Folgen in Deutschland wird auf Alternative 7 (vgl. C.II.8.2.) verwiesen.

1832 Für eine ausführliche steuerliche Analyse vgl. C.II.7.2.

PRAXISHINWEIS

Vor der Einführung von § 50d Abs. 11 EStG hätte in dieser Strukturierung über das abkommensrechtliche Schachtelprivileg in Art. 24 Abs. 1 Nr. 1b DBA D-CH sogar auf die grenzüberschreitende, atypisch stille Beteiligung verzichtet werden können, da die DBA-Freistellung von Schachteldividenden auf den Zahlungsempfänger (GmbH) abstellt. § 50d Abs. 11 Satz 1 EStG verhindert hier jedoch die Freistellung.

Die Schweizer Praxisänderung (C.II.9.1.) ist auf der Homepage der ESTV veröffentlicht worden. Eine Veröffentlichung ausschließlich über die Homepage entspricht zwar den Schweizer Gepflogenheiten, gleichwohl empfiehlt es sich, eine entsprechende Umsetzung vorab sowohl mit der Schweizer Steuerbehörde mittels eines Rulings abzustimmen, als ggf. auch mit der deutschen Finanzverwaltung im Rahmen einer verbindlichen Auskunft.[1833]

Grundsätzlich könnte sich auch eine in Deutschland ansässige natürliche Person (bspw. Einzelunternehmer) an der Schweizer Gesellschaft atypisch still beteiligen. Die Struktur verdeutlicht die nachfolgende Grafik:

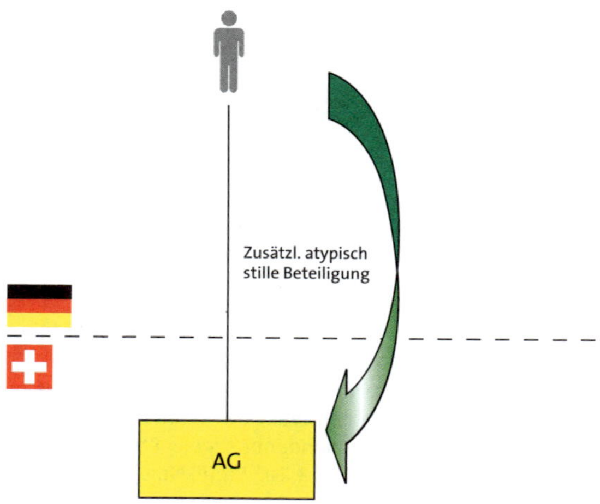

- **Freistellung** der Betriebsstättengewinne unter Progressionsvorbehalt (Annahme: aktive Tätigkeit i. S. d. Art. 24 Abs. 1 Nr. 1a DBA D-CH)

  Ausnahme: Switch-over Klausel nach § 20 Abs. 2 AStG
- Keine GewSt (§ 9 Nr. 3 und Nr. 7 GewStG)
- Dividenden: Abgeltungsteuer (PV) oder Teileinkünfteverfahren (BV) unter Anrechnung der CH-Quellensteuer

- CH-Gewinnsteuer ca. 12 % – 24 % / 46 %
- CH-Quellensteuer
  - Atypisch Still = keine
  - Dividende = 15 % Quellensteuer
- Ggf. Schweizer AHV-Pflicht

Die anteiligen Betriebsstättengewinne des atypisch stillen Gesellschafters würden der Schweizer Einkommenssteuer unterworfen (Art. 4 Abs. 1 Bst. b. i.V. m. Art. 6 und 7 DBG),[1834] die im Einzelfall bis zu 45 % betragen kann.[1835] Ferner würde in dieser Struktur ggf. Schweizer AHV-Pflicht ausgelöst werden.[1836] Somit ist diese Struktur regelmäßig steuerlich weniger attraktiv, außer die Schweizer Betriebsstätte wird an einem Ort implementiert, an dem der Einkommensteuerspitzensatz bei rund 19 % liegt (bspw. Freienbach, Kanton Schwyz). In Deutschland würde die Divi-

1833 Vgl. BMF v. 29. 12. 2003, BStBl. I 2003, S. 742.

1834 Die Regelung des Art. 11 DBG, wonach ausländische Personengesamtheiten ohne juristische Persönlichkeit auf ihre Schweizer Betriebsstätteneinkünften, die Steuern nach den Bestimmungen für juristische Personen zu entrichten haben, greift bei ausländischen Einzelunternehmern nicht. So auch Höhn, Betriebsstätten ausländischer Unternehmen, S. 137: Greminger in Zweifel/Athanas, DBG-Kommentar, Rz. 2 zu Art. 11 DBG; Reich, Umstrukturierungen, 1. Teil, S. 384.

1835 Vgl. C.II.2.1.

1836 Vgl. F.III.5.

dendenausschüttung der Schweizer AG dem Teileinkünfteverfahren (Betriebsvermögen) unterliegen unter voller Anrechnung der 15 %igen Schweizer Verrechnungssteuer (Quellensteuer).

II.9.3. Gesamtsteuerquote

Die Schweizer Praxisänderung bietet die Möglichkeit, auch mittels einer Schweizer Kapitalgesellschaft äußerst attraktive Steuerquoten zu erzielen. Dabei gilt ein gewisser Liquiditätsnachteil zu beachten, da in der Schweiz **zunächst** die 35 %ige Verrechnungssteuer anfällt. Die Schweizer Verrechnungssteuer wird nach Ablauf des Kalenderjahres und durchgeführter Gewinnsteuerveranlagung (natürliche Person) wieder erstattet oder angerechnet. Auf die Dividendenausschüttung der Schweizer AG fällt im Ergebnis eine 15%ige Schweizer Verrechnungssteuer an.

In Deutschland wird analog zum Organschaftsmodell (Alternative 6) bzw. zur rein nationalen atypisch stillen Beteiligung (Alternative 7) der Schweizer Betriebsstättengewinn letztendlich ohne weitere (wesentliche), deutsche Besteuerung den Anteilseignern zugewiesen. Eine definitive Aussage über die exakte Gesamtsteuerbelastung hängt im Einzelfall davon ab, welcher Gewinnanteil den atypisch stillen Gesellschaftern zuzuweisen ist und ob sowie in welcher Höhe zusätzliche Gewinnausschüttungen seitens der Schweizer Kapitalgesellschaft vorliegen. Da die Höhe und Verhältnisse im Einzelfall signifikant variieren können, wird auf eine entsprechende Kalkulation verzichtet. Je nach Ausgangslage sowie der konkreten Ausgestaltung ergibt sich eine äußerst interessante Gesamtsteuerquote, die weitestgehend derjenigen des Organschaftsmodells entspricht (vgl. C.II.7.3.). Besonderheiten ergeben sich aus Art. 7 Abs. 7 Satz 2 DBA D-CH. Hiernach fallen diese Vertragsbeziehungen ggf. nicht unter den Betriebsstättervorbehalt. Die gewerbesteuerlichen Kürzungsvorschriften des § 9 GewStG sind zu beachten und zu prüfen.

D. Grenzen der internationalen Steuerplanung

I. Allgemeine Einführung

Die Kapitel A, B und C haben gezeigt, dass es teilweise ohne komplizierte Strukturierungen möglich ist, die Vorteile des Steuerstandortes Schweiz bis hin zum deutschen Investor zu sichern. Nicht zuletzt aus diesen Gründen kennt Deutschland eine Reihe von Missbrauchsnormen. Sofern deutsche Investitionen über das Ausland strukturiert werden, können eine Vielzahl von deutschen Besteuerungsnormen die Vorteile aus dem internationalen Steuergefälle (teilweise) wieder zunichte machen.[1837]

Die nationalen deutschen Missbrauchs- und Besteuerungsnormen sind vielfältig. Hierbei kann grundsätzlich in Fallgruppen unterteilt werden:

1. Die erste betrifft die Übertragung bestehender Funktionen und Geschäftschancen von der deutschen Unternehmung auf die ausländische Einheit (vgl. D.III.) und somit grundsätzlich die Implementierungs- bzw. Verlagerungsphase.[1838] Zukünftig dürften durch BEPS (Base Erosion und Profit Shifting, vgl. nachfolgend D.II.) weitere Verschärfungen relevant werden.
2. Die zweite Gruppe betrifft Normen, die auf den laufenden (Schweizer) Gewinn zielen (vgl. D.IV.), sodass dieser ggf. auf das höhere deutsche Steuerniveau hochgeschleust wird.
3. Ferner gilt es, bei Auslandssachverhalten die Fremdvergleichsgrundsätze (Verrechnungspreise) zu beachten sowie die erweiterten Mitwirkungs- und Informationspflichten zu berücksichtigen (vgl. D.V.).

Die genannten Besteuerungsnormen können parallel greifen.[1839] Die jeweiligen Anwendungsfälle sind vielfältig und komplex.[1840]

Für jede Investition wird eine detaillierte Einzelfallanalyse zwingend empfohlen um sicherzustellen, dass das niedrige (Schweizer) Steuerniveau durch die in C.II. geschilderten Alternativstrukturen gesichert wird. Die Prüfungsreihenfolge bzw. die möglichen steuerlichen Fragestellungen lassen sich exemplarisch wie folgt skizzieren:

1. Implementierungsphase:
   1.1 Liegt ein Anwendungsbereich von BEPS vor? Wurden Funktionen und/oder Geschäftschancen ins Ausland verlagert?
   1.2 Greift eine betriebliche Entstrickungsnorm bspw. i. S. d. § 12 KStG (Wirtschaftsgüter Abs. 1 und 2, Verlegung Sitz oder Geschäftsleitung in das Ausland Abs. 3)?

1837 Bei der Zwischenschaltung einer ausländischen Unternehmenseinheit in einem Niedrigsteuerland spricht man regelmäßig von einer sog. Basis- oder Domizilgesellschaft.

1838 Grundsätzlich ein Einmaleffekt, der aber durch weitere Übertragungen von Funktionen auch nach der Implementierung auftreten kann. Allerdings können hierdurch auch fortlaufende Steuereffekte ausgelöst werden.

1839 Darüber hinaus ist auch bei Auslandsgestaltungen die sog. Gesamtplan-Rechtsprechung des BFH zu beachten (vgl. BFH v. 19. 3. 1991, VIII R 76/87, BStBl II 1991, S. 635; BFH v. 9. 11. 2011, X R 60/09, DStR 2012, S. 648.

1840 Das Bundesamt für Finanzen hat mit der „Informationszentrale für steuerliche Auslandsbeziehungen" (IZA) eine zentrale Überprüfungsstelle eingerichtet. Zum umfangreichen Aufgabenbereich des IZA vgl. OFD München v. 29. 10. 2004, S 1300 – 111 St 41/42.

2. Laufende Besteuerung: Bestehen nationale Aufgriffsmöglichkeiten, welche Anknüpfungspunkte für eine (zusätzliche) deutsche Besteuerung der Gewinne des ausländischen Investitionsvehikels ermöglichen?
   - 2.1 Rechtstypenvergleich: Ist die ausländische Gesellschaft als Steuersubjekt anzuerkennen?
   - 2.2 Liegen die Voraussetzungen eines Treuhandverhältnisses (§ 39 AO) oder eines Scheingeschäfts (§ 41 Abs. 2 AO) vor?
   - 2.3 Liegt ein Missbrauch von rechtlichen Gestaltungsmitteln vor (§ 42 AO)?
   - 2.4 Ist die tatsächliche Geschäftsleitung in Deutschland und die Unternehmung daher in Deutschland unbeschränkt steuerpflichtig?
   - 2.5 Liegt ein Treaty Shopping vor (§ 50d Abs. 3 EStG)?
   - 2.6 Unterliegt die Gesellschaft der Hinzurechnungsbesteuerung (§§ 7 ff. AStG)?
   - 2.7 Liegt eine in Deutschland belegene (Vertreter)Betriebsstätte vor?
3. Drittvergleich sowie Mitwirkungs- und Informationspflichten:
   - 3.1 Genügen die gruppeninternen Transaktionen dem Fremdvergleichsgrundsatz (Verrechnungspreise)?
   - 3.2 Ist den erweiterten Mitwirkungspflichten ausreichend nachgekommen worden (§ 90 Abs. 2 AO)?
   - 3.3 Wurde die Investition der deutschen Finanzverwaltung mitgeteilt (§ 138 AO)?
   - 3.4 Wurden auf Verlangen der Finanzbehörde die Gläubiger und Zahlungsempfänger benannt (§ 160 AO)?

Im Rahmen der vorliegenden Publikation kann ausschließlich ein genereller, erster Überblick vermittelt werden. Durch den OECD Aktionsplan gegen Base Erosion und Profit Shifting (BEPS) werden sich die deutschen Aufgriffsnormen in den nächsten Jahren noch weiter entwickeln, obwohl Deutschland faktisch heute bereits als „BEPS-Musterland" qualifizieren könnte.

Nachfolgend wird ein allgemeiner Überblick über die jeweiligen Fragen- und Regelungsinhalte gegeben. Vorangestellt wird ein Überblick über die BEPS-Initiative, die internationale Strukturierungen nachhaltig verändern und damit beeinflussen wird.

II. Die BEPS-Initiative der OECD – Aktuelle Entwicklungen

Im Rahmen ihres Treffens am 19. und 20. Juli 2013 haben die G20-Finanzminister und -Notenbankgouverneure den OECD-Aktionsplan gegen Gewinnkürzungen und Gewinnverlagerungen multinational tätiger Unternehmen (Base Erosion and Profit Shifting – BEPS) verabschiedet. Mit Hilfe der in diesem Aktionsplan festgehaltenen 15 Maßnahmen auf internationaler Ebene sollen erhebliche steuerliche Mindereinnahmen und Wettbewerbsverzerrungen zwischen lokal und international agierenden Unternehmen wie auch zwischen Staaten reduziert werden.

Von besonderer Bedeutung sind die Bereiche des E-Commerce, die Verhinderung von internationaler Nichtbesteuerung bei hybriden Gestaltungen, Regelungen gegen den Missbrauch von DBA (Quellensteuerreduzierungen) und Maßnahmen gegen steuerschädlichen Wettbewerb (Steuervergünstigungen). Auch die Schweiz fühlt sich dem Prinzip der fairen Steuerpraktiken zwischen Staaten verpflichtet, begrüßte die Initiativen und arbeitet deshalb auch in den Arbeitsgruppen des OECD-Projektes aktiv mit.[1841]

Bei den geplanten Aktionspunkten handelt es sich im Einzelnen um:

1. Identifizierung der steuerlichen Herausforderungen bei **digitalen Geschäftsmodellen**, u. a. Problematik eines fehlenden Anknüpfungspunktes trotz signifikanter wirtschaftliche Aktivität in einem Land; Sicherstellung einer effektiven Erhebung der Umsatzsteuer auf grenzüberschreitend erbrachte digitale Leistungen;
2. Maßnahmen gegen **hybride Gestaltungen** (Änderung des OECD-Musterabkommen und Vorschläge für nationale Regelungen) zur Verhinderung von doppelter Nichtbesteuerung, doppelter Abzugsfähigkeit von Betriebsausgaben oder einem langfristigen Steueraufschub, jedoch unter Verhinderung von Doppelbesteuerung;
3. Entwicklung von Regelungsvorschlägen zur **Hinzurechnungsbesteuerung** (CFC-Rules, Controlled Foreign Company) in den einzelnen Staaten;
4. Entwicklung von Regelungsvorschlägen zur **Begrenzung des Zinsabzugs** oder wirtschaftlich vergleichbaren Aufwendungen (Vorschläge für nationale Regelungen und Änderung der Transfer Pricing Guidelines); es sollen Empfehlungen zu Best Practices abgegeben werden;
5. Maßnahmen gegen einen **steuerschädlichen Wettbewerb** (z. B. Staaten, die Steueranreize zur Investitionsförderung gewähren);
6. Verhinderung von **Missbräuchen von DBA-Regelungen** (z. B. Treaty Shopping), durch ggf. verstärkten Einsatz von LOB-Klauseln (Änderung des OECD-Musterabkommens und Vorschläge für nationale Regelungen);
7. Verhinderung der **künstlichen Vermeidung von Betriebsstätten**, z. B. Agenten-Betriebsstätten oder durch Fragmentierung von Geschäftstätigkeiten (Änderung des OECD-Musterabkommens);
8. Verhinderung **konzerninterner Verlagerung immaterieller Wirtschaftsgüter** u. a. durch Definitionen angemessener Verrechnungspreise für den Transfer und die Nutzung dieser Wirtschaftsgüter;

1841 Vgl. EFD, Mitteilung v. 17. 5. 2013.

9. Verhinderung **konzerninterner Verlagerung von Risiken** u. a. durch Verrechnungspreisregelungen, die unangemessen hohe Erträge auf Grund vertraglich angenommener Risiken nicht anerkennen;
10. Verhinderung der **Gewinnverlagerung** infolge anderer fremdunüblicher Hoch-Risiko-Transaktionen u. a. durch Einführung konkreter Verrechnungspreisregelungen (z. B. für Management-Gehälter oder Kostenbeiträge an die Konzernverwaltung);
11. Entwicklung von Vorschlägen zur **Erhebung und Auswertung von BEPS-Daten** und deren Analyse unter Berücksichtigung des Steuergeheimnisses und der Verwaltungskosten für Finanzverwaltung und Unternehmen;
12. Entwicklung von Regelungsvorschlägen zur **Offenlegung von aggressiven Steuergestaltungen** (Vorschläge für nationale Regelungen);
13. Entwicklung von Regelungsvorschlägen für eine **verbesserte Verrechnungspreisdokumentation**, ggf. Einführung der Verpflichtung für multinationale Unternehmen, den entsprechenden Finanzbehörden die benötigten Informationen zur weltweiten Aufteilung des Gewinns, der wirtschaftlichen Aktivitäten und der in den jeweiligen Ländern gezahlten Steuern bereitzustellen;
14. Verbesserte Möglichkeiten zur **Verständigung bei grenzüberschreitenden Sachverhalten** zur Vermeidung der Doppelbesteuerung (Änderung des OECD-Musterabkommens);
15. Entwicklung eines multilateralen Instruments zur **zeitnahen Umsetzung** von Maßnahmen des BEPS-Aktionsplans, die eine Änderung von DBA-Regelungen erfordern.

Die BEPS-Initiative wird somit internationale Strukturierungen nachhaltig verändern. Sie ist folglich im Auge zu behalten. Wenngleich Deutschland bereits eine Vielzahl dieser Maßnahmen, wie dieses Kapital D nachfolgend zeigt, schon lange umgesetzt hat, sind unter dem Deckmantel von BEPS weitere Verschärfungen in Deutschland zu erwarten.

Erste Berichte zu BEPS-Maßnahmen veröffentlicht

Am 17. 9. 2014 hat die OECD erste Ausarbeitungen zu sieben der insgesamt 15 Maßnahmen im Rahmen der OECD-BEPS-Initiative veröffentlicht. Die Veröffentlichungen unterscheiden sich in ihrem Bearbeitungsstatus:

„Finale“ Berichte:

1. Digitale Wirtschaft (Addressing the Tax Challenges of the Digital Economy – Maßnahme 1)
2. Multilaterales Instrument (Developing a Multilateral Instrument to Modify Bilateral Tax Treaties – Maßnahme 15)

Zwischenbericht:

1. Transparenz und Substanz (Countering Harmful Tax Practices More Effectively, Taking into Account Transparency and Substance – Maßnahme 5)

Berichte mit vorläufigen Empfehlungen:

1. Hybride Gestaltungen (Neutralising the Effects of Hybrid Mismatch Arrangements – Maßnahme 2)

2. Verhinderung von Abkommensmissbrauch (Preventing the Granting of Treaty Benefits in Inappropriate Circumstances – Maßnahme 6)
3. Immaterielle Wirtschaftsgüter (Guidance on Transfer Pricing Aspects of Intangibles – Maßnahme 8)
4. TP-Dokumentation (Guidance on Transfer Pricing Documentation and Country-by-Country Reporting – Maßnahme 13)

Flankiert werden diese Ausarbeitungen von einer erläuternden Stellungnahme (Explanatory Statement).

Wichtige Punkte im Überblick sind:

1. **Digitale Wirtschaft**: Es soll kein gesondertes Steuerrecht im Bereich der digitalen Wirtschaft geben. Eine Empfehlung zur Einführung einer „virtuellen Betriebsstätte" gibt es nicht. Allerdings wird der Tatbestand einer Significant Digital Presence als ein Ansatzpunkt angesehen, der durch weitere Arbeiten vertieft werden soll.
2. **Transparenz und Substanz**: Hier spielen auch Erwägungen in Bezug auf sog. Patent Boxes eine Rolle. Eine abschließende allgemeine Beurteilung erfolgt allerdings nicht; Patentboxen als Instrument zur reinen Gewinnverlagerung werden jedenfalls nicht als wünschenswert angesehen.
3. **Hybride Gestaltungen**: Kernanliegen ist hier die Sicherstellung der Einmalbesteuerung und Vermeidung der Keinmal-Besteuerung bei grenzüberschreitenden Sachverhalten. Dies soll vor allem über Linking Rules erreicht werden, die eine korrespondierende Behandlung von Betriebsausgaben und -einnahmen in den beteiligten Staaten gewährleisten sollen.
4. **Verhinderung von Abkommensmissbrauch**: In diesem Bereich wird eine Kombination aus einer eher allgemeinen Missbrauchsregelung und spezifischen Regelungen zu bestimmten Missbrauchsgestaltungen diskutiert.
5. **Immaterielle Wirtschaftsgüter**: Für die Verrechnungspreisaspekte bei der Übertragung von immateriellen Wirtschaftsgütern setzt der Bericht auf das Arm's length-Prinzip. Andere Verfahren wie etwa das Formulary Apportionment kommen dagegen nicht zum Zuge.
6. **TP-Dokumentation**: Hier wird die Einführung eines Country-by-country-Reporting diskutiert. Dieses Instrument soll die beteiligten Fisci bei ihren Risikoanalysen im Bereich von Verrechnungspreisen unterstützen.
7. **Multilaterales Instrument**: Im Kern geht es hier um die unter den beteiligten Ländern abgestimmte Umsetzung der BEPS-Maßnahmen, insbesondere in Hinblick auf die Abkommenspraxis. Weitere Einzelheiten sollen im Rahmen einer Konferenz der OECD und G20-Länder im Januar 2015 geklärt werden.

Noch ausstehend ist die Veröffentlichung von Ausarbeitungen zu den verbleibenden Maßnahmen. Diese sollen im Jahr 2015 erfolgen. Bis dahin sollen die vorliegenden Stellungnahmen Entwurfscharakter haben, um ggf. Ergebnisse der weiteren Arbeit berücksichtigen zu können.

PRAXISHINWEIS

Parallel zu den BEPS-Entwicklungen hat der Deutsche Bundesrat[1842] internationalen Steuergestaltungen den Kampf angesagt. Der Bundesrat forderte hierzu die Bundesregierung auf, zeitnah entsprechende flankierende Maßnahmen zu ergreifen sowie mit den EU Staaten eine konsolidierte Körperschaftsteuer-Bemessungsgrundlage energisch voranzutreiben und diese letztendlich mit der Vereinheitlichung der Nominalsteuersätze zu verknüpfen.[1843] Die Entwicklung zeigt, dass die Hochsteuerländer wie Deutschland nicht vor einer einheitlichen Nominalsteuer haltmachen könnten.

Der internationale Steuerwettbewerb hat in den letzten Jahren sicherlich Ausgestaltungen kennen gelernt, die eingedämmt werden sollten. Eine Gleichschaltung – vorliegend der Nominalsteuersätze aber auch von einzelnen Steuernormen – war bisher volkswirtschaftlich selten von Vorteil. Sie ist daher auch innerhalb der EU zu kritisieren.

Die 15 Maßnahmen sind erst nach Umsetzung in nationales Recht oder in die Abkommenspraxis verpflichtend anzuwenden. Dies wird sicherlich noch einige Zeit dauern. Allerdings hat Deutschland viele der gennannten Maßnahmen, wie das Kapitel D dieser Buchpublikation zeigt, bereits seit Jahren umgesetzt.

1842 Pendant zum Schweizer Ständerat.

1843 Vgl. Entschließung des Bundesrates v. 23. 5. 2014, BR-Drs. 205/14.

III. „Implementierungsphase“: Anknüpfungspunkte bei der Übertragung von Funktionen und Geschäftschancen

III.1. Definitionen einer Funktionsverlagerung

Bei internationalen Investitionen darf ein grundsätzliches Problem nicht vernachlässigt werden. Soweit bereits bestehende Funktionen, die bisher in Deutschland angesiedelt waren, auf eine nahe stehende, ausländische Unternehmenseinheit ohne angemessene Gegenleistung übertragen werden, stellt dies regelmäßig einen Entstrickungstatbestand dar.[1844]

Auch ohne die BEPS-Initiative der OECD kennt Deutschland bereits entsprechende Regelungen. Aktuell kennt Deutschland insofern folgende Bestimmungen zur Funktionsverlagerung:

Nach § 1 Abs. 1 Funktionsverlagerungsverordnung (FVerlV)[1845] ist eine Funktion eine Geschäftstätigkeit, die aus einer Zusammenfassung gleichartiger betrieblicher Aufgaben besteht, die von bestimmten Stellen oder Abteilungen eines Unternehmens erledigt werden. Sie ist ein organischer Teil eines Unternehmens, ohne dass ein Teilbetrieb im steuerlichen Sinn vorliegen muss.

Nach § 1 Abs. 2 der FVerlV liegt eine Funktionsverlagerung i. S. d. § 1 Abs. 3 Satz 9 AStG vor, wenn ein Unternehmen (verlagerndes Unternehmen) einem anderen, nahe stehenden Unternehmen (übernehmendes Unternehmen) Wirtschaftsgüter und sonstige Vorteile sowie die damit verbundenen Chancen und Risiken überträgt oder zur Nutzung überlässt, damit das übernehmende Unternehmen eine Funktion ausüben kann, die bisher von dem verlagernden Unternehmen ausgeübt worden ist, und dadurch die Ausübung der betreffenden Funktion durch das verlagernde Unternehmen eingeschränkt wird. Eine Funktionsverlagerung kann auch vorliegen, wenn das übernehmende Unternehmen die Funktion nur zeitweise übernimmt.

Gegenstand der Funktionsübertragung können sowohl einzelne Funktionen als auch eine Kombination aus Funktionen sein. Als konkrete Funktion kommen u. a. in Betracht: Produktion, Montage, Fertigung, Be-/Verarbeitung, Veredelung, Qualitätskontrolle, Vertrieb und Marketing, Materialbeschaffung, Forschung- und Entwicklungsleistungen, Überlassung von Kapital, Verwertung von Patenten, Know-how, Verpackung und Transport, Kundendienst, Organisation, Verwaltung etc.

Nach § 1 Abs. 6 FVerlV liegt ebenfalls keine Funktionsverlagerung vor, wenn es innerhalb von fünf Jahren nach Aufnahme der Funktion durch das nahe stehende Unternehmen zu keiner Einschränkung der Ausübung der betreffenden Funktion durch das übertragende Unternehmen kommt (sog. Funktionsverdoppelung).

§ 1 Abs. 7 FVerlV bestimmt, dass ebenfalls keine Funktionsverlagerung vorliegt, wenn ausschließlich Wirtschaftsgüter veräußert oder zur Nutzung überlassen werden oder wenn nur Dienstleistungen erbracht werden, es sei denn, diese Geschäftsvorfälle sind Teil einer Funktionsverlagerung. Entsprechendes gilt, wenn Personal im Konzern entsandt wird, ohne dass eine Funktion mit übergeht, oder wenn der Vorgang zwischen voneinander unabhängigen Dritten nicht als Veräußerung oder Erwerb einer Funktion angesehen würde.

1844 Für eine ausführliche Analyse der vorliegenden Problematik wird auf die einschlägige Literatur verwiesen, u. a. Burkert, IStR, S. 320/S. 356; Kuckhoff/Schreiber IStR 1999, S. 321/S. 353.

1845 Vgl. Funktionsverlagerungsverordnung (FVerlV) v. 12. 8. 2008, BGBl I 2008, S. 1680, geändert durch Art. 24 des Gesetzes v. 26. 6. 2013, BGBl I S. 1809.

III.2. Verrechnungspreis bei Funktionsverlagerung

Die mit einer Funktionsverlagerung innerhalb einer Unternehmensgruppe bzw. -einheit übergehenden Wirtschaftsgüter sind dabei nach steuerlichen Grundsätzen wie unter fremden Dritten zu bemessen. Die Folge: Etwaige, auf die ausländische Einheit übertragene (stille) Reserven sind aufzudecken und in Deutschland zu besteuern. Die Wertermittlung ist dabei insbesondere bei der Verlagerung immaterieller Wirtschaftsgüter, Geschäftschancen, Kundenstamm oder Know-how schwierig. Dabei sind stille Reserven auch in selbst geschaffenen immateriellen Wirtschaftsgütern zu realisieren.

Die FVerlV bestimmt hierzu in § 2 Abs. 1, dass in Fällen von Funktionsverlagerungen, in denen die Preisbestimmung für das Transferpaket als Ganzes auf Grund uneingeschränkt oder eingeschränkt vergleichbarer Vergleichswerte erfolgen kann, § 1 Abs. 3 Satz 1 – 4 AStG vorrangig anzuwenden ist. Anderenfalls ist die Preisbestimmung für das Transferpaket entsprechend dem hypothetischen Fremdvergleich nach § 1 Abs. 3 Satz 5 und 6 AStG vorzunehmen. § 1 Abs. 3 Satz 10 erste Alternative des Außensteuergesetzes bleibt unberührt.

Ist der Wert für ein dem verlagernden Unternehmen zuzurechnendes Transferpaket als Ganzes zu bestimmen, muss dieser Wert, dem Fremdvergleichsgrundsatz i. S. d. § 1 Abs. 1 AStG entsprechend, aus der Sicht der beteiligten Unternehmen in Übereinstimmung mit den Gewinnen stehen, die zum Zeitpunkt der Verlagerung aus der Ausübung der Funktion erwartet werden können und der Funktion zuzuordnen sind (Gewinnpotenziale).

Die jeweiligen Gewinnpotenziale sind unter Berücksichtigung aller Umstände des Einzelfalles auf der Grundlage einer Funktionsanalyse vor und nach der Funktionsverlagerung unter Berücksichtigung tatsächlich bestehender Handlungsmöglichkeiten zu ermitteln und beinhalten auch Standortvorteile oder -nachteile (insbesondere auch Steuersatzunterschiede) und Synergieeffekte. Ausgangspunkt für die Berechnungen sind die Unterlagen, die Grundlage für die Unternehmensentscheidung waren, eine Funktionsverlagerung durchzuführen.

Für die Berechnung der jeweiligen Gewinnpotenziale und des Einigungsbereichs (§ 7 FVerlV) sind die dem Maßstab des § 1 Abs. 1 Satz 3 AStG entsprechenden Gewinnerwartungen der beteiligten Unternehmen, angemessene Kapitalisierungszinssätze (§ 5 FVerlV) und ein von den Umständen der Funktionsausübung abhängiger Kapitalisierungszeitraum (§ 6 FVerlV) zu Grunde zu legen. Zu den weiteren Details wie auch den Einzelheiten in Fällen nachträglicher Anpassung, wird auf die Vorschriften der FVerlV verwiesen.

III.3. Lösungsansätze

Bei den Lösungsansätzen gibt es keinen generellen Königsweg. Jeder Fall ist anders gelagert und bedarf einer eingehenden Detailprüfung.

In jedem Fall sollte jede Verlagerung dokumentiert werden und die Hintergründe zur Bewertung erläutert werden. Die Dokumentation sollte ebenfalls vorgehalten werden, wenn die steuerliche Einschätzung vorliegt, dass keine Verlagerung vorliegt.

Die Ausgangslage für ein Auslandsengagement ist bspw. vorteilhafter, falls aufgrund der wirtschaftlichen Lage (stagnierende Inlandsnachfrage etc.) nur geringe stille Reserven vorhanden sind. In einem ersten Schritt könnten somit Funktionen übertragen werden, die nur mit geringen stillen Reserven verhaftet sind.

Im Bereich Handel und Dienstleistungen mangelt es etwa bei Investitionen in neue Märkte und Neu-Kunden, bspw. im Rahmen einer Internationalisierungsstrategie, bei gezielter (zeitlicher) Planung regelmäßig an bestehenden Funktionen, sodass keine bzw. nur geringe stille Reserven übertragen werden. Gleiches gilt im Bereich Neuprodukte (kürzere Produktlebenszyklen) oder oftmals bei Kapazitätsengpässen.[1846]

In der Planung ist zu berücksichtigen, dass etwaige laufende Verluste unbegrenzt mit möglichen Entstrickungsgewinnen saldiert werden könnten. Beim Verlustvortrag ist dagegen auf die Problematik der deutschen Mindestbesteuerung zu achten (§ 10d Abs. 2 EStG).

Bei der Übertragung auf eine (Schweizer) Betriebsstätte greifen für die Schweiz als Drittstaat die möglichen Regelungen in EU/EWR-Fällen (§ 4g EStG) bereits seit der SEStEG-Gesetzgebung nicht mehr.

Insgesamt gibt es in den meisten Fällen mögliche Ansatzpunkte das Auslandsengagement zu forcieren. Im Rahmen einer seriösen Strukturierung ist davon auszugehen, dass die Gewinne, die den (neuen) Auslandsaktivitäten zuzuordnen sind, erfahrungsgemäß erst über einen mittelfristigen Zeitraum ansteigen. In der Praxis gibt es Beispiele für kurzfristigere, aber auch langfristigere Übergangsphasen. Die weiteren Entwicklungen aus dem Aktionsplan gegen Base Erosion und Profit Shifting (BEPS) sind zu berücksichtigen.

III.4. Weitere Normen der Entstrickung von Betriebsvermögen

III.4.1. Allgemeines

Im deutschen Steuerrecht wurden in den letzten Jahren – insbesondere im Rahmen der SEStEG-Gesetzgebung – allgemeine Entstrickungsnormen in verschiedene Gesetze eingefügt. Heute sind steuerliche Entstrickungsnormen u. a. in folgenden Normen festgehalten:

1. Allgemeiner Entstrickungstatbestand nach § 4 Abs. 1 Satz 3 ff. EStG[1847] sofern das deutsche Besteuerungsrecht ausgeschlossen oder eingeschränkt wird.[1848] Analog greift nach § 4 Abs. 1 Satz 8, 2. Halbsatz EStG ein allgemeiner Verstrickungstatbestand. Zur finalen Entnahmetheorie bzw. zur finalen Betriebsaufgabetheorie wird auf D.III.4.2. verwiesen;
2. § 15 Abs. 1a EStG;
3. Die Aufgabe des Gewerbebetriebs gilt als Veräußerung des deutschen Betriebs (vgl. E.II.3.). Auch der Ausschluss oder die Beschränkung des deutschen Besteuerungsrechts gilt per Fiktion als Betriebsveräußerung (§ 16 Abs. 3a EStG);
4. § 17 Abs. 5 EStG;
5. § 50i EStG;

1846 Ggf. wird (technisches) Know-how übertragen, was entsprechend dem Drittvergleichsgrundsatz zu entgelten ist.

1847 Früher konnten stille Reserven, die durch die Übertragung auf Schweizer Betriebsstätten aufgedeckt wurden, über zehn Jahre verteilt werden. Die Regelung des § 4g EStG kennt diese Möglichkeit für Drittstaaten wie die Schweiz dagegen nicht mehr.

1848 Analog in § 12 KStG.

6. § 12 Abs. 1 KStG;
7. § 12 Abs. 3 KStG;
8. Wegzugsbesteuerung: Fiktion des § 6 AStG (vgl. E.II.2.);
9. Etc.

Aufgrund der Vielschichtigkeit der einzelnen Normen kann diese Publikation keine Kommentierung ersetzen. Für eine Detailanalyse wird daher die auf die entsprechende Standardkommentierung verwiesen.

III.4.2. Ausgewählte Neuerung bei der Entstrickung

III.4.2.1 Finale Entnahmetheorie

Nach der sog. finalen Entnahmetheorie des BFH sind die stillen Reserven eines Wirtschaftsguts steuerwirksam zu realisieren, wenn unter anderem aufgrund einer grenzüberschreitenden Verbringung des Wirtschaftsguts die stillen Reserven der deutschen Besteuerung entzogen wurden (z. B. infolge der Zuordnung zu einer ausländischen Betriebsstätte, deren Einkünfte nach dem einschlägigen DBA freizustellen sind, sog. Freistellungs-Betriebsstätte). Letztendlich wurden mit der SEStEG-Gesetzgebung vom 7. 12. 2006 allgemeine Entstrickungstatbestände gesetzlich kodifiziert und somit die frühere BFH-Rechtsprechung auf eine gesetzliche Basis gestellt. Hiernach gilt dem Grundsatz nach: Wird das Besteuerungsrecht Deutschlands hinsichtlich des Gewinns aus der Veräußerung oder aus der Nutzung eines Wirtschaftsguts ausgeschlossen oder beschränkt, sind die stillen Reserven aufzudecken.

Mit Urteil vom 17. 7. 2008 (Az. I R 77/06) hat der BFH unter Änderung der Rechtsprechung entschieden, dass für die finale Entnahmetheorie vor den Neuregelungen durch das SEStEG keine hinreichende gesetzliche Grundlage bestand. Aus der Überführung des Wirtschaftsguts in die ausländische Freistellungs-Betriebsstätte folge deshalb grundsätzlich keine sofortige Gewinnrealisierung. Jedoch stehe die Überführung des Wirtschaftsguts einer künftigen Besteuerung der im Inland gebildeten stillen Reserven nicht entgegen. Insoweit habe Deutschland für die vor Verbringung entstandenen stillen Reserven weiterhin das Besteuerungsrecht.

Bereits mit dem JStG 2010 wurden die Entstrickungstatbestände jeweils um ein Regelbeispiel in § 4 Abs. 1 Satz 4 EStG und § 12 Abs. 1 Satz 2 KStG erweitert, das an die Zuordnung des Wirtschaftsguts anknüpft. Danach liegt ein Ausschluss oder eine Beschränkung des Besteuerungsrechts insbesondere vor, wenn ein bisher einer inländischen Betriebsstätte des Steuerpflichtigen zuzuordnendes Wirtschaftsgut einer ausländischen Betriebsstätte zuzuordnen ist.

Im Rahmen einer Realteilung bzw. bei Überführung eines Wirtschaftsguts (§ 6 Abs. 5 Satz 1 EStG) gilt das Regelbeispiel des § 4 Abs. 1 Satz 4 EStG gleichermaßen (§ 16 Abs. 3 Satz 2 letzter Halbsatz EStG, § 6 Abs. 5 Satz 1 letzter Halbsatz EStG).

Die allgemeinen Entstrickungsregeln nach SEStEG sind erstmals für nach dem 31. 12. 2005 endende Wirtschaftsjahre anwendbar. Die Neuregelungen, inklusive des neuen Regelbeispiels, sollen auch für Wirtschaftsjahre anzuwenden sein, die vor dem 1. 1. 2006 enden,

1. wenn ein bisher einer inländischen (deutschen) Betriebsstätte eines unbeschränkt Steuerpflichtigen zuzuordnendes Wirtschaftsgut einer ausländischen Betriebsstätte dieses Steuerpflichtigen zuzuordnen ist, deren Einkünfte durch ein DBA freigestellt sind, oder

2. wenn das Wirtschaftsgut bei beschränkt Steuerpflichtigen nicht mehr einer inländischen Betriebsstätte zuzuordnen ist (§ 52 Abs. 8b Sätze 2, 3 EStG, § 34 Abs. 8 Sätze 2, 3 KStG).

III.4.2.2. Finale Betriebsaufgabetheorie

Mit Urteil vom 28. 10. 2009 (Az. I R 99/08) gab der BFH die Rechtsprechung zur finalen Betriebsaufgabetheorie auf, wonach die Verlagerung eines Betriebs ins Ausland eine Betriebsaufgabe darstellt. Die Urteilsbegründung folgt derer zur Aufgabe der finalen Entnahmetheorie (vgl. voranstehenden Gliederungspunkt). Der BFH verneinte somit die Grundlage für eine Sofortbesteuerung. Vielmehr sind die stillen Reserven, sofern sie in Deutschland erwirtschaftet sind, bei einer späteren Veräußerung des Betriebs der deutschen Besteuerung zu unterwerfen.[1849]

Mit dem JStG 2010 wurde die finale Betriebsaufgabetheorie gesetzlich verankert. Gemäß § 16 Abs. 3a EStG steht der Aufgabe eines Gewerbebetriebs der Ausschluss oder die Beschränkung des Besteuerungsrechts Deutschlands hinsichtlich der Veräußerung sämtlicher Wirtschaftsgüter des (Teil-)Betriebs gleich. Das Regelbeispiel des § 4 Abs. 1 Satz 4 EStG gilt entsprechend.

Sind die Wirtschaftsgüter nach der Betriebsverlagerung einer EU/EWR-Betriebsstätte zuzurechnen, kommt auf Antrag eine zinslose Stundung der Steuer auf den Aufgabegewinn in Betracht. Die Zahlung erfolgt in diesem Fall in fünf gleichen Jahresraten (§ 36 Abs. 5 EStG). Für Drittstaaten wie die Schweiz gibt es keine entsprechende Regelung.

Die Neuregelungen der §§ 16 Abs. 3a und 36 Abs. 5 EStG sind auf alle noch nicht bestandskräftigen Fälle anzuwenden. Zu den verfassungsrechtlichen Bedenken einer möglichen Rückwirkung wird auf die Kommentierung verwiesen.

1849 Vgl. auch Pressemitteilung Nr. 2/10 v. 13. 1. 2010 zum BFH-Urteil v. 28. 10. 2009, I R 99/08.

IV. „Laufende Besteuerung": Anknüpfungspunkte für eine Besteuerung der laufenden Erträge

IV.1. Rechtstypenvergleich

Bei Investitionen im Ausland (Outbound-Investitionen) ist es wichtig, den ausländischen Rechtsträger einordnen zu können, um die innerstaatlichen wie aber auch DBA-rechtlichen Folgen zuordnen zu können. Der Rechtstypenvergleich kann – je nach rechtlicher Ausgestaltung der ausländischen Gesellschaft – ein äußerst schwieriges steuerliches Unterfangen sein.[1850] Nicht zuletzt die fehlende Vergleichbarkeit mit den möglichen deutschen Unternehmensformen bereitet hier oftmals Probleme.

Der Rechtstypenvergleich hat keine gesetzliche Grundlage. Er basierte auf der sog. Venezuela-Entscheidung des RFH.[1851] Hiernach ist das ausländische Rechtsgebilde zunächst in seiner Gesamtheit, entsprechend seiner Organisation und der rechtlichen und wirtschaftlichen Struktur, nach ausländischem Recht zu würdigen (1. Prüfschritt) und anschließend einem deutschen Rechtstyp zuzuordnen (2. Prüfschritt). Beim zweiten Prüfschritt sind u. a. folgende Fragen zentrale Elemente, die steuerlich zu prüfen und zu würdigen sind:

- Kapitalausstattung (Eigen-/Fremdkapital);
- Haftungsbeschränkung;
- (Freie) Übertragbarkeit der Gesellschaftsanteile;
- Gewinnzuteilung und -verteilung;
- Etc.

Ziel des Rechtstypenvergleichs ist es, die ausländische Unternehmung für steuerliche Zwecke entweder als

1. Kapitalgesellschaft (**Trennungsprinzip**) oder als
2. Personengesellschaft (i. d. R **Transparenzprinzip**)[1852]

einzuordnen.

Im deutsch-schweizerischen Verhältnis ist der Rechtstypenvergleich – zumindest bei den gängigen Investitionsvehikeln – steuerlich unproblematisch. Die in der Praxis verwendeten Schweizer Kapitalgesellschaftsformen[1853] der GmbH und der AG[1854] entsprechen – ungeachtet ihrer deutschen, französischen oder italienischen Firmierung – in ihrer steuerlichen Zuordnung den ent-

1850 Beispielhaft sei auf die langwierige Diskussion um die steuerliche Einordnung der amerikanischen „LLC" hingewiesen. Die dort genannten Abgrenzungskriterien werden im weiteren Verlauf auch immer wieder für die Einordnung anderer Rechtsstrukturen herangezogen. Die Fragestellung war auch Thema am 68. IFA Kongress im Oktober 2014 in Mumbai.

1851 Vgl. RFH v. 12. 2. 1930, RStBL 1930, S. 444 u. a. fortgeschrieben FG Berlin-Brandenburg v. 14. 10. 2008, EFG 2009, S. 201 oder FG Münster v. 27. 8. 2009, StE 2009, S. 707.

1852 Auf Basis der Venezuela-Entscheidung sowie der ständigen BFH-Rechtsprechung (u. a. 17. 7. 1968, BStBl II 1968, S. 695, v. 3. 2. 1988, BStBl. II 1988, S. 588) stellt die ausländische Betriebsstätte und die Personengesellschaft abkommensrechtlich – aus dem Blickwinkel des deutschen und schweizerischen Steuerrechts – regelmäßig eine gleichwertige Investitionsalternative dar.

1853 Vgl. F.I.3.

1854 Vgl. BFH v. 14. 10. 1992, BStBl II 1993, S. 189.

sprechenden deutschen Kapitalgesellschaften. Gleiches gilt für die Schweizer Personengesellschaftsformen[1855], der Kommandit- und Kollektivgesellschaft. Die Schweizer Rechtsform der einfachen Gesellschaft entspricht der deutschen GbR, entsprechend ist die Zuordnung bei den Genossenschaften. Eine mit der deutschen GmbH & Co. KG vergleichbare Rechtsform besteht in der Schweiz hingegen nicht.

Der Rechtstypenvergleich ist somit im deutsch-schweizerischen Verhältnis in der Praxis faktisch unproblematisch.

PRAXISHINWEIS

Für eine umfangreiche Gegenüberstellung von ausländischen Rechtsformen mit den entsprechenden deutschen Rechtsformen wird etwa auf den sog. Betriebsstättenerlass[1856] oder auch die Fusions-[1857] sowie Mutter-Tochter-Richtlinie[1858] verwiesen.

IV.2. Unbeschränkte deutsche Steuerpflicht juristischer Personen: Ort der tatsächlichen Geschäftsleitung oder Sitz

Art. 4 Abs. 1 DBA D-CH regelt u. a., wann eine juristische Person als in einem der beiden Vertragsstaaten ansässig gilt. Hierbei wird auf das jeweilige innerstaatliche Recht in der Schweiz bzw. in Deutschland verwiesen. In Deutschland führen die folgenden beiden Kriterien alternativ zu einer unbeschränkten deutschen Steuerpflicht:

1. Ort der Geschäftsleitung;
2. Sitz.

Bei der Frage nach dem Ort der Geschäftsleitung (§ 10 AO) handelt es sich somit dem Grunde nach nicht um eine steuerliche Missbrauchsvorschrift. Vielmehr ist es neben der Frage des Sitzes (§ 11 AO) eines der beiden gleichrangigen steuerlichen Kriterien, nach der sich wahlweise die unbeschränkte Steuerpflicht in Deutschland bestimmt (§ 1 Abs. 1 KStG).

Bei den meisten Auslandsinvestitionen, die auf einer ausländischen Kapitalgesellschaft basieren, ist der Sitz regelmäßig im ausländischen Staat, vorliegend in der Schweiz.[1859] Die Tatsache, dass für die unbeschränkte deutsche Körperschaftsteuerpflicht die tatsächliche Geschäftsleitung im Inland (Deutschland) ausreichend ist, birgt ein in der Praxis oft unterschätztes Gefahrenpotenzial. Dies trifft vor allem zu, wenn die Gesellschaft im Ausland bereits im Rahmen der unbeschränkten Steuerpflicht besteuert wurde und die deutsche Finanzverwaltung diese Gewinne (nachträglich) nochmals der unbeschränkten deutschen Steuerpflicht unterstellt. In der Folge läge eine Mehrfachbesteuerung vor.[1860]

1855 Vgl. F.I.2.

1856 Vgl. Betriebsstätten-Verwaltungsgrundsätze, v. 24. 12. 1999, BStBl I 1999, S. 1076, Anhang I, Tabelle 1 und 2 (in seiner Fassung v. 20. 6. 2013, BStBl I 2013, S. 980) sowie Wassermeyer in Flick/Wassermeyer/Baumhoff/Schönfeld, Außensteuerrecht, § 7 Anm. 300 verwiesen.

1857 Vgl. Teil A der Fusionsrichtlinie v. 19. 10. 2009, 2009/133/EG, ABl. EU Nr. L 310, S. 34, Anhang 1.

1858 Vgl. Mutter-Tochter-Richtlinie 2011/96/EU v. 29. 11. 2011, ABl. EU Nr. L 345, S. 8.

1859 Der Sitz einer Gesellschaft wird bspw. durch den Gesellschaftsvertrag, die Satzung etc. frei bestimmt.

1860 Der BFH entschied, dass bei tatsächlicher Geschäftsleitung in Deutschland eine unbeschränkte deutsche Steuerpflicht der ausländischen Gesellschaft vorliegt. Im konkreten Fall konnte die bereits bezahlte Schweizer Steuer ausschließlich als Betriebsausgabe abgezogen werden (§ 34c Abs. 3 EStG); eine Anrechnung (§ 34c Abs. 1 EStG) wurde nicht zugelassen (vgl. u. a. BFH v. 1. 4. 2003, BStBl II 2003, S. 869). Die Fragestellung war auch Thema am 68. IFA Kongress im Oktober 2014 in Mumbai.

Somit muss möglichst sichergestellt werden, dass der (einzige) Ort der tatsächlichen Geschäftsleitung in der Schweiz ist. § 10 AO normiert dabei, dass unter der Geschäftsleitung der Mittelpunkt der geschäftlichen Oberleitung zu verstehen ist. Maßgeblich ist insofern der Ort der operativen Geschäftsleitung. Dieser ist dort, wo der für die Geschäftsführung maßgebende Wille mit einer bestimmten Regelmäßigkeit gebildet wird und die entsprechenden Maßnahmen angeordnet werden.[1861] Konkrete Kriterien sind somit etwa:[1862]

- Ort der Willensbildung;
- Ort, an dem die zu Vertretung befugten Personen die laufende Geschäftsführung ausüben (etwa Abschluss und Unterzeichnung von Verträgen, Jahresabschlüssen, Steuererklärungen etc.);
- Der Fokus ist auf die die Gesellschaft vertretungsbefugten Personen, d. h. i. d. R. Vorstand, Geschäftsführer etc.;
- Dagegen ist es unbeachtlich, wo die Beschlüsse wirksam werden oder wo die angeordneten Maßnahmen auszuführen sind;
- Die steuerliche Beurteilung basiert auf den tatsächlichen Verhältnissen bzw. der tatsächlichen Ausübung der Geschäftsleitung (faktische Geschäftsführung);
- Insofern lässt sich auch nicht zwingend aus dem Tätigkeitsort der die Gesellschaft zur Vertretung berufenen Personen der Ort der Geschäftsleitung ableiten;
- Ferner ist es nicht ausreichend, dass die deutschen Gesellschafter im Rahmen ihrer Gesellschafterstellung auf die ausländische Unternehmung einwirken (sog. Geschäftsleitungsmaßnahmen).[1863] Vielmehr sind die Tätigkeiten des Tagesgeschäfts, die der jeweilige Geschäftsbetrieb mit sich bringt, maßgebend;
- Typischerweise ist der Ort der Geschäftsleitung im eigenen Büro. Eine feste Einrichtung ist jedoch keine notwendige Bedingung für das Kriterium;[1864]
- Allerdings griff das FG München bei einer ausländischen Massendomiziladresse (konkret handelte es sich um eine Briefkastenfirma ohne personelle und sachliche Mindestsubstanz) unter Hinweis auf das EuGH Urteil[1865] in der Rechtssache Raab auf den Wohnort der Hauptführungskraft zurück.[1866]

Insgesamt ist nicht auszuschließen, dass bei steuerlich fehlgeschlagenen Gestaltungen oder bei entsprechenden tatsächlichen Gegebenheiten im Tagesablauf eine doppelt ansässige Gesellschaft vorliegt:

1. Sitz der Gesellschaft in der Schweiz;
2. bei tatsächlicher Geschäftsleitung aus Deutschland heraus.[1867]

1861 Vgl. BFH v. 15. 10. 1997, DStRE 1998, S. 233.

1862 Zur ausführlichen Diskussion wird auf die einschlägige Kommentierung von §§ 10, 11 AO verwiesen, etwa Tipke/Kruse, Pahlke/Koenig etc.

1863 Vgl. Vogel/Lehner, DBA Art. 4, Tz. 260 – 273.

1864 Vgl. etwa auch BFH Beschluss v. 31. 1. 2002, B B 108/01.

1865 Vgl. EuGH v. 6. 10. 2011, Rs C-421/10.

1866 Vgl. FG München v. 29. 3. 2012 – 14 K 3020/10. Nichtzulassungsbeschwerde wurde eingelegt (Az. V B 57/12).

1867 Art. 4 Abs. 1 DBA D-CH verweist für die Begriffsbestimmung auf das jeweilige innerstaatliche Recht in Deutschland und der Schweiz.

Die Frage der doppelten Ansässigkeit wird im DBA durch Art. 4 Abs. 8 DBA D-CH gelöst, wonach eine konzernleitende Entscheidungsfällung am statutarischen Sitz der Schweizer Kapitalgesellschaft für sich allein nicht genügt, um deren abkommensrechtliche Ansässigkeit in der Schweiz zu begründen. Folglich könnte die Gefahr bestehen, dass die Schweizer Kapitalgesellschaft (abkommensrechtlich wie auch bereits nach nationalem deutschen Recht) in Deutschland als steuerlich ansässig gelten würde, sodass Deutschland die entsprechenden Besteuerungsmöglichkeiten des Ansässigkeitsstaates ausüben könnte. Selbst wenn nach Art. 4 Abs. 8 DBA D-CH die Gesellschaft nach der Tie-breaker-rule als in der Schweiz ansässig gilt, kann Deutschland die Gesellschaft gleichwohl nach den Grundsätzen der unbeschränkten deutschen Steuerpflicht besteuern, falls die Voraussetzungen von Art. 4 Abs. 9 DBA D-CH erfüllt sind (vgl. B.IV.9.).[1868] Deutschland wendet aber auf die unter Art. 24 Abs. 1 Nr. 1 DBA D-CH fallenden Einkünfte, die aus der Schweiz stammen, die Freistellungsmethode an. Für die anderen aus der Schweiz stammenden Einkünfte greift die Anrechnungsmethode (Art. 24 Abs. 1 Nr. 2 DBA D-CH).

PRAXISHINWEIS

Eine Doppelansässigkeit gilt es zu vermeiden, indem die tatsächliche Ausübung des operativen Geschäftes bzw. geschäftliche Oberleitung direkt in der Schweiz erfolgt. Hierbei ist auch zu empfehlen, dass die Verwaltungsratsentscheide unmittelbar und ausschließlich in der Schweiz getroffen werden respektive die jährliche Generalversammlung vor Ort abgehalten wird.

IV.3. Treuhandschaft und Scheingeschäfte

Wirtschaftsgüter sind grundsätzlich dem Eigentümer zuzuordnen (§ 39 Abs. 1 AO). In Abkehr von den rechtlichen Eigentumsverhältnissen sind nach § 39 Abs. 2 Nr. 1 AO die Wirtschaftsgüter der Person zuzurechnen, die die tatsächliche Herrschaft über ein Wirtschaftsgut in der Weise ausübt, dass der Eigentümer im Regelfall für die gewöhnliche Nutzungsdauer von der Einwirkung auf das Wirtschaftsgut ausgeschlossen werden kann.

Analog sind bei Treuhandverhältnissen die Wirtschaftsgüter dem Treugeber zuzurechnen (§ 39 Abs. 2 Nr. 1 Satz 2 AO). Die bloße Bezeichnung ist nicht ausreichend,[1869] vielmehr kommt es auf die tatsächlichen Verhältnisse an. Wesentliche Kennzeichen einer Treuhandschaft sind hierbei die strikte Weisungsgebundenheit des Treuhänders und dessen Verpflichtung, das Treugut jederzeit an den Treugeber zurückzugeben.[1870] Die Beschränkung des rechtlichen Eigentümers ergibt sich ausschließlich aus dem Innenverhältnis. Im Außenverhältnis ist sie i. d. R. nicht zu erkennen. Der Treuhänder tritt hier so auf, als würde er im eigenen Namen handeln. Treuhandverhältnisse können mündlich abgeschlossen werden.[1871]

Einen entsprechenden Anwendungsfall auslösen könnte bspw. die Gründung einer (Schweizer) Kapitalgesellschaft durch einen Treuhänder („Strohmann“), der dies für einen deutschen Gesell-

1868 Vgl. BFH v. 16. 12. 1998, BStBl II 1999, S. 437.

1869 Vgl. BFH v. 20. 1. 1999, BStBl II 1999, S. 516.

1870 Vgl. BFH v. 15. 7. 1997, BStBl II 1998, S. 156.

1871 Nach § 159 Abs. 1 AO müssen Treuhänder die Treuhandschaft ggf. auf Verlangen nachweisen, ansonsten müssen sie die entsprechenden steuerlichen Folgen tragen.

schafter treuhänderisch ausführt.[1872] In Deutschland sind die Anteile sowie die entsprechenden Einkünfte[1873] natürlich gleichwohl dem Treugeber und nicht dem Treuhänder zuzurechnen.[1874]

Scheingeschäfte und Scheinhandlungen sind für die Besteuerung gänzlich unerheblich. Wird durch ein Scheingeschäft ein anderes Rechtsgeschäft verdeckt, so ist dieses für die Besteuerung maßgeblich (§ 41 Abs. 2 AO).

PRAXISHINWEIS

Das FG Hamburg hat entschieden, dass ohne konkreten negativen Nachweis durch die Finanzverwaltung die Annahme der Scheinhandlung, Missbrauchsgestaltung oder Zurechnung nach § 39 AO bei behaupteter Unternehmenstätigkeit in der Schweiz nicht gerechtfertigt ist.[1875]

IV.4. Missbrauch von rechtlichen Gestaltungsmitteln (§ 42 AO)

IV.4.1. Allgemeines

In den Grenzen der jeweiligen Gesetze können Steuerpflichtige ihre Rechtsverhältnisse grundsätzlich frei gestalten. Dabei ist es erlaubt, dass jeder Investor die für den Einzelfall günstigsten Strukturen und Verhältnisse wählt, um die Steuerbelastung möglichst zu reduzieren. Für die Finanzverwaltung ist es somit in der Praxis nicht einfach, einen Anwendungsfall des § 42 AO, d. h. den Einsatz sog. Basisgesellschaften (umgangssprachlich Briefkastengesellschaft), zu beweisen.[1876] Die Finanzgerichte sind in ihrer Rechtsprechung sehr restriktiv und lassen i. d. R. keine Revisionen zu.

Die Norm des § 42 AO bestimmt jedoch insofern eine Grenze, als ein Steuergesetz nicht umgangen werden kann durch Missbrauch von Gestaltungsmöglichkeiten des Rechts. Liegt Missbrauch vor, entsteht der Steueranspruch so, wie er bei einer den wirtschaftlichen Vorgängen angemessenen rechtlichen Gestaltung entstehen würde.[1877]

IV.4.2. Grundsätze und Rechtsentwicklung

Die Grenze zwischen steuerlich zulässiger Gestaltung und missbräuchlicher Steuerumgehung i. S. d. § 42 AO ist im Einzelfall schwierig. Nach der ständigen BFH-Rechtsprechung[1878] ist regelmäßig von einer missbräuchlichen Steuerumgehung auszugehen, wenn die gewählte rechtliche Gestaltung

- in Bezug auf das angestrebte Ziel unangemessen ist,
- ausschließlich der Steuerminderung dienen soll und
- durch wirtschaftliche oder sonst beachtliche außersteuerliche Gründe nicht rechtfertigbar ist.

1872 Rechtsgeschäfte mit oder durch Strohmänner sind – dem Grundsatz nach – keine Scheingeschäfte, sondern Treuhandgeschäfte (vgl. BFH v. 31. 1. 2002, BStBl II 2004, S. 622).

1873 Vgl. BFH v. 24. 5. 1977, BStBl II 1977, S. 740.

1874 Vgl. auch Art. 4 Abs. 11 DBA D-CH.

1875 Vgl. FG Hamburg v. 30. 9. 2004, EFG 2005, S. 923.

1876 Zunächst liegt die Beweislast bei der deutschen Finanzverwaltung.

1877 Vgl. auch Art. 4 Abs. 11 DBA D-CH.

1878 Vgl. u. a. BFH v. 15. 10. 1998, BStBl II 1999, S. 119; BFH v. 27. 7. 1999, BStBl II 1999, S. 769; BFH v. 1. 2. 2001, BFH/NV 2001, S. 829; BFH v. 20. 3. 2002, BStBl II 2002, S. 819.

Die Umgehungshandlung verlangt dabei, dass der Steuerpflichtige Umgehungsabsicht hat.[1879] Subjektive Tatumstände wie bspw. Rechtsunkenntnis stehen der Annahme einer Steuerumgehung nicht entgegen.

Aufgrund der derzeit restriktiven Rechtsprechung des Bundesfinanzhofes zu § 42 AO[1880] – jedenfalls im EU-Raum – ist davon auszugehen, dass tendenziell nur typische Briefkastengesellschaften unter den Anwendungsbereich des § 42 AO fallen können. Hierunter können bspw. die klassischen Schweizer Domizilgesellschaften fallen, die – je nach kantonaler Gesetzeslage – weder in der Schweiz operativ tätig werden noch eigenes Personal einsetzen dürfen.[1881]

PRAXISHINWEIS – ANWENDUNGSKOLLISION MIT ANDEREN STEUERNORMEN?

Nach der BFH-Rechtsprechung[1882] war die Anwendung des § 42 AO ausgeschlossen, wenn einzelgesetzliche Sondervorschriften, z. B. die nachfolgend (D.IV.6.) diskutierte Hinzurechnungsbesteuerung i. S. d. §§ 7 ff. AStG, tatbestandlich nicht gegeben sind. Die Finanzverwaltung entgegnete dieser Rechtsprechung durch die Ergänzung des § 42 AO im Rahmen des Steueränderungsgesetzes 2001 um einen Absatz 2. Nach der Neuregelung in § 42 Abs. 2 AO ist nunmehr ausdrücklich gesetzlich festgestellt, dass der Regelungsgehalt des Gestaltungsmissbrauchs nach § 42 Abs. 1 AO anzuwenden ist, wenn er nicht gesetzlich ausdrücklich ausgeschlossen wird. Somit ist auch bei (fehlender) Anwendung der Hinzurechnungsbesteuerung die Regelung des § 42 AO zu prüfen.

Der deutsche Gesetzgeber hat mit dem Jahressteuergesetz (JStG) 2008 § 42 AO verschärft. Die neuen Regelungen sind mit Wirkung ab dem Veranlagungszeitraum 1. 1. 2008 anzuwenden.[1883] Einerseits normiert § 42 Abs. 2 Satz 1 AO nun mehr gesetzlich, dass ein Missbrauch dann vorliegt,

„wenn eine unangemessene rechtliche Gestaltung gewählt wird, die beim Steuerpflichtigen oder einem Dritten im Vergleich zu einer angemessenen Gestaltung zu einem gesetzlich nicht vorgesehenen Steuervorteil führt. Dies gilt nicht, wenn der Steuerpflichtige für die gewählte Gestaltung außersteuerliche Gründe nachweist, die nach dem Gesamtbild der Verhältnisse beachtlich sind."

Hiermit wird die ständige BFH-Rechtsprechung im Gesetzestext von § 42 Abs. 2 AO niedergeschrieben. Durch § 42 Abs. 2 Satz 2 AO kommt es insofern zu einer teilweisen Beweislastumkehr:

„Dies [der Missbrauch von rechtlichen Gestaltungsmöglichkeiten] gilt nicht, wenn der Steuerpflichtige für die gewählte Gestaltung außersteuerliche Gründe nachweist, die nach dem Gesamtbild der Verhältnisse beachtlich sind."

1879 Vgl. BFH v. 16. 7. 1998, BStBl II 1998, S. 667, BFH/NV 1999, S. 115.

1880 U. a. Dublin Docks-Entscheidung zur Einschaltung von Finanzierungsgesellschaften (vgl. BFH v. 25 2 2004, BStBl II 2005, S. 14). Hiernach war die gewählte Struktur nicht schädlich, obwohl die Tätigkeit vor Ort durch eine externe Managementgesellschaft ausgeübt wurde. Gleichwohl wird im BMF-Schreiben v. 28. 12. 2004, IV B 4 – 1300 – 362/04 festgehalten, dass es unabhängig von dieser Entscheidung im Einzelfall zu prüfen bleibt, ob die Kapitalanlagegesellschaft tatsächlich eigenwirtschaftlich tätig war oder ob es sich um eine Briefkastengesellschaft handelte, die zur Manipulation eingesetzt wurde.

1881 Vgl. A.III.3.5.3.

1882 Vgl. u. a. Urteil v. 15. 12. 1999, BStBl II 2000, S. 527, BFH/NV 2000, S. 793 mit Nichtanwendungserlass gemäß BMF v. 6. 10. 2000, BStBl I 2000, S. 1392; Ferner BFH v. 20. 3. 2002, BStBl II 2003, S. 50, BFH/NV 2002, S. 1197.

1883 Zur erstmaligen Anwendung vgl. Art. 97 § 7 EGAO.

Ferner wird seit der Neuregelung in § 42 Abs. 1 Satz 2 AO bestimmt, dass die Regelungen in den Einzelsteuergesetzen der Regelung von § 42 AO vorgehen.[1884]

PRAXISHINWEISE

1. Bei der Anwendung von § 42 AO stellt sich immer die Frage, ob insofern ein (verfassungswidriger) Treaty Override vorliegt. Im Verhältnis zur Schweiz kann ein sich aus § 42 AO resultierender Steueranspruch über Art. 23 Abs. 1 DBA D-CH durchgesetzt werden.
2. Der BFH prüft derzeit die Frage, ob bei Negierung der ausländischen Gesellschaft aufgrund § 42 AO ein Abzug der auf der Ebene der ausländischen Gesellschaft angefallenen ausländischen Steuer nach § 34c Abs. 3 EStG ausgeschlossen ist.[1885]

IV.4.3. Anwendungsfälle in der Beratungspraxis

Das Bundeszentralamt für Steuern sieht entsprechende Kennzeichen für einen Gestaltungsmissbrauch u. a. in den folgenden Fällen:[1886]

- Verwaltungsrat/Repräsentant betreut eine größere Anzahl von Firmen;
- Büroanschrift entspricht Postanschrift des Verwaltungsrates;
- Kein eigenes fachkundiges Personal.[1887]

Zur Vermeidung der Durchgriffsbesteuerung i. S. d. § 42 AO ist es somit notwendig, dass die Geschäftsführung sowie die Organe der ausländischen Unternehmenseinheit ihre (statuarischen) Rechte und Pflichten sowie die betriebswirtschaftlichen Aufgaben auch tatsächlich in der Schweiz ausüben und wahrnehmen. Die tatsächliche Ausübung in der Schweiz dient dabei auch der Vermeidung der in D.IV.2. skizzierte Problematik (Ort der tatsächlichen Geschäftsleitung). Insgesamt ist eine adäquate Infrastruktur (personell und sachlich) sicherzustellen.[1888] Hierzu zählen u. a.:[1889]

- Dass die Gesellschaft auf eine gewisse Dauer angelegt ist;
- Teilnahme am wirtschaftlichen Verkehr;
- Sicherstellung der Unternehmerische Entscheidungs- und Handlungsfähigkeit;
- Mindestmaß an qualifiziertem Personal wie bspw. Geschäftsführer, Fachmitarbeiter, Sekretariat, das im Wesentlichen nur für diese Gesellschaft tätig wird (entsprechende Verträge müssen bestehen und vorgelegt werden können);
- Eigene Büroräume (keine Massendomiziladresse) mit eigener Schlüsselgewalt (Mietvertrag, Mietzahlungen etc.);
- Bestehen eigener Telefon-/Faxanschlüsse (Vorlage der Gebührenbelege), E-Mail-Adresse und ggf. Internetpräsenz, Briefpapier, Visitenkarten etc.

1884 Vgl. auch BMF-Schreiben v. 17. 7. 2008, IV A 3 – S 0062/08/10006.

1885 Vgl. Az. VIII R 30/14.

1886 Vgl. BFH v. 10. 6. 1992 – I R 105/89, BStBl II 1992, S. 1029.

1887 Derzeit prüft auch die Eidg. Steuerverwaltung (ESTV) Strukturen von Schweizer Unternehmen, die auf einer ausländischen offshore-Gesellschaft basieren (bspw. Guernsey) bzgl. der vorhandenen Substanz am offshore-Standort sowie der ausgeübten Aktivitäten.

1888 Vgl. BFH v. 20. 3. 2002, BStBl II 2003, S. 50. Hierbei war es unbeachtlich, dass es sich bei den Fachmitarbeitern um Teilzeitkräfte handelte, die im Wesentlichen Buchhaltungstätigkeiten ausübten. Ferner war es steuerlich unschädlich, dass sich die Büroräume in einem Verwaltungsgebäude befanden, in dem andere Konzernfirmen ansässig waren.

1889 Umkehrschluss aus BFH v. 20. 3. 2002, BStBl II 2002, S. 819.

Da bei Auslandssachverhalten erhöhte Mitwirkungspflichten vorliegen (§ 90 Abs. 2 und 3 AO),[1890] sollte eine entsprechende Dokumentation als Beweisvorsorge angefertigt werden.[1891]

Schweizer Holding

Die Schweiz zieht aufgrund der großen Planungssicherheit und dem steuerlich äußerst attraktiven Holdingprivileg[1892] immer wieder das Interesse deutscher Investoren an, internationale Unternehmensaktivitäten über eine Schweizer Holding zu strukturieren.[1893] Dabei gilt seit der Rechtsprechung zu den Dublin Docks, dass nur noch nachgewiesen werden muss, dass keine Basisgesellschaft vorliegt. Gleichwohl empfiehlt sich zur Absicherung der Struktur, wirtschaftliche oder sonst beachtliche Gründe für die Zwischenschaltung der Schweizer Holding zu dokumentieren. Folglich sollten bei der Gründung einer Holdinggesellschaft auch immer betriebswirtschaftliche Gründe entscheidungsrelevant gewesen sein. Hierzu zählen bspw.:

- Übersichtliche Unternehmensstrukturen;
- Lösung von Hierarchieproblemen;
- Haftungstrennung;
- Erleichterung der Spartenorganisation;
- Einfachere Integration neuer bzw. neu erworbener Unternehmen;
- Flexibilität bei Umstrukturierungen;

Dabei ist es für die Entfaltung einer eigenen wirtschaftlichen Tätigkeit nicht ausreichend, dass Nennkapital an anderen Gesellschaften gehalten wird.[1894] Der Gesellschaftszweck muss vielmehr vollzogen werden und die genannten wirtschaftlichen Gründe müssen durch das Handeln der eigenen Organe der Holding in Erscheinung treten.[1895]

PRAXISHINWEIS

Um eine Qualifizierung als Gestaltungsmissbrauch zu vermeiden, empfiehlt es sich, die Holding ggf. als geschäftsleitende Holding auszugestalten, sodass die deutsche Finanzverwaltung keine Anhaltspunkte hat, von einer funktionslosen Gesellschaft auszugehen.[1896] Im Fokus der deutschen Finanzverwaltung steht dabei die tatsächliche Durchführung der Aktivitäten (Substance over form).

Als geschäftsleitende Aktivitäten kommen insbesondere Kontroll-, Beratungs- und Koordinationstätigkeiten in Betracht. Im Einzelnen könnten dies u. a. die folgenden Tätigkeiten sein:

- Strategische Leitung, Erstellung von Richtlinien über die Geschäftspolitik der abhängigen Unternehmen;
- Herausgabe von (schriftlich fixierten) Weisungen und Empfehlungen;
- Gemeinsame Besprechungen und Beratungen vor Ort, die auch schriftlich festgehalten werden;

1890 §§ 16, 17 AStG gilt bei Strukturen in Niedrigsteuerländern zu beachten.

1891 Es ist zu berücksichtigen, dass eine Steuerumgehung als Steuerhinterziehung qualifizieren kann, sofern bspw. keine Offenlegung in der Steuererklärung erfolgte. Strafrechtliche Folgen sind möglich.

1892 Vgl. A.III.3.5.2.

1893 Für einen Vergleich der steuerlichen Vorzüge in der Besteuerung von Beteiligungserträgen vgl. A.III.3.5.2.

1894 Vgl. BFH v. 29. 7. 1976, BStBl II 1977, S. 263.

1895 Vgl. BFH v. 16. 1. 1976, BStBl II 1976, S. 401. Es ist sicherzustellen, dass die handelnden Personen – insbesondere der Geschäftsführer – ordnungsgemäß berufen wurden.

1896 Hinsichtlich der Zuordnung von Beteiligung vgl. Kessler/Huck, IStR 2006, S. 433 ff.

- Koordination der Geschäftsleitung der Tochtergesellschaften;
- Budget- und Investitionsgenehmigung sowie deren Überwachung;
- Finanzierung der Tochtergesellschaften;
- Reporting und Controlling im Teilkonzern.

IV.5. Anti-Treaty Shopping (§ 50d Abs. 3 EStG)

Im Bereich des Anti-Treaty Shoppings gab es in den letzten Jahren elementare Gesetzesänderungen und -verschärfungen. Ferner ist diese Fragestellung ein klassisches Prüfungsfeld im Rahmen von sog. Inbound-Strukturen nach Deutschland, was nicht Gegenstand dieser Buchpublikation ist. Nachfolgend soll daher nur ein erster grober Überblick über die Norm, das Prüfungsschema und die typischen Fragen durch das Bundeszentralamt für Steuern gegeben werden.

Nach § 50d Abs. 3 EStG (Treaty Shopping) wird die DBA-Entlastung einer ausländischen Gesellschaft immer dann versagt, wenn an ihr Personen beteiligt sind, denen die Entlastung nicht zustünde, falls sie unmittelbar die Einkünfte erzielen würden, wie die nachfolgende Grafik verdeutlicht:

Treaty/Directive shopping: Zwischenschaltung von Gesellschaften mit dem Ziel der Quellensteuerentlastung bzw. -reduzierung

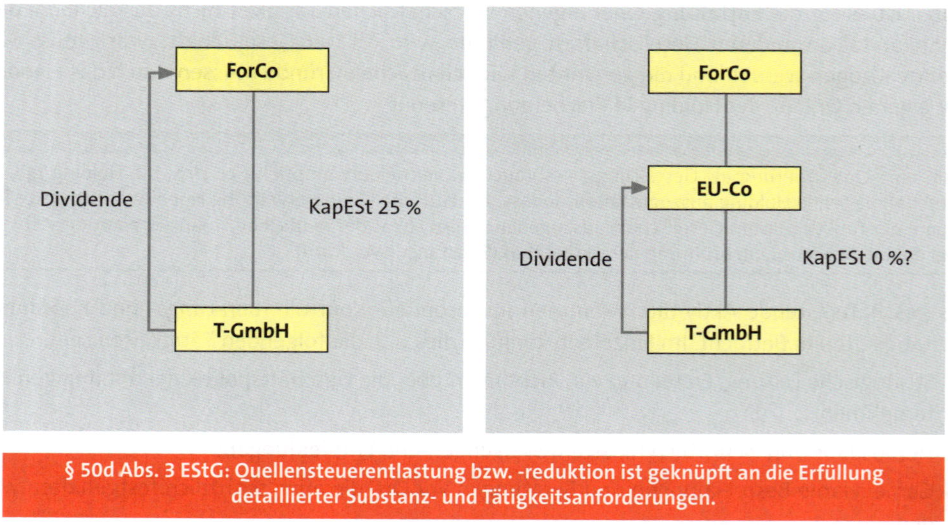

Quelle: KPMG Deutschland

Bei der Anwendung dieser Norm wird die Gesellschaft – anders als bspw. bei § 42 AO oder § 41 Abs. 2 AO – rechtlich und steuerlich anerkannt. Allerdings werden die abkommensrechtlichen Vergünstigungen nicht gewährt.

PRAXISHINWEIS

Der Bereich des Treaty Shoppings ist i. R. d. Teilrevision des DBA D-CH explizit als eine der möglichen Anwendungsvorschriften von Art. 23 DBA D-CH genannt worden.

Die Regelung des § 50d Abs. 3 EStG unterlag bereits mehreren Rechtsänderungen, zuletzt mit Wirkung ab Veranlagungszeitraum 2012.[1897] Nachfolgend für eine vereinfachte Prüfung der jeweiligen Rechtslage ein Vergleich der aktuellen Gesetzeslage und der Vorgänger-Rechtslage:

§ 50d Abs. 3 Satz 1 EStG a. F.	§ 50d Abs. 3 Satz 1 EStG (seit 2012)
Eine ausländische Gesellschaft hat keinen Anspruch auf völlige oder teilweise [Quellensteuerreduktion], soweit Personen an ihr beteiligt sind, denen die Erstattung oder Freistellung nicht zustände, wenn sie die Einkünfte unmittelbar erzielten, und 1. für die Einschaltung der ausländischen Gesellschaft wirtschaftliche oder sonst beachtliche Gründe fehlen oder 2. die ausländische Gesellschaft nicht mehr als 10 Prozent ihrer gesamten Bruttoerträge des betreffenden Wirtschaftsjahres aus eigener Wirtschaftstätigkeit erzielt oder 3. die ausländische Gesellschaft nicht mit einem für ihren Geschäftszweck angemessen eingerichteten Geschäftsbetrieb am allgemeinen wirtschaftlichen Verkehr teilnimmt.	Eine ausländische Gesellschaft hat keinen Anspruch auf völlige oder teilweise [Quellensteuerreduktion], soweit Personen an ihr beteiligt sind, denen die Erstattung oder Freistellung nicht zustände, wenn sie die Einkünfte unmittelbar erzielten, und die von der ausländischen Gesellschaft im betreffenden Wirtschaftsjahr erzielten Bruttoerträge nicht aus eigener Wirtschaftstätigkeit stammen, sowie 1. in Bezug auf diese Erträge für die Einschaltung der ausländischen Gesellschaft wirtschaftliche oder sonst beachtliche Gründe fehlen oder 2. die ausländische Gesellschaft nicht mit einem für ihren Geschäftszweck angemessen eingerichteten Geschäftsbetrieb am allgemeinen wirtschaftlichen Verkehr teilnimmt.

Aktuell gilt somit folgendes Prüfungsschema, was eine sog. Aufteilungsklausel beinhaltet:

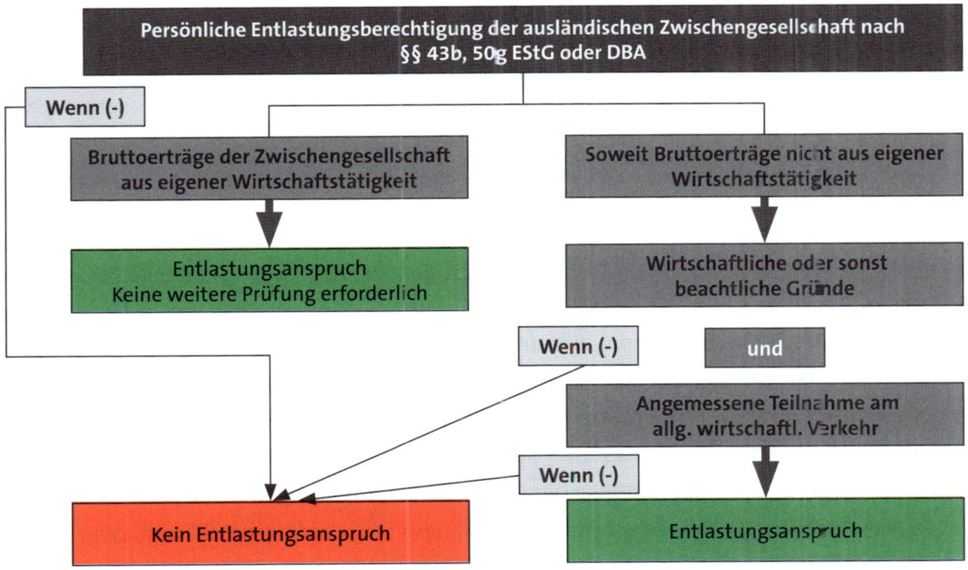

Quelle: KPMG Deutschland

1897 Änderung durch das BeitrRLUmsG geändert als Reaktion auf das EU Vertragsverletzungsverfahren wegen dem sog. Fallbeileffekt. Finanzverwaltung gewährt Wahlrecht zur rückwirkenden Anwendung vor 1. 1. 2012.

Die Finanzverwaltung will diese Aufteilungsklausel rechtsfolgenbezogen durchführen wohingegen die Literaturauffassung eine ertragsbezogene Prüfung sieht.

Mit BMF-Schreiben vom 24. 1. 2012[1898] hält der deutsche Gesetzgeber u. a. fest, dass:

1. Dividenden und andere Erträge von **geleiteten Gesellschaften** zu den Bruttoerträgen aus eigener Wirtschaftstätigkeit zählen.
2. Es sich um aktive Beteiligungsverwaltung (sog. **Managementholding**) handeln muss.
3. Geschäftsführende Maßnahmen sich durch langfristige und grundsätzliche Führungsentscheidungen auszeichnen.

Als wirtschaftliche Gründe für die Zwischenschaltung der ausländischen Gesellschaft sollen folgende Aspekte relevant sein:[1899]

- Sonstige beachtliche Gründe sind u. a. rechtliche, politische oder religiöse Gründe;
- Ein wirtschaftlicher Grund soll besonders dann vorliegen, wenn die ausländische Gesellschaft eine eigenwirtschaftliche Tätigkeit plant und sich Aktivitäten in dieser Richtung nachweisen lassen;
- Wirtschaftlich durchweg aktive Gesellschaften, deren Geschäftszweck aktive Produktion, Vertrieb oder aktive Beteiligungsverwaltung ist, verlieren durch gleichsam als Nebeneinkünfte bestehende schädliche Bruttoerträge die Freistellung von deutscher Quellensteuer zumindest partiell;
- Bezug auf die „schädlichen" Einkünfte und nicht auf die Zwischenschaltung der Gesellschaft als solche; Begründung, warum die schädlichen Einkünfte bei der Gesellschaft und nicht bei einer anderen (Konzern-)Gesellschaft angefallen sind;
- Gründe der Koordination und der Organisation, des Aufbaus von Kundenbeziehungen, der Kosten, der örtlichen Präferenzen oder der gesamtunternehmerischen Konzeption gelten nicht.

Die deutsche Finanzverwaltung prüft den Themenkomplex des § 50d Abs. 3 EStG regelmäßig mittels Fragebogen ab, der u. a. auch Anhaltspunkte bzw. den tatbestandlichen Rahmen für die Prüfung eines möglichen Missbrauchs von rechtlichen Gestaltungsmitteln (§ 42 AO) gibt (vgl. D.IV.4.). Der Fragenkatalog beinhaltet u. a. die folgenden Fragen (zum vollständigen Fragebogen vgl. Anhang 7):[1900]

- Welche Gesellschafter sind an der ausländischen Gesellschaft beteiligt?
- Wirtschaftliche oder sonst beachtliche Gründe für die Zwischenschaltung?
- Liegt eine eigene aktive Wirtschaftstätigkeit der ausländischen Gesellschaft vor?
- Eigener Geschäftsbetrieb im Sitzstaat / Seit wann wird dieser unterhalten?
- Bestehen eigene Tel.-/Faxanschlüsse (Vorlage der Gebührenbelege)?
- Wie viele Arbeitnehmer werden von der ausländischen Holding beschäftigt (Wer?/Belege über Gehaltszahlungen)?
- Wem obliegt die Geschäftsführung?

1898 Vgl. BMF-Schreiben v. 24. 1. 2012 – IV B 3 – S 2411/07/10016, Tz. 5.
1899 Vgl. BMF-Schreiben v. 24. 1. 2012 – IV B 3 – S 2411/07/10016, Tz. 6.
1900 Zur erweiterten Mitwirkungspflicht bei Auslandssachverhalten wird auf D.V.2. verwiesen.

- Hauptberuf des Geschäftsführers / Ist er Rechtsanwalt, Steuerberater etc.?
- Werden für die Geschäftsführung Gehälter bezahlt/wie hoch?
- Vorlage des Organisationsplanes mit Funktionsbereiche
- Offenlegung der Beteiligungen der ausländischen Holding

Zur Vermeidung von Streitigkeiten mit der deutschen Finanzverwaltung sollte mittels geeigneter Dokumentation Vorsorge getroffen werden, dass durch eine entsprechende Struktur und Ausübung der wirtschaftlichen Aktivitäten nicht von einem Treaty Shopping auszugehen ist.

Gleichzeitig ist die Norm zu hinterfragen, könnte sie doch ein Treaty Override darstellen, deren Verfassungsmäßigkeit in Deutschland derzeit beim Bundesverfassungsgericht in Karlsruhe geprüft wird.[1901] Im Verhältnis zur Schweiz soll jedoch über Art. 23 DBA D-CH die Anwendung dieser Norm gesichert sein. Allerdings ist der Anwendungsbereich des Art. 23 DBA D-CH auf Fälle zur Vermeidung der Steuerhinterziehung und -umgehung beschränkt, was bei der Hinzurechnungsbesteuerung regelmäßig gerade nicht der Fall sein sollte. Nach Auffassung der Autoren wäre daher vielmehr eine Einzelfallprüfung notwendig.

PRAXISHINWEIS: SANDWICH-STRUKTUREN

Sofern ein deutscher Anteilseigner über eine Schweizer Holding-Kapitalgesellschaft eine Beteiligung an einer in Deutschland unbeschränkt steuerpflichtigen Kapitalgesellschaft hält, soll wohl per se ein Anwendungsfall des Treaty Shoppings und damit der Missbrauchsklausel von § 50d Abs. 3 EStG vorliegen.

IV.6. Außensteuergesetz

Nach dem Welteinkommensprinzip müssen Personen, die in Deutschland unbeschränkt steuerpflichtig sind, die von ihnen weltweit erzielten Einkünfte grundsätzlich in Deutschland versteuern. Der Zugriff des deutschen Fiskus kann u. a. dadurch verhindert werden, dass Einkunftsquellen auf ausländische, rechtlich selbständige (Kapital-)Gesellschaften, bspw. in einem Niedrigsteuerland, übertragen werden. Durch die eigene Steuersubjekteigenschaft der ausländischen Tochterkapitalgesellschaft im (Schweizer) Ansässigkeitsstaat wird zunächst – bis zur Dividendenausschüttung – eine Abschirmwirkung vor einer deutschen Besteuerung erreicht.[1902]

Der deutsche Steuergesetzgeber hat die Problematik von Steuerverlagerungen ins Ausland bereits in den 1960iger Jahren erkannt. Nach anfänglichen Bemühungen, diese Problematik über einen Erlass in den Griff zu bekommen (sog. Oasenerlass),[1903] wurde bereits 1972 das Außensteuergesetz (AStG) eingeführt. Deutschland entgegnet hiernach dieser Abschirmwirkung u. a. mit der sog. Hinzurechnungsbesteuerung i. S. d. §§ 7 ff. AStG. Hierdurch werden die niedrig be-

1901 Mit Beschluss v. 11. 12. 2013 I R 4/13 hat der BFH dem Bundesverfassungsgericht (erneut) die Frage vorgelegt, ob der Gesetzgeber durch ein Treaty Override gegen Verfassungsrecht verstößt. Konkreter Hintergrund ist die Regelung von § 50d Abs. 10 EStG, nach der sog. Sonderbetriebsvermögen – entgegen der BFH-Rechtsprechung – der deutschen Besteuerung unterliegen können. Der BFH ist wohl davon überzeugt, dass dies nicht in Einklang mit der verfassungsmäßigen Ordnung steht. Das Gesetz setzt sich im Ergebnis einseitig über die völkerrechtlich vereinbarte Qualifikation der Darlehenszinsen hinweg; der Völkerrechtsvertrag wird gebrochen. Da der deutsche Gesetzgeber vor allem in der jüngeren Vergangenheit in erheblichem Maße von dem seit langem umstrittenen Mittel des Treaty Override Gebrauch gemacht hat, steht zu erwarten, dass sich noch weitere Regelungen an diesen Maßstäben messen lassen müssen. Bereits mit Beschluss v. 10. 11. 2012 I R 66/09 hatte der BFH im Hinblick auf § 50d Abs. 8 EStG dem Bundesverfassungsgericht diese Fragestellung vorgelegt.

1902 Vgl. Jacobs, Internationale Unternehmensbesteuerung, S. 434. Allerdings sind die weiteren in diesem Kapital genannten deutschen Missbrauchsnormen auf ihre Anwendung zu prüfen.

1903 Vgl. sog. Oasenerlass OFD Hannover v. 14. 6. 1965, BStBl II 1965, S. 74.

steuerten, passiven Einkünfte dem deutschen Anteilseigner (anteilig) wie bei einer Gewinnausschüttung hinzugerechnet, ohne dass die Befreiung des § 8b Abs. 1 KStG, § 3 Nr. 40 Satz 1 Buchstabe d EStG oder 32d EStG greifen (vgl. D.IV.6.1.7.). Im Ergebnis wird der ausländische Gewinn der höheren, deutschen Steuerbelastung unterworfen.

Vergleichbare Rechtsfolgen können bei Familienstiftungen und ähnlichen Vermögensmassen entstehen (vgl. D.IV.6.2.). Bei Personengesellschaften und Betriebsstätten wird ggf. von der Freistellungs- zur Anrechnungsmethode gewechselt (Switch-over Klausel / vgl. D.IV.6.3.) mit dem Ergebnis, dass die Gewinne ebenfalls dem höheren (deutschen) Steuerniveau unterliegen.[1904]

Die Korrekturmöglichkeiten nach § 1 AStG, die im Rahmen der Verrechnungspreise anstehen, werden in den separaten Gliederungspunkten D.III.1. und D.V.1. dargestellt.

IV.6.1. Hinzurechnungsbesteuerung nach §§ 7 bis 14 AStG

Zur Anwendung der deutschen Hinzurechnungsbesteuerung müssen im Verhältnis mit der Schweiz drei Voraussetzungen erfüllt sein:

1. Mehrheitsbeteiligung eines unbeschränkt Steuerpflichtigen bzw. erweitert beschränkt Steuerpflichtigen (§ 2 AStG) an einer ausländischen Gesellschaft (§ 7 Abs. 1 AStG),
2. niedrig besteuerte Einkünfte von weniger als 25 % (§ 8 Abs. 3 AStG) **und**
3. passive Tätigkeiten, die außerhalb des Aktivitätskatalogs in § 8 Abs. 1 AStG liegen.

Die genannten Voraussetzungen müssen kumulativ erfüllt sein. Die Hinzurechnungsbesteuerung entfällt somit durch die Vermeidung einer der genannten Voraussetzungen. Ferner greift eine Frei- bzw. Bagatellgrenze (vgl. D.IV.6.1.6.).

IV.6.1.1. Mehrheitsbeteiligung

Nach § 7 Abs. 1 i.V. m. Abs. 2 AStG liegt eine Mehrheitsbeteiligung vor, wenn unbeschränkt Steuerpflichtige allein oder zusammen mit Personen im Sinne des § 2 AStG (sog. Wegzügler) **mehr als 50 %** des Gesellschaftskapitals oder der Stimmrechte unmittelbar oder mittelbar halten (sog. Deutschbeherrschung). Sind die Anteilseigner in Deutschland nur beschränkt steuerpflichtig, greift die Hinzurechnungsbesteuerung dagegen nicht.

PRAXISHINWEIS

Bei der Prüfung der „deutschen" Mehrheitsbeteiligung gilt es, die sog. Wegzugsfalle im Auge zu behalten. Hiernach sind deutsche Staatsbürger, die unter den Anwendungsbereich des § 2 AStG fallen, für die Ermittlung der Mehrheitsbeteiligung zu berücksichtigen. Eine Strukturierung, nach der zwei deutsche Investoren die Mehrheitsbeteiligung zu vermeiden versuchen, indem einer der Anteilseigner seinen (ausschließlichen) Wohnsitz in die Schweiz verlegt und beide zu je 50 % beteiligt sind, führt folglich dann nicht zum gewünschten Ziel, wenn der Wegzügler der erweitert beschränkten Steuerpflicht i. S. d. § 2 AStG unterliegt. Allerdings greift die Hinzurechnungsbesteuerung nur bei den in Deutschland unbeschränkt Steuerpflichtigen. Bei den erweitert beschränkt Steuerpflichtigen sind insbesondere die Normen der §§ 2, 5 AStG anwendbar.

1904 Der BFH hat für eine Investition einer deutschen KG in eine Schweizer AG entschieden, dass die Normen der Hinzurechnungsbesteuerung (§§ 7 ff. AStG) parallel zu der Norm des § 1 AStG anwendbar ist. Eine etwaige Mehrfachbesteuerung im Rahmen des § 1 AStG und der §§ 7 ff. AStG sollte im Rahmen einer Billigkeitslösung durch Reduzierung des Hinzurechnungsbetrages um die Korrektur i. S. d. § 1 AStG gelöst werden (vgl. BFH v. 19. 3. 2002, BStBl II 2002, S. 644).

Maßgebender Zeitpunkt für die Prüfung der Mehrheitsbeteiligung ist das Ende des Wirtschaftsjahres der ausländischen Gesellschaft (§ 7 Abs. 2 Satz 1 AStG). Auf die unterjährige Beteiligung kommt es nicht an.[1905]

Sofern ein deutsches KMU-Unternehmen oder auch ein internationaler, deutscher Konzern im Ausland investiert, ist diese Voraussetzung der Mehrheitsbeteiligung meistens erfüllt. Wird dagegen ein Joint Venture mit einer 50 %igen Beteiligung etwa durch einen Schweizer Staatsbürger, der ausschließlich in der Schweiz ansässig ist, angestrebt, mangelt es im Einzelfall an einer deutschen Beteiligung von mehr als 50 %.

PRAXISHINWEIS:

Weichen im Rahmen von Treuhandverhältnissen zivilrechtliches und wirtschaftliches Eigentum voneinander ab, sind dem Treugeber die Anteile zuzurechnen (§ 39 AO).

Besondere Beteiligungsvoraussetzungen greifen bei sog. KAC-Einkünften, d. h. Zwischeneinkünften mit Kapitalanlagecharakter. Für eine ausführliche Analyse vgl. D.IV.6.1.4.

IV.6.1.2. Niedrigbesteuerung

Eine Niedrigbesteuerung i. S. d. § 8 Abs. 3 AStG besteht, wenn die ausländischen Einkünfte der Gesellschaft einer Ertragssteuerbelastung von **unter 25 %** unterliegen, ohne dass dies auf einem Ausgleich mit Einkünften aus anderen Quellen beruht (§ 8 Abs. 3 Satz 1 AStG). Die Ermittlung der Steuerbelastung erfolgt auf Basis der deutschen Steuernormen. Es ist zu beachten, dass es sich nach der deutschen Systematik – bei dem genannten Steuersatz – um die Steuerbelastung auf dem Gewinn vor Steuern handelt.

In den meisten Schweizer Städten und Gemeinden wird eine entsprechend hohe Steuerbelastung kaum zu erreichen sein. Freiwillige Steuerzahlungen werden dabei nicht berücksichtigt.[1906] Mit dem JStG 2008 wurde insofern in § 8 Abs. 3 AStG bestimmt, dass eine niedrigere Besteuerung auch dann vorliegt, wenn Ertragsteuern von mindestens 25 % zwar rechtlich geschuldet sind, jedoch nicht tatsächlich erhoben werden. Ferner ist ausschließlich die Steuer maßgeblich, die für die Einkünfte aus passiver Tätigkeit bezahlt wurden.

Im Rahmen des JStG 2010 wurde durch die Einführung von § 8 Abs. 3 Satz 2 AStG zur Ermittlung einer Niedrigbesteuerung Folgendes geregelt:[1907] Ansprüche, die einem unbeschränkt Steuerpflichtigen oder einer anderen Gesellschaft, an der der Steuerpflichtige direkt oder indirekt beteiligt ist, im Falle einer Gewinnausschüttung der ausländischen Gesellschaft von dem Staat oder dem Gebiet der ausländischen Gesellschaft gewährt werden, sind in die Belastungsrechnung einzubeziehen.

Durch die Neuregelung sollen nach der Gesetzesbegründung Umgehungsgestaltungen verhindert werden, in denen die über 25 % liegende Normalbesteuerung der ausländischen Gesellschaft durch Entlastungsansprüche der Gesellschafter gemindert wird (sog. Malta-Modelle).

Die Neuregelungen gelten erstmalig für den Veranlagungszeitraum bzw. den Erhebungszeitraum, für den Zwischeneinkünfte hinzuzurechnen sind, die in einem Wirtschaftsjahr der auslän-

1905 Vgl. Köhler in Strunk/Kaminski/Köhler, Tz. 81 ff. zu § 7 AStG.

1906 Vgl. BMF-Schreiben v. 14. 5. 2004, IV B 4 – S 1340 – 11/04, BStBl I Sonder-Nr. 1/2004, S. 3, Tz. 8.3.2.1.

1907 Vgl. Kubaile/Kuhl, Steuer Revue Nr. 3/2011, S. 230 f.

dischen Gesellschaft bzw. Betriebsstätte entstanden sind, das nach dem 31.12.2010 beginnt (§ 21 Abs. 19 Satz 1 AStG).

PRAXISHINWEIS

Erfahrungsgemäß ist eine Auslandstruktur, die darauf basiert, dass es an einer Niedrigbesteuerung mangelt, oftmals mit großer Planungsunsicherheit behaftet. Zum einen können die ausländischen Steuersätze im Zeitablauf sinken und zum anderen kann die Höhe der Besteuerung, die auf Basis der deutschen Steuergesetze zu ermitteln ist, immer wieder wesentlichen Änderungen unterliegen.

Bei Schweizer Holdinggesellschaften liegt die effektive Schweizer Steuerbelastung infolge der vollständigen Freistellung der (Beteiligungs-)Erträge auf Kantons- und Gemeindeebene (Holdingprivileg) sowie der Wirkung des Beteiligungsabzugs auf Bundesebene[1908] immer unter 25 %, sodass von einer Niedrigbesteuerung i. S. d. Vorschrift auszugehen ist.[1909]

IV.6.1.3. Passive Tätigkeit

Falls sowohl eine Mehrheitsbeteiligung als auch eine Niedrigbesteuerung vorliegen, wird die Hinzurechnungsbesteuerung im Verhältnis zu Investitionen in der Schweiz nur noch dann vermieden, wenn sichergestellt ist, dass die geplanten Aktivitäten als aktive Tätigkeiten i. S. d. Aktivitätskatalogs des § 8 Abs. 1 AStG qualifizieren.[1910] Die Regelungen des § 8 Abs. 1 AStG stellen einen Numerus Clausus der aktiven Tätigkeiten dar. Kann die tatsächlich ausgeübte Tätigkeit nicht unter den **Aktivitätskatalog** subsumiert werden, ist im Umkehrschluss von einer passiven Tätigkeit auszugehen.

Zu den Tätigkeiten im § 8 Abs. 1 Nr. 1 bis Nr. 10 AStG zählen, sofern die entsprechenden Voraussetzungen erfüllt sind:

1. Die Land- und Forstwirtschaft;
2. Die Herstellung und Produktion;
3. Der Betrieb von Kreditinstituten und Versicherungsunternehmen;
4. Der Handel;
5. Die Erbringung von Dienstleistung;
6. Die Vermietung und Verpachtung von Rechten, Grundstücken und beweglichen Sachen;
7. Die Kapitalaufnahme und -vergabe;
8. Die Gewinnausschüttungen von Kapitalgesellschaften;
9. Die Veräußerungsgewinne von Kapitalgesellschaftsanteilen;
10. Bestimmte Umwandlungen bei ausländischen Gruppengesellschaften.

1908 Vgl. A.III.3.5.2.

1909 Die Tätigkeit der Holding selbst wird dagegen regelmäßig als aktive Tätigkeit einzustufen sein (vgl. nachfolgend zu § 8 Abs. 1 Nr. 8 und Nr. 9 AStG).

1910 Bzgl. der Bagatellgrenze vgl. D.IV.6.1.6.

PRAXISHINWEIS – EUGH IN DER RECHTSSACHE CADBURY SCHWEPPES

Der EuGH stellte in seinem Urteil in der Rechtssache Cadbury Schweppes vom 12. 9. 2006, C-196/04, fest, dass die britischen CFC-Vorschriften gegen die EU-Niederlassungsfreiheit verstoßen. Die deutschen Regelungen der Hinzurechnungsbesteuerung sind vergleichbar zu den englischen Regelungen. Der deutsche Gesetzgeber reagierte zunächst mittels BMF-Schreiben. Mit dem JStG 2008 wurde § 8 Abs. 2 AStG angepasst[1911] für Investitionen in EU/EWR Staaten. Die Schweiz partizipiert als Drittstaat nicht an dieser Gesetzesänderung, weshalb hierauf vorliegend nicht weiter eingegangen wird.

Die jeweilige Prüfung möglicher aktiver oder passiver Einkünfte ist eine der Hauptschwierigkeiten bei der Anwendung des AStG. Sie ist einzelfallabhängig. Nachfolgend soll ein allgemeiner Überblick über die wichtigsten Anwendungsfälle in der Beratungspraxis vermittelt werden. Für eine Detailanalyse wird auf die einschlägige Literatur verwiesen.[1912]

Bei der Analyse ist zu beachten, dass, entsprechend der funktionalen Betrachtungsweise, verschiedene Tätigkeiten der ausländischen Gesellschaft einheitlich einer Tätigkeit zu unterwerfen sind. Dabei ist die Tätigkeit maßgeblich, auf der nach der allgemeinen Verkehrsauffassung das Schwergewicht liegt (vgl. Tz. 8.0.2 AnwGr):

IV.6.1.3.1. Produktion (§ 8 Abs. 1 Nr. 2 AStG)

Produktion und industrielle Tätigkeiten stellen immer aktive Tätigkeiten dar, sofern von einem echten Be- oder Verarbeiten auszugehen ist. Hierunter fallen u. a. die

1. Herstellung,
2. Bearbeitung,
3. Verarbeitung oder Montage von Sachen,
4. die Erzeugung von Energie und
5. das Aufsuchen und die Gewinnung von Bodenschätzen,

sofern hierdurch Gegenstände anderer Marktgängigkeit entstehen. Dies gilt auch für die Veräußerung des hierfür eingesetzten Vermögens. Hierbei ist es unbeachtlich, ob der deutsche Anteilseigner oder ihm nahe stehende Personen, die in Deutschland steuerpflichtig sind, im Rahmen der Schweizer Produktionstätigkeit unterstützend oder auch maßgeblich tätig werden. Dies ist der wesentliche Vorteil zu den nachfolgend skizzierten Handels- und Dienstleistungstätigkeiten. Sofern eine entsprechende Produktionstätigkeit vorliegt, wird entsprechend der funktionalen Betrachtungsweise ggf. die Handelstätigkeit der Produktion zugerechnet.

Dagegen liegen keine Produktion oder industrielle Tätigkeit vor, wenn nur eine geringfügige Behandlung vorgenommen wird (vgl. Tz. 8.1.2.2 AnwGr). Hierzu zählt bspw. das Kennzeichnen, Umpacken, Umfüllen und Sortieren.

1911 Vereinfacht ausgedrückt kann mit einem Aktivitätstest ein Anwendungsfall der Hinzurechnungsbesteuerung vermieden werden.

1912 U. a. Flick/Wassermeyer/Baumhoff/Schönfeld, Außensteuerrecht; Strunk/Kaminski/Köhler, AStG/DBA; BMF-Schreiben v. 14. 5. 2004, BStBl I 2004, S. 3 „Grundsätze zur Anwendung des Außensteuergesetz“ (AnwGr).

IV.6.1.3.2. Handelstätigkeit (§ 8 Abs. 1 Nr. 4 AStG)

Nach § 8 Abs. 1 Nr. 4 AStG ist der Handel grundsätzlich eine aktive Tätigkeit. Abweichend hierzu ist sie als passive Tätigkeit einzustufen, wenn die Kriterien des § 8 Abs. 1 Nr. 4a oder Nr. 4b AStG erfüllt sind. Dies ist der Fall, wenn

1. ein in Deutschland unbeschränkt steuerpflichtiger Anteilseigner oder eine ihm nahestehende Person, die mit ihren Einkünften hieraus in Deutschland steuerpflichtig ist, der ausländischen Gesellschaft die **Verfügungsmacht** an den gehandelten Waren oder Gütern verschafft (§ 8 Abs. 1 Nr. 4a AStG);
2. Gleiches gilt, wenn die ausländische Gesellschaft einem solchen Steuerpflichtigen bzw. einer solchen nahe stehenden Person die **Verfügungsmacht** an den gehandelten Gütern oder Waren verschafft (§ 8 Abs. 1 Nr. 4b AStG).

Eine aktive Handelstätigkeit wird in diesen beiden Fällen jedoch wiederum bejaht, wenn die ausländische Gesellschaft

1. einen qualifizierten, d. h. in kaufmännischer Weise eingerichteten Geschäftsbetrieb hat und
2. einer Beteiligung am allgemeinen wirtschaftlichen Verkehr nachgeht und
3. das Mitwirkungsverbot für ausländische Gesellschafter bzw. diesen nahe stehende Personen beachtet wird, d. h. bei der Vorbereitung, dem Abschluss und der Ausführung keine schädliche Mitwirkung durch einen Inlandsbeteiligten oder eine diesem nahe stehende Person vorliegt.

Ordentlicher Geschäftsbetrieb

Die Gesellschaft muss für einen in kaufmännischer Weise eingerichteten, ordentlichen Geschäftsbetrieb über eine eigene, entsprechende Infrastruktur sowohl in personeller Hinsicht (z. B. eigenes ausgebildetes Personal) als auch in sachlicher Hinsicht (z. B. durch eigene Büroräume und Geschäftsausstattung) verfügen. Bei der entsprechenden Überprüfung sind auf die entsprechenden, branchentypischen Tätigkeiten aber auch die jeweiligen Besonderheiten im ausländischen Ansässigkeitsstaat abzustellen.

Der BFH[1913] entschied im Zusammenhang mit Versicherungstätigkeiten (§ 8 Abs. 1 Nr. 3 AStG), dass der ordentliche Geschäftsbetrieb auch bei einem Outsourcing gegeben sein kann, wenn eine eigene, personelle und sachliche Mindestausstattung in der ausländischen Gesellschaft selbst vorliegt und die für solche Geschäfte nach dem ausländischen Recht erforderlichen Handelsbücher führt und Bilanzen aufstellt. Das BFH-Urteil dürfte über die Anwendungsfälle der Versicherungstätigkeit hinaus elementare Bedeutung haben, wie vorliegend bspw. für Handelstätigkeiten (aber auch § 8 Abs. 1 Nr. 5 und Nr. 6 AStG). Nach dem vorliegenden Urteil sollte das Outsourcing von Aktivitäten und Tätigkeiten i. S. d. § 8 Abs. 1 AStG auf andere natürliche oder juristische Personen, sofern diese im Namen und auf Rechnung der ausländischen Gesellschaft tätig werden, nicht schädlich sein. Das Urteil betraf zwar mit einer irischen Gesellschaft einen EU Fall, allerdings basiert es auf den allgemeinen steuerlichen Grundsätzen, weshalb es nach Auffassung der Autoren auch für den Drittstaat Schweiz einschlägig ist.

1913 Vgl. BFH v. 13. 10. 2010, I R 61/09.

Teilnahme am allgemeinen wirtschaftlichen Verkehr

Bei einer Handelsgesellschaft ist eine Teilnahme am allgemeinen wirtschaftlichen Verkehr dann gegeben, wenn sie mindestens auf einer Seite eine Marktöffnung hat, d. h. die Teilnahme am allgemeinen, wirtschaftlichen Verkehr entweder im Einkauf und/oder im Vertrieb stattfindet.

PRAXISHINWEIS

Bei einem engen Kundenkreis fordert die Finanzverwaltung zusätzlich, dass die ausländische Gesellschaft ihren Geschäftsbetrieb auf einen Kundenwechsel anlegt (Tz. 8.1.4.2.3 AnwGr). Damit dies bewiesen werden kann, muss zumindest dokumentiert sein, dass die notwendigen Schritte laufend vorgenommen wurden (Neukundenbewerbung etc.).

Schädliche Mitwirkung

Dagegen ist es schädlich, wenn die Gesellschaft maßgeblich durch ihre in Deutschland unbeschränkt steuerpflichtigen Gesellschafter oder einer anderen, nahe stehenden Person unterstützt wird (Mitwirkungsverbot), die mit ihren Einkünften aus dieser Tätigkeit in Deutschland steuerpflichtig ist bzw. wird. Dies gilt selbst dann, wenn hierfür ein (angemessenes) Entgelt bezahlt wird.

PRAXISHINWEIS

Sofern die Tätigkeit durch eine ausländische, bspw. französische, Kapitalgesellschaft erbracht wird, die ihre Schweizer Schwestergesellschaft in ihren Handelstätigkeiten unterstützt, ist dies wiederum unschädlich.[1914] Dies zeigt die wirtschaftliche Absurdität dieser Gesetzesnorm.

Im Ergebnis gilt es zu belegen, dass die ausländische Gesellschaft wie eine fremde, dritte Unternehmung funktioniert. D. h., dass sie für ihre Tätigkeiten eine entsprechende, personelle und fachliche Substanz hat und die Tätigkeit unter Stand-alone Gesichtspunkten vollständig alleine ausübt bzw. sich keiner dem Anteilseigner nahe stehenden Person bedient, die mit den Einkünften hieraus in Deutschland steuerpflichtig wird. Es handelt sich hinsichtlich der Erfüllung der genannten Voraussetzungen um ein wichtiges Prüfungsfeld der deutschen Betriebsprüfung.[1915]

IV.6.1.3.3. Dienstleistungen (§ 8 Abs. 1 Nr. 5 AStG)

Das Erbringen von Dienstleistungen durch eine ausländische Gesellschaft ist nach § 8 Abs. 1 Nr. 5 AStG grundsätzlich eine aktive Tätigkeit. Innerhalb verbundener Unternehmen kann jedoch bei Dienstleistungen eine passive Tätigkeit angenommen werden, wenn sich

1. die ausländische Gesellschaft bei Erbringung der Dienstleistungen eines inländischen Gesellschafters oder einer ihm nahe stehenden Person bedient, die mit ihren Einkünften aus der von ihr beigetragenen Leistung in Deutschland steuerpflichtig[1916] wird[1917] (sog. **Bedientatbestand**/§ 8 Abs. 1 Nr. 5a AStG), oder
2. die Leistungen an einen solchen Steuerpflichtigen bzw. einer solchen nahe stehenden Person erbringt (sog. **Erbringungstatbestand**/§ 8 Abs. 1 Nr. 5b AStG).

1914 Es wird keine deutsche Steuerpflicht aus dieser Tätigkeit unterstellt.

1915 Auf die erweiterten Mitwirkungspflichten bei Auslandssachverhalten wird auf D.V.2. verwiesen.

1916 Dies ist bspw. bei der unbeschränkten, beschränkten und erweitert beschränkten deutschen Steuerpflicht der Fall (vgl. Tz. 8.1.5.3.2 AnwGr).

1917 Die h. M. sieht hier eine konkrete Besteuerung als erforderlich an. Für eine Mindermeinung ist auch die abstrakte Steuerpflicht (bspw. Welteinkommensprinzip) ausreichend.

Der vorstehend skizzierte Bedientatbestand führt zu einer passiven Tätigkeit. Beim Erbringungstatbestand gibt es wiederum Ausnahmen, die denen beim Handel entsprechen. Hiernach muss die ausländische Gesellschaft nachweisen, dass sie einen für die Dienstleistungstätigkeit entsprechend eingerichteten Geschäftsbetrieb unter Teilnahme am allgemeinen, wirtschaftlichen Verkehr unterhält und das Mitwirkungsverbot beachtet.[1918]

IV.6.1.3.4. Überlassung von Rechten etc. (§ 8 Abs. 1 Nr. 6a AStG)

Bei der Überlassung von Rechten, Verfahren, Know-how etc. besteht nach § 8 Abs. 1 Nr. 6a AStG eine gesetzliche Vermutung, dass es sich um eine schädliche, passive Tätigkeit handelt. Allerdings ist diese Vermutung widerlegbar. Insofern liegt aber eine Beweislastumkehr vor, d. h. der Steuerpflichtige muss beweisen, dass die ausländische Gesellschaft die Ergebnisse eigener Forschungs- und Entwicklungsarbeit auswertet, die ohne Mitwirkung eines wesentlich beteiligten Gesellschafters bzw. einer diesem nahe stehenden Person unternommen wurden. Ebenso stellt der Kauf der Rechte, auch von fremden Dritten, somit ebenfalls eine schädliche, passive Tätigkeit dar.

Bei entsprechenden Strukturen ist zu prüfen, ob die Lizenzeinnahmen branchentypisch sind und als solche – unter funktionalen Gesichtspunkten – der aktiven Haupttätigkeit zuzuordnen sind. Nach Auffassung des BFH kann dies in bestimmten Grenzen gegeben sein. So qualifizierte der BFH die Lizenzrechteverwertung eines Verlages als unschädliche Nebenerträge der aktiven Handelstätigkeit.[1919]

IV.6.1.3.5. Überlassung von Immobilien und Grundstücken (§ 8 Abs. 1 Nr. 6b AStG)

Die Vermietung oder Verpachtung von Grundstücken oder Immobilien ist im Verhältnis zur Schweiz eine passive Tätigkeit, da nach dem DBA D-CH selbst dann die Anrechnungsmethode greift (Art. 24 Abs. 1 Nr. 2 DBA D-CH), wenn die Immobilie unmittelbar, d. h. ohne Zwischenschaltung einer ausländischen Kapitalgesellschaft, gehalten werden würde.

IV.6.1.3.6. Finanzierungsfunktion (§ 8 Abs. 1 Nr. 7 AStG)

Ein Hauptanliegen des deutschen Gesetzgebers war, die Verlagerung von Kapitalvermögen auf eine ausländische Basisgesellschaft und die damit verbundene, geringe Besteuerung der daraus fließenden Einkünfte im Ausland zu vermeiden. Angesprochen sind hier insbesondere Finanzierungsgesellschaften in ihrer Funktion als Konzernfinanzierer, die oftmals einer Hinzurechnungsbesteuerung unterliegen.

Soweit die Kapitalaufnahme aber ausschließlich auf dem ausländischen (nicht-deutschen) Kapitalmarkt erfolgt und das Kapital einer inländischen Betriebstätte und/oder Betrieb zur Verfügung gestellt wird, liegen keine Anknüpfungspunkte für eine Hinzurechnungsbesteuerung vor (§ 8 Abs. 1 Nr. 7 AStG). Gleiches gilt, wenn diese Darlehen ausländischen Betrieben/Betriebsstätten überlassen werden, die ihre Bruttoerträge ausschließlich oder fast ausschließlich aus Tätig-

1918 Für eine Analyse dieser Voraussetzungen vgl. voranstehend „Handelstätigkeit“.
1919 Vgl. BFH v. 29. 11. 2000, I R 84/99, IStR 2001, S. 2001.

keiten beziehen, die unter die Vorschriften des § 8 Abs. 1 Nr. 1 – 6 AStG fallen[1920] An einer Kapitalaufnahme i. S. d. Vorschrift fehlt es dagegen, wenn ein Anteilseigner der (Finanzierungs-)Gesellschaft Eigenkapital zuführt. Nach der h. M. gilt dies auch für die Verwendung eigener, thesaurierter Gewinne der ausländischen Gesellschaft oder sonstiger, flüssiger Mittel für die Darlehensvergabe.

Für die Darstellung einer aktiven Tätigkeit i. S. d. § 8 Abs. 1 Nr. 7 AStG gilt die Beweislastumkehr.

IV.6.1.3.7. Gewinnausschüttungen (§ 8 Abs. 1 Nr. 8 AStG)

Gewinnausschüttungen sind seit 1. 1. 2002 explizit als aktive Einkünfte einzustufen. Dies führt dazu, dass die klassischen Holdingtätigkeiten (bspw. Schweizer Holding), das Halten und Verwalten von Beteiligungen und die sich hieraus ergebenden (laufenden) Beteiligungserträge als aktive Tätigkeit qualifiziert werden.[1921]

PRAXISHINWEIS

Allerdings prüft der deutsche Fiskus, ob die ausschüttende Gesellschaft (Untergesellschaft) als sog. nachgelagerte Zwischengesellschaft passive Tätigkeiten i. S. d. AStG ausübt (vgl. D.IV.6.1.3.). In der Folge würde somit die deutsche Hinzurechnungsbesteuerung ausgelöst (§ 14 AStG). Durch die Zwischenschaltung der ausländischen (Schweizer) Holding kann somit die grundsätzliche Anwendung des AStG auf nachgeschaltete Zwischengesellschaften nicht ausgeschlossen werden.

IV.6.1.3.8. Veräußerungsgewinne (§ 8 Abs. 1 Nr. 9 AStG)

Bei der Veräußerung von Anteilen an einer anderen Gesellschaft durch eine Beteiligungsgesellschaft (bspw. Schweizer Holding AG) greift seit 1. 1. 2002 die Norm des § 8 Abs. 1 Nr. 9 AStG. Hiernach werden Gewinne aus der Veräußerung von Anteilen grundsätzlich aus der Hinzurechnungsbesteuerung als aktive Einkünfte herausgenommen. Die Vorschrift stellt somit von ihrer Zwecksetzung her eine Parallelvorschrift zu § 8b Abs. 2 KStG für das Außensteuergesetz dar.

Nach § 8 Abs. 1 Nr. 9 AStG liegen allerdings nur dann aktive Einkünfte i. S. d. Vorschrift vor, soweit der Steuerpflichtige nachweist, dass der Veräußerungsgewinn auf Wirtschaftsgüter der anderen Gesellschaft (sowie nachgelagerter Gesellschaften) entfällt, die anderen als den in § 7 Abs. 6a AStG (sog. KAC-Einkünfte) bezeichneten Tätigkeiten dienen. Für eine Definition der KAC-Einkünfte wird auf die nachfolgenden Ausführungen (D.IV.6.1.4.) verwiesen. Dabei gilt zu beachten, dass nicht jede Kapitalanlagetätigkeit eine schädliche Tätigkeit i. S. d. § 7 Abs. 6a AStG ist. Zum einen können Kapitalanlagen unter funktionalen Gesichtspunkten einer anderen Tätigkeit der Untergesellschaft zugeordnet werden. Zum anderen ergibt sich für die herrschende Meinung aus dem Verweis auf § 7 Abs. 6a AStG, dass die entsprechenden KAC-Einkünfte auch im Sinne des § 8 Abs. 3 AStG niedrig besteuert sein müssen.[1922]

Die Erfüllung der Tatbestandsvoraussetzung, die die Finanzverwaltung an eine entsprechende aktive Tätigkeit aus § 8 Abs. 1 Nr. 9 AStG knüpft, ist wiederum vom Steuerpflichtigen zu beweisen (**Beweislastumkehr**).

1920 Es gilt zu berücksichtigen, dass Dividendenerträge von einer (Schweizer) Finanzierungsgesellschaft i. S. v. § 8 Abs. 1 Nr. 7 AStG regelmäßig nicht von der deutschen Gewerbesteuer befreit werden (§ 9 Nr. 7 GewStG).

1921 Hinsichtlich der ggf. bestehenden Aufgriffsnorm der sog. KAC-Einkünfte sei auf D.IV.6.1.4. verwiesen.

1922 In Tz. 8.1.9 AnwGr spricht auch die Finanzverwaltung von sog. Zwischeneinkünften, bei denen als zwingende Voraussetzung immer auch eine Niedrigbesteuerung vorliegen muss.

IV.6.1.4. Einkünfte mit Kapitalanlagecharakter (§ 7 Abs. 6 i.V. m Abs. 6a AStG)

Besonderheiten greifen bei den Einkünften mit Kapitalanlagecharakter (sog. KAC-Einkünfte). Hier liegt die schädliche Beteiligungsgrenze bereits bei 1 %. Eine deutsche Beherrschung ist nicht nötig. Werden fast ausschließlich Bruttoerträge erzielt, die den Zwischeneinkünften mit Kapitalanlagecharakter zu Grunde liegen (90 %-Grenze) und handelt es sich nicht um eine Gesellschaft, die im wesentlichen Umfang börsengehandelt wird (Börsenklausel), ist sogar eine noch geringere Beteiligung – auch von unter 1 % – schädlich.

In diesem Zusammenhang ist die Definition Zwischeneinkünfte mit Kapitalanlagecharakter wichtig. Nach § 7 Abs. 6 i.V. m Abs. 6a AStG handelt es sich bei KAC-Einkünften um Einkünfte aus passivem Erwerb einer ausländischen Gesellschaft, die aus dem Halten, der Verwaltung, Werterhaltung oder Werterhöhung von Zahlungsmitteln, Forderungen, Wertpapieren, Beteiligungen (mit Ausnahme von § 8 Abs. 1 Nr. 8 und Nr. 9 AStG) oder ähnlichen Vermögenswerten stammen. Ökonomisch gesprochen handelt es sich bei den KAC-Einkünften u. a. um Kapitalanlagen (Kapitalanlagecharakter), durch die zusätzliche Kapitalerträge generiert werden.

Diese Erträge unterliegen ebenfalls der deutschen Hinzurechnungsbesteuerung, sofern nicht die Bagatellgrenze (relative/absolute Grenze) Anwendung findet:[1923]

1. **Relative Grenze:**
   Bruttoerträge aus KAC-Einkünfte betragen nicht mehr als 10 % der gesamten den Zwischeneinkünfte zugrunde liegenden Bruttoerträgen;
2. **Absolute Grenze:**
   Bruttoerträge aus KAC-Einkünften betragen maximal EUR 80'000.

Zur Vermeidung dieser nachteiligen Steuerfolgen müsste sichergestellt werden, dass ausländische Gewinne entweder ausgeschüttet oder reinvestiert werden bzw. allenfalls auch eine ertragswirksame Anlage vermieden wird. Die ausländische Gesellschaft kann somit nur in einem stark eingeschränkten Rahmen KAC-Einkünfte erzielen, ohne dass eine deutsche Hinzurechnungsbesteuerung greift. Dies gilt unbeachtlich davon, ob die Schweizer Gesellschaft eine operativ tätige Gesellschaft ist oder als Holdinggesellschaft tätig wird.[1924]

IV.6.1.5. Nachgelagerte Zwischengesellschaft (§ 14 AStG)

Die Verlagerung von passiven Tätigkeiten auf nachgelagerte (Enkel-)Gesellschaften (Untergesellschaften) hilft nicht, die deutsche Hinzurechnungsbesteuerung zu vermeiden. In diesen Strukturen prüft die deutsche Finanzverwaltung, ob die nachgelagerten Gesellschaften selbst aktive Tätigkeiten ausüben (nachgelagerte Zwischengesellschaften nach § 14 AStG).

Diese Regelungen greifen ebenfalls, wenn der nachgelagerten Gesellschaft (Untergesellschaft) weitere Gesellschaften nachgelagert sind (§ 14 Abs. 3 AStG). Ist eine ausländische Gesellschaft gemäß § 7 AStG an einer Gesellschaft i. S. d. § 16 des REIT-Gesetzes (Untergesellschaft) beteiligt, gilt § 14 Abs. 1 AStG bezogen auf § 8 Abs. 3 AStG (Niedrigbesteuerung) sinngemäß.

1923 Vgl. auch BFH v. 15. 9. 2004, BStBl II 2005, S. 255. Zur Frage, ob § 9 AStG auch im Rahmen des § 7 Abs. 6a AStG Anwendung findet vgl. Haun/Reiser, GmbHR 2004, S. 841.

1924 Es gilt zu beachten, dass unter funktionalen Gesichtspunkten die entsprechenden Einkünfte ggf. einer aktiven Tätigkeit dieser Gesellschaft zuzuordnen sind.

IV.6.1.6. Freigrenze bei gemischten Einkünften

§ 9 AStG sieht eine Bagatellgrenze von 10 % bzw. EUR 80'000 vor, die das Eingreifen der Hinzurechnungsbesteuerung bei geringfügigen Tätigkeiten im Ausland verhindern soll. Hierdurch unterbleibt eine Hinzurechnungsbesteuerung nach dem AStG, wenn

1. die passiven Erträge der ausländischen Gesellschaft insgesamt nicht mehr als 10 % der gesamten Bruttoerträge betragen (**relative Freigrenze**) und die
2. **absolute Freigrenze** von EUR 80'000 nicht überschritten wird.

In der Praxis spielt die Freigrenze bei gemischten Einkünften aufgrund der Größenordnungen eine untergeordnete Rolle.

IV.6.1.7. Rechtsfolgen

In Folge der Hinzurechnungsbesteuerung werden die niedrig besteuerten, passiven Einkünfte dem deutschen Anteilseigner (anteilig) wie bei einer Gewinnausschüttung hinzugerechnet, ohne dass die Befreiungen des § 8b Abs. 1 KStG, § 3 Nr. 40 Satz 1 Buchstabe d EStG oder § 32d EStG greifen.

PRAXISHINWEIS – ANWENDUNG DES HALBEINKÜNFTEVERFAHRENS IM VERANLAGUNGSZEITRAUM 2001

Auf den nach § 10 AStG beim inländischen Gesellschafter anzusetzenden Hinzurechnungsbetrag sind die Regelungen des Halbeinkünfteverfahrens – obwohl wie eine fiktive Gewinnausschüttung anzusehen – nicht anzuwenden (§ 10 Abs. 2 Satz 3 AStG). Ausdrücklich ist dieser Ausschluss erst durch das Unternehmensteuerfortführungsgesetz (UntStFG) vom 20. 12. 2001[1925] aufgenommen worden. Nach der gesetzlichen Anwendungsregelung gilt der Ausschluss erstmals für den Veranlagungszeitraum, für den Zwischeneinkünfte hinzuzurechnen sind, die in einem Wirtschaftsjahr der Zwischengesellschaft oder der Betriebsstätte entstanden sind, das nach dem 31. 12. 2000 beginnt. Gemäß BFH[1926] ist im VZ 2001 daher (ausnahmsweise) das Halbeinkünfteverfahren auf den Hinzurechnungsbetrag noch anzuwenden.[1927]

Nach Auffassung der deutschen Finanzverwaltung greift die Hinzurechnungsbesteuerung auch bei der Gewerbesteuer. Das FG Düsseldorf[1928] sah es ebenfalls als nicht strittig an, dass der Hinzurechnungsbetrag i. S. d. § 10 Abs. 1 AStG der Gewerbesteuer unterliegt. Das FG Düsseldorf verneint aufgrund des Wortlauts von § 9 GewStG eine Kürzung des Gewerbeertrags um den Hinzurechnungsbetrags sowohl nach § 9 Satz 1 Nr. 3, Nr. 7 als auch nach Nr. 8 GewStG.

Bei Ermittlung des Hinzurechnungsbetrags sind die steuerpflichtigen Einkünfte nach § 7 Abs 1 AStG um die (effektive) Steuerlast der ausländischen Zwischengesellschaft nach Verrechnung mit den Entlastungsansprüchen i. S. d. § 8 Abs. 3 Satz 2 AStG zu kürzen (§ 10 Abs. 1 Satz 3 AStG). **Auf Antrag** des Steuerpflichtigen kann statt des Steuerabzugs nach § 10 Abs. 1 AStG auch die Steueranrechnung nach § 12 AStG gewählt werden. Im Ergebnis wird der ausländische Gewinn der höheren, deutschen Steuerbelastung unterworfen. Dagegen entfällt eine Hinzurechnungsbesteuerung, sofern ein negativer Hinzurechnungsbetrag vorliegt (§ 10 Abs. 1 Satz 4 AStG).

1925 Vgl. BGBl I 2001, S. 3858.
1926 Vgl. BFH v. 11. 2. 2009, I R 40/08.
1927 Vgl. Kubaile, Steuer Revue Nr. 7-8/2009, S. 594 f.
1928 Vgl. FB Düsseldorf v. 28. 11. 2013, 16 K 2513/12 G; Revision am BFH anhängig unter I R 10/14.

Gemäß ständiger BFH-Rechtsprechung stehen die DBA-Normen nicht einer Hinzurechnungsbesteuerung entgegen.[1929] Im Übrigen wird in einem Verhandlungsprotokoll zum DBA D-CH die Anwendung der Zugriffsbesteuerung nach den §§ 7 ff. AStG ausdrücklich genannt.[1930] Ferner enthält das DBA D-CH seit 2004 mit der Norm der abkommensrechtlichen Missbrauchsklausel (Art. 23 DBA D-CH)[1931] auch im Anwendungsbereich des DBA D-CH eine generelle Öffnung zur Anwendung der jeweiligen nationalen Missbrauchsnormen wie bspw. die Hinzurechnungsbesteuerung i. R. d. AStG. Allerdings ist der Anwendungsbereich des Art. 23 DBA D-CH auf Fälle zur Vermeidung der Steuerhinterziehung und -umgehung beschränkt, was bei der Hinzurechnungsbesteuerung regelmäßig gerade nicht der Fall sein sollte. Nach Auffassung der Autoren wäre daher vielmehr eine Einzelfallprüfung notwendig.

Spätere effektive Dividendenausschüttungen der ausländischen Zwischengesellschaft sind dagegen bei einer Körperschaft insoweit nach § 8b Abs. 1 und Abs. 5 KStG[1932] zu mindestens 95 % steuerbefreit, bei natürlichen Personen greift eine vollständige Befreiung (§ 3 Nr. 41a EStG). Allerdings muss eine Zeitkomponente beachtet werden. Hiernach greifen die voranstehend skizzierten Freistellungen nur dann und so weit, als in dem Wirtschaftsjahr, in dem die Dividende bezogen wurde, oder für die vorangegangenen sieben Wirtschaftsjahre aus einer Beteiligung an derselben ausländischen Gesellschaft Hinzurechnungsbeträge der deutschen Besteuerung unterlegen sind.

IV.6.2. Familienstiftung nach § 15 AStG

IV.6.2.1. Grundsätze

Nach § 15 Abs. 1 AStG wird das Einkommen[1933] einer im Ausland ansässigen Familienstiftung dem in Deutschland unbeschränkt steuerpflichtigen Stifter zugerechnet. Ist der Stifter in Deutschland nicht unbeschränkt steuerpflichtig, erfolgt die Einkommenszurechnung bei den in Deutschland unbeschränkt steuerpflichtigen Bezugs- oder Anfallsberechtigten. Das DBA steht einer Zurechnung nicht entgegen (Tz. 15.1.1 AnwGr).

Das Gleiche gilt bei sonstigen Zweckvermögen, Vermögensmassen und rechtsfähigen oder nichtrechtsfähigen Personenvereinigungen wie u. U. ein Trust (§ 15 Abs. 4 AStG).

IV.6.2.2. Verselbständigte Vermögensmasse versus (verdeckte) Treuhand

Bei der Stiftung – wie auch bei einem Trust, sonstigen Zweckvermögen und Vermögensmassen – bedingt die Regelung des § 15 AStG, dass eine verselbständigte Vermögensmasse vorliegt und keine (verdeckte) Treuhand.

1929 Vgl. BFH v. 9. 11. 1983, BStBl II 1984, S. 468; BFH v. 12. 7. 1989, BStBl II 1990, S. 113.

1930 Vgl. Verhandlungsprotokoll v. 29. 9. 1971 zum DBA D-CH, abgedruckt in Locher/Meier/Kolb/von Siebenthal, DBA Schweiz-Deutschland, A 2.2.

1931 Vgl. B.XV.

1932 Nach Abschn. 32 KStR 2004 greift die Vorschrift des § 3 Nr. 41 i. V. m. § 8 Abs. 1 KStG explizit auch für Kapitalgesellschaften.

1933 Mangels Erhebung der Vermögensteuer seit dem 1. 1. 1997 ist diese Hinzurechnungsnorm seit diesem Zeitpunkt nicht mehr für das Vermögen relevant.

Verdeckte Treuhand

Stiftungen etc. sind nach Maßgabe des Urteils des Bundesfinanzhofes[1934] vom 28. 6. 2007 und des Frage- und Antwortenkatalogs des BMF[1935] zunächst i. S. d. Schenkungsteuerrechts zu qualifizieren. Sind die Strukturen entsprechend der Vorgaben als unechte Treuhandschaft zu qualifizieren, so sind die hierüber erzielten Erträge entsprechend des Zu- und Abflussprinzips direkt dem Mandanten zuzurechnen. Es liegt somit kein Anwendungsfall des § 15 AStG vor.

Auch wenn es im Erbschaft- und Schenkungsteuerrecht keine Zurechnung wirtschaftlichen Eigentums gibt, so ist dieser Bereich des Steuerrechts durch das Bereicherungsprinzip geprägt.[1936] Dieses für alle Tatbestände des § 7 Abs. 1 ErbStG maßgebende Prinzip ist im Grundtatbestand des § 7 Abs. 1 Nr. 1 ErbStG zu finden.[1937] Insofern bedarf es durchgängig einer freigebigen Zuwendung, durch die der Bedachte bereichert wird. Eine Bereicherung erfordert, dass der Empfänger über den Zuwendungsgegenstand tatsächlich und rechtlich frei verfügen kann.[1938]

Mithin erfolgt keine Bereicherung des Empfängers, wenn er nur als “verlängerter Arm“ des Treugebers erscheint. Dies wird als “unechte Treuhand“ bezeichnet. Nach dem oben genannten Urteil des Bundesfinanzhofes[1939] löst der Übergang von Vermögen in das Eigentum einer von ihm errichteten, rechtsfähigen Struktur dann keine Schenkungsteuerpflicht aus, wenn die Struktur von Anfang an im Verhältnis zum wirtschaftlich Begünstigten nicht tatsächlich und rechtlich verfügen kann,[1940] d. h. nicht bereichert ist:[1941]

“Das Vorliegen der Voraussetzungen für die Annahme einer unechten Treuhandschaft hängt von den konkreten Umständen des jeweiligen Einzelfalls ab. Zu berücksichtigen sind dabei Vertragsgestaltung, evtl. Nebenabreden und die tatsächliche Durchführung der Verträge und Abreden. Von Bedeutung ist, dass bei derartigen Gestaltungen nicht allein auf die offizielle Gründungsurkunde abgestellt werden darf, da diese zum einen den zivilrechtlichen Vorgaben Rechnung tragen muss und zum anderen gerade auch verschleiern soll, was die Beteiligten in Wirklichkeit anstreben (vgl. § 117 Abs. 2 BGB). Zusätzliche Vereinbarungen, sei es in Form verbindlicher Nebenabreden wie Mandatsverträge, sind ebenfalls zu würdigen, wenn die Verwaltung und Verwendung des Vermögens sich nachweislich tatsächlich nach diesen Abmachungen richtete.“

Mit dem Urteil hat der Bundesfinanzhof die vom Bundesministerium der Finanzen aufgestellten Grundsätze im Frage- und Antwortenkatalog zum Strafbefreiungserklärungsgesetz (StraBEG) bestätigt und diesen Grundsätzen faktische Gültigkeit über den Anwendungsbereich des StraBEG hinaus gegeben.[1942]

1934 Vgl. BFH v. 28. 6. 2007, Az. II R 21/05, BStBl II 2007, S. 669.

1935 Ebenso der Frage- und Antwortenkatalog des Bundesministeriums der Finanzen (IV A 4 – S. 1928 – 120/04), Ergänzende Informationen zum Strafbefreiungserklärungsgesetz (StraBEG), ergänzt am 16. 9. 2004, Frage 19.

1936 So auch Jülicher DStR 2001, S. 2177 f.

1937 Vgl. Moench, Erbschaft- und Schenkungsteuer, § 7 Rn. 6; Jülicher DStR 2001, S. 2177, 2182.

1938 Vgl. Moench, Erbschaft- und Schenkungsteuer, § 7 Rn. 12.

1939 Ebenso der Frage- und Antwortenkatalog des Bundesministeriums der Finanzen (IV A 4 – S 1928 – 120/04), Ergänzende Informationen zum Strafbefreiungserklärungsgesetz (StraBEG), ergänzt am 16. 9. 2004, Frage 19.

1940 Ebenso das Bundesministerium der Finanzen (IV A 4 – S. 1928 – 120/04), Ergänzende Informationen zum Strafbefreiungserklärungsgesetz (StraBEG), ergänzt am 16. 9. 2004, Frage 19.

1941 Vgl. Bundesministerium der Finanzen (IV A 4 – S. 1928 – 120/04), Ergänzende Informationen zum Strafbefreiungserklärungsgesetz (StraBEG), ergänzt am 16. 9. 2004, Frage 19.

1942 So auch Mutter in seiner Anmerkung zum Urteil des BFH v. 28. 6. 2007, abgedruckt in ZEV 2007, S. 443 f.

Die im Urteil des Bundesfinanzhofes herausgestellten Indizien, die im Einzelfall für eine transparente Struktur (**unechte Treuhand**) sprechen, sind:

1. War der Verwaltungsrat/Stiftungsrat an Weisungen des wirtschaftlich Begünstigten gebunden?
2. Konnte unser Mandant den Verwaltungsrat/Stiftungsrat kündigen bzw. dessen Ablösung wirksam durchsetzen?
3. War der Verwaltungsrat/Stiftungsrat bei seinen Anlageentscheidungen an Weisungen unseres Mandanten gebunden bzw. musste dieser die Entscheidung nachträglich billigen?
4. Konnte der wirtschaftlich Berechtigte jederzeit die Vermögensübertragung auf die Anstalten/Stiftungen rückgängig machen?
5. Konnte der wirtschaftlich Berechtigte jederzeit wie ein Kontoinhaber über das Vermögen verfügen?

Dagegen setzt eine **verselbständigte Vermögensmasse** ausländischen Rechts nach der höchstrichterlichen Rechtsprechung[1943] sowie der Auffassung des Schrifttums voraus, dass folgende Kriterien erfüllt sind:

1. Es liegt eine hinreichend verselbständigte Gesamtheit von Vermögensgegenständen vor;[1944]
2. Das Vermögen ist für einen bestimmten Zweck gebunden. Die erforderliche Vermögensbindung ist bspw. bei einem Trust jedenfalls dann anzunehmen, wenn der Trusterrichter (Settlor oder Grantor) bei der Errichtung des Trusts bestimmt hat, dass die Trustees das Vermögen im Interesse der Abkömmlinge oder anderer naher Familienangehöriger verwalten und auf diese im Rahmen einer sich über einen längeren Zeitraum erstreckenden Vermögensnachfolge übertragen sollen;[1945]
3. Die Vermögensmasse bzw. ihre Organe haben die freie Verfügungsbefugnis.

IV.6.2.3. Familienstiftung

Sofern eine verselbständige Vermögensmasse vorliegt, können die Regelungen des AStG greifen. Eine Familienstiftung liegt grundsätzlich vor, wenn der Stifter, seine Angehörigen und deren Abkömmlinge zu mehr als der Hälfte bezugsberechtigt bzw. anfallsberechtigt sind (§ 15 Abs. 2 AStG).

Für Zwecke der Einkommensbesteuerung ist zunächst das bei unterstellter deutscher, unbeschränkter Steuerpflicht sich ergebende Einkommen der Familienstiftung zu ermitteln. Es gelten die Grundsätze des deutschen Steuerrechts (§ 15 Abs. 7 AStG). In einem zweiten Schritt ist das Stiftungseinkommen quotal auf die unbeschränkt steuerpflichtigen Destinatäre aufzuteilen und bei diesen der Besteuerung zu unterwerfen. Ergibt sich ein negativer Betrag, entfällt die Zurechnung (§ 15 Abs. 7 Satz 3 AStG).

1943 Vgl. FG Baden-Württemberg, Urteil v. 15. 7. 2010, Az: 7 K 37/07, bestätigt durch BFH-Urteil v. 27. 9. 2012, Az. II R 45/10, BStBl II 2012, S. 84.

1944 Vgl. FG Baden-Württemberg, Urteil v. 15. 7. 2010, Az. 7 K 37/07, Rn. 31, bestätigt durch BFH-Urteil v. 27. 9. 2012, AZ. II R 45/10, BStBl II 2012, S. 84.

1945 Vgl. FG Baden-Württemberg, Urteil v. 15. 7. 2010, Az. 7 K 37/07, Rn. 31, bestätigt durch BFH-Urteil v. 27. 9. 2012, AZ. II R 45/10, BStBl II 2012, S. 84.

Dabei unterliegt das Einkommen der Stiftung, welches den in der Bundesrepublik Deutschland unbeschränkt steuerpflichtigen Bezugs-/Anfallsberechtigten bereits nach § 15 AStG für steuerliche Zwecke zuzurechnen ist, bei diesen nicht ein weiteres Mal, bei der späteren Zuwendung, der deutschen Besteuerung. Die Regelungen des § 15 Abs. 1 und Abs. 4 AStG sind gegenüber denen des § 22 Abs. 1 EStG (§ 20 Abs. 1 Nr. 9 EStG) vorrangig.[1946] Eine steuerliche Doppelerfassung des Einkommens und Vermögens der Stiftung, sowohl in Form der Zuwendungen durch § 20 Abs. 1 Nr. 9 EStG resp. nach § 22 Nr. 1 EStG als auch infolge der Zurechnung nach § 15 AStG, erfolgt daher nicht. Die möglichen Schenkungsteuerfolgen gilt es ebenfalls zu beachten.

PRAXISHINWEIS – AUSNAHMEN IN EU/EWR FÄLLEN

Nach Auffassung der EU Kommission verstieß die Norm des § 15 AStG gegen EU Recht. Der Gesetzgeber hat zunächst mittels BMF-Schreiben[1947] und schließlich mit der Änderung von § 15 AStG i. R. d. Jahressteuergesetzes (JStG) 2009[1948] reagiert. Nach § 15 Abs. 6 AStG ist bei einer Familienstiftung, die Sitz oder Geschäftsleitung in einem Mitgliedstaat der Europäischen Union oder einem Vertragsstaat des EWR-Abkommens hat, die Hinzurechnung nach Absatz 1 nicht anzuwenden, wenn

1. nachgewiesen wird, dass das Stiftungsvermögen der Verfügungsmacht der in den Absätzen 2 und 3 genannten Personen rechtlich und tatsächlich entzogen ist und
2. zwischen der Bundesrepublik Deutschland und dem Staat, in dem die Familienstiftung Geschäftsleitung oder Sitz hat, auf Grund der Amtshilferichtlinie gemäß § 2 Absatz 2 des EU Amtshilfegesetzes oder einer vergleichbaren zwei- oder mehrseitigen Vereinbarung Auskünfte erteilt werden, die erforderlich sind, um die Besteuerung durchzuführen.

Die Regelung gilt nicht für den Drittstaat Schweiz.

IV.6.3. Switch-over Klausel (§ 20 Abs. 2 AStG)

Früher wurden Auslandsengagements oftmals mittels Betriebsstätten strukturiert. Neben der schnellen und einfachen Implementierung war ein weiterer, wichtiger Vorteil, dass für Wirtschaftsjahre, die bis zum 31. 12. 2002 endeten, die einschlägigen Vorschriften zur Hinzurechnungsbesteuerung keine Anwendung fanden (§§ 7 ff. AStG), da diese grundsätzlich nur bei ausländischen Kapitalgesellschaften Wirkung entfalteten. Eine Ausnahme, d. h. die Gleichstellung von ausländischen Betriebsstätten mit einer Kapitalgesellschaft (§ 20 Abs. 2 AStG), bestand nur dann, wenn Einkünfte mit Kapitalanlagecharakter (§ 10 Abs. 6 Satz 2 AStG) erzielt wurden.

Durch das Steuervergünstigungsabbaugesetz (StVergAbG)[1949] wurde der Anwendungsbereich der steuerlich schädlichen Tatbestände der §§ 7 ff. AStG neu auch für ausländische Betriebsstätten und Personengesellschaften anwendbar.[1950] Nach § 20 Abs. 2 AStG greift für alle Wirtschaftsjahre, die nach dem 31. 12. 2002 beginnen, eine sog. Switch-over Klausel. Im Ergebnis wird die abkommensrechtliche Freistellungs- durch die (nachteilige) Anrechnungsmethode ersetzt (Treaty Override). Per Fiktion soll die Betriebsstätte oder Personengesellschaft wie eine Auslands**kapital**gesellschaft behandelt werden, an der die Voraussetzungen für die Hinzurechnungsbesteuerung i. S. d. §§ 7 ff. AStG zu prüfen und ggf. anzuwenden sind.

1946 Vgl. Tz. 15.1.1 AnwGr mit Verweis auf BFH v. 2. 2. 1994, BStBl II 1994, S. 727.

1947 Vgl. BMF-Schreiben v. 14. 5. 2008, Az. IV B 4 – S 1361/07/001.

1948 Geändert mit Wirkung zum Veranlagungszeitraum 2013 durch Gesetz v. 26. 6. 2013, BGBl I, S. 1809.

1949 Vgl. StVergAbG v. 16. 5. 2003, BStBl I 2003, S. 321.

1950 Für eine ausführliche Analyse der Switch-over Klausel und die Abgrenzung zum abkommensrechtlichen Aktivitätsvorbehalt für Betriebsstätten (Art. 24 Abs. 1 Nr. 1a DBA D-CH) wird u. a. auf C.II.2.2 verwiesen.

Der Gesetzgeber normiert hierdurch, dass die bekannten Alternativstrukturen über ausländische Betriebsstättenmodelle nicht mehr vor der Anwendung des AStG geschützt waren. Im Ergebnis ist es für die Anwendung der §§ 7 ff. AStG grundsätzlich unbeachtlich, in welcher Rechtsform die ausländische Gesellschaft gegründet wurde (Kapital- oder Personengesellschaft) bzw. ob auch eine unselbständige Betriebsstätte vorliegt.[1951] Allerdings weichen die Rechtsfolgen voneinander ab. Während die der Hinzurechnungsbesteuerung unterliegenden Einkünfte zu den Einkünften i. S. d. § 20 Abs. 1 Nr. 1 EStG zählen, greift bei ausländischen Betriebsstätten oder Personengesellschaften die Anrechnungs- statt der Freistellungsmethode.[1952] Dies hat auch Einfluss auf den Anwendungszeitpunkt. Während die entsprechende, steuerliche Folge des § 20 Abs. 2 AStG bereits im Jahr der Einkünfteerzielung greift, greift die Hinzurechnungsbesteuerung nach § 10 Abs. 2 Satz 1 AStG erst unmittelbar nach Ablauf des maßgebenden Wirtschaftsjahres der ausländischen (Schweizer) Gesellschaft.

Mit dem JStG 2010[1953] beseitigte der Gesetzgeber einen ungewollten Anwendungsbereich, der auch gerade im Verhältnis Deutschland – Schweiz für sehr viel Unruhe gesorgt hatte: Hat bspw. ein in Lörrach ansässiger Selbständiger in Basel ein eigenes Coiffeurgeschäft (feste Geschäftseinrichtung) und übt die Tätigkeit auch selber aus, war der sog. schädliche Bedientatbestand des § 20 Abs. 2 i. V. m. § 8 Abs. 1 Nr. 5a AStG erfüllt. Folglich griff aufgrund der Switch-over Klausel statt der abkommensrechtlichen Freistellungs- die Anrechnungsmethode (aufgrund des sog. schädlichen Bedientatbestandes des in Deutschland unbeschränkt steuerpflichtigen „Gesellschafters“). Durch das JStG 2010 sind diese Dienstleistungen per se aus dem Anwendungsbereich des § 20 Abs. 2 AStG eliminiert worden. Sofern eine feste Geschäftseinrichtung bzw. eine Betriebsstätte vorliegt, greift somit wieder bei Dienstleistungen i. S. d. § 8 Abs. 1 Nr. 5a AStG in allen offenen Fällen die abkommensrechtliche Freistellungsmethode. Auf die Handelstätigkeiten wurde diese Erleichterung nicht ausgeweitet.

PRAXISHINWEIS – GEWERBESTEUERKÜRZUNG

Selbst bei Anwendung der Switch-over Klausel können die Strukturen vorteilhaft sein, sofern die Kürzungsvorschrift i. S. d. § 9 Nr. 3 GewStG greift, da es an einem inländischen Gewerbebetrieb mangelt (§ 2 Abs. 1 Satz 1 GewStG).

IV.7. Beschränkte deutsche Steuerpflicht: (Vertreter)Betriebsstätte

Sofern die Schweizer Unternehmenseinheit als solche steuerlich anerkannt wird und keiner deutschen Besteuerung unterliegt, jedoch in Deutschland tätig wird, könnten die hieraus erzielten Gewinne einer deutschen Betriebsstätte zuzuweisen sein. Ist dies nicht vermeidbar, werden die entsprechenden Gewinne im Rahmen der sog. beschränkten Steuerpflicht (§ 49 Abs. 1 Nr. 2a EStG) dem höheren, deutschen Steuerniveau unterworfen. In der Schweiz wird eine mögliche Doppelbesteuerung durch Freistellung der deutschen Betriebsstättengewinne vermieden (Art. 24 Abs. 2 Nr. 1 DBA D-CH). Somit wären die steuerlichen Vorteile aus einer Schweizer Investition zumindest insofern, als dass der Gewinn der deutschen Betriebsstätte zuzuweisen ist, wieder verloren.

1951 Vgl. Kubaile, PIStB 7/2003, S. 175.

1952 Sofern nicht alle Betriebsstätteneinkünfte der Hinzurechnungsbesteuerung unterliegen, kann nur eine Aufteilung der Einkünfte in einen Teil, der der Anrechnungsmethode unterliegt, und in einen Teil, der der Freistellungsmethode unterliegt, sachgerecht sein (so auch Prokopf in Strunk/Kaminski/Köhler zu § 20 AStG, Rz. 92, 130).

1953 Vgl. Kubaile/Kuhl, StR Nr. 3/2011, S. 230.

Neben höheren, deutschen Steuern ist auch die Zunahme des Verwaltungsaufwandes nicht zu vernachlässigen. Ferner sind Auseinandersetzungen mit den Finanzbehörden hinsichtlich des angemessenen Betriebsstättengewinnes möglich. Falls die Betriebsstätte erst nachträglich bspw. in Folge einer Betriebsprüfung, aufgedeckt wird, sind Mehrfachbesteuerungen nicht ausgeschlossen.

Betriebsstätten können wie folgt begründet werden:

1. Haupttatbestand: Feste Geschäftseinrichtung;
2. Ersatztatbestand: Vertreterbetriebsstätte.

Neben den nationalen Normen (§ 12 AO) sind die abkommensrechtlichen Regelungen des DBA D-CH zu beachten, durch die letztendlich die Schrankenfunktion des DBA greift.[1954] Nach Art. 5 Abs. 3 DBA D-CH sind eine Reihe von Strukturen nicht als abkommensrechtliche Betriebsstätten zu qualifizieren. Dies betrifft bspw. die Lagerung/Ausstellung, die Informationsbeschaffung, vorbereitende Tätigkeiten und Hilfstätigkeiten.

Für eine ausführliche Diskussion der möglichen, steuerlichen Angriffspunkte wird auf die entsprechenden Ausführungen im DBA-Teil verwiesen (vgl. B.V.). Hierbei gilt es, insbesondere die dort aufgezeigte Rechtsprechung zur Vertreter-Betriebsstätte zu beachten.

PRAXISHINWEIS

Eine DBA-Vertreter-Betriebsstätte liegt nur vor, wenn die notwendige Vollmacht zur Geschäftstätigkeit für das Stammhaus auch gewöhnlich ausgeübt wird. In einer Revisionssache hatte der BFH[1955] das Merkmal der „Gewöhnlichkeit“ bei der Ausübung der Befugnis zur Vertretung einer portugiesischen Kapitalgesellschaft[1956] zu überprüfen. In seinem Urteil vom 3. 8. 2005 hat der BFH die Entscheidung der Vorinstanz, wonach im konkreten Fall durch die Tätigkeit des Geschäftsführers einer portugiesischen Kapitalgesellschaft keine Betriebsstätte in Deutschland begründet wird, in vollem Umfang bestätigt und die Revision des Finanzamtes zurückgewiesen.[1957]

In der Begründung des Urteils wurde hinsichtlich der Beurteilung der Frage, ob der Geschäftsführer die mit der Vertretungsmacht einhergehende Abschlussvollmacht „gewöhnlich“ im Sinne von Art. 5 Abs. 5 DBA D-Portugal ausgeübt habe, auf den zeitlichen Umfang der Ausübung dieser Vollmacht abgestellt. Im vorliegenden Fall war dies bei 14 Dienstreisen bei insgesamt 60 Anwesenheitstagen in Deutschland nicht erfüllt. Der BFH hat in der Begründung seines Revisionsurteils ergänzt, dass auch die Erstreckung der verschiedenen Aufenthalte des Geschäftsführers in Deutschland über einen Zeitraum von mehr als sechs Monaten zu keiner anderen Beurteilung geführt hätte.

1954 Vgl. auch B.
1955 Vgl. BFH v. 3. 8. 2005, I R 87/04, BStBl. II 2006 S. 220, IStR 3/2006, 92 f.
1956 Vgl. Art. 5 Abs. 5 DBA D-Portugal.
1957 Vgl. Huber/Helbing/Kubaile/Raab in Steuer Revue 6/2006, S. 402 f.

V. Fremdvergleich sowie Mitwirkungs- und Informationspflichten

V.1. Verrechnungspreise: Fremdvergleichsgrundsatz und Dokumentationspflichten

Bei einer Investition über eine Schweizer Tochterkapitalgesellschaft oder Betriebsstätte bzw. Personengesellschaft sind die deutschen Verrechnungspreis-Grundsätze zu beachten.[1958] Wenn diese nicht eingehalten werden, geht die deutsche Finanzverwaltung regelmäßig davon aus, dass Gewinne in das Niedrigsteuerland Schweiz verlagert werden. Typische Anwendungsbereiche der Verrechnungspreisgestaltungen zwischen verbundenen Unternehmen können bspw. sein:[1959]

- Einkauf oder Verkauf von Wirtschaftsgütern zu überhöhten Preisen;
- Hohe Beratungs- und Gutachterhonorare ohne adäquate Gegenleistung;
- Nichtweitergabe von Boni, Skonti und Rabatten;
- Überhöhte Finanzierung;
- Übernahme verlustbehafteter Geschäfte ohne entsprechenden Ausgleich;
- Einzelkostenabrechnungen zu überhöhten Preisen;
- Pauschale Kostenumlagen ohne nachvollziehbare Gegenleistungen etc.

Um Gewinnverlagerungen zu vermeiden und zur steuerlichen Anerkennung, müssen die Geschäftsbeziehungen zwischen international verbundenen Unternehmen dem Fremdvergleichsgrundsatz genügen (Dealing at Arm's Length).[1960] Sind die Grundsätze nicht erfüllt, erfolgt ggf. eine Gewinnkorrektur nach § 1 AStG.[1961]

Für Wirtschaftsjahre, die nach dem 31. 12. 2002 beginnen, wurden detaillierte Dokumentationsvorschriften[1962] bis hin zu Strafzuschlägen für Verrechnungspreise eingeführt (§ 90 Abs. 3 AO).[1963] Die deutsche Finanzverwaltung hat eine gesetzliche Grundlage,[1964] um bei entsprechenden gruppeninternen Transaktionen im Rahmen einer Steuerprüfung innerhalb von 60 Tagen nachprüfbare Aufzeichnungen zu den Verrechnungspreisen anzufordern. Nach § 90 Abs. 3 Satz 9 AO ist die Dokumentation zu außergewöhnlichen Geschäftsvorfällen innerhalb von 30 Tagen vorzulegen.

1958 Die OECD hat 2014 das Kapital 5 TP Regulations neu veröffentlicht inklusive eine neuen Master bzw. Local File Konzeptes, Country-by-country Reporting, was auch Auswirkungen auf die entsprechenden, deutschen Vorschriften haben wird.

1959 Insofern wird auch auf D.III. verwiesen.

1960 Bei der Anwendung des Fremdvergleichsgrundsatzes folgt die deutsche Finanzverwaltung im Grundsatz den OECD-Verrechnungspreisrichtlinien (vgl. auch BMF-Schreiben v. 23. 2. 1983, BStBl I 1983, S. 218).

1961 Zum Konkurrenzverhältnis der genannten Korrekturnormen wird auf die einschlägige Literatur verwiesen.

1962 Die Dokumentation ist grundsätzlich in deutscher Sprache zu erstellen (vgl. Grundsätze für die Prüfung der Einkunftsabgrenzung zwischen nahe stehenden Personen mit grenzüberschreitenden Geschäftsbeziehungen in Bezug auf Ermittlungs- und Mitwirkungspflichten, Berichtigungen sowie auf Verständigungs- und EU Schiedsverfahren, hiernach Verwaltungsgrundsätze-Verfahren, Tz. 3.4.16). Auf Antrag kann die deutsche Finanzverwaltung auch eine andere Sprache zulassen. Selbst wenn dem Antrag stattgegeben wird, schließt dies nicht aus, dass im Rahmen einer Betriebsprüfung dennoch deutsche Übersetzungen verlangt werden.

1963 §§ 90 Abs. 3 und 162 Abs. 3 und 4 AO sind durch das Steuervergünstigungsabbaugesetz eingeführt worden.

1964 Gemäß BFH-Urteil v. 17. 10. 2001, BStBl II 2004, S. 171 gab es bis einschließlich 2002 keine besondere Dokumentationspflicht für Verrechnungspreise.

Inhalt und Umfang der Aufzeichnungspflichten wurden in einer separaten Rechtsverordnung, der sog. Gewinnabgrenzungsaufzeichnungsverordnung, geregelt.[1965] Die Verordnung trat zum 30. 6. 2003 in Kraft. Allgemein erforderliche Aufzeichnungen bzw. zu erstellende Sachverhaltsdokumentation sind insbesondere:[1966]

1. Allgemeine Informationen:
   - Beteiligungsverhältnisse;
   - Rechtliche und wirtschaftliche Rahmenbedingungen;
   - Organisation des Unternehmens.
2. Informationen über die Geschäftsbeziehungen zu nahe stehenden Personen:
   - Art und Umfang der Geschäftsbeziehungen;
   - Zugrunde liegende Verträge;
   - Auflistung der eingesetzten wesentlichen immateriellen Wirtschaftsgüter.
3. Funktions- und Risikoanalyse:
   - Analyse der Wertschöpfungskette und relativer Beitrag des Steuerpflichtigen;
   - Information über Markt- und Wettbewerbsverhältnisse.
4. Verrechnungspreisanalyse:
   - Darstellung und Begründung der Geeignetheit der angewandten Methode;
   - Berechnungen;
   - Fremdvergleichsanalyse.

Die Ausführungen in den einschlägigen Gesetzesnormen sowie der entsprechenden Rechtsverordnung (GAufZ) lassen viel Diskussionsspielraum. Daher hat das BMF am 12. 4. 2005 die sog. Verwaltungsgrundsätze-Verfahren[1967] zur Prüfung von Verrechnungspreisen veröffentlicht, die die Dokumentationsvorschriften aus Sicht der Finanzverwaltung weiter spezifizieren.

Im Folgenden werden ausgewählte Inhalte der Dokumentationsvorschriften skizziert:[1968]

Fremdvergleich durch Angemessenheitsdokumentation

Eines der wichtigsten Bestandteile der geforderten Verrechnungspreisdokumentation ist die sog. Angemessenheitsdokumentation, d. h. die Dokumentation der Gründe, warum der Steuerpflichtige nach seiner eigenen Auffassung die Verrechnungspreise zutreffend ermittelt hat. Gemäß OECD-Standards als auch in den meisten nicht zur OECD gehörenden Ländern wird für diese, auch als Fremdvergleichsanalyse bezeichnete Untersuchung ein direkter Vergleich der in Geschäftsbeziehungen zwischen fremden Dritten bzw. mit fremden Dritten vereinbarten Konditionen bevorzugt. Da die Daten für einen solchen, direkten Vergleich häufig nicht verfügbar sind bzw. die mit fremden Dritten realisierten Geschäftsbeziehungen meist nicht ausreichend vergleichbar mit den Geschäftsbeziehungen zwischen verbundenen Unternehmen sind, ist es inter-

1965 Verordnung zu Art, Inhalt und Umfang von Aufzeichnungen im Sinne des § 90 Abs. 3 AO v. 13. 11. 2003, sog. Gewinnabgrenzungsaufzeichnungsverordnung (hiernach GAufZ).

1966 Vgl. u. a. § 4 GAufZ und Tz. 3.4.11 der Verwaltungsgrundsätze-Verfahren.

1967 Vgl. BFM v. 12. 4. 2005, BStBl I 2005, S. 570.

1968 Insbesondere die Verwaltungsgrundsätze-Verfahren enthalten eine Vielzahl detaillierter Vorschriften. Für eine entsprechende Detailanalyse vgl. die einschlägige Kommentierung.

nationaler Standard, mittels öffentlich zugänglicher Datenbanken nach Vergleichsdaten zu suchen und diese Daten der weiteren Analyse zugrunde zu legen. Obwohl eine solche Datenbankanalyse keinen direkten Vergleich einzelner Transaktionen ermöglicht, wird sie als effiziente und bestmögliche Alternative zum direkten Preisvergleich verwendet.

Die deutsche Finanzverwaltung hat sich nicht völlig der international weit verbreiteten Akzeptanz von Datenbankanalysen anschließen können und nimmt zwischenzeitlich auch eigene Datenbankstudien vor. Zwar lässt sie Datenbankanalysen als ein Mittel zum Nachweis des Fremdvergleichsverhaltens grundsätzlich zu, stellt aber auch klar, dass ohne weitergehende Untersuchungen (z. B. Abruf von Informationen von den Internetauftritten der Vergleichsunternehmen) die Ergebnisse der Datenbankanalyse von ihr als unverwertbar angesehen werden.[1969] Als unverwertbar eingestufte Dokumentation schützt sie nicht vor der Festsetzung von Strafzuschlägen.[1970] Der Aufwand der Unternehmen zur Dokumentation der Angemessenheit ihrer Verrechnungspreise erhöht sich durch die nur eingeschränkte Akzeptanz von Datenbankanalysen beträchtlich.

Transaktionsbezogene Dokumentation

Die deutsche Finanzverwaltung fordert eine transaktions- bzw. geschäftsvorfallbezogene Dokumentation der Verrechnungspreise.[1971] Aufgrund des erheblichen Aufwandes, den eine geschäftsvorfallbezogene Dokumentation verursacht, empfiehlt sich die Gruppierung gleichartiger Geschäftsvorfälle und eine gesonderte Erläuterung der Kriterien für diese Gruppierung, oder aber der Abschluss konzernweiter Verrechnungspreisrichtlinien. Diese Vereinfachung sehen die Dokumentationsvorschriften – unter bestimmten Voraussetzungen – ausdrücklich vor.

Kleinunternehmerregelung

Nach § 6 GAufzV greifen für „kleinere" Unternehmen Erleichterungen. Kleinere Unternehmen im Sinne dieser Vorschrift sind Unternehmen, bei denen jeweils im laufenden Wirtschaftsjahr weder die Summe der Entgelte für die Lieferung von Gütern oder Waren aus Geschäftsbeziehungen mit nahe stehenden Personen EUR 5 Mio. übersteigt, noch die Summe der Vergütungen für andere Leistungen als die Lieferung von Gütern oder Waren aus Geschäftsbeziehungen mit solchen nahe Stehenden mehr als **EUR 500'000** beträgt.

Bei Steuerpflichtigen, die aus Geschäftsbeziehungen mit nahe stehenden Personen andere als Gewinneinkünfte beziehen, und bei kleineren Unternehmen gelten die in § 90 Abs. 3 Satz 1 bis 4 AO und in der GAufzV bezeichneten Aufzeichnungspflichten durch die Erteilung von Auskünften, die den Anforderungen des § 1 Abs. 1 Satz 2 GAufzV entsprechen und durch die Vorlage vorhandener Unterlagen auf Anforderung des Finanzamts als erfüllt, wenn die genannten Fristen eingehalten werden.

Sanktionen

Die Dokumentation ist auf Anforderung innerhalb einer Frist von 60 Tagen vorzulegen. Bei außergewöhnlichen Geschäftsvorfällen sind die Aufzeichnungen zeitnah zu erstellen (§ 90 Abs. 3

1969 Vgl. Tz. 3.4.12.4 und Tz. 3.4.19 Buchst. c) der Verwaltungsgrundsätze-Verfahren.

1970 Vgl. nachfolgend „Sanktionen".

1971 Vgl. Tz. 3.4.13 der Verwaltungsgrundsätze-Verfahren.

Satz 3 AO) und innerhalb von 30 Tagen vorzulegen. Nach § 90 Abs. 3 Satz 10 AO kann die Vorlagefrist in begründeten Einzelfällen verlängert werden.

Sollte der Steuerpflichtige seiner Verpflichtung nicht nachkommen, droht ihm eine Schätzung mit drastischen Konsequenzen:[1972]

1. Der Schätzungsrahmen, bestimmt durch eine Bandbreite angemessener Verrechnungspreise, kann nach § 162 Abs. 3 AO zu Lasten des Steuerpflichtigen ausgeschöpft werden. Die OECD Guidelines erlauben insofern eine Anpassung auf den Median, dessen Ansatz immer mehr zum internationalen Standard wird.
2. Neben der sich aus der Schätzung ergebenden, zusätzlichen Steuer sind im Falle der Verletzung der Mitwirkungspflichten auch gegen den Steuerpflichtigen festzusetzende Strafzuschläge vorgesehen (§ 162 Abs. 4 AO):
   - 5 % – 10 % Strafzuschlag an dem korrigierten Mehrbetrag der Einkünfte, also unabhängig von der mehr erhobenen Steuer, mindestens jedoch EUR 5'000 für die Nichtvorlage einer verwertbaren Dokumentation;
   - Strafzuschläge für verspätete Vorlage einer verwertbaren Dokumentation i. H. v. bis zu EUR 1 Mio., mindestens jedoch EUR 100 für jeden vollen Tag der Fristüberschreitung.
3. Von der Festsetzung eines Zuschlags ist dagegen abzusehen, wenn die Nichterfüllung der Pflichten nach § 90 Abs. 3 entschuldbar erscheint oder ein Verschulden nur geringfügig ist.
4. Das Verschulden eines gesetzlichen Vertreters oder eines Erfüllungsgehilfen steht dem eigenen Verschulden gleich. Der Zuschlag ist regelmäßig nach Abschluss der Außenprüfung festzusetzen.

Bestehen trotz Vorlage verwertbarer Aufzeichnungen Anhaltspunkte dafür, dass seine Einkünfte bei Beachtung des Fremdvergleichsgrundsatzes höher wären als die aufgrund der Aufzeichnungen erklärten Einkünfte, und können entsprechende Zweifel deswegen nicht aufgeklärt werden, weil eine ausländische, nahe stehende Person ihre Mitwirkungspflichtigen nach § 90 Abs. 3 AO oder ihre Auskunftspflichten nach § 93 Abs. 1 AO nicht erfüllt, ist Satz 2 entsprechend anzuwenden, d. h. die Finanzverwaltung kann den Schätzungsrahmen zu Lasten des Steuerpflichtigen ausnutzen (§ 162 Abs. 3 Satz 3 AO).

V.2. Erweiterte Mitwirkungspflichten bei Auslandsbeziehungen

Durch das internationale Völkerrecht ist es der deutschen Finanzverwaltung nicht gestattet, im Ausland Maßnahmen zur Aufklärung des Sachverhaltes zu ergreifen.[1973] Damit die Durchsetzung des materiellen Rechts bei Auslandsbeziehungen nicht scheitert, ist in § 90 Abs. 2 AO festgelegt, dass die Beteiligten sog. erweiterte Mitwirkungspflichten haben, im Inland den Sachverhalt darzulegen und nachzuweisen. Die erweiterte Mitwirkungspflicht besteht zunächst unabhängig davon, ob es sich um eine Konzerngesellschaft oder um fremde Dritte handelt.[1974]

1972 Vgl. Streibel in Steuer Revue 1/2004, S. 76.

1973 Mit dem Automatischen Informationsaustausch gibt es hier gewisser Maßen zukünftig eine gewichtige Ausnahme vgl. B.XIX.6.

1974 Gemäß der Verwaltungsgrundsätze-Verfahren kann die Finanzverwaltung auch die Vorlage der Korrespondenz zwischen Steuerpflichtigen und seinem Steuerberater verlangen; vgl. hierzu kritisch Wehnert/Selzer, DB 2005, S. 1295.

Erweitere Vorlagepflicht bei verbundenen Unternehmen

Darüber hinaus greifen im Verhältnis zu verbundenen Unternehmen weitergehende Zugriffsmöglichkeiten. Diese weitergehenden Zugriffsmöglichkeiten gelten auch zwischen Personengesellschaft und den Mitunternehmern sowie zwischen Stammhaus und Betriebsstätte.

In allen diesen Fällen muss im Rahmen der rechtlichen Möglichkeiten bspw. soweit auf ausländische Tochtergesellschaften eingewirkt werden, dass diese entsprechende Unterlagen vorlegen. Dabei gehört die Vorlage von Bilanzen und Erfolgsrechnungen zum Standard der erweiterten Mitwirkungspflicht.[1975] Die deutsche Finanzverwaltung bejaht in diesen Fällen auch die Verpflichtung, Unterlagen von Konzernunternehmen zu beschaffen, auf die der in Deutschland ansässige Steuerpflichtige eigentlich keinen Einfluss nehmen kann. Hierzu zählen bspw. auch beherrschende Unternehmen (etwa Konzernmutter).

Einerseits liegen nach der Rechtsprechung die Grenzen einer jeweiligen Sachaufklärungspflicht dort, wo die Beweismittel entweder nicht oder nur mit unverhältnismäßigen Schwierigkeiten oder mit einem nicht vertretbaren Verwaltungsaufwand (Kosten, Zeitaufwand usw.) ermittelt werden können.[1976] Andererseits sind Einwände hinsichtlich möglicher ausländischer Auskunftsverbote keine ausreichende Begründung für eine Nichtvorlage von Informationen und Unterlagen.[1977]

Soweit der Steuerpflichtige der Aufforderung der Mitwirkung bei der Sachverhaltsaufklärung nicht ausreichend nachkommt, kann dies dazu führen, dass aus dem Verhalten des Steuerpflichtigen für ihn nachteilige Schlüsse gezogen werden dürfen.[1978] Dies kann soweit gehen, dass nicht erbrachte Nachweise sowie Verletzungen der abgabenrechtlichen Mitwirkungspflichten letztendlich zu Lasten des Steuerpflichtigen ausgelegt werden und die entsprechenden Einkünfte bspw. nach § 162 AO geschätzt werden. Dies ist zwar kein Automatismus, in der Praxis aber doch mit einer gewissen Regelmäßigkeit zu erkennen. Im Ergebnis bedeutet dies, dass sich ein Steuerpflichtiger bei Auslandsinvestitionen kaum der Auskunftspflicht entziehen kann. Insbesondere dann, wenn die Mitwirkungspflicht sich auf Tatsachen und Beweismittel aus dem alleinigen Verantwortungsbereich des Steuerpflichtigen bezieht, können aus seiner Pflichtverletzung für ihn nachteilige Schlussfolgerungen gezogen werden.[1979] Darüber hinaus können die beteiligten Finanzbehörden auch von der grenzüberschreitenden Zusammenarbeit (bspw. Anfragen zur Sachverhaltsermittlung, Erteilung von Kontrollmitteilungen) Gebrauch machen.[1980] Im einschlägigen DBA D-CH ist die Auskunftserteilung in Art. 27 DBA D-CH (vgl. hierzu ausführlich B.XIX.) geregelt.

1975 Vgl. BFH v. 16. 4. 1986, BStBl II 1986, S. 736.

1976 Vgl. FG München v. 24. 2. 1984, EFG 1984, S. 433.

1977 Vgl. StBp 1992, S. 149 ff.

1978 Vgl. BFH v. 15. 2. 1989, BStBl II 1989, S. 462.

1979 Vgl. BFH-Beschluss v. 17. 3. 1997, I B 123/95, BFH/NV S. 730.

1980 Vgl. BMF-Schreiben v. 25. 1. 2006, IV B 1 – S 1320 – 11/06, Merkblatt zur zwischenstaatlichen Amtshilfe durch Auskunftsaustausch in Steuersachen.

PRAXISHINWEIS

Der BFH hat folgendes entschieden:[1981] Werden entscheidungserhebliche, beschlagnahmte Originalunterlagen des Steuerpflichtigen im Bereich der Finanzverwaltung irrtümlich während des laufenden Verfahrens vernichtet, darf das Finanzgericht eine Schätzung der Besteuerungsgrundlagen der Höhe nach nicht auf pauschale Angaben in einem Betriebsprüfungs- oder Steuerfahndungsbericht stützen, die der Steuerpflichtige bestreitet.

V.3. Anzeigepflicht für Beteiligungen an ausländischen Gesellschaften und Unternehmenseinheiten

Steuerpflichtige mit Wohnsitz, gewöhnlichem Aufenthalt, Geschäftsleitung oder Sitz in Deutschland haben dem zuständigen, deutschen Finanzamt nach amtlich vorgeschriebenem Vordruck mitzuteilen:

1. Die Gründung und den Erwerb von Betrieben und **Betriebsstätten** im Ausland;
2. Die Beteiligung an **ausländischen Personengesellschaften** oder deren Aufgabe oder Änderung;
3. Den Erwerb von Beteiligungen an einer Körperschaft, Personenvereinigung oder Vermögensmasse i. S. d. § 2 Nr. 1 KStG (**beschränkte Körperschaftsteuerpflicht in Deutschland**), wenn damit
   - unmittelbar eine Beteiligung von mindestens 10 % oder
   - mittelbar eine Beteiligung von mindestens 25 %

   am Kapital oder am Vermögen der Körperschaft, Personenvereinigung oder Vermögensmasse erreicht wird (**relative Betragsgrenze**) **oder**
   - wenn die Summe der Anschaffungskosten aller Beteiligungen mehr als EUR 150'000 beträgt (**absolute Betragsgrenze**).

Hinsichtlich der Meldepflichten in den Fällen des § 138 Abs. 2 Nr. 3 AO (beschränkte Körperschaftsteuerpflicht) gelten folgende Bestimmungen:[1982]

Anschaffungskosten

Bei der Ermittlung der Anschaffungskosten aller Beteiligungen sind die Anschaffungskosten von früher erworbenen Beteiligungen einzubeziehen.

EUR 150'000 Grenze

Der Erwerb börsennotierter Beteiligungen muss trotz Überschreitens der EUR 150'000 Grenze **nicht** angezeigt werden, soweit die Beteiligung weniger als ein Prozent beträgt.

1981 Vgl. BFH v. 5. 2. 2014 X B 138/13, BFH/NV 2014, S. 720.

1982 Die Anzeigepflichten nach § 138 Abs. 2 Nr. 3 AO gelten nicht für Anteile an Kapitalgesellschaften, die auf der Aktivseite der Bilanz der Versicherungsunternehmen entsprechend Formblatt 1 zu § 2 der Verordnung über die Rechnungslegung von Versicherungsunternehmen v. 8. 11. 1994, BGBl I 1994, S. 3378, die zuletzt durch Artikel 1 der Verordnung zur Änderung der Versicherungsunternehmens-Rechnungslegungsverordnung sowie zur Änderung weiterer Rechnungslegungsverordnungen v. 18. 12. 2009, BGBl I 2009, S. 3934, geändert worden ist, in der jeweils geltenden Fassung unter C Nummer III 1 auszuweisen sind.

Meldepflichten der Kreditinstitute und Finanzdienstleistungsinstitute

Die Anzeigepflichten nach § 138 Abs. 2 Nr. 3 AO gelten nicht für Anteile an Kapitalgesellschaften, die bei Kreditinstituten und Finanzdienstleistungsinstituten i. S. d. Gesetzes über das Kreditwesen (KWG) dem Handelsbuch zuzurechnen sind.

Die Anzeige nach § 138 AO selbst ist innerhalb von fünf Monaten nach Ablauf des Kalenderjahres zu erstatten, in dem das meldepflichtige Ereignis eingetreten ist (§ 138 Abs. 3 Satz 2 AO). Der Vordruck ist gut lesbar auszufüllen und doppelt beim zuständigen Finanzamt einzusenden.

Das Formular BZSt-2 (vormals BfF-2) zur Mitteilung der steuerlichen Erfassung von Auslandsbeteiligungen (mit Anlagen ausländische Betriebe und ausländische Gesellschaft) kann auf dem Formularserver der Bundesfinanzverwaltung heruntergeladen werden. Erläuterungen zum Formular sind dort ebenfalls herunterladbar.[1983]

Die mit dieser Mitteilung angeforderten Daten werden aufgrund der § 137 ff., § 149 ff. AO erhoben. Die vorsätzliche oder leichtfertige Nichtanzeige eines meldepflichtigen Ereignisses stellt eine **Ordnungswidrigkeit** i. S. d. § 379 Abs. 2 AO dar und kann mit einer Geldbuße bis zu EUR 5'000 geahndet werden. Die Anzeigepflicht kann mit Zwangsmitteln nach § 328 AO durchgesetzt werden.

PRAXISHINWEIS

Es gilt zu beachten, dass über die Meldung nach 138 Abs. 2 AO hinaus auch eine Steuererklärungspflicht nach § 18 Abs. 3 AStG (vgl. D.IV.6.) bestehen kann.

V.4. Benennung von Gläubigern und Zahlungsempfängern

Bei Auslandsinvestitionen ist die Vorschrift des § 160 AO zu berücksichtigen. Hiernach werden Schulden und andere Lasten, Betriebsausgaben, Werbungskosten und andere Ausgaben steuerlich dann nicht berücksichtigt, wenn der Steuerpflichtige dem Verlangen der deutschen Finanzbehörde nicht nachkommt, die Gläubiger oder Empfänger genau zu benennen. Es handelt sich hierbei um eine Ermessenentscheidung der deutschen Finanzverwaltung, ob sie eine entsprechende Benennung von Gläubigern oder Zahlungsempfängern verlangt.

PRAXISHINWEIS

Die Norm des § 160 AO ist typischerweise ein mögliches Prüfungsfeld im Rahmen einer deutschen Betriebsprüfung. Die Finanzverwaltung vermutet bei entsprechenden Anfragen häufig auch Treuhand- oder Scheingeschäfte.

Die Norm gilt im Inlands- wie im Auslandsfall. Bei Zahlungen an ausländische Empfänger soll das Finanzamt – soweit keine Anhaltspunkte für eine straf- oder bußgeldbewehrte Vorteilszuwendung vorliegen – auf den Empfängernachweis nach § 160 AO zwar verzichten, wenn feststeht, dass die Zahlung i. R. eines üblichen Handelsgeschäfts erfolgte, der Geldbetrag ins Ausland abgeflossen ist und der Empfänger nicht der deutschen Steuerpflicht unterliegt. Hierzu ist allerdings der Empfänger in dem Umfang zu bezeichnen, dass dessen Steuerpflicht im Inland mit hinreichender Sicherheit ausgeschlossen werden kann. Die bloße Möglichkeit einer im In-

1983 Weitere Details sind im BMF-Schreiben v. 15. 4. 2010, IV B 5 – S 1300/07/10087 enthalten, das durch die Gesetzesänderung v. 1. 11. 2011, GBl I S. 2131, teilweise hinfällig ist. Die früheren BMF-Schreiben v. 19. 3. 2003, IV B 4 – S. 1300 – 109/03, BStBl I 2003, S. 260 und v. 17. 8. 2004, IV B 4 – S 1300 – 247/04, BStBl I 2004, S. 847, wurden aufgehoben.

land nicht bestehenden Steuerpflicht reicht dagegen nicht aus. In geeigneten Fällen ist eine Erklärung der mit dem Geschäft betrauten Person sowie des verantwortlichen Organs des Unternehmens zu verlangen, dass ihnen keine Umstände bekannt sind, die für einen Rückfluss der Zuwendung an einen inländischen Empfänger sprechen.

Ansonsten wird, falls der Gläubiger/Empfänger der Zahlung nicht genau benannt wird, der Betriebsausgabenabzug versagt.[1984] Das Auskunftsverweigerungsrecht zum Schutz bestimmter Berufsgeheimnisse (vgl. § 102 AO) bleibt unberührt.

PRAXISHINWEIS

Mit Beschluss vom 24. 4. 2009 hat der BFH[1985] entschieden, dass zwischengeschaltete natürliche oder juristische Personen nicht Empfänger i. S. d. § 160 Abs. 1 Satz 1 AO sind. Vielmehr sind die hinter ihr stehenden Personen zu benennen, an die die Gelder tatsächlich geflossen sind.

1984 § 16 AStG gilt es bei Strukturen in Niedrigsteuerländern zu beachten.

1985 Vgl. BFH v. 24. 4. 2009, IV B 104/07, BFH/NV 2009, S. 2398.

E. Der Wegzug einer natürlichen Person in die Schweiz

Auf dem Weg ins Ausland sind einige steuerliche Klippen zu umschiffen. Oftmals werden die gewünschten steuerlichen Ziele nicht erreicht, sei es weil der deutsche Wohnsitz nicht aufgegeben wird oder die wesentlichen Einkunftsquellen weiterhin aus Deutschland stammen. Nicht selten sind einzelne Alternativstrukturen für einen steuerneutralen Wegzug zwar vorteilhaft, jedoch nachteilig für die zukünftige Besteuerungshoheit bei den Ertrags- und Erbschaftssteuern.

Die langjährige Praxiserfahrung zeigt, dass ein Wegzug langfristig oftmals nur dann erfolgreich ist, wenn dieser nicht nur steuerlich motiviert ist, sondern mit der persönlichen Planung der Beteiligten einhergeht. Zudem können die steuerlichen Ziele teilweise nur bei einer entsprechenden Umschichtung der bisherigen Vermögensanlagen und Ertragsquellen erreicht werden. Dies benötigt regelmäßig eine gewisse Vorlaufzeit bzw. eine entsprechende Übergangsfrist, sofern der Umzug relativ zeitnah umgesetzt wird.

Im vorliegenden Kapitel wird eine Übersicht über die wesentlichen deutschen Besteuerungsnormen im Bereich des Wegzugs von **natürlichen Personen** vermittelt (vgl. E.II.) Ferner werden die Normen aufgezeigt, die auch nach dem Wegzug noch zu einer weiteren deutschen Besteuerung führen können (vgl. E.I.). Abschließend werden die erbschaftssteuerlichen Grundzüge erläutert und die wesentlichen Schlussfolgerungen, die aus dem Abkommen zwischen der Bundesrepublik Deutschland und der Schweizerischen Eidgenossenschaft zur Vermeidung der Doppelbesteuerung auf dem Gebiet der Nachlass- und Erbschaftsteuern (hiernach ErbSt-DBA D-CH) zu ziehen sind, in einer Kurzübersicht dargestellt (vgl. E.III.).[1986]

1986 Die in Deutschland einschlägigen steuerlichen Aufgriffsnormen im Bereich von Unternehmen werden im Gliederungspunkt D. ausführlich diskutiert. Das Ertragsteuer DBA D-CH wird in Gliederungspunkt B. ausführlich erläutert.

I. Deutsche Besteuerungsnormen bei natürlichen Personen

I.1. Unbeschränkte Einkommensteuerpflicht

Aus Sicht des Wegzüglers ist eines der ersten Ziele, die deutschen Besteuerungsansprüche aus dem **Welteinkommensprinzip**, d. h. der unbeschränkten deutschen Steuerpflicht, auszuschließen. Nach dem Welteinkommensprinzip werden im Grundsatz alle weltweit erzielten Einkünfte in Deutschland besteuert.[1987]

In Deutschland knüpft die unbeschränkte Steuerpflicht bei der Einkommensteuer an einen

1. deutschen **Wohnsitz** oder alternativ
2. **gewöhnlichen Aufenthalt**

an. Auch wenn ein Steuerpflichtiger in Deutschland keinen Wohnsitz mehr hat, kann er dort noch einen gewöhnlichen Aufenthalt haben. Die unbeschränkte Steuerpflicht kann somit nur durch die Verlagerung des Wohnsitzes und des gewöhnlichen Aufenthalts beendet werden. Daneben sind die Normen des Schrankenrechts des Ertragsteuer-DBA D-CH zu beachten (vgl. ausführlich B.)

I.1.1. Wohnsitz

§ 8 AO normiert, wann ein inländischer Wohnsitz vorliegt. Hiernach gilt:

„Einen Wohnsitz hat jemand dort, wo er eine Wohnung unter Umständen innehat, die darauf schließen lassen, dass er die Wohnung beibehalten und benutzen wird.“

Nach der ständigen BFH-Rechtsprechung setzt der Wohnsitzbegriff i. S. von § 1 Abs. 1 EStG, § 8 AO neben zum dauerhaften Wohnen geeigneten Räumlichkeiten das Innehaben der Wohnung in dem Sinne voraus, dass der Steuerpflichtige tatsächlich über sie verfügen kann und sie als Bleibe entweder ständig benutzt oder sie doch mit einer gewissen Regelmäßigkeit – wenn auch in größeren Zeitabständen – aufsucht.

Ferner setzt der Wohnsitzbegriff Umstände voraus, die darauf schließen lassen, dass die Wohnung durch den Inhaber beibehalten und als solche genutzt werden soll. Das Wesen eines Wohnsitzes im steuerrechtlichen Sinn besteht somit darin, dass objektiv die Wohnung ihrem Inhaber jederzeit (wann immer er es wünscht) als Bleibe zur Verfügung steht und von ihm subjektiv zu entsprechender Nutzung auch bestimmt ist. In dieser, zur objektiven Eignung hinzutretenden, subjektiven Bestimmung liegt der Unterschied zwischen dem bloßen Aufenthaltnehmen in einer Wohnung und dem Wohnsitz.[1988]

Im Fokus ist dabei die sog. **Schlüsselgewalt** über eine Wohnmöglichkeit in Deutschland.

1987 Unter Beachtung eines ggf. anwendbaren DBA (vorliegend DBA D-CH, vgl. Gliederungspunkt B.).
1988 Vgl. BFH v. 26. 2. 1986, II R 200/82, BFH/NV 1987, S. 301.

Die ständige deutsche Rechtsprechung stellt keine hohen Anforderungen an einen steuerlichen Wohnsitz. Nachfolgend werden in Anlehnung an den aktuellen Anwendungserlass zur Abgabenordnung (AEAO) vom 31. 1. 2014 auszugsweise wichtige Urteile beleuchtet:[1989]

1. Die Frage des Wohnsitzes ist bei Ehegatten/Lebenspartnern und sonstigen Familienangehörigen zwar für jede Person gesondert zu prüfen; gleichwohl können aber Personen über einen Familienangehörigen einen Wohnsitz beibehalten. Ein Ehegatte/Lebenspartner, der nicht dauernd getrennt lebt, hat seinen Wohnsitz grundsätzlich dort, wo seine Familie lebt.[1990]
2. Die bloße Absicht, einen Wohnsitz zu begründen oder aufzugeben, bzw. die An- und Abmeldung bei der Ordnungsbehörde entfalten allein keine unmittelbare steuerliche Wirkung.[1991] Allerdings können die An- und Abmeldung bei der Ordnungsbehörde im Allgemeinen als Indizien dafür angesehen werden, dass der Steuerpflichtige seinen Wohnsitz unter der von ihm angegebenen Anschrift begründet bzw. aufgegeben hat (**Indizienwirkung**).
3. Mit Wohnung sind die objektiv zum Wohnen geeigneten Wohnräume gemeint. Es genügt eine **bescheidene Bleibe**. Nicht erforderlich ist eine abgeschlossene Wohnung mit Küche und separater Waschgelegenheit i. S. d. Bewertungsrechts.
4. Der Steuerpflichtige muss die Wohnung innehaben, d. h. er muss **tatsächlich** über sie **verfügen** können und sie als Bleibe nicht nur vorübergehend benutzen.[1992]

PRAXISHINWEIS – STANDBY WOHNUNG

Mit Urteil vom 13. 11. 2013 hat der BFH[1993] u. a. entschieden, dass eine Wohnung dem Steuerpflichtigen nach objektiven Gesichtspunkten jederzeit zur Verfügung stehen muss, damit sie als eine Wohnung i. S. d § 8 AO qualifizieren kann. Im entscheidungsrelevanten Fall war dies nicht gegeben, weil insgesamt neun Piloten gemeinsam eine Wohnung mit insgesamt drei Schlafzimmern anmieteten. Die neun Piloten hatten vereinbart, dass nach dem „First Come, First Serve" System verfahren wird, d. h. waren alle drei Schlafzimmer bereits vergeben, mussten die weiteren Personen eine andere Schlafmöglichkeit suchen. Gemäß BFH stand damit nicht allen Piloten jederzeit eine Wohnung zur Verfügung, sodass es an der tatsächlichen Verfügungsgewalt und somit an einer Wohnung i. S. d. § 8 AO mangelte. Beachte: Der BFH wies den Fall zurück an das Finanzgericht, da dieses nicht prüfte, ob ggf. alternativ ein gewöhnlicher Aufenthalt i. S. d. § 9 AO vorlag.

Für die tatsächliche Verfügungsgewalt genügt es, dass die Wohnung z. B. über Jahre hinweg jährlich regelmäßig zweimal zu bestimmten Zeiten über einige Wochen benutzt wird.[1994] Anhaltspunkte dafür können die Ausstattung und Einrichtung sein. Dagegen ist es nicht erforderlich, dass sich der Steuerpflichtige während einer Mindestanzahl von Tagen oder Wochen im Jahr in der Wohnung aufhält.[1995]

5. Wer eine Wohnung von vornherein in der Absicht nimmt, sie nur vorübergehend (weniger als sechs Monate) beizubehalten und zu benutzen, begründet dort keinen Wohnsitz.[1996]

1989 Zur besseren Leserlichkeit wird nachfolgend auf die einzelnen Zitathinweise verzichtet.
1990 Vgl. BFH v. 6. 2. 1985, BStBl II 1985, S. 331.
1991 Vgl. BFH v. 14. 11. 1969, BStBl II 1970, S. 153.
1992 Vgl. BFH v. 24. 4. 1964, BStBl III 1964, S. 462, und v. 6. 3. 1968, BStBl II 1968, S. 439.
1993 Vgl. BFH v. 13. 11. 2013, I R 38/13, IStR 17/2014, S. V I.
1994 Vgl. BFH v. 23. 11. 1988, BStBl II 1989, S. 182.
1995 Vgl. BFH v. 19. 3. 1997, BStBl II 1997, S. 447.
1996 Vgl. BFH v. 30. 8. 1989, BStBl II 19989, S. 956.

Auch gelegentliches Übernachten auf einem inländischen Betriebsgelände, in einem Büro oder Ähnlichem (sog. Schlafstelle) begründet nicht zwingend einen Wohnsitz.[1997] Wer sich – auch in regelmäßigen Abständen – in der Wohnung eines Angehörigen oder eines Bekannten aufhält, begründet dort ebenfalls keinen Wohnsitz, sofern **nicht** eine Schlüsselgewalt, d. h. Verfügungsgewalt vorliegt.[1998] Der entsprechende Nachweis ist aber regelmäßig nur schwer zu führen.

6. Wer einen Wohnsitz im Ausland begründet und seine Wohnung im Inland beibehält, hat auch im Inland einen Wohnsitz i. S. v. § 8 AO.[1999] Bei einem ins Ausland versetzten Arbeitnehmer ist ein inländischer Wohnsitz widerlegbar zu vermuten, wenn er eine Wohnung im Inland beibehält, deren Benutzung ihm möglich ist und die nach ihrer Ausstattung jederzeit als Bleibe dienen kann.[2000] Das Innehaben der inländischen Wohnung kann nach den Umständen des Einzelfalles auch dann anzunehmen sein, wenn der Steuerpflichtige sie während eines Auslandsaufenthalts kurzfristig (bis zu sechs Monaten) vermietet oder untervermietet, um sie alsbald nach Rückkehr im Inland wieder zu benutzen.

7. Ein Wohnsitz i. S. v. § 8 AO besteht **nicht** mehr, wenn die inländische Wohnung aufgegeben wird. Das ist z. B. der Fall bei Kündigung und Auflösung einer Mietwohnung oder bei nicht nur kurzfristiger Vermietung der Wohnung im eigenen Haus bzw. der Eigentumswohnung.

   Wird die inländische Wohnung zur bloßen Vermögensverwaltung zurückgelassen, endet der Wohnsitz mit dem Wegzug. Bloße Vermögensverwaltung liegt z. B. vor, wenn ein ins Ausland versetzter Steuerpflichtiger bzw. ein im Ausland lebender Steuerpflichtiger seine Wohnung/sein Haus verkaufen oder langfristig vermieten will und dies in absehbarer Zeit auch tatsächlich verwirklicht. Eine zwischenzeitliche kurze Rückkehr (zur Beaufsichtigung und Verwaltung der zurückgelassenen Wohnung) führt nicht dazu, dass die zurückgelassene Wohnung zum inländischen Wohnsitz wird. Streitigkeiten mit der deutschen Finanzverwaltung sind aber vorprogrammiert, wenn die Vermietung bzw. der Verkauf nicht innerhalb „absehbarer Zeit" erfolgt.[2001]

8. Steuerliche Besonderheiten erwachsen regelmäßig dann, wenn der Steuerpflichtige auch nur gelegentlich genutzte Wohnungen wie beispielsweise Ferienwohnungen besitzt. Auch **Ferien-, Wochenend- und Jagdhäuser** können einen Wohnsitz begründen, wenn sie mit einer gewissen Regelmäßigkeit genutzt werden.[2002]

9. Ein Kind, das dauerhaft außerhalb Deutschlands zur Schule geht und an diesem Ort bei Verwandten untergebracht ist, hat in Deutschland grundsätzlich keinen Wohnsitz i. S. d. § 8 AO. Dies gilt selbst dann, wenn es sich in den Schulferien bei seinen Eltern in Deutschland aufhält.[2003]

Die voranstehenden Beispiele aus der Rechtsprechung zeigen, dass einerseits sehr schnell ein deutscher Wohnsitz begründet werden kann. Andererseits wird ein Wohnsitz erst dann auf-

1997 Vgl. BFH v. 6. 2. 1985, BStBl II 1985, S. 331.
1998 Vgl. BFH v. 24. 10. 1969, BStBl III 1970, S. 109.
1999 Vgl. BFH v. 4. 6. 1975, BStBl II 1975, S. 708.
2000 Vgl. BFH v. 17. 5. 1995, BStBl II 1996, S. 2.
2001 Vgl. E.I.1.3.
2002 Vgl. BFH v. 23. 11. 1988, BStBl II 1989, S. 182.
2003 Vgl. BFH v. 22. 4. 1994, BStBl II 1994, S. 887.

gegeben, wenn mindestens eine der tatbestandlichen Voraussetzungen des § 8 AO (Innehaben einer Wohnung, Beibehaltung und Benutzung) beseitigt wird. Diese Fälle führen immer wieder zu Streitigkeiten mit der deutschen Finanzverwaltung. Verzieht eine natürliche Person ins Ausland, so ist ein Fortbestehen des Wohnsitzes allerdings grundsätzlich dann nicht mehr anzunehmen, wenn die bisher genutzte Mietwohnung gekündigt und aufgelöst wurde oder die selbst genutzte Wohnung verkauft oder vermietet worden ist.

PRAXISHINWEIS

Strukturierungen, nach denen bei Doppelwohnsitz in Deutschland und in der Schweiz mittels der sog. Tie-breaker-rule[2004] der abkommensrechtliche Wohnsitz in der Schweiz vor deutschen Besteuerungszugriffen schützt, laufen im Verhältnis Deutschland-Schweiz ins Leere. Sofern eine sog. ständige Wohnstätte (alternativ gewöhnlicher Aufenthalt im Kalenderjahr, vgl. hierzu nachfolgenden Gliederungspunkt) vorliegt, hat Deutschland ein zusätzliches, sog. überdachendes, Besteuerungsrecht.[2005]

Nach der einschlägigen Norm des DBA D-CH reicht allerdings ein Wohnsitz im Sinne der Abgabenordnung nicht aus. Vielmehr muss nach Art. 4 Abs. 3 DBA D-CH eine sog. ständige Wohnstätte vorliegen. Die ständige Wohnstätte ist ein spezifisch abkommensrechtlicher Begriff. Die Erfordernisse gehen hierbei weiter als die der deutschen Norm des § 8 AO. Hiernach muss die Wohnung auch mit einer gewissen Regelmäßigkeit tatsächlich benutzt werden. Dabei darf die Wohnung nicht nur privaten Zwecken dienen, sondern muss auch regelmäßig für berufliche Zwecke bewohnt werden. Neuerdings soll aber auch bereits eine Integration in den eigenen, privaten Lebensrhythmus ausreichend sein. Insofern wird auf die Ausführungen zum DBA D-CH in B.IV.3. verwiesen.[2006]

I.1.2. Gewöhnlicher Aufenthalt

Neben einem Wohnsitz begründet auch der gewöhnliche Aufenthalt (§ 9 AO) eine unbeschränkte Steuerpflicht in Deutschland. § 9 AO regelt:

„Den gewöhnlichen Aufenthalt hat jemand dort, wo er sich unter Umständen aufhält, die erkennen lassen, dass er an diesem Ort oder in diesem Gebiet nicht nur vorübergehend verweilt. Als gewöhnlicher Aufenthalt im Geltungsbereich dieses [Anmerkung der Autoren: des deutschen] Gesetzes ist stets und von Beginn an ein zeitlich zusammenhängender Aufenthalt von mehr als sechs Monaten Dauer anzusehen; kurzfristige Unterbrechungen bleiben unberücksichtigt. Satz 2 gilt nicht, wenn der Aufenthalt ausschließlich zu Besuchs-, Erholungs-, Kur- oder ähnlichen privaten Zwecken genommen wird und nicht länger als ein Jahr dauert."

Gewöhnlicher Aufenthalt bedeutet somit die physische Anwesenheit im Inland (tatsächlicher Aufenthalt). Nachfolgend werden in Anlehnung an den aktuellen Anwendungserlass zur Abgabenordnung (AEAO) vom 31. 1. 2014 auszugsweise wichtige Urteile beleuchtet:[2007]

1. Sofern nicht die besonderen Voraussetzungen des § 9 Satz 3 AO vorliegen, wird an den inländischen Aufenthalt während eines zusammenhängenden Zeitraums von mehr als sechs Monaten die **unwiderlegbare** Vermutung für das Vorhandensein eines gewöhnlichen Aufenthalts geknüpft.

2004 Vgl. B.IV.2.

2005 Vgl. B.IV.3. Zur konkurrierenden deutschen Besteuerung vgl. B.IV.4.

2006 Vgl. auch BFH v. 16. 12. 1998, BStBl II 1999, S. 207. Auf das anhängige BFH-Verfahren (FG Baden-Württemberg v. 22. 2. 2006, EFG 2006, S. 1175, anhängig beim BFH unter I R 22/06) zu Art. 4 Abs. 3 DBA D-CH wird hingewiesen.

2007 Zur besseren Leserlichkeit wird nachfolgend auf die einzelnen Zitathinweise verzichtet.

2. Der Begriff „gewöhnlich" ist gleichbedeutend mit „dauernd". „Dauernd" erfordert **keine ununterbrochene Anwesenheit**, sondern ist im Sinne von „nicht nur vorübergehend" zu verstehen.[2008] Bei Unterbrechungen der Anwesenheit kommt es darauf an, ob noch ein einheitlicher Aufenthalt oder mehrere getrennte Aufenthalte anzunehmen sind. Ein einheitlicher Aufenthalt ist gegeben, wenn der Aufenthalt nach den Verhältnissen fortgesetzt werden sollte und die Unterbrechung nur kurzfristig ist. Als **kurzfristige Unterbrechung** kommen in Betracht Familienheimfahrten (z. B. am Wochenende), Jahresurlaub, längerer Heimaturlaub, Kur und Erholung, aber auch geschäftliche Reisen.

3. Der Tatbestand des gewöhnlichen Aufenthalts kann aber selbst bei einem weniger als sechs Monate dauernden Aufenthalt verwirklicht werden, wenn Inlandsaufenthalte nacheinander folgen, die sachlich miteinander verbunden sind, und der Steuerpflichtige von vornherein beabsichtigt, nicht nur vorübergehend in Deutschland zu verweilen.[2009]

4. Der gewöhnliche Aufenthalt im Inland ist zu verneinen, wenn der Steuerpflichtige unter Benutzung einer im Ausland gelegenen Wohnung lediglich seine Tätigkeit im Inland ausübt.[2010] **Grenzgänger** haben ihren gewöhnlichen Aufenthalt grundsätzlich im Wohnsitzstaat.[2011] Dasselbe gilt für Unternehmer/Freiberufler, die regelmäßig jeweils nach Geschäftsschluss zu ihrer Familienwohnung im Ausland zurückkehren.[2012] **Vorsicht:** Wer allerdings regelmäßig an Arbeitstagen am Arbeits-/Geschäftsort im Inland übernachtet und sich nur am Wochenende bzw. an Feiertagen und im Urlaub zu seiner Wohnung im Ausland begibt, hat an dem inländischen Arbeits-/Geschäftsort jedenfalls seinen gewöhnlichen Aufenthalt (vgl. voranstehend Aufzählungspunkt 2).

5. Der gewöhnliche Aufenthalt kann nicht gleichzeitig an mehreren Orten bestehen. Bei fortdauerndem Schwerpunktaufenthalt im Ausland begründen kurzfristige Aufenthalte im Inland, z. B. Geschäfts-, Dienstreisen, Schulungen, keinen gewöhnlichen Aufenthalt im Inland. Umgekehrt führen kurzfristige Auslandsaufenthalte bei fortdauerndem Schwerpunktaufenthalt im Inland nicht zur Aufgabe eines gewöhnlichen Aufenthalts im Inland.

6. Der gewöhnliche Aufenthalt im Inland wird aufgegeben, wenn der Steuerpflichtige zusammenhängend mehr als sechs Monate im Ausland lebt, es sei denn, dass besondere Umstände darauf schließen lassen, dass die Beziehungen zum Inland bestehen bleiben. Entscheidend ist dabei, ob der Steuerpflichtige den persönlichen und geschäftlichen Lebensmittelpunkt ins Ausland verlegt hat und ob er seinen Willen, in den Geltungsbereich dieses Gesetzes zurückzukehren, endgültig aufgegeben hat.[2013] Als Kriterien dafür können die familiären, beruflichen und gesellschaftlichen Bindungen herangezogen werden (z. B. Wohnung der Familienangehörigen im Inland, Sitz des Gewerbebetriebs im Inland). Hält sich der Steuerpflichtige zusammenhängend länger als ein Jahr im Ausland auf, ist grundsätzlich eine Aufgabe des gewöhnlichen Aufenthalts im Inland anzunehmen.

2008 Vgl. BFH v. 30. 8. 1989, BStBl II 1989, S. 956.
2009 Vgl. BFH v. 27. 7. 1962, BStBl III 1962, S. 429, v. 3. 8. 1977, BStBl II 1978, S. 118 und zuletzt bestätigt durch BFH v. 22. 6. 2011, I R 26/10.
2010 Vgl. BFH v. 25. 5. 1988, BStBl II 1988, S. 944.
2011 Vgl. BFH v. 10. 5. 1989, BStBl II 1989, S. 755 und v. 10. 7. 1996, BStBl II 1997, S. 15.
2012 Vgl. BFH v. 6. 2. 1985, BStBl II 1985, S. 331.
2013 Vgl. BFH v. 27. 7. 1962, BStBl III 1962, S. 429.

Der gewöhnliche Aufenthalt muss nicht innerhalb eines Kalenderjahres vorliegen, sondern kann auch über einen entsprechenden Aufenthalt über das Kalenderjahr hinweg begründet werden

I.1.3. Dokumentation Aufgabe Wohnsitz und gewöhnlichen Aufenthalt

Die Aufgabe des deutschen Wohnsitzes sowie des gewöhnlichen Aufenthaltes sind zu dokumentieren, um nachträgliche Streitigkeiten zu vermeiden. Nachfolgend werden in einer Übersicht exemplarische Elemente aufgezeigt:

Dokumentation des Wegzugs in die Schweiz[2014]

In Deutschland:

- Fremdvermietung oder Verkauf der deutschen Wohnungen bzw. Kündigung der Mietwohnung;[2015]
- Aufgabe aller etwaigen Wohnmöglichkeiten (Zimmer bei Bekannten, Verwandten, Eltern etc.), die genutzt werden könnten (Wohnsitz, Wohnstätte etc.);
- Aufgabe des deutschen Lebensmittelpunktes; Mitumzug der Familie:[2016]
- Melderechtliche Abmeldung beim deutschen Einwohnermeldeamt;[2017]
- Abmeldung des Telefonanschlusses sowie Abbestellung der Zeitungen, Zeitschriften etc.;
- Ggf. Übertragung des wesentlichen Bankvermögens auf eine entsprechende Schweizer Bank;
- Nachsendeantrag von der ehemaligen deutschen Anschrift an die neue Schweizer Adresse;
- Zur Vermeidung eines gewöhnlichen Aufenthaltes sollten die Anwesenheitstage in Deutschland jährlich erfasst werden.

In der Schweiz:

- Einholung einer Aufenthalts- und ggf. Arbeitsbewilligung;
- Anmeldung bei den zuständigen Behörden;
- Dokumentation des Wegzug als solcher als auch den Tag der Einreise durch eine entsprechende zollrechtliche Abwicklung des Umzugs: Aufbewahrung Unterlagen zum Umzug inklusive Verzollungsbelege bei der Einfuhr des Umzugsgut in die Schweiz;
- Schriftliche Mietverträge; Nachweise über die tatsächliche Nutzung der neuen Schweizer Wohnung (Neben- bzw. Verbrauchskostenabrechnung etc.);
- Vereinbarung einer Telefonverbindung (nebst Mobiltelefon) sowie ggf. Internet-Zugang am neuen Schweizer Wohnort;
- Eröffnung einer Schweizer Bankverbindung für den laufenden Zahlungsverkehr; Zukünftige Bezahlungen mit der Schweizer Kreditkarte;

2014 Vgl. auch Praxishinweis zum Lebensmittelpunkt in B.IV.2.

2015 Der RFH sah in einer Wohnung, die zur Vermietung oder zum Verkauf stand, keine Wohnung i. S. d. § 8 AO (vgl. RFH v. 12. 12. 1935, RStBl 1936, S. 2). Dagegen begründet die leer stehende Wohnung, über die auch weiterhin eine Verfügungsmacht besteht und die jederzeit zur Bleibe genutzt werden kann, einen Wohnsitz (vgl. BFH v. 19. 3. 1997, BStBl II 1997, S. 447).

2016 Bei einem verheirateten, nicht dauernd getrennt lebenden Ehegatten ist der Wohnsitz regelmäßig dort, wo sich die Familie befindet.

2017 Nach der ständigen BFH-Rechtsprechung (vgl. u. a. BFH v. 14. 11. 1969, BStBl II 1970, S. 153) ist die Abmeldung zwar nicht entscheidend für die Frage, ob ein Wohnsitz i. S. d. § 8 AO vorliegt, andererseits ist die Abmeldung gleichwohl ein wichtiger Teil der Gesamtdokumentation.

- Versicherungen prüfen und auf die neue Ausgangslage anpassen;
- Ergänzender Hinweis: Einholen eines schweizerischen Führerscheins und Anmelden des PKW, beides innerhalb von 12 Monaten nach Umzug in die Schweiz.

I.2. (Erweitert) beschränkte Einkommensteuerpflicht

I.2.1. Erweitert beschränkte Steuerpflicht

Die §§ 2, 4 und 5 AStG erweitern die beschränkte Steuerpflicht für Personen, die ihren Wohnsitz in niedrig besteuerte Gebiete verlegt haben und nicht mehr in Deutschland unbeschränkt steuerpflichtig sind. § 2 AStG bestimmt hierzu, dass Wegzügler im Wegzugsjahr und noch in den folgenden zehn Jahren in Deutschland erweitert beschränkt steuerpflichtig sein können, d. h. nicht nur mit ihren inländischen Einkünften i. S. d. § 49 EStG, sondern (erweitert) auch mit allen Einkünften, die nicht ausländische Einkünfte i. S. d. § 34c EStG darstellen. Konkret werden von der erweitert beschränkten Steuerpflicht bspw. auch Einkünfte aus Sparguthaben in Deutschland erfasst, die nicht – wie dies bei der beschränkten deutschen Steuerpflicht bspw. notwendig wäre (§ 49 Abs. 1 Nr. 5c EStG) – durch eine deutsche Liegenschaft etc., gesichert sind.[2018]

Folglich unterliegen natürliche Personen der erweitert beschränkten Steuerpflicht, die nach § 2 AStG die folgenden Voraussetzungen erfüllen:

Voraussetzung 1:	Natürliche Person,
Voraussetzung 2:	die in den letzten zehn Jahren vor dem Ende ihrer unbeschränkten Steuerpflicht in Deutschland (§ 1 Abs. 1 Satz 1 EStG)
Voraussetzung 3:	als Deutscher Staatsangehöriger
Voraussetzung 4:	insgesamt mindestens fünf Jahre unbeschränkt einkommensteuerpflichtig war und
Voraussetzung 5:	in einem ausländischen Gebiet ansässig (bspw. Schweiz) ist, in dem sie mit ihrem Einkommen nur einer niedrigen Besteuerung unterliegt, oder
Voraussetzung 6:	in keinem ausländischen Gebiet ansässig (z. B. weil sie ihren Aufenthalt ständig wechselt) ist und
Voraussetzung 7:	wesentliche wirtschaftliche Interessen in Deutschland hat,
Voraussetzung 8:	ist bis zum Ablauf von zehn Jahren nach Ende des Jahres, in dem ihre unbeschränkte Steuerpflicht geendet hat, über die beschränkte Steuerpflicht i. S. d. EStG hinaus
Voraussetzung 9:	beschränkt einkommensteuerpflichtig mit allen Einkünften i. S. d. § 2 Abs. 1 Satz 1 erster Halbsatz EStG, die bei unbeschränkter Einkommensteuerpflicht nicht ausländische Einkünfte im Sinne des § 34d EStG sind.

2018 Für den Anwendungsbereich wird auf Tz. 2.5.0 AStG-Anwendungsschreiben verwiesen.

Voraussetzung 10: Die erweitert beschränkte Steuerpflicht findet nur in den Veranlagungzeiräumen Anwendung, in denen die hiernach insgesamt beschränkt steuerpflichtigen Einkünfte mehr als EUR 16'500 betragen.[2019]

§ 2 Abs. 2 AStG regelt, dass eine Niedrigbesteuerung (Voraussetzung 5) immer dann vorliegt, wenn

1) die Belastung durch die in dem ausländischen Gebiet erhobene Einkommensteuer – nach dem Tarif unter Einbeziehung von tariflichen Freibeträgen – bei einer in diesem Gebiet ansässigen unverheirateten natürlichen Person, die ein steuerpflichtiges Einkommen von EUR 77'000[2020] bezieht, um mehr als ein Drittel geringer ist als die Belastung einer in Deutschland ansässigen natürlichen Person durch die deutsche Einkommensteuer (der Solidaritätszuschlag wird hierbei nicht berücksichtigt) unter sonst gleichen Bedingungen, es sei denn, die Person weist nach, dass die von ihrem Einkommen insgesamt zu entrichtenden Steuern mindestens zwei Drittel der Einkommensteuer betragen, die sie bei unbeschränkter Steuerpflicht nach § 1 Abs. 1 EStG zu entrichten hätte, oder

2) die Belastung der Person durch die in dem ausländischen Gebiet erhobene Einkommensteuer auf Grund einer gegenüber der allgemeinen Besteuerung eingeräumten Vorzugsbesteuerung erheblich gemindert sein kann, es sei denn, die Person weist nach, dass die von ihrem Einkommen insgesamt zu entrichtenden Steuern mindestens zwei Drittel der Einkommensteuer betragen, die sie bei unbeschränkter Steuerpflicht nach § 1 Abs. 1 EStG zu entrichten hätte.

§ 2 Abs. 3 AStG regelt, dass eine Person i. S. d. oben genannten Voraussetzung 7 immer dann **wesentliche, wirtschaftliche Interessen** in Deutschland hat, wenn zumindest eine der folgenden drei Alternativen erfüllt ist:

1) Sie zu Beginn des Veranlagungszeitraums Unternehmer oder Mitunternehmer eines in Deutschland belegenen Gewerbebetriebs ist oder, sofern sie Kommanditist ist, mehr als 25 % der Einkünfte im Sinne des § 15 Abs. 1 Satz 1 Nr. 2 EStG aus der Gesellschaft auf sie entfallen oder ihr eine Beteiligung i. S. d. § 17 Abs. 1 EStG an einer in Deutschland ansässigen Kapitalgesellschaft gehört.

2) Ihre Einkünfte, die bei unbeschränkter Einkommensteuerpflicht nicht ausländische Einkünfte i. S. d. § 34c Abs. 1 EStG sind, im Veranlagungszeitraum mehr als 30 % (relative Grenze) ihrer sämtlichen Einkünfte betragen oder EUR 62'000 (absolute Grenze) übersteigen.

3) Zu Beginn des Veranlagungszeitraums ihr Vermögen, dessen Erträge bei unbeschränkter Einkommensteuerpflicht nicht ausländische Einkünfte i. S. d. § 34c Abs. 1 EStG wären, mehr als 30 % (relative Grenze) ihres Gesamtvermögens beträgt oder EUR 154'000 (absolute Grenze) übersteigt.

2019 Nach Tz. 2.0.1.3. zählen steuerfrei bleibende Veräußerungsgewinne, mit Ausnahme der nach § 16 Abs. 4 EStG befreiten Gewinne (§ 50 Abs. 1 Satz 4 EStG), nach einem DBA oder dem Auslandstätigkeitserlass freigestellte Einkünfte sowie steuerfreie Einnahmen nicht zu den insgesamt steuerpflichtigen Einkünften. Die nach § 50 Abs. 6 EStG abziehbaren Steuern sind bei der Ermittlung der insgesamt steuerpflichtigen Einkünfte zu berücksichtigen.

2020 Die Höhe des tatsächlichen Einkommens ist für diese Alternative somit unbeachtlich.

Bei der Prüfung der Voraussetzung, ob wesentliche wirtschaftliche Interessen in Deutschland vorliegen, sind die deutschen Steuernormen maßgeblich.

Bei der Anwendung der erweitert beschränkten Steuerpflicht nach § 2 AStG sind auch die unter § 5 AStG fallenden Einkünfte (anteilig) zu berücksichtigen. In Wegzugsfällen ist somit neben § 2 AStG insbesondere § 5 AStG zu prüfen. Bei Erfüllung der Voraussetzungen, die an die Anwendung dieser Vorschrift geknüpft sind, bewirkt § 5 AStG eine unmittelbare Zurechnung von Einkünften einer zwischengeschalteten ausländischen Gesellschaft beim Gesellschafter. Im Ergebnis soll hierdurch verhindert werden, dass sich der Auswanderer dem Zugriff der §§ 2 – 4 AStG dadurch entzieht, dass er seine wesentlichen wirtschaftlichen Interessen in Deutschland in eine ausländische Gesellschaft verlagert.

Der elementare Unterschied zwischen der erweitert beschränkten zur beschränkten Steuerpflicht besteht darin, dass im Rahmen von § 2 AStG auch die ausländischen Einkünfte für die Satzbestimmung des maßgeblichen deutschen Einkommensteuersatzes nach § 2 Abs. 5 AStG berücksichtigt werden (Progressionsvorbehalt).[2021] Bei der beschränkten deutschen Steuerpflicht greift der Progressionsvorbehalt dagegen nicht.

Nach § 25 Abs. 3 Satz 1 EStG haben erweitert beschränkt Steuerpflichtige eine Steuererklärung über sämtliche, im abgelaufenen Kalenderjahr bezogene Einkünfte beim örtlich zuständigen Finanzamt abzugeben. Der Steuerpflichtige hat außerdem auf Verlangen des Finanzamts einen Empfangsbevollmächtigten zu benennen, wenn er die Zugangsfiktion des § 123 AO[2022] ausschließen will. Beim Übergang von der unbeschränkten zur erweitert beschränkten Steuerpflicht im Laufe eines Veranlagungszeitraums oder umgekehrt ist nur eine Veranlagung durchzuführen (vgl. § 2 Abs. 7 Satz 3 EStG). Entsprechendes gilt beim Übergang von der beschränkten zur erweitert beschränkten Steuerpflicht und umgekehrt. Dabei sind die im Rahmen der erweitert beschränkten Steuerpflicht zu erfassenden Einkünfte mit einzubeziehen. In einem solchen Fall kann bei Vorliegen der entsprechenden Voraussetzungen auch eine Zusammenveranlagung von Ehegatten in Betracht kommen, wenn beide Ehegatten in einem Teil des Veranlagungszeitraums unbeschränkt steuerpflichtig waren.

Nach § 2 Abs. 6 AStG ist die aufgrund der erweitert beschränkten Steuerpflicht zu entrichtende Gesamtsteuer bei Nachweis durch den Steuerpflichtigen derart zu begrenzen, dass sie die bei unterstellter unbeschränkter Steuerpflicht und ausschließlichem inländischen Wohnsitz zu entrichtende deutsche Steuer nicht überschreitet. Die bei beschränkter Steuerpflicht (d. h. die ohne Anwendung des § 2 AStG) entstehende Steuer darf jedoch nicht unterschritten werden.

PRAXISHINWEIS

Bei Wegzug in die Schweiz wird die **uneingeschränkte Anwendung** des § 2 AStG durch das DBA nach maximal sechs Jahren (Wegzugsjahr zzgl. fünf Jahre) eingeschränkt (Art. 4 Abs. 4 DBA D-CH).[2023] Nach Ablauf dieser Frist kann Deutschland ausschließlich im Rahmen des DBA-Schrankenrechts besteuern. Die nationale Steuerpflicht kann sich dabei aus der beschränkten Steuerpflicht (§ 1 Abs. 4 EStG i. V. m. § 49 EStG) oder vor-

2021 Vgl. AStG-Anwendungsschreiben, Tz. 2.0.2.1 und 2.5.3.1.

2022 Unterlässt er dies, so gelten ein an ihn gerichtetes Schriftstück einen Monat nach der Aufgabe zur Post und ein elektronisch übermitteltes Dokument am dritten Tage nach der Absendung als zugegangen. Dies gilt nicht, wenn feststeht, dass das Schriftstück oder das elektronische Dokument den Empfänger nicht, oder zu einem späteren Zeitpunkt, erreicht hat.

2023 Vgl. insbesondere B.IV.4.

rangig, bis zum Ablauf der Zehn-Jahresfrist, nach dem Jahr, in dem die unbeschränkte Steuerpflicht geendet hat, aus der erweitert beschränkten Steuerpflicht (§ 2 AStG) ableiten.

I.2.2. Beschränkte Steuerpflicht

Personen, die – etwa aufgrund Wegzug – in Deutschland weder einen Wohnsitz noch einen gewöhnlichen Aufenthalt haben, sind beschränkt einkommensteuerpflichtig, wenn sie inländische Einkünfte i. S. d. § 49 EStG erzielen (sog. beschränkte Steuerpflicht).

Die beschränkte Steuerpflicht findet allerdings nur dann Anwendung, wenn die erweitert beschränkte Steuerpflicht nicht (mehr) greift.

Die beschränkte Steuerpflicht greift zeitlich unbefristet. Erfasst sind alle Einkünfte aus deutschen Quellen, die in § 49 EStG aufgezählt sind. Es handelt sich hierbei um eine abschließende Aufzählung, die in den letzten Jahren von der deutschen Finanzverwaltung sukzessive erweitert wurde, um möglichst viele Sachverhalte der beschränkten, deutschen Steuerpflicht zu unterwerfen. Hierzu dient auch die isolierende Betrachtungsweise nach § 49 Abs. 2 EStG. D. h. im Ausland gegebene Besteuerungsmerkmale bleiben außer Betracht, soweit bei ihrer Berücksichtigung inländische Einkünfte im Sinne des Abs. 1 nicht angenommen werden können.

Von der beschränkten Steuerpflicht i. S. d. § 49 Abs. 1 EStG sind folgende Einkünfte erfasst:[2024]

Nr. 1. Einkünfte aus einer im Inland betriebenen **Land- und Forstwirtschaft** (§§ 13, 14 EStG);

Nr. 2. Einkünfte aus **Gewerbebetrieb** (§§ 15 bis 17 EStG),

a) für den im Inland eine Betriebsstätte unterhalten wird oder ein ständiger Vertreter bestellt ist,

b) die durch den Betrieb eigener oder gecharterter Seeschiffe oder Luftfahrzeuge aus Beförderungen zwischen inländischen und von inländischen zu ausländischen Häfen erzielt werden, einschließlich der Einkünfte aus anderen mit solchen Beförderungen zusammenhängenden, sich auf das Inland erstreckenden Beförderungsleistungen,

c) die von einem Unternehmen im Rahmen einer internationalen Betriebsgemeinschaft oder eines Pool-Abkommens, bei denen ein Unternehmen mit Sitz oder Geschäftsleitung im Inland die Beförderung durchführt, aus Beförderungen und Beförderungsleistungen nach Buchstabe b erzielt werden,

d) die, soweit sie nicht zu den Einkünften im Sinne der Nr. 3 und 4 gehören, durch im Inland ausgeübte oder verwertete künstlerische, sportliche, artistische, unterhaltende oder ähnliche Darbietungen erzielt werden, einschließlich der Einkünfte aus anderen mit diesen Leistungen zusammenhängenden Leistungen, unabhängig davon, wem die Einnahmen zufließen,

e) die unter den Voraussetzungen des § 17 erzielt werden (d. h. wesentliche Beteiligung von mindestens 1 %), wenn es sich um Anteile an einer Kapitalgesellschaft handelt,

aa) die ihren Sitz oder ihre Geschäftsleitung im Inland hat oder

2024 Die nachfolgende Aufzählung ist ein Zitat von § 49 EStG. Immer dann, wenn von Inland, inländischen etc. die Rede ist, bezieht sich dies auf Deutschland. Die zitierten §§ beziehen sich ohne anderweitige Aussage auf das EStG.

bb) bei deren Erwerb auf Grund eines Antrags nach § 13 Abs. 2 oder § 21 Abs. 2 Satz 3 Nummer 2 des Umwandlungssteuergesetzes nicht der gemeine Wert der eingebrachten Anteile angesetzt worden ist oder auf die § 17 Abs. 5 Satz 2 anzuwenden war,

f) die, soweit sie nicht zu den Einkünften im Sinne der Nr. 2, Bst. a gehören, durch

aa) Vermietung und Verpachtung oder

bb) Veräußerung

von inländischem unbeweglichem Vermögen, von Sachinbegriffen oder Rechten, die im Inland belegen oder in ein inländisches öffentliches Buch oder Register eingetragen sind oder deren Verwertung in einer inländischen Betriebsstätte oder anderen Einrichtung erfolgt, erzielt werden. Als Einkünfte aus Gewerbebetrieb gelten auch die Einkünfte aus Tätigkeiten im Sinne dieses Buchstabens, die von einer Körperschaft im Sinne des § 2 Nr. 1 des Körperschaftsteuergesetzes erzielt werden, die mit einer Kapitalgesellschaft oder sonstigen juristischen Person im Sinne des § 1 Abs. 1 Nr. 1 bis 3 des Körperschaftsteuergesetzes vergleichbar ist, oder

g) die aus der Verschaffung der Gelegenheit erzielt werden, einen Berufssportler als solchen im Inland vertraglich zu verpflichten; dies gilt nur, wenn die Gesamteinnahmen 10'000 Euro übersteigen;

Nr. 3. Einkünfte aus **selbständiger Arbeit** (§ 18 EStG), die im Inland ausgeübt oder verwertet wird oder worden ist, oder für die im Inland eine feste Einrichtung oder eine Betriebsstätte unterhalten wird;

Nr. 4. Einkünfte aus **nichtselbständiger Arbeit** (§ 19 EStG), die

a) im Inland ausgeübt oder verwertet wird oder worden ist,

b) aus inländischen öffentlichen Kassen einschließlich der Kassen des Bundeseisenbahnvermögens und der Deutschen Bundesbank mit Rücksicht auf ein gegenwärtiges oder früheres Dienstverhältnis gewährt werden, ohne dass ein Zahlungsanspruch gegenüber der inländischen öffentlichen Kasse bestehen muss,

c) als Vergütung für eine Tätigkeit als Geschäftsführer, Prokurist oder Vorstandsmitglied einer Gesellschaft mit Geschäftsleitung im Inland bezogen werden,

d) als Entschädigung im Sinne des § 24 Nr. 1 für die Auflösung eines Dienstverhältnisses gezahlt werden, soweit die für die zuvor ausgeübte Tätigkeit bezogenen Einkünfte der inländischen Besteuerung unterlegen haben,

e) an Bord eines im internationalen Luftverkehr eingesetzten Luftfahrzeugs ausgeübt wird, das von einem Unternehmen mit Geschäftsleitung im Inland betrieben wird;

Nr. 5. Einkünfte aus **Kapitalvermögen**

a) im Sinne des § 20 Abs. 1 Nr. 1 (im Wesentlichen Dividenden) mit Ausnahme der Erträge aus Investmentanteilen im Sinne des § 2 des Investmentsteuergesetzes, Nr. 2, 4, 6 und 9, wenn der Schuldner Wohnsitz, Geschäftsleitung oder Sitz im Inland hat oder wenn es sich um Fälle des § 44 Abs. 1 Satz 4 Nr. 1 Bst. a Doppelbuchstabe bb dieses

Gesetzes handelt; dies gilt auch für Erträge aus Wandelanleihen und Gewinnobligationen,

b) § 20 Abs. 1 Nr. 1 in Verbindung mit den §§ 2 und 7 des Investmentsteuergesetzes

aa) bei Erträgen i. S. d. § 7 Abs. 3 des Investmentsteuergesetzes,

bb) bei Erträgen im Sinne des § 7 Abs. 1, 2 und 4 des Investmentsteuergesetzes, wenn es sich um Fälle des § 44 Abs. 1 Satz 4 Nr. 1 Bst. a Doppelbuchstabe bb dieses Gesetzes handelt,

c) § 20 Abs. 1 Nr. 5 und 7 (im Wesentlichen Zinsen), wenn

cc) das Kapitalvermögen durch inländischen Grundbesitz, durch inländische Rechte, die den Vorschriften des bürgerlichen Rechts über Grundstücke unterliegen, oder durch Schiffe, die in ein inländisches Schiffsregister eingetragen sind, unmittelbar oder mittelbar gesichert ist. Ausgenommen sind Zinsen aus Anleihen und Forderungen, die in ein öffentliches Schuldbuch eingetragen oder über die Sammelurkunden im Sinne des § 9a des Depotgesetzes oder Teilschuldverschreibungen ausgegeben sind, oder

dd) das Kapitalvermögen aus Genussrechten besteht, die nicht in § 20 Abs. 1 Nr. 1 genannt sind,

d) § 43 Abs. 1 Satz 1 Nr. 7 Bst. a, Nr. 9 und 10 sowie Satz 2, wenn sie von einem Schuldner oder von einem inländischen Kreditinstitut oder einem inländischen Finanzdienstleistungsinstitut im Sinne des § 43 Abs. 1 S. 1 Nr. 7 Bst. b einem anderen als einem ausländischen Kreditinstitut oder einem ausländischen Finanzdienstleistungsinstitut

aa) gegen Aushändigung der Zinsscheine ausgezahlt oder gutgeschrieben werden und die Teilschuldverschreibungen nicht von dem Schuldner, dem inländischen Kreditinstitut oder dem inländischen Finanzdienstleistungsinstitut verwahrt werden oder

bb) gegen Übergabe der Wertpapiere ausgezahlt oder gutgeschrieben werden und diese vom Kreditinstitut weder verwahrt noch verwaltet werden.

§ 20 Abs. 3 gilt entsprechend;

Nr. 6. Einkünfte aus **Vermietung und Verpachtung** (§ 21 EStG), soweit sie nicht zu den Einkünften im Sinne der Nr. 1 bis 5 gehören, wenn das unbewegliche Vermögen, die Sachinbegriffe oder Rechte im Inland belegen oder in ein inländisches öffentliches Buch oder Register eingetragen sind oder in einer inländischen Betriebsstätte oder in einer anderen Einrichtung verwertet werden;

Nr. 7. **Sonstige Einkünfte** im Sinne des § 22 Nr. 1 Satz 3 Bst. a, die von den inländischen gesetzlichen Rentenversicherungsträgern, der inländischen landwirtschaftlichen Alterskasse, den inländischen berufsständischen Versorgungseinrichtungen, den inländischen Versicherungsunternehmen oder sonstigen inländischen Zahlstellen gewährt werden; dies gilt entsprechend für Leibrenten und andere Leistungen ausländischer Zahlstellen, wenn die Beiträge, die den Leistungen zugrunde liegen, nach § 10 Abs. 1 Nr. 2 ganz oder teilweise bei der Ermittlung der Sonderausgaben berücksichtigt wurden;

Nr. 8. **Sonstige Einkünfte** im Sinne des § 22 Nr. 2, soweit es sich um private **Veräußerungsgeschäfte** handelt, mit

a) inländischen Grundstücken oder

b) inländischen Rechten, die den Vorschriften des bürgerlichen Rechts über Grundstücke unterliegen;

Nr. 8a. Sonstige Einkünfte im Sinne des § 22 Nr. 4;

Nr. 9. Sonstige Einkünfte im Sinne des § 22 Nr. 3, auch wenn sie bei Anwendung dieser Vorschrift einer anderen Einkunftsart zuzurechnen wären, soweit es sich um Einkünfte aus inländischen unterhaltenden Darbietungen, aus der Nutzung beweglicher Sachen im Inland oder aus der Überlassung der Nutzung oder des Rechts auf Nutzung von gewerblichen, technischen, wissenschaftlichen und ähnlichen Erfahrungen, Kenntnissen und Fertigkeiten – zum Beispiel Plänen, Mustern und Verfahren – handelt, die im Inland genutzt werden oder worden sind; dies gilt nicht, soweit es sich um steuerpflichtige Einkünfte im Sinne der Nr. 1 bis 8 handelt;

Nr. 10. sonstige Einkünfte im Sinne des § 22 Nr. 5; dies gilt auch für Leistungen ausländischer Zahlstellen, soweit die Leistungen bei einem unbeschränkt Steuerpflichtigen zu Einkünften nach § 22 Nr. 5 Satz 1 führen würden oder wenn die Beiträge, die den Leistungen zugrunde liegen, nach § 10 Abs. 1 Nr. 2 ganz oder teilweise bei der Ermittlung der Sonderausgaben berücksichtigt wurden.

PRAXISHINWEIS

Auf nationaler Ebene in Deutschland sind neben den Regelungen für beschränkt Steuerpflichtige (§ 49 EStG) auch die umfangreichen Regelungen der §§ 50, 50a, 50d, 50i etc. EStG zu beachten. Es wird auf die einschlägige Kommentierung verwiesen.

II. Deutsche Entstrickungsnormen bei natürlichen Personen

II.1. Allgemeine Einführung

Mit der Beendigung der unbeschränkten Steuerpflicht in Deutschland besteht grundsätzlich die Gefahr, dass der deutsche Fiskus stille Reserven der Einkommensbesteuerung unterwirft, die ansonsten durch den Wegzug seinem weiteren Zugriff entzogen würden (sog. Steuerentstrickung). Insofern geht es um Parallelnormen, wie sie in Kapitel D für den Unternehmensbereich ausführlich dargestellt wurden.

Zwischenzeitlich hat der deutsche Gesetzgeber – bereits lange vor der aktuellen BEPS-Initiative der OECD (vgl. D.II.) – eine Vielzahl von Entstrickungsnormen auch für natürliche Personen formuliert. Diese werden ständig angepasst und erweitert, weshalb nachfolgend nur eine erste allgemeine, exemplarische Übersicht über mögliche Entstrickungsnormen gegeben werden soll, die bei einem privaten Wegzug greifen könnten. Aufgrund der Vielschichtigkeit der einzelnen Normen kann diese Publikation keine Kommentierung ersetzen.

Sofern der betriebliche, gewerbliche oder freiberufliche Bereich erfasst ist, wird auf die detaillierten Ausführungen in D.II. bis D.V. verwiesen. Die erweiterten Mitwirkungspflichten (vgl. D.V.2.) sowie die Benennung von Gläubigern und Zahlungsempfängern (vgl. D.V.4.) gelten grundsätzlich analog für alle Steuerpflichtigen, weshalb hier auf die entsprechenden Passagen im Kapitel D verwiesen wird.

Mögliche Entstrickungsnormen in Deutschland u. a. bei Wegzug von Privatpersonen:

1. **Allgemeiner Entstrickungstatbestand** nach § 4 Abs. 1 Satz 3 ff. EStG[2025], sofern das deutsche Besteuerungsrecht ausgeschlossen oder eingeschränkt wird.[2026] Analog greift nach § 4 Abs. 1 Satz 8, 2. Halbsatz EStG ein allgemeiner Verstrickungstatbestand. Zur finalen Entnahmetheorie bzw. zur finalen Betriebsaufgabetheorie wird auf D.III.4.2.verwiesen;
2. **Altersvorsorgezulagen** bspw. im Zusammenhang mit der sog. Riester-Rente §§ 10a, 79 bis 85, 95 EStG;
3. **§ 15 Abs. 1a EStG;**
4. Die Aufgabe des Gewerbebetriebs gilt als Veräußerung des deutschen Betriebs (vgl. E.II.3.). Auch der Ausschluss oder die Beschränkung des deutschen Besteuerungsrechts gilt per **Fiktion** als Betriebsveräußerung (§ 16 Abs. 3a EStG);
5. **§ 17 Abs. 5 EStG;**
6. **§ 50i EStG** (vgl. nachfolgend E.II.2.);
7. **Wegzugsbesteuerung**: Fiktion des § 6 AStG (vgl. nachfolgend E.II.2.);
8. Etc.

Die Darstellung ist nicht vollständig. Für eine Detailanalyse sowie vollständige Auflistung wird auf die einschlägige Kommentierung verwiesen.

2025 Früher konnten stille Reserven, die durch die Übertragung auf Schweizer Betriebsstätten aufgedeckt wurden, über zehn Jahre verteilt werden. Die Regelung des § 4g EStG kennt diese Möglichkeit für Drittstaaten wie die Schweiz dagegen nicht mehr.

2026 Analog in § 12 KStG.

II.2. Deutsche Wegzugsbesteuerung nach § 6 AStG und EuGH-Rechtsprechung

In der Praxis ist die Fiktion der Wegzugsbesteuerung in § 6 AStG eine der größten Gefahren, aber auch der am meisten auftretende Grund dafür, dass auf einen privaten Wegzug aus Deutschland verzichtet wird. Nach § 6 AStG führt u. a. die Beendigung der unbeschränkten, deutschen Steuerpflicht zur Anwendung einer **Fiktion**, nach der steuerlich unterstellt wird, dass die Beteiligung an der Kapitalgesellschaft in der letzten Sekunde vor dem Wegzug von Deutschland veräußert wird (§ 6 Abs. 1 Satz 1 AStG).

Konkret müssen für die Anwendung von § 6 AStG folgende Voraussetzungen erfüllt sein:

Voraussetzung 1:	Bei einer natürlichen Person,
Voraussetzung 2:	die insgesamt mindestens zehn Jahre in Deutschland unbeschränkt steuerpflichtig war (§ 1 Abs. 1 EStG) und
Voraussetzung 3:	deren unbeschränkte Steuerpflicht durch Aufgabe des Wohnsitzes oder gewöhnlichen Aufenthalts endet oder andere, gleichgestellte Vorgänge greifen (vgl. nachfolgend),
Voraussetzung 4:	wird auf ihre Anteile an in- und ausländischen Kapitalgesellschaften,
Voraussetzung 5:	an denen sie eine wesentliche Beteiligung i. S. d. § 17 Abs. 1 Satz 1 EStG hat
Voraussetzung 6:	im Zeitpunkt der Beendigung der unbeschränkten Steuerpflicht § 17 EStG auch ohne Veräußerung angewandt (Fiktion), wenn im Übrigen für die Anteile zu diesem Zeitpunkt die Voraussetzungen dieser Vorschrift erfüllt sind.

Nach § 6 Abs. 1 Satz 2 führen folgende Tatbestände zu den gleichen Folgen wie die Beendigung der unbeschränkten Steuerpflicht (Voraussetzung 3):

1) Die Übertragung der Anteile durch ganz oder teilweise unentgeltliches Rechtsgeschäft unter Lebenden (Schenkung) oder durch Erwerb von Todes wegen (Erbschaft) auf nicht unbeschränkt steuerpflichtige Personen, oder
2) die Begründung eines Wohnsitzes oder gewöhnlichen Aufenthalts oder die Erfüllung eines anderen ähnlichen Merkmals in einem ausländischen Staat (bspw. in der Schweiz), wenn der Steuerpflichtige auf Grund dessen nach einem Abkommen zur Vermeidung der Doppelbesteuerung als in diesem Staat ansässig anzusehen ist, oder
3) die Einlage der Anteile in einen Betrieb oder eine Betriebsstätte des Steuerpflichtigen in einem ausländischen Staat, oder
4) der Ausschluss oder die Beschränkung des Besteuerungsrechts Deutschlands hinsichtlich des Gewinns aus der Veräußerung der Anteile.

Die wesentliche Beteiligung richtet sich nach § 17 EStG (Voraussetzungen 5 und 6). Hiernach liegt eine wesentliche Beteiligung vor, wenn der Veräußerer innerhalb der letzten fünf Jahre am Kapital der Gesellschaft unmittelbar oder mittelbar zu **mindestens 1 %** beteiligt war. Bei sog. Streubesitz (Beteiligungen von unter 1 % Beteiligungshöhe) greift die Wegzugsbesteuerung nach § 6 AStG nicht. Seit der SEStEG-Gesetzgebung vom 7. 12. 2006 sind auch ausländische Kapitalgesellschaften erfasst (vgl. Voraussetzung 4).

Bei nur vorübergehender Landesabwesenheit entfällt die Wegzugsbesteuerung. Eine vorübergehende Landesabwesenheit soll dabei fünf Jahre betragen bzw. zehn Jahre bei Abwesenheit aus beruflichen Gründen und glaubhaft gemachter Rückkehrabsicht (§ 6 Abs. 3 Sätze 1–2 AStG).

Für die Fiktion der Wegzugsbesteuerung muss der Veräußerungsgewinn ermittelt werden. An Stelle des Veräußerungspreises (§ 17 Abs. 2 EStG) soll der gemeine Wert der Anteile in dem maßgebenden Zeitpunkt treten.[2027] Der gemeine Wert ist grundsätzlich der Preis, der bei einer Veräußerung im gewöhnlichen Geschäftsverkehr erzielt werden kann. Bei der fiktiven Wertermittlung soll – nach Auffassung der deutschen Finanzverwaltung – ein Verlust nicht entstehen können.[2028] In der Literatur gibt es Gegenstimmen[2029], nach denen die Neufassung des § 6 AStG durch die SEStEG Gesetzgebung im Jahr 2006 umfassender sei und über die Regelung im BMF-Schreiben vom 14. 5. 2004 hinausgehe. Letztendlich bestehe die Rechtsfolge in einer uneingeschränkten Anwendung des § 17 EStG, der auch Veräußerungsverluste erfasst. Somit muss – eine Auffassung, die die Autoren teilen – ein solcher Verlust auch im Anwendungsbereich des § 6 AStG realisiert werden können.

Der ermittelte gemeine Wert (§ 6 Abs. 1 Satz 3 AStG) wird um die historischen Anschaffungskosten gemindert und unterliegt dem Teileinkünfteverfahren. Hiernach werden 60 % des Gewinns mit dem individuellen Einkommensteuersatz besteuert.

Da es sich bei der Wegzugsbesteuerung nach § 6 AStG um eine reine Veräußerungsfiktion handelt, d. h. Steuern zu zahlen sind, obwohl kein Liquiditätszufluss gegeben ist, hat die Wegzugsbesteuerung regelmäßig weitreichende Folgen, bis hin zur Abstandnahme vom geplanten Wegzug. Um diesen eventuellen erheblichen Härten vorzubeugen besteht zumindest nach § 6 Abs. 4 AStG auf Antrag die Möglichkeit, gegen Zahlung von Teilbeträgen und der Erbringung von Sicherheitsleistung, die geschuldete Steuer für höchstens 5 Jahre zu stunden.

Die Wegzugsbesteuerung gewährt in bestimmten Fällen für Wertminderungen und damit zugunsten des Steuerpflichtigen eine nachträgliche Anpassungsmöglichkeit des (fiktiven) Veräußerungspreises. Nach § 6 Abs. 6 AStG ist der Veräußerungsgewinn, falls er im Zeitpunkt der Beendigung der Stundung niedriger ist als der ermittelte, fiktive Vermögenszuwachs nach § 6 Abs. 1 AStG, und, falls die Wertminderung bei der Einkommensbesteuerung durch den Zuzugsstaat nicht berücksichtigt wird, in Deutschland zu korrigieren und der Steuerbescheid insoweit zu ändern oder aufzuheben; § 175 Abs. 1 Satz 2 AO gilt entsprechend. Dies gilt nur, soweit der Steuerpflichtige nachweist, dass die Wertminderung betrieblich veranlasst ist und nicht auf eine gesellschaftsrechtliche Maßnahme, insbesondere eine Gewinnausschüttung, zurückzuführen ist.

2027 Die Ermittlung der stillen Reserven wird entsprechend der Verfügung der OFD Münster/Rheinland aus dem Jahr 2007 auf Basis eines Ertragswertverfahrens ermittelt, wobei der Substanzwert als Untergrenze anzusetzen ist (vgl. Verfügung der OFD Münster und OFD Rheinland v. 15. 11. 2007, S 2244 – 1008 – St 14). Keine Anwendung mehr findet das modifizierte Stuttgarter Verfahren.

2028 Vgl. BMF, AStG Anwendungsschreiben v. 14. 5. 2004, IV B 4 – S 1340 – 11/04, Tz. 6.1.3.3.

2029 Vgl. Strunk/Kaminski, in Strunk/Kaminski/Köhler, § 6 AStG Rd. 137 ff.; Wassermeyer, in Flick/Wassermeyer/Baumhoff, § 6 AStG Rd. 51; Schlenker in Blümich, EStG, § 10 d Rd. 47.

EuGH-Urteil zur französischen Wegzugsbesteuerung und die Auswirkungen auf die deutsche Wegzugsbesteuerung

Der EuGH hat mit Urteil vom 11. 3. 2004 in der Rechtssache C 9/02 (Lasteyrie du Saillant)[2030] entschieden, dass die französische Wegzugsbesteuerung gegen den Grundsatz der Niederlassungsfreiheit (Art. 43 EG) verstößt. Die Regelung stelle eine abschreckende Ungleichbehandlung dar, die sich wegen ihrer Unverhältnismäßigkeit hinsichtlich des verfolgten Zieles, der Steuerflucht vorzubeugen, nicht durch zwingende Gründe des Allgemeininteresses rechtfertigen lässt.

Die analoge, deutsche Regelung des § 6 AStG stand im Anschluss zu diesem EuGH Urteil sehr schnell in der Diskussion. Die EU Kommission hatte in ihrem Schreiben vom 19. 4. 2004 (IP/04/493) die deutsche Bundesregierung förmlich dazu aufgefordert, die Rechtsvorschriften über die deutsche Wegzugsbesteuerung natürlicher Personen aufzuheben, da die einschlägige deutsche Regelung (§ 6 AStG) nicht mit dem in den Artikeln 18, 39 und 43 EG-Vertrag verankerten Recht auf Freizügigkeit der Bürger vereinbar ist. Die Kommission stützte sich in ihrer Aufforderung auf das o. g. EuGH-Urteil. Die förmliche Aufforderung erging im Rahmen des Vertragsverletzungsverfahrens (Art. 226 EG-Vertrag).

Deutschland reagierte zunächst mit einem BMF-Schreiben[2031] und anschließend im Rahmen der SEStEG-Gesetzgebung mit den weitreichenden gesetzlichen Änderungen von § 6 AStG. Hiernach gilt seither:

1. Bei einem Wegzug eines unbeschränkt steuerpflichtigen Staatsangehörigen eines Mitgliedsstaats der **EU/EWR** in einen dieser Staaten, ist die Einkommensteuer für den Veranlagungszeitraum des Wegzugs unter Einbeziehung der nach § 6 Abs. 1 AStG entstandene Steuer festzusetzen. Sie wird jedoch **zinslos gestundet**;[2032]
2. Bei einem Wegzug innerhalb der EU/EWR muss sich der Steuerpflichtige jährlich bei der deutschen Finanzverwaltung melden. Zieht der Steuerpflichtige zu einem späteren Zeitpunkt in einen Drittstaat wie bspw. die Schweiz, wird die bei dem Wegzug aus Deutschland zinslos gestundete Steuer erhoben;
3. Bei einem sofortigen Wegzug in einen **Drittstaat** bleibt es bei den eingangs genannten, bisherigen Steuerfolgen aus § 6 AStG, d. h. es erfolgt eine **sofortige Besteuerung** der stillen Reserven (Ausnahme: vorübergehende Landesabwesenheit, § 6 Abs. 3 Sätze 1–3 AStG).

Trotz dieser Änderungen steht die Regelung von § 6 AStG weiterhin in der Kritik. Weiterhin sind viele Auslegungsfragen ungeklärt, Mehrfachbesteuerung droht und die Kompatibilität mit EU-Recht ist weiterhin zweifelhaft.[2033]

Keine Stundungsregelung für (besonderen) Drittstaat Schweiz?

Die Schweiz partizipiert als Drittstaat zunächst nicht an den oben geschilderten Neuregelungen betreffend EU/EWR Staaten. Hintergrund ist, dass die EU-Kommission und der EuGH in der

2030 Vgl. auch IWB 2004, F. 11a, S. 749 mit Anmerkungen von Thömmes.

2031 Vgl. BMF v. 8. 6. 2005, BStBl I 2005, S. 714.

2032 Gemäß FG Düsseldorf v. 27. 9. 2013 – 1 K 3233/11 AO, DStRE 21/2014, S. 1314 ff., löst die gemäß § 6 Abs. 1 AStG geschuldete und nach Maßgabe des § 6 Abs. 5 S. 1 AStG zinslos und ohne Sicherheitsleistung zu stundende Wegzugsteuer keine Nachzahlungszinsen gemäß § 233a AO aus.

2033 Zur Kritik wird exemplarisch auf Wassermeyer, IStR 2013, S. 1 ff m. w. H. verwiesen.

Rechtsache Lasteyrie du Saillant ihre Ansichten auf die in den EU-Grundfreiheiten in den Art. 18, 39 und 43 EG-Vertrag verankerten Freizügigkeiten stützte, d. h. das Recht der Bürger, in einem anderen EU Mitgliedsstaat ihren Wohnsitz zu nehmen, dort zu arbeiten oder sich dort niederzulassen, nicht aber auf die Kapitalverkehrsfreiheit; auf letztere könnten sich auch Ansässige in Drittstaaten wie die Schweiz berufen. Entsprechend hatte der deutsche Gesetzgeber die Stundungsregelung durch die SEStEG-Gesetzgebung auch auf EU/EWR Fälle beschränkt.

PRAXISHINWEIS – DRITTSTAAT SCHWEIZ MIT BESONDEREN RECHTEN AUS DEN BILATERALEN VERTRÄGEN I?

Inwieweit die Schweiz über die Bilateralen Verträge I, die seit 1. 6. 2002 in Kraft sind an EuGH-Urteilen zur Niederlassungsfreiheit partizipieren wird, muss letztendlich der EuGH entscheiden. Die EuGH Rechtsprechung in der Rechtssache Ettwein zeigt, dass der EuGH gleichwohl die in den Bilateralen Verträgen I ebenfalls verankerte Personenfreizügigkeit in seine Rechtsprechung einfließen lässt: Der EuGH entschied zumindest in der Rechtssache Ettwein, dass Deutschland die fiktive unbeschränkte Steuerpflicht auch für in der Schweiz ansässige Deutsche anwenden muss.[2034] Ferner legte das FG Stuttgart dem EuGH die Frage zur Prüfung vor, ob Art. 4 Abs. 4 DBA D-CH eine Diskriminierung wegen der Staatsbürgerschaft und einen Verstoß gegen die Bestimmungen über die Arbeitnehmer- und Personenfreizügigkeit i. S. d. Freizügigkeitsabkommen darstelle.[2035] Die weitere Rechtsentwicklung in diesem Bereich ist zu verfolgen.

Im Verhältnis zur Schweiz ist darüber hinaus Art. 13 Abs. 5 DBA D-CH zu beachten. Mittels Art. 13 Abs. 5 DBA D-CH wird eine Mehrfachbesteuerung vermieden, falls ein „Wegzügler" der deutschen Wegzugsbesteuerung i. S. d. § 6 AStG unterlag. In diesen Fällen ermittelt der neue Ansässigkeitsstaat Schweiz den Gewinn bei einer Veräußerung dadurch, dass nicht die tatsächlichen Anschaffungskosten berücksichtigt werden, sondern der Erlös, der Deutschland im Wegzugsfall der Wegzugsbesteuerung unterworfen hat. Hierdurch wird eine Mehrfachbesteuerung vermieden. Da die Schweiz entsprechende Gewinne regelmäßig nicht besteuert, läuft diese Norm derzeit jedoch ins Leere.

Alternativstrukturen zum Ausschluss der «Wegzugsbesteuerung»

Aufgrund der drohenden Gefahr aus der deutschen Wegzugsbesteuerung i. S. d. § 6 AStG sind alternative Strukturen zu prüfen.

Bei Wegzug in die Schweiz kann durch die Zwischenschaltung einer geeigneten deutschen Personengesellschaftsstruktur eine sofortige Besteuerung vermieden werden. Die Einbringung der Anteile an der Kapitalgesellschaft in eine deutsche Personengesellschaft kann mittels verdeckter Einlage vor dem Wegzug grundsätzlich steuerneutral gestaltet werden.

Zu beachten ist, dass sich die internationalen steuerlichen Anforderungen an geeignete Personengesellschaftsstrukturen im Wandel befinden; dies betrifft insbesondere Personengesellschaften, die im deutschen Steuerrecht bereits aufgrund ihrer formalen Ausgestaltung als gewerbliche Unternehmen qualifizieren. Aufgrund der BFH-Rechtsprechung reicht eine gewerblich geprägte Personengesellschaft nicht mehr aus.[2036] Heute muss eine solche GmbH & Co. KG –

2034 Vgl. EuGH v. 28. 2. 2013, C-425/11. Das BMF reagierte schnell mit dem BMF-Schreiben v. 16. 9. 2013, BStBl. I 2013, S. 1325 und lässt die Anwendung von § 1a Abs. 1 EStG auch für Staatsangehörige eines Mitgliedsstaates der EU/EWR zu, wenn der Empfänger der Leistungen i. S. d. § 1a Abs. 2 Nr. 1 und 1a, die ausgleichsberechtigte Person i. S. d. Nr. 1b oder der Ehegatte/Lebenspartner i. S. d. Nr. 2 seinen/ihren Wohnsitz oder gewöhnlichen Aufenthalt in der Schweiz haben. Diese Regelung gilt für alle noch nicht bestandskräftigen Fälle.

2035 Vgl. FG Baden-Württemberg v. 3. 6. 2014 Az. 3K 2654/11am EuGH unter dem Az. C – 241/14 anhängig.

2036 Vgl. ausführlich hierzu B.VII.2.

wie jede andere Personengesellschaftsstruktur – durch eine originäre gewerbliche Tätigkeit als unter den Abkommensschutz fallende Betriebsstätte ausgestaltet werden, um vor den Folgen der Wegzugsbesteuerung zu schützen. Hierzu könnte grundsätzlich auch ein steuerneutraler Formwechsel der Kapitalgesellschaft in eine Personengesellschaft zum gewünschten steuerlichen Ergebnis führen. Infolge der vielfachen Änderungen im Rahmen des sog. SEStEG entsteht bei dem Formwechsel aber ggf. eine Steuerpflicht auf einen Übernahmegewinn der Personengesellschaft.

PRAXISHINWEIS

Die Folgen der deutschen Wegzugsbesteuerung (§ 6 AStG) können durch geeignete Strukturen, die jedoch bereits vor Wegzug zu implementieren sind, vermieden werden: Zum einen kann die Kapitalgesellschaft in eine Personengesellschaft formgewechselt werden. Zum anderen können die Anteile an der Kapitalgesellschaft mittels verdeckter Einlage (§ 6 Abs. 1 Nr. 5b EStG), ohne Gewährung von Gesellschaftsrechten oder sonstiger Gegenleistungen, steuerneutral in eine Personengesellschaft eingelegt werden.[2037] Hierbei wird meistens eine Personengesellschaft in der Rechtsform der GmbH & Co. KG. verwendet.

Durch beide Alternativgestaltungen kann zwar im Einzelfall der Wegzug steuerneutral gestaltet werden, allerdings bleibt der Wegzügler hierdurch zukünftig sowohl hinsichtlich der Ertragsbesteuerung als auch der Erbschaftsteuer in der deutschen Steuerpflicht verhaftet.[2038]

Weitere Investitionen sollten daher ggf. zukünftig über eine (neue) Schweizer (Parallel) Struktur getätigt werden, um bei der Einkommen- und Erbschaftsteuer ausschließlich unter die entsprechenden vorteilhaften Schweizer Vorschriften zu fallen. Der Wegzug ist somit aus steuerlichen Gesichtspunkten nur dann wirklich attraktiv, wenn die Einkünfte und die Vermögensstrukturen im Wesentlichen außerhalb Deutschland liegen bzw. zukünftig strukturiert werden können oder in großem Umfang in liquiden Mitteln bestehen, die entsprechend umgeschichtet werden können.

Steuerneutrale Entstrickung in Altfällen? Greift § 50i EStG?

Der BFH kam zum Ergebnis, dass ausschließlich gewerblich geprägte Personengesellschaften nicht unter den abkommensrechtlichen Vorbehalt von Betriebsstätten bzw. Personengesellschaften fallen.[2039] Hierdurch gerät die deutsche Finanzverwaltung in eine Bredouille. Personen, die schon früher weggezogen sind und ihre wesentlichen Anteile an einer Kapitalgesellschaft (§ 17 EStG) vorab steuerneutral in eine ausschließlich gewerblich geprägte Personengesellschaft eingebracht hatten, um somit – wie früher akzeptiert – die Wegzugsbesteuerung nach § 6 AStG auszuschließen, sind faktisch weggezogen, ohne dass in Deutschland (damals) die Wegzugsbesteuerung (§ 6 AStG) ausgelöst wurde, und, ohne dass Deutschland (heute) faktisch ein DBA-Besteuerungsrecht für die laufenden Einkünfte bzw. bei der Veräußerung der Anteile oder in Erbschaftsteuerfällen zugestanden werden kann.

2037 Vgl. auch BMF v. 26. 11. 2004, BStBl I 2004, S. 1190.

2038 Die laufenden Erträge aus der (gewerblich tätigen) deutschen Personengesellschaft stellen Unternehmensgewinne dar, für die das abkommensrechtliche Besteuerungsrecht auch weiterhin dem Staat des Unternehmens – vorliegend also Deutschland – zusteht. Dies gilt für die aus Deutschland stammenden Einkünfte sowohl aufgrund der allgemeinen DBA-Grundsätze (Art. 7 Abs. 7 i. V. m. Art. 5 DBA D-CH) als auch aufgrund einer nach dem Wegzug in die Schweiz zeitlich befristet gültigen Sondernorm im DBA (Art. 4 Abs. 4 DBA D-CH; diese Norm wurde dem EuGH zur Prüfung vorgelegt).

2039 Zur Entwicklung und zum Diskussionsstand vgl. B.VII.2.

Der deutsche Gesetzgeber hat schnell reagiert und mit **§ 50i EStG** eine Aufgriffsnorm geschaffen, die gerade in diesen „Altfällen“ greifen soll, sodass Deutschland wiederum ein Besteuerungsrecht zustünde. Konkret greift § 50i EStG u. a. dann, wenn[2040]

1. die Einlage von Anteilen i. S. d. § 17 EStG oder von Wirtschaftsgütern des Betriebsvermögens vor dem 29. 6. 2013 in das Betriebsvermögen einer gewerblich geprägten Personengesellschaft i. S. d. § 15 Abs. 3 EStG[2041] erfolgte,
2. die Übertragung bzw. Überführung steuerneutral vorgenommen wurde,
3. die Ansässigkeit in einem anderem DBA-Staat eingegangen wurde und
4. eine spätere Veräußerung oder Entnahme erfolgt.

§ 50i EStG wurde mit dem AmtshilfeRLUmsG eingeführt. Als im März 2014 in der Presse die der verbindlichen Auskunft zu Grunde liegenden Gestaltungen von Wolfgang Porsche bekannt wurden (Rückverlegung des persönlichen Wohnsitzes nach Österreich und anschließende Umwandlung), wurde der deutsche Gesetzgeber umgehend tätig und hat § 50i EStG im Rahmen des sog. Kroatien-Anpassungsgesetzes vom 25. 7. 2014 um einen Absatz ergänzt, der in § 50i Abs. 2 EStG eingefügt wurde. Hiermit sollen Umwandlungsmaßnahmen nach einem Wegzug mit steuerneutraler Entstrickung aus der deutschen Besteuerung vermieden werden können.

PRAXISHINWEIS

Es handelt sich bei dieser Norm um einen klassischen Treaty Override durch die deutsche Finanzverwaltung, gegen den Rechtsmittel eingelegt werden sollte, zumal die Verfassungsmäßigkeit von Treaty Overrides vor der Überprüfung durch das Bundesverfassungsgericht steht.[2042] Darüber hinaus stellt sich die Frage der verfassungswidrigen Rückwirkung dieser Norm. Die faktische, steuerneutrale Entstrickung fanden teilweise schon Jahre vor der Einführung von § 50i EStG statt. Eine heutige Anwendung auf diese Vorgänge wäre u. E. eine echte verfassungswidrige Rückwirkung. Ferner sollte parallel ggf. der Weg über das Verständigungs- und das anschließende Schiedsverfahren geprüft werden (vgl. auch B.XVIII.).

II.3. Aufgabe des Gewerbebetriebs

Sofern im Rahmen des Wegzugs einer natürlichen Person auch der deutsche Betrieb aufgegeben wird, gilt dies als Veräußerungsvorgang (§ 16 Abs. 3 EStG). Ein etwaiger Gewinn zählt zu den steuerpflichtigen Einkünften aus Gewerbebetrieb (§ 16 Abs. 1 EStG). Auch der Ausschluss oder die Beschränkung des deutschen Besteuerungsrechts gilt per Fiktion als Betriebsveräußerung (§ 16 Abs. 3a EStG). Allerdings reicht der private Wegzug alleine nicht aus, um die steuerlichen Konsequenzen auszulösen. Vielmehr muss auch eine Betriebsaufgabe vorliegen oder der Gewerbebetrieb als solcher ganz oder teilweise ins Ausland verlegt werden, damit Deutschland sein Besteuerungsrecht verliert.

In einem anderen Fall hat der BFH bereits in den 70 er Jahren entschieden,[2043] dass im Falle eines Wegzugs eines Forschers oder Erfinders eine Betriebsaufgabe vorliegen kann und somit stille Reserven beim Wegzug zu versteuern sind.

2040 Vgl. auch BMF v. 26. 9. 2014 IV B 5 – S 1300/09/10003, Anwendung der Doppelbesteuerungsabkommen auf Personengesellschaften, Tz. 2.3.3.

2041 Unter § 15 Abs. 3 EStG fallen gewerblich geprägte und gewerblich infizierte Personengesellschaften. Gemäß § 50i Abs. 1 S. 1 EStG sind auch Betriebsaufspaltungen erfasst.

2042 Vgl. BFH. v. 10. 1. 2012, I R 66/09, DStR 2012, S. 949.

2043 Vgl. BFH v. 13. 10. 1976, BStBl II 1977, S. 76.

II.4. Grundbesitz in Deutschland

Beim Wegzug in die Schweiz unterliegen die laufenden Einkünfte aus Vermietung und Verpachtung von Immobilien etc., die in Deutschland belegen sind, auch weiterhin als inländische Quelleneinkünfte der erweitert beschränkten (§ 2 AStG) oder der beschränkten deutschen Steuerpflicht (§ 1 Abs. 4 i.V. m. § 49 Abs. 1 Nr. 6 EStG).

Auch abkommensrechtlich verbleibt es beim deutschen Besteuerungsrecht. Deutschland hat nach Art. 6 Abs. 1 DBA D-CH das abkommensrechtliche Besteuerungsrecht für die laufenden Vermietungs- und Verpachtungseinkünfte und nach Art. 13 Abs. 1 DBA D-CH das abkommensrechtliche Besteuerungsrecht für den Veräußerungserlös aus einem etwaigen Verkauf der Immobilie.

Der deutsche Fiskus verliert beim Wegzug nicht sein Besteuerungsrecht, sodass eine Aufdeckung der stillen Reserven im Zeitpunkt des Wegzugs nicht erforderlich ist.

III. Erbschaftsteuer: Nationale, deutsche Regelungen und die (Sonder-)Regelungen im ErbSt-DBA D-CH

III.1. Nationale Regelungen in Deutschland

Soweit nachfolgend von den einschlägigen, deutschen Erbschaftsteuervorschriften die Rede ist, gilt dies grundsätzlich auch für die deutsche **Schenkungsteuer**. Eine elementare Ausnahme liegt beim ErbSt-DBA D-CH vor (vgl. E.III.2.).[2044]

III.1.1. Unbeschränkte, erweitert unbeschränkte und fiktive unbeschränkte Erbschaftsteuerpflicht in Deutschland

Nach dem deutschen ErbStG ist ein Vermögensübergang aufgrund von Erbschaft oder Schenkung in Deutschland unbeschränkt, d. h. bzgl. des gesamten Vermögens, auch des ausländischen, steuerpflichtig (Weltvermögensprinzip), wenn

1. der Erblasser bzw. Schenker oder
2. der Begünstigte (Erbe oder Beschenkte)

in Deutschland seinen Wohnsitz oder seinen gewöhnlichen Aufenthalt hat (unbeschränkte Steuerpflicht, § 2 Abs. 1 Nr. 1a ErbStG). Für die Anwendung der unbeschränkten, deutschen Erbschaft- und Schenkungsteuerpflicht reicht es hiernach u. a. aus, dass Erblasser/Schenker oder alternativ Erben/Beschenkte in Deutschland ansässig sind. Hinsichtlich Wohnsitz oder gewöhnlicher Aufenthalt wird auf die ausführliche Diskussion in E.I.1. verwiesen.

Selbst nach dem Wegzug kann die sog. **erweitert unbeschränkte Erbschaftsteuerpflicht** greifen. Wie aus § 2 Abs. 1 Nr. 1b ErbStG hervorgeht, muss – bei Vorliegen der deutschen Staatsbürgerschaft – der Wohnsitzwechsel von Erblasser und Erbe mindestens fünf Jahre vor dem Vermögensübergang stattgefunden haben. Andernfalls ist die Übertragung sowohl von inländischem als auch von ausländischem Vermögen in Deutschland erbschaftsteuerpflichtig (erweiterte unbeschränkte Steuerpflicht).[2045] Es wird insofern auch zutreffend von der sog. **nachgelagerten**, unbeschränkten Erbschafsteuerpflicht gesprochen. Mit dem Wegfall bzw. fehlender deutscher Staatsbürgerschaft greift die erweitert bzw. nachgelagerte unbeschränkte Erbschaftsteuerpflicht nicht (mehr).

Infolge der EuGH Rechtssache Mattner wurde die **fiktive unbeschränkte Erbschaft- und Schenkungsteuerpflicht** eingeführt (§ 2 Abs. 3 ErbStG). Nur auf expliziten Antrag kann auch für Gebietsfremde EU/EWR Erblasser und Erben bzw. Schenker und Beschenkte die Regelungen zur unbeschränkten Steuerpflicht Anwendung finden (einschließlich der Freibeträge nach § 16 Abs. 2 ErbStG). Die Antragsfristen sind zu beachten. Nachteilig ist insofern, dass auch Erwerbe der letzten zehn Jahre vor dem Vermögensanfall (sog. Vorerwerbe) offengelegt und ggf. der deutschen Besteuerung unterworfen werden müssen – dies gilt analog für Erwerbe innerhalb von zehn

2044 Die Bundesregierung hat am 3.12.2014 den vom BMJV vorgelegten Entwurf zur Durchführung der europäischen Erbrechtsverordnung beschlossen. „Mit dem geplanten Gesetz wird die Nachlassplanung und -abwicklung in Erbfällen mit Auslandsberührung erheblich vereinfacht", erklärte Bundesjustiz- und Verbraucherschutzminister Heiko Maas anlässlich des Kabinettsbeschlusses (vgl. BMJV, Pressemitteilung vom 3.12.2014).

2045 Für das EuGH Urteil in der RS van Hilten wird u. a. auf IStR 2006, S. 309 ff. verwiesen. In Bezug zur Anwendbarkeit bei Wegzug in Drittstaaten wie die Schweiz vgl. Bron, IStR 2006, S. 296 ff.

Jahren nach dem Vermögensanfalls von derselben Personen (§§ 2 Abs. 3 und 14 ErbStG). Somit werden bei entsprechendem Antrag grundsätzlich alle entsprechenden Vermögenswerte in die unbeschränkte, deutsche Erbschaft- und Schenkungsteuerpflicht gezogen.

Entgegen der EuGH Rechtsprechung in der Rechtssache Welte (vgl. nachfolgender Praxishinweis), hat Deutschland die Norm des § 2 Abs. 3 ErbStG bisher nicht auf Drittstaatenfälle ausgeweitet. Hier greift wohl die anteilige Gewährung der Freibeträge für das Inlandsvermögen.[2046] Ansonsten ist hier aktuell weiterhin der Rechtsweg zu wählen, wobei das EuGH Urteil in der Rs C-211/13 (Kommission/Deutschland, vgl. nachfolgenden Praxishinweis) nochmals klarstellte, dass Deutschland insofern gegen die Kapitalverkehrsfreiheit verstoße.

PRAXISHINWEIS – DIVERSE EUGH-URTEILE

EuGH in der Rechtssache Mattner – EU/EWR Fall der Schenkung einer Immobilie

Der EuGH hat in seinem Urteil vom 22. 4. 2010 in der Rechtssache Mattner[2047] auf die ungerechtfertigte Ungleichbehandlung von beschränkt und unbeschränkt Erbschaftsteuerpflichtigen hingewiesen. Frau Mattner war deutsche Staatsangehörige, die seit 35 Jahren in den Niederlanden lebte. Der niederländische Wohnsitz führte bei Frau Mattner zu einem erheblichen Steuernachteil, als sie von ihrer Mutter (ebenfalls wohnhaft in den Niederlanden) eine Immobilie in Deutschland geschenkt bekam und ihr nur der Freibetrag in Höhe von EUR 2'000 gewährt wurde. Hintergrund: Deutschland gewährt für in Deutschland unbeschränkt Steuerpflichtige – je nach Verwandtschaftsgrad – Freibeträge von EUR 20'000 bis zu EUR 500'000 (§ 16 Abs. 1 ErbStG), wohingegen im Ausland ansässige Schenker bzw. Erblasser sowie Erwerber nur einen Freibetrag in Höhe von EUR 2'000 geltend machen können (§ 16 Abs. 2 ErbStG). Der deutsche Gesetzgeber reagierte mit der Einführung von § 2 Abs. 3 ErbStG,[2048] wonach auf Antrag von der beschränkten zur unbeschränkten Steuerpflicht optiert werden kann (fiktive unbeschränkte Steuerpflicht bei Ansässigkeit in der EU/EWR) inklusive der höheren Freibeträge gemäß § 16 Abs. 1 ErbStG. Allerdings finden Vor-/Nacherwerbe Berücksichtigung.

EuGH in der Rechtssache Welte – Drittstaatenfall des Erwerbs einer Immobilie von Todes wegen

Die Eheleute Welte lebten in der Schweiz. Die verstorbene Frau Welte war Eigentümerin einer Immobilie in Deutschland, die sie ihrem Ehemann vererbte. Daneben gehörten zum Nachlass auch Bankguthaben in der Schweiz und in Deutschland. In der Rechtssache Welte urteilte der EuGH am 17. 10. 2013 (C-181/12), dass die Freibeträge für unbeschränkt Steuerpflichtige (§ 16 Abs. 1 ErbStG) auch für gebietsfremde Drittstaatenangehörige greifen müssen, da ansonsten gegen die Kapitalverkehrsfreiheit verstoßen wird.

EuGH in der Rechtssache C-211/13 (Kommission/Deutschland)

Die EU Kommission und der EuGH kamen zu dem Ergebnis, dass die deutsche Regelung zumindest in der Fassung vor der Einführung der fiktiven unbeschränkten Steuerpflicht (§ 2 Abs. 3 ErbStG) nicht mit den EU Grundfreiheiten im Einklang steht. Offen bleibt, ob das deutsche Schenkung- und Erbschaftsteuergesetz auch unter Berücksichtigung der neu eingeführten Antragsmöglichkeit (siehe vorausstehend) europarechtswidrig ist. Da im vorliegenden EuGH Verfahren Deutschland seine Ergänzung von § 2 Abs. 3 ErbStG vorgetragen hat, erscheint es so, dass der EuGH diese nicht weit genug ginge und Deutschland weiterhin gegen zwingende EU Grundfreiheiten verstoße. In jedem Fall hat der EuGH in seinem Urteil vom 4. 9. 2014 (C-211/13) entschieden, dass Deutschland mit den geringeren Freibeträgen, die Ausländer im Rahmen der beschränkten Steuerpflichtig erhalten (§ 16 Abs. 2 ErbStG),[2049] gegen die Verpflichtungen aus Art. 63 AEUV (Kapitalverkehrsfreiheit) verstoße.

2046 Vgl. OFD NRW v. 29. 7. 2014, Kurzinformation Nr. 003/2014.

2047 Vgl. EuGH v. 22. 4. 2010, C-510/08, BFH/NV 10, S. 1212.

2048 Findet nach § 37 Abs. 7 ErbStG auf alle Erwerbe ab 13. 12. 2011 Anwendung, auf Antrag auch für frühere Erwerbe, soweit die Steuerbescheide noch nicht bestandskräftig sind.

2049 Bei beschränkt Steuerpflichtigen beträgt der Freibetrag EUR 2'000 (§ 16 Abs. 2 ErbStG). Bei unbeschränkter, deutscher Erbschaftsteuerpflicht könnte je nach Verwandtschaftsgrad nach § 16 Abs. 1 ErbStG ein Freibetrag von bis zu EUR 500'000 greifen.

Neues EuGH Verfahren

Der 4. Senat des FG Düsseldorf legte mit Beschluss vom 22.10.2014 (4 K 488/14 Erb) dem EuGH die Regelung des § 2 Abs. 3 ErbStG vor. Das FG Düsseldorf hat u. a. erhebliche Zweifel, ob sich durch die notwendige Antragsstellung zwecks Anwendung von § 2 Abs. 3 ErbStG an der Unionswidrigkeit von § 16 Abs. 2 ErbStG (geringere Freibeträge für Gebietsfremde) etwas geändert hat.

III.1.2. Erweitert beschränkte Erbschaftsteuerpflicht in Deutschland

Wenn eine Person, die in den letzten zehn Jahren vor ihrem Wegzug ins Ausland mindestens fünf Jahre lang als deutscher Staatsbürger in Deutschland unbeschränkt steuerpflichtig war, in ein niedrig besteuertes Land umzieht und weiterhin wesentliche wirtschaftliche Interessen in Deutschland hat, greift die sog. erweitert beschränkte Erbschaftsteuerpflicht in Deutschland (§ 4 AStG). § 4 AStG greift insofern auf die ertragsteuerliche Norm des § 2 AStG zurück (vgl. E.I.2.1.).

Demnach unterliegt innerhalb eines Zeitraums von zehn Jahren nach dem Ende der unbeschränkten Steuerpflicht in Deutschland nicht nur das unter § 121 BewG fallende Inlandsvermögen des Erblassers (vgl. nachfolgender Gliederungspunkt) der deutschen Erbschaftsteuerpflicht, sondern zusätzlich auch das Vermögen, dessen Erträge nicht ausländische Einkünfte i. S. d. § 34c EStG sind. Konkret erstreckt sich die erweitert beschränkte Erbschaft- bzw. Schenkungsteuerpflicht nach Tz. 4.1.1 AStG-Anwendungsschreiben über das in § 2 Abs. 1 Nr. 3 ErbStG i. V. m. § 121 BewG genannte Inlandsvermögen hinaus auf:[2050]

1. Kapitalforderungen gegen Schuldner im Inland;
2. Spareinlagen und Bankguthaben bei Geldinstituten im Inland;
3. Aktien und Anteile an Kapitalgesellschaften, Investmentfonds und offenen Immobilienfonds sowie Geschäftsguthaben bei Genossenschaften im Inland;
4. Ansprüche auf Renten und andere wiederkehrende Leistungen gegen Schuldner im Inland sowie Nießbrauchs- und Nutzungsrechte an Vermögensgegenständen im Inland;
5. Erfindungen und Urheberrechte, die im Inland verwertet werden;
6. Versicherungsansprüche gegen Versicherungsunternehmen im Inland;
7. Bewegliche Wirtschaftsgüter, die sich im Inland befinden;
8. Vermögen, dessen Erträge nach § 5 AStG der erweitert beschränkten Steuerpflicht unterliegen (Tz. 2.5.0.1 Nr. 9);
9. Vermögen, das nach § 15 AStG dem erweitert beschränkt Steuerpflichtigen zuzurechnen ist (Tz. 15.5).

Die erweitert beschränkte Erbschaftsteuerpflicht greift erst nach dem Ende der erweitert unbeschränkten Erbschaftsteuerpflicht, also nach Ablauf von fünf Jahren nach dem Wegzug aus Deutschland.

Die Anwendung der erweitert beschränkten Erbschaftsteuerpflicht ist ausgeschlossen, wenn keine wesentlichen, wirtschaftlichen Interessen in Deutschland vorliegen (vgl. § 4 Abs. 1 i. V. m.

2050 Nachfolgend Zitatbeginn von Tz. 4.1.1 AStG-Anwendungsschreiben. Immer dann, wenn nachfolgend von Inland, inländischen etc. die Rede ist, bezieht sich dies auf Deutschland.

§ 2 Abs. 1 Satz 1 AStG). Ein weiterer Ausschluss besteht, wenn das betreffende Vermögen im Ausland einer Erbschaftsbesteuerung unterliegt, die mindestens 30 % der deutschen Erbschaftsteuer beträgt (§ 4 Abs. 2 AStG). Im Verhältnis zur Schweiz ist dies regelmäßig nicht erfüllt.

III.1.3. Beschränkte Erbschaftsteuerpflicht in Deutschland

Nach § 2 Abs. 1 Nr. 3 ErbStG i.V. m. § 121 BewG besteht die deutsche Erbschaftsteuerpflicht für inländisches, also deutsches Vermögen, auch nach dem Wegzug aller Beteiligten fort. Eine zeitliche Befristung wie bei der erweitert unbeschränkten bzw. erweitert beschränkten Steuerpflicht gibt es nicht, d. h. sie gilt zeitlich unbefristet.

Unter die beschränkte Erbschaftsteuerpflicht fällt nach § 121 Bewertungsgesetz (BewG) u. a.:[2051]

1. Inländisches land- und forstwirtschaftliches Vermögen (§ 121 Nr. 1 BewG);
2. Inländisches Grundvermögen (§ 121 Nr. 2 BewG);
3. Inländisches Betriebsvermögen (vgl. § 121 Nr. 3 BewG). Als solches gilt das Vermögen, das einem in Deutschland betriebenen Gewerbe dient, wenn hierfür in Deutschland eine Betriebsstätte unterhalten wird oder ein ständiger Vertreter bestellt ist;
4. Anteile an Kapitalgesellschaften mit Sitz oder Geschäftsleitung in Deutschland (§ 121 Nr. 4 BewG) ab einer mittelbaren oder unmittelbaren Beteiligungsquote von 10 % (einschließlich nahe stehender Personen i. S. d. § 1 Abs. 2 AStG);[2052]
5. Gewisse Erfindungen, Gebrauchsmuster und Topographien, die in einem inländischen Buch oder Register eingetragen sind (§ 121 Nr. 5 BewG);
6. Wirtschaftsgüter, die nicht unter die hier zitierten Nummern 1, 2 und 5 fallen und einem inländischen Gewerbebetrieb überlassen, insbesondere an diesen vermietet oder verpachtet sind (§ 121 Nr. 6 BewG);
7. Hypotheken, Grundschulden, Rentenschulden und andere Forderungen oder Rechte, wenn sie durch inländischen Grundbesitz, durch inländische grundstücksgleiche Rechte etc. gesichert sind. Ausgenommen sind Anleihen und Forderungen, über die Teilschuldverschreibungen ausgegeben wurden (§ 121 Nr. 7 BewG);
8. Forderungen aus der Beteiligung an einem Handelsgewerbe als stiller Gesellschafter und aus partiarischen Darlehen, wenn der Schuldner Wohnsitz oder gewöhnlichen Aufenthalt, Sitz oder Geschäftsleitung in Deutschland hat (§ 121 Nr. 8 BewG);
9. Bestimmte Nutzungsrechte an Inlandsvermögen (§ 121 Nr. 9 BewG).

PRAXISHINWEIS

Diese Vermögenswerte müssten daher vor dem Erbfall ins Ausland übertragen bzw. verkauft werden, um die deutsche Erbschaftsteuer bereits auf Basis der nationalen, deutschen Normen zu vermeiden. Dies ist vor dem Hintergrund der ertragsteuerlichen Belastung der Aufdeckung von stillen Reserven im Zuge einer Übertragung zumindest für das deutsche Betriebsvermögen (vgl. D.II./III. und E.II.) regelmäßig nicht sinnvoll. Eine vorausschauende Planung ist notwendig.

2051 Immer dann, wenn nachfolgend von Inland, inländischen etc. die Rede ist, bezieht sich dies auf Deutschland.

2052 Bei der Ermittlung des Umfangs der Beteiligung sind neben den unmittelbar gehaltenen Anteilen auch die mittelbar gehaltenen Anteile zu berücksichtigen (R 4 Abs. 3 S. 3 ErbStR). Steuerpflichtiges Inlandsvermögen selbst ist dann wiederum ausschließlich die unmittelbar gehaltene Beteiligung.

Ein elementarer Nachteil der beschränkten Erbschaftsteuerpflicht ist nicht zu vernachlässigen. Nachdem im Rahmen der unbeschränkten Erbschaftsteuerpflicht teilweise hohe Freibeträge gewährt werden (§ 16 Abs. 1 ErbStG), reduziert sich dieser Freibetrag im Rahmen der beschränkten Erbschaftsteuerpflicht auf EUR 2'000 (§ 16 Abs. 2 ErbStG).

III.1.4. Grafische Darstellung der möglichen, deutschen Besteuerungsnormen

Die in den Gliederungspunkten E.III.1.1. – E III.1.3. dargestellten, deutschen Besteuerungsnormen können grafisch mit der folgenden zeitlichen Anwendungsreihenfolge dargestellt werden:[2053]

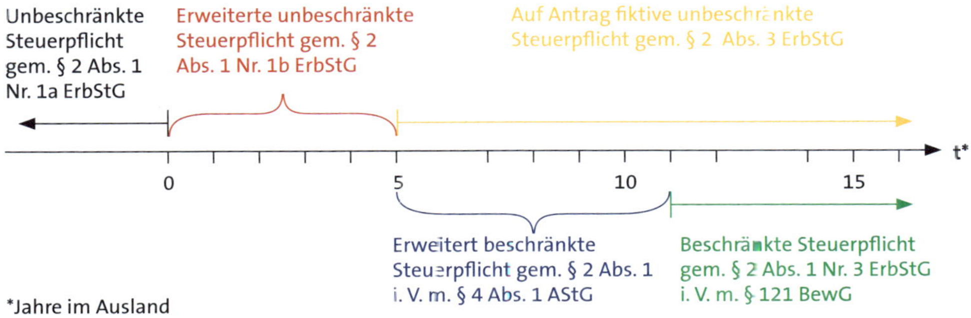

Quelle: In Anlehnung an NWB-Seminar Kubaile/Suter, Steuerstandort Schweiz, September 2007

2053 Stichtagsbezogene Betrachtung, Annahme: Wegzug per 1. 1., 0 Uhr.

III.2. Doppelbesteuerungsabkommen auf dem Gebiet der Nachlass- und Erbschaftsteuern in der Schweiz und in Deutschland

III.2.1. Grundsätzliches

Bei einem Wegzug in die Schweiz ist analog zur Ertragsbesteuerung das nationale Besteuerungsrecht Deutschlands und der Schweiz nicht uneingeschränkt anwendbar. Vielmehr ist das Schrankenrecht des ErbSt-DBA D-CH zu beachten, das am 30. 11. 1978 abgeschlossen wurde.[2054]

PRAXISHINWEIS – ANSTEHENDE DBA-REVISION

Bereits im Rahmen der DBA-Teilrevision 2010 wurde eine große DBA-Revision vereinbart, die gemäß Protokoll eigentlich innerhalb von drei Jahren hätte beginnen müssen (zwei Jahre hinsichtlich der Überarbeitung des Ertragsteuer-DBA D-CH). Auf Wunsch der Schweiz wurde der Beginn der Verhandlungen zur DBA-Revision verschoben und sind aktuell hinsichtlich des ErbSt-DBA D-CH nicht vor 2016 oder eher 2017 zu erwarten.

Das DBA D-CH kennt zu Lasten der Schweiz signifikante Abweichungen vom OECD-Musterabkommen. Es darf auf die Ausführungen in B.II.3. verwiesen werden. Darüber hinaus sollte möglichst der sachliche Anwendungsbereich (vgl. E.III.2.3.) auch insgesamt auf Schenkungen ausgeweitet werden.

III.2.2. Aufbau des ErbSt-DBA D-CH

Das ErbSt-DBA D-CH hat folgenden Aufbau:

Abschnitt I	**Geltungsbereich des Abkommens**
Artikel 1	Unter das Abkommen fallende Nachlässe
Artikel 2	Unter das Abkommen fallende Nachlass- und Erbschaftssteuern
Abschnitt II	**Begriffsbestimmungen**
Artikel 3	Allgemeine Begriffsbestimmungen
Artikel 4	Steuerlicher Wohnsitz
Abschnitt III	**Besteuerungs- / Zuordnungsregeln**
Artikel 5	Unbewegliches Vermögen
Artikel 6	Bewegliches Vermögen einer Betriebsstätte oder einer festen Einrichtung
Artikel 7	Seeschiffe und Luftfahrzeuge
Artikel 8	Anderes Vermögen
Artikel 9	Schuldenabzug
Abschnitt IV	**Methoden zur Vermeidung der Doppelbesteuerung**
Artikel 10	Befreiungsmethode/Anrechnungsmethode

2054 Von der Bundesversammlung genehmigt am 27. 9. 1979. Ratifikationsurkunden ausgetauscht am 29. 8. 1980 und in Kraft getreten am 28. 9. 1980.

Abschnitt V	**Besondere Bestimmungen**
Artikel 11	Gleichbehandlung
Artikel 12	Verständigungsverfahren
Artikel 13	Informationsaustausch
Artikel 14	Diplomaten und Konsularbeamte
Artikel 15	Außerkrafttreten des Abkommens vom 15. 7. 1931
Artikel 16	Ausdehnung des räumlichen Geltungsbereichs
Abschnitt VI	**Schlussbestimmungen**
Artikel 17	Inkrafttreten
Artikel 18	Kündigung

III.2.3. Sachliche Anwendungsbereich

Nach Art. 2 Abs. 2 ErbSt-DBA D-CH gelten als Nachlass- und Erbschaftssteuern i. S. d. Abkommens alle Steuern, die von Todes wegen als

1. Nachlasssteuern,
2. Erbanfallsteuern,
3. Abgaben vom Vermögensübergang oder
4. Steuern von Schenkungen auf den Todesfall

erhoben werden. Das ErbSt-DBA D-CH gilt dabei, ohne Rücksicht auf die Art der Erhebung, für Nachlass- und Erbschaftssteuern, die für Rechnung einer der beiden Vertragsstaaten, der Länder, Kantone, Bezirke, Kreise, Gemeinden oder Gemeindeverbände (auch in Form von Zuschlägen) erhoben werden (Art. 2 Abs. 1 ErbSt-DBA D-CH).

Das ErbSt-DBA D-CH greift somit nach Art. 1 und 2 ErbSt-DBA D-CH **nicht** für Schenkungen. Der Ausschluss von Schenkungen aus dem Anwendungsbereich des ErbSt-DBA D-CH kennt folgende Ausnahmen:

1. Nach Art. 2 Abs. 2 ErbSt-DBA D-CH fallen Schenkungen auf den Todesfall in den Anwendungsbereich des ErbSt-DBA D-CH.
2. Nach Art. 12 Abs. 3 ErbSt-DBA D-CH soll in allen anderen Fällen ggf. eine Konsultationsvereinbarung Abhilfe schaffen. Auf Basis einer solchen Regelung wurde von beiden Vertragsstaaten vereinbart, dass die einschlägigen Normen des ErbSt-DBA D-CH auch auf die Schenkung von Betriebsvermögen Anwendung finden.[2055]

Über diese beiden Anwendungsfälle hinaus werden die deutschen Normen zur Schenkungsteuer durch das ErbSt-DBA D-CH (vgl. E.III.1.) nicht beschränkt. Deutschland rechnet in diesen Fällen die Schweizer Steuer im Rahmen der nationalen Norm des § 21 ErbStG an.

PRAXISHINWEIS – BEFREIUNG VON ZUWENDUNGEN AN KIRCHLICHE, GEMEINNÜTZIGE ODER MILDTÄTIGE EINRICHTUNGEN

§ 13 Abs. 1 Nr. 16 Bst. c ErbStG bildet eine Rechtsgrundlage für die Weitergeltung bestehender und für den Austausch neuer Gegenseitigkeitserklärungen mit ausländischen Staaten. Eine zur Befreiung von der deutschen Erbschaft- oder Schenkungsteuer notwendige Gegenseitigkeit liegt nur dann vor, wenn der auslän-

2055 Vgl. § 3 i. V. m. § 1 Abs. 2 Konsultationsvereinbarungsverordnung sowie BMF-Schreiben v. 7. 4. 1988, DB 1988, S. 938.

dische Staat eine Erbschaftsteuer erhebt und seinerseits eine der deutschen Steuerbefreiung entsprechende Befreiung für Zuwendungen an deutsche steuerbegünstigte Körperschaften gewährt. Ob diese Voraussetzungen vorliegen, stellt das Bundesfinanzministerium durch förmlichen Austausch entsprechender Erklärungen mit dem ausländischen Staat fest.

Nach H 48 [Gegenseitigkeitserklärungen] zu den Erbschafsteuerrichtlinien bestehen zum 1. 1. 2003 Gegenseitigkeitsregelungen zur Befreiung von Zuwendungen an kirchliche, gemeinnützige oder mildtätige Einrichtungen zu folgenden Schweizer Kantonen:

1. Appenzell-Ausserrhoden
2. Appenzell-Innerrhoden
3. Basel-Stadt
4. Graubünden
5. Luzern
6. St. Gallen
7. Solothurn
8. Thurgau
9. Uri
10. Waadt
11. Zug[2056]

III.2.4. Ansässigkeit nach ErbSt-DBA D-CH

III.2.4.1. Unbeschränkte Steuerpflicht

Nach Art. 4 Abs. 1 ErbSt-DBA D-CH hat ein Erblasser einen Wohnsitz i. S. d ErbSt-DBA D-CH in:

Deutschland:
wenn er im Sinne des Erbschaftsteuerrechts Inländer in Deutschland war. Dies ist bei der unbeschränkten (Wohnsitz oder gewöhnlichen Aufenthalt) und der erweitert unbeschränkten Steuerpflicht erfüllt (zu den Voraussetzungen vgl. E.III.1.1.), nicht aber bei der fiktiven unbeschränkten Steuerpflicht.

der Schweiz:
wenn der Erblasser dort i. S. d. schweizerischen Erbschaftsteuerrechts Wohnsitz oder ständigen Aufenthalt hatte oder wenn dort der Erbgang zu eröffnen ist.

III.2.4.2. Doppelansässigkeit – Tie-breaker-rule

Bei Doppelansässigkeit in beiden Vertragsstaaten greift wiederum nach Art. 4 Abs. 2 ErbSt-DBA D-CH die Tie-breaker-rule. Hiernach greifen folgende Prüfungsschritte und Folgerungen:

1) Der Wohnsitz des Erblassers gilt als in dem Staat gelegen, in dem er über eine **ständige Wohnstätte** verfügte;
2) Verfügte er in beiden Staaten über eine ständige Wohnstätte, so gilt sein Wohnsitz als in dem Staat gelegen, zu dem er die engeren persönlichen und wirtschaftlichen Beziehungen hatte (**Mittelpunkt der Lebensinteressen**);

2056 Vgl. BMF-Schreiben v. 25. 4. 2000, BStBl I 2000, S. 464 ff. Weitere Gegenseitigkeitserklärungen bestehen zu Dänemark, Italien und den Niederlanden.

3) Kann nicht bestimmt werden, in welchem Staat der Erblasser den Mittelpunkt seiner Lebensinteressen hatte, oder verfügte er in keinem der Staaten über eine ständige Wohnstätte, so gilt sein Wohnsitz als in dem Staat gelegen, in dem er seinen **gewöhnlichen Aufenthalt** hatte;

4) Hatte der Erblasser seinen gewöhnlichen Aufenthalt in beiden Staaten oder in keinem der Staaten, so gilt sein Wohnsitz als in dem Staat gelegen, dessen **Staatsangehöriger** er war;

5) War der Erblasser Staatsangehöriger beider Staaten oder keiner der Staaten, so regeln die zuständigen Behörden der Vertragsstaaten die Frage in **gegenseitigem Einvernehmen**.

Für eine ausführliche Analyse der Voraussetzungen, Begriffe etc. wird auf B.IV.2. verwiesen.

III.2.4.3. Überdachendes, deutsches Besteuerungsrecht

Nach Art. 4 Abs. 3 ErbSt-DBA D-CH hat Deutschland – analog zum Ertragsteuer-DBA – wiederum ein überdachendes Besteuerungsrecht, sofern ein Erblasser nach der Tie-breaker-rule (Art. 4 Abs. 2 ErbSt-DBA D-CH) seinen Wohnsitz in der Schweiz hat und damit als abkommensrechtlich in der Schweiz ansässig gilt.

Verfügte der Erblasser im Zeitpunkt seines Todes seit mindestens fünf Jahren in Deutschland über eine ständige Wohnstätte, so kann das Nachlassvermögen ungeachtet der Zuweisungsnormen in Artikel 5 – 8 Abs. 1 ErbSt-DBA D-CH nach dem Recht Deutschlands besteuert werden.

Art. 4 Abs. 5 ErbSt-DBA D-CH stellt – anders als im Ertragsteuer-DBA D-CH – klar, dass folgende Wohnungen oder Räumlichkeiten nicht als ständige Wohnstätte i. S. d. Artikels gelten, wenn sie ausschließlich wie folgt genutzt werden:

1. Zu Erholungs-,
2. Kur-,
3. Studien- oder
4. Sportzwecken und
5. nachweislich nur gelegentlich verwendet werden.

PRAXISHINWEIS – GEWÖHNLICHER AUFENTHALT UNBEACHTLICH

In der korrespondierenden Norm des Ertragssteuer-DBA D-CH wird die überdachende Besteuerung im Sinne des Art. 4 Abs. 3 DBA D-CH durch eine ständige Wohnstätte oder alternativ durch einen gewöhnlichen Aufenthalt (letzteres im Kalenderjahr) eröffnet. In der „Parallelvorschrift" des Art. 4 Abs. 3 ErbSt-DBA D-CH wird die überdachende Besteuerung dagegen nur in Fällen einer ständigen Wohnstätte eröffnet.

Die nach dem Abkommen in der Schweiz zulässige Besteuerung bleibt unberührt. D. h. Deutschland muss die Mehrfachbesteuerung durch die Anwendung von Art. 10 Abs. 1 ErbSt-DBA D-CH vermeiden (in der Regel durch die Anrechnungsmethode, vgl. E.III.2.8.).

PRAXISHINWEIS

Das zusätzliche, deutsche Besteuerungsrecht aus der überdachenden Besteuerung ist nicht an eine (deutsche) Staatsbürgerschaft geknüpft. Es kann auch für Schweizer Staatsbürger greifen (Ausnahme: Erweitert oder nachgelagert unbeschränkte Steuerpflicht nach § 2 Abs. 1 Nr. 1b ErbStG, die explizit nur für deutsche Staatsbürger gelten kann).

III.2.4.4. Konkurrierendes, deutsches Besteuerungsrecht

Selbst bei Aufgabe der ständigen Wohnstätte in Deutschland kann Deutschland noch weitreichende Besteuerungsrechte innehaben. Analog zum DBA auf dem Gebiet von Einkommen und Vermögen kennt auch das Erbst-DBA D-CH eine Sondernorm bei Wegzug des Erblassers. Angeblich um Missbräuche zu verhindern, sieht Art. 4 Abs. 4 ErbSt-DBA D-CH für Deutschland im Wegzugsjahr und in den folgenden fünf Jahren die sog. konkurrierende Besteuerung vor.[2057] Deutschland ist während dieser Frist berechtigt, den Vermögensübergang ungeachtet der weiteren Vorschriften des Erbst-DBA D-CH zu besteuern.

Hierzu müssen folgende vier Voraussetzungen kumulativ erfüllt werden:

1. Erblasser hatte im Zeitpunkt seines Todes seinen Wohnsitz in der Schweiz;
2. Er hatte zuvor über eine ständige Wohnstätte in der Bundesrepublik Deutschland verfügt;
3. Ungeachtet der Art. 5 – 8 Abs. 1 ErbSt-DBA D-CH kann sein Nachlassvermögen nach dem Recht Deutschlands besteuert werden;
4. Wenn der Erblasser in den letzten zehn Jahren vor der Aufgabe seiner letzten ständigen Wohnstätte in Deutschland mindestens fünf Jahre über eine solche Wohnstätte verfügt hatte und sein Tod in dem Jahr, in dem er zuletzt über eine solche Wohnstätte verfügt hatte, oder in den folgenden fünf Jahren eingetreten ist.

Allerdings gibt es wichtige Ausnahmen vom Anwendungsbereich der konkurrierenden, deutschen Besteuerung. Der Anwendungsbereich ist ausgeschlossen, wenn der Erblasser (vgl. B.IV.)

1. in der Schweiz einen Wohnsitz begründet hatte
   a. wegen Aufnahme einer echten **unselbständigen Tätigkeit** in der Schweiz für einen Arbeitgeber, an dem er über das Arbeitsverhältnis hinaus weder unmittelbar noch mittelbar durch Beteiligung oder in anderer Weise wirtschaftlich interessiert war, oder alternativ
   b. wegen **Eheschließung** mit einem Schweizer Staatsangehörigen oder
2. in dem Zeitpunkt, in dem er zuletzt über eine ständige Wohnstätte in Deutschland verfügt hatte, Schweizer Staatsbürger war.

Die nach dem Abkommen in der Schweiz zulässige Besteuerung bleibt auch im Falle der konkurrierenden, deutschen Besteuerung unberührt, d. h. auch in diesem Fall muss Deutschland eine etwaige Mehrfachbesteuerung vermeiden und Art. 10 Abs. 1 ErbSt-DBA D-CH anwenden (in der Regel durch die Anrechnungsmethode, vgl. E.III.2.8.).

III.2.4.5. Aufwandbesteuerung

Das ErbSt-DBA D-CH kennt keine dem Art. 4 Abs. 6 DBA D-CH vergleichbare Regelung, d. h. die Besteuerung nach dem Aufwand ist ohne Auswirkung auf etwaige, durch das ErbSt-DBA D-CH erfasste Tatbestände.

2057 Vgl. auch B.IV.4.

III.2.5. Zuweisungsnormen nach ErbSt-DBA D-CH

Art. 5 ErbSt- DBA D-CH:	Das Besteuerungsrecht für den Übergang von **unbeweglichem Vermögen** steht dem Belegenheitsstaat zu (Art. 5 ErbSt-DBA D-CH). Der Übergang von Grundvermögen, das in Deutschland belegen ist, ist somit in Deutschland zu versteuern.
Art. 6 ErbSt-DBA D-CH:	Für **Betriebsstättenvermögen** bzw. Beteiligungen an (gewerblich tätigen) **Personengesellschaften** hat der Betriebsstättenstaat das Besteuerungsrecht. Der Übergang einer Beteiligung an einer Personengesellschaft in Deutschland ist daher in Deutschland erbschaftsteuerpflichtig, sofern sie selbst originär gewerblich tätig ist. Dies gilt auch dann wenn diese zwischengeschaltet wird um bspw. die Folgen der deutschen Wegzugsbesteuerung i. S. d. § 6 AStG zu vermeiden (vgl. E.II.2.). Zu den weiteren Voraussetzungen wird auf B.V. und B.VII. verwiesen.
Art. 7 ErbSt-DBA D-CH:	**Seeschiffe** und **Luftfahrzeuge** im internationalen Verkehr und der **Binnenschifffahrt** dienende Schiffe, die von einem Unternehmen betrieben werden, das einem Erblasser gehörte der im Zeitpunkt des Todes seinen Wohnsitz in einem Vertragsstaat hatte, werden in dem Ansässigkeitsstaat des Unternehmens besteuert, wenn sich der Ort der tatsächlichen Geschäftsleitung des Unternehmens in diesem Staat befindet. Dies gilt auch für bewegliches Vermögen, das dem Betrieb dieser Schiffe oder Luftfahrzeuge dient.
Art. 8 Abs. 1 ErbSt-DBA D-CH:	Für das nicht genannte bzw. nicht gesondert geregelte, **übrige Vermögen** steht das Besteuerungsrecht grundsätzlich dem Wohnsitzstaat des Erblassers zu. Dies betrifft insbesondere Kapitalvermögen, die auch aus Drittstaaten stammen können.

III.2.6. Deutsches Besteuerungsrecht bei in Deutschland ansässigen Erben

Art. 8 Abs. 2 ErbSt-DBA D-CH bestimmt, dass neben den bereits voranstehend genannten Fällen auch dann ein deutsches Besteuerungsrecht besteht, wenn der Erwerber (Erbe) zum Todeszeitpunkt eine ständige Wohnstätte (vgl. auch Art. 4 Abs. 5 ErbSt-DBA D-CH)[2058] oder seinen gewöhnlichen Aufenthalt in Deutschland hatte.

Die nach dem Abkommen in der Schweiz zulässige Besteuerung bleibt hiervon unberührt.

2058 Vgl. auch B.IV.3. und E.I.

Das deutsche Recht der Besteuerung nach Art. 8 Abs. 2 ErbSt-DBA D-CH entfällt, wenn Erblasser und Erbe im Zeitpunkt des Todes (auch) die **schweizerische Staatsbürgerschaft** haben (Art. 8 Abs. 2 Satz 4 ErbSt-DBA D-CH).

PRAXISHINWEIS

Neben Art. 8 Abs. 2 ErbSt-DBA D-CH kennt das ErbSt-DBA D-CH mit der überdachenden (Art. 4 Abs. 3, vgl. E.III.2.4.3.) und der konkurrierenden (Art. 4 Abs. 4, vgl. E.III.2.4.4.) Besteuerung weitere, deutsche Besteuerungsnormen, die über die Zuweisungsnormen (vgl. E.III.2.5.) hinaus greifen.

III.2.7. Abzug von Schulden nach Art. 9 ErbSt-DBA D-CH

Das ErbSt-DBA D-CH begründet weder ein Besteuerungsrecht noch regelt es den Abzug von Schuldzinsen. Beides ergibt sich aus den jeweiligen nationalen deutschen und schweizerischen Gesetzen. Gleichwohl regelt Art. 9 Abs. 1 ErbSt-DBA D-CH, dass Schulden, die mit einem bestimmten Vermögensgegenstand in wirtschaftlichem Zusammenhang stehen, von dem Wert dieses Vermögens abgezogen werden. Es gilt insofern das **Verursachungs- bzw. Veranlassungsprinzip**.

Nach Art. 9 Abs. 2 ErbSt-DBA D-CH werden die anderen Schulden vom Wert des Vermögens abgezogen, das nur in dem Vertragsstaat besteuert werden kann, in dem der Erblasser seinen Wohnsitz hatte. Diese Schulden werden bei der Anwendung des Art. 4 Abs. 3 und 4 und des Art. 8 Abs. 2 auch in der Bundesrepublik Deutschland abgezogen, wenn der Erblasser bzw. der Erwerber Inländer im Sinne des Erbschaftssteuerrechts der Bundesrepublik Deutschland waren. War der Erblasser nicht Inländer und besteuert die Bundesrepublik Deutschland nach Art. 4 Abs. 4 Vermögen, das nach Art. 8 Abs. 1 nur in der Schweiz besteuert werden kann, so wird vom Wert dieses Vermögens der Teil der nach diesem Absatz von der Schweiz zu berücksichtigenden Schulden abgezogen, der dem Verhältnis dieses Vermögens nach Berücksichtigung eines Schuldenausgleichs nach Absatz 3 zum gesamten Rohvermögen nach Abzug der unter Absatz 1 fallenden Schulden entspricht.

Art. 9 Abs. 3 ErbSt-DBA D-CH bestimmt Folgendes: Übersteigt eine Schuld den Wert des Vermögens, von dem sie in einem Vertragsstaat nach den Absätzen 1 und 2 abzuziehen ist, so wird der übersteigende Betrag vom Wert des übrigen Vermögens, das in diesem Staat besteuert werden kann, abgezogen.

Die Bestimmungen über den Schuldenabzug gelten analog auch für den Abzug der Vermächtnisse (Art. 9 Abs. 5 ErbSt-DBA D-CH).

III.2.8. Methodenartikel 10 ErbSt-DBA D-CH

Art. 10 Abs. 1 ErbSt-DBA D-CH regelt, dass, sofern der Erblasser im Zeitpunkt des Todes seinen Wohnsitz in **Deutschland** hatte, die Doppelbesteuerung wir folgt vermieden wird:

1. Deutschland nimmt in der Schweiz gelegenes unbewegliches Vermögen i. S. d. Art. 5 Abs. 2 ErbSt-DBA D-CH von der Besteuerung aus, wenn der Erblasser im Zeitpunkt seines Todes Schweizer Staatsangehöriger war. Das Vermögen kann bei der Festsetzung des Steuersatzes für das übrige, in Deutschland zu versteuernde Vermögen berücksichtigt werden (satzbestimmende Freistellung bzw. Freistellung unter Progressionsvorbehalt).

2. In allen anderen Fällen greift die Anrechnungsmethode, d. h. Deutschland rechnet nach Maßgabe der Vorschriften des deutschen Rechts über die Anrechnung ausländischer Steuern auf die nach ihrem Recht festgesetzte Steuer die Steuer an, die in der Schweiz für das Vermögen gezahlt wird, das nach dem Abkommen in der Schweiz besteuert werden kann. Der anzurechnende Betrag darf jedoch den Teil der vor der Anrechnung ermittelten Steuer nicht übersteigen, der auf das Vermögen entfällt, das in der Schweiz besteuert werden kann.

Art. 10 Abs. 2 ErbSt-DBA D-CH regelt, dass, sofern der Erblasser im Zeitpunkt des Todes seinen Wohnsitz in der **Schweiz** hatte, die Doppelbesteuerung wir folgt vermieden wird:

1. Die Schweiz nimmt das Vermögen, das nach den Artikeln 5, 6 und 7 in Deutschland besteuert werden kann, von der Besteuerung aus, d. h. sie wendet die Freistellungsmethode an. Sie kann aber bei der Festsetzung der Steuer für das Vermögen, für das sie das Besteuerungsrecht behält, den Steuersatz anwenden, der anzuwenden wäre, wenn das betreffende Vermögen nicht von der Besteuerung ausgenommen wäre (satzbestimmende Freistellung bzw. Freistellung unter Progressionsvorbehalt).

III.2.9. Weitere Hinweise

Das ErbSt-DBA kennt sowohl eine Diskriminierungsklausel (Art. 11 ErbSt-DBA D-CH) als auch eine Verständigungsklausel (Art. 12 ErbSt-DBA D-CH). Anders als im Ertragsteuer-DBA kennt die Verständigungsklausel keine Schiedsregelung (vgl. B.XVIII.2.).

Ferner regelt Art. 13 ErbSt-DBA D-CH die kleine Amtshilfeklausel. Insofern wurde allerdings im Ertragsteuer-DBA klargestellt, dass die dort normierte Regelung zum Informationsaustausch (große Amtshilfeklausel) auch auf andere Steuern wie etwa die Erbschaftsteuer anwendbar sei (vgl. B.XIX.).

III.2.10. Fallbeispiele zum ErbSt-DBA D-CH

1. Das Besteuerungsrecht für den Übergang von unbeweglichem Vermögen steht dem Belegenheitsstaat zu (Art. 5 ErbSt-DBA D-CH). Der Übergang von Grundvermögen, das in Deutschland belegen ist, ist somit in Deutschland zu versteuern.
2. Auch für Betriebsstättenvermögen bzw. Beteiligungen an Personengesellschaften hat der Belegenheitsstaat das Besteuerungsrecht (vgl. Art. 6 ErbSt-DBA D-CH). Der Übergang einer Beteiligung an einer Personengesellschaft in Deutschland ist daher in Deutschland erbschaftsteuerpflichtig. Dies gilt auch dann, wenn diese zwischengeschaltet wird um bspw. die Folgen der deutschen Wegzugsbesteuerung i. S. d. § 6 AStG zu vermeiden (vgl. E.II.2.).
3. Für das übrige Vermögen steht das Besteuerungsrecht grundsätzlich dem Wohnsitzstaat des Erblassers zu (vgl. Art. 8 Abs. 1 ErbSt-DBA D-CH). Dies betrifft insbesondere Kapitalvermögen, die auch aus Drittstaaten stammen können. Eine Schweizer Erbschaftsteuerpflicht wird somit dann erreicht, wenn das Vermögen soweit wie möglich aus Kapitalanlagen besteht. Allerdings bestimmt Art. 8 Abs. 2 ErbSt-DBA D-CH, dass wiederum auch dann ein deutsches Besteuerungsrecht besteht, wenn der Erwerber (Erbe) zum Todeszeitpunkt eine ständige Wohnstätte (vgl. auch Art. 4 Abs. 5 ErbSt-DBA D-CH)[2059] oder seinen gewöhnlichen Aufent-

2059 Vgl. auch B.IV.3. und E.I.

halt in Deutschland hat. Die nach dem Abkommen in der Schweiz zulässige Besteuerung bleibt hiervon unberührt. Das deutsche Recht der Besteuerung nach Art. 8 Abs. 2 ErbSt-DBA D-CH entfällt, wenn Erblasser und Erbe im Zeitpunkt des Todes die **schweizerische Staatsbürgerschaft** haben (Art. 8 Abs. 2 S. 4 ErbSt-DBA D-CH).

4. Analog zum DBA auf dem Gebiet von Einkommen und Vermögen kennt auch das Erbst-DBA D-CH eine Sondernorm bei Wegzug des Erblassers. Angeblich um Missbräuche zu verhindern, sieht Art. 4 Abs. 4 ErbSt-DBA D-CH für Deutschland innerhalb von fünf Jahren nach dem Jahr des Wegzugs aus Deutschland die sog. **konkurrierende Besteuerung** vor.[2060] Deutschland ist während dieser Frist berechtigt, den Vermögensübergang ungeachtet der Vorschriften des Erbst-DBA D-CH zu besteuern. Von dieser Norm gibt es Ausnahmen, die an Art. 4 Abs. 4 DBA D-CH angelehnt sind. Hiernach greift diese Norm nicht, wenn die Wohnsitzverlegung in die Schweiz erfolgte, um
   a. eine echte unselbständige Tätigkeit als Arbeitnehmer aufzunehmen, ohne dass über das Arbeitsverhältnis hinaus eine Beteiligung oder sonstige wirtschaftlichen Interessen am Arbeitgeber vorliegen bzw. bestehen, oder
   b. wegen einer Eheschließung mit einer schweizerischen Staatsangehörigen, oder
   c. im Zeitpunkt, in dem der Wegzügler in Deutschland zuletzt eine ständige Wohnstätte besaß, bereits die Schweizer Staatsangehörigkeit hatte.
5. Hatte der Erblasser im Zeitpunkt seines Todes seinen Wohnsitz in Deutschland, so wendet Deutschland als Ansässigkeitsstaat grundsätzlich die Anrechnungsmethode an (Art. 10 Abs. 1b ErbSt-DBA D-CH). Nur bei in der Schweiz gelegenes unbewegliches Vermögen (etwa Immobilien) nimmt Deutschland dieses von der Besteuerung aus (satzbestimmend bzw. unter Progressionsvorbehalt), wenn der Erblasser im Zeitpunkt seines Todes schweizerischer Staatsangehöriger war (Art. 10 Abs. 1a ErbSt-DBA D-CH).
6. Hatte der Erblasser im Zeitpunkt des Todes seinen Wohnsitz in der Schweiz, so wird die Doppelbesteuerung wir folgt vermieden: Die Schweiz nimmt das Vermögen, das nach den Artikeln 5, 6 und 7 in der Deutschland besteuert werden kann, von der Besteuerung aus. Sie kann aber bei der Festsetzung der Steuer für das Vermögen, für das sie das Besteuerungsrecht behält, den Steuersatz anwenden, der anzuwenden wäre, wenn das betreffende Vermögen nicht von der Besteuerung ausgenommen wäre.

III.2.11. Zusammenfassung

Die voranstehende Kurzübersicht zeigt, dass nur durch eine Umschichtung des Vermögens und nach Ablauf von fünf Jahren nach Ablauf des Umzugsjahres ggf. die deutsche Erbschafsteuer optimiert werden kann. Ferner ist Art. 8 Abs. 2 ErbSt-DBA D-CH zu beachten. Alternativ hilft die Schweizer Staatsbürgerschaft (Vgl. F.V.).

2060 Vgl. auch B.IV.4.

F. Spezialthemen

I. Unternehmensformen im schweizerischen Zivilrecht

I.1. Allgemeines

Das Schweizer Recht stellt nur eine geschlossene Zahl von Rechtsformen zur Verfügung (Numerus Clausus), deren freie inhaltliche Ausgestaltung aus Gründen der Verkehrssicherheit, des Gläubigerschutzes und des Minderheitenschutzes beschränkt ist. Bei den einen Formen werden vermehrt die personenbezogenen Elemente, bei den anderen die kapitalbezogenen Elemente betont.

Die Rechtsformen der Schweiz:[2060]

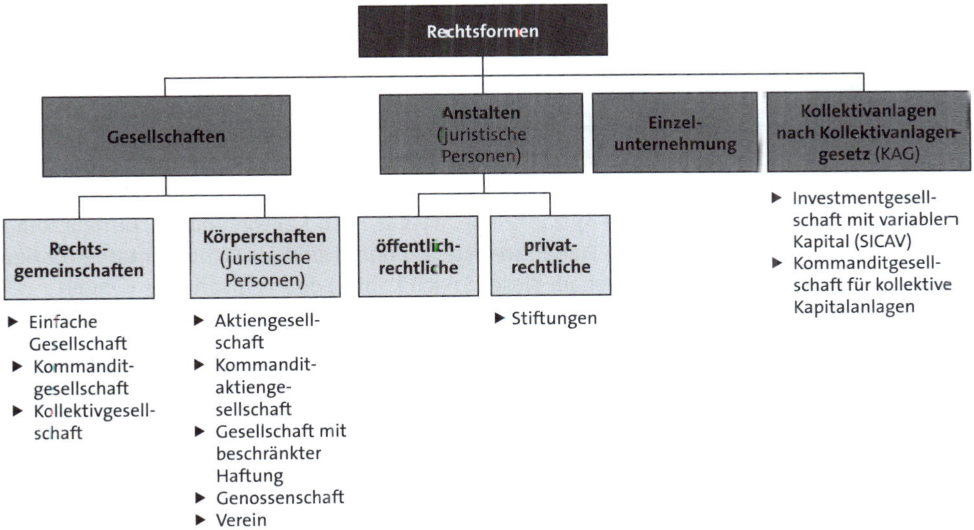

Der Numerus Clausus der erlaubten Rechtsformen führt daher insbesondere bei der Migration,[2061] also der nach den Bestimmungen des IPRG zulässigen Verlegung des Sitzes einer ausländischen Gesellschaft in die Schweiz, dazu, dass die in die Schweiz migrierende Gesellschaft ihre bisherige rechtliche Form gemäß den Bestimmungen des ausländischen Rechts an eine vergleichbare Rechtsform des schweizerischen Rechts anzupassen hat.

Am 1. 7. 2007 ist zudem das Haager Übereinkommen über das auf Trusts anzuwendende Recht und ihre Anerkennung in Kraft getreten. Damit qualifiziert sich der im Ausland errichtete Trust nicht per se als eine schweizerische Rechtsform. Dieser resp. dessen Wirken wird aufgrund des Haager Übereinkommens nun auch von der schweizerischen Rechtsordnung anerkannt und basierend darauf die Bestimmung des anwendbaren Rechts festgelegt.[2062]

2060 Vgl. Meier-Hayoz/Forstmoser, Schweizerisches Gesellschaftsrecht, S. 91.
2061 Vgl. F.I.7.
2062 Vgl. http:www.bj.admin.ch/.

In der Schweiz gibt es pro Kanton mindestens je ein Handelsregister,[2063] in welchem Informationen betreffend eintragungsfähige Rechtsinstitute[2064] aufgeführt sind. Die jeweiligen kantonalen Handelsregisterämter müssen für jede Eintragung von eintragungspflichtigen Gesellschaften die Zustimmung des Eidg. Handelsregisteramtes einholen. Auf dem Handelsregisterauszug sind insbesondere die Firma, der Zweck, das Kapital, die Organe, die Vertretungsverhältnisse sowie die Haftungsregelung der Gesellschaft aufgeführt. Darüber hinaus sind Anpassungen der handelsregisterrechtlichen Tatsachen (z. B. Kapitalerhöhungen, Zweckänderungen, Sitzverlegungen) aus dem Handelsregisterauszug ersichtlich.

Es gilt das Öffentlichkeitsprinzip, d. h. jedermann kann gegen Gebühr Kopien der beim Handelsregister hinterlegten Belege/Informationen verlangen. Verschiedene Kantone sind zudem dazu übergegangen, nebst der unentgeltlichen Publikation der Handelsregisterauszüge zusätzliche Handelsregisterbelege von handelsregisterrechtlichen Vorgängen auf den maßgeblichen Internet-Seiten der jeweiligen Handelsregisterämter zum unentgeltlichen Download anzubieten.[2065] Die Gebühren für die jeweiligen Eintragungen im Handelsregister sind nicht kantonal, sondern bundesrechtlich[2066] geregelt.

Falls für die Gründung einer Gesellschaft eine öffentliche Urkunde erforderlich ist,[2067] sind wiederum kantonale Regelungen anwendbar. In gewissen Kantonen existieren Amtsnotariate (z. B. im Kanton ZH), in anderen freiberufliche Notariate (z. B. Kanton BS), und schließlich gibt es auch noch Mischformen (z. B. Kanton ZG) mit der Folge, dass je nach Kanton andere Formalitäten zu beachten sind. Im Gegensatz zu den Handelsregistergebühren sind die Gebührentarife für Beurkundungen nicht vereinheitlicht, weshalb diese je nach Kanton deutlich variieren können.

PRAXISHINWEIS

Da die Beurkundung einer Gesellschafts-Gründung sowie die Beurkundung weiterer gesellschaftsrechtlicher Tatsachen, wie bspw. die Anpassung der Statuten, nicht zwingend im Sitzkanton der Gesellschaft zu erfolgen hat, kann bei hohen Beurkundungsgebühren im Sitzkanton für die Beurkundung in einen Kanton mit niedrigeren Tarifen ausgewichen werden. Die Attraktivität der Beurkundungsgebühren bestimmter Kantone hat zudem dazu geführt, dass immer wieder Beurkundungen aus dem Ausland in der Schweiz durchgeführt werden.

I.2. Personenunternehmen

Im Vergleich zu einer Kapitalgesellschaft[2068] sind die Abläufe der Errichtung bei Personenunternehmen, die sich in der Schweiz grundsätzlich eher für kleinere Unternehmen eignen, im Regel-

2063 Für eine Übersicht zu den verschiedenen Handelsregisterämtern und Online-Handelsregisterauszügen vgl. http:www.zefix.admin.ch/.

2064 Es sind dies die folgenden Rechtsformen: Einzelfirma, Kollektivgesellschaft, Kommanditgesellschaft, Aktiengesellschaft (AG), Kommanditaktiengesellschaft, Gesellschaft mit beschränkter Haftung (GmbH), Genossenschaft, Verein, Stiftung, Zweigniederlassung sowie besondere Rechtsformen wie z. B. die Investmentgesellschaft mit variablem Kapital (SICAV, Société d'investissement à capital variable), die Kommanditgesellschaft für kollektive Kapitalanlagen und die Kommanditgesellschaft mit festem Kapital (vgl. hierzu F.I.3.5.) sowie die Institute des öffentlichen Rechts.

2065 Die Internet-Seite http:www.zefix.admin.ch/ erlaubt einen direkten Zugriff auf die Internet-Seiten der kantonalen Handelsregisterämter.

2066 Vgl. Verordnung v. 3. 12. 1954 über die Gebühren für das Handelsregister (SR 221.441.1, AS 1954, S. 1165 ff.).

2067 Dies ist der Fall bei der AG und GmbH, je nach Umständen auch bei der Stiftung und der Kommanditaktiengesellschaft.

2068 Vgl. F.I.3.

fall einfacher und auch kostengünstiger. Wesensmerkmal der Personenunternehmen ist, dass sie keine Rechtspersönlichkeit erlangen und somit keine juristische Person darstellen.

I.2.1. Einzelunternehmung (Art. 945 ff. OR)

Wer als natürliche Person und alleiniger Inhaber ein Geschäft betreibt, ist Einzelunternehmer. Der wesentliche Inhalt der Firma muss aus dem Familiennamen des Einzelunternehmers mit oder ohne Vornamen gebildet werden (Art. 945 Abs. 1 OR). Eine spätere Überführung des Geschäfts in eine Kapitalgesellschaft ist zivilrechtlich möglich. Die Einzelunternehmung kann ins Handelsregister eingetragen werden.

I.2.2. Kollektivgesellschaft (Art. 552 ff. OR)

Die Kollektivgesellschaft besteht aus zwei oder mehreren natürlichen Personen, die sich zum Zweck vereinigen, unter einer gemeinsamen Firma ein nach kaufmännischer oder nicht kaufmännischer Art geführtes Gewerbe zu betreiben. Die Kollektivgesellschaft ist ins Handelsregister einzutragen. Die Gesellschafter haften mit ihrem Vermögen unbeschränkt für Verpflichtungen der Gesellschaft. Falls einer der Gesellschafter nicht eine natürliche, sondern eine juristische Person ist, liegt eine einfache Gesellschaft[2069] vor. Für die Gesellschafter bestehen grundsätzlich keine Nationalitäts- und/oder Wohnsitzerfordernisse in der Schweiz. Hat jedoch kein zur selbständigen Vertretung der Kollektivgesellschaft befugter Gesellschafter seinen Wohnsitz in der Schweiz, ist eine natürliche Person, welche die Kollektivgesellschaft selbständig vertreten kann, am Sitz des Geschäfts in der Schweiz zu bestimmen.[2070]

I.2.3. Kommanditgesellschaft (Art. 594 ff. OR)

Die Kommanditgesellschaft besteht aus zwei oder mehreren Personen, wobei wenigstens ein Gesellschafter (der Komplementär) unbeschränkt für die Verpflichtungen der Gesellschaft haftet, weitere Gesellschafter (die Kommanditäre) jedoch nur bis zum Betrag einer bestimmten Kommanditsumme. Der Komplementär muss – anders als beispielsweise in Deutschland bei der GmbH & Co. KG – zwingend eine natürliche Person sein. Ein Kommanditär kann dagegen eine natürliche Person, eine juristische Person oder eine Handelsgesellschaft sein. Nationalitäts- und/oder Wohnsitzerfordernisse bestehen bei der Kommanditgesellschaft grundsätzlich keine. Jedoch muss wie bei der Kollektivgesellschaft mindestens eine zur selbständigen Vertretung der Kommanditgesellschaft befugte natürliche Person am Sitz des Geschäfts in der Schweiz bestimmt sein. Die möglichen Zwecke einer Kommanditgesellschaft sind die gleichen wie bei der Kollektivgesellschaft. Die Geschäftsführung und die Vertretung der Gesellschaft obliegen grundsätzlich den Komplementären. Die Kommanditgesellschaft ist ins Handelsregister einzutragen.

I.2.4. Einfache und stille Gesellschaft (Art. 530 ff. OR)

Die einfache Gesellschaft ist eine personenbezogene Rechtsgemeinschaft, die wirtschaftliche oder nichtwirtschaftliche Zwecke verfolgt und deren Teilhaber mit ihrem ganzen Vermögen primär, unbeschränkt und solidarisch für die Verbindlichkeiten der Gesellschaft haften (Gesamt-

2069 Vgl. F.I.2.4.
2070 Vgl. Casutt, OR Handkommentar, N 6 zu Art. 554.

handverhältnis). Die einfache Gesellschaft ist als subsidiäre Gesellschaftsform immer dann anwendbar, wenn die Voraussetzungen einer anderen Gesellschaftsform nicht erfüllt sind. Grundsätzlich ist der einfachen Gesellschaft der Betrieb eines nach kaufmännischer Art geführten Gewerbes untersagt. Wirken bei einer einfachen Gesellschaft ausschließlich natürliche Personen mit und führen diese ein kaufmännisches Unternehmen, kommen die Bestimmungen der Kollektivgesellschaft zur Anwendung. Wirken jedoch auch juristische Personen bei der einfachen Gesellschaft mit und betreiben diese ein nach kaufmännischer Art geführtes Gewerbe, so widerspricht dies dem vom Gesetzgeber statuierten Verbot des Betriebs eines nach kaufmännischer Art geführten Gewerbes. In der Praxis kommen jedoch solche Gebilde immer wieder vor und werden – in Übereinstimmung mit der bundesgerichtlichen Rechtsprechung – stillschweigend geduldet.[2071]

Bei der stillen Gesellschaft fehlt das Gesamthandverhältnis. Hier gibt es grundsätzlich einen Hauptgesellschafter, an dessen Geschäft sich andere Gesellschafter beteiligen. Intern haben diese Gesellschafter die gleichen Mitwirkungsrechte, im Außenverhältnis treten sie jedoch nicht in Erscheinung[2072] und haften demzufolge auch nicht für Gesellschaftsschulden.

Die einfache und die stille Gesellschaft können nicht ins Handelsregister eingetragen werden.

I.3. Kapitalgesellschaften

Zum 1. 1. 2008 wurden Teile des Schweizer Gesellschaftsrechts revidiert, indem nicht nur das GmbH-Recht erneuert, sondern auch Lücken im Recht der AG geschlossen und die Revisionspflicht für alle Unternehmen neu geregelt wurden. Eine zusätzliche Anpassung des Gesellschaftsrechts ist seit mehreren Jahren geplant.[2073] Dabei sind bestimmte Teile dieser Reform, insbesondere die Anpassung des Revisionsrechts sowie der Rechnungslegung, per 1. 1. 2012 bzw. 1. 1. 2013 in Kraft getreten. Die Behandlung wesentlicher Elemente daraus, insbesondere hinsichtlich der Ausgestaltung der Aktiengesellschaft (z. B. Durchführung der Generalversammlung, Anpassung des Nominalkapitals), ist jedoch nach wie vor aufgeschoben und es ist unklar, wann und in welcher Art diese Anpassungen vorgenommen werden.

I.3.1. Aktiengesellschaft (Art. 620 ff. OR)

Die Aktiengesellschaften in der Schweiz können von sehr unterschiedlicher Größe sein: Beginnend bei der Einmann-AG, in welcher es nur einen Aktionär sowie einen bzw. denselben Verwaltungsrat gibt, bis hin zu den multinationalen Gesellschaften. Dadurch unterscheidet sich die Verbreitung der schweizerischen Aktiengesellschaft wesentlich von der Verbreitung der Aktiengesellschaft in Deutschland, wo die Aktiengesellschaft im Wesentlichen den Großgesellschaften vorbehalten ist.

Das Kapital bei einer AG beträgt minimal CHF 100'000 und ist in Aktien mit einem Nennwert von mindestens CHF 0.01 eingeteilt. Bei der Gründung müssen gemäß Art. 632 Abs. 2 OR die geleisteten Einlagen (mittels Geld, Sacheinlage oder Sachübernahme) im Minimum 20 % des

2071 Vgl. Meier-Hayoz/Forstmoser, Schweizerisches Gesellschaftsrecht, S. 341.

2072 Stille Gesellschafter.

2073 Vgl. dazu Botschaft zur Änderung des Obligationenrechts (Aktien und Rechnungslegungsrecht sowie Anpassungen im Recht der Kollektiv- und der Kommanditgesellschaft, im GmbH-Recht, Genossenschafts-, Handelsregister- sowie Firmenrecht) vom 21. 12. 2007 (vgl. BBl 2008, S. 1589 ff.); Medienmitteilung des Bundesrates v. 28. 11. 2014.

Nennwertes jeder Aktie betragen, mindestens aber CHF 50'000. Die Aktien können auf den Namen oder auf den Inhaber lauten (Art. 622 OR). Bei Namenaktien wird vielfach deren freie Übertragung durch sog. Vinkulierungsvorschriften[2074] in den Statuten[2075] eingeschränkt.

Seit dem 1. 1. 2008 ist zur Gründung einer AG[2076] nur noch mindestens ein Gründer-Aktionär erforderlich. Dieser kann eine natürliche, eine juristische Person oder eine Handelsgesellschaft sein. Nach erfolgter Gründung können die Aktien vom Gründer-Aktionär an beliebige Dritte übertragen werden. Im Rahmen einer Barliberierung ist das Gründungs- bzw. das Gesellschaftskapital bei einer gesetzlich anerkannten Depositenstelle (Bank) zur freien Verfügung der Gesellschaft auf ein Sperrkonto (Kapitaleinzahlungssperrkonto) einzuzahlen. Nach erfolgter Eintragung der Gesellschaft im Handelsregister kann die Gesellschaft über diesen Geldbetrag unter Vorweisung des Handelsregisterauszuges gegenüber der Bank frei verfügen. Eine Rückzahlung des Kapitals an den Gründer stellt einen Verstoß gegen das Verbot der Einlagenrückgewähr gemäß Art. 680 Abs. 2 OR dar und ist daher verboten. Im Gegensatz zur GmbH ist anhand des Handelsregisterauszuges der AG nicht erkennbar, wer die Anteilsinhaber (Aktionäre) der AG sind.

PRAXISHINWEIS

Bei Namenaktien (aber nicht bei Inhaberaktien) ist ein Aktienbuch zu führen, in welchem die jeweiligen Aktionäre aufgeführt sind. Dieses Aktienbuch ist ein gesellschaftsinternes Dokument und ist für Dritte öffentlich nicht einsehbar. Die Gefahr bei Inhaberaktien ist jedoch, dass aufgrund der gesetzlichen Vermutung der Besitzer der Aktie der Aktionär ist. M. a. W. kann z. B. bei Verlust/Diebstahl derselben Unsicherheit darüber bestehen, wer tatsächlicher Aktionär der Gesellschaft ist. Der rechtmäßige Eigentümer hat dabei den Beweis anzutreten, dass der Besitzer unrechtmäßig in den Besitz der Urkunde gelangt ist. Aufgrund dieser Unsicherheit sowie aufgrund der Tatsache, dass die Ausgabe von Inhaberaktien in der Vergangenheit oft dazu benutzt worden ist, die Identität des Aktionärs gegenüber in- und ausländischen Steuerbehörden zu verschleiern, hat die Ausgabe von Inhaberaktien stark an Attraktivität einbüßen lassen. Zudem sind immer wieder politische Vorstöße unternommen worden, die Inhaberaktie zu verbieten, oder aber diese mit einer Meldepflicht zu versehen, um einem allfälligen Missbrauch vorzugreifen.

Die Gründung der Aktiengesellschaft erfolgt mit Eintragung der Gesellschaft im zuständigen kantonalen Handelsregisteramt. Für diese Eintragung ist die öffentliche Urkunde der Gründerversammlung beim Handelsregister einzureichen. Anlässlich der Gründerversammlung vor dem Notar legt der Gründer die Statuten der Gesellschaft fest. Dabei wird nebst der Firma, das Domizil, das Kapital und der Zweck bestimmt. Es werden jedoch auch der oder die Verwaltungsräte sowie die Revisionsstelle gewählt. Soll auf die Pflicht zur Wahl einer Revisionsstelle verzichtet werden, beschließt die Gründerversammlung den Verzicht auf die Wahl der Revisionsstelle (sog. Opting-out[2077]).

2074 So können die Statuten vorsehen, dass die Übertragung von Namenaktien nur mit Zustimmung der Gesellschaft übertragen werden (Art. 685a Abs. 1 OR). Bei nicht börsenkotierten Gesellschaften kann die Gesellschaft diese Zustimmung aber grundsätzlich nur bei wichtigen Gründen (Zusammensetzung des Aktionärskreises, wichtige Gründe im Zusammenhang mit dem Gesellschaftszweck oder die wirtschaftliche Selbständigkeit des Unternehmens) oder wenn sich der Neuaktionär weigert, zu erklären, dass er die Aktien in eigenem Namen und auf eigene Rechnung erworben hat, ablehnen (Art. 685b OR). Bei börsenkotierten Namenaktien kann eine Übertragung der Aktien nur abgelehnt werden, falls eine in den Statuten der Gesellschaft festgelegte Prozentzahl überschritten wird oder falls der Neuaktionär sich weigert zu erklären, dass er die Aktien in eigenem Namen und auf eigene Rechnung erworben hat; eine Ausnahme davon ist der Erwerb durch Erbgang, Erbteilung und eheliches Güterrecht (Art. 685d OR).

2075 Entspricht der deutschen Satzung.

2076 Der in der Praxis anzutreffende Kauf von sog. Aktienmänteln wird vom Bundesgericht als nichtig betrachtet. Zudem muss vor dem Kauf von Aktienmänteln die Vergangenheit der Gesellschaft genauer geprüft werden, damit nicht etwa unliebsame Schulden/Verpflichtungen mit übernommen werden.

2077 Vgl. F.I.6.1.3.

Seit der vorgenannten Gesetzesänderung bestehen für den Verwaltungsrat der Gesellschaft keine Nationalitäts- und auch keine Wohnsitzerfordernisse mehr. Dies bedeutet, dass es seit dem 1. 1. 2008 grundsätzlich zulässig ist, für die Bestellung resp. Wahl von Verwaltungsräten unbeschränkt ausländische Staatsangehörige mit Wohnsitz im Ausland vorgesehen werden können. Allerdings sieht das Obligationenrecht gewisse Mindesterfordernisse vor und verlangt, dass mindestens ein Verwaltungsrat oder Direktor mit Einzelzeichnungsrecht den Wohnsitz in der Schweiz (resp. mindestens deren zwei im Falle des Kollektivzeichnungsrechts zu zweien) hat.[2078]

Die zwingenden Organe der AG sind:

1. Die Generalversammlung der Aktionäre (Art. 698 ff. OR);
2. Der Verwaltungsrat (Art. 707 ff. OR);
3. Die Revisionsstelle (Abschlussprüfer; Art. 727 ff. OR).

Das oberste Organ der Aktiengesellschaft ist die Generalversammlung. Ihr stehen gewisse unübertragbare Befugnisse zu, wie z. B. die Änderung der Statuten, die Wahl des Verwaltungsrates und der Revisionsstelle sowie die Genehmigung der Jahresrechnung und der Verwendung des Bilanzgewinnes (inkl. der Dividende[2079] an die Aktionäre) (Art. 698 OR).

Das geschäftsführende Organ ist grundsätzlich der Verwaltungsrat. Aufgrund der Kompetenzdelegation von Art. 716 OR ist im Grundsatz der Verwaltungsrat zuständig, sofern Gesetz oder Statuten eine bestimmte Funktion nicht explizit einem der beiden anderen Organe der Gesellschaft zugewiesen haben. Nach herrschender Lehre sind jedoch der gewillkürten Zuweisung von zusätzlichen Kompetenzen des Verwaltungsrates an die Generalversammlung enge Grenzen gesetzt.

PRAXISHINWEIS

Im Gegensatz zu dem in Deutschland angewendeten dualistischen System (oder auch Two Tier Board-Modell genannt) mit einer Aufteilung der Verwaltung der Gesellschaft in zwei selbständige Organe, den Vorstand und den Aufsichtsrat, kennt das Schweizer Modell der Aktiengesellschaft nur den Verwaltungsrat als Verwaltungsorgan (auch Exekutivorgan genannt). Der Verwaltungsrat ist nach diesem in der Schweiz angewendeten System verpflichtet, sowohl die obersten Verwaltungsfunktionen als auch die Aufsichtspflichten auszuüben. Bei größeren Unternehmen wird daher häufig die Verwaltungsfunktion im Rahmen ihrer Zulässigkeit an das Management (C-Level-Management: CEO, CFO, COO etc.) delegiert und der Verwaltungsrat konzentriert sich auf die Aufsicht und die Ausübung der nicht-delegierbaren Funktionen. Die Ausgestaltung einer schweizerischen Aktiengesellschaft nach deutschem Vorbild wird in der Lehre als unzulässig erachtet.

Der Verwaltungsrat kann jedoch gemäß Art. 716b OR die Geschäftsführung nach Maßgabe eines Organisationsreglements ganz oder zum Teil auf Dritte übertragen. Am 3. 3. 2013 hat das Schweizervolk die Eidg. Volkinitiative „gegen die Abzockerei" (auch „Minder-Initiative" genannt) angenommen. Mit der Initiative beabsichtigten die Initianten die Lohnexzesse in Verwaltungsräten und Management großer schweizerischer Unternehmen einzuschränken. Aufgrund der Annahme der Volkinitiative hat der schweizerische Bundesrat am 20. 11. 2013 die Verordnung gegen übermäßige Vergütungen bei börsenkotierten Aktiengesell-

2078 Vgl. Art. 718 Abs. 4 OR.

2079 Die sog. Interimsdividende galt bis vor wenigen Jahren in der Schweiz als gesetzeswidrig, da sie aus erwirtschafteten Gewinnen des laufenden Geschäftsjahres ausgeschüttet wird. Neuerdings gibt es jedoch Tendenzen, dass eine solche Dividende grundsätzlich ausschüttbar ist, wenn zumindest eine von einer Revisionsstelle geprüfte Zwischenbilanz erstellt wird, dadurch für die Gesellschaft keine Liquiditätsschwierigkeiten entstehen und die Generalversammlung dieser Interimsdividende zustimmt.

schaften (VegüV) in Kraft gesetzt. Die Anwendung dieser Verordnung beschränkt sich jedoch ausschließlich auf schweizerische Aktiengesellschaften die in der Schweiz oder im Ausland kotiert sind.

PRAXISHINWEIS

Die in der EU seit dem 8.10.2004 bestehende Möglichkeit der Gründung der sog. Societas Europaea (Europa-AG) ist nicht auf die Schweiz anwendbar, da diese nicht Mitglied der EU ist.

I.3.2. Gesellschaft mit beschränkter Haftung (Art. 772 ff. OR)

Die GmbH hat in den 90-iger Jahren des 20. Jahrhunderts und im 21. Jahrhundert einen Boom erlebt. So stieg die Anzahl der im Handelsregister eingetragenen GmbHs von 2'964 Ende 1992 auf 52'395 Ende Oktober 2001 und betrug per 1. 1. 2014 149'725.[2080]

Das Stammkapital der ursprünglich als Rechtsform für kleinere Unternehmen vorgesehenen GmbH beträgt minimal CHF 20'000, wobei die Stammeinlagen mindestens einen Nennwert von CHF 100 haben müssen.[2081]

Zur Gründung der GmbH wird seit dem 1.1.2008 nur noch mindestens ein Gesellschafter (natürliche Person, juristische Person oder Handelsgesellschaft) benötigt (Art. 775 OR). Nach erfolgter Gründung können die Gesellschafter ihre Stammanteile an beliebige Dritte übertragen, wobei neu eine schriftliche Abtretung ausreicht und keine öffentliche Urkunde mehr notwendig ist.

Im Gegensatz zur AG sind die jeweiligen Inhaber der GmbH anhand des Handelsregisterauszuges ersichtlich.

PRAXISHINWEIS

Jede Übertragung von Stammanteilen einer GmbH erfordert daher zusätzlich zur schriftlichen Abtretung die Anmeldung der Übertragung beim zuständigen Handelsregisteramt. Die Existenz des neuen Gesellschafters muss gegenüber dem Handelsregisteramt nachgewiesen werden. Dies erfolgt bei juristischen Personen i.d.R. mittels eines beglaubigten (und allenfalls mittels einer Apostille überbeglaubigten) Handelsregisterauszuges der neuen Gesellschafterin. Bei natürlichen Personen ist ein beglaubigter Pass des neuen Gesellschafters einzureichen.

Die zwingenden Organe der GmbH sind:

1. Die Gesellschafterversammlung (Art. 804 ff. OR);
2. Der/die Geschäftsführer (Art. 784 ff. und 809 ff. OR);
3. Die Revisionsstelle (Art. 818 OR).

Die Aufgaben der Gesellschafterversammlung sind grundsätzlich die gleichen wie diejenigen der Generalversammlung bei der AG.

Die Gesellschafter können die Geschäftsführung und Vertretung der GmbH selber übernehmen oder auf Dritte übertragen (Art. 812 Abs. 1 OR). Wenigstens einer der Geschäftsführer oder Direktoren, welche die GmbH vertreten können, muss in der Schweiz wohnhaft sein (Art. 814 Abs. 3 OR). Nationalitätsvorschriften sind keine zu beachten.

2080 Vgl. Senn/Betschart, PIStB 7/2008, S. 195; Handelsregister-Statistik 2013 (vgl. http:www.zefix.admin.ch/).

2081 Die bis zum 31.12.2007 gültige Begrenzung des Stammkapitals auf CHF 2 Mio. ist mit dem Inkrafttreten des neuen GmbH- Rechts per 1. 1. 2008 weggefallen.

I.3.3. Vergleich der AG mit der GmbH

Synoptischer Überblick zwischen der Rechtsform der AG und der GmbH

Kriterien	**Aktiengesellschaft (AG)**	**Gesellschaft mit beschränkter Haftung (GmbH)**
Hauptsächlicher Verwendungszweck	Geeignet für fast alle Arten gewinnorientierter Unternehmen	Geeignet für fast alle Arten gewinnorientierter Unternehmen
Rechtsnatur	Juristische Person	Juristische Person
Bildung Firmenname (Generelle Schranke: Täuschungsverbot und öffentliches Interesse, OR 944)	Freie Wahl der Firma (Personennamen, Tätigkeit, Phantasiebezeichnungen) In der Firma muss die Rechtsform angegeben werden (OR 944; 950)	Freie Wahl der Firma (Personennamen, Tätigkeit, Phantasiebezeichnungen) In der Firma muss die Rechtsform angegeben werden (OR 944; 950)
Erforderliche Mindestanzahl Gesellschafter	Mind. 1 natürliche oder juristische Person oder eine Handelsgesellschaft (OR 625)	Mind. 1 natürliche oder juristische Person oder eine Handelsgesellschaft (OR 775)
Entstehungserfordernisse	Öffentliche Beurkundung der Gründung, Genehmigung der Statuten, Wahl des Verwaltungsrats und (sofern kein Verzicht gemäß OR 727a Abs. 2 vorliegt) der Revisionsstelle Eintrag ins Handelsregister (OR 626 – 635a; 640; 643)	Öffentliche Beurkundung der Gründung, Genehmigung der Statuten, Bestimmung der Geschäftsführung sowie der Vertretung und (sofern kein Verzicht gemäß OR 727a Abs. 2 vorliegt) der Revisionsstelle Eintrag ins Handelsregister (OR 777 – 779)
Handelsregistereintrag	AG entsteht erst mit der Handelsregistereintragung (OR 643)	GmbH entsteht erst mit der Handelsregistereintragung (OR 779)
Erforderliches Kapital	Obligatorisches, in den Statuten betragsmäßig definiertes Aktienkapital, aufgeteilt in Aktien mit einem Nennwert von mind. CHF 0.01 Mind. CHF 100'000 (OR 621, 622)	Obligatorisches, in den Statuten betragsmäßig definiertes Stammkapital, aufgeteilt in Stammanteile mit einem Nennwert von mind. CHF 100 Mind. CHF 20'000 (OR 774)
Davon liberiert (d. h. Mindesteinzahlung)	Mind. 20 % bzw. CHF 50'000	Das Stammkapital muss vollständig liberiert sein (OR 777c Abs. 1)
Haftung für nicht liberiertes Kapital	Keine Solidarhaftung. Mit vollständiger Einzahlung des Aktienkapitals entfällt die Solidarhaftung unter den Gesellschaftern	Keine Solidarhaftung

Synoptischer Überblick zwischen der Rechtsform der AG und der GmbH

Kriterien	Aktiengesellschaft (AG)	Gesellschaft mit beschränkter Haftung (GmbH)
Erbringung von Sachwerten anstelle von Geld	Möglich, besonderes Verfahren (OR 628, 634)	Möglich, besonderes Verfahren (OR 777 Abs. 2 i. V. m. 628 u. 634)
Reservenbildung	Obligatorische allgemeine (OR 671 ff.) und spezielle Reserven (OR 659a Abs. 2; 671a; 670, 671b), statutarische Reserven (OR 672; 673) Reserven durch Beschluss der Generalversammlung (OR 674 Abs. 2 u. 3)	Obligatorische allgemeine und spezielle Reserven, statutarische Reserven Reserven durch Beschluss der Gesellschafterversammlung (OR 801 i. V. m. 671 ff.)
Generalversammlung/ Gesellschafterversammlung	Aktionärsversammlung als höchstes Organ (sog. Generalversammlung)	Gesellschafterversammlung als höchstes Organ
Verwaltungsrat/ Geschäftsführung	Ein oder mehrere Mitglieder, die nicht Aktionäre sein müssen. Auch müssen die Mitglieder nicht mehrheitlich in der Schweiz wohnhaft sein und das CH- oder EU-Bürgerrecht besitzen (keine Domizilvorschriften) (OR 698 ff.)	Alle Gesellschafter, sofern nichts anderes bestimmt ist Geschäftsführung bestehend aus mindestens einem Mitglied (OR 809 ff.)
Revisionsstelle	Ja Verzicht gemäß OR 727a Abs. 2 möglich Ordentliche Revision für an der Börse kotierte Gesellschaften	Ja Verzicht gemäß OR 818 Abs. 1 i. V. m. 727a Abs. 2 möglich

Synoptischer Überblick zwischen der Rechtsform der AG und der GmbH

Kriterien	Aktiengesellschaft (AG)	Gesellschaft mit beschränkter Haftung (GmbH)
Haftung / Nachschusspflicht („subsidiär“ bedeutet ergänzend zum Gesellschaftsvermögen, wenn dieses ausgeschöpft ist)	Ausschließlich Haftung des Gesellschaftsvermögens Lediglich Pflicht der Aktionäre zur vollen Einzahlung des auf ihre Aktien entfallenden Aktienkapitalanteils (sog. Liberierungspflicht) (OR 630)	Ausschließliche Haftung des Gesellschaftsvermögens (OR 794) Fakultative beschränkte Nachschusspflicht gemäß Statuten Betrag der mit einem Stammanteil verbundenen Nachschusspflicht muss in den Statuten festgelegt sein und darf das Doppelte des Nennwerts des Stammanteils nicht übersteigen Haftung nur für die mit den eigenen Stammanteilen verbundenen Nachschüsse (OR 795)
Geschäftsführung und Vertretung der Gesellschaft	Geschäftsführung durch Verwaltungsrat gesamthaft, sofern nicht durch Organisationsreglement an einzelne Verwaltungsratsmitglieder oder Dritte übertragen (OR 716b) Vertretung durch jeden Verwaltungsrat einzeln, sofern nicht durch Statuten, Organisationsreglement oder Verwaltungsratsbeschluss an einzelne Verwaltungsratsmitglieder oder Dritte (sog. Direktoren) übertragen (OR 718 Abs. 1 und 2) Mindestens ein Verwaltungsratsmitglied muss zur Vertretung befugt sein (OR 718 Abs. 3) Die Gesellschaft muss durch eine in der Schweiz wohnhafte Person, die Verwaltungsrat oder Direktor sein kann, vertreten werden können (OR 718 Abs. 4)	Geschäftsführung durch alle Gesellschafter gemeinsam, sofern nicht durch Statuten abweichend geregelt (OR 809) Jeder Geschäftsführer ist zur Vertretung der Gesellschaft berechtigt Die Statuten können die Vertretung abweichend regeln, jedoch muss mindestens ein Geschäftsführer zur Vertretung befugt sein (OR 814, 815) Die Gesellschaft muss durch eine in der Schweiz wohnhafte Person, die Geschäftsführer oder Direktor sein kann, vertreten werden können (OR 814 Abs. 3)

Synoptischer Überblick zwischen der Rechtsform der AG und der GmbH

Kriterien	**Aktiengesellschaft (AG)**	**Gesellschaft mit beschränkter Haftung (GmbH)**
(Beizug von Investoren mittels Kapitalerhöhung)	Verschiedene Formen der Kapitalerhöhung durch Statutenänderung (OR 650 ff.)	Erhöhung des Stammkapitals durch Statutenänderung (OR 781)
Gewinn- und Verlusttragung	Recht auf einen Anteil am Bilanzgewinn gemäß Gesetz und Statuten (OR 660)	Recht auf einen Anteil am Bilanzgewinn gemäß Gesetz und Statuten (OR 798; 801 i. V. m. 660)
Buchführungspflicht	Ja (Allgemein: OR 643 Abs. 1, 957–964)	Ja (Allgemein: OR 779 Abs. 1, 957–964)
Übertragung der Anteile	Frei möglich, sofern keine gesetzlichen oder statutarischen Übertragungsbeschränkungen bestehen (OR 685 ff.) Kein „Austritt" möglich	Schriftliche Übertragung der Stammanteile (OR 785) Zustimmung der Gesellschafterversammlung (mind. zwei Drittel der vertretenen Stimmen sowie absolute Mehrheit des gesamten Stammkapitals, mit dem ein ausübbares Stimmrecht verbunden ist), sofern nicht durch Statuten anders geregelt (OR 786, 808b Abs. 1 Ziff. 4) Austritt aus wichtigen Gründen möglich (gegen Abfindung in Höhe des wirklichen Wertes des Stammanteils) oder wenn in den Statuten vorgesehen
Beendigung	Auflösung aufgrund: ► Statuten ► Öffentlich beurkundeten Beschlusses der Generalversammlung ► Konkurseröffnung ► Urteil des Richters ► Umstrukturierung ► Übriger, vom Gesetz vorgesehener Fälle (OR 736)	Auflösung aufgrund: ► Statuten ► Öffentlich beurkundeten Beschlusses der Gesellschafterversammlung ► Konkurseröffnung ► Urteil des Richters ► Umstrukturierung ► Übriger, vom Gesetz vorgesehener Fälle (OR 821)

Synoptischer Überblick zwischen der Rechtsform der AG und der GmbH

Kriterien	Aktiengesellschaft (AG)	Gesellschaft mit beschränkter Haftung (GmbH)
	Liquidation durch den Verwaltungsrat, sofern nicht durch Statuten oder Beschluss der Generalversammlung anderen Personen übertragen (OR 739–747)	Liquidation durch alle Geschäftsführer, sofern nicht durch Statuten oder Beschluss der Gesellschafterversammlung anderen Personen übertragen (OR 821a Abs. 1 bzw. 739–747)

Die Vorteile der GmbH gegenüber der AG sind deren geringeres Mindestkapital und mehr Möglichkeiten bei der Ausgestaltung der Statuten. Die Nachteile sind die fehlende Anonymität der Gesellschafter (da diese im Handelsregister eingetragen sind) und dass die GmbH keine Publikumsgesellschaft sein kann.

I.3.4. Kommanditaktiengesellschaft (Art. 764 ff. OR)

Die Kommanditaktiengesellschaft ist eine Gesellschaft, deren Kapital aus Aktien[2082] besteht und bei der ein oder mehrere Mitglieder den Gesellschaftsgläubigern unbeschränkt und solidarisch analog zu einem Kollektivgesellschafter haftbar sind (Art. 764 Abs. 1 OR). Die Kommanditaktiengesellschaft ist eine Zwischenform einer reinen Personengesellschaft und einer Kapitalgesellschaft; subsidiär kommen jedoch, soweit nicht etwas anderes vorgesehen ist, die obligationenrechtlichen Bestimmungen über die AG zur Anwendung (Art. 764 Abs. 2 OR).

Die Kommanditaktiengesellschaft hat keinerlei Bedeutung in der Praxis. Die Anzahl existierender Kommanditaktiengesellschaft ist derart gering, dass diese in der aktuellen Statistik[2083] des Eidg. Amtes für das Handelsregister nicht einmal separat ausgewiesen werden.

I.3.5. Kollektive Kapitalanlagen (Art. 1 ff. KAG)

Mit der am 1. 1. 2007 erfolgten Totalrevision der Anlagefondsgesetzgebung wurde der bestehende Numerus Clausus der Rechtsformen mit zwei neuen Varianten erweitert. Es sind dies die aus dem luxemburgischen Recht bekannte Investmentgesellschaft mit variablem Kapital (SICAV, Société d'investissement à capital variable) und die mit der angloamerikanischen Limited Partnership vergleichbare Kommanditgesellschaft für kollektive Kapitalanlagen. Die Investmentgesellschaft mit festem Kapital (SICAF) ist nicht im Kollektivanlagengesetz (KAG) geregelt, da es sich um eine AG nach Obligationenrecht handelt.

Die SICAV ist eine auf die Bedürfnisse von Anlagevehikeln zugeschnittene spezialgesetzliche Aktiengesellschaft. Soweit das KAG keine spezifischen Regelungen enthält, kommen die Bestimmungen des Obligationenrechts über die Aktiengesellschaft zur Anwendung. Von zentraler Bedeutung ist zunächst, dass der Zweck der SICAV ausschließlich auf die Verwaltung des eigenen Vermögens beschränkt ist. Wie die Bezeichnung schon sagt, sind das Kapital und die Aktien-

2082 Wird das Kommanditkapital nicht in Aktien, sondern in Teile gegliedert, die lediglich das Maß der Beteiligung mehrerer Kommanditäre regeln, so kommen die Vorschriften über die Kommanditgesellschaft zur Anwendung (Art. 764 Abs. 3 OR).

2083 Vgl. http:www.zefix.admin.ch/.

anzahl bei der SICAV nicht im Voraus bestimmt, um die laufende Ausgabe und Rücknahme von Aktien zu ermöglichen. Daher sind die für die Aktiengesellschaft geltenden starren Kapitalerhöhungs- und Kapitalherabsetzungsverfahren für Anlagegesellschaften nicht anwendbar und die Ausgabe und Rücknahme von Aktien bedarf weder einer Statutenänderung noch eines Handelsregistereintrages. Das variable Aktienkapital muss jedoch in der Firma entsprechend gekennzeichnet werden.

Bei der Kommanditgesellschaft für kollektive Kapitalanlagen handelt es sich um eine Kommanditgesellschaft,[2084] ausgestattet mit gewissen zusätzlichen Besonderheiten. Einerseits sieht das KAG vor, dass der unbeschränkt haftende Gesellschafter (Komplementär bzw. General Partner) eine juristische Person in der Form einer Aktiengesellschaft mit Sitz in der Schweiz sein muss. Andererseits kommen als beschränkt haftende Gesellschafter (Kommanditäre bzw. Limited Partner), die sowohl natürliche als auch juristische Personen sein können, nur qualifizierte Anleger in Frage, welche die Charakteristiken, Risiken und anderen Besonderheiten solcher Anlagen, namentlich bezüglich der beschränkten Liquidität, verstehen und allfällige Ausfälle tragen können. Ausschließlicher Zweck der Limited Partnership schweizerischen Rechts ist die kollektive Kapitalanlage in Risikokapital. Andere Dienstleistungen wie z. B. die Vermögensverwaltung sind unzulässig.

I.4. Übrige juristische Personen

I.4.1. Genossenschaft (Art. 828 ff. OR)

Die Genossenschaft als Körperschaft ist eine organisierte Verbindung einer offenen Zahl von natürlichen Personen oder Handelsgesellschaften, die hauptsächlich die Förderung oder Sicherung bestimmter wirtschaftlicher Interessen ihrer Mitglieder in gemeinsamer Selbsthilfe bezweckt (Art. 828 Abs. 1 OR).

I.4.2. Verein (Art. 60 ff. ZGB)

Gemäß Art. 60 ZGB erlangen Vereine, die sich einer politischen, religiösen, wissenschaftlichen, künstlerischen, wohltätigen, geselligen oder andern nicht wirtschaftlichen Aufgabe widmen die Rechtspersönlichkeit, sobald der Wille, als Körperschaft zu bestehen, aus den Statuten ersichtlich ist. Sind die Statuten angenommen und der Vorstand bestellt, so ist der Verein befugt aber nicht verpflichtet, sich ins Handelsregister eintragen zu lassen. Eine solche Verpflichtung zur Eintragung besteht jedoch, falls der Verein ein nach kaufmännischer Art geführtes Gewerbe betreibt.

I.4.3. Stiftung (Art. 80 ff. ZGB)

Zur Errichtung der Stiftung (mittels öffentlicher Urkunde oder letztwilliger Verfügung) bedarf es der Widmung eines Vermögens für einen besonderen Zweck. Grundsätzlich wird darunter ein idealer Zweck verstanden, jedoch gibt es in der Praxis auch die sog. Unternehmensstiftungen,[2085] die einen wirtschaftlichen Zweck verfolgen.

2084 Vgl. F.I.2.3.
2085 Dabei gibt es grundsätzlich zwei verschiedene Formen: Die Unternehmensträgerstiftung und die Holdingstiftung.

Die Eintragung der Stiftung ins Handelsregister erfolgt aufgrund der Stiftungsurkunde und nötigenfalls nach Anordnung der Aufsichtsbehörde unter Angabe der Mitglieder der Verwaltung. Die Stiftungen[2086] stehen unter der Aufsicht des Gemeinwesens (Bund,[2087] Kanton oder Gemeinde), dem sie nach ihrer Bestimmung angehören.

Die Form einer Stiftung eignet sich nicht unbedingt für gewerbliche Zwecke, da deren Vorschriften betreffend Auflösung eher rigide sind sowie eine Aufsichtsbehörde besteht.

Das Stiftungsrecht wurde am 1. 1. 2006 liberalisiert. Nebst steuerlichen Erleichterungen[2088] wurden auch Neuerungen hinsichtlich zukünftiger Anpassungen des Stiftungszweckes eingeführt. Im Weiteren bedarf es neu einer obligatorischen Revisionsstelle, es sei denn, die Stiftung wurde auf bewilligten Antrag hin von der Revisionsstellenpflicht entbunden.

I.5. Zweigniederlassung

Eine in der Beratungspraxis oft verwendete Alternative zur AG oder GmbH ist die Errichtung einer Zweigniederlassung in der Schweiz. Eine solche Zweigniederlassung ist als Teil z. B. der deutschen Hauptniederlassung[2089] ein Geschäftsbetrieb, der eine gewisse wirtschaftliche und geschäftliche Selbständigkeit hat, wobei das Personal der Zweigniederlassung von demjenigen des Hauptsitzes grundsätzlich[2090] getrennt ist. Es wird mindestens eine für die Zweigniederlassung zeichnungsberechtigte Person mit Wohnsitz in der Schweiz benötigt, die zum Abschluss von Rechtsgeschäften befugt ist. Die Zweigniederlassung in der Schweiz ist ins Handelsregister einzutragen. Gemäß Art 114 HRegV muss die schweizerische Zweigniederlassung die gleiche Firma bzw. den Namen führen wie die Hauptniederlassung in Deutschland. Des Weiteren ist einzutragen: Der Ort der Hauptniederlassung, der Ort der Zweigniederlassung in der Schweiz und die ausdrückliche Bezeichnung als solche. Die Hauptniederlassung haftet für von der Zweigniederlassung eingegangene Verbindlichkeiten mit.[2091]

I.6. Revisionspflicht[2092]

Durch die am 1. 1. 2008 in Kraft getretene Reform wurde die Pflicht zur Revision für sämtliche schweizerischen Unternehmen mit Ausnahme der Rechtsgemeinschaften[2093] vereinheitlicht. Die Pflicht zur Prüfung richtet sich in Zukunft nicht mehr nach der rechtlichen Organisationsform, sondern grundsätzlich nach der Größe des Unternehmens. Neu wird unterschieden zwischen ordentlicher und eingeschränkter Revision. Erstere ist zwingend erforderlich bei Publikumsgesellschaften, wirtschaftlich bedeutenden Unternehmen und bei Unternehmen mit Konzernrechnung, letztere – bei welcher reduzierte Anforderungen an den Prüfungsumfang gestellt werden – grundsätzlich für alle übrigen Gesellschaften. Falls eine Gesellschaft im Jahresdurch-

2086 Davon ausgenommen sind grundsätzlich Familienstiftungen und kirchliche Stiftungen.

2087 Vgl. http:www.edi.admin.ch/.

2088 Vgl. A.III.2.4.

2089 So z. B. eine deutsche Aktiengesellschaft, GmbH oder GmbH & Co. KG.

2090 Auch Mitglieder des Verwaltungsrates bzw. des Vorstandes können die Zweigniederlassung leiten. Diesfalls wird jedoch eine Kompetenzabgrenzung innerhalb des Verwaltungsrates bzw. des Vorstandes verlangt.

2091 Vgl. Küng et al., Handbuch für das Handelsregister, Bd. VII, Kommentar zur Handelsregisterverordnung, Zürich 2000, N12 zu Art. 71 HREGV.

2092 Vgl. Senn/Betschart, PIStB, a. a. O., S. 193 ff.

2093 Darunter fallen die Einzelfirma, die Kollektivgesellschaft und die Kommanditgesellschaft.

schnitt weniger als zehn Vollzeitstellen hat, kann sie sogar gänzlich auf die eingeschränkte Revision verzichten. Nachfolgend werden noch einige Besonderheiten, die es bei der AG und GmbH in diesem Zusammenhang zu beachten gilt, erwähnt.

I.6.1. Aktiengesellschaft

I.6.1.1. Ordentliche Revision

Bei der ordentlichen Prüfung muss die Revisionsstelle bestätigen, dass die Jahresrechnung (und gegebenenfalls die Konzernrechnung) inklusive Gewinnverwendung den gesetzlichen Vorschriften, den Statuten und dem gewählten Regelwerk entspricht und dass ein den Anforderungen genügendes internes Kontrollsystem existiert. Eine solche ordentliche Prüfung ist zwingend, wenn die AG

- eine Publikumsgesellschaft,[2094]
- ein wirtschaftlich bedeutendes Unternehmen[2095] oder
- zur Erstellung einer Konzernrechnung verpflichtet ist.

Eine ordentliche Revision, unabhängig von den vorstehenden Größenkriterien, muss auch dann durchgeführt werden, wenn:

- Aktionäre, die zusammen mind. 10 % des Aktienkapitals der AG vertreten, dies verlangen (sog. Opting-up);
- Die Statuten der AG dies vorsehen;
- Die Generalversammlung der AG dies beschließt.

Publikumsgesellschaften müssen als Revisionsstelle ein staatlich beaufsichtigtes Revisionsunternehmen und die übrigen Gesellschaften, die zur ordentlichen Revision verpflichtet sind, einen zugelassenen Revisionsexperten nach den Vorschriften des Revisionsaufsichtsgesetzes bezeichnen.

I.6.1.2. Eingeschränkte Revision (Review)

Sind die Voraussetzungen für eine ordentliche Revision nicht gegeben, so muss die AG ihre Jahresrechnung durch eine Revisionsstelle eingeschränkt prüfen lassen. Im Vergleich zur ordentlichen Revision erlaubt die eingeschränkte Revision Erleichterungen im Umfang und in der Intensität der Prüfung sowie betreffend die fachlichen Anforderungen an die Revisionsstelle.

Eine AG, die zur eingeschränkten Revision verpflichtet ist, muss als Revisionsstelle einen zugelassenen Revisor nach den Vorschriften des Revisionsaufsichtsgesetzes bezeichnen.

2094 Als Publikumsgesellschaft qualifizieren AGs, deren Beteiligungspapiere an einer Börse kotiert sind, die Anleihensobligationen ausstehend haben oder die mindestens 20 % der Aktiven oder des Umsatzes zur Konzernrechnung einer der vorgenannten Gesellschaften beitragen (Art. 727 Abs. 1 Ziff. 1 OR).

2095 Als wirtschaftlich bedeutend gilt ein Unternehmen, wenn zwei der drei folgenden Größen in zwei aufeinanderfolgenden Geschäftsjahren überschritten werden: Bilanzsumme von CHF 10 Mio., Umsatzerlös von CHF 20 Mio. und 50 Vollzeitstellen im Jahresdurchschnitt (Art. 727 Abs. 1 Ziff. 2 OR).

I.6.1.3. Verzicht auf Revision

Mit Zustimmung sämtlicher Aktionäre kann auf die eingeschränkte Revision dann verzichtet werden, wenn die Gesellschaft nicht über mehr als zehn Vollzeitstellen im Jahresdurchschnitt verfügt (sog. Opting-out). Untersteht eine AG den Vorschriften der ordentlichen Revision, ist ein Verzicht selbst bei Qualifikation für ein Opting-out nicht möglich. Erfüllt eine Gesellschaft die Voraussetzungen für ein Opting-out, steht es ihr auch offen, anstelle des gänzlichen Verzichts auf eine Revision lediglich eine Abschwächung der gesetzlichen Bestimmungen betreffend die Prüfung vorzunehmen (sog. Opting-down).

I.6.1.4. Vorkehrungen

Je nachdem, ob eine AG für eine ordentliche oder eingeschränkte Revision qualifiziert, muss die Generalversammlung gegebenenfalls eine neue Revisionsstelle wählen, die den Vorschriften des Revisionsaufsichtsgesetzes entspricht. Aktiengesellschaften, die ein Opting-out beschließen, müssen u.U. eine Statutenänderung öffentlich beurkunden lassen. Der Verzicht auf eine eingeschränkte Revision muss beim Handelsregister unter Bestätigung, dass die letzte Revision nach den bisher gültigen Bestimmungen stattgefunden hat, eingetragen werden.

I.6.2. Gesellschaft mit beschränkter Haftung

Die Bestimmungen des Aktienrechts zur Revisionsstelle gelten für die GmbH sinngemäß.[2096]

Eine ordentliche Revision muss außerdem auch dann durchgeführt werden, wenn ein Gesellschafter, der durch die Statuten zu Nachschüssen verpflichtet ist, dies verlangt.

I.6.2.1. Vorkehrungen

Eine Vielzahl der GmbHs hatte nach bisherigem Recht von der Wahl einer Revisionsstelle und der Durchführung einer Revision abgesehen. Falls diesen GmbHs nach neuem Recht kein Opting-out zur Verfügung steht, muss zwingend eine Revisionsstelle gewählt, die Statuten angepasst und die Änderungen im Handelsregister eingetragen werden.

I.7. Migration

Nebst der Neugründung einer schweizerischen Gesellschaft kann die Ansiedlung in der Schweiz auch mittels eines Zuzugs einer bereits bestehenden, ausländischen Gesellschaft in die Schweiz erfolgen. Eine solche grenzüberschreitende Sitzverlegung wird regelmässig als Migration bezeichnet. Eine solche Migration zeichnet sich dadurch aus, dass die Gesellschaft ihren Sitz vom Ausland in die Schweiz verlegt, ohne dass die bestehende Gesellschaft im Ausland liquidiert und in der Schweiz neu gegründet werden muss. Die ausländische Gesellschaft wird durch die Migration zu einer schweizerischen Gesellschaft, wobei die Gesellschaft im Zeitpunkt der Eintragung im Handelsregister einer in der Schweiz verfügbaren Gesellschaftsform – i.d.R. einer Aktiengesellschaft oder einer Gesellschaft mit beschränkter Haftung – angepasst wird.

Der große Vorteil der in Art. 161 ff. IPRG geregelten Migration besteht darin, dass das Rechtssubjekt, also die Rechtspersönlichkeit der juristischen Person, durch die Migration bestehen bleibt.

2096 Vgl. F.I.6.1.

Dadurch müssen weder Aktiven und Passiven noch Verträge der Gesellschaft mit Dritten übertragen, aufgelöst oder neu abgeschlossen werden. Dieser enorme Vorteil rechtfertigt in den meisten Fällen das doch eher komplexe Verfahren der Migration.

Das Schweizer Recht lässt die Migration gemäß Art. 161 IPRG zu, wenn das ausländische Recht die Migration in die Schweiz ebenfalls gestattet, die Gesellschaft die Voraussetzungen des ausländischen Rechts erfüllt und die Anpassung an eine schweizerische Rechtsform möglich ist.

PRAXISHINWEIS

Der EuGH hat am 12.7.2012 entschieden, dass die Migration (grenzüberschreitende Umwandlung genannt) grundsätzlich möglich sei. Da dieser als Vale-Entscheid bekannt gewordene Entscheid nur innerhalb der EU Wirkung hat und zudem entsprechende Vorgaben im deutschen Recht fehlen, ist die Migration von Deutschland in die Schweiz oder von der Schweiz nach Deutschland nach wie vor nicht möglich. Da jedoch verschiedene europäische Länder die Migration im nationalen Recht geregelt haben, ist in der Praxis die Migration von Deutschland in die Schweiz bzw von der Schweiz nach Deutschland, via ein weiteres EU Land möglich. Dabei wird zuerst der Sitz in ein EU Land (bspw. Österreich oder Luxemburg) vollzogen, welches die Migration in die Schweiz bzw. aus der Schweiz als zulässig erachtet, bevor die inner-europäische Migration aufgrund des Vale-Entscheids durchgeführt wird.

Zusätzlich zur Migration erlaubt das schweizerische Recht auch die grenzüberschreitende Fusion mit einer bestehenden ausländischen Gesellschaft. Auch bei der grenzüberschreitenden Fusion erlaubt das Schweizer Recht die Fusion dann, wenn diese ebenfalls durch das ausländische Recht erlaubt ist.

II. Arbeits- und Aufenthaltsbewilligung in der Schweiz: Personenfreizügigkeit (Bürger der EFTA und der 25 EU Mitgliedstaaten sowie Bulgarien, Rumänien und Kroatien) und weitere Regelungen im Ausländerrecht

II.1. Arbeits- und Aufenthaltsbewilligung in der Schweiz

II.1.1. Grundsatz: Bewilligungspflicht

Als Grundsatz lässt sich festhalten: Wer in der Schweiz arbeiten möchte und nicht Schweizer Staatsbürger ist, benötigt eine Arbeits- bzw. Aufenthaltsbewilligung. Welche Art von Tätigkeit dabei ausgeübt wird und ob es sich um Bürger der EFTA und der 25 EU Mitgliedstaaten sowie Bulgarien, Rumänien und Kroatien oder Drittstaatenangehörige handelt, spielt zunächst keine Rolle.[2097] Als Ausnahme hierzu ist allerdings im Rahmen der sog. 8-Tage-Regel[2098] grundsätzlich keine Bewilligung erforderlich[2099] und es besteht für Bürger der EFTA und der 25 EU-Mitgliedstaaten bei Aufenthalten bis zu 90 Tagen pro Kalenderjahr die Möglichkeit, vom Meldeverfahren[2100] Gebrauch zu machen. Unter bestimmten Umständen kommen bulgarische und rumänische Staatsangehörige ebenfalls in den Genuss der Melderegelung. Die nachfolgende Tabelle zeigt eine Übersicht über die möglichen Arbeits- und Aufenthaltsbewilligungen in der Schweiz:

C-Bewilligung	Niederlassungsbewilligung; wird ab fünf bzw. zehn Jahren Wohnsitz in der Schweiz erteilt
B-Bewilligung	Aufenthaltsbewilligung; bis fünf Jahre gültig
L-Bewilligung	Kurzaufenthaltsbewilligung; bis ein Jahr gültig
G-Bewilligung	Grenzgängerbewilligung; Wohnsitz im (grenznahen) Ausland, Arbeitsort in der Schweiz bzw. Schweizer Grenzzone[2101]
F-Bewilligung	Vorläufig aufgenommene Ausländer; bis 1 Jahr gültig
N-Bewilligung	Anwesenheitsrecht für Asylsuchende für die Dauer des Asylverfahrens

Von der voranstehend genannten Arbeits- und Aufenthaltsbewilligungspflicht gibt es die folgenden Ausnahmen:

1. Eine Erwerbstätigkeit ohne Stellenantritt in der Schweiz bis zu acht Tagen pro Kalenderjahr bedarf in der Regel keiner Arbeitsbewilligung (sog. 8-Tage-Regel);[2102]
2. Für Entsendungen von Arbeitnehmern einer Gesellschaft mit Sitz in einem Staat der EFTA und der 25 EU Mitgliedstaaten sowie – unter bestimmten Umständen – in Bulgarien und

2097 Vgl. Art. 2 Abs. 1 des Anhangs I des Abkommens zwischen der Schweizerischen Eidgenossenschaft einerseits und der Europäischen Gemeinschaft und ihren Mitgliedstaaten andererseits über die Freizügigkeit (AS 2002, S. 1529 ff.); Art. 1 – 3 der Verordnung über Zulassung, Aufenthalt und Erwerbstätigkeit v. 6. 10. 1986 (VZAE, SR 142.201); Art. 1 und 18 ff. des Bundesgesetzes über die Ausländerinnen und Ausländer v. 11. 10. 2011 (AuG, SR 142.20).

2098 Vgl. nachfolgend F.II.1.2.

2099 Vgl. Art. 14 VZAE.

2100 Vgl. nachfolgend F.II.3.3.3.

2101 Für eine Übersicht zu den Schweizer Grenzzonen siehe http:www.centrepatronal.ch/docs/de/grenzzonen-schweiz.pdf/ (besucht am 30. 10. 2014).

2102 Vgl. F.II.1.2.

Rumänien für Projekte in der Schweiz von max. 90 Tagen pro Kalenderjahr ist das Meldeverfahren anwendbar.[2103]

Aus der nachfolgenden Grafik ergibt sich die (nach Bewilligungen geordnete) anteilsmäßige Aufteilung der in der Schweiz anwesenden ausländischen Wohnbevölkerung:

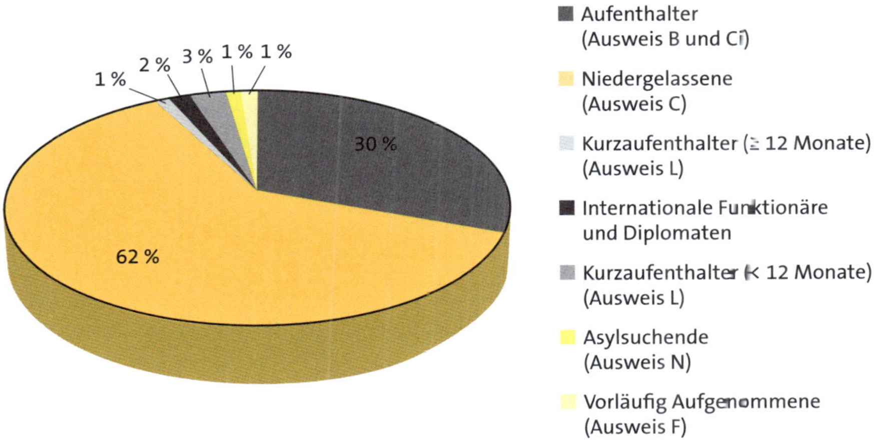

Quelle: Bundesamt für Statistik, Statistik der ausländischen Wohnbevölkerung (PETRA 2009)

Niedergelassene stellen dabei den Großteil der ausländischen Bevölkerung dar. Aufenthalter mit Bewilligung B machen immerhin noch beinahe einen Drittel aus. Die restlichen Kategorien hingegen ergeben insgesamt nicht einmal 10 % der gesamten ausländischen Bevölkerung.

Die ständige und nicht ständige Wohnbevölkerung, geordnet nach deren Staatsangehörigkeit, ergibt für die Periode 1995 - 2010 folgendes Bild:

2103 Vgl. F.II.3.3.3.

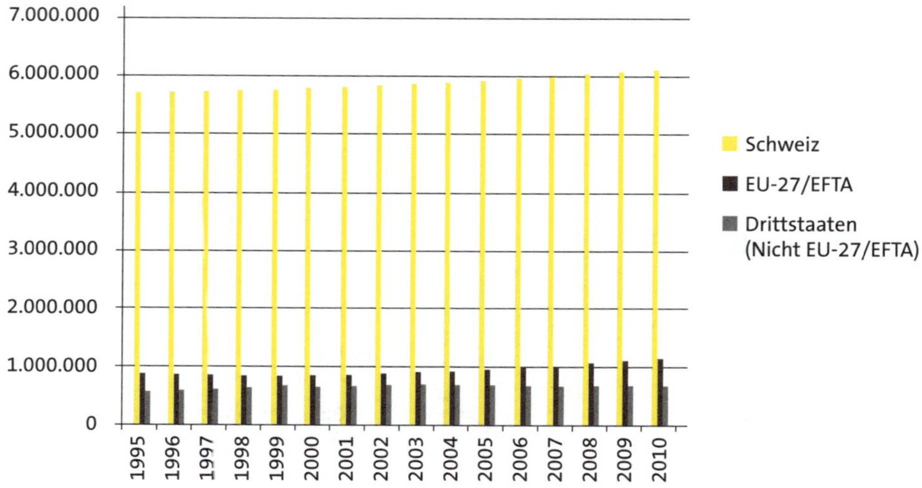

Quelle: Bundesamt für Statistik, PETRA 2009, Ständige und nicht ständige Wohnbevölkerung nach Staatsangehörigkeit, 1995 – 2010

Gut sichtbar ist die starke Zunahme von EU-27/EFTA-Bürgern (2010 bereits bei ca. 1,1 Mio.), welche etwa $^{1}/_{8}$ der Gesamtwohnbevölkerung ausmachen. Die Zahl der Drittstaatangehörigen hingegen bleibt mehr oder weniger konstant (2010 bei rd. 685'000).

Für die Antragstellung werden in der Regel die folgenden Unterlagen benötigt:

EFTA und Angehörige der 25 EU Mitgliedstaaten	Drittstaatenangehörige und entsandte EFTA und 25 EU Staatsangehörige sowie Bulgaren, Rumänen und Kroaten
- Kopie des Arbeitsvertrages mit einem Schweizer Arbeitgeber	- Kopie des Arbeitsvertrages mit einem Schweizer Arbeitgeber bzw. Entsendebestätigung
- Kopie des Passes bzw. der Identitätskarte	- Kopie des Passes
- 2 Passfotos	- z. T. 2 Passfotos
	- Lebenslauf
	- Diplome
	- z. T. Strafregisterauszug

II.1.2. 8-Tage-Regel als Ausnahme

Die 8-Tage-Regel findet Anwendung bei einer Erwerbstätigkeit ohne Stellenantritt in der Schweiz. Eine solche Tätigkeit ist während maximal acht Tagen innerhalb eines Zeitraums von einem Kalenderjahr bewilligungsfrei zulässig. Darunter fallen (abschließend):

1. Die selbständige Erwerbstätigkeit aus dem Ausland in der Schweiz. Somit benötigt z. B. ein selbständiger Informatiker aus Amerika, der einmal pro Jahr für fünf Tage bei einem Schweizer Unternehmen das Computer-System überprüft, für diese fünf Tage keine Arbeitsbewilligung;
2. Die unselbständige Erwerbstätigkeit für einen Arbeitgeber im Ausland. Eine schweizerische Gesellschaft bestellt beispielsweise bei einem kleinen Unternehmen in Indien Spezialkomponenten, welche bei der schweizerischen Gesellschaft vor Ort eingebaut und auch mindestens einmal pro Jahr kontrolliert werden müssen. Das Unternehmen aus Indien kann nun für sechs Tage einen Mitarbeiter in die Schweiz schicken, der hier diese Komponenten einbaut. Anschließend kann das indische Unternehmen den Mitarbeiter für zwei weitere Tage (im gleichen Kalenderjahr) in die Schweiz senden, um die Nachkontrolle durchzuführen und allfällige Anpassungen vorzunehmen. Für keinen dieser beiden Einsätze ist somit eine Arbeitsbewilligung erforderlich. Hingegen benötigt dieser Mitarbeiter ein Einreisevisum.[2104]

Als Gegenausnahme zur 8-Tage-Regel ist im Bauhaupt- und Baunebengewerbe, im Gastgewerbe, im Reinigungsgewerbe von Betrieben und Haushalten, im Reisenden- und Erotikgewerbe sowie bei Überwachungs- und Sicherheitsdiensten vom ersten Tag an immer eine Bewilligung erforderlich.[2105]

II.2. Arbeits- und Aufenthaltsbewilligung für Drittstaatenangehörige

II.2.1. Allgemeines

Im Gegensatz zu vielen anderen Ländern sind in der Schweiz die Arbeits- und Aufenthaltsbewilligung sehr eng miteinander verknüpft. Zwar bestehen unterschiedliche behördliche Zuständigkeiten, aber zuletzt wird ein einziges Dokument ausgestellt, der sog. Ausländerausweis, welcher sowohl die Arbeits- als auch die Aufenthaltsbewilligung umfasst und die definitive Bewilligung darstellt.[2106]

II.2.2. Voraussetzungen

Damit eine Arbeitsbewilligung erteilt werden kann, müssen die nachfolgend behandelten drei Voraussetzungen[2107] erfüllt sein.

II.2.2.1. Verfügbarkeit von Kontingenten

Arbeitsbewilligungen für Drittstaatenangehörige unterstehen einer limitierten Anzahl von Kontingenten.[2108] Diese werden jährlich vom Bundesrat für den Zeitraum vom 1. Januar bis zum 31. Dezember festgelegt und sind auf die verschiedenen Kantone aufgeteilt. Falls die kantonalen Kontingente erschöpft sind, führt der Bund ein Reservekontingent, welches den Kantonen zugeteilt werden kann.

2104 Vgl. hierzu F.II.2.5.
2105 Vgl. Art. 14 VZAE, Art. 6 Abs. 2 EntsV (SR 823.201).
2106 Vgl. Art. 41 Abs. 1 AuG.
2107 Vgl. Formular "Gesuch um Einreisebewilligung Drittstaaten" des Kantons ZH im Anhang 4.
2108 Vgl. Art. 20 AuG.

Es wird zwischen unterjährigen Kurzaufenthaltern und überjährigen Aufenthaltern unterschieden. 2013 standen für Drittstaatenangehörige gesamtschweizerisch 5'000 Kontingente für Kurzaufenthaltsbewilligungen L und 3'500 Kontingente für Aufenthaltsbewilligungen B pro Jahr zur Verfügung, wovon jeweils 2'500 bzw. 1'750 auf den Bund entfielen.[2109] Die nachfolgenden Grafiken zeigen die gemäß VZAE vorgesehenen Höchstzahlen 2014 für Kurzaufenthalts- und Jahresaufenthaltsbewilligungen für Drittstaatenangehörige sowie deren Verteilung auf die Kantone (ohne Bund):

L-Bewilligungen **B-Bewilligungen**

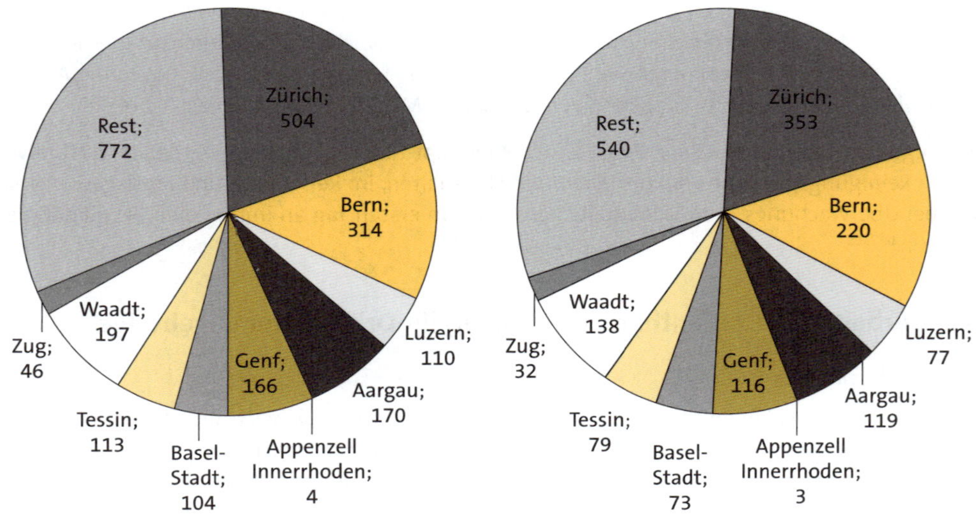

Quelle: Eigene Darstellung, gestützt auf die vom Bundesrat in Anhang 1 zur VZAE für das Jahr 2014 gewährten Kontingente

Die Hälfte der Kontingente werden jeweils den Kantonen zugesprochen, die andere Hälfte (2'500 L-Bewilligungen bzw. 1'750 B-Bewilligungen) verbleiben als Reservekontingente beim Bund, die dieser je nach Bedarf einsetzen kann.

In der obigen Darstellung werden exemplarisch zehn Kantone herausgegriffen und die übrigen 16 Kantone als „Rest" zusammengefasst. Das Reservekontingent des Bundes ist aus Gründen der Übersichtlichkeit nicht dargestellt.

2109 Für 2014 stehen für Drittstaatenangehörige gesamtschweizerisch wiederum 5'000 Kontingente für Kurzaufenthaltsbewilligungen L und 3'500 Kontingente für Aufenthaltsbewilligungen B zur Verfügung, wovon erneut jeweils 2'500 bzw. 1'750 auf den Bund entfallen. Für 2015 wurden die Kontingente vom Bundesrat auf 4'000 Kurzaufenthaltsbewilligungen L und 2'500 Aufenthaltsbewilligungen B gekürzt, wovon wiederum jeweils die Hälfte, d. h. 2'000 Kurzaufenthaltsbewilligungen L und 1'250 Aufenthaltsbewilligungen B, auf den Bund entfallen (vgl. Medienmitteilung des Bundesrates v. 28. 11. 2014).

II.2.2.2. Vorrang von auf dem Schweizer und EU/EFTA Arbeitsmarkt zugelassenen Arbeitskräften

Drittstaatenangehörige erhalten grundsätzlich nur dann eine Schweizer Arbeitsbewilligung, wenn weder in der Schweiz noch im EU/EFTA Raum eine für die zu besetzende Stelle geeignete Person gefunden werden kann (sog. Inländervorrang).[2110] In diesem Zusammenhang ist zu beachten, dass auch Arbeitnehmende, welche in einem Land der EFTA oder einem der 25 EU Mitgliedstaaten auf dem Arbeitsmarkt zugelassen sind, den Vorrang vor Drittstaatsangehörigen genießen.[2111] Für Staatsangehörige aus Bulgarien und Rumänien gilt der Inländervorrang – trotz Inkrafttretens des Protokolls II – analog wie für Drittstaatenangehörige noch während mindestens vier Jahren, d. h. bis mindestens 31. 5. 2016. Für kroatische Staatsangehörige gilt der Inländervorrang analog, da das Protokoll III noch nicht in Kraft getreten ist und Übergangsfristen gelten.[2112]

Die Praxis zeigt, dass die Behörden bei der Frage des Inländervorrangs relativ streng sind und Wert auf den Nachweis legen, dass, selbst wenn keine geeigneten Kandidaten gefunden, zumindest entsprechende Suchbemühungen gestartet wurden. Als Nachweis für genügende Suchbemühungen akzeptieren die Behörden i. d. R. die Stellenmeldung sowohl bei den regionalen Arbeitsvermittlungsstellen (RAV) für den schweizerischen Arbeitsmarkt als auch beim Europäischen Portal zur beruflichen Mobilität (EURES)[2113] für den europäischen Arbeitsmarkt. Hierbei genügt es aber nicht, die zu besetzende Stelle bei diesen Behörden lediglich zu melden. Vielmehr sind vom RAV bzw. EURES zugeteilte Bewerber zu einem Gespräch einzuladen und ernsthaft zu prüfen. Die Form des Nachweises ist von Kanton zu Kanton verschieden.

Eine Ausnahme vom Grundsatz des Inländervorranges besteht im Zusammenhang mit Intra-Company Transfers von Führungskräften und hochqualifizierten Spezialisten. Diese Fälle richten sich nach dem WTO-Abkommen, das den Grundsatz der Gleichbehandlung festhält, wonach ausländische Dienstleistungserbringer nicht schlechter behandelt werden dürfen als inländische. Bei Gesuchen, die sich nach dem GATS richten, entfällt demzufolge auch für Drittstaatenangehörige der Nachweis, dass auf dem schweizerischen und europäischen Arbeitsmarkt keine geeignete Person für die zu besetzende Stelle gefunden werden konnte.[2114] Allerdings sind die entsprechenden Bewilligungen auf drei, maximal vier Jahre beschränkt.

II.2.2.3. Einhaltung der orts- und branchenüblichen Lohn- und Arbeitsbedingungen

Als dritte Voraussetzung müssen die Anstellungskonditionen des ausländischen Mitarbeiters sowohl den orts- als auch den branchenüblichen Lohn- und Arbeitsbedingungen in der Schweiz entsprechen.[2115] Dies bedeutet insbesondere, dass der Lohn der ausländischen Arbeitskräfte denjenigen der einheimischen Arbeitskräfte in derselben Branche am selben Ort nicht unterbieten darf. So muss z. B. ein Mitarbeiter, der für ein Projekt aus einem Drittstaat nach Zürich ent-

2110 Vgl. Art. 21 AuG (SR 142.20).

2111 Vgl. Art. 2 b) Abs. 2a des Zusatzprotokolls v. 26. 10. 2004 zur Ausdehnung des Personenfreizügigkeitsabkommens zwischen der Schweiz und der EU v. 21. 6. 1999 auf die zehn neuen EU Mitgliedstaaten (vgl. BBl 2004, S. 5891 ff.; nachfolgend „Protokoll").

2112 Vgl. zum Ganzen http:www.bfm.admin.ch/.

2113 Vgl. zum Ganzen http:www.europa.eu.int/.

2114 Diese Bestimmung wurde in der schweizerischen Gesetzgebung in Art. 30 Abs. 1 Bst. h AuG umgesetzt.

2115 Vgl. Art. 22 AuG i. V. m. Art. 12 Abs. 1 VZAE und Art. 12 i. V. m. Art. 19 Abs. 4 Bst. a VZAE.

sandt werden soll, mindestens gleich viel verdienen, wie sein funktionsmäßig gleichgestellter Schweizer Kollege, der in derselben Abteilung arbeitet. Außerdem müssen beide gleich lange Arbeitszeiten haben und es gelten auch für beide die gleichen Ferienbestimmungen, es sei denn, nach ausländischem Recht würden dem entsandten Arbeitnehmer bspw. mehr Ferien als in der Schweiz üblich zustehen.

II.2.3. Bewilligungsarten

II.2.3.1. Kurzaufenthaltsbewilligung L

Die Kurzaufenthaltsbewilligungen für Drittstaatenangehörige können in zwei Untergruppen unterteilt werden:

1. Kurzaufenthaltsbewilligungen bis zu 120 Tagen pro Jahr können kontingentsfrei erteilt werden, wobei diese 120 Tage je nach Bedarf des Arbeitgebers am Stück oder verteilt über ein Kalenderjahr beantragt werden können.[2116] In beiden Konstellationen gilt bereits die Zusicherung der Aufenthaltsbewilligung als Arbeitsbewilligung. Eine Anmeldung bei der Einwohnerkontrolle ist in der Regel weder erforderlich noch möglich;
2. Kurzaufenthaltsbewilligungen von über vier Monaten, aber maximal einem Jahr, werden an die Kontingente angerechnet.[2117] Die Arbeitsaufnahme setzt voraus, dass sich der Arbeitnehmer innerhalb von 14 Tagen seit Einreise in die Schweiz, in jedem Fall aber vor der Arbeitsaufnahme, bei der Einwohnerkontrolle der Wohnsitzgemeinde angemeldet hat. Die unten angefügte Abbildung verdeutlicht die Sonderstellung der Kurzaufenthaltsbewilligungen:

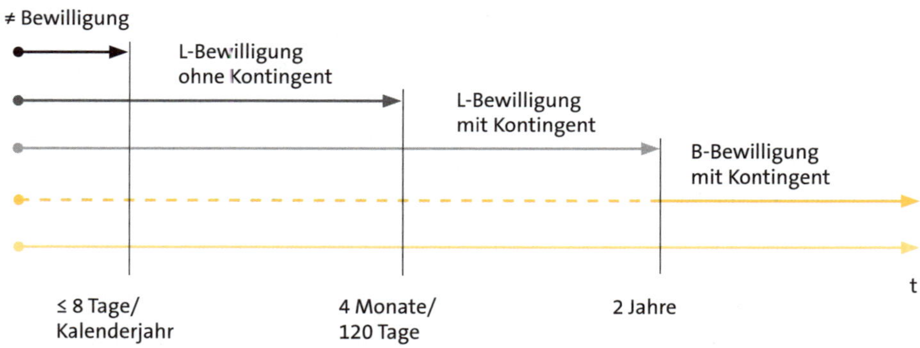

II.2.3.2. Aufenthaltsbewilligung B

Aufenthaltsbewilligungen für Drittstaatenangehörige sind bei der erstmaligen Erteilung auf ein Jahr befristet[2118] und können nur erteilt werden, wenn im Rahmen der jährlich neu festgesetzten Höchstzahlen noch Kontingente erhältlich und die übrigen gesetzlichen Bestimmungen (Art. 20 – 24 AuG)[2119] erfüllt sind. Die einmal gewährten Bewilligungen werden im Normalfall

2116 Vgl. Art. 20 AuG i. V. m. Art. 19 Abs. 4 VZAE.

2117 Vgl. Art. 20 AuG i. V. m. Art. 19 Abs. 1 – 3 VZAE.

2118 Bei EU/EFTA Staatsangehörigen auf fünf Jahre befristet.

2119 Vgl. F.II.2.2.

auf Antrag jährlich erneuert, sofern nicht besondere Gründe (z. B. Straftaten, Fürsorgeabhängigkeit, Arbeitsmarkt) gegen eine Erneuerung sprechen[2120]. In der Praxis wird die Aufenthaltsbewilligung teilweise selbst bei Arbeitslosigkeit verlängert, zumindest solange, als jemand Taggelder der Arbeitslosenversicherung zu beziehen berechtigt ist.

II.2.3.3. Niederlassungsbewilligung C

Eine Niederlassungsbewilligung können diejenigen Drittstaatenangehörigen erhalten, die i. d. R. mindestens zehn Jahre (fünf Jahre für US-Amerikaner und Kanadier) in der Schweiz ordnungsgemäßen, ununterbrochenen Wohnsitz haben. Art. 34 Abs. 4 AuG sieht vor, dass eine C-Bewilligung bereits nach fünf Jahren erteilt werden kann, wenn eine erfolgreiche Integration stattgefunden hat. In den meisten Kantonen ist die erfolgreiche Integration durch Atteste von Deutsch- bzw. Französisch- oder Italienisch-Kursen zu belegen. Die C-Bewilligung ist die letzte ausländerrechtliche Bewilligung vor Erlangen der Schweizer Staatsbürgerschaft. Das Aufenthaltsrecht ist unbeschränkt und darf nicht an Bedingungen geknüpft werden.

PRAXISHINWEIS

Der Bundesrat möchte die Integration für alle Beteiligten verbindlicher und gegenseitiger gestalten. Daher hat er am 23. 11. 2011 eine Vernehmlassung zur Teilrevision des Bundesgesetzes über die Ausländer und Ausländerinnen sowie fünf Spezialgesetze in Bundeszuständigkeit[2121] eröffnet. Mit den anstehenden Anpassungen auf Gesetzesstufe wird die Integration von Ausländern gefördert und gefordert und es werden klare Integrationskriterien erstellt. Neu sollen Sprachkenntnisse beim Familiennachzug vorausgesetzt und auch vom Arbeitgeber ein Beitrag zur Integration verlangt werden. Zudem soll die betroffene Person in Zukunft einen Anspruch auf Erteilung einer Niederlassungsbewilligung C haben, sofern sie seit zehn Jahren über eine Aufenthaltsbewilligung B verfügt und gut in der Schweiz integriert ist. Die Gesetzesanpassungen wirken sich vor allem auf die überjährigen Aufenthalter, die im Besitz einer Aufenthaltsbewilligung B oder Niederlassungsbewilligung C sind, aus. Die unterjährigen Kurzaufenthalter sind von den Integrationsvoraussetzungen nicht betroffen, da ihr Aufenthalt in der Schweiz definitionsgemäß nur vorübergehend ist. Die Vernehmlassungsfrist ist am 23. 03. 2012 abgelaufen. Der Bundesrat hatte das Eidg. Justiz- und Polizeidepartement beauftragt, eine Botschaft zur Änderung des Ausländergesetzes für das Parlament auszuarbeiten. Seit Anfang 2013 existiert die Botschaft zur Änderung des Ausländergesetzes. Das Inkrafttreten der Neuerungen ist derzeit noch unbekannt. Jeder Kanton hat jedoch inzwischen ein kantonales Integrationsprogramm (KIP) für die Jahre 2014 bis 2017 entwickelt. In den jeweiligen Vereinbarungen zwischen Bund und Kantonen werden verbindliche Integrationsziele sowie Indikatoren zur Überprüfung der Wirksamkeit der Programme festgehalten. Nebst der Integration in den Arbeitsmarkt geht es dabei u. a. auch um Erstinformation für neu eingewanderte Personen über die Sprache und Bildung, der frühen Förderung von Kindern, bis hin zum interkulturellen Dolmetschen.[2122]

II.2.3.4. Grenzgängerbewilligung G

Die Erteilung einer Grenzgängerbewilligung an Drittstaatenangehörige setzt voraus, dass sie über eine dauerhafte Aufenthaltsbewilligung in einem Nachbarstaat der Schweiz verfügen und

2120 Die Befristung der Bewilligung hat die regelmäßige Überprüfung dieser Voraussetzungen zum Zweck. Im Falle von Entsendungen bleiben die Bewilligungen ihrer Natur nach befristet. Bei Lokalanstellungen kann die arbeitsmarktliche Befristung auf Gesuch hin aufgehoben werden, vgl. F.II.2.4. Die Kontrollfristen für den Aufenthalt bleiben jedoch weiterhin bestehen.

2121 Es sind dies die Bundesgesetze über die obligatorische Arbeitslosenversicherung und Insolvenzentschädigung (sog. Arbeitslosenversicherungsgesetz, AVIG), über die Invalidenversicherung, über die Berufsbildung (sog. Berufsbildungsgesetz, BBG), über die Raumplanung (sog. Raumplanungsgesetz, RPG) und über den Allgemeinen Teil des Sozialversicherungsrechts.

2122 Vgl. Medienmitteilung des Bundesrates v. 28. 2. 2014.

seit mindestens sechs Monaten ihren ordentlichen Wohnsitz in der ausländischen Grenzzone haben. In Anlehnung an das Freizügigkeitsabkommen müssen Grenzgänger aus Drittstaaten ebenfalls nur einmal wöchentlich an ihren Wohnsitz im Ausland zurückkehren. Allerdings müssen sie die arbeitsmarktlichen Vorschriften (Inländervorrang und Einhaltung der orts- und branchenüblichen Lohn- und Arbeitsbedingungen) beachten.[2123] Hingegen bestehen hier keine Kontingente. Die erstmalige Bewilligung hat grundsätzlich eine Gültigkeitsdauer von einem Jahr, wobei eine Verlängerungsmöglichkeit und nach fünfjähriger, ununterbrochener Erwerbstätigkeit ein Anspruch auf Verlängerung besteht.[2124] Die Grenzgängerbewilligung ist nur für die Grenzzone[2125] des Bewilligungskantons gültig.

II.2.4. Berufliche und geografische Mobilität

Mit der Einführung des Bundesgesetzes über die Ausländerinnen und Ausländer (AuG) wurde die berufliche und geografische Mobilität von Drittstaatenangehörigen vereinfacht. Früher waren die L- und B-Bewilligungen an den ausstellenden Kanton und zwingend an den Arbeitgeber gebunden. Seit dem Inkrafttreten des neuen Ausländerrechtes auf den 1. 1. 2008 können sogar Personen mit einer Kurzaufenthaltsbewilligung L ein Gesuch um Kantonswechsel stellen.[2126] Der Entscheid darüber liegt im Ermessen der Behörden, die allerdings sehr restriktiv bei der Beurteilung vorgehen. Auch für Personen mit einer L-Bewilligung ist bei Vorliegen wichtiger Gründe und nach Einreichen eines formellen Gesuches ein Stellenwechsel möglich, wobei dies von den Behörden nur ausnahmsweise zugelassen wird.[2127] Personen mit einer B- oder C-Bewilligung müssen für einen Wechsel ihres Wohnsitzkantons trotz rechtlichen Anspruchs ein formelles Gesuch einreichen. Außerdem können Personen mit einer unbefristeten B-Bewilligung ohne Gesuchstellung und ohne Information der Behörden einen Stellenwechsel vornehmen. Ist damit auch ein Wechsel des Wohnsitzkantons verbunden, ist, wie bereits dargelegt, eine Bewilligung im neuen Kanton zu beantragen. In diesem Zusammenhang ist zu betonen, dass die Erleichterung für den Stellenwechsel lediglich bei unbefristeten B-Bewilligungen gilt. Bei Personen, deren Aufenthalt und damit deren Bewilligung von vornherein befristet sind, kommen diese Erleichterungen nicht zur Anwendung. Dies trifft insbesondere auf entsandte Arbeitnehmer/Dienstleistungserbringer zu, deren Einsatz naturgemäß befristet ist. Während für Personen mit einer B-Bewilligung schließlich der Wechsel von einer unselbständigen in eine selbständige Erwerbstätigkeit in der Regel bewilligungspflichtig ist (eine Ausnahme besteht z. B. dann, wenn jemand im Familiennachzug in die Schweiz gekommen ist), können Personen mit C-Bewilligung diesen Wechsel bewilligungsfrei vornehmen.[2128]

II.2.5. Visumspflicht

Zusätzlich zu den Arbeitsbewilligungen benötigen die meisten Drittstaatenangehörigen, wie zum Beispiel Arbeitnehmer aus Australien, China, Indien, Russland, Südafrika oder den Vereinig-

2123 Vgl. Art. 35 AuG.

2124 Vgl. Art. 35 Abs. 4 AuG.

2125 Vgl. F.II.1.1.

2126 Vgl. Art. 37 Abs. 1 AuG. Bspw. dann, wenn der bestehende Wohnsitz in einen anderen Kanton verlegt, nicht aber die Stelle gewechselt wird.

2127 Vgl. Art. 38 Abs. 1 AuG. Der Wohnsitz wird dabei unverändert belassen.

2128 Vgl. Art. 38 Abs. 3 und 4 AuG.

ten Staaten, ein Einreisevisum, damit sie überhaupt zu Erwerbszwecken in die Schweiz einreisen dürfen und ihre Tätigkeit hier aufnehmen können. Kein Einreisevisum benötigen dagegen derzeit u. a. Arbeitnehmende aus Japan, Malaysia, Neuseeland oder Singapur.[2129]

PRAXISHINWEIS

Seit dem 1.1.2014 benutzt die Schweiz ein neues nationales Informationssystem namens ORBIS. Darin werden Daten zu den Visumanträgen gespeichert, die bei den schweizerischen Behörden eingereicht werden. Das neue System ist EU-kompatibel und wird - wie bisher - Visadaten an die zentrale Datenbank des Schengen-Raums übermitteln. Die Visa-Datenbank funktioniert unabhängig von der bestehenden Ausländerdatenbank. Daher werden die Datenbearbeitung und der Datenschutz neu in der Visa-Informationssystem-Verordnung geregelt, welche am 20.1.2014 in Kraft getreten ist.[2130]

II.2.6. Familiennachzug

Unter bestimmten Voraussetzungen haben Drittstaatenangehörige mit einer Kurzaufenthalts- bzw. Aufenthaltsbewilligung die Möglichkeit des Familiennachzugs.[2131] Die Voraussetzungen sind aber im Vergleich zu Bürgern der EFTA und der 25 EU Mitgliedstaaten wesentlich strenger und namentlich besteht kein Anspruch auf Familiennachzug. Die Behörden besitzen diesbezüglich einen großen Ermessensspielraum und können diesen bei der Beurteilung der Unterlagen anwenden. Zu beachten ist außerdem, dass im Familiennachzug nur der Ehepartner und die Kinder unter 18 Jahren in die Schweiz kommen können. Zudem muss der Familiennachzug innerhalb einer Frist von fünf Jahren bzw. zwölf Monaten im Falle von Kindern, die älter als zwölf Jahre sind, geltend gemacht werden.[2132] Vorausgesetzt wird dabei kumulativ, dass

- sich der Lebensmittelpunkt der Familie in der Schweiz befindet bzw. befinden wird;
- eine nach Schweizer Maßstäben angemessene Wohnung (Größe, Anzahl Zimmer, Ausstattung etc.) für die Familie zur Verfügung steht;
- die finanziellen Mittel für die Bestreitung des Lebensunterhalts der gesamten, in der Schweiz lebenden Familie ausreichen;
- für alle in der Schweiz lebenden Familienangehörigen eine ausreichende Krankenversicherung besteht. Die Verfahren zur Erbringung des entsprechenden Nachweises sind in der Praxis unterschiedlich und variieren materiell von Kanton zu Kanton. Zum Teil wird von der Wohnsitzgemeinde eine Mitteilung an die kantonale Gesundheitsdirektion gemacht, welche die neu Eingereisten auffordert, innert einer bestimmten Frist den Nachweis über eine ausreichende Krankenversicherung zu erbringen. Teilweise informieren die Wohnsitzgemeinden nicht die Gesundheitsdirektion, sondern fordern die Betreffenden direkt auf, der Gemeinde innert Frist, i. d. R. drei Monaten, den entsprechenden Nachweis zu liefern. Der Nachweis kann durch Abschluss einer Schweizer Krankenversicherung oder – unter bestimmten Voraussetzungen – mittels Beleg über eine ausreichende Krankenversicherung im Ausland erbracht werden. Hierfür ist vom Arbeitnehmer ein vom Kanton zur Verfügung gestelltes Formular auszufüllen und vom ausländischen Versicherungsträger bzw. Schweizer Arbeitgeber abzustempeln. Ist beides nicht möglich, so erfolgt der Zwangsanschluss bei einer Schweizer

2129 Vgl. zum Ganzen http:www.bfm.admin.ch/.
2130 Vgl. zum Ganzen Visa-Informationssystem-Verordnung VISV.
2131 Vgl. Art. 44 und 45 AuG.
2132 Vgl. Art. 47 AuG.

Krankenversicherung.[2133] Das Gleiche gilt seit Inkrafttreten des Protokolls II auch für Familienangehörige von rumänischen und bulgarischen Staatsangehörigen.

Bei Familienangehörigen von Kurzaufenthaltern besteht kein Anspruch auf Ausübung einer Erwerbstätigkeit. Demgegenüber können Familienangehörige von Personen mit einer Aufenthaltsbewilligung B bzw. einer Niederlassungsbewilligung C eine unselbständige oder selbständige Erwerbstätigkeit in der ganzen Schweiz grundsätzlich bewilligungsfrei ausüben.[2134] Zudem unterstehen Familienangehörige, die im Familiennachzug zugelassen wurden, nicht der Kontingentierung.[2135] Die eigentliche Zulassung zur Erwerbstätigkeit ist jedoch bewilligungspflichtig, d. h. der Schweizer Arbeitgeber muss bei den Behörden ein Gesuch einreichen. Dabei müssen die orts- und branchenüblichen Lohn- sowie Arbeitsbedingungen erfüllt und der Familienangehörige muss beruflich qualifiziert sein.[2136] Der im Familiennachzug in die Schweiz eingereiste Familienangehörige kann während der gesamten Bewilligungsdauer des ersteingereisten Bewilligungsträgers (Ehegatte) einer Erwerbstätigkeit nachgehen.

II.2.7. Einreise in die Schweiz

Ist der Arbeitnehmer erst einmal in die Schweiz eingereist, so muss er sich – je nachdem, welche Frist kürzer ist – innerhalb von 14 Tagen seit der Einreise, in jedem Fall aber vor Aufnahme der Arbeit, bei seiner Wohnsitzgemeinde anmelden.[2137] Hat er noch keine Wohnung in der Schweiz gefunden, so genügt in vielen Fällen vorübergehend auch eine Hoteladresse oder die Adresse des Schweizer Arbeitgebers. Spätestens nach einem halben Jahr sollte der Arbeitnehmer jedoch über eine eigene Wohnung verfügen.

Als Folge der Ratifizierung des Schengener Assozierungsabkommens im Jahr 2008 stellt die Schweiz für Drittstaatenangehörige seit dem 1. 1. 2011 Ausländerausweise in Kreditkartenform aus. Die Ausländerausweise beinhalten biometrische Daten (Fingerabdruck und Foto), welche in einem Chip gespeichert sind. Deren Erfassung erfolgt durch den Wohnkanton. Der biometrische Ausländerausweis wird dann per Post direkt an den betroffenen Arbeitnehmer zugestellt.

PRAXISHINWEIS

Die geplante Teilrevision des Bundesgesetzes über die Ausländerinnen und Ausländer sieht vor, dass Flugunternehmen in Zukunft beweisen sollen, alles Nötige unternommen zu haben, um die Einreise von Ausländern ohne erforderliche Papiere zu verhindern. Das neue Sanktionssystem betrifft vor allem Passagiere, die von einem außerhalb des Schengenraums gelegenen Abflugortes an einen internationalen Schweizer Flughafen befördert werden möchten.

II.2.8. Bewilligungsverfahren

Der nachfolgend summarisch dargestellte Ablauf des Bewilligungsverfahrens ist im Einzelfall jeweils hinsichtlich des konkreten Verlaufes und der jeweiligen Voraussetzungen mit den lokal zuständigen Behörden abzustimmen:

2133 Vgl. auch F.III.2.

2134 Vgl. Art. 46 AuG sowie Art. 26 und 27 VZAE.

2135 Vgl. Art. 19 und 20 VZAE.

2136 Vgl. Art. 23 und 26 VZAE.

2137 Vgl. Art. 10 VZAE.

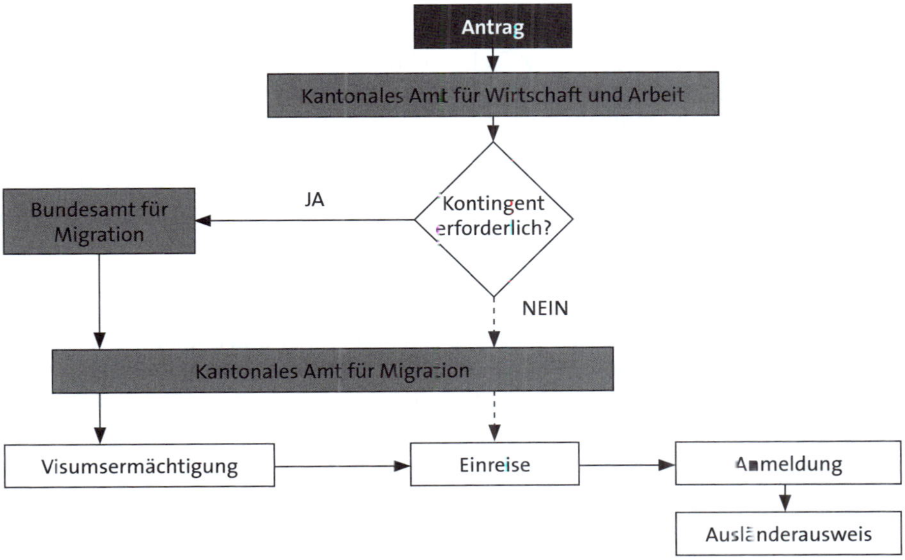

II.3. Arbeits- und Aufenthaltsbewilligung für EU/EFTA Bürger

II.3.1. Allgemeines

Die nachfolgenden Ausführungen beschränken sich auf Gesuche von Bürgern der EFTA und der 25 EU Mitgliedstaaten sowie Bulgarien, Rumänien und neu auch Kroatien[2138]. Auch EU/EFTA Bürger benötigen dem Grundsatz nach eine Bewilligung, wenn sie in der Schweiz arbeiten wollen. Ob jedoch ein vorgängiges, formelles Gesuch zu stellen ist oder ob es sich um eine reine Formalität handelt, hängt von der Nationalität und der Art des Arbeitsverhältnisses ab. EU-25/EFTA Staatsangehörige, die aufgrund von lokalen Arbeitsverträgen in die Schweiz einreisen, können derzeit einfach unter Vorlage ihres schweizerischen Arbeitsvertrages bei den lokalen Behörden vorsprechen und unmittelbar im Anschluss daran ihre Arbeit aufnehmen.

Folgende EU/EFTA Bürger benötigen demnach nach wie vor eine vorgängige Arbeitsbewilligung, welche gestützt auf ein formelles Gesuch erteilt wird, sofern die entsprechenden Voraussetzungen erfüllt sind und ein Kontingent besteht:

- EU-17/EFTA: Alle entsandten Arbeitnehmer;
- EU-8: Alle entsandten Arbeitnehmer;
- EU-2:[2139] Alle entsandten Arbeitnehmer und lokal Angestellte mit L- und B-Bewilligungen;
- Kroatien: Alle entsandten Arbeitnehmer und lokal Angestellte mit L- und B-Bewilligungen.

2138 Am 1.7.2013 hat die EU ihre sechste Erweiterungsrunde mit dem Beitritt von Kroatien abgeschlossen.

2139 Zu den EU-2 Mitgliedstaaten gehören Bulgarien und Rumänien.

II.3.2. Voraussetzungen (Bilaterale Verträge I)

Per 1. 6. 2004 ist das zwischen der Schweiz und der EU abgeschlossene Freizügigkeitsabkommen in die zweite Phase eingetreten. Auf diesen Zeitpunkt hin sind für Bürger der EFTA und der alten 15 EU Mitgliedstaaten sowie – im Rahmen der ersten EU Osterweiterung – auch Malta und Zypern die bisher geltenden Kontrollen der Lohn- und Arbeitsbedingungen sowie die Beachtung des Inländervorranges entfallen. Es ist daher nicht mehr zu belegen, dass für eine zu besetzende Stelle keine inländische Arbeitskraft gefunden werden konnte. Bürger der EFTA und der 17 EU Mitgliedstaaten unterliegen überdies seit 1. 6. 2007 bzw. die EU-8 Mitgliedstaaten[2140] seit 1. 5. 2011 grundsätzlich keiner zahlenmäßigen Begrenzung mehr. Der Bundesrat hatte an seiner Sitzung vom 18. 4. 2012 jedoch von der einseitigen Schutzklausel, der sog. Ventilklausel, Gebrauch gemacht und zwischen dem 1. 5. 2012 und dem 30. 4. 2013 die Zahl der Aufenthaltsbewilligungen B für Angehörige der EU-8 Mitgliedstaaten erneut durch Kontingente begrenzt. Im April 2013 entschied der Bundesrat aufgrund der aktuellen Einwanderungszahlen, die Kontingente für EU-8 Staatsangehörige bis zum 30. 4. 2014 weiterzuführen, da die entsprechenden Voraussetzungen weiterhin gegeben waren. Ferner wurde der Schwellenwert für die Wiedereinführung von Kontingenten für Aufenthaltsbewilligungen B für EU-17 Staatsangehörige erreicht, weshalb auch für diese für die Zeit vom 1. 6. 2013 bis zum 31. 5. 2014 wieder Kontingente eingeführt wurden. Eine weitere Verlängerung der Kontingente nach dem Mai (EU-8) bzw. Juni 2014 (EU-17) war dann nicht mehr möglich. Seither gilt für Angehörige dieser Staaten wieder die volle Personenfreizügigkeit, sofern sie in der Schweiz eine Arbeitsstelle antreten bzw. als Nichterwerbstätige über genügend finanzielle Mittel für den Unterhalt verfügen.[2141] Somit standen sowohl für die EU-8 wie auch EU-17 Mitgliedstaaten vom 1. 5. 2013 bis zum 30. 4. 2014 bzw. vom 1. 6. 2013 bis zum 31. 5. 2014 2'180 bzw. 53'700 Kontingente für Aufenthaltsbewilligungen B zur Verfügung. Am 1. 6. 2009 ist zudem das Protokoll II zur Ausdehnung der Personenfreizügigkeit auf Bulgarien und Rumänien in Kraft getreten. Für diese beiden Länder gelten bis zum 31. 5. 2016[2142] Zulassungsbeschränkungen, d. h. es werden separate, jährlich ansteigende Kontingente ausgegeben. Für das Jahr 2014 waren 7'722 Kurzaufenthaltsbewilligungen L und 885 Aufenthaltsbewilligungen B vorgesehen.

Am 15. 7. 2013 wurde das Protokoll III zum Freizügigkeitsabkommen paraphiert, welches hauptsächlich die Modalitäten der auf dem Grundsatz der Gegenseitigkeit basierenden Übergangsfrist[2143] und die Kontingentsregelung für kroatische Staatsangehörige behandelt. Das Vernehmlassungsverfahren, welches der Bundesrat am 28. 8. 2013 eröffnet hatte,[2144] dauerte bis zum 28. 11. 2013. Solange das Protokoll III nicht in Kraft tritt, sind kroatische Staatsangehörige dem geltenden Bundesgesetz über die Ausländerinnen und Ausländer unterstellt. Die Schweiz hatte sich in einer Erklärung zum Protokoll III verpflichtet, Kroatien für die Periode zwischen der Un-

2140 Zu den EU-8 Mitgliedstaaten gehören Estland, Lettland, Litauen, Polen, Slowakei, Slowenien, Tschechien und Ungarn.

2141 Vgl. Medienmitteilung des Bundesrates v. 30. 4. 2014.

2142 Die Übergangsfristen werden somit, wie auch schon bereits für die EU-17 und die EU-8 Staaten, vollständig ausgeschöpft. Vgl. Medienmitteilung des Bundesrates v. 28. 5. 2014.

2143 Grundsätzlich gilt, wie auch bei Protokoll I und II, die siebenjährige Übergangsfrist (2+3+2 Lösung) ab Inkrafttreten des Protokolls III. Die Schweiz hat jedoch nach Ablauf dieser Frist die Möglichkeit, eine Ventilklausel, die während weiteren drei Jahren angerufen werden kann, anzuwenden. Somit dauert das Übergangsregime insgesamt zehn Jahre ab Inkrafttreten des Protokolls III. Nach Ablauf dieser Frist werden die kroatischen Staatsangehörigen – wie Staatsangehörige der übrigen EU/EFTA Mitgliedstaaten auch – von der vollen Personenfreizügigkeit gemäß FZA profitieren können.

2144 Medienmitteilung des Bundesrates v. 28. 8. 2013.

terzeichnung des Protokolls III und dessen Inkrafttreten spezielle Kontingente, welche am 29.11.2013 publiziert wurden[2145] und 450 Kurzaufenthaltsbewilligungen L sowie 50 Aufenthaltsbewilligungen B betragen, zur Verfügung zu stellen. Als Folge der Annahme der Volksinitiative über die Masseneinwanderung war zunächst unklar, wann mit einem Inkrafttreten dieser Bestimmungen für Kroatien gerechnet werden konnte. Nachdem der Bundesrat gegenüber der EU ursprünglich mehrfach ausgeführt hatte, dass er sich aufgrund des Abstimmungsergebnisses derzeit nicht in der Lage sehe, das Protokoll über die Erweiterung der Personenfreizügigkeit auf Kroatien in der aktuellen Form zu unterzeichnen, hatte er am 30.4.2014 erklärt, dass er auch ohne Unterzeichnung desselben eine Verordnungsbestimmung per 1.7.2014 in Kraft setzen wird, wonach vorläufig die Kontingente gemäß den Übergangsbestimmungen gewährt würden (d.h. diejenigen Kontingente, die ab Unterzeichnung von Protokoll III bis zu dessen Inkraftsetzung gewährt worden wären).[2146] Die Erteilung einer Arbeitsbewilligung für kroatische Staatsangehörige wird sodann dereinst mit Inkrafttreten des Protokolls III separat geregelt. So können im ersten Jahr nach dessen Inkrafttreten 54 Aufenthaltsbewilligungen B und 543 Kurzaufenthaltsbewilligungen L zur Ausübung der Erwerbstätigkeit erteilt und von Jahr zu Jahr entsprechend einer aufsteigenden Skala erhöht werden.

Für Dienstleistungserbringer aus den EU/EFTA Staaten, die in der Schweiz mit einer Einsatzdauer von über 120 Tagen pro Kalenderjahr arbeiten, standen im Jahr 2014 für Kurzaufenthalter 3'000 Kontingente und für Aufenthalter 500 Kontingente zur Verfügung.[2147]

PRAXISHINWEIS

Seit dem 1.1.2012 haben einzelne Kantone ihre liberale Praxis geändert bzw. verschärft und erteilen seither entsandten Dienstleistungserbringern, deren Arbeitgeber sowie Wohnsitz im Ausland sind und deren Tätigkeit in der Schweiz länger als 90 Tage dauert, keine Grenzgängerbewilligung mehr. Stattdessen erhalten diese eine sog. Zusicherung der Aufenthaltsbewilligung EU/EFTA mit dem Vermerk „gilt gleichzeitig als Aufenthaltsbewilligung – keine Anmeldung erforderlich". Diese Art der Bewilligung setzt eine tägliche Heimkehr des Betroffenen voraus und ist kontingentiert. Ein Verlängerungs- bzw. Erneuerungsgesuch kann gestellt werden, falls die gleichen Grundvoraussetzungen gegeben sind wie bei der erstmaligen Erteilung. Im Übrigen haben solche Bewilligungen jeweils nur ein Jahr Gültigkeit. Entsprechend ist jedes Jahr ein neues Kontingent zu sprechen. Die betroffenen Dienstleistungserbringer haben zudem keinen Anspruch auf Familiennachzug, da sie täglich an ihren Wohnort im Ausland zurückkehren (müssen).

II.3.3. Bewilligungsarten

II.3.3.1. Kurzaufenthaltsbewilligung L und Aufenthaltsbewilligung B

Je nach der Dauer des Arbeitsvertrages stehen wiederum Kurz- und Aufenthaltsbewilligungen zur Verfügung. Hingegen benötigen Bürger der EFTA und der 25 EU Mitgliedstaaten sowie – unter bestimmten Umständen – von Bulgarien und Rumänien für Aufenthalte zu Erwerbszwecken von mehr als acht aber maximal 90 Tagen pro Kalenderjahr keine Arbeitsbewilligung mehr. Hierfür reicht grundsätzlich eine Meldung an die zuständigen Behörden.[2148] Für Aufenthalte von 91

2145 Medienmitteilung des Bundesrates v. 29.11.2013

2146 Vgl. Medienmitteilung des Bundesrates v. 3.3.2014 und v. 30.4.2014 sowie Umsetzungskonzept, S. 8.

2147 Für das Jahr 2015 hat der Bundesrat ein Kontingent von 2'000 Kurzaufenthaltsbewilligungen L und von 250 Aufenthaltsbewilligungen B vorgesehen, welche wiederum jeweils quartalsweise an die Kantone freigegeben werden (vgl. Medienmitteilung des Bundesrates v. 28.11.2014)..

2148 Vgl. F.II.3.3.4.

bis maximal 364 Tagen pro Jahr wird eine L-Bewilligung ausgestellt.[2149] Bei einer lokalen Anstellung in der Schweiz ist jedoch eine Anmeldung ab dem ersten Tag nötig. Für befristete Aufenthalte von mehr als 364 Tagen bzw. bei unbefristeten Arbeitsverträgen kann eine B-Bewilligung erteilt werden, welche in den meisten Fällen bereits von Anfang an während fünf Jahren gültig ist.

II.3.3.2. Niederlassungsbewilligung C

Nach fünfjährigem Aufenthalt kann eine Niederlassungsbewilligung C beantragt werden. Die Niederlassungsbewilligung C gewährt den Bürgern der EFTA und der 25 EU Mitgliedstaaten allerdings im Vergleich zu einer B-Bewilligung kaum mehr Vorteile und ist daher für Bürger der EFTA und der 25 EU Mitgliedstaaten weniger attraktiv als für Drittstaatenangehörige, welche erst durch die C-Bewilligung vollumfänglich von der beruflichen und geografischen Mobilität profitieren.[2150]

II.3.3.3. Grenzgängerbewilligung G

Staatsangehörige der EFTA und der 25 EU Mitgliedstaaten können eine Grenzgängerbewilligung G beantragen.[2151] Seit dem 1. 6. 2007 (EU-17/EFTA) bzw. 1. 5. 2009 (EU-8) sind EU-/EFTA-Staatsangehörige nicht mehr an die ausländischen Grenzzonen[2152] gebunden. Sie können ihren Hauptwohnsitz in irgendeinem EU/EFTA Mitgliedstaat beibehalten und dennoch in der ganzen Schweiz einer selbständigen oder unselbständigen Erwerbstätigkeit nachgehen. Im Gegensatz zu Drittstaatenangehörigen ist dabei ein Voraufenthalt in der ausländischen Grenzzone nicht notwendig. Hingegen wird auch hier noch eine wöchentliche Heimkehr an den ausländischen Wohnsitz verlangt.[2153] Die Erteilung einer Grenzgängerbewilligung setzt eine Anstellung in der Schweiz voraus. Eine Grenzgängerbewilligung kann somit im Falle der Entsendung nicht erteilt werden. Je nach Vertragsdauer wird eine ein- oder fünfjährige Bewilligung erteilt. Im Gegensatz zu Inhabern einer L- oder B-Bewilligung profitieren Inhaber einer G-Bewilligung nicht von der vollen beruflichen und geografischen Mobilität. Sie können zwar den Arbeitgeber wechseln; da dieser aber im Ausländerausweis eingetragen wird, ist der Arbeitgeberwechsel den Behörden zu melden.[2154]

PRAXISHINWEIS

Im Gegensatz zu den Ausweisen für Drittstaatenangehörige wird die Grenzgängerbewilligung bzw. der entsprechende Ausländerausweis EU/EFTA weiterhin in Papierform und nicht im Kreditkartenformat ausgefertigt (siehe nachfolgendes Muster).

2149 Vgl. Art. 10 Abs. 1 FZA.

2150 Vgl. F.II.2.4.

2151 Vgl. Gesuch um Grenzgängerbewilligung Staatsangehörige EU/EFTA im Anhang 4.

2152 Ausländische Grenzzonen werden definiert als diejenigen Regionen, die in den zwischen der Schweiz und ihren Nachbarstaaten abgeschlossenen Grenzgängerabkommen festgelegt sind. Siehe hierzu bspw. dasjenige für Deutschland (AS 1970, S. 1020 ff.).

2153 Vgl. Art. 7 und Art. 28 Abs. 1 Anhang I FZA.

2154 Vgl. Art. 9 Abs. 3 der Verordnung über die schrittweise Einführung des freien Personenverkehrs zwischen der Schweizerischen Eidgenossenschaft und der Europäischen Gemeinschaft sowie ihren Mitgliedstaaten (VEP, SR 142.203).

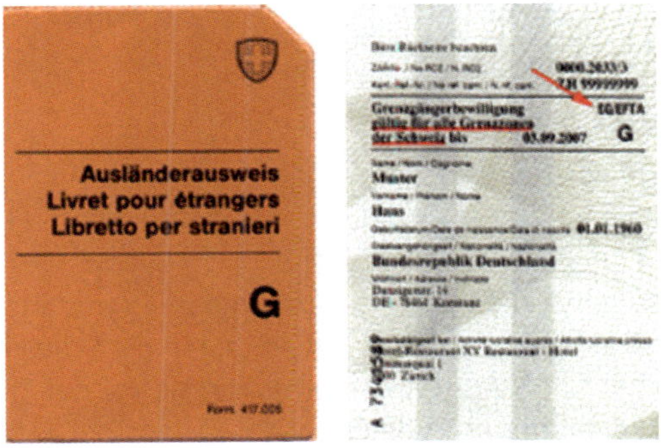

Quelle: Bundesamt für Migration

II.3.3.4. Meldeverfahren

In Art. 6 des Bundesgesetzes über die minimalen Arbeits- und Lohnbedingungen für in die Schweiz entsandte Arbeitnehmerinnen und Arbeitnehmer und flankierende Maßnahmen (EntsG, SR 823.20) ist eine spezielle Meldepflicht[2155] bezüglich der entsandten Arbeitnehmer vorgesehen. Diese Meldepflicht gilt für alle aus Unternehmen mit Sitz in einem EU/EFTA Staat entsandten Arbeitnehmer (mit Ausnahme der Bereiche Arbeitsvermittlung und Arbeitsverleih sowie im Finanzbereich, wenn dazu eine Bewilligung erforderlich ist und die Tätigkeit unter der Aufsicht der Behörden, wie z. B. bei Bankgeschäften und Prüfertätigkeiten, steht), sofern der Auftrag länger als acht Tage (8-Tage-Regel), aber nicht länger als 90 Tage pro Kalenderjahr, dauert.[2156] In der Praxis lassen sich in Bezug auf die Auslegung dieser 90 Tage kantonal unterschiedliche Ansätze beobachten. Es empfiehlt sich daher, den Sachverhalt im Einzelfall vorgängig mit den Behörden zu klären. Grundsätzlich werden diese 90 Tage nur einmal pro Kalenderjahr für ein ausländisches Unternehmen gewährt, wobei aber i. d. R. eine unbeschränkte Anzahl von Arbeitnehmern während dieser beschränkten Dauer parallel entsandt werden können (90-Tage-Kontingent). Bei Dienstleistungen von mehr als 90 Tagen oder falls das 90-Tage-Kontingent eines ausländischen Unternehmens bereits erschöpft ist, ist wiederum eine Arbeitsbewilligung einzuholen, wobei sich das Verfahren bei Dienstleistungen von über 90 Tagen nach den Regelungen für Drittstaatenangehörigen richtet und nicht mehr unter das Freizügigkeitsabkommen fällt. [2157] Dies bedeutet insbesondere, dass die Einhaltung der orts- und branchenüblichen Lohn- und Arbeitsbedingungen auch bei Staatsangehörigen der EU/EFTA Mitgliedstaaten geprüft wird.

Aufgrund der 8-Tage-Regel gilt die Meldepflicht grundsätzlich erst ab dem neunten Tag. In den folgenden Sektoren, in welchen die Gefahr eines Lohn- und Sozialdumpings erfahrungsgemäß relativ hoch ist, gilt die Meldepflicht allerdings bereits ab dem ersten Tag:[2158]

- Baugewerbe;

2155 Ausschließlich online möglich, vgl. hierzu https://meweb.admin.ch/meldeverfahren/login.do?lang=de (besucht am 30. 10. 2014).

2156 Vgl. Art. 5 FZA sowie Art. 6 Abs. 2 und Art. 17 ff. Anhang I FZA.

2157 Vgl. Art. 20 i. V. m. Art. 17 Abs. 1 Bst. a Anhang I FZA; Art. 15 VEP.

2158 Vgl. Art. 9 Abs. 1 VEP i. V. m. Art. 14 Abs. 3 VZAE.

- Gastgewerbe;
- Reinigungsgewerbe;
- Überwachungs- und Sicherheitsdienst;
- Hotelreisende (ohne Zirkusse und Messen);
- Erotikgewerbe.

Angehörige aus Drittstaaten, welche von einem Unternehmen mit Sitz in einem EU/EFTA Staat für maximal 90 Tage zur Erbringung einer Dienstleistung in die Schweiz entsandt werden, profitieren im Übrigen ebenfalls vom Meldeverfahren, wenn sie vor der Entsendung bereits dauerhaft auf dem regulären Arbeitsmarkt in einem Mitgliedstaat der EU/EFTA zugelassen waren. Das Erfordernis der Dauerhaftigkeit ist nach einem Zeitraum von zwölf Monaten erfüllt.[2159]

Auf Angehörige von Bulgarien und Rumänien ist das Meldeverfahren unter Umständen (mit Ausnahme der Bereiche Baugewerbe, Gartenbau, Reinigungsgewerbe sowie Überwachungs- und Sicherheitsgewerbe) ebenfalls anwendbar.[2160]

Die Meldung muss bis spätestens acht Tage vor Beginn der Arbeiten vorgenommen werden und kann nur noch Online erfolgen. Die Homepage des Bundesamtes für Migration (BFM) bietet die Möglichkeit einer kostenlosen Online-Registrierung. Die Meldung wird automatisch der am Einsatzort zuständigen Behörde zugestellt. Im Online-Formular sind nebst den Personalien des entsandten Arbeitnehmers auch Angaben zum Einsatzbetrieb sowie die exakten Daten des Einsatzes und – seit dem 1. 5. 2013 – der Bruttostundenlohn des Arbeitnehmers zu erfassen.[2161]

EU/EFTA Staatsangehörige, welche innerhalb eines Kalenderjahres für maximal drei Monate direkt bei einem Schweizer Arbeitgeber angestellt sind, können sich ebenfalls mittels Meldeverfahren registrieren, falls sie kein Verfahren um Arbeitsbewilligung durchführen möchten. Die entsprechenden Meldeformulare finden sich ebenfalls an vorgenannter Stelle. Diese Personen sind im Übrigen bereits ab dem ersten Tag meldepflichtig.[2162]

Die unten angefügte Abbildung stellt den grundsätzlichen Zusammenhang zwischen Bewilligung und Meldepflicht her:

2159 Vgl. Art. 2 Abs. 3 VEP.

2160 Vgl. Merkblatt EU-2 20112 des Kantons ZH, Amt für Wirtschaft und Arbeit (AWA), für ausländische Arbeitgeber aus Rumänien und Bulgarien, die Arbeitnehmer ihres Unternehmens zur Durchführung von Dienst- und Arbeitsleistungen in die Schweiz entsenden.

2161 Vgl. Meldeformular für entsandte Arbeitnehmerinnen und Arbeitnehmer im Anhang 4.

2162 Vgl. zum Ganzen http:www.bfm.admin.ch/.

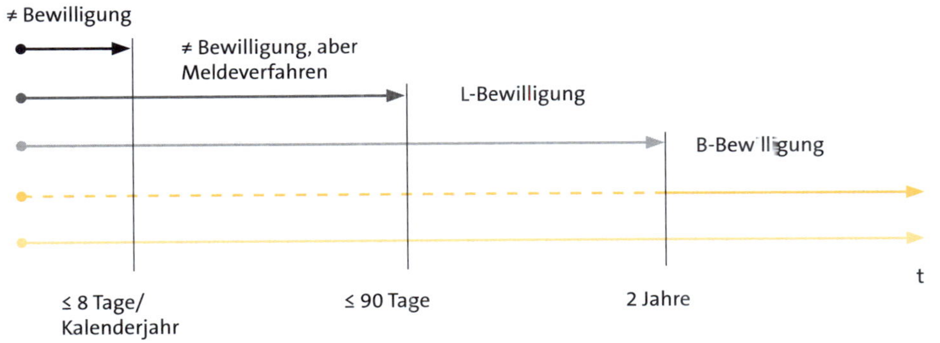

II.3.3.5. Flankierende Maßnahmen

Aufgrund der schrittweisen Aufhebung der bisherigen Restriktionen gegenüber ausländischen Arbeitnehmenden besteht die Gefahr eines Lohn- und Sozialdumpings. Um dieser entgegenzutreten wurden per 1. 6. 2004 für die Dauer der Gültigkeit des Freizügigkeitsabkommens flankierende Maßnahmen eingeführt. Im Dezember 2004 hat das Parlament die beiden Vorlagen „Ausdehnung des Freizügigkeitsabkommens auf die neuen EU Mitgliedsländer" und „Revision der flankierenden Maßnahmen" zu einer einzigen Vorlage verknüpft und verabschiedet. Diese Vorlage wurde bei der Schweizer Volksabstimmung vom 25. 9. 2005 angenommen. In der Folge wurden die flankierenden Maßnahmen im Hinblick auf die Ausdehnung der Freizügigkeit auf die neuen EU Staaten per 1. 4. 2006 verschärft.[2163] Es handelt sich dabei um folgende Massnahmen:

- Das Bundesgesetz über die minimalen Arbeits- und Lohnbedingungen für in die Schweiz entsandte Arbeitnehmerinnen und Arbeitnehmer;
- Die Ergänzung der Bestimmungen über den Normalarbeitsvertrag im Obligationenrecht (Möglichkeit der Einführung von verbindlichen Mindestlöhnen);[2164]
- Die Ergänzung und Änderung von Bestimmungen im Bundesgesetz über die Allgemeinverbindlicherklärung von Gesamtarbeitsverträgen (erleichterte Allgemeinverbindlicherklärung für den Bereich minimale Entlöhnung, die ihr entsprechende Arbeitszeit sowie die paritätischen Kontrollen);[2165]
- Die Verschärfung der Strafen gegen ausländische Arbeitgeber, welche leichter vom schweizerischen Markt ausgeschlossen werden können (wenn z. B. rechtskräftige Bußen nicht bezahlt werden);
- Die Pflicht, dem Arbeitnehmer wichtige Aspekte des Arbeitsverhältnisses (wie Lohn oder Arbeitszeit) schriftlich mitzuteilen;

2163 Vgl. zum Ganzen http:www.seco.admin.ch/.

2164 Vgl. Art. 360a ff. des Bundesgesetzes v. 30. 3. 1911 betreffend die Ergänzung des Schweizerischen Zivilgesetzbuches (Fünfter Teil: Obligationenrecht OR, SR 220).

2165 Vgl. Art. 2 Ziff. 3 des Bundesgesetzes v. 28. 9. 1956 über die Allgemeinverbindlicherklärung von Gesamtarbeitsverträgen (AVEG, SR 221.215.311).

- Die Pflicht der Selbständigerwerbenden, bei Aufnahme ihrer Tätigkeit in der Schweiz ihre Selbständigkeit nachzuweisen; und
- Die Auskunftspflicht der Verleiher betreffend Temporärangestellte gegenüber paritätischen und tripartiten Kommissionen.

Hervorzuheben ist, dass die flankierenden Maßnahmen einen Wechsel vom System genereller und präventiver Kontrolle der Lohn- und Arbeitsbedingungen (welche früher im Rahmen des Arbeitsbewilligungsverfahrens erfolgte) zu einem System mit nachträglichen und punktuellen Kontrollen bedeuten. Einzig wenn in einer Branche missbräuchliche Lohnunterbietungen festgestellt werden, können entsprechende Maßnahmen, wie die Allgemeinverbindlicherklärung eines Gesamtarbeitsvertrages oder der Erlass eines Normalarbeitsvertrages, ergriffen werden. Um derartige, missbräuchliche Lohnunterbietungen aufzudecken, sind gemäß den bereits per 1.6.2003 in Kraft getretenen Art. 360b und 360c OR sog. tripartite Kommissionen in Bund und Kantonen für die Überwachung des Arbeitsmarktes zuständig. Um die Erfüllung der ihnen übertragenen Aufgaben überhaupt wahrnehmen zu können, haben die Kommissionen das Recht auf Auskunft und Einsichtnahme in alle betrieblichen Dokumente, die für die Durchführung der Untersuchung notwendig sind.

Diese Kontrollen werden in der Praxis regelmäßig vorgenommen und es wurden weitere Intensivierungen angekündigt. Im Jahr 2013 führten die tripartiten und paritätischen Kommissionen gesamtschweizerisch flächendeckend in allen Branchen und Regionen Kontrollen bei insgesamt rd. 40'000 (2012: 39'000) Betrieben und 158'000 (2012: 152'000) Personen durch.[2166] Somit wurden die in der Entsendeverordnung festgelegten 27'000 Kontrollen deutlich übertroffen. Überdies wird eine Tendenz zu schärferen Sanktionen beobachtet. Die tripartiten Kommissionen selbst haben keine Sanktionenkompetenz. Sie sind jedoch gehalten, festgestellte Gesetzesverstöße den zuständigen kantonalen Behörden zur Sanktionierung zu melden. Häufig wird vor dem Verhängen einer Sanktion eine Verwarnung ausgesprochen. Die fehlbaren Arbeitgeber werden in einer Liste im Internet publiziert.[2167]

Die bislang bei Unternehmen und Selbständigerwerbenden durchgeführten Kontrollen hatten zahlreiche Lohnunterbietungen und weitere Verstöße gegen die Schweizer Arbeitsbedingungen aufgedeckt. Nebst einer erleichterten Allgemeinverbindlicherklärung von Gesamtarbeitsverträgen (GAV)[2168] und der Normierung der bisher nicht geregelten Voraussetzungen zur Verlängerung von Normalarbeitsverträgen (NAV) im Falle von wiederholt festgestellter, missbräuchlicher Lohn- und Arbeitsbedingungen, hat die Arbeitsgruppe zu den flankierenden Maßnahmen dem Bundesrat deshalb im Frühling 2014 zusätzliche konkrete Maßnahmen empfohlen. So bspw. die Erhöhung der Obergrenze der Verwaltungssanktionen im Entsendegesetz von bisher CHF 5'000 auf neu CHF 30'000 bei Lohnverstössen und die Erhöhung der Anzahl Kontrollen in Grenzregionen und besonders gefährdeten Branchen.[2169] Die entsprechende Vernehmlassung läuft noch bis zum 19.12.2014.[2170]

2166 Vgl. Medienmitteilung des Bundesrates v. 5.5.2014.

2167 Vgl. zum Ganzen http:www.seco.admin.ch/themen/00385/00448/00449/index.html?lang=de/ (besucht am 30.10.2014).

2168 Bereits in den letzten zehn bis 15 Jahren hat sich die Anzahl der allgemeinverbindlich erklärten GAV vervierfacht (vgl. Medienmitteilung des Staatssekretariats für Wirtschaft SECO v. 5.5.2014).

2169 Vgl. Medienmitteilung des Bundesrates v. 26.3.2014.

2170 Vgl. Medienmitteilung des Bundesrates v. 19.9.2014.

PRAXISHINWEISE

Im Jahre 2011 ist ein Fall bekanntgeworden, bei dem ein großer deutscher Bauunternehmer mehrere Subunternehmer für Bauarbeiten in der Schweiz engagiert hatte, die regelmässig die Lohn- und Arbeitsbedingungen nicht einhielten und bei Kontrollen aufflogen. Über diesen Bauunternehmer und seine Subunternehmer wurde eine zweijährige Dienstleistungssperre für die ganze Schweiz verhängt. Dieser Fall hatte in der öffentlichen Wahrnehmung hohe Wellen geworfen und eine heftige politische Diskussionen entfacht, die schließlich in eine Verschärfung der flankierenden Maßnahmen zum Personenfreizügigkeitsabkommen mit der EU mündete. So war die am 14. 12. 2012 vom Parlament verabschiedete Verschärfung der Solidarhaftung im Entsendegesetz per 15. 7. 2013 in Kraft getreten. Neu ist seither, dass der Erstunternehmer für sämtliche Verstöße der Subunternehmer gegen die Bestimmungen des Entsendegesetzes, inklusive Lohnbestimmungen, haftet. Dabei handelt es sich um eine solidarische, wenn auch subsidiäre, Haftung. Eine Befreiung des Erstunternehmers von dieser Haftung ist nur unter ganz eng eingegrenzten Voraussetzungen möglich (Art. 5 Abs. 3 EntsG).

Das FZA ermöglicht grundsätzlich auch arbeitslosen EU Bürgern einen Verbleib in der Schweiz. Wie das Schweizerische Bundesgericht in einem aktuellen Entscheid festgehalten hat, gilt dieses Verbleiberecht zur Stellensuche jedoch nicht uneingeschränkt: Im konkret zu beurteilenden Fall war eine portugiesische Staatsangehörige während eines Jahres in der Schweiz (teil-)erwerbstätig, ehe sie unfreiwillig arbeitslos wurde. In der Folge bezog sie zunächst Arbeitslosenentschädigung und anschließend Sozialhilfe. Den ihr von der Arbeitslosenkasse bzw. dem Sozialamt zugewiesenen Tätigkeiten ist sie nachgekommen, wobei diese an sich schon kurzen Einsätze durch häufige Krankheitsabsenzen unterbrochen wurden. Da die Portugiesin während ihrer mehrjährigen Anwesenheit nur wenige Monate in der Schweiz berufstätig war, konnte sie gemäß Bundesgericht nicht mehr als Arbeitnehmerin betrachtet werden. Auch die sporadischen Jobs, die sie in dieser Zeit angenommen hatte, änderten gemäß der Einschätzung des Bundesgerichts an diesem Umstand nichts und ließen ihren Status als Arbeitnehmerin nicht mehr aufleben.[2171]

Im Januar 2014 hatte der Bundesrat entschieden, dass Ausländerinnen und Ausländer, die in der Schweiz lediglich auf Stellensuche sind, sowie deren Angehörige keine Sozialhilfe mehr erhalten sollen. Zudem soll das Aufenthaltsrecht von Rentnern, die Ergänzungsleistungen beziehen, überprüft werden. Mit den entsprechend geplanten Änderungen soll ein automatischer Informationsaustausch über den Bezug von Ergänzungsleistungen zwischen den zuständigen kantonalen Behörden eingeführt werden. Bürgern der EU/EFTA soll außerdem auch nach fünf Jahren Aufenthalt in der Schweiz die Niederlassungsbewilligung verweigert werden, falls sie in den vorangegangenen zwölf Monaten arbeitslos waren. Dies gilt gemäß dem Vorschlag des Bundesrates selbst dann, wenn mit ihrem Heimatstaat eine Niederlassungsvereinbarung vorliegt.[2172]

Vor der Einführung der Personenfreizügigkeit in der Schweiz kontrollierte das kantonale Migrationsamt im Rahmen der Erteilung einer Kurz- oder Aufenthaltsbewilligung, ob der inländische sowie ausländische Arbeitgeber die Schweizer Lohn- und Arbeitsbedingungen bei der Anstellung des ausländischen Arbeitnehmers einhielten. Diese Kontrollfunktion wurde mit der Einführung der Personenfreizügigkeit abgeschafft, da eine systematische Weiterleitung der Daten nicht mit dem Freizügigkeitsabkommen vereinbar war. Damit war ein wichtiges Instrument der vorgängigen Kontrolle der Lohn- und Arbeitsbedingungen nicht mehr verfügbar. Um im Interesse des lokalen Arbeitsmarktes dennoch deren Einhaltung gewährleisten zu können, ging man zu einem System der nachträglichen Kontrolle über. Die Überprüfung der lokalen Anstellungsbedingungen, namentlich der Löhne, fällt nunmehr in die Kompetenz des kantonalen Arbeitsinspektorats. Diese Lohnkontrollen erfolgen meist zufällig oder im Zusammenhang mit dem Meldeverfahren bzw. der Erteilung einer Kurz- oder Aufenthaltsbewilligung. Im Falle einer Kontrolle muss der Arbeitgeber nachweisen, dass der zugesicherte Lohn dem ausländischen Arbeitnehmer auch tatsächlich ausbezahlt wird. Der Nachweis kann beispielsweise anhand von Lohnabrechnungen oder Bankauszügen des Arbeitnehmers erbracht werden.

2171 Vgl. BGE 2C_390/2013 v. 10. 4. 2014 E. 4.4 und 5.3.

2172 Vgl. Medienmitteilung des Bundesrates v. 15. 1. 2014.

Weiter ist am 1. 6. 2009 das Protokoll II über die Ausdehnung der Personenfreizügigkeit in Kraft getreten. Seither läuft eine siebenjährige Übergangsfrist, während der die Zuwanderung aus Bulgarien und Rumänien durch Kontingente und den Inländervorrang beschränkt ist. Zudem findet bei Gesuchen um Erteilung einer Arbeitsbewilligung eine Kontrolle der Lohn- und Arbeitsbedingungen statt.[2173]

Bis zum 31. 5. 2014 bestand schließlich noch eine besondere Schutzklausel (sog. Ventilklausel), welche es der Schweiz erlaubte, bei unerwartet hoher Zuwanderung den Zugang zum Schweizer Arbeitsmarkt für Angehörige der übrigen 25 EU Länder erneut zu beschränken und für maximal zwei Jahre Kontingente ein- bzw. weiterzuführen.[2174]

Mit dem Beitritt von Kroatien zur EU am 1. 7. 2013 gilt die Personenfreizügigkeit für ein weiteres Land. Das entsprechende Zusatzprotokoll III erlaubt es der Schweiz, den Zugang von Kroaten und Kroatinnen zum Schweizer Arbeitsmarkt für sieben Jahre nach Inkrafttreten dieses Protokolls zu beschränken (Kontingente, Inländervorrang, Kontrolle der Lohn- und Arbeitsbedingungen). Nach Ablauf dieser sieben Jahre kann die Schweiz für weitere drei Jahre einseitig die Ventilklausel anrufen. Nach Ablauf dieser insgesamt zehnjährigen Übergangsfrist wird auch Kroatien vollständig von der Personenfreizügigkeit Gebrauch machen können. Nachdem das schweizerische Stimmvolk am 9. 2. 2014 die Masseneinwanderungsinitiative annahm, hatte der Bundesrat – da nicht vereinbar mit der neuen Verfassungsbestimmung – auf die Unterzeichnung des Protokolls über die Erweiterung der Personenfreizügigkeit auf Kroatien verzichtet. Gleichzeitig wurden durch den Bundesrat am 30. 4. 2014 auf dem Verordnungsweg und in Analogie zu den Übergangsbestimmungen besondere Kontingente für kroatische Staatsbürger mit Wirkung per 1. 7. 2014 freigegeben.

II.3.3.6. Familiennachzug EU/EFTA

Staatsangehörige der EFTA und der 25 EU Mitgliedstaaten sowie von Bulgarien und Rumänien mit einer Aufenthaltsbewilligung EU/EFTA bzw. mit einer Kurzaufenthaltsbewilligung EU/EFTA können von folgenden Familienmitgliedern begleitet werden:[2175]

- Ehegatte und Nachkommen des Bewilligungsträgers oder des Ehegatten, sofern die Kinder jünger als 21 Jahre sind oder ihnen Unterhalt gewährt wird;
- Die Eltern des Bewilligungsträgers oder seines Ehepartners, sofern diesen Unterhalt gewährt wird.

Im Urteil 2C_196/2009 vom 16. 11. 2009 hat das Schweizerische Bundesgericht festgehalten, dass Familienangehörige von EU/EFTA Staatsangehörigen, die aus einem Drittstaat stammen, ein Recht auf Familiennachzug gemäß den Bestimmungen des Freizügigkeitsabkommens haben. Somit sind der Ort und die Zeit des Zustandekommens der familiären Beziehung nicht mehr ausschlaggebend und die Familienangehörigen müssen keinen Nachweis mehr über einen vorgängigen Aufenthalt im Gebiet eines anderen EU/EFTA Staates erbringen. Mit diesem Grundsatzentscheid des Bundesgerichts wurde die bisherige Praxis, dass sich Familienangehörige aus

2173 Siehe auch F.II.2.2.; https //www.bfm.admin.ch/content/bfm/de/home/themen/fza_schweiz-eu-efta.html (besucht am 30. 10. 2014).

2174 In 2012 wurden die Kontingente für Arbeitsbewilligungen B für die EU-8, und in 2013 für die EU-17 Mitgliedstaaten wieder eingeführt. Vgl. hierzu F.II.3.2.

2175 Vgl. Art. 3 Anhang I FZA.

einem Drittstaat nur bei Vorliegen eines dauerhaften Aufenthaltstitels in einem EU/EFTA Staat auf das Freizügigkeitsabkommen berufen können, aufgehoben.[2176] Arbeitnehmende, die ihre Familie nachziehen wollen, müssen über eine angemessene Wohnung verfügen. Angemessen bedeutet in diesem Zusammenhang, dass die Wohnung den ortsüblichen Verhältnissen für Schweizer Bürger entspricht. Demgegenüber findet keine Überprüfung der finanziellen Situation des Arbeitnehmenden statt.[2177]

Familienangehörige von EFTA und EU-25 Staatsangehörigen, die im Rahmen des Familiennachzugs zugelassen wurden, haben einen Rechtsanspruch auf Erwerbstätigkeit und zwar unabhängig von ihrer Staatsangehörigkeit. Eine zusätzliche Arbeitsbewilligung wird nicht benötigt.[2178] Die Aufnahme einer Erwerbstätigkeit von Familienangehörigen von Personen aus Bulgarien und Rumänien, die eine Kurzaufenthaltsbewilligung L besitzen, ist einer Bewilligung unterstellt und nur möglich, wenn die orts- und branchenüblichen Lohn- sowie Arbeitsbedingungen einhalten werden.[2179]

II.4. Ausdehnung des Freizügigkeitsabkommens

II.4.1. Allgemeines

Seit dem 1. 5. 2011 gilt nun auch für die EU-8 Mitgliedstaaten, die der EU am 1. 5. 2004 beigetreten sind, volle Personenfreizügigkeit.[2180] Das separat ausgehandelte Protokoll zur Ausdehnung des Freizügigkeitsabkommens auf die EU-8 Mitgliedstaaten war nach der Abstimmung vom 25. 9. 2005 am 1. 4. 2006 in Kraft getreten, womit die in F.II.4.2. genannten Übergangsfristen zu laufen begannen und mittlerweile erloschen sind.[2181]

Die sog. EU Osterweiterung wurde mit dem Beitritt von Bulgarien und Rumänien am 1. 1. 2007 abgeschlossen. Wiederum musste für den Bereich der Personenfreizügigkeit ein Zusatzprotokoll ausgearbeitet werden, welches seit dem 1. 6. 2009 in Kraft ist. Gemäß diesem gilt für Bulgarien und Rumänien die volle Personenfreizügigkeit frühestens sieben Jahre nach Ratifizierung des Protokolls II, d. h. nicht vor dem 1. 6. 2016.[2182] Die Anrufung der Ventilklausel für Staatsangehörige dieser beiden Staaten ist für die Zeit vom 1. 6. 2016 bis zum 31. 5. 2019 möglich.[2183]

Zudem trat am 1. 7. 2013 Kroatien der EU bei. Das neu ausgearbeitete Zusatzprotokoll III ist noch nicht in Kraft, weshalb die kroatischen Staatsangehörigen dem geltenden Bundesgesetz über die Ausländerinnen und Ausländer unterstellt sind. [2184]

Die nachfolgende Darstellung zeigt die sukzessive, geografische Ausdehnung der Personenfreizügigkeit auf die verschiedenen Staaten der EFTA und der EU:

2176 Vgl. Ziff. 10.1 der VEP-Weisungen BFM v. 1. 5. 2011; Urteil des EuGH vom 25. 7. 2008 in der Rechtssache Metock C-127/08.

2177 Vgl. Ziff. 10.3 und 10.5 der VEP-Weisungen v. 1. 5. 2011.

2178 Vgl. Art. 3 Abs. 5 Anhang I FZA sowie Ziff. 10.4 der VEP-Weisungen v. 1. 5. 2011.

2179 Vgl. Art. 21 VEP i. V. m. Art. 10 Abs. 2b FZA.

2180 Vgl. Ausnahmen unter F.II.2.2.1.

2181 Für die Ausdehnung der Freizügigkeit auf die EU-8 Mitgliedstaaten ist die Übergangsfrist am 30. 4. 2011 abgelaufen. Vgl. hierzu Art. 2 Bst. b Abs. 2a und 4a des Protokolls zum FZA zwischen der Schweiz und der EG v. 1. 10. 2004.

2182 Vgl. F.II.3.3.5. und F.II.4.2.

2183 Vgl. Umsetzungskonzept, S. 10.

2184 Vgl. F.II.3.2.

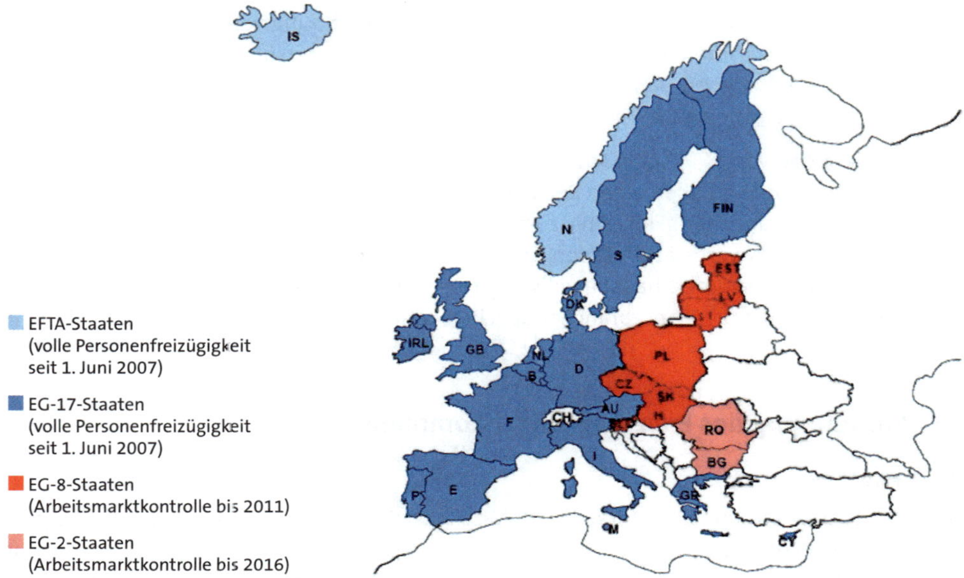

Quelle: Website des Migrationsamtes des Kantons AR

II.4.2. Übergangsregime[2185]

Wie erwähnt[2186] besteht nach Ablauf des Übergangsregimes bis zum 31. 5. 2014 noch eine besondere einseitige Schutzklausel (sog. Ventilklausel), welche es der Schweiz erlaubt, bei unerwartet hoher Zuwanderung den Zugang zum schweizerischen Arbeitsmarkt für Angehörige aller 25 EU Länder erneut zu beschränken und für maximal zwei Jahre Kontingente ein- bzw. weiterzuführen.

Bezüglich der Ausdehnung des Abkommens auf Bulgarien und Rumänien haben sich die Schweiz und die EU auf folgende Übergangsregelung geeinigt:[2187]

Die Schweiz kann seit Inkrafttreten des Protokolls II während maximal sieben Jahren die Zulassungsbeschränkungen zu ihrem Arbeitsmarkt aufrechterhalten (Inländervorrang, Kontrolle der orts- und berufsüblichen Arbeits- und Lohnbedingungen, jährlich ansteigende Kontingente).

Zudem kann sich die Schweiz bis zehn Jahre nach Inkrafttreten des Protokolls II, d. h. bis zum 1. 6. 2019, auf die spezielle Schutzklausel (Ventilklausel) berufen. Diese erlaubt es ihr, im Falle einer unerwünscht hohen Einwanderung wieder Kontingente einzuführen.[2188] Voraussetzung

2185 Die Zeit zwischen dem Inkrafttreten eines Protokolls und dem Zeitpunkt, in dem sämtliche arbeitsmarktlichen Beschränkungen wegfallen, wird Übergangsregime genannt.

2186 Vgl. F.II.3.3.5.

2187 Vgl. auch F.II.4.1.

2188 Vgl. zum Ganzen http:www.bfm.admin.ch/.

für die Kontingenteinführung ist, dass die Anzahl der ausgestellten Kurzaufenthalts- und Aufenthaltsbewilligungen an Erwerbstätige aus den EFTA und EU Mitgliedstaaten in einem Jahr um mindestens 10 % über dem Durchschnitt der vorangegangenen drei Jahre liegt. Diese Bedingung war für die Periode Mai 2011 – April 2012 für die erwerbstätigen EU-8 Staatsangehörigen mit einer Aufenthaltsbewilligung B erfüllt, weshalb der Bundesrat am 18.4.2012 entschied, per 1.5.2012 wieder Kontinente für B-Bewilligungen von EU-8 Staatsangehörigen einzuführen.[2189] Auch für die Periode 2012 – 2013 war die Bedingung im Zusammenhang mit B-Bewilligungen erfüllt. Dieses Mal nicht nur für EU Staatsangehörige, sondern auch für EU-17 Staatsangehörige. In der Folge stellte der Bundesrat sowohl für Staatsangehörige der EU-8 als auch der EU-17 Mitgliedstaaten vom 1.5.2013 bis zum 30.4.2014 (EU-8) bzw. 1.6.2013 bis zum 31.5.2014 (EU-17) 2'180 bzw. 53'700 Kontingente für Aufenthaltsbewilligungen B zur Verfügung.

Die vorgesehenen, linear aufsteigenden Kontingente sind aus der untenstehenden Tabelle ersichtlich:[2190]

	EU-Ost-8 B-Bewilligung	EU-Ost-8 L-Bewilligung	Bulgarien / Rumänien B-Bewilligung	Bulgarien / Rumänien L-Bewilligung
2006/07	1'700	15'800	/	/
2007/08	2'200	19'200	/*	/*
2008/09	2'600	22'600	/*	/*
2009/10	2'800	26'0000	3'620	362
2010/11	3'000	29'000	4'987	523
2011/12	/	/	6'355	684
2012/13	2'000	/	7'722	885
2013/14	2'180**	/***	9'090	1'046
2014/15	/	/	10'457	1'126
2015/16	/	/	11'664	1'207
2016/17	/	/	/****	/****

Hinweise:

* Das Protokoll II zum FZA ist per 1.6.2009 in Kraft getreten. Übergangsweise wurden Staatsangehörigen von Bulgarien und Rumänien bereits ab dem 1.7.2007 gesonderte Kontingente zur Verfügung gestellt.

** Für EU-17 Staatsangehörige stellte der Bundesrat ein Kontingent von 53'700 Aufenthaltsbewilligungen B zur Verfügung.

*** Obwohl für EU-8 Staatsangehörige der Schwellenwert zur Anrufung der Ventilklausel auch für L-Bewilligungen erfüllt war, hatte der Bundesrat darauf verzichtet.

**** Bis zum 31.5.2019 bleibt die Möglichkeit der Anrufung der Ventilklausel bestehen.

2189 Seit der Einführung der vollständigen Personenfreizügigkeit gegenüber den EU-8 Mitgliedstaaten per 1.5.2011 wurden gesamthaft ungefähr 6'000 Aufenthaltsbewilligungen B an erwerbstätige Personen aus diesen Staaten erteilt, in den drei vorangegangen Jahren im Durchschnitt 2'075 solche Bewilligungen. Somit lag die Schwelle für die Anrufung der Ventilklausel bei 2'283 Aufenthaltsbewilligungen B (vgl. Medienmitteilung des Bundesrates v. 18.4.2012).

2190 Vgl. Art. 2 Bst. b Abs. 3a und 4a des Protokolls zum FZA zwischen der Schweiz und der EG v. 1.10.2004.

Die zeitliche Abfolge der Ausdehnung der Personenfreizügigkeit auf die verschiedenen EU Mitgliedstaaten lässt sich wie folgt darstellen:

EU-17-/EFTA- und EU-8-Staaten: Übergangsregelungen

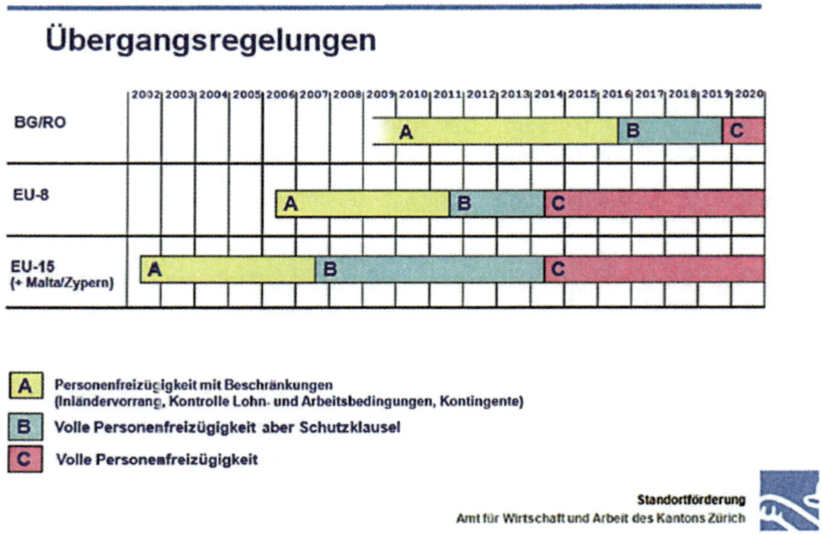

Quelle: Amt für Wirtschaft und Arbeit des Kantons Zürich. Standortförderung: Übergangsregelungen Freizügigkeitsabkommen, Weiterführung nach 2009, Schreiben BFM, Juni 2008

II.5. Verlängerung von Arbeitsbewilligungen

II.5.1. Allgemeines

Die Verlängerung einer bestehenden Arbeitsbewilligung verläuft in der Regel problemlos. Auch hier ist wieder zwischen EU/EFTA und Drittstaaten-Angehörigen zu unterscheiden.

II.5.2. EU/EFTA Bürger

Die Aufenthaltsbewilligung B von Staatsangehörigen der EFTA und der 25 EU Mitgliedstaaten wird in der Regel ohne Weiteres um fünf Jahre verlängert, wenn der Ausländer die Voraussetzungen dafür erfüllt. Die erstmalige Verlängerung kann allerdings auf ein Jahr beschränkt sein, sofern der Bewilligungsinhaber seit mehr als zwölf aufeinander folgenden Monaten unfreiwillig arbeitslos war.[2191] Kurzaufenthaltsbewilligungen L werden in der Regel problemlos um weitere maximal 364 Tage verlängert. Gemäß Praxis der Zürcher Behörden besteht nach 30 Monaten ein Anrecht auf Umwandlung in eine B-Bewilligung.

Staatsangehörige von Bulgarien, Rumänien und Kroatien sowie Drittstaatenangehörige besitzen keinen Anspruch auf Verlängerung ihrer Bewilligungen, da einheimische Arbeitnehmer sowie Staatsangehörige der EFTA und der 25 EU Mitgliedstaaten vorrangig zu behandeln sind. Den kantonalen Behörden steht es deshalb frei, bei Verlängerungsgesuchen zu verlangen, dass der Arbeitgeber zuerst auf dem einheimischen Arbeitsmarkt eine entsprechend qualifizierte Arbeitskraft sucht.

II.5.3. Drittstaatenangehörige

Die Gültigkeit der Aufenthaltsbewilligungen für Drittstaatenangehörige ist i. d. R. bei der erstmaligen Bewilligungserteilung auf ein Jahr beschränkt. Die einmal erteilten Aufenthaltsbewilligungen werden aber bei Bestehen eines entsprechenden Arbeitsvertrages grundsätzlich ohne Weiteres verlängert. In gewissen Fällen, insbesondere bei entsandten Arbeitnehmern, ist für die Verlängerung ein formelles und begründetes Gesuch einzureichen. Gegen eine Verlängerung können z. B. durch den Bewilligungsinhaber begangene Straftaten, seine inzwischen eingetretene Fürsorgeabhängigkeit, aber auch die aktuelle Situation des Arbeitsmarktes sprechen. Ein gesetzlicher Anspruch auf Verlängerung besteht i. d. R. nicht.[2192] Eine Ausnahme besteht aber bspw. für einen aus einem Drittstaat stammenden Ehepartner eines Schweizer Bürgers oder eines ausländischen Staatsangehörigen, der über eine Niederlassungsbewilligung C verfügt.[2193] [2194]

Zu beachten ist, dass Kurzaufenthaltsbewilligungen von weniger als einem Jahr i. d. R. nur auf maximal 24 Monate verlängert werden können.[2195] Eine erneute Kurzaufenthaltsbewilligung kann nur nach mindestens einjährigem Unterbruch erteilt[2196] bzw. es kann bei Vorliegen der entsprechenden Voraussetzungen eine Umwandlung in eine Aufenthaltsbewilligung beantragt werden. Die nachstehende Abbildung verdeutlicht dies:

2191 Vgl. Art. 6 Abs. 1 Anhang I FZA. „Freiwillig“ Arbeitslose müssen über genügend finanzielle Mittel verfügen (und somit keine Sozialhilfe in Anspruch nehmen), um eine Verlängerung zu erhalten. Sie werden den Nichterwerbstätigen gleichgestellt. Gemäß der vom Bundesrat am 2. 7. 2014 eröffneten Vernehmlassung sollen europäische Staatsangehörige, welche auf Stellensuche sind, keine Sozialhilfe beziehen dürfen. Dies ist auch so im FZA stipuliert. Inhaber einer Kurzaufenthaltsbewilligung L EU/EFTA sollen nach Verlust ihrer Stelle für weitere sechs Monate zur Stellensuche in der Schweiz bleiben dürfen, aber ebenfalls von der Sozialhilfe ausgeschlossen sein. Wer über einen Aufenthaltstitel B EU/EFTA verfügt, soll demgegenüber sein Aufenthaltsrecht in der Schweiz sechs Monate nach Aufgabe der Erwerbstätigkeit, bzw. sobald keine Arbeitslosenentschädigung mehr ausgerichtet wird, verlieren. Diese neuen Grundsätze sollen durch einen automatischen Informationsaustausch zwischen den Behörden sichergestellt werden (vgl. Medienmitteilung des Bundesrates v. 2. 7. 2014).

2192 Vgl. Art. 32 Abs. 2 und Art. 33 Abs. 2 AuG.

2193 Vgl. Art. 42 Abs. 1 und Art. 43 Abs. 1 AuG.

2194 Ausländische Ehepartner, die sich nach mindestens dreijähriger Ehe mit einer Schweizerin/einem Schweizer bzw. einer Person mit einer Niederlassungsbewilligung C scheiden lassen, dürfen auch nach der Scheidung in der Schweiz bleiben, sofern sie gut integriert sind, sich die drei Jahre aus einer einzigen Ehe ergeben und die Ehe in der Schweiz geführt wurde. Vgl. Art. 50 AuG; BGE 2C_873/2013 v. 25. 03. 2014 E. 3.7 und 3.8 3; Fontana, NZZ v. 26. 3. 2014, S. 14.

2195 Vgl. Art. 32 Abs. 3 AuG.

2196 Vgl. Art. 56 Abs. 1 VZAE.

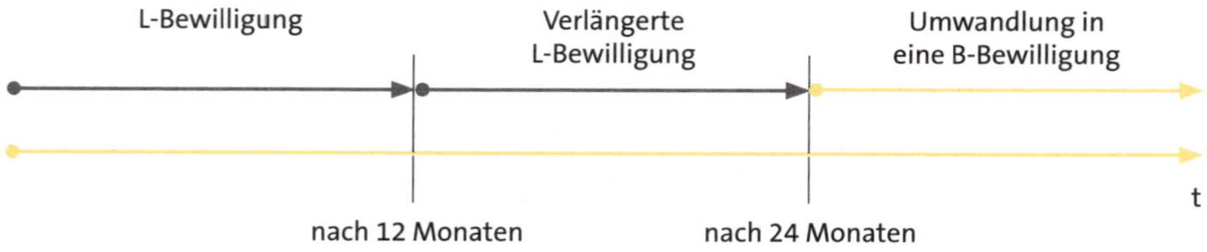

II.5.4. Verfallsanzeige

Sowohl EU/EFTA als auch Drittstaatenangehörige erhalten häufig kurz vor Ablauf ihrer aktuellen Bewilligung von der Einwohnerkontrolle ihrer Wohnsitzgemeinde eine sog. Verfallsanzeige. Mit dieser werden die Betroffenen aufgefordert, spätestens zwei Wochen vor Ablauf der Bewilligung bei der Einwohnerkontrolle das Verlängerungsgesuch zu stellen.

PRAXISHINWEIS

Für eine Verlängerung sind die ausgefüllte Verfallsanzeige, der aktuelle Ausländerausweis, ein gültiger Pass (bei EU/EFTA Bürgern genügt auch eine Identitätskarte oder ein Personalausweis) und zum Teil zwei Passfotos bei der jeweiligen Einwohnerkontrolle vorzulegen. Die Einwohnerkontrolle überprüft die Verfallsanzeige und leitet diese an das Migrationsamt weiter. Das Verlängerungsgesuch muss sodann je nach Nationalität und Bewilligungsart von verschiedenen Behörden – der Arbeitsmarktbehörde sowie vom Migrationsamt – bewilligt werden.

Erfahrungsgemäß reichen diese zwei Wochen insbesondere bei Drittstaatenangehörigen bei Weitem nicht aus, um das Verlängerungsverfahren durchzuführen. Die Verlängerung sollte deshalb, wenn möglich, vor Zustellung der Verfallsanzeige beantragt werden. Ein vorzeitiges Verlängerungsgesuch kann frühestens drei Monate vor Ablauf der aktuellen Bewilligung bei der zuständigen Einwohnerkontrolle gestellt werden.

II.6. Konsequenzen der Nichteinholung von Arbeitsbewilligungen

Zu beachten ist, dass bei Verfehlungen im Zusammenhang mit der (Nicht-) Einholung von Arbeitsbewilligungen i. d. R. – ähnlich wie im Straßenverkehr – sowohl ein Administrativ- als auch ein Strafverfahren eröffnet wird.

II.6.1. Administrativverfahren

Sowohl in Bezug auf Arbeitsbewilligungen für EU/EFTA als auch für Drittstaatenangehörige bestimmt Art. 122 Abs. 1 AuG, dass die zuständige Arbeitsmarktbehörde die Gesuche eines Arbeitgebers, welcher wiederholt oder schwer gegen Vorschriften des Ausländerrechts verstoßen hat, ganz oder teilweise abweist, und zwar unabhängig davon, ob ein Strafverfahren eingeleitet wurde oder nicht. Diese Sanktion kann von der Behörde auch vorgängig angedroht werden.[2197] Die Kosten für den Lebensunterhalt, insbesondere bei Unfall und Krankheit der ausländischen Personen, und für die Rückreise von Arbeitnehmern, die ohne Bewilligung in der Schweiz beschäftigt

2197 Vgl. Art. 122 Abs. 2 AuG.

wurden oder beschäftigt werden sollten,[2198] gehen zu Lasten des Arbeitgebers.[2199] Die einzelnen Kantone haben interne Richtlinien zur Anwendung von Art. 122 Abs. 1 AuG ausgearbeitet.

II.6.2. Strafverfahren

II.6.2.1. Arbeitnehmer/Arbeitgeber/Dritte

Nach Art. 115 AuG wird mit Gefängnis bis zu einem Jahr oder Geldstrafe bestraft, wer rechtswidrig das Land betritt, darin verweilt und/oder ohne Bewilligung einer Erwerbstätigkeit nachgeht. Dieselbe Strafe trifft gemäß Art. 116 AuG denjenigen, der im In- oder Ausland die rechtswidrige Ein- oder Ausreise oder das rechtswidrige Verweilen in der Schweiz erleichtert oder vorbereiten hilft, oder Ausländern eine Erwerbstätigkeit in der Schweiz ohne die dazu erforderliche Bewilligung verschafft. In leichten Fällen kann gestützt auf Art. 116 Abs. 2 AuG auch nur auf Buße erkannt werden. Wird mit Bereicherungsabsicht oder als Mitglied einer Vereinigung gehandelt, die diese Taten wiederholt ausführten, ist die Strafe eine Freiheitsstrafe bis zu fünf Jahren oder eine Geldstrafe. Mit der Freiheitsstrafe ist in diesem Fall eine Geldstrafe zu verbinden.[2200] Zudem ist seit dem 1. 1. 2008 das Bundesgesetz über Maßnahmen zur Bekämpfung der Schwarzarbeit[2201] in Kraft, welches weitere Kontrollmechanismen und Sanktionen bei Vorliegen von Arbeit ohne Arbeitsbewilligung vorsieht.

II.6.2.2. Arbeitgeber

Zusätzlich zu einer allfälligen Bestrafung nach Art. 115 und 116 AuG wird derjenige, der vorsätzlich Ausländer beschäftigt, die nicht berechtigt sind, in der Schweiz zu arbeiten oder eine grenzüberschreitende Dienstleistung in der Schweiz in Anspruch nimmt, für welche der Dienstleistungserbringer keine Bewilligung besitzt, mit einer Freiheitsstrafe bis zu einem Jahr (in schweren Fällen bis zu drei Jahren) oder mit einer Geldstrafe bestraft. Bei Wiederholung der Tat innert fünf Jahren sieht Art. 117 Abs. 2 AuG eine Freiheitsstrafe, verbunden mit einer Geldstrafe, oder eine reine Geldstrafe vor.

Das AuG kennt auch den Tatbestand der Täuschung der Behörden. Art. 118 AuG sieht vor, dass derjenige, der die Behörden durch falsche Angaben oder Verschweigen wesentlicher Tatsachen täuscht und dadurch die Erteilung einer Bewilligung für sich oder andere erschleicht, mit einer Freiheitsstrafe von bis zu drei Jahren oder einer Geldstrafe bestraft wird. Das gleiche gilt für denjenigen, der bewirkt, dass der Entzug einer Bewilligung unterbleibt. Zudem ist auch die sog. Scheinehe unter Strafe gestellt.[2202] Die Zivilstandsbeamten sind befugt, auf ein Gesuch um Eheschließung nicht einzutreten, wenn die Eheschließung offensichtlich dazu dienen soll, die Bestimmungen des AuG zu umgehen.[2203] Hierzu kann der Zivilstandsbeamte bei anderen Behörden und Drittpersonen Auskünfte einholen. Zudem kann ein Ehe-Ungültigkeitsgrund vorliegen, wenn die Ehe lediglich zur Umgehung der Vorschriften des AuG geschlossen wurde.[2204]

2198 Vgl. Art. 122 Abs. 3 AuG.
2199 Vgl. Zünd in: Spescha/Thür/Zünd/Bolzli, Migrationsrecht, N1 zu Art. 122 AuG.
2200 Vgl. Art. 116 Abs. 3 AuG.
2201 Vgl. SR 822.41.
2202 Vgl. Art. 117 Abs. 3 AuG.
2203 Vgl. Art. 97a ZGB.
2204 Vgl. Art. 105 Ziff. 4 ZGB.

Vorsätzliche, aber auch lediglich fahrlässige Verletzungen der An- und Abmeldepflichten, Verletzungen der Bewilligungspflicht bei Stellen- und Kantonswechsel und andere Widerhandlungen gegen das AuG werden gemäß Art. 120 AuG mit einer Buße sanktioniert.

PRAXISHINWEIS

Die Behörden sämtlicher Kantone haben kommuniziert, dass die Strafbestimmungen des AuG streng angewendet werden.

II.7. Auswirkungen des Schengener Assoziierungsabkommens

II.7.1. Auswirkungen für die Einreise in die Schweiz

Seit dem 12.12.2008 können Personen, welche ein gültiges Visum für die Einreise in einen Schengen-Staat besitzen, grundsätzlich für Aufenthalte von nicht mehr als drei Monaten für geschäftliche Besprechungen, Besuche, eine theoretische Ausbildung mit Schulungskonzept, medizinische Behandlungen und für die Teilnahme an gewissen Veranstaltungen oder als Touristen visumsfrei in die Schweiz einreisen. Außerdem benötigen Drittstaatenangehörige, welche über einen bestimmten Aufenthaltstitel in einem Schengen-Staat verfügen, grundsätzlich kein Visum zur Einreise in die Schweiz für die genannten Zwecke.

Weiter gilt seit dem 21.8.2013 in der Schweiz für sämtliche Ausländer, ob mit oder ohne Visumspflicht, dass sie nicht nur über ein gültiges Reisedokument verfügen müssen, sondern dass dieses erstens noch mindestens drei Monate über die Ausreise aus dem Schengenraum hinaus gültig und zweitens innerhalb der vergangenen zehn Jahre ausgestellt worden sein muss. Bisher galt diese Regel bloß für visumspflichtige Ausländer.

Zusätzlich ist seit dem 18.10.2013 eine Änderung betreffend der Zählart der zulässigen Aufenthaltstage im Schengenraum (90 Tage innerhalb von 180 Tagen) in Kraft. Früher begann der sog. Referenzzeitraum (180 Tage) am Tag der Einreise in den Schengenraum zu laufen. Nun werden die Anwesenheitstage rückwirkend ab dem Tag der Ausreise oder der Grenz- oder Polizeikontrolle innerhalb des Schengenraums berechnet. Diese neue Zählart dürfte denjenigen Ausländern, die sich häufig im Schengenraum aufhalten, insofern Schwierigkeiten bereiten, als die 90-Tage-Grenze rasch erreicht wird und sich der Referenzzeitraum mit jedem Tag, der vergeht, um einen Tag verschiebt. Das Bundesamt für Migration hält auf seiner Homepage einen Link zu einem Rechner der EU bereit, welcher bei der Berechnung der noch zulässigen Anzahl Tage im Schengenraum unterstützt.[2205]

PRAXISHINWEIS

Ein Ausländer, der gegen diese Regeln verstößt, riskiert, dass er bei der Ausreise zwecks Abklärung betreffend seines Aufenthaltes, Reisezweckes und Reiseziels festgehalten wird. Im schlimmsten Fall kann eine Einreisesperre für den ganzen Schengenraum verfügt werden.

II.7.2. Auswirkungen für die Einreise in einen Schengen-Staat aus der Schweiz

Personen, welche über ein gültiges Visum zur Einreise in die Schweiz verfügen, können grundsätzlich auch frei in den Schengen-Raum einreisen. Wurde das Visum jedoch noch vor dem

2205 Vgl. https://www.bfm.admin.ch/content/bfm/de/home/themen/einreise/aufenthaltsrechner.html (besucht am 30.10.2014).

12.12.2008 ausgestellt, gilt dieses nur für die Schweiz und es muss für die Einreise in den übrigen Schengenraum ein entsprechendes Visum bei der zuständigen ausländischen Vertretung eingeholt werden.

Staatsangehörige eines nicht EU Mitgliedstaates, (Drittstaatenangehörige), welche in der Schweiz Wohnsitz haben und im Besitz einer L-, B- oder C-Bewilligung sind, benötigen für die Einreise in die Schengen-Staaten sowohl für den Transit als auch für den Aufenthalt als Touristen oder Geschäftsreisende kein Visum mehr. Der Schweizer Aufenthaltstitel ersetzt das vor dem 12.12.2008 noch nötige Schengen-Visum.

II.7.3. Weitere Auswirkungen

Die Umsetzung des Schengener Assoziierungsabkommens hat weiter zur Folge, dass die Schweizer Ausländerausweise für Drittstaatenangehörige im Kreditkartenformat ausgestellt werden. Diese werden zudem nicht mehr durch die kantonalen Migrationsbehörden, sondern zentral durch eine externe Firma ausgefertigt, was zu Verzögerungen des Verfahrens und zu Flexibilitätsverlusten führt. In sämtlichen Kantonen der Schweiz ist eine persönliche, vorgängige Vorsprache bei den zuständigen Behörden nötig, wobei der heimatliche Reisepass vorzulegen ist. Noch gültige Ausländerausweise im alten Format müssen nicht abgegeben werden, sondern werden im Falle einer Verlängerung ausgetauscht. Auch mit den alten Ausländerausweisen ist eine visumsfreie Einreise in den Schengen-Raum möglich. Zudem sind die neuen Ausländerausweise, wie im nachfolgenden Abbild gezeigt, mit biometrischen Daten versehen.[2206]

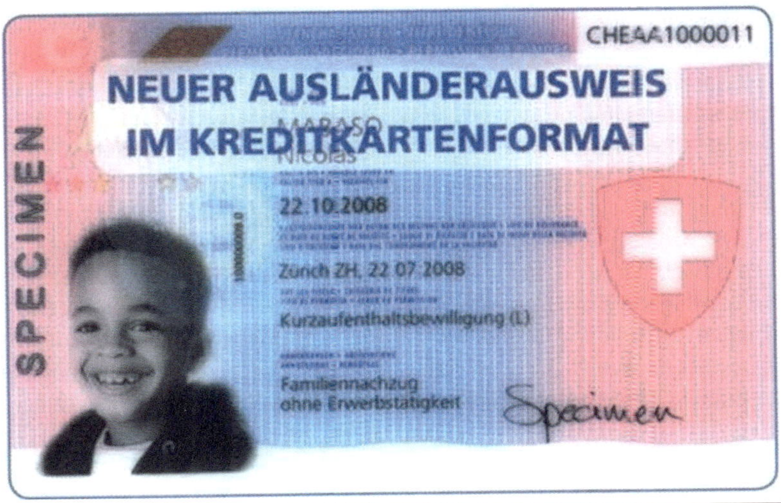

Quelle: Bundesamt für Migration

II.8. Masseneinwanderungsinitiative

Am 9.2.2014 hat das Schweizer Stimmvolk die Eidg. Volksinitiative "Gegen Masseneinwanderung" angenommen. Damit kommt es zu einem Systemwechsel in der Zuwanderungspolitik

2206 Vgl. F.II.2.7.

der Schweiz. Die neuen Verfassungsbestimmungen verlangen, dass die Zuwanderung durch Höchstzahlen und Kontingente begrenzt wird.[2207] Wie diese Eidg. Volksinitiative umgesetzt wird, ist derzeit noch unklar. Der neue Verfassungstext lässt offen, wie groß die Kontingente sind, und wer sie nach welchen Kriterien festlegt und vergibt. Fest steht jedoch, dass sie auch EU/EFTA Staatsangehörige betreffen wird. Der neue Artikel 121a BV räumt dem Bundesrat und dem Parlament eine Übergangsfrist von drei Jahren, d. h. bis Februar 2017, zur Umsetzung ein. Gemäß dem vom Bundesrat vorgesehenen Fahrplan soll ein erstes Umsetzungskonzept bis Ende Juni 2014 vorliegen, eine entsprechende Gesetzesvorlage bis Ende 2014. Parallel zu den Gesetzgebungsarbeiten ist – gestützt auf das Umsetzungskonzept – auch das FZA mit der EU neu zu verhandeln. Entsprechende Sitzungen mit dem «Gemischten Ausschuss zum Personenfreizügigkeitsabkommen Schweiz-EU» sind bereits im Gange.[2208] Wie der Bundesrat am 30. 4. 2014 in einer Erklärung festgehalten hatte, bleiben die von bereits in der Schweiz lebenden oder arbeitenden EU/EFTA Bürgern erworbenen Rechte aber selbst bei einer allfälligen Kündigung des FZA bestehen.[2209] Wesentlich ist, dass die neue Verfassungsbestimmung eine Steuerung der Zuwanderung verlangt, nicht aber deren Verhinderung. Möglich sind somit im Bedarfsfall auch die Zuwanderung fördernde Mittel.[2210] Der neue Artikel 121a BV lässt offen, wie vorzugehen ist, falls eine Anpassung der ihm widersprechenden völkerrechtlichen Verträge innert der dreijährigen Übergangsfrist scheitert. Eine zwingende Pflicht zur Kündigung der widersprechenden Verträge kann der neuen Verfassungsnorm jedenfalls nicht entnommen werden, mit der Konsequenz, dass ein nicht angepasster völkerrechtlicher Vertrag – wie z. B. das FZA – der widersprechenden Verfassungsnorm vorgehen würde.[2211] [2212]

Gemäß dem vom Bundesrat am 20. 6. 2014 vorgelegten Umsetzungskonzept will dieser auf ein fixes Reduktionsziel verzichten und sich stattdessen bei der Festlegung der Kontingente und Höchstzahlen einerseits auf die Bedarfsmeldungen der Kantone, andererseits auf die Analysen eines beratenden Gremiums bestehend aus Vertretern der Arbeits- und Migrationsämter des Bundes sowie der Kantone stützen und auch die Sozialpartner mit einbeziehen. Von der Kontingentierung betroffen sein werden alle Bewilligungsarten von mehr als vier Monaten, Grenzgängerbewilligungen (ohne Wiedereinführung von Grenzzonen) und Bewilligungen für anerkannte Flüchtlinge sowie vorläufig Aufgenommene. Auch Personen ohne Erwerbstätigkeit, wie z. B. Studenten, fallen ab Februar 2017 unter die Bewilligungspflicht.[2213] Nicht verschärft werden soll hingegen die Bewilligungspraxis für Familienangehörige, welche im 2013 mit etwa 51'000 Personen rund einen Drittel der Zuwanderung ausgemacht haben.[2214] Zudem soll weiterhin die Möglichkeit bestehen, auch Nicht-Spezialisten mit einer EU/EFTA Staatsangehörigkeit eine Bewilligung zu erteilen. Den Kantonen soll es unbenommen bleiben, zum Schutz des regionalen

2207 Vgl. Medienmitteilung des Bundesrates v. 9. 2. 2014.

2208 Vgl. Medienmitteilung des Bundesrates v. 12. 2. 2014; Medienmitteilung des Bundesrates v. 3. 3. 2014.

2209 Vgl. Medienmitteilung des Bundesrates v. 30. 4. 2014.

2210 Vgl. Uebersax, Jusletter v. 14. April 2014, S. 3.

2211 Vgl. Uebersax, Jusletter v. 14. April 2014, S. 15.

2212 Nebst dem FZA sind noch weitere internationale Abkommen von der Masseneinwanderungsinitiative betroffen, so z. B. die EMRK, das GATS, verschiedene Stagaire-Abkommen oder diverse Freihandelsabkommen. Vgl. Flückiger, NZZ v. 27. 6. 2014, S. 9.

2213 Vgl. Wehrli, NZZ v. 21. 6. 2014, S. 9.

2214 Vgl. Flückiger, NZZ vom 27. 6. 2014, S. 9. Gemäß der Direktion für Völkerrecht ist davon auszugehen, dass eine Kontingentierung des Familiennachzugs mit Art. 8 EMRK im Widerspruch wäre und einer Überprüfung durch den Europäischen Gerichtshof für Menschenrechte nicht standhalten würde.

Arbeitsmarktes weitergehende Maßnahmen zu ergreifen.[2215] Die den Kantonen eingeräumte Autonomie zeigt sich auch darin, dass die Kontingente wie bis anhin auf die einzelnen Kantone verteilt werden sollen, welche dann selbst über die Aufteilung auf Branchen und Berufsgattungen entscheiden können.[2216]

Im Überblick sieht das vom Bundesrat am 20. 6. 2014 vorgelegte Umsetzungskonzept folgende Eckpunkte vor:[2217]

- Duales Zulassungssystem: Wie bis anhin sollen für EU/EFTA Staatsangehörige und Drittstaatenangehörige unterschiedliche Zulassungvoraussetzungen gelten;
- Höchstzahlen und Kontingente: Im Sinne eines Bottom-up-Prozesses ermitteln die Kantone ihren Bedarf an ausländischen Arbeitskräften und melden diesen an den Bund weiter, welcher die Höchstzahlen und Kontingente festlegt und diese – unter Verbleib einer Reserve beim Bund – auf die Kantone verteilt;
- Kurzaufenthalte und grenzüberschreitende Dienstleistungen bis 90 Tage im Jahr: Stellerantritte und Dienstleistungen bis 90 Tage im Kalenderjahr werden für EU/EFTA Staatsangehörige weiterhin im Meldeverfahren geregelt;
- Kurzaufenthaltsbewilligungen bis zu einem Jahr: Wie für Drittstaatenangehörige soll für Kurzaufenthalter zwischen vier Monaten und einem Jahr ein Kontingent gesprochen werden. Kurzaufenthaltsbewilligungen können einmal verlängert werden, anschließend ist eine Erneuerung notwendig, für welche bei EU/EFTA Bürgern – im Gegensatz zu Drittstaatenangehörigen – kein Unterbruch erforderlich ist;
- Grenzgänger: Die Höchstzahlen und Kontingente werden vom Bund unter Berücksichtigung der Bedürfnisse der Kantone festgelegt. Auf die Wiedereinführung von Grenzzonen wird verzichtet;
- Inländervorrang: Durch die Prüfung der Verfügbarkeit von einheimischem Potential (Schweizer und Ausländer mit einem dauerhaften Aufenthalt) wird der Inländervorrang auch bei der Festlegung der Höchstzahlen und Kontingente berücksichtigt. Die Prüfung des Inländervorrangs erfolgt bei allen Bewilligungsarten mit Ausnahme des Meldeverfahrens;
- Prüfung der Lohn- und Arbeitsbedingungen: Mit der Prüfung des Inländervorrangs im Einzelfall können gleichzeitig auch die Lohn- und Arbeitsbedingungen geprüft werden;
- Zulassung zu einer selbständigen Erwerbstätigkeit: Eine selbständige Erwerbstätigkeit bleibt möglich, wenn sie dem gesamtwirtschaftlichen Interesse entspricht. Sie untersteht ebenfalls den Höchstzahlen und Kontingenten;
- Zulassung ohne Erwerbstätigkeit: Für EU/EFTA Staatsangehörige gelten nur die Höchstzahlen und Kontingente, wohingegen für Drittstaatenangehörige zusätzlich die Bestimmungen des AuG zur Anwendung gelangen;
- Familiennachzug: EU/EFTA Staatsangehörige sollen weiterhin von der Möglichkeit des erweiterten Familiennachzugs profitieren können. Für den Familiennachzug von Drittstaatenangehörigen sollen Sprachkenntnisse eine Voraussetzung werden;

2215 Vgl. EDF Medienmitteilung v. 20. 6. 2014.
2216 Vgl. Flückiger, NZZ v. 21. 6. 2014, S. 9.
2217 Vgl. EJPD, Umsetzungskonzept, S. 36 ff.

- Ermessensentscheid: Selbst wenn die Zulassungsvoraussetzungen erfüllt sind, besteht kein Anspruch auf Erteilung einer Bewilligung;
- Asylbereich: Für Personen im Asylverfahren sollen keine Höchstzahlen und Kontingente eingeführt werden, wohl aber für anerkannte Flüchtlinge und vorläufig Aufgenommene. Es soll sich dabei um Bundeskontingente handeln, welche im Bedarfsfall rasch angepasst werden können, wodurch den völkerrechtlichen Verpflichtungen Genüge getan wird;
- Aufenthaltsregelung nach der Zulassung: Der neue Art. 121a BV enthält nur Bestimmungen über die Zuwanderung, nicht aber über die Regelung des Aufenthaltes nach der Zulassung. Dieser soll sich daher für EU/EFTA Staatsangehörige weiterhin nach dem FZA und für Drittstaatenangehörige nach dem AuG richten;
- Wiederaufnahme Revision AuG: Die Revision des AuG soll wieder aufgenommen werden. Insbesondere ist zu prüfen, ob gewisse Bestimmungen auch für EU/EFTA Staatsangehörige gelten sollen (z. B. Sprachkenntnisse beim Familiennachzug).

Im Zusammenhang mit der Vorlage des Umsetzungskonzeptes beauftragte der Bundesrat das Eidg. Justiz- und Polizeidepartement (EJPD), in Zusammenarbeit mit dem Eidg. Department für auswärtige Angelegenheiten (EDA) das Begehren um Anpassung des FZA einzureichen. Das EJPD tat dies am 7. 6. 2014 gestützt auf Art. 18 FZA, wonach eine Vertragspartei berechtigt ist, dem Gemischten Ausschuss zum FZA einen Antrag auf Anpassung des Abkommens zu unterbreiten.[2218] Der Bundesrat verabschiedete in der Folge – gestützt auf einen Entwurf des EJPD im Oktober 2014 – ein Verhandlungsmandat zur Anpassung des FZA. Ziel ist es, das FZA so anzupassen, dass die Schweiz die Zuwanderung wieder eigenständig steuern kann. Gleichzeitig ist sicherzustellen, dass der bilaterale Weg weitergeführt werden kann. Zudem soll eine bessere Integration der EU Bürger in der Schweiz ein Thema sein. Bereits jetzt zeichnet sich ab, dass sich die Verhandlungen als schwierig erweisen dürften: Nur 45 Minuten nach Verabschiedung des Verhandlungsmandats durch den Bundesrat hat die EU bekräftigt, dass sie nicht bereit sei, über die Wiedereinführung von Kontingenten oder den Inländervorrang zu verhandeln. Damit erscheinen formelle Verhandlungen innert nützlicher Frist ausgeschlossen. Als Alternative könnte der Bundesrat erwägen, Art. 14 des FZA anzurufen, wonach bei „schwerwiegenden wirtschaftlichen und sozialen Problemen" der gemischte Ausschuss einberufen werden kann. Dies würde die Diskussion von temporären Abhilfemaßnahmen erlauben.[2219] In einem nächsten Schritt haben nun – ehe der Bundesrat das definitive Verhandlungsmandat verabschieden wird – die Aussenpolitischen Kommissionen von National- und Ständerat, welche beide bereits zugunsten von Verhandlungen mit der EU votiert haben,[2220] die Konferenz der Kantonsregierungen sowie die Sozialpartner die Gelegenheit, zum Mandatsentwurf Stellung zu nehmen.[2221] Der Bundesrat wird zudem bis Ende 2014 einen Gesetzesentwurf verabschieden und in die Vernehmlassung geben.[2222] Ein allfälliger Anpassungsbedarf der flankierenden Maßnahmen soll zu einem späteren Zeitpunkt evaluiert werden.[2223]

2218 Vgl. http:www.news.admin.ch/ v. 7. 7. 2014.

2219 Vgl. Häfliger, NZZ online v. 8. 10. 2014.

2220 Vgl. SRF, Grünes Licht für Verhandlungen mit der EU, News v. 4. 11. 2014,

2221 Vgl. sda, NZZ online v. 8. 10 2014.

2222 Vgl. EJPD, Umsetzungskonzept, S. 41.

2223 Vgl. http:www.news.admin.ch/ v. 19. 9. 2014.

III. Sozialversicherung: Nationale Schweizer Regelungen und Personenfreizügigkeitsabkommen (EG/EFTA Bürger)

III.1. Drei-Säulen Modell in der Schweiz – Überblick

Die Soziale Sicherheit in der Schweiz[2224] umfasst die Sozialversicherungszweige der ersten Säule (staatliche Vorsorge), der zweiten Säule (berufliche Vorsorge) und der dritten Säule (private Vorsorge).

In den Bereich der ersten Säule (Existenzsicherung) fallen insbesondere die Alters-, Hinterlassenen- und Invalidenversicherung (AHV/IV), der Erwerbsersatz für Militär-, Schutz- oder Zivildienstleistende und bei Mutterschaft (EO), die Ergänzungsleistungen zur AHV/IV (EL), die Militärversicherung (MV), die Arbeitslosenversicherung (ALV), die Krankenversicherung (KV) sowie die Familienzulagen (FamZ).[2225]

Zur zweiten Säule werden die für Arbeitnehmer obligatorische Berufliche Vorsorge (BV/Pensionskasse), die die Fortsetzung der gewohnten Lebenshaltung in angemessener Weise ermöglichen soll, sowie die vom Arbeitgeber finanzierte oder mitfinanzierte Unfallversicherung (UV) gerechnet.

Die gebundene und freie Vorsorge (Säule 3a und 3b) wird zwar auch zur Sozialen Sicherheit gezählt, da diese in den meisten Fällen jedoch ausschließlich aus privaten Mitteln bestritten wird, ist der Arbeitgeber nicht involviert.

2224 In Art. 111 – 113 BV verankert.

2225 Das Bundesgesetz über die Familienzulagen v. 24. 3. 2006 (Familienzulagengesetz, FamZG) und die Vollzugsverordnung v. 31. 10. 2007 (Familienzulagenverordnung, FamZV) sowie die zugehörige Wegleitung (FamZWL) sind auf den 1. 1. 2009 in Kraft getreten (vgl. http:www.bsv.admin.ch/). Nach dem FamZG steht Arbeitnehmenden, Nichterwerbstätigen mit bescheidenem Einkommen (deren steuerbares Einkommen darf den anderthalbfachen Betrag einer maximalen vollen AHV-Altersrente nicht übersteigen und es dürfen keine AHV/IV-Ergänzungsleistungen bezogen werden) sowie allen in der Landwirtschaft Beschäftigten in allen Kantonen eine Kinderzulage von monatlich mindestens CHF 200 für jedes Kind bis zum Ende des Monats, in dem das 1 Altersjahr, sowie eine Ausbildungszulage von monatlich mindestens CHF 250 für Kinder ab dem 16. bis zum Ende des Monats, in dem das 25. Altersjahr vollendet wird, zu. Die Zulagen werden im Falle von obligatorisch in der AHV versicherten Arbeitnehmern nach dem Arbeitgeberortprinzip, bei Arbeitnehmern ohne beitragspflichtigen Arbeitgeber und in der AHV erfassten Nichterwerbstätigen nach dem Wohnsitzprinzip ausgerichtet. Die Kantone sind verpflichtet, ihre Familienzulagenordnungen ebenfalls per 1. 1. 2009 anzupassen sowie Ausführungsbestimmungen zu erlassen. Es ist ihnen allerdings freigestellt, weitergehende Leistungen wie sie das FamZG vorsieht, einzuführen. Einige Kantone (so AR, BE, BL, BS, GE, GL, LU, NW, SG, SH, SZ, VD, VS) sehen bereits seit längerer Zeit für Selbständigerwerbende außerhalb der Landwirtschaft ebenfalls Familienzulagen vor. Am 18. 3. 2011 hat das Parlament einer Ausdehnung des Geltungsbereichs des FamZG auf die Selbständigerwerbenden zugestimmt. Seit dem 1. 1. 2013 besteht daher auch ein Anspruch auf Familienzulagen sowie eine Beitragspflicht für alle Selbständigerwerbenden in der Schweiz.

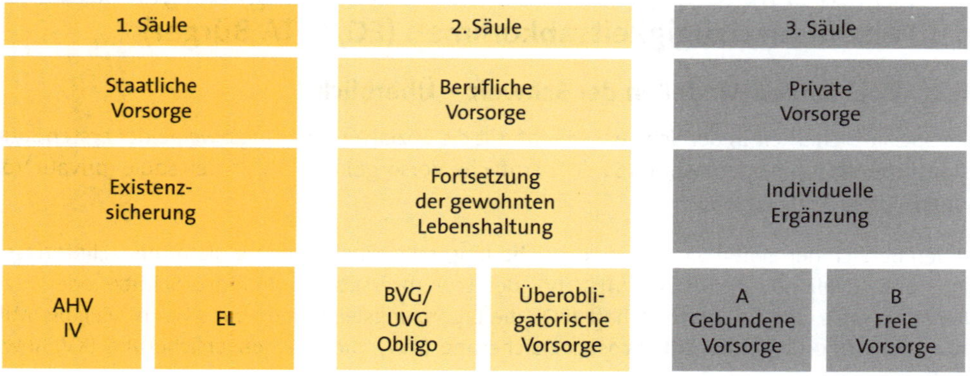

Das 3-Säulen-Modell

III.2. Ausgewählte schweizerische Sozialversicherungszweige[2226]

III.2.1. Maßgeblichkeit des Arbeitgebers

Da die Entscheidungsbefugnis mit Blick auf die Ausgestaltung der grundsätzlich obligatorischen Arbeitnehmerversicherungen in der ersten und zweiten Säule ausschließlich beim Arbeitgeber liegt – die Arbeitnehmer verfügen über keinen Handlungsspielraum – ist grundsätzlich die Sicht des Arbeitgebers maßgebend.

Würde der Arbeitgeber seine eigenen Interessen stärker gewichten als diejenigen seiner Arbeitnehmer und in seiner Entscheidfindung entsprechend berücksichtigen, würde dies zwangsläufig zu Konflikten führen. Der Grund hierfür liegt darin, dass der Arbeitgeber vorrangig an der Kosten- und Risikominimierung, gleichzeitig aber auch an der Personal(kosten)optimierung interessiert ist, die Arbeitnehmer dagegen an der Leistungsmaximierung sowie an der Kosten- und Risikominimierung (bezüglich der eigenen Beiträge). Im Bereich der zweiten Säule kommt hinzu, dass mit der Vorsorgeeinrichtung bzw. deren Pensionsversicherungsexperten sowie der Aufsichtsbehörde weitere Gesprächspartner respektive Interessenvertreter in Erscheinung treten. Um diesen divergierenden Interessen in befriedigender Weise insgesamt gerecht zu werden und den Arbeitsfrieden in der Schweiz nicht zu gefährden, haben sich die involvierten Sozialpartner darauf geeinigt, den verschieden gelagerten Ansprüchen durch marktgerechte Vorsorge- und Entschädigungsmodelle zu genügen.

III.2.2. AHV/IV

Zur ersten Säule gehört insbesondere die Alters-, Hinterlassenen- und Invalidenversicherung (AHV/IV), die im Allgemeinen durch eine Pflichtmitgliedschaft für alle Beschäftigten oder die Wohnbevölkerung gekennzeichnet ist. In der Regel werden diese Systeme nach dem Umlageverfahren finanziert, d. h. die laufenden Beiträge der aktiven Mitglieder dienen unmittelbar der Fi-

2226 Es wird im Nachfolgenden mehrheitlich nur auf die Beitragsseite in ausgewählten Sozialversicherungszweigen eingegangen.

nanzierung der Zahlungen an die Rentner. Die Rente ist staatlich abgesichert und das System wird in der Regel von einer öffentlichen Einrichtung (Ausgleichskasse)[2227] verwaltet. Diese Rentensysteme werden auf Gemeinschaftsebene neu durch die Verordnung (EG) Nr. 883/2004 koordiniert, die zum einen darauf abzielt, dass Arbeitnehmer, die von einem Mitgliedstaat in einen anderen ziehen, nicht doppelt Beiträge zahlen müssen, und zum anderen dafür sorgen soll, dass diesen Arbeitnehmern und ihren Hinterbliebenen durch die Schweiz und jeden EU-Mitgliedstaat, entsprechend ihren in diesen Staaten erworbenen Anwartschaften, Leistungen ausgezahlt werden.[2228]

III.2.2.1. Versicherungspflicht

Vorweg gilt es festzuhalten, dass die in F.III.5.5. abgehandelten staatsvertraglichen Bestimmungen den nachfolgenden landesrechtlichen Bestimmungen grundsätzlich vorgehen.

Gemäß Art. 1a des Bundesgesetzes über die Alters- und Hinterlassenenversicherung (AHVG) sind alle natürlichen Personen mit zivilrechtlichem Wohnsitz in der Schweiz sowie diejenigen, die in der Schweiz eine Erwerbstätigkeit ausüben, obligatorisch versichert. Als zivilrechtlicher Wohnsitz gilt der Ort, wo sich eine Person mit der Absicht dauernden Verbleibens aufhält. Unter eine Erwerbstätigkeit fällt dabei grundsätzlich sowohl die selbständige Tätigkeit als auch die abhängige Beschäftigung (Arbeitnehmer). Demnach sind grundsätzlich alle Arbeitnehmer in der Schweiz gemäß Gesetz versichert, gleichgültig ob sie einen Arbeitgeber in der Schweiz haben, der für sie die Beiträge abrechnen kann oder ob sie dies selbst tun müssen (Arbeitnehmer ohne beitragspflichtigen Arbeitgeber) sowie auch alle Selbständigerwerbenden. Weil die schweizerische Rechtsprechung auch das Wirken des Verwaltungsrats einer Schweizer Gesellschaft der Schweiz zuordnet, sind diese ebenfalls, selbst wenn sie nie einen Fuß in die Schweiz setzen, hier obligatorisch (in der Regel als Arbeitnehmer) versichert.[2229]

PRAXISHINWEIS

Personen, die ihren Wohnsitz im Ausland haben, aber bspw. als Mitglieder des Verwaltungsrates, als Direktoren oder in anderer leitender Funktion einer juristischen Person mit Sitz in der Schweiz im Handelsregister eingetragen sind, gelten als in der Schweiz erwerbstätig. Dies gilt nach schweizerischem Recht namentlich auch dann, wenn die betroffenen Personen die ihnen zustehenden Befugnisse tatsächlich nicht ausüben. Ebenfalls nicht maßgeblich ist der Umstand, dass die Honorare nicht diesen Personen direkt ausbezahlt, sondern an eine ausländische Gesellschaft überwiesen werden. Solche Personen gelten auch als in der Schweiz erwerbstätig, wenn sie für die Ausübung ihrer Tätigkeit kein Entgelt beziehen. Nicht beachtlich ist schließlich auch, ob die juristische Person in der Schweiz über Geschäftsräume verfügt oder eigenes Personal beschäftigt.[2230]

Eine weitere Besonderheit gilt es hinsichtlich Teilhabern von Personengesellschaften mit Sitz in der Schweiz zu beachten: Teilhaber von Kollektiv- und Kommanditgesellschaften sowie von anderen auf einen anderen Erwerbszweck gerichteten Personengesamtheiten ohne juristische Persönlichkeit (also bspw. die einfache Gesellschaft, die im eigenen Namen keine Rechte ausüben und Pflichten eingehen kann) haben ihre Beiträ-

2227 Es gibt daneben auch private Verbandsausgleichskassen wie bspw. diejenigen der Banken und Versicherungen.

2228 Zum ganzen Locher, Grundriss Sozialversicherungsrecht, S. 81 ff., Kieser, Sozialversicherungsrecht, S. 203 ff. und Scartazzini/Hürzeler, Bundessozialversicherungsrecht, S. 81 ff. sowie nachfolgend F.III.5.5.2.4.1.

2229 Es wird auf die Diskussion in Abschnitt F.III.5.5.2.4.1.3. verwiesen.

2230 Vgl. WVP Rz. 3085 f.

ge von ihrem Anteil am Einkommen aus solchen Personengesamtheiten zu entrichten.[2231] Diese qualifizieren für AHV/IV-Zwecke unabhängig ihres Wohnsitzes und einer persönlichen Arbeitsleistung als in der Schweiz Erwerbstätige (Fiktion).[2232] Diese Betrachtung gilt auch dann, wenn keine eigene aktive Tätigkeit in der Schweiz ausgeübt wird. Es genügt, dass die Gesellschaft auf einen Erwerbszweck ausgerichtet ist. Mit anderen Worten: Der Gesellschafter, der zur Erreichung des gemeinsamen Erwerbszweckes nur mit einer Kapitaleinlage beigetragen hat, muss sich die von den geschäftsführenden Mitgliedern für Rechnung aller Teilhaber unternommenen Bemühungen als eigene (selbständige) Erwerbstätigkeit entgegenhalten lassen. Diese Fiktion wird darüber hinaus zumindest von gewissen Schweizer Ausgleichskassen für eine Schweizer Betriebsstätte einer deutschen Personengesellschaft angewandt. Diese Analogie wird jedoch nur gelten, wenn die Betriebsstätte über keine eigene minimale Führungsstruktur verfügt.

Ausnahmen zur obligatorischen Versicherung sind in Art. 1a Abs. 2 AHVG sowie in den Art. 1b – Art. 3 der AHV-Verordnung (AHVV) geregelt. Neben Ausländern mit diplomatischen Vorrechten sind darunter insbesondere jene Personen zu verstehen, die sich als Patienten, Studenten, Praktikanten etc. bloß während kurzer Zeit in der Schweiz aufhalten, sowie Spezialisten, die für beschränkte Zeit bis zu maximal drei Monaten im Kalenderjahr in der Schweiz für die Ausführung besonderer Aufträge selbständig erwerbstätig sind. Außerdem sind Personen, die im Kalenderjahr längstens während drei Monaten im Auftrage eines ausländischen Arbeitgebers tätig sind (bspw. Monteure), in der AHV/IV nicht versichert.[2233]

Eine freiwillige Weiterführung der obligatorischen Versicherung ist insbesondere für jene Personen vorgesehen, die für einen Schweizer Arbeitgeber ins Ausland reisen und freiwillig hier weiterversichert werden sollen (Art. 1a Abs. 3 AHVG i. V. m. Art. 5 ff. AHVV).

Art. 2 AHVG sieht im weiteren eine freiwillige Versicherung für Schweizer Bürger und Staatsangehörige der EU/EFTA Staaten vor, die nicht in letzteren ansässig sind, sofern sie unmittelbar vorher während mindestens fünf aufeinander folgenden Jahren obligatorisch versichert waren.

PRAXISHINWEIS

Neben weiteren Voraussetzungen für die Möglichkeit einer freiwilligen Versicherung in der AHV/IV ist insbesondere auf die Voraussetzung der fünfjährigen Vorversicherungszeit in der Schweiz hinzuweisen, welche v.a. bei EU/EFTA Staatsangehörigen zu Schwierigkeiten führen kann. Dies deshalb, weil die fünfjährige Vorversicherungszeit zwingend in der Schweiz liegen muss und Versicherungszeiten in anderen EU/EFTA Staaten nicht angerechnet werden. Diese Regelung gilt sowohl für die freiwillige Weiterführung der obligatorischen Versicherung als auch für die freiwillige Versicherung.

2231 Gemäß Art. 9 Abs. 1 AHVG gilt als Einkommen aus selbständiger Erwerbstätigkeit jedes Erwerbseinkommen, das nicht Entgelt für in unselbständiger Stellung geleistete Arbeit darstellt. Gemäß konstanter Rechtsprechung des Bundesgerichts resp. (bis zum 31. 12. 2006) des Eidgenössischen Versicherungsgerichts gehören dazu nach Art. 17 AHVV in Verbindung mit Art. 20 Abs. 3 AHVV auch die Anteile sämtlicher Teilhaber von Kollektiv- und Kommanditgesellschaften sowie von anderen auf einen Erwerbszweck ausgerichteten Personengesamtheiten ohne juristische Persönlichkeit, soweit sie resp. der gesamte Reingewinn der Personengesamtheiten den gemäß Art. 18 Abs. 2 AHVV zum Abzug zugelassenen Zins auf dem im Betrieb investierten Eigenkapital übersteigen (vgl. zum Ganzen auch ZAK, 1986, S. 460 f.).

2232 Vgl. WVP Rz. 3087.

2233 Im Zusammenhang mit der Befreiung von der Beitragspflicht in der AHV/IV aufgrund der Tatsache, dass die Voraussetzungen für die obligatorische Versicherung nur für eine verhältnismäßig kurze Zeit erfüllt sind (maximal drei aufeinanderfolgende Monate im Kalenderjahr) ist zu beachten, dass diese Bestimmung sehr restriktiv ausgelegt wird und nur für Selbständigerwerbende und Arbeitnehmer ohne beitragspflichtigen Arbeitgeber gilt. Hierbei ist zu beachten, dass eine Befreiung nicht möglich ist, sofern die Unterstellung gestützt auf das EU-Abkommen, das EFTA-Abkommen oder ein bilaterales Sozialversicherungsabkommen zurückzuführen ist (WVP, Rz. 5033). Dementsprechend ist in denjenigen Konstellationen, in welchen ein Sozialversicherungsabkommen anwendbar ist, ein Unterstellungsnachweis (bzw. eine Befreiung davon) im Ausland (A1, E 101 bzw. Certificate of Coverage, CoC) ab dem ersten Tag zu empfehlen.

III.2.2.2. Beitragspflicht und Beitragshöhe[2234]

Ergibt sich nun nach nationalem[2235] sowie übergeordnetem staatsvertraglichem[2236] Recht eine obligatorische Versicherungspflicht in der Schweiz, gilt es in einem zweiten Schritt zu prüfen, ob nach Schweizer Recht auch effektiv eine Beitragspflicht besteht.[2237]

Nebst der Beitragspflicht des Arbeitgebers, die in Art. 12 AHVG statuiert ist, sind grundsätzlich auch die Versicherten beitragspflichtig. Indessen ist im Bereich von AHV/IV (sowie EO/ALV) der Kreis der Versicherten – da es sich um eine obligatorische Volksversicherung handelt – weiter gezogen, als der Kreis der Beitragspflichtigen. So sind nur jene Personen beitragspflichtig, die eine Erwerbstätigkeit (unselbständige oder selbständige) ausüben,[2238] oder die als Nichterwerbstätige zwischen 20 und 65 (Männer) bzw. 64 (Frauen) Jahre alt sind. Letzteres würde miteinschließen, dass nichterwerbstätige Ehegatten von versicherten Personen ebenfalls Beiträge als Nichterwerbstätige zu bezahlen hätten. Aus diesem Grund sieht Art. 3 Abs. 3 Bst. a AHVG vor, dass solche nichterwerbstätigen Ehegatten nicht beitragspflichtig sind, sofern der erwerbstätige Versicherte Beiträge von mindestens der doppelten Höhe des Mindestbeitrages (derzeit CHF 960) bezahlt hat.

Die Unterscheidung zwischen unselbständiger[2239] und selbständiger Erwerbstätigkeit erfolgt aufgrund der anwendbaren Gesetzgebung und Rechtsprechung des jeweiligen Tätigkeitslandes. Im Falle einer schweizerischen Zuständigkeit werden für die genannte Unterscheidung die Hauptkriterien „Unternehmerrisiko“ und „Abhängigkeitsverhältnis“ sowie eine Vielzahl von Indizien zu diesen beiden Hauptkriterien herangezogen. Maßgeblich ist letztlich eine wirtschaftliche Betrachtungsweise, d. h. zivilrechtliche Abreden sind nicht relevant, und die Beurteilung erfolgt aufgrund der gesamten Umstände des Einzelfalles.

Bei Unselbständigen werden Beiträge von 8.4 % (AHV) resp. 1.4 % (IV) auf sämtliche Entgelte, die direkt oder indirekt in einem Zusammenhang mit dem Arbeitsverhältnis ausgerichtet werden und nicht Unkostencharakter haben (sog. maßgebender Lohn), je hälftig beim Arbeitgeber und Arbeitnehmer erhoben.[2240] Anders als in Deutschland gibt es in der Schweiz somit keine maximale Beitragsbemessungsobergrenze.

2234 Die nachfolgend erwähnten Beitragszahlen sind gültig ab 1. 1. 2013.

2235 Siehe F.III.2.2.1.

2236 Siehe F.III.5.4.

2237 Für den Fall einer Unterstellung unter deutsches Beitrags- und Versicherungsrecht verweisen wir auf die Loseblattsammlung von Figge, Sozialversicherungs-Handbuch, S. 1 ff.

2238 Gemäß Art. 3 Abs. 1 AHVG besteht die Beitragspflicht, solange eine Erwerbstätigkeit ausgeübt wird. Diese kann am 1. Januar nach Vollendung des 17. Altersjahres beginnen und auch nach Erreichen der gesetzlichen Altersrentengrenzen weiter bestehen, sofern die maßgeblichen Einkünfte je Arbeitgeber den Freibetrag von CHF 16'800 pro Jahr übersteigen (Art. 4 Abs. 2 Bst. b AHVG, Art. 6quater AHVV).

2239 Im Folgenden wird zuweilen auch von abhängiger Beschäftigung gesprochen.

2240 Vgl. Art. 5 ff. AHVG sowie Art. 3 IVG. Unter Berücksichtigung des EO-Beitrages von 0.5 % ergibt sich ein AHV/IV/EO-Totalbeitrag von 10.3 %. Hinzu kommt der ALV-Beitrag von 2.2 %, der zur Zeit bis zu einem Jahreslohn von CHF 126'000 ebenfalls je hälftig durch den Arbeitgeber und Arbeitnehmer geschuldet ist. Für Lohnteile über CHF 126'000 beträgt der Beitragssatz an die ALV ab 1. Januar 2014 1 % des maßgebenden Jahreslohnes.

Bei Selbständigerwerbenden betragen die Beitragssätze 7.8 % (AHV) resp. 1.4 % (IV) vom Einkommen aus selbständiger Erwerbstätigkeit, bei Erwerbseinkommen kleiner als CHF 56'200 kommt eine sinkende Beitragsskala zur Anwendung (4.2 % bei einem minimalen Jahreserwerbseinkommen von CHF 9'400).[2241]

Bei Nichterwerbstätigen werden die AHV/IV/EO-Beiträge nach Maßgabe des Reinvermögens sowie allfälligen, mit dem Faktor 20 zu multiplizierenden jährlichen Renteneinkünften, festgelegt. Der jährliche Maximalbetrag pro versicherte Person ist derzeit bei CHF 24'000 plafoniert und entspricht einem entsprechenden Gesamtvermögen von CHF 8.4 Mio.[2242]

Arbeitgebende, Selbständigerwerbende und Nichterwerbstätige entrichten überdies einen Verwaltungskostenbeitrag von maximal 5 % der AHV/IV/EO-Beiträge.[2243]

PRAXISHINWEIS

Personen, welche in Anwendung von Art. 14 DBG bzw. Art. 6 StHG nach dem Aufwand besteuert werden, haben auf ihrem im Ausland erzielten Erwerbseinkommen nach innerstaatlichem schweizerischen Recht[2244] keine Beiträge zu zahlen. Sie gelten daher als Nichterwerbstätige. Der für die Besteuerung veranlagte Aufwand ist dabei grundsätzlich als maßgebendes Renteneinkommen für die Beitragsbemessung zu berücksichtigen. Eine Abweichung von diesem Grundsatz kann sich ergeben, wenn eine aufwandbesteuerte Person gewöhnlich im Gebiet von zwei oder mehr EU/EFTA-Mitgliedstaaten abhängig beschäftigt ist[2245] Diesfalls ist die aufwandbesteuerte Person in der Schweiz versichert und hat auf ihrem in der EU/EFTA erzielten Erwerbseinkommen AHV/IV/EO-Beiträge zu bezahlen.[2246]

In der Praxis wiederholt anzutreffen sind auch Verhältnisse, bei denen ein Arbeitnehmer in der Schweiz erwerbstätig (und demzufolge obligatorisch versichert) ist, ohne dass er – aus schweizerischer Sicht – einen beitragspflichtigen Arbeitgeber hat. Sei es, weil der Arbeitgeber im Ausland ansässig ist und in der Schweiz auch keine Betriebsstätte hat oder aus besonderen Gründen von der Beitragspflicht befreit ist. Geltendes EU Recht geht vom Grundsatz aus, dass Arbeitgeber mit Sitz in einem EU Staat, deren Arbeitnehmer in der Schweiz versichert sind, auch in der schweizerischen AHV beitragspflichtig werden.[2247] Art. 21 der Verordnung (EG) Nr. 987/2009[2248] räumt in solchen Fällen jedoch die Möglichkeit ein, dass die ausländischen Arbeitgeber mit ihren Arbeitnehmern vereinbaren, dass diese in der Schweiz ihre Beiträge selber abrechnen und sich selbst um den Anschluss an die zuständige Ausgleichskasse bemühen. Gleichzeitig hat der ausländische Arbeitgeber den Arbeitnehmern die vollen Arbeitgeberbeiträge inkl. Verwaltungskostenbeiträge zur Verfügung zu stellen. Seit dem 1. 1. 2012 gelten für Einkünfte von Arbeitnehmern ohne beitragspflichtigen Arbeitgeber ebenfalls der für Arbeitnehmende anwendbare AHV-Beitragssatz von 8.4 %[2249] und nicht mehr der für Selbständigerwerbende maßgebende AHV-Beitragssatz von 7.4 % sowie eine Pflicht zur Bezahlung der Verwaltungskostenbeiträge.

2241 Vgl. Art. 8 f. AHVG sowie Art. 21 AHVV. Der Selbständigerwerbende entrichtet ebenfalls den EO-Beitrag von 0.5 %, nicht aber ALV-Beiträge. Somit beträgt der AHV/IV/EO-Totalbeitrag des Selbständigerwerbenden maximal 9.7 %.

2242 Vgl. Art. 10 AHVG sowie Art. 28 ff. AHVV, Art. 3 Abs. 1bis IVG und Art. 27 Abs. 2 EOG. Der Nichterwerbstätige schuldet keine ALV-Beiträge. Der Maximalbeitrag für Nichterwerbstätige ist an den Mindestbeitrag gekoppelt, wobei der Maximalbetrag das 50fache des Mindestbeitrags beträgt.

2243 Vgl. Art. 69 AHVG. Das Eidg. Departement des Innern (EDI) hat den Höchstansatz der Verwaltungskostenbeiträge an die AHV mit Verordnung vom 21. 10. 2009 ab 1. 1. 2010 auf maximal 5 % festgesetzt (Verordnung des EDI über den Höchstansatz der Verwaltungskostenbeiträge an die AHV, SR 831.143.41). Die effektiv von den AHV Ausgleichskassen erhobenen Verwaltungskostenbeiträge sind regelmässig tiefer und von der Höhe der versicherten Löhne abhängig.

2244 Vgl. Art. 6ter Bst. c AHVV und Art. 29 Abs. 5 AHVV.

2245 Vgl. F.III.5.5.2.4.1.2.

2246 Vgl. WVP Rz. 1039 ff.

2247 Vgl. Cadotsch, Soziale Sicherheit CHSS 2/2006, S. 85.

2248 Vgl. auch F.III.5.5.2.

2249 Vgl. Art. 6 AHVG sowie Art. 16 AHVV; http:www.svazurich.ch/.

III.2.3. BVG (gesetzlich, überobligatorisch)

Der zweiten Säule sind Vorsorgesysteme zuzuordnen, die vom Arbeitgeber rechtlich getrennt und in der Form einer Stiftung, Genossenschaft oder Einrichtung des öffentlichen Rechts inkorporiert sind. Als Risikoträger kommen autonome Kassen, Kollektivversicherungen oder kombinierte Formen in Frage. Im Allgemeinen zahlen Arbeitgeber und/oder Arbeitnehmer laufende Beiträge und Einmaleinlagen an eine solche Vorsorgeeinrichtung, die diese Mittel anlegt (Kapitaldeckungsverfahren). Die Leistungen für die einer solchen Einrichtung angeschlossenen Personen werden aus dem Vermögen der Einrichtung bezahlt.[2250]

Im Unterschied zu sämtlichen anderen bundesrechtlichen Sozialversicherungsgesetzen sind die Rechtsgrundlagen für die berufliche Vorsorge nicht ausschließlich in den Bundesgesetzen über die berufliche Alters-, Hinterlassenen- und Invalidenvorsorge (BVG) vom 25.6.1982 und die Freizügigkeit in der beruflichen Alters-, Hinterlassenen- und Invalidenvorsorge (FZG) vom 17.12.1993 geregelt. Bei privatrechtlichen Vorsorgeeinrichtungen werden die maßgeblichen Regeln zusätzlich in Reglementen, Statuten und anderen Rechtsgrundlagen, bspw. Anschlussverträgen mit Sammeleinrichtungen, festgelegt.[2251]

Nach Art. 1 BVG besteht der Zweck der beruflichen Vorsorge darin, den Versicherten sowie deren Hinterbliebenen in den Versicherungsfällen Alter, Tod und Invalidität zusammen mit den AHV/IV-Leistungen die Fortsetzung der gewohnten Lebenshaltung in angemessener Weise zu ermöglichen.

Nebst den diversen vorsorgerechtlichen Vorschriften enthält das BVG mit Art. 80 bis 84 BVG auch steuerrechtliche Bestimmungen, die den in den einzelnen Steuererlassen auf Stufe Bund und Kanton entsprechend vorgesehenen Bestimmungen vorangehen (Lex specialis). So bspw. in Art. 81 BVG die grundsätzliche steuerliche Abzugsfähigkeit von Arbeitnehmer- und Arbeitsgeberbeiträgen resp. derjenigen von Selbständigerwerbenden.

III.2.3.1. Versicherungspflicht

Der obligatorischen Versicherung gemäß Art. 2 und Art. 7 Abs. 1 BVG sind Arbeitnehmer unterstellt, die das 17. Altersjahr[2252] resp. 24. Altersjahr[2253] vollendet haben und bei einem Arbeitgeber einen Jahreslohn beziehen, der über der Eintrittsschwelle von CHF 21'060[2254] liegt. Die obligatorische Versicherung beginnt mit dem Antritt des Arbeitsverhältnisses und endet grundsätzlich bei Erreichen des ordentlichen Rentenalters (65 Mann, 64 Frau) bzw. bei Auflösung des Arbeitsverhältnisses.[2255]

Art. 4 BVG sieht für Arbeitnehmer und Selbständigerwerbende, die den Bestimmungen der obligatorischen Versicherung nicht unterstellt sind,[2256] die Möglichkeit vor, sich freiwillig versichern

2250 Vgl. Helbling, Personalvorsorge und BVG, S. 81 ff.

2251 Vgl. Stauffer, Berufliche Vorsorge, S. 106 ff.

2252 Für die Risiken Tod und Invalidität.

2253 Für das Risiko Alter.

2254 Diese Eintrittsschwelle bzw. dieser Mindestlohn entspricht 75 % der maximalen jährlichen AHV-Altersrente von derzeit CHF 28'080. Per 1.1.2015 wird sich infolge einer Erhöhung der maximalen jährlichen AHV-Altersrente auf CHF 28'200 auch die Eintrittsschwelle auf CHF 21'150 erhöhen.

2255 Vgl. Art. 10 BVG.

2256 Bei den Selbständigerwerbenden sind dies gemäß Art. 3 BVG gewisse Berufsgruppen, die auf Antrag ihrer Berufsverbände generell oder bloß für einzelne Risiken unterstellt wurden.

zu lassen. Selbständigerwerbende können dies zusammen mit ihrem Personal tun oder sich der Einrichtung ihres Berufsverbandes oder der Auffangeinrichtung anschließen. In solchen Fällen gelten die Bestimmungen über die obligatorische Versicherung im Grundsatz sinngemäß.

Für beide Gruppen gilt, dass nur diejenigen Personen dem BVG unterstellt werden können, die bei der AHV versichert sind.[2257]

Ausnahmen zur obligatorischen Versicherung sind in Art. 2 Abs. 4 BVG sowie in Art. 1j BVV2 geregelt. Darunter fallen insbesondere Arbeitnehmer, die bei der AHV nicht versichert sind[2258] oder deren Arbeitgeber gegenüber der AHV nicht beitragspflichtig ist[2259] oder solche Arbeitnehmer, die nicht bzw. voraussichtlich nicht dauernd in der Schweiz tätig und im Ausland genügend versichert sind. Letztere Personengruppe kann sich auf Gesuch hin von der obligatorischen Versicherung befreien.

III.2.3.2. Beitragspflicht

Nach Art. 1 Abs. 2 BVG darf der versicherbare Jahreslohn der Arbeitnehmer oder das versicherbare Einkommen der Selbständigerwerbenden das AHV-beitragspflichtige Einkommen nicht übersteigen. Obligatorisch zu versichern ist bei Arbeitnehmern derjenige Teil des Jahreslohnes, der zwischen dem dreifachen Betrag der maximalen vollen AHV-Rente (derzeit CHF 84'240, ab 2015 CHF 84'600) und dem Koordinationsabzug (derzeit CHF 24'570, ab 2015 CHF 24'675) liegt; dieser Teil wird koordinierter Lohn genannt.[2260] Befindet sich der Jahreslohn nur wenig über der Eintrittsschwelle oder dem Koordinationsabzug, ist gemäß Art. 8 Abs. 2 BVG ein minimal koordinierter Lohn zu versichern. Dieser entspricht einem Achtel der vollen maximalen AHV-Rente, derzeit CHF 3'510 (ab 2015 CHF 3'525).

Bei Selbständigerwerbenden berechnet sich das versicherbare Einkommen nach dem steuerbaren Gewinn vor Verlustverrechnung. Bei stark schwankenden versicherten Einkommen wird in der Praxis für die Bestimmung des maximal versicherbaren Einkommens regelmäßig auf das Durchschnittseinkommen der letzten drei oder fünf Jahre abgestellt.

Der nach dem anwendbaren Vorsorgereglement versicherbare Jahreslohn der Arbeitnehmer bzw. das versicherbare Einkommen der Selbständigerwerbenden ist auf den zehnfachen Betrag des oberen Grenzbetrags von derzeit CHF 84'240, d. h. CHF 842'400 (ab 2015 CHF 846'000), beschränkt.[2261]

2257 Vgl. Art. 5 Abs. 1 BVG.
2258 Vgl. F.III.2.2.1.
2259 Vgl. F.III.2.2.2.
2260 Vgl. Art. 8 Abs. 1 BVG. Der maximal koordinierte Jahreslohn beträgt derzeit CHF 59'670 (ab 2015 CHF 59'925).
2261 Vgl. Art. 79c BVG.

Die nachfolgende Grafik illustriert die Zusammenhänge:

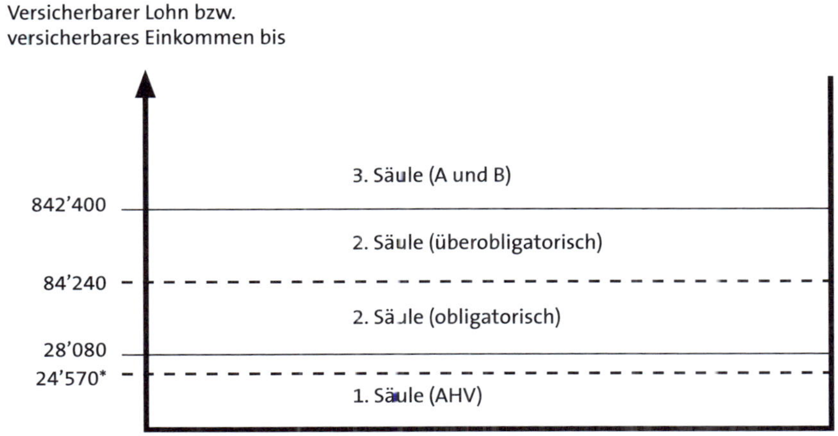

Mindestjahreslohn CHF 21’060 (Eintrittsschwelle):
¾ der einfachen AHV-Altersrente (CHF 28’080)

* Koordinationsabzug: ⁷⁄₈ der einfach AHV-Altersrente (CHF 24’570)

Die für die Finanzierung der individuellen Altersguthaben nach BVG benötigten Arbeitgeber- und Arbeitnehmerbeiträge werden durch die Vorsorgeeinrichtung in den jeweiligen reglementarischen Bestimmungen festgelegt. Der Arbeitgeberbeitrag muss dabei mindestens gleich hoch sein wie die gesamten Beiträge sämtlicher Arbeitnehmer.[2262]

Das Gesetz schreibt jedoch keine Beitragssätze vor, sondern hält in Art. 16 BVG lediglich die Altersgutschriften fest, die für jeden Versicherten auf einem individuellen Vorsorgekonto anzusparen sind:

Alter	Altersgutschriften in % des koordinierten Lohns
25 bis 34	7.0 %
35 bis 44	10.0 %
45 bis 54	15.0 %
55 bis 64/65	18.0 %

Je nach Pensionskassenregelung können Einheitsbeiträge oder altersabhängige Beiträge vorgesehen werden.

In der Praxis betragen die Beiträge für Risikodeckung, Sicherheitsfonds und Verwaltungskosten weitere rund 3 % bis 4 % des versicherten Lohnes (je nach Alter der Versicherten und Höhe des angesparten Kapitals).

Die Gesamtkosten für die obligatorische Versicherung in % des versicherten Lohnes betragen rund 16 % (Durchschnittswert eines normalen Versicherungsbestandes). Die Kosten für eine

---

2262 Vgl. Art. 66 BVG.

weitergehende berufliche Vorsorge erhöhen sich je nach Ausgestaltung der reglementarischen Bestimmungen.

III.3. Sozialschutzsysteme in der EU

Die EU-Mitgliedstaaten haben völlig unterschiedlich konzipierte Sozialschutzsysteme. Die Systeme werden mehrheitlich in gesetzliche Systeme und Zusatz- oder ergänzende Systeme eingeteilt. Das schweizerische 3-Säulen Modell lässt sich somit nur bedingt einordnen.[2263]

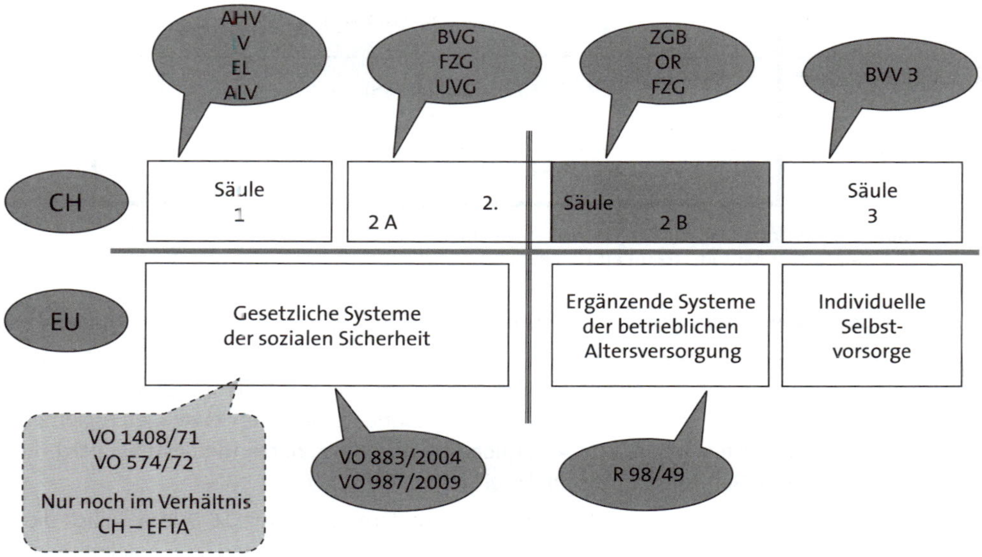

III.4. Koordination der Sozialversicherungszweige in der Schweiz

Im Zuge des Ausbaus des schweizerischen Sozialstaates in den 1980iger Jahren kam der Koordination der verschiedenen Sozialversicherungszweige, d. h. dem sinnvollen Ineinandergreifen von kongruenten Leistungen verschiedener Sozialversicherer zwecks Vermeidung von Überentschädigungen und Versicherungslücken, eine immer größere Bedeutung zu.[2264] Am 6. 10. 2000 wurde dann das durch den Gesetzgeber über Jahrzehnte erarbeitete Bundesgesetz über den Allgemeinen Teil des Sozialversicherungsrechts (ATSG) in der Schlussabstimmung im Parlament verabschiedet und auf den 1. 1. 2003 in Kraft gesetzt.[2265] Die Bestimmungen des ATSG sind jedoch nur dann anwendbar, wenn und soweit die einzelnen Sozialversicherungsgesetze dies vorsehen.[2266]

2263 Vgl. Brombacher, Soziale Sicherheit 1998, S. 285.
2264 Vgl. Bollier, Leitfaden, S. 29 f.
2265 SR 830.1; vgl. Kieser, ATSG-Kommentar, S. 10 ff.
2266 Vgl. Locher; SZS/RSAS, 47/2003, S. 182.

III.5. Koordination der Sozialversicherung in „Europa“

III.5.1. Hintergrund

Um zu vermeiden, dass Erleichterungen im Zugang zum Arbeitsmarkt eines Landes[2267] und die damit ermöglichte Freizügigkeit von Personen durch Nachteile im Bereich Soziale Sicherheit zunichte gemacht werden, bedarf es entsprechender Regelungen. Praktisch jede Sozialversicherungsgesetzgebung sieht für Ausländer irgendwelche Einschränkungen vor. Diese benachteiligen die Ausländer entweder direkt oder indirekt, indem sie beispielsweise lange Vorversicherungszeiten für die Eröffnung eines Anspruchs vorsehen oder indem Leistungen nicht ins Ausland bezahlt werden können. Solche Nachteile sind bei einem Wechsel des Arbeits- oder Aufenthaltslandes besonders schwerwiegend. Um sie zu beseitigen, bedarf es zwischenstaatlicher (koordinierender) Regeln.

Die Soziale Sicherheit innerhalb der EU ist gegenwärtig durch ein einziges Regelungspaket koordiniert, das für alle EU Mitgliedstaaten gemeinsam gilt. Dieses sorgt dafür, dass die Erwerbstätigen und ihre Familienangehörigen bei Wechsel ihres Arbeits- oder Wohnlandes zumindest innerhalb der EU möglichst keine Versicherungslücken aufweisen und keine Ansprüche verlieren.[2268]

III.5.2. Bilaterale I

Dementsprechend groß war das Interesse der EU Mitgliedstaaten, diese koordinierenden Regeln auch im Austausch mit der Schweiz in Anwendung zu bringen. Mit dem Inkrafttreten der sieben bilateralen sektoriellen Abkommen mit der EU (Bilaterale I) per 1. 6. 2002, darunter auch das Freizügigkeitsabkommen (FZA),[2269] war es dann soweit.[2270]

III.5.3. Ausdehnung der Bilateralen I (EU 15+10)

Im Zuge der EU (Ost) Erweiterung wurden mit Ausnahme des FZA sämtliche sektoriellen Abkommen automatisch auf die am 1. 5. 2004 neu zur EU gestoßenen 10 Mitgliedstaaten (Estland, Lettland, Litauen, Malta, Polen, die Slowakei, Slowenien, Tschechien, Ungarn und Zypern) ausgedehnt. Bezüglich des FZA wurden die politischen Verhandlungen im Mai 2004 abgeschlossen. Das Protokoll I[2271] zum FZA wurde am 26. 10. 2004 unterzeichnet und am 25. 9. 2005 im Rahmen eines fakultativen Referendums vom Schweizer Stimmvolk angenommen. Die Ausdehnung des FZA auf die erwähnten neuen Mitgliedstaaten ist in der Folge am 1. 4. 2006 in Kraft getreten.

Mit Ausnahme des Forschungsabkommens wurden sämtliche Verträge der Bilateralen I für eine anfängliche Dauer von sieben Jahren abgeschlossen. Sie verlängern sich auf unbestimmte Zeit, sofern die EG oder die Schweiz der anderen Vertragspartei vor Ablauf der anfänglichen Gel-

---

2267 Vgl. F.II.

2268 Hierzu insbesondere die VO (EG) Nr. 883/2004 v. 29. 4. 2004 zur Anwendung der Systeme der sozialen Sicherheit auf Arbeitnehmer und deren Familien, die innerhalb der Gemeinschaft zu- und abwandern, sowie die VO (EG) Nr. 987/2009 v. 16. 9. 2009 über die Durchführung der VO (EG) Nr. 883/2004; zum Ganzen Fuchs, Europäisches Sozialrecht, S. 84 ff.

2269 Publiziert im Amtsblatt der EU (ABl. Nr. L 114 v. 30. 4. 2002, S. 6 ff.).

2270 Die sieben sektoriellen Abkommen wurden am 21. 6. 1999 unterzeichnet, vom Schweizer Volk am 21. 5. 2000 gutgeheißen und anschließend durch die zuständigen Organe der 15 EU Mitgliedstaaten genehmigt.

2271 Vgl. BBl 2004, S. 5943 ff.

tungsdauer (konkret vor dem 31.5.2009) nichts Gegenteiliges notifiziert. In Bezug auf das FZA beschloss das Parlament, dass die Weiterführung mittels eines referendumsfähigen Bundesbeschlusses zu genehmigen sei. Nachdem gegen den Bundesbeschluss das Referendum ergriffen wurde, hat das Stimmvolk anlässlich der Volksabstimmung vom 8.2.2009 der Weiterführung des FZA zugestimmt.[2272]

III.5.4. Weitere Ausdehnung der Bilateralen I (EU 25+2+1)

Mit dem EU Beitritt Bulgariens und Rumäniens per 1.1.2007 wurde die fünfte EU Erweiterungsrunde, welche mit dem Beitritt von zehn neuen Mitgliedstaaten per 1.5.2004 begonnen hatte, abgeschlossen.

Infolge dieses Beitritts wurden die bis zu diesem Zeitpunkt mit der EU abgeschlossenen bilateralen Verträge (Freihandelsabkommen von 1972; Bilaterale I; Dossiers der Bilateralen II soweit in Kraft) – erneut mit Ausnahme des FZA – automatisch auf Bulgarien und Rumänien ausgedehnt.

Wie bereits bei den am 1.5.2004 beigetretenen Staaten machte auch die Ausdehnung des FZA auf Bulgarien und Rumänien den Abschluss eines Protokolls (Protokoll II) erforderlich. Mit der am 29.2.2008 erfolgten Paraphierung des Protokolls[2273] konnten die Verhandlungen formell abgeschlossen werden. Das Protokoll wurde am 27.5.2008 unterzeichnet.

In der Botschaft des Bundesrates vom 14.3.2008[2274] zuhanden des Parlaments beantragte dieser sowohl die Weiterführung des FZA als auch dessen Ausdehnung auf Bulgarien und Rumänien. Die Eidg. Räte hatten dann im Juni 2008 die beiden Bundesbeschlüsse angenommen und entschieden, im Hinblick auf ein dannzumal wahrscheinliches und im Laufe der zweiten Jahreshälfte 2008 effektiv zustande gekommenes Referendum die beiden Vorlagen integral dem Schweizervolk zur Abstimmung zu unterbreiten. Die Volksabstimmung fand am 8.2.2009 statt. Die Vorlage wurde mit einem Stimmenanteil von 60 % gutgeheißen.

Per 1.7.2013 ist neu auch Kroatien als 28. Mitgliedstaat zur EU gestoßen, Wie bereits bei den früheren Beitrittsrunden, wird im Falle von Kroatien das FZA und somit auch die Verordnung (EG) Nr. 883/2004, nicht direkt auf Kroatien anwendbar sein. Hierfür bedarf es des Abschlusses eines Protokolls (Protokoll III). Die formellen Verhandlungen hierzu konnten am 15.7.2013 mit der Paraphierung des Protokolls abgeschlossen werden. [2275] Nachdem ein entsprechender Bundesratsbeschluss dem fakultativen Referendum unterliegt und Gesetzesanpassungen erforderlich macht, musste ein Vernehmlassungsverfahren durchgeführt werden, welches vom 28.8.2013 bis 28.11.2013 lief.[2276] Nach dem "Ja" zur Masseneinwanderungsinitiative vom 9.2.2014 hat der Bundesrat am 30.4.2014 entschieden, derzeit auf eine Volksabstimmung zur Ausdehnung des FZA auf Kroatien zu verzichten und stattdessen für kroatische Staatsangehörige separate Kontingente im Rahmen der Zulassung von Drittstaatenangehörigen zum Schwei-

2272 Vgl. weiterführende Details in F.III.5.4.

2273 Vgl. BBl 2008, S. 2223 ff.

2274 Vgl. BBl 2008, S. 2135 ff.

2275 Vgl. Erläuternder Bericht des Eidg. Justiz- und Polizeidepartements (EJPD) zum Protokoll III zum Abkommen über den freien Personenverkehr: Ausdehnung des Abkommens vom 21. Juni 1999 über den freien Personenverkehr (FZA) auf Kroatien.

2276 Vgl. BBl 2013, S. 6751.

zer Arbeitsmarkt zu gewähren. Aus sozialversicherungsrechtlicher Sicht gilt für kroatische Staatsangehörige bis zur Ausdehnung des FZA auf Kroatien das bilaterale Sozialversicherungsabkommen Schweiz – Kroatien.

III.5.5. Koordination der sozialen Sicherheit

Koordination liegt vor, wenn die Eigenheiten der nationalen Systeme zwar belassen, diese unterschiedlichen Systeme aber so miteinander koordiniert werden, dass der Wechsel von einem zum anderen System möglichst reibungslos erfolgen kann. Gelegentlich wird als Vorstufe der Koordination eine minimale Harmonisierung gewählt, d. h. eine allmähliche Annäherung der Gesetzgebungen in den einzelnen Mitgliedstaaten (zwecks späterer Koordinationsmöglichkeiten).

Die bestehenden bilateralen Abkommen zwischen der Schweiz und einer Vielzahl von Staaten koordinieren schweizerisches Sozialversicherungsrecht mit entsprechendem ausländischem Recht, um gegenseitig die Stellung der eigenen Staatsangehörigen im ausländischen Recht zu verbessern. Das EU Koordinationsrecht, das Gegenstand des sektoriellen Abkommens ist, will dagegen – wie bereits erwähnt – sozialversicherungsrechtliche Hindernisse abbauen, um die Freizügigkeit der Personen zu verwirklichen. Beide Arten von Koordinationsinstrumenten beruhen aber auf den gleichen Grundsätzen.

III.5.5.1. Acquis communautaire

Das sektorielle Abkommen über den freien Personenverkehr enthält in einem Anhang II einerseits die Aufzählung des maßgebenden Koordinationsrechts der EU (sog. Acquis communautaire) und andererseits die notwendigen Ergänzungen und Sonderregelungen, welche für die Schweiz bei der Anwendung dieses Acquis gelten.

Wichtigste EU Rechtsgrundlagen und Rechtsprechung, auf die Bezug genommen wird, sind:

- Verordnung (EWG) Nr. 1408/71 des Rates vom 14. 6. 1971 zur Anwendung der Systeme der sozialen Sicherheit auf Arbeitnehmer und Selbständige sowie deren Familienangehörige, die innerhalb der Gemeinschaft zu- und abwandern[2277] – eine Art multilaterales Sozialversicherungsabkommen;
- Verordnung (EWG) Nr. 574/72 des Rates vom 21. 3. 1972 über die Durchführung der Verordnung (EWG) Nr. 1408/71 zur Anwendung der Systeme der sozialen Sicherheit auf Arbeitnehmer und Selbständige sowie deren Familienangehörige, die innerhalb der Gemeinschaft zu- und abwandern[2278] – eine Art multilaterale Verwaltungs- oder Durchführungsvereinbarung;
- Richtlinie (EG) 98/49 des Rates vom 29. 6. 1998 zur Wahrung ergänzender Rentenansprüche von Arbeitnehmern und Selbständigen, die innerhalb der Europäischen Gemeinschaft zu- und abwandern[2279];
- Entscheide des Europäischen Gerichtshofes (EuGH).

2277 Publiziert im Amtsblatt der EU (ABl. L 149 v. 5. 7. 1971 bzw. ABl. L 28 v. 30. 1. 1997, S. 1 ff. (konsolidierte Fassung)); vgl. auch AS 2004, S. 121.

2278 Publiziert im Amtsblatt der EU (ABl. L 74 v. 27. 3. 1972 bzw. ABl. L 28 v. 30. 1. 1997, S. 1 ff. (konsolidierte Fassung); vgl. auch AS 2005, S. 3909.

2279 Publiziert im Amtsblatt der EU (ABl. L 209 v. 25. 7. 1998, S. 46 ff.).

Durch die Übernahme des Acquis communautaire wurden die bilateralen Abkommen, welche die Schweiz mit den einzelnen EU Staaten abgeschlossen hat, größtenteils hinfällig.[2280] Sie gelten weiterhin nur noch für Tatbestände, die durch das sektorielle Abkommen nicht erfasst werden (bspw. für Drittstaatsangehörige, für Nichterwerbstätige, die ihre Rechte nicht als Familienangehörige ableiten, EFTA Staatsangehörige oder EU Staatsangehörige bei einer Entsendung von einem EFTA Staat in einen anderen)[2281] bzw. hinsichtlich Tatbestände, in denen das jeweilige bilaterale Abkommen günstigere Regelungen als die EWG Verordnung beinhaltet.

Das sektorielle Abkommen übernimmt nur den am Tag der Unterzeichnung (21. 6. 1999) geltenden Acquis communautaire. Für die Übernahme von zukünftigem EU Recht im Rahmen des Sektors ist ein besonderes Verfahren vorgesehen, das gegenseitige Zustimmung im sog. gemischten Ausschuss voraussetzt.[2282] Der gemischte Ausschuss kann den Anhang II durch Beschluss ändern. Ein solcher kann sofort in Kraft treten, sprich ohne späteres nationales Zustimmungsverfahren. Die zuständigen nationalen Stellen und die betroffenen Kreise werden jedoch vorgängig befragt. Die formelle Zustimmung des Bundesrates und ggf. des Parlamentes ist dann notwendig, falls die vorgeschlagenen Änderungen von großer Bedeutung sind oder zur Anpassung eines Bundesgesetzes führen. In Bezug auf die Maßgeblichkeit der Rechtsprechung des EuGH nach dem Datum der Unterzeichnung des FZA bestimmt ebenfalls der gemischte Ausschuss die Folgen für die Schweiz. Diese Formulierung definiert jedoch kein Verfahren. Es gibt folglich keine Liste der anzuwendenden Urteile, sondern die schweizerischen Gerichte entscheiden letztinstanzlich über die Anwendung oder Nichtanwendung eines Urteils des EuGH. Im Interesse einer bestmöglichen Koordinierung der Sozialen Sicherheit analysiert allerdings das Bundesamt für Sozialversicherungen (BSV) jedes neue gemeinschaftliche Urteil und beurteilt seine Folgen für die Schweiz, um die rechtsanwendenden schweizerischen Stellen ggf. zu informieren.

Der gemischte Ausschuss hat mit Beschluss vom 31. 3. 2012[2283] entschieden, den Anhang II des FZA zu ändern, indem der bisherige Anhang II hinsichtlich der Koordinierung der Systeme der sozialen Sicherheit durch die im Verhältnis zwischen den EU Mitgliedstaaten bereits seit 1. 1. 2012 anwendbaren Verordnung (EG) Nr. 883/2004 sowie deren Durchführungsverordnung (EG) Nr. 987/2009 ersetzt wird. Demnach sind seit dem 1. 4. 2012 anstelle bzw. zusätzlich zu den bisherigen EU Rechtsgrundlagen die folgenden EU Rechtsgrundlagen für die Schweiz von besonderer Relevanz:

2280 Die Schweiz hat mit allen EU Ländern außer Estland, Lettland, Litauen, Malta, Polen und Rumänien bilaterale Sozialversicherungsabkommen abgeschlossen.

2281 Die mit der VO (EG) Nr. 859/2003 vom 14. 5. 2003 erfolgte Ausdehnung der Bestimmungen der VO (EWG) Nr. 1408/71 und der VO (EWG) Nr. 574/72 auf Drittstaatenangehörige, die ausschließlich aufgrund ihrer Staatsangehörigkeit nicht bereits unter diese Bestimmungen fallen (vgl. ABl. L 124 v. 20. 5. 2003), ist nicht maßgeblich in Bezug auf die Schweiz. Auch die neue VO (EG) Nr. 1231/2010 vom 24. 11. 2010 (vgl. ABl. L 344 v. 29. 12. 2010, S. 1 ff.), welche die VO (EG) Nr. 859/2003 ablöste, ist für die Schweiz (derzeit) nicht maßgeblich.

2282 Vgl. Art. 17 FZA. Die Anpassungen von Anhang II des Abkommens werden in der schweizerischen Amtlichen Sammlung (AS) des Bundesrechts veröffentlicht.

2283 Vgl. AS 2012, S. 2345 ff.

- Verordnung (EG) Nr. 883/2004 des Europäischen Parlaments und des Rates vom 29. 4. 2004 zur Koordinierung der Systeme der sozialen Sicherheit[2284] – die Nachfolgeverordnung der Verordnung (EWG) Nr. 1408/71;
- Verordnung (EG) Nr. 987/2009 des Europäischen Parlaments und des Rates vom 16. 9. 2009 zur Festlegung der Modalitäten für die Durchführung der Verordnung (EG) Nr. 883/04 über die Koordinierung der Systeme der sozialen Sicherheit[2285] – die Nachfolgeverordnung der Durchführungsverordnung (EWG) Nr. 574/72.

Zum Hintergrund der Änderung des Anhang II des FZA ist anzumerken, dass die bisherige Verordnung (EWG) Nr. 1408/71, welche per 31. 3. 2012 im Verhältnis zwischen der Schweiz und der EG außer Kraft getreten ist, seit 1971 viele materielle Änderungen erfahren hat, was die EU Kommission Ende 1998 dazu bewogen hatte, einen grundlegenden Reformvorschlag vorzulegen. Gestützt darauf haben das Europäische Parlament und der Rat die Verordnung (EG) Nr. 883/2004 vom 29. 4. 2004 verabschiedet, die an Stelle der Verordnung (EWG) Nr. 1408/71 in Kraft getreten ist. Diese neuen Koordinierungsregeln wurden jedoch erst mit Verabschiedung der entsprechenden Durchführungsverordnung (EG) Nr. 987/2009 wirksam, welche die Verordnung (EWG) Nr. 574/72 ersetzt. Der Vorschlag zur Überarbeitung der Durchführungsverordnung wurde von der EU Kommission im Januar 2006 vorgelegt[2286] und nach Lesung im Europäischen Parlament und im Rat wurde die neue Durchführungsverordnung (EG) Nr. 987/2009 am 16. 9. 2009 verabschiedet und am 30. 10. 2009 im Amtsblatt der Europäischen Gemeinschaft publiziert.[2287] Die Durchführungsverordnung trat für die EU Mitgliedstaaten per 1. 1. 2010 in Kraft, womit die Anwendbarkeit der Verordnung (EG) Nr. 883/2004 sichergestellt werden konnte. Mit Beschluss 1/2012 des gemischten Ausschusses vom 31. 3. 2012 wurde der Anwendungsbereich der Verordnungen (EG) Nr. 883/2004 und Nr. 987/2009 per 1. 4. 2012 auch auf die Schweiz ausgedehnt, womit, wie vorstehend bereits erwähnt, die Verordnung (EWG) Nr. 1408/71 sowie deren Durchführungsverordnung (EWG) Nr. 574/72 per 31. 3. 2012 weitestgehend außer Kraft gesetzt wurden.

Im Folgenden wird deshalb an erster Stelle jeweils auf die heute im Verhältnis zwischen der Schweiz und der EU anwendbaren Verordnungen (EG) Nr. 883/2004 sowie Nr. 987/2009 verwiesen. Nachdem die bisherigen Verordnungen (EWG) Nr. 1408/71 sowie Nr. 574/72 für unveränderte Sachverhalte während einer Übergangsfrist von zehn Jahren sowie im Verhältnis zwischen der Schweiz und den EFTA Mitgliedstaaten weiterhin Gültigkeit haben, findet sich jeweils im Anschluss ein Verweis auf die entsprechende Bestimmung in der bisherigen Verordnung.

2284 Publiziert im Amtsblatt der EU (ABl. Nr. L 166 v. 30. 04. 2004; S. 1 ff.). Die ursprüngliche VO (EG) Nr. 883/2004 wurde durch die Verordnung (EG) Nr. 988/2009 des Europäischen Parlamentes und des Rates vom 16. 9. 2009 zur Änderung der Verordnung (EG) Nr. 883/2004 zur Koordinierung der Systeme der sozialen Sicherheit und zur Festlegung des Inhalts ihrer Anhänge geändert (vgl. hierzu ABl. Nr. L 284 v. 30. 10. 2009, S. 43 ff. und AS 2012, S. 2627).

2285 Publiziert im Amtsblatt der EU (ABl. Nr. L 284 v. 30. 10. 2009; S. 1 ff.); vgl. auch AS 2012 S. 3051.

2286 Vgl. KOM(2006)16, publiziert im Amtsblatt der EU (ABl. Nr. C 67/38 v. 18. 3. 2006).

2287 Der Rat hat den Vorschlag der EU Kommission am 17. 12. 2008 einstimmig gutgeheißen.

III.5.5.2. Die Verordnungen (EG) Nr. 883/2004 und Nr. 987/2009 im Besonderen

III.5.5.2.1. Persönlicher Geltungsbereich

Die Verordnung (EG) Nr. 883/2004 gilt in erster Linie für Staatsangehörige der EU Mitgliedstaaten (und durch das FZA nun auch für Schweizer Bürger), die Arbeitnehmer und Selbständigerwerbende sind bzw. waren sowie für Rentner. Sie findet ferner Anwendung auf Familienangehörige der vorstehend genannten Personengruppen soweit es um ihre abgeleiteten Rechte geht (ungeachtet ihrer Staatsangehörigkeit).

Der Status als Flüchtling oder Staatenloser wird der EU oder Schweizer Staatsangehörigkeit gleichgestellt, soweit die betreffende Person Wohnsitz in einem EU Staat oder in der Schweiz hat.

Nicht erfasst werden insbesondere Angehörige von Staaten, die nicht Mitglied der EU sind (ausgenommen sind die oben erwähnten Familienangehörigen bezüglich ihrer abgeleiteten Rechte).

PRAXISHINWEIS

Für Staatsangehörige aus Drittstaaten, d. h. Angehörige von Staaten, die nicht Mitglied der EU oder der EFTA (bzgl. der Verordnung (EWG) Nr. 1408/71) sind, sind im Rahmen von Entsendungen nach wie vor die bilateralen Sozialversicherungsabkommen zwischen der Schweiz und dem jeweiligen Wohnsitzstaat, aus welchem ein Arbeitnehmer in die Schweiz entsandt wird und welche sich regelmässig auch auf Drittstaatenangehörige mit Wohnsitz in den jeweiligen Staaten beziehen, anwendbar. In allen anderen Fällen, d. h. wenn es sich nicht um eine Entsendung, sondern um eine andere Beschäftigung eines in einem EU Mitgliedstaat ansässigen Drittstaatenangehörigen bzw. eines in der Schweiz ansässigen Drittstaatenangehörigen handelt, ist auf das bilaterale Sozialversicherungsabkommen zwischen dem Ansässigkeitsstaat und dem Erwerbsstaat bzw. auf ein allfällig anwendbares Sozialversicherungsabkommen zwischen demjenigen Staat, dessen Staatsangehörigkeit der Drittstaatenangehörige besitzt, und der Schweiz abzustellen. Die Verordnung (EG) Nr. 1231/2010,[2288] welche die Anwendbarkeit der Verordnung (EG) Nr. 883/2004 auch auf einen in einem EU Mitgliedstaat ansässigen Drittstaatenangehörigen ausdehnt, ist für die Schweiz nicht anwendbar.

Angehörige von EFTA Staaten, die dem EWR angehören (Island, Liechtenstein, Norwegen), wenden seit dem 1. 6. 2012 im Verhältnis zu den EU Mitgliedstaaten ebenfalls die Verordnung (EG) Nr. 883/2004 an. Im Verhältnis zur Schweiz gilt jedoch das seit dem 1. 6. 2002 zwischen den EFTA Staaten und der Schweiz separat abgeschlossene Abkommen, wonach faktisch die Koordinationsregeln der Verordnung (EWG) Nr. 1408/71 angewandt werden.[2289]

III.5.5.2.2. Örtlicher Geltungsbereich

Die Verordnungen gelten grundsätzlich für alle EU Mitgliedstaaten und aufgrund des Abkommens auch für die Schweiz.

III.5.5.2.3. Sachlicher Geltungsbereich

Die Verordnungen gelten für alle gesetzlichen (d. h. allgemeine und besondere, auf Beiträgen beruhende und beitragsfreie/durch den Staat finanzierte) Systeme der Sozialen Sicherheit, die Leistungen gewähren bei Krankheit und Mutterschaft sowie gleichgestellte Leistungen bei Va-

2288 Publiziert im Amtsblatt der EU (ABl. Nr. L 344 v. 29. 12. 2010, S. 1 ff.).

2289 Von den EFTA Staaten haben Liechtenstein und Norwegen zusätzlich ein bilaterales Sozialversicherungsabkommen mit der Schweiz abgeschlossen, nicht aber Island.

terschaft, Invalidität, Alter, Tod (Hinterlassenenleistungen und Sterbegeld), Arbeitsunfällen und Berufskrankheiten, Arbeitslosigkeit, Vorruhestandsleistungen und Familienschaft. Sie gelten jedoch nicht für die soziale Fürsorge (Sozialhilfe).

Für die Schweiz bedeutet dies den Einbezug aller Bundes- und kantonalen Gesetze in den Bereichen Alters- und Hinterlassenenversicherung, Ergänzungsleistungen zur AHV/IV, Invalidenversicherung, Arbeitslosenversicherung, Erwerbsersatzordnung, Krankenversicherung, Familienzulagen (mit Ausnahme der Geburts- und Adoptionszulagen), Berufliche Vorsorge (obligatorischer Teil) und Unfallversicherung.

III.5.5.2.4. Koordinationsgrundsätze

Die Koordination innerhalb der EU beruht grundsätzlich auf den gleichen Grundsätzen wie in den bilateralen Abkommen, ist aber umfassender und vollständiger. Letzteres gilt insbesondere für die Bereiche Arbeitslosen- und Krankenversicherung. Im Einzelnen handelt es sich um folgende Grundsätze:

- Keine direkte und indirekte Diskriminierung infolge Staatsangehörigkeit;
- Gleichstellung der Gebiete;
- Gleichstellung von versicherungsrelevanten Tatbeständen;
- Grundsätzlich Unterstellung unter die Gesetzgebungen eines einziger Landes für alle Versicherungszweige;
- Aufrechterhaltung der Leistungsansprüche;
- Erleichterung des Anspruchserwerbs (durch Totalisierung, d. h. Zusammenrechnung von Versicherungszeiten);
- Abgeltung von Rentenansprüchen durch Teilleistungen aller beteiligten Staaten (in Ausnahmefällen sowie in der Unfallversicherung durch die Gesamtleistung eines einzigen Staates);
- Leistungsaushilfe bei Krankheit und Unfall während des Aufenthalts in einem anderen (für die Versicherung nicht zuständigen) Staat;
- Uneingeschränkter Export der Leistungsansprüche (Ausnahmen nur in wenigen Fällen, bspw. Arbeitslosengeld).

III.5.5.2.4.1. Versicherungsrechtliche Unterstellung im Allgemeinen

Für alle Versicherungszweige soll nur die Gesetzgebung eines einzigen Staates Anwendung finden. Damit sollen eine mehrfache Erfassung der Entgelte bei den Sozialversicherungspflichten unterschiedlicher Staaten vermieden, aber auch die erworbenen Anwartschaften gesichert werden. Das Recht des maßgebenden Staates bestimmt alsdann, inwieweit im konkreten Fall die Unterstellung zu einer Versicherungspflicht führt oder nicht. Es ist auch für eine allfällige Mitversicherung von Familienangehörigen maßgebend (betrifft nur die Krankenversicherung).

Die Unterstellung erfolgt grundsätzlich am Erwerbsort bzw. im Land der Erwerbstätigkeit. Bei Erwerbstätigkeit in mehr als einem Land gelten besondere Anknüpfungspunkte (nachfolgend dargestellt anhand von sechs ausgewählten Fallbeispielen). In diesen Fällen weist die Verordnung (EG) Nr. 883/2004 – ähnlich einem Doppelbesteuerungsabkommen – einem der involvierten Staaten das Recht zur versicherungsrechtlichen Unterstellung zu. Die relevanten Kriterien gemäß der einschlägigen Verordnung sind dabei derzeit ebenfalls der Wohnsitz, der Sitz des Arbeitgebers und die etwaige regelmäßige und tatsächliche Ausübung einer abhängigen Beschäftigung und/oder einer selbständigen Tätigkeit. Außerdem gibt es zahlreiche Sonderregelungen für besondere Arbeitsverhältnisse wie entsandte Arbeitnehmer, Seeleute oder Arbeitnehmer von Luftverkehrs- oder Transportunternehmen.

Der Unterstellungsnachweis kann durch Beibringung der A1-Bescheinigung[2290] erbracht werden. Dieser Bescheinigung kommt ein gewisser Beweiswert zu, der für die zuständigen Sozialversicherungsträger grundsätzlich bindend ist, zumindest solange, als eine A1-Bescheinigung durch den ausstellenden Träger nicht zurückgezogen oder für ungültig erklärt wird. Die Beweiskraft der A1-Bescheinigung beschränkt sich jedoch auf die Feststellung des anwendbaren Rechts durch den zuständigen Träger.[2291]

PRAXISHINWEIS

Des Weiteren ist zu beachten, dass in der Schweiz tätige Arbeitnehmer ohne beitragspflichtigen Arbeitgeber in der Schweiz (sog. ANOBAGs; Arbeitgeber befindet sich bspw. in Deutschland) ebenfalls die Möglichkeit haben, im Falle einer Entsendung ins Ausland (bspw. Frankreich) bei der zuständigen Behörde einen Unterstellungsnachweis für die weitere Unterstellung unter die schweizerischen Rechtsvorschriften für Soziale Sicherheit zu beantragen. Dies setzt jedoch das Fortbestehen des Arbeitsverhältnisses mit dem ausländischen Arbeitgeber (in Deutschland) auch während der Entsendung ins Ausland (Frankreich) voraus.

Unterstellungsnachweise, welche gestützt auf die Verordnung (EWG) 1408/71 erstellt worden sind (E 101 Bescheinigungen), bleiben für die bewilligte Zeitperiode gültig. Für die Berechnung der maximalen Entsendedauer gestützt auf die neue Verordnung (EG) Nr. 883/2004 sind basierend auf der bisherigen Verordnung (EWG) Nr. 1408/71 gewährte Entsendungszeiten zu berücksichtigen. Zudem werden auch im Verhältnis Schweiz – EFTA weiterhin die E 101 Formulare[2292] verwendet.

PRAXISHINWEIS

Im Zusammenhang mit längerfristigen Entsendungen kann aufgrund dieser Regelungen in einigen Kantonen die Situation entstehen, dass der nichterwerbstätige Ehegatte eines in die Schweiz entsandten Arbeitnehmers in der AHV/IV versicherungspflichtig wird und Beiträge als Nichterwerbstätiger zahlen muss. Denn die weitere Unterstellung unter die Sozialversicherungen im EU/EFTA Ausland umfasst nur den entsandten Arbeitnehmer und nicht seinen nichterwerbstätigen Ehegatten, der in der Schweiz durch seinen Wohnsitz versicherungspflichtig wird. In diesem Zusammenhang ist auch anzumerken, dass einige kantonale Ausgleichskassen dazu übergegangen sind, bei Wohnsitznahme in der Schweiz ohne Erwerbstätigkeit in der Schweiz detailliertere Prüfungen hinsichtlich einer Erwerbstätigkeit im Ausland vorzunehmen sowie entsprechende Bestätigungen der ausländischen Träger zu verlangen, welche die Unterstellung für eine Erwerbstätigkeit im jeweiligen Mitgliedstaat bestätigen. Ziel dieser Abklärungen ist die Versicherungspflicht als Nichterwerbstätige in der Schweiz sicherzustellen.

III.5.5.2.4.1.1. Beispielfall Art. 12 Abs. 1 der VO (EG) Nr. 883/2004

Eine Person, die im Gebiet eines Mitgliedstaates von einem Unternehmen, dem sie gewöhnlich angehört, abhängig beschäftigt wird und die von diesem Unternehmen zur Ausführung einer Arbeit für dessen Rechnung in das Gebiet eines anderen Mitgliedstaates entsandt wird, unterliegt gemäß Art. 12 Abs. 1 der Verordnung (EG) Nr. 883/2004 (bzw. bisher Art. 14 Abs. 1 Bst. a der Verordnung (EWG) Nr. 1408/71) weiterhin den Rechtsvorschriften des ersten Mitgliedstaats,

2290 Vgl. Formular A1: Bescheinigung über die Rechtsvorschriften der sozialen Sicherheit die auf den/die Inhaber/in anzuwenden sind im Anhang 5.

2291 Vgl. EuGH, Rs Banks v. 30. 3. 2000 (Rechtssache C-178/97) und Fitzwilliam v. 10. 2. 2000 (Rechtssache C-202/97).

2292 Vgl. Formular E 102: Verlängerung der Entsendung/der selbständigen Tätigkeit im Anhang 5.

sofern die voraussichtliche Dauer dieser Arbeit 24 (bzw. bisher zwölf) Monate nicht überschreitet und sie nicht eine andere Person ablöst, für welche die Entsendungszeit abgelaufen ist.

Eine Entsendung im Sinne der Verordnung (EG) Nr. 883/2004 setzt in der Praxis voraus, dass die betreffende Person unmittelbar vor dem Auslandeinsatz dem schweizerischen Recht unterliegt. Diese Voraussetzung ist insbesondere erfüllt bei

- Personen, die in der Schweiz eine Erwerbstätigkeit für einen Schweizer Arbeitgeber ausüben und in der Schweiz wohnhaft sind;
- Personen, die vor dem Auslandeinsatz keine Erwerbstätigkeit ausüben, aber aufgrund ihres Wohnsitzes in der Schweiz versichert sind;
- Personen mit Wohnsitz im Ausland, die in der Schweiz eine wirtschaftlich produktive Arbeit ausführen, sich also nicht nur zur Vorbereitung auf den Auslandeinsatz (bspw. zur Instruktion, Schulung, Besprechung oder Einarbeitung) in der Schweiz aufhalten.[2293]

Wird wie vorliegend bspw. eine in Deutschland ansässige Person von einem Schweizer Unternehmen rekrutiert und in der Schweiz nur für wenige Tage im Hinblick auf ihren unmittelbar bevorstehenden Arbeitseinsatz in einem weiteren EU Mitgliedstaat eingearbeitet, so liegt gemäß aktueller Rechtsprechung des Schweizerischen Bundesgerichts keine Entsendung im Sinne von Art. 12 Abs. 1. der Verordnung (EG) Nr. 883/2004 (bzw. bisher Art. 14 Abs. 1 Bst. a der Verordnung (EWG) Nr. 1408/71) vor. Vielmehr unterliegt diese Person für die zu beurteilende Tätigkeit den Rechtsvorschriften des Beschäftigungslandes gemäß Art. 11 Abs. 3 Bst. a der Verordnung (EG) Nr. 883/2004 (bzw. bisher Art. 13 Abs. 2 Bst. a der Verordnung (EWG) Nr. 1408/71).[2294] Gestützt auf die Verordnung (EG) Nr. 883/2004 ist zudem neu eine Vorbeschäftigung im Entsendestaat vor der Entsendung von mindestens einem Monat erforderlich, damit die weitere Unterstellung im Heimatstaat möglich ist, andernfalls erfolgt eine Unterstellung unter die Rechtsvorschriften des Beschäftigungslandes.

2293 Vgl. WVP Rz. 2025.

2294 Vgl. BGE 134 V 428. Das Bundesamt für Sozialversicherungen (BSV) hat hierzu festgehalten, dass mit einer Entsendung kurzfristige Unterbrechungen in der Versicherungskarriere vermieden, aber keinesfalls eine faktische Rechtswahl ermöglicht werden sollen. Das vorliegende Urteil, das sich auf einen EU Sachverhalt bezieht, sei deshalb sinngemäß auch im Verhältnis zu den EFTA und Drittstaaten anzuwenden.

PRAXISHINWEIS

Besondere Regelungen gelten im Zusammenhang mit der sozialversicherungsrechtlichen Behandlung von Mitarbeiterbeteiligungen: Wie das Schweizerische Bundesgericht mit Entscheid vom 6. 11. 2012[2295] festgehalten hat, ist entscheidend, ob im Zeitpunkt der Zuteilung einer Anwartschaft eine Sozialversicherungspflicht bestanden hat. Dieses Abstellen auf den Zuteilungszeitpunkt bedeutet eine Abkehr von der bisherigen Praxis, wonach – analog zur steuerrechtlichen Behandlung – der Zeitpunkt der Einkommensrealisierung maßgebend ist. Der Zeitpunkt der Einkommensrealisierung soll nur noch dann maßgebend sein, wenn das Arbeitsverhältnis bei demselben Arbeitgeber fortbesteht (was in der zu beurteilenden Konstellation nicht der Fall war).[2296] Rund ein Jahr nach diesem Entscheid, am 12. 11. 2013, hat das Bundesamt für Sozialversicherungen (BSV) eine aktualisierte Version der Wegleitung über den maßgebenden Lohn (WML) veröffentlicht, in der es die Behandlung von Mitarbeiterbeteiligungen mit internationalem Bezug, d. h. insbesondere von im- und exportierten Mitarbeiterbeteiligungen, die einer Vestingperiode unterliegen, präzisiert hat.[2297] Die aktualisierte WML sieht eine anteilmäßige (pro-rata) Unterstellung vor und erreicht damit eine Annäherung an die steuerrechtliche Behandlung. Dies bedeutet, dass für echte Mitarbeiterbeteiligungen Sozialversicherungsbeiträge im Zeitpunkt des Erwerbs, für unechte im Zeitpunkt des Zuflusses zu entrichten sind. Im Unterschied zur steuerrechtlichen Behandlung, wo im internationalen Verhältnis der Wohnsitz/Aufenthalt während der Vesting-Periode maßgebend ist, gilt es im Hinblick auf die AHV die sozialversicherungsrechtliche Unterstellung während der Vesting-Periode zu beachten, welche nicht zwingend deckungsgleich zu sein braucht. Die pro-rata Aufteilung der Einkommen aus Mitarbeiterbeteiligungen kann in Fällen, in denen während der Vesting-Periode die Entsendebescheinigung (A1 oder CoC) ausläuft zu einer Doppelbelastung führen, insbesondere dann, wenn das andere beteiligte Land eine andere Methode zur Berechnung der Beitragserhebung anwendet. Gleiches gilt wohl auch im Zusammenhang mit Nichtvertragsstaaten, für welche die WML keine Regelung vorsieht, sowie dann, wenn der Entsandte freiwillig die obligatorische AHV in der Schweiz weiterführt.[2298] Rz. 2010 WML sieht vor, dass die neuen Bestimmungen für alle Mitarbeiterbeteiligungen Anwendung finden, die entweder nach dem 1. 1. 2013 abgegeben werden oder die zwar vorher abgegeben wurden, auf deren geldwerte Vorteile aber erst bei der Realisation ab 1. 1. 2013 Beiträge abzuführen sind. Wurden einem konkreten Fall die Beiträge bereits aufgrund anderer Ansätze mit der Ausgleichskasse abgerechnet, so kann eine Korrektur geprüft werden.

III.5.5.2.4.1.2. Beispielfall Art. 13 Abs. 1 Bst. a der VO (EG) Nr. 883/2004

Eine Person, die gewöhnlich im Gebiet von zwei oder mehr Mitgliedstaaten abhängig beschäftigt (und nicht Mitglied des fahrenden oder fliegenden Personals eines Transportunternehmens) ist, unterliegt gemäß Art. 13 Abs. 1 Bst. a und b der Verordnung (EG) Nr. 883/2004 (bzw. bisher Art. 14 Abs. 2 Bst. b der Verordnung (EWG) Nr. 1408/71) den Rechtsvorschriften

- des Mitgliedstaates, in dessen Gebiet sie wohnt, wenn sie einen wesentlichen Teil (bzw. bisher einen Teil) ihrer Tätigkeit im Gebiet dieses Staates ausübt (wobei es ab 1. 1. 2015 keine Rolle mehr spielt, ob der Arbeitnehmer nur einen oder mehrere Arbeitgeber hat) oder wenn sie für mehrere Unternehmen oder mehrere Arbeitgeber in zwei oder mehr Mitgliedstaaten/Schweiz tätig ist, die ihren Sitz oder Wohnsitz im Gebiet verschiedener Mitgliedstaaten/Schweiz haben;
- des Mitgliedstaates außerhalb des Wohnsitzstaates, in dessen Gebiet das Unternehmen und/oder der Arbeitgeber bzw. ab 1. 1. 2015 auch die Arbeitgeber, das/der sie beschäftigt bzw. die sie beschäftigen, seinen/ihren Sitz oder Wohnsitz hat/haben,

2295 Vgl. BGer (9C_648.2011 v. 6. 11. 2012).
2296 Vgl. Robinson, NZZ v. 18. 7 2013.
2297 Vgl. WML 2014.5.
2298 Vgl. Nyfeler/Rohner, StR 2014, S. 194 ff.

- des Mitgliedstaates außerhalb des Wohnsitzstaates, sofern sie für mindestens zwei Arbeitgeber tätig ist, die ihren Sitz in verschiedenen Staaten außerhalb des Wohnsitzstaates des Arbeitnehmers haben, wobei das Kriterium der Wesentlichkeit keine Rolle spielt.[2299]

Die Verordnung (EG) 883/2004 spricht von einem wesentlichen Teil der Tätigkeit, welcher im Wohnsitzstaat ausgeübt werden muss, damit eine Unterstellung unter die Rechtsvorschriften des Wohnsitzstaates möglich ist. Unter einem wesentlichen Teil der Tätigkeit versteht die Verordnung (EG) 883/2004 eine Tätigkeit von mindestens 25 %.[2300] Die bisherige Verordnung (EWG) 1408/71 enthielt keinen Hinweis betreffend der Mindestdauer der jeweiligen Tätigkeit in den verschiedenen Mitgliedstaaten und präzisierte nicht, was unter „gewöhnlich im Gebiet von zwei oder mehr Mitgliedstaaten abhängig beschäftigt" zu verstehen ist. Auch die einschlägige EuGH Rechtsprechung ist nicht weiter hilfreich.[2301] Als Folge davon bestehen sehr unterschiedliche Auslegungen in den einzelnen EU Mitgliedstaaten. So wurde dieser Begriff bspw. in Deutschland als mindestens ein Tag pro Monat im Jahresdurchschnitt definiert. Auf Seiten der Schweiz waren unter der Bedingung, dass die schweizerischen Rechtsvorschriften anwendbar und die Schweizer Ausgleichskassen für die (Nicht-)Ausstellung eines Formulars E 101[2302] zuständig sind, Personen als im Gebiet von mehreren Mitgliedstaaten abhängig beschäftigt zu betrachten, die

- regelmäßig oder wiederholt eine Tätigkeit in mehreren Mitgliedstaaten ausüben. Bei aufeinanderfolgenden Tätigkeiten in mehreren Mitgliedstaaten muss der Wechsel des Beschäftigungslandes grundsätzlich innerhalb von sechs Monaten erfolgen;
- für mehrere Arbeitgeber tätig sind, die ihren Sitz im Gebiet verschiedener Mitgliedstaaten haben.[2303]

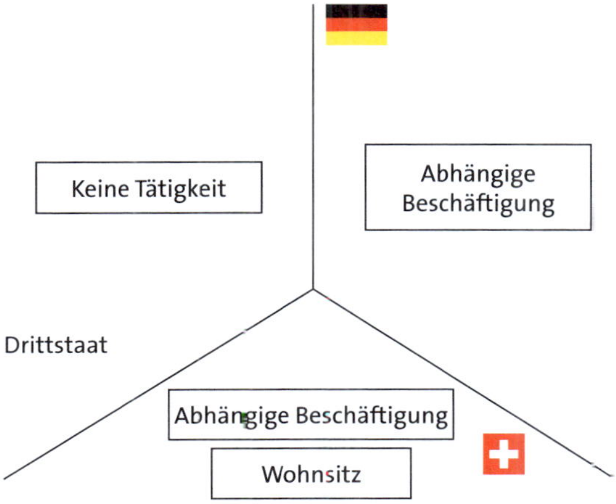

2299 Vgl. Beschluss Nr. 1/2014 vom 28. 11. 2014 des Gemischten Ausschusses, eingesetzt im Rahmen des Abkommens zwischen der Europäischen Gemeinschaft und ihren Mitgliedstaaten einerseits und der Schweizerischen Eidgenossenschaft andererseits über die Freizügigkeit.

2300 Vgl. SJZ 108 (2012) Nr. 23; Kieser, Entwicklungen im Sozialversicherungsrecht, S. 570.

2301 Vgl. EuGH, Rs Hakenberg v. 12. 7. 1973 (Rechtssache C-13/73) sowie Calle Grenzshop v. 16. 2. 1995 (Rechtssache C-425/93).

2302 Vgl. Formular E 101: Bescheinigung über die anzuwendenden Rechtsvorschriften im Anhang 5.

2303 Vgl. AHI-Praxis 4/2003, S. 225 f.

Im vorliegenden Fall sind für sämtliche in Deutschland und der Schweiz ausgeübten abhängigen Beschäftigungen resp. die daraus resultierenden Lohneinkünfte die schweizerischen Rechtsvorschriften anwendbar, sofern die Tätigkeit in der Schweiz wesentlich ist, d. h. mindestens 25 % beträgt bzw. sofern die Tätigkeit für zwei oder mehr Arbeitgeber erfolgt, nachdem im Verhältnis zur Schweiz die Wesentlichkeit nur im Falle einer Tätigkeit für einen Arbeitgeber (nicht jedoch für mehrere Arbeitgeber) in mehreren Mitgliedstaaten relevant ist.[2304] Als Nachweis zuhanden des zuständigen deutschen Trägers ist eine A1-Bescheinigung in der Schweiz zu beantragen.

PRAXISHINWEIS

Die Qualifikation einer Tätigkeit im Sinne der Verordnung (EG) Nr. 883/2004 als wesentlich, d. h. mindestens 25 %, bezieht sich mehrheitlich auf die effektive Arbeitszeit, welche im jeweiligen Mitgliedstaat geleistet wird, und nicht primär auf die der Tätigkeit entsprechende Lohnzahlung. Die Höhe des Lohnes, welcher für die entsprechende Tätigkeit bezahlt wird, spielt teilweise zwar ebenfalls eine Rolle, ist jedoch regelmäßig zweitrangig und lediglich ein weiteres Indiz für die Wesentlichkeit einer Tätigkeit im jeweiligen Mitgliedstaat. Seit dem 1. 1. 2015 werden unbedeutende Tätigkeiten, d. h. insbesondere solche mit weniger als 5% der Arbeitszeit oder des Einkommens, zur Bestimmung des anwendbaren Rechts nicht mehr berücksichtigt, wobei zu beachten ist, dass die Leitung eines Unternehmens in der Schweiz definitionsgemäß nicht unbedeutend sein kann.

III.5.5.2.4.1.3. Beispielfall Art. 13 Abs. 2 der VO (EG) Nr. 883/2004

Eine Person, die eine selbständige Tätigkeit gewöhnlich im Gebiet von zwei oder mehr Mitgliedstaaten ausübt, unterliegt gemäß Art. 13 Abs. 2 der Verordnung (EG) Nr. 883/2004 (bzw. bisher Art. 14a Abs. 2 der Verordnung (EWG) Nr. 1408/71) den Rechtsvorschriften des Mitgliedstaates, in dessen Gebiet sie wohnt, wenn sie in diesem einen wesentlichen Teil (bzw. bisher einen Teil) ihrer Tätigkeit ausübt.

Übt die Person keinen wesentlichen Teil (bzw. bisher keinen Teil) ihrer Tätigkeit im Wohnsitzstaat aus, unterliegt sie den Rechtsvorschriften des Mitgliedstaates, in dessen Gebiet sie ihre Haupttätigkeit ausübt. Die maßgeblichen Kriterien zur Bestimmung der Haupttätigkeit werden in Art. 14 Abs. 9 der Verordnung (EG) Nr. 987/2009 (bzw. bisher Art. 12a Abs. 5 Bst. d der Verordnung (EWG) Nr. 574/72) genannt. Die Kriterien orientieren sich an sämtlichen Merkmalen, welche die beruflichen Tätigkeiten kennzeichnen. Hierzu gehören insbesondere eine feste und ständige Niederlassung, von welcher aus die Tätigkeiten ausgeübt werden, die gewöhnliche Art oder die Dauer der ausgeübten Tätigkeiten, die Zahl der erbrachten Dienstleistungen und der sich aus sämtlichen Umständen ergebende Wille der Person.

2304 Mit Verordnung (EG) Nr. 465/2012 des Europäischen Parlaments und des Rates vom 22. 5. 2012 (publiziert im Amtsblatt der EU, ABl. Nr. L 149 v. 08. 06. 2012; S. 4 ff.) wurde die Verordnung (EG) Nr. 883/2004 bezüglich einzelner Teilaspekte geändert. Hierbei wurde unter anderem Art. 13 Abs. 1 der Verordnung (EG) 883/2004 dahingehend geändert, dass eine Person auch im Falle einer abhängigen Beschäftigung für mehrere Arbeitgeber nicht automatisch den Sozialversicherungsvorschriften des Wohnmitgliedstaats unterstellt ist, sondern dass die Wesentlichkeit der Tätigkeit auch hier berücksichtigt wird. Sofern somit die Tätigkeit für den Arbeitgeber im Wohnmitgliedstaat unwesentlich ist und die wesentliche Tätigkeit für einen Arbeitgeber in einem anderen Mitgliedstaat erbracht wird bzw. sofern beide Arbeitgeber ihren Sitz im selben Mitgliedstaat haben, unterliegt die Person den Rechtsvorschriften in Letzterem und nicht im Wohnstaat. Die Rechtsvorschriften des Wohnmitgliedstaates bleiben jedoch weiterhin anwendbar, sofern eine Person bei mehreren Unternehmen angestellt ist, welche ihren Sitz in mindestens zwei Mitgliedstaaten außerhalb des Wohnmitgliedstaates haben. Für die Schweiz ist diese Regelung ab 1. 1. 2015 ebenfalls anwendbar, da auf diesen Zeitpunkt eine Änderung des Anhangs II zum FZA erfolgen wird; vgl. Beschluss Nr. 1/2014 vom 28. 11. 2014 des Gemischten Ausschusses, eingesetzt im Rahmen des Abkommens zwischen der Europäischen Gemeinschaft und ihren Mitgliedstaaten einerseits und der Schweizerischen Eidgenossenschaft andererseits über die Freizügigkeit.

Beim nachstehenden Beispiel handelt es sich um einen deutschen Einzelunternehmer mit Wohnsitz in Deutschland, der in Deutschland und der Schweiz unternehmerisch tätig ist. In der Schweiz übt er seine Tätigkeit

- über eine Zweigniederlassung (Betriebsstätte) aus, wobei (i) er selbst in der Schweiz (mit oder ohne zusätzlich durch die Zweigniederlassung angestelltes Personal) bzw. (ii) nur mittels eigenem Personal tätig ist; resp.
- über eine Personengesellschaft aus, wobei die erwähnten Untervarianten (i) und (ii) sinngemäß gelten.

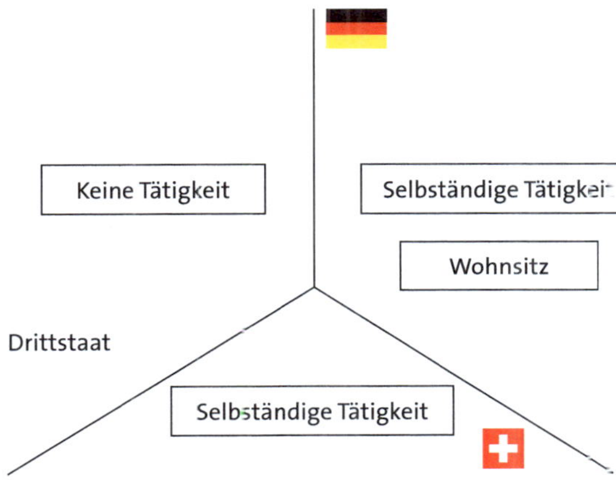

Für die Bestimmung des zuständigen Staates, in welchem die sozialversicherungsrechtliche Unterstellung einer Person erfolgt, ist in der Regel in einem ersten Schritt die Qualifikation der Tätigkeit als selbständige Tätigkeit bzw. abhängige Beschäftigung in den jeweiligen Ländern erforderlich. Die Qualifikation einer Erwerbstätigkeit wird vom jeweiligen Tätigkeitsstaat autonom aufgrund der innerstaatlichen Regelungen beurteilt und gestützt auf diese autonome Qualifikation erfolgt dann die Beurteilung des Sachverhaltes sowie die Koordination der Sozialversicherungen. Es sei hier unterstellt, dass es sich grundsätzlich um echte selbständige Tätigkeiten in Deutschland und der Schweiz handelt.[2305]

Im Vorfeld zur eigentlichen sozialversicherungsrechtlichen Beurteilung des Beispiels gilt es, auf die ständige Rechtsprechung des Schweizerischen Bundesgerichts[2306] hinzuweisen, wonach Personen mit Wohnsitz im Ausland, die als Verwaltungsrat, als Direktor oder in einer anderen leitenden Funktion einer juristischen Person mit Sitz in der Schweiz im Handelsregister eingetragen sind und demzufolge einen bestimmenden Einfluss auf die Geschäftstätigkeit des schweizerischen Unternehmens auszuüben vermögen, in der Schweiz als abhängige Beschäftigte qua-

2305 Die entsprechende Bescheinigung A1 ist vorliegend aufgrund des deutschen Wohnsitzes in Deutschland zu beantragen und auszustellen. Selbständigerwerbende unterliegen grundsätzlich nicht der deutschen Sozialversicherung. Es gibt jedoch bestimmte Gruppen von Selbständigerwerbenden, die rentenversicherungspflichtig sein können. Dies ist im Einzelfall zu prüfen.

2306 Bis zum 31. 12. 2006 wurden Streitigkeiten im Bereich der Sozialversicherungen durch das Eidg. Versicherungsgericht (EVG) beurteilt.

lifizieren[2307]. Nach dieser wirtschaftlichen Betrachtungsweise genügt es somit, dass diese Personen tatsächlich geschäftsleitende Befugnisse ausüben und ihnen faktisch Organstellung zukommt. Eine Übertragung der Geschäftsleitung auf Dritte vermag daran nichts zu ändern. Sie gelten selbst dann als in der Schweiz erwerbstätig, wenn weder ihnen noch einer ausländischen Gesellschaft eine Entschädigung ausbezahlt wird.[2308]

Dieser Ansatz wird in der Praxis häufig analog auf die Leitung einer Zweigniederlassung ausgedehnt. Sie gilt hingegen nicht in Bezug auf Teilhaber von Schweizer Personengesellschaften, welche als selbständig Erwerbstätige qualifiziert werden.[2309]

Als Folge davon sind bei beiden Varianten für sämtliche in Deutschland und der Schweiz ausgeübten selbständigen Tätigkeiten resp. die daraus resultierenden Entschädigungen grundsätzlich die deutschen Rechtsvorschriften (basierend auf Art. 13 Abs. 2 der Verordnung (EG) Nr. 883/2004) anwendbar. Als Nachweis zuhanden des zuständigen schweizerischen Trägers ist eine A 1-Bescheinigung in Deutschland zu beantragen.

PRAXISHINWEIS

Die Beibringung einer solchen A1-Bescheinigung kann sich zuweilen als schwierig bis unmöglich gestalten. In der Praxis sind daher einige Schweizer Ausgleichskassen dazu übergegangen, andere geeignete schriftliche Nachweise des zuständigen deutschen Sozialversicherungsträgers, welche die selbständige Erwerbstätigkeit in Deutschland als hinreichend zu belegen vermögen, zu akzeptieren. Eine solche Bestätigung bedingt dabei nicht eine konkrete Sozialversicherungspflicht in Deutschland. Im Einzelfall sind jedoch mit der jeweiligen Schweizer Ausgleichskasse die formellen Anforderungen abzuklären.

III.5.5.2.4.1.4. Beispielfall Art. 13 Abs. 3 der VO (EG) Nr. 883/2004

Eine Person, die im Gebiet verschiedener Mitgliedstaaten gleichzeitig eine abhängige Beschäftigung und eine selbständige Tätigkeit ausübt, unterliegt den Rechtsvorschriften des Mitgliedstaats, in dessen Gebiet sie eine abhängige Beschäftigung ausübt, oder falls sie eine solche Beschäftigung im Gebiet von zwei oder mehr Mitgliedstaaten ausübt, den nach Art. 13 Abs. 1 der Verordnung (EG) Nr. 883/2004 bestimmten Rechtsvorschriften.[2310]

2307 Nachdem die Tätigkeit eines Verwaltungsrates in der Schweiz grundsätzlich als abhängige Beschäftigung qualifiziert wird, resultiert in der vorliegenden Konstellation eine Unterstellung unter die Schweizer Rechtsvorschriften, selbst wenn es sich bei der Verwaltungsratstätigkeit um eine unwesentliche Erwerbstätigkeit handeln sollte. Gestützt auf die neue Verordnung (EG) Nr. 883/2004 kann auf Anträge für Ausnahmevereinbarungen nicht mehr eingetreten werden. Die Problematik wird jedoch dadurch entschärft, als die Tätigkeit eines Vorstandes einer Aktiengesellschaft auch in Deutschland seit dem 1. 1. 2012 im Sinne des Gemeinschaftsrechts unter Umständen als abhängige Beschäftigung eingestuft wird. Die Tätigkeit eines Aufsichtsrates wird in Deutschland jedoch weiterhin als selbständige Tätigkeit qualifiziert (vgl. Art. 13 Abs. 3 der Verordnung (EG) Nr. 883/2004 bzw. Beispielfall F.III.5.5.2.4.1.4).

2308 Vgl. AHI-Praxis 3/1993, S 99 sowie WVP Rz. 3085. Vgl. auch Praxishinweis in F.III.2.2.1.

2309 Zum letzteren ZAK, 1985, S. 523 sowie WVP Rz. 3087. Vgl. auch Praxishinweis in F.III.2.2.1.

2310 Art. 11 Abs. 4 der Verordnung (EG) Nr. 883/2004 beinhaltet Spezialregeln für Mitglieder des fahrenden Personals eines Unternehmens, wonach eine Tätigkeit, welche an Bord eines Schiffes erbracht wird, in demjenigen Mitgliedstaat als ausgeübt gilt, unter dessen Flagge das Schiff fährt. Wird das Entgelt für diese Tätigkeit jedoch von einer Person oder einem Unternehmen mit Wohnsitz oder Sitz in einem anderen Mitgliedstaat vergütet, sind die Vorschriften dieses Mitgliedstaates anwendbar, sofern die die abhängige oder selbständige Erwerbstätigkeit ausübende Person im selben Mitgliedstaat wie der Arbeitgeber ihren Wohnsitz hat. Für fliegendes Personal gibt es im Gegensatz zur früheren Verordnung (EWG) Nr. 1408/71 keine Spezialregel mehr. Für fliegendes Personal eines Unternehmens ist derjenige Mitgliedstaat für die Sozialversicherungen zuständig, in welchen das fliegende Personal zwischen zwei Einsätzen normalerweise zurückkehrt (vgl. hierzu VO (EG) 465/2012 vom 22. 5. 2012, publiziert im Amtsblatt der EU (ABl. L149 vom 8. 6. 2012, S. 4 ff.).

Die bisherige Verordnung (EWG) Nr. 1408/71 sah – in Abweichung zur vorstehenden Regelung – in den im Anhang VII[2311] der Verordnung (EWG) Nr. 1408/71 aufgeführten Fällen noch die Möglichkeit einer Doppelunterstellung vor, wonach eine Person einerseits den Rechtsvorschriften des Mitgliedstaates, in dessen Gebiet sie eine abhängige Beschäftigung, und andererseits den Rechtsvorschriften des Mitgliedstaates, in dessen Gebiet sie eine selbständige Erwerbstätigkeit ausübt, unterstellt werden konnte. Diese Rechtsvorschriften wurden dabei nach Art. 14a Abs. 2 der Verordnung (EWG) Nr. 1408/71[2312] bestimmt, falls die Person eine solche Tätigkeit im Gebiet von zwei oder mehr Mitgliedstaaten ausübte. Mit der neuen Verordnung (EG) Nr. 883/2004 ist eine solche Doppelunterstellung nicht mehr möglich. Bestehende Ausnahmevereinbarungen[2313] gelten jedoch für eine Übergangsfrist von zehn Jahren fort, sofern sich der zugrundeliegende Sachverhalt nicht ändert oder die betroffene Person nicht die Geltung der Schweizer Sozialversicherungsvorschriften beantragt.

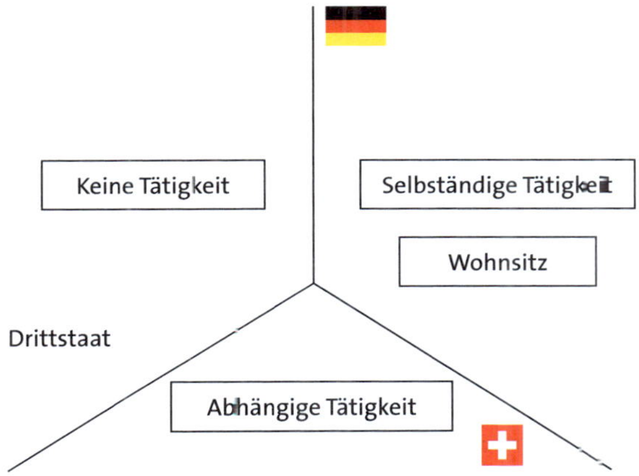

Bei Vorliegen einer abhängigen Beschäftigung in der Schweiz (bspw. einer Tätigkeit als Verwaltungsrat, die aus Schweizer Sicht grundsätzlich als abhängig qualifiziert) ist eine Unterstellung unter die Schweizer Rechtsvorschriften sowie eine entsprechende Beitragspflicht auf Basis der Gesamtheit der in Deutschland und der Schweiz erzielten Einkünfte in der Schweiz gegeben, sofern in Deutschland als Wohnsitzstaat nicht ebenfalls eine abhängige Beschäftigung für einen anderen Arbeitgeber oder für denselben Arbeitgeber im Umfang von mindestens 25 % ausgeübt wird.

2311 Vgl. Anhang VII der Verordnung (EWG) Nr. 1408/71, der in Bezug auf Deutschland/Schweiz ursprünglich bloß eine Regelung hinsichtlich der Systeme der landwirtschaftlichen Unfallversicherung und der Altersversicherung der Landwirte vorsah. Dieser wurde am 30. 4. 2002 wie folgt ergänzt: „Ausübung einer selbständigen Tätigkeit in der Schweiz und einer abhängigen Tätigkeit in einem anderen Staat, für den dieses Abkommen gilt" (vgl. ABl. L 114/31 v. 30. 4. 2002, s. 6 ff.).

2312 Übt eine Person gewöhnlich im Gebiet von zwei oder mehr Mitgliedstaaten und dabei teilweise auch im Wohnsitzstaat eine selbständige Tätigkeit aus, sind die Rechtsvorschriften des Wohnsitzstaates anwendbar. Erfolgen diese Tätigkeiten außerhalb des Wohnsitzstaates dieser Person, sind die Rechtsvorschriften des Mitgliedstaates maßgeblich, in dessen Gebiet die Person ihre Haupttätigkeit ausübt. Die Details zur Bestimmung der Haupttätigkeit sind in Art. 12a der VO (EWG) Nr. 574/72 festgehalten.

2313 Vgl. Antrag auf langfristige Entsendung oder Entsendeverlängerung (Ausnahmevereinbarung) im Anhang 5.

PRAXISHINWEIS

Bei der Clearingstelle der Deutschen Rentenversicherung Bund kann ein Statusfeststellungbegehren gestellt werden. Die Clearingstelle der Deutschen Rentenversicherung Bund stellt dann rechtsverbindlich fest, ob die Tätigkeit als abhängige Beschäftigung oder als selbständige Erwerbstätigkeit zu qualifizieren ist. Insbesondere bei der Tätigkeit von Vorstandsmitgliedern einer deutschen Aktiengesellschaft nach deutschem Recht ist ein entsprechendes Statusfeststellungsbegehren zu empfehlen, da deren Tätigkeit unter Umständen als abhängige Beschäftigung qualifiziert wird, dies umso mehr, falls ein Vorstandsmitglied einen Aktienanteil von unter 50 % hält. Es gilt zu beachten, dass stets eine Prüfung im Einzelfall zu erfolgen hat.[2314]

Gleiches gilt auch für geschäftsführende Gesellschafter deutscher GmbHs,[2315] die bei ihrer Schweizer Tochtergesellschaft als Geschäftsführer walten, sowie für andere Personen, deren leitende Tätigkeit in der Schweiz als abhängige Beschäftigung zu qualifizieren ist. Für Teilhaber von Personengesellschaften in der Schweiz gilt dies analog, soweit ihre als selbständige Tätigkeit qualifizierten Aktivitäten zu einer Unterstellung unter die schweizerischen Rechtsvorschriften führen.

PRAXISHINWEIS

Da die schweizerischen Beiträge gemäß Art. 16 AHVG rückwirkend für die letzten fünf Jahre nach Ablauf des Kalenderjahres, für welche sie geschuldet sind, geltend gemacht werden können, besteht in qualifizierenden Fällen grundsätzlich weiterhin ein erhebliches finanzielles Risiko.[2316] Dieses Risiko lässt sich im Falle einer Verwaltungsratstätigkeit in der Schweiz nur durch einen Rücktritt aus dem entsprechenden Gremium ausschalten. Die weiteren Lösungen, wie bspw. die Begründung einer „mehr als geringfügigen Beschäftigung" in Deutschland, die Reduzierung des Verwaltungsratshonorars bzw. Geschäftsführerentgelts in der Schweiz auf Null oder die Umwandlung des Verwaltungsrats- bzw. Geschäftsführermandats in ein Beratermandat, können je nach Ausgestaltung im Einzelfall ebenfalls als gangbarer Weg dienen, sind jedoch mit dem Vorbehalt der Abgabeumgehung behaftet.

III.5.5.2.4.1.5. Beispielfall Art. 11 Abs. 4 der VO (EG) Nr. 883/2004

Eine Person, die eine abhängige Beschäftigung oder selbständige Erwerbstätigkeit gewöhnlich an Bord eines unter der Flagge eines Mitgliedstaates fahrenden Schiffes auf See ausübt, unterliegt

- (vorbehältlich des nachstehenden Stichpunktes) den Rechtsvorschriften des Mitgliedstaates, unter dessen Flagge das Schiff fährt;
- den Rechtsvorschriften desjenigen Mitgliedstaates, in welchem die Person oder das Unternehmen, welche(s) das Entgelt ausrichtet (Arbeitgeber), den Wohnsitz oder Sitz hat, sofern die die abhängige oder eine selbständige Erwerbstätigkeit ausübende Person im selben Mitgliedstaat wie der Arbeitgeber ihren Wohnsitz hat.

Aufgrund dieser Regelung unterliegt die Besatzung eines unter Schweizer Flagge fahrenden Schiffes also im Grundsatz unabhängig davon, in welchem Staat der Eigentümer des Schiffes (Arbeitgeber) seinen Wohnsitz oder Sitz hat, der Schweizer Sozialversicherungspflicht. Dies allerdings nur solange und soweit, als der Wohnsitz oder Sitz des Schiffeigentümers, der die Gehälter zahlt, nicht in demselben Mitgliedstaat liegt wie der Wohnsitz der Besatzungsmitglieder.

2314 VSUD, Vereinigung Schweizerischer Unternehmen in Deutschland, Mitteilung 2012/33 aus dem fünften Einladungs- und Zirkularversand vom 26. 11. 2012, S. 3.

2315 Diese sind nach innerstaatlichen deutschen Rechtsvorschriften als Selbständigerwerbende zu beurteilen.

2316 Vgl. BGer (9C_504/2009 v. 1. 9. 2010) betreffend der Beitragspflicht einer in der Schweiz wohnhaften deutschen Staatsbürgerin für deren Beteiligung an einer deutschen GmbH & Co KG.

Fährt das einem Schweizer (Arbeitgeber) mit Wohnsitz in Deutschland gehörende Schiff unter Schweizer Flagge und verfügt dieses über eine Schiffsbesatzung mit formellen Wohnsitzen bspw. in Italien, ändert sich nichts an der diesbezüglichen Unterstellung unter die Schweizer Rechtsvorschriften der sozialen Sicherheit. Besteht die Schiffscrew hingegen aus Personen mit formellen Wohnsitzen in Deutschland, ist jedoch, selbst wenn das Schiff unter Schweizer Flagge fährt, eine Unterstellung unter das deutsche Sozialversicherungsrecht die Folge.

III.5.5.2.4.1.6. Beispielfall Art. 13 Abs. 3 der VO (EG) Nr. 883/2004

Beim letzten Praxisfall wird in Deutschland und der Schweiz je eine selbständige Tätigkeit sowie zusätzlich in der Schweiz eine abhängige Beschäftigung ausgeübt.

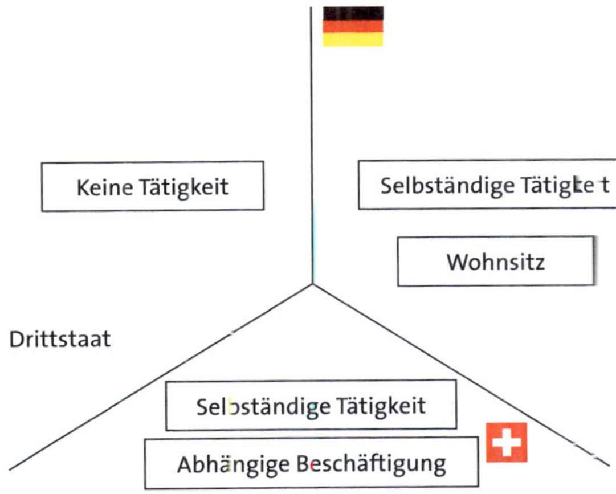

Gemäß Art. 13 Abs. 3 der Verordnung (EG) Nr. 883/2004 unterliegt eine Person, welche gewöhnlich in verschiedenen Mitgliedstaaten eine (abhängige) Beschäftigung und eine selbständige Erwerbstätigkeit ausübt, den Rechtsvorschriften desjenigen Mitgliedstaates, in welchem sie eine (abhängige) Beschäftigung ausübt.

Übt die Person gewöhnlich in mehr als einem Staat eine abhängige Beschäftigung aus, untersteht sie dem gemäß Art. 13 Abs. 1 der Verordnung (EG) Nr. 883/20004 zuständigen Staat, d. h.

- den Rechtsvorschriften des Wohnsitzstaates, wenn ein wesentlicher[2317] Teil der (abhängigen) Beschäftigung im Wohnsitzstaat erfolgt oder wenn die Person bei mehreren Unternehmen oder Arbeitgebern beschäftigt ist, die ihren Sitz oder Wohnsitz in verschiedenen Mitgliedstaaten haben;[2318] bzw.
- den Rechtsvorschriften desjenigen Mitgliedstaates, in welchem das Unternehmen oder der Arbeitgeber seinen Sitz oder Wohnsitz hat, sofern kein wesentlicher Teil der (abhängigen) Beschäftigung im Wohnsitzstaat der Person ausgeübt wird.

Entsprechend unterliegt eine Person, die im Gebiet verschiedener Mitgliedstaaten und der Schweiz gleichzeitig eine abhängige Beschäftigung und zwei selbständige Erwerbstätigkeiten

2317 Mindestens 25 %.

2318 Vgl. F.III.5.5.2.4.1.2 bezüglich der leicht anderslautenden Regelung innerhalb der EU.

ausübt, insgesamt den Rechtsvorschriften desjenigen Mitgliedstaates, in dessen Gebiet sie eine abhängige Beschäftigung ausübt. Im Ergebnis findet somit insgesamt das Schweizer Sozialversicherungsrecht Anwendung, d. h. auch die selbständige Tätigkeit in Deutschland unterliegt den Schweizer Rechtsvorschriften über die soziale Sicherheit.

III.5.5.2.4.2. Versicherungsrechtliche Unterstellung bei der Krankenversicherung

Grundsätzlich[2319] werden seit dem Inkrafttreten des Freizügigkeitsabkommens zwischen der Europäischen Gemeinschaft und ihren Mitgliedstaaten einerseits und der Schweiz andererseits alle in der EU/EFTA erwerbstätigen Personen mit ihren nichterwerbstätigen Familienangehörigen (und zwar ungeachtet, ob diese sich bei der betreffenden erwerbstätigen Person aufhalten oder in einem anderen Staat zurückbleiben) für die Versicherungen im Falle von Krankheit, Mutterschaft und Unfall der Gesetzgebung in ihrem EU/EFTA/CH Erwerbsstaat unterstellt. Dabei handelt es sich bezüglich Krankenpflege entweder um einen Gesundheitsdienst (z. B. in England, Italien, Skandinavien) oder um eine sog. Familienversicherung (z. B. in Deutschland, Österreich). Nichterwerbstätige Familienangehörige von in EU/EFTA Staaten beschäftigten Personen, die in der Schweiz zurückbleiben, sind somit von der Schweizer Krankenversicherungspflicht ausgenommen und in einem EU/EFTA Staat versichert.

Im umgekehrten Fall unterliegen in der Schweiz erwerbstätige Personen und ihre Familienangehörigen (selbst wenn diese in einem EU/EFTA Staat wohnen) in der Regel obligatorisch dem Schweizer Krankenversicherungsrecht (Ausnahmen: Bspw. entsandte Arbeitnehmer).

Folgende nicht in der Schweiz wohnende Personengruppen sind seit dem Inkrafttreten des Freizügigkeitsabkommens in der Schweiz krankenversicherungspflichtig:[2320]

- In der Schweiz erwerbstätige Personen (vorwiegend Grenzgänger) und ihre nichterwerbstätigen Familienangehörigen;
- Bezüger einer Schweizer Rente, wenn sie von ihrem Wohnsitzstaat keine Rente erhalten und in der Schweiz ausschließlich oder länger als in anderen EU/EFTA Staaten (ohne Wohnsitzstaat) rentenversichert gewesen sind, sowie deren nichterwerbstätige Familienangehörige;
- Bezüger von Schweizer Arbeitslosengeld und ihre nichterwerbstätigen Familienangehörigen;
- Nichterwerbstätige Familienangehörige von in der Schweiz erwerbstätigen und hier wohnhaften Personen.

Bei Wohnsitz in einigen Staaten gelten Sonderregelungen:

- Alle oben erwähnten Personengruppen einschließlich der nichterwerbstätigen Familienangehörigen mit Wohnsitz in Deutschland, Frankreich, Italien und Österreich können von der Schweizer Versicherung befreit werden, wenn sie dem Krankenversicherungssystem ihres Wohnsitzstaates angeschlossen bleiben (Optionsrecht);
- In Spanien steht nur den Rentnern und ihren nichterwerbstätigen Familienangehörigen das Optionsrecht zu;

2319 Vgl. zum Ganzen Verordnungen (EG) Nr. 883/2004 und Nr. 987/2009, Art. 17 der Verordnung (EG) Nr. 883/2004, zugehöriger Anhang XI (bzw. bisherige Verordnungen (EWG) Nr. 1408/71 und Nr. 574/72, Art. 89 der Verordnung (EWG) Nr. 1408/71, zugehöriger Anhang VI inkl. dessen Ergänzung), Art. 3 ff. des Bundesgesetzes über die Krankenversicherung (KVG) und Art. 1 ff. der Verordnung über die Krankenversicherung (KVV) sowie einschlägige Kreis- und Informationsschreiben des Bundesamtes für Gesundheit (BAG) unter http:www.bag.admin.ch/.

2320 Vgl. Formular S1: Eintragung zwecks Inanspruchnahme des Krankenversicherungsschutzes im Anhang 5.

- In Portugal haben nur die Rentner das Optionsrecht. Die nichterwerbstätigen Familienangehörigen von allen Personengruppen sind in Portugal versicherungspflichtig;
- In Finnland haben die nichterwerbstätigen Familienangehörigen von allen Personengruppen das Optionsrecht;
- In Dänemark, Großbritannien, Portugal (siehe oben), Schweden, Spanien (siehe oben) und Ungarn (mit Ausnahme der nichterwerbstätigen Familienangehörigen von Rentnern, die in der Schweiz versicherungspflichtig sind) sind die nichterwerbstätigen Familienangehörigen von allen Personengruppen im Wohnland versicherungspflichtig;
- Zwischen Liechtenstein und der Schweiz wurde für alle Personengruppen das Wohnsitz-Obligatorium beibehalten;
- Auf das Optionsrecht kann sich im Weiteren – mit Ausnahme von Deutschland – nur diejenige Familie berufen, die sich gemeinsam entweder in der Schweiz oder im Wohnland versichern lässt. In Deutschland steht den nichterwerbstätigen Familienangehörigen ein separates Optionsrecht zu (die erwerbstätige Person versichert sich in der Schweiz und die nichterwerbstätigen Familienangehörigen können gemeinsam optieren und in Deutschland versichert bleiben);
- Wer vom Optionsrecht Gebrauch machen will, muss ein entsprechendes Befreiungsgesuch innerhalb von drei Monaten nach Entstehung der Versicherungspflicht in der Schweiz bei der zuständigen kantonalen Stelle (Adressliste unter <www.bag.admin.ch> abrufbar) oder für Rentner bei der Gemeinsamen Einrichtung KVG[2321] einreichen. Die einmal getroffene Wahl ist verbindlich und kann nur bei einer Veränderung des Sachverhalts, z. B. im Fall einer Scheidung, erneut ausgeübt werden.

PRAXISHINWEIS

Da die B-Bewilligung mit einem Jahresaufenthalt verbunden ist, wird sie nur gewährt, wenn der Wohnsitz (Lebensmittelpunkt) in die Schweiz verlegt wird. Personen mit einer B-Bewilligung werden somit in der Schweiz krankenversicherungspflichtig und können vom Optionsrecht keinen Gebrauch mehr machen. Personen mit einer G- oder L-Bewilligung können weiterhin vom Optionsrecht profitieren.

III.5.5.2.4.3. Versicherungsrechtliche Unterstellung im Bereich der Familienleistungen

Es gelten grundsätzlich die Unterstellungsregeln gemäß Art. 67 bis 69 der Verordnung (EG) Nr. 883/2004 (bzw. bisher Art. 13 bis 17a der Verordnung (EWG) Nr. 1408/71).

Bei gleichzeitiger Erwerbstätigkeit in mehreren Staaten ist im Hinblick auf eine mögliche Kumulierung von Ansprüchen aus Familienleistungen zusätzlich den Prioritätsregeln gemäß Art. 68 der Verordnung (EG) Nr. 883/2004 (bzw. bisher Art. 76 der Verordnung (EWG) Nr. 1408/71) Beachtung zu schenken. In einem ersten Schritt wird ermittelt, aus welchem Grund ein Anspruch auf Familienleistungen besteht, wobei Familienleistungen gestützt auf Erwerbstätigkeit solchen gestützt auf Rente sowie denjenigen gestützt auf den Wohnsitz des Kindes vorgehen. Basieren mehrere Ansprüche auf demselben Grund, bestimmt primär der Wohnort den zur Leistung verpflichteten Staat, wobei der nur subsidiär zuständige Mitgliedstaat eine Differenzzulage auszurichten hat, falls der Anspruch im subsidiär zuständigen Wohnsitzstaat höher wäre als im pri-

2321 Deren Adresse lautet: Gemeinsame Einrichtung KVG, Gibelinstraße 25, Postfach, 4503 Solothurn (http:www.kvg.org/).

mär zuständigen Mitgliedstaat. In Art. 60 der Verordnung (EG) Nr. 987/2009 finden sich detaillierte Ausführungen zur Koordination zwischen den einzelnen Trägern.

Dies bedeutet, dass bei einer Erwerbstätigkeit in der Schweiz (bspw. der Vater) ein Anspruch auf Familienleistungen begründet wird. Ist eine weitere Person (bspw. die Mutter)[2322] in einem EU/EFTA Staat (bspw. Deutschland, zugleich Familienwohnsitzstaat) ansässig und ebenfalls erwerbstätig und somit zum Bezug von Familienleistungen berechtigt, sind die Familienleistungen aufgrund des Wohnsitzes des Kindes in Deutschland primär durch den deutschen Träger zu erbringen. Sollte der Anspruch, welcher aufgrund der Erwerbstätigkeit des Vaters in der Schweiz entsteht, höher sein als derjenige in Deutschland, hätte der schweizerische Träger eine Differenzzulage in der Höhe der Differenz zwischen den in Deutschland bezahlten Familienzulagen und dem Anspruch in der Schweiz zu leisten.[2323] [2324]

III.5.5.2.4.4. Regelungen bezüglich der Leistungen

III.5.5.2.4.4.1. Alters-, Hinterlassenen- und Invalidenversicherung (AHV/IV)

Die Schweizer Rentenversicherung ist seit Jahrzehnten durch die bilateralen Abkommen mit allen EU Staaten koordiniert und zwar aufgrund der gleichen Prinzipien wie sie auch das EU Koordinationsrecht kennt. Das Sektoralabkommen über den freien Personenverkehr brachte daher in diesem Versicherungszweig für die Schweiz keine bedeutenden Neuerungen. Die Schweizer Versicherungsträger können die Schweizer Renten weiterhin autonom feststellen und berechnen.

III.5.5.2.4.4.2. Kantonale Ergänzungsleistungen zur AHV/IV

Durch das Gleichbehandlungsgebot erhalten EU Staatsangehörige die kantonalen Ergänzungsleistungen unter den gleichen Voraussetzungen wie Schweizer Bürger.

2322 Vorliegend sei unterstellt, dass die Kinder bei der Mutter wohnen.

2323 Vgl. Leitfaden des Bundesamtes für Sozialversicherungen (BSV) für die Durchführung des Freizügigkeitsabkommens Schweiz-EG im Bereich der Familienleistungen (Ausgabe April 2012). Im Verhältnis Schweiz-EFTA gilt nach wie vor die bisherige Regelung (vgl. dazu genannter Leitfaden des BSV). So wird die Ermittlung desjenigen Staates, welcher für die Ausrichtung der Familienzulagen zuständig ist, in einem zweistufigen Prozess ermittelt. In einem ersten Schritt ist ein Anspruch auf Familienzulagen aufgrund Erwerbstätigkeit in der Schweiz bzw. in Deutschland zu ermitteln. In einem zweiten Schritt wird die Ausrichtung der Familienzulagen geklärt, wobei bei einem Anspruch aufgrund Erwerbstätigkeit sowohl in der Schweiz als auch in Deutschland und Wohnsitz der Kinder in Deutschland das Wohnland der Kinder vorgeht (erstleistungspflichtiger Staat). Der Anspruch im anderen Staat (im Beispiel in der Schweiz) wird bis zur Höhe der Leistungen im Wohnsitzstaat der Familienangehörigen ausgesetzt. Einzig in denjenigen Fällen, in welchen die Familienzulagen im anderen Staat (vorliegend der Schweiz) höher sind als im Wohnstaat, wird eine Differenzzulage ausgerichtet.

2324 Für den Fall, dass die im EU/EFTA Staat ansässige Person (vorliegend die Mutter) keine Erwerbstätigkeit im Ansässigkeitsstaat ausübt, besteht im Ansässigkeitsstaat der Mutter dennoch ein Anspruch der Mutter auf Familienleistungen. Allerdings ruht dieser Anspruch bis zur Höhe der Familienleistungen, die nach den Rechtsvorschriften des Erwerbstätigkeitsstaates des Vaters vorgesehen sind. Nur für den Fall, wo dieser ruhende Anspruch gegenüber dem Ansässigkeitsstaat der Mutter höher ist als derjenige gegenüber dem Erwerbstätigkeitsstaat des Vaters (Schweiz), besteht ein Differenzleistungsanspruch zugunsten der Mutter gegenüber ihrem Ansässigkeitsstaat (vgl. Art. 68 Abs. 2 der VO (EG) Nr. 987/2009).

III.5.5.2.4.4.3. Krankenversicherung

Hängt der Anspruch auf Leistungen von der Erfüllung von Wartezeiten ab, so werden die in anderen Mitgliedstaaten zurückgelegten Versicherungs-, Beschäftigungs- und Wohnzeiten wie eigene Zeiten berücksichtigt, soweit sie nicht auf denselben Zeitraum entfallen.

Geldleistungen bei Krankheit werden grundsätzlich nach den Rechtsvorschriften des Landes gezahlt, in dem eine Person versichert ist (unabhängig von ihrem jeweiligen Wohn- und Aufenthaltsort).

Sachleistungen (ambulante und stationäre Behandlung, Arzneimittel etc.) werden dagegen aushilfsweise nach den Rechtsvorschriften des Landes erbracht, in dem eine Person wohnt oder sich aufhält, als ob sie in diesem Land versichert wäre. Wer somit in der Schweiz versichert ist und in einem EU Staat erkrankt, wird wie eine dort versicherte Person zum einheimischen Krankenversicherungstarif (Tarifschutz) behandelt. Das bedeutet gleichzeitig, dass eine dort geltende, eventuelle Kostenbeteiligung zu bezahlen ist. Der aushelfende Träger stellt dem zuständigen Träger (das ist der Träger, der die Versicherung führt) die infolge der Leistungsaushilfe entstandenen Kosten später in Rechnung und zwar entweder in ihrer tatsächlich entstandenen Höhe oder als Pauschalbetrag.

PRAXISHINWEIS

Den Grenzgängern steht gestützt auf das EU Koordinationsrecht ein Behandlungswahlrecht zu, d. h. sie können sich wahlweise im Wohnland oder im Erwerbsland medizinisch behandeln lassen. Ein solches Behandlungswahlrecht steht aber auch gestützt auf Sondervereinbarungen allen in der Schweiz versicherten Personen, die ihren Wohnsitz in Belgien, Deutschland, Frankreich, den Niederlanden, Österreich oder Ungarn haben, offen. Touristen und Geschäftsreisende haben während eines Aufenthaltes in einem EU/EFTA Staat mit der Europäischen Krankenversicherungskarte Anspruch auf alle Behandlungen, die sich während des Aufenthalts in Anbetracht der Aufenthaltsdauer und der Art der Leistung als medizinisch notwendig erweisen. Zusätzlich kann die zuständige Krankenversicherung im Voraus ausdrücklich eine voraussehbare Behandlung im Ausland genehmigen (S2, bzw. bisher E 112).

Bleiben Familienangehörige eines in einem EU Staat erwerbstätigen Schweizers in der Schweiz zurück, so sind sie der Krankenversicherung dieses EU-Staates unterstellt. Sie werden damit zu „Dauer"-Leistungsaushilfefällen für die Schweiz. Sie haben sich beim aushelfenden Träger in der Schweiz (Gemeinsame Einrichtung KVG) als solche zu registrieren und erhalten dann die Leistungen nach KVG. Ist die Gemeinsame Einrichtung KVG anstelle des Patienten Kostenschuldner rechnet diese in der Folge mit Ärzten, Spitälern und anderen Schweizer Leistungserbringern ab. Die Kostenabrechnung zwischen der Gemeinsamen Einrichtung KVG und dem zuständigen ausländischen Träger (i. d. R. die zuständige Krankenkasse) erfolgt bei dieser Personengruppe nach Pauschalen.

III.5.5.2.4.4.4. Familienleistungen

Die Familienleistungen für landwirtschaftliche Arbeitnehmer und Kleinbauern aufgrund des Bundesgesetzes über die Familienzulagen in der Landwirtschaft vom 20. 6. 1952[2325] sowie für die Arbeitnehmer, Selbständigerwerbende und qualifizierende Nichterwerbstätige aufgrund des Familienzulagengesetzes (FamZG) resp. der kantonalen Gesetzgebungen sehen bereits heute die Gleichbehandlung im Inland und die Gewährung der Zulagen für Kinder im Ausland vor.

2325 FLG (SR 836.1).

III.5.5.2.4.4.5. Berufliche Vorsorge (zweite Säule)

Anspruch, Berechnung sowie Art der BVG-Leistungen (Renten oder Kapitalabfindung) richten sich weiterhin ausschließlich nach Schweizer Recht. Es kommt somit zu keiner Mitberücksichtigung ausländischer Versicherungszeiten. Auch der Export der Leistungen bleibt uneingeschränkt.

Einzig bezüglich der sog. Barauszahlung der Freizügigkeitsleistung bei endgültigem Verlassen der Schweiz (Art. 5 Abs. 1 Bst. a FZG) hat sich seit dem 1. 6. 2007 eine gewisse Einschränkung ergeben. Auch gestützt auf die Verordnung (EG) Nr. 883/2004 kann, wie bisher gestützt auf Art. 10 Abs. 2 der Verordnung (EWG) Nr. 1408/71, der auf der obligatorischen Vorsorge beruhende Teil der Barauszahlung nicht sofort ausgezahlt werden, wenn sich die berechtigte Person in einen EU[2326]/EFTA Staat begibt und dort weiterhin als Arbeitnehmer oder Selbständigerwerbender pflichtversichert ist. In allen anderen Fällen wird die Barauszahlung weiterhin möglich sein.[2327]

III.5.5.2.4.4.6. Unfallversicherung

Geldleistungen bei Unfall und Berufskrankheiten werden grundsätzlich nach den Rechtsvorschriften des Landes gezahlt, in dem eine Person versichert ist (unabhängig von ihrem jeweiligen Wohn- und Aufenthaltsort).

Bei Sachleistungen wird eine Leistungsaushilfe wie im Krankheitsfall gewährt, sodass Schweizer Unfallversicherte bei Berufsunfällen oder -krankheiten im Ausland aushilfsweise Sachleistungen durch Ärzte, Spitäler und andere Leistungserbringer am ausländischen Unfallort wie die in diesem Land Versicherten erhalten. Die Kosten werden dem aushelfenden ausländischen Träger alsdann vom zuständigen Schweizer Unfallversicherer zurückerstattet, selbst wenn das für letzteren geltende Recht die betreffende Leistung nicht vorsieht. Umgekehrt wird auch der in einem EU/EFTA Staat Versicherte bei Berufsunfall oder -krankheit in der Schweiz aushilfsweise durch die Schweizerische Unfallversicherungsanstalt (SUVA) betreut. Letztere erhält dann vom zuständigen ausländischen Versicherer die Kosten für die erbrachten Sachleistungen zurückerstattet.

Die Leistungsaushilfe bei Nichtberufsunfällen weicht in einigen Punkten von derjenigen bei Berufsunfällen und -krankheiten ab.[2328]

III.5.5.4. Die Richtlinie (EG) Nr. 98/49

III.5.5.4.1. Geltungsbereich

Diese Richtlinie[2329] bezieht sich auf alle die gesetzlichen Systeme ergänzenden Rentenleistungen. In der Schweiz ist damit die überobligatorische berufliche Vorsorge betroffen.[2330]

2326 Für Rumänien und Bulgarien gilt diese Einschränkung seit dem 1. 6. 2009 ebenfalls.

2327 Vgl. EDI/BSV, Mitteilungen, Nr. 96, Nr. 112 und Nr. 127.

2328 Vgl. BSV, UV-KS Nr. 19 v. 06. 03. 2012 sowie Rundschreiben v. 25. 4. 2002 desselben an die UVG-Versicherer und Ersatzkasse UVG (http:www.bsv.admin.ch/).

2329 Publiziert im Amtsblatt der EU (ABl. Nr. L 209 v. 25. 7. 1998, S. 46 ff.).

2330 Vgl. Grafik in F.III.3.

III.5.5.4.2. Ziel

Die betrieblichen, ergänzenden Rentensysteme in den EU Mitgliedstaaten sind so verschieden, dass eine Koordinierung zurzeit nicht denkbar ist.

Zur Vorbereitung auf eine künftige Koordinierung wurden folgende Mindestanforderungen an die betrieblichen, ergänzenden Systeme aufgestellt:

- Schutz der entsprechenden Rentenansprüche und zwar unabhängig davon, ob die Mitgliedschaft in den Systemen freiwillig oder vorgeschrieben war;
- Grenzüberschreitende Zahlung von Leistungen (also Export);
- Mögliche grenzüberschreitende Mitgliedschaft für entsandte Arbeitnehmer und Vermeidung von Doppelversicherung.

Das schweizerische Überobligatorium der beruflichen Vorsorge erfüllt diese drei Anforderungen bereits heute, weshalb sich aus der Richtlinie kein Handlungsbedarf für die Schweiz ergibt.

IV. Erwerb von Schweizer Grundstücken durch Personen im Ausland

In der Schweiz ist der Immobilienerwerb für Ausländer beschränkt. Die einschlägigen Bestimmungen finden sich im Bundesgesetz vom 16.12.1983 über den Erwerb von Grundstücken durch Personen im Ausland (BewG)[2331] und in der Verordnung vom 1.10.1984 über den Erwerb von Grundstücken durch Personen im Ausland (BewV).[2332] Das BewG ist in der Praxis unter dem Namen Lex Koller bekannt. Zweck dieses Gesetzes ist die Beschränkung des Erwerbs von Grundstücken durch Personen im Ausland, um die Überfremdung des einheimischen Bodens zu verhindern.

IV.1. Personen im Ausland im Sinne des BewG

IV.1.1. Natürliche Personen

Zunächst gilt, dass

1. Staatsangehörige der Mitgliedstaaten der Europäischen Gemeinschaft (EG)[2333] oder der Europäischen Freihandelsassoziation (EFTA) mit rechtmässigem und tatsächlichem Wohnsitz in der Schweiz[2334] und
2. Staatsangehörige anderer ausländischer Staaten, die das Recht haben, sich in der Schweiz niederzulassen[2335] und auch tatsächlich in der Schweiz wohnen sowie
3. Schweizer Staatsangehörige

nicht dem BewG unterliegen (Art. 2 BewV). Diese Personen können ohne Einschränkungen des BewG Grundeigentum erwerben.

Nach dieser Aufzählung gelten umgekehrt als Ausländer bzw. in der Terminologie des Gesetzes als Personen im Ausland (Art. 5 Bst. a und a^{bis} BewG)

1. Angehörige der EG- und EFTA-Staaten mit Wohnsitz außerhalb der Schweiz und
2. Angehörige anderer ausländischer Staaten ohne schweizerische Niederlassungsbewilligung[2336].

Für diese Personen gilt zunächst, dass sie für den Erwerb von Grundstücken einer Bewilligung der zuständigen kantonalen Behörde bedürfen (Art. 2 Abs. 1 BewG).[2337]

2331 Vgl. SR 211.412.41.

2332 Vgl. SR 211.412.411.

2333 Gilt auch für Staatsangehörige der neuen Mitgliedstaaten der EU.

2334 In der Regel bedingt dies eine Aufenthalts- oder Niederlassungsbewilligung EG-EFTA (bzw. Ausländerausweis B oder C). Vgl. auch Art. 2 Abs. 2 BewV.

2335 Dies bedingt eine Niederlassungsbewilligung bzw. einen Ausländerausweis C. Vgl. Art. 2 Abs. 3 BewV.

2336 Z. B. mit Aufenthaltsbewilligung B.

2337 Bezüglich Ausnahmen von der Bewilligungspflicht vgl. F.IV.2.

IV.1.2. Juristische Personen und vermögensfähige Gesellschaften ohne juristische Persönlichkeit

Als Ausländer oder in der Terminologie des Gesetzes als Personen im Ausland gelten:

1. Juristische Personen[2338] und vermögensfähige Gesellschaften ohne juristische Persönlichkeit[2339], die ihren statutarischen[2340] oder tatsächlichen[2341] Sitz im Ausland haben (Art. 5 Bst. b BewG), dies unabhängig davon, ob sie einem oder mehreren Schweizer Staatsangehörigen gehören;[2342]
2. Juristische Personen und vermögensfähige Gesellschaften ohne juristische Persönlichkeit, die ihren statutarischen und tatsächlichen Sitz in der Schweiz haben und in denen Personen im Ausland ein beherrschende Stellung innehaben (Art. 5 Bst. c BewG).

IV.1.2.1. Sitzerfordernis/Beherrschende Stellung

Befindet sich sowohl der statutarische als auch der tatsächliche Sitz eines Unternehmens in der Schweiz und liegt auch keine Beherrschung durch (natürliche oder juristische) Personen im Ausland vor, so kommt das BewG erst gar nicht zur Anwendung, d. h. Grundstücke können ohne Einschränkungen erworben werden.

Ist der statutarische Sitz in der Regel einfach zu bestimmen,[2343] so bereitet die Beurteilung der ausländischen Beherrschung oft mehr Mühe. Eine solche liegt nach dem Gesetz vor, wenn eine (natürliche oder juristische) Person im Ausland aufgrund

1. ihrer finanziellen Beteiligung,
2. ihres Stimmrechtes oder
3. aus anderen Gründen

allein oder gemeinsam mit anderen Personen im Ausland die Verwaltung oder Geschäftsführung entscheidend beeinflussen kann (Art 6 BewG).

Eine Beherrschung durch Personen im Ausland wird insbesondere dann vermutet, wenn diese mehr als ein Drittel des Kapitals einer Gesellschaft besitzen oder über mehr als einen Drittel der Stimmrechte verfügen oder ihr bedeutende Darlehen gewährt haben.

2338 Aktiengesellschaften, Kommanditaktiengesellschaften, Gesellschaften mit beschränkter Haftung, Genossenschaften, Vereine und Stiftungen.

2339 Kollektiv- und Kommanditgesellschaften.

2340 Gewisse Lehrmeinungen (vgl. bspw. Geissmann/Huber/Wetzel, N 70) wollen die Voraussetzungen von Art. 5 Bst. b BewG kumulativ verstehen. Eine solche Auslegung hätte jedoch eine Lücke zur Art. 5 Bst. c BewG (Sitzeinheit in der Schweiz) zur Folge, mit dem Ergebnis, dass juristische Gesellschaften, die nur ihren statutarischen Sitz im Ausland haben, dem BewG nicht unterliegen würden, wenn es sich wirtschaftlich betrachtet um schweizerische Gesellschaften handelt. Dies dürfte jedoch nicht die Meinung des Gesetzgebers gewesen sein. Vgl. dazu auch Ziff. 5b des Merkblattes BewG.

2341 In der Schweiz gilt die Gründungstheorie, vgl. Art. 154 Abs. 1 IPRG.

2342 Vgl. Ziffer 5b des Merkblattes BewG.

2343 Schwierigkeiten können sich allenfalls bei der Bestimmung des tatsächlichen Sitzes ergeben.

PRAXISHINWEIS

Ein bedeutendes Darlehen liegt vor, wenn dieses mehr als die Hälfte der Differenz zwischen den Aktiven der juristischen Person und ihren Schulden gegenüber nicht bewilligungspflichtigen Personen ausmacht (Art. 6 Abs. 2 Bst. d BewG). Das nachfolgende Rechenbeispiel verdeutlicht diese Regel:

- Total Aktiven 1'000
- Total Schulden (gegenüber nichtbewilligungspflichtigen Personen) 500
- Differenz Aktiven zu Schulden gegenüber nichtbewilligungspflichtigen Personen 500
- Der maximale Darlehensbetrag, der durch Personen im Ausland gewährt werden darf und folglich keine beherrschende Stellung derselben angenommen wird, beträgt die Hälfte der Differenz von Aktiven zu Schulden 250

IV.1.3. Treuhandgeschäfte und Trusts

Erwerber, die grundsätzlich nicht dem BewG unterliegen,[2344] gelten gleichwohl als Personen im Ausland, wenn sie ein Grundstück für Rechnung von Personen im Ausland erwerben (sog. Treuhandgeschäft). Dadurch soll eine Umgehung der Bewilligungspflicht durch Treuhand- oder sog. Strohmanngeschäfte verhindert werden. Da solche Treuhand- oder Strohmanngeschäfte für das Grundbuchamt nicht leicht erkennbar sind, ist nicht auszuschließen, dass solche Geschäfte trotz Verstoß gegen das BewG ins Grundbuch eingetragen werden. Gemäß Art. 26 Abs. 2 Bst. a BewG ist ein solches Rechtsgeschäft jedoch nichtig.[2345]

Der Trust ist in der Schweiz (noch) nicht verbreitet. Daher besteht in Bezug auf das BewG (noch) keine konstante und unbestrittene Praxis. Das Einbringen eines Grundstückes in ein Trustvermögen unterliegt grundsätzlich der Bewilligungspflicht, wenn einer der Treuhänder (Trustee) oder eine der berechtigten Personen (Beneficiary) eine Person im Ausland ist. Ein Trust kann nicht als Eigentümer eines Grundstücks im Grundbuch eingetragen werden. Vielmehr ist im Grundbuch der Trustee als formeller Eigentümer einzutragen. Gemäß den Ausführungen des Bundesamtes für Justiz kann die Bewilligungspflicht zumindest dann verneint werden, wenn es sich bei den Trustees und Beneficiaries um Personen handelt, die nicht dem BewG unterstellt sind und eine Ausdehnung auf weitere Beneficiaries zu einem späteren Zeitpunkt gemäß Trusturkunde nicht möglich ist.

IV.2. Ausnahmen von der Bewilligungspflicht

IV.2.1. Ausnahmen für natürliche Personen

Für natürliche Personen bestehen verschiedene Ausnahmen von der Bewilligungspflicht.

2344 Wie z. B. Schweizer Staatsangehörige, niederlassungsberechtigte Ausländer, Staatsangehörige der Mitgliedstaaten der EU mit rechtmässigem und tatsächlichem Wohnsitz in der Schweiz sowie schweizerisch beherrschte Gesellschaften.

2345 Vgl. hierzu F.IV.3.4.

IV.2.1.1. Hauptwohnung

Der Erwerb einer Wohnung oder eines Hauses, die dem Erwerber ausschließlich als Hauptwohnung am Ort seines rechtmäßigen und tatsächlichen Wohnsitzes dient, bedarf keiner Bewilligung (Art. 2 Abs. 2 Bst. b BewG).[2346] Dies gilt auch für Bauland, wenn mit dem Bau einer solchen Wohnung innerhalb eines Jahres begonnen wird.[2347]

Der bewilligungsfreie Erwerb einer Hauptwohnung kann nur unmittelbar auf den persönlichen Namen des Erwerbers erfolgen (Art. 8 BewV). Zudem muss der Erwerber die Wohnung selber bewohnen und darf sie nicht (auch nicht nur teilweise) vermieten. Die Wohnfläche ist nicht limitiert. Es darf sich jedoch nur um eine einzige Wohneinheit handeln. Der Erwerb von Mehrfamilienhäusern oder Landreserven, die über den Verwendungszweck eines Einfamilienhauses hinausgehen, sind hingegen bewilligungspflichtig.[2348] I. d. R. wird der Erwerb von Landreserven und somit eine verbotene Kapitalanlage vermutet, wenn die Grundstücksfläche mehr als 3'000 m² beträgt.

Im Zeitpunkt des Erwerbs der Hauptwohnung oder des Baulandes muss der Erwerber gegenüber dem Grundbuchamt nachweisen können, dass er zur Wohnsitznahme berechtigt ist.[2349]

PRAXISHINWEIS

Beim Erwerb von Bauland ist im Hinblick auf die Vermeidung eines Bewilligungsverfahrens[2350] zu empfehlen, dass bereits vor dem Erwerb des Grundstücks ein Wohnsitz in der Schweiz begründet wird.

Wenn der Erwerber später seinen Wohnsitz innerhalb der Schweiz wechselt oder ins Ausland wegzieht, muss er die ehemalige Hauptwohnung nicht veräußern und kann darüber frei verfügen. Er kann die Wohnung weiterhin für sich als Zweit- oder Ferienwohnung nutzen oder an Dritte vermieten. Auch kann er an seinem neuen Wohnsitz bewilligungsfrei eine neue Hauptwohnung erwerben, ohne die ursprünglich erworbene Hauptwohnung veräussern zu müssen. Vorbehalten bleiben Umgehungsgeschäfte.[2351]

IV.2.1.2. Zweitwohnungen

Staatsangehörige der Mitgliedstaaten der EG und der EFTA, die als Grenzgänger in der Region des Arbeitsortes eine Zweitwohnung erwerben wollen, bedürfen ebenfalls keiner Bewilligung (Art. 7 Bst. j BewG). Das für die Hauptwohnung Ausgeführte gilt analog auch für die Zweitwohnung.[2352] Insbesondere muss der Erwerber die Zweitwohnung so lange selber bewohnen und darf sie auch nicht (teilweise) weitervermieten, als er in der Region als Grenzgänger tätig ist.[2353]

2346 Da Angehörige der EG/EFTA Staaten mit Wohnsitz in der Schweiz nicht unter das BewG fallen, richtet sich diese Ausnahme nur an Angehörige anderer ausländischer Staaten mit Wohnsitz in der Schweiz, die in der Regel über eine Aufenthaltsbewilligung B verfügen (vgl. Art. 5 Abs. 2 BewV).

2347 Vgl. Ziff. 6b des Merkblattes BewG.

2348 Vgl. Ziff. 51.2 der Wegleitung BewG.

2349 In der Regel durch Vorlage einer Aufenthaltsbewilligung bzw. eines Ausländerausweises B (vgl. Art. 18a Abs. 2 BewV und Ziff. 51.2 der Wegleitung BewG).

2350 Darunter wird hier auch das Verfahren zur Feststellung, dass es keiner Bewilligung bedarf, verstanden.

2351 Vgl. zum Ganzen Ziff. 6b, dritter Absatz des Merkblattes BewG.

2352 Einziger Unterschied ist die maximale Grundstücksfläche für einen bewilligungsfreien Erwerb, die bei der Zweitwohnung 1'000 m² beträgt (Art. 18a Abs. 3 Bst. c BewV). Bei der Hauptwohnung sind es wie erwähnt 3'000 m² (Art. 18a Abs. 2 Bst. c BewV).

2353 Vgl. Ziff. 6c des Merkblattes BewG.

Dieser von der Bewilligungspflicht befreite Tatbestand ist jedoch von demjenigen gemäß Art. 9 Abs. 1 Bst. c BewG zu unterscheiden, welcher für den Erwerb von Zweitwohnungen durch Nicht-Grenzgänger zur Anwendung kommt. Nach diesem letzteren Artikel können die Kantone bestimmen, dass der Erwerb einer Zweitwohnung an einem Ort, zu dem eine außergewöhnlich enge, schutzwürdige Beziehung besteht, bewilligt wird, so lange eine solche Beziehung besteht.[2354]

IV.2.1.3. Gesetzliche Erben / Verwandte des Veräusserers

Gesetzliche Erben im Sinne des schweizerischen Rechts sind von der Bewilligungspflicht ausgenommen, wenn sie das Grundstück im Erbgang (als Gesamteigentümer oder als Allein-/Miteigentümer der Erbteilung) erwerben (Art. 7 Bst. a BewG). Unter dem Begriff „gesetzliche Erben" im Sinne des BewG fallen nicht nur diejenigen Personen, die nach gesetzlicher Erbfolge erben (in der Regel die Kinder und der Ehegatte),[2355] sondern auch eingesetzte Erben oder Vermächtnisnehmer, die als Verwandte des Erblassers auch nur möglicherweise, d. h. bei Vorversterben aller näheren Verwandten des Erblassers, als gesetzliche Erben in Betracht fallen könnten (z. B. Nichte/Neffe).[2356]

Ebenfalls keiner Bewilligung bedürfen Verwandte des Veräusserers in auf- und absteigender Linie (Großeltern – Eltern – Kinder) sowie dessen Ehegatte[2357] (Art. 7 Bst. b BewG). Vorbehalten bleiben Umgehungsgeschäfte[2358].

IV.2.2. Ausnahmen für natürliche und juristische Personen

Neben den vorgenannten bewilligungsfreien Erwerbsgründen gibt es noch weitere Ausnahmen von der Bewilligungspflicht, die sowohl für natürliche wie auch juristische Personen anwendbar sind.

IV.2.2.1. Betriebsstätten-Grundstück

Der Erwerb eines Grundstückes ist bewilligungsfrei möglich, wenn dieses als ständige Betriebsstätte irgendeines Handels-, Fabrikations- oder eines anderen nach kaufmännischer Art geführten Gewerbes, eines Handwerksbetriebes oder eines freien Berufes dient (sog. Betriebsstätte-Grundstück; Art. 2 Abs. 2 Bst. a BewG). Solche Grundstücke können somit auch als bloße Kapitalanlage erworben werden.

Zunächst ist unerheblich, ob es sich dabei um eine Betriebsstätte des Erwerbers handelt oder die eines Dritten. Hingegen ist zwingend erforderlich, dass eine wirtschaftliche Tätigkeit ausgeübt wird.

2354 Vgl. F.IV.3.2.2.

2355 Dem Ehegatten gleichgestellt sind die eingetragene Partnerin und der eingetragene Partner.

2356 Vgl. Ziff. 8 des Merkblattes BewG.

2357 Dem Ehegatten gleichgestellt sind die eingetragene Partnerin und der eingetragene Partner.

2358 Vgl. Ziff. 8 des Merkblattes BewG.

PRAXISHINWEIS

So wurde ein durch die öffentliche Hand für die Verwaltung und das Gericht gemietetes Gebäude nicht als eine von der Bewilligungspflicht befreite Betriebsstätte im Sinne des BewG anerkannt und die Erteilung einer Bewilligung in der Folge abgelehnt.[2359]

Auch keine wirtschaftliche Tätigkeit liegt vor, wenn Wohnraum erstellt, vermietet oder damit Handel betrieben wird (Art. 3 BewV). Dagegen gilt hotelmässig bewirtschafteter Wohnraum als Betriebsstätte und kann bewilligungsfrei erworben werden.

Befinden sich Wohnungen auf dem Betriebsstätte-Grundstück, können diese nur unter folgenden, ganz engen Voraussetzungen mit dem Grundstück erworben werden:

1. Wenn sie durch raumplanerische Wohnanteilsvorschriften vorgeschrieben sind (Art. 2 Abs. 3 BewG);
2. Wenn sie für den Betrieb unabdingbar erforderlich sind (Abwart, Techniker u. ä.); oder
3. Wenn deren Abtrennung praktisch unmöglich bzw. unverhältnismäßig wäre.[2360]

IV.2.2.2. Anteile an börsenkotierten Immobiliengesellschaften

Sowohl natürliche als auch juristische Personen können bewilligungsfrei Anteile an Immobiliengesellschaften im engeren Sinne, den sog. Wohnimmobiliengesellschaften, erwerben, wenn diese Anteile an einer Schweizer Börse kotiert sind (Art. 4 Abs. 1 Bst. e BewG e contrario). Der Erwerb eines einzigen Anteils einer nicht börsenkotierten Gesellschaft, die ausschließlich oder zumindest auch zu einem wesentlichen Teil Wohnimmobilien erworben hat oder mit solchen handelt, unterliegt hingegen der Bewilligungspflicht.

IV.2.2.3. Anteile an einem Immobilienanlagefonds

Der Erwerb von Fondsanteilen, die auf dem Markt außerhalb der Börse gehandelt werden, unterliegt nur dann nicht der Bewilligungspflicht, wenn diese auf dem Markt regelmässig gehandelt werden.[2361]

IV.3. Bewilligungsgründe und Bewilligungsverfahren

Eine Bewilligung für den Erwerb eines bewilligungspflichtigen Grundstücks kann nur aus Gründen, die das Gesetz vorsieht, erteilt werden. Zu unterscheiden ist dabei zwischen den Bewilligungsgründen gemäß BewG (Art. 8 BewG), welche für die ganze Schweiz gelten, und den kantonalen Bewilligungsgründen (Art. 9 BewG), welche nur einzelne Kantone kennen.

IV.3.1. Bewilligungsgründe nach BewG

Das BewG kennt Bewilligungsgründe für Banken und Versicherungsgesellschaften sowie für die Personalvorsorge inländischer Betriebsstätten.

2359 Vgl. BGE 2A.428/1999 v. 28. 1. 2000; ZBGR, Bd. 83, S. 35.
2360 Vgl. Ziff. 41.4 der Wegleitung BewG.
2361 Vgl. Ziff. 7 des Merkblattes BewG.

IV.3.2. Kantonale Bewilligungsgründe

Die Kantone können durch Gesetz Bewilligungsgründe bestimmen für:

1. Sozialen Wohnungsbau;
2. Zweitwohnungen an einem Ort mit aussergewöhnlich engen, schutzwürdigen Beziehungen; und
3. Ferienwohnungen oder Wohneinheiten in einem Apparthotel.

IV.3.2.1. Ferienwohnung

Der wohl bedeutendste kantonale Bewilligungsgrund ist der Erwerb eines Grundstücks als Ferienwohnung. Die Wohnung muss sich in einem vom Kanton bezeichneten Fremdenverkehrsort befinden. Eine Bewilligung muss zudem dem Kontingent belastet werden, das der Bund dem jeweiligen Kanton pro Jahr für Ferienwohnungen und Wohneinheiten in einem Apparthotel zuteilt. Einen solchen Bewilligungsgrund für den Erwerb von Ferienwohnungen (oder Wohneinheiten in einem Apparthotel) kennen die Kantone AR, BE, FR, GL, GR, JU, LU, NE, NW, OW, SG, SH (nur für Wohneinheiten in Apparthotels), SZ, TI, UR, VD und VS. Die jährlichen kantonalen Bewilligungskontingente für Ferienwohnungen und Wohneinheiten in Apparthotels sind seit 2007 auf 1'500 festgesetzt und werden vom Bund auf die vorgenannten Kantone verteilt[2362]. Die jährlichen kantonalen Kontingente variieren zwischen 20 und 330. Gemäß Art. 13 BewG können die Kantone durch Gesetz den Erwerb von Ferienwohnungen weitergehend einschränken, z. B. durch Einführung einer Bewilligungssperre. Es ist somit jeweils zu prüfen, ob der Kanton oder die Gemeinde, in welcher die Ferienwohnung liegt, solche zusätzlichen Einschränkungen erlassen hat.

Ferienwohnungen (und Wohneinheiten in Apparthotels) können nur von natürlichen Personen unmittelbar auf deren persönlichen Namen erworben werden, ein indirekter Erwerb über eine Gesellschaft ist nicht möglich (Art. 8 BewV). Die Ferienwohnung darf periodisch, aber nicht ganzjährig, vermietet werden.

Zu beachten ist, dass die Wohn- und Grundstücksfläche nicht beliebig groß sein darf. So darf die Nettowohnfläche (dazu zählen sämtliche bewohnbaren Räume wie z. B. Küche, Hausflur, Badezimmer, nicht aber Balkon, Keller und Estrich sowie ein gemeinsames Treppenhaus) 200 m^2 und die Grundstücksfläche 1'000 m^2 in der Regel nicht übersteigen (Art. 10 Abs. 2 und 3 BewV).

Eine weitere Einschränkung ergibt sich durch die von den Schweizer Stimmbürgern am 11. 3. 2012 angenommene Initiative „Schluss mit uferlosem Bau von Zweitwohnungen!“. Durch die Annahme der Initiative wird der Bau von Ferienwohnungen in Gemeinden mit einem Zweitwohnungsanteil von über 20 Prozent eingeschränkt resp. verunmöglicht.

Die in der nachfolgenden Übersichtskarte rot gefärbten Gemeinden weisen einen Anteil von zeitweise bewohnten Wohnungen von mindestens zwanzig Prozent auf:

2362 Vgl. Anhang 1 BewV.

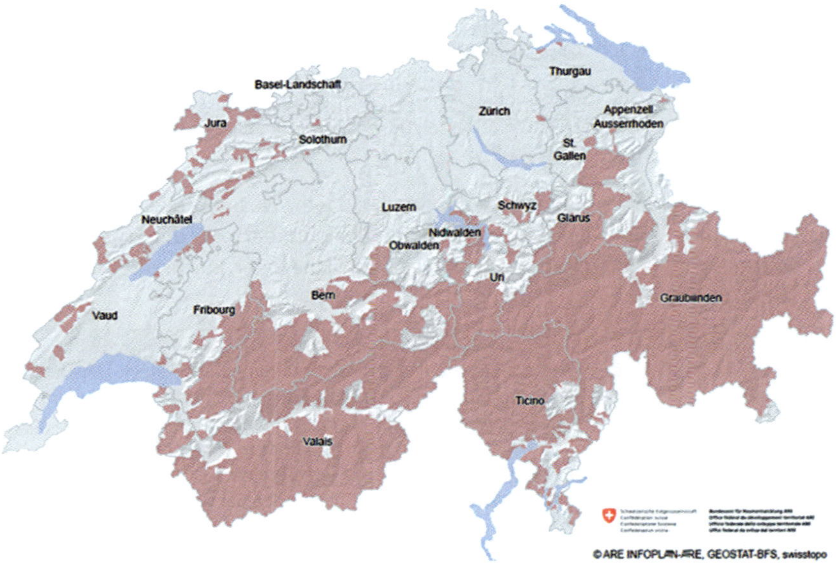

Quelle: ARE, Karte: Gemeindegebiet im Anhang der Verordnung über Zweitwohnungen, Stand November 2014

Die Umsetzung der Initiative wirft viele rechtliche, derzeit noch ungelöste Detailfragen auf. Da die Ausarbeitung eines Ausführungsgesetzes und Behandlung im Parlament wohl noch längere Zeit, wenn nicht gar Jahre dauern wird, hat der Bundesrat, um Rechtssicherheit zu schaffen, am 22. 8. 2012 eine Zweitwohnungsverordnung, welche den Bau neuer Zweitwohnungen regelt,[2363] verabschiedet. Rund 440 Gemeinden[2364] in der Schweiz fallen unter den Geltungsbereich dieser Verordnung. So dürfen in Gemeinden mit einem Zweitwohnungsanteil von mehr als 20 % der Bau von Wohnungen nur bewilligt werden, wenn diese als Erstwohnungen[2365] genutzt werden. Weiterhin möglich ist auch die Erstellung von hotelmässig bewirtschaftetem Wohnraum. Die Verordnung regelt auch die Umnutzung bestehender Wohnungen von Erst- in Zweitwohnungen. Wohnungen, die am 11. 3. 2012 bereits bestanden oder rechtskräftig bewilligt waren, können von Erst- in Zweitwohnungen umgenutzt werden, d. h. sie werden zumindest zum heutigen Zeitpunkt mit keinen Einschränkungen belegt. Ebenso können die am 11. 3. 2012 bereits bestandenen oder rechtskräftig bewilligten Zweitwohnungen weiterhin als Zweitwohnungen veräußert werden.

2363 In Kraft seit 1. 1. 2013. Vgl. SR 702.

2364 Stand November 2014.

2365 Erstwohnungen sind Wohnungen, die durch Personen mit Wohnsitz in der Gemeinde oder durch Personen zu Erwerbs- oder Ausbildungszwecken dauernd genutzt werden.

IV.3.2.2. Zweitwohnung

Gemäß Art. 9 Abs. 1 Bst. c BewG kann einem Ausländer der Erwerb einer Wohnung oder eines Hauses an einem Ort, zu welchem er außergewöhnlich enge, schutzwürdige Beziehungen unterhält, bewilligt werden.

Diesen Bewilligungsgrund kennen die Kantone AR, BS, FR, GR, JU, LU, NE, SG, SO, TI, UR, VD, VS und ZH.

Die Anforderungen an die Bewilligungserteilung sind hoch, weshalb dieser Bewilligungsgrund selten angerufen wird. So werden z. B. regelmäßige Beziehungen, die der Erwerber unterhalten muss, um überwiegende wirtschaftliche, wissenschaftliche oder kulturelle Interessen wahren zu können, verlangt.[2366]

PRAXISHINWEIS

So wurde bspw. einem Direktor einer Institution, welcher diese Stelle in einem Teilzeitpensum ausübte und im Ausland ebenfalls einem Teilzeitpensum nachging, der Erwerb verweigert, weil er nicht nachweisen konnte, dass seine regelmäßige Anwesenheit vor Ort während mindestens drei Tagen pro Woche unbedingt erforderlich ist, um seine Stelle als Direktor ausüben zu können. Dagegen wurde einem Professor, welcher über eine Professur in der Schweiz und im Ausland verfügte, der Erwerb bewilligt, weil er nachzuweisen vermochte, dass er sich mindestens 50 % pro Woche in der Schweiz aufhalten muss, um seine Schweizer Professur ausüben zu können.

IV.3.3. Bewilligungsverfahren

Bei jedem Erwerb eines Grundstückes[2367] muss der Erwerber selber prüfen, ob dieser Erwerb bewilligungspflichtig ist. Kann er eine Bewilligungspflicht nicht ohne Weiteres ausschließen, hat er selber bei der zuständigen kantonalen Bewilligungsbehörde um die Bewilligung oder die Feststellung, dass es keiner Bewilligung bedarf, nachzusuchen (Art. 17 Abs. 1 BewG, Art. 15 Abs. 1 und Abs. 2 BewV).

PRAXISHINWEIS

Diese Bestimmung ist insbesondere bedeutsam für den Erwerb von Anteilen an Gesellschaften in der Schweiz, wenn

1. diese andere als Betriebsstätten-Grundstücke halten und
2. deren Anteile nicht an einer Schweizer Börse kotiert sind.

Führt der Erwerb zu einer Eintragung ins Grundbuch, so obliegt auch dem Grundbuchverwalter eine Prüfungspflicht. Gleiches gilt für den Handelsregisterführer bei Anmeldungen von Änderungen im Handelsregister. Kann der Grundbuchverwalter oder der Handelsregisterführer die Bewilligungspflicht nicht ohne Weiteres ausschließen, so setzen sie das Eintragungsverfahren aus und verweisen den Erwerber an die kantonale Bewilligungsbehörde (Art. 19 Abs. 1 und 2 BewG, Art. 15 Abs. 3 Bst. a BewV).

Bei einer Zwangsversteigerung eines Grundstückes ist es die Steigerungsbehörde, welche gegebenenfalls den Ersteigerer an die Bewilligungsbehörde verweist (Art. 18 BewG, Art. 15 Abs. 3 Bst. a BewV).

2366 Vgl. Ziff. 10g des Merkblattes BewG.
2367 Vgl. hierzu Art. 4 BewG.

Die Bewilligungsbehörde ihrerseits kann eine Feststellungsverfügung erlassen, wonach die Eintragung keiner Bewilligung bedarf. Weiter kann sie eine Bewilligung evtl. unter Auflagen erteilen oder gänzlich verweigern.

IV.3.4. Sanktionen

Bewilligungspflichtige Rechtsgeschäfte bleiben ohne rechtskräftige Bewilligung unwirksam (Art. 26 Abs. 1 BewG).[2368] Nichtigkeit des Rechtsgeschäftes tritt ein, wenn der Erwerber das unwirksame Rechtsgeschäft vollzieht bzw. wenn die Bewilligungsbehörde eine Bewilligung rechtskräftig verweigert oder widerrufen hat (Art. 26 Abs. 2 Bst. a und b BewG). Das Rechtsgeschäft wird aber auch nichtig, wenn der Grundbuchverwalter oder der Handelsregisterführer die Anmeldung abweist bzw. die Steigerungsbehörde den Zuschlag aufhebt (Art. 26 Abs. 2 Bst. c und d BewG).

Die Folgen der Unwirksamkeit und der Nichtigkeit sind, dass versprochene Leistungen (z. B. Bezahlung eines bestimmten Kaufpreises) nicht gefordert werden dürfen und erbrachte Leistungen (z. B. Anzahlungen) zeitlich beschränkt zurückgefordert werden können (Art. 26 Abs. 4 BewG).

Die Umgehung der Bewilligungspflicht, unrichtige oder unvollständige Angaben gegenüber dem Grundbuchverwalter oder dem Handelsregisterführer, die Missachtung von Auflagen sowie die Verweigerung von Auskünften oder der Herausgabe von Beweismitteln werden mit Gefängnis bis zu drei Jahre oder Geldstrafe bestraft (Art. 28 – 31 BewG).

In der Praxis kommt es (leider) gelegentlich vor, dass Rechtsgeschäfte im Grundbuch eingetragen werden, obwohl es sich nach BewG um ein verbotenes Rechtsgeschäft handelt. Der Grund liegt darin, dass der/die Erwerber gegenüber dem Grundbuchverwalter falsche Tatsachen angeben oder Tatsachen verschweigen. Ein solches verbotenes Rechtsgeschäft liegt z. B. im folgenden Fall vor:

B ist ausländische Staatsangehörige mit Wohnsitz im Ausland. Sie hat einen Trust errichtet und soll gemäß Trusturkunde die in der Schweiz gelegene Wohnliegenschaft X in den durch sie begründeten Trust einbringen. Begünstigte sind die Kinder von B, nämlich C und D, beide ausländische Staatsangehörige mit Wohnsitz im Ausland. Da der Trust selbst nicht als Eigentümer im Grundbuch eingetragen werden kann, erwirbt der von B ernannte Trustee A, ein Schweizer Staatsangehöriger mit Wohnsitz in der Schweiz, die Wohnliegenschaft X und bringt diese in der Folge in das Trustvermögen ein. Gegenüber dem Grundbuchverwalter tritt A als Käufer auf und erwähnt nichts vom Trust. Für den Grundbuchverwalter ist die Trustee-Stellung von A somit nicht erkennbar. A wird ohne Weiteres im Grundbuch als Eigentümer eingetragen, obwohl es sich faktisch um eine von Gesetzes wegen verbotene Kapitalanlage (von im Ausland ansässigen ausländischen Staatsangehörigen [Beneficiaries] handelt. Da der Käufer Schweizer Staatsangehöriger ist, wird er weder von der Urkundsperson (Notar) noch vom Grundbuchverwalter auf das BewG hingewiesen. Gemäß ständiger Praxis des Schweizerischen Bundesgerichts kann zwar auch nachträglich eine Bewilligungspflicht festgestellt werden, doch setzt dies voraus, dass der Erwerber einer zuständigen Behörde, dem Grundbuchverwalter oder dem Handelsregisterführer, über Tatsachen, die für die Bewilligungspflicht von Bedeutung sind unrichtige oder unvollständige Angaben gemacht hat (Art. 25 Abs. 1bis BewG). Das Bundesgericht geht dabei davon aus, dass von einer Täuschung nicht bereits dann die Rede sein kann, wenn der Erwerber die

2368 Vgl. auch Ziff. 11 des Merkblattes BewG.

Fragen des Grundbuchverwalters inhaltlich grundsätzlich korrekt beantwortet, jedoch keine umfassenden Angaben macht.[2369]

PRAXISHINWEIS

In einem solchen Fall wird das Rechtsgeschäft zwar ohne Weiteres im Grundbuch eingetragen und eine nachträgliche Feststellung der Bewilligungspflicht auf Grund der Bundesgerichtspraxis vermutlich verneint. Allerdings hat B nicht bedacht, dass das Grundstück gemäß Trusturkunde eines Tages auf die Beneficiaries übergehen wird. Inhalt des dannzumaligen Rechtsgeschäftes kann keine bloße Übertragung vom Trustee auf die Beneficiaries – gestützt auf die Trusturkunde – sein. Bei diesem Rechtsgeschäft handelt es sich um eine Übertragung zwischen Dritten (durch Kauf oder Schenkung), die dem BewG unterliegt. Zu beachten sind zudem allfällige schädliche Steuerfolgen.

IV.4. Beibehaltung der Lex Koller und Ausblick auf Änderungen im Immobilienhandel

IV.4.1. Beibehaltung der Lex Koller

Über die Abschaffung der Lex Koller wurde in den letzten Jahren viel diskutiert. Nachdem der Bundesrat am 4.7.2007 die Botschaft zur Aufhebung des BewG verabschiedete, schienen die Tage der Lex Koller gezählt. Im Jahr 2008 hatte das Parlament die Vorlage zur Aufhebung der Lex Koller an den Bundesrat zurückgewiesen mit dem Auftrag, die geplante Aufhebung der Lex Koller mittels flankierender Maßnahmen abzufedern. In der Zwischenzeit hatte sich die Situation verändert und das Thema der Zweitwohnungen war laut Bundesrat nicht mehr im Vordergrund. Stattdessen verstärkte sich infolge der massiven Zuwanderung aus dem Ausland die Nachfrage nach preisgünstigem Wohnraum und der Bundesrat war der Meinung, dass die Lex Koller nach wie vor ein wichtiges Instrument sei, um die Nachfrage nach Immobilien einzuschränken. Entsprechend stimmte am 3.12.2012 der Nationalrat und am 14.3.2013 der Ständerat dem Antrag des Bundesrates, die Lex Koller nicht aufzuheben, zu. Am 13.11.2013 wurde dann die Zusatzbotschaft zum Verzicht auf die Aufhebung der Lex Koller durch den Bundesrat verabschiedet[2370]. Somit bleibt das Bundesgesetz über den Erwerb von Grundstücken durch Personen im Ausland und damit die Einschränkungen für den Grundstückserwerb durch ausländische Staatsangehörige unverändert bestehen.

IV.4.2. Revision der Lex Koller

Am 27.9.2013 wurden im Parlament zwei Motionen eingereicht, die eine inhaltliche Änderung der Lex Koller verlangt haben. Die eine Motion sah vor, die Betriebsstätte-Grundstücke wieder unter die Bewilligungspflicht der Lex Koller zustellen. Die zweite Motion verlangte die Aufhebung der Privilegierung des Erwerbs von Anteilen an Immobilienfonds und börsenkotierten Immobiliengesellschaften. Beide Motionen wurden vom Nationalrat angenommen, vom Ständerat aber am 2.6.2014 abgelehnt und entsprechend abgeschrieben. Der Bundesrat hat daraufhin eine Revision der Lex Koller in Aussicht gestellt. Es dürfte sich bei diesem Vorhaben inhaltlich (jedoch bloss) um die Behebung von Vollzugsproblemen handeln.

IV.4.3. Unterstellung des Immobilienhandels unter das Geldwäschereigesetz

Der Immobilienhandel ist bisher nicht dem Geldwäschereigesetz (GwG) unterstellt. Dies bedeutet, dass ein Kaufpreis von einigen hunderttausend oder sogar Millionen Franken in bar bezahlt

2369 Vgl. BGer (2C_876/2011 v. 20.3.2012 E. 5).
2370 Vgl. BBl 2013, S. 9069.

werden kann, ohne dass die Bestimmungen des GwG greifen. Diese Praxis entspricht allerdings nicht mehr den aktuellen, internationalen Empfehlungen zur Bekämpfung der Geldwäscherei und Terrorismusfinanzierung. Am 27.2.2013 eröffnete der Bundesrat das Vernehmlassungsverfahren[2371] zum Entwurf für ein Bundesgesetz über die Umsetzung der 2012 revidierten Empfehlungen der Groupe d'action financière (GAFI)[2372]. Der Gesetzesentwurf sieht dabei vor, dass bei einem Grundstückkauf die Zahlung des Kaufpreisanteils, der CHF 100'000 übersteigt, über einen Finanzintermediär abzuwickeln ist. Demnach darf ein Kaufpreisanteil bis maximal CHF 100'000 weiterhin in bar bezahlt werden. Der Bundesrat verabschiedete am 13.12.2013 die Botschaft zur Umsetzung der Empfehlungen der GAFI zu Handen des Parlaments.[2373] Die GAFI-Empfehlungen in Bezug auf den Grundstückskauf fanden am 12.3.2014 die Zustimmung des Ständerats. Ablehnend hingegen hatte sich der Nationalrat gezeigt und am 19.6.2014 für eine Beibehaltung der bisherigen Regelungen votiert. Am 27.11.2014 lehnte der Nationalrat den Kompromissvorschlag seiner Kommission, anstelle eines Verbots eine Sorgfaltspflicht für Händler einzuführen, knapp ab.[2374] Es ist jedoch davon auszugehen, dass der Ständerat diesen Kompromissvorschlag annehmen wird und in der anstehenden Differenzbereinigung auch der Nationalrat schliesslich der Einführung einer Sorgfaltspflicht für Händler zustimmen wird.

IV.5. Kurzübersicht / Praxisbeispiele

Die nachfolgenden (Kurz)Übersichten zeigen die wichtigsten bzw. häufigsten erlaubten und verbotenen Rechtsgeschäfte (nicht abschließend) sowie den Prozessablauf gemäß BewG auf:

Erlaubte und verbotene Rechtsgeschäfte gemäß BewG				
Kaufobjekt Ausländerstatus (NL = Niederlassung; AB = Aufenthaltsbewilligung)	Einfamilienhaus oder Eigentumswohnung als		Mehrfamilienhaus	Betriebsstätte
	Hauptwohnung	Ferienwohnung		
Ausländer mit Wohnsitz im Ausland				
EU- oder EFTA Bürger	x	✔ mit Bewilligung	x	✔
Nicht EU- oder EFTA-Bürger (Drittstaatsangehöriger)	x	✔ mit Bewilligung	x	✔
Ausländer mit Wohnsitz in der Schweiz				
EU- oder EFTA-Bürger mit AB B oder NL C	✔	✔	✔	✔
Nicht EU- oder EFTA-Bürger mit NL C	✔	✔	✔	✔
Nicht EU- oder EFTA-Bürger mit AB B	✔	✔ mit Bewilligung	x	✔
Nicht EU- oder EFTA-Bürger ohne NL C	x	✔ mit Bewilligung	x	✔

2371 Vgl. Medienmitteilung des Bundesrates v. 27.2.2013.
2372 Vgl. http:www.news.admin.ch/.
2373 Vgl. BBl 2014, S. 605.
2374 Vgl. sda, NZZ online v. 27.11.2014

Prozessablauf gemäß BewG

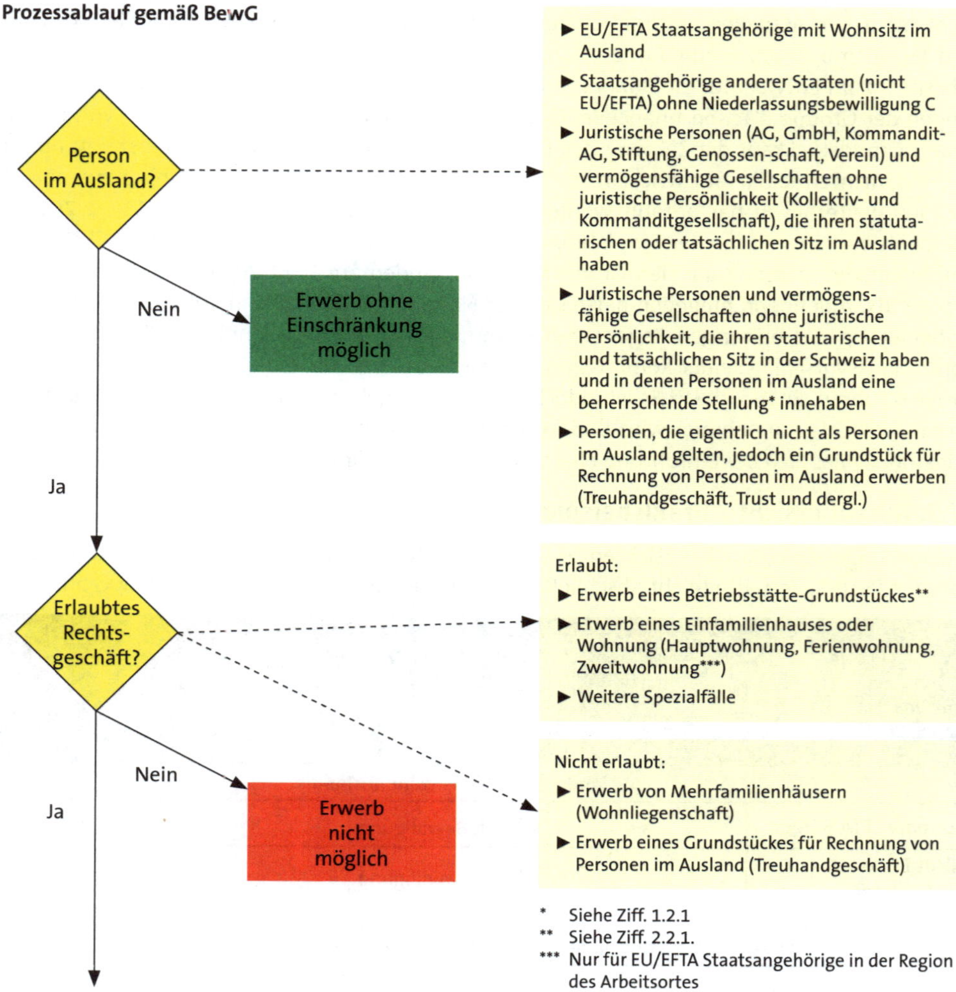

* Siehe Ziff. 1.2.1
** Siehe Ziff. 2.2.1.
*** Nur für EU/EFTA Staatsangehörige in der Region des Arbeitsortes

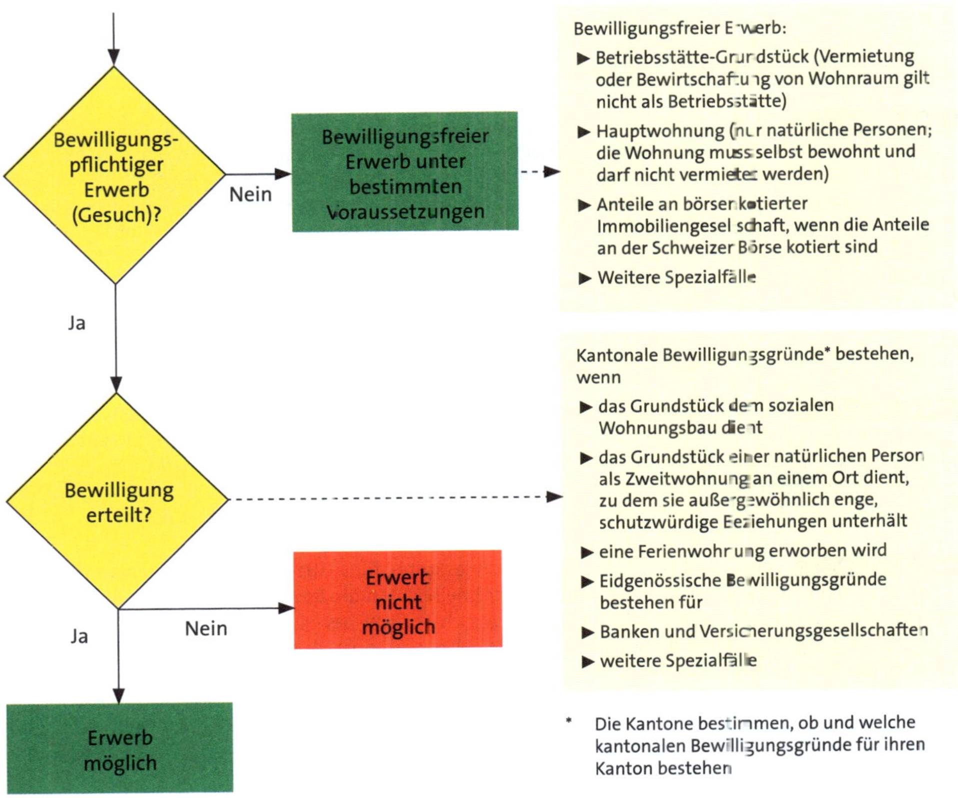

Nachfolgend werden drei Praxisbeispiele dargestellt und aufgezeigt, welche Rechtsgeschäfte nach dem BewG möglich resp. nicht möglich sind.

PRAXISBEISPIEL 1: M ist EU Staatsangehöriger mit rechtmässigem und tatsächlichem Wohnsitz im Ausland. Er möchte in Zürich ein Haus erwerben. Die Ehefrau von M ist ebenfalls EU Staatsangehörige und hat ihren rechtmäßigen und tatsächlichen Wohnsitz in der Schweiz. M und seine Ehefrau beschließen daher, dass die Ehefrau das Haus in Zürich erwirbt. Die Finanzierung erfolgt durch M.

PRAXISLÖSUNG 1 Die Ehefrau gilt gleichwohl als Person im Ausland, weil die Finanzierung durch M erfolgt und dadurch ein (verbotenes) Treuhandgeschäft vorliegt. Es ist jedoch nicht auszuschließen, dass ein solches Rechtsgeschäft in der Praxis ohne Weiteres ins Grundbuch eingetragen wird, da für das Grundbuchamt kein verbotenes Rechtsgeschäft erkennbar ist resp. war. M und seine Ehefrau (und nicht der Grundbuchverwalter!) unterliegen jedoch den zivil- und strafrechtlichen Sanktionen. Kein verbotenes Treuhandgeschäft würde vorliegen, wenn M seiner Ehefrau die finanziellen Mittel, die für den Kauf benötigt werden, schenkt, da in diesem Fall die Ehefrau Eigentümerin der finanziellen Mittel ist und somit die Finanzierung durch sie und nicht durch M erfolgt.

PRAXISBEISPIEL 2: Z ist EU Staatsangehöriger und hat mehrere Jahre in der Schweiz gewohnt und gearbeitet. Sein Arbeitgeber entsendet ihn für drei Jahre nach Asien mit dem Auftrag, dort für die ausländische Niederlassung das Asiengeschäft aufzubauen. Z verlegt daraufhin seinen Wohnsitz nach Asien. Nach Ablauf der Entsendungsdauer soll er wieder in die Schweiz zurückkehren und erneut für den gleichen

Schweizer Arbeitgeber in der Schweiz arbeiten. Während seines ersten Entsendungsjahres ergibt sich nun die Möglichkeit, das Haus, in welchem er während mehrerer Jahre gelebt hatte und in welchem er nach seiner Rückkehr gerne wieder wohnen würde, zu kaufen. Auf Grund seines ausländischen Wohnsitzes unterliegt er dem BewG und das Grundbuchamt verweist ihn an die Bewilligungsbehörde.

PRAXISLÖSUNG 2: Da der EU Staatsangehörige nachweisen kann, dass seine Entsendung noch maximal zwei Jahre dauert und er anschließend wieder in die Schweiz zurückkehren und für den gleichen Schweizer Arbeitgeber arbeiten wird, stellt die Bewilligungsbehörde die Nichtbewilligungspflicht fest. Die Bewilligungsbehörde hat eine Gesetzeslücke zu Gunsten des Käufers ausgelegt. Gemäß Bewilligungsbehörde schließt das Gesetz nicht aus, dass der Käufer seinen Wohnsitz erst nach dem Kauf in die Schweiz verlegen kann bzw. wird. Allerdings lässt die Bewilligungsbehörde durchblicken, dass die Frist, während welcher in der Schweiz Wohnsitz genommen werden muss, bei längstens zwei Jahren liegt (diese Frist gilt z. B. beim Erwerb von Bauland). Zudem wird die Auflage erteilt, dass bis spätestens in zwei Jahren der Nachweis der tatsächlichen und rechtlichen Wohnsitzverlegung in die Schweiz sowie der Anmerkung im Grundbuch erbracht werden muss.

PRAXISBEISPIEL 3: Ein in der Schweiz gelegenes Grundstück wird in ein ausländisches Trustvermögen eingebracht. Als Trustee wurde ein Schweizer Staatsangehöriger bezeichnet und gemäß (ausländischer) Trusturkunde ist A, ein Schweizer Staatsangehöriger, einziger Begünstigter (Beneficiary). Im Innenverhältnis wird jedoch vereinbart, dass A, B und C Begünstigte (Beneficaries) sind. B und C sind EU-Staatsangehörige mit Wohnsitz im Ausland; beide sind mit dem Trustbegründer nicht verwandt.

PRAXISLÖSUNG 3: Auf Grund der Weisung des Bundesamtes für Justiz an die Grundbuchämter wird der Grundbuchverwalter dieses Rechtsgeschäft wahrscheinlich an die Bewilligungsbehörde verweisen. Letztere hat entweder festzustellen, dass das Rechtsgeschäft nicht bewilligungspflichtig ist oder, dass es einer Bewilligung bedarf und diese zu erteilen oder abzuweisen ist. Wird allerdings gegenüber der Bewilligungsbehörde nicht auf das bestehende Innenverhältnis hingewiesen und stellt die Bewilligungsbehörde aufgrund eines unvollständigen Sachverhalts die Nichtbewilligungspflicht fest, ist zu beachten, dass die zuständige Behörde die Bewilligungspflicht nachträglich feststellen kann.[2375] Eine solche nachträgliche Feststellung der Bewilligungspflicht kann zivilrechtliche (bspw. Nichtigkeit des Rechtsgeschäfts) und strafrechtliche Folgen nach sich ziehen

2375 Vgl. BGer (2C_876/2011 v. 20. 3. 2012 E. 5).

V. Einbürgerung in die Schweiz

V.1. Ordentliche Einbürgerung

V.1.1. Voraussetzungen und Verfahrensstufen

V.1.1.1. Eidgenössisches Einbürgerungsbewilligungsverfahren

Das Schweizer Einbürgerungsverfahren ist derzeit dreistufig. Bund, Kanton und Wohnsitzgemeinde müssen alle einem Einbürgerungsgesuch zustimmen. Der Verfahrensablauf ist in den Kantonen nicht einheitlich. Ausgangspunkt und Voraussetzung für den weiteren Verfahrensablauf ist in den meisten Kantonen derzeit, dass bereits eine eidgenössische Einbürgerungsbewilligung vorliegt. Es zeichnet sich jedoch eine Tendenz ab, dass die Kantone zuerst das Gemeinde- und Kantonsbürgerrecht (unter Vorbehalt der Erteilung der Bundesbewilligung) verleihen, bevor die Unterlagen im Hinblick auf die Ausstellung der eidgenössischen Einbürgerungsbewilligung dem Bund übermittelt werden. Dies wird in den Kantonen BE, VD und ZH bereits heute so gehandhabt.[2376]

Eine eidgenössische Einbürgerungsbewilligung erhält derzeit, wer die folgenden bundesrechtlichen Voraussetzungen erfüllt:[2377]

- Wohnsitz in der Schweiz während insgesamt 12 Jahren, wovon drei in den letzten fünf Jahren vor Einreichung des Gesuches (zwischen dem vollendeten 10. und 20. Lebensjahr in der Schweiz verbrachte Jahre zählen doppelt);
- Eingliederung in die schweizerischen Verhältnisse (z. B. Vereinsmitgliedschaft etc.);
- Vertrautheit mit den schweizerischen Lebensgewohnheiten, Sitten und Gebräuchen;
- Beachtung der schweizerischen Rechtsordnung;
- Keine Gefährdung der inneren oder äußeren Sicherheit des Landes.

Unter Wohnsitz wird in diesem Zusammenhang die tatsächliche Anwesenheit in der Schweiz in Übereinstimmung mit den fremdenpolizeilichen Vorschriften (legaler Aufenthaltsstatus) verstanden. Grundsätzlich zählt jeder legale tatsächliche Aufenthalt in der Schweiz als Anwesenheit im Sinne der Einbürgerungsvoraussetzungen. Aus Beweisgründen wird aber in der Regel verlangt, dass es sich um einen behördlich bestätigten Aufenthalt handelt. Dabei spielt es keine Rolle, welche Art von Bewilligung der Ausländer besitzt (L, B, C, F,[2378] N,[2379] etc.).[2380] Einzelne kurze Auslandaufenthalte vermögen das Erfordernis der ununterbrochenen Wohnsitzdauer nicht zu beeinträchtigen. Dagegen gilt der Wohnsitz als aufgegeben, wenn sich eine Person polizeilich abmeldet oder während mehr als sechs Monaten innerhalb eines Kalenderjahres im Ausland weilt.[2381] Das heißt, wenn sich ein Ausländer während weniger als sechs Monaten pro Kalender-

2376 Vgl. Ziff. 2.2 der Zusammenfassung des Berichts des Bundesamtes für Migration (BFM) über hängige Fragen des Bürgerrechts v. 20. 12. 2005.

2377 Vgl. Art. 14 und 15 des Bundesgesetzes über Erwerb und Verlust des Schweizer Bürgerrechts v. 29. 9. 1952 (SR 141.0, BüG).

2378 Vorläufig aufgenommene Ausländer.

2379 Ausweis für Asylsuchende.

2380 Vgl. Ziff. 4.3 des Berichts des Bundesamtes für Migration (BFM) über hängige Fragen des Bürgerrechts v. 20. 12. 2005. Für eine detaillierte Erläuterung der Bewilligungsarten vgl. F.II.2. ff.

2381 Vgl. Art. 36 Abs. 3 BüG.

jahr im Ausland aufhält, wird ihm das ganze Jahr an die Wohnsitzdauer in der Schweiz angerechnet. Wenn er sich jedoch länger als ein halbes Jahr im Ausland befindet, zählt nur die effektiv in der Schweiz verbrachte Zeit. Bei einem mehrjährigen Unterbruch des Wohnsitzes in der Schweiz wird die Zeit vor und nach dem Unterbruch zusammengerechnet. Der Ausländer muss jedoch in den letzten fünf Jahren vor Einreichung des Einbürgerungsgesuches drei volle Kalenderjahre in der Schweiz gelebt haben. Zudem sind auch die kantonalen und kommunalen Wohnsitzvoraussetzungen einzuhalten, welche von den eidgenössischen abweichen können.

PRAXISHINWEIS

Die Führung eines Zweitwohnsitzes kann im Hinblick auf eine allfällige Einbürgerung problematisch sein, da die oben erwähnten Voraussetzungen einen rechtlichen und tatsächlichen Wohnsitz während eines bestimmten Zeitraumes in der Schweiz erfordern.[2382] Entscheidend ist somit die Frage, ob der Gesuchsteller seinen Lebensmittelpunkt in der Schweiz hat. Hier sind die Gesamtheit der konkreten Umstände (Umfeld, Familie, Kinder, berufliche und private Situation etc.) maßgebend. Handelt es sich beim zusätzlichen ausländischen Wohnsitz lediglich um einen untergeordneten, d. h. befindet sich der Lebensmittelpunkt klar in der Schweiz, so sollte dies einer Bewilligungserteilung kaum entgegenstehen. Ist der ausländische Wohnsitz nach Auffassung der Bewilligungsbehörden hingegen gleichwertig oder gar übergeordnet, so kann dies die Erteilung einer Einbürgerung verhindern.

Die Abklärung der eingangs genannten Voraussetzungen wird vom Bundesamt für Migration (BFM), gestützt auf kantonale und kommunale Erhebungsberichte, vorgenommen. Sind die Voraussetzungen erfüllt, so besteht ein grundsätzlicher Anspruch auf Erteilung der bundesrechtlichen Einbürgerungsbewilligung. Damit ist aber noch nicht das Bürgerrecht an sich erworben, sondern nur die erste Hürde genommen. Die Gemeinden und Kantone kennen noch zusätzliche, eigene Wohnsitz- und Eignungsvoraussetzungen (z. B. Wohnsitzfristen, ausreichende finanzielle Verhältnisse, kein Betreibungsregistereintrag, keine Steuerschulden, kein Strafregistereintrag, soziale und kulturelle Integration etc.), die ein Bewerber erfüllen muss.

Für die Herbstsession 2012 war im Parlament eine Beratung über die vom Bundesrat im März 2011 an das Parlament zugeleitete Vorlage zur Totalrevision des Bürgerrechtsgesetzes[2383] traktandiert. Nebst der Vereinfachung und Harmonisierung der Einbürgerungsverfahren sowie der Angleichung des Integrationsbegriffs an das Ausländerrecht sollten grundsätzliche Neuerungen eingeführt werden wie bspw. die Niederlassungsbewilligung (Arbeits- und Aufenthaltsbewilligung C) als Voraussetzung für die ordentliche Einbürgerung, die Herabsetzung der Aufenthaltsdauer von bisher zwölf Jahren auf (neu) acht Jahre, Ordnungsfristen für die Erstellung von Erhebungsberichten oder die Harmonisierung der kantonalen und kommunalen Wohnsitzfristen. Des Weiteren sollten das Verfahren formalisiert und die Kosten für eine Einbürgerung reduziert werden. Das Traktandum wurde damals jedoch nicht behandelt. Zwischenzeitlich hat die Nationalratskommission die Vorlage des Bundesrates abgeändert resp. in diversen Punkten restriktiver ausgestaltet. Die Plenumsdebatte erfolgte in der Märzsession 2013.

2382 Vgl. auch F.V.2.1. hiernach.

2383 Vgl. Botschaft des Bundesrates zur Teilrevision des Bürgerrechtsgesetz BüG (SR 11.022).

In der politischen Debatte[2384] [2385] [2386] über die Revision des Einbürgerungswesens zeichnet(e) sich eine Verschärfung gegenüber der geltenden Regelung ab. In der Wintersession 2013/14 beschloss der Nationalrat das Nachfolgende:

- Einbürgerungswillige sollen mindestens zehn Jahre in der Schweiz gelebt haben;
- Einbürgerungswillige sollen sich in Wort und Schrift gut verständigen können;[2387]
- Bezüglich der Einbürgerung von Jugendlichen sollen für die Berechnung der Aufenthaltsdauer bei Jugendlichen die Jahre zwischen dem 5. und 15. Lebensjahr, die in der Schweiz verbracht wurden, doppelt gezählt werden;
- Bei vorläufig Aufgenommenen, also abgewiesenen Asylbewerbern, die nicht ins Herkunftsland zurückgeführt werden können (bspw. aufgrund eines Bürgerkrieges), sollen die Jahre der vorläufigen Aufnahme nicht an die Aufenthaltsdauer angerechnet werden.

In der Sommersession 2014 befasste sich dann auch der Ständerat mit dem zu revidierenden Bürgerrechtsgesetz, wobei er dem Bundesrat und Nationalrat im Hinblick auf die Verkürzung der vor Einreichung eines Gesuches in der Schweiz verbrachten Frist von zwölf auf zehn Jahre gefolgt ist.[2388] Nach langem Seilziehen konnte schließlich auch in Bezug auf die Frage, welche Jugendjahre für die Berechnung der Frist doppelt zu zählen sind, eine Einigung gefunden werden: Es sollen die zwischen dem 8. und 18. Lebensjahr in der Schweiz verbrachten Jahre doppelt gezählt werden.[2389] In jedem Fall darf der reale Aufenthalt sechs Jahre nicht unterschreiten und müssen die Einbürgerungswilligen vor Einreichung des Gesuches (neu) bereits über eine Niederlassungsbewilligung C verfügen. Verfahrensmäßig soll es entgegen dem ursprünglichen Vorschlag der Eidg. Kommission für Migrationsfragen EKM,[2390] welche ein einstufiges Verfahren vorgeschlagen hatte, weiterhin beim mehrstufigen Verfahren Bund – Kanton – Gemeinde bleiben. Hingegen wird durch eine bessere Koordination der Verfahren eine Verkürzung der Verfahrensdauer angestrebt. Schließlich sollen gemäß dem Vorschlag des Ständerates die Kantone verpflichtet werden, die einem Gesuch vorangehende Mindestwohnsitzdauer im Kanton auf maximal zwei bis fünf Jahre zu beschränken.[2391]

V.1.1.2. Kommunales Einbürgerungsbewilligungsverfahren

Nach Erhalt der eidgenössischen Einbürgerungsbewilligung bzw. in einigen Kantonen schon vorher, wird das Gesuch der Bürgerschaft der politischen Gemeinde bzw. dem Gemeindeparlament unterbreitet, die bzw. das den Entscheid über die Aufnahme in das Gemeindebürgerrecht trifft. Im Jahre 2003 hat das Schweizerische Bundesgericht entschieden, dass Einbürgerungsentscheide auf dem Weg der Urnenabstimmung nicht mehr zulässig sind. Auch wenn kein eigentlicher Anspruch auf Einbürgerung besteht, dürfen keine diskriminierenden Entscheide gefällt werden

2384 Vgl. Wehrli, NZZ v. 22. 2. 2013, S. 12.
2385 Vgl. http://www.parlament.ch/D/SESSIONEN/SITZUNG-IN-KUERZE/Seiten/default.aspx (besucht am 30. 10. 2014).
2386 Vgl. http://www.parlament.ch/d/mm/2013/Seiten/mm-spk-n-2013-11-01.aspx (besucht am 30. 10. 2014).
2387 Der Kanton ZH verlangt von Einbürgerungswilligen schon ab 2015 neu mündliche und schriftliche Sprachtests, wie dies andere Kantone, wie z. B. BS, bereits vorsehen. Vgl. Vögeli, NZZ v. 20. 6. 2014, S. 15.
2388 Vgl. Wehrli, NZZ v. 13. 6. 2014, S. 8; Wehrli, NZZ v. 20. 6. 2014, S. 19.
2389 Vgl. Wehrli, NZZ v. 20. 6. 2014, S. 9.
2390 Vgl. http://www.ekm.admin.ch/de/dokumentation/doku/empf_einbuerg.pdf (besucht am 30. 10. 2014).
2391 Vgl. Wehrli, NZZ v. 13. 6. 2014, S. 8; Wehrli, NZZ v. 20. 6. 2014, S. 19.

und ablehnende Entscheide sind zu begründen.[2392] Seit diesen Urteilen haben die Bürgergemeindeversammlungen die Entscheide über Einbürgerungsgesuche in offenen Abstimmungen zu fällen.

Die Gemeinden[2393] haben keine einheitlichen Kriterien und Verfahren; entsprechend bestehen zum Teil erhebliche Unterschiede in der konkreten Gesuchsbehandlung. Das Wohnsitzerfordernis entspricht dabei oft den jeweiligen kantonalen Voraussetzungen.

V.1.1.3. Kantonales Einbürgerungsbewilligungsverfahren

Wird das Einbürgerungsgesuch von der zuständigen Gemeindebehörde gutgeheißen, so wird es an die zuständige kantonale Behörde weitergeleitet. Die Kantone kennen unterschiedliche Wohnsitzanforderungen und eigene Eignungsvoraussetzungen. Für die Erteilung einer kantonalen Bewilligung ist bspw. im Kanton SG eine Wohnsitznahme im Kanton während insgesamt fünf Jahren, wovon zwei Jahre unmittelbar vor der Gesuchstellung, erforderlich.

Über die notwendige Erteilung des Kantonsbürgerrechts beschließt in den meisten Kantonen die Regierung oder eine zuständige Kommission. Durch diesen Beschluss ist das Verfahren auf allen drei Ebenen – Bund, Kanton und Gemeinde – abgeschlossen und der Gesuchsteller erwirbt das Schweizer Bürgerrecht.

PRAXISHINWEIS

Exemplarisch werden nachfolgend einige Unterschiede in der kantonalen Einbürgerungspraxis aufgezeigt.

Im Kanton ZH muss die einbürgerungswillige Person ihren Wohnsitz während der letzten zwei Jahre vor Einreichung des Gesuches ununterbrochen in derjenigen Gemeinde, in der sie das Einbürgerungsgesuch stellt, gehabt haben. Die Gemeinden können längere Fristen fordern.[2394] Bei Gesuchstellern zwischen 16 und 25 Jahren genügen zwei Jahre Wohnsitz im Kanton, sofern diese Person in der Schweiz geboren wurde oder während mindestens 5 Jahren die schulische oder berufliche Ausbildung in einer Landessprache absolviert hat. Von der Einreichung des Gesuchs bis zum Entscheid der Gemeinde bzw. des Kantons über die Einbürgerung darf der Wohnsitz nicht geändert werden.

Im Kanton SG kann ein Gesuch zum Erwerb des Schweizer Bürgerrechts gestellt werden, wenn (kumulativ)

1. die Niederlassungsbewilligung C vorliegt und die Wohnsitzerfordernisse von Bund, Kanton und Gemeinde erfüllt sind. I. d. R. sind dies zwölf Jahre Wohnsitz in der Schweiz, wobei die Jahre zwischen dem 10. und dem 20. Altersjahr doppelt zählen, acht Jahre Wohnsitz im Kanton SG und davon die letzten vier Jahre ununterbrochen in der Gemeinde;
2. die ausländische Person integriert ist, d. h. insbesondere die schweizerische rechtsstaatliche Ordnung sowie die Werte der Bundesverfassung respektiert und sich dazu ausdrücklich bekennt;
3. gute Deutschkenntnisse (mindestens Level B1 des Gemeinsamen Europäischen Referenzrahmens) besitzt; und
4. die ausländische Person mit den schweizerischen und örtlichen Lebensverhältnissen vertraut, d. h. am öffentlichen Geschehen interessiert ist und darüber Bescheid weiß sowie die Grundsätze des Staatsaufbaus und der Geschichte der Schweiz kennt.[2395]

2392 Vgl. BGE 129 I S. 217 ff.; BGE 1D_6/2011 v. 12. 3. 2012; fzl, NZZ v. 25. 7. 2003, S. 13.

2393 Vgl. Merkblatt Einbürgerung von ausländischen, nicht in der Schweiz geborenen Personen in der Stadt Zürich sowie Merkblatt Sprachliche Anforderungen Stadt Zürich im Anhang 4.

2394 Vgl. http://www.gaz.zh.ch/internet/justiz_inneres/gaz/de/einbuergerungen/ord_einbuergerung/voraussetzungen/wohnsitz-erfordernisse.html (besucht am 30. 10. 2014).

2395 Vgl. http://www.afbz.sg.ch/home/buegerrecht/einbuergerung_von0/ordentliche_einbuergerung.html> (besucht am 30. 10. 2014)

Im Kanton FR muss der Einbürgerungswillige einen rechtmäßigen Aufenthalt im Kanton während mindestens drei Jahren, wovon zwei in den letzten fünf Jahren vor der Gesuchstellung, vorweisen können. Die Gemeinde muss zudem die Bereitschaft haben, die einbürgerungswillige Person als Bürger aufzunehmen. Außerdem werden eine Verbundenheit des Einbürgerungswilligen mit dem Kanton gefordert sowie seine Bereitschaft zur Erfüllung der Bürgerpflichten (z. B. Militärdienst) und es darf keine Verurteilung des Einbürgerungswilligen wegen einer schweren Straftat in den letzten fünf Jahren vor Gesuchstellung erfolgt sein. Schließlich wird ein guter Leumund vorausgesetzt.[2396]

Festzuhalten ist, dass ein rechtlich geschützter Anspruch auf Einbürgerung in der Gemeinde und in den meisten Kantonen – im Gegensatz zur eidgenössischen Einbürgerungsbewilligung – nicht besteht. Die zuständigen Behörden und Gremien haben somit einen beträchtlichen Ermessensspielraum, was auch trotz der neuesten bundesgerichtlichen Rechtsprechung so bleiben dürfte.

PRAXISHINWEIS

In zwei neueren Entscheiden[2397] hielt das Schweizerische Bundesgericht im Wesentlichen das Nachfolgende fest:

1. Sachverhalt: Im Entscheid (1D_6/2001) ging es um einen ausländischen Staatsangehörigen X, der in seiner langjährigen Wohnsitzgemeinde ein Gesuch um Einbürgerung in der Gemeinde stellte. Der Einbürgerungsrat teilte ihm daraufhin mit, dass sie das Gesuch zurückstellen würden, bis sich die Integration des Gesuchstellers verbessert habe. Als der Gesuchsteller später erneut einen Antrag auf Einbürgerung einreichte, sah der Einbürgerungsrat die Voraussetzungen zur Einbürgerung als erfüllt an und beantragte der Stimmbürgerschaft die Einbürgerung von X. Diesem Antrag folgte die Bürgerversammlung aber nicht und lehnte die Erteilung des Bürgerrechts ab.
2. Aus den Erwägungen: Das Schweizerische Bundesgericht hielt in seinem Entscheid fest, dass zwar kein Anspruch auf Einbürgerung bestehe, den Einbürgerungswilligen jedoch faire Verfahren zustehen würden, und dass die Einbürgerungsbehörden an die in der Schweiz geltenden Grundrechte, namentlich an das Willkür- und das Diskriminierungsverbot, gebunden seien. Das Bundesgericht präzisierte in seinem Entscheid seine frühere Rechtsprechung insofern, als eine Person, deren Einbürgerungsgesuch abgewiesen wurde, „geltend machen kann, sämtliche bundes- und kantonsrechtlichen Einbürgerungsvoraussetzungen seien offensichtlich erfüllt, weshalb sich ihre Nichteinbürgerung als klarerweise unhaltbar und rechtsungleich erweise."

Im vorliegenden Fall wies das Bundesgericht die Beschwerde von X jedoch ab, weil auch seines Erachtens eine Voraussetzung der Einbürgerung, nämlich die ausreichende Integration, nicht gegeben war.

V.1.3. Zu den Verfahren im Einzelnen

Je nach Kanton ist die Wohnsitzgemeinde oder der Wohnsitzkanton für die Herausgabe und Entgegennahme der Gesuchsformulare zuständig und somit erste Anlaufstelle, um das Verfahren in Gang zu bringen.

Die Verfahrensdauer kann je nach Kanton und Einbürgerungsart (ordentliches bzw. vereinfachtes Verfahren) sehr unterschiedlich sein.

2396 Vgl. http://www.fr.ch/secin/de/pub/naturalisations/bedingungen.htm (besucht am 30. 10. 2014).
2397 Vgl. BGE 129 I S. 217 ff.; BGer (1D_6/2011 v. 12. 3. 2012).

PRAXISHINWEIS

Das Bundesamt für Migration (BFM)[2398] weist auf seiner Homepage darauf hin, dass jährlich rund 30'000 neue Gesuche um ordentliche oder erleichterte Einbürgerung eingehen. In der Praxis dauert das ordentliche Einbürgerungsverfahren im Regelfall rd. eineinhalb Jahre. Allerdings gibt es hierzu einige Ausnahmen. So gehen bspw. im Kanton BS[2399] die Behörden von einer Verfahrensdauer von ca. zwei Jahren aus, während es im Kanton AR nur rd. ein Jahr dauert. Im Kanton UR ist ebenfalls mit einer Verfahrensdauer von ca. zwei Jahren zu rechnen. In einzelnen Gemeinden, wie z. B. der Gemeinde Altdorf, dauern die Verfahren mit durchschnittlich dreieinhalb bis vier Jahren allerdings wesentlich länger. Dies ist darauf zurückzuführen, dass nur über eine gewisse Anzahl Gesuche pro Gemeindeversammlung abgestimmt wird. Die restlichen Gesuche werden zur Behandlung auf die nächste Gemeindeversammlung vertagt. Im Kanton AG schließlich beträgt die Verfahrensdauer gemäß telefonischer Auskunft des kantonalen Bürgerrechtsdienstes für ordentliche Einbürgerungen auf kantonaler Ebene im Normalfall rd. ein Jahr. Hinzu kommt die Bearbeitungsdauer auf kommunaler Ebene, welche sich zwischen einem halben Jahr und einigen Jahren belaufen kann.

Die amtlichen Kosten, welche von den Bundes-, Kantons- und Gemeindebehörden erhoben werden, dürfen seit dem 1. 1. 2006 nur noch kostendeckend sein und werden mittellosen Bewerbern ganz erlassen.[2400]

PRAXISHINWEIS

Für die Erlangung eines Kantonsbürgerrechts werden derzeit folgende Gebühren erhoben:

- Im Kanton FR: Zwischen CHF 800 und CHF 1'500;[2401]
- Im Kanton ZH: Für Personen ab 25 Jahren CHF 500;[2402]
- Im Kanton AG: CHF 750.[2403]

Die Gebühren für ein Gemeindebürgerrecht belaufen sich auf folgende Größenordnungen:

- Im ganzen Kanton AG: CHF 1'500;[2404]
- In der Stadt Frauenfeld (Kanton TG): CHF 1'200 für Erwachsene;[2405]
- In der Gemeinde Emmen (Kanton LU): CHF 100;[2406]
- In der Stadt Genf (Kanton GE): CHF 920.[2407]

2398 Vgl. http://www.bfm.admin.ch/bfm/de/home/themen/buergerrecht/einbuergerung/verfahren.html (besucht am 30. 10. 2014).

2399 Vgl. http://www.bdm.bs.ch/dienstleistungen/einbuergerung/verfahrensdauer_und_ablauf.htm (besucht am 30. 10. 2014).

2400 Vgl. Art. 38 BüG. Die Gebühren des Bundes für Einbürgerungen werden in der Verordnung über die Gebühren zum Bürgerrechtsgesetz (GebV-Büg; vgl. SR 141.21) geregelt. Die Gebühr für eine eidgenössische Bewilligung beträgt für eine erwachsene Person derzeit CHF 100. Die kantonalen und kommunalen Behörden regeln die Gebühren für Einbürgerungen selbständig.

2401 Vgl. Reglement über das Gemeindebürgerrecht des Kanton FR.

2402 Vgl. http://www.gaz.zh.ch/internet/justiz_inneres/gaz/de/einbuergerungen/ord_einbuergerung/gebuehren.html (besucht am 30. 10. 2014).

2403 Vgl. https://www.ag.ch/media/kanton_aargau/dvi/dokumente_5/arp_1/buergerrecht_und_personenstand_1/einbuergerungen/Merkblatt_zur_ordentlichen_Einbuergerung_Version_112014.pdf (besucht am 30. 10. 2014).

2404 Vgl. https://www.ag.ch/media/kanton_aargau/dvi/dokumente_5/arp_1/buergerrecht_und_personenstand_1/einbuergerungen/Merkblatt_zur_ordentlichen_Einbuergerung_Version_112014.pdf (besucht am 30. 10. 2014).

2405 Vgl. http://www.frauenfeld.ch/xml_1/internet/de/application/d817/d839/d840/d869/d885/d886/f888.cfm (besucht am 30. 10. 2014).

2406 Vgl. http://www.emmen.ch/de/gemeindeverwaltung/dokumente/Verwaltung-Stabsstelle_Kanzlei-Zivilstandsamt-Einbuergerung_von_Schweizer_Buergern-Merkblatt_Einbuergerung_von_SchweizerInnen.pdf (besucht am 30. 10. 2014).

2407 Vgl. http://www.ge.ch/naturalisations/naturalisation-etrangers/naturalisation-ordinaire/?rubrique=couts-emoluments (besucht am 30. 10. 2014).

V.2. Erleichterte Einbürgerung

V.2.1. Voraussetzungen[2408]

Die häufigsten Fälle der erleichterten Einbürgerung basieren auf einem der zwei nachfolgend dargelegten Sachverhalte:

BEISPIEL 1: Ein ausländischer Ehegatte einer (in der Schweiz ansässigen) Schweizerin, der insgesamt während mindestens fünf Jahren in der Schweiz gewohnt hat, wovon mindestens ein Jahr unmittelbar vor Gesuchseinreichung, und seit mindestens drei Jahren in ehelicher Gemeinschaft mit der Schweizer Ehegattin lebt.

Für den Beginn der fünfjährigen Frist ist der Zeitpunkt der Wohnsitznahme in der Schweiz maßgebend. Diese wird formell durch die Anmeldung bei der Einwohnerkontrolle der Wohnsitzgemeinde begründet. Da die Wohnsitzgemeinde die Wohnsitzbescheinigung ausstellt, ist materiell zusätzlich sicherzustellen, dass der Lebensmittelpunkt während dieser fünfjährigen Frist auch faktisch in der Schweiz respektive in der jeweiligen Gemeinde besteht. Es besteht jedoch keine Nachweispflicht seitens der einzubürgernden Person. D. h. es obliegt letztlich der jeweiligen Gemeinde, wie eng sie die Kriterien für das Vorliegen eines solchen Lebensmittelpunktes beurteilt.[2409]

BEISPIEL 2: Ein ausländischer Ehegatte einer im Ausland lebenden Schweizerin, der ebenfalls im Ausland lebt oder gelebt hat und der eng mit der Schweiz verbunden ist sowie seit mindestens sechs Jahren in ehelicher Gemeinschaft mit der schweizerischen Ehegattin lebt.

Ein schweizerischer Wohnsitz wird dabei nicht vorausgesetzt.

In beiden obengenannten Fällen wird für eine erleichterte Einbürgerung zusätzlich kumulativ vorausgesetzt, dass der Gesuchsteller

- in der Schweiz integriert ist;
- die schweizerische Rechtsordnung beachtet; und
- die innere und äußere Sicherheit der Schweiz nicht gefährdet.

V.2.2. Verfahren

Für den Entscheid im Verfahren der erleichterten Einbürgerung ist einzig der Bund zuständig. Der Wohnsitzkanton verfasst im Vorfeld dazu einen Bericht zuhanden des Bundesamtes für Migration (BFM). Der Wohnsitz- und/oder Bürgerkanton des Schweizer Ehegatten sowie dessen jeweilige Wohnsitzgemeinde werden lediglich angehört. Letztere haben damit ein Beschwerderecht, falls eine der generellen Voraussetzungen, wie bspw. die tatsächliche Integration des Gesuchstellers, nicht erfüllt ist.

Die erleichterte Einbürgerung ist mittels entsprechendem Formular entweder direkt beim Bundesamt für Migration (Fall 1) oder bei der zuständigen schweizerischen Auslandvertretung (Botschaft oder Konsulat; Fall 2) zu beantragen. Für beide Fallvarianten existieren Formulare, die mit entsprechenden Anlagen einzureichen sind. So ist bei Fall 1 ein von der Wohnsitzgemeinde ausgestelltes Wohnsitzzeugnis bzw. eine Wohnsitzbescheinigung beizulegen, welche(s) die fünfjährige Mindestwohnsitzpflicht in der Schweiz belegt. Werden durch die zuständige Gemeinde übermäßig viele Auslandaufenthalte festgestellt, kann sie die Bescheinigung entsprechend an-

2408 Vgl. Art. 26 ff. BüG.

2409 Zum Erfordernis des ununterbrochenen Wohnsitzes vgl. F.V.1.1.

passen. In beiden Fällen ist eine offizielle Bestätigung über die Heirat mit einem Schweizer Bürger (sog. Familienausweis oder Familienschein) beizulegen. Bei Fall 2 bestimmt die zuständige Botschaft, d. h. die nächstgelegene schweizerische Vertretung im Ausland, welche Anlagen dem Gesuch beizulegen sind.

PRAXISHINWEIS

Im Oktober 2014 hat die Staatspolitische Kommission des Nationalrates einen Entwurf zur Änderung der Bundesverfassung und des Bürgerrechtsgesetzes verabschiedet, wonach sich Personen der dritten Ausländergeneration in der Schweiz erleichtert einbürgern lassen können. Sofern National- und Ständerat dem Änderungsvorschlag zustimmen, wird es dereinst zu einer Volksabstimmung kommen, da diese Änderung eine Anpassung der Bundesverfassung bedingen würde.[2410]

V.3. Verlust

Gemäß § 17 und § 25 Abs. 1 Satz 1 StAG verliert ein Deutscher mit dem Erwerb einer ausländischen Staatsangehörigkeit zwar grundsätzlich automatisch seine bisherige Staatsangehörigkeit), wenn der Erwerb der ausländischen Staatsangehörigkeit auf seinen Antrag hin erfolgt. Im Verhältnis zur Schweiz gilt jedoch nach § 25 Abs. 1 Satz 2 StAG eine Sonderregelung. Der Deutsche behält demnach trotz des Erwerbs der Schweizer Staatsangehörigkeit seine deutsche Staatsangehörigkeit. Will der Deutsche seine deutsche Staatsangehörigkeit nicht länger behalten, kann er allerdings auf sie verzichten[2411] oder aus ihr entlassen werden.[2412]

2410 Vgl. Thurgauer Zeitung online v. 31. 10. 2014.

2411 Vgl. § 26 StAG.

2412 Vgl. § 18 StAG.

VI. EU-Zinsbesteuerung

VI.1. Einführung und Überblick

Am 26. 10. 2003 unterzeichnete die Schweiz auf Drängen der EU das Zinsbesteuerungsabkommen[2413] als eines von neun Dossiers der sog. Bilateralen II.[2414] Kernstück des Abkommens war die Einführung eines anonymen Steuerrückbehalts (Quellensteuer) auf alle relevanten Zinszahlungen, die eine Schweizer Zahlstelle an eine natürliche Person mit Wohnsitz in der EU leistet. Hierunter fallen auch deutsche Anleger (natürliche Personen). Anstelle des Steuerrückbehalts kann alternativ, bei Ermächtigung durch den Zinsempfänger, auch eine entsprechende Meldung der Zinszahlung von der Zahlstelle über die Eidg. Steuerverwaltung (ESTV) an die Steuerbehörde des Heimatstaates der natürlichen Person erfolgen.

Im umgekehrten Fall, d. h. bei Zinszahlungen an natürliche Personen mit Wohnsitz in der Schweiz, wird weder ein Steuerrückbehalt vorgenommen noch eine Meldung an den Schweizer Heimatstaat gesandt.

Das Abkommen umfasst neben der voranstehend geschilderten Steuersicherungsmaßnahmen (EU Zinsbesteuerung) die Aufhebung der Quellenbesteuerung von grenzüberschreitenden Zahlungen von Dividenden, Zinsen und Lizenzgebühren zwischen verbundenen Unternehmen (Art. 15 ZBStA) sowie den Informationsaustausch auf Ersuchen (Amtshilfe) bei Steuerbetrug oder ähnlichen Delikten.[2415]

Hinsichtlich der Höhe des Steuerrückbehalts und der Anwendungszeitpunkte gilt in der Schweiz folgendes:

Zeitraum	Höhe Steuerrückbehalt
1. 7. 2005 – 30. 6. 2008	15 %
1. 7. 2008 – 30. 6. 2011	20 %
Seit 1. 7. 2011	35 %

Der Steuerrückbehalt wird wie folgt aufgeteilt:

1. 75 % des Ertrages aus dem Steuerrückbehalt fällt dem jeweils betroffenen EU-Mitgliedsstaat zu;
2. 25 % verbleibt dem Schweizer Fiskus.

Zur Vermeidung einer Mehrfachbesteuerung kann die einbehaltene Quellensteuer (Steuerrückbehalt) im EU Wohnsitzstaat auf die entsprechende Einkommensteuer angerechnet werden. In Deutschland greift die Norm des § 34c Abs. 1 EStG.

2413 Vgl. Abkommen v. 26. 10. 2004 zwischen der Schweizerischen Eidgenossenschaft und der Europäischen Gemeinschaft über Regelungen, die den in der Richtlinie 2003/48/EG des Rates v. 3. 6. 2003 im Bereich der Besteuerung von Zinserträgen festgelegten Regelungen gleichwertig sind (BBl 2004, S. 6541 ff., SR 0.641.926.81).

2414 Im Verhältnis zur Schweiz ist der mit der EU vereinbarte Staatsvertrag maßgeblich und nicht die EG-Richtlinie im Bereich der Besteuerung von Zinserträgen 2003/48/EG v. 3. 6. 2003.

2415 Für eine ausführliche Analyse vgl. B.VIII.5

Das Zinsbesteuerungsabkommen ist am 1. 7. 2005 in Kraft getreten und wurde in der Schweiz durch ein flankierendes Bundesgesetz (Zinsbesteuerungsgesetz[2416]) ergänzt. Letzteres regelt das Verfahren und die Organisation des Steuerrückbehalts und der Amtshilfe in Fällen von Steuerbetrug. Darüber hinaus gibt die Eidg. Steuerverwaltung (ESTV) in einer Wegleitung zur EU Zinsbesteuerung (Steuerrückbehalt und freiwillige Meldung) eine Übersicht über die Pflichten, die aus dem Zinsbesteuerungsabkommen erwachsen. Die aktuelle Fassung der Wegleitung datiert vom 1. 7. 2013. Während Wegleitungen in der Schweiz grundsätzlich eine autonome Interpretation von Gesetzesnormen durch die ESTV darstellen, gilt dies für die vorliegende nicht uneingeschränkt, da sie mit der EU Kommission abgestimmt wurde.

Nicht weiter definierte Ausdrücke im Zinsbesteuerungsabkommen werden grundsätzlich nach schweizerischem Recht ausgelegt. Offen gebliebene Auslegungsfragen können auch an die ESTV gerichtet werden (Rz. 5 Wegleitung).

In Deutschland wurde die EU Zinsrichtlinie[2417] mit der Zinsinformationsverordnung (ZIV) in das nationale deutsche Recht umgesetzt. In einem ausführlichen Einführungsschreiben zur ZIV und weiteren Folgeschreiben klärte das BMF-Zweifelsfragen zur Anwendung des Informationsaustausches und der Quellenbesteuerung.

Voraussetzung für die Anwendbarkeit war, dass sich auch die Drittstaaten

1. Andorra,
2. Liechtenstein,
3. Monaco,
4. San Marino und
5. Schweiz

in Abkommen mit der EU zu einer Quellensteuererhebung auf Zinserträgen von in EU Staaten ansässigen natürlichen Personen verpflichten. Seither tauschen die EU Mitgliedstaaten Informationen über Zinserträge natürlicher Personen mit Wohnsitz in einem anderen EU Mitgliedstaat aus. Der Informationsaustausch erfolgt durch Meldung der Zahlstellen (i. d. R. Banken) über die angefallenen Zinserträge bei der zuständigen Behörde des eigenen Staates. Von dort werden sie an die zuständige Behörde des Staates übermittelt, in dem der Anleger seinen Wohnsitz hat.

Innerhalb der EU kennen Österreich, Belgien und Luxemburg eine zur schweizerischen Regelung analoge Vorgehensweise. Zur Sicherung des jeweiligen nationalen Bankengeheimnisses werden diese Länder für eine Übergangsfrist keine Informationen an den EU Wohnsitzstaat weiterleiten, sondern analog wie die Schweiz einen Steuerabzug an der Quelle (Steuerrückbehalt) einbehalten. Belgien nimmt allerdings bereits seit 2010 am automatischen Informationsaustausch für entsprechende Zinszahlungen teil. Luxemburg hat am 10. 4. 2013 beschlossen, sich ab 2015 am automatischen Informationsaustausch über Zinserträge mit den anderen EU Staaten zu beteiligen.

2416 Bundesgesetz zum Zinsbesteuerungsabkommen mit der Europäischen Gemeinschaft v. 17. 12. 2004, Zinsbesteuerungsgesetz (ZBstG; BBl 2004, S. 7186, SR 641.92).

2417 Richtlinie im Bereich der Besteuerung von Zinserträgen 2003/48/EG v. 3. 6. 2003.

VI.2. Die Zahlstelle

Die EU Zinsbesteuerung basiert auf dem Zahlstellenprinzip, d. h. sowohl die Meldung als auch der Quellensteuerrückbehalt knüpft an die sog. Zahlstelle an. Als Zahlstelle gilt jeder Wirtschaftsbeteiligte, welcher dem wirtschaftlichen Eigentümer Zinsen zahlt oder eine Zinszahlung zu dessen unmittelbaren Gunsten einzieht. Der Begriff der Zahlstelle und deren Verpflichtungen werden in der Wegleitung präzisiert.

Nach der Wegleitung gelten als schweizerische Zahlstellen insbesondere Banken, Effektenhändler und übrige Zahlstellen (Rz. 8 Wegleitung). Hiernach gelten auch Intermediäre (Fondsleitungen, Versicherungseinrichtungen, Vermögensverwalter, Treuhänder, Anwälte und Notare) als „übrige Zahlstellen" und somit als Personen, die das Zinsbesteuerungsabkommen zu beachten haben. Ausgenommen vom Begriff der „übrigen Zahlstelle" sind diejenigen Personen, die nicht kommerziell tätig sind. Ist die Vertragspartei der Zahlstelle ein Finanzintermediär (Effektenhändler, Vermögensverwalter, Versicherungseinrichtung etc.), muss die (erste) Zahlstelle keinen Verpflichtungen als Zahlstelle im Sinne des Abkommens nachkommen (Rz. 12 Wegleitung).[2418]

Bei Zinszahlungen über mehrere Intermediäre gilt derjenige als Zahlstelle, die als letzte die Zinsen dem Empfänger gutschreibt (Rz. 10 Wegleitung).

Die Wegleitung bestimmt in den Rz. 16 – 25 die Registrierungs- und Buchführungspflichten der Zahlstelle. Des Weiteren werden in der Wegleitung folgende Aufgaben dem Verantwortungsbereich der Zahlstelle zugewiesen (Rz. 26 Wegleitung):

- Die Identifikation und Dokumentation des nutzungsberechtigten Zinsempfängers;
- Die Beurteilung, ob eine relevante Zinszahlung vorliegt;
- Die Vornahme und Ablieferung des Steuerrückbehalts und die Erstattung der Meldung.

VI.3. Die betroffene Person

Bezugnehmend auf Artikel 1 und 4 des Abkommens lieg dann eine betroffene Person vor, wenn die folgenden vier Voraussetzungen kumulativ erfüllt sind (Rz. 28 Wegleitung):

1. Es muss sich um eine natürliche Person handeln;
2. Diese muss in einem EU-Mitgliedsstaat ansässig sein;
3. Sie muss eine relevante Zinszahlung erhalten; und
4. Sie muss daran nutzungsberechtigt sein.

Da juristische Personen grundsätzlich nicht unter das Abkommen fallen, werden diese zunächst von den natürlichen Personen abgegrenzt.[2419]

Was das Kriterium der EU Ansässigkeit betrifft, ist zu erwähnen, dass die abhängigen und assoziierten Gebiete Großbritanniens und der Niederlande nicht unter das Abkommen fallen (Rz. 34 Wegleitung). Werden also Zinsen an eine in Jersey lebende Person gezahlt, hat dies für die Zahlstelle keine Konsequenz im Sinne des Abkommens mit der Schweiz.[2420]

2418 Prinzip des Paying agent versus forward of funds.

2419 Ausnahmen bestehen hier hinsichtlich zweier Gesellschaftsformen in Finnland und in Schweden, vgl. Art. 4 Abs. 5 2003/48/EG sowie in Fällen von Nutznießung, Treuhandschaften und dergleichen (Rz. 29 i. V. m. Rz. 77 Wegleitung).

2420 In einzelnen EU Staaten bzw. assoziierten Staaten ggf. abweichende Regelungen.

Um die Identität und die Ansässigkeit einer Person registrieren zu können, werden entsprechend dem Standard der Geldwäschereivorschriften ihre Personalien festgestellt (Rz. 35 – 55 Wegleitung).

Demzufolge beruht die Registrierung des Wohnsitzes auf den Angaben des Kunden. Die Zahlstelle darf sich dabei auf Treu und Glauben berufen und muss keine weitere, materielle Überprüfung des Wohnsitzes vornehmen.

Eine Ausnahme bildet das Erfordernis der amtlichen Wohnsitzbestätigung,[2421] wenn vom Inhaber eines EU Reisepasses/Personalausweises geltend gemacht wird, dass er in einem Nicht-EU Staat ansässig ist. Gemäß der Wegleitung ist eine Person, die geltend macht, in der Schweiz ansässig zu sein, von dieser Nachweispflicht jedoch befreit.

Hinsichtlich der Frage der „betroffenen Person" klärt die Wegleitung auch einige Sonderfälle (Rz. 47 – 55 Wegleitung): Eine Einzelfirma wird grundsätzlich wie eine natürliche Person behandelt. Ist mindestens ein Inhaber eines Kollektiv- oder Gemeinschaftskontos eine betroffene Person i. S. d. EU Zinsbesteuerungsabkommens, ist diese Beziehung grundsätzlich dem Regime der Zinsbesteuerung unterstellt. Festgehalten wird auch, dass ab dem Todestag des Erblassers die Erben bis zur deren Auflösung automatisch eine Erbengemeinschaft bilden, und dass für diese Zeit die letzte Ansässigkeit des Erblassers für Abkommenszwecke maßgebend bleibt. Das Aufschieben der Erbteilung zur Verhinderung der Zinsbesteuerung darf nicht rechtsmissbräuchlich erfolgen, sonst wird auf die Ansässigkeit der Erben abgestellt. Gewerbliche Personengesellschaften werden den juristischen Personen gleichgestellt. Für die nicht gewerblichen Personengesellschaften hingegen gelten die Bestimmungen über Kollektivbeziehungen.

In Bezug auf das Kriterium der Nutzungsberechtigung (Rz. 71 – 81 Wegleitung) darf die Zahlstelle grundsätzlich davon ausgehen, dass die Vertragspartei auch Nutzungsberechtigter ist. Andernfalls muss die Vertragspartei aktiv werden und nachweisen, wer im Sinne des Abkommens Nutzungsberechtigter ist, oder dass sie selbst Zahlstelle ist. Im Sinne einer Ausnahmeregelung muss die Zahlstelle angemessene Schritte zur Feststellung der Identität unternehmen, wenn Informationen vorliegen, die den Schluss nahe legen, dass die natürliche Person, für die sie eine Zinszahlung vereinnahmt hat, nicht die betroffene Person ist (z. B. bei Hinweisen auf Nutznießung oder Treuhandverhältnis).

VI.4. Der Zins

Der Zinsbegriff im Abkommen (Art. 7), der sowohl direkte als auch indirekte Zinsen umfasst, wird in der Wegleitung konkretisiert (Rz. 85 – 195 Wegleitung). Dabei werden auch Zahlungen definiert, welche nicht Zinsen im Sinne des Abkommens darstellen (vgl. nachfolgend), d. h. keinen Steuerrückbehalt bzw. Informationsaustausch auslösen.

2421 Grundsätzlich muss die Wohnsitzbescheinigung von der zuständigen Steuerverwaltung des Ansässigkeitsstaates erstellt werden. Sofern hierzu die Steuerbehörden nicht befugt bzw. berechtigt sind, genügt ein von einer anderen Behörde im Ansässigkeitsstaat ausgestellter Nachweis (Rz. 40 – 46 Wegleitung).

VI.4.1. Direkte Zinsen und ihre Bemessungsgrundlage

Als direkte Zinsen gelten auf ein Konto eingezahlte oder einem Konto gutgeschriebene Zinsen, die mit Forderungen jeglicher Art zusammenhängen, sofern keine explizite Ausnahme (technischer Natur oder qua Regelung im Abkommen) zum Tragen kommt.

Ebenfalls erfasst werden bei Verkauf oder Rückzahlung von Forderungen aufgelaufene oder kapitalisierte Zinsen. Darunter fällt insbesondere ein allfälliges Emissionsdisagio oder Rückzahlungsagio bei Obligationen als auch der bei Handänderungen erzielte Marchzins auf periodische Zinsen.

Der Rückbehalt auf dem (direkten) Zins wird grundsätzlich anteilig für den Zeitraum erhoben, während dem die Forderung gehalten wird (pro rata Besteuerung). Kann dieser Zeitraum nicht festgestellt werden, so gilt für periodisch verzinste Forderungen der Zeitpunkt der letzten Zinszahlung als Erwerbszeitpunkt. In Bezug auf die Ermittlung des Zinses auf der Diskontkomponente bei reinen und gemischten Diskontpapieren, gilt als frühestes Erwerbsdatum der 1. 7. 2005.

Vereinnahmte Marchzinsen auf periodische Zinsen werden nach der linearen Methode (Zinscoupon / Zinsperiode x Haltedauer) berechnet. Bei reinen und gemischten Diskontpapieren wird in der Regel der auf die Haltedauer entfallende Zinsanteil mittels Barwertmethode ermittelt. Bei gemischten Diskontpapieren bleibt dabei eine Diskontkomponente von 0.25 % pro Jahr Laufzeit, maximal 2.5 % (Freigrenze), unberücksichtigt.

VI.4.2. Indirekte Zinsen und ihre Berechnungsgrundlage

Als (indirekte) Zinsen gelten Ausschüttungen von Anlagefonds (EU Fonds, gewisse Drittfonds), sofern der Fonds zu mehr als 15 % in Anlagen investiert, die Zins im Sinne des Abkommens generieren (De-minimis-Regel). Außerdem unterliegen Erträge, die bei Verkauf oder Rückzahlung von Anteilen an Anlagefonds realisiert werden, der EU Zinsbesteuerung, sofern der Fonds mehr als 40 % (ab 1. 1. 2011: 25 %) seines Vermögens in Anlagen investiert die Zins im Sinne des Abkommens generieren.

Für die Ermittlung der 15 % und 40 % Schwellen ist zunächst die im Fondsprospekt oder in der Gründungsurkunde des Fonds dargelegte Anlagepolitik maßgebend Falls diese Angaben nicht vorliegen, ist die tatsächliche Zusammensetzung des Vermögens (Aktiven-Test) des betroffenen Anlagefonds Ermittlungsgrundlage (Substance over form). Die Wegleitung erläutert dabei in mehreren Beispielen die Grundlagen und die Vorgehensweise in Bezug auf diesen Aktiven-Test.

Der Rückbehalt auf der Zinskomponente bei Ausschüttungen wird grundsätzlich anteilig für den Zeitraum erhoben, während dem die Forderung gehalten wird (pro rata Besteuerung). Wird diese Komponente jedoch nicht separat ausgewiesen, unterliegt die ganze Ausschüttung dem Rückbehalt. Kann dieser Zeitraum nicht festgestellt werden, so gilt für periodisch verzinste Forderungen der Zeitpunkt der letzten Zinszahlung als Erwerbszeitpunkt.

Kann bei Verkauf oder Rückzahlung ermittelt werden, in welchem Umfang der Wertanstieg auf vom Fonds vereinnahmte Zinsen (direkte und indirekte Zinsen) zurückzuführen ist, kann auf diesen Betrag abgestellt werden. Ist die Ermittlung des Erwerbspreises jedoch nicht möglich, gilt der bei Verkauf, Rückzahlung oder Einlösung erzielte Nettoerlös als Zins. Als frühestes Erwerbsdatum gilt der 1. 7. 2005.

VI.4.3. Keine Zinsen und Ausnahmen gemäß Abkommen

Keine Zinsen sind Dividendenzahlungen, Leistungen von Vorsorgeeinrichtungen, Ausschüttungen von Fürsorgeeinrichtungen, Versicherungsleistungen sowie Leistungen, denen kein Schuldverhältnis zu Grunde liegt.

Aufgrund ausdrücklicher Regelung unterliegen bzw. unterlagen folgende Zahlungen nicht der EU Zinsbesteuerung:

- Zinsen auf umlauffähigen Schuldtiteln, welche vor dem 1. 3. 2001 begeben wurden (Grandfathering bis zum 31. 12. 2010, Verlängerung möglich). Folgeemissionen sind gemäß Wegleitung in Abhängigkeit von Emissionserhöhungen differenziert zu behandeln (Rz. 105 Wegleitung);
- Zinsen von Schuldnern mit Ansässigkeit in der Schweiz, namentlich auf Kundenguthaben sowie auf Kassenobligationen und Obligationen;[2422]
- Zinsen auf Privatdarlehen (Rz. 95 Wegleitung);
- Verzugszinsen (Rz. 106 Wegleitung);
- Ausschüttungen und Erträge bei Verkauf und Rückzahlung von Anlagefonds, soweit sie maximal 15 % bzw. 40 % in betroffene Zinspapiere investiert haben;
- Ausschüttungen und Erträge von Schweizer Anlagefonds ohne Bankenerklärung (Affidavit; vgl. Rz. 107 Wegleitung).

VI.4.4. Behandlung von Derivaten und strukturierten Produkten

Derivate generieren keinen Zins im Sinne des Abkommens (Rz. 167 Wegleitung). Zu den Derivaten sind Optionen, Forwards, Futures und Swaps (inkl. Zinsswaps) zu zählen. In einem weiteren Sinn aber auch Instrumente, deren Wertentwicklung ganz oder teilweise von der Wertentwicklung eines Basiswerts abhängt.

Strukturierte Produkte werden zur Beurteilung in die Gruppen „Instrumente mit Kapitalschutz", „Zertifikate" und „Reverse Convertibles" eingeteilt und differenziert betrachtet (vgl. Rz. 169 – 177 Wegleitung).

Des Weiteren wird die Behandlung von strukturierten Schaden- und Kreditderivaten, von Low Exercise Price Options (LEPO), Securities Lending und Repo-Transaktionen in der Wegleitung im Detail erläutert (Rz. 178 – 185 Wegleitung).

VI.5. Abwicklung und Verantwortlichkeiten

Die Wegleitung definiert abwicklungstechnische Aspekte und die Verantwortlichkeit im Bereich der Produktklassifizierung:

VI.5.1. Der Rückbehalt

Die Vorschrift zum Steuerrückbehalt ist in Artikel 1 des Abkommens geregelt. Gemäß Wegleitung (Rz. 196 – 212 Wegleitung) wird der Rückbehalt in CHF berechnet. Weiter werden Einzel-

2422 Diese Erträge unterliegen der 35 %igen Schweizer Verrechnungssteuer. Der zusätzliche Einbehalt der EU Zinsbesteuerung würde zu einer Mehrfachbesteuerung führen. Dies ist nicht sachgerecht. Der EU Steuerrückbehalt entfällt.

heiten hinsichtlich der Ablieferungspflicht des Rückbehalts an die Eidg. Steuerverwaltung (ESTV) bestimmt, wie z. B. der Zeitpunkt der Überweisung, Angaben zur Länderaufteilung (Deklarationsformular), der Anspruch der betroffenen Person auf eine Abrechnung des Rückbehalts (Formular 150), Meldung (Formular 151 oder auch elektronisch) sowie Beginn und Ende des Rückbehalts beim Wechsel der Ansässigkeit der betroffenen Person.

Die Ablieferungspflicht des Steuerrückbehalts und die Berichtigung eines zu Unrecht erhobenen Rückbehalts verjähren nach fünf Jahren.

VI.5.2. Die Meldung

Die einmal ausdrücklich an die Zahlstelle erteilte Ermächtigung der betroffenen Person, im Sinne von Artikel 2 des Abkommens anstelle des Steuerrückbehalts die Zinszahlung zu melden, bleibt bis zu deren Widerruf bestehen. Für die Meldung der Zinszahlung ist von der ESTV eine Vorlage ausgearbeitet worden, welche als Anhang in der Wegleitung zu finden ist (Formular 151). Sie lehnt sich an Art. 8 der EU Zinsrichtlinie an und muss unterzeichnet sein. Aufgrund des Unterschriftenerfordernisses ist ein elektronisches Verfahren bisher nicht möglich.

Die Ansässigkeit der betroffenen Person am Ende des Kalenderjahres entscheidet darüber, an welchen EU Mitgliedstaat die Meldung erfolgt. Mit anderen Worten entfällt die Meldung, wenn die betroffene Person den EU Raum vor Ablauf des Kalenderjahres verlässt.

Die Pflicht zur Abgabe der Meldung verjährt fünf Jahre nach Ablauf des Kalenderjahres, in dem sie zu erstatten war.

VI.6. Bisherige Praxiserfahrung und weitere Entwicklung

Der Steuerrückbehalt in der Schweiz stieg zunächst in den Anfangsjahren an, um dann wieder – trotz eines höheren Steuersatzes von 35 % für den Steuerrückbehalt – wieder zu sinken. Die nachfolgende Abbildung macht dies deutlich:

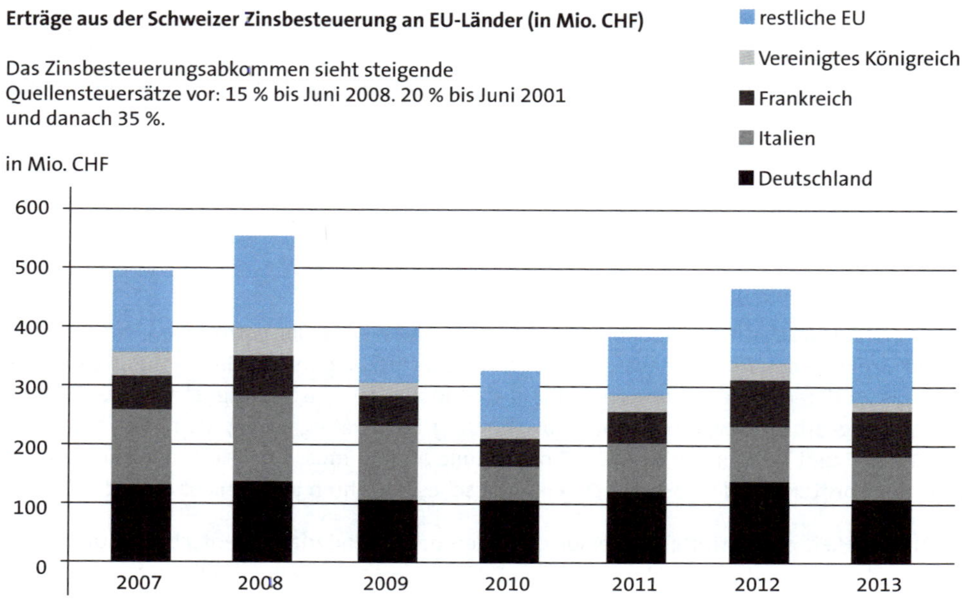

Quelle: EFD, Zinsbesteuerungsabkommen mit der EU, Stand Juli 2014

Der Rückgang des anonymen Steuerrückbehalts ist aufgrund der konsequenten Umsetzung der Schweizer Weißgeldstrategie nicht verwunderlich. Dies zeigt sich auch an der folgenden Grafik der ESTV, nach der die Anzahl der Meldungen in den letzten Jahren entsprechend angestiegen sind:

Jahr	2007	2008	2009	2010	2011	2012	2013
Total Steuerrückbehalt in Mio. CHF	653	738	535	432	506,5	615,4	510,1
Anteil der EU-Mitgliedstaaten in Mio. CHF	490	554	401	324	380	461,6	382,6
Anteil des Bundes in Mio. CHF	147	166	120	97,2	113,9	138,5	114,8
Anteil der Kantone in Mio. CHF	16,3	18,4	13,4	10,8	12,6	15,3	12,7
Anzahl Meldungen	64.500	42.800	32.900	38.200	47.000	63.000	98.000

Quelle: Eidg. Steuerverwaltung (ESTV)

Trotzdem gibt es derzeit noch viele Schlupflöcher, um aus dem Anwendungsbereich des EU Zinsbesteuerungsabkommens zu gelangen. Hierzu zählen insbesondere

- Ausschluss juristischer Personen;
- Definition des Zinsertrages;
- Anlagen bei bzw. in außereuropäischen offshore-Zentren wie Hongkong, Aruba, Bermudas.

Aus diesen Gründen hat die EU Kommission bereits am 13. 11. 2008 eine Revision der Richtlinie vorgeschlagen. Am 14. 5. 2013 geben die EU Finanzminister (Ecofin) der EU Kommission ein Mandat für Verhandlungen mit den fünf Drittstaaten über die Erweiterung der Zinsbesteuerung, unter Berücksichtigung internationaler Entwicklungen. Der Schweizer Bundesrat erteilte am 18. 12. 2013 das Mandat für die konkreten Verhandlungen mit der EU, die dann auch am 17. 1. 2014 begannen.

Am 24. 3. 2014 verabschiedeten die EU Staaten die erweiterte Zinsbesteuerung. Bis Ende 2014 will die EU möglichst die Verhandlungen mit den Drittstaaten abschließen. Die erweiterte Zinsbesteuerung setzt im Wesentlichen an zwei Stellen an:

1. Zukünftig wird das sog. Beneficial Owner Konzept umgesetzt. Danach werden künftig auch Zinserträge erfasst, die bisher durch die Zwischenschaltung juristischer Personen und Strukturen wie Stiftungen und Trusts von dem Anwendungsbereich ausgeschlossen sind. Liegen solche Strukturen in Nicht-EU Staaten, die sie gar nicht besteuern, soll künftig die Zahlstelle in der EU ihre Informationen über den tatsächlichen Eigentümer (den sie aufgrund der Geldwäsche-Vorschriften kennen müsste) nutzen. Liegen die Stiftungen oder Trusts innerhalb der EU, wird dasselbe Problem unter anderem durch eine klarere Definition jener Strukturen (einschließlich Trusts etc.) angegangen, die die Richtlinie anzuwenden haben;
2. Bisher kann die Erfassung i. R. d. EU Zinsbesteuerung aktuell noch durch Produkte umgangen werden, die zinstragenden Anlagen ähnlich sind, aber rechtlich nicht als solche gelten. Mit Hilfe der Ausweitung des Anwendungsbereichs der Richtlinie wird diesem Schlupfloch entgegengewirkt. Neu einbezogen werden sollen bspw. auch bestimmte Lebensversicherungsverträge.

Ab 2017 soll die erweiterte Zinsbesteuerungs-Richtlinie angewandt werden. Die Entwicklung ist parallel zur Einführung des automatischen Informationsaustausches zu sehen.[2423] Von daher wird erwartet, dass die Schweiz mit der EU bereits im ersten oder zweiten Quartal 2015 eine Übereinkunft über den Automatischen Informationsaustausch treffen wird, in deren Folge die bisherige Regelung zur EU-Zinsbesteuerung dann ab 2017 wegfallen wird.

2423 Vgl. B.XIX.6.

VII. Bargeld bei Grenzkontrollen

Bei Reisen aus der Schweiz in EU Mitgliedstaaten, wie etwa Deutschland, bzw. umgekehrt sind seit dem 15. 6. 2007 Bargeldbestände, übertragbare Inhaberpapiere, Wertpapiere, Schecks, Wechsel, Edelmetalle und Edelsteine ab einem Wert von EUR 10'000 bei der Zollverwaltung auch ohne Aufforderung zu melden (§ 12a Abs. 1 ZOLIVG).[2424]

Die Anmeldung muss schriftlich gestellt werden, selbst dann, wenn man nicht Eigentümer der Barmittel ist (Art. 3 Abs. 3 der EU-Verordnung i. V. m. § 12a Abs. 1 Satz 1 ZOLIVG).[2425]

§ 12a Abs. 3 ZOlIVG berechtigt Zollbedienstete mit der Befugnisse nach § 10 ZOLIVG. Hiernach können Zollbedienstete im grenznahen Raum (§ 14 Abs. 1 ZOLIVG) Personen und Beförderungsmittel anhalten. Die zum Anhalten aufgeforderte Person hat auf Verlangen der Zollbediensteten stehenzubleiben und sich auszuweisen. Führer von Beförderungsmitteln haben auf Verlangen zu halten und die Beförderungspapiere vorzulegen. Sie haben den Zollbediensteten auf Verlangen auch zu ermöglichen, an Bord und von Bord zu gelangen. Gepäck, Beförderungsmittel und ihre Ladung können zur Feststellung der Einhaltung der Zollvorschriften an Ort und Stelle oder einem anderen geeigneten Ort geprüft werden.

Ist es zur Ermittlung des Sachverhalts erforderlich, dürfen die Zollbehörden personenbezogene Daten bei nicht öffentlichen Stellen erheben, soweit die Sachverhaltsaufklärung durch den Betroffenen nicht zum Ziel führt oder aussichtslos wäre.

Die Zollbediensteten können, wenn Grund zu der Annahme besteht, dass Bargeld oder gleichgestellte Zahlungsmittel zum Zwecke der Geldwäsche verbracht werden, das Bargeld oder die gleichgestellten Zahlungsmittel bis zum Ablauf des dritten Werktages nach dem Auffinden sicherstellen und in zollamtliche Verwahrung nehmen, um die Herkunft oder den Verwendungszweck aufzudecken.

Die zuständigen Zollbehörden dürfen in bestimmten Grenzen personenbezogene Daten erheben, verarbeiten und nutzen. Die Übermittlung personenbezogener Daten an andere Finanzbehörden ist zulässig, soweit ihre Kenntnis von Bedeutung sein kann zur Durchführung

1. eines Verwaltungsverfahrens in Steuersachen,
2. eines Strafverfahrens wegen einer Steuerstraftat,
3. eines Bußgeldverfahrens wegen einer Steuerordnungswidrigkeit oder
4. eines Verwaltungsverfahrens wegen unerlaubter Finanztransferdienstleistungen.

Bei Streitigkeiten wegen entsprechenden Maßnahmen ist in Deutschland bspw. der Finanzrechtsweg gegeben (§ 12a Abs. 6 ZOLIVG).

Die EUR 10'000-Grenze ist personenbezogen zu prüfen. Selbst wenn gemeinsam in einem PKW reisende Ehegatten über die Grenze fahren, gilt die genannte EUR 10'000-Grenze für den tatsächlichen Besitz pro Person. Die im Fahrzeug mitreisende Ehefrau, in deren Handtasche ein Bargeldbetrag von EUR 16'000 aufgefunden wurde, würde auch nicht das Argument helfen, die

2424 Die Regelung geht zurück auf eine EU-weite Verordnung (EG) Nr. 1889/2005 über die Überweisung von Barmitteln, die in die Gemeinschaft oder aus der Gemeinschaft verbracht werden. Diese ist publiziert im Amtsblatt der EU (ABl., Nr. L 309 v. 25.211.2005, S. 9 – 12. Vgl. hierzu auch Kubaile, StR 9/2007, S. 678. f.

2425 Zum Inhalt der Anmeldung vgl Anhang 7.

Hälfte dieses Betrags gehöre ihrem, im Auto mitfahrenden Ehemann und sie habe dessen Betrag lediglich aufbewahrt. Bei der Damenhandtasche handelt es sich nach Auffassung des OLG Karlsruhe um ein generell von der Betroffenen beherrschtes Behältnis, das der Gewahrsamssphäre der Ehefrau zuzurechnen sei.[2426]

PRAXISHINWEIS

Bei der Einreise in die Schweiz sind seit dem 1. 3. 2009[2427] auf explizite Befragung durch den Schweizer Zöllner mitgeführte Barmittel ab einem Betrag von mindestens CHF 10'000 anzuzeigen.

2426 Vgl. OLG Karlsruhe v. 24. 9. 2002 - 1 Ss 59/02 7 Owi 51 Js 589/02.

2427 Vgl. Verordnung über die Kontrolle des grenzüberschreitenden Barmittelverkehrs v. 11. 2. 2009, SR 631.052, AS 2009, S. 709 ff.

VIII. Eingeschränktes Bankkundengeheimnis in Deutschland

Nach § 30a AO haben deutsche Finanzbehörden bei der Sachverhaltsermittlung auf das Vertrauensverhältnis zwischen den Kreditinstituten und deren Kunden besonders Rücksicht zu nehmen. So dürfen sie von den Kreditinstituten zum Zweck der allgemeinen Überwachung die einmalige oder periodische Mitteilung von Konten bestimmter Art oder bestimmter Höhe nicht verlangen (§ 30a Abs. 2 AO).

Gleichwohl ermöglicht § 93b AO einen Kontenabruf. Nach § 93 Abs. 7 AO ist ein automatisierter Abruf von Kontoinformationen nach § 93b AO zulässig, wenn

1. der Steuerpflichtige eine Steuerfestsetzung nach § 32d Abs. 6 EStG beantragt (sog. Günstigerprüfung) und der Abruf in diesen Fällen zur Festsetzung der Einkommensteuer erforderlich ist oder er erforderlich ist,
2. dieser zur Feststellung von Einkünften nach den §§ 20 und 23 Abs. 1 EStG in Veranlagungszeiträumen bis einschließlich des Jahres 2008 oder
3. zur Erhebung von bundesgesetzlich geregelten Steuern dient, oder
4. der Steuerpflichtige zustimmt.

In diesen Fällen darf die Finanzbehörde bzw. die Gemeinde das Bundeszentralamt für Steuern in Bonn (in den Fällen des § 1 Abs. 2 AO) ersuchen, bei den Kreditinstituten einzelne Daten aus den nach § 93b Abs. 1 AO zu führenden Dateien im automatisierten Verfahren abzurufen und sie an den Ersuchenden übermitteln (§ 93b Abs. 2 AO).

Vor einem Abrufersuchen ist der Betroffene auf die Möglichkeit eines Kontenabrufs hinzuweisen. Dies kann auch durch ausdrücklichen Hinweis in amtlichen Vordrucken und Merkblättern geschehen. Nach Durchführung eines Kontenabrufs ist der Betroffene vom Ersuchenden über die Durchführung zu benachrichtigen. Eine Benachrichtigung kann unterbleiben, soweit

1. sie die ordnungsgemäße Erfüllung der in der Zuständigkeit des Ersuchenden liegenden Aufgaben gefährden würden,
2. sie die öffentliche Sicherheit oder Ordnung gefährden oder sonst dem Wohle des Bundes oder eines Landes Nachteile bereiten würden, oder
3. die Tatsache des Kontenabrufs nach einer Rechtsvorschrift oder seinem Wesen nach, insbesondere wegen der überwiegenden berechtigten Interessen eines Dritten, geheim gehalten werden muss,

und deswegen das Interesse des Betroffenen zurücktreten muss.

In diesem Zusammenhang ist auch das nachfolgende Urteil von Interesse: Im Sinne der Kontenwahrheit (§ 154 Abs. 1 AO) darf niemand auf einen falschen oder erdichteten Namen für sich oder einen Dritten ein Konto errichten oder Buchungen vornehmen lassen, Wertsachen in Verwahrung geben oder verpfänden oder sich ein Schließfach geben lassen. Wer ein Konto führt, Wertsachen verwahrt oder als Pfand nimmt oder ein Schließfach überlässt, hat sich zuvor Gewissheit über die Person und Anschrift des Verfügungsberechtigten zu verschaffen und die entsprechenden Angaben in geeigneter Form festzuhalten (legitimationsgeprüfte Konten, § 154 Abs. 2 AO).

Die Anfertigung von Kontrollmitteilungen auch hinsichtlich legitimationsgeprüfter Konten gemäß § 30a Abs. 3 AO im Rahmen von Bankenprüfungen sind nach einem Urteil des BFH[2428] zulässig, wenn ein hinreichender Anlass für die Kontrollmitteilung besteht. "Hinreichend veranlasst" sei eine Kontrollmitteilung z. B. dann, wenn das zu prüfende Bankgeschäft Auffälligkeiten aufweist, die es aus dem Kreis der alltäglichen und banküblichen Geschäfte hervorheben oder eine für eine Steuerhinterziehung besonders anfällige Art der Geschäftsabwicklung erkennen lassen. Allerdings muss sich der hinreichende Anlass für die "Nachprüfung der steuerlichen Verhältnisse" anhand der konkreten Ermittlungen im Einzelfall und der in vergleichbaren Prüfsituationen gewonnenen verallgemeinerungsfähigen Erkenntnisse nachvollziehbar ergeben. Beispielhaft nennt der BFH u. a. die räumliche Distanz zwischen Wohnort und Sitz der Bank oder ein sich aus den Zahlen ergebendes voraussichtliches Überschreiten von Freibeträgen des Kunden.

Im entscheidungsrelevanten Fall war ein bankinternes Aufwandskonto geprüft worden, welches selbst nicht legitimationsgeprüft war, aber auf entsprechend geprüfte Kundenkonten verwies.

2428 Vgl. BFH v. 9. 12. 2008, Az. VII R 47/07.

Anhänge

Anhang 1 Verrechnungssteuer auf Dividenden

- Formular 85: Antrag auf Rückerstattung der schweizerischen Verrechnungssteuer von Dividenden und Zinsen
- Formular 102: Verrechnungssteuer auf geldwerten Leistungen (bei a. o. GV-Beschlüssen)
- Formular 103: Verrechnungssteuer auf dem Ertrag inländischer Aktien, Partizipations- und Genussscheine (bei der AG)
- Formular 108: Meldung statt Entrichtung der schweizerischen Verrechnungssteuer auf Dividenden aus wesentlicher Beteiligung einer ausländischen Kapitalgesellschaft (zusammen mit Form. 102/103/110/7 einzureichen)
- Formular 110: Verrechnungssteuer auf dem Ertrag von Gesellschaftsanteilen, Partizipations- und Genussscheinen inländischer GmbH
- Formular 150: EU-Steuerrückbehalt in der Schweiz gemäß Zinsbesteuerungsgesetz (ZBstG) vom 17.12.2004
- Formular 151: EU-Zinsmeldung in der Schweiz gemäß Zinsbesteuerungsgesetz (ZBstG) vom 17.12.2004
- Formular 823B: Gesuch um Meldung statt Entrichtung der Versteuerung der Dividendenerträge infolge wesentlicher Beteiligung einer ausländischen Kapitalgesellschaft
- Formular 823C: Gesuch um Meldung statt Entrichtung der Verrechnungssteuer auf Dividendenzahlungen an eine ausländische Kapitalgesellschaft, welche eine wesentliche Beteiligung hält
- Formular R-D 1 (natürliche Personen): Antrag auf Erstattung der deutschen Abzugsteuern von Kapitalerträgen nach dem deutsch-schweizerischen Doppelbesteuerungsabkommen vom 11. August 1971 (1. Ausfertigung für das Bundeszentralamt für Steuern)
- Formular R-D 2 (juristische Personen): Antrag auf Erstattung der deutschen Abzugsteuern von Kapitalerträgen nach dem deutsch-schweizerischen Doppelbesteuerungsabkommen vom 11. August 1971 (1. Ausfertigung für das Bundeszentralamt für Steuern)
- Formular R-D 5 (Kapitalgesellschaften): Antrag auf (Teil-)Freistellung von der deutschen Abzugsteuer von Kapitalerträgen nach § 50 d EstG i. V. m. dem deutsch-schweizerischen Doppelbesteuerungsabkommen vom 11. August 1971 (1. Ausfertigung für das Bundeszentralamt für Steuern)

Formular 85: Antrag auf Rückerstattung der schweizerischen Verrechnungssteuer von Dividenden und Zinsen

Deutsch – Schweizerisches Doppelbesteuerungsabkommen vom 11. August 1971
http://www.estv.admin.ch

ANTRAG AUF RÜCKERSTATTUNG
der schweizerischen Verrechnungssteuer von Dividenden und Zinsen

Form 85

Erstmaliger Antrag Ja ☒ Nein ☐

Dossier-Nummer

ESTV

998043

Antrag auf Rückerstattung für die Fälligkeitsjahre 2

Kontakt Tel. Nr. E-Mail

ERTRAGSGLÄUBIGER
Vollständiger Name und Vorname/Firmenname gemäss: Handels- und/oder Steuerregister, vollständige Adresse

Deutschland

Vollständige Zahlungsadresse
IBAN (International Bank Account Number)
z. B.: DE89 3704 0044 0532 0130 00

Bank des Begünstigten:

BIC (SWIFT):

IBAN Begünstigter:

Begünstigter:

PLZ/Ort:

Kundennummer:

ERTRAGSGLÄUBIGER ODER BEAUFTRAGTER:
Name und Adresse vollständig (obligatorisch)

bitte leerlassen

ESTV - 01.05.2013 - 1.7.37 - Nov 17. 2014

DIE BETRÄGE MÜSSEN IN SCHWEIZER FRANKEN ANGEGEBEN WERDEN!

Bezeichnung der Guthaben und Wertschriften Name des Schuldners / der Bank / Ort	Datum des Erwerbs	Guthaben Nennwert Anzahl Aktien	Zinssatz Div. pro/ Stk.	Ertragsfälligkeiten (Tag, Monat, Jahr)	**Bruttodividenden** inkl. Ausschüttungen von Anlagefonds 20 % **CHF**	Grenzkraftwerke 30 % **CHF**	von Tochtergesellschaften mit mind. 10% Beteiligung *...... % **CHF**	**Bruttozinsen** 35 % **CHF**
1	2	3	4	5	6	7	8	9
Details zu Rückerstattungssätzen: Bitte Weisungen beachten!		**Total der steuerbelasteten Bruttoerträge**						

20 % vom Total der Kolonne 6 .... **CHF**

30 % vom Total der Kolonne 7 .... **CHF**

*.... % vom Total der Kolonne 8 ... **CHF**

35 % vom Total der Kolonne 9 ..... **CHF**

Total beantragte Rückerstattung . **CHF**

(zu verwenden ab 1.1.2012)

Der Unterzeichnete bestätigt hiermit die Richtigkeit aller auf diesem Formular gemachten Angaben.
Unterschrift:

Ort und Datum:

Beilagen:

Bitte Rückseite beachten
Seite 1

Exemplar für die Eidgenössische Steuerverwaltung, Bern (Seite 1+2)

Beim Ausfüllen des Formulars, bitten wir Sie, die beiliegenden Weisungen zu beachten

Die Verwendung der amtlichen Formulare zur Beantragung der Rückerstattung ist zwingend vorgeschrieben und der Nachdruck bzw. die Reproduktion dieser Formulare – in welcher Form auch immer – ist untersagt. Bei Verwendung anderer als der offiziellen Formulare kann eine Verarbeitung nicht sichergestellt werden und die Belastung von Bearbeitungskosten bleibt ausdrücklich vorbehalten.

FRAGEN, WELCHE DURCH DEN ERTRAGSGLÄUBIGER ZU BEANTWORTEN SIND (Wird der Antrag durch einen Beauftragten ausgefüllt, bedeutet der Ausdruck «Sie» der Ertragsgläubiger)

1. Zu den auf der Vorderseite genannten Ertragsfälligkeiten (Spalte 5):

☐ Ja ☐ Nein — a) Waren Sie an den genannten Ertragsfälligkeiten zur **Nutzung der Vermögenswerte berechtigt**, deren Erträge in den Spalten 6, 7, 8 und 9 enthalten sind?
Wenn nein, ist die Begründung des Rückerstattungsanspruchs unter «10. BEMERKUNGEN» anzugeben.

☐ Ja ☐ Nein — b) Haben Sie diese **Erträge für eigene Rechnung einkassiert?**
Wenn nein, sind die Gründe unter «10. BEMERKUNGEN» anzugeben.

☐ Ja ☐ Nein — c) Wenn die Frage b) mit «Ja» beantwortet wird, sind die Titel **Eigenbestände** (Nostro/eigenes Wertschriftendepot), nicht für Rechnung Dritter (Ihrer Kunden)?

☐ Ja ☐ Nein — d) Wenn die Frage c) mit «Ja» beantwortet wird, waren diese Titel zum Zeitpunkt der Fälligkeiten ausgeliehen, d.h. Teil von sog. **«Securities Lending Transactions»?** Bitte unter «10 Bemerkungen» die Beteiligten offenlegen.

☐ Ja ☐ Nein — e) Waren Sie im Sinne des Doppelbesteuerungsabkommens an dem auf der Vorderseite genannten Wohnsitz (Sitz) **ansässig?**
Wenn nein, ist uns unter «10 BEMERKUNGEN» mitzuteilen, wo Sie im Zeitpunkt der Ertragsfälligkeiten ihr Steuerdomizil hatten und wo sich ihr Wohnort bzw. Steuerdomizil im Zeitpunkt der Antragstellung befunden hat. Gleichzeitig sind uns sämtliche An- und Abmeldedaten im Detail bekannt zu geben.

2. Im Kalenderjahr an den auf der Vorderseite genannten Ertragsfälligkeiten (Spalte 5):

a) **Rechtsform** des Ertragsgläubigers (falls nicht natürliche Person):

☐ Ja ☐ Nein — b) Hatten Sie eine **Betriebsstätte** in der Schweiz, oder waren Sie an einer schweizerischen **Kollektiv- oder Kommanditgesellschaft** beteiligt?
Wenn ja, sind Firma und Adresse der Betriebsstätte oder der Kollektiv- bzw. Kommanditgesellschaft unter «10. BEMERKUNGEN» anzugeben.

☐ Ja ☐ Nein — **3.** Nur von natürlichen Personen zu beantworten: Sind Sie für die auf der Vorderseite bezeichneten Kapitalerträge in Deutschland unbeschränkt steuerpflichtig?
Wenn nein, sind die Gründe unter «10. BEMERKUNGEN» anzugeben.

4. Nur von **juristischen Personen** zu beantworten:
☐ Ja ☐ Nein — Ist der Ertragsgläubiger körperschaftssteuerpflichtig?

5. Nur von **OHG** und **Kommanditgesellschaften** zu beantworten:
☐ Ja ☐ Nein — Stehen mindestens ¾ der Gewinne der Gesellschaft Personen zu, die in der Bundesrepublik Deutschland ansässig sind?

☐ Ja ☐ Nein — **6.** Nur von **GBR** (Gesellschaften bürgerlichen Rechts) zu beantworten:
Handelt es sich um eine GBR?
Wenn ja, ist uns ein Verzeichnis einzureichen oder unter «10. BEMERKUNGEN» die Namen, Adressen sowie Wohnsitze der daran beteiligten Personen unter Angabe der Anteilsquoten in Prozenten anzugeben.

7. Nur von **Stiftungen** zu beantworten:

☐ Ja ☐ Nein — a) Ist die Stiftung körperschaftssteuerpflichtig?
Wenn nein, ist uns diesbezüglich ein vom Deutschen Finanzamt ausgestellter Freistellungsbescheid nach Artikel 5 Absatz 1 Nr. 9 Körperschaftssteuergesetz (KStG) und nach Artikel 3 Nr. 6 Gewerbesteuergesetz (GewStG) einzureichen.

☐ Ja ☐ Nein — **8.** Steht der Antrag im Zusammenhang mit Einkünften aus einer **Erbschaft?**
Anträge für Erblasser oder von Erbengemeinschaften müssen folgende Angaben enthalten: Vorname und Name, letzter Wohnsitz und Todestag des Erblassers, Vorname und Name sowie genaue Adresse der am Nachlass beteiligten Personen und deren Anteile (Erbquoten). Bitte Erbbescheinigung beilegen.

☐ Ja ☐ Nein — **9.** Bei **Sondervermögen, Anlagefonds und dergleichen ist die Quote in Prozent der in Deutschland ansässigen Anteilseigner** bekannt zu geben:
Der Rückerstattungsanspruch ist auf der Antragsvorderseite entsprechend zu kürzen!

10. BEMERKUNGEN:

BESTÄTIGUNG DES WOHNSITZFINANZAMTES	RAUM FÜR AMTLICHE VERMERKE	STEMPEL UND UNTERSCHRIFT
Es wird bestätigt, dass der Ertragsgläubiger an den in Spalte 5 angegebenen Ertragsfälligkeiten seinen Wohnsitz im Sinne des Doppelbesteuerungsabkommens in der Bundesrepublik Deutschland gehabt hat und hier zu den Steuern vom Einkommen herangezogen wird, sowie die Versteuerung der in diesem Antrag angegebenen Erträge überwacht wird.	Eingangsdatum Steuernummer Bemerkungen	 Ort und Datum ....

Seite 2

Formular 102: Verrechnungssteuer auf geldwerten Leistungen (bei a. o. GV-Beschlüssen)

Schweizerische Eidgenossenschaft
Confédération suisse
Confederazione Svizzera
Confederaziun svizra

Eidgenössisches Finanzdepartement EFD
Eidgenössische Steuerverwaltung ESTV
Hauptabteilung Direkte Bundessteuer, Verrechnungssteuer, Stempelabgaben
3003 Bern Eigerstrasse 65
www.estv.admin.ch

Form. 102

Dossier S- ______
In der Korrespondenz angeben

Ordentliche Dividenden sind nicht auf diesem Formular zu deklarieren, sondern auf Form. 103 (GmbH 110)

ESTV

P.P. CH-3003 Bern, ESTV, DVS

00000000 04 4102

Bitte **GV-PROTOKOLL** beifügen

Tel. ______ Ref. ______

E-Mail: ______

Geschäftsjahr endend am: ______

Fälligkeit der Leistung (Tag, Monat, Jahr): ______
(Datum, ab dem die Auszahlung der Ausschüttung geltend gemacht werden kann)
(unbedingt ausfüllen)

ESTV - 01.03.2013 - 1.7.37 - Nov 17, 2014

Verrechnungssteuer

Erfolgte die Ausschüttung im Verhältnis zum Gesellschaftskapital? (Siehe Ziffer 2 der Erläuterungen) Ja ☐ Nein ☐

Wenn nein, bitte Begünstigte auf Seite 2 angeben.

Code ESTV		Kapitalbezeichnung	Ausschüttungsbetrag
A	Ausserordentliche Dividende/Ausschüttung		
C	Gratisaktien/-stammanteile		
D	Liquidationsüberschuss		
		Art der steuerbaren Leistung (genaue Angaben):	
E	Wiederkehrende geldwerte Leistungen		
F	Andere geldwerte Leistungen		
		Total[1] Fr.	

Berechnung der Verrechnungssteuer .... 35% von Ziffer 1 = Fr./Rp. ______

./. **Verrechnungssteuer auf nicht ausgerichteten Ausschüttungen auf eigene Titel** (direkt gehalten) **gemäss Ziffer 3 der Erläuterungen** .... **Fr./Rp.** ______

./. **Verrechnungssteuer auf Ausschüttungen im Konzernverhältnis gemäss Ziffer 4 der Erläuterungen; Gesuchsformular(e) beilegen** (abrufbar unter www.estv.admin.ch) .... **Fr./Rp.** ______

Die Verrechnungssteuer ist gemäss Zahlungsmodalitäten auf Seite 3 zu überweisen. Code ESTV ______ Code ESTV **212** **Fr./Rp.** ______

Erhebung: ______

Datum: ______ Unterschrift: ______

Formular 103: Verrechnungssteuer auf dem Ertrag inländischer Aktien, Partizipations- und Genussscheine (bei der AG)

Schweizerische Eidgenossenschaft
Confédération suisse
Confederazione Svizzera
Confederaziun svizra

Eidgenössisches Finanzdepartement EFD
Eidgenössische Steuerverwaltung ESTV
Hauptabteilung Direkte Bundessteuer, Verrechnungssteuer, Stempelabgaben
3003 Bern, Eigerstrasse 65
www.estv.admin.ch

Form. 103

Dossier S-

In der Korrespondenz angeben

ESTV

Verrechnungssteuer auf dem Ertrag inländischer Aktien, Partizipations- und Genussscheine

Erläuterungen siehe Seite 2

P.P. CH-3003 Bern, ESTV, DVS

00000000 04 4103

Bitte unterzeichnete **JAHRESRECHNUNG** beifügen

Tel. Ref.

Steuerabrechnung für das Geschäftsjahr, beginnend am , endend am

Datum der Generalversammlung, welche die Jahresrechnung genehmigt hat (unbedingt ausfüllen)

Fälligkeit der Dividende: (Datum, ab welchem die Auszahlung der Dividende geltend gemacht werden kann) (unbedingt ausfüllen)

Erfolgte die Dividende im Verhältnis zum Gesellschaftskapital? (Siehe Ziffer 4 der Erläuterungen) Ja ☐ Nein ☐

Kapital anlässlich der Generalversammlung

Art der Titel Stamm-/ Prioraktien, Partizipationsscheine, Genussscheine	**Total Nennwert** oder **Anzahl der Titel** (für jene ohne Nennwert) Fr. + Rp. / Titel	**Total liberiert** Fr.	**Dividende in Prozent** (Ziffer 5)	**Brutto-Dividende auf liberiertem Kapital Total** (Ziffer 6) Fr. (ohne Rappen)	Code ESTV
			Total¹ Fr.		

Berechnung der Verrechnungssteuer 35% von Ziffer ¹ = Fr./Rp.

./. Verrechnungssteuer auf nicht ausgerichteten Dividenden auf eigene Titel (direkt gehalten) **gemäss Ziffer 7 der Erläuterungen** Fr./Rp.

./. Verrechnungssteuer auf Dividenden im Konzernverhältnis gemäss Ziffer 8 der Erläuterungen; Gesuchsformular(e) beilegen (abrufbar unter www.estv.admin.ch) Fr./Rp.

Die Verrechnungssteuer ist gemäss Zahlungsmodalitäten auf Seite 3 zu überweisen. Code ESTV **212** **Fr./Rp.**

Rückkauf eigener Titel: (direkt ☐ und/oder indirekt ☐ über Tochtergesellschaften)

Seit wann halten Sie direkt und/oder indirekt eigene Titel? (Tag, Monat, Jahr)

Bestand zu Beginn des Geschäftsjahres: Stück / in Prozent des Gesamtkapitals: %

Käufe: Stück

Verkäufe: Stück

Bestand am Ende des Geschäftsjahres: Stück / in Prozent des Gesamtkapitals: %

Wurde im Geschäftsjahr, auch nur kurzfristig, die gesetzlich erlaubte Limite von 10% überschritten? Ja ☐ Nein ☐

Datum: Unterschrift:

ESTV - 01.06.2012 - 1.7.37 - Nov 17, 2014

Formular 108: Meldung statt Entrichtung der schweizerischen Verrechnungssteuer auf Dividenden aus wesentlicher Beteiligung einer ausländischen Kapitalgesellschaft (zusammen mit Form. 102/103/110/7 einzureichen)

Schweizerische Eidgenossenschaft
Confédération suisse
Confederazione Svizzera
Confederaziun svizra

Eidgenössisches Finanzdepartement EFD
Eidgenössische Steuerverwaltung ESTV
Hauptabteilung Direkte Bundessteuer,
Verrechnungssteuer, Stempelabgaben
3003 Bern Eigerstrasse 65 058 462 71 50
www.estv.admin.ch

Form. 108

ESTV

Meldung statt Entrichtung der schweizerischen Verrechnungssteuer auf Dividenden aus wesentlicher Beteiligung einer ausländischen Kapitalgesellschaft

00000001 04 4108

Dieses Formular ist zusammen mit den Form. 7, 102, 103 oder 110 der Eidg. Steuerverwaltung einzureichen.

ESTV - 01.05.2011 - 1.7.37 - Nov 17, 2014

Angaben der Empfängerin der Dividende:

SR-

Bewilligungs-Nummer: 0

Ausländ. Steuernummer:

Firma: · Adresse: ·

Ort: · Statutarischer Sitz: ·

Tel. Ref. Staat: ·

Angaben über die Beteiligung an der die Dividende bezahlenden Gesellschaft:

Titelart (Namen- oder Inhaberaktien, PS und Stammanteile an GmbH):

Gesamter Nennwert der Beteiligung: nominal Fr.

Beteiligung am gesamten Grund- oder Stammkapital in %:
(Kommastellen abrunden auf ganze Prozente, z.B. 19,99 % = 19 % und nicht 20 %)

Stimmrechtsanteil in %:

Angaben der Schuldnerin der Dividende:

S-

Firma: · Adresse: ·

Ort: · Statutarischer Sitz: ·

Tel. Ref.

Wir bestätigen, dass die oben genannte Empfängerin der Dividende (Kapitalgesellschaft) Inhaberin der von ihr deklarierten Beteiligungsrechte unserer Gesellschaft ist und dass sie ihren Gewinnanspruch mit Ertragsfälligkeit →
geltend gemacht hat. Wir haben von den Erläuterungen zu Formular 7, 102, 103, oder 110 Kenntnis genommen und überweisen der obgenannten Empfängerin die Dividende ohne Abzug der nach dem Doppelbesteuerungsabkommen rückforderbaren Verrechnungssteuer.

Anteilsmässige Bardividende ohne Verrechnungssteuerabzug: Fr.

Zu meldende Verrechnungssteuer
(35% abzüglich residuale Verrechnungssteuer in zu übertragen auf Formular 7, 102, 103, oder 110 % Fr.

Datum: Rechtsverbindliche Unterschrift:

Formular 110: Verrechnungssteuer auf dem Ertrag von Gesellschaftsanteilen, Partizipations- und Genussscheinen inländischer GmbH

Schweizerische Eidgenossenschaft
Confédération suisse
Confederazione Svizzera
Confederaziun svizra

Eidgenössisches Finanzdepartement EFD
Eidgenössische Steuerverwaltung ESTV

Hauptabteilung Direkte Bundessteuer, Verrechnungssteuer, Stempelabgaben
3003 Bern Eigerstrasse 65
www.estv.admin.ch

Form. 110

Dossier S-

In der Korrespondenz angeben

Verrechnungssteuer auf dem Ertrag von Gesellschaftsanteilen, Partizipations- und Genussscheinen inländischer GmbH

ESTV

P.P. CH-3003 Bern, ESTV, DVS

Erläuterungen siehe Seite 2

00000001 04 4110

Bitte unterzeichnete **JAHRESRECHNUNG** beifügen

Tel. Ref.

ESTV - 20.02.2012 - 1.7.37 - Nov 17, 2014

Steuerabrechnung für das Geschäftsjahr, beginnend am , endend am

Datum der Gesellschafterversammlung, welche die Jahresrechnung genehmigt hat: (unbedingt ausfüllen)

Fälligkeit der Leistung: (Datum, ab welchem die Auszahlung der Leistung geltend gemacht werden kann) (unbedingt ausfüllen)

Erfolgte die Ausschüttung im Verhältnis zum Gesellschaftskapital? (Siehe Ziffer 4 der Erläuterungen) Ja ☐ Nein ☐

Kapital anlässlich der Gesellschafterversammlung

Art der Titel Stammkapital, Partizipationsscheine, Genussscheine	**Total Nennwert** oder **Anzahl der Titel** (für jene ohne Nennwert) Fr. + Rp. / Titel	**Total liberiert** Fr.	**Ausschüttung in Prozent** (Ziffer 5)	**Brutto-Ausschüttung auf liberiertem Kapital Total** (Ziffer 6) Fr. (ohne Rappen)	Code ESTV
			Total[1] Fr.		

Berechnung der Verrechnungssteuer 35% von Ziffer [1] = Fr./Rp.

./. Verrechnungssteuer auf nicht ausgerichtete Ausschüttung auf eigene Titel (direkt gehalten) **gemäss Ziffer 7 der Erläuterungen** **Fr./Rp.**

./. Verrechnungssteuer auf Ausschüttungen im Konzernverhältnis gemäss Ziffer 8 der Erläuterungen; Gesuchsformular(e) beilegen (abrufbar unter www.estv.admin.ch) **Fr./Rp.**

Die Verrechnungssteuer ist gemäss Zahlungsmodalitäten auf Seite 3 zu überweisen. Code ESTV **213** **Fr./Rp.**

Rückkauf eigener Titel: (direkt ☐ und/oder indirekt ☐ über Tochtergesellschaften)

Seit wann halten Sie direkt und/oder indirekt eigene Titel? (Tag, Monat, Jahr)

Bestand zu Beginn des Geschäftsjahres: Stück / in Prozent des Gesamtkapitals: %

Käufe: Stück

Verkäufe: Stück

Bestand am Ende des Geschäftsjahres: Stück / in Prozent des Gesamtkapitals: %

Wurde im Geschäftsjahr, auch nur kurzfristig, die gesetzlich erlaubte Limite von 10% überschritten? Ja ☐ Nein ☐

Datum: Unterschrift:

Formular 150: EU-Steuerrückbehalt in der Schweiz gemäß Zinsbesteuerungsgesetz (ZBstG) vom 17.12.2004

Schweizerische Eidgenossenschaft
Confédération suisse
Confederazione Svizzera
Confederaziun svizra

Eidgenössisches Finanzdepartement EFD
Eidgenössische Steuerverwaltung ESTV

Hauptabteilung Direkte Bundessteuer,
Verrechnungssteuer, Stempelabgaben
3003 Bern Eigerstrasse 65 058 462 71 50
www.estv.admin.ch

Form. 150

Dossier
Incarto S-

EU-Steuerrückbehalt
in der Schweiz gemäss Zinsbesteuerungsgesetz (ZBstG)
vom 17.12.2004

Retenue d'impôt UE
en Suisse en vertu de la loi sur la fiscalité de l'épargne (LFisE)
du 17.12.2004

Ritenuta di imposta UE
in Svizzera in virtù della legge sulla fiscalità del risparmio (LFR)
del 17.12.2004

Name und Adresse der Zahlstelle - Nom et adresse de l'agent payeur - Nome e indirizzo dell'agente pagatore

Tel.: ____________ Ref./Réf./Rif.: ____________

E-Mail: ____________

ESTV

Dieses Formular ist bis spätestens am 31. März des auf die steuerbaren Zinszahlungen folgenden Kalenderjahres einzureichen.
Cette formule est à envoyer au plus tard jusqu'au 31 mars de l'année civile suivant les paiements des intérêts imposables.
Questo modulo deve essere inviato al più tardi entro il 31 marzo dell'anno civile successivo ai pagamenti d'interessi imponibili.

Steuerabrechnung für das Jahr endend am
Décompte de l'impôt pour l'année se terminant le
Conteggio d'imposta per l'anno terminato il

ESTV - 01.06.2013 - 1.7.37 - Nov 17, 2014

	Code ESTV/AFC				Code ESTV/AFC		
BE	601	CHF		NL	615	CHF	
DK	602	CHF		AT	616	CHF	
DE	603	CHF		PL	617	CHF	
EE	604	CHF		PT	618	CHF	
FI	605	CHF		SK	619	CHF	
FR	606	CHF		SI	620	CHF	
GR	607	CHF		ES	621	CHF	
GB	608	CHF		SE	622	CHF	
IE	609	CHF		CZ	623	CHF	
IT	610	CHF		HU	624	CHF	
LV	611	CHF		CY	625	CHF	
LT	612	CHF		BG	626	CHF	
LU	613	CHF		RO	627	CHF	
MT	614	CHF		HR	628	CHF	

Total **CHF** ____________ *

*Bitte nachfolgende Zahlungsanweisungen beachten.
Veuillez tenir compte des instructions de paiement ci-dessous.
Vogliate osservare le istruzioni di pagamento citate in seguito.

Datum / Date / Data ____________

Unterschrift
Signature
Firma ____________

Formular 151: EU-Zinsmeldung in der Schweiz gemäß Zinsbesteuerungsgesetz (ZBstG) vom 17.12.2004

Schweizerische Eidgenossenschaft
Confédération suisse
Confederazione Svizzera
Confederaziun svizra

Eidgenössisches Finanzdepartement EFD
Eidgenössische Steuerverwaltung ESTV

Hauptabteilung Direkte Bundessteuer, Verrechnungssteuer, Stempelabgaben
3003 Bern Eigerstrasse 65 058 462 71 50
www.estv.admin.ch

Form. 151

Dossier
Incarto S-

Name der Zahlstelle / Nom de l'agent payeur / Nome dell'agente pagatore

Adresse / Adresse / Indirizzo

Postleitzahl/Numéro postal/Codice postale CH

Wohnort / Domicile / Domicilio

EU-Zinsmeldung

in der Schweiz gemäss Zinsbesteuerungsgesetz (ZBstG) vom 17.12.2004

Déclaration d'intérêts UE

en Suisse en vertu de la loi sur la fiscalité de l'épargne (LFisE) du 17.12.2004

Dichiarazione d'interessi UE

in Svizzera in virtù della legge sulla fiscalità del risparmio (LFR) del 17.12.2004

Tel.: ____________ Ref./Réf./Rif.: ____________

E-Mail: ____________

ESTV

Dieses Formular ist bis spätestens am 31. März des auf die Zinszahlungen folgenden Kalenderjahres zu übermitteln.
Cette formule est à transmettre au plus tard jusqu'au 31 mars de l'année civile suivant les paiements des intérêts.
Questo modulo deve essere trasmesso al più tardi entro il 31 marzo dell'anno civile successivo ai pagamenti d'interessi.

Meldungstyp / Type d'annonce / Tipo di notifica

Laufnummer / Numéro continu / Numero in circolazione

ESTV - 01.06.2013 - 1.7.37 - Nov 17, 2014

Meldung an EU-Mitgliedstaat
Déclaration à un Etat membre UE
Dichiarazione per lo Stato membro UE

Land / Pays / Paese

Zinsmeldung für das Jahr endend am
Déclaration d'intérêts pour l'année se terminant le
Dichiarazione d'interessi per l'anno terminato il

Identität und Wohnsitz des Nutzungsberechtigten
Identité et résidence du bénéficiaire effectif
Identità e residenza del beneficiario effettivo

Name / Nom / Cognome

Adresse / Adresse / Indirizzo

Vorname / Prénom / Nome

Land / Pays / Paese

Postleitzahl / Numéro postal / Codice postale

Wohnort / Domicile / Domicilio

Weitere Ländercodes siehe / Codes d'autres pays voir / Per i codici degli altri paesi vedi:
www.iso.org (iso 3166 Code lists)

Kundennummer / Numéro du client / Numero del cliente

Zinsbetrag (ohne Kommastellen)
Montant d'intérêt (sans décimales)
Importo d'interesse (senza virgola)

Währungscode / Code de la monnaie / Codice della valuta

Weitere Währungscodes siehe / Codes d'autres monnaies voir / Per i codici delle altre valute vedi:
www.iso.org (iso 4217 Currency names)

Datum / Date / Data

Unterschrift / Signature / Firma

Formular 823B: Gesuch um Meldung statt Entrichtung der Versteuerung der Dividendenerträge infolge wesentlicher Beteiligung einer ausländischen Kapitalgesellschaft

Schweizerische Eidgenossenschaft
Confédération suisse
Confederazione Svizzera
Confederaziun svizra

Eidgenössisches Finanzdepartement EFD
Eidgenössische Steuerverwaltung ESTV

Hauptabteilung Direkte Bundessteuer,
Verrechnungssteuer, Stempelabgaben
3003 Bern Eigerstrasse 65
www.estv.admin.ch

Form. 823 B

Dossier S- ______

Dossier SR- ______

ESTV

GRUNDGESUCH* um Meldung statt Entrichtung der Verrechnungssteuer der Dividendenerträge infolge wesentlicher Beteiligung einer ausländischen Kapitalgesellschaft

* Neben diesem Gesuch ist für jede Dividende ein separates Einzelgesuch Form. 108 zu stellen

– Gestützt auf ein Doppelbesteuerungsabkommen (DBA) ohne DBA-USA

Dieses Gesuch ist **vorgängig der Dividendenfälligkeit** bei der Eidgenössischen Steuerverwaltung (ESTV) einzureichen.

1. **Name und Adresse** der schweizerischen Kapitalgesellschaft oder Genossenschaft (Dividendenschuldnerin)

______

______

PLZ: ______ ______

Statutarischer Sitz: ______

Gründung (TT.MM.JJJJ): ______

Tel.: ______ Ref.: ______

Name und Adresse der ausländischen Kapitalgesellschaft (Dividendenempfängerin)

______

______

Staat: ______

Statutarischer Sitz: ______

Gründung (TT.MM.JJJJ): ______

Beteiligung an der Dividenden-schuldnerin seit (TT.MM.JJJJ): ______

ESTV 01.07.2013 1727 Nov 17 2014

2. **Aktienkapital / Gesellschaftskapital**

CHF ______

☐ Namenaktien
☐ Inhaberaktien
☒ Zutreffendes ankreuzen

☐ Stammanteile

☐ Partizipationsscheine
☐ Genussscheine

Total

	Anzahl Aktien	Total Nominalwert der Aktien und Stammanteile	Kapitalanteil in %	Anteil an den Stimmrechten in %	Anzahl	Total Nominalwert der Anteilsscheine	Anteil in %	Anteile in %
a. insgesamt								
b. davon stehen der ausländischen Dividendenempfängerin zu: ☐ direkt ☐ indirekt								

3. Hat die Dividendenschuldnerin in der Vergangenheit bereits ein Gesuch um Bewilligung der Inanspruchnahme des Meldeverfahrens für Ausschüttungen an die Dividendenempfängerin gestellt?

☐ Ja → Datum und Nummer der Bewilligung: ______
☐ Nein

4. **Die schweizerische Dividendenschuldnerin ersucht** um die Bewilligung, die Verrechnungssteuer während der Bewilligungsdauer, an denen die Dividendenempfängerin im Zeitpunkt der Fälligkeit das Nutzungsrecht besitzt, zu dem im massgebenden Doppelbesteuerungsabkommen für wesentliche Beteiligungen vorgesehenen reduzierten Satz auszurichten.

5. **Die Dividendenschuldnerin und die Dividendenempfängerin erklären,** dass die in diesem Gesuch gemachten Angaben der Wahrheit entsprechen. Die ESTV ist unverzüglich zu benachrichtigen, wenn wesentliche Tatsachen ändern sollten (insbesondere die Aktionärs- und Beteiligungsverhältnisse). Unterbleibt dies, behält sich die ESTV vor, die Abkommensberechtigung zu verneinen.

Rechtsverbindliche Unterschrift(en) der Dividendenschuldnerin:

Ort und Datum: ______

Rechtsverbindliche Unterschrift(en) der Dividendenempfängerin:

Ort und Datum: ______

ERLÄUTERUNGEN:

1. **Allgemeines:** Das Bewilligungsgesuch ist der zuständigen Steuerbehörde im Ansässigkeitsstaat der Dividendenempfängerin einzureichen. Nachdem diese die erforderliche Bestätigung erteilt hat, erhält die Dividendenschuldnerin das Formular zurück. Unvollständige oder mangelhafte Formulare werden zurückgewiesen.
2. **Geltendmachung:** Das Formular ist der Eidgenössischen Steuerverwaltung, Eigerstrasse 65, CH-3003 Bern einzureichen.
3. **Vollmacht:** Wird das Gesuch von einem Beauftragten unterzeichnet, so hat dieser sich mit einer Vollmacht der Dividendenempfängerin auszuweisen.

Die Anträge werden nach Zonen bearbeitet. Die Verteilung der Zonen und die Auskunftsnummer sind unter http://www.estv.admin.ch/org/00046/00052/00057/index.html?lang=de zu finden.

ANGABEN FÜR DIE STEUERBEHÖRDEN:

1. Rechtsform der Dividendenempfängerin: ____________________

   Ausländische Steuernummer: ____________________

2. Die Dividendenempfängerin erklärt, dass sie bei der Steuerbehörde in ____________________ geführt wird und dass sie im Ansässigkeitsstaat unbeschränkt steuerpflichtig ist.

   Bemerkungen: ____________________

3. Fragen

   Bitte zutreffendes ankreuzen: ☒

   a) ☐ Ja ☐ Nein Ist die Dividendenempfängerin zur Nutzung der Beteiligung an der Dividendenschuldnerin berechtigt und bezieht sie die Dividenden für eigene Rechnung? Wenn nein unter «Bemerkungen» begründen.

   b) ☐ Ja ☐ Nein Übt die Dividendenempfängerin eine Handels- oder Gewerbetätigkeit über eine Betriebsstätte in der Schweiz aus?

   Bemerkungen: ____________________

BESTÄTIGUNG DER ZUSTÄNDIGEN AUSLÄNDISCHEN STEUERBEHÖRDE		STEMPEL UND UNTERSCHRIFT
Es wird bestätigt, dass: – die Dividendenempfängerin im Sinne des massgebenden Doppelbesteuerungsabkommens im auf der Vorderseite angegebenen Staat ansässig ist; – die von der Dividendenempfängerin auf diesem Antrag gemachten Angaben nach den vorliegenden Kenntnissen richtig sind.	Eingangsdatum Ausländische Steuerbehörde	 Ort und Datum

Durch die ESTV auszufüllen

Bewilligung Nr. ____________________

Geprüft ____________________

Kontrolle ____________________

Formular 823C: Gesuch um Meldung statt Entrichtung der Verrechnungssteuer auf Dividendenzahlungen an eine ausländische Kapitalgesellschaft, welche eine wesentliche Beteiligung hält

Schweizerische Eidgenossenschaft
Confédération suisse
Confederazione Svizzera
Confederaziun svizra

Eidgenössisches Finanzdepartement EFD
Eidgenössische Steuerverwaltung ESTV
Hauptabteilung Direkte Bundessteuer, Verrechnungssteuer, Stempelabgaben
3003 Bern Eigerstrasse 65
www.estv.admin.ch

Form. 823 C

Dossier S- ____

Dossier SR- ____

ESTV

GRUNDGESUCH* um Meldung statt Entrichtung der Verrechnungssteuer auf Dividendenzahlungen an eine ausländische Kapitalgesellschaft, welche eine wesentliche Beteiligung hält

* Neben diesem Gesuch ist für jede Dividende ein separates Einzelgesuch Form. 108 zu stellen

– Gestützt auf das Zinsbesteuerungsabkommen (ZbstA)

Dieses Gesuch ist **vorgängig der Dividendenfälligkeit** bei der Eidgenössischen Steuerverwaltung (ESTV) einzureichen.

1. **Name und Adresse** der schweizerischen Kapitalgesellschaft (Dividendenschuldnerin)

PLZ: ____ ____

Statutarischer Sitz: ____

Gründung (TT.MM.JJJJ): ____

Tel.: ____ Ref.: ____

Name und Adresse der in einem Mitgliedstaat der EU ansässigen Kapitalgesellschaft (Dividendenempfängerin)

Staat: ____

Statutarischer Sitz: ____

Gründung (TT.MM.JJJJ): ____

Direkte Beteiligung von mind. 25% am Kapital der Dividendenschuldnerin seit (TT.MM.JJJJ): ____

2. **Aktienkapital / Gesellschaftskapital**

CHF ____

☐ Namenaktien ☐ Stammanteile
☐ Inhaberaktien
☒ Zutreffendes ankreuzen

☐ Partizipationsscheine
☐ Genussscheine

Total

	Anzahl Aktien	Total Nominalwert der Aktien	Kapitalanteil in %	Anteil an den Stimmrechten in %	Anzahl	Total Nominalwert der Anteilsscheine	Kapitalanteil in %	Anteile in %
a. insgesamt								
b. davon stehen der ausländischen Dividendenempfängerin zu: ☐ direkt ☐ indirekt								

3. Hat die Dividendenschuldnerin in der Vergangenheit bereits ein Gesuch um Bewilligung der Inanspruchnahme des Meldeverfahrens für Ausschüttungen an die obenerwähnte ausländische Kapitalgesellschaft gestellt?

☐ Ja → Datum und Nummer der Bewilligung: ____
☐ Nein

4. Kommt die Dividendenschuldnerin in den Genuss von Steuererleichterungen gemäss der Verordnung über die Gewährung von Steuererleichterungen im Rahmen der Regionalpolitik (SR 901 022)?

☐ Ja → Bescheinigung: ____
☐ Nein

5. **Die schweizerische Dividendenschuldnerin ersucht** unter Berufung auf Artikel 15 Absatz 1 ZbstA um die Bewilligung:

☐ a. *Sofern das Erfordernis der zweijährigen Haltedauer nicht erfüllt ist:* die Verrechnungssteuer für die bis zum Ablauf der zweijährigen Haltedauer fällig werdenden Dividenden, an denen die Dividendenempfängerin im Zeitpunkt der Fälligkeit das Nutzungsrecht besitzt, zu dem im massgebenden Doppelbesteuerungsabkommen für wesentliche Beteiligungen vorgesehenen reduzierten Satz oder bei Fehlen eines anwendbaren Doppelbesteuerungsabkommens zum vollen Satz zu entrichten.

☐ b. *Sofern das Erfordernis der zweijährigen Haltedauer erfüllt ist:* Dividenden, die während der Bewilligungsdauer fällig werden und an denen die Dividendenempfängerin im Zeitpunkt der Fälligkeit das Nutzungsrecht besitzt, ohne Abzug der Verrechnungssteuer zu entrichten.

6. **Die Dividendenschuldnerin und die Dividendenempfängerin erklären,** dass die in diesem Gesuch gemachten Angaben der Wahrheit entsprechen. Die ESTV ist unverzüglich zu benachrichtigen, wenn wesentliche Tatsachen ändern sollten (insbesondere die Aktionärs- und Beteiligungsverhältnisse). Unterbleibt dies, behält sich die ESTV vor, die Abkommensberechtigung zu verneinen.

Rechtsverbindliche Unterschrift(en) der Dividendenschuldnerin:

Ort und Datum: ____

Rechtsverbindliche Unterschrift(en) der Dividendenempfängerin:

Ort und Datum: ____

ERLÄUTERUNGEN:

1. **Allgemeines:** Das Bewilligungsgesuch ist, vollständig ausgefüllt und unterschrieben, der zuständigen Steuerbehörde im Ansässigkeitsstaat der Dividendenempfängerin einzureichen. Nachdem diese die erforderliche Bestätigung erteilt hat, erhält die Dividendenschuldnerin das Formular zurück. Unvollständige oder mangelhafte Formulare werden zurückgewiesen.
2. **Geltendmachung:** Das Formular ist der Eidgenössischen Steuerverwaltung, Eigerstrasse 65, CH-3003 Bern einzureichen.
3. **Vollmacht:** Wird das Gesuch von einem Beauftragten unterzeichnet, so hat dieser sich mit einer Vollmacht auszuweisen.

Die Anträge werden nach Zonen bearbeitet. Die Verteilung der Zonen und die Auskunftsnummer sind unter http://www.estv.admin.ch/org/00046/00052/00057/index.html?lang=de zu finden

ANGABEN FÜR DIE STEUERBEHÖRDEN:

1. Rechtsform der Dividendenempfängerin: ______________________

   Ausländische Steuernummer: ______________________
2. Die Dividendenempfängerin erklärt, dass sie bei der Steuerbehörde in ______________________ geführt wird und dass sie im Ansässigkeitsstaat unbeschränkt steuerpflichtig ist.

   Bemerkungen: ______________________

3. Bitte zutreffendes ankreuzen: ☒

a) ☐ Ja ☐ Nein Ist die Dividendenempfängerin zur Nutzung der Beteiligung an der Dividendenschuldnerin berechtigt und bezieht sie die Dividenden für eigene Rechnung? Wenn nein unter «Bemerkungen» begründen.

b) ☐ Ja ☐ Nein Übt die Dividendenempfängerin eine Handels- oder Gewerbetätigkeit über eine Betriebsstätte in der Schweiz aus?

c) ☐ Ja ☐ Nein Unterliegt die Dividendenempfängerin in ihrem Ansässigkeitsstaat ohne Befreiung der Körperschaftssteuer?

d) ☐ Ja ☐ Nein Ist die Dividendenempfängerin nach einem Doppelbesteuerungsabkommen zwischen ihrem in diesem Gesuch bezeichneten Ansässigkeitsstaat und einem Drittstaat in diesem Drittstaat steuerlich ansässig?

Bemerkungen: ______________________

BESTÄTIGUNG DER ZUSTÄNDIGEN AUSLÄNDISCHEN STEUERBEHÖRDE		**STEMPEL UND UNTERSCHRIFT**
Es wird bestätigt, dass: – die Dividendenempfängerin im Staat der diese Bestätigung ausstellenden Steuerbehörde ansässig ist; – die von der Dividendenempfängerin auf diesem Antrag gemachten Angaben nach den vorliegenden Kenntnissen richtig sind.	Eingangsdatum Ausländische Steuerbehörde	 Ort und Datum

Durch die ESTV auszufüllen

Bewilligung Nr. ______________________

Geprüft ______________________

Kontrolle ______________________

Formular R-D 1 (natürliche Personen): Antrag auf Erstattung der deutschen Abzugsteuern von Kapitalerträgen nach dem deutsch-schweizerischen Doppelbesteuerungsabkommen vom 11. August 1971 (1. Ausfertigung für das Bundeszentralamt für Steuern)

1. Ausfertigung für das Bundeszentralamt für Steuern

R-D 1 natürliche Personen

Antrag auf Erstattung der deutschen Abzugsteuern von Kapitalerträgen nach dem deutsch-schweizerischen Doppelbesteuerungsabkommen vom 11. August 1971

Erläuterungen siehe beigefügtes Blatt R-D 1 E

Kenn-Nummer [1]	
Kant.Steuerreg.Nr.	
BZSt Reg-Nr.:	

I. Ertragsgläubiger

Erstattungsberechtigter, Name, Vorname	Straße -Hausnummer	Postleitzahl -Wohnsitz CH -
Bevollmächtigter, Name, Vorname	Straße -Hausnummer	Postleitzahl -Sitz, Wohnsitz

Die mit dem Antrag angeforderten Daten werden aufgrund der §§ 149 ff der Abgabenordnung erhoben.

(zutreffendes bitte ankreuzen)

II. Angaben für die deutsche Steuerbehörde

	Ja	Nein
1. Sind die Erträge einer vom Berechtigten in der Bundesrepublik Deutschland unterhaltenen Betriebsstätte zugeflossen? [2]		
2. Gehört Ihnen zu denen in Spalte d unter III. angegebenen Daten das Kapitalvermögen und standen Ihnen die Erträge zu? [2]		
3. Unterlagen Sie nach dem schweizerischen Steuerrecht (Bund, Kanton, Gemeinde) mit allen allgemein steuerpflichtigen Einkünften aus der Bundesrepublik Deutschland den **allgemein** erhobenen Steuern? [4a]		
4. Verfügten Sie zu dem in Spalte d unter III. angegebenen Zeitpunkt in der Bundesrepublik Deutschland über eine ständige Wohnstätte oder hatten Sie zu diesem Zeitpunkt in der Bundesrepublik Deutschland Ihren gewöhnlichen Aufenthalt von mindestens 6 Monaten? [4b]		
5. Besitzen Sie die schweizerische Staatsangehörigkeit? [4c]		
6. -wenn nicht schweizerischer Staatsangehöriger - a) Waren Sie in der Bundesrepublik Deutschland mindestens 5 Jahre unbeschränkt steuerpflichtig? [4c]		
-wenn Frage unter a) mit ja beantwortet - b) Hat Ihre unbeschränkte Steuerpflicht in Deutschland im Fälligkeitsjahr oder in den vorangegangenen 5 Kalenderjahren geendet? [4c]		
wenn ja: in welchem Kalenderjahr hat Ihre unbeschränkte Steuerpflicht geendet? ________ Finanzamt ________ Steuer-Nr. ________		
-wenn Frage unter a) und b) mit ja beantwortet - c) Sind Sie in der Schweiz ansässig geworden, um dort eine echte unselbständige Arbeit auszuüben? (wenn ja, bitte auf besonderen Blatt eingehend erläutern und eine Bescheinigung des Arbeitgebers beifügen) [4c]		

Ich versichere, dass ich alle Angaben in diesem Antrag nach bestem Wissen und Gewissen in jeder Beziehung richtig und vollständig gemacht habe. Ich bitte, den Erstattungsbetrag zu überweisen an:

Name/Vorname des Überweisungsberechtigten **	Straße -Hausnummer	Postleitzahl -Sitz, Wohnsitz	
Kontoführendes Institut des Überweisungsberechtigten	Postleitzahl -Sitz	IBAN / Kto.Nr. ***	BIC / BLZ ***

Ort ________ Datum ________ Unterschrift des Erstattungsberechtigten bzw. Bevollmächtigten[3]

* hochgesetzte Ziffern im Text verweisen auf entsprechende Ziffern in den Erläuterungen (Seiten 7 und 8) zum Antrag **R-D 1**.

** nur auszufüllen, wenn Überweisungsberechtigter nicht identisch mit Erstattungsberechtigtem.

*** Im Fall einer Auslandsüberweisung sind BIC und IBAN-Code anzugeben, im Fall einer Inlandsüberweisung genügen Kto.Nr. und BLZ.

010097 - R-D 1

- 2 -

Kenn-Nr.:	Reg-Nr.:	Eingang:	**Diese Felder werden vom Bundeszentralamt für Steuern ausgefüllt!**

III. Besteuerte Erträge

Ich beantrage, die für die Erträge des nachstehend bezeichneten Kapitalvermögens abgeführten Abzugssteuern in der Spalte g angegebenen Höhe zu erstatten:

	ISIN	Stückzahl oder Nennwert	A	Art des Kapitalvermögens, Name und (Wohn)-sitz des Schuldners	Zeitpunkt des Zuflusses der Erträge; bei Zinsen der Fälligkeit TT.MM.JJJJ	Bruttozufluss 5)	Abgeführte Steuer und Steuerzuschläge 5)	Beantragte Erstattungen 6) (Steuer und Steuerzuschläge)	Hinweise	Erstattete Steuer	Erstattete Steuerzuschläge
	a	b		c	d	e	f	g			
1.											
2.											
3.											
4.											
5.											

	EUR
Summe der in der Währung EUR beantragten Erstattungsbeträge:	0,00
Summe der in der Währung EUR beantragten Erstattungsbeträge aus den Anlagen:	
gesamt in EUR (Übertrag in Ziffer II.):	0,00

(falls der Platz nicht ausreicht, bitte diesem Muster entsprechende Anlage beifügen)

Zahl der Anlagen

Vfg.: Nz, Datum

IV. Bestätigung der kantonalen Steuerbehörde

Die kantonale Steuerbehörde bestätigt:

1. dass der auf der Vorderseite genannte Ertragsgläubiger an dem unter III. d genannten Zeitpunkt seinen Sitz im Sinne des deutsch-schweizerischen Doppelbesteuerungsabkommens '71 in der Schweiz gehabt hat und hier zu den Steuern vom Einkommen herangezogen und die Versteuerung der in diesem Antrag angegebenen Erträge überwacht wird.
2. dass die vom Antragsteller auf diesem Antrag gemachten Angaben nach ihrer Kenntnis nach richtig sind.

Ort | Datum | Dienststempel und Unterschrift der kantonalen Steuerbehörde

010097 - R-D 1

Formular R-D 2 (juristische Personen): Antrag auf Erstattung der deutschen Abzugsteuern von Kapitalerträgen nach dem deutsch-schweizerischen Doppelbesteuerungsabkommen vom 11. August 1971 (1. Ausfertigung für das Bundeszentralamt für Steuern)

1. Ausfertigung für das Bundeszentralamt für Steuern

R-D 2 — Juristische Personen und Personengesellschaften

Antrag auf Erstattung der deutschen Abzugsteuern von Kapitalerträgen nach dem deutsch-schweizerischen Doppelbesteuerungsabkommen vom 11. August 1971

Erläuterungen siehe beigefügtes Blatt R-D 2 E

Kenn-Nummer [1]	
EStV Dossier Nr.	
BZSt Reg-Nr.:	

I. Ertragsgläubiger

Erstattungsberechtigter, Name	Straße -Hausnummer	Postleitzahl -Sitz CH -
Bevollmächtigter, Name, Vorname	Straße -Hausnummer	Postleitzahl -Sitz, Wohnsitz

(zutreffendes bitte ankreuzen)

Die mit dem Antrag angeforderten Daten werden aufgrund der §§ 149 ff der Abgabenordnung erhoben.

II. Angaben für die deutsche Steuerbehörde

	Ja	Nein
1. Unterhalten Sie selbst in der Bundesrepublik Deutschland eine Betriebsstätte, der die Erträge zugeflossen sind?[2]	☐	☐
2. Gehört der juristischen Person bzw. Personengesellschaft zu den in Spalte d unter III. angegebenen Daten das Kapitalvermögen und standen Ihnen die Erträge zu?[2]	☐	☐
3. **Bei juristischen Personen** Die in Ziffer I. bezeichnete erstattungsberechtigte juristische Person verfügte im Zeitpunkt des Zufließens der Dividenden unmittelbar über weniger als 20 vom Hundert des Kapitals der Gesellschaft, die die Dividenden gezahlt hat.	☐	☐
4. **Bei Personengesellschaften** Stehen mindestens 3/4 der Gewinne Personen zu, die als natürliche oder juristische Personen erstattungsberechtigt sind?	☐	☐

Ich versichere, dass ich alle Angaben in diesem Antrag nach bestem Wissen und Gewissen in jeder Beziehung richtig und vollständig gemacht habe. Ich bitte, den Erstattungsbetrag zu überweisen an:

Name/Vorname des Überweisungsberechtigten **	Straße -Hausnummer	Postleitzahl -Sitz, Wohnsitz	
Kontoführendes Institut des Überweisungsberechtigten	Postleitzahl -Sitz	IBAN / Kto. Nr. ***	BIC / BLZ ***

______________ (Ort)   ______________ (Datum)   ______________ (Unterschrift des Erstattungsberechtigten bzw. Bevollmächtigten)[3]

* hochgesetzte Ziffern im Text verweisen auf entsprechende Ziffern in den Erläuterungen zum Antrag **R-D 2**.

** nur auszufüllen, wenn Überweisungsberechtigter nicht identisch mit Erstattungsberechtigtem.

*** Im Fall einer Auslandsüberweisung sind IBAN-Code und BIC anzugeben, im Fall einer Inlandsüberweisung genügen Kto.Nr. und BLZ.

010102 - R-D 2 - Version 1.1 - Seite 1

Kenn-Nr.:	Reg-Nr.:	Eingang:	**Diese Felder werden vom Bundeszentralamt für Steuern ausgefüllt!**

III. Besteuerte Erträge

Ich beantrage, die für die Erträge des nachstehend bezeichneten Kapitalvermögens abgeführten Abzugssteuern in der Spalte g angegebenen Höhe zu erstatten:

	ISIN	Stückzahl oder Nennwert	A	Art des Kapitalvermögens, Name und (Wohn)-sitz des Schuldners	Zeitpunkt des Zuflusses der Erträge; bei Zinsen der Fälligkeit TT.MM.JJJJ	Bruttozufluss[5]	Abgeführte Steuer und Steuerzuschläge[5]	Beantragte Erstattungen[6] (Steuer und Steuerzuschläge)	Hinweise	Erstattete Steuer	Erstattete Steuerzuschläge
	a	b		c	d	e	f	g			
1.											
2.											
3.											
4.											
5.											

	EUR
Summe der in der Währung EUR beantragten Erstattungsbeträge:	0,00
Summe der in der Währung EUR beantragten Erstattungsbeträge aus den Anlagen:	
gesamt in EUR (Übertrag in Ziffer II.):	0,00

(falls der Platz nicht ausreicht, bitte diesem Muster entsprechende Anlage beifügen)

Zahl der Anlagen

Vfg.: Nz, Datum

IV. Bestätigung der kantonalen Steuerbehörde

Die kantonale Steuerbehörde bestätigt:

1. dass der auf der Vorderseite genannte Ertragsgläubiger an dem unter III. d genannten Zeitpunkt seinen Sitz im Sinne des deutsch-schweizerischen Doppelbesteuerungsabkommens ´71 in der Schweiz gehabt hat und hier zu den Steuern vom Einkommen herangezogen und die Versteuerung der in diesem Antrag angegebenen Erträge überwacht wird.
2. dass die vom Antragsteller auf diesem Antrag gemachten Angaben nach ihrer Kenntnis nach richtig sind.

(Ort) (Datum) (Dienststempel und Unterschrift der kantonalen Steuerbehörde)

010102 - R-D 2 - Version 1.1 - Seite 2

Formular R-D 5 (Kapitalgesellschaften): Antrag auf (Teil-)Freistellung von der deutschen Abzugsteuer von Kapitalerträgen nach § 50 d EstG i V. m. dem deutsch-schweizerischen Doppelbesteuerungsabkommen vom 11. August 1971 (1. Ausfertigung für das Bundeszentralamt für Steuern)

Kant. Steuerreg. Nr.	
EStV Dossier-Nr.	
Registriernummer BfF	

R-D 5 Kapitalgesellschaften

Antrag auf (Teil-)Freistellung von der deutschen Abzugsteuer von Kapitalerträgen nach § 50d EStG i. V. m. dem deutsch-schweizerischen Doppelbesteuerungsabkommen[1] vom 11. August 1971

(Erläuterungen siehe beigefügtes Merkblatt R-D 5 E)

Die mit dem Antrag angeforderten Daten werden aufgrund der §§ 149 ff der Abgabenordnung und des § 50d des Einkommensteuergesetzes erhoben.

1.

Name des Antragstellers (Gläubigers)	Straße, Hausnummer	Postleitzahl, Sitz
Rechtsform:	Zeitpunkt, ab dem die Freistellung beantragt wird:	

Name, Vorname des Bevollmächtigten	Straße, Hausnummer	Postleitzahl, Wohnsitz/Sitz

2.

Name des Schuldners	Straße, Hausnummer	Postleitzahl, Sitz

3. Hiermit beantrage ich die Teilfreistellung/Freistellung von der deutschen Abzugsteuer von Kapitalerträgen für die auf der Rückseite im einzelnen aufgeführten Kapitalerträge im Sinne des deutsch-schweizerischen Doppelbesteuerungsabkommens[2][3]

4. Ich erkläre, dass
   a) der Antragsteller in der Schweiz ansässig ist
      und
      die Erträge nicht im Rahmen einer im Gebiet der Bundesrepublik Deutschland befindlichen Betriebsstätte oder festen Einrichtung zufließen;
   b) das auf der Rückseite angegebene Kapitalvermögen im Zeitpunkt des Zufließens (Fälligkeit) der Kapitalerträge dem Antragsteller gehört[4];
   c) die Kapitalerträge zu diesem Zeitpunkt dem Inhaber zustehen;
   d) der Antragsteller im Zeitpunkt der Entstehung der Kapitalertragsteuer gem. § 44 Abs. 1 Satz 2 EStG

      zu mindestens ☐ 20 v.H.
      ☐ 10 v.H.

      an der die Kapitalerträge zahlenden Gesellschaft unmittelbar beteiligt ist.

5. Hiermit erkläre ich mich einverstanden, dass dem Schuldner eine Kopie der Freistellungsbescheinigung zugesandt wird[5].

6. Ich verpflichte mich, jede Änderung des Sitzes des Antragstellers und der Beteiligungen dem Bundesamt für Finanzen mitzuteilen.

7. Ich versichere, dass ich alle Angaben in diesem Antrag nach bestem Wissen und Gewissen richtig und vollständig gemacht habe.

______________	02.03.2009	______________
(Ort)	(Datum)	(Unterschrift des Antragstellers oder eines Bevollmächtigten)

(Bitte wenden)

RD-5 01/2001 OF (S 1.1)

1\. Ausfertigung für das Bundeszentralamt für Steuern

· · , 02.03.2009

1. Ausfertigung für das Bundeszentralamt für Steuern

8. Kapitalerträge

Genaue Bezeichnung der Beteiligung[6]	Höhe der Beteiligung[7] (i. v. H.)	Genaue Angabe des deutschen Betriebsstättenfinanzamts[8]	deutsche Steuernummer[9]

Bestätigung der kantonalen Steuerbehörde

die kantonale Steuerbehörde bestätigt:□□

1. □Der Antragsteller ist an dem unter Nummer 1 angegebenen Ort im Sinne des deutsch-schweizerischen Doppelbesteuerungsabkommens ansässig und unterliegt den Steuern vom Einkommen, ohne davon befreit zu sein.
2. □Die vom Antragsteller auf diesem Antrag gemachten Angaben sind nach ihrer Kenntnis richtig.□□

(Ort) (Datum) (Dienststempel und Unterschrift)

RD-5 01/2001 OF (S 2.1)

Anhang 2 Emissionsabgabe, Umsatzabgabe

- Formular 3: Abrechnung über die Emissionsabgabe auf Aktien, GmbH-Stammeinlagen und Partizipationsscheinen
- Formular 4: Abrechnung über Emissionsabgabe auf Genussscheinen, Zuschüssen, Handwechsel der Mehrheit der Beteiligungsrechte
- Formular 7: Emissionsabgabe auf Anteilen, Partizipations- und Genussscheinen inländischer Genossenschaften und/oder Verrechnungssteuer auf deren Erträgen
- Formular 9: Abgabe auf Wertpapieren beim Umsatz

Formular 3: Abrechnung über die Emissionsabgabe auf Aktien, GmbH-Stammeinlagen und Partizipationsscheinen

Schweizerische Eidgenossenschaft
Confédération suisse
Confederazione Svizzera
Confederaziun svizra

Eidgenössisches Finanzdepartement EFD
Eidgenössische Steuerverwaltung ESTV

Hauptabteilung Direkte Bundessteuer, Verrechnungssteuer, Stempelabgaben
3003 Bern Eigerstrasse 65 058 462 71 50
www.estv.admin.ch

Form. 3

Dossier S-

In der Korrespondenz angeben

Abrechnung über die Emissionsabgabe auf Aktien, GmbH-Stammeinlagen und Partizipationsscheinen

Gründung und Kapitalerhöhung

Erläuterungen siehe Seite 2

00000000 04 4003

Firma, Sitz und Adresse der Gesellschaft gemäss Handelsregistereintrag

P.P. CH-3003 Bern, ESTV, DVS

ESTV

Tel. ______ Ref. ______

E-Mail: ______

Diese Abrechnung wird eingereicht infolge:

- ☐ 1 Gründung der AG
- ☐ 2 Gründung der GmbH
- ☐ 3 Erhöhung des Aktien- oder Stammkapitals von Fr. ______ auf Fr. ______
- ☐ 3.1 Kapitalreduktion und anschliessende Wiedererhöhung infolge Sanierung von Fr. ______ auf Fr. ______
- ☐ 4 Ausgabe von Partizipationsscheinen Erhöhung von Fr. ______ auf Fr. ______
- ☐ 5 Infolge Ausübung von Options- bzw. Wandelrechten der ______ % Anleihe 20___ – 20___ sind in der Zeit vom ______ bis ______ ______ Titel zu nom. Fr. ______ zum Preise von je Fr. ______ ausgegeben worden.

6 Datum der öffentlichen Urkunde über die Gründung oder Kapitalerhöhung: ______

7 Datum des Handelsregistereintrags: ______

8 Datum des Abschlusses des 1. Geschäftsjahres, gemäss Statuten (nur bei der Gründung): ______

ESTV - 01.02.2013 - 1.7.37 - Nov 17, 2014

	Gesamter Nennwert (inkl. nicht einbezahlter) der neuen Beteiligungsrechte Fr. Kol. a	Ausgabepreis der Beteiligungsrechte: Ueberpari (Nennwert zuzüglich Agio/Aufgeld bzw. Mehrwert der Sacheinlagen) Fr. Kol. b	Ausgabepreis der Beteiligungsrechte: Pari (Nennwert einschliesslich nicht einbezahltes Kapital) Fr. Kol. c
9 Die Ausgabe der neuen Beteiligungsrechte erfolgte:			
9.1 gegen Barzahlung			
9.2 in Verrechnung mit Forderungen an die Gesellschaft			
9.3 gratis (aus eigenen Mitteln der Gesellschaft)		—	
9.4 gegen Sacheinlage (Ausgabewert gem. Form. 326, Ziff. 1.5)			
10 ./. Freigrenze (Gründung: Fr. 1'000'000.–; Kapitalerhöhung: bisher nicht beanspruchter Betrag der Freigrenze; Gratisliberierung: **kein** Abzug; vgl. Erläuterungen)	—		
11 Total der Ziffern 9.1–9.4 abzüglich Ziffer 10			
12 **Bei Ueberpari-Emission (Kol. b) sind folgende Abzüge zulässig:**			
12.1 Beurkundungs- und Handelsregistergebühren Fr.			
12.2 Uebernahmekommission Fr.			
12.3 Total Fr.	▶		—
13 Ueberpari-Ausgabepreis inkl. Abgabe (Ziffer 11 Kol. b abzüglich Ziffer 12.3, Kol. b)			—
14 Netto-Ausgabepreis exkl. Abgabe = $\frac{\text{Betrag in Ziffer 13, Kol. b} \times 100}{101}$ =		▶	
15 Steuerbarer Betrag (total der Ziffern 11 und 14 der Kolonne c)		▶	

16 1 % Emissionsabgabe von dem in Ziffer 15 eingesetzten Betrag — Code ESTV **112** — Fr. ______

Ort und Datum: ______ Unterschrift: ______

Formular 4: Abrechnung über Emissionsabgabe auf Genussscheinen, Zuschüssen, Handwechsel der Mehrheit der Beteiligungsrechte

Schweizerische Eidgenossenschaft
Confédération suisse
Confederazione Svizzera
Confederaziun svizra

Eidgenössisches Finanzdepartement EFD
Eidgenössische Steuerverwaltung ESTV

Hauptabteilung Direkte Bundessteuer,
Verrechnungssteuer, Stempelabgaben
3003 Bern Eigerstrasse 65 058 462 71 50
www.estv.admin.ch

Form. 4

Dossier S- ______

In der Korrespondenz angeben

ESTV

Abrechnung über Emissionsabgabe auf Genussscheinen, Zuschüssen, Handwechsel der Mehrheit der Beteiligungsrechte

Firma, Sitz und Adresse der Gesellschaft gemäss Handelsregistereintrag

P.P. CH-3003 Bern, ESTV, DVS

Telefon der Gesellschaft oder
Name und Telefon des Beauftragten:

______

______

______

00000000 04 4004

4 Entstehung der Abgabeforderung: (Datum der Genussscheinausgabe, des Zuschusses, des Mantelhandels) ➡ Tag-Monat-Jahr ______

ESTV - 01.02.2013 - 1.7.37 - Nov 17, 2014

Diese Abrechnung wird eingereicht infolge
(Zutreffendes bitte ankreuzen):

	Steuerbarer Betrag gemäss Art. 8 und 9 StG Fr.	zum Abgabesatz von ⇓ %	ergibt einen Abgabebetrag von Fr.
1 ☐ Ausgabe von Genussscheinen Anzahl: ______ ; Abgabe: Fr. 3.– pro Titel Erhöhung der Anzahl von ______ auf ______ ➡			
2 ☐ Leistung von Zuschüssen durch Gesellschafter Betrag des Zuschusses ./. Freigrenze von Fr. 10'000'000.– infolge einer Sanierung (vgl. Erläuterungen) = Fr. ➡			
3 ☐ Handwechsel der Mehrheit der Beteiligungsrechte (Mantelhandel). Mindestens der Nennwert aller bestehenden Beteiligungsrechte, abzüglich Freigrenze von Fr. 1'000'000.– ➡		1	
oder das Resultat der folgenden Formel, sofern dieses den gesamten Nennwert übersteigt: Reinvermögen, abzüglich Fr. 1'000'000.– $\frac{= \text{Fr.} \qquad \times 100}{101}$ = Fr. ➡		1	

Abrechnung nur einreichen, soweit das Reinvermögen oder der Nennwert aller bestehenden Beteiligungsrechte Fr. 1'000'000.– übersteigt.

5 Total Abgabe — Code ESTV **112** Fr ______

* Die Emissionsabgabe ist 30 Tage nach Ablauf des Quartals, indem die Steuerschuld entstanden ist, fällig.

Ort und Datum: ______ Unterschrift: ______

Beilagen: (Kopien)
bei Ausgabe von Genussscheinen
☐ Beschluss über die Ausgabe
bei Zuschüssen
☐ Beschluss über die Leistung

beim Handwechsel der Mehrheit der Beteiligungsrechte
☐ Aktien-Kaufvertrag sowie die massgebende Bilanz

Bei Sacheinlagen **zusätzlich**: Sacheinlagevertrag, Erklärung über den Verkehrswert der Sacheinlagen (Form. 325)
Beilagen bitte ankreuzen

Formular 7: Emissionsabgabe auf Anteilen, Partizipations- und Genussscheinen inländischer Genossenschaften und/oder Verrechnungssteuer auf deren Erträgen

Schweizerische Eidgenossenschaft
Confédération suisse
Confederazione Svizzera
Confederaziun svizra

Eidgenössisches Finanzdepartement EFD
Eidgenössische Steuerverwaltung ESTV

Hauptabteilung Direkte Bundessteuer, Verrechnungssteuer, Stempelabgaben
3003 Bern Eigerstrasse 65 058 462 71 50
www.estv.admin.ch

Form. 7

Dossier S- ______

In der Korrespondenz angeben

ESTV

P.P. CH-3003 Bern, ESTV, DVS

ESTV - 01.06.2012 - 1.7.37 - Nov 17, 2014

Emissionsabgabe auf Anteilen, Partizipations- und Genussscheinen inländischer Genossenschaften und / oder Verrechnungssteuer auf deren Erträgen

Dieses Formular ist innert 30 Tagen nach Fälligkeit vollständig ausgefüllt an die oben erwähnte Adresse einzureichen.

Erläuterungen siehe Seite 2

00000000 04 4007

Tel. ______ Ref. ______

E-Mail: ______

Steuerabrechnung für das Geschäftsjahr beginnend am ______ endend am ______

1 **Emissionsabgabe** (Freigrenze von CHF 1 000 000.–) Fr.

1.1 Einbezahltes Anteilscheinkapital (Nennwert) zu Beginn des Geschäftsjahres ______

1.2 + Einzahlungen Fr. ______

1.3 ./. Rückzahlungen Fr. ______

1.4 Erhöhung / Verminderung des einbezahlten Kapitals um Fr. ______ → ______

1.5 Einbezahltes Anteilscheinkapital (Nennwert) am Ende des Geschäftsjahres ______

1.6 Partizipations- und/oder Genussscheinkapital (Nennwert) ______

1.7 Emissionsaufgelder (Agios) zu den Ziffern 1.2 und 1.6, Zuschüsse von Genossenschaftern (Überparibetrag x 100 : 101) ______

1.8 Emissionsspesen (nur bei Überpari-Emissionen anzugeben) ______

Steuerbarer Betrag ______

Emissionsabgabe 1% von ______ Code ESTV **114** Fr./Rp. ______

2 **Verrechnungssteuer**

Datum der Generalversammlung, welche die Jahresrechnung genehmigt hat ______

Zinsfälligkeit (Datum, von dem an der Zins geltend gemacht werden konnte) ______

2.0 Einbezahltes Anteilscheinkapital (Nennwert) am Ende des Geschäftsjahres ______

Art des Kapitals	Verzinstes Kapital Fr.	Zinssatz in % brutto	Zinssatz in % netto	Bruttoausschüttung total Fr.	35% Verrechnungssteuer der Bruttoausschüttung Fr./Rp.
2.1 Anteilscheine					
2.2 Partizipations-/Genussscheine					
2.3 Geldwerte Leistungen – Zutreffendes ankreuzen					

☐ Bonus; ☐ Gratisliberierung; ☐ Liquidationsüberschuss;
☐ verdeckte Gewinnausschüttung; ☐ ______

Total ______

Berechnung der Verrechnungssteuer: 35% von ______ Code ESTV **214** Fr./Rp. ______

Bitte unterzeichnete JAHRESRECHNUNG beifügen:

unterzeichnete Fotokopie oder Abschrift der Jahresrechnung (Bilanz und Gewinn- und Verlustrechnung mit Aufstellung über die Gewinnverteilung) bzw. Geschäftsbericht.

Ort und Datum: ______ Unterschrift: ______

Formular 9: Abgabe auf Wertpapieren beim Umsatz

Schweizerische Eidgenossenschaft
Confédération suisse
Confederazione Svizzera
Confederaziun svizra

Eidgenössisches Finanzdepartement EFD
Eidgenössische Steuerverwaltung ESTV
Hauptabteilung Direkte Bundessteuer, Verrechnungssteuer, Stempelabgaben
3003 Bern Eigerstrasse 65 058 462 71 50
www.estv.admin.ch

Form. 9

Dossier S-
Incarto

Bitte angeben – A indiquer s.v.p. – Da indicare per favore

ESTV

Abgabe auf Wertpapieren beim Umsatz
Droit de timbre sur titres négociés
Tassa di bollo sui titoli negoziati

Name und Adresse der Gesellschaft – Nom et adresse de la société – Nome e indirizzo della società

P.P. CH-3003 Bern, ESTV, DVS

00000000 04 4009

Tel.: ______ Ref./Réf./Rif.: ______

E-Mail: ______

Dieses Formular ist innert 30 Tagen **nach Ablauf** des
Cette formule est à envoyer dans les 30 jours **après expiration** du / de
Questo modulo deve essere inviato entro 30 giorni **dopo la fine** del

endend am
finissant le
terminato il

einzureichen und zwar auch dann, wenn keine Abgabe geschuldet ist.
même si aucun droit n'est dû.
anche quando non è dovuta nessuna tassa.

ESTV - 01.06.2012 - 1.7.37 - Nov 17, 2014

Aufteilung nach Register:
Nur auszufüllen, sofern mehrere Register geführt werden

Détail par registre:
Doit être indiqué, seulement si vous tenez plusieurs registres

Dettaglio per registro:
Dev'essere indicato, solamente se tenete più registri

Abgabe auf inländischen Urkunden
Droit de timbre sur documents suisses
Tassa di bollo su documenti svizzeri

Code ESTV **121** **CHF**

Abgabe auf ausländischen Urkunden
Droit de timbre sur documents étrangers
Tassa di bollo su documenti esteri

Code ESTV **122** **CHF**

Total **CHF** ______ *

* Bitte nachfolgende Zahlungsanweisungen beachten.
Veuillez tenir compte des instructions de paiement ci-dessous.
Vogliate osservare le istruzioni di pagamento citate in seguito.

Ort und Datum
Lieu et date
Luogo e data ______

Unterschrift
Signature
Firma ______

Anhang 3

Mehrwertsteuer

- Unterstellungserklärung Saldosteuersatzmethode
- Abrechnung Saldosteuersatz
- Abrechnung effektiv
- Anwendungsantrag bei Verlagerung der Steuerentrichtung (Art. 63 MWSTG)
- Verlagerung der Steuerentrichtung auf der Einfuhr; Beilage zur MWST-Abrechnung

Zoll- und Einfuhrabgaben

- Formular 18.44: Zollveranlagung von Übersiedlungsgut

Unterstellungserklärung Saldosteuersatzmethode

Hauptabteilung Mehrwertsteuer

Eidgenössische Steuerverwaltung ESTV
Administration fédérale des contributions AFC
Amministrazione federale delle contribuzioni AFC
Administraziun federala da taglia AFT

Ihre Anschrift bitte in Blockschrift ausfüllen

MWST-Nr. ____________________

Ref.-Nr. ____________________

UNTERSTELLUNGSERKLÄRUNG SALDOSTEUERSATZMETHODE

Die unterzeichnende steuerpflichtige Person ist tätig als (bitte jede einzelne Tätigkeit angeben):

Anteil am steuerbaren Gesamtumsatz

______________________	______ %
______________________	______ %
______________________	______ %

Erbringen Sie ausschliesslich oder teilweise Lohnarbeiten, Akkordarbeiten, Anschlägerarbeiten, Montagearbeiten oder reine Bearbeitungen von Gegenständen?

☐ Ja Anteil am steuerbaren Gesamtumsatz: ca. ______%

☐ Nein

Lohnarbeiten, Akkordarbeiten, Anschlägerarbeiten, Montagearbeiten und reine Bearbeitungen von Gegenständen liegen vor, wenn Ihnen der Kunde das benötigte Material zur Verfügung stellt. Dies gilt auch dann, wenn Sie das Klein- oder Hilfsmaterial wie beispielsweise Schrauben, Dübel oder Plattenleim selbst einkaufen.

ZUTEILUNG SALDOSTEUERSÄTZE (SSS):

Branche/Tätigkeit und Saldosteuersatz gemäss Anhängen I und II der MWST-Info Nr. 12 SSS	SSS
1. ______________________	______ %
2. ______________________	______ %

Der/die Antragsteller(in) verpflichtet sich, die in den Artikeln 35 Absatz 1 Buchstabe b und 37 Absätze 1 - 4 MWSTG, in den Artikeln 77 - 96 und 127 MWSTV sowie in der MWST-Info 12 Saldosteuersätze enthaltenen Vorschriften zu befolgen. Er/Sie nimmt insbesondere Kenntnis davon, dass **nicht** für die Versteuerung von Leistungen nach Artikel 21 Absatz 2 Ziffern 1 - 25, 27 und 29 MWSTG optiert werden kann. Er/Sie erklärt, im ersten Jahr der Steuerpflicht bzw. im Jahr vor dem Wechsel zur Saldosteuersatzmethode CHF 5.02 Mio. Umsatz und CHF 109'000.-- Steuerschuld nicht zu überschreiten.

Sollten sich Ihre Tätigkeiten in den kommenden Jahren so ändern, dass eine Neuzuteilung der SSS notwendig wird, müssen Sie sich mit der ESTV in Verbindung setzen (s. Ziff. 17 der MI 12 Saldosteuersätze). Stellt die ESTV nachträglich fest, dass Sie dies nicht gemeldet haben, nimmt sie die entsprechenden Korrekturen rückwirkend vor.

Die unterzeichnende steuerpflichtige Person unterstellt sich dieser Regelung mit Wirkung ab: ____________________

Datum: Rechtsverbindliche Unterschrift:

Einreichungsfristen:

- Für neu steuerpflichtige Personen: spätestens **60 Tage** nach Zustellung der MWST-Nummer
- Bei Wechsel von der effektiven Methode: spätestens **60 Tage** nach Beginn der Steuerperiode

BEWILLIGUNG

Die Anwendung des/der oben aufgeführten Saldosteuersatzes/-sätze wird bewilligt.

Bern, Hauptabteilung Mehrwertsteuer

ESTV / MWST 1 / 1 D_MWST Nr. 1198_01 / 01.13

Schwarztorstrasse 50, CH-3003 Bern http://www.estv.admin.ch

Abrechnung Saldosteuersatz

Abrechnungsperiode:
Einreichedatum und Zahlungsfrist:
Valuta (Verzugszins ab):
MWST-Nr:
Ref-Nr:

B

I. UMSATZ (zitierte Artikel beziehen sich auf das Mehrwertsteuergesetz vom 12.06.2009)

	Ziffer	Umsatz CHF	Umsatz CHF
Total der vereinbarten bzw. vereinnahmten Entgelte (Art. 39), inkl. Entgelte aus Übertragungen im Meldeverfahren sowie aus Leistungen im Ausland	200	[redacted]	
Abzüge: Von der Steuer befreite Leistungen (u.a. Exporte, Art. 23), von der Steuer befreite Leistungen an begünstigte Einrichtungen und Personen (Art. 107 Abs. 1 Bst. a)	220		
Leistungen im Ausland	221 +		
Übertragung im Meldeverfahren (Art. 38, bitte zusätzlich Form. 764 einreichen)	225 +		
Nicht steuerbare Leistungen (Art. 21), für die nicht nach Art. 22 optiert wird	230 +		
Entgeltsminderungen	235 +		Total Ziff. 220 bis 280
Diverses (z.B. Wert des Bodens)	280 +	= –	289
Steuerbarer Gesamtumsatz (Ziff. 200 abzüglich Ziff. 289)	299		=

II. STEUERBERECHNUNG

	Ziffer	Leistungen CHF ab 01.01.2011	Steuer CHF / Rp. ab 01.01.2011	Ziffer	Leistungen CHF bis 31.12.2010	Steuer CHF / Rp. bis 31.12.2010
1. Satz	321		+	320		+
2. Satz	331		+	330		+
		[redacted]	+ [redacted]		[redacted]	+ [redacted]
Bezugsteuer	381		+	380		+

	Ziffer	Steuer CHF / Rp.	
Total geschuldete Steuer (Ziff. 320 bis 381)			= 399
Steueranrechnung gemäss Formular Nr. 1050	470		
Steueranrechnung gemäss Formular Nr. 1055	471 +		
	+	[redacted]	
	–	[redacted]	Total Ziff. 470 bis 471
	–	[redacted]	= – 479
An die Eidg. Steuerverwaltung zu bezahlender Betrag	500		=
Guthaben der steuerpflichtigen Person	510 =		

III. ANDERE MITTELFLÜSSE (Art. 18 Abs. 2)

	Ziffer	
Subventionen, durch Kurvereine eingenommene Tourismusabgaben, Entsorgungs- und Wasserwerkbeiträge (Bst. a-c)	900	
Spenden, Dividenden, Schadenersatz usw. (Bst. d-l)	910	

Der/die Unterzeichnende bestätigt die Richtigkeit seiner/ihrer Angaben:

Datum — Kontaktperson: Name, Tel.-Nr., E-Mail — Rechtsverbindliche Unterschrift

Abrechnung effektiv

Abrechnungsperiode:
Einreichedatum und Zahlungsfrist:
Valuta (Verzugszins ab):
MWST-Nr:
Ref-Nr:

B

I. **UMSATZ** (zitierte Artikel beziehen sich auf das Mehrwertsteuergesetz vom 12.06.2009)	Ziffer	Umsatz CHF	Umsatz CHF
Total der vereinbarten bzw. vereinnahmten Entgelte (Art. 39), inkl. Entgelte aus Übertragungen im Meldeverfahren sowie aus Leistungen im Ausland	200		
In Ziffer 200 enthaltene Entgelte aus nicht steuerbaren Leistungen (Art. 21), für welche nach Art. 22 optiert wird	205		
Abzüge: Von der Steuer befreite Leistungen (u.a. Exporte, Art. 23), von der Steuer befreite Leistungen an begünstigte Einrichtungen und Personen (Art. 107 Abs. 1 Bst. a)	220		
Leistungen im Ausland	221 +		
Übertragung im Meldeverfahren (Art. 38, bitte zusätzlich Form. 764 einreichen)	225 +		
Nicht steuerbare Leistungen (Art. 21), für die nicht nach Art. 22 optiert wird	230 +		
Entgeltsminderungen	235 +		Total Ziff. 220 bis 280
Diverses (z.B. Wert des Bodens)	280 +	=	– 289
Steuerbarer Gesamtumsatz (Ziff. 200 abzüglich Ziff. 289)	299		=

II. STEUERBERECHNUNG

Satz	Leistungen CHF ab 01.01.2011	Steuer CHF / Rp. ab 01.01.2011		Leistungen CHF bis 31.12.2010	Steuer CHF / Rp. bis 31.12.2010	
Normal	301	+	8,0%	300	+	7,6%
Reduziert	311	+	2,5%	310	+	2,4%
Beherbergung	341	+	3,8%	340	+	3,6%
Bezugsteuer	381	+		380	+	

	Ziffer	Steuer CHF / Rp.	
Total geschuldete Steuer (Ziff. 300 bis 381)			= 399
Vorsteuer auf Material- und Dienstleistungsaufwand	400		
Vorsteuer auf Investitionen und übrigem Betriebsaufwand	405 +		
Einlageentsteuerung (Art. 32, bitte detaillierte Aufstellung beilegen)	410 +		
Vorsteuerkorrekturen: gemischte Verwendung (Art. 30), Eigenverbrauch (Art. 31)	415 –		Total Ziff. 400 bis 420
Vorsteuerkürzungen: Nicht-Entgelte wie Subventionen, Tourismusabgaben (Art. 33 Abs. 2)	420 –	=	– 479
An die Eidg. Steuerverwaltung zu bezahlender Betrag	500		=
Guthaben der steuerpflichtigen Person	510 =		

III. ANDERE MITTELFLÜSSE (Art. 18 Abs. 2)

Subventionen, durch Kurvereine eingenommene Tourismusabgaben, Entsorgungs- und Wasserwerkbeiträge (Bst. a-c)	900	
Spenden, Dividenden, Schadenersatz usw. (Bst. d-l)	910	

Der/die Unterzeichnende bestätigt die Richtigkeit seiner/ihrer Angaben:

Datum | Kontaktperson: Name, Tel.-Nr., E-Mail | Rechtsverbindliche Unterschrift

Anwendungsantrag bei Verlagerung der Steuerentrichtung (Art. 63 MWSTG)

Hauptabteilung Mehrwertsteuer

Eidgenössische Steuerverwaltung ESTV
Administration fédérale des contributions AFC
Amministrazione federale delle contribuzioni AFC
Administraziun federala da taglia AFT

Name und Adresse der antragstellenden Firma:

MWST-Nr. ______________________

Ref.-Nr. ______________________

ESTV-intern: Abteilungssekretariat Erhebung

Verlagerung der Steuerentrichtung
(Art. 63 MWSTG)

Anwendungsantrag

Wir stellen hiermit Antrag, die auf der Einfuhr von Gegenständen geschuldete Steuer nicht der Eidgenössischen Zollverwaltung (EZV) zu entrichten, sondern sie in der periodischen Steuerabrechnung der Eidgenössischen Steuerverwaltung (ESTV) auf separatem Formular Nr. 1234 zu deklarieren.

Wir haben vom Text des Anhangs zu diesem Anwendungsantrag Kenntnis genommen. Wir verpflichten uns, die darin genannten Bedingungen zu beachten.

Verlagerungsverfahren

Bitte füllen Sie die nachfolgende Tabelle mit den entsprechenden Daten aus.

1. **Geschäftsjahr**

   vom: ______________________ bis: ______________________

2. **Einfuhr**

   Die entrichtete Einfuhrsteuer im Rahmen unserer unternehmerischen, zum Vorsteuerabzug berechtigenden Tätigkeit während des letzten abgeschlossenen Geschäftsjahres beträgt:

	Einfuhrwert in CHF	Steuerbetrag in CHF
• Gegenstände besteuert zum Normalsatz (7,6 %; 8,0 %)		
• Gegenstände besteuert zum reduzierten Satz (2,4 %; 2,5 %)		
Total	0.00	0.00

3. **Ausfuhr**

   Im Geschäftsjahr nach Ziffer 1 haben wir importierte Gegenstände wieder exportiert (gegebenenfalls nach einer Bearbeitung im Inland).

   Der Ausfuhrwert dieser Gegenstände beträgt in CHF: ____________

ESTV / MWST 1 / 2 D_MWST Nr. 1231_01 / 01.10

Schwarztorstrasse 50, CH-3003 Bern

4. Erklärung

Aufgrund der Ein- und Ausfuhren nach Ziffern 2 und 3 ist ein jährlicher Vorsteuerüberschuss von mehr als 50'000 Franken entstanden. Wird diese Limite nach Erteilung der Bewilligung nicht mehr überschritten, ist unverzüglich die ESTV zu benachrichtigen. Bei der Berechnung der Limite ist die verlagerte Einfuhrsteuerschuld jeweils zu berücksichtigen.

In diesem Zusammenhang ist zu erwähnen, dass Vorsteuerüberschüsse, die sich aus der Ausfuhr von Gegenständen ergeben, welche vorgängig im Inland bezogen / hergestellt wurden, nicht massgebend sind.

Zweigniederlassungen in: ______________________________

Ort und Datum:

____

Firmenstempel und rechtsgültige Unterschrift:

____

Es werden nur vollständig ausgefüllte und unterzeichnete Anträge bearbeitet.

Bewilligungs-Nr.

Die Anwendung der Verlagerung der Steuerentrichtung wird bewilligt ab: ______________________

Bern, ______________________

Hauptabteilung Mehrwertsteuer
Abteilung Erhebung

ESTV / MWST 2 / 2 D_MWST Nr. 1231_01 / 01.10
Schwarztorstrasse 50, CH-3003 Bern

Verlagerung der Steuerentrichtung auf der Einfuhr; Beilage zur MWST-Abrechnung

Hauptabteilung Mehrwertsteuer

Eidgenössische Steuerverwaltung ESTV
Administration fédérale des contributions AFC
Amministrazione federale delle contribuzioni AFC
Administraziun federala da taglia AFT

MWST-Nr. ______________________
Ref.-Nr. ______________________

ESTV-intern: Abteilungssekretariat Erhebung

Name und Adresse (in Blockschrift)

Verlagerung der Steuerentrichtung auf der Einfuhr; Beilage zur MWST-Abrechnung

Bewilligungs-Nr. .... vom: ....

Abrechnungsperiode: ....

Deklaration Einfuhrsteuer / Vorsteuerabzug

	CHF	Steuersatz	Steuerbetrag in CHF
Total Einfuhrwert von Gegenständen und darauf geschuldete Steuer (Erläuterungen entnehmen Sie bitte dem Anhang zum Anwendungsantrag; Form. Nr. 1232):	....	7,6 %	....
	....	8,0 %	....
	....	2,4 %	....
	....	2,5 %	....
Total verlagerte Einfuhrsteuer / Vorsteuerabzug			0

Die obenerwähnten Beträge dürfen nicht in die MWST-Abrechnung einbezogen werden. **Dieses Zusatzformular ist immer der Abrechnung beizulegen (bitte nicht anheften).**

....
Ort und Datum

....
Firmenstempel und rechtsgültige Unterschrift

erstellt durch: ....

Telefon: ....

ESTV / MWST 1 / 1 D_MWST Nr. 1234_01 / 01.10
Schwarztorstrasse 50, CH-3003 Bern

Formular 18.44: Zollveranlagung von Übersiedlungsgut

Schweizerische Eidgenossenschaft
Confédération suisse
Confederazione Svizzera
Confederaziun svizra

Eidgenössisches Finanzdepartement EFD
Eidgenössische Zollverwaltung EZV

Zollveranlagung von Übersiedlungsgut

Artikel 14 der Zollverordnung (SR 631.01)

1 Übersiedlungsgut von Zuziehenden ist zollfrei.

2 Das Übersiedlungsgut ist im zeitlichen Zusammenhang mit der Wohnsitzverlegung einzuführen. Allfällige Nachsendungen sind bei der ersten Einfuhr anzumelden. Steht der Einfuhr des Übersiedlungsgutes ein Hindernis entgegen, so kann die Zollbefreiung nach Wegfall des Hindernisses gewährt werden.

3 Als Übersiedlungsgut gelten:

a. Waren von Zuziehenden, die von diesen zur persönlichen Lebenshaltung oder zur Berufs- und Gewerbeausübung während mindestens sechs Monaten im Zollausland benutzt worden sind und zur eigenen Weiterbenutzung im Zollgebiet bestimmt sind;

b. Haushaltsvorräte und Tabakwaren in üblicher Art und Menge sowie alkoholische Getränke:
1. mit einem Alkoholgehalt bis 25 Volumenprozent: höchstens 200 Liter, und
2. mit einem Alkoholgehalt von über 25 Volumenprozent: höchstens 12 Liter.

4 Dem Übersiedlungsgut gleichgestellt sind Hausrat und persönliche Gegenstände, ausgenommen Beförderungsmittel, von natürlichen Personen mit Wohnsitz im Zollausland, die im Zollgebiet ausschliesslich zum eigenem Gebrauch ein Haus oder eine Wohnung erwerben oder mieten, wenn die übrigen Voraussetzungen nach Absatz 3 Buchstabe a erfüllt sind und die Einfuhr im zeitlichen Zusammenhang mit dem Abschluss des Kauf- oder des Mietvertrags erfolgt.

5 Als Zuziehende gelten natürliche Personen, die ihren Wohnsitz vom Zollausland ins Zollgebiet verlegen. Zuziehenden gleichgestellt sind Personen, die sich ohne Aufgabe ihres inländischen Wohnsitzes während mindestens eines Jahres im Zollausland aufgehalten haben.

Verfahren und Hinweise

1. Der Antrag auf Abgabenbefreiung ist anlässlich der Einfuhr im Formular „Erklärung/Veranlagungsantrag für Übersiedlungsgut" (Abschnitt 2 und 3) zu stellen.
2. Mit diesem Formular sind der Zollstelle vorzulegen:
   a) ein Verzeichnis der einzuführenden Waren; Waren, die als Nachsendungen eingeführt werden, sind auf einem separaten Verzeichnis anzumelden. Waren, welche die Voraussetzungen nicht erfüllen, sind am Schluss des Verzeichnisses als "zu veranlagende Waren" aufzuführen;
   b) das schweizerische Aufenthaltspapier, ausgenommen Zuziehende aus den 25 ersten EU-Staaten sowie aus den EFTA-Staaten;
   c) der ausländische amtliche Zulassungsschein für Beförderungsmittel;
   d) der Nachweis über den Erwerb oder die Miete eines Hauses oder einer Wohnung.

   Die Zollstelle kann weitere Belege wie Arbeitsvertrag, Abmeldebestätigung im Abgangsland/Anmeldebestätigung der Wohnortsgemeinde usw. zur Überprüfung des Anrechts auf Abgabenbefreiung verlangen.
3. Personen, die bei der Zollveranlagung nicht anwesend sind, übergeben das Formular „Erklärung/Veranlagungsantrag für Übersiedlungsgut" und die Belege nach Ziffer 2 dem Beauftragten zuhanden der Zollstelle.
4. Das Übersiedlungsgut muss im zeitlichen Zusammenhang mit der Wohnsitzverlegung eingeführt werden, d.h. spätestens innerhalb von 2 Jahren ab Datum der Wohnsitzverlegung.
5. Nachsendungen sind der Zollstelle grundsätzlich bei der ersten Einfuhr anzumelden, spätestens jedoch innerhalb von 2 Jahren ab Datum der Wohnsitzverlegung. Steht der Einfuhr des Übersiedlungsgutes ein Hindernis entgegen, kann die Abgabenbefreiung nach Wegfall des Hindernisses noch gewährt werden (innerhalb von 3 Monaten).
6. Die Veranlagung von Übersiedlungsgut ist zeitlich beschränkt; sie wird nur an Werktagen während der für die Veranlagung von Handelswaren festgesetzten Zollstunden vorgenommen.
7. Gegenstände zur Ausstattung von Zweitwohnungen sind dem Übersiedlungsgut gleichgestellt. Davon ausgenommen sind jedoch Fahrzeuge und Tiere.
8. Einfuhrbeschränkungen und Einfuhrverbote, insbesondere wirtschaftlicher, finanzieller, gesundheits-, tierseuchen- und sicherheitspolizeilicher Art, ferner Massnahmen bezüglich Pflanzen- und Artenschutz usw. sind vorbehalten.
9. Hat die Zollstelle Zweifel am Anrecht auf Abgabenbefreiung, so kann sie das Übersiedlungsgut provisorisch veranlagen; die Einfuhrabgaben sind dabei sicherzustellen und die fehlenden Nachweise sind der Zollstelle innerhalb der festgesetzten Frist vorzulegen.
10. Wer die Abgabenbefreiung erwirkt, ohne dass hiezu die Voraussetzungen zutreffen, macht sich einer Widerhandlung schuldig.
11. Die Verwendung eines durch Fotokopie, Fax oder im Internet erhaltenen Formulars „Erklärung/Veranlagungsantrag für Übersiedlungsgut" ist gestattet, sofern dieses mit Originalunterschrift versehen ist und der Zollstelle im Doppel vorgelegt wird.

Eidg. Zollverwaltung

Form. 18.44 d / mm 04.2012 Internet

Für die Zollstelle
For official use
Nr. ____________

Erklärung/Veranlagungsantrag für Übersiedlungsgut
(Declaration/Application for clearance of household effects)

Der/Die Unterzeichnete ***(The undersigned)***

Name (Surname) .... Vorname (First name) ....

Geburtsdatum (Date of birth) .... Beruf (Profession) ....

Zivilstand (Marital status) .... Staatsangehörigkeit (Nationality) ....

Adresse im Ausland (Address abroad) ....

Adresse im schweizerischen Zollgebiet (Address in Switzerland) ....

führt Übersiedlungsgut ein im Zusammenhang mit der ***(is importing household effects in connection with)***

☐ Verlegung des Wohnsitzes vom Ausland nach dem schweizerischen Zollgebiet (transfer of domicile to Swiss Customs territory from abroad)

Datum der Wohnsitzverlegung (Date of legal transfer of domicile) ....

Schweiz. Aufenthaltspapier, evtl. Nachweis der Wohnsitzverlegung gemäss Ziffer 2b (Swiss residence permit or proof of the transfer of domicile see paragraph 2b)

Nr. (No.) .... ausgestellt durch (issued by) ....

Mitübersiedelnde Personen (Co-immigrating persons) ....

☐ Rückkehr nach Auslandaufenthalt von mindestens einem Jahr ohne Aufgabe des inländischen Wohnsitzes
(return to Switzerland following a period of domicile abroad of at least one year without relinquishing domicile in Switzerland)

Datum der Abreise ins Ausland (Date of departure abroad) .... Datum der Rückkehr (Date of return) ....

☐ Ausstattung einer Wohnung/eines Hauses unter Beibehaltung des Wohnsitzes im Ausland
(furnishing a flat/house in Switzerland while maintaining domicile abroad)

☐ Mieter (Tenant)
☐ Eigentümer (Owner)

Vertrag vom (contract dated) ....

Räumlichkeiten bezugsbereit seit (Premises available from) ....

erklärt ***(declares that)***

die im Verzeichnis aufgeführten Gegenstände während mindestens sechs Monaten im Ausland benutzt zu haben und sie im Inland selber weiterbenutzen zu wollen,
(he/she has used the goods referred to in the enclosed list for at least six months while abroad and intends to continue using them himself/herself in Switzerland)

die Haushaltvorräte, die abgabenfrei zugelassen werden, im eigenen Haushalt konsumieren zu wollen.
(he/she intends to consume the provisions imported duty-free in his/her own household.

Fahrzeuge ***(Vehicles)*** Art, Marke und Typ (Type, make and model) Fahrgestell-Nr. (Chassis no.)

1. ....

2. ....

Ort und Datum (Place and date) .... Unterschrift (Signature) ....

Antrag auf abgabenfreie Zulassung ***(Application for duty-free clearance)***

☐ Gesamteinfuhr (Complete importation) ☐ Teileinfuhr gem. besonderem Verzeichnis (Partial importation as per separate list)

Vordokument (Previous document) ....

Zeichen, Nr., Anzahl, Art der Packstücke (Ref. No., no. of items and type of packages) ....

Gewicht kg (Weight in kg) .... geschätzter Gesamtwert in CHF (Estimated total value in CHF) ....

Nachsendung folgt ungefähr am (Subsequent consignment will be imported on or around) ....

Ort und Datum (Place and date) .... Unterschrift des Antragstellers (Signature of declarant) ....

Für die Zollstelle ***(for official use)*** Unterschrift (Signature)

Form 18.44 de OZD/mm 04.2012

The English translation of the present form has no legal force; the original text in one of the official languages remains the authoritative version

Die englische Übersetzung dieses Formulars hat nur Informationscharakter; rechtsgültig ist der Text in der Amtssprache

Anhang 4 Arbeits- und Aufenthaltsbewilligung in der Schweiz: Personenfreizügigkeit (Bürger der EFTA und der 25 EU Mitgliedstaaten sowie Bulgarien, Rumänien und Kroatien) und weitere Regelungen im Ausländerrecht

- Gesuch um Einreisebewilligung Drittstaaten (Kt. Zürich)
- Gesuch um Grenzgängerbewilligung Staatsangehörige EU/EFTA
- Meldeformular für entsandte Arbeitnehmerinnen und Arbeitnehmer

Gesuch um Einreisebewilligung Drittstaaten (Kt. Zürich)

Sicherheitsdirektion Kanton Zürich
Migrationsamt
Berninastrasse 45, 8090 Zürich
Telefon 043/259 88 00

ZEMIS Ref.-Nr.

Kant. Ref.-Nr. ZH

(durch Einwohnerkontrolle unbedingt anzugeben)

Gesuch um Einreisebewilligung

1 Familienname(n): Geburtsname(n):

2 Vorname(n): Geburtsdatum: Geschlecht: ☐ m ☐ w

3 Zivilstand: ☐ ledig ☐ verheiratet ☐ getrennt ☐ geschieden ☐ verwitwet
☐ in eingetragener Partnerschaft ☐ gerichtlich aufgelöste Partnerschaft ☐ durch Tod aufgelöste Partnerschaft

4 Staatsangehörigkeit: Geburtsort: Geburtsland:

5 Name und Vorname des Vaters: Staatsangehörigkeit:
Name und Vorname der Mutter: Staatsangehörigkeit:

6 Ist der Ehegatte/die Ehegattin bzw. der/die eingetragene Partner/Partnerin Schweizer Bürger/in? ☐ nein ☐ ja
Ist der Ehegatte/die Ehegattin bzw. der/die eingetragene Partner/Partnerin Bürger/in eines EG/EFTA-Staates? ☐ nein ☐ ja
Besitzt der Ehegatte/die Ehegattin bzw. der/die eingetragene Partner/Partnerin die Niederlassungsbewilligung? ☐ nein ☐ ja

7 Wohnadresse im Ausland/Postleitzahl:

8 Befindet sich der/die vorerwähnte Ausländer/in zurzeit in der Schweiz? ☐ ja ☐ nein Wenn ja, seit wann?
Adresse:

9 Bei Visumpflicht: Welche Schweizer Auslandvertretung soll zur Visumerteilung ermächtigt werden?

10 **Miteinreisende Familienangehörige** **(Auszüge aus dem amtlichen Eheregister bzw. Geburtsregister, aus welchen das Geburtsland und der Geburtsort sowie der Name und Vorname des Vaters und der Mutter hervorgehen, sind beizulegen)**

Name und Vorname:	Geburtsdatum:	Geschlecht:	Staatsangehörigkeit:	Verwandtschaftsgrad:
		☐ w ☐ m		
		☐ w ☐ m		
		☐ w ☐ m		
		☐ w ☐ m		
		☐ w ☐ m		

11 Familienangehörige im **Ausland**

	Name und Vorname:	Geburtsdatum:	Wohnort:	Staatsangehörigkeit:
Ehegatte:				
Kinder:				

12 Frühere Aufenthalte in der Schweiz:
Ort: Dauer: vom bis Zweck oder Tätigkeit:

13 Gewünschte Aufenthaltsdauer: Vorgesehener Aufenthaltsort:

14 Genaue Angabe des Einreisezweckes:

15 Name und Adresse des Gesuchstellers:
Telefonnummer:

Hiermit bestätige ich die Richtigkeit der Angaben
Datum: Unterschrift:

Falls der Aufenthalt mit einer Erwerbstätigkeit verbunden ist, bitte auch Rückseite ausfüllen.

Aufnahme einer Erwerbstätigkeit

16 Arbeitgeber:

Firma:

Adresse:

PLZ/Ort:

Verantwortliche Person:

Telefon: Telefax: E-Mail:

Rechnungsadresse (wenn abweichend vom Arbeitgeber):

Firma:

Adresse:

PLZ/Ort:

17 Untersteht der Betrieb einem Gesamtarbeitsvertrag: ☐ nein ☐ ja (Name)

18 Beschäftigung als:

Internationaler, firmeninterner Kadertransfer (GATS-Abkommen): ☐ ja ☐ nein

Beschäftigungsdauer: von bis ☐ weniger als 1 Jahr

Datum des Stellenantritts: Einsatzort

Ausbildung: ☐ Hilfstätigkeit ☐ Berufsabschluss ☐ Fach-/Hochschule

19 Garantierter Brutto-Lohn (SFr.): ☐ pro Jahr ☐ Monat ☐ Tag ☐ Stunde

Zusätzliche Lohnbestandteile/Spesen (SFr.): wöchentliche Arbeitszeit (in Stunden):

20 Nachweis der Suchbemühungen:

Wurde die Stelle beim zuständigen RAV gemeldet? ☐ Ja (Stellennummer)

Andere:

Bemerkungen:

Hiermit bestätige ich die Richtigkeit der Angaben
Unterschrift und Stempel des Arbeitgebers:

Ort und Datum:

Beilagen:

- Kopie Arbeitsvertrag
- Lebenslauf
- Kopie Diplom

Weitere Beilagen je nach Gesuchskategorie (z.B. Praktikanten) siehe entsprechende Homepage

Antrag für Arbeitsbewilligung mit Beilagen senden an:

Gesuchsteller/in mit Firmendomizil
im Kantonsgebiet

Amt für Wirtschaft und Arbeit (AWA)

Arbeitsbewilligungen
Postfach
8090 Zürich
Tel. 043 / 259 26 63
Fax 043 / 259 49 88
www.awa.zh.ch
www.arbeitsbewilligungen.zh.ch
Schalterstunden: Neumühlequai 30
08.30 - 11.30 + 13.30 - 16.00 Uhr
Gesuche über e-WorkPermits Kanton Zürich:
http://www.arbeitsbewilligungen.zh.ch

Version 12.2012

Gesuch um Grenzgängerbewilligung Staatsangehörige EU/EFTA

Sicherheitsdirektion Kanton Zürich
Migrationsamt

Berninastrasse 45 8090 Zürich
Telefon 043/259 88 00

ZEMIS-Ref.-Nr.

Kant. Ref.-Nr. ZH

(sofern bekannt)

Gesuch um Grenzgängerbewilligung EU/EFTA

EU: Belgien, Dänemark, Deutschland, Estland, Finnland, Frankreich, Griechenland, Grossbritannien, Irland, Italien, Lettland, Litauen, Luxemburg, Niederlande, Österreich, Polen, Portugal, Schweden, Slowakei, Slowenien, Spanien, Tschechien und Ungarn
EFTA: Island, Norwegen

1 Familienname(n): Geburtsname(n):

2 Vorname(n): Geburtsdatum: Geschlecht: ☐ m ☐ w

3 Zivilstand: ☐ ledig ☐ verheiratet ☐ getrennt ☐ geschieden ☐ verwitwet
☐ in eingetragener Partnerschaft ☐ gerichtlich aufgelöste Partnerschaft ☐ durch Tod aufgelöste Partnerschaft

4 Staatsangehörigkeit: Geburtsort: Geburtsland:

5 Name und Vorname des Vaters: Staatsangehörigkeit:
Name und Vorname der Mutter: Staatsangehörigkeit:

6 Wohnadresse im Ausland/Postleitzahl:

7 Name und Adresse des Gesuchstellers:

8 Ort und Datum: Hiermit bestätige ich die Richtigkeit der Angaben
Unterschrift:

Erwerbstätigkeit

13 **Arbeitgeber:** **BUR-Nr.:**
Firma:
Adresse:
PLZ/Ort:

14 Beschäftigung als: Wöchentliche Arbeitszeit (in Stunden):
Beschäftigungsdauer: von bis ☐ unbefristet

15 Datum des Stellenantritts: Einsatzort:

16 Ort und Datum: Unterschrift und Stempel des Arbeitgebers **oder** Beilage des unterzeichneten Arbeitsvertrages bzw. einer Einstellungserklärung oder Arbeitsbescheinigung

Beilagen: - Passfoto
- Passkopie
- Wohnsitzbescheinigung

Allfällige weitere Beilagen können von der Behörde angefordert werden.

Version 04.2011

Meldeformular für entsandte Arbeitnehmerinnen und Arbeitnehmer

SCHWEIZERISCHE EIDGENOSSENSCHAFT
CONFÉDÉRATION SUISSE
CONFEDERAZIONE SVIZZERA
CONFEDERAZIUN SVIZRA

Eidgenössisches Justiz- und Polizeidepartement
Bundesamt für Migration - BFM

Eidgenössisches Departement für Wirtschaft, Bildung und Forschung
Staatssekretariat für Wirtschaft - SECO

Bitte in Blockschrift oder unter www.bfm.admin.ch (Themen, Personenfreizügigkeit Schweiz – EU/EFTA, Meldeverfahren für kurzfristige Erwerbstätigkeit) elektronisch ausfüllen

Meldeformular für entsandte Arbeitnehmerinnen und Arbeitnehmer

(3 Monate / 90 Arbeitstage im Kalenderjahr)

- Das Gesuch ist bei der **kantonal** zuständigen Behörde einzureichen
- Die Meldung muss spätestens **acht Tage vor der Aufnahme der Erwerbstätigkeit** in der Schweiz erfolgen
- Der **Personalverleih aus dem Ausland** (direkt oder indirekt) ist **nicht zulässig** (Art. 12 Abs. 2 AVG)
- Dieses Formular kann auch von Firmen mit Sitz in den EU-2-Staaten (Rumänien und Bulgarien) verwendet werden, die Arbeitnehmerinnen oder Arbeitnehmer in den allgemeinen Dienstleistungsbranchen in die Schweiz entsenden (Ausnahme: Bauhaupt- und -nebengewerbe, Gartenbau, Reinigungsgewerbe, Sicherheitsgewerbe)
- Verstösse gegen das Meldeverfahren werden gemäss Art. 9 EntsG (http://www.admin.ch/ch/d/sr/823_20/a9.html) sanktioniert

1. Angaben zum Unternehmen / Arbeitgeber mit Sitz im EU-/EFTA-Mitgliedstaat:

Arbeitgeber

Wirtschaftszweig

Strasse/Hausnummer

PLZ / Ort

Land

Verantwortliche Person

Telefon | Fax

2. Einsatzdauer bzw. -tage, Einsatzort und Zweck der Dienstleistung:

Ununterbrochene Einsätze	von	bis	von	bis
	von	bis	von	bis
und / oder	von	bis	von	bis

einzelne Arbeitstage

Einsatzort (PLZ/Ort)

Adresse (Name, Str., Nr.)

Zweck der Dienstleistung

3. Kontaktadresse in der Schweiz während des Einsatzes:

Name/Firma

Strasse/Hausnummer

PLZ / Ort

Kontaktperson

Telefon | Fax

Seite 1 Formular 3 V 15.0 Entsandte aus EU/EFTA

SCHWEIZERISCHE EIDGENOSSENSCHAFT
CONFÉDÉRATION SUISSE
CONFEDERAZIONE SVIZZERA
CONFEDERAZIUN SVIZRA

Eidgenössisches Justiz- und Polizeidepartement
Bundesamt für Migration - BFM
Eidgenössisches Departement für Wirtschaft, Bildung und Forschung
Staatssekretariat für Wirtschaft - SECO

4. Angaben zur entsandten Arbeitnehmerinnen oder zum entsandten Arbeitnehmer:

Werden mehrere Arbeitnehmerinnen und Arbeitnehmer für denselben Auftrag entsandt und sind ausser den Personalien alle Angaben identisch, sind die anderen Arbeitnehmerinnen und Arbeitnehmer mit dem Zusatzformular für entsandte Arbeitnehmerinnen und Arbeitnehmer zu melden.

Name gemäss Pass oder ID	
Vorname gemäss Pass oder ID	
Geburtsdatum	
Geschlecht:	☐ weiblich ☐ männlich
Staatsangehörigkeit	
Gewerbe	
Ausgeübte Tätigkeit	
Berufliche Qualifikation	
Lohn*	
Sozialversicherungsnummer im Staat, in dem der Arbeitnehmer seinen Wohnsitz hat	
Aufenthaltsregelung im Entsendestaat seit	

Lohn*

Es ist der für die Schweiz zu entrichtende Brutto-Stundenlohn in einer europäischen Landeswährung anzugeben (z.B. EUR 25, CHF 25).

Der Brutto-Stundenlohn ist der Lohn vor den Abzügen der Arbeitnehmerbeiträge für Sozialversicherungen und Steuern. Als massgebender Lohn werden insbesondere folgende Bestandteile angerechnet:

- Grundlohn im Herkunftsland
- Entsendezulage
- Ferienlohn, Urlaubsentgelt
- Feiertagsentschädigung
- 13. und 14. Monatslohn
- Urlaubsgeld
- Weihnachtsgeld
- weitere Leistungen mit Lohncharakter (z.B. vermögenswirksame Leistungen nach deutschem Vermögensbildungsgesetz)

Nicht als Lohnbestandteil gelten die im Zusammenhang mit dem Einsatz in der Schweiz gewährten Entschädigungen wie die Aufwendungen für die Reise, Verpflegung und Unterkunft.

Zusätzliche Informationen über die massgebenden Lohnbestandteile sind erhältlich unter:
Entsendung von Arbeitnehmerinnen und Arbeitnehmern in die Schweiz (Rubrik **Weisungen**)

Für die Berechnung des Mindestlohnes steht Ihnen ein Lohnrechner zur Verfügung:
Lohnrechner

SCHWEIZERISCHE EIDGENOSSENSCHAFT
CONFÉDÉRATION SUISSE
CONFEDERAZIONE SVIZZERA
CONFEDERAZIUN SVIZRA

Eidgenössisches Justiz- und Polizeidepartement
Bundesamt für Migration - BFM
Eidgenössisches Departement für Wirtschaft, Bildung und Forschung
Staatssekretariat für Wirtschaft - SECO

5. Bestätigung der Arbeitsmeldung:

Auf Verlangen stellen die zuständigen Behörden für jede Arbeitnehmerin/jeden Arbeitnehmer eine Meldebestätigung aus. Die Meldebestätigung ist kostenpflichtig. Die Gebühr beträgt 25 Franken. Die Meldebestätigung wird bei längerfristigen Aufenthalten empfohlen. Damit kann den Kontrollbehörden der Nachweis der Meldung sofort erbracht und unnötiger Aufwand vermieden werden.

Separate schriftliche Bestätigung erwünscht: ☐ **Ja** ☐ **Nein**

6. Adresse der zuständigen Behörde:

7. Bestätigung des Arbeitgebers

Der unterzeichnende Arbeitgeber bestätigt,

a) dass er das Bundesgesetz vom 8. Oktober 1999 über die flankierenden Massnahmen bei entsandten Arbeitnehmerinnen und Arbeitnehmern und über die Kontrolle der in Normalarbeitsverträgen vorgesehenen Mindestlöhne (Entsendegesetz, EntsG) und namentlich die Artikel 2 und 3 dieses Gesetzes kennt und dass er sich verpflichtet, für die gesamte Dauer des Auftrags und für alle entsandten Arbeitnehmerinnen und Arbeitnehmer die minimalen in der Schweiz geltenden Arbeits- und Lohnbedingungen einzuhalten;

Auszug aus dem Entsendegesetz

Art. 2 Minimale Arbeits- und Lohnbedingungen

[1] Die Arbeitgeber müssen den entsandten Arbeitnehmerinnen und Arbeitnehmern mindestens die Arbeits- und Lohnbedingungen garantieren, die in Bundesgesetzen, Verordnungen des Bundesrates, allgemein verbindlich erklärten Gesamtarbeitsverträgen und Normalarbeitsverträgen im Sinne von Artikel 360*a* OR in den folgenden Bereichen vorgeschrieben sind:
a. die minimale Entlöhnung inklusive Zuschläge;
b. Arbeits- und Ruhezeit;
c. Mindestdauer der Ferien;
d. Arbeitssicherheit und Gesundheitsschutz am Arbeitsplatz;
e. Schutz von Schwangeren, Wöchnerinnen, Kindern und Jugendlichen;
f. Nichtdiskriminierung, namentlich Gleichbehandlung von Frau und Mann.

[2] Sind im Zusammenhang mit der Sicherstellung von Lohnansprüchen, wie beispielsweise Ferien, Feiertage oder Kinderzulagen, Beiträge an Ausgleichskassen oder vergleichbare Einrichtungen durch allgemein verbindlich erklärte Gesamtarbeitsverträge vorgesehen, so gelten diese Bestimmungen auch für Arbeitgeber, die Arbeitnehmerinnen und Arbeitnehmer in die Schweiz entsenden. Diese Bestimmung gilt nicht, wenn der Arbeitgeber nachweist, dass er für den gleichen Zeitabschnitt Beiträge an eine solche Einrichtung im Staat seines Sitzes leistet.

[2bis] Sieht ein allgemein verbindlich erklärter Gesamtarbeitsvertrag einen obligatorischen Beitrag an Weiterbildungskosten vor, so gelten die entsprechenden Bestimmungen auch für Arbeitgeber, die Arbeitnehmerinnen und Arbeitnehmer in die Schweiz entsenden, sofern deren Entsendung länger als 90 Tage dauert.

[2ter] Sieht ein allgemein verbindlich erklärter Gesamtarbeitsvertrag die Hinterlegung einer Kaution durch den Arbeitgeber vor, so gelten die entsprechenden Bestimmungen auch für Arbeitgeber, die Arbeitnehmerinnen und Arbeitnehmer in die Schweiz entsenden.

[2quater] Sieht ein allgemein verbindlich erklärter Gesamtarbeitsvertrag die Möglichkeit der Verhängung einer Konventionalstrafe durch die mit der Durchsetzung des Vertrages betrauten paritätischen Organe vor, so gelten die entsprechenden Bestimmungen bei Verstössen gegen Artikel 2 auch für Arbeitgeber, die Arbeitnehmerinnen und Arbeitnehmer in die Schweiz entsenden.[6]

[3] Die im Zusammenhang mit der Entsendung gewährten Entschädigungen gelten als Lohnbestandteil, sofern sie keinen Ersatz für tatsächlich getätigte Aufwendungen wie solche für Reise, Verpflegung und Unterkunft darstellen.

[4] Die minimalen Arbeits- und Lohnbedingungen müssen für die ganze Dauer des Einsatzes eingehalten werden.

[5] Der Bundesrat kann Bestimmungen erlassen, wonach der ausländische Arbeitgeber nachweisen muss, dass er die Sozialabgaben entrichtet.

Art. 3 Unterkunft

Der Arbeitgeber muss den entsandten Arbeitnehmerinnen und Arbeitnehmern eine Unterkunft garantieren, die dem üblichen Standard am Einsatzort bezüglich Hygiene und Komfort genügt. Die Abzüge für Unterkunft und Verpflegung dürfen das ortsübliche Mass nicht übersteigen.

b) dass er die gemeldeten Arbeitnehmerinnen und Arbeitnehmer über die Einreichung dieses Formulars informiert hat;
c) dass er sich verpflichtet, die gewerbe- und gesundheitspolizeilichen Vorschriften sowie andere Meldepflichten und mit der Berufsausübung verbundene Auflagen einzuhalten;
d) die Richtigkeit der Angaben im Meldeformular

Bemerkungen:

Ort, Datum und Unterschrift:

Anhang 5 Sozialversicherung: Nationale Schweizer Regelungen und Personenfreizügigkeitsabkommen (EG/EFTA Bürger)

- Formular A1: Bescheinigung über die Rechtsvorschriften der sozialen Sicherheit die auf den/die Inhaber/in anzuwenden sind
- Formular E 101: Bescheinigung über die anzuwendenden Rechtsvorschriften
- Formular E 102: Verlängerung der Entsendung/der selbständigen Tätigkeit
- Antrag auf langfristige Entsendung oder Entsendungsverlängerung (Ausnahmevereinbarung)
- Formular S1: Eintragung zwecks Inanspruchnahme des Krankenversicherungsschutzes

Formular A1: Bescheinigung über die Rechtsvorschriften der sozialen Sicherheit die auf den/die Inhaber/in anzuwenden sind

Koordinierung der Systeme der sozialen Sicherheit

A1

Bescheinigung über die Rechtsvorschriften der sozialen Sicherheit, die auf den/die Inhaber/in anzuwenden sind

Verordnungen (EG) Nr. 883/2004 und Nr. 987/2009 (*)

INFORMATIONEN FÜR DEN/DIE INHABER/IN

Dieses Dokument dient als Bescheinigung über die Sozialversicherungsvorschriften, die für Sie gelten, und als Bestätigung, dass Sie in einem anderen Staat keine Beiträge zu zahlen haben.
Bevor Sie den Staat, in dem Sie versichert sind, verlassen, um in einem anderen Staat eine Arbeit aufzunehmen, sollten Sie sicherstellen, dass Sie über die Dokumente verfügen, die Sie berechtigen, die notwendigen Sachleistungen (medizinische Versorgung, stationäre Behandlung usw.) im Staat Ihrer Erwerbstätigkeit zu erhalten.

- Wenn Sie sich im Staat Ihrer Erwerbstätigkeit vorübergehend aufhalten, beantragen Sie bei Ihrem Krankenversicherungsträger eine Europäische Krankenversicherungskarte (EKVK/EHIC). Sie müssen diese Karte bei Ihrem Gesundheitsdienstleister vorlegen, wenn Sie während Ihres Aufenthalts Sachleistungen in Anspruch nehmen müssen.
- Wenn Sie sich im Staat Ihrer Erwerbstätigkeit niederlassen, beantragen Sie bei Ihrem Krankenversicherungsträger das Formular S1 und übermitteln dieses schnellstmöglich dem zuständigen Krankenversicherungsträger des Ortes, an dem Sie Ihre Erwerbstätigkeit ausüben (**).

Der Versicherungsträger im Aufenthaltsstaat wird bei einem Arbeitsunfall oder einer Berufskrankheit vorläufig besondere Leistungen erbringen.

1. ANGABEN ZUR PERSON DES INHABERS/DER INHABERIN

1.1 Persönliche Versichertennummer ☐ Weiblich ☐ Männlich

1.2 Nachname

1.3 Vorname(n)

1.4 Geburtsname (***)

1.5 Geburtsdatum 1.6 Staatsangehörigkeit

1.7 Geburtsort

1.8 Anschrift im Wohnstaat

1.8.1 Straße, Nr. 1.8.3 Postleitzahl

1.8.2 Ort 1.8.4 Ländercode

1.9 Anschrift im Aufenthaltsstaat

1.9.1 Straße, Nr. 1.9.3 Postleitzahl

1.9.2 Ort 1.9.4 Ländercode

2. MITGLIEDSTAAT, DESSEN RECHTSVORSCHRIFTEN ANZUWENDEN SIND

2.1 Mitgliedstaat

2.2 Anfangsdatum 2.3 Enddatum

☐ 2.4 Die Bescheinigung gilt für die Dauer der Tätigkeit

☐ 2.5 Die Feststellung ist vorläufig

☐ 2.6 Die Verordnung (EWG) Nr. 1408/71 findet gemäß Artikel 87 Absatz 8 der Verordnung (EG) Nr. 883/2004 weiterhin Anwendung

(*) Verordnung (EG) Nr. 883/2004, Artikel 11 bis 16, und Verordnung (EG) Nr. 987/2009, Artikel 19.
(**) In Spanien muss das entsprechende Dokument der Provinzialdirektion der staatlichen Sozialversicherungsanstalt (INSS) des Wohnorts und in Schweden sowie Portugal dem jeweiligen Sozialversicherungsträger des Wohnorts übermittelt werden.
(***) Liegen dem Träger hierzu keine Angaben vor, informiert der/die Inhaber/in diesen entsprechend.

1/3

A1

Koordinierung der Systeme der sozialen Sicherheit

Bescheinigung über die Rechtsvorschriften der sozialen Sicherheit, die auf den/die Inhaber/in anzuwenden sind

3. STATUSBESTÄTIGUNG

☐ 3.1 Entsandte/r Arbeitnehmer/in

☐ 3.2 Arbeitnehmer/in arbeitet in zwei oder mehr Staaten

☐ 3.3 Entsandte selbständig erwerbstätige Person

☐ 3.4 Selbstständige/r arbeitet in zwei oder mehr Staaten

☐ 3.5 Beamter/Beamtin

☐ 3.6 Vertragsbedienstete

☐ 3.7 Zum Kreis der Seeleute gehörig

☐ 3.8 Tätigkeit als beschäftigte und selbstständig erwerbstätige Person in unterschiedlichen Ländern

☐ 3.9 Tätigkeit als Beamter/Beamtin in einem Land und als beschäftigte/selbstständig erwerbstätige Person in einem oder mehreren anderen Ländern

☐ 3.10 Ausnahmevereinbarung

4. ANGABEN ZUM ARBEITGEBER/ZUR SELBSTSTÄNDIGEN ERWERBSTÄTIGKEIT IN DEM STAAT, DESSEN RECHTSVORSCHRIFTEN ANGEWANDT WERDEN

☐ 4.1.1 Arbeitnehmer/-in

☐ 4.1.2 Selbstständig erwerbstätig

4.2 Kenn-Nummer des Arbeitgebers/der selbstständigen Erwerbstätigkeit

4.3 Name oder Firmenbezeichnung

4.4 Ständige Anschrift

4.4.1 Straße, Nr.

4.4.2 Ländercode

4.4.3 Ort

4.4.4 Postleitzahl

5. ANGABEN ZUM ARBEITGEBER/ZUR SELBSTSTÄNDIGEN ERWERBSTÄTIGKEIT IM ANDEREN MITGLIEDSTAAT/IN DEN ANDEREN MITGLIEDSTAATEN

5.1 Name(n) oder Firmenbezeichnung(en) und Kenn-Nummer(n) des Betriebs/der Betriebe oder des Schiffs/der Schiffe, wo Sie beschäftigt sein werden

5.2 Anschrift(en) oder Name(n) des Schiffs/der Schiffe, wo Sie im/in den Beschäftigungsstaat/en (selbstständig) erwerbstätig sein werden

☐ 5.3 Oder: Keine feste Anschrift im/in den Staat/en der (selbstständigen) Erwerbstätigkeit

2/3

A1

Koordinierung der Systeme
der sozialen Sicherheit

**Bescheinigung über
die Rechtsvorschriften der sozialen Sicherheit,
die auf den/die Inhaber/in anzuwenden sind**

6. AUSSTELLENDER TRÄGER

6.1 **Name**
6.2 **Straße, Nr.**
6.3 **Ort**
6.4 **Postleitzahl** **6.5** **Ländercode**
6.6 **Kenn-Nummer des Trägers**
6.7 **Faxnummer**
6.8 **Telefonnummer**
6.9 **E-Mail**
6.10 **Datum**
6.11 **Unterschrift**

STEMPEL

Formular E 101: Bescheinigung über die anzuwendenden Rechtsvorschriften

VERWALTUNGSKOMMISSION FÜR DIE SOZIALE SICHERHEIT DER WANDERARBEITNEHMER

E 101 | **CH** [1]

BESCHEINIGUNG ÜBER DIE ANZUWENDENDEN RECHTSVORSCHRIFTEN

Verordnung (EWG) Nr. 1408/71: Artikel 13 Absatz 2 Buchstabe d; Artikel 14 Absatz 1 Buchstabe a und Absatz 2 Buchstaben a und b; Artikel 14a Absatz 1 Buchstabe a sowie Absätze 2 und 4; Artikel 14b Absätze 1, 2 und 4; Artikel 14c Buchstabe a; Artikel 14e; Artikel 17 Verordnung (EWG) Nr. 574/72: Artikel 11 Absatz 1; Artikel 11a Absatz 1; Artikel 12a Absatz 2 Buchstabe a, Absatz 5 Buchstabe c und Absatz 7 Buchstabe a; Artikel 12b

Der Vordruck ist in Druckschrift auszufüllen. Bitte nur auf der punktierten Linie schreiben. Er umfasst vier Seiten, von denen keine, auch unausgefüllt, weggelassen werden darf.

1. ☐ Arbeitnehmer ☐ Selbständiger

1.1 Name(n) [2]: ....

1.2 Vorname(n) [3]: ....

1.3 Frühere Namen: ....

1.4 Geburtsdatum: .... Staatsangehörigkeit: ....

1.5 Ständige Anschrift

Strasse: .... Hausnummer: .... Postfach: ....

Ort: .... Postleitzahl: .... Land: ....

1.6 Persönliche Kenn-Nr. [4]: ....

2. ☐ Arbeitgeber ☐ Selbständige Tätigkeit

2.1 Name/Firmenbezeichnung:

....

2.2 Kenn-Nr. [5]: ....

2.3 Ist der Arbeitgeber ein Arbeitskräfteverleihunternehmen? Ja ☐ Nein ☐

2.4 Ständige Anschrift

Telefon-Nr.: .... Fax: .... E-Mail: ....

Strasse: .... Hausnummer: .... Postfach: ....

Ort: .... Postleitzahl: .... Land: ....

3. Der vorgenannte Versicherte

3.1. ☐ ist bei dem oben genannten Arbeitgeber beschäftigt ab dem ....

☐ übt eine selbständige Tätigkeit aus ab dem ....

in ....

3.2 ☐ wird voraussichtlich für die Zeit

vom .... bis ....

entsandt /eine selbständige Tätigkeit vorübergehend ausüben

3.3. ☐ zu/bei dem (den) unten genannten Unternehmen. ☐ auf das/dem unten genannte(n) Schiff.

3.4. Name/Firmenbezeichnung oder Name des Schiffes:

....

3.5. Anschrift(en)

Strasse: .... Hausnummer: .... Postfach: ....

Ort: .... Postleitzahl: .... Land: ....

Strasse: .... Hausnummer: .... Postfach: ....

Ort: .... Postleitzahl: .... Land ....

3.6. Kenn-Nr. [5]: ....

E 101

4. Wer zahlt das Arbeitsentgelt und den Sozialversicherungsbeitrag des entsandten Arbeitnehmers?

4.1 Der in Feld 2 genannte Arbeitgeber ☐

4.2 Das in Feld 3.4 genannte Unternehmen ☐

4.3 Eine andere Stelle ☐ (in diesem Fall bitte Namen/Bezeichnung angeben)

....

Anschrift

Strasse: .... Hausnummer: .... Postfach: ....

Ort: .... Postleitzahl: .... Land: ....

5. Der Versicherte unterliegt weiterhin den Rechtsvorschriften des Landes **CH** (1)

5.1. gemäss Artikel

☐ 13 Absatz 2 d)

☐ 14 Absatz 1 a) ☐ 14 Absatz 2 a) ☐ 14 Absatz 2 b) ☐ 14a Absatz 1 a) ☐ 14a Absatz 2 ☐ 14a Absatz 4

☐ 14b Absatz 1 ☐ 14b Absatz 2 ☐ 14b Absatz 4 ☐ 14c a) ☐ 14e ☐ 17

der Verordnung (EWG) Nr. 1408/71

5.2. ☐ für die Zeit vom .... bis ....

5.3 ☐ für die Dauer der Beschäftigung/selbständigen Tätigkeit (vgl. Schreiben der zuständigen Behörde oder der von dieser Behörde bezeichneten Stelle im Beschäftigungsland, wonach der Versicherte weiterhin den Rechtsvorschriften des Entsendestaates unterliegt,

vom .... Aktenzeichen ....).

6. Zuständiger Träger, dessen Rechtsvorschriften anzuwenden sind

6.1 Bezeichnung: ....

6.2 Kenn-Nr. des Trägers: ....

6.3 Anschrift

Telefon-Nr.: .... Fax: .... E-Mail: ....

Strasse: .... Hausnummer: .... Postfach: ....

Ort: .... Postleitzahl: .... Land: ....

6.4 Stempel

6.5 Datum:

....

6.6 Unterschrift:

....

Formular E 102: Verlängerung der Entsendung/der selbständigen Tätigkeit

**VERWALTUNGSKOMMISSION
FÜR DIE SOZIALE SICHERHEIT
DER WANDERARBEITNEHMER**

E 102 | CH [(1)]

VERLÄNGERUNG DER ENTSENDUNG/DER SELBSTÄNDIGEN TÄTIGKEIT

Verordnung (EWG) Nr. 1408/71: Artikel 14 Absatz 1 Buchstabe b; Artikel 14a Absatz 1 Buchstabe b; Artikel 14b Absätze 1 und 2
Verordnung (EWG) Nr. 574/72: Artikel 11 Absatz 2 und Artikel 11a Absatz 2

Der Vordruck ist in Druckschrift auszufüllen. Bitte nur auf der punktierten Linie schreiben. Der Vordruck umfasst vier Seiten, von denen keine, auch unausgefüllt, weggelassen werden darf.

A. Vom Arbeitgeber/vom Selbständigen auszufüllen

1. Träger, an den der Vordruck gerichtet wird [(2)]

1.1 Bezeichnung: ....

1.2 Kenn-Nr. des Trägers: ....

1.3 Anschrift

Telefon-Nr.: .... Fax-Nr.: ....

Strasse: .... Haus-Nr.: .... Postfach: ....

Ort: .... Postleitzahl: .... Land: ....

2. ☐ Arbeitnehmer ☐ Selbständiger

2.1 Name(n) [(3)] : ....

2.2 Vorname(n) [(4)] : ....

2.3 Frühere Namen: ....

2.4 Geburtsdatum: .... Staatsangehörigkeit: ....

2.5 Ständige Anschrift

Strasse: .... Haus-Nr.: .... Postfach: ....

Ort .... Postleitzahl: .... Land: ....

2.6 Persönliche Kenn-Nr. [(5)]: ....

3. Der obgenannte Versicherte

☐ ist entsandt

☐ übt eine selbständige Tätigkeit aus gemäss Artikel

3.1 ☐ 14.1.a ☐ 14a.1.a ☐ 14b.1 ☐ 14b.2 der Verordnung (EWG) Nr. 1408/71

3.2 für die Zeit vom .... bis ....

3.3 ☐ zu/bei dem/den unten genannten Unternehmen ☐ auf das/dem unten genannte(n) Schiff

3.4. Name des Unternehmens oder des Schiffs: ....

3.5. Anschrift

Telefon-Nr.: .... Fax-Nr.: ....

Strasse: .... Haus-Nr.: .... Postfach: ....

Ort: .... Postleitzahl: .... Land: ....

3.6. Kenn-Nr. [(6)]: ....

E 102

4. Der Versicherte war im Besitz einer Bescheinigung über die anzuwendenden Rechtsvorschriften (Vordruck E 101)

4.1 Ausgestellt von dem nachstehenden Träger:

Bezeichnung: ....

Strasse: .... Haus-Nr.: .... Postfach: ....

Ort: .... Postleitzahl: .... Land: ....

4.2 am .... und gültig bis ....

5. Wir beantragen, für den Versicherten die Rechtsvorschriften des Landes weiterhin gelten zu lassen, und zwar [1] **CH**

5.1 für die Zeit vom .... bis .... [7].

6. ☐ Arbeitgeber ☐ Selbständiger

6.1 Name des Arbeitgebers oder des Unternehmens:

....

6.2 Kenn-Nr. [6] : ....

6.3 Anschrift

Telefon-Nr. : .... Fax-Nr. : ....

Strasse: .... Haus-Nr.: .... Postfach: ....

Ort: .... Postleitzahl: .... Land: ....

6.4 Stempel

6.5 Datum: ....

6.6 Unterschrift: ....

B. Von der zuständigen Behörde oder dem bezeichneten Träger des Beschäftigungslandes auszufüllen [8]

7. Wir sind

7.1. ☐ damit einverstanden, ☐ nicht damit einverstanden,
dass für den in Feld 2 genannten Versicherten weiterhin die Rechtsvorschriften des Landes

CH [1]

7.2. für die Zeit vom .... bis .... gelten.

8. Zuständige Behörde oder bezeichneter Träger des Beschäftigungslandes

8.1 Bezeichnung:

....

8.2 Kenn-Nr. des Trägers: ....

8.3 Anschrift: ....

Telefon-Nr.: .... Fax-Nr.: ....

Strasse: .... Haus-Nr.: .... Postfach: ....

Ort: .... Postleitzahl: .... Land: ....

8.4 Stempel

8.5 Datum: ....

8.6 Unterschrift: ....

2

Antrag auf langfristige Entsendung oder Entsendungsverlängerung (Ausnahmevereinbarung)

Schweizerische Eidgenossenschaft
Confédération suisse
Confederazione Svizzera
Confederaziun svizra

Eidgenössisches Departement des Innern EDI
Bundesamt für Sozialversicherungen BSV
Internationale Angelegenheiten

Antrag auf langfristige Entsendung oder Entsendungsverlängerung (Ausnahmevereinbarung)

Antrag auf Abschluss einer Ausnahmevereinbarung zur Weitergeltung des schweizerischen Sozialversicherungsrechts während einer vorübergehenden Tätigkeit in einem Staat, mit dem die Schweiz ein Sozialversicherungsabkommen abgeschlossen hat, wenn die voraussichtliche Gesamtdauer des Auslandeinsatzes die im anwendbaren Abkommen vorgesehene Höchstdauer für eine Entsendung übersteigt.
Einzureichen beim Bundesamt für Sozialversicherungen BSV, Internationale Angelegenheiten, Effingerstrasse 20, 3003 Bern.

Es müssen sämtliche Felder, ohne Ausnahme, ausgefüllt werden. Es ist zwingend Druckschrift zu verwenden. Sowohl der Arbeitnehmer/Selbstständigerwerbende wie auch der Arbeitgeber müssen das Formular in den dazu vorgesehenen Feldern am Formularende unterzeichen.
Bitte beachten Sie: Unvollständige und nicht in Druckschrift ausgefüllte Anträge können vom BSV nicht bearbeitet werden!

1. Angaben zum Arbeitnehmer oder Selbstständigen

☐ Arbeitnehmer ☐ Selbstständiger (bitte Zutreffendes ankreuzen)

Name(n): ....

Vorname(n): ....

Geburtsdatum: .... Staatsangehörigkeit: ....

Adresse: ....

.... Land: ....

AHV-/Sozialversicherungsnummer: ....

Derzeit zuständige AHV-Ausgleichskasse: ....

Derzeit zuständige Pensionskasse (BVG): ....

Derzeit zuständiger Unfallversicherer (UVG): ....

Derzeit zuständiger Krankenversicherer (KVG): ....

2. Angaben zum Arbeitsverhältnis in der Schweiz

Arbeitgeber bzw. selbstständige Tätigkeit

Name: ....

Adresse: ....

....

Telefon: .... E-Mail: ....

Beginn des Arbeitsverhältnisses bzw. der selbstständigen Tätigkeit am: ....

Bei befristeten Arbeitsverträgen: Ende des Arbeitsvertrags am: ....

Arbeitsort: ....

3. Angaben zur vorübergehenden Tätigkeit im Ausland

Einsatzland: ....

Voraussichtliche Dauer: von .... bis ....

Einsatzbetrieb oder Ort der Tätigkeit

Name: ....

Adresse: ....

....

War der Arbeitnehmer oder Selbstständige in den letzten 12 Monaten bereits in demselben Staat eingesetzt? ☐ ja ☐ nein

Wenn ja:

von .... bis ....

Bitte Kopien der Entsendungsbescheinigungen für den betreffenden Zeitraum beilegen.

Für Arbeitnehmer: Während der Entsendung

- ist ausschliesslich der Arbeitgeber in der Schweiz, nicht jedoch der Einsatzbetrieb, befugt, das Arbeitsverhältnis mit dem Arbeitnehmer zu kündigen ☐ ja ☐ nein
- kann der Arbeitgeber in der Schweiz die Grundzüge der Tätigkeit am Einsatzort bestimmen ☐ ja ☐ nein
- besteht ein Arbeitsvertrag mit dem ☐ Einsatzbetrieb ☐ Arbeitgeber in der Schweiz
- wird der Lohn bezahlt vom ☐ Einsatzbetrieb ☐ Arbeitgeber in der Schweiz
- werden die Sozialversicherungsbeiträge bezahlt vom ☐ Einsatzbetrieb ☐ Arbeitgeber in der Schweiz

Für Selbstständige: Während des Auslandeinsatzes unterhalte ich in der Schweiz eine Infrastruktur (z.B. Büroräume, Bewilligung für Berufsausübung), die es mir erlauben wird, meine gewöhnliche Tätigkeit nach der Rückkehr in die Schweiz sofort wieder aufzunehmen ☐ ja ☐ nein

Bemerkungen: ....

....

....

Wir erklären, dass alle Angaben den tatsächlichen Verhältnissen entsprechen. Wir nehmen zur Kenntnis, dass sowohl in der Schweiz als auch im Einsatzland durch die zuständigen Stellen Kontrollen durchgeführt werden können und falsche Angaben in diesem Antrag zum Widerruf der Ausnahmevereinbarung und damit zur Anwendung der Rechtsvorschriften des Einsatzlandes führen können.

Der Arbeitgeber bzw. der Selbstständige verpflichtet sich, das BSV umgehend zu informieren, wenn sich die im Antrag gemachten Angaben ändern. Er stellt sicher, dass auf dem gesamten in der Schweiz und im Einsatzland erzielten Erwerbseinkommen die Sozialversicherungsbeiträge in der Schweiz abgerechnet werden.

Der Arbeitnehmer oder Selbstständige	Der Arbeitgeber
Datum:	Datum: ....
....	....
Unterschrift	Stempel und Unterschrift

Formular S1: Eintragung zwecks Inanspruchnahme des Krankenversicherungsschutzes

S1

Koordinierung der Systeme der sozialen Sicherheit

Eintragung zwecks Inanspruchnahme des Krankenversicherungsschutzes

Verordnungen (EG) Nr. 883/2004 und Nr. 987/2009 (*)

INFORMATIONEN FÜR DEN/DIE INHABER/IN

Mit diesem Dokument wird Ihr Anspruch und der Anspruch Ihrer Familienangehörigen auf Sachleistungen bei Krankheit und Mutterschaft sowie gleichgestellte Leistungen bei Vaterschaft (d. h. Gesundheitsversorgung, ärztliche Behandlung usw.) in Ihrem Wohnstaat bescheinigt.
Familienangehörige sind nur dann anspruchsberechtigt, wenn sie die in den Rechtsvorschriften des Wohnstaats festgelegten Bedingungen erfüllen.
Die Bescheinigung muss dem Krankenversicherungsträger des Wohnorts (**) so bald wie möglich übermittelt werden. Eine Liste mit Krankenversicherungsträgern finden Sie unter: http://ec.europa.eu/social-security-directory/

1. ANGABEN ZUR PERSON DES INHABERS/DER INHABERIN

1.1 Persönliche Versichertennummer im zuständigen Mitgliedstaat

1.2 Nachname

1.3 Vorname(n)

1.4 Geburtsname (***)

1.5 Geburtsdatum

1.6 Anschrift im Wohnstaat

1.6.1 Straße, Nr.

1.6.3 Postleitzahl

1.6.2 Ort

1.6.4 Ländercode

1.7 Status

☐ 1.7.1 Versicherte/r

☐ 1.7.2 Familienangehörige/r einer/eines Versicherten

☐ 1.7.3 Rentner/in

☐ 1.7.4 Familienangehörige/r eines Rentners/einer Rentnerin

☐ 1.7.5 Rentenantragsteller/in

2. GELDLEISTUNGEN BEI PFLEGEBEDÜRFTIGKEIT

☐ 2.1 Der/Die Inhaberin erhält Geldleistungen bei Pflegebedürftigkeit

(*) Verordnung (EG) Nr. 883/2004, Artikel 17, 22, 24, 25, 26 und 34, und Verordnung (EG) Nr. 987/2009, Artikel 24 und 28.
(**) In Spanien muss das entsprechende Dokument der Provinzialdirektion der staatlichen Sozialversicherungsanstalt (INSS) des Wohnorts und in Schweden sowie Portugal dem jeweiligen Sozialversicherungsträger des Wohnorts übermittelt werden.
(***) Liegen dem Träger hierzu keine Angaben vor, informiert der/die Inhaber/in diesen entsprechend.

1/2

Koordinierung der Systeme
der sozialen Sicherheit

S1

Eintragung zwecks Inanspruchnahme des Krankenversicherungsschutzes

3. ANGABEN ZUR PERSON DES/DER VERSICHERTEN

(auszufüllen, wenn der/die Inhaber/in einen Anspruch auf Krankenbehandlung hat, der auf der Versicherung einer anderen Person beruht)

3.1 Persönliche Versichertennummer im zuständigen Mitgliedstaat
3.2 Nachname
3.3 Vorname(n)
3.4 Geburtsname (*)
3.5 Geburtsdatum
3.6 Anschrift des/der Versicherten (wenn von der unter 1.6 angegebenen Anschrift abweichend)
3.6.1 Straße, Nr. 3.6.3 Postleitzahl
3.6.2 Ort 3.6.4 Ländercode

4. VERSICHERUNGSSCHUTZ VON/BIS:

4.1 Beginn 4.2 Ende

5. AUSSTELLENDER TRÄGER

5.1 Name
5.2 Straße, Nr.
5.3 Ort
5.4 Postleitzahl 5.5 Ländercode
5.6 Kenn-Nummer des Trägers
5.7 Faxnummer
5.8 Telefonnummer
5.9 E-Mail
5.10 Datum
5.11 Unterschrift

STEMPEL

(*) Liegen dem Träger hierzu keine Angaben vor, informiert der/die Inhaber/in diesen entsprechend.

2/2

Anhang 6 Einbürgerung in die Schweiz

- Merkblatt Einbürgerung von ausländischen, nicht in der Schweiz geborenen Personen in der Stadt Zürich
- Merkblatt Sprachliche Anforderungen Stadt Zürich

Merkblatt Einbürgerung von ausländischen, nicht in der Schweiz geborenen Personen in der Stadt Zürich

Stadt Zürich
Stadtkanzlei

Stadt Zürich
Stadtkanzlei
Bürgerrecht
Postfach
8022 Zürich

Tel. 044 412 31 09
www.stadt-zuerich.ch/stadtkanzlei

Einbürgerung von ausländischen, nicht in der Schweiz geborenen Personen in der Stadt Zürich

Bedingungen

- Wohnsitz in der Stadt Zürich (fest angemeldet)
- Aufenthalt während insgesamt 12 Jahren in der Schweiz, wovon 3 in den letzten 5 Jahren vor Einreichung des Gesuchs, Doppelzählung zwischen dem 10. und 20. Lebensjahr
- Wohnsitz seit mindestens 2 Jahren in der Stadt Zürich
- Kenntnisse der deutschen Sprache gemäss Niveaustufen des Gemeinsamen Europäischen Referenzrahmen für Sprachen (GER) (siehe Merkblatt sprachliche Anforderungen)
- Beachtung der Rechtsordnung (kein Eintrag im Strafregisterauszug, kein hängiges Strafverfahren)
- geordnete wirtschaftliche Verhältnisse (keine offenen Betreibungen, keine Verlustscheine, kein Bezug von Sozialhilfeleistungen, steuerliche Verpflichtungen erfüllt)
- Kenntnisse der schweizerischen und örtlichen Verhältnisse

Verfahren

- Einreichung des Gesuchs beim Gemeindeamt des Kantons Zürich, Abteilung Einbürgerungen, Wilhelmstrasse 10, Postfach, 8090 Zürich
- Aufnahme in das Bürgerrecht der Stadt Zürich durch den Stadtrat von Zürich
- Veröffentlichung des Stadtratsbeschlusses im Tagblatt der Stadt Zürich
- Erteilung des Kantonsbürgerrechts durch die kantonale Behörde
- Einbürgerungsbewilligung durch die Bundesbehörde
- Aufnahme in das Schweizer Bürgerrecht mit Verfügung der kantonalen Behörde

Das Verfahren dauert etwa 2 Jahre.

Gebühren

Gebühren sind der Stadt Zürich, dem Kanton Zürich und dem Bund zu bezahlen.
Die Stadt Zürich erhebt bei Personen unter 25 Jahren eine Gebühr von Fr. 250.– und bei Personen über 25 Jahren eine Gebühr von Fr. 1200.– pro Person. Im Gesuch miteinbezogene Kinder bezahlen keine Gebühr.

Verlust der bisherigen Staatsangehörigkeit

Die schweizerische Gesetzgebung erlaubt eingebürgerten Personen die Beibehaltung der bisherigen Staatsangehörigkeit. Trotzdem kann der freiwillige Erwerb des Schweizer Bürgerrechts zum automatischen Verlust der bisherigen Staatsangehörigkeit führen, sofern die Gesetzgebung des Herkunftsstaats dies vorsieht. Verbindliche Auskünfte können ausschliesslich die zuständigen Botschaften und Konsulate der Herkunftsstaaten erteilen.

Persönliche Beratung sowie persönlicher Bezug der Gesuchsformulare

Stadthaus, Bürgerrechtsabteilung Kundenberatung, Erdgeschoss, Büro 18
Öffnungszeiten: Montag bis Freitag, jeweils von 8.00 bis 16.30 Uhr

Bitte bringen Sie den Ausländerausweis mit.

Weitere Informationen erhalten Sie auch bei folgenden Stellen:

- Kanton: Gemeindeamt des Kantons Zürich, www.gaz.zh.ch
- Bund: Bundesamt für Migration BFM, www.bfm.admin.ch

Merkblatt OEA / September 2014

Merkblatt Sprachliche Anforderungen Stadt Zürich

Stadt Zürich
Stadtkanzlei

Stadt Zürich
Stadtkanzlei
Bürgerrecht
Postfach
8022 Zürich

Tel. 044 412 31 09
www.stadt-zuerich.ch/stadtkanzlei

Merkblatt Sprachliche Anforderungen

Gesuchstellende Personen müssen über Kenntnisse der deutschen Sprache gemäss den folgenden Niveaustufen des europäischen Referenzrahmens für Sprachen (GER) verfügen:

- im mündlichen Ausdruck (Sprechen, Hörverstehen): Niveaustufe B 1.1
- im schriftlichen Ausdruck: Niveaustufe A 2.1
- im Lesen: Niveaustufe A 2.2

Der Nachweis über die entsprechenden Sprachkenntnisse ist erbracht, wenn Gesuchstellende über das GER-Sprachdiplom B1 (Zertifikat Deutsch B1) verfügen. International und von der Stadt Zürich anerkannte Sprachdiplome sind Zertifikate folgender Institute:

- Goethe-Institut
- TELC GmbH
- ÖSD

Gesuchstellende, die nicht über ein entsprechendes B1-Sprachdiplom verfügen, können im Rahmen des Einbürgerungsverfahren eine auf die oben genannten Niveaustufen zugeschnittene Sprachprüfung («Kantonaler Deutschtest KDE») an einem der dafür entsprechend berechtigten Institute ablegen. Eine Übersicht über diese Institute kann ab November 2014 bei der Stadtkanzlei angefragt bzw. eingesehen werden (www.stadt-Zuerich.ch/einbuergerung)

Ausnahmen:

Folgende Gesuchstellende sind von der Sprachprüfung bzw. vom Nachweis über entsprechende Sprachdiplome befreit:

- Personen, deren Muttersprache Deutsch ist
- Personen, die in der Schweiz während mindestens fünf Jahren den Unterricht auf Volksstufe oder Sekundarstufe II in deutscher Sprache besucht haben
- Personen, die zum Zeitpunkt der Einreichung des Gesuchs das 16. Altersjahr noch nicht vollendet haben

Gebühren:

Die Gebühren für Sprachdiplome bzw. den Kantonalen Deutschtest werden den Gesuchstellenden von der entsprechenden Sprachschule direkt in Rechnung gestellt.

Sprachliche Anforderungen / September 2014

Anhang 7 Sonstiges

- Merkblatt A 1995: Abschreibungen auf dem Anlagevermögen geschäftlicher Betriebe
- Formular Gre-1: Ansässigkeitsbescheinigung für Grenzgänger zum Zwecke der Ermäßigung der Abzugssteuern nach Artikel 15a Abs. 1 Satz 3 des Doppelbesteuerungsabkommens Deutschland/Schweiz und des Verhandlungsprotokolls vom 18.12.1991
- Formular Gre-3: Bescheinigung des Arbeitgebers über die Nichtrückkehr an mehr als 60 Arbeitstagen i. S. des Artikels 15a Abs. 2 des Doppelbesteuerungsabkommens Deutschland/Schweiz sowie des Verhandlungsprotokolls vom 18.12.1991
- Formular Anmeldung von Barmitteln
- Fragebogen zu § 50d Absatz 3 EStG

Merkblatt A 1995: Abschreibungen auf dem Anlagevermögen geschäftlicher Betriebe

Eidgenössische Steuerverwaltung, Direkte Bundessteuer
Administration fédérale des contributions, Impôt fédéral direct
Amministrazione federale delle contribuzioni, Imposta federale diretta

Merkblatt A 1995 – Geschäftliche Betriebe
Notice A 1995 – Entreprises commerciales
Promemoria A 1995 – Aziende commerciali

Abschreibungen auf dem Anlagevermögen geschäftlicher Betriebe[1]

Rechtsgrundlagen: Art. 27 Abs. 2 Bst. a, 28 und 62 des Bundesgesetzes über die direkte Bundessteuer (DBG)

1. Normalsätze in Prozenten des Buchwertes[2]

Wohnhäuser von Immobiliengesellschaften und Personalwohnhäuser	
– auf Gebäuden allein[3]	2 %
– auf Gebäude und Land zusammen[4]	1,5 %
Geschäftshäuser, Büro- und Bankgebäude, Warenhäuser, Kinogebäude	
– auf Gebäuden allein[3]	4 %
– auf Gebäude und Land zusammen[4]	3 %
Gebäude des Gastwirtschaftsgewerbes und der Hotellerie	
– auf Gebäuden allein[3]	6 %
– auf Gebäude und Land zusammen[4]	4 %
Fabrikgebäude, Lagergebäude und gewerbliche Bauten (speziell Werkstatt- und Silogebäude)	
– auf Gebäuden allein[3]	8 %
– auf Gebäude und Land zusammen[4]	7 %

Dient ein Gebäude nur zum Teil geschäftlichen Zwecken, so ist der Abschreibungssatz entsprechend zu reduzieren; wird es für verschiedene geschäftliche Zwecke benötigt (z.B. Werkstatt und Büro), so sind die einzelnen Sätze angemessen zu berücksichtigen.

Hochregallager und ähnliche Einrichtungen	15 %
Fahrnisbauten auf fremdem Grund und Boden	20 %
Geleiseanschlüsse	20 %
Wasserleitungen zu industriellen Zwecken	20 %
Tanks (inkl. Zisternenwaggons), Container	20 %
Geschäftsmobiliar, Werkstatt- und Lagereinrichtungen mit Mobiliarcharakter	25 %
Transportmittel aller Art ohne Motorfahrzeuge, insbesondere Anhänger	30 %
Apparate und Maschinen zu Produktionszwecken	30 %
Motorfahrzeuge aller Art	40 %
Maschinen, die vorwiegend im Schichtbetrieb eingesetzt sind, oder die unter besonderen Bedingungen arbeiten, wie z.B. schwere Steinbearbeitungsmaschinen, Strassenbaumaschinen	40 %
Maschinen, die in erhöhtem Masse schädigenden chemischen Einflüssen ausgesetzt sind	40 %
Büromaschinen	40 %
Datenverarbeitungsanlagen (Hardware und Software)	40 %
Immaterielle Werte, die der Erwerbstätigkeit dienen, wie Patent-, Firmen-, Verlags-, Konzessions-, Lizenz- und andere Nutzungsrechte; Goodwill	40 %
Automatische Steuerungssysteme	40 %
Sicherheitseinrichtungen, elektronische Mess- und Prüfgeräte	40 %
Werkzeuge, Werkgeschirr, Maschinenwerkzeuge, Geräte, Gebinde, Gerüstmaterial, Paletten usw.	45 %
Hotel- und Gastwirtschaftsgeschirr sowie Hotel- und Gastwirtschaftswäsche	45 %

2. Sonderfälle

Investitionen für energiesparende Einrichtungen
Wärmeisolierungen, Anlagen zur Umstellung des Heizungssystems, zur Nutzbarmachung der Sonnenenergie und dgl. können im ersten und im zweiten Jahr bis zu 50% vom Buchwert und in den darauffolgenden Jahren zu den für die betreffenden Anlagen üblichen Sätzen (Ziffer 1) abgeschrieben werden.

Umweltschutzanlagen
Gewässer- und Lärmschutzanlagen sowie Abluftreinigungsanlagen können im ersten und im zweiten Jahr bis zu 50% vom Buchwert und in den darauffolgenden Jahren zu den für die betreffenden Anlagen üblichen Sätzen (Ziffer 1) abgeschrieben werden.

3. Nachholung unterlassener Abschreibungen

Die Nachholung unterlassener Abschreibungen ist nur in Fällen zulässig, in denen das steuerpflichtige Unternehmen in früheren Jahren wegen schlechten Geschäftsganges keine genügenden Abschreibungen vornehmen konnte. Wer Abschreibungen nachzuholen begehrt, ist verpflichtet, deren Begründetheit nachzuweisen.

4. Besondere kantonale Abschreibungsverfahren

Unter besonderen kantonalen Abschreibungsverfahren sind vom ordentlichen Abschreibungsverfahren abweichende Abschreibungsmethoden zu verstehen, die nach dem kantonalen Steuerrecht oder nach der kantonalen Steuerpraxis unter bestimmten Voraussetzungen regelmässig und planmässig zur Anwendung gelangen, wobei es sich um wiederholte oder einmalige Abschreibungen auf dem gleichen Objekt handeln kann (z.B. Sofortabschreibung, Einmalerledigungsverfahren). Besondere Abschreibungsverfahren dieser Art können auch für die direkte Bundessteuer angewendet werden, sofern sie über längere Zeit zum gleichen Ergebnis führen.

5. Abschreibungen auf aufgewerteten Aktiven

Abschreibungen auf Aktiven, die zum Ausgleich von Verlusten höher bewertet wurden, können nur vorgenommen werden, wenn die Aufwertungen handelsrechtlich zulässig waren und die Verluste im Zeitpunkt der Abschreibung verrechenbar gewesen wären.

---

1 *Für Land- und Forstwirtschaftsbetriebe, Elektrizitätswerke, Luftseilbahnen und Schiffahrtsunternehmungen bestehen besondere Merkblätter, erhältlich bei der Eidg. Steuerverwaltung, Hauptabteilung Direkte Bundessteuer, 3003 Bern, Telefon 031/322 74 11.*

2 *Für Abschreibungen auf dem* ***Anschaffungswert*** *sind die genannten Sätze um die Hälfte zu reduzieren.*

3 *Der höhere Abschreibungssatz für Gebäude allein kann nur angewendet werden, wenn der restliche Buchwert bzw. die Gestehungskosten der Gebäude separat aktiviert sind. Auf dem Wert des Landes werden grundsätzlich keine Abschreibungen gewährt.*

4 *Dieser Satz ist anzuwenden, wenn Gebäude und Land zusammen in einer einzigen Bilanzposition erscheinen.* ***In diesem Fall ist die Abschreibung nur bis auf den Wert des Landes zulässig.***

Amortissements sur les valeurs immobilisées des entreprises commerciales[1]

Bases légales: Art. 27, 2e al., let. a, 28 et 62 de la loi fédérale sur l'impôt fédéral direct (LIFD)

1. Taux normaux en pour cent de la valeur comptable[2]

Maisons d'habitation de sociétés immobilières et maisons d'habitation pour le personnel	
– sur le bâtiment uniquement[3]	2 %
– sur le bâtiment et le terrain ensemble[4]	1,5 %
Bâtiments commerciaux, bureaux, banques, grands magasins et cinémas	
– sur le bâtiment uniquement[3]	4 %
– sur le bâtiment et le terrain ensemble[4]	3 %
Hôtels et restaurants	
– sur le bâtiment uniquement[3]	6 %
– sur le bâtiment et le terrain ensemble[4]	4 %
Fabriques, entrepôts et immeubles artisanaux (en particulier ateliers et silos à caractère immobilier)	
– sur le bâtiment uniquement[3]	8 %
– sur le bâtiment et le terrain ensemble[4]	7 %

Lorsqu'un bâtiment ne sert que partiellement à des usages commerciaux, le taux d'amortissement doit être réduit en conséquence; s'il est utilisé à différents usages commerciaux (par ex. atelier et bureaux), on tiendra compte de manière appropriée des taux respectifs.

Entrepôts à hauts rayonnages et installations semblables	15 %
Constructions mobilières sur fonds d'autrui	20 %
Voies ferrées industrielles	20 %

---

1 *Pour les exploitations agricoles et sylvicoles, les entreprises électriques, les téléfériques et les entreprises de navigation, il existe des notices spéciales, que l'on peut obtenir auprès de l'Administration fédérale des contributions, Division principale de l'impôt fédéral direct, 3003 Berne, tél. 031/322 74 11.*

2 *Pour les amortissements sur la* ***valeur d'acquisition,*** *les taux mentionnés seront réduits de moitié.*

3 *Le taux le plus élevé pour le bâtiment uniquement ne peut être appliqué que si la valeur comptable résiduelle ou le coût de construction des bâtiments figure séparément à l'actif du bilan. En règle générale, l'amortissement d'un bien-fonds n'est pas admis.*

4 *On appliquera ce taux lorsque bâtiment et bien-fonds ensemble figurent au bilan sous une seule et même rubrique.* ***Dans ce cas, l'amortissement n'est admis que jusqu'à la valeur du terrain.***

Tournez s.v.p./Voltare p.f.

ESTV / Direkte Bundessteuer 10. 1994 23034

Conduites d'eau industrielles	20 %
Réservoirs (y compris wagons-citernes), conteneurs	20 %
Mobilier commercial, installations d'ateliers et d'entrepôts ayant un caractère mobilier	25 %
Moyens de transport sans moteur de tout genre, en particulier remorques	30 %
Appareils et machines destinés à la production	30 %
Véhicules à moteur de tout genre	40 %
Machines utilisées principalement pour le travail par équipes ou employées dans des conditions spéciales, telles que machines lourdes servant à travailler la pierre, machines de chantier	40 %
Machines qui sont exposées à un haut degré à des actions chimiques nuisibles	40 %
Machines de bureau	40 %
Ordinateurs (hardware et software)	40 %
Valeurs immatérielles servant à l'activité à but lucratif, comme par exemple brevets, raisons sociales, droits d'édition, concessions, licences et autres droits de jouissance, goodwill	40 %
Systèmes à commande automatique	40 %
Installations de sécurité, appareils électroniques de mesure et de contrôle	40 %
Outillage, ustensiles d'artisans, outillage pour machines, instruments, récipients, échafaudages, palettes (ou plateaux), etc.	45 %
Vaisselle et linge d'hôtel et de restaurant	45 %

2. Cas spéciaux

Investissements pour des installations visant à économiser l'énergie
Les isolations thermiques, les installations pour la transformation du système de chauffage, les installations pour l'utilisation de l'énergie solaire, etc., peuvent être amorties durant les premier et deuxième exercices à raison de 50% de la valeur comptable et durant les années suivantes aux taux usuels appliqués à de telles installations (chiffre 1).

Installations pour la protection de l'environnement
Les installations pour la protection des eaux et de lutte contre le bruit ainsi que les installations de purification d'air peuvent être amorties durant les premier et deuxième exercices à raison de 50% de la valeur comptable et durant les années suivantes aux taux usuels appliqués à de telles installations (chiffre 1).

3. Amortissements faits après coup

Des amortissements ne peuvent être admis après coup que dans les cas où l'entreprise contribuable, en raison de la mauvaise marche des affaires, n'était pas en mesure de procéder à des amortissements suffisants pendant les années antérieures. Celui qui demande la déduction de tels amortissements est tenu d'en établir le bien-fondé.

4. Procédés cantonaux spéciaux d'amortissement

Par procédés cantonaux spéciaux d'amortissement, on comprend les méthodes d'amortissement qui s'écartent des procédés usuels et qui, en vertu du droit fiscal cantonal ou de la pratique fiscale du canton étaient, sous certaines conditions, déjà appliquées régulièrement et systématiquement; il peut s'agir d'amortissements uniques ou répétés sur le même objet (par ex. amortissement immédiat). Des procédés spéciaux d'amortissement de cette nature peuvent être également appliqués en matière d'impôt fédéral direct, pour autant qu'ils conduisent à long terme au même résultat.

5. Amortissements opérés sur des actifs réévalués

Les amortissements opérés sur des actifs qui ont été réévalués afin de compenser des pertes ne sont admis que si les réévaluations étaient autorisées par le droit commercial et que les pertes pouvaient être déduites au moment de l'amortissement.

Ammortamenti sugli attivi immobilizzati nelle aziende commerciali[1]

Basi legali: Art. 27 cpv. 2 lett. a, 28 e 62 della legge federale sull'imposta federale diretta (LIFD)

1. Aliquote normali in per cento del valore contabile[2]

Case d'abitazione di società immobiliari e case d'abitazione per il personale	
– sui soli edifici[3]	2 %
– sugli edifici e i terreni assieme[4]	1,5 %
Edifici commerciali, edifici per uffici, banche, grandi magazzini, cinematografi	
– sui soli edifici[3]	4 %
– sugli edifici e i terreni assieme[4]	3 %
Alberghi e ristoranti	
– sui soli edifici[3]	6 %
– sugli edifici e i terreni assieme[4]	4 %
Fabbriche, magazzini e stabilimenti artigianali (in particolare officine e sili)	
– sui soli edifici[3]	8 %
– sugli edifici e i terreni assieme[4]	7 %
Se un edificio serve soltanto parzialmente a scopi commerciali, l'aliquota d'ammortamento dev'essere ridotta in proporzione; se è impiegato per differenti scopi commerciali (ad es. officina e uffici), si terrà conto in modo equo delle differenti aliquote.	
Depositi a scansie e installazioni analoghe	15 %
Costruzioni mobili su fondi di terzi	20 %
Raccordi ferroviari industriali	20 %
Condotte d'acqua a fini industriali	20 %
Serbatoi (compresi i vagoni cisterna), contenitori	20 %
Mobili commerciali, installazioni d'officina e per magazzini a carattere mobile	25 %
Mezzi di trasporto senza motore d'ogni genere, in particolare i rimorchi	30 %
Apparecchi e macchine destinati alla produzione	30 %
Veicoli a motore d'ogni genere	40 %
Macchine usate principalmente nel lavoro a turni o impiegate in condizioni speciali, come ad esempio macchine pesanti per la lavorazione della pietra, macchine per cantieri stradali	40 %
Macchine altamente esposte ad agenti chimici degradanti	40 %
Macchine d'ufficio	40 %
Ordinatori (hardware e software)	40 %
Valori immateriali che servono all'attività lucrativa, ad esempio brevetti, ragioni sociali, diritti d'edizione, concessioni, licenze e altri diritti di godimento; valore d'avviamento (goodwill)	40 %
Sistemi a comando automatico	40 %
Installazioni di sicurezza, apparecchi elettronici di misurazione e di controllo	40 %
Attrezzi, utensili, attrezzi per macchine, strumenti, recipienti, impalcature, palette, ecc.	45 %
Stoviglie e biancheria di ristoranti e alberghi	45 %

2. Casi speciali

Investimenti per installazioni che risparmiano energia
Le isolazioni termiche, le installazioni per trasformare il sistema di riscaldamento, gli impianti per l'utilizzazione dell'energia solare, ecc., possono essere ammortizzati durante il primo e secondo esercizio in ragione del 50% del valore contabile e durante gli anni successivi secondo le aliquote usuali applicate a simili installazioni (cifra 1).

Installazione per la protezione dell'ambiente
Le installazioni per la protezione delle acque e di protezione contro i rumori nonché le installazioni per la purificazione dell'aria possono essere ammortizzate durante il primo e secondo esercizio in ragione del 50% del valore contabile e durante gli anni successivi secondo le aliquote usuali applicate a simili installazioni (cifra 1).

3. Ammortamenti tardivi

Sono ammessi ammortamenti tardivi solamente nei casi in cui l'impresa assoggettata non è stata in grado d'effettuare ammortamenti sufficienti negli anni precedenti a motivo del cattivo andamento degli affari. Chi richiede di poter procedere ad ammortamenti tardivi è tenuto a fornire la giustificazione.

4. Particolari metodi d'ammortamento previsti dai Cantoni

Sono particolari metodi d'ammortamento cantonali quelli che si scostano dai metodi usuali e che, in virtù del diritto fiscale cantonale o della prassi fiscale del Cantone erano, a determinate condizioni, già applicati regolarmente e sistematicamente, potendosi trattare d'ammortamenti unici o ripetuti sul medesimo oggetto (ad es. ammortamento immediato). Tali metodi particolari d'ammortamento possono anche essere applicati in materia d'imposta federale diretta, per quanto a lungo termine portino al medesimo risultato.

5. Ammortamenti su attivi rivalutati

Gli ammortamenti su attivi rivalutati per compensare perdite sono ammessi unicamente se le rivalutazioni erano autorizzate dal diritto commerciale e le perdite potevano essere dedotte al momento dell'ammortamente.

---

[1] *Per le aziende agricole e silvicole, le aziende elettriche, le teleferiche e le imprese di navigazione vi sono promemoria speciali, ottenibili presso l'Amministrazione federale delle contribuzioni, Divisione principale dell'imposta federale diretta, 3003 Berna, tel. 031/322 74 11.*

[2] *Per gli ammortamenti sul **valore di acquisto**, le aliquote indicate vanno ridotte della metà.*

[3] *L'aliquota d'ammortamento più elevata concernente i soli edifici può essere applicata soltanto se il valore contabile rimanente rispettivamente i costi di costruzione degli edifici sono attivati separatamente. In principio sui terreni non sono ammessi ammortamenti.*

[4] *Questa aliquota va applicata se gli edifici e i terreni figurano in un'unica voce del bilancio. **In tal caso l'ammortamento è ammesso soltanto sino al raggiungimento del valore del terreno.***

Formular Gre-1: Ansässigkeitsbescheinigung für Grenzgänger zum Zwecke der Ermäßigung der Abzugssteuern nach Artikel 15a Abs. 1 Satz 3 des Doppelbesteuerungsabkom-mens Deutschland/Schweiz und des Verhandlungsprotokolls vom 18.12.1991

1. Ausfertigung für den Arbeitgeber

An das

Finanzamt / Kantonale Steueramt ____________________ Steuernummer: ________________

Ansässigkeitsbescheinigung für Grenzgänger zum Zwecke der Ermäßigung der Abzugssteuern nach Artikel 15a Abs. 1 Satz 3 des Doppelbesteuerungsabkommens Deutschland/Schweiz und des Verhandlungsprotokolls vom 18.12.1991

I. Erklärung des Arbeitnehmers

Ich, der Unterzeichnende (Name und Vorname) ____

geb. am ______________________________________ in ____________________________________

Beruf ____

erkläre,

1. dass ich in ____

   bei der Firma ____
   (Name und Anschrift des Arbeitgebers)

   seit dem ___________________________ beschäftigt bin,

2. dass ich meinen Wohnsitz seit ____________________ in (vollständige Anschrift)

   ____

   habe, zu dem ich regelmäßig von meinem Arbeitsort zurückkehre,

3. dass ich mich verpflichte, jede Änderung meines Wohnsitzes dem oben genannten Arbeitgeber und der Finanzbehörde mitzuteilen.

____
Ort, Datum Unterschrift

II. Ansässigkeitsbescheinigung der Steuerbehörde des Wohnsitzstaates

Die unten bezeichnete Steuerbehörde bestätigt, dass der oben bezeichnete Arbeitnehmer an dem in Abschnitt I.2 angegebenen Ort ansässig ist.

Diese Bescheinigung gilt für das Jahr 20____

____
(Ort, Datum)

____
(Unterschrift, Dienststempel)

Die mit dem Antrag angeforderten Daten werden aufgrund der §§ 149 ff. der Abgabenordnung und Art. 15a DBA Deutschland/Schweiz erhoben.

Gre-1 a Ansässigkeitsbescheinigung für Grenzgänger OFD KA – 7/2000

Erläuterungen

1. Gehälter, Löhne und ähnliche Vergütungen, die ein Grenzgänger bezieht, werden grundsätzlich in dessen **Ansässigkeitsstaat** besteuert. Der Tätigkeitsstaat darf jedoch eine Steuer im Abzugswege erheben.

2. Um eine Begrenzung dieser Abzugssteuer auf 4,5 v. H. des Bruttobetrags der Vergütungen zu erreichen, muss der Grenzgänger diese Ansässigkeitsbescheinigung dem Arbeitgeber vorlegen.

   Eine Ansässigkeitsbescheinigung ist somit zu beantragen

   - bei Arbeitsaufnahme
   - bei Arbeitgeberwechsel.

3. In Fällen der Wohnsitzverlegung in die Schweiz:
   Eine Begrenzung der Abzugssteuer durch den deutschen Arbeitgeber kommt trotz Vorlage einer Ansässigkeitsbescheinigung Gre-1 nicht in Betracht, wenn der Arbeitnehmer als Abwanderer i. S. des Art. 4 Abs. 4 DBA Deutschland/Schweiz anzusehen ist (vgl. Art. 15a Abs. 1 Satz 4). Diese Prüfung obliegt dem **Arbeitgeber**.

4. Eine Begrenzung der Abzugssteuer kommt auch bei Vorlage einer Ansässigkeitsbescheinigung nicht in Betracht, wenn der Arbeitgeber erkennt, dass der Arbeitnehmer aufgrund der voraussichtlichen Tage der Nichtrückkehr die Grenzgängereigenschaft nicht erfüllen wird.

   Der Arbeitgeber ist bei Wegfall der Grenzgängereigenschaft im Laufe des Kalenderjahrs verpflichtet, bei der jeweils nächstfolgenden Lohnzahlung noch nicht erhobene Lohnsteuer nachträglich einzubehalten.

5. Der Grenzgänger füllt den Abschnitt I der drei Ausfertigungen des Vordrucks aus. Er legt diese Ausfertigungen der für ihn im Wohnsitzstaat zuständigen Steuerbehörde vor. Diese behält nach Erteilung der Bescheinigung in Abschnitt II die **dritte** Ausfertigung des Vordrucks und gibt die beiden übrigen dem Grenzgänger zurück, der die erste Ausfertigung seinem Arbeitgeber übergibt und die andere behält.

6. a) **Der deutsche Arbeitgeber** hat die erste Ausfertigung des Vordrucks aufzubewahren. Der Steuerabzug ist bei Vorlage dieser Bescheinigung abweichend von § 39d EStG in Höhe von 4,5 v. H. der Bruttovergütungen vorzunehmen, es sei denn, dass die sich nach § 39d EStG ergebende Steuer niedriger wäre. In diesem Fall ist § 39d EStG anzuwenden.

   b) **Der schweizerische Arbeitgeber** hat die erste Ausfertigung des Vordrucks aufzubewahren. Der Steuerabzug ist bei Vorlage dieser Bescheinigung abweichend vom internen Recht in Höhe von 4,5 v. H. der Bruttovergütungen vorzunehmen, es sei denn, dass die sich aus dem internen Recht ergebende Steuer niedriger wäre.

7. Diese Bescheinigung gilt für ein Jahr. Die Bescheinigung wird für das jeweilige Folgejahr dem Grenzgänger **ohne Antrag** von der zuständigen Steuerbehörde erteilt.

8. Wegen weiterer Einzelheiten wird auf das Einführungsschreiben zur Neuregelung der Grenzgängerbesteuerung vom 19.9.1994 (BStBl. I S. 683) und das BMF-Schreiben vom 7.7.1997 (BStBl. I S. 723) hingewiesen.

2. Ausfertigung für den Grenzgänger

An das

Finanzamt / Kantonale Steueramt ____________________ Steuernummer: ________________

Ansässigkeitsbescheinigung für Grenzgänger zum Zwecke der Ermäßigung der Abzugssteuern nach Artikel 15a Abs. 1 Satz 3 des Doppelbesteuerungsabkommens Deutschland/Schweiz und des Verhandlungsprotokolls vom 18.12.1991

I. Erklärung des Arbeitnehmers

Ich, der Unterzeichnende (Name und Vorname) ________________________________

geb. am ________________________________ in ________________________________

Beruf ________________________________

erkläre,

1. dass ich in ________________________________
   bei der Firma ________________________________
   (Name und Anschrift des Arbeitgebers)
   seit dem ____________________ beschäftigt bin,
2. dass ich meinen Wohnsitz seit ____________________ in (vollständige Anschrift)
   ____
   habe, zu dem ich regelmäßig von meinem Arbeitsort zurückkehre,
3. dass ich mich verpflichte, jede Änderung meines Wohnsitzes dem oben genannten Arbeitgeber und der Finanzbehörde mitzuteilen.

____

Ort, Datum Unterschrift

II. Ansässigkeitsbescheinigung der Steuerbehörde des Wohnsitzstaates

Die unten bezeichnete Steuerbehörde bestätigt, dass der oben bezeichnete Arbeitnehmer an dem in Abschnitt I.2 angegebenen Ort ansässig ist.

Diese Bescheinigung gilt für das Jahr 20____

____

(Ort, Datum)

____

(Unterschrift, Dienststempel)

Die mit dem Antrag angeforderten Daten werden aufgrund der §§ 149 ff. der Abgabenordnung und Art. 15a DBA Deutschland/Schweiz erhoben.

Gre-1 b Ansässigkeitsbescheinigung für Grenzgänger

Erläuterungen

1. Gehälter, Löhne und ähnliche Vergütungen, die ein Grenzgänger bezieht, werden grundsätzlich in dessen **Ansässigkeitsstaat** besteuert. Der Tätigkeitsstaat darf jedoch eine Steuer im Abzugswege erheben.

2. Um eine Begrenzung dieser Abzugssteuer auf 4,5 v. H. des Bruttobetrags der Vergütungen zu erreichen, muss der Grenzgänger diese Ansässigkeitsbescheinigung dem Arbeitgeber vorlegen.

   Eine Ansässigkeitsbescheinigung ist somit zu beantragen

   - bei Arbeitsaufnahme
   - bei Arbeitgeberwechsel.

3. In Fällen der Wohnsitzverlegung in die Schweiz:
   Eine Begrenzung der Abzugssteuer durch den deutschen Arbeitgeber kommt trotz Vorlage einer Ansässigkeitsbescheinigung Gre-1 nicht in Betracht, wenn der Arbeitnehmer als Abwanderer i. S. des Art. 4 Abs. 4 DBA Deutschland/Schweiz anzusehen ist (vgl. Art. 15a Abs. 1 Satz 4). Diese Prüfung obliegt dem **Arbeitgeber**.

4. Eine Begrenzung der Abzugssteuer kommt auch bei Vorlage einer Ansässigkeitsbescheinigung nicht in Betracht, wenn der Arbeitgeber erkennt, dass der Arbeitnehmer aufgrund der voraussichtlichen Tage der Nichtrückkehr die Grenzgängereigenschaft nicht erfüllen wird.

   Der Arbeitgeber ist bei Wegfall der Grenzgängereigenschaft im Laufe des Kalenderjahrs verpflichtet, bei der jeweils nächstfolgenden Lohnzahlung noch nicht erhobene Lohnsteuer nachträglich einzubehalten.

5. Der Grenzgänger füllt den Abschnitt I der drei Ausfertigungen des Vordrucks aus. Er legt diese Ausfertigungen der für ihn im Wohnsitzstaat zuständigen Steuerbehörde vor. Diese behält nach Erteilung der Bescheinigung in Abschnitt II die **dritte** Ausfertigung des Vordrucks und gibt die beiden übrigen dem Grenzgänger zurück, der die erste Ausfertigung seinem Arbeitgeber übergibt und die andere behält.

6. a) **Der deutsche Arbeitgeber** hat die erste Ausfertigung des Vordrucks aufzubewahren. Der Steuerabzug ist bei Vorlage dieser Bescheinigung abweichend von § 39d EStG in Höhe von 4,5 v. H. der Bruttovergütungen vorzunehmen, es sei denn, dass die sich nach § 39d EStG ergebende Steuer niedriger wäre. In diesem Fall ist § 39d EStG anzuwenden.

   b) **Der schweizerische Arbeitgeber** hat die erste Ausfertigung des Vordrucks aufzubewahren. Der Steuerabzug ist bei Vorlage dieser Bescheinigung abweichend vom internen Recht in Höhe von 4,5 v. H. der Bruttovergütungen vorzunehmen, es sei denn, dass die sich aus dem internen Recht ergebende Steuer niedriger wäre.

7. Diese Bescheinigung gilt für ein Jahr. Die Bescheinigung wird für das jeweilige Folgejahr dem Grenzgänger **ohne Antrag** von der zuständigen Steuerbehörde erteilt.

8. Wegen weiterer Einzelheiten wird auf das Einführungsschreiben zur Neuregelung der Grenzgängerbesteuerung vom 19.9.1994 (BStBl. I S. 683) und das BMF-Schreiben vom 7.7.1997 (BStBl. I S. 723) hingewiesen.

<u>3. Ausfertigung für das Finanzamt / Kantonale Steueramt</u>

An das

Finanzamt / Kantonale Steueramt ____________________ Steuernummer: ________________

Ansässigkeitsbescheinigung für Grenzgänger zum Zwecke der Ermäßigung der Abzugssteuern nach Artikel 15a Abs. 1 Satz 3 des Doppelbesteuerungsabkommens Deutschland/Schweiz und des Verhandlungsprotokolls vom 18.12.1991

<u>I. Erklärung des Arbeitnehmers</u>

Ich, der Unterzeichnende (Name und Vorname) ________________________________

geb. am ________________________________ in ________________________________

Beruf ____

erkläre,

1. dass ich in ____
   bei der Firma ____
   (Name und Anschrift des Arbeitgebers)

   seit dem __________________________ beschäftigt bin,

2. dass ich meinen Wohnsitz seit __________________ in (vollständige Anschrift)

   ____

   habe, zu dem ich regelmäßig von meinem Arbeitsort zurückkehre,

3. dass ich mich verpflichte, jede Änderung meines Wohnsitzes dem oben genannten Arbeitgeber und der Finanzbehörde mitzuteilen.

____

Ort, Datum Unterschrift

<u>II. Ansässigkeitsbescheinigung der Steuerbehörde des Wohnsitzstaates</u>

Die unten bezeichnete Steuerbehörde bestätigt, dass der oben bezeichnete Arbeitnehmer an dem in Abschnitt I.2 angegebenen Ort ansässig ist.

Diese Bescheinigung gilt für das Jahr 20____

____

(Ort, Datum)

____

(Unterschrift, Dienststempel)

Die mit dem Antrag angeforderten Daten werden aufgrund der §§ 149 ff. der Abgabenordnung und Art. 15a DBA Deutschland/Schweiz erhoben.

Gre-1 c Ansässigkeitsbescheinigung für Grenzgänger

Verfügung

Namenszeichen /Datum

1. Die Ansässigkeitsbescheinigung wird erteilt.

2. 1. und 2. Ausfertigung absenden. Zur Post am: ____________

3. Der Grenzgänger

3.1 ( ) ist bereits unter der StNr. ____________ erfasst. Erledigt: ____________

3.2 ( ) ist steuerlich noch nicht erfasst:

StNr. zuteilen Erledigt: ____________

Vorauszahlungen festsetzen Erledigt: ____________

4. Die Ansässigkeitsbescheinigung ist nicht zu erteilen (Begründung vgl. Ablehnungsbescheid)

5. Es ist ein formloser Ablehnungsbescheid zu erteilen Erledigt: ____________

6. Zu den Akten / Wiedervorlage

I. A.

____

(Namenszeichen / Datum)

Formular Gre-3: Bescheinigung des Arbeitgebers über die Nichtrückkehr an mehr als 60 Arbeitstagen i. S. des Artikels 15a Abs. 2 des Doppelbesteuerungsabkommens Deutschland/Schweiz sowie des Verhandlungsprotokolls vom 18.12.1991 (Ausfertigung für das Betriebsstättenfinanzamt/Kantonales Steueramt)

Bescheinigung des Arbeitgebers über die Nichtrückkehr an mehr als 60 Arbeitstagen* i.S. des Artikels 15a Abs. 2 des Doppelbesteuerungsabkommens Deutschland-Schweiz sowie des Verhandlungsprotokolls vom 18.12.1991

Die Firma

____

____

____

____

(Name und Anschrift des Arbeitgebers)

bescheinigt hiermit, dass

____

____

____

____

(Name und Anschrift des Arbeitnehmers)

als Grenzgänger beschäftigt ist und als ______________________________
(berufliche Tätigkeit)

im Jahr _______

an mehr als _______ Arbeitstagen (vgl. die beigefügte Einzelaufstellung – entsprechend Ziffer 1 der Rückseite) aufgrund seiner Arbeitsausübung nicht an seinen Wohnsitz zurückgekehrt ist.

Herr / Frau ______________________________ war in o. g. Jahr

( ) ganzjährig beschäftigt.

( ) von ______________ bis ______________ beschäftigt.

( ) als Teilzeitbeschäftigte(r) in folgendem Umfang ______________________________ beschäftigt.

______________________________ (Ort, Datum)

______________________________ (Firmenstempel, Unterschrift)

Nicht vom Arbeitgeber auszufüllen:

Sichtvermerk der für den Arbeitgeber zuständigen Steuerbehörde

____

(Ort, Datum, Unterschrift) Dienstsiegel

* Bei unterjähriger Beschäftigung oder Teilzeitbeschäftigung: — siehe Rückseite Ziffer 2 —

Die mit der Bescheinigung angeforderten Daten werden aufgrund der §§ 149ff. der Abgabenordnung und Art. 15a DBA Deutschland-Schweiz erhoben.

Gre-3 a 7.2011; 6 M DVS

Finanzamt

Steuernummer / Aktenzeichen

Verfügung

		Erledigt am	durch
1.	Prüfung der 60-Tage-Grenze lt. Einzelaufstellung (bei unterjähriger Beschäftigung durch einen Arbeitgeber ist die Grenze zeitanteilig zu kürzen)		
2.	Sichtvermerk erteilt ☐ nein (ggf. kurze Begründung) ☐ ja		

3. Z. d. A.

I. A.

Namenszeichen und Datum

2. Ausfertigung für den Arbeitgeber

Bescheinigung des Arbeitgebers über die Nichtrückkehr an mehr als 60 Arbeitstagen* i.S. des Artikels 15a Abs. 2 des Doppelbesteuerungsabkommens Deutschland-Schweiz sowie des Verhandlungsprotokolls vom 18.12.1991

Die Firma

____

____

____

____

(Name und Anschrift des Arbeitgebers) bescheinigt hiermit, dass

____

____

____

____

(Name und Anschrift des Arbeitnehmers)

als Grenzgänger beschäftigt ist und als ______________________________
(berufliche Tätigkeit)

im Jahr ______

an mehr als ______ Arbeitstagen (vgl. die beigefügte Einzelaufstellung – entsprechend Ziffer 1 der Rückseite) aufgrund seiner Arbeitsausübung nicht an seinen Wohnsitz zurückgekehrt ist.

Herr / Frau ______________________ war in o. g. Jahr

( ) ganzjährig beschäftigt.

( ) von ____________ bis ____________ beschäftigt.

( ) als Teilzeitbeschäftigte(r) in folgendem Umfang ______________________ beschäftigt.

______________________ ______________________

(Ort, Datum) (Firmenstempel, Unterschrift)

Nicht vom Arbeitgeber auszufüllen:

Sichtvermerk der für den Arbeitgeber zuständigen Steuerbehörde

____

(Ort, Datum, Unterschrift) Dienstsiegel

* Bei unterjähriger Beschäftigung oder Teilzeitbeschäftigung: — siehe Rückseite Ziffer 2 —

Die mit der Bescheinigung angeforderten Daten werden aufgrund der §§ 149ff. der Abgabenordnung und Art. 15a DBA Deutschland-Schweiz erhoben.

Gre-3 b 7.2011; 6 M DVS

1. Einzelaufstellung der Tage der Nichtrückkehr aufgrund der Arbeitsausübung:
   (Bitte gesondertes Blatt beifügen)

Datum	Ort	Land	Anlass

2. Erläuterungen zur Berechnung der Tage der Nichtrückkehr

Artikel 15a Abs. 2 DBA

Grenzgänger im Sinne des Absatzes 1 ist jede in einem Vertragsstaat ansässige Person, die in dem anderen Vertragsstaat ihren Arbeitsort hat und von dort regelmäßig an ihren Wohnsitz zurückkehrt. Kehrt diese Person nicht jeweils nach Arbeitsende an ihren Wohnsitz zurück, entfällt die Grenzgängereigenschaft nur dann, wenn die Person bei einer Beschäftigung während des gesamten Kalenderjahres an mehr als 60 Arbeitstagen auf Grund ihrer Arbeitsausübung nicht an ihren Wohnsitz zurückkehrt.

Auszug aus dem Verhandlungsprotokoll vom 18.12.1991

1. Die Annahme einer regelmäßigen Rückkehr an den Wohnsitz im Sinne des Artikels 15a Absatz 2 Satz 1 wird nicht dadurch ausgeschlossen, dass sich die Arbeitsausübung bedingt durch betriebliche Umstände, wie z. B. bei Schichtarbeitern oder Krankenhauspersonal mit Bereitschaftsdienst, über mehrere Tage erstreckt.

2. Arbeitstage im Sinne dieser Regelung sind die in dem Arbeitsvertrag vereinbarten Tage.

3. Ist ein Arbeitnehmer nicht während des gesamten Kalenderjahres in dem anderen Staat beschäftigt, so sind die für die Grenzgängereigenschaft nicht schädlichen Tage der Nichtrückkehr in der Weise zu berechnen, dass für einen vollen Monat der Beschäftigung 5 Tage und für jede volle Woche der Beschäftigung 1 Tag anzusetzen sind. Maßgebend für die Frage der Grenzgängereigenschaft ist die Gesamtzahl der auf diese Weise errechneten Tage.

4. Bei einem Teilzeitbeschäftigten, der stundenweise, aber an jedem betriebsüblichen Arbeitstag im anderen Staat beschäftigt ist, ist für die Frage der Grenzgängereigenschaft ebenfalls von 60 nicht schädlichen Tagen der Nichtrückkehr auszugehen. Bei einem Teilzeitbeschäftigten, der nur tageweise im anderen Staat beschäftigt ist, ist die Anzahl von 60 unschädlichen Tagen durch proportionale Kürzung im Verhältnis der Arbeitstage herabzusetzen.

3. Ausfertigung für das Finanzamt / Kantonale Steueramt

Bescheinigung des Arbeitgebers über die Nichtrückkehr an mehr als 60 Arbeitstagen* i.S. des Artikels 15a Abs. 2 des Doppelbesteuerungsabkommens Deutschland-Schweiz sowie des Verhandlungsprotokolls vom 18.12.1991

Die Firma

____

____

____

____

(Name und Anschrift des Arbeitgebers)

bescheinigt hiermit, dass

____

____

____

____

(Name und Anschrift des Arbeitnehmers)

als Grenzgänger beschäftigt ist und als ____________________________________

(berufliche Tätigkeit)

im Jahr ______

an mehr als ______ Arbeitstagen (vgl. die beigefügte Einzelaufstellung – entsprechend Ziffer 1 der Rückseite) aufgrund seiner Arbeitsausübung nicht an seinen Wohnsitz zurückgekehrt ist.

Herr / Frau ____________________________ war in o. g. Jahr

( ) ganzjährig beschäftigt.

( ) von ____________ bis ____________ beschäftigt.

( ) als Teilzeitbeschäftigte(r) in folgendem Umfang ________________________ beschäftigt.

____________________________ ____________________________

(Ort, Datum) (Firmenstempel, Unterschrift)

Nicht vom Arbeitgeber auszufüllen:

Sichtvermerk der für den Arbeitgeber zuständigen Steuerbehörde

____

(Ort, Datum, Unterschrift) Dienstsiegel

* Bei unterjähriger Beschäftigung oder Teilzeitbeschäftigung: — siehe Rückseite Ziffer 2 —

Gre-3 c 7.2011; 6 M DVS

4. Ausfertigung für den Grenzgänger

Bescheinigung des Arbeitgebers über die Nichtrückkehr an mehr als 60 Arbeitstagen* i.S. des Artikels 15a Abs. 2 des Doppelbesteuerungsabkommens Deutschland-Schweiz sowie des Verhandlungsprotokolls vom 18.12.1991

Die Firma

____

____

____

____

(Name und Anschrift des Arbeitgebers)

bescheinigt hiermit, dass

____

____

____

____

(Name und Anschrift des Arbeitnehmers)

als Grenzgänger beschäftigt ist und als ____
(berufliche Tätigkeit)

im Jahr _______

an mehr als _______ Arbeitstagen (vgl. die beigefügte Einzelaufstellung – entsprechend Ziffer 1 der Rückseite) aufgrund seiner Arbeitsausübung nicht an seinen Wohnsitz zurückgekehrt ist.

Herr / Frau ______________________________ war in o. g. Jahr

( ) ganzjährig beschäftigt.

( ) von ______________ bis ______________ beschäftigt.

( ) als Teilzeitbeschäftigte(r) in folgendem Umfang ______________________________ beschäftigt.

______________________________ ______________________________

(Ort, Datum) (Firmenstempel, Unterschrift)

Nicht vom Arbeitgeber auszufüllen:

Sichtvermerk der für den Arbeitgeber zuständigen Steuerbehörde

____

(Ort, Datum, Unterschrift) Dienstsiegel

* Bei unterjähriger Beschäftigung oder Teilzeitbeschäftigung: — siehe Rückseite Ziffer 2 —

Gre-3 d 7.2011; 6 M DVS

1. Einzelaufstellung der Tage der Nichtrückkehr aufgrund der Arbeitsausübung:
   (Bitte gesondertes Blatt beifügen)

Datum	Ort	Land	Anlass

2. Erläuterungen zur Berechnung der Tage der Nichtrückkehr

Artikel 15a Abs. 2 DBA

Grenzgänger im Sinne des Absatzes 1 ist jede in einem Vertragsstaat ansässige Person, die in dem anderen Vertragsstaat ihren Arbeitsort hat und von dort regelmäßig an ihren Wohnsitz zurückkehrt. Kehrt diese Person nicht jeweils nach Arbeitsende an ihren Wohnsitz zurück, entfällt die Grenzgängereigenschaft nur dann, wenn die Person bei einer Beschäftigung während des gesamten Kalenderjahres an mehr als 60 Arbeitstagen auf Grund ihrer Arbeitsausübung nicht an ihren Wohnsitz zurückkehrt.

Auszug aus dem Verhandlungsprotokoll vom 18.12.1991

1. Die Annahme einer regelmäßigen Rückkehr an den Wohnsitz im Sinne des Artikels 15a Absatz 2 Satz 1 wird nicht dadurch ausgeschlossen, dass sich die Arbeitsausübung bedingt durch betriebliche Umstände, wie z. B. bei Schichtarbeitern oder Krankenhauspersonal mit Bereitschaftsdienst, über mehrere Tage erstreckt.

2. Arbeitstage im Sinne dieser Regelung sind die in dem Arbeitsvertrag vereinbarten Tage.

3. Ist ein Arbeitnehmer nicht während des gesamten Kalenderjahres in dem anderen Staat beschäftigt, so sind die für die Grenzgängereigenschaft nicht schädlichen Tage der Nichtrückkehr in der Weise zu berechnen, dass für einen vollen Monat der Beschäftigung 5 Tage und für jede volle Woche der Beschäftigung 1 Tag anzusetzen sind. Maßgebend für die Frage der Grenzgängereigenschaft ist die Gesamtzahl der auf diese Weise errechneten Tage.

4. Bei einem Teilzeitbeschäftigten, der stundenweise, aber an jedem betriebsüblichen Arbeitstag im anderen Staat beschäftigt ist, ist für die Frage der Grenzgängereigenschaft ebenfalls von 60 nicht schädlichen Tagen der Nichtrückkehr auszugehen. Bei einem Teilzeitbeschäftigten, der nur tageweise im anderen Staat beschäftigt ist, ist die Anzahl von 60 unschädlichen Tagen durch proportionale Kürzung im Verhältnis der Arbeitstage herabzusetzen.

Anmeldung von Barmitteln nach der Verordnung (EG) Nr. 1889/2005 des Europäischen Parlaments und des Rates vom 26. Oktober 2005

Blatt 1 für das Hauptzollamt

ZOLL

Anmeldung von Barmitteln nach der Verordnung (EG) Nr. 1889/2005 des Europäischen Parlaments und des Rates vom 26. Oktober 2005
(ABl. EU Nr. L 309 vom 25.11.2005, S. 9)

Bestätigung der Zollstelle
(Stempelabdruck mit laufender Nummer)

Wer Barmittel im Wert von 10.000 Euro oder mehr mitführt, ist verpflichtet, diese Anmeldung vollständig und richtig auszufüllen.

Vor dem Ausfüllen bitte Hinweise auf dem Trennblatt beachten und Zutreffendes ankreuzen ☒ oder ausfüllen

Unterschrift des/ der Zollbediensteten:

1. Angaben zur anmeldenden Person

a) Familienname: Geschlecht: ☐ männlich ☐ weiblich
ggf. Geburtsname:
Vorname(n):
b) Hauptwohnsitz: Land:
Straße und Nummer:
Postleitzahl und Wohnort:
c) Geburtsdatum: _ _ Tag _ _ Monat _ _ _ _ Jahr
d) Geburtsort:
Geburtsstaat:
e) Staatsangehörigkeit:
f) Art des Reisedokuments: ☐ Personalausweis ☐ Reiseausweis ☐ Reisepass
g) Nummer des Reisedokuments: ______________________________
h) ausstellende Behörde:
i) Ausstellungsdatum: _ _ Tag _ _ Monat _ _ _ _ Jahr

2. Reiseweg

☐ Einreise in die Gemeinschaft ☐ Ausreise aus der Gemeinschaft
Datum der Ein- bzw. Ausreise: _ _ Tag _ _ Monat _ _ _ _ Jahr
Herkunftsland: Zielland: via (Land):

3. Verkehrsmittel

☐ Luftverkehr – Flugnummer oder Registriernummer des Luftfahrzeuges:
☐ Straßenverkehr - Kraftfahrzeug mit amtlichen Kennzeichen und Länderkennzeichen:
- das Kraftfahrzeug ist auf die anmeldende Person zugelassen: ☐ ja ☐ nein
- Art des Beförderungsmittels (z.B. PKW, LKW, Bus):

☐ Bahn – Zugart und Zugnummer:
☐ Schiffsverkehr – Schiffslinie und Schiffsname:
- Registrierkennzeichen des Privatboots:

4. Höhe und Art der Barmittel

Jede Art von Barmitteln (z.B. Banknoten, Münzen, Reiseschecks, Orderschecks, Aktien, Schuldverschreibungen, Solawechsel) ist in einer eigenen Zeile anzumelden und genau zu bezeichnen	Betrag/Wert		
	Betrag	**Währung** für jede Währung ist eine eigene Zeile zu verwenden	**Betrag entspricht in Euro**
Gesamtbetrag der Barmittel in Euro:			

Blatt 1 für das Hauptzollamt

0400 Anmeldung von Barmitteln **(2007) 190407**

5.	**Eigentümer/-in der Barmittel** ☐ Anmelder/-in ☐ andere Person Geschlecht: ☐ männlich ☐ weiblich a) Familienname: ggf. Geburtsname: Vorname(n): b) Land: c) Straße und Nummer: d) Postleitzahl und Wohnort: ☐ Firma: a) Firmenname: b) Firmensitz: Land: Straße und Nummer: Postleitzahl und Ort:	**Bestätigung der Zollstelle** **(Stempelabdruck mit laufender Nummer)**
6.	**Empfänger/-in der Barmittel** ☐ Anmelder/-in ☐ andere Person: Geschlecht: ☐ männlich ☐ weiblich a) Familienname: ggf. Geburtsname: Vorname(n): b) Land: c) Straße und Nummer: d) Postleitzahl und Wohnort: ☐ Firma: a) Firmenname: b) Firmensitz: Land: Straße und Nummer: Postleitzahl und Ort:	
7.	**Herkunft der Barmittel** (Schlüssige, nachvollziehbare Darlegung - auch in Stichworten) Die Barmittel stammen aus:	
8.	**Verwendungszweck der Barmittel** (Schlüssige, nachvollziehbare Darlegung - auch in Stichworten) Die Barmittel sollen verwendet werden für:	

Ich bestätige, die Anmeldung vollständig gelesen und verstanden zu haben.
Mir ist bekannt, dass meine Angaben auf Richtigkeit und Vollständigkeit überprüft werden können.
Die Anmeldepflicht wird nicht erfüllt, wenn die Angaben unrichtig oder unvollständig sind. Die Verletzung der Anmeldepflicht stellt eine Ordnungswidrigkeit dar und kann zur Sicherstellung der Barmittel führen.
Für die Richtigkeit der Anmeldung

.... , ...

Ort **Datum** **Unterschrift des Anmelders/ der Anmelderin**

0400 Anmeldung von Barmitteln **(2007) 190407**

Fragebogen zu § 50d Absatz 3 EStG in der Fassung des Jahressteuergesetzes 2007

Fragebogen zu § 50d Absatz 3 EStG

in der Fassung des Gesetzes zur Umsetzung der Beitreibungsrichtlinie sowie zur Änderung steuerlicher Vorschriften (Beitreibungsrichtlinie-Umsetzungsgesetz – BeitrRLUmsG)

§ 50d Abs. 3 Einkommensteuergesetz (EStG) i.d.F. des BeitrRLUmsG

Eine ausländische Gesellschaft hat keinen Anspruch auf völlige oder teilweise Entlastung nach Absatz 1 oder Absatz 2, soweit Personen an ihr beteiligt sind, denen die Erstattung oder Freistellung nicht zustände, wenn sie die Einkünfte unmittelbar erzielten, und die von der ausländischen Gesellschaft im betreffenden Wirtschaftsjahr erzielten Bruttoerträge nicht aus eigener Wirtschaftstätigkeit stammen, sowie

1. in Bezug auf diese Erträge für die Einschaltung der ausländischen Gesellschaft wirtschaftliche oder sonst beachtliche Gründe fehlen oder

2. die ausländische Gesellschaft nicht mit einem für ihren Geschäftszweck angemessen eingerichteten Geschäftsbetrieb am allgemeinen wirtschaftlichen Verkehr teilnimmt.

Maßgebend sind ausschließlich die Verhältnisse der ausländischen Gesellschaft; organisatorische, wirtschaftliche oder sonst beachtliche Merkmale der Unternehmen, die der ausländischen Gesellschaft nahe stehen (§ 1 Absatz 2 des Außensteuergesetzes), bleiben außer Betracht. An einer eigenen Wirtschaftstätigkeit fehlt es, soweit die ausländische Gesellschaft ihre Bruttoerträge aus der Verwaltung von Wirtschaftsgütern erzielt oder ihre wesentlichen Geschäftstätigkeiten auf Dritte überträgt. Die Feststellungslast für das Vorliegen wirtschaftlicher oder sonst beachtlicher Gründe im Sinne von Satz 1 Nummer 1 sowie des Geschäftsbetriebs im Sinne von Satz 1 Nummer 2 obliegt der ausländischen Gesellschaft. Die Sätze 1 bis 3 sind nicht anzuwenden, wenn mit der Hauptgattung der Aktien der ausländischen Gesellschaft ein wesentlicher und regelmäßiger Handel an einer anerkannten Börse stattfindet oder für die ausländische Gesellschaft die Vorschriften des Investmentsteuergesetzes gelten.

Unter Bezugnahme auf § 50d Abs. 3 EStG in der o. g. Fassung und dem dazu ergangenen BMF-Schreiben vom 24. Januar 2012, BStBl. I, 2012, 171 ff., sind für Zwecke der Erstattung bzw. Freistellung (§ 50d Abs. 1 und 2 EStG) von dem Quellensteuerabzug unterliegenden Erträgen folgende Fragen zu beantworten:

Fragen:

1.) Handelt es sich bei der Antragstellerin um eine Gesellschaft, für deren Hauptgattung der Aktien ein wesentlicher und regelmäßiger Handel an einer anerkannten Börse stattfindet?
Bitte reichen Sie geeignete Unterlagen ein, die dieses belegen.

2.) Gelten für die Antragstellerin die Vorschriften des Investmentsteuergesetzes bzw. liegt ausländisches Investmentvermögen des Kapitalgesellschaftstyps (d.h. mit einer Investmentaktiengesellschaft i.S.v. § 2 Abs. 5 Investmentgesetz vergleichbare Konstruktionen) vor?
Bitte reichen Sie geeignete Unterlagen ein, die dieses belegen.

Wenn die Fragen 1) und 2) beide verneint wurden, beantworten Sie bitte zwingend auch die folgenden Fragen:

3.) Ist die Antragstellerin in ein Handelsregister eingetragen?
Bitte fügen Sie einen Auszug bei.

4.) Welche Gesellschafter/Gesellschaften sind unmittelbar und mittelbar an der Antragstellerin beteiligt? Bitte stellen Sie die Beteiligungsverhältnisse der Antragstellerin dar. (Organigramm)

Bitte geben Sie die Namen und genauen Anschriften bzw. den Sitz und den Ort der Geschäftsleitung aller unmittelbar und mittelbar Beteiligten an. Soweit mehrere Gesellschafter/Gesellschaften an der Antragstellerin beteiligt sind, geben Sie bitte zudem den prozentualen Anteil der unmittelbaren und mittelbaren Beteiligung an.

5.) Entfaltet die Antragstellerin bzw. die an dieser unmittelbar und mittelbar beteiligten Gesellschaften eine eigene Wirtschaftstätigkeit (siehe Tz. 5 des o. g. BMF-Schreibens)?

a) Bitte beschreiben Sie die Geschäftstätigkeit/ den Unternehmensgegenstand der Antragstellerin (ggf. auch der unmittelbar und mittelbar beteiligten Gesellschaften) und legen Sie deren Bilanz sowie Gewinn- und Verlustrechnung für das betreffende Wirtschaftsjahr vor.

b) Die Bruttoerträge der Gesellschaft sind nach Einkunftsquellen (z.B. Dividenden aus Beteiligung X, Y, Z, Lizenzen aus Vereinbarung X, Y, Z) einzeln aufzuschlüsseln und zu erläutern.
Im Erstattungsverfahren nach § 50d Abs. 1 EStG gilt das Jahr des Ertragszuflusses als betreffendes Wirtschaftsjahr. Im Freistellungsverfahren nach § 50d Abs. 2 EStG ist es das Jahr der Antragstellung. Sollte der Jahresabschluss des betreffenden Wirtschaftsjahres noch nicht vorliegen, ist die Bilanz und Gewinn- und Verlustrechnung des vorangegangenen Wirtschaftsjahres einzureichen; bei Neugründung des ersten Wirtschaftsjahres nach der Gründung.
Konsolidierte Abschlüsse sind als Nachweis dabei nicht geeignet.

6.) Welche Gründe waren für die Einschaltung der Antragstellerin maßgebend?
Bitte nehmen Sie hierzu ausführlich Stellung.

7.) Hat die Antragstellerin in ihrem Ansässigkeitsstaat bzw. im Sitz- und/oder Geschäftsleitungsstaat einen eigenen, für ihren Geschäftszweck eingerichteten Geschäftsbetrieb oder nur eine Betriebsstätte, ein Verwaltungsbüro oder allein ihren formellen Rechtssitz?

Legen Sie bitte einen Plan der ausländischen Gesellschaft vor, aus dem die ausgeübten Funktionen und ggf. übernommenen Risiken ersichtlich sind.

a) Seit wann unterhält die Antragstellerin einen eigenen Geschäftsbetrieb?
Bitte reichen Sie als Nachweis hierfür geeignete Belege (z.B. Mietverträge) ein.

b) Bestehen eigene Telefon- und Faxanschlüsse?
Führen Sie bitte die Nummern der Telefon- und Faxanschlüsse auf und legen Sie die entsprechenden Gebührenbelege vor.
Bitte geben Sie zudem vorhandene E-Mail- und Internetadressen an.

c) Wie viele Arbeitnehmer/innen werden von der Antragstellerin beschäftigt und welche Tätigkeiten wurden diesen übertragen?
Legen Sie bitte Anstellungsverträge sowie die Anmeldungen bei den Sozialversicherungsträgern vor. Belegen Sie bitte die Zahlung der Gehälter.

d) Welchen Personen obliegt die Geschäftsführung (Namen und genaue Anschriften) und an welchem Ort werden die (maßgeblichen) Entscheidungen getroffen?

e) Übt der Geschäftsführer noch weitere Funktionen, z.B. bei anderen Gesellschaften/Firmen, aus? Wenn ja, machen Sie hierzu bitte konkrete Angaben.

f) Handelt es sich bei dem ausländischen Geschäftsführer um einen Rechtsanwalt, Rechtsbeistand, (Steuer- oder Wirtschafts-)Berater oder ein Treuhandunternehmen?

g) Werden tatsächlich Geschäftsführergehälter gezahlt? Wie hoch sind diese jährlich?

h) Werden neben den Vergütungen für Geschäftsführung und/oder Vorstandstätigkeit weitere Gehälter gezahlt?

Allgemeine Hinweise:

Amtssprache

Gemäß § 87 Abs. 1 Abgabenordnung (AO) ist die Amtssprache Deutsch.
Dem Antwortschreiben ist daher eine Übersetzung in die deutsche Sprache beizufügen (§ 87 Abs. 2 AO). Gleiches gilt für die erbetenen Unterlagen.

Beweislast / erhöhte Mitwirkungspflicht

Die Unterlagen und Auskünfte werden gemäß § 88 Abgabenordnung (AO) erbeten. Nach § 50d Abs. 3 Satz 4 EStG sowie § 90 Abs. 2 AO haben die Beteiligten bei Sachverhalten, die sich auf Vorgänge außerhalb Deutschlands beziehen, eine erhöhte Mitwirkungspflicht bezüglich der Klärung dieser Sachverhalte.

Da Auslandssachverhalte nicht vor Ort von den Finanzbehörden ermittelt werden können, müssen die Beteiligten die Sachverhalte im Inland darlegen und nachweisen. Nach der ständigen Rechtsprechung des Bundesfinanzhofs sind sie gehalten, Unterlagen aus dem Ausland ins Inland zu schaffen und hier vorzulegen. Die Vorlage von Bilanzen und Erfolgsrechnungen gehört zum Mindeststandard der erhöhten Mitwirkungspflicht (BFH v. 16. April.1986, BStBl. II S. 736).

Auch im Steuerrecht gilt, dass derjenige, der anspruchsbegründende Tatsachen behauptet, für das Vorliegen der den Anspruch begründeten Tatsachen die objektive Beweislast trägt (vgl. Urteile des Bundesfinanzhofs (BFH) vom 20. Januar 1978 VI R 193/74 BFHE 124, 508, BStBl. II 1978, S. 338; vom 03. Juni 1987 III R 205/81, BStBl II 1987, S. 675; vom 02. Dezember.2004 III R 49/03, BStBl II 2005, S.483). Mängel im Nachweis der Voraussetzungen für den Erstattungsanspruch sowie Verletzungen der abgabenrechtlichen Mitwirkungspflichten gehen danach zu seinen Lasten.

LITERATURVERZEICHNIS

Agner Peter, Entscheide betreffend die direkte Bundessteuer, 2. Reddito delle persone fisiche, Urteil des Bundesgerichts v. 19. 4. 1991, ASA 62 (1993/94), S. 337 – 341 (zit. Agner, ASA)

- Entscheide betreffend die direkte Bundessteuer, 22. Einkommen natürlicher Personen, Urteil des Bundesgerichts v. 8. 1. 1999, ASA 67 (1998/99), S. 644 – 660 (zit. Agner, ASA)
- Entscheide betreffend die direkte Bundessteuer, Einkommen natürlicher Personen, Gewerbsmässiger Wertschriftenhandel, Urteil des Bundesgerichts v. 9. 7. 1999, ASA 69 (2000/2001), S. 652 – 657 (zit. Agner, ASA)

Agner Peter/Jung Beat/Steinmann Gotthard, Kommentar zum Gesetz über die direkte Bundessteuer, Zürich 1995 (zit. Agner/Jung/Steinmann, Kommentar DBG)

Agner Peter/Digeronimo Angelo/Neuhaus Hans-Jürg/Steinmann Gotthard: Kommentar zum Gesetz über die direkte Bundessteuer, Ergänzungsband, Zürich 2000 (zit. Agner/Digeronimo/Neuhaus/Steinmann, Kommentar DBG)

Amrein Marcel, Ein ungewöhnlich gemustertes Verdikt, in: NZZ v. 1. 12. 2014, S. 9 (zit. Amrein, NZZ)

- Eine Messlatte für die Schuldenbremsen; Die kantonalen Haushaltsregeln anhand umfassender Kriterien durchleuchtet, in: NZZ v. 8. 4. 2014, S. 11 (zit. Amrein, NZZ)

Arnold Martin/Meier Alfred/Spinnler Peter, Steuerpflicht bei Auslandbezug, ASA 70 (2001/02), S. 1 – 82 (zit. Arnold/Meier/Spinnler, ASA)

Aschwanden Erich, Die Hauseigentümer nehmen eine ungeliebte Steuer ins Visier, in: NZZ v. 10. 2. 2014, S. 13 (zit. Aschwanden, NZZ)

Athanas Peter/Giglio Giuseppe, Kommentar zum schweizerischen Steuerrecht I/2a, Bundesgesetz über die direkte Bundessteuer (DBG), hrsg. v. Zweifel Martin/Athanas Peter, 2. Aufl., Basel/Genf/München 2008 (zit. Athanas/Giglio, Zweifel/Athanas, DBG-Kommentar)

BAK Basel Economics, BAK Taxation Index 2011, Executive Summary, Basel 2011, <http://www.baktaxation.ch/media/BakDownloadStucktur/Updates%20Bak%20Taxation%20Index/2011_international/2_Oeffentliches_Executive_Summary_BAK_Taxation_Index_2011_D.pdf>, besucht am 30. 10. 2014 (zit. BAKBASEL, Taxation Index)

- BAK Taxation Index 2013, Effektive Steuerbelastung von Unternehmen und auf den Einsatz hoch qualifizierter Arbeitskräfte, Executive Summary, Basel 2014, <http://www.baktaxation.ch/media/BakDownloadStucktur/Updates%20Bak%20Taxation%20Index/2013/International/2_Oeffentliches_Executive_Summary_BAK_Taxation_Index_2013_D.pdf>, besucht am 30. 10. 2014 (zit. BAKBASEL, Taxation Index)
- BAK Taxation Index 2014, Executive Summary, Basel 2014, <http //www.baktaxation.ch/media/BakDownloadStucktur/Updates%20Bak%20Taxation%20Index/2014/4_Oeffentliches_Executive_Summary_BAK_Taxation_Index_2014.pdf>, besucht am 30. 10. 2014 (zit. BAKBASEL, Taxation Index)
- Sparpaket II des Kantons St. Gallen, Dauerhafte Stabilisierung des Staatshaushaltes, Analyse der Schuldenbremse, Basel, Bericht v. 6. 1. 2012, <http://www.sg.ch/news/1/2012/05/

den_kantonalen_finanzhaushaltinsgleichgewichtbringen/_jcr_content/Par/downloadlist/DownloadListPar/download_8.ocFile/18_BAKBASEL_B5_Schuldenbremse.pdf>, besucht am 30. 10. 2014 (zit. Bericht BAKBasel)

- Auch in der Finanzkrise: Schweizer Kantone beweisen ihre steuerliche Attraktivität, Medienmitteilung v. 28. 12. 2011, <http://www.bakbasel.ch/downloads/services/news_media/media/medienmitteilungen/2011/20111228_bakbasel_medienmitteilung_taxation.pdf>, besucht am 30. 10. 2014 (zit. BAKBASEL, Medienmitteilung)
- Tiefe Steuern – Gesunde Finanzen, Attraktive Steuersätze der Schweizer Kantone sind nachhaltig, Medienmitteilung v. 16. 1. 2013, <http://www.bakbasel.ch/downloads/services/news_media/media/medienmitteilungen/2013/bakbasel_medienmitteilung_nachhaltige_finanzpolitik_2012.pdf>, besucht am 30. 10. 2014 (zit. BAKBASEL, Medienmitteilung)
- Unbeschadet durch die Finanzkrise, Medienmitteilung v. 23. 1. 2014, <http://www.baktaxation.ch/media/BakDownloadStucktur/Medienmitteilungen/2013/2014_01_23_Unbeschadet_durch_die_Finanzkrise_BAKBASEL.pdf>, besucht am 30. 10. 2014 (zit. BAKBASEL, Medienmitteilung)
- Stillstand nach der Senkungswelle, Medienmitteilung v. 29. 7. 2014, <http://www.baktaxation.ch/media/BakDownloadStucktur/Medienmitteilungen/2014/2014_07_29_Stillstand_nach_der_Senkungswelle_BAKBASEL.pdf>, besucht am 30. 10. 2014 (zit. BAKBASEL, Medienmitteilung)

Bauer Richard, Der Zoll als Nadelöhr des Handels, in: NZZ v. 4. 8. 2012 S. 43 (zit. Bauer, NZZ)

Bauer-Balmelli Maja/Omlin Lucia, Kommentar zum schweizerischen Steuerrecht I/2a, Bundesgesetz über die direkte Bundessteuer (DBG), hrsg. v. Zweifel Martin/Athanas Peter, Basel/Genf/München 2008 (zit. Bauer-Balmelli/Omlin, Zweifel/Athanas, DBG-Kommentar)

Bauer-Balmelli Maja/Robinson Philip, Kommentar zum schweizerischen Steuerrecht I/2a, Bundesgesetz über die direkte Bundessteuer (DBG), hrsg. v. Zweifel Martin/Athanas Peter, 2. Aufl., Basel/Genf/München 2008 (zit. Bauer-Balmelli/Robinson, Zweifel/Athanas, DBG-Kommentar)

Baur Martin, Erfolgsfaktoren für die Kooperation der Steuerpflichtigen, Arbeitspapier v. März 2012 (zit. Baur, ESTV Arbeitspapier)

Baur Martin/Daepp Martin/Jeitziner Bruno, Die formelle Steuerharmonisierung im Lichte ökonomischer Theorien, in: „Die Volkswirtschaft", Heft 3, 2010 (zit. Baur/Daepp/Jeitziner)

Berther Duri, Die internationale Erbschaftsverwaltung bei schweizerisch-deutschen, -österreichischen und englischen Erbfällen, Zürich 2001 (zit. Berther, Die internationale Erbschaftsverwaltung)

Betschart Philipp, Grenzenlose indirekte Teilliquidation, ST 78 (2004), S. 873 – 876 (zit. Betschart, ST)

- Kommentar zum Schweizerischen Steuerrecht III/1, Interkantonales Steuerrecht, hrsg. v. Zweifel Martin/Beusch Michael/Mäusli-Allenpach Peter, Basel 2011 (zit. Betschart, Zweifel/Beusch/Mäusli-Allenpach, Interkantonales Steuerrecht)

Blaurock Uwe, Die GmbH & Still im Steuerrecht, Betriebsberater BB, 1992, S. 1969 – 1977 (zit. Blaurock, BB)

Blumenberg Jens, Steuerberater-Jahrbuch 2012/2013, hrsg. v. Fachinstitut der Steuerberater, Köln 2013 (zit. Blumenberg, StbJB)

Blumenstein Ernst/Locher Ernst, System des schweizerischen Steuerrechts, 6. Aufl., Zürich 2002 (zit. Blumenstein/Locher, System des Steuerrechts)

Blumenstein Irene, Entscheidungen der staatsrechtlichen Kammer des BG, 21. Willkürbeschwerde, Urteil des Schweizerischen Bundesgerichts v. 12. 3. 1965, ASA 35 (1966/67), S. 261 – 268 (zit. Blumenstein, ASA)

► Entscheidungen der staatsrechtlichen Kammer des BG, 28. Willkürbeschwerde, Urteil des Schweizerischen Bundesgerichts v. 14. 5. 1976, ASA 46 (1977/78), S. 464 – 470 (zit. Blumenstein, ASA)

Bodmer Frank, Die volkswirtschaftlichen Auswirkungen der MWST und einiger Reformszenarien, Bericht v. 27. 4. 2007, Basel (zit. Bodmer)

Boemle Max, Der Jahresabschluss, 5. Aufl., Zürich 2008 (zit. Boemle, Der Jahresabschluss)

Bollier Gertrud E., Leitfaden schweizerische Sozialversicherung, 12. Aufl., Wädenswil 2011 (zit. Bollier, Leitfaden)

Brandis Peter, Doppelbesteuerung, hrsg. v. Wassermeyer Franz, Loseblatt, München (zit. Brandis in Wassermeyer, Doppelbesteuerung, Schweiz)

Brauchli Rohrer Barbara/Bussmann Samuel/Marbach Matthias, Verkauf von Beteiligungsrechten aus dem Privat- in das Geschäftsvermögen eines Dritten (indirekte Teilliquidation) – Ausgewählte Fragestellungen zum Keisschreiben Nr. 14 (1. Teil), FStR 2008, S. 47 – 64 (zit. Brauchli Rohrer/Bussmann/Marbach, FStR)

► Verkauf von Beteiligungsrechten aus dem Privat- in das Geschäftsvermögen eines Dritten (indirekte Teilliquidation) – Ausgewählte Fragestellungen zum Keisschreiben Nr. 14 (2. Teil), FStR 2008, S. 92 – 109 (zit. Brauchli Rohrer/Bussmann/Marbach, FStR)

Breitschmid Peter, Startschuss für ein «zeitgemässes Erbrecht», in: Jusletter v. 7. 3. 2011 (zit. Breitschmid, Jusletter)

Brombacher Verena, EU-Recht und Zweite Säule in der Schweiz, Soziale Sicherheit CHSS, 5/1998, S. 285 (zit. Brombacher, CHSS)

Bron Jan Frederik, Das van Hilten-Urteil des EuGH und die (Un-) Anwendbarkeit der Wegzugsbesteuerung im Verhältnis zu Drittstaaten, IStR 15 (2006), S. 296 – 302 (zit. Bron, IStR)

Brülisauer Peter/Helbing Andreas, Kommentar zum schweizerischen Steuerrecht I/2a, Bundesgesetz über die direkte Bundessteuer (DBG), hrsg. v. Zweifel Martin/Athanas Peter, 2. Aufl., Basel/Genf/München 2008 (zit. Brülisauer/Helbing, Zweifel/Athanas, DBG-Kommentar)

Brülisauer Peter/Kuhn Stephan, Allokation und Reallokation von betrieblichen Funktionen und Risiken im multinationalen Konzern – Betriebswirtschaftliche, rechtliche und steuerliche Aspekte der Errichtung von Prinzipal-Gesellschaften, FStR 2002, S. 81 – 113 (zit. Brülisauer/Kuhn, FStR)

► Kommentar zum schweizerischen Steuerrecht I/1, Bundesgesetz über die Harmonisierung der direkten Steuern der Kantone und Gemeinden (StHG), hrsg. v. Zweifel Martin/Athanas Peter, 2. Aufl., Basel/Genf/München 2002 (zit. Brülisauer/Kuhn, Zweifel/Athanas, StHG-Kommentar)

Brülisauer Peter/Poltera Flurin, Kommentar zum schweizerischen Steuerrecht, I/2a, Bundesgesetz über die direkte Bundessteuer (DBG), hrsg. v. Zweifel Martin/Athanas Peter, 2. Aufl., Basel/Genf/München 2008 (zit. Brülisauer/Poltera, Zweifel/Athanas, DBG-Kommentar)

Brunetti Aymo et al., Regulatorische Herausforderungen für die grenzüberschreitende Schweizer Vermögensverwaltung und strategische Optionen, Bericht der Expertengruppe „Weiterentwicklung der Finanzmarktstrategie" v. 6. 6. 2013, <http://www.news.admin.ch/NSBSubscriber/message/attachments/31569.pdf>, besucht am 30. 10. 2014 (zit. Brunetti, Bericht der Expertengruppe)

Buciek Klaus, Doppelbesteuerungsabkommen Deutschland-Schweiz, hrsg. v. Flick Hans/Wassermeyer Franz/Kempermann Michael, Loseblatt, Köln (zit. Buciek, Flick/Wassermeyer/Kempermann, DBA D-CH)

Bugnon Marc/Küpfer Markus, Entscheide, Verrechnungssteuer, ASA 79 (2010/2011), S. 855–862 (zit. Bugnon/Küpfer, ASA)

Bürgy Dominik, Eine attraktive Grundlage für Holdinggesellschaften, in: NZZ v. 13. 9. 2012, S. 49 (zit. Bürgy, NZZ)

Bürgy Dominik/Neuhaus Markus R., Meldeverfahren bei Dividendenausschüttungen – zum Entscheid der ESTV, ST 87 (2013), S. 960–963 (zit. Bürgy/Neuhaus, ST)

Burkert Manfred, Funktionsverlagerungen im internationalen Konzern - Management der Steuerfolgen in Deutschland – Teil I, IStR 12 (2003), S. 320–324 (zit. Burkert, IStR)

- ► Funktionsverlagerungen im internationalen Konzern – Management der Steuerfolgen in Deutschland – Teil II, IStR 12 (2003), S. 356–360 (zit. Burkert, IStR)

Buschor Thomas, Nachlassplanung („estate planning") nach schweizerischem internationalem Erbrecht, Diss. Zürich 1994 (zit. Buschor, Nachlassplanung nach schweizerischem internationalem Erbrecht)

Cadotsch Paul, Änderungen im Beitragsbereich – Anpassungen an neuere Entwicklungen, CHSS, 2/2006, S. 85 (zit. Cadotsch, CHSS)

- ► Unternehmenssteuerreform II: Dividenden und AHV-Beiträge, StR 2009, S. 47–52 (zit. Cadotsch, StR)

Cagianut Francis/Höhn Ernst, Unternehmungssteuerrecht, 3. Aufl., Bern 1993 (zit. Cagianut/Höhn, Unternehmenssteuerrecht)

Casutt Andreas, OR Handkommentar zum Schweizerischen Obligationenrecht, hrsg. v. Kren Kostkiewicz Jolanta/Bertschinger Urs/Breitschmid Peter/Schwander Ivo, 2. Aufl., Zürich 2009 (zit. Casutt, OR Handkommentar)

Daepp Martin/Schaltegger Christoph A., Moderne Steuersysteme, Grundfragen und Reformvorschläge, Arbeitspapier v. 10. 9. 2004 (zit. Daepp/Schaltegger)

Derks Reginald, Stämpflis Handkommentar, Zollgesetz (ZG), hrsg. v. Kocher Martin/Clavadetscher Diego, Bern 2009 (zit. Derks, ZG-Kommentar)

Derksen Hans Peter/Gerber Thomas L./Schmidt Renato/Clement Urs, Steuerrecht 2, Direkte Steuern des Bundes, 4. Aufl., Zürich 2011 (zit. Derksen et. al., Steuerrecht 2)

Druey Jean Nicolas, Grundriss des Erbrechts, 5. Aufl., Bern 2002 (zit. Druey, Grundriss des Erbrechts)

Duss Marco, Sprüche voller Widersprüche, ST 75 (2001), S. 79 – 86 (zit. Duss, ST)

Duss Marco/Schär Daniel, Kommentar zum schweizerischen Steuerrecht I/1, Bundesgesetz über die Harmonisierung der direkten Steuern der Kantone und Gemeinden (StHG), hrsg. v. Zweifel Martin/Athanas Peter, 2. Aufl., Basel/Genf/München 2002 (zit. Duss/Schär, Zweifel/Athanas, StHG-Kommentar)

Duss Marco/von Ah Julia/Rutishauser Frank, Kommentar zum schweizerischen Steuerrecht I/1, Bundesgesetz über die Harmonisierung der direkten Steuern der Kantone und Gemeinden (StHG), hrsg. v. Zweifel Martin/Athanas Peter, 2. Aufl., Basel/Genf/München 2002 (zit. Duss/von Ah/Rutishauser, Zweifel/Athanas, StHG-Kommentar)

economiesuisse, Schweiz ist kein Steuer- und Abgabenparadies, Medienmitteilung v. 12. 7. 2013 der economiesuisse, <http://www.economiesuisse.ch/de/themen/ste/privatpersonen/seiten/_detail.aspx?artID=WN_fiskalquoten_20130712>, besucht am 30. 10. 2014 (zit. economiesuisse, Medienmitteilung)

economiesuisse, Einkommensverteilung und Steuerreformen in der Schweiz, Medienmitteilung v. 2. 4. 2012 der economiesuisse, <http://www.economiesuisse.ch/de/PDF%20Download%20Files/dp07_Steuersysteme_web.pdf>, besucht am 30. 10. 2014 *(zit. economiesuisse, Bericht)*

Egli Margareta, Vorteile der Individualbesteuerung, in: NZZ v. 11. 1. 2013, S. 21 (zit. Egli, NZZ)

Ehrenzeller Bernhard/Schindler Benjamin/Schweizer Rainer J./Vallender Klaus A., Die schweizerische Bundesverfassung. St. Galler Kommentar. Band I. Art. 1-80, 3. Aufl., Zürich 2014 (zit. Ehrenzeller/Schindler/Schweizer/Vallender, Kommentar Bundesverfassung)

Eisenring Christoph, Einigung zu Patentbox in Sicht, in: NZZ v. 29. 10. 2014, S. 25 (zit. Eisenring, NZZ)

Eisenring Peter, Vorgängige Auskünfte von Steuerbehörden in der Schweiz, ASA 68 (1999/2000), S. 97 – 120 (zit. Eisenring, ASA)

Ernst & Young, Ernst & Young Studie, Standort Schweiz 2011, Internationale Unternehmen bewerten die Schweiz (zit. Ernst & Young Studie)

► Ernst & Young Studie, Hohes Potenzial, Swiss Attractiveness Survey 2013, (zit. Ernst & Young Studie, Swiss Attractiveness Survey 2013)

Eurostat, Taxation trends in the European Union, Luxembourg 2013, <http://ec.europa.eu/eurostat/documents/3217494/5776581/KS-DU-13-001-EN.PDF/37cfe344-871d-4558-a3aa-945b2e8aaf26?version=1.0>, besucht am 30. 10. 2014 (zit. Eurostat, Taxation trends in the European Union, 2013)

► Taxation trends in the European Union, Luxembourg 2014, <http://ec.europa.eu/taxation_customs/resources/documents/taxation/gen_info/economic_analysis/tax_structures/2014/report.pdf>, besucht am 30. 10. 2014 (zit. Eurostat, Taxation trends in the European Union)

Federspiel Katya/Arnold Reto/Fischer Daniela C./Walker Beat/Pfiko Clarisse/Michaelis Bettina, Die direkte Bundessteuer, 8. Aufl., Zürich 2014 (zit. Federspiel et al., Die Direkte Bundessteuer)

Figge Gustav, Sozialversicherungs-Handbuch, Beitragsrecht, Loseblatt, Bremen 1998, Stand: Oktober 2014 (zit. Figge, Sozialversicherungs-Handbuch)

Fischer Peter A., Tiefere Unternehmenssteuern auch für Zürich; Finanzdirektorin Ursula Gut erwartet 850 Millionen Franken Einnahmenausfälle für Kanton und Gemeinden, in: NZZ v. 16.102012, S. 17 (zit. Fischer, NZZ)

Flick Hans/Wassermeyer Franz/Kempermann Michael (Hrsg.), Doppelbesteuerungsabkommen Deutschland-Schweiz, Steuern vom Einkommen und Vermögen, Nachlass- und Erbschaftsteuern, Loseblatt, Köln 1973, Stand: November 2014 (zit. Flick/Wassermeyer/Kempermann, DBA Deutschland-Schweiz

Flick Hans/Wassermeyer Franz/Baumhoff Hubertus/Schönfeld Jens, Außensteuerrecht, Kommentar, Loseblatt, Köln 1973, Stand: Juni 2014 (zit. Flick/Wassermeyer/Baumhoff/Schönfeld, Außensteuerrecht)

Flückiger Jan, Nationalrat hält an Pauschalbesteuerung fest, in: NZZ v. 7. 5. 2014, S. 9 (zit. Flückiger, NZZ)

- Ständerat statuiert Exempel an der Erbschaftssteuerinitiative, in: NZZ v. 4. 6. 2014, S. 9 (zit. Flückiger, NZZ)
- Kontingente für alle Ausländergruppen, in: NZZ v. 21. 6. 2014, S. 9 (zit. Flückiger, NZZ)
- Völkerrecht schränkt Spielraum bei Kontingenten ein, in: NZZ v. 27. 6. 2014, S. 9 (zit. Flückiger, NZZ)

Fontana Katharina, Zügige Aufhebung der Stempelsteuer; Der Nationalrat will das Geschäft nicht mit der Unternehmenssteuerreform III verknüpfen, in: NZZ v. 20. 3. 2013, S. 12 (zit. Fontana, NZZ)

- Neue Geldquelle für Tourismusorte, in: NZZ v. 8. 5. 2014, S. 13(zit. Fontana, NZZ)
- Drei Jahre Ehe mit demselben Partner; Ausländerrechtliche Präzisierung, in: NZZ v. 26. 6. 2014, S. 14 (zit. Fontana, NZZ)

Frey René L., Der Schweizer Finanzausgleich ist trotz Kritik erfolgreich, in: NZZ v. 17. 1. 2013, S. 32 (zit. Frey, NZZ)

- Der Schweizer Finanzausgleich ist trotz Kritik erfolgreich, in: NZZ v. 18. 1. 2013, S. 27 (zit. Frey, NZZ)

Fuchs Maximilian, Europäisches Sozialrecht, Kommentar, 6. Aufl., Basel 2013 (zit. Fuchs, Europäisches Sozialrecht)

fzl., Kein rechtsfreier Raum bei Einbürgerungen, in: NZZ v. 25. 7. 2003, S. 13 (zit. fzl., NZZ)

Gehriger Pierre-Olivier/Monsch Carola, Lex Bonny als Steuerplanungsinstrument – Quo Vadis? Wichtigsten Trumpf ohne Not verspielt, ST 82 (2008), S. 80 – 87 (zit. Gehriger/Monsch, ST)

Geissmann Hanspeter/Huber Felix/Wetzel Thomas, Grundstückerwerb in der Schweiz durch Personen im Ausland – Von der Lex Friedrich zur Lex Koller, Zürich 1998 (zit. Geissmann/Huber/Wetzel)

Giger Hans, Verbot des Rückwirkungsprinzips; Es ist richtig und erfreulich, dass der Ständerat im Sinne eines Paradigmenwechsels die Erbschaftssteuerinitiative zur Prüfung der Gültigkeit der darin enthaltenen Rückwirkungsklausel an die Wirtschaftskommission zurückgewiesen hat, in: NZZ v. 31. 7. 2014, S. 15 (zit. Giger, NZZ)

Gosch Dietmar/Kroppen Heinz-Klaus/Grotherr Siegfried (Hrsg.), DBA-Kommentar, Doppelbesteuerungsabkommen, Loseblatt, Herne/Berlin 1997, Stand: November 2013 (zit. Gosch/Kroppen/Grotherr, DBA-Kommentar)

Gratwohl Natalie, Stillstand bei Firmensteuern, in: NZZ v. 26. 7. 2013, S. 23 (zit. Gratwohl, NZZ)

► Steuerpraktiken von Konzernen im Visier, in: NZZ v. 17. 9. 2014, S. 23 (zit. Gratwohl, NZZ)

Greminger Bernhard/Bärtschi Bettina, Kommentar zum schweizerischen Steuerrecht I/2a, Bundesgesetz über die direkte Bundessteuer (DBG), hrsg. v. Zweifel Martin/Athanas Peter, 2. Aufl., Basel/Genf/München 2008 (zit. Greminger/Bärtschi, Zweifel/Athanas, DBG-Kommentar)

Greter Marco, Kommentar zum schweizerischen Steuerrecht I/1, Bundesgesetz über die Harmonisierung der direkten Steuern der Kantone und Gemeinden (StHG), hrsg. v. Zweifel Martin/Athanas Peter, Basel/Genf/München 2002 (zit Greter, Zweifel/Athanas, StHG Kommentar)

Grotherr Siegfried, DBA-Kommentar, hrsg. v. Gosch Dietmar/Kroppen Heinz-Klaus/Grotherr Siegfried, Loseblatt, Herne/Berlin (zit. Grotherr, Gosch/Kroppen/Grotherr, DBA-Kommentar)

► International relevante Änderungen durch das Steuervergünstigungsabbaugesetz, Internationale Wirtschafts-Briefe IWB, Herne/Berlin 2003, Fach 3 Gruppe 1, S. 1935 – 1954 (zit. Grotherr, IWB)

Güroff Georg, Gewerbesteuergesetz GewStG, hrsg. v. Glanegger Peter/Güroff Georg, 8. Aufl., München 2014 (zit. Güroff in Glanegger/Güroff, GewStG)

Häfliger Markus, Widmer-Schlumpf startet grosse Steuerreform, in: NZZ v. 1. 9. 2012, S. 13 (zit. Häfliger, NZZ)

► Bundesrat strebt Bilaterale III an; Landesregierung ist bereit, EU-Richtern das letzte Wort über die Auslegung der bilateralen Verträge zu geben, in: NZZ v. 27. 6. 2013, S. 11 (zit Häfliger, NZZ)

► Ständerat packt das Volksinitiativen-Problem an, in: NZZ v. 25. 9. 2014, S. 11 (zit. Häfliger, NZZ)

► Sommaruga nimmt Masseneinwanderungsinitiative ganz in ihre Hand, in: NZZ online v. 8. 10. 2014, <http://www.nzz.ch/schweiz/sommaruga-nimmt-masseneinwanderungsinitiative-ganz-in-ihre-hand-1.18400001>, besucht am 30. 10. 2014(zit. Häfliger, NZZ)

Hamminger Alexander, Doppelbesteuerung, hrsg. v. Wassermeyer Franz, Loseblatt, München (Hamminger in Wassermeyer, Doppelbesteuerung)

Hasenböhler Franz (Hrsg.)/Kühne Armin/Lengauer Daniel/Amstutz Therese/Imwinkelried Michaela/Dömer Philipp, Recht der kollektiven Kapitalanlagen, Zürich/Basel/Genf 2007 (zit. Hasenböhler, Recht der kollektiven Kapitalanlagen)

Haun Jürgen/Reiser Hagen, Ausgewählte Probleme des Anwendungsschreibens zum Außensteuergesetz aus der Sicht der GmbH, GmbHR, 2004, S. 841 – 850 (zit. Haun/Reiser, GmbHR)

Hausmann Rainer/Roth Philipp/Krummenacher Oliver, Lizenzbox als alternatives Steuermodell zur gemischten Gesellschaft, ST 86 (2012), S. 87 – 94 (zit. Hausmann/Roth/Krummenacher, ST)

Hausmann Rainer/Taddei Pascal, Das Kapitaleinlageprinzip – Ausweis im Jahresabschluss und Deklaration von Kapitaleinlagen, StR 66 (2011), S. 86 – 94 (zit. Hausmann/Taddei, StR)

Hegnauer Cyril/Breitschmid Peter, Grundriss des Eherechts, 4. Aufl., Bern 2000 (zit. Hegnauer/Breitschmid, Grundriss des Eherechts)

Heilinger Roland/Maute Wolfgang, Der Begriff der tatsächlichen Verwaltung im interkantonalen und internationalen Verhältnis bei den direkten Steuern, Teil 1, StR 63 (2008), S. 742 – 759 (zit. Heilinger/Maute, StR)

► Der Begriff der tatsächlichen Verwaltung im interkantonalen und internationalen Verhältnis bei den direkten Steuern, Teil 2, StR 63 (2008), S. 836 – 852 (zit. Heilinger/Maute, StR)

Heini Anton/Keller Max/Siehr Kurt/Vischer Frank/Volken Paul (Hrsg.), IPRG Kommentar, Kommentar über das Internationale Privatrecht (IPRG) v. 1. 1. 1989, Zürich 1993 (zit. IPRG-Heini)

Heinicke Wolfgang, Einkommensteuergesetz (EStG), Kommentar, hrsg. v. Schmidt Ludwig, 32. Aufl., München 2013 (zit. Heinicke, Schmidt, EStG-Kommentar)

Helbing Andreas/Wetli Roger, Zinsbesteuerungsabkommen Schweiz-EU Art. 15 Zinsbesteuerungsabkommen, ST 80 (2006), S. 81 – 89 (zit. Helbing/Wetli, ST)

► Zinsbesteuerungsabkommen Schweiz-EU Art. 15 Zinsbesteuerungsabkommen, ST 80 (2006), S. 959 – 970 (zit. Helbing/Wetli, ST)

Helbling Carl, Personalvorsorge und BVG, 8. Aufl., Bern 2006 (zit. Helbling, Personalvorsorge und BVG)

Hilty Thomas, Kompaktkommentar zum Doppelbesteuerungsabkommen (DBA) Deutschland-Schweiz, 2. Aufl., Zürich 2005 (zit. Hilty, Kompaktkommentar DBA D-CH)

Hindersmann Magnus/Myßen Michael, Die Erbschafts- und Schenkungssteuern der Schweizer Kantone, Köln 2003 (zit. Hindersmann/Myssen, Erbschafts- und Schenkungssteuern)

Hinny Pascal (Hrsg.), Steuerrecht 2014, Textausgabe mit Anmerkungen, Zürich et al. 2014 (zit. Hinny, Steuerrecht)

Höhn Ernst (Hrsg.), Handbuch des Internationalen Steuerrechts der Schweiz, 2. Aufl., Bern/Stuttgart 1993 (zit. Höhn, Handbuch des Internationalen Steuerrechts der Schweiz)

► Höhn Ernst, Steuerprobleme bei schweizerischen Betriebsstätten ausländischer Unternehmen, Archiv für Schweizerisches Abgaberecht ASA, 65 (1996/1997), S. 171 – 182 (zit. Höhn, ASA)

Höhn Ernst/Mäusli Peter, Interkantonales Steuerrecht, 4. Aufl., Bern/Stuttgart/Wien 2000 (zit. Höhn/Mäusli, Interkantonales Steuerrecht)

Höhn Ernst/Waldburger Robert, Steuerrecht, Band I, 9. Aufl., Bern/Stuttgart/Wien 2001 (zit. Höhn/Waldburger, Steuerrecht, Bd. I)

► Steuerrecht, Band II, 9. Aufl., Bern/Stuttgart/Wien 2002 (zit. Höhn/Waldburger, Steuerrecht, Bd. II)

Holenstein Daniel, Indirekte Teilliquidation – Besteuerung der tatsächlichen Substanzentnahme, StR 59 (2004), S. 718 – 722 (zit. Holenstein, StR)

Höltschi René, Moderate EU-Töne im Steuerstreit mit Bern, in: NZZ v. 4.12.2012, S. 23 (zit. Höltschi, NZZ)

- Wieder drohen „schwarze Listen", in: NZZ v. 7.12.2012, S. 25 (zit. Höltschi, NZZ)
- Im Osten ist der Staat genügsamer, in: NZZ v. 30.4.2013, S. 27 (zit. Höltschi, NZZ)
- EU will Dialog mit Bern über Holdingsteuern fortsetzen, in: NZZ v. 22.6.2013, S. 27 (zit. Höltschi, NZZ)
- Erneut mehr Arbeitslose in der EU; Inflationsrate im Euro-Raum im Juni leicht gestiegen, in: NZZ v. 2.7.2013, S. 23 (zit. Höltschi, NZZ)
- Tücken bei der Messung der Jugendarbeitslosigkeit, in: NZZ v. 13.7.2013, S. 27 (zit. Höltschi, NZZ)
- Die G-20-Länder passen unter eine Decke; Breite Unterstützung für das Schliessen von Steuerschlupflöchern – Versprechen zum Freihandel, in: NZZ v. 7.9.2013, S. 27 (zit. Höltschi, NZZ)
- London scheitert vor Gericht, in: NZZ v. 2.5.2014, S. 25 (zit. Höltschi, NZZ)
- Bilateraler „Steuerfrieden", in: NZZ v. 15.10.2014, S. 1 (zit. Höltschi, NZZ)

Holtz Patrick, Steuerliche Folgen der Ehescheidung, Schriftenreihe Finanzwirtschaft und Finanzrecht, Diss. St. Gallen, Bern 1989 (zit. Holtz, Steuerliche Folgen der Ehescheidung)

Huber Markus F./Helbing Andreas/Kubaile Heiko, Entwicklungen im internationalen Steuerrecht, StR 59 (2004), S. 818–829 (zit. Huber/Helbing/Kubaile, StR)

Huber Markus F./Helbing Andreas/Kubaile Heiko/Raab Jürgen, Entwicklungen im internationalen Steuerrecht, StR 60 (2005), S. 914–919 und 61 (2006), S. 394–411 (zit. Huber/Helbing/Kubaile/Raab, StR)

Hummel Lars, Zur innerstaatlichen Bindungswirkung von auf Doppelbesteuerungsabkommen beruhenden Konsultationsvereinbarungen - Betrachtungen anlässlich der Ergänzung von § 2 AO durch das Jahressteuergesetz 2010, ISTR 20 (2011), S. 397 –403 (zit. Hummel, IStR)

Institut der deutschen Wirtschaft Köln IW, Die Konkurrenz schläft nicht, Pressemitteilung v. 14.5.2014 (zit. IW Köln, Pressemitteilung)

Ith, Mehrfach genäht, in: NZZ v. 1.12.2014, S. 11 (zit. Ith, NZZ)

Jacobs Otto H. et al., Internationale Unternehmensbesteuerung, 7. Aufl., München 2011 (zit. Jacobs, Internationale Unternehmensbesteuerung)

Jakob Walter, Freistellungs- oder Anrechnungsmethode – Anmerkungen zu Urteilen des Bundesfinanzhofs zur sog. Aktivitätsklausel gemäß Art. 24 Abs. 1 Ziffer 1 Bst. a Satz 1 DBA CH-D, in: Locher Peter/Rolli Bernhard/Spori Peter (Hrsg.), Internationales Steuerrecht in der Schweiz, Festschrift zum 80. Geburtstag von Walter Ryser, Bern 2005 (zit. Jakob in: Locher/Rolli/Spori, Festschrift Ryser)

Jakob Walter/Schüpfer Urs/Grundler Jvo, Fusion mit umstrittener Verlustverrechnung im Konzern. Bundesgericht schafft Klarheit, ST 86 (2012), S. 265–267 (zit. Jakob/Schüpfer/Grundler, ST)

Jankovsky Peter, Silvaplana schreitet fast alleine voran, in: NZZ v. 24.6.2014, S. 9 (zit. Jankovsky, NZZ)

Jankovsky Peter/Krummenacher Jörg, Schuldenbremsen mit unterschiedlicher Wirkung; Das Tessin will als einer der letzten Kantone eine halbwegs griffige Schuldenbremse einführen, in: NZZ v. 21. 3. 2014, S. 15 (zit. Jankovsky/Krummenacher, NZZ)

Jaussi Thomas/Duss Fabian, Kommentar zum schweizerischen Steuerrecht. Bundesgesetz über die Verrechnungssteuer (VStG), hrsg. v. Zweifel Martin/Bauer-Balmelli Maja/Beusch Michael, 2. Aufl., Basel/Genf/München 2012 (zit. Jaussi/Duss, Zweifel/Bauer-Balmelli/Beusch, VStG-Kommentar)

Jürgensen Nadine, CVP will keinen «Richterstaat», in: NZZ v. 6. 6. 2012, S. 11 (zit. Jürgensen, NZZ)

Kälin Christian H., Internationales Immobilienhandbuch; Erwerb, Besitz und Verkauf von Immobilien, Steuern und Erbrecht, Aufenthalt und Wohnsitznahme, 3. Aufl., Zürich 2009 (zit. Kälin, Internationales Immobilienhandbuch)

Känzig Ernst, Die eidgenössische Wehrsteuer (Direkte Bundessteuer), Band 4, I. Teil, 2. Aufl., Basel 1982 (zit. Känzig, Wehrsteuer)

Keller Andreas H./Schuch Josef/Seibold Sabine/Wacker Wilhelm H., Der Betriebsstättenbegriff im Steuerrecht Deutschlands, Österreichs und der Schweiz, ST 73 (1999), S. 115 – 128 (zit. Keller/Schuch/Seibold/Wacker, ST)

Kessler Wolfgang/Huck Friederike, Der (zwangsweise) Weg in den Betriebsstättenkonzern, am Beispiel der Hinausverschmelzung von Holdinggesellschaften, IStR 15 (2006), S. 433 – 441 (zit. Kessler/Huck, IStR)

Keuschnigg Christian, Ein zukunfts- und wachstumsorientiertes Steuersystem für die Schweiz, Analyse der Effizienz-, Verteilungs- und Wachstumswirkungen, Studie v. 12. 4. 2006 (zit. Keuschnigg, Studie)

Keuschnigg Christian/Ribi Evelyn, Steuerliche Förderung von F&E in der Schweiz in: Volkswirtschaftliche Analyse der steuerlichen Förderung von Forschung und Entwicklung; Studie KPMG, 2011, S. 23 – 26 (zit. Keuschnigg/Ribi)

Kieser Ueli, ATSG-Kommentar, 2. Aufl., Zürich 2009 (zit. Kieser, ATSG-Kommentar)

- Schweizerisches Sozialversicherungsrecht, Zürich 2008 (zit. Kieser, Sozialversicherungsrecht)
- Entwicklungen im Sozialversicherungsrecht, SJZ 108 (2012), S. 570 – 574 (zit. Kieser, SJZ)

Klett Katharina, Der Gleichheitssatz im Steuerrecht, Schweizerischer Juristenverein, Referate und Mitteilungen, Heft 1, Basel 1992 (zit. Klett, Gleichheitssatz im Steuerrecht)

Klöti-Weber Marianne/Siegrist Dave/Weber Dieter, Kommentar zum Aargauer Steuergesetz. Band 1. §§ 1 bis 94, 3. Aufl., Muri-Bern 2009 (Klöti-Weber, Kommentar zum Aargauer Steuergesetz)

Kocher Martin/Clavadetscher Diego, Stämpflis Handkommentar Zollgesetz, Bern 2009 (zit. Kocher, Handkommentar Zollgesetz)

Knapp Blaise et. al), Problèmes actuels de droit fiscal, Mélanges en l'honneur du Professeur Raoul Oberson, Bâle et Francfort-sur-le-Main 1995 (zit. Knapp, Problèmes actuels de droit fiscal)

Knüsel Bruno, Kommentar zum schweizerischen Steuerrecht 1/2a, Bundesgesetz über die direkte Bundessteuer (DBG), hrsg. v. Zweifel Martin/Athanas Peter, 2. Aufl., Basel/Genf/München 2008 (zit. Knüsel, Zweifel/Athanas, DBG-Kommentar)

Köhler Stefan, Außensteuergesetz Doppelbesteuerungsabkommen, Kommentar, hrsg. v. Strunk Günther/Kaminski Bert/Köhler Stefan, Loseblatt, Bonn (zit. Köhler, Strunk/Kaminski/Köhler)

Kolb Andreas, Dividendenbesteuerung im schweizerisch-deutschen Verhältnis, Internationale Wirtschafts-Briefe IWB, Herne/Berlin 2002, Schweiz Fach 5 Gruppe 2, S. 515 – 518 (zit. Kolb, IWB)

Konferenz der Kantonsregierungen KdK, Grundsätze des Bundesrates für institutionelle Lösungen mit der EU, Medienmitteilung v. 1. 6. 2012, <http://www.kdk.ch/de/aktuell/medienmitteilungen/medienmitteilung/a/134/>, besucht am 30. 10. 2014 (zit. Medienmitteilung KdK)

Kruse Philipp/Rotter Dimitri, Unternehmenssteuerreform III - Konzernfinanzierung in den Startlöchern, in: CH-D Wirtschaft 6/2010, S. 28 – (zit. Kruse/Rotter, Unternehmenssteuerreform III)

Kubaile Heiko, Erfreuliche Neuerungen im DBA Deutschland-Schweiz, ST 77 (2003), S. 646 – 652 (zit. Kubaile, ST)

- Weitere Analyse des neuen DBA mit der Schweiz, iwb 1/2011, S. 20 – 25 (zit. Kubaile, iwb)
- Steueroptimale Direktinvestitionen am Beispiel Schweiz, Die Information über Steuer und Wirtschaft INF, 12/2000, S. 363 – 368 (zit. Kubaile, INF)
- Keine Freistellung ausländischer Servergewinne wegen fehlender aktiver Tätigkeit, PIStB 10/2002, S. 280 – 282 (zit. Kubaile, PIStB)
- Steuervergünstigungsabbaugesetz – Neuregelungen bringen weitere Nachteile für Outbound-Investitionen, PIStB 7/2003, S. 173 – 179 (zit. Kubaile, PIStB)
- Aktuelle Änderungen im DBA-Schweiz, PIStB 8/2003, S. 209 – 214 (zit. Kubaile, PIStB)
- Änderungen bei der Amtshilfeklausel und den Missbrauchsvorschriften im DBA-CH, PIStB 9/2003, S. 236 – 239 (zit. Kubaile, PIStB)
- Aktuelle Änderungen im DBA-Schweiz, PIStB 12/2010, S. 317 – 323 (zit. Kubaile, PIStB)
- Neueste Entwicklungen im deutschen Steuerrecht, StR 62 (2007), S. 677 – 680 (zit. Kubaile, StR)
- Neueste Entwicklungen im deutschen Steuerrecht, StR 64 (2009), S. 594 – 595 (zit. Kubaile, StR)

Kubaile Heiko/Kuhl Hendrik, Jahressteuergesetz 2010 in Kraft getreten, StR 66 (2011), S. 230 – 233 (zit. Kubaile/Kuhl, StR)

Kubaile Heiko/Kapalle Urs, Atypisch stille Beteiligung an Schweizer Kapitalgesellschaft sichert attraktive Steuerquote, PIStB 11/2004, S. 272 – 278 (zit. Kubaile/Kapalle, PIStB)

- Praxiserprobte Crossborder-Strukturen – Renaissance der Schweizer Betriebsstätte, PIStB 1/2003, S. 14 – 27 (zit. Kubaile/Kapalle, PIStB)

Kuhn Stephan/Klingler Michael, Kommentar zum schweizerischen Steuerrecht I/2a, Bundesgesetz über die direkte Bundessteuer (DBG), hrsg. v. Zweifel Martin/Athanas Peter, 2. Aufl., Basel/Genf/München 2008 (zit. Kuhn/Klingler, Zweifel/Athanas, DBG-Kommentar)

Küng Manfred et. al. (Hrsg.), Handbuch für das Handelsregister, Kommentar zur Handelsregisterverordnung, Band VII, Zürich 2000 (zit. Küng et al., Handbuch für das Handelsregister)

Kunz Thomas, Holdingstatus: Update betreffend steuerlicher Sonderfragen, Teil 1, StR 66 (2011), S. 734 – 747 (zit. Kunz, StR)

► Holdingstatus: Update betreffend steuerlicher Sonderfragen, Teil 2, StR 66 (2011), S. 838 – 844 (zit. Kunz, StR)

Künzle Hans Rainer, EU-Erbrechtsverordnung, PRIVATE 3/2012, S. 8 – 9 (zit. Künzle, PRIVATE)

Lammersen Lothar/Schwager Robert, Die steuerliche Attraktivität der Schweiz als Unternehmensstandort im internationalen und interregionalen Vergleich, IStR 13 (2004), S. 741 – 749 (zit. Lammersen/Schwager, IStR)

Lang Peter, Aufschubstatbestände und Liquidationsgewinne gemäß Unternehmenssteuerreformgesetz II, FStR 2008, S. 110 – 124 (zit. Lang, FStR)

Lanz-Baur Regula, Das Ehepaar im Steuerrecht, Bern 1988 (zit. Lanz-Baur, Das Ehepaar im Steuerrecht)

Lanz Martin, Erfolgsmodell Schuldenbremse – ein Exportschlager? in: NZZ v. 15. 11. 2012, S. 33 (zit. Lanz, NZZ)

Lehner Moris, Die Umsetzung von abkommensrechtlichen Konsultationsvereinbarungen zur Vermeidung von Doppelbesteuerung und Doppelnichtbesteuerung durch Rechtsverordnungen, IStR 20 (2011), S. 733 – 739 (zit. Lehner, IStR)

Linder Thomas/Müller Andreas, Steuerliche Anreize für Forschung und Entwicklung, ST 82 (2008), S. 146 – 154 (zit. Linder/Müller, ST)

► Lizenzboxen auch für KMU; Steuerliche Förderung von Innovationen, in: NZZ v. 29. 8. 2013, S. 33 (zit. Linder/Müller, NZZ)

Locher Kurt/Meier Walter/Kolb Andreas/von Siebenthal Rudolf, Doppelbesteuerungsabkommen Schweiz-Deutschland 1971 und 1978, Loseblatt, Therwil 1974, Stand: 2014 (zit. Locher/Meier/Kolb/von Siebenthal, DBA Schweiz-Deutschland)

Locher Peter, Kommentar zum DBG, Bundesgesetz über die direkte Bundessteuer, II. Teil, Therwil/Basel 2004 (zit. Locher, Kommentar zum DBG)

Locher Peter/Rolli Bernhard/Spori Peter (Hrsg.), Internationales Steuerrecht in der Schweiz, Festschrift zum 80. Geburtstag von Walter Ryser, Bern 2005 (zit. Locher, FS)

Locher Thomas, ATSG und 1. Säule (AHV/IV/EL), SZS/RSAS 47/2003, S. 182 (zit. Locher, SZS/RSAS)

► Grundriss des Sozialversicherungsrechts, 3. Aufl., Bern 2003 (zit. Locher, Grundriss Sozialversicherungsrecht)

Ludwig Hubertus/Kubaile Heiko, Der Steuerstandort Schweiz: Weiterhin attraktiv für deutsche Investoren, PIStB 12/2009, S. 324 – 330 (zit. Ludwig/Kubaile, PIStB)

Lutz Georg, Kommentar zum schweizerischen Steuerrecht I/2a, Bundesgesetz über die direkte Bundessteuer (DBG), hrsg. v. Zweifel Martin/Athanas Peter, 2. Aufl., Basel/Genf/München 2008 (zit. Lutz, Zweifel/Athanas, DBG-Kommentar)

Marantelli Adriano, Das Bundesgericht schlägt eine erste Bresche in die Quellenbesteuerung, in: Jusletter v. 12. April 2010 (zit. Marantelli, Jusletter)

Marti Armin/Barke Claude-Alain, Zinsbereinigte Gewinnsteuer, Konzeptionelle Darstellung, IFA Mitgliederversammlung v. 13. 11. 2014 in Genf (zit. Marti, Zinsbereinigte Gewinnsteuer)

Matteotti René/Roth Philipp, Die Unternehmenssteuerreform III zwischen Kompetitivität und Kompatibilität, Enge Handlungsspielräume in einem stark regulierten internationalen Umfeld, ASA 81 (2012/2013), S. 681 – 735 (zit. Matteotti/Roth, ASA)

Maunz Theodor/Dürig Günter, Grundgesetz, Loseblatt, München, Stand: März 2014 (zit. Maunz in Maunz/Dürig, GG)

Mäusli Peter, Die Ansässigkeit von Gesellschaften im internationalen Steuerrecht, Bern/Stuttgart/Wien 1993 (zit. Mäusli, Die Ansässigkeit von Gesellschaften im internationalen Steuerrecht)

Mäusli-Allenspach Peter/Oertli Mathias, Das schweizerische Steuerrecht, 7. Aufl., Muri/Bern 2013 (zit. Mäusli-Allenspach/Oertli, Das schweizerische Steuerrecht)

Meier-Hayoz Arthur/Forstmoser Peter, Schweizerisches Gesellschaftsrecht, 11. Aufl., Bern 2012 (zit. Meier-Hayoz/Forstmoser, Schweizerisches Gesellschaftsrecht)

Morf Catherine/Müller Andreas/Amstutz Therese, Schweizer Steuerruling – Erfolgsmodell und Werthaltigkeit, ST 82 (2008), S. 813 – 819 (zit. Morf/Müller/Amstutz, ST)

Morger Mario, Steuerpolitik und Mobilität, Einfluss der Besteuerung auf Arbeits- und Wohnsitzwahl der Haushalte sowie auf Standortentscheidungen der Unternehmen, Bericht v. 8. 6. 2012 (zit. Morger, Steuerpolitik und Mobilität)

Müller Andreas/Gramigna Ralph/Linder Thomas, Forschungsstandort Schweiz – mehr Attraktivität durch steuerliche Anreize, ST 82 (2008), S. 803 – 812 (zit. Müller/Gramigna/Linder, ST)

Müller Andreas/Wenger Jean-David/Linder Thomas, Steuerliche Förderung von F&E in der Schweiz – Nötige Ergänzung zur bestehenden Innovationsförderung, StR, 11/2011, S. 845 – 849 (zit. Müller/Wenger/Linder Thomas, StR)

Müllhaupt Hans-Jörg, Kommentar zum Aargauer Steuergesetz. Band 1. §§ 1 bis 94, hrsg. v. Klöti-Weber Marianne/Siegrist Dave/Weber Dieter, 3. Aufl., Muri-Bern 2009 (zit. Müllhaupt, Klöti-Weber/Siegrist/Weber, Kommentar zum Aargauer Steuergesetz)

Nordin Michael/Simonek Madeleine, Kommentar zum schweizerischen Steuerrecht II/3, Bundesgesetz über die Stempelabgaben (StG), hrsg. v. Zweifel Martin/Athanas Peter, Basel/Genf/München 2006 (zit. Nordin/Simonek, Zweifel/Athanas, StG-Kommentar)

Nuspliger Niklaus, Die EU wartet ab; Nein zu Verhandlungen über Kontingente und Inländervorrang, in: NZZ v. 23. 6. 2014, S. 25 (zit. Nuspliger, NZZ)

Nussbaum Adrian/Lötscher Rafael, Verhältnis von Lohn zu Dividende aus AHV-rechtlicher Sicht, weitere Präzisierungen durch das Bundesgericht, ST 87 (2013), S. 162 – 165 (zit. Nussbaum/Lötscher, ST)

Nyfeler Tabea/Rohner Aline, BSV veröffentlicht neue Regelungen zur sozialversicherungsrechtlichen Behandlung von importierten/exportierten Mitarbeiterbeteiligungen, StR 69 (2014), S. 194 – 198 (zit. Nyfeler/Rohner, StR)

OECD Publishing Paris, Revenue Statistics 1965-2011, Paris 2012 (zit. OECD, Revenue Statistics)

- Divided We Stand, Why Inequality Keeps Rising, Paris 2011, <http://www.keepeek.com/Digital-Asset-Management/oecd/social-issues-migration-health-/the-causes-of-growing-inequalities-in-oecd-countries_9789264119536-enpage1>, besucht am 30. 10. 2014 (zit. OECD Publishing Paris, Divided We Stand)
- Revenue Statistics 1965 – 2012, Paris 2013 (zit. OECD, Revenue Statistics)
- Tax Policy Studies No. 21, Taxation and Employment, Paris 2011 (zit. OECD, Tax Policy Studies No. 21)
- Adressing Base Erosion and Profit Shifting, OECD urges stronger international co-operation on corporate tax, Pressemitteilung v. 12. 2. 2013, <http://www.oecd.org/tax/oecd-urges-stronger-international-co-operation-on-corporate-tax.htm>, besucht am 30. 10. 2014 (zit. OECD, Pressemitteilung)
- Closing tax gaps – OECD launches Action Plan on Base Erosion and Profit Shifting, Pressemitteilung v. 19. 7. 2013, <http://www.oecd.org/tax/closing-tax-gaps-oecd-launches-action-plan-on-base-erosion-and-profit-shifting.htm>, besucht am 30. 10. 2014 (zit. OECD, Pressemitteilung)

Oesterhelt Stefan, Steuerrechtliche Entwicklungen (insb.im Jahr 2011), SZW 2012, S. 29 – 44 (zit. Oesterhelt, SZW)

- Bindungswirkung kantonaler Steuerrulings gegenüber ESTV, Urteil des Bundesgerichts v. 5. 10. 2012, StR 68 (2013), S. 188 – 194 (zit. Oesterhelt, StR)

Opel Andrea/Schaltegger Christoph, Vom Tabu einer Bundeserbschaftssteuer – oder warum der status quo mit kantonaler Steuerkompetenz überzeugt, ASA 82 (2013/2014), S. 177 – 198 (zit. Opel/Schaltegger, ASA)

Pahlke Armin/Koenig Ulrich, Abgabenordnung: AO, Kommentar, 2. Aufl., München 2009 (zit. Pahlke/Koenig)

Piltz Detlev, Doppelbesteuerung, hrsg. v. Wassermeyer Franz, Loseblatt, München (zit. Piltz in Wassermeyer, Doppelbesteuerung)

Probst Simeon L., Stämpflis Handkommentar, Zollgesetz, hrsg. v. Kocher Martin/Clavadetscher Diego, Bern 2009 (zit. Probst, ZG-Kommentar)

Pyszka Tillmann, Atypisch stille Beteiligungen an inländischen Kapitalgesellschaften mit Einkünften aus ausländischen Betriebsstätten und Schachtelbeteiligungen, IStR 8 (1999), S. 301 – 304 (zit. Pyszka, IStR)

Raths Roland/Bosshard Erich, Bundesgericht verbessert Rechtstellung von quellensteuerpflichtigen Arbeitnehmern, StR 65 (2010), S. 426 – 430 (zit. Raths/Bosshard, StR)

Rehbinder Manfred, Schweizerisches Arbeitsrecht, 15. Aufl., Bern 2002 (zit. Rehbinder, Arbeitsrecht)

Reich Markus, Der Begriff der selbständigen Erwerbstätigkeit im Bundesgesetz über die direkte Bundessteuer, in: Knapp Blaise (Hrsg. et. al.), Problèmes actuels de droit fiscal, Mélanges en l'honneur du Professeur Raoul Oberson, Bâle et Francfort-sur-le-Main 1995 (zit. Reich, Selbständige Erwerbstätigkeit)

- Steuerrecht, 2. Aufl., Zürich/Basel/Genf 2012 (zit. Reich, Steuerrecht)

- ► Kommentar zum schweizerischen Steuerrecht 1/2a, Bundesgesetz über die direkte Bundessteuer (DBG), hrsg.v. Zweifel Martin/Athanas Peter, 2. Aufl., Basel/Genf/München 2008 (zit. Reich, Zweifel/Athanas, DBG-Kommentar)
- ► Kommentar zum schweizerischen Steuerrecht I/1, Bundesgesetz über die Harmonisierung der direkten Steuern der Kantone und Gemeinden (StHG), hrsg.v. Zweifel Martin/Athanas Peter, 2. Aufl., Basel/Genf/München 2002 (zit. Reich, Zweifel/Athanas, StHG-Kommentar)

Reich Markus/Duss Marco, Unternehmensumstrukturierungen im Steuerrecht, 1. Teil: Unternehmensumstrukturierungen im internen Steuerrecht von Bund und Kantonen, Basel/Frankfurt a.M. 1996 (zit. Reich, Umstrukturierungen, 1. Teil)

Reich Markus/Züger Marina, Kommentar zum schweizerischen Steuerrecht 1/2a, Bundesgesetz über die direkte Bundessteuer (DBG), hrsg.v. Zweifel Martin/Athanas Peter, 2. Aufl., Basel/Genf/München 2008 (zit. Reich/Züger, Zweifel/Athanas, DBG-Kommentar)

Richner Felix, Das Internationale Erbschaftssteuerrecht der Schweiz, ASA 69 (2000/2001), S. 129 – 173 (zit. Richner, ASA)

Richner Felix/Frei Walter, Kommentar zum Zürcher Erbschafts- und Schenkungssteuergesetz, Zürich 1996 (zit. Richner/Frei, Kommentar zum Zürcher ESchG)

Richner Felix/Frei Walter/Kaufmann Stefan/Meuter Hans-Ulrich, Handkommentar zum DBG, 2. Aufl., Zürich 2009 (zit. Richner/Frei/Kaufmann/Meuter, Handkommentar zum DBG)

- ► Kommentar zum Zürcher Steuergesetz, 3. Aufl., Zürich 2013 (zit. Richner/Frei/Kaufmann/Meuter, Zürcher Steuergesetz)

Robinson Philip, Mitarbeiteraktien und Sozialversicherungspflicht, in: NZZ v. 18. 7. 2013, S. 26 (zit. Robinson, NZZ)

Rutishauser Frank, Spannungsfeld Dividendenprivileg – Aktionärslohn – AHV: Organisationsfreiheit wagen, StR 63 (2008), S. 698 – 705 (zit. Rutishauser, StR)

Rütti Nicole, Weiteres Gift für die Wirtschaft, Viele Firmen prüfen derzeit Wegzugszenarien, in: NZZ v. 29. 10. 2014, S. 1 (zit. Rütti, NZZ)

- ► Schleichende Firmenabgänge, Die Schweiz verliert für ausländische Unternehmen an Attraktivität, in: NZZ v. 29. 10. 2014, S. 21 (zit. Rütti, NZZ)
- ► Interesse ausländischer Firmen an der Schweiz schwindet, in: NZZ v. 29. 10. 2014, S. 28 (zit. Rütti, NZZ)

Scartazzini Gustavo/Hürzeler Marc, Bundessozialversicherungsrecht, 4. Aufl., Basel 2012 (zit. Scartazzini/Hürzeler, Bundessozialversicherungsrecht)

Schaltegger Christoph A./Daepp Martin/Jeitziner Bruno, Grundlegende Steuerreformen für die Schweiz: Ein Vergleich, in: „Die Volkswirtschaft", Heft 5, 2005 (zit. Schaltegger/Daepp/Jeitziner)

Schaltegger Christoph A./Jeitziner Bruno, Steuerliche Standortattraktivität der Schweiz, in: „Die Volkswirtschaft", 5/2006, S. 48 – 53, <http://www.estv.admin.ch/dokumentation/00075/00805/index.html?lang=de&download=NHzLpZeg7t,lnp6I0NTU042l2Z6ln1acy4Zn4Z2qZpnO2Yuq2Z6gpJCDdYN4gGym162epYbg2c_JjKbNoKSn6A→, besucht am 30. 10. 2014 (zit. Schaltegger/Jeitziner)

Scheidegger Eric, Die Schweiz ist widerstandsfähig – aber wie lange noch? «Resilienz» gegen Schocks als neues Element einer guten Wirtschaftspolitik, in: NZZ v. 5. 9. 2014, S. 29 (zit. Scheidegger, NZZ)

Scherer Thomas B., Doppelbesteuerung, hrsg. v. Wassermeyer Franz, Loseblatt, München (Scherer in Wassermeyer, Doppelbesteuerung, Schweiz)

Schmidt Ludwig, Einkommensteuergesetz (EStG), Kommentar, 33. Aufl., München 2014 (zit. Schmidt, EStG)

Schnyder Anton K., Das neue IPR-Gesetz, Eine Einführung in das Bundesgesetz v. 18. 12. 1987 über das Internationale Privatrecht (IPRG), 2. Aufl., Zürich 1990 (zit. Schnyder, Das neue IPR-Gesetz)

Schoch Claudia, Kein Ausbau der Verfassungsgerichtsbarkeit, in: NZZ v. 4. 12. 2012, S. 9 (zit. Schoch, NZZ)

Schöchli Hansueli, Schlusspfiff zur Steuerreform, in: NZZ v. 20. 3. 2013, S. 12 (zit. Schöchli, NZZ)

- Basler Antwort auf den Steuerstreit; Innovationsbox soll steuerliche Wettbewerbsfähigkeit und Akzeptanz vereinen, in: NZZ v. 4. 4. 2013, S. 25 (zit. Schöchli, NZZ)
- Abschaffung der Emissionsabgabe ist vertagt; Wirtschaftskommission des Ständerats fordert zusätzlichen Bericht des Bundesrats, in: NZZ v. 10. 4. 2013, S. 15 (zit. Schöchli, NZZ)
- Für Gegenvorschlag zur Gastro-Initiative, in: NZZ v. 26. 6. 2013, S. 11 (zit. Schöchli, NZZ)
- Aufschub für ungeliebte Emissionsabgabe, in: NZZ v. 5. 12. 2013, S. 10 (zit. Schöchli, NZZ)
- Steuerreform im Nebel der OECD-Regeln, in: NZZ v. 20. 12. 2013, S. 13 (zit. Schöchli, NZZ)
- Die Verrechnungssteuer soll fallen, in: NZZ v. 3. 7. 2014, S. 31 (zit. Schöchli, NZZ)

Schreiber René/Jaun Roger/Kobierski Marlene, Steuerruling – Eine systematische Auslegeordnung unter Berücksichtigung der Praxis, ASA 80 (2011/2012), S. 293 – 335 (zit. Schreiber/Jaun/Kobierski, ASA)

Schweizer Rainer J., Die schweizerische Bundesverfassung Kommentar, *hrsg. v. Ehrenzeller Bernhard/Mastronardi Philippe/Schweizer Rainer J./Vallender Klaus A.,* 2 Bände, 2. Aufl., Zürich 2008 (zit. Schweizer, Ehrenzeller/Mastronardi/Schweizer/Vallender, Kommentar Bundesverfassung)

Schweizerische Depeschenagentur sda, Höhere Steuer für alle Gastronomen, in: NZZ v. 6. 7. 2013, S. 12 (zit. sda)

- Mehrwertsteuer-Entwurf fällt durch, in: NZZ v. 2. 10. 2013, S. 15 (zit. sda)
- Bundesrat will mit EU verhandeln, in: NZZ online v. 8. 10. 2014, <http://www.nzz.ch/schweiz/bundesrat-verabschiedet-verhandlungsmandat-1.18399626>, besucht am 5. 12. 2014 (zit. sda)
- Leichtere Einbürgerung für dritte Generation, in: Thurgauer Zeitung online v. 31. 10. 2014, <http://www.thurgauerzeitung.ch/aktuell/schweiz/schweiz-sda/Leichtere-Einbuergerung-fuer-dritte-Generation;art253650,4006813>, besucht am 5. 12. 2014 (zit. sda)
- Nationalrat will hohe Bargeldzahlungen weiterhin erlauben, in: NZZ online v. 27. 11. 2014, http://www.nzz.ch/schweiz/nationalrat-will-hohe-bargeldzahlungen-weiterhin-erlauben-1.18433463, besucht am 5. 12. 2014 (zit. sda)

Schweizer Radio und Fernsehen SRF, Grünes Licht für Verhandlungen mit der EU, News v. 4. 11. 2014, <http://www.srf.ch/news/schweiz/gruenes-licht-fuer-verhandlungen-mit-der-eu-2>, besucht am 5. 12. 2014 (zit. SRF News)

Schweizerische Steuerkonferenz SSK, Das schweizerische Steuersystem, 15. Aufl., Bern 2013 (zit. Schweizerische Steuerkonferenz, Das schweizerische Steuersystem)

► Steuerinformationen, C. Steuersystem: Die geltenden Steuern von Bund, Kantonen und Gemeinden (Mai 2014)/D. Einzelne Steuern: Die Besteuerung der juristischen Personen, (April 2014); Die Einkommenssteuer natürlicher Personen, (September 2013); Umweltbezogene Abgaben (Ausgabe Mai 2014); Die Liegenschaftssteuer, (Dezember 2011); Die Kirchensteuern (August 2013); Die Erbschafts- und Schenkungssteuern, (März 2013); Die Handänderungssteuer (Dezember 2013); Die Besteuerung der Grundstückgewinne, (Oktober 2012)/E. Steuerbegriffe: Das Bezugsverfahren bei den direkten Steuern (September 2012); Die Besteuerung an der Quelle, (Februar 2009); Steuersatz und Steuerfuss (Februar 2012), Loseblatt, Bern, <http://www.estv.admin.ch/dokumentation/00079/00080/00736/index.html?lang=de>, besucht am 30. 10. 2014 (zit. SSK, Steuerinformationen)

Senn Silvan/Betschart Michael, Schweizerisches Gesellschaftsrecht – Reform zum 1. 1. 2008 in Kraft getreten, PIStB 7/2008, S. 195 (zit. Senn/Betschart, PIStB)

Sieker Klaus, Steuervergünstigungsabbaugesetz: Vorgesehene Verschärfungen der Rechtsfolgen der Hinzurechnungsbesteuerung, IStR 12 (2003), S. 78 – 84 (zit. Sieker, IStR)

Simonek Madeleine, Die Abgrenzung des Geschäfts- vom Privatvermögen zwischen Ehegatten, ASA 65 (1996/1997), S. 513 – 539 (zit. Simonek, ASA)

► Rechtsguthaben betreffend die steuerrechtliche Behandlung von persönlichen Holdinggesellschaften erstattet an das Kantonale Steueramt Zürich, Mitteilung der kantonalen Steuerverwaltung Zürich v. 20. 08. 2012, <http://www.zh.ch/internet/finanzdirektion/ksta/de/aktuell/mitteilungen/amtsmitteilungen_2012/persoenliche_holdinggesellschaften.html>, besucht am 30. 10. 2014 (zit. Simonek,Rechtsguthaben)

Spescha Marc/Thür Hanspeter/Zünd Andreas/Bolzli Peter, Migrationsrecht, Kommentar, 3. Aufl. Zürich 2012 (zit. Spescha/Thür/Zünd/Bolzli, Migrationsrecht)

Staatspolitische Kommission des Nationalrates SPK-N, Keine Kompromissbereitschaft bei der Differenzbereinigung zum Bürgerrechtsgesetz, Medienmitteilung v. 1. 11. 2013 (zit. SPK-N, Medienmitteilung)

Staatssekretariat für Wirtschaft SECO, Medienmitteilung, Neue Regionalpolitik: Verordnungen verabschiedet v. 28. 11. 2007, <http://www.seco.admin.ch/aktuell/00277/01164/01980/index.html?lang=de&msg-id=15966>, besucht am 30. 10. 2014 (zit. SECO, Medienmitteilung)

Stauffer Hans-Ulrich, Berufliche Vorsorge, 2. Aufl., Zürich 2012 (zit. Stauffer, Berufliche Vorsorge)

Stocker Raoul, Base Erosion and Profit Shifting (BEPS), FStR 2013, S. 302 – 313 (zit. Stocker, FStR)

Streck Michael (Hrsg.), Körperschaftsteuergesetz, Kommentar (KStG), 8. Aufl., München 2014 (zit. Streck/Oldenburg, KStG)

Streibel Michael, Rechtsverordnung zur Dokumentation von Transferpreisen in Deutschland, StR, 1/2004, S. 66 – 68 (zit. Streibel, StR)

Strunk Günther/Kaminski Bert/Köhler Stefan, Außensteuergesetz Doppelbesteuerungsabkommen, Kommentar, Loseblatt, Bonn 2004, Stand: August 2014 (zit. Strunk/Kaminski/Köhler, AStG/DBA)

Suter Roland, Wird tatsächlich mehr Rechtssicherheit erreicht? FuW 53, 6.7.2005, S. 24 (zit. Suter, FuW)

- Schweizer Aufwandbesteuerung: Quo vadis?, PIStB 8/2013, S. 205 – 213 (zit. Suter, PIStB)
- Schweizer Aufwandbesteuerung (Teil 2) – Aktuelle Entwicklungen in den Kantonen, PIStB 9/2013, S. 251 – 256 (zit. Suter, PIStB)
- Lump-Sum Taxation – Quo Vadis? European Taxation 11/2013, S. 555 – 562 (zit. Suter, European Taxation)

Suter Roland/Reiser Hagen, Ausschüttungen aus Kapitaleinlagereserven und deren Steuerfolgen, PIStB 3/2014, S. 80 – 88 (zit. Suter/Reiser, PIStB)

- Steuerliche Folgen einer Ausschüttung aus Kapitaleinlagereserven einer in der Schweiz ansässigen Kapitalgesellschaft an ihre in Deutschland ansässigen Anteilseigner et vice versa, StR 69 (2014), S. 340 – 349 (zit. Suter, StR)

Thömmes Otmar, Verstoß der französischen Wegzugsbesteuerung gegen Grundfreiheiten des EG –Vertrags, EuGH-Urt. vom 11.3.2004 – Rs. C-9/02 Hughes de Lasteyrie du Saillant gegen Ministère de l'Economie, des Finances et de l'Industrie, IWB, F. 11a, S. 749 – 756, IWB 2004 Seite 337 – 344 (zit. Thömmes, IWB)

Tipke Klaus/Kruse Heinrich Wilhelm, Abgabenordnung – Finanzgerichtsordnung – Kommentar zur AO und FGO, Loseblatt, Köln 1961, Stand: September 2014 (zit. Tipke/Kruse, AO)

Tipke Klaus/Lang Joachim (Hrsg.), Steuerrecht, 21. Aufl., Köln 2013 (zit. Tipke/Lang, Steuerrecht)

Triebe Benjamin, Die G-20-Länder passen unter eine Decke, in: NZZ v. 7.9.2013, S. 27 (zit. Triebe, NZZ)

Uebersax Peter, Die verfassungsrechtliche Zuwanderungssteuerung – Zur Auslegung von Art. 121a BV, in: Jusletter v. 14.4.2014 (zit. Uebersax, Jusletter)

Vallender Klaus A./Looser Martin E., Kommentar zum schweizerischen Steuerrecht 1/2a, Bundesgesetz über die direkte Bundessteuer (DBG), hrsg. v. Zweifel Martin/Athanas Peter, Basel/Genf/München 2000 (zit. Vallender/Looser, Zweifel/Athanas, DBG-Kommentar)

Vogel Klaus/Lehner Moris (Hrsg.), DBA, Doppelbesteuerungsabkommen, Kommentar, 5. Aufl., München 2008 (zit. Vogel/Lehner, DBA)

Vögeli Dorothee, Schriftliche Deutschtests werden Pflicht; Der Regierungsrat setzt auf nächstes Jahr die revidierte Bürgerrechtsverordnung in Kraft, in: NZZ v. 20.6.2014, S. 15 (zit. Vögeli, NZZ)

Von Ah Julia, Die Besteuerung Selbständigerwerbender, 2. Aufl., Zürich/Basel/Genf 2011 (zit. von Ah, Die Besteuerung Selbständigerwerbender)

Waldburger Robert, Heutige und zukünftige Praxis der internationalen Amts- und Rechtshilfe im Steuerbereich, hrsg. v. Nobel Peter, Aktuelle Rechtsprobleme des Finanz- und Börsenplatzes Schweiz, Bern 2004 (zit. Waldburger in Nobel)

Waldburger Robert/Fuchs Stefan, Steuerdelikte als Vortaten zur Geldwäscherei, FStR 2014, S. 111 – 151 (zit. Waldburger/Fuchs, FStR)

Wassermeyer Franz, Die Erzielung von Lizenzgebühren innerhalb einer schweizerischen Personengesellschaft (BFH v. 29. 11. 2000), IStR 10 (2001), S. 185 – 188 (zit. Wassermeyer, IStR)

- Der Meinungsstreit um die Wegzugsbesteuerung i. S. des § ASTG § 6 AStG, IStR 12 (2013), S. 1 – 6 (zit. Wassermeyer, IStR)
- Doppelbesteuerungsabkommen Deutschland-Schweiz, hrsg. v. Flick Hans/Wassermeyer Franz/Kempermann Michael, Loseblatt, Köln (zit. Wassermeyer, Flick/Wassermeyer/Kempermann, DBA D-CH)
- Doppelbesteuerung, Kommentar zu allen deutschen Doppelbesteuerungsabkommen, Loseblatt, München 1990, Stand: August 2014 (zit. Wassermeyer, Doppelbesteuerung)
- Außensteuerrecht, hrsg. v. Flick Hans/Wassermeyer Franz/Baumhoff Hubertus/Schönfeld Jens, Loseblatt, Köln (zit. Wassermeyer in Flick/Wassermeyer/Baumhoff/Schönfeld, Außensteuerrecht)

Weber-Grellet Heinrich, Einkommensteuergesetz (EStG), Kommentar, hrsg. v. Schmidt Ludwig, 32. Aufl., München 2013 (zit. Schmidt, Weber-Grellet EStG-Kommentar)

Wehnert Oliver/Brüninghaus Dirk/Marx Stephan/Andresen Ulf/Hülster Thomas/Buk Stephan/Bodenmüller Ralph/Wolff Cornelia, Dokumentation von Verrechnungspreislisten: Ausgewählte Aspekte der Verwaltungsgrundsätze-Verfahren (Teil I und Teil II), IStR 14 (2005), S. 714 – 720 u. S. 749 – 756 (zit. Wehnert/Brüninghaus, IStR)

Wehnert Oliver/Selzer Dagmar, Verrechnungspreise – Grenzen der Mitwirkungspflicht nach § 90 Abs. 2 AO, DB 2005, S. 1295 – 1299 (zit. Wehnert/Selzer, DB)

Wehrli Christoph, Einbürgerung soll erschwert werden, in: NZZ v. 22. 2. 2013, S. 12 (zit. Wehrli, NZZ)

- Zehn Jahre vor einem Einbürgerungsgesuch; Der Ständerat jetzt gegen Reduktion auf acht Jahre – Einigungskonferenz dennoch nötig, in: NZZ v. 13. 6. 2014, S. 8 (zit. Wehrli, NZZ)
- Das Bürgerrechtsgesetz doch noch gerettet; Nach langem Seilziehen in beiden Räten grosse Mehrheiten für den Antrag der Einigungskonferenz, in: NZZ v. 20. 6. 2014, S. 9 (zit. Wehrli, NZZ)
- Defensive Schweizermacher, in: NZZ v. 20. 6. 2014, S. 19 (zit. Wehrli, NZZ)
- Unvermeidliche und vermiedene Konflikte; Umfassende quantitative Limitierung, aber keine Einschränkungen beim Familiennachzug, in: NZZ v. 21. 6. 2014, S. 9 (zit. Wehrli, NZZ)

Wehrheim Michael, Die einkommensteuerliche Qualifikation der Einkünfte des atypisch stillen Gesellschafters einer GmbH & Still, Deutsches Steuerrecht DStR, 1998, S. 1533 – 1535 (zit. Wehrheim, DStR)

Wettstein Gérard, Die NFA – mehr als blosse Umverteilungstechnokratie, in: NZZ v. 13. 11. 2012, S. 21 (zit. Wettstein, NZZ)

Widmer-Schlumpf Eveline, Gleich lange Spiesse für alle, in: NZZ v. 5. 10. 2013, S. 23 (zit. Widmer-Schlumpf, NZZ)

Widmer Stefan G., Steuerplanungsmöglichkeiten mittels Principal-Strukturen, ST 76 (2002), S. 935 – 940 (zit. Widmer, ST)

Wingert Karl-Dieter/Strohner Klaus, Doppelbesteuerungsabkommen Deutschland-Schweiz, hrsg. v. Flick Hans/Wassermeyer Franz/Kempermann Michael, Loseblatt, Köln (zit. Wingert/Strohner, Flick/Wassermeyer/Kempermann, DBA-Schweiz)

Wöhrle Winfried/Schelle Diether/Gross Ekkehard, Außensteuergesetz, Kommentar, Loseblatt, Stuttgart, Stand: September 2013 (zit. Wöhrle/Schelle/Gross, ASt)

Yerly Nadia, Zwischen flexiblen und strikten Budgetregeln – die Situation der Schweizer Kantone, Die Volkswirtschaft, Das Magazin für Wirtschaftspolitik 6/2014, S. 38 – 40 (zit. Yerly, Die Volkswirtschaft)

Yersin Danielle, L'impôt sur le revenu: étendue et limites d'harmonisation, ASA 61 (1992/1993), S. 295 – 308 (zit. Yersin, ASA)

Zentrum für Europäische Wirtschaftsforschung ZEW, Erbschaftssteuerbelastung in Deutschland im internationalen Vergleich – Geringe Vermögen wenig, große Vermögen stark belastet, Pressemitteilung v. 15. 4. 2004 (zit. ZEW, Erbschaftssteuerbelastung)

Ziegler Philipp, Von der Rechtsmittelvielfalt zur Einheitsbeschwerde: Bestandesaufnahme – Probleme – Lösungen, Diss. Basel 2003 (zit. Ziegler, Einheitsbeschwerde)

Zigerlig Rainer/Jud Guido, Kommentar zum schweizerischen Steuerrecht I/2a, Bundesgesetz über die direkte Bundessteuer (DBG), hrsg. v. Zweifel Martin/Athanas Peter, 2. Aufl., Basel/Genf/München 2008 (zit. Zigerlig/Jud, Zweifel/Athanas, DBG-Kommentar)

- Kommentar zum schweizerischen Steuerrecht I/2b, Bundesgesetz über die direkte Bundessteuer (DBG), hrsg. v. Zweifel Martin/Athanas Peter, 2. Aufl., Basel/Genf/München 2008 (zit. Zigerlig/Jud, Zweifel/Athanas, DBG-Kommentar)

Zünd Andreas, Migrationsrecht, Kommentar, hrsg. v. Spescha Marc/Thür Hanspeter/Zünd Andreas/Bolzli Peter, 3. Aufl., Zürich 2012 (zit. Zünd, Spescha/Thür/Zünd/Bolzli, Migrationsrecht)

Zuppinger Ferdinand, Die Erbschafts- und Schenkungssteuern im interkantonalen Verhältnis, ASA 42 (1973/74), S. 138 – 160 (zit. Zuppinger, ASA)

- Die Erhebung der Erbschafts- und Schenkungssteuern im internationalen Verhältnis, ASA 42 (1973/74), S. 289 – 313 (zit. Zuppinger, ASA)

Zwahlen Bernhard, Kommentar zum schweizerischen Steuerrecht I/1, Bundesgesetz über die Harmonisierung der direkten Steuern der Kantone und Gemeinden (StHG), hrsg. v. Zweifel Martin/Athanas Peter, 2. Aufl., Basel/Genf/München 2002 (zit. Zwahlen, Zweifel/Athanas, StHG-Kommentar)

- Kommentar zum schweizerischen Steuerrecht I/2a, Bundesgesetz über die direkte Bundessteuer (DBG), hrsg. v. Zweifel Martin/Athanas Peter, 2. Aufl., Basel/Genf/München 2008 (zit. Zwahlen, Zweifel/Athanas, DBG-Kommentar)

Zweifel Martin, Kommentar zum schweizerischen Steuerrecht I/2a, Bundesgesetz über die direkte Bundessteuer (DBG), hrsg. v. Zweifel Martin/Athanas Peter, 2. Aufl., Basel/Genf/München 2008 (zit. Zweifel, Zweifel/Athanas, DBG-Kommentar)

Zweifel Martin/Athanas Peter (Hrsg. et. al.), Kommentar zum schweizerischen Steuerrecht I/1, Bundesgesetz über die Harmonisierung der direkten Steuern der Kantone und Gemeinden (StHG), 2. Aufl., Basel/Genf/München 2002 (zit. Zweifel/Athanas, StHG-Kommentar)

- Kommentar zum schweizerischen Steuerrecht I/1, Bundesgesetz über die Harmonisierung der direkten Steuern der Kantone und Gemeinden (StHG), Basel/Genf/München 1997 (zit. Zweifel/Athanas, StHG-Kommentar)
- Kommentar zum schweizerischen Steuerrecht I/2a, Bundesgesetz über die direkte Bundessteuer (DBG), Art. 1 – 82, 2. Aufl., Basel/Genf/München 2000 (zit. Zweifel/Athanas, DBG-Kommentar)
- Kommentar zum schweizerischen Steuerrecht I/2a, Bundesgesetz über die direkte Bundessteuer (DBG), Art. 1 – 82, 2. Aufl., Basel/Genf/München 2008 (zit. Zweifel/Athanas, DBG-Kommentar)
- Kommentar zum schweizerischen Steuerrecht I/2b, Bundesgesetz über die direkte Bundessteuer (DBG), Art. 83 – 222, 2. Aufl., Basel/Genf/München 2008 (zit. Zweifel/Athanas, DBG-Kommentar)
- Kommentar zum schweizerischen Steuerrecht II/3, Bundesgesetz über die Stempelabgaben (StG), Basel/Genf/München 2006 (zit Zweifel/Athanas, StG-Kommentar)

Zweifel Martin/Bauer-Balmelli Maja/Beusch Michael (Hrsg.), Kommentar zum schweizerischen Steuerrecht. Bundesgesetz über die Verrechnungssteuer (VStG), 2. Aufl., Basel/Genf/München 2012 (zit. Zweifel/Bauer-Balmelli/Beusch, VStG-Kommentar)

Zweifel Martin/Beusch Michael/Mäusli-Allenpach Peter (Hrsg.), Kommentar zum Schweizerischen Steuerrecht III/1, Interkantonales Steuerrecht, Basel 2011 (zit. Zweifel/Beusch/Mäusli-Allenpach, Interkantonales Steuerrecht)

Zweifel Martin/Hunziker Silvia, Kommentar zum Schweizerischen Steuerrecht III/1, Interkantonales Steuerrecht, hrsg. v. *Zweifel Martin/Beusch Michael/Mäusli-Allenpach Peter,* Basel 2011 (zit. Zweifel/Hunziker, Zweifel/Beusch/Mäusli-Allenpach, Interkantonales Steuerrecht)

MATERIALIENVERZEICHNIS[1]

AHI-Praxis, AHV Versicherungspflicht, Urteil des EVG v. 11. 2. 1993 i. Sa. A. AG, 3/1993, S. 98–104 (zit. AHI-Praxis)

- Schweizerische Auslegung von Begriffen betreffend die Anwendung von Artikel 14 2b der Verordnung 1408/71 im Rahmen des Freizügigkeitsabkommens CH-EG und des EFTA-Übereinkommens, 4/2003, S. 225 (zit. AHI-Praxis)

Amtliche Sammlung des Bundesrechts, AS 39 551, Vertrag zwischen der Schweiz und Liechtenstein über den Anschluss des Fürstentums Liechtenstein an das schweizerische Zollgebiet, abgeschlossen am 29. März 1923, Stand am 10. Dezember 2010 (SR 0.631.112.514) (zit. AS)

- AS 1954, S. 1165 ff., Verordnung vom 3. Dezember 1954 über die Gebühren für das Handelsregister, Stand: 1. 1. 2008 (SR 221.411.1) (zit. AS)
- AS 1962, S. 1622 ff., Bundesratsbeschluss vom 14. Dezember 1962 betreffend Massnahmen gegen die ungerechtfertigte Inanspruchnahme von Doppelbesteuerungsabkommen des Bundes (Missbrauchsbeschluss oder BRB 62), Stand: 1. 1. 2008 (SR 672.202) (zit. AS)
- AS 1967, S. 1129 ff. Verordnung vom 22. August 1967 über die pauschale Steueranrechnung, Stand: 1. 1. 2009 (SR 672.201) (zit. AS)
- AS 1970, S. 1020 ff., Abkommen zwischen dem Schweizerischen Bundesrat und der Regierung der Bundesrepublik Deutschland über den Grenzübertritt von Personen im kleinen Grenzverkehr. Abgeschlossen am 21. Mai 1970. In Kraft getreten durch Notenaustausch am 1. August 1970 (SR 0.631.256 913.63) (zit. AS)
- AS 1971, S. 1370 ff., Übereinkommen vom 5. Oktober 1961 über das auf die Form letztwilliger Verfügungen anzuwendende Recht (SR 0.211.312.1) (zit. AS)
- AS 1987, S. 2652 ff., Taraverordnung vom 4. November 1987, Stand: 1. 1. 2012 (SR 632.13) (zit. AS)
- AS 1993, S. 717 ff., Verordnung über Fälligkeit und Verzinsung der direkten Bundessteuer vom 10. Dezember 1992 (SR 642.124) (zit. AS)
- AS 1993, S. 1363 ff., Verordnung des EFD vom 10. Februar 1993 über den Abzug von Berufskosten der unselbständigen Erwerbstätigkeit bei der direkten Bundessteuer (Berufskostenverordnung), Stand: 1. 1. 2009 (SR 642.118.1) (zit. AS)
- AS 1993, S. 1367 ff., Verordnung vom 15. März 1993 über die Besteuerung nach dem Aufwand bei der direkten Bundessteuer (SR 642.123) (zit. AS)
- AS 2002, S. 1529–1612, Abkommen zwischen der Schweizerischen Eidgenossenschaft einerseits und der Europäischen Gemeinschaft und ihren Mitgliedstaaten andererseits über die Freizügigkeit. Abgeschlossen am 21. Juni 1999 (SR 0.142.112.681) (zit. AS)
- AS 2004, S. 121–294, Verordnung (EWG) Nr. 1408/71 des Rates vom 14. Juni 1971 zur Anwendung der Systeme der sozialen Sicherheit auf Arbeitnehmer und Selbstständige sowie deren Familienangehörige, die innerhalb der Gemeinschaft zu- und abwandern (zit. AS)
- AS 2005, S. 15–18, Verordnung über die Steuerentlastung schweizerischer Dividenden aus wesentlichen Beteiligungen ausländischer Gesellschaften vom 22. Dezember 2004 (SR 672.203) (zit. AS)
- AS 2005, S. 2571–2592, Abkommen zwischen der Schweizerischen Eidgenossenschaft und der Europäischen Gemeinschaft über Regelungen, die den in der Richtlinie 2003/48/EG des Rates im Bereich der Besteuerung von Zinserträgen festgelegten Regelungen gleichwertig sind. Abgeschlossen am 26. Oktober 2004 (SR 0.641.926.81) (zit. AS)

---

1 Siehe ebenfalls Rubrik „Rechtsquellen" im Abkürzungsverzeichnis.

- AS 2005, S. 3909–4096, Verordnung (EWG) Nr. 574/72 des Rates vom 21. März 1972 über die Durchführung der Verordnung (EWG) Nr. 1408/71 über die Anwendung der Systeme der sozialen Sicherheit auf Arbeitnehmer und Selbstständige sowie deren Familienangehörige, die innerhalb der Gemeinschaft zu- und abwandern (zit. AS)
- AS 2009, S. 709–714, Verordnung über die Kontrolle des grenzüberschreitenden Barmittelverkehrs vom 11. Februar 2009, Stand: 1. 3. 2009 (SR 631.052) (zit. AS)
- AS 2011, S. 3259–3266, Bundesgesetz über die Besteuerung von Mitarbeiterbeteiligungen vom 17. Dezember 2010 (zit. AS)
- AS 2011, S. 4765–4766, Verordnung des EDI über den Höchstansatz der Verwaltungskostenbeiträge in der AHV vom 19. Oktober 2011 (SR 831.143.41) (zit. AS)
- AS 2012, S. 2345–2360, Abkommen vom 21. Juni 1999 zwischen der Schweizerischen Eidgenossenschaft einerseits und der Europäischen Gemeinschaft und ihren Mitgliedstaaten andererseits über die Freizügigkeit, Beschluss Nr. 1/2012 des Gemischten Ausschusses v. 31. März 2012 zur Ersetzung des Anhangs II dieses Abkommens über die Koordinierung der Systeme der sozialen Sicherheit. In Kraft getreten am 1. April 2012 (zit. AS)
- AS 2012, S. 2627–2736, Verordnung (EG) Nr. 883/2004 des Europäischen Parlaments und des Rates vom 29. April 2004 zur Koordinierung der Systeme der sozialen Sicherheit. Geändert durch: Verordnung (EG) Nr. 988/2009 des Europäischen Parlaments und des Rates vom 16. September 2009 (Abl. L 284 v. 30. 10. 2009, S. 43). In der Fassung von Anhang II zum Abkommen zwischen der Europäischen Gemeinschaft und ihren Mitgliedstaaten einerseits und der Schweizerischen Eidgenossenschaft andererseits über die Freizügigkeit. In Kraft getreten für die Schweiz am 1. April 2012 (zit. AS)
- AS 2012, S. 3051, Verordnung (EG) Nr. 987/2009 des Europäischen Parlaments und des Rates vom 16. September 2009 zur Festlegung der Modalitäten für die Durchführung der Verordnung (EG) Nr. 883/2004 über die Koordinierung der Systeme der sozialen Sicherheit (zit. AS)
- AS 2012, S. 4583–4602, Verordnung über Zweitwohnungen vom 22. August 2012 (SR 702) (zit. AS)
- AS 2013, S. 3507–3508, Verordnung über Fälligkeit und Verzinsung der direkten Bundessteuer, Änderung vom 27. September 2013 (zit. AS)

Amtsblatt der Europäischen Union ABl, ABl C 67/38 v. 18. 3. 2006, KOM(2006)16 (zit. Abl)

- ABl L 74 v. 27. 3. 1972, Verordnung (EWG) Nr. 574/72 des Rates v. 21. 3. 1972 über die Durchführung der Verordnung (EWG) Nr. 1408/71 zur Anwendung der Systeme der sozialen Sicherheit auf Arbeitnehmer und deren Familien, die innerhalb der Gemeinschaft zu- und abwandern (zit. Abl)
- ABl L 114/6 und L 114/31 v. 30. 4. 2002, Abkommen zwischen der Europäischen Gemeinschaft und ihren Mitgliedstaaten einerseits und der Schweizerischen Eidgenossenschaft andererseits über die Freizügigkeit (zit. Abl)
- ABl L 124/36 v. 20. 5. 2003, Empfehlung der Kommission v. 6. 5. 2003 betreffend die Definition der Kleinstunternehmen sowie der kleinen und mittleren Unternehmen (zit. Abl)
- ABl L 149/4 v. 8. 6. 2012, Verordnung (EU) Nr. 465/2012 des europäischen Parlaments und des Rates v. 22. 5. 2012 zur Änderung der Verordnung (EG) Nr. 883/2004 zur Koordinierung der Systeme der sozialen Sicherheit und der Verordnung (EG) Nr. 987/2009 zur Festlegung der Modalitäten für die Durchführung der Verordnung (EG) Nr. 883/2004 (zit. Abl)
- ABl L 149 v. 5. 7. 1971, Beschluß des Rates v. 14. 6. 1971 über die Anwendung des Artikels 51 des Vertrages auf die französischen überseeischen Departements. Verordnung (EWG) Nr. 1408/71 des Rates v. 14. 6. 1971 zur Anwendung der Systeme der sozialen Sicherheit auf Arbeitnehmer und deren Familien, die innerhalb der Gemeinschaft zu- und abwandern (zit. Abl)
- ABl L 149 v. 8. 6. 2012, Verordnung (EU) Nr. 465/2012 des Europäischen Parlaments und des Rates v. 22. 5. 2012 zur Änderung der Verordnung (EG) Nr. 883/2004 zur Koordinierung der Systeme der sozialen Sicherheit und der Verordnung (EG) Nr. 987/2009 zur Festlegung der Modalitäten für die Durchführung der Verordnung (EG) Nr. 883/2004 (zit. Abl)
- ABl L 157/38 v. 26. 6. 2003, Richtlinie 2003/48/EG des Rates v. 3. 6. 2003 im Bereich der Besteuerung von Zinserträgen (zit. Abl)

- ABl L 166/1 v. 30.4.2004, Verordnung (EG) 883/2004 des europäischen Parlaments und des Rates v. 29.4.2004 zur Koordinierung der Systeme der sozialen Sicherheit (zit. Abl)
- ABl L 201/107 v. 27.7.2012, Verordnung (EU) Nr. 650/2012 des Europäischen Parlaments und des Rates v. 4.7.2012 über die Zuständigkeit, das anzuwendende Recht, die Anerkennung und Vollstreckung von Entscheidungen und die Annahme und Vollstreckung öffentlicher Urkunden in Erbsachen sowie zur Einführung eines Europäischen Nachlasszeugnisses (zit. Abl)
- ABl L 209 v. 25.7.1998, Richtlinie 98/49/EG des Rates v. 29.6.1998 zur Wahrung ergänzender Rentenansprüche von Arbeitnehmern und Selbständigen, die innerhalb der Europäischen Gemeinschaft zu- und abwandern (zit. Abl)
- ABl L 231 v. 11.10.1993, Verordnung (EWG) Nr. 2454/93 der Kommission v. 2.7.1993 mit Durchführungsvorschriften zu der Verordnung (EWG) Nr. 2913/92 des Rates zur Festlegung des Zollkodex der Gemeinschaften (zit. Abl)
- ABl L 284 v. 30.10.2009; Verordnung (EG) Nr. 883/2004 des Europäischen Parlaments und des Rates v. 29.4.2004 zur Koordinierung der Systeme der sozialen Sicherheit, geändert durch Verordnung (EG) Nr. 988/2009 des Europäischen Parlaments und des Rates v. 16.9.2009 (zit. Abl)
- ABl L 284 v. 30.10.2009, Verordnung (EG) Nr. 987/2009 des Europäischen Parlaments und des Rates v. 16. September 2009 zur Festlegung der Modalitäten für die Durchführung der Verordnung (EG) Nr. 883/2004 über die Koordinierung der Systeme der sozialen Sicherheit. Verordnung (EG) Nr. 988/2009 des Europäischen Parlaments und des Rates v. 16.9.2009 zur Änderung der Verordnung (EG) Nr. 883/2004 zur Koordinierung der Systeme der sozialen Sicherheit und zur Festlegung des Inhalts ihrer Anhänge (zit. Abl)
- ABl L 302 v. 19.10.1992, Verordnung (EWG) Nr. 2913/92 des Rates v. 12.10.1992 zur Festlegung des Zollkodex der Gemeinschaften (zit. Abl)
- ABl L 309 v. 25.11.2005, Verordnung (EG) 1889/2005 des europäischen Parlaments und des Rates v. 26.10.2005 über die Überwachung von Barmitteln, die in die Gemeinschaft oder aus der Gemeinschaft verbracht werden (zit. Abl)
- ABl L 310, Richtlinie 2009/133/EG des Rates v. 19.10.2009 über das gemeinsame Steuersystem für Fusionen, Spaltungen, Abspaltungen, die Einbringung von Unternehmensteilen und den Austausch von Anteilen, die Gesellschaften verschiedener Mitgliedstaaten betreffen, sowie für die Verlegung des Sitzes einer Europäischen Gesellschaft oder einer Europäischen Genossenschaft von einem Mitgliedstaat in einen anderen Mitgliedstaat (zit. Fusionsrichtlinie) (zit. Abl)
- ABl L 344 v. 29.12.2010, Verordnung (EU) Nr. 1231/2010 des Europäischen Parlaments und des Rates v. 24.11.2010 zur Ausdehnung der Verordnung (EG) Nr. 883/2004 und der Verordnung (EG) Nr. 987/2009 auf Drittstaatsangehörige, die ausschließlich aufgrund ihrer Staatsangehörigkeit nicht bereits unter diese Verordnungen fallen (zit. Abl)
- ABl L 345 v. 30.11.2011, Richtlinie 2011/96/EU des Rates v. 30.11.2011 über das gemeinsame Steuersystem der Mutter- und Tochtergesellschaften verschiedener Mitgliedstaaten (zit. Abl)
- ABl L 345/8, v. 29.12.2011, Richtlinie 2011/96/EU des Rates v. 30.11.2011 über das gemeinsame Steuersystem der Mutter- und Tochtergesellschaften verschiedener Mitgliedstaaten (Neufassung) (zit. Abl)
- ABl L 347 v. 28.11.2006, Richtlinie 2006/112/EG des Rates v. 28.11.2006 über das gemeinsame Mehrwertsteuersystem (Systemrichtlinie, MWStSystRL) (zit. Abl)
- ABl L 385/30 v. 29.12.2004, Abkommen zwischen der Europäischen Gemeinschaft und der Schweizerischen Eidgenossenschaft über Regelungen, die den in der Richtlinie 2003/48/EG des Rates im Bereich der Besteuerung von Zinserträgen festgelegten Regelungen gleichwertig sind (zit. Abl)

Bundesamt für Energie, Vernehmlassung zur Energiestrategie 2050 beendet, Medienmitteilung v. 31.1.2013 (zit. Medienmitteilung Bundesamt für Energie)

Bundesamt für Justiz BJ, Erwerb von Grundstücken durch Personen im Ausland. Merkblatt v. 1.7.2009, <https://www.bj.admin.ch/dam/data/bj/wirtschaft/grundstueckerwerb/lex-d.pdf>, besucht am 30.10.2014 (zit. Merkblatt BJ)

- Erwerb von Grundstücken durch Personen im Ausland, Wegleitung für die Grundbuchämter, Bern, 1. 7. 2009, <https://www.bj.admin.ch/dam/data/bj/wirtschaft/grundstueckerwerb/wegleitung-d.pdf>, besucht am 30. 10. 2014 (zit. Wegleitung BJ)

Bundesamt für Migration BFM, Zusammenfassung des Berichts des Bundesamtes für Migration über hängige Fragen des Bürgerrechts v. 20. 12. 2005 (zit. Zusammenfassung des Berichts des Bundesamtes für Migration über hängige Fragen des Bürgerrechts)

- Weisung über die schrittweise Einführung des freien Personenverkehrs v. 1. 5. 2011 (zit. VEP-Weisung BFM)

Bundesamt für Raumentwicklung ARE, Karte: Gemeindegebiet im Anhang der Verordnung über Zweitwohnungen, Stand November 2014 (zit. ARE)

Bundesamt für Sozialversicherung BSV, Wegleitung über den Bezug der Beiträge (WBB) der AHV, IV und EO, gültig ab 1. 1. 2009, Rz. 1043 (zit. WBB)

- Wegleitung über die Versicherungspflicht in der AHV/IV (WVP), gültig ab 1. 1. 2009, Rz. 1039, Rz. 2015, Rz. 2025, Rz. 3085 und Rz. 3087 (zit. WVP)
- Leitfaden des BSV für die Durchführung des Freizügigkeitsabkommens Schweiz-EG bzw. des EFTA-Übereinkommens im Bereich der Familienleistungen (Ausgabe April 2007) (zit. Leitfaden des BSV)
- Mitteilungen an die AHV-Ausgleichskassen und EL-Durchführungsstellen Nr. 219 v. 31. 3. 2008 (zit. Mitteilungen BSV)
- Rundschreiben v. 25. 4. 2002 an die UVG-Versicherer und Ersatzkasse UVG (zit. Rundschreiben BSV)
- Unfallversicherung, Kreisschreiben Nr. 19, Bern, v. 6. 3. 2012, Sektorielle Abkommen mit der Europäischen Union, Auswirkungen des Abkommens über den freien Personenverkehr auf die Unfallversicherung gemäss UVG (zit. BSV, UV-KS)

Bundesamt für Statistik, (PETRA) Indikatoren der Bevölkerungsstruktur: Ausländische Wohnbevölkerung nach Anwesenheitsbewilligung, 2009 (zit. PETRA)

- (PETRA) Kurzaufenthaltsbewilligungen, 2009 (zit. PETRA)
- (PETRA) Ständige und nicht ständige Wohnbevölkerung nach Staatsangehörigkeit, 1995-2010 (zit. PETRA)

Bundesblatt, BBl 2000, S. 4653 – 4726, Botschaft zur Schuldenbremse v. 5. Juli 2000, SR 00.060 (zit. BBl)

- BBl 2004, S. 567 – 680, Botschaft über ein neues Zollgesetz v. 15. Dezember 2003 (SR 03.078) (zit. BBl)
- BBl 2004, S. 5891 – 5930, Botschaft zur Genehmigung des Protokolls zum Freizügigkeitsabkommen zwischen der Schweiz und der EG v. 1. Oktober 2004 (SR 04.066) (zit. BBl)
- BBl 2004, S. 5943 – 5964, Protokoll zum Abkommen zwischen der Schweizerischen Eidgenossenschaft einerseits und der Europäischen Gemeinschaft und ihren Mitgliedstaaten andererseits über die Freizügigkeit im Hinblick auf die Aufnahme der Tschechischen Republik, der Republik Estland, der Republik Zypern, der Republik Lettland, der Republik Litauen, der Republik Ungarn, der Republik Malta, der Republik Polen, der Republik Slowenien und der Slowakischen Republik als Vertragsparteien infolge ihres Beitritts zur Europäischen Union (Protokoll zum FZA) (zit. BBl)
- BBl 2005, S. 4733 – 4874, Botschaft zum Bundesgesetz über die Verbesserung der steuerlichen Rahmenbedingungen für unternehmerische Tätigkeiten und Investitionen (Unternehmenssteuerreformgesetz II) v. 22. Juni 2005 (SR 05.058) (zit. BBl)
- BBl 2006, S. 5749 – 5752, Bundesgesetz über dringende Anpassungen bei der Unternehmensbesteuerung v. 23. Juni 2006 (zit. BBl)
- BBl 2008, S. 2135 – 2208, Botschaft zur Weiterführung des Freizügigkeitsabkommens sowie zu dessen Ausdehnung auf Bulgarien und Rumänien v. 14. März 2008 (SR 08.029) (zit. BBl)
- BBl 2008, S. 2223 – 2234, Protokoll zum Abkommen zwischen der Schweizerischen Eidgenossenschaft einerseits und der Europäischen Gemeinschaft und ihren Mitgliedstaaten andererseits über die Freizügig-

keit im Hinblick auf die Aufnahme der Republik Bulgarien und Rumänien als Vertragsparteien infolge ihres Beitritts zur Europäischen Union (zit. BBl)

- BBl 2008, S. 6885 – 7132, Botschaft zur Vereinfachung der Mehrwertsteuer v. 25. Juni 2008 (SR 08.053) (zit. BBl)
- BBl 2010, S. 5397 – 5460, Zusatzbotschaft zur Botschaft zur Vereinfachung der Mehrwertsteuer (Förderung der Wirtschaft und des Wachstums) v. 23. Juni 2010 (zit. BBl)
- BBl 2011, S. 2825 – 2872, Botschaft zur Totalrevision des Bundesgesetzes über das Schweizer Bürgerrecht (Bürgerrechtsgesetz, BüG) v. 4. März 2011 (SR 11.022) (zit. BBl)
- BBl 2011, S. 4717 – 4806, Botschaft zur Änderung des Bankengesetzes (Stärkung der Stabilität im Finanzsektor; too big to fail) v. 20. April 2011 (SR 11.028) (zit. BBl)
- BBl 2011, S. 6615 – 6658, Botschaft zur Änderung des Bundesgesetzes über die Verrechnungssteuer (Belebung des schweizerischen Kapitalmarktes) v. 24. August 2011 (SR 11.047) (zit. BBl)
- BBl 2012, S. 8319 – 8352, Botschaft zur Volksinitiative „Schluss mit der MwSt-Diskriminierung des Gastgewerbes!" v. 14. September 2012 (SR 12.074) (zit. BBl)
- BBl 2013, S. 2267 – 2268, Eidgenössische Volksinitiative „Millionen-Erbschaften besteuern für unsere AHV (Erbschaftssteuerreform)" (zit. BBl)
- BBl 2013, S. 5427 – 5438, Botschaft zur Volksinitiative «Schluss mit den Steuerprivilegien für Millionäre (Abschaffung der Pauschalbesteuerung)» v. 26. Juni 2013 (SR 13.057) (zit. BBl)
- BBl 2013, S. 6751, Vernehmlassungsverfahren, Eidgenössisches Justiz- und Polizeidepartement, Protokoll III zur Ausdehnung des Freizügigkeitsabkommens (FZA) v. 21. Juni 1999 auf Kroatien (zit. BBl)
- BBl 2013, S. 7385 – 7388, Bundesgesetz über die steuerliche Behandlung der berufsorientierten Aus- und Weiterbildungskosten v. 27. September 2013 (zit. BBl)
- BBl 2013, S. 9069 – 9076, Zusatzbotschaft zur Aufhebung des Bundesgesetzes über den Erwerb von Grundstücken durch Personen im Ausland (Verzicht auf die Aufhebung) v. 13. November 2013Bundesgesetz über die steuerliche Behandlung der berufsorientierten Aus- und Weiterbildungskosten v. 27. September 2013, zu SR 07.052 (zit. BBl)
- BBl 2014, S. 125 – 150, Botschaft zur Volksinitiative «Millionen-Erbschaften besteuern für unsere AHV (Erbschaftssteuerreform)» v. 13. Dezember 2013 (SR 13.107) (zit. BBl)
- BBl 2014, S. 151 – 154, Bundesbeschluss, Entwurf über die Volksinitiative „Millionen-Erbschaften besteuern für unsere AHV (Erbschaftssteuerreform)", SR 13.107 (zit. BBl)

Bundesgericht, Eidgenössische Volksabstimmung zur Unternehmenssteuerreform II, Medienmitteilung v. 20. 12. 2011 zu BGer (1C.174/2011, 1C.176/2011 und 1C.182/2011) (zit. BGer)

- BGer (2A.272/2003 v. 13. 12. 2003, E.4.)
- BGer (2A.46/2005 v. 31. 8. 2005)
- BGer (2A.538/2003 v. 31. 1. 2005)
- BGer (2A.66/2012 v. 17. 9. 2002, E.2.3)
- BGer (2C.20/2011 v. 1. 7. 2011, E.3.1)
- BGer (2C.24/2010 v. 1. 6. 2010, E.4.2)
- BGer (2C.351/2011 v. 4. 1. 2012, E.3.2. und E.4.2.)
- BGer (2C.385/2011 v. 12. 9. 2011, E.2.2.)
- BGer (2C.403/2009 v. 1. 3. 2010, E.2.4.)
- BGer (2C.708/2011 v. 5. 10. 2012)
- BGer (2C.766/2010 v. 29. 7. 2011)
- BGer (2C.868/2008 v. 23. 10. 2009)
- BGer (2P.139/2005 v. 8. 5. 2006, E.5)
- BGer (2P.140/2004 v. 9. 12. 2004)
- BGer (2P.323/2003 v. 7. 5. 2004, E.4.1)

- BGer (2P.80/2004 v. 12. 5. 2005
- BGer (9C.487/2011 v. 29. 8. 2011)
- BGer (9C.669/2011 v. 25. 10. 2012)

Bundesgesetzblatt, BGBl 1993 II, S. 1886, Gesetz zu dem Protokoll v. 21. Dezember 1992 zu den Abkommen v. 11. August 1971 zwischen der Bundesrepublik Deutschland und der Schweizerischen Eidgenossenschaft zur Vermeidung der Doppelbesteuerung auf dem Gebiete der Steuern vom Einkommen und vom Vermögen v. 30. September 1993 (zit. BGBl)

- BGBl 1994 I, S. 3378, Verordnung über die Rechnungslegung von Versicherungsunternehmen (Versicherungsunternehmens-Rechnungslegungsverordnung, RechVersV) v. 08. 11. 1994 (zit. BGBl)
- BGBl 2001 I, S. 3858, Gesetz zur Fortentwicklung des Unternehmenssteuerrechts (Unternehmenssteuerfortentwicklungsgesetz, UntStFG) v. 20. Dezember 2001 (zit. BGBl)
- BGBl 2009 I, S. 3934, Verordnung zur Änderung der Versicherungsunternehmens-Rechnungslegungsverordnung sowie zur Änderung weiterer Rechnungslegungsverordnung v. 18. Dezember 2009 (zit. BGBl)
- BGBl 2013 I, S. 1809, Gesetz zur Umsetzung der Amtshilferichtlinie sowie zur Änderung steuerlicher Vorschriften (Amtshilferichtlinie-Umsetzungsgesetz-AmtshilfeRLUmsG) v. 26. Juni 2013 (zit. BGBl)

Bundesfinanzhof BFH, Urteil v. 27. 7. 1962, BStBl III 1962, S. 429, Vorliegen einer Einkommensteuerpflichtigkeit bei einem Auslandsaufenthalt eines deutschen Seemanns von mehr als sechs Monaten (zit. BFH)

- BFH v. 24. 4. 1964, BStBl III 1964, S. 462
- BFH v. 6. 3. 1968, BStBl II 1968, S. 439
- BFH v. 17. 7. 1968, BStBl II 1968, S. 695
- BFH v. 24. 10. 1969, BStBl III 1970, S. 109
- BFH v. 14. 11. 1969, BStBl II 1970, S. 153
- BFH v. 16. 1. 1976, BStBl II 1976, S. 401
- BFH v. 13. 10. 1976, BStBl II 1977, S. 76
- BFH v. 24. 5. 1977, BStBl II 1977, S. 740
- BFH v. 3. 8. 1977, BStBl II 1978, S. 118
- BFH v. 25. 6. 1981, BStBl. II 1981, S. 779
- BFH v. 25. 6. 1984, BStBl. II 1984, S. 751
- BFH v. 22. 1. 1985, BStBl. II 1985, S. 363 – 365
- BFH v. 21. 8. 1985, BStBl. II 1986, S. 4
- BFH v. 23. 10. 1985, BStBl. II 1986, S. 133, I R 274/82
- BFH v. 16. 4. 1986, BStBl II 1986, S. 736
- BFH v. 25. 5. 1988, BStBl II 1988, S. 944
- BFH v. 23. 11. 1988, BStBl II 1989, S. 182
- BFH v. 15. 2. 1989, BStBl II 1989, S. 462
- BFH v. 14. 3. 1989, BStBl. II 1989, S. 599
- BFH v. 10. 5. 1989, BStBl II 1989, S. 755
- BFH v. 20. 11. 1990, BB 1991, S. 1022
- BFH v. 11. 12. 1990, BB 1991, S. 1023
- BFH v. 25. 2. 1991, BStBl. II 1991, S. 691
- BFH v. 10. 6. 1992 – I R 105/89, BStBl II 1992, S. 1029
- BFH v. 14. 10. 1992, BStBl II 1993, S. 189
- BFH v. 18. 2. 1993, BFH/NV 1993, S. 647
- BFH v. 27. 5. 1993, BStBl. II 1994, S. 700
- BFH v. 13. 7. 1993, BStBl. II 1994, S. 243

- BFH v. 2. 2. 1994, BStBl II 1994, S. 727
- BFH v. 22. 4. 1994, BStBl II 1994, S. 887
- BFH v. 14. 9. 1994, I R 116/93, Rechtsprechung, Unabhängiger Vertreter i. S. d. DBA-Großbritannien; Begriff der „ordentlichen Geschäftstätigkeit", IStR 4 (1995), S. 132 – 134 (zit. BFH v. 14. 9. 1994, IStR)
- BFH v. 5. 10. 1994, I R 67/93, BStBl. II 1995, S. 95
- BFH v. 17. 5. 1995, BStBl II 1996, S. 2
- BFH v. 6. 7. 1995, IV R 79/94, Rechtsprechung, Steuerrecht, Keine Mitunternehmerstellung wegen Möglichkeit der Hinauskündigung zum Buchwert; weder atypisch noch typisch stille Unterbeteiligung bei Einschränkung der Gewinnentnahme- und Kontrollrechte, Deutsches Steuerrecht DStR, 44/1995, S. 1706 – 1709 (zit. BFH v. 6. 7. 1995, DStR)
- BFH v. 10. 7. 1996, BStBl. II 1997, S. 15
- BFH v. 30. 10. 1996, BStBl. II 1997, S. 12
- BFH v. 26. 11. 1996, BStBl. II 1998, S. 328, BFHE 182, S. 101
- BFH v. 17. 3. 1997, I B 123/95, BFH/NV, S. 730
- BFH v. 19. 3. 1997, BStBl II 1997, S. 447
- BFH v. 15. 7. 1997, BStBl II 1998, S. 156
- BFH v. 15. 10. 1997, I R 76/95, NV, Rechtsprechung, Berlinförderungsgesetz, Mehrere Mittelpunkte der geschäftlichen Oberleitung, Deutsches Steuerrecht Entscheidungsdienst DStRE, 6/1998, S. 233 – 235 (zit. BFH v. 15. 10. 1997, DStRE)
- BFH v. 16. 12. 1997, BFH/NV 1998, S. 576
- BFH v. 16. 7. 1998, BStBl II 1998, S. 667, BFH/NV 1999, S. 115
- BFH v. 15. 10. 1998, BStBl II 1999, S. 119
- BFH v. 16. 12. 1998, BStBl. II 1999, S. 207
- BFH v. 20. 1. 1999, BStBl II 1999, S. 516
- BFH v. 21. 7. 1999 – I R 110/98, Atypisch stille Beteiligung an einer Schweizer Kapitalgesellschaft, Internationale Wirtschafts-Briefe IWB, Herne/Berlin 2000, Rechtsprechung, Fach 3a Gr. 1, S. 895 – 900 (zit. BFH v. 21. 7. 1999 I R 110/98, IWB)
- BFH v. 27. 7. 1999, BStBl II 1999, S. 769
- BFH v. 15. 12. 1999, BStBl II 2000, S. 527, BFH/NV 2000, S. 793
- BFH v. 29. 11. 2000, I R 84/99, NV, Rechtsprechung, Doppelbesteuerung, Anwendung der Freistellungsmethode auf Lizenzen eines Verlagsbuchhandels mit Schweizer Betriebsstätte, Deutsches Steuerrecht Entscheidungsdienst DStRE, 11/2001, S. 600 – 603 (zit. BFH v. 29. 11. 2000, I R 84/99 NV, DStRE)
- BFH v. 31. 1. 2002, B B 108/01
- BFH v. 1. 2. 2001, BFH/NV 2001, S. 829
- BFH v. 17. 10. 2001, BStBl II 2004, S. 171 pflichtung für die Verrechnungspreise
- BFH v. 30. 1. 2002, Erwägung 2c (Nicht veröffentlichter)
- BFH v. 19. 3. 2002, BStBl II 2002, S. 644
- BFH v. 20. 3. 2002, BStBl II 2002, S. 819
- BFH v. 5. 6. 2002, I R 86/01, BStBl. II 2002, S. 683 ff.
- BFH v. 7. 8. 2002, I R 10/01, Rechtsprechung, Ausschüttung schweizerischer Dividenden an schweizerische KG deutscher Gesellschafter, IStR 11 (2002), S. 775 – 776 (zit. IStR)
- BFH v. 7. 8. 2002 (I R 10/01) BStBl. II 2002, S. 848, Dividenden, die eine Schweizer Aktiengesellschaft an eine Schweizer Personengesellschaft ausschüttet, an der ausschließlich unbeschränkt Steuerpflichtige beteiligt sind, sind nicht nach Art. 24 Abs. 1 Nr. 1 Buchst. a DBA-Schweiz von der Besteuerung in Deutschland ausgenommen (zit. BFH v. 7. 8. 2002, BStBl. II 2002, S. 848 ff.)
- BFH v. 1. 4. 2003, BStBl. II 2003, S. 875
- BFH v. 19. 11. 2003, I R 64/0, BFH/NV 2004, S. 765

- BFH v. 19. 2. 2004, VI R 122/00
- BFH v. 25. 2. 2004, BStBl II 2005, S. 14
- BFH v. 15. 9. 2004, BStBl II 2005, S. 255
- BFH v. 23. 2. 2005, I R 46/03, BStBl. II 2005, S. 547
- BFH v. 3. 8. 2005, I R 87/04, Rechtsprechung, Ständiger Vertreter im Sinne von Art. 5 Abs. 5 DBA-Portugal nur bei mehr als vorübergehendem Aufenthalt im Inland, IStR 15 (2006), S. 92 – 93 (zit. IStR)
- BFH v. 25. 1. 2006, I R 104/04, IStR 15 (2006), S. 316 – 319
- BFH v. 28. 6. 2006, I R 92/05
- BFH v. 25. 10. 2006, I R 81/04
- BFH v. 28. 6. 2007, Az: II R 21/05, BStBl II 2007, S. 669
- BFH v. 17. 10. 2007 (I R 5/06) BStBl. 2009 II, S. 356, Erhält ein in den USA ansässiger Gesellschafter einer deutschen Personengesellschaft Zinsen für ein von ihm der Gesellschaft gewährtes Darlehen, so dürfen diese Zinsen nach dem DBA-USA 1989 in Deutschland nicht besteuert werden (zit. BFH v. 17. 10. 2007, I R 5/06, BFH/NV 2008, S. 869)
- BFH v. 27. 5. 2008, I R 11/08
- BFH v. 11. 2. 2009, I R 40/08
- BFH v. 24. 4. 2009, IV B 104/07, BFH/NV 2009, S. 2398
- BFH v. 2. 9. 2009, I R 90/08, BStBl. II 2010, S. 394
- BFH v. 11. 11. 2009, Az. I R, NWB DokID RAAAC-88746
- BFH v. 11. 11. 2009, I R 83/08, BStBl. II 2010, S. 781
- BFH v. 3. 12. 2009, VI R 4/08, BStBl. II 2010, S. 698
- BFH v. 28. 4. 2010, I R 81/09; Beschluss 19. 5. 2010, I B 191/09, BStBl. 2011 II, S. 156
- BFH v. 22. 6. 2010, I R 46/08, NWB DokID: VAAAD-54307
- BFH v. 13. 10. 2010, I R 61/09
- BFH v. 19. 10. 2010, I R 109/09
- BFH v. 8. 12. 2010, I R 92/09, BStBl. II 2011, S. 488
- BFH v. 14. 3. 2011, I R 23/10, BFH/NV 2011, S. 1599
- BFH v. 25. 5. 2011, I R 95/10, DStR 11, S. 1553
- BFH v. 22. 6. 2011, I R 26/10
- BFH v. 27. 7. 2011, I R 44/10
- BFH v. 12. 10. 2011, I R 93/10, BFH/NV 2012, S. 275
- BFH v. 10. 1. 2012, I R 66/09, Verfassungswidrigkeit eines sog. Treaty override (§ ESTG § 50d Abs. ESTG § 50D Absatz 8 EStG 2002/2004)? In: IStR 21 (2012), S. 426 – 431
- BFH v. 10. 1. 2012, I R 9/11 BFH/NV
- BFH v. 27. 9. 2012, Az. II R 45/10, BStBl II 2012, S. 84
- BFH v. 12. 6. 2013, I R 109 111/10
- BFH v. 23. 10. 2013, X R 33/10, BStBl. II 2014, S. 102
- BFH v. 13. 11. 2013, I R 38/13, IStR 23 (2014), S. VII
- BFH v. 11. 12. 2013, I R 4/13, DStR 2014, S. 306
- BFH v. 5. 2. 2014, I R 48/11, BB 2014, S. 1046
- BFH v. 24. 4. 2014, I R 56/12 Bundesministerium der Finanzen BMF, Schreiben v. 24. 9. 1999, IV D 3 – S 1301 Ung – 5/99, Verwaltungsanweisung, DBA Ungarn: Beteiligung an einer ungarischen vermögensverwaltenden GmbH & Co. KG, IStR 9 (2000), S. 627 (zit. BMF-Schreiben, IStR)

Bundesministerium der Finanzen BMF, Schreiben v. 7. 7. 1997, IV C 6-S 1301 Schz-37/97, BStBl. I 1997, S. 723 (zit. BMF)

- BMF-Schreiben v. 24. 9. 1999, DBA Ungarn: Beteiligung an einer ungarischen vermögensverwaltenden GmbH & Co. KG, IStR 9 (2000), S. 627
- BMF-Schreiben v. 24. 12. 1999, BStBl. I 1999, S. 1076, Tz. 2.9.1
- BMF-Schreiben v. 6. 10. 2000, BStBl I 2000, S. 1392
- BMF-Schreiben v. 20. 11. 2000, BStBl. I 2000, S. 1509
- BMF-Schreiben v. 21. 7. 2005, BStBl. I 2005, S. 821
- BMF-Schreiben v. 25. 1. 2006, Merkblatt zur zwischenstaatlichen Amtshilfe durch Auskunftsaustausch in Steuersachen, IV B 1 – S 1320 – 11/06 (zit. BMF-Schreiben v. 25. 1. 2006)
- BMF-Schreiben v. 14. 5. 2008, Az. IV B 4 – S 1361/07/001
- BMF-Schreiben v. 17. 7. 2008, IV A 3 – S 0062/08/10006
- BMF-Schreiben v. 25. 8. 2009 – IV B 5 – S 1341/07/10004

Bundesrat, Bundesrat beschliesst im Rahmen der neuen Energiestrategie schrittweisen Ausstieg aus der Kernenergie, Medienmitteilung v. 25. 5. 2011, <https://www.news.admin.ch/dokumentation/00002/00015/index.html?lang=de&msg-id=39337 (zit. Medienmitteilung des Bundesrates)

- Bundesrat verabschiedet Bericht über eine duale Einkommenssteuer, Medienmitteilung v. 12. 10. 2011 (zit. Medienmitteilung des Bundesrates)
- Bundesrat setzt Bestimmungen zu „Too big to fail" in Kraft, Medienmitteilung v. 15. 2. 2012, <https://www.news.admin.ch/dokumentation/00002/00015/index.html?lang=de&msg-id=43419>, besucht am 30. 10. 2014 (zit. Medienmitteilung des Bundesrates)
- Bundesrat verabschiedet Mandatstext zu EU-Dialog über Unternehmenssteuerregimes, Medienmitteilung v. 1. 6. 2012, <https://www.news.admin.ch/dokumentation/00002/00015/index.html?lang=de&msg-id=44786>, besucht am 30. 10. 2014 (zit. Medienmitteilung des Bundesrates)
- Insgesamt funktionierender Risikokapitalmarkt in der Schweiz, Medienmitteilung v. 28. 6. 2012, <https://www.news.admin.ch/dokumentation/00002/00015/index.html?lang=de&msg-id=45179>, besucht am 30. 10. 2014 (zit. Medienmitteilung des Bundesrates)
- Energiestrategie 2050 und ökologische Steuerreform - Bundesrat eröffnet Vernehmlassung zur Energiestrategie 2050, Medienmitteilung v. 28. 9. 2012, <https://www.news.admin.ch/dokumentation/00002/00015/index.html?lang=de&msg-id=46133>, besucht am 30. 10. 2014 (zit. Medienmitteilung des Bundesrates)
- Teilrevision des Zollgesetzes: Vernehmlassungsverfahren eröffnet, Medienmitteilung v. 14. 12. 2012, <http://www.efd.admin.ch/dokumentation/medieninformationen/00467/index.html?lang=de&msg-id=47182>, besucht am 30. 10. 2014 (zit. Medienmitteilung des Bundesrates)
- Bundesrat will Emissionsabgabe auf Eigenkapital im Rahmen der USTR III abschaffen, Medienmitteilung v. 23. 1. 2013, <https://www.news.admin.ch/dokumentation/00002/00015/index.html?lang=de&msg-id=47535>, besucht am 30. 10. 2014 (zit. Medienmitteilung des Bundesrates)
- MWST-Reform: Bundesrat verabschiedet Zusatzbotschaft mit Zwei-Satz-Modell, Medienmitteilung v. 30. 1. 2013, <https://www.news.admin.ch/dokumentation/00002/00015/index.html?lang=de&msg-id=47598>, besucht am 30. 10. 2014 (zit. Medienmitteilung des Bundesrates)
- Die Verschärfung der Aufwandbesteuerung gilt ab 2016, Medienmitteilung v. 20. 2. 2013, <https://www.news.admin.ch/dokumentation/00002/00015/index.html?lang=de&msg-id=47841>, besucht am 30. 10. 2014 (zit. Medienmitteilung des Bundesrates)
- Bundesrat eröffnet zwei Vernehmlassungen zur Bekämpfung der Geldwäscherei und für erweiterte Sorgfaltspflichten im Steuerbereich, Medienmitteilung v. 27. 2. 2013, <https://www.news.admin.ch/message/index.html?lang=de&msg-id=47934>, besucht am 30. 10. 2014 (zit. Medienmitteilung des Bundesrates)
- Bund und Kantone wollen mit Reform der Unternehmensbesteuerung den Standort Schweiz stärken, Medienmitteilung v. 17. 5. 2013 (zit. Medienmitteilung des Bundesrates)

- Weiterentwicklung der Finanzmarktstrategie, Medienmitteilung v. 14.6.2013, <https://www.news.admin.ch/dokumentation/00002/00015/index.html?lang=de&msg-id=49287>, besucht am 30.10.2014 (zit. Medienmitteilung des Bundesrates)
- Personenfreizügigkeit mit Kroatien: Ergebnis der Verhandlungen geht in Vernehmlassung, Medienmitteilung v. 28.8.2013, <https://www.bfm.admin.ch/bfm/de/home/aktuell/news/2013/ref_2013-08-28.html>, besucht am 30.10.2014 (zit. Medienmitteilung des Bundesrates)
- Steuererleichterungen für Start-up-Unternehmen bergen Einnahmerisiken, Medienmitteilung v. 13.9.2013, <https://www.news.admin.ch/dokumentation/00002/00015/index.html?lang=de&msg-id=50236>, besucht am 30.10.2014 (zit. Medienmitteilung des Bundesrates)
- Bundesrat empfiehlt Annahme der Volksinitiative zur Abschaffung der „Heiratsstrafe", Medienmitteilung v. 23.10.2013, <https://www.news.admin.ch/dokumentation/00002/00015/index.html?lang=de&msg-id=50681 (zit. Medienmitteilung des Bundesrates)
- Bundesrat setzt Höchstzahlen für Arbeitskräfte ausserhalb der EU/EFTA fest, Medienmitteilung v. 29.11.2013, <https://www.bfm.admin.ch/bfm/de/home/aktuell/news/2013/ref_2013-11-294.html>, besucht am 30.10.2014 (zit. Medienmitteilung des Bundesrates)
- Revision der Quellenbesteuerung des Erwerbseinkommens: Bundesrat eröffnet Vernehmlassung, Medienmitteilung v. 13.12.2013, <https://www.news.admin.ch/dokumentation/00002/00015/index.html?lang=de&msg-id=51388>, besucht am 30.10.2014 (zit. Medienmitteilung des Bundesrates)
- Personenfreizügigkeit: Weitere Massnahmen zur Missbrauchsbekämpfung, Medienmitteilung v. 15.1.2014, <https://www.news.admin.ch/dokumentation/00002/00015/index.html?lang=de&msg-id=51653>, besucht am 30.10.2014 (zit. Medienmitteilung des Bundesrates)
- Systemwechsel bei der Zuwanderung: Ja zur Volksinitiative "Gegen Masseneinwanderung" Medienmitteilung v. 9.2.2014, <https://www.news.admin.ch/dokumentation/00002/00015/index.html?lang=de&msg-id=51948>, besucht am 30.10.2014 (zit. Medienmitteilung des Bundesrates)
- Neues System für Zuwanderung: Bundesrat legt Schritte für Umsetzung fest, Medienmitteilung v. 12.2.2014, https://www.news.admin.ch/dokumentation/00002/00015/index.html?lang=de&msg-id=51983>, besucht am 30.10.2014 (zit. Medienmitteilung des Bundesrates)
- Bund und Kantone lancieren kantonale Integrationsprogramme 2014-2017, Medienmitteilung v. 28.2.2014, <https://www.news.admin.ch/dokumentation/00002/00015/index.html?lang=de&msg-id=52174>, besucht am 30.10.2014 (zit. Medienmitteilung des Bundesrates)
- Neue Verfassungsbestimmungen zur Zuwanderung: Sommaruga informiert EU, Medienmitteilung v. 3.3.2014, https://www.news.admin.ch/dokumentation/00002/00015/index.html?lang=de&msg-id=52195>, besucht am 30.10.2014 (zit. Medienmitteilung des Bundesrates)
- Bundesrat beschliesst weitere Verbesserungen der flankierenden Massnahmen, Medienmitteilung v. 26.3.2014 (zit. Medienmitteilung des Bundesrates)
- Das Eidgenössische Finanzdepartement präzisiert die Steuerabzüge für Expatriates, Medienmitteilung v. 10.4.2014, <https://www.news.admin.ch/dokumentation/00002/00015/index.html?lang=de&msg-id=52434>, besucht am 30.10.2014 (zit. Medienmitteilung des Bundesrates)
- Revidierter Steuerabzug von Aus- und Weiterbildungskosten gilt ab 2016, Medienmitteilung v. 16.4.2014, <https://www.news.admin.ch/dokumentation/00002/00015/index.html?lang=de&msg-id=52679>, besucht am 30.10.2014 (zit. Medienmitteilung des Bundesrates)
- Personenfreizügigkeit: Ventilklausel läuft aus, Medienmitteilung v. 30.4.2014, <https://www.news.admin.ch/message/index.html?lang=de&msg-id=52803>, besucht am 30.10.2014 (zit. Medienmitteilung des Bundesrates)
- Flankierende Massnahmen: ein verstärktes und wirksames Instrumentarium, Medienmitteilung v. 5.5.2014, <https://www.news.admin.ch/dokumentation/00002/00015/index.html?lang=de&msg-id=52850>, besucht am 30.10.2014 (zit. Medienmitteilung des Bundesrates)
- Personenfreizügigkeit: Übergangsfrist für Bulgarien und Rumänien verlängert, Medienmitteilung v. 28.5.2014, <https://www.news.admin.ch/dokumentation/00002/00015/index.html?lang=de&msg-id=53154>, besucht am 30.10.2014 (zit. Medienmitteilung des Bundesrates)

- Bundesrat präsentiert das Konzept zur Umsetzung des Zuwanderungsartikels, Medienmitteilung v. 20. 6. 2014, <https://www.news.admin.ch/message/index.html?lang=de&msg-id=53415>, besucht am 30. 10. 2014 (zit. Medienmitteilung des Bundesrates)
- Eidgenössische Steuerverwaltung ESTV, Die Schweiz reicht das angekürdigte Revisionsbegehren zum FZA ein, Medienmitteilung v. 7. 7. 2014 <https://www.news.admin.ch/dokumentation/00002/00015/index.html?lang=de&msg-id=53710>, besucht am 30. 10. 2014 (zit. Medienmitteilung des Bundesrates)
- Bundesrat verabschiedet Bericht über eine duale Einkommenssteuer, Medienmitteilung v. 19. 9. 2014, <https://www.news.admin.ch/message/index.html?lang=de&msg-id=54529>, besucht am 30. 10. 2014 (zit. Medienmitteilung des Bundesrates)
- Aktienrecht soll modernisiert werden, Medienmitteilung v. 28. 11. 2014 (zit. Medienmitteilung des Bundesrates)

ECOPLAN, Volkswirtschaftliche Auswirkungen einer ökologischen Steuerreform, Analyse mit einem berechenbaren Gleichgewichtsmodell für die Schweiz, Schlussbericht v. 12. September 2012 zuhanden des Bundesamts für Energie, der Eidgenössischen Steuerverwaltung und der Eidgenössischen Finanzverwaltung, <http://www.news.admin.ch/NSBSubscriber/message/attachments/35780.pdf>, besucht am 30. 10. 2014 (zit. ECOPLAN Bericht)

Eidgenössisches Departement des Innern EDI, Leitfaden des BSV für die Durchführung des Freizügigkeitsabkommens Schweiz-EG im Bereich der Familienleistungen (Ausgabe April 2012) (zit. EDI, Leitfaden BSV)

Eidgenössisches Departement für auswärtige Angelegenheiten EDA, Bundesrat präsentiert das Konzept zur Umsetzung des Zuwanderungsartikels, Medienmitteilung v. 20. 6. 2014, <http://www.ejpd.admin.ch/ejpd/de/home/aktuell/news/2014/2014-06-202.html>, besucht am 30. 10. 2014 (zit. Medienmitteilung EDA)

Eidgenössisches Finanzdepartement EFD, Internationale Standortattraktivität der Schweiz aus steuerlicher Sicht, Bericht v. 1. 2. 2006, <http://www.estv.admin.ch/dokumentation/00075/00803/index.html?lang=de&download=NHzLpZeg7t,lnp6I0NTU042l2Z6ln1acy4Zn4Z2qZpnO2Yuq2Z6gpJCDdYN4fWym162epYbg2c_JjKbNoKSn6A-->, besucht am 30. 10. 2014 (zit. EFD, Bericht)

- Bundesrat legt Grundstein für eine weitere Reform der Unternehmensbesteuerung, Medienmitteilung v. 10. 12. 2008, <https://www.news.admin.ch/message/?lang=de&msg-id=23889>, besucht am 30. 10. 2014 (zit. EFD, Medienmitteilung)
- Weitere Varianten zur nachhaltigen Vereinfachung der Mehrwertsteuer, Bericht des Bundesrates zur Botschaft zur Vereinfachung der Mehrwertsteuer (08.053), Medienmitteilung v. 28. 5. 2010, <http://www.news.admin.ch/NSBSubscriber/message/attachments/35829.pdf>, besucht am 30. 10. 2014 (zit. EFD, Medienmitteilung)
- Der Bundesrat will mit einer einfachen Mehrwertsteuer das Wachstum stärken, Medienmitteilung v. 24. 6. 2010, <https://www.news.admin.ch/dokumentation/00002/00015/index.html? lang=de&msg-id=33896>, besucht am 30. 10. 2014 (zit. EFD, Medienmitteilung)
- Ehegattenbesteuerung: Bundesrat will „Heiratsstrafe" beseitigen, Medienmitteilung v. 12. 10. 2011, <http://www.efd.admin.ch/dokumentation/medieninformationen/00467/index.html?lang=de&msg-id=41742>, besucht am 30. 10. 2014 (zit. EFD, Medienmitteilung)
- Verfügung über die Projektorganisation „Unternehmenssteuerreform III" (USR III), 2012 (zit. EFD, Verfügung)
- Botschaft zu einer einfacheren Mehrwertsteuer mit Einheitssatz und weniger Ausnahmen, Medienmitteilung v. 26. 6. 2012, <https://www.news.admin.ch/dokumentation/00002/00015/index.html?lang=de&msg-id=19640>, besucht am 30. 10. 2014 (zit. EFD, Medienmitteilung)
- EFD und Kantone setzen Projektorganisation „Unternehmenssteuerreform III" ein, Medienmitteilung v. 21. 9. 2012, <https://www.news.admin.ch/message/index.html?lang=de&msg-id=46084>, besucht am 30. 10. 2014 (zit. EFD, Medienmitteilung)

- Öffentliche Finanzen der Schweiz 2012-2015: Pensionskassen belasten Kantonsergebnisse, Medienmitteilung der EFV v. 27. 2. 2014, <http://www.news.admin.ch/NSBSubscriber/message/attachments/33937.pdf>, besucht am 30. 10. 2014 (zit. EFD, Medienmitteilung)
- Öffentliche Finanzen der Schweiz 2012-2015: Verschlechterung bei den Kantonen, Medienmitteilung der EFV v. 30. 9. 2014, <http://www.news.admin.ch/NSBSubscriber/message/attachments/36733.pdf>, besucht am 30. 10. 2014 (zit. EFD, Medienmitteilung)
- Entwicklung der Staatsfinanzen: Resultate 2012 und Prognosen 2013-2018, Rohstoff zur Medienmitteilung der EFV v. 30. 9. 2014, <http://www.news.admin.ch/NSBSubscriber/message/attachments/36736.pdf>, besucht am 30. 10. 2014 (zit. EFD, Rohstoff)
- Massnahmen zur Stärkung der steuerlichen Wettbewerbsfähigkeit (Unternehmenssteuerreform III), Zwischenbericht des Steuerungsorgans zuhanden des EFD v. 7. 5. 2013, <http://www.efd.admin.ch/themen/steuern/02720/>, besucht am 30. 10. 2014 (zit. EFD, Bericht des Bundesrates)
- Bericht des Bundesrates „Steuerausfälle aufgrund der Steuerbefreiung von Start-up-Unternehmen" in Erfüllung des Postulats 09.3935 von Nationalrat Darbellay v. 25. September 2009, Bericht v. 10. 9. 2013, <http://www.news.admin.ch/NSBSubscriber/message/attachments/32019.pdf>, besucht am 30. 10. 2014 (zit. EFD, Bericht des Bundesrates)
- Massnahmen zur Stärkung der steuerlichen Wettbewerbsfähigkeit (Unternehmenssteuerreform III), Bericht des Steuerungsorgans zuhanden des EFD v. 11. 12. 2013, <http://www.news.admin.ch/NSBSubscriber/message/attachments/33314.pdf>, besucht am 30. 10. 2014 (zit. EFD, Bericht)
- Vernehmlassungsverfahren zum Bundesgesetz über die Revision der Quellenbesteuerung des Erwerbseinkommens, Erläuternder Bericht v. 13. 12. 2013, <http://www.news.admin.ch/NSBSubscriber/message/attachments/33184.pdf>, besucht am 30. 10. 2014 (zit. EFD, Bericht)
- Anhörung zur Revision der Expatriates-Verordnung (ExpaV), Erläuternder Bericht, Bern, 2014, <http://www.news.admin.ch/NSBSubscriber/message/attachments/34408.pdf>, besucht am 30. 10. 2014 (zit. EFD, Bericht)
- Ergebnisbericht Konsultation zu Varianten eines Klima- und Energielenkungssystems, Bern, 2014, <http://www.news.admin.ch/NSBSubscriber/message/attachments/34924.pdf>, besucht am 30. 10. 2014 (zit. EFD, Bericht)
- Zinsbesteuerungsabkommen mit der EU, Erträge aus der Schweizer Zinsbesteuerung an EU-Länder (in Mio. CHF), Stand Juli 2014 (zit. EFD)

Eidgenössische Finanzverwaltung EFV, Fiskalquote der Schweiz: im internationalen Vergleich weiterhin tief, Medienmitteilung v. 24. 10. 2012, <https://www.news.admin.ch/message/index.html?lang=de&msg-id=46400>, besucht am 30. 10. 2014 (zit. EFV, Medienmitteilung)

- Emissionsergebnis der Bundesanleihe, Medienmitteilung v. 14. 11. 2012 (zit. EFV, Medienmitteilung)

Eidgenössisches Justiz und Polizeidepartement EJPD, Bericht des Bundesamtes für Migration über hängige Fragen des Bürgerrechts v. 20. 12. 2005, <http://www.ejpd.admin.ch/ dam/data/pressemitteilung/2006/pm_2006_05_02/bericht_buergerrecht-d.pdf>, besucht am 30. 10. 2014 (zit. EJPD, Bericht)

Eidgenössische Kommission für Migrationsfragen EKM, Einbürgerung, Vorschläge und Empfehlungen für ein zeitgemässes Bürgerrecht, Bern-Wabern 2012 (zit. EKM, 2012)

Eidgenössische Steuerverwaltung ESTV, Kreisschreiben Nr. 9 v. 3. 12. 1993, Verordnung über die Besteuerung nach dem Aufwand bei der direkten Bundessteuer, 2.1 Bemessungsgrundlagen (zit. ESTV KS)

- Kreisschreiben Nr. 6 v. 6. 6. 1997, Verdecktes Eigenkapital (Art. 65 und 75 DBG) bei Kapitalgesellschaften und Genossenschaften (zit. ESTV KS)
- Kreisschreiben Nr. 9 v. 9. 7. 1998, Auswirkungen des Bundesgesetzes über die Reform der Unternehmensbesteuerung 1997 auf die Steuerermäßigung auf Beteiligungserträgen von Kapitalgesellschaften und Genossenschaften (zit. ESTV KS)

- Kreisschreiben 1999 v. 17. 12. 1998, Massnahmen gegen die ungerechtfertigte Inanspruchnahme von Doppelbesteuerungsabkommen des Bundes (BRB 162/KS 1999) (zit. ESTV KS)
- Kreisschreiben Nr. 8 v. 18. 12. 2001, Internationale Steuerausscheidung von Prinzipal-Gesellschaften (zit. ESTV KS)
- Kreisschreiben Nr. 1 v. 3. 10. 2002, Die Abgangsentschädigung resp. Kapitalabfindung des Arbeitgebers (zit. ESTV KS)
- Kreisschreiben Nr. 5 v. 1. 6. 2004, Umstrukturierungen, 4.1.2.1.6 Fusion im steuerlichen Sinn (zit. ESTV KS)
- Kreisschreiben Nr. 6 v. 22. 12. 2004, Meldeverfahren bei schweizerischen Dividenden aus wesentlichen Beteiligungen ausländischer Gesellschaften (zit. ESTV KS)
- Kreisschreiben Nr. 8 v. 21. 6. 2005, Gewerbsmäßiger Wertschriftenhandel (zit. ESTV KS)
- Kreisschreiben Nr. 10 v. 15. 7. 2005, Meldeverfahren bei schweizerischen Dividenden aus wesentlichen Beteiligungen ausländischer Gesellschaften basierend auf Artikel 15 Absatz 1 des Zinsbesteuerungsabkommens mit der EG (Ergänzung zu Kreisschreiben Nr. 6 v. 22. 12. 2004) (zit. ESTV KS)
- Kreisschreiben Nr. 14 v. 6. 11. 2007, Verkauf von Beteiligungsrechten aus dem Privat- in das Geschäftsvermögen eines Dritten (zit. ESTV KS)
- Kreisschreiben Nr. 28 v. 28. 8. 2008, Wegleitung zur Bewertung von Wertpapieren ohne Kurswert für die Vermögenssteuer (zit. ESTV KS)
- Kreisschreiben Nr. 22 v. 16. 12. 2008, Teilbesteuerung der Einkünfte aus Beteiligungen im Privatvermögen und Beschränkung des Schuldzinsenabzugs (zit. ESTV KS)
- Kreisschreiben Nr. 23 v. 17. 12. 2008, Teilbesteuerung der Einkünfte aus Beteiligungen im Geschäftsvermögen und zum Geschäftsvermögen erklärte Beteiligungen (zit. ESTV KS)
- Kreisschreiben Nr. 25 v. 5. 3. 2009, Besteuerung kollektiver Kapitalanlagen und ihrer Anleger (zit. ESTV KS)
- Kreisschreiben Nr. 29 v. 9. 12. 2010, Kapitaleinlageprinzip (zit. ESTV KS)
- Kreisschreiben Nr. 30 v. 21. 12. 2010, Ehepaar- und Familienbesteuerung nach dem Bundesgesetz über die direkte Bundessteuer (DBG) (zit. ESTV KS)
- Kreisschreiben Nr. 12 v. 10. 3. 2011, Umsatzabgabe (zit. ESTV KS)
- Kreisschreiben Nr. 36 v. 27. 7. 2012, Gewerbsmässiger Wertschriftenhandel (zit. ESTV KS)
- Kreisschreiben Nr. 37 v. 22. 7. 2013, Besteuerung von Mitarbeiterbeteiligungen (zit. ESTV KS)
- Kreisschreiben Nr. 39 v. 23. 12. 2013, Besteuerung von Aktionärsoptionen (zit. ESTV KS)
- Merkblatt über die pauschale Steueranrechnung für ausländische Dividenden, Zinsen und Lizenzgebühren aus Vertragsstaaten (zit. ESTV, Merkblatt)
- Merkblatt A 1995, Abschreibungen auf dem Anlagevermögen geschäftlicher Betriebe, 4. Gliederungspunkt (zit. ESTV, Merkblatt)
- Merkblatt A 1995 Abschreibungen auf dem Anlagevermögen der Elektrizitätswerke (zit. ESTV, Merkblatt)
- Merkblatt A 1995 Abschreibungen auf Luftseilbahnen (zit. ESTV, Merkblatt)
- Merkblatt A 1995 Abschreibungen auf Schiffen und Schiffahrtsanlagen (zit. ESTV, Merkblatt)
- Merkblatt S-018.25 über die steuerliche Behandlung von inländischen Investment-Clubs (zit. ESTV, Merkblatt)
- Rundschreiben v. 9. 10. 1991 betreffend niederländische Finanzgesellschaften mit schweizerischer Betriebsstätte (Rundschreiben ESTV)
- Rundschreiben v. 6. 11. 2002, Quellensteuer, Grenzgänger mit Wochenaufenthalt (Rundschreiben ESTV)

Eidgenössisches Departement des Innern EDI, Bundesamt für Sozialversicherungen, Mitteilungen über die Berufliche Vorsorge, Nr. 96 v. 18. Dezember 2006 (zit. EDI/BSV, Mitteilungen)

- Nr. 112 v. 28. Mai 2009 (zit. EDI/BSV, Mitteilungen)
- Nr. 127 v. 29. März 2012 (zit. EDI/BSV, Mitteilungen)

Eidgenössiches Departement für Wirtschaft, Bildung und Forschung WBF, Anwendungsrichtlinien für die Gewährung von Steuererleichterungen im Rahmen des Bundesgesetzes über Regionalpolitik v. 27. 11. 2012 (zit. WBF, Anwendungsrichtlinien)

Eidgenössisches Justiz- und Polizeidepartement EJPD, Umsetzungskonzept, Art. 121a BV (Steuerung der Zuwanderung) v. 20. Juni 2014 (zit. EJPD, Umsetzungskonzept)

- Personenfreizügigkeit: Vernehmlassung über zusätzliche Massnahmen zur Vermeidung von Missbräuchen, Medienmitteilung v. 2. 7. 2014, <http://www.ejpd.admin.ch/content/ejpd/de/home/dokumentation/mi/2014/2014-07-02.html>, besucht am 30. 10. 2014 (zit. EJPD, Medienmitteilung)

Eidgenössisches Volkswirtschaftsdepartement EVD, Pressemitteilung zur Neuen Regionalpolitik v. 16. 11. 2005, <http://www.admin.ch/ch/d/conferenza/archiv/2005/20051116/1002/>, besucht am 30. 10. 2014 (zit. Pressemitteilung des EVD)

Europäische Kommission, Mitteilung der Kommission an das Europäische Parlament, den Rat und den Europäischen Wirstschafts- und Sozialausschuss zur Zukunft der Mehrwertsteuer, Wege zu einem einfacheren, robusteren und effizienteren MwSt-System, das auf den Binnenmarkt zugeschnitten ist, Mitteilung v. 6. 12. 2011 (KOM(2011)851, <http://ec.europa.eu/taxation_customs/resources/documents/taxation/vat/key_documents/communications/com_2011_851_de.pdf>, besucht am 30. 10. 2014 (zit. Mitteilung der Europäischen Kommission)

Europäische Union, Verordnung (EG) Nr. 859/2003 des Rates v. 14. 5. 2003 zur Ausdehnung der Bestimmungen der Verordnung (EWG) Nr. 1408/71 und der Verordnung (EWG) Nr. 574/72 auf Drittstaatsangehörige, die ausschließlich aufgrund ihrer Staatsangehörigkeit nicht bereits unter diese Bestimmungen fallen (zit. VO (EG))

- Verordnung (EG) Nr. 883/2004 des europäischen Parlaments und des Rates v. 29. 4. 2004 zur Koordinierung der Systeme der sozialen Sicherheit (zit. VO (EG))
- VO (EG) Nr. 1231/2010 v. 24. 11. 2010 (vgl. ABl L 344 v. 29. 12. 2010, S. 1 ff.), welche die VO (EG) Nr. 859/2003 ablöste (zit. VO (EG))

Europäische Wirtschaftsgemeinschaft EWG, Verordnung (EWG) Nr. 1408/71 des Rates v. 14. 6. 1971 zur Anwendung der Systeme der sozialen Sicherheit auf Arbeitnehmer und Selbstständige sowie deren Familienangehörige, die innerhalb der Gemeinschaft zu- und abwandern. In der Fassung von Anhang II zum Abkommen zwischen der Europäischen Gemeinschaft und ihren Mitgliedstaaten einerseits und der schweizerischen Eidgenossenschaft andererseits über die Freizügigkeit 2, Stand: 9. 3. 2004, SR 0.831.109.268.1 (zit. VO (EWG))

- Verordnung (EWG) Nr. 574/72 des Rates v. 21. 3. 1972 über die Durchführung der Verordnung (EWG) Nr. 1408/71 über die Anwendung der Systeme der sozialen Sicherheit auf Arbeitnehmer und Selbstständige sowie deren Familienangehörige, die innerhalb der Gemeinschaft zu- und abwandern. In der Fassung von Anhang II zum Abkommen zwischen der Europäischen Gemeinschaft und ihren Mitgliedstaaten einerseits und der Schweizerischen Eidgenossenschaft andererseits über die Freizügigkeit (mit Anlagen); SR 0.831.109.268.11 (zit. VO (EWG))

Europäischer Gerichtshof EuGH, Urteil des Gerichtshofes (Fünfte Kammer) v. 30. 3. 2000 in der Rechtssache C-178/97 (Vorabentscheidungsersuchen des Tribunal du travail de Bruxelles): Barry Banks u. a. gegen Théâtre royal de la Monnaie (Soziale Sicherheit der Wanderarbeitnehmer – Anwendbares Recht – Tragweite der E-101-Bescheinigung) Amtsblatt C 163 v. 10/06/2000, S. 0002 – 0003 (zit. Banks v. 30. 3. 2000 [Rechtssache C-178/97])

- Urteil des Gerichtshofes v. 12. 7. 1973, Anciens Etablissements D. Angenieux fils aîné und Caisse primaire centrale d'assurance maladie de la région parisienne gegen Willy Hakenberg, Ersuchen um Vorabentscheidung: Cour de cassation – Frankreich, Soziale Sicherheit der Handelsvertreter, Rechtssache 13/73 (zit. EuGH)
- Urteil des Gerichtshofes v. 10. 2. 2000 in der Rechtssache C-202/97 (Vorabentscheidungsersuchen der Arrondissementsrechtbank Amsterdam): Fitzwilliam Executive Search Ltd, handelnd unter der Firma "Fitzwilliam Technical Services (FTS)", gegen Bestuur van het Landelijk instituut sociale verzekeringen (Soziale Sicherheit der Wanderarbeitnehmer – Anwendbares Recht – In einen anderen Mitgliedstaat entsandte Zeitarbeitnehmer) Amtsblatt C 122 v. 29/04/2000, S. 0003 – 0003 (zit. Fitzwilliam v. 10. 2. 2000 [Rechtssache C-202/97])
- Urteil v. 25. 7. 2008 in der Rechtssache C-127/08: Metock und andere gegen Minister for Justice, Equality and Law Reform (zit. EuGH)

Europäisches Parlament, Parlament verabschiedet ehrgeizige Vorgaben für die Finanztransaktionssteuer, Pressemitteilung v. 23. 5. 2012, <http://www.europarl.europa.eu/news/de/news-room/content/20120523ipr45627/html/Parlament-verabschiedet-ehrgeizige-Vorgaben-f%C3%BCr-die-Finanztransaktionssteuer>, besucht am 30. 10. 2014 (zit. Europäisches Parlament, Pressemitteilung)

Finanzgericht, Baden-Württemberg, Entscheidung, FG Baden-Württemberg Urteil v. 22. 2. 2006, EFG 2006, S. 1175 (zit. FG)

- FG Baden-Württemberg v. 15. 7. 2010, Az: 7 K 37/07
- FG Hamburg v. 30. 9. 2004, EFG 2005, S. 923
- FG Hessen v. 28. 9. 2005, 1 K 1877/01
- FG München v. 24. 2. 1984, EFG 1984, S. 433
- FG Münster v. 16. 01. 1970, EFG 1970, S. 380
- FG Münster v. 14. 5. 2014 – 10 K 1007/13 G
- FG München v. 29. 3. 2012 – 14 K 3020/10

Finanzdirektion des Kantons Zürich, Weisung der Finanzdirektion über die Besteuerung von Beteiligungs-, Holding-, Domizil- und gemischten Gesellschaften v. 12. 11. 2010 (ZStB I 26/052) (zit. Weisung der Finanzdirektion des Kantons Zürich)

Informationsstelle AHV/IV, 2.03, Beiträge der Nichterwerbstätigen an die AHV, die IV und die EO (Stand am 1. Januar 2014) (zit. Informationsstelle AHV/IV, 2)

Kanton Zürich, Amt für Wirtschaft und Arbeit, Merkblatt EU-2 20112 für ausländische Arbeitgeber aus Rumänien und Bulgarien, die Arbeitnehmer ihres Unternehmens zur Durchführung von Dienst- und Arbeitsleistungen in die Schweiz entsenden (zit. Merkblatt Kanton ZH)

Kantonales Steueramt Basel-Stadt, Merkblatt Besteuerung nach dem Aufwand v. 17. 11. 2000 (zit. Merkblatt Kanton BS)

Kantonales Steueramt Nidwalden, Richtlinie des Kantonalen Steueramtes Nidwalden v. 17. 01. 2011, Besteuerung von Lizenzerträgen (zit. Kantonales Steueramt Nidwalden)

Kantonales Steueramt Schwyz, Merkblatt Pauschalbesteuerung v. 17. 9. 2010 (zit. Merkblatt Kanton Schwyz)

Kantonales Steueramt Zürich, Informationsblatt zur faktischen Arbeitgeberschaft v. 1. 7. 2011 (zit. Kantonales Steueramt Zürich)

- Informationsblatt zum Quellensteuerverfahren für Grenzgänger und Grenzgängerinnen aus Deutschland v. 1. 1. 2014 (zit. Kantonales Steueramt Zürich)
- Merkblatt über die Grundsätze der einjährigen Gegenwartsbemessung juristischer Personen v. 5. 4. 2007, ZStB I 27/001 (zit. Kantonales Steueramt Zürich)
- Merkblatt des kantonalen Steueramtes über die Besteuerung von Mitarbeiterbeteiligungen v. 30. 9. 2013 (ZStB 13/302) (zit. Kantonales Steueramt Zürich)
- Richtlinien des kantonalen Steueramtes über die Berücksichtigung besonderer Berufskosten von vorübergehend in der Schweiz tätigen leitenden Angestellten und Spezialisten v. 23. 12. 1999 (ZStB I 17/300) (zit. Richtlinien v. 23. 12. 1999)

Oberfinanzdirektion OFD, Erfurt v. 23. 10. 2003, S 2241 A – 08 – L 221 (zit. OFD)

- OFD Hannover v. 14. 6. 1965, BStBl II 1965, S. 74
- OFD Karlsruhe v. 19. 9. 2005, S 227.8/16 – St 224
- OFD Karlsruhe v. 3. 5. 2010 S 130.1/416 A – St 217/CH
- OFD Karlsruhe v. 18. 10. 2010
- OFD Karlsruhe v. 14. 11. 2012, S. 2333/54 – St 133
- OFD München v. 29. 10. 2004, S 1300 – 111 St 41/42
- OFD Nordrhein-Westfalen OFD, Leitfaden zur Bewertung von (Anteilen an) Kapitalgesellschaften für ertragsteuerliche Zwecke, Düsseldorf/Münster Stand: Januar 2007
- OFD Rheinland v. 15. 11. 2007, S. 2244 – 1008 – St 14

Parlamentsdienste, Volksinitiative von GastroSuisse sistiert, Medienmitteilung v. 23. 10. 2012, <http://www.parlament.ch/d/mm/2012/seiten/mm-wak-n-2012-10-23.aspx>, besucht am 30. 10. 2014 (zit. Parlamentsdienste, Medienmitteilung)

Schweizerische Zeitschrift für Beurkundungs- und Grundbuchrecht ZBGR, Entscheid des Bundesgerichtes v. 28. 1. 2000, Urteil 2A.428/1999, Band 83, 2002, S. 35 – 41 (zit. ZBGR)

Steuerverwaltung des Kantons Basel-Stadt, Merkblatt, Besteuerung nach dem Aufwand v. 17. 11. 2000 (zit. Merkblatt BS v. 17. 11. 2000)

Vereinigung Schweizerischer Unternehmen in Deutschland VSUD, Mitteilung 2012/33 aus dem 5. Einladungs und Zirkularversand v. 26. 11. 2012, S. 3 (zit. VSUD, Mitteilung)

Zeitschrift für die Ausgleichskassen der AHV und ihre Zweigstellen, die IV-Kommissionen und IV-Regionalstellen, die Durchführungsstellen der Ergänzungsleistungen zur AHV und IV, der Erwerbsersatzordnung für Dienstleistende in Armee und Zivilschutz sowie der Familienzulagen ZAK, Gerichtsentscheide. AHV.Versicherungspflicht und Beitragspflicht im Rentenalter. Urteil des EVG v. 31. 5. 1985 i. Sa. G. S., 1985, S. 523 – 529 (zit. ZAK)

- Urteil des EVG v. 25. 4. 1986 i. Sa. F. C., 1986, S. 459 – 462 (zit. ZAK)

Zefix, Bundesamt für Justiz, Zentraler Firmen- und Identifikationsindex, <www.zefix.admin.ch>, Handelsregister-Statistik 2013 (zit. Zefix)

STICHWORTVERZEICHNIS

A

Abfindung 351
Abgabe auf Versicherungsprämien 61, 83
Abkommensmissbrauch 401, 483
abkommensrechtliche Aktivitätsklausel 437
abkommensrechtliches Besteuerungsrecht 360, 389
Abschreibungen 71ff., 108 ff., 134, 138 ff., 149, 263, 743
Abschreibungsmethoden, -verfahren 139
– außerordentliche Abschreibungen 140
– ordentliche Abschreibungen 139
absolute Betragsgrenze 523
Abzüge 270
– allgemeine 270
– anorganische 241
– organische 241
– Sozialabzüge 280
Acquis communautaire 625
Administrativverfahren 606
AG 566
– Generalversammlung 568
– geschäftsführendes Organ 568
– Inhaberaktien 567
– Kapital 566
– Namenaktien 567
– Nationalitätenvorschrift 569
– Organe 568
– Revisionspflicht 576 f.
– Revisionsstelle 571
– synoptischer Überblick 570
– Vergleich der AG mit der GmbH 570
– Verwaltungsrat 566, 568
AG oder GmbH? 442
AHV Siehe Alters-, Hinterlassenen- und Invalidenversicherung 436 ff.
AIA 421 ff.
Aktiengesellschaft 442, 566
Aktivitätskatalog 502
Aktivitätsklausel 405 ff., 407, 773
– Rechtsprechung 407
Aktivitätsvorbehalt 405 ff., 447
– Betriebsstättenholding 408, 448
– Dividendenurteil 408
– gemischte Tätigkeiten 438
– wirtschaftliche Zuordnung 437
allgemeiner Entstrickungstatbestand 487
Alternativstrukturen 516, 527, 545
Alters-, Hinterlassenen- und Invalidenversicherung 613
Altersversicherung 537
Amtshilfe 415 ff., 659
– Art. 26 OECD-MA 346, 419
– Betrugsbekämpfungsabkommen 417
– Betrugsdelikte 345
Amtshilfeklausel 415
– Art. 26 OECD-MA 419
– Betrugsdelikte 416
– große Amtshilfe 419
– kleine Amtshilfe 416
– Steuerhinterziehung 417
Anlagefonds 87, 135, 673,
Anlagestiftung 173
Anmeldepflicht 99, 340
Ansässigkeit 555
– ständige Wohnstätte 354, 556
– Tie-breaker Rule 353, 556
– unbeschränkte Steuerpflicht 556
Anschaffungskosten 523
Anti-Treaty Shopping 498
Anwendungsvoraussetzungen 359
Anzeigepflicht für Beteiligungen an ausländischen Gesellschaften 523
Arbeits- und Aufenthaltsbemühung Suchbemühungen 585
Arbeit 538
– nichtselbständige 538
– selbständige 538
Arbeitgebererträge 399
– obligatorische 399
– überobligatorische 399
Arbeitnehmer- Freizügigkeit 347

Arbeits- und Aufenthaltsbewilligung 580
– Ausdehnung der Personenfreizügigkeit 592
– Ausnahme 595
– – 8-Tage-Regel 595
– Ausnahme vom Inländervorrang 585
– B-Bewilligung 586, 593
– Bilaterale Verträge I 592
– Bulgarien 592
– C-Bewilligung 587, 594
– Drittstaatenangehörige 605
– EU/EFTA-Bürger 604
– Familiennachzug 589, 600
– flankierende Maßnahmen 597
– G-Bewilligung 580, 587
– Grenzgängerbewilligung G 532
– Grenzzone 580
– Grundsatz Bewilligungspflicht 580
– Inländervorrang 585
– Intra-Company Transfers 585
– Konsequenzen der Nichteinholung 606
– Kontingente 610
– Kurzzeitaufenthaltsbewilligung L 586
– Langzeitaufenthaltsbewilligung B 593
– L-Bewilligung 580, 586
– Lohn- und Arbeitsbedingungen 585
– Meldeverfahren 611
– Niederlassungsbewilligung C 605
– Rumänien 596
– Schutzklausel 600
– Sozialdumping 595
– Übergangsregime 602
– Ventilklausel 592
– Verlängerung 592
– Visum 588
– Visumspflicht 588
Arbeitsbewilligung 604
Arbeitseinkünfte 395
– Einmalbesteuerung 395
Arbeitslosenversicherung 37, 67, 257, 278
Arbeitslosigkeit 5, 278, 587
Arbeitsortprinzip 386
– Arbeitseinkünfte 387
Art. 11 Abs. 4 der VO (EG) Nr. 883/2004 638
– Beispielfall 638
Art. 12 Abs. 1 der VO (EG) Nr. 883/2004 630
– Beispielfall 630
Art. 13 Abs. 1 Bst. a der VO (EG) Nr. 883/2004 632
– Beispielfall 632
Art. 13 Abs. 2 der VO (EG) Nr. 883/2004 634
– Beispielfall 634
Art. 13 Abs. 3 der VO (EG) Nr. 883/2004 630
– Beispielsfall 636
Art. 15 Zinsbesteuerungsabkommen 375, 452, 669
Art. 26 OECD-MA 346
Assoziierungsabkommen 608
AStG 501 ff.
– § 8 Abs. 2 AStG 404, 505
– Abschirmwirkung 501
– Aktivitätskatalog 504
– Bagatellgrenze 502
– Bedientatbestand 507
– Cadbury Schweppes 505
– Dienstleistungen 507
– Einkünfte mit Kapitalanlagecharakter 510
– Erbringungstatbestand 507
– Familienstiftung 512
– Finanzierung 518
– Freigrenze 511
– Gewerbesteuer 511
– Hinzurechnungsbesteuerung 502 ff.
– Mehrheitsbeteiligung 502
– Niedrigbesteuerung 503
– Oasenerlass 501
– ordentlicher Geschäftsbetrieb 506
– Produktion 505
– Rechtsfolgen 516
– Switch-over Klausel 515
– Teilnahme am allgemeinen wirtschaftlichen Verkehr 507
– Überlassung von Rechten, etc. 508
– Veräußerungsgewinne 509
– Voraussetzungen 513
– Zwischengesellschaft 509
atypisch stille Gesellschafter 464
Aufenthalt 531
Aufenthaltsbewilligung B 586
Aufgabe des Gewerbebetriebs 547

Aufgabe selbständige Tätigkeit 404
Aufgriffsmöglichkeiten 363
Aufsichtsrat 397
– AHV 359
Aufwandbesteuerung 292, 361
– modifizierte Aufwandbesteuerung 292, 361
Aufwertungsgewinne 153
Ausbildungskosten 265
Ausdehnung des Freizügigkeitabkommens 601
Auskunftspflicht 522
Ausland 238, 303, 396, 646
Ausländerausweis 591
ausländische 523
– Handelsgesellschaften/Personengesamtheiten 523
ausländische Quellensteuern 184
Auswirkungen auf die deutsche Wegzubesteuerung 544
Außensteuergesetz Siehe AStG 501
Automatischer Informationsaustausch 421 ff.

B

Bagatellgrenze 502
Bankkundengeheimnis 680
B-Bewilligung 580
Bedientatbestand 507
Begrenzung des Zinsabzugs 481
Beiträge an die AHV/IV und an Einrichtungen der beruflichen Vorsorge 272
Beitragspflicht 294
Bemessungsperiode 296
Benennung von Gläubigern und Zahlungsempfängern 524
Berichte zu BEPS-Maßnahmen 482
– "Finale" Berichte 482
– vorläufige Empfehlungen 482
– Zwischenbericht 482
berufliche Vorsorge 613
Berufskosten 265
– auswärtiger Wochenaufenthalt 267
– Expatriates 268
bescheidene Bleibe 529
beschränkte deutsche Steuerpflicht 537
erweitert beschränkte Einkommensteuerpflicht 534
beschränkte Erbschaftsteuerpflicht 552
beschränkte Steuerpflicht 113
Besitzdauer 109
Besteuerung an der Quelle 301
– Schweizer Arbeitgeber 310
Besteuerung nach dem Aufwand (Pauschalbesteuerung) 281, 361
Beteiligungsabzug 173
betriebliche Entstrickungsnorm 479
Betriebsstätten-Grundstück 614
Betriebsstättenmodell 434
– AHV 436
– bilaterale Verträge 592
– Gesamtsteuerquote 439
Betriebsstättenvermögen 559
Betrugsbekämpfungsabkommen 417, 425
– indirekte Steuern 425
Betrugsdelikte 416
Beweislastumkehr 509
Bewilligungspflicht 648
Bewilligungsverfahren 590
Bilaterale III 771
Bilaterale Verträge I 436
Binnenschifffahrt 388, 559
BRB 62
BVG 619
– berufliche Vorsorge 619
– gesetzlich 619
– überobligatorisch 619
– Versicherungspflicht 619

C

Cadbury Schweppes 505
C-Bewilligung 580
Crossborder-Strukturen 427 ff.
– Alternativstrukturen 456
– atypisch Still 462
Crossborder-Strukturen D-CH 427 ff.

D

Darlehen 471
– partiarisches Darlehen 471
Darlehenszinsen 471

DBA
– abkommensrechtliche Aktivitätsklausel 406, 437
– Ansässigkeit 352 ff., 493
– Arbeitseinkünfte 356, 386
– Aufsichtsrat 362, 397
– Aufwandbesteuerung 361, 558
– Auslandsentsendung 386
– Betriebsstätte 363
– feste Geschäftseinrichtung 363
– Grenzgängerregelung 391
– konkurrierende Besteuerung 358, 562
– leitende Angestellte 389
– Lizenzen 357, 377
– Methodenartikel 403
– Missbrauchsklausel 401
– modifizierte Aufwandbesteuerung 361
– Monteurklausel 387
– Nullregelung 372, 374 ff.
– Pauschalbesteuerung 361, 558
– Personengesellschaften 523
– Ruhegehälter 398
– ständige Wohnstätte 353
– Teilrevision 2002 345
– Teilrevision 2010 346
– Tie-breaker Rule 353, 556
– überdachende Besteuerung 354
– unbewegliches Vermögen 368
– Unternehmensgewinne 368
– Veräußerungsgewinne 385
– Personengesellschaften 368
– Verwaltungsrat 397
– Zinsen 384
Deutsche Besteuerungsnormen bei natürlichen Personen 528
Deutsche Entstrickungsnormen bei natürlichen Personen 541
Deutsche Missbrauchsvorschrift 403, 479 ff.
Deutschland 559
Dienstleistungen
digitale Geschäftsmodelle 481
digitale Wirtschaft 483
direkte Steuern 472
– Einkommens- und Gewinnsteuern 472
Direktvertrieb 432
– Gesamtsteuerquote 433
Dividende 376
– Entlastung an der deutschen Quelle 379
– Entlastung an der Quelle 378
– Erstattungsverfahren 378
– internationales Meldeverfahren 373, 378
– Nullregelung 373
– Personengesellschaften 372, 375
– Quellensteuern 372
– Schweizer Quelle 373, 378
– Stiftung 374
– Teileinkünfteverfahren 383
– typische Praxis-Beispiele 380
– Übersicht Entlastungsverfahren 378
– Zinsbesteuerungsabkommen 425
Dividendenerträge 404
– Nutzungsberechtigter 404
Dividendenprivileg 404
Dokumentationspflichten 518
Dokumentationsvorschriften 518
Domizilgesellschaft 43
Doppelansässigkeit von Gesellschaften 361
– Sitztheorie 361
– überdachende deutsche Besteuerung 362
– Vermeidung der Doppelbesteuerung 362
Doppelbesteuerungsabkommen 345 ff.
doppelte atypisch stille Beteiligung 475
Drei-Säulen Modell 613
Drittstaatenangehörige 303, 583, 605
Drittvergleich 75

E

Echte Steuerbefreiung 93
Effektenhändler 671
– Vermittler 671
– Vertragspartei 671
Ehegatten 529
Ehegatten-, Familienbesteuerung 315
Eheschließung 558
Eigenkapital 154
Eigenmietwert 132
Einbürgerung 661
– Einbürgerungsbewilligungsverfahren 661

– kantonales Einbürgerungsbewilligungsverfahren 664
– kommunales Einbürgerungsbewilligungsverfahren 663
– ordentliche 661
– Voraussetzungen 661, 667
Einfache Gesellschaft 120
Einfuhr von Gegenständen 88
Eingetragene Partnerschaft 242
Einhaltung der orts- und branchenüblichen Lohn- und Arbeitsbedingungen 585
Einkommensgeneralklausel 244
Einkünfte aus Vorsorge 246
Einkünfte mit Kapitalanlagecharakter 438
Einmalauszahlung 399
Ruhegehälter 398
Einwohnermeldeamt 533
Einzelunternehmung 433
Elemente effizienter Steuerplanung 427
Emissionsabgabe 83
Entlastung an der Quelle 378
Entsandte 387
Entschädigungen für die Beeinträchtigung der körperlichen Integrität 257
Entstrickungsnorm 541
– Aufgabe Gewerbebetrieb 547
Erbrecht 315, 318, 320
Erbringungstatbestand 507
Erbschafts- und Schenkungssteuern 324
Erbschaftsteuer 549
– beschränkte Erbschaftsteuerpflicht 552
– ErbSt-DBA D-CH 549
– erweitert beschränkte Erbschaftsteuerpflicht 551
– erweitert unbeschränkte Erbschaftsteuerpflicht 549
– unbeschränkte Erbschaftsteuerpflicht 549
Erbstatut 316
ErbSt-DBA D-CH 549
– Ansässigkeit 556
– doppelte Ansässigkeit 556
– Fallbeispiele 561
– gewöhnlicher Aufenthalt 531
– konkurrierende Besteuerung 558, 562
– Methodenartikel 560
– Schrankenrecht 554
– Schuldenabzug 554
– Tie-breaker Rule 556
– Zusammenfassung 562
Erhebung und Auswertung von BEPS-Daten 482 f.
Errungenschaftsbeteiligung 320
Ersatzbeschaffung 70
Erstattung 426
Erstattungsverfahren 378
erweitert beschränkte Steuerpflicht 534
erweiterte Mitwirkungspflichten 521
erweiterte Vorlagepflichten 522
Erwerbsersatzeinkünfte 257
EStG 370
– § 50i 370
– Steuerneutrale Entstrickung in Altfällen 546
EU Amtshilfegesetz 424
EU/EWR 544
EuGH-Urteil zur französischen Wegzubesteuerung und die Auswirkungen auf die deutsche Wegzubesteuerun 544
EU-Zinsbesteuerung 452
EU-Zinsbesteuerungsabkommen 452
Expatriate 386

F

Fahrtkosten 264
Familienbesteuerung 51
Familiennachzug 589
Familienstiftung 342
Familienzulagen 613
Ferienwohnungen oder -häuser 530
feste Geschäftseinrichtung 363
fiktive unbeschränkte Erbschaft- und Schenkungsteuerpflicht 549
fiktiver Veräußerungsvorgang 542
finale Entstrickungstheorie 487
Finance Branch 549
Finanzierungsfunktion 508
Fiskalquote 9
Forstwirtschaft 420
Forum-Shopping 119
Freiheitsstrafe 416
Freistellung 537
Freistellungsantrag 378
– Entlastung an der Quelle 378

Freizügigkeitsabkommen 347
Freizügigkeitsfall 399
Freizügigkeitsleistung 644
– Ruhegehälter 644
Fremdvergleich 518
Fremdvergleich durch Angemessenheitsdokumentation 519
Fremdvergleichsgrundsatz 518
Fünftelregelung 400
funktionale Betrachtungsweise 406
Funktions- und Risikoanalyse 519
Funktionsverdoppelung 485
Funktionsverlagerung 485
– Begriffsdefinition 485
– Bewertung 486
– Dokumentation 485
– Einigungsbereich (Bewertung) 485
– Funktionsverdoppelung 485
– gesetzliche Regelung 486
– mögliche Lösungsansätze 486

G

GATS 585
G-Bewilligung 580
gegenseitige Einvernehmen 353 ff.
Geldstrafe 265
geldwerte Leistungen 79
geleitete Gesellschaft 500
Gemischte Gesellschaft 181
Generalversammlung 76, 186
Genossenschaft 171
Geschäftsbetrieb 50
Geschäftsführer 54
geschäftsleitender Verwaltungsrat 397
Geschäftsleitung 491
geschäftsmäßig begründeter Aufwand 136
Gesellschaft mit beschränkter Haftung (GmbH) 569
Gesellschafterversammlung 569
Gestaltungsmissbrauch 429
– § 42 AO 429
Gewerbesteuer 439 ff.
– § 9 Nr. 7 GewStG 444 ff.
– § 9 Nr. 8 GewStG 453 ff.
– Betriebsstätteneigenschaft 438
– Kürzungsvorschrift 439
– Switch-over Klausel 438
gewerbsmäßiger Wertschriftenhandel 124
Gewinnausschüttungen 509
Gewinnsteuer 472
Gewinnungskosten 263
Gewinnverzicht, -vorwegnahme 482
gewöhnlicher Aufenthalt 353 ff., 531
– Ansässigkeit 353 ff.
– Sechs-Monats Frist 360, 531
GmbH 569
– Geschäftsführer 569
– Gesellschafterversammlung 569
– Gründung 569
– Nationalitätsvorschriften 570 ff.
– Organe 570 ff.
– Revisionspflicht 571
– Revisionsstelle 571
– Stammkapital 570
– synoptischer Überblick 570
– Vergleich der AG mit der GmbH 570
Gratisaktie, -nennwerterhöhung 79
Grenzgänger 391, 532
Grenzgängerbewilligung 580
Grenzgängerregelung 391
Grenzkontrollen 678
Grenzkraftwerk 373
Grenzzone 580
Grundsatz der Gleichbehandlung 585
Grundstückgewinnsteuer 108
– dualistisches System 107 f.
– monistisches System 108
Gruppenanfragen 420
Gruppenbesteuerung 92
Güter- und Erbrecht 314 ff.
Gütergemeinschaft 242, 319
Güterrecht 331
güterrechtliche Auseinandersetzung 320
Gütertrennung 242, 319, 323

H

Handänderungssteuer 781
Handelsgeschäftsinhaber 468
– Internationale Gewinnzuweisung der Schweizer Betriebsstättengewinne 468
Handelsregister 53
Hauptsteuerdomizil 50 ff., 113
Hauptwohnung 649
Heirat 360
Hinzurechnungsbesteuerung 481, 501 ff.
Holdingprivileg 183
hybride Gestaltungen 481

I

Immaterialgüter 483
Immobilienerwerb 464, 646
– Ausblick 656
– Ausländer im Sinne des BewG 646
– Betriebsstätten-Grundstück 650
– Bewilligungsverfahren 654
– börsenkotierte Immobiliengesellschaften 651
– geschichtlicher Abriss 646
– Hauptwohnung 649
– Lex Friedrich 647
– Lex Furgler 648
– Lex von Moos 649
– Natürliche Personen 646
– Sanktionen 655
– Treuhandgeschäfte 648
– weitere Ausnahmen 650
– Zweitwohnungen 654
Inbound 369
indirekte Steuern 77
indirekte Teilliquidation 165 ff.
– Mitwirkung des Verkäufers 167
– Sperrfrist 166
– Substanzausschüttung 166
Indizienwirkung 529
Informationsaustausch, automatischer 415, 421 ff.
– Art. 26 OECD-MA 419
– Art. 27 Abs. 1 lit. b DBA D-CH 416
– Betrugsbekämpfungsabkommen 417
– Betrugsdelikte 417
– unwahre Urkunden 417
– Steuerhinterziehung 417
Inhaberaktien 567
Inhalte der aktuellen KonsVerCHEV 349
Innengesellschaft 464
Interkantonale Doppelbesteuerung von Liegenschaftsgewinnen (Schlechterstellungsverbot) 112
Intermediäre 671
Internationales Privatrecht 314
Intra-Company Transfers 585
Investmentgesellschaft mit festem Kapital 574
Investmentgesellschaft mit variablem Kapital 574
Investmentsteuergesetz 458
– formeller Fondsbegriff 458
– Rechtsfolgen 458

J

Jagdhäuser 530
Jahresaufenthaltsbewilligungen 584
JStG 2009 371, 515

K

Kaltmiete 286
Kapitalabfindungen/Abgangsentschädigung des Arbeitgebers 253
– mit Vorsorgecharakter 253
– ohne Vorsorgecharakter 253
Kapitalanlagen 574
Kapitaleinlageprinzip 211
Kapitalgesellschaften 159
Kapitalgesellschaftskonzern 449
Kapitalgewinne 134
Kapitalvermögen 538
Kassenobligationen 84, 674
keine unterbrochene Anwesenheit 532
Kirchensteuer 76
Kollektive Kapitalanlagen 574
Kollektivgesellschaft 565
Kommanditaktiengesellschaft 574
Kommanditgesellschaft 119, 565
Kommanditgesellschaft für kollektive Kapitalanlagen 563

konkurrierende Besteuerung 358, 562
– Art. 4 Abs. 4 DBA D-CH 562
– Ausnahmen 395 f.
– Quellensteuern 360
konkurrierende Besteuerung (ErbSt) 562
– Ausnahmen 562
Konsultation 413
Konsultationsvereinbarung 413
KonsVerCHEV 349
Kontingente 583
Kontrollrechnung 282
konzerninterne Verlagerung 481 ff.
– immaterieller Wirtschaftsgüter 481
– von Risiken 482
Koordinationsabzug 620
Krankenversicherung 640
Kumulative Erfüllung aller Kriterien einer Mitunternehmerstellung 466
künstliche Vermeidung von Betriebsstätten 481
Kurz- und Wochenaufenthalter 303
Kurzaufenthaltsbewilligung 580
Kurzfristige Entsendung 387
kurzfristige Unterbrechung 532

L

Landwirtschaft 643
Langzeitaufenthaltsbewilligung B 580
L-Bewilligung 580
Lebenshaltungskosten 136
Lebensmittelpunkt 329
– Prüfungskriterien für den 353
Lebensversicherung 353
Leibrente 271
leitende Angestellte
– Fiktion 389
– Handelsregister 390
– Methodenartikel 389
Lex Friedrich 770
Lex Koller 656
Liebhaberei 122
Liegenschaftensteuer 107
Liegenschaftensteuer (Grundstücksteuer) 111
Liegenschaftsunterhaltskosten 276
Liquidation 53
Liquidationsgewinne 70
Lizenzen 139
Lizenzgebühren 139
Lizenzurteil 407
Lohn- und Arbeitsbedingungen 585
Look-through-Ansatz 425
Luftfahrzeuge 559

M

Managementholding 500
Mantelhandel 169
Marktmiete 286
maßgebliche Beteiligung 191
Maßgeblichkeitsprinzip 71, 209
Mehrwertsteuersatz 94
Meldeverfahren 214
Meldepflichten 524
– der Kreditinstitute 524
– der Finanzdienstleistungsinstitute 524
Mehrwertsteuer (Umsatzsteuer) 88
– Steuerpflicht 88
Methodenartikel 403, 560
– abkommensrechtliche Aktivitätsklausel 437
– Aktivitätsklausel 437
– Anrechnungsmethode 403
– Betriebsstätte 405
– Betriebsstättenholding 409
– Dividenden 408
– Dividendenurteil 408
– freie Berufe 404
– Freistellungsmethode 404
– gemischte Tätigkeiten 438
– Lizenzurteil 407
Mindesthaltedauer 372
Mindestlöhne 597
Mindeststeuer 70
Minimalsteuer 61, 70
Missbrauch von DBA-Regelungen 481
Missbrauch von Gestaltungsmöglichkeiten 494
– § 42 AO 422 494
Missbrauchsklausel 401
Missbrauchsvorschriften 345

Mitarbeiteraktien 308
Mittelpunkt der Lebensinteressen 353, 555
Mitunternehmereigenschaft 466
Mitunternehmerinitiative 466
Mitunternehmerrisiko 466
Mitunternehmerstellung 466
– Kumulative Erfüllung 466
Mitwirkungs- und Informationspflichten 518
Mobilität 588
modifizierte Aufwandbesteuerung 292
multilaterales Instrument 483

N

nachgelagerte unbeschränkte Erbschaftsteuerpflicht 549
Nachlasssteuern 555
Namenaktien 567
natürliche Person 527
Nennwertprinzip 212
Nettoprinzip 262, 401
Neue Regionalpolitik 781
Niederlassungsbewilligung C 580, 587, 594
Niedrigbesteuerung 503
Nullregelung 372
Nullsatz 373
Numerus Clausus 504

O

Oasenerlass 501
Offenlegung von aggressiven Steuergestaltungen 482
Opting-out 578
Opting-up 577
Optionsrecht 640
ordentlicher Geschäftsbetrieb 506
Organschaftsmodell 457 ff.
– Besteuerung in Deutschland 458
– Beteiligungen 460
– Gesamtsteuerquote 460
– Personengesellschaft als Organträgerin 459
originär gewerblich tätige Unternehmen 372
Ort der tatsächlichen Geschäftsleitung 491
Ort der tatsächlichen Verwaltung 491
Outbound-Investition 369

P

Pauschalabzug 263
Pauschalspesen 307
Pauschalsteuer Siehe Aufwandbesteuerung 281, 361
Payroll-Split 396
– Arbeitseinkünfte 391
Personenfreizügigkeit 347
Personengesellschaft 372 ff.
– gewerblich geprägt 372
– ausländische 523
Personenunternehmen 564
– Revisionspflicht 576
Pipeline-Urteil 364
Prinzipal-Gesellschaft 198
Private Vermögensverwaltung 443
Private Vorsorge 613
Produktion 505
Progressionsvorbehalt 459
– Arbeitsortprinzip 386
Prüfungskriterien für den Lebensmittelpunkt 353

Q

Qualifikation 464
Quasi-Wertschriftenhandel 124
Quellensteuer 309 f.
– Pflichten des Arbeitgebers 310
Quellensteuertarife 309

R

Realisationstatbestände 134
Rechtssicherheit 427
Rechtstypenvergleich 490
Reinvermögenszugangstheorie 31
relative Betragsgrenze 523
relative Freigrenze 511
Rentenleistung 399
Reservekontingent 583
Revisionspflicht 576
– eingeschränkte Revision 577
– ordentliche Revision 577
– Verzicht auf Revision 578
Revisionsstelle 442, 567
Riester Rente 541

Risikoversicherungen 258
rückkaufsfähige Kapitalversicherungen 254
Rückstellungen 141
rückwirkende Praxisänderung 471
Ruhegehälter 398
– Freizügigkeitseinrichtung 399
– Kassenstaatsprinzip 392, 398
Ruling 427
Rumänien und Bulgarien 723

S

Saldosteuersatzmethode 98
Sanierung 84
Sanktion 520
schädliche Mitwirkung 507
Scheingeschäft 429
Schengen 589
Schenkung 260
Schenkungsteuer 324
Schlüsselgewalt 528
Schuldzinsen 496
Schutzklausel 592, 600
Schweiz 424 ff.
– Betriebsstätte 434 ff.
– Altersversicherung 436
– Hinterlassenenversicherung 436
– Betriebsstättengewinne 468
– Rechtsentwicklung 471
– rückwirkende Praxisänderung auf den 1.1.2012 471
– Dokumentation des Wegzugs 533
– keine Stundungsregelung für 544
– Staaatsbürgerschaft 560
Schweizer Holding 497
– § 42 AO 497
Schweizer Missbrauchsvorschrift 497
Seeschiffe 559
Selbständigerwerbende, selbständige Erwerbstätigkeit 404
Server-Betriebsstätte 363
Sitzverlegung bzw. Verlagerung der tatsächlichen Verwaltung 238 ff.
– in die Schweiz 240
– ins Ausland 238
Societas Europaea 569
sofortige Besteuerung 544
Sonderfälle 375
– Arbeitseinkünfte 375
sonstige Einkünfte 539
Sozialabzüge 280
Soziale Sicherheit 613
Sozialversicherung 613
Staatliche Vorsorge 613
Staatsangehörigkeit 353 ff.
Stammkapital 75, 150, 160
ständige Wohnstätte 556
Stempelabgaben 785
Steuerarten 61
Steueramtshilfegesetz 420
steuerbare Urkunde 416
Steuerbefreiung 33
Steuerbemessungsgrundlage 44, 47
Steuerbetrug 417
Steuerdomizil 50
– Hauptsteuerdomizil 50
– Nebensteuerdomizil 50
Steuerentstrickung 541
Steuererleichterungen (Tax Holiday) 461
Steuerhinterziehung 401
Steuerhinterziehungsbekämpfungsgesetz 412
– Art. 25 DBA D-CH 412
Steuerhoheit 44
Steuermaß 48
– Steuerfuß 48
– Steuersatz 48
Steuerobjekt 47
Steuerperiode 49
Steuerpflicht 50
– beschränkte Steuerpflicht 50
– unbeschränkte Steuerpflicht 50
Steuerpolitik 1, 2, 15, 18
Steuersatz 12
steuerschädliche Wettbewerb 481
Steuersubjekt 45
Steuerwettbewerb 173
Stiftung 400
Stille Gesellschaft 120, 565
Strafverfahren 606
Subject-to-Tax Klausel 473
Switch-over Klausel 515

T

tatsächliche Geschäftsleitung 492
– Mittelpunkt der geschäftlichen Oberleitung 492
Tätigkeiten 359
– selbständige 404
– unselbständige 359
– gemischte 438
Täuschung der Behörden 607
Tax Holidays 135
Teileinkünfteverfahren 231
Teilnahme am allgemeinen wirtschaftlichen Verkehr 407
Teilnahme am allgemeinen Wirtschaftsverkehr 407
– Methodenartikel
Teilwertabschreibung 190
Tie-breaker Rule 353
Todesfallkapital 400
Totalitätsprinzip
TP-Dokumentation 483
Transaktionenbezogene Dokumentation 520
Transparenz und Substanz 483
– Transparenzprinzip 490
Transfer Pricing 518
Transponierung
Treaty Shopping 498
– § 50d Abs. 3 EStG 498
– Anwendungsbereiche 518
– Sandwich-Strukturen 501
– Teilnahme am allgemeinen wirtschaftlichen Verkehr 507
– wirtschaftliche oder sonst beachtliche Gründe 497
Trennungsprinzip 490
Treuhandschaft 493
Treuhandverhältnisse 672
tripartite Kommissionen 598
Trust 648

U

überdachende Besteuerung 354 ff.
– Anrechnung 357
– beschränkte Anrechnung 357
– Freistellung unter Progressionsvorbehalt 356
– Vermeidung der Mehrfachbesteuerung 356
Übergangsregime 602
Überlassung von Rechten, etc. 508
Überobligatorische Arbeitgeberbeiträge 399
Übertragung von Funktionen 485
übrige Vermögen 559
Umsatzabgabe 83
Umschulungskosten 266
unbeschränkte Einkommensteuerpflicht 528 ff.
unbeschränkte Steuerpflicht 51
unbeschränkt steuerpflichtige Schweizer Kapitalgesellschaft 472
unbewegliches Vermögen 559
– Anrechnungsmethode 73
unechte Steuerbefreiung 73
unechte Treuhand 514
Unfallversicherung 274
Unternehmen 372
– originär gewerblich tätige 372
Unternehmensgewinne
– gewerblich geprägte Personengesellschaft 372
– Sonderbetriebsvermögen 371
Unternehmungssteuerreform I 175
Unternehmensumstrukturierungen 234
– Fusion 234
– Spaltung 234
– Übertragung von Vermögenswerten zwischen inländischen Konzerngesellschaften 234
– Umwandlung 234
Unternehmensstiftung 575
Unternehmenssteuerreform II 33
Unternehmenssteuerreform III 34
Unternehmenssteuersätze 427

V

Ventilklausel 592, 600
Veranlagung 114, 301
– ergänzende ordentliche 311
– nachträgliche ordentliche 302
– ordentliche 62, 73, 311
Veranlagungsperiode 114
Veranlagungsverfahren 114
Veräußerungsgewinne 385, 540
verbundenen Unternehmen 522
– erweiterte Vorlagepflicht 522

verdeckte Gewinnausschüttung 149
verdeckte Treuhand 513
verdecktes Eigenkapital 75, 154
Verein 171
Vereinfachungsgründe 184, 380
– Arbeitseinkünfte 386
Verfallsanzeige 606
verfassungsrechtliche Bedenken 351
Verfügungsmacht 506
Verhinderung von Abkommensmissbrauch 483
Verlängerung von Arbeitsbewilligungen 604
Verlustverrechnung 144
– bei Selbständigerwerbenden 144
– von juristische Personen 146
Vermeidung einer Mehrfachbesteuerung 447, 669
Vermietung und Verpachtung von Grundstücken 539
Vermögensstandsgewinn 128
Verordnung (EWG) Nr. 574/72 625
Verordnung (EWG) Nr. 1408/71 625
– persönlicher Geltungsbereich 628
Verrechnungspreise 518
– allgemeine Informationen 519
– Betriebsstätten 522
– Dokumentation 482
– erweiterte Mitwirkungspflichten bei Auslandsbeziehungen 521
– Fremdvergleich und Angemessenheitsdokumentation 518
– Funktions- und Risikoanalyse 519
– Geschäftsbeziehungen zu nahe stehenden Personen 519
– Kleinunternehmerregelung 520
– Sanktionen 520
– Verrechnungspreisanalyse 519
Verrechnungssteuer 472
– Rückerstattung 472
verselbständigte Vermögensmasse 514
Versicherungspflicht 615
versicherungsrechtliche Unterstellung 629, 641
– Familienleistungen 641
Verständigung 413 ff.
Verständigungsverfahren 413
Verstoß gegen die Meldepflicht 524
Vertreter-Betriebsstätte 202, 364 f.
– Abschlussvollmacht 365
– gewöhnliche Ausübung 365
Verursachungs- bzw. Veranlassungsprinzip 560
Verwaltungsgesellschaft (Domizilgesellschaft) 190
Verwaltungsgrundsätze-Verfahren 519
Verwaltungsrat 615
– AHV 613
– geschäftsleitender Verwaltungsrat 616
Visum 588, 608
Visumspflicht 588
Vorabbescheid 300, 427
Vorbezug wegen Wohneigentum 400
Vorsicht 532
Vorsorgeleistungen 256, 303
– 3. Säule A 614
– 3. Säule B 614
Vorsteuerabzug 88 ff.

W

Warendrittel 141
Wegzug 527
– beschränkte Erbschaftsteuerpflicht 552
– Dokumentation 533
– Drittstaat 544
– Einwohnermeldeamt 533
– erweitert beschränkte Erbschaftsteuerpflicht 551
– melderechtliche Abmeldung 533
– unbeschränkte Erbschaftsteuerpflicht 549
– Wegzugsbesteuerung 542
Wegzugsbesteuerung 542
– § 6 AStG 542
– Alternativstrukturen 545
– Ersatztatbestände 542
– EU-/EWR-Staatsangehörige 628
– fiktiver Veräußerungszuwachs 543
– Freizügigkeitsabkommen 544
– Neuregelung durch SESTEG 543
– Verstoß gegen Bilaterale Verträge 545
– Verstoß gegen Kapitalverkehrsfreiheit 550
– wesentliche Beteiligung 542
Weiterbildungs- und Umschulungskosten 266
Welteinkommensprinzip 528

Wertberichtigungen 138
wesentliche wirtschaftliche Interessen 535
wirtschaftliche Arbeitgebereigenschaft 534
Wirtschaftliche Leistungsfähigkeit 74, 270
Wirtschaftliche Zugehörigkeit 46, 286
wirtschaftlicher Verkehr 507
– Teilnahme 507
Wochenaufenthalter 303, 394
Wochenendhäuser 530
Wohnsitz 528
– Ferienwohnungen/-häuser 530
– Jagdhäuser 530
– Schlüsselgewalt 530
– Wochenendhäuser 530
Wohnung 52, 105, 243
WTO-Abkommen 585

Z

Zahlstelle 671
– intermediäre 671
Zinsbesteuerung 669
Zinsbesteuerungsabkommen 669
– Abwicklung 674
– Anwendungsbereich 676
– Ausblick 677
– Ausnahmen 674
– Bemessungsgrundlage 673
– betroffene Person 671
– bisherige Praxiserfahrung 675
– Derivate 674
– direkte Zinsen 673
– Drittstaaten 544
– EU-Zinsrichtlinie 669
– freiwillige Meldung 675
– Höhe des Steuerrückbehalts 669
– indirekte Zinsen 673
– intermediäre 671
– Meldung 675
– Rückbehalt 674
– strukturierte Produkte 674
– Vermeidung einer Mehrfachbesteuerung 669
– Wegleitung 670
– Zahlstelle 671
– Zins 672
– Zinsbesteuerungsgesetz 670
– Zinsinformationsverordnung 670
Zinsbesteuerungsgesetz 670
Zinsen 154, 274, 377, 384, 673
Zinsinformationsverordnung 670
Zollfreilager 90
Zoll- und Einfuhrabgaben 98 ff., 716
Zollverwaltung 97 ff.
Zuschüsse von Gesellschaftern 83
Zweigniederlassung 206 ff., 364, 434 ff., 446, 576
zweistufige Gewinnermittlung beim atypisch stillen Gesellschafter 467
Zweitwohnungen 112, 649 ff.
Zwischengesellschaft 510

KURZBESCHREIBUNG DER AUTOREN

Heiko Kubaile

Heiko Kubaile
Partner, Leiter German Tax & Legal Center
KPMG AG, Badenerstrasse 172, 8026 Zürich

Direkt	+41 58 249 35 10
Mobile	+41 79 676 90 48
Fax	+41 58 249 44 31
e-Mail	hkubaile@kpmg.com

Heiko Kubaile ist Partner und Leiter des German Tax & Legal Center der KPMG AG, Zürich. Er ist Steuerberater (deutschen Rechts) und hat einen MBA (Int. Taxation).

Heiko Kubaile ist direkter Ansprechpartner und Spezialist in deutsch-schweizerischen Steuerfragen. Seine Tätigkeitsschwerpunkte liegen in den Bereichen des Doppelbesteuerungsabkommen Deutschland-Schweiz, steuereffizienter Cross-Border-Strukturen, Holding- und Akquisitionsmodellen, dem deutschen Außensteuergesetz sowie den vielfältigen Fragestellungen bei einem Wegzug aus Deutschland und der damit einhergehenden Fragestellungen für Unternehmerpersönlichkeiten, Sportler und Künstler. Ferner hat er sich auf Fragestellungen im Bereich des FS Tax, des Tax Reportings und von Selbstanzeigen spezialisiert.

Er ist Referent bei Steuerfachseminaren und Autor diverser Fachpublikationen und Kommentaren zu deutsch-schweizerischen Steuerthemen (u. a. Flick/Wassermeyer/Kempermann und Handelskammer D-CH Kompaktkommentar DBA D-CH).

Roland Suter

Roland Suter
Executive Director, International Tax and Private Client Services
Ernst & Young AG, Maagplatz 1, 8010 Zürich

Direkt	+41 58 286 31 80
Mobile	+41 79 605 01 07
Fax	+41 58 286 30 04
e-Mail	roland.suter@ch.ey.com

Roland Suter ist Executive Director im Bereich International Tax and Private Client Services der Ernst & Young AG am Standort Zürich und zugleich im EY Global Family Business Circle sowie EY Global Private Client Steering Committee aktiv tätig.

Er betreut und berät seit vielen Jahren Gesellschaften und natürliche Personen (Unternehmer, Führungskräfte, vermögende Privatpersonen, Künstler, Sportler etc.) bei Ansiedlungs-, Struktur-, Nachfolge- und Nachlassplanungen. In vielen Fällen handelt es sich um EY Schlüsselmandate. Dabei setzt er sowohl seine ausgewiesenen Projektmanagementfähigkeiten als auch einschlägigen Erfahrungen im schweizerischen und internationalen Steuerrecht, in vorsorge- und sozialversicherungsrechtlichen Fragestellungen sowie Kenntnisse in weiteren Schnittstellenbereichen (wie bspw. Gesellschaftsrecht, Güter- und Erbrecht, Corporate Finance sowie M+A) ein.

Roland Suter publiziert regelmäßig in Fachzeitschriften und tritt als Referent im In- und Ausland auf.